南昌年鉴

2024

南昌市史志办公室　编

方志出版社
Publishing House of Local Records

图书在版编目（CIP）数据

南昌年鉴. 2024 / 南昌市史志办公室编. -- 北京：方志出版社，2024.11 -- ISBN 978-7-5144-6453-5

Ⅰ. Z525.61

中国国家版本馆 CIP 数据核字第 2024PG6534 号

责任编辑：刘方圆
责任校对：张玉霞
责任印制：梅中英
出 版 者：方志出版社
地　　址：北京市朝阳区潘家园东里 9 号（国家方志馆 4 层）
邮　　编：100021
网　　址：http://www.zgfzcb.cn
发　　行：方志出版社图书营销中心（010-67110500）
印　　刷：江西龙莹印务有限公司
开　　本：889 毫米×1194 毫米　1/16
印　　张：32
字　　数：1224 千字
版　　次：2024 年 11 月第 1 版
印　　次：2024 年 11 月第 1 次印刷
定　　价：290.00 元

《南昌年鉴（2024）》编辑人员

主　　编：胡晓海　刘建军

副 主 编：谢晓亮　廖子君

徐明生　涂俊彦

编　　辑：喻学辉　刘文龙　方尤莎

彩页编辑：刘文龙

编　　务：邓国华　匡　吟　李皓月　邹　霞

周　翔　陶武强　曹　欣　谢　竞

杨燕萍　戴　怡　汤华宁　陈　刚

各撰稿单位审稿人名单

（排名不分先后）

万　欣	万　琪	王　成	王若羊	王佳荣	支小进
尤丁发	车红云	牛丽坤	毛志东	文　颖	邓小燕
邓习航	邓华正	左炳争	石笑宇	龙国英	叶　挺
付　磊	乐冰冰	冯明亮	皮　洁	吕　播	伍秋平
刘　扬	刘　俊	刘　涛	刘　强	刘东贵	刘志强
刘国华	刘明光	刘建坤	刘荣根	刘奕廷	刘晓锋
刘　韬	羊忠民	汤潇琼	许　飚	许大华	农小兵
孙中伟	苏永青	杜辉根	巫　滨	李　抒	李良生
李良清	李新宇	李嘉琪	杨　超	杨志文	肖志豪
汪志云	吴志强	吴金玲	吴婷婷	邱　垚	何稳庚
余　杨	余文超	余耀武	邹爱如	邹萍莉	张少中
张建昀	张祖法	张根水	张新爱	张　源	陈　力
陈东飞	陈兆敏	陈红成	邵晓明	林绪强	罗　强
罗　玮	罗　琪	罗　鑫	罗　维	周　丽	周艺伸
周文彬	周俊强	周晓东	郑雄文	宗震宇	赵泽华
胡大为	胡因华	胡洪水	胡洪武	胡晓晨	胡献忠
段　家	侯毅军	祝雄华	贺龙茹	贺　玲	敖松林
袁斯文	聂丽红	夏志兵	徐　卫	徐　峰	徐　强
高　峰	郭　翀	唐　谦	涂　珺	陶　涛	陶小玲
黄　文	黄挽澜	黄　敏	曹绍炜	曹淑玲	龚　昆
龚细明	康小枝	章杨帆	揭东轲	韩丽平	程　超
喻德琪	傅越华	曾伟群	廖廷勇	熊　熊	熊中高
熊正强	熊　坚	熊　兵	熊　武	熊梓昕	熊焕胜
樊小红	黎　明	薛凯喜	戴玉思		

编辑说明

一、《南昌年鉴》是南昌市史志办公室编纂的年度资料性文献，1998年出版首卷，此后每年出版一卷。《南昌年鉴(2024)》是第27卷。

二、《南昌年鉴(2024)》以马克思列宁主义、毛泽东思想、邓小平理论、“三个代表”重要思想、科学发展观、习近平新时代中国特色社会主义思想为指导，坚持辩证唯物主义和历史唯物主义的立场、观点和方法，全面、真实地记录南昌市自然、政治、经济、文化、社会和生态文明建设等方面情况，为打造富裕美丽幸福现代化江西“南昌样板”，全力做大做强做优大南昌都市圈提供决策依据和借鉴，为国内外读者了解南昌市提供资料和信息。

三、《南昌年鉴(2024)》收录范围以南昌市行政区划为界。记述时限为2023年1月1日至12月31日。

四、《南昌年鉴(2024)》采用分类编辑法，按类目、分目、条目三个层次设置，条目是收录资料信息的主要形式。

五、《南昌年鉴(2024)》类目划分在2023年卷的基础上略有调整。全书设：(1)特载；(2)专记；(3)大事记；(4)市情概览；(5)中国共产党南昌市委员会；(6)南昌市人民代表大会；(7)南昌市人民政府；(8)中国人民政治协商会议南昌市委员会；(9)中国共产党南昌市纪律检查委员会　南昌市监察委员会；(10)民主党派·工商联；(11)群众团体；(12)法治；(13)军事；(14)经济管理；(15)开放型经济；(16)开发园区；(17)数字经济；(18)农业；(19)工业；(20)商贸服务业；(21)金融业；(22)旅游业；(23)房地产业；(24)交通·邮政；(25)城乡建设和管理；(26)生态环境保护；(27)科学技术；(28)教育；(29)文化；(30)卫生健康；(31)体育；(32)社会生活；(33)应急管理；(34)县区(管理局)；(35)人物·荣誉；(36)附录。

六、《南昌年鉴(2024)》数字用法、标点符号用法分别采用国家标准《出版物上数字用法》(GB/T 15835—2011)、《标点符号用法》(GB/T 15834—2011)，计量单位采用国家技术监督局1993年12月发布的《量和单位》系列国家标准。

七、《南昌年鉴(2024)》全书载录内容均由各撰稿单位审定提供。条目署作者名，同一分目的所有条目同为一作者的在最后一个条目后署名。

八、《南昌年鉴(2024)》统计资料由南昌市统计局供稿。凡涉及南昌市国民经济和社会发展的主要数据，以南昌市统计局公布的数据为准。部分数据由于四舍五入等原因，总计和分项之间存在合理范围内误差。每个条目中出现“同比”或“比上年增长”时，保留第一次出现的“同比”或“比上年”，其余均省略。

九、为方便读者检索，《南昌年鉴(2024)》设有目录、索引。

南昌市政区图

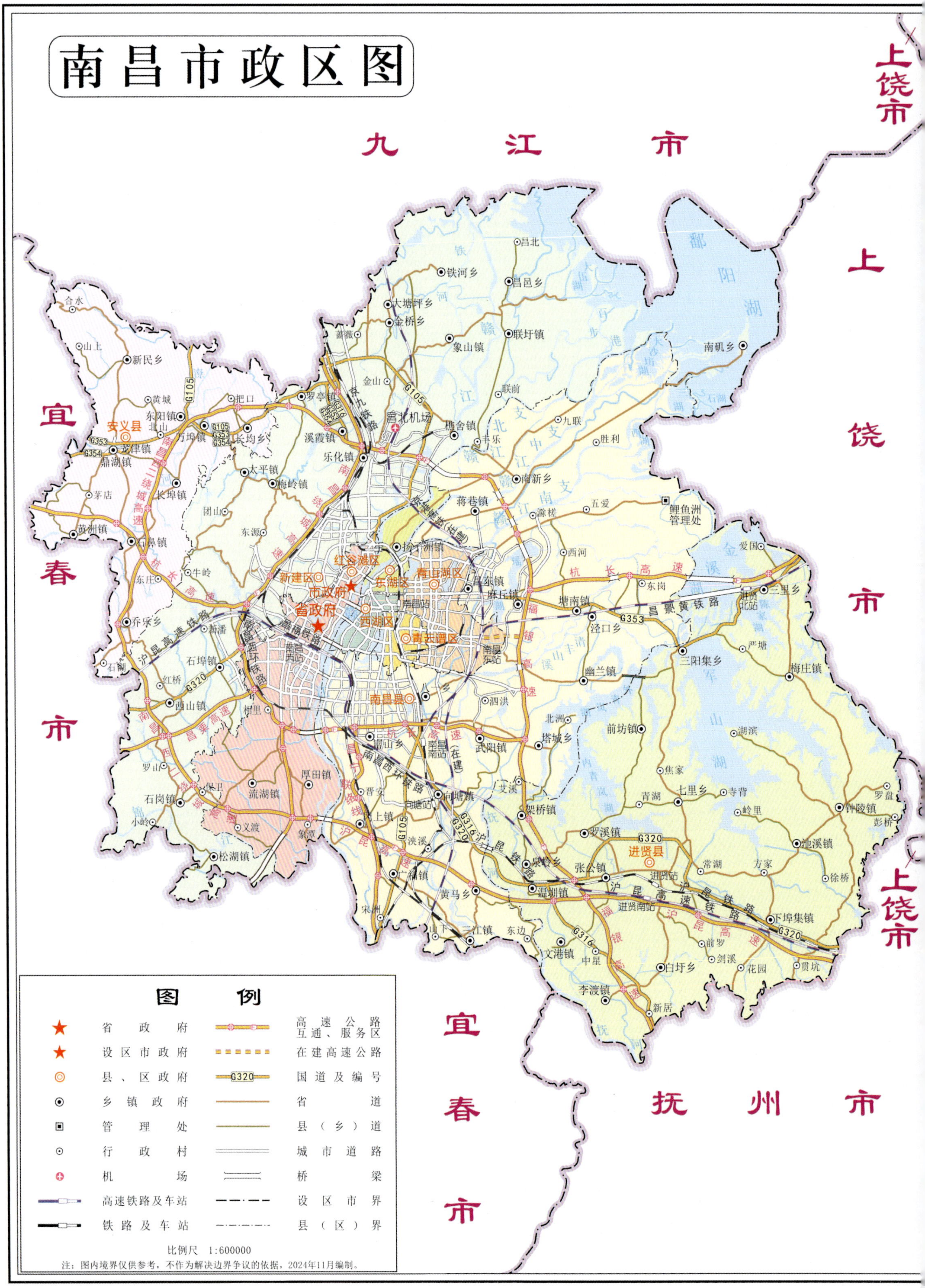

南昌市测绘勘察研究院有限公司

审图号：南昌 S（2024）005号

资料截至 2024 年 12 月

市自然资源和规划局　供图

审图号：南昌 S（2024）006号

资料截至 2024 年 12 月

南昌市城区图

南昌市测绘勘察研究院有限公司

审图号:南昌 S(2024)004 号

资料截至 2024 年 12 月

红色资源分布

1∶280 000

市自然资源和规划局 供图

审图号:南昌S(2024)004号

资料截至2024年12月

南昌数字·2023

总面积	7195 平方千米	人均公园绿地面积	12.91 平方米
旅游总人次	1.9 亿人次	实际利用外资	2.51 亿美元
年末常住人口	656.82 万人	建成区绿化覆盖率	43.05%
旅游综合收入	1977.79 亿元	商品房施工面积	4727.96 万平方米
普通高等学校	49 所	金融机构人民币存款余额	17106.94 亿元
地区生产总值	7212.85 亿元	商品房竣工面积	510.64 万平方米
普通中等学校	26 所	金融机构人民币贷款余额	19787.50 亿元
地方一般公共预算收入	500.18 亿元	商品房销售面积	728.13 万平方米
职业高中	17 所	住户存款	6641.74 亿元
地方一般公共预算支出	925.61 亿元	货物运输量	1.98 亿吨
医疗卫生机构床位数	5.02 万张	旅客运输量	5955 万人
社会消费品零售总额	3202.41 亿元	城镇居民人均可支配收入	54911 元
执业(助理)医师	2.32 万人	农村居民人均可支配收入	25803 元
海关出口值	787.62 亿元	城镇居民人均消费支出	34580 元
全社会用电量	307.01 亿千瓦时	城镇人均现住房建筑面积	36.14 平方米
海关进口值	325.29 亿元	农村居民人均消费支出	18992 元

(资料来源于市统计局)

南昌荣誉

荣誉称号
获得荣誉城市/单位
荣誉颁授部门

全国市域社会治理现代化试点合格城市
南昌市
中央政法委

全国首批中小企业数字化转型试点城市
南昌市
财政部、工业和信息化部

公共就业服务能力提升示范项目城市
南昌市
财政部、人力资源和社会保障部

全国婴幼儿照护服务示范城市
南昌市
国家卫生健康委、国家发展改革委

全国社会治安防控体系建设示范城市
南昌市
公安部

全国建设信息基础设施和推进产业数字化成效明显市
南昌市
工业和信息化部

2023年度中国会展之星·最具创新活力会展城市和最佳会展目的地城市
南昌市
2023中国国际会展业创新发展大会

2023年中国十大旅游目的地必去城市
南昌市
伦敦世界旅游交易会

国家通用语言文字推广普及先进集体
市教育局
教育部、国家语委

全国模范人民调解委员会
南昌市知识产权纠纷人民调解委员会
司法部

全国社科组织先进单位
市社科联
全国大中城市社科联

全国侨联系统先进集体
市侨联
人力资源和社会保障部、中国侨联

全国巾帼建功先进集体
南昌市妇女儿童活动中心
中华全国妇女联合会

全国"流动少年宫示范单位"
南昌市青少年宫
中国青少年宫协会

国家级旅游休闲街区
万寿宫旅游休闲街区
文化和旅游部

全国体育事业突出贡献奖
南昌市体育运动学校
国家体育总局

第十四届中国青年志愿者优秀组织奖
江西省南昌市消防救援支队特勤大队"胜利青年志愿服务队"
共青团中央、中国青年志愿者协会

2023年7月27日，南昌市红谷滩区及周边景色　|　马悦　摄

学习贯彻习近平新时代中国特色社会主义思想主题教育

2023年，南昌市按照中央和省委统一部署，牢牢把握“学思想、强党性、重实践、建新功”的总要求，一体推进理论学习、调查研究、推动发展、检视整改、建章立制。举办市级领导干部主题教育专题读书班，市委理论学习中心组带头开展14次集体学习研讨，为不同领域（类型）党组织（党员）开展主题教育形成“8+3”分类指引，县处级以上领导干部开展实地调研4287次，检视问题730个，制定整改措施2406项，中央电视台等主流媒体密集宣传报道南昌主题教育工作207篇次。中央第八巡回指导组给予充分肯定，指出南昌主题教育为全国作出了示范。

2023年9月13日，全市学习贯彻习近平新时代中国特色社会主义思想主题教育动员大会召开 | 马悦 摄

2023年9月23日，市级领导干部学习贯彻习近平新时代中国特色社会主义思想主题教育专题读书班全体学员到S49枫生快速路北段提升改造工程现场开展学习调研 | 马悦 摄

◀2023年10月31日，省委第二巡回督导组到绿地楼宇党群服务中心调研主题教育开展情况 | 红谷滩区 供图

▶2023年11月23日，南昌市委、赣江新区党工委主题教育调研成果转化暨整改整治工作推进会召开 | 马悦 摄

◀2023年12月11日，中央第八巡回指导组到南昌市公安局调研主题教育开展情况 | 市公安局 供图

项目为先、实干奋进，争分夺秒拼经济

2023年，南昌市全面加强对经济工作的领导，把发展作为第一要务，将“项目为先、实干奋进，争分夺秒拼经济”贯穿全年工作，真抓实干、担当作为，统筹推进稳增长、促改革、惠民生、保稳定、防风险各项工作，全市经济持续回升向好，高质量发展取得新成效。全年全市规模以上工业增加值比上年增长4.2%，高技术制造业增加值增长12.1%，航空装备、电子信息、机电装备制造产业发展较快，增加值分别增长28.8%、15.1%、10.5%。

制造业发展量质齐升

2023年8月22日，江铃控股首款新能源汽车投产下线仪式举行 | 魏勇剑 摄

2023年10月27日，2023中国航空产业大会暨南昌飞行大会开幕。图为国产大飞机C919进行动态飞行表演 | 喻云亮 摄

江西省兆驰光电有限公司自动化生产线 | 杨紫韬 摄于2023年8月28日

南昌海立电器有限公司智慧工厂生产线 | 成奔 摄于2023年8月30日

华兴针织数字化生产车间 | 马悦 摄于2023年12月10日

服务业提档升级

2023年4月21日，第81届中国教育装备展示会在南昌绿地国际博览中心开幕
丨 马悦 摄

2023年4月28日，江西省首家重奢购物中心南昌武商MALL启幕仪式举行
丨 东湖区 供图

2023年11月10日，京东物流亚洲一号南昌向塘智能产业园内，智能设备助力“双十一”消费 丨 马悦 摄

2023年8月29日，市民在南昌县银三角万湖夜市购物 | 成奔 摄

发展后劲持续增强

2023年2月4日，第五届南昌市新时代十佳“创业、创新、创优”人物颁奖典礼暨东湖区2023年招商推介会在东湖区举行 丨 东湖区 供图

2023年4月21日，红谷滩区（未来科学城）招商推介暨重大项目签约大会在红谷滩区召开 丨 红谷滩区 供图

2023年7月7日，南昌中微半导体设备有限公司生产研发基地——南昌中微新厂建成启用 丨 马悦 摄

2023年10月19日，世界VR产业大会开幕式举行，大会签约项目116个，签约金额456.15亿元　丨　马悦　摄

2023年10月27日，2023中国航空产业大会暨南昌飞行大会开幕，大会签约航空航天项目22个，签约金额302亿元　丨　马悦　摄

新晋“网红”热门城市

2023年，南昌市精心打造城市IP，举办迎春和国庆烟花晚会、国际龙舟赛、八一广场升旗仪式、千人横渡赣江、国际马拉松、“走复兴大桥·看南昌变化”迎新健步行、全城联动跨年夜等系列重量级活动；发挥市场作用，举办大型演唱会、音乐节13场，吸引观众超40万人，其中67.1%为市外游客，全年举办各类文旅体育活动400多场。海昏侯国遗址公园被列入国家考古遗址公园，万寿宫历史文化街区获评国家级旅游休闲街区。南昌成为新晋“网红”热门城市，入选为“2023年中国十大旅游目的地必去城市”，全年接待游客1.9亿人次，增长16.7%。

2023年1月23日，南昌市迎春烟花晚会在赣江老官洲举行 | 马悦 摄

2023年6月10日，中国南昌国际龙舟赛在红谷滩区九龙湖举行 | 马悦 摄

2023年7月15日，2023年南昌市横渡赣江系列活动举行 | 马悦 摄

2023年10月1日，八一广场国庆升旗仪式举行 | 马悦 摄

2023年4月1日,2023南昌草莓音乐节在西湖区华侨城欢乐象湖草坪举行 丨 杨紫韬 摄

2023年8月12日,2023南昌太平心街第十届啤酒音乐嘉年华举行 丨 喻云亮 摄

2023年11月12日,2023南昌马拉松开赛 | 马悦 摄

2023 年 12 月 31 日,红谷滩跨年夜举行 | 马悦 摄

2023年7月12日，2023年“全球学子嘉游赣·大美江西发现之旅”出征仪式在滕王阁景区举行 | 杨紫韬 摄

2023年5月27日，“特种兵”游南昌活动举行。图为“特种兵”参观南昌八一起义纪念馆 丨 魏勇剑 摄

2023年2月27日，万寿宫历史文化街区被评为国家级旅游休闲街区。图为万寿宫历史文化街区一角 丨 马悦 摄

2023 年 12 月 15 日，“墎墩苑—海昏藏宝”海昏侯刘贺墓园全面开放 丨 成奔 摄

六坝共筑、十桥同架

2023年,南昌市强力推进“六坝共筑、十桥同架”。“六坝共筑”指赣江尾闾综合整治工程主支、北支、中支、南支4支枢纽,抚河尾闾综合整治及河湖水系连通工程塔城枢纽、八字脑闸枢纽。赣江尾闾综合整治工程自2021年12月开工,主支、北支、中支、南支枢纽同步推进、联动建设;2023年2月,抚河下游尾闾综合整治及河湖水系连通工程开工,同步启动塔城枢纽、八字脑闸枢纽建设。“十桥同架”指隆兴大桥、复兴大桥、洪州大桥、昌南大桥、铁河大桥、官港河大桥、三官河大桥、南新大桥、将军洲大桥和长乐大桥。复兴大桥于2021年8月30日开工建设,2023年底具备主线通车条件;洪州大桥于2022年2月16日开工建设,2023年底实现主线结构贯通;昌南大桥于2023年8月开工建设;隆兴大桥(南)于2023年7月开工;南新大桥、长乐大桥、铁河大桥、官港河大桥、三官河大桥5座桥梁于2023年6月29日开工建设。2023年,赣江、抚河上呈现“六坝共筑、十桥同架”的壮丽景象。

2023年4月9日,赣江下游尾闾综合整治工程北支枢纽建设现场 | 马悦 摄

2023年4月9日,赣江下游尾闾综合整治工程中支枢纽建设现场 | 马悦 摄

2023年4月9日，赣江下游尾闾综合整治工程北支枢纽建设现场 | 马悦 摄

2023年6月2日，赣江下游尾闾综合整治工程南支枢纽船闸主体结构封顶 | 马悦 摄

2023年8月28日，抚河下游尾闾及河湖水系连通工程八字脑闸枢纽一期围堰合龙 | 马悦 摄

2023年3月26日，复兴大桥和洪州大桥施工现场　|　马悦　摄

2023年12月31日，复兴大桥主线具备通车条件　|　马悦　摄

2023年9月11日，复兴大桥主桥合龙 | 马悦 摄

2023年11月16日，洪州大桥主桥钢梁合龙 | 马悦 摄

2023年8月10日，隆兴大桥中支主桥承台全部浇筑完成 | 马悦 摄

2023年9月13日，昌南大桥施工现场 | 马悦 摄

2023年11月22日，隆兴大桥公铁合建平行弦连续钢桁梁桥首节钢桁梁吊装完成　|　马悦　摄

2023年11月23日，铁河大桥施工现场　|　南昌交投集团　供图

2023年10月11日，南昌县泾口乡及周边景色 | 成奔 摄

2023年11月29日，南昌市高新区艾溪湖森林湿地公园银杏林景色 | 魏勇剑 摄

目　　录

特　载

专　记

大事记

市情概览

中国共产党南昌市委员会

南昌市人民代表大会

南昌市人民政府

中国人民政治协商会议南昌市委员会

中国共产党南昌市纪律检查委员会
南昌市监察委员会

民主党派・工商联

群众团体

法　治

军　事

经济管理

开放型经济

开发园区

数字经济

农 业

工　业

商贸服务业

金融业

旅游业

房地产业

交通·邮政

城乡建设和管理

生态环境保护

科学技术

教 育

文　化

卫生健康

体 育

社会生活

应急管理

县区(管理局)

人物・荣誉

附　录

索　引

特　载

市委常委会工作报告（摘要）

——在市委十二届七次全体（扩大）会议上

中共江西省委常委、南昌市委书记　李红军

（2024 年 1 月 3 日）

2023 年是全面贯彻党的二十大精神的开局之年。一年来，市委常委会坚持以习近平新时代中国特色社会主义思想为指导，深入贯彻落实党的二十大精神和习近平总书记考察江西重要讲话精神，在省委、省政府的正确领导下，全面落实省会引领战略，加快推进“一枢纽四中心”建设，奋力推动各项事业取得新成效。特别令我们振奋的是，习近平总书记时隔四年再次亲临江西考察指导，在南昌召开重要会议，提出了“走在前、勇争先、善作为”的目标要求，极大地鼓舞了广大干部群众的信心，为全市上下奋进新征程、夺取新胜利注入了澎湃动力。一年来，市委常委会主要做了以下工作：

一、扎实开展主题教育，坚持不懈用党的创新理论凝心铸魂

市委常委会认为，开展学习贯彻习近平新时代中国特色社会主义思想主题教育，是全年党的建设的重大任务，必须按照中央和省委统一部署，牢牢把握“学思想、强党性、重实践、建新功”的总要求，一体推进理论学习、调查研究、推动发展、检视整改、建章立制，努力在以学铸魂、以学增智、以学正风、以学促干方面取得实实在在的成效。中央电视台等主流媒体密集宣传报道南昌主题教育工作 207 篇次。中央第八巡回指导组给予充分肯定，指出南昌主题教育为全国作出了示范。

一是持续强化理论武装。坚持把“学思想”摆在首位并贯穿始终，分专题深钻细研《习近平著作选读》《习近平新时代中国特色社会主义思想学习纲要》等指定教材，举办市级领导干部主题教育专题读书班，市委理论学习中心组带头开展 14 次集体学习研讨，深刻领会习近平新时代中国特色社会主义思想的丰富内涵，推动理论学习入脑入心。坚持和完善“第一议题”制度，把学习贯彻习近平总书记考察江西重要讲话精神同开展主题教育结合起来，研究起草贯彻落实省委学习贯彻习近平总书记考察江西讲话精神决定的实施方案，努力把总书记为我们擘画的蓝图一步步变成美好现实。各地各部门通过集中学习、办班轮训、研讨交流等形式，持续在学思践悟、融会贯通上下功夫，教育引导广大党员干部坚定拥护“两个确立”、坚决做到“两个维护”。

二是注重分层分类指导。针对主题教育参加单位和人员范围广、类型多、数量大、任务重的特点，对标中央指导意见，按照“抓实规定动作、确保方向不偏”思路，围绕乡镇（街道）、村（社区）、机关、中小学校、医院、国企、非公有制经济组织、社会组织 8 个领域和新就业群体党员、流动党员、年老体弱党员 3 个类型，形成了“8 + 3”分类指引，为不同领域（类型）党组织（党员）开展主题教育提供分类指导要求，让基层党组织有了对照、便于操作，实现了各领域、各层级党员主题教育全覆盖，让所有党员受教育，立足实际见行动。该经验做法 2 次在中央主题教育办会议上作典型发言，5 次被中央主题教育办简报刊发。

三是深入开展调查研究。制定《关于在全市大兴调查研究的实施方案》，大力弘扬唯实求真精神，建立“四下基层、三访三促”工作机制，组织党员干部沉到一线，摸实情、寻良策、谋实招，使调查研究的过程成为理论向实践转化、增进群众感情、提高履职本领的过程。市委常委同志带头深入一线调查研究，示范带动县处级以上领导干部开展实地调研4287次，帮助基层化解矛盾困难、理清发展思路，推动一批问题得到化解、工作实现提升，一批调研成果转化为促进发展的实际成效。组织开展“深入推进‘一枢纽四中心’建设”“‘胡子工程’攻坚”“持续深化作风建设”3个正面典型案例、1个反面典型案例解剖式调研。《人民日报》头版以《调研出成果 发展见实效》为题，对南昌主题教育进行报道，我市成为全国唯一在该报头版刊登设区市主题教育成效的城市。

四是从严从实抓好整改整治。坚持边学习、边对照、边检视、边整改，把整改整治贯穿主题教育全过程，紧扣理论学习、政治素质、能力本领、担当作为、工作作风和廉洁自律6个方面，检视问题730个，制定整改措施2406项，定期盘点、对账销号，提升整改实效。统筹推进中央、省级层面确定的搞“半拉子工程”“形象工程”“面子工程”、统计造假搞“虚假政绩”等问题，针对市级层面确定的6个方面问题开展了专项整治，中央第八巡回指导组和省委第二巡回督导组全程精心指导，与市委同向发力、同学共研、同题共答，督促各地各部门举一反三整改落实，推动南昌市主题教育取得实效。

二、锚定经济发展主线不动摇，经济运行持续回升向好

市委常委会认为，面对国内外环境深刻复杂的变化，必须全面加强对经济工作的领导，把发展作为第一要务，将“项目为先、实干奋进，争分夺秒拼经济”贯穿全年工作，全力推动经济持续恢复、加快向好。

一是制造业发展量质齐升。出台制造业重点产业链现代化建设“8810”行动计划，推动传统产业转型升级，战略性新兴产业持续壮大，前瞻布局未来产业，预计全市规模以上工业营收突破6500亿元，电子信息全产业链营收突破2400亿元，汽车及装备、新材料、医药健康等全产业链营收均超千亿元。鼓励和引导企业实施数字化、智能化改造，1—11月全市工业技改投资同比增长37.8%，新增500万元及以上技改项目388个，新增“上云上平台”企业13322家，江铃股份等一批企业获评国家级智能制造示范工厂，南昌获评全国首批中小企业数字化转型试点城市。加大高新技术企业培育力度，新增高新技术企业691家，1—11月规上战略性新兴产业、高技术制造业、装备制造业增加值同比分别增长6.4%、7.1%、7.4%。

二是服务业全面恢复。把服务业作为经济增长的重要动力，出台促进商务经济高质量发展若干措施等系列政策，1—11月全市规上服务业营收同比增长10.9%，增速位居全省第一，限上住宿业、餐饮业营业额同比分别保持25.7%、20.3%的高速增长。持续提升商贸消费，开展“悦享金秋·乐购洪城”等促消费活动500余场，吸引超100家首店进驻南昌，全省首家重奢购物中心武商MALL正式开业，有力促进全市乃至全省高端外溢消费回流。举办大型展会83场，参观200多万人次，拉动综合消费超200亿元，荣获“中国会展之星·最具创新活力会展城市和最佳会展目的地城市”称号。谋划推动东南、北部、西部物流产业园建设，在全省率先创建国家骨干冷链物流基地，成功入选综合型现代流通战略支点城市布局建设名单。不断壮大金融业规模，全市本外币贷款余额突破2万亿元，新增持牌金融机构7家、总数190多家，新增上市企业5家、总数达43家，占全省比重38.9%。

三是发展后劲持续增强。市领导带头开展招商引资，走访企业、会见客商310批次，推动华为江西总部成功落户，与京东集团、千方集团签署战略合作协议，举办华勤技术全球核心合作伙伴大会。借助龙头企业供应商大会、产业峰会等活动开展产业链招商，举办或参加各类招商活动200余场。成功举办2023年世界VR产业大会、南昌电子信息产业发展大会、中国航空产业大会暨南昌飞行大会、中国（江西）工业互联网创新发展大会等大型活动，签约重大项目706个，协议投资总额2325.78亿元。加快产业项目建设，每季度开展重大项目集中开工活动，华创新材锂电铜箔项目、中微半导体生产基地等一批重大重点项目建成投产。

三、坚持补短板强弱项提品质，城市承载力和影响力进一步提升

市委常委会认为，必须深入实施“东进、南延、西拓、北融、中兴”城市发展战略，坚持打基础、谋长远，统筹推进城市扩容提质，切实增强城市承载力和影响力。

一是对外通道不断优化。深入实施交通强市建设，扎实推进机场、高铁、航运、码头等重大工程建设，加快打造具有全国重要影响力的综合交通枢纽。昌北国际机场三期改扩建工程启动建设，进境水果和冰鲜水产品指定监管场地正式投入运营，瑶湖机场向民航飞机开放。昌杭高铁黄昌段、南昌东站、南昌南站正式开通运行，昌九高铁加速建设，昌福（厦）、武咸昌、长昌（九）高铁线路加紧谋划推动，高铁线网更加密集。赣江下游尾闾综合整治工程高质高效推进，中支、北支、南支枢纽已具备运行条件，抚河下游尾闾综合整治工程进展顺利，姚湾综合码头（一期）7个泊位通过验收，为加快打造“赣鄱千年黄金水道”奠定了坚实基础。

二是基础设施不断完善。加快城市路网建设，洪腾高架主线、桃花南路快速化改造等工程实现通车，复兴大桥主线具备通车条件，洪州大桥已实现主线结构贯通，地铁1号、2号线延长线和西外二环高速、隆兴大桥等项目加速建设。着力提升交通运行智能化水平，持续深化不文明交通行为整治，全市道路平均车速提升每小时4千米，交通健康指数在全国36个重点城市中位居前列。深入实施城市更新行动，有序推进老旧小区、城中村改造，累计建成海绵城市面积158.98平方千米，完成积水点改造44个，新建污水管114.13千米。1—11月全市基础设施投资同比增长23.5%，分别高于全国、全省增速17.7和8.4个百分点。

三是城市环境面貌不断提升。把打造洁净舒适的城市生活空间作为基础工程，巩固“马路本色”行动成效，创建25个城市客厅“席地而坐”示范区，环卫质量和重点区域保洁水平全面提升。持续抓好主要通道和桥梁环境整治，常态化做好杭昌高铁南昌段沿线环境整治，全面清洗城市桥梁内外侧墙体，涂装和修复脏污、锈蚀铁路桥梁，擦亮城市形象窗口。开展城市家具专项整治，优化灯杆建设标准，规范广告招牌管理，做好城市道路坑洞、破损路面排查整治，整改道路病害2.62万处。精细养护城市绿化，重点实施南昌大道沿线绿化提升工程，新（扩）建城市公园26个。提升城市智慧管理水平，城市运行管理服务平台上线试运行并顺利通过住房城乡建设部验收，实现城市运行管理“一网统管”。

四是城市品牌形象不断擦亮。精心打造城市IP，成功举办迎春和国庆烟花晚会、国际龙舟赛、八一广场升旗仪式、千人横渡赣江、国际马拉松、“走复兴大桥·看南昌变化”迎新健步行、全城联动跨年夜等系列重量级活动；发挥市场作用，举办大型演唱会、音乐节13场，吸引观众超40万人，其中67.1%为市外游客，全年共举办各类文旅体育活动400多场。加快景区景点打造，陆军博物馆正式落户，滕王阁景区“还江于民、还岸于民、还景于民”及北扩工程启动建设，海昏侯国遗址公园列入国家考古遗址公园，万寿宫历史文化街区获评国家级旅游休闲街区。南昌成为新晋“网红”热门城市，入选“2023年中国十大旅游目的地必去城市”，预计全年接待游客1.9亿人次，同比增长16.7%。央媒、省媒等主流媒体聚焦南昌特色亮点进行密集报道，全年刊播南昌稿件6400余篇，有效提升城市吸引力、影响力和美誉度。

四、深入推进改革开放创新，发展动力活力持续进发

市委常委会认为，抓改革、促开放、强创新是发展的动力源泉，必须全面加强对改革工作的领导，以更大决心和力度推进改革开放创新，不断破除阻碍高质量发展的堵点卡点，为经济社会发展提供强劲动能。

一是改革攻坚纵深推进。深入实施全面深化改革攻坚行动，统筹推进国资国企、农业农村、政务服务、基层治理等领域改革，全年实施改革任务81项，江铃集团入选国务院国资委国企改革“双百企业”名单，“孺子书房”现代公共文化服务新模式和“幸福圆桌会”基层社会治理改革，入选中国改革2023年度地方全面深化改革典型案例。以深入实施营商环境优化升级“一号改革工程”为抓手，持续推进“放管服”改革，提高政务服务效率，网上可办率达100%，基本实现“网上办、就近办，不见面、不求人”，一体化政务服务荣获全国政务服务优秀品牌，营商环境多项评价指标进入优异行列，在全国营商环境现场会上作典型发言。

二是创新动能加快释放。持续优化创新资源布局，加快推进瑶湖科学岛、航空科创城、中医药科创城、未来科学城等建设，启动南昌实验室和江西创新馆建设。突出企业创新主体地位，推动营收3亿元以上工业企业和“专精特新”企业建立研发机构全覆盖，亿元以上工业企业覆盖率超70%。深化校企产学研合作，举办6场驻昌高校科研院所科技成果对接会，促成高校科研院所与企业签约优质项目39项。加强创新人才队伍建设，稳步推进人才“双百计划”，引进和培育高层次科技创新人才25名，新增本土院士2名，在昌院士达10人，创历史新高；发挥“人才10条”带动作用，净流入人才13.95万名。

三是开放水平持续提升。加快推进昌北机场空港建设，有序恢复客货运航班，1—11月昌北机场旅客吞吐量、货邮吞吐量同比分别增长116%、49%。完善向塘国际陆港功能，拓展国际物流新通道，开行铁海联运班列1519列，外贸重箱运量同比增长49.84%。积极参与共建“一带一路”新兴市场，进出口规模超千亿元，1—11月生产性企业出口390.4亿元，同比增长8.7%。主动对接融入长江经济带、长三角、粤港澳大湾区、海西经济区等国家战略，深化与中部省会城市、长江中游城市群城市交流合作，全力打造江西内陆开放型经济试验区“窗口”。发挥都市圈核心城市带动作用，抓好9个县市“一对一”合作协议落地落实，与赣江新区在产业、基础设施、公共服务、社会治理等领域全面融合发展，与九江、萍乡、景德镇签署战略合作协议，推动南昌都市圈建设取得实质性进展。

五、深入实施“两整治一提升”行动，乡村振兴迈出坚实步伐

市委常委会认为，全面建设社会主义现代化南昌，必须坚持农业农村优先发展，巩固拓展脱贫攻坚成果同乡村振兴有效衔接，以“两整治一提升”行动为抓手，加快推动农业强起来、农村美起来、农民富起来。

一是农业产业提质增效。做强做大农业企业，市级以上农业龙头企业年销售总额占全省60%，中国农企500强达10家，全省6家农业上市企业中南昌市占5家。提升农业科技含量，水稻机械化育秧中心实现涉粮乡镇全覆盖，机械化种植率位居全省前列，省级农作物种业骨干企业占全省的56%。持续唱响农业品牌，推进优质农产品进盒马、山姆等主流商超，安义瓦灰鸡等10个特色农产品被纳入全国名特优新农产品名录。坚决扛起粮食安全政治责任，超额完成粮食播种面积、粮食产量和冬油菜播栽任务，重要农产品实现稳价保供。

二是农村环境明显改善。学习运用“千万工程”经验，抓好340个重点村环境整治，推进农村“厕所革命”，改善村庄房前屋后环境，推动道路硬化、村庄绿化、污水净化、路灯亮化等工作取得显著成效。深入开展农村路域环境整治，新改建农村公路352.52千米，实施“白改黑”370千米，完成道路隐患治理194千米，农村路域环境品质全面提升。加强乡村精神文明建设，大力推进移风易俗，重点整治高额彩礼、占道殡葬、大操大办等不良风气，乡村治理水平明显提升，4个村入选第三批全国乡村治理示范村，建成5个中国美丽休闲乡村。

三是农民收入持续增长。扎实推动共同富裕，实施万名“绿领农民”培育工程，拓宽农民增收致富渠道，全市农村居民人均可支配收入同比增长6%左右，高于城镇居民2个百分点，脱贫人口人均可支配收入同比增长12%。持续壮大村级集体经济，加快培育新型经营主体，新增农民合作社343家，全市1149个行政村集体经营性收入近11.97亿元、村均收入104.18万元，村级集体经济走在全省前列。加强防止返贫动态监测帮扶，做好重点人群摸排筛查，防范返贫致贫风险，扩大贫困补助范围，切实做到应纳尽纳、应扶尽扶。

六、持续保障和改善民生，群众获得感幸福感安全感不断提升

市委常委会认为，民心是最大的政治，必须深入践行以人民为中心的发展思想，坚持尽力而为、量力而行，着力解决人民群众普遍关心关注的民生问题，让群众看到变化、得到实惠。

一是民生实事扎实推进。坚持财力向民生领域倾斜，全市财政民生类支出占一般公共预算支出比重约80%，十件人大代表票决民生实事基本完成。深入推进“胡子工程”和“打通断头路 畅通微循环”攻坚专项行动，“胡子工程”销号11项，38条“断头路”完工通车。结合城市污水管网改造工程，开展道路窨井盖治理，整治问题井盖21511个，一体化更换井盖1442个。兜住、兜准、兜牢民生底线，扎实做好困难群众救助工作，零就业家庭安置率达100%，成功入选全国公共就业服务能力提升示范项目城市。

二是社会事业全面发展。深入实施教育高质量发展三年行动，加大优质教育资源供给，新投入使用幼儿园40所、中小学21所，南昌中学、行知中学、洪都中学新校区、南昌十中经开校区等加快建设，全力办好南昌技师学院、南昌健康职业技术学院，市委党校新校区（八一干部学院）如期投入使用。扎实推进健康南昌行动，支持五大国家区域医疗中心建设，市第一医院九龙湖院区、市洪都中医院二期、新急救中心建设完工，市级“4+2+2”医疗卫生服务体系逐步形成。不断完善“一老一幼”服务体系，打造区域性养老中心8个，建成社区居家养老服务中心887家、“一老一小幸福院”14家，获评全国首批婴幼儿照护服务示范城市。深化“书香洪城”建设，累计建成100家“孺子书房”，引入社会资本因地制宜建设文化产业园区，不断满足人民群众精神文化需求。

三是生态优势不断彰显。打好蓝天、碧水、净土保卫战，全市生态环境持续改善，生态文明建设获国务院督查激励。深入推进大气污染防治，空气质量优良率92.3%，在中部六省省会城市稳居第一。加快推动水系大连通，深化水环境治理，前湖水系、乌沙河水质明显改善。全市土壤环境质量状况总体良好，未出现因土壤污染导致农产品超标问题，未发生建设用地土壤污染风险管控和修复名录地块违规开发问题。全力推进生态环境问题整改，历次中央、省环保督察及长江经济带、省生态环境警示片反馈（披露）问题已整改完成211个，剩余16个正按时限要求有序推进。稳妥有序推进碳达峰碳中和，推动全市万元GDP能耗持续下降，国家低碳试点城市评估获优秀等次。因地制宜建设马咀山、鱼目山生态公园，加快推进蟠龙峰景区建设，群众绿色获得感、生态幸福感持续增强。

四是和谐局面更加巩固。妥善处置涉房地产、金融等领域突出问题，化解恒大、新力等逾期楼盘涉稳风险，以及洪大集团、正邦集团、南昌农商银行等金融风险，守住了不发生系统性风险的底线。严厉打击各类违法犯罪，常态化开展扫黑除恶斗争，1—11月全市治安案件受理数同比下降14.2%，电诈案件发案数下降30.3%，刑事案件破案数上升31.5%，获批全国首批、全省首个社会治安防控体系建设示范城市。完善“昌治久安”治理体系，扎实推进智慧平安小区、智慧平安校园、智慧平安医院建设，获批全国首批市域社会治理现代化试点合格城市。深刻汲取“1·8”重大交通事故教训，扎实推进重点领域安全隐患排查整治，强力遏制较大及以上事故发生，全市生产安全事故总量下降33.3%。

七、纵深推进全面从严治党，政治生态持续向上向好

市委常委会认为，办好南昌的事情，关键在党、关键在人，必须全面贯彻新时代党的建设总要求，严格履行全面从严治党主体责任，不断巩固提升风清气正的良好政治生态，为加快全面建设社会主义现代化南昌提供坚强保障。

一是落实管党治党政治责任。坚持把管党治党主体责任扛在肩上、抓在手上、落实在行动上，专题研究部署党风廉政建设和反腐败工作，常态长效开展政治谈话，实现市管领导班子成员政治谈话全覆盖。以零容忍态度惩治腐败，深化国企、医药、招投标、棚改、司法、乡村振兴等重点领域治理，严肃查处了一批典型违纪违法案件，全市共立案2231件、同比上升8.8%，留置85人、同比上升49.1%。深入纠治“四风”顽疾，开展作风提升年活动，查处违反中央八项规定精神问题745个，党纪政务处分765人。召开全市领导干部警示教育大会，在纪法威慑和政策感召下，12人向纪检监察机关主动投案，52人主动交代问题。部署开展以案促改工作，大力整治收受烟酒、出入私人会所、上下级关系庸俗化、特权思想、政商交往不清等不正之风，着力建设良好党风政风。

二是打造坚强有力干部队伍。认真践行新时代党的组织路线，全面落实新时代好干部标准，大力选用忠诚干净担当具备六种鲜明特质的“四有”干部。加强干部实践锻炼，扎实推进政企年轻干部双向挂职、金融干部挂职、“六个一线”挂职工作。加大年轻干部培养选拔力度，统筹做好选调生和党政储备人才教育培养和管理，实施市属学校年轻干部培养“洪师计划”。推进干部能上能下，制定领导干部不适宜担任现职的细化情形，调整不适宜担任现职县级干部21人。加强干部全方位管理和经常性监督，严格落实“三个区分开来”，为3名受到不实举报的党员干部澄清事实、消除影响。

三是推动基层党建创新发展。坚持大抓基层鲜明导向，在全市推行“书记领航”工程，举办乡镇（街道、管理处）党政正职培训班、村党组织书记示范培训班，常态化推进大学生基层专干进村“两委”班子，不断增强基层党组织政治功能和组织功能。深化基层党建“三化”建设，持续整顿软弱涣散村党组织，加强村（社区）干部特别是“一肩挑”人员管理监督，调整不胜任不尽职村党支部书记7名。深化党建引领基层治理，健全平时“洪城红管家”、急时“洪城红应急队”的平急转换衔接机制，完善社区物业党建联建机制，全市物业企业党组织、业主委员会党组织覆盖率分别达到98%、87%。加大新兴领域党建攻坚力度，完成全省新兴领域“两个覆盖”攻坚行动试点。

四是广泛凝聚团结奋斗力量。坚持党的领导、人民当家作主、依法治国有机统一，认真贯彻落实习近平总书记关于加强和改进新时代地方人大工作、人民政协工作的重要思想和习近平总书记关于做好新时代党的统一战线工作的重要思想，支持市人大及其常委会履行职责，在全省率先出台关于对地方立法工作作出重大事项的有关决定；支持市政协履行政治协商、民主监督、参政议政职能，推动政协履职成果转化落实；充分发挥统一战线重要法宝作用，加强与各党派、各团体、各民族、各阶层、各界别、各宗教以及各方面人士的联系交流合作，召开党外人士调研成果专题协商会，推动各条战线主动融入中心工作。严格落实党管武装工作责任制，研究解决全市国防动员和后备力量建设新情况新问题，巩固提升全国双拥模范城创建成果。积极做好工会、共青团、妇联、文联、社科联、侨联、残联、台联、科协、红十字会等群团工作，加强对非公有制经济人士、党外知识分子和新的社会阶层人士的团结引导，充分调动各方面积极因素、各方面工作力量，推动全市上下以更加“自信、发奋、齐心”的精神状态奋进新时代。

在严峻复杂多变的形势下，南昌能够取得来之不易的成绩，根本在于以习近平同志为核心的党中央的坚强领导，在于习近平新时代中国特色社会主义思想的科学指引，得益于省委、省政府的正确领导，得益于全市干部群众的团结奋斗。一年来，我们坚持一切从实际出发，做到实事求是看待市情、谋划思路、推动发展，不断提升能力、锤炼作风、狠抓落实，为打造“一枢纽四中心”、全面建设社会主义现代化南昌积累了有益经验、带来了深刻启示。一是树立正确的政绩观，坚持“做正确的事，正确地做事”。始终把有利于老百姓的事、有利于高质量发展的事作为根本出发点，正确处理好潜绩与显绩、近期与长远、局部与整体的关系，做到“说一件、做一件，做一件、成一件”，努力创造经得起实践、人民、历史检验的实绩。二是掌握科学的工作理念，坚持“干字当头，问题导向，重点发力，以上率下”。坚持干字当头，做坚定的行动派、实干家；以问题为导向，不断发现问题、分析问题、解决问题；聚焦重点发力，集中力量，以点带面，推动工作整体全面提升；发挥“关键少数”示范引领作用，一级做给一级看，一级带着一级干，形成强大工作合力。三是运用有效的工作方法，坚持“简单专注，严实深细”。沉得住气、静得下神，谋划时统揽大局、操作中细致精当，从小处入手、向细节发力，精雕细琢、精耕细作、精益求精，一件事一件事去办，一个难关一个难关去过，积少成多，积沙成塔，以“绣花”功夫把各项工作做扎实、做到位。四是践行务实的工作作风，坚持“脚上有土，心中有谱”。弘扬求真务实的干部作风，蹲下去看蚂蚁，多到基层一线去、到企业车间去、到田间地头去，摸清情况、发现问题、分析原因，找到解决问题的办法。五是打造有力的干部队伍，坚持大力选用忠诚干净担当具备六种鲜明特质的“四有干部”。树立正确的选人用人导向，加强干部教育培养，注重在实践实干中历练，畅通干部成长成才通道，严格干部监督管理，打造一支忠诚干净担当的有干劲、有思路、有办法、有活力的干部队伍，为全面落实省会引领战略、加快打造“一枢纽四中心”提供坚强队伍保障。

在总结成绩和经验的同时，市委常委会清醒认识到，南昌实现高质量发展仍然面临不少困难和挑战：省会引领作用还不强，经济总量还不大，产业实力还不强，科技创新动能还未充分发挥，对外开放层次还不高，重点领域改革仍需突破，综合交通枢纽地位不强，城市功能品质还需提升，城市品牌彰显不够，民生保障存在短板，公共服务还存在薄弱环节，政治生态还需优化，等等。市委常委会将坚持问题导向，团结带领全市广大干部群众补短板、强弱项、扬优势，扎实做好各项工作，坚定不移推动高质量发展，为全面建设社会主义现代化南昌作出新的更大贡献！

政府工作报告（摘要）

——在南昌市第十六届人民代表大会第四次会议上

南昌市人民政府市长　万广明

（2024 年 1 月 15 日）

2023 年是南昌发展稳中向好、稳中求进的一年，也是南昌人民牢记嘱托、感恩奋进的一年。习近平总书记时隔四年再次亲临江西考察，并发表重要讲话，提出“走在前、勇争先、善作为”的目标要求，让我们倍感振奋温暖。省委十五届四次全会提出实施省会引领战略，对南昌发展寄予厚望，让我们倍增信心决心。一年来，我们坚持以习近平新时代中国特色社会主义思想为指导，在省委、省政府和市委的坚强领导下，紧紧围绕“一枢纽四中心”发展定位，锚定“项目为先、实干奋进，争分夺秒拼经济”工作主线，完整、准确、全面贯彻新发展理念，真抓实干、担当作为，战胜各种困难挑战，全市经济运行呈现持续恢复、加快向好态势。2023 年，全市地区生产总值预计增长 4.0% 左右，规上工业增加值预计增长 4.0% 左右，社会消费品零售总额预计增长 6.5% 左右，地方一般公共预算收入增长 9.3%，固定资产投资增速持续回升，城乡居民人均可支配收入预计分别增长 4.0%、6.0% 左右。

一、坚持产业强市、制造业立市，经济基础不断夯实。

制造业提质增效。坚持“一产一策”“一企一策”，预计全市规模以上工业营业收入突破 6500 亿元，电子信息（含电子信息服务业）全产业链营业收入突破 2400 亿元，汽车及装备、新材料、医药健康等全产业链营业收入均超千亿元。积极支持企业技改扩能，1—11 月，工业技改投资增长 37.8%，新增 500 万元及以上技改项目 388 个；规上战略性新兴产业、高技术制造业、装备制造业增加值分别增长 7.0%、8.1%、8.3%。高新区新型计算机及信息终端设备制造产业集群获批国家级创新型产业集群。“安义门窗”经国家知识产权局核准注册为集体商标。“青山湖针纺”集体商标荣获 2023 年中华品牌商标博览会“金奖”。

服务业提档升级。开展“悦享金秋 · 乐购洪城”等促消费活动 500 余场，发放消费券超亿元，武商 MALL、江旅都市方舟、华润万象天地顺利开业，全年吸引超 100 家首店进驻；举办各类规模以上展会 83 场，拉动综合消费超 200 亿元，获评中国会展之星 · 最具创新活力会展城市和最佳会展目的地城市。入选全国综合型现代流通战略支点城市和国家骨干冷链物流基地，南昌进境冰鲜水产品、水果指定监管场地投入运营。本外币贷款余额突破 2 万亿元。新增上市公司 5 家，累计 43 家，占全省比重 35.54%。

数字经济持续发展。数字经济核心产业增加值预计 600 亿元左右，增长 4.5% 左右。推进数字经济重点项目 100 个，新增上云上平台企业超 1.5 万家，累计建成 5G 基站超 1.95 万个，城市家庭千兆光纤网络覆盖率超 350%。获评全国建设信息基础设施和推进产业数字化成效明显市、全国首批中小企业数字化转型试点城市，3 家企业获评国家级智能制造示范工厂，4 家企业获评国家级智能制造优秀场景，“国泰工业互联网平台”成为江西省首个国家级跨行业跨领域工业互联网平台。

重大项目扎实推进。全市 1005 个重大重点项目全年完成投资 3151.31 亿元，其中投资 50 亿元以上项目 54 个，20 亿元以上项目 161 个，亿元以上工业项目 376 个，华创新材锂电铜箔、中微半导体生产基地等项目建成投产，华勤千亿产业园、华润微 MEMS 传感器产业园二期、欣旺达动力电池、传烁科技等项目快速推进。争取中央预算内基建资金 19.1 亿元，新增地方政府债券 159.7 亿元。举办或参加各类招商活动 219 场，1—11 月签约重大项目 843 个，协议投资总额 2839.09 亿元，其中，2023 世界 VR 产业大会、中国航空产业大会暨南昌飞行大会、中国（江西）工业互联网创新发展大会等大型产业活动集中签约项目 158 个，总投资超 1000 亿元。推动“省企入昌”签约项目 65 个，签约金额 935.04 亿元。

经营主体不断壮大。加快催生、壮大、繁荣各类经营主体，全年净增经营主体 8.8 万余户，新增“五上”企业 1681 家、省级专精特新企业 310 家、创新型中小企业 656 家，科技型中小企业入库 3444 家。全市“五经普”工作进展顺利，各项准备工作圆满完成，为正式普查登记奠定了坚实基础。单位清查共登记各类经营主体 73.27 万户，是“四经普”的 3 倍，其中单位 22.51 万户，个体户 50.76 万户。

二、坚持强功能提品质，城市综合承载能力持续增强。

交通基础设施加快建设。“六坝共筑、十桥同架”强力推进；高铁东站、南站，杭昌高铁黄昌段正式投入运行；S49 枫生快速路北段提升改造工程西半幅、昌西大道北延、洪腾高架主线等道路通车；昌九高铁、昌北机场三期、昌樟高速二期枫生段扩建工程、西二绕城高速、姚湾综合码头、地铁1号线北延和东延、2号线东延等重大交通基础设施加快建设。持续打通断头路、畅通微循环，38条道路成功通车，11个“胡子工程”完工销号。全市道路平均车速提升每小时4千米，交通健康指数在全国36个重点城市中位居前列。

城市更新有序推进。推进功能与品质再提升等三类项目612个，城市更新五年规划被住房城乡建设部列入实施城市更新行动可复制经验做法清单。建成海绵城市达标面积159.93平方千米，打造城市客厅“席地而坐”示范点13个，建成公共停车场125个，新增泊位13888个。改造老旧小区303个，累计完成安置房源分配入住813.3万平方米，既有住宅加装电梯581台；完成248.3千米老旧燃气管网、3517栋既有建筑安全隐患整治。

城市品牌不断提升。积极实施“引客入赣”“引客入昌”计划，举办中国南昌国际龙舟赛、南昌马拉松、烟花晚会、千人横渡赣江、八一广场升旗仪式、梅岭伶伦和扶“瑶”直上音乐节、“走复兴大桥·看南昌变化”等系列活动，全年接待游客1.9亿人次，增长16.9%，实现旅游综合收入1977.79亿元，增长41.3%。南昌市规划展示中心正式开馆，40座孺子书房陆续开放。海昏侯国遗址公园入选国家考古遗址公园，万寿宫历史文化街区获评国家级旅游休闲街区，李渡元代烧酒作坊遗址入选国家工业旅游示范基地，南昌VR主题乐园入选全国首批、全省唯一智慧旅游沉浸式体验新空间培育试点名单。南昌成为新晋“网红”热门城市，入选“中国十大旅游目的地必去城市”，知名度、美誉度、影响力持续上升。

三、坚持深化改革扩大开放，发展动力活力持续迸发。

创新动力不断增强。未来科学城、瑶湖科学岛规划建设稳步推进，南昌实验室、江西创新馆启动建设。年营收3亿元以上工业企业研发机构实现全覆盖，年营收1亿元以上工业企业覆盖率超70%。技术合同成交额突破360亿元，增长超200%。制定出台新“人才10条”政策，兑现资金超11亿元。创新推出“洪漂”概念引才，全年吸引人才14.7万名。新增国家级高技能人才培训基地3家，成立专家工作站28家、院士工作站44家，在昌两院院士达10人，创历史新高。

改革攻坚纵深推进。131项试点示范改革全面铺开。深化拓展国企改革“南昌模式”，完成市直党政机关事业单位所属经营性企业划转工作。深化开发区管理制度改革，有序推进开发区管理机构、科技创新、产业政策、土地资源利用等领域改革。推进社保医保全国统筹式改革，多层次医疗保障有序衔接。市公物仓创新试点建设通过国家验收。进贤县、安义县改革成果入选全国百个农业水价综合改革典型案例。青云谱区“12345+掌上城管”智慧化政务服务模式获评“数字治理·智慧赋能”全国城市数字治理创新案例。

营商环境优化升级。大力推行“就近办、一件事一次办、异地通办”，实现企业群众办事“一网进”，网上可办率、一网通办率分别提升至100%、95.84%，“15分钟政务服务圈”初步形成。数据共享创新场景被国务院办公厅电子政务办全国推介。企业开办全链条办理时限压缩至30分钟，招投标全流程电子化率100%，开办企业指标领域改革作为典型经验在全国营商环境现场会分享交流。“惠企通”平台实现市、县、乡三级全覆盖，累计为1.4万余家企业无感兑现资金48.09亿元。深化包容审慎监管，出台458项轻微违法行为“首违不罚”和“轻微不罚”清单。成立全省首个市级中小企业服务联盟。

开放合作走深走实。积极参与“一带一路”建设，国际友好（交流）城市达40个。南昌国际陆港开通首条中亚班列，并与广州港签订“昌穗一港通”协议。签署长江中游城市群省会城市合作行动计划以及重点合作事项，长江中游城市群合作更加紧密。加强省内合作共建，与九江、景德镇、萍乡签署战略合作协议，与赣江新区在现代产业、基础设施、公共服务等领域深化协作，新增开通南昌至鄱阳城际公交，南昌都市圈同城化水平持续提升。

四、坚持乡村全面振兴，农业农村现代化水平不断提高。

现代农业增产增效。粮油生产再获丰收，完成粮食播面34.45万公顷，总产量21.48亿千克，冬种油菜5.95万公顷。“菜篮子”工程保障有力，蔬菜播种面积4.4万公顷，生猪出栏230万头，水产总产量46.8万吨。国家级农业龙头企业总数达15家，占全省近四分之一。10家企业入选中国农企500强，江西正味食品、李渡酒业成功上市。全市农产品网络零售额累计48.66亿元，增长64.8%。安义瓦灰鸡等10个特色农产品纳入2023年第二批全国名特优新农产品名录。

农村面貌持续改善。340个“两类村”环境整治全面完成，杭昌高铁南昌段和西二绕城高速公路等重要通道沿线环境显著提升。完成农村道路“白改黑”370千米、省道“白改黑”99千米，道路隐患治理194千米。农村卫生厕所普及率近80%。在全省乡村振兴实绩考核中位列第一。安义县入选2023年国家乡村振兴示范县，南昌县向塘镇等9个乡镇上榜全国千强镇名单，经开区蛟桥街道办事处龙潭村等4个村入选第三批全国乡村治理示范村，新建区石埠镇西岗村获评2023年中国美丽休闲乡村。

农民收入持续增长。新增农民合作社343家，5家农民合作社被认定为国家级农民合作社示范社。投入衔接推进乡村振兴补助资金3.5亿元，80个脱贫村和64个省级、18个市级重点帮扶村建设稳步推进；加强防止返贫动态监测帮扶，累计消除返贫致贫风险444户1283人。

五、坚持生态优先绿色发展，生态优势持续巩固。

环境质量有效提升。纵深推进八大标志性战役30个专项行动，全市空气质量优良率92.3%，上升6.5个百分点，$PM_{2.5}$、空气质量优良率指标继续在中部六省省会城市排名第一。地表水省考断面水质优良率84.85%，上升3.03个百分点，赣江、抚河、潦河干流断面继续保持Ⅱ类水质，鄱阳湖南昌湖区总磷浓度下降12.35%。"微笑天使"江豚频现赣江，从"稀客"变"常客"。土壤质量状况总体良好，受污染耕地、重点建设用地安全利用率得到有效保障。扎实开展噪声污染防治工作，"宁静南昌"建设有效推进。

绿色转型稳步推进。生态文明建设获国务院督查激励表彰。碳达峰碳中和"1+N"政策体系初步构建，低碳试点城市建设取得积极进展，获评国家优良等次。持续推进废旧物资循环利用体系建设，省级以上工业园区循环化改造覆盖率达85.7%。小蓝经开区获评国家级绿色工业园区，3家单位获评全国公共机构生活垃圾分类示范点。大力发展光伏和新型储能产业，欣旺达"源网荷储一体化"零碳智慧产业园等项目快速推进。"绿盾"自然保护地强化监督行动发现的46个问题完成整改销号。加速推进全市第一批12条（段）幸福河湖建设项目，乌沙河（长堎段）项目列入国家幸福河湖建设试点。

环境整治取得实效。历年中央、省环保督察及长江经济带、省生态环境警示片反馈（披露）达整改时限的213个问题全部整改，2981件交办信访件全部解决。中央生态环境保护督察曝光典型案例问题整改取得阶段性进展，整治完工排水单元3818个，完成雨污水管网建设1517.93千米，整治错接、漏接、混接点位10.73万个；青山湖、朝阳等片区改造完成市政雨污水管网133.75千米，城区河湖水质明显改善。

六、坚持保障和改善民生，群众获得感幸福感安全感不断提升。

民生保障更加有力。民生类支出占地方一般公共预算支出比重约80%，10件人大票决民生实事项目全面完成。城镇新增就业6.89万人，新增转移农村劳动力3.74万人，零就业家庭安置率100%。入选2023年全国公共就业服务能力提升示范项目城市。发放创业担保贷款20.05亿元，扶持创业者6776人次。职工基本养老保险参保企业预计新增6.27万户，增长19.0%，参保人员预计新增16.63万人，增长6.5%。全面实施省内无异地就医政策，基本医疗保险参保人数预计新增5.82万人。支出社会救助资金9.15亿元，保障困难群众11.18万人。

公共服务更加完善。启动实施全市中小学校网点建设补短板三年攻坚行动，"4+3"市级重点校建项目快速推进，完成中小学校建设项目21个、新增学位3.9万个，新增公办幼儿园40所、公办园位1.07万个。打造8个区域性养老服务中心。西湖区社会福利院被评为全国养老服务先进单位。大力推进"四个示范"创建行动，获评全国首批婴幼儿照护服务示范城市。在全省率先出台全国退役军人"双免"政策。加速构建"4+2+2"医疗卫生服务体系，市第一医院九龙湖院区、市洪都中医院二期完工试运行，南昌新急救中心、市立医院新院、市中心医院瑶湖分院、市人民医院经开院区、市卫生应急指挥与检验中心等工程项目扎实推进。成功通过全国爱卫办"国家卫生城市"现场评估复审。组建南昌市公共图书馆联盟、博物馆联盟。

社会治理更加有序。完善"昌治久安"治理体系，巩固提升城中村（开放式居民区）围合网格化服务管理，获评全国首批市域社会治理现代化试点合格城市，"智治赋能支撑市域社会治理精细化"工作被评为全国优秀创新经验。常态化开展扫黑除恶斗争，深入开展"云剑""长风""夏季治安打击整治"专项行动，全市刑事案件破案率上升33.2%，获评全国首批、全省首个社会治安防控体系建设示范城市。全市基层应急体系"八有"，行政村（社区）"六有"建设基本完成。开展安全生产重大事故隐患专项排查整治2023行动，安全生产事故数下降33.3%。有效管控和化解一批逾期楼盘涉稳风险以及中小金融机构、融资企业等金融风险，守住了不发生系统性风险底线。建立信访工作法治化负面清单和异常访人员信息库，完善重点领域常态化联调联动机制，重点涉稳群体和领域突出问题得到有效化解。

七、坚持改进作风提升效能，政府自身建设不断加强。

扎实开展第二批主题教育，全面落实"三个实实在在"重要要求，积极践行"四下基层、三访三促"工作机制，用实干推动发展、取信于民，以实际行动坚定拥护"两个确立"、坚决做到"两个维护"。纵深推进政府系统全面从严治党，深入贯彻中央八项规定精神，严格落实"三重一大"事项集体决策制度，风清气正的政治生态持续巩固。自觉接受人大、政协监督，办理省市人大代表建议270件、省市政协提案337件，做到了件件有回复、事事有落实。坚决防惩统计造假，持续加强审计监督与各类监督协同贯通。坚持厉行节约，政府过"紧日子"，从严控制一般性支出，全年"三公"经费压减6.8%。推动修订完善地方性法规3件，一揽子修改市政府规章13件，获评第一批全省法治政府建设示范地区，连续九年荣获全面依法治省考评优秀设区市。双拥共建、国防动员和民兵后备力量建设扎实有效，防灾减灾、气象、科学普及、民族宗教、对台事务、外事、侨务、援疆、史志、档案、供销、残疾人、工会、青少年、妇女儿童、红十字、慈善志愿等各项工作取得新成效。

凝心铸魂担使命 实干笃行谋发展

——全市深入开展学习贯彻习近平新时代中国特色社会主义思想主题教育综述

第二批主题教育开展后，南昌牢牢把握“学思想、强党性、重实践、建新功”总要求，深入学习贯彻习近平总书记考察江西重要讲话精神，坚持把三个“实实在在”重要要求贯穿主题教育始终，推动各项工作取得新成效新成果，让人民群众感受到实实在在的新变化。

一、以上率下，全市一盘棋。层层带动各级领导干部走在前、作示范

对照习近平总书记重要讲话精神和党中央决策部署，南昌坚决扛起政治责任、主体责任，高质量开展主题教育，加强主题教育组织谋划，全面、准确、严肃落实“规定动作”，引导广大党员干部深刻领悟“两个确立”的决定性意义、坚决做到“两个维护”，不断提高政治判断力、政治领悟力、政治执行力。

市委多次组织召开主题教育领导小组会议、理论学习中心组学习会、集中学习研讨，高标准推动主题教育走深走实。市委班子成员带头学习理论、讲好党课、调查研究、检视整改、担当实干，精心指导抓好分管领域主题教育，参加分管单位和挂钩县区的重要会议、重要活动，把关审核重要材料，推动主题教育各项重点措施落地见效。各级党组织书记抓自身带全局、抓基层促落实，力戒形式主义、官僚主义，坚决防止“低级红”“高级黑”倾向性问题。

结合实际研究制定全市工作方案，为扎实推进主题教育提供组织保证和工作保证；把握经常性教育和集中教育的关系，印发《学习提示》，要求市县两级党委坚持“第一议题”制度和常态化学习安排；印发《关于在全市大兴调查研究的实施方案》，结合“书记领航”工程，市四套班子成员和全市县处级以上领导班子成员确定1374个调研课题，开展实地调研4287次。市委统筹部署，市委主题教育办迅速落实，推进主题教育各项任务落地见效。

市属媒体开设专栏专题，坚持深度大稿和典型引路的工作思路，在习近平总书记考察江西等重要时间节点，推出一批见人见事、有观点有深度的综合性报道，点面结合地展示南昌主题教育的进展成效与经验做法，得到各级媒体平台的有效关注和广泛转发。2023年11月28日《人民日报》头版重要位置，单篇刊发《江西省南昌市推动第二批主题教育走深走实》深度大稿。《人民日报》头版、央视新闻联播、央广全国新闻联播等中央主流媒体及其重要栏目多次深度报道南昌通过主题教育推动营商环境优化升级等各个领域取得的实际成果。南昌先后在中央主题教育办座谈会和中央主题教育工作推进会上作经验交流，中央和省委主题教育办《简报》多次刊发南昌市经验做法。

紧紧锚定主题教育目标任务，市委坚持从严从实、周密组织，各单位对标对表、迅速落实、形成合力，衔接联动第一批主题教育，一体推进各项重点措施，教育引导全市党员干部坚持不懈用习近平新时代中国特色社会主义思想凝心铸魂，不断增强政治自觉、思想自觉和行动自觉。

二、以学铸魂，加强理论武装。推动党的创新理论入心见行

主题教育开展后，市委牢牢把握学习贯彻习近平新时代中国特色社会主义思想这一主题主线和根本任务，将习近平总书记考察江西重要讲话精神作为理论学习重要内容，做到对党的创新理论入心见行、善思善用，不断夯实坚定拥护“两个确立”、坚决做到“两个维护”的思想根基。

市级领导干部主题教育专题读书班上，省委常委、南昌市委书记李红军讲授“开班第一课”，深刻阐释习近平新时代中国特色社会主义思想的时代背景、科学内涵、核心要义、实践要求，带领市级领导干部沿着习近平总书记在南昌考察足迹开展现场学、体验学，进一步凝聚感恩奋进、砥砺前行的力量。

2023年9月19日，市级领导干部学习贯彻习近平新时代中国特色社会主义思想主题教育专题读书班开班仪式在市委党校举行

（马悦　摄）

市委常委会坚持落实“第一议题”制度，及时跟进学习习近平总书记在中央政治局会议、中央政治局专题民主生活会以及地方考察时的重要讲话精神，及时全面掌握习近平总书记对主题教育提出的最新要求，把思想和行动高度统一到习近平总书记重要讲话精神上来。市委理论学习中心组列出5个专题，采取重点发言、交流研讨、专家辅导、现场教学等方式，深入系统地学习习近平总书记关于树立和践行正确政绩观、关于党的建设等重要思想、重要论述。

突出学习贯彻习近平总书记考察江西重要讲话精神，市委及时召开市委常委会（扩大）会议、全市领导干部会议、市委理论学习中心组学习会等，开展集中学习研讨，组建市委宣讲团到基层一线开展集中宣讲，引导大家自觉把习近平总书记重要讲话精神贯彻到全市各个方面、各个领域、各项工作中，激发全市感恩奋进的强大力量。

在市委常委会的示范带动下，市人大常委会、市政府、市政协党组结合各自工作实际，作出系统学习安排，对标对表、紧跟紧随。各级党委（党组）采取中心组学习、专题读书班、交流研讨等方式，党委（党组）书记带头深学细悟，带动党员干部读原著、学原文、悟原理，推动理论学习层层递进、步步深入。各地各部门深入开展“党课开讲啦”“三级书记讲党课”等活动，将学习贯彻习近平总书记考察江西重要讲话精神作为市县两级党校主体班第一课，并举办党务干部、党代表、驻外流动党员党组织书记等各类专题培训班，深入交流阐释党的创新理论。

各地各部门结合实际特色，由点及面、由浅入深、深学细悟，推动党的创新理论入脑入心。新建区探索“书记问、干部述、党员谈”互动式方法检验理论学习成效；南昌县“鸣理”宣讲队以群众听得懂、能领会的语言，让宣讲有精度有温度；市司法局建立机关在职党员与离退休党员“一对一”结对帮扶机制，引导老党员离岗不离党、退休不褪色。主题教育开展后，全市主题教育单位县处级以上领导班子全部举办读书班，开展理论学习中心组专题研讨976次，带动全市基层党支部开展学习讨论4.5万余次，各级基层党组织书记讲专题党课约1.2万次。围绕学习贯彻习近平总书记考察江西重要讲话精神等，全市850余支宣讲队伍开展宣讲活动4200余场次，直接受众38万余人次，线上线下受众超过百万人。

第二批主题教育单位范围广、类型多、数量大，为切实提高基层党组织理论学习效果，南昌细化“开展理论学习、推动干事创业、认真检视整改”三项重点措施，从组织党员抓好个人自学、开展学习讨论等12个方面，列出符合各领域党组织和党员实际的规定动作清单；制定基层党组织开展主题教育指导要求，对乡镇（街道）、村（社区）、国有企业、中小学校、医院、机关、新经济组织、新社会组织八个领域和新就业群体党员、流动党员、年老体弱党员三方面对象，提供学什么、哪里学、怎么学、谁来组织学等方面的分类指导，探索形成“8＋3”分类指引，推动主题教育有效覆盖。

坚持党建引领推动全市团员和青年主题教育走深走实，用好全国青年发展型城市建设试点契机，面向互联网，依托流量经济产业基地联系新兴青年，发挥网络流量“乘数效应”弘扬青春正能量，经验做法得到中央等各级指导督导组的充分肯定。全省新兴领域党建带团建现场会在南昌召开，全省成效评估工作在南昌试点，南昌市在团中央团员和青年主题教育总结会议上作交流发言。

三、以学增智，深入调查研究。运用党的创新理论研究新情况、解决新问题

南昌积极运用“深、实、细、准、效”五字诀，坚持“脚上有土、心中有谱”工作作风，运用“四下基层、三访三促”工作机制，听民意、摸社情、查堵点、破难题，以高质量调查研究推动主题教育高质量开展。进贤县结合“一跑二进三争四问”和“暖心早茶”等活动，采取看、听、议、查、访、谈等多种形式，开展“解剖式”调研；安义县针对农村早出晚归的生活实际持续实施“萤火虫”行动，健全完善“夜访、夜议、夜谈、夜查、夜学”“五夜”机制；南昌经开区深入基层开展“沉浸式”调研44次，访谈306人，现场解决问题19个，形成较高质量的调研报告13篇；东湖区采取“四不两直”方式，先后开展实地调研67次，完成调研报告30篇，初步形成58个调研成果；南昌高新区持续开展“高新下午茶”“创强解题会”等政企“零距离”沟通活动，打造区域营商环境标杆园区。实践证明，访城乡群众、访经营主体、访一线干部，已成为南昌各级领导干部的工作重心，也是当前落实“四下基层”制度的应有之义，更是实现加强治理、推动发展、转变作风等重大关切同频共振、一体推进的生动实践。

结合群众需求与促进文旅商贸消费的要求，南昌市推动“还江于民、还岸于民、还景于民”，高标准打造旅游集散地、旅游目的地与旅游消费地，最大限度把民生工程建成民心工程。进车间、到工地，察实情、问需求，南昌将“实”的要求贯穿主题教育全过程，在群众关心关注的急难愁盼问题、制约地区高质量发展的堵点难题上出实招，现场逐项研究会商、协调解决，确保事事有回音、件件有着落。通过大兴调查研究，广大党员干部真正把情况摸清、把问题找准、把对策提实，推动高质量发展方向更明、信心更强、底气更足。

四、以学正风，坚持深查细改。以高质量整改整治成效取信于民

检视整改是开展主题教育的重点举措，是确保主题教育取得成效的有力抓手。南昌坚持把检视整改贯穿始终，奔着问题去、盯着问题查、追着问题改，聚焦短板弱项深入检视整改，整改整治工作取得阶段性成效。抓好检视整改，前提是要精准查摆问题，明确“改什么”。通过全面梳理换届后市“12345”政务服务便民热线收集问题、优化营商环境督办问题、作风建设暗访发现问题、信访反映集中问题，南昌在持续落实省级层面4个专项整治基础上，确定市级层面10个专项整治项目。南昌会同省委第二巡回督导组，分批次召开全市主题教育市级层面专项整治工作调度会，推动市县合力攻坚，确保整改时效。至年底，各专项整治项目实行挂图作战、专班实施，市级层面10个专项整治，措施完成率100%；各地各部门结合实际确定涉及基层治理、食品安全、城市建管、“三资”管理等方面专项整治项目163个，已销号163个，完成率100%。

从“一个问题”到“一类问题”，从动态经验到体系化制度，各县区（开发区、管理局）对大兴调查研究的认识在深化，对通过调研发现问题解决问题的意识在增强，结合实际拿出破解难题的实招硬招，真正把调研成果转化为改进工作、推动发展的实际举措。第二批主题教育开展后，南昌持续以群众需求为导向，深入一线为民服务，加强良好的政治生态、良好的营商环境、良好的干部作风、良好的社会风气建设，推动解决一批发展所需、改革所急、基层所盼、民心所向问题，以民生温度检验主题教育深度，让群众切实感受主题教育带来的新作为和新变化。

五、以学促干，两手抓两促进。用高质量发展成效检验主题教育成果

南昌坚持把整改落实作为衡量主题教育成效的重要标尺，在全市重大重点项目工程一线建立党支部274个，党员突击队546个，党员示范岗和责任区1123个，用高质量发展成效检验主题教育成果。贯通南昌县与红谷滩区的复兴大桥在2023年底实现主线贯通，为全线通车打下良好基础。作为在全省率先创新推出的连锁型城市书房，100家孺子书房全部建成，全部开放运营后将构建起便民利民的“15分钟阅读服务圈”。按照“分片治理、分期实施、雨污分流、稳步推进”原则，南昌在东湖区、西湖区、青云谱区、青山湖区、新建区的合流制区域内，新建设一套市政污水管网。为加快建设体现南昌特色和优势的现代化产业体系，南昌提出“8810”行动计划，用三年左右时间构筑“支撑可靠有韧性、动态平衡有活力”的产业链体系。

全年，市“12345”政务服务便民热线通过各渠道共受理企业群众诉求175万余件，打通横向到边、纵向到底的工作联动网络。此外，市“12345”政务服务便民热线覆盖全市82家成员单位，针对路面井盖缺失、树木倒伏、线缆掉落等时效性强、公共安全危害性大的问题，建立“接诉即办”等更为紧急、直接的工作衔接。

南昌把“当下改”与“长久立”相结合，探索形成一些行之有效的做法。市级层面，着眼于治理强基、营商环境、数字化转型、乡村振兴、引才留才等方面出台如《关于进一步优化营商环境的实施意见》《公共就业服务能力提升示范项目实施方案》《关于开展营商环境领域腐败和作风问题专项整治的实施方案》等文件。县区层面，着眼于特色优势产业、协商议事机制、决策权责清单等方面，有针对性地堵塞漏洞、加强建章立制工作，在补齐制度短板的同时，狠抓制度落实。

站立新起点、建设新南昌，广大党员干部将更加深入学习贯彻习近平总书记考察江西重要讲话精神，坚决贯彻中央和省委决策部署，以饱满的政治热情和扎实的工作作风，巩固拓展主题教育成果，奋力推动经济社会高质量发展，为谱写中国式现代化江西篇章作出省会更大贡献。

（《南昌日报》摘录）

争分夺秒拼经济 砥砺奋进强省会

2023年是全面贯彻落实党的二十大精神的开局之年，也是全市上下争分夺秒拼经济的冲刺之年。市发改委紧盯“项目为先，实干奋进，争分夺秒拼经济”工作主线，围绕“一枢纽四中心”建设目标，以“拉满弓、上满弦”的精神状态，助力推进强省会战略，为不断提升南昌发展首位度和综合竞争力、构建社会主义现代化南昌贡献发改力量、展现发改担当。

一、聚力提振信心，跟进出台政策。为促进省28条在南昌市落地落实，迅速制定出台《南昌市关于实干奋进拼经济的若干政策措施》，从恢复和提振消费、扩大有效投资、促进产业提升、巩固外贸发展、持续惠企助企五个方面提出26条具体措施，以系统性、协同性打出经济工作组合拳，为巩固提升经济回稳向好态势、实现一季度精彩开局奠定坚实基础。组织召开专题新闻发布会、政策兑现调度推进会，全面做好政策宣贯、及时回应社会关切、有力推动落地见效，让市场感受到惠企纾困政策带来的暖意、诚意。

二、聚焦投资拉动，打好项目会战。聚焦工业、服务业、农林水及生态建设、城市建设等七大领域，建立囊括“十大工程包”+“一个综合包”的重大项目储备库。2023年市重大重点项目首次实现项目数量破千、总投资超万亿元。在充分储备项目基础上，全力抓好中央预算内资金、地方政府专项债、政策性开发性金融工具等领域项目申报工作，强化项目资金保障，申报资金需求超过840亿元。制定市“四套班子”领导挂点计划，编制完成年度推进工作链条图，打造项目协调推进的闭环，及时协调解决重大项目推进中的困难和问题，确保项目早开工、快推进，形成更多实物工作量，不断增强发展后劲。1—2月，全市重大重点项目完成投资472.88亿元，占年度计划投资的17%，超时序进度完成投资9.27亿元。

三、聚势实体经济，促进企业生产。围绕“4+4+X”产业体系，抓好“一产一策”政策实施，推动传统产业转型升级和战略性新兴产业培育壮大。抓好全省首部数字经济法规——《南昌市数字经济促进条例》宣贯工作，引导南昌市数字经济规范化、法治化发展。制定出台《关于规划建设南昌未来科学城的意见》，高起点、高标准规划建设未来科学城，科学布局以泛VR产业、高端制造业为主的数字经济产业。春节期间，全市举办招商活动15场，签约重大项目145个，签约投资总额1313.29亿元。全面落实春节期间“重大项目不停工、重点企业不停产”政策，全市1921户规模以上工业企业日均开工户数1407户，日均开工率73.2%，同比增长16.7%。1月，全市工业增值税完成12.3亿元，增长47.3%，高于全省增速24.6个百分点。

四、聚能消费复苏，激发市场活力。充分发挥消费的基础作用，坚持把恢复和扩大消费摆在优先位置，紧盯商贸消费提质扩容的目标，常态化开展“乐购洪城”消费促进季活动，加大华润万象城、武商广场引进国际高端品牌力度。春节期间，全市主要商贸经济体消费复苏强劲，重点商贸样本企业客流量621.58万人次，同比增长16.95%；累计销售额44033.37万元，增长29.78%。南昌市首次推出的新春烟花晚会、迎春花市活动等活动获得社会各界广泛关注，与万寿宫、绳金塔历史文化街区实现串联共振，助推南昌市文旅消费稳开高走，提振消费。加大房地产促销宣传力度，开展促销活动，南昌县、进贤县、安义县、青云谱区、新建区、经开区、红谷滩区、湾里管理局等地春节前分别发布阶段性购房补贴措施，推动房地产市场平稳健康发展和有序回温。

五、聚合物流网络，打造开放高地。南昌国际陆港先后与温州港、广州港、盐田港、钦州港等四大沿海港口签署铁海联运通道战略合作协议，推动总投资8.7亿元的8个口岸生态产业链项目签约落地。协调有关部门开通南昌—满洲里—莫斯科“丝路电商”中欧班列、“南昌—温州港—洛杉矶”铁海联运班列、“南昌—上海洋山港—沙特达曼”江铃整车出口专列3趟外贸班列，为南昌优质产品走出国门提供更加低价、快速、便捷的大通道。南昌市积极对接国家重大区域战略，推动南昌向塘国际陆港项目申建国家第五批多式联运示范工程、申报“十四五”首批国家骨干冷链物流基地，提升冷链物流规模化、集约化、组织化、网络化运行水平。鼓励企业自建、租赁海外仓或与第三方合作建设海外仓，帮助出口业务省去从国内发到国外的路程时间和中间的清关流程，打通海外配送的“最后一公里”。至年底，江西林恩茶业有限公司、南昌综保外贸综合服务有限公司等11家外贸企业在美国、比利时、日本等13个国家建成40个海外仓，运营面积20.37万平方米。

（市发展改革委）

大 事 记

1月

1日

省委常委、市委书记李红军一行到盒马鲜生地铁万科店、南昌山姆会员商店、南昌华润万象城、南昌万宝行汽车销售服务有限公司，就元旦期间市场消费情况进行调研。

3日

工业和信息化部、国家发展改革委、财政部、国家市场监督管理总局联合发布《2022年度智能制造示范工厂揭榜单位和优秀场景名单》。方大特钢科技股份有限公司的“污染监测与管控”“数字孪生工厂建设”、南昌海立电器有限公司的“智能仓储”、江西兆驰半导体有限公司的“先进过程控制”上榜。

4日

学习贯彻党的二十大精神市委宣讲团成员、市长万广明一行到安义县和新民乡塘边村杏村小组宣讲党的二十大精神。

同日

南昌市“12345”政务服务便民热线管理办公室报送的南昌市“12345+掌上城管”智慧化政务服务模式，入选2022年“数字治理·智慧赋能”全国城市数字治理创新案例。南昌“12345”热线办公室被评为全国城市数字治理创新案例获奖单位。

6日

《南昌日报》报道，中国旅游协会休闲农业与乡村旅游分会公布《2022年第二批全国休闲农业与乡村旅游73家星级企业（园区）名单》。凤凰沟现代农业示范园（凤凰沟景区）、南昌市政公用生态农业示范园、江西国鸿旅游管理有限公司分别被认定为2022年全国休闲农业与乡村旅游五星级、四星级及三星级企业（园区）。

9日

市政协“凝心聚力，打好南昌城区雨污分流改造攻坚战”专题协商会召开。

11日

中国信息化研究与促进网发布《2022年中国优秀政务平台推荐及综合影响力评估结果》。南昌市人民政府网被评为“2022年度中国优秀政务网站”。

同日

长沙水业、中建五局、安徽远足、中铁装备联合研制的世界首台硬岩泥水平衡顶盾机“中铁1268号”在南昌轨道交通产业园下线。

13日

小蓝经开区正味集团控股有限公司在香港联合交易所主板首发上市。该企业是2023年全省首家上市企业，是小蓝经开区首家在港股上市的企业。

14日

“中国华侨国际文化交流基地”揭牌仪式暨2023江西海内外侨胞新春云联欢活动在安义古村举行。

同日

南昌市“爰尚冬季·钜惠春节”消费季暨红谷滩区“乐购红谷·悦享生活”消费节活动启动仪式在南昌杉杉奥特莱斯广场举行。

16日

全市2022年度党委（党组）书记抓基层党建工作述职评议会议召开。省委常委、市委书记李红军主持并讲话。

18日

市纪委第十二届三次全会召开。会议全面贯彻习近平新时代中国特色社会主义思想，学习贯彻党的二十大精神，总结回顾2022年全市纪检监察工作，研究部署2023年工作。省委常委、市委书记李红军出席并讲话。市委常委、市纪委书记、市监委主任黄冬生主持并作工作报告。

同日

第十九届绳金塔庙会启动暨绳金塔历史文化街区开街仪式举行。

同日

10时，洪腾高架（洪都大道—昌东大道）主线通车。

同日

首个市级家庭教育指导服务站在长天小红星智慧托育中心授牌成立。

19 日

南昌市“招才引才留南昌，情系学子助返乡”2023 年返乡学子见面交流会举行。市委常委、常务副市长胡晓海出席并讲话。

同日

国家市场监督管理总局发布《全国企业标准“领跑者”名单》。江西江铃集团新能源汽车有限公司、江西太平洋电缆集团有限公司、江西省越光电缆股份有限公司、南昌良良实业有限公司、江西美园电缆集团有限公司 5 家企业的 8 个标准上榜，占江西上榜企业数量的 70%。

21—26 日

春节期间，南昌共接待游客 541.96 万人次，实现旅游综合收入 43.4 亿元。接待游客量比 2022 年增长 170.4%，比 2019 年增长 27.61%；旅游综合收入比 2022 年增长 312.3%，比 2019 年增长 89.29%。

22 日

20 时，2023 年南昌市迎春烟花晚会在赣江老官洲举行。晚会主题为“流光华彩庆佳节，欣逢盛世启新程”，通过烟花、一江两岸灯光秀、音乐喷泉相结合方式，展现“物华天宝、人杰地灵，天下英雄城——南昌”的新时代风貌。

同日

《南昌日报》报道，2023 年南昌首个“胡子工程”——孺子亭公园综合改造工程 PPP 项目提前完工销号。

28 日

省委书记尹弘一行到南昌高新区华勤千亿产业基地、南昌龙旗科技园、江铜集团进行调研，了解企业产业布局、生产经营、研发投入，询问技术创新、人才引进等情况，了解江铜集团改革发展成效，听取南昌高新区情况汇报。

31 日

《南昌日报》报道，市生态环境局发布环境数据，21—27 日，南昌市空气质量优良天数达 6 天，优良率 85.7%，在中部六省省会中排名第一。

2 月

1 日

国家卫生健康委、国家发展改革委公布《第一批全国婴幼儿照护服务示范城市名单》。南昌市作为全省唯一设区市入选。

3 日

2022 年中国主要城市交通分析报告发布全国各城市交通健康指数。2022 年度南昌市交通健康指数为 67.77%，在全国 36 个重点城市中排名第三，在中部六省省会城市中排名第一。

同日

国家发展改革委公布《第 29 批新认定国家企业技术中心名单》。南昌市的晶能光电（江西）有限公司技术中心和江西联创电子有限公司技术中心入选。

4 日

省委常委、市委书记李红军一行就省市县三级重大项目协同联动开工暨 2023 年“项目大会战”动员大会筹备情况进行调研，并察看重点项目建设——抚河下游尾闾工程。

同日

第五届南昌市新时代十佳“创业、创新、创优”人物颁奖盛典暨东湖区 2023 年招商推介会举行。市委副书记、组织部部长余正琨，共青团江西省委副书记罗华出席并为赣抚商会副会长胡桢颁奖。该次推介会，东湖区共签约项目 35 个，签约投资总额 135 亿元。

6 日

省市县三级重大项目协同联动开工暨 2023 年“项目大会战”动员大会举行。省委书记、省人大常委会主任尹弘下达开工令。省委副书记、省长叶建春讲话。省委常委、常务副省长任珠峰主持。

同日

《南昌日报》报道，南昌政务服务一网通办率 95.84%，网上可办率提升至 96.12%，全程网办率提升至 85.67%，实际网办率突破 70%，4 项数据位居中部地区前列。

7 日

国家卫生健康委、中国红十字总会、中央军委后勤保障部卫生局印发《关于表彰 2020—2021 年度全国无偿献血表彰奖励获得者的决定》。南昌市获无偿献血先进省（市）奖。

9 日

市长万广明采取“四不两直”的方式到红谷滩区凤凰花园东区、东湖区叠山路农贸市场及周边街巷、西湖区三眼井社区、青云谱区京山农贸市场、青山湖区罗家菜场及周边街巷等地和红谷中大道、国威路等交通堵点，督导检查深化全国文明城市创建工作，察看市场环境卫生、运营管理、车辆停放及小区楼道整治、路面交通等情况，听取下一步整改提升工作汇报。

10 日

南昌地铁线网客运量达 100.18 万人次，为 2023 年后客流首次突破百万人次大关。接驳交通枢纽站客流明显增长，其中 2 号线南昌火车站、南昌西站、西站南广场站的进站量同比分别上升 85%、60%、43%。

11 日

南昌医学院附属南昌市人民医院揭牌仪式在南昌市人民医院（南昌市第三医院）朝阳院区举行。

12 日

2023“视听南昌，创见未来”共享会在南昌广播电视台举行。共享会启动“项目为先、实干奋进，争分夺秒拼经济”2023“视听南昌，创见未来”微视频大赛。市委常委、统战部部长饶绍清出席并致辞。

同日

南昌市 2023 年重大重点项目——复兴大道西延工程进入全面

施工阶段。

13 日

“2022 年南昌高新区 GDP 过千亿”新闻发布会召开。发布会介绍南昌高新区经济发展情况：2022 年南昌高新区地区生产总值达1010.24 亿元，较上年增长 4.9%，分别高于省市平均增幅 0.2 个和 0.8 个百分点；总量占全市比重从 2021 年的 13.8% 增至 14%，成为全省首个 GDP 千亿元级开发区。

14 日

《南昌日报》报道，南昌显意企业管理有限公司通过网上办理，拿到南昌市发放的第一本劳务派遣经营许可电子证照，为 2023 年 1 月 4 日江西省全面启用人社领域行政许可事项电子证照后，南昌市首次实现劳动关系领域服务事项全程网办。

14—16 日

2023 中国测绘地理信息技术装备展览会在南昌举办。该次展览会以“迎接 N + 地信新时代”为主题，共有国内外测绘地理信息行业 300 余个知名品牌参展，展品包括高精度激光雷达、国产智能测量机器人、实景放样 RTK、无人机、无人船等。其间，展会举办 3 场论坛，内容包括平安城市变形监测、实景三维、数字化转型、先进轨道测量与数字孪生技术等。

15 日

省委常委、市委书记李红军一行到红谷滩区调研枫生快速路南段提升改造工程规划建设进展，实地察看枫生快速路南段提升改造工程建设情况，研究重要节点枢纽建设方案以及施工期间交通导改方案等。

同日

南昌海关、长沙海关、武汉海关和建设银行江西省分行、湖南省分行、湖北省分行共同组成关银六方，通过线上签约方式，共同签署《“湘鄂赣跨省一 KEY 通”项目合作备忘录》。该项目落地后，南昌海关将协同长沙海关、武汉海关及三省建设银行，以电子口岸安全介质为基础，推动电子口岸业务实现跨省通办，将“窗口”搬到企业“家门口”，推动业务办理时间压缩 50% 以上，节约企业成本超过 40%，共惠及省内 3 万余家外贸企业。

20 日

第二届南昌时尚季暨 2023 南昌草莓音乐节启动仪式在西湖区华侨城欢乐象湖举行。

21 日

长江中游城市群省会城市第九届会商会视频会议召开。会议通报第八届会商会后工作进展情况，对《长江中游城市群省会城市合作行动计划（2023—2025 年）》《长江中游城市群 2023 年重点合作事项》进行说明。四省会城市市长共同签署《长江中游城市群省会城市合作行动计划（2023—2025 年）》；四省会城市和 12 个观察员城市分管副市长共同签署《长江中游城市群 2023 年重点合作事项》；四省会城市大数据和司法部门主要负责人共同签署《长江中游城市群省会城市“一码通域”合作框架协议》《长江中游城市群省会城市法律服务异地协作框架协议》。江西省委常委、南昌市委书记李红军，湖北省委常委、武汉市委书记郭元强，湖南省委常委、长沙市委书记吴桂英，安徽省委常委、合肥市委书记虞爱华出席并讲话。该次会商会主题为“全面开启长江中游城市群协同发展新征程，在服务全国发展大局中担当更大使命、发挥更大作用”。

21—22 日

32 名在赣全国人大代表在南昌开展“深入实施工业强省战略，加快推进江西高质量跨越式发展”主题集中视察，到华勤电子科技有限公司千亿产业园、江西兆驰半导体有限公司、商飞（江西）飞机制造有限公司、江西华创新材有限公司、南昌欣旺达新能源有限公司、南昌固废处理循环经济产业园、江西豪驰 5G 智慧工厂、江西煌上煌集团食品股份有限公司、江铃汽车股份有限公司富山工厂、南昌国际陆港等地，与相关企业和基层一线人员进行交流，听取各方意见和诉求。

22 日

南昌市人民政府与中国工商银行江西省分行战略合作协议签约活动举行。省委常委、市委书记李红军在南昌会见中国工商银行执行董事、副行长、首席风险官王景武并见证签约。中国工商银行江西省分行党委书记李新彬，市领导肖云、胡晓海、赵捷参加有关活动。按照协议，未来 5 年，中国工商银行江西省分行将向南昌市重点领域提供超 1500 亿元的意向性融资支持。

同日

全国人大代表集中视察汇报会召开。市长万广明介绍南昌市政府深入实施“强省会”战略，奋力打造先进制造业集聚发展中心有关情况。

24 日

2023 第三届中部（江西）农业机械及零部件展览会暨南方双季稻区机械化育秧中心建设现场观摩活动开幕式在南昌举行。副省长卢小青宣布开幕。市长万广明致辞。

24—26 日

第 58 届全国工艺品交易会仿真植物及配套用品展在南昌绿地国际博览中心举办。

25 日

省领导尹弘、叶建春等省四套班子成员到红谷滩区岭北四路街边公园参加义务植树活动。

28 日

江西艺术服务中心项目签约仪式在雅昌文化（集团）有限公司举行。省委常委、宣传部部长庄兆林出席并致辞。

3 月

2 日

南昌国际陆港南昌—满洲里—

莫斯科“丝路电商”中欧班列、南昌—温州港—洛杉矶铁海联运班列、南昌—上海洋山港—沙特达曼“江铃整车出口专列”暨江铃整车出口铁海联运破七万辆发行活动举行。市委常委、副市长肖云出席并宣布发车。当天,南昌国际陆港与温州港、广州港、盐田港、钦州港4大沿海港口签署铁海联运通道战略合作协议,签约落户总投资8.7亿元的8个口岸生态产业链项目。

3日

全省首家涉外法庭在南昌县人民法院小蓝法庭成立。

4日

《南昌日报》报道,全市国有企业资产总额在全省设区市率先突破万亿元大关,达10470.6亿元,净资产总额达3546亿元。全市国有企业累计实现营业收入2193.1亿元,实现利润总额51.3亿元,已交税费总额93.7亿元。市属国企累计实现营业收入1905.7亿元,实现利润总额43.8亿元,已缴税费总额74.3亿元。2023年,市属国企共投资(代建)市重大重点项目76个,总投资额2205亿元,年度计划投资额528亿元。

5日

南昌市首届“金花”户外运动节启动仪式暨中国安义门窗杯·2023南昌安义半程马拉松赛举行。

6日

省委常委、市委书记李红军一行到南昌高新区江西赛基生物技术有限公司、南昌三瑞智能科技有限公司、普天线缆集团有限公司、南昌中微半导体设备有限公司,调研科技型企业发展情况,协调解决企业在发展中遇到的困难和问题。

同日

全市深化干部作风建设“4+X”专项整治工作总结暨“项目为先、实干奋进,争分夺秒拼经济”作风提升年活动动员会举行。市委副书记、组织部部长余正琨出席并讲话。市委常委、市纪委书记、市监委主任黄冬生主持。

7日

2022年度火炬科技成果直通车优质项目路演发布会举行。省科技厅副厅长席宏、副市长赵捷出席。当天,发布会进行优质合作项目签约仪式,广东省科学院、华南理工大学、南昌大学、华东交通大学、江西理工大学等江西省内外高校院所与南昌市本地科技企业进行项目签约,签约合作项目15项。发布会进行8个优质技术成果项目路演,与到场企业家进行对接。

同日

南昌市青云谱区反家暴联动中心揭牌仪式举行。

10—11日

全市农业农村“两整治一提升”行动现场会活动举行。省委常委、市委书记李红军一行到进贤县泉岭乡前溪村、罗溪镇,南昌县武阳镇,新建区石埠镇,安义县长均乡白沙村,湾里管理局罗亭镇上坂村,南昌经开区乐化镇案塘村,东湖区扬子洲镇滕洲村,南昌高新区麻丘镇厚溪村,青山湖区罗家镇赵坊村,青云谱区青云谱镇城南村,红谷滩区厚田乡闸上村,察看农村路域环境整治、农村人居环境整治、农业特色产业提升成效和非农县区(开发区、管理局)的农村人居环境整治成效。

12日

《南昌日报》报道,2022年,全市拥有规模以上绿色食品工业企业140家,实现营业收入836.3亿元,产业规模位居全省第一位、中部省会城市第二位。

13日

省城市功能与品质提升工作领导小组通报表扬《2022年度城市功能与品质提升考核先进市(县)》。南昌市获考核先进城市、安义县获考核先进县(市)。

同日

2023年全市人力资源和社会保障工作会议召开。会议为获评2022年南昌市“双高创新人才”、2022年度洪城技师、2022年南昌市劳动关系和谐“十佳企业”、2022年南昌市劳动关系和谐“十佳园区(乡镇街道)”、2022年度高技能人才培养示范基地、2022年度技能大师工作室、2022年新设立博士科研创新中心的单位及个人代表颁奖、授牌。

14日

南昌市国防动员办公室揭牌仪式在市人防大厦举行。

16—18日

2023中国国际会展业创新发展大会(CCESF)、第十九届中国会展行业高峰论坛(春季)在上海市举办。其间,大会表彰中国会展行业影响力城市、领军企业、品牌展会、先锋人物四大类奖项。南昌市获“2022年度中国最佳会展目的地城市”和“2022年度中国最具影响力会展城市”。

17日

兆驰晶显新型LED显示终端项目誓师大会暨LED全产业链创新整合大会举行。省委常委、市委书记李红军出席并见证兆驰公司与供应商签约。市委常委、副市长肖云,深圳市兆驰股份有限公司董事长顾伟分别致辞。市委常委王万征主持。

18日

2023南昌鄱阳湖生态马拉松大赛起跑活动在南昌高新区鲤鱼洲管理处举办。省领导李红军、史可出席起跑活动并为大赛鸣枪。

20日

全市经济运行分析会暨招商引资工作座谈会召开。会议通报全市主要经济指标情况,部署2023年全市招商引资重点工作。

21日

南昌市2023年电网工程集中开工活动举行。该次集中开工12个重点电网工程项目,累计投资13.94亿元,新增变电容量131万千伏安,涉及朝阳新城、象湖新城、未来科学城、高铁东站新区等重点片区和欣旺达、华创等重大项目配套用电。项目投产后,南昌地区“十四五”电力骨干网架基本形成。

23—25 日

全国废铅蓄电池收集试点现场学习观摩活动在南昌举办。生态环境部固体废物与化学品司一级巡视员周志强主持。24 日，周志强一行到新建区江西明宇废铅蓄电池集中转运网点、青云谱区江西省正负极废铅蓄电池转运网点、南昌风帆废铅蓄电池收集网点进行现场观摩学习，听取各网点介绍、了解各网点建设情况、察看网点在南昌市固体废物监管平台的出入库信息，就各网点的运营方式、运营情况与各试点单位及危险废物管理人员进行交流。

24 日

2023 年全国五一巾帼奖表彰大会召开。大会表彰全国五一巾帼标兵岗和全国五一巾帼标兵。南昌印钞有限公司检封制作部获全国五一巾帼标兵岗称号，江铃汽车股份有限公司智能装备中心模具总工程师王志芳获全国五一巾帼标兵称号。

同日

2023 年省级金融机构支持南昌市经济高质量发展座谈会召开。

26 日

国家区域医疗中心建设项目上海中医药大学附属龙华医院江西医院开工仪式在南昌高新区举行。

28 日

省委书记尹弘一行到南昌航空城规划展厅、洪都航空工业集团公司、中国商飞江西飞机制造有限公司、江铃汽车小蓝生产基地、江铃汽车研发总院碰撞实验室，就推进航空、汽车产业发展进行调研。

29 日

2023 中国商飞供应商大会南昌专场活动暨南昌航空产业推介会在南昌高新区举行。省委常委、常务副省长任珠峰出席南昌航空产业推介会并讲话。中国商用飞机有限责任公司总经理周新民致辞。市长万广明主持。市委常委、副市长肖云作航空产业推介。

31 日

江西省第 42 届“爱鸟周”活动启动仪式暨首届野生动物摄影大赛颁奖典礼在南昌举行。

4 月

2 日

即日起，江西省内户籍居民在南昌申领临时身份证可“全城通办”。

3 日

南昌市主导产业商协会成立暨产业集群发展大会举行。大会揭牌成立南昌市汽车制造产业联合会、航空装备产业联合会、电子信息行业商会、生物医药行业商会、绿色食品行业商会。省委常委、市委书记李红军为商协会揭牌并向商协会名誉会长、会长授牌。省政协副主席、省工商联主席谢茹出席。市长万广明出席并讲话。市委常委、副市长肖云主持。

同日

南昌高新区与越秀产业基金战略合作暨产业项目及基金签约仪式举行。市长万广明见证签约并会见广州越秀资本控股集团股份有限公司总经理杨晓民一行。仪式现场，越秀产业基金、江西省金控集团、人才基金代表进行基金签约，挪宝新能源、摩诘创新等企业代表与南昌高新区进行产业项目签约。

9 日

“活力南昌，动感经开”2023 首届雷公坳体育文化节开幕式在雷公坳文化体育产业园举行。

10 日

全国人大常委会委员、全国人大监察和司法委员会副主任委员张轩一行到南昌市消防救援支队水上大队、南昌市检察机关生态检察 + 企业合规办案点位、江西环境资源审判（梅岭）展示馆，调研打击生态环境和资源保护领域犯罪工作开展情况。

同日

南昌市人民政府与江西省农业科学院共建省农科院南昌分院合作协议签约暨揭牌仪式举行。市长万广明、省农业科学院院长戴星照出席并共同揭牌。副市长彭开先致辞并代表市政府与省农科院签订战略合作框架协议。

11 日

国机集团 · 恒天百路佳海外市场 300 台豪华客车发运活动举行。省委常委、市委书记李红军下达发车令并调研企业生产情况。

12 日

省委书记尹弘一行到南昌固废处理循环经济产业园、青山湖污水厂治理片区系统整治工程项目建设现场、西湖区金圣社区南烟小区、南昌市规划展示中心，调研南昌城市规划建设治理工作，并召开座谈会，听取南昌市规划编制情况汇报。

同日

南昌市旅游产业发展大会举行。省委常委、市委书记李红军出席并讲话。会上，李红军为下一届南昌市旅游产业发展大会承办地湾里管理局授旗。市长万广明主持。

13 日

国家高新区发展战略研究会第十八届年会暨国家高新区（南昌）创新论坛在南昌高新区举行。

14 日

南昌市人民政府与北京千方集团有限公司战略合作协议签约仪式举行。市长万广明，北京千方集团有限公司董事长夏曙东分别致辞并共同见证签约。市委常委、副市长肖云主持。副市长赵捷代表市政府与北京千方集团有限公司签约。当天，南昌县人民政府与北京千方集团有限公司战略合作协议签约仪式，南昌轨道交通集团有限公司与北京千方科技股份有限公司合作签约仪式暨冠华天视总部搬迁仪式，南昌市交通投资集团有限公司、南昌县城市建设投资发展有限公司与北京千方科技股份有限公司成立合资公司签约仪式举行。

15 日

“潮流西湖，动感洪城”南昌市西湖区“金花”户外运动节暨首届飞盘邀请赛启动仪式在江滩公园元亨体育足球场举行。

18 日

国家考古遗址公园现场工作会议在湖北省武汉市召开。国家文物局发布《国家考古遗址公园发展报告（2018—2022）》，举行第四批国家考古遗址公园授牌仪式。南昌汉代海昏侯国国家考古遗址公园接受国家文物局授牌。

同日

“巾帼心向党，奋进新征程”赣鄱红色娘子军党的二十大精神宣讲活动在南昌举行。

21 日

红谷滩区（未来科学城）招商推介暨重大项目签约大会举行。省委常委、市委书记李红军出席并见证签约。市委常委、常务副市长胡晓海致辞。该次活动签约产业项目43个，签约金额273.6亿元，包括央企平台战略合作项目，高科技、大数据、大金融项目以及教育、医疗、商贸项目等。

同日

首届江西省全民阅读大会启动仪式在南昌举行。

21—23 日

第81届中国教育装备展示会在南昌绿地国际博览中心举办。21日上午，省委常委、市委书记李红军一行巡看展示会情况。

22 日

南昌市反诈宣防“万人大决战”行动启动仪式举行。2022年电信诈骗发案数、损失数同比分别下降35.2%、36.2%，破案数、抓获数分别上升8.2%、8.8%，首次实现“两降两升”工作目标。

25 日

《南昌日报》报道，同程旅行基于平台大数据推出“五一”“避峰”小众目的地榜单和实时热门目的地榜单，在“五一”旅游热度飙升榜中，南昌进入TOP10，成为新晋“网红”旅游城市。

25—27 日

2023年江西省文化强省建设推进大会召开。会上，南昌市创新“孺子书房”建设管理运营新机制入选2022年度江西省基层文化体制改革优秀项目。其中，青山湖区、红谷滩区被评为2022年度江西省文化产业重点县（市、区）；豫章1号文化科技园被评为省级文化产业园区；原城纪·南昌城市文化街区被评为省级特色文化街区；中至数据集团股份有限公司、慈文传媒股份有限公司、江西仟得文化传播有限公司以及江西省众灿互动科技股份有限公司入选2022年度江西省文化企业20强；南昌蓝珀笔业画材有限公司、江西酷哦科技有限公司入选2022年度江西省文化企业20强企业提名。

26 日

市长万广明一行到小蓝经开区江西飞尚科技有限公司、江西三鑫医疗科技股份有限公司，调研企业经营情况，开展“五一”国际劳动节走访慰问活动。

同日

农业农村部、财政部公布《2023年农业产业强镇创建名单》。南昌县幽兰镇、进贤县李渡镇入选。

同日

昌景黄高铁实现全线铺轨贯通。

27 日

南昌市与福建省、山东省、云南省、贵州省、四川省，福州市、青岛市、济南市、昆明市、贵阳市、成都市签订政务服务“跨省通办”合作协议。

28 日

南昌国际陆港首条中亚班列开通。

同日

南昌武商MALL开业。

29 日

南昌地铁启用新版列车运行图，最短行车间隔从4分48秒缩短至3分56秒，进入“3”时代。行车间隔压缩力度最大为72秒。

同日

第一届赣菜（新建）美食文化节开幕式在新建区石埠镇梦飞田园举行。

5月

5 日

文化和旅游部推出10条长江主题国家级旅游线路和《长江国际黄金旅游带精品线路路书》。南昌汉代海昏侯国国家考古遗址公园、江西省博物馆入选长江文明溯源之旅线路；南昌八一起义纪念馆入选长江红色基因传承之旅线路；滕王阁旅游区、万寿宫旅游休闲街区入选长江都市休闲之旅线路。

7 日

南昌市首届“金花”户外运动节暨“青云杯”2023年赣鄱轮滑公开赛开幕式在青云谱区梅湖景区花博园举行。

11 日

2023中国（中部）工业博览会开幕式举行。

13 日

南昌市人民政府与国际篮球联合会战略合作协议签约仪式举行。

14 日

“巧手拼经济，非遗筑匠心”南昌市第五届女红节活动在万寿宫历史文化街区举行。

17 日

全市安全生产重大事故隐患专项排查整治2023行动暨打击“两无”非法行为专项治理等“七大行动”部署会召开。

18 日

省委书记、省级总河（湖）长尹弘一行到溪霞水库、赣抚尾闾综合整治工程项目建设现场，调研水利防汛并开展巡河巡湖工作。

19日

市长万广明一行到南昌高铁东站建设现场，调研进站匝道、站房等项目建设情况，在项目部主持召开专题调度会，协调解决南昌高铁东站配套设施建设中遇到的困难和问题。

同日

2023年“5·19”中国旅游日江西分会场活动暨启动仪式在青云谱区梅湖花博园举行。活动现场，昌景黄高铁沿线四市——南昌、上饶、景德镇、黄山进行战略合作签约，组建“昌景饶黄”旅游联盟。

同日

2023年南昌市金融支持“一枢纽四中心”建设暨重大重点项目产融对接会举行。

20日

“爱在520·浪漫南昌城”活动在520Park文创公园星愿广场举办。

同日

新华杯·2023南昌首届走娃少儿健走大赛在红谷滩区长天廉文化广场举办。

22日

首届江西省工人文化宫联盟职工文化交流活动周开幕式在南昌举行。

24日

省委常委、市委书记李红军一行到江西立盾光电科技有限公司、中节能晶和科技有限公司，调研LED产业重点企业发展情况。

同日

南昌市人民政府与中国移动通信集团江西有限公司深化战略合作协议签约仪式举行。该次签约合作内容涵盖新型基础设施建设、行业数字化转型升级、智慧城市建设、科技创新协同、人才培养5个方面内容和“双千兆”网络建设、中国移动（江西）数据中心等一系列重大项目。

27日

南昌市疾病预防控制局成立揭牌仪式举行。

28日

中南大学湘雅医院江西医院（国家神经疾病区域医疗中心建设项目）开工活动举行。

28—30日

第二十届中国国际检验医学暨输血仪器试剂博览会在南昌绿地国际博览中心举办。

29日

南昌国际陆港至广州港铁海联运班列首发暨广州港南昌内陆港揭牌仪式在南昌国际陆港举行。

30日

2023年南昌市“最美科技工作者”颁证暨“科学家精神宣讲团”成立仪式举行。

6月

1日

中央驻赣单位支持南昌高质量发展座谈会召开。

2日

南昌市网络信息安全协会与中国移动通信集团江西有限公司南昌分公司、北京网御星云信息技术有限公司联合三方全面战略合作签约暨“南昌市5G+数智安全运营中心”揭牌活动举行。该次签约标志着南昌市5G+数智安全运营中心正式启用。

3日

全市2023年第二季度重大项目集中开工暨市领导调研重大重点项目活动举行。省委常委、市委书记李红军下达开工令并率队察看姚湾综合码头、南昌中学、行知中学、洪州大桥、复兴大桥、南昌技师学院、南昌健康职业技术学院、高铁东站进站匝道、隆兴大桥、南昌昌北机场三期扩建、南昌绕城高速公路西二环（厚田至乐化段）等重大重点项目建设情况，为南昌中学建设项目单位党支部授“党员突击队”队旗。市长万广明讲话。市委常委、常务副市长胡晓海主持开工活动。

5日

“美丽南昌·诗书画影”生态主题文艺作品展开幕式在江西省美术馆举行。

6日

南昌市第一届“最美应急人”发布活动举行。

同日

南昌大学国际食品创新研究院揭牌仪式在小蓝经开区举行。

7日

省委常委、市委书记李红军一行到枫生快速路南段提升改造工程项目建设现场，就项目建设状况进行调研，察看枫生快速路昌西南枢纽新增吉安路ETC匝道、洪州大道互通、复兴大道互通、上饶大街互通建设情况，听取全线施工组织汇报。

同日

市长万广明一行到小蓝泰豪VR产业园现场办公，主持召开调研座谈会，了解泰豪集团发展情况，帮助解决企业发展瓶颈难点。

同日

2023年市级总河湖长会议召开。

同日

2023年市级总林长会议召开。

9日

2023南昌市商文旅融合发展招商推介会在红谷滩区举行。推介会现场签约项目21个，签约总额107.39亿元。

10日

中国南昌国际龙舟赛开幕式在红谷滩区九龙湖举行。

12日

国家发展改革委公布《关于做好2023年国家骨干冷链物流基地建设工作的通知》。南昌国家骨干冷链物流基地成为江西省唯一入选基地。

16日

第二届中国（南昌）国际大健康产业大会暨博览会开幕式举行。

同日

首届医疗器械赣商大会在南昌绿地国际博览中心举行。

同日

中国晚报工作者协会第七届常务理事会暨全国晚报社长总编“新时代·看南昌”主题活动启动仪式在南昌举行。

同日

南昌市重点行业商会产业研究院揭牌仪式举行。

同日

首届夏季美好生活节暨第三届南昌玛雅乐园戏水节开幕式在南昌市玛雅乐园举办。

17日

《光荣啊！南昌》红色经典交响乐演出在南昌昌南文化中心大剧院举行。

18日

省长叶建春一行到青山湖区青山路街道满庭春小区排水管网改造施工点、青山湖大道支管和主管施工点、青山湖污水处理厂，调研督导雨污分流管网改造工作，并召开座谈会。

20日

江西机电职业技术学院锂电科技学院揭牌仪式举行。

21日

人力资源社会保障部、农业农村部发布《人力资源社会保障部 农业农村部关于表彰全国农业农村劳动模范和先进工作者的决定》。南昌市江西林恩茶业有限公司董事长袁利人，安义县黄洲镇黄洲村党支部书记、村委会主任黄声菊获“全国农业农村劳动模范”称号。

同日

中央精神文明建设办公室发布2023年第一季度“中国好人榜”榜单。现役军人胡能迢、“一毛钱奶奶”程应清上榜。

25日

南昌市“6·26”国际禁毒日宣传活动在东湖区举行。

26日

省委书记尹弘一行到省公安厅毒品检验鉴定中心、南昌市红谷滩区“6·26”服务中心，调研推进禁毒工作。

同日

南昌市融媒体中心揭牌暨洪观新闻客户端上线仪式举行。

30日

南昌市人民政府与江西省金融控股集团有限公司战略合作协议签约仪式举行。

7月

1日

南昌首次开通经停贵安站的G1698/5（福州—昆明南）次列车。

2日

省委常委、市委书记李红军一行到南昌市立医院新院项目建设现场、南昌市中心医院瑶湖分院项目建设现场，就重点医疗卫生项目建设工作进行调研。

同日

国际护士会大会在加拿大蒙特利尔举办。南昌市第一医院原护理部主任章金媛获颁2023年“国际成就奖”。

3日

2023中国美丽乡村休闲旅游行（夏季）推介活动在河南省济源市举行。现场发布53条夏季精品线路、175个精品景点。南昌市乡村旅游线路入选。

同日

国家体育总局官网发布《体育总局关于命名、认定2022年国家体育产业基地的公告》。南昌市雷公坳文化体育产业园被认定为国家体育产业示范项目。

4日

全国人大常委会委员、中国科学技术大学校长、中国科学院院士包信和，全国政协委员、山东省政协副主席刘均刚，全国政协常委、北京大学理学部副主任、北京大学碳中和研究院院长、中国科学院院士朴世龙率全国无党派人士专项民主监督调研团到江西鄱阳湖南矶湿地国家级自然保护区宣教中心、南矶山瞭望塔、青山湖大道主管和支管施工点、小平小道陈列馆、艾溪湖森林湿地公园等地，就山水林田湖草沙系统修复、长江流域上下游左右岸干支流协同保护、人类开发活动和生态保护统筹等方面开展长江生态环境保护民主监督调研工作。

7日

南昌中微新厂落成启用活动举行。

10日

江西省2023年全国节能宣传周启动仪式暨全民健步行活动在长天廉文化广场举行。

12日

市长万广明一行到赣江新区心海书屋、国家中药资源与制造技术创新中心、舒蕾生物科技股份有限公司等地，调研中医药园区建设、研发生产、产品创新、特色文化等情况。

同日

2023年“全球学子嘉游赣·大美江西发现之旅”旅游宣传推广活动出征仪式在南昌市滕王阁景区举行。

15日

2023年南昌市千人横渡赣江活动开幕式在红谷滩区滨江月季园举行。

同日

2023“恰噶南昌”消费季启动活动在滕王阁景区举行。

19日

工业和信息化部、国家药品监督管理局发布《生物医用材料创新任务“揭榜挂帅”（第一批）入围揭榜单位》。南昌市江西三鑫医疗科技股份有限公司牵头申报的医用聚醚砜项目上榜。

20 日

全市优化营商环境工作推进大会召开。会议宣读 2022 年度市营商环境先进集体和先进个人表彰决定，通报 2023 年上半年优化营商环境工作推进情况和下半年重点工作安排。

27 日

“银幕上的战争与和平”——军事题材电影主题创作研讨会开幕式在南昌举行。

28 日

中共南昌市委十二届六次全体（扩大）会议在红谷滩会议中心举行。全会听取上半年市委常委会工作报告。省委常委、市委书记李红军主持并讲话。市长万广明传达省委十五届四次全体（扩大）会议精神。

31 日

南昌市率先在西湖区金圣社区、西湖区铁二社区、高新万科南社区试点开通老年人用社保卡刷卡吃饭工作。

8 月

2 日

中央精神文明建设办公室公布《2023 年度“新时代好少年”名单》。南昌市盲童学校“光明行”跳绳队入选。

同日

文化和旅游部公布《第一批全国智慧旅游沉浸式体验新空间培育试点名单》。南昌市申报的“南昌 VR 主题园智慧旅游沉浸式体验新空间”项目上榜。

3 日

南昌市人民政府和鹰潭市人民政府产业协同、文旅融合发展战略合作协议签约活动举行。

8 日

2023 年南昌市全民健身日活动启动仪式在八一体育场举行。

同日

东湖区中小企业服务联盟揭牌仪式暨联盟首次培训活动举行。

9 日

省委常委、市委书记李红军一行到进贤县中国（南昌）现代医疗器械科创城、江西晟威汽车零部件有限公司，就产业发展情况进行调研，听取进贤县新能源项目推进情况汇报，察看由南昌高新区与进贤县合作打造的南昌高新区进贤电子信息产业园建设情况。

12 日

第七届南昌赛艇大师赛暨名校大学生邀请赛·赣粤城际联赛开幕式举行。

同日

南昌太平心街第十届啤酒音乐嘉年华开幕式举行。

13 日

《南昌日报》报道，1—6 月，南昌市发明专利授权量 2283 件，同比增长 35.89%，占全省的 43.8%。每万人有效发明专利拥有量 25 件，增长 6.18 件。南昌市专利授权量和万人有效发明专利拥有量均位列全省第一。南昌市接收专利申请 1538 件，受理 1418 件，增长 82%；快速授权 596 件，增长 49%。

14 日

“青春同行·共筑未来”第十届海峡两岸（南昌）青年学生交流营在安义县开营。

15—16 日

2023 年第 2 期“庐山对话”活动在南昌召开。15 日，中国工程院院士赵沁平、丁文华、廖湘科、吴伟仁、罗毅、桂卫华、钱锋、唐立新等院士、专家率考察团到南昌高新区航空工业江西洪都航空工业集团有限责任公司、江西航空研究院、北京航空航天大学江西研究院、南昌华勤电子科技有限公司、南昌实验室、江铜集团，考察产业及科技创新发展情况。

16 日

北京大学南昌创新研究院乔迁活动暨产品发布会举行。

18 日

中国（江西）工业互联网创新发展大会开幕式在南昌举行。副省长史可，工业和信息化部信息技术发展司一级巡视员王建伟，市长万广明出席并分别致辞。中国工程院院士高金吉作主旨报告。副市长赵捷发布《南昌市推动工业互联网创新发展三年行动计划（2023—2025 年）》。会议举行江西省数字化转型促进中心授牌仪式和中国工业互联网研究院江西分院分中心签约仪式。

同日

南昌光电产业产教联合体揭牌仪式举行。

22 日

洪城协商·委员市长面对面——“促进文旅消费高质量发展”协商会召开。

同日

2023 年东北亚青年可持续发展研习营江西分团开营活动在南昌举行。

同日

江铃控股“启迪新时代、合力创未来”首款新能源汽车投产下线活动举行。

25 日

南昌市人民政府与建筑类央企、大型国企战略合作框架协议签订活动举行。省委常委、市委书记李红军会见企业负责人并见证签约。市长万广明致辞。

同日

《南昌市本级棚改（旧改）资金筹措、使用、监管情况综合汇总专项审计报告》审议专题会议召开。

同日

古龙武侠文化产学研战略合作发布会暨首届武侠文化产业高端对话举行会上，腾讯动漫与南昌高新区、慈文传媒分别签订战略合作协议。

28 日

市长万广明一行到国际贸易中转物流仓储中心、巴丁赛微（南昌）

科技有限公司、万科万维冷链物流园、CLD生活配套中心、赣江新区海关监控指挥中心等地，察看各项目建设运营发展情况，了解保税仓服务、高位货架冷链物流仓储设施和运营、跨境业务及跨境进口电商通路服务等情况。

同日

南昌市新型储能产业发展研究与合作对接恳谈会举行。市长万广明出席并讲话。副市长赵捷主持。该次恳谈会现场签约产业项目9个，签约金额153.5亿元；签约产融授信项目5个，签约授信金额22.1亿元。

同日

全市农业农村“两整治一提升”行动暨农村宅基地改革现场会在安义县召开。市领导余正琨、江新洪、彭开先参加。余正琨一行到长埠镇长埠村委会恒岗自然村、东阳镇云溪村委会易家自然村、鼎湖镇榨下村委会大长枧自然村，察看村容村貌，了解乡村振兴重点帮扶村建设、共同富裕样板村建设、农村宅基地改革及“厕所革命”等工作推进情况。

同日

全市首家乡镇诉调对接中心——南昌县诉调对接中心三江镇分中心在三江镇综治中心挂牌成立。

30日

国家发改委、自然资源部、交通运输部、商务部、市场监管总局印发《关于布局建设现代流通战略支点城市的通知》。南昌市入选国家现代流通战略支点城市建设名单。

31日

省企入昌助力省会引领战略签约活动举行。省委常委、市委书记李红军会见副省长、省国资委党委书记夏文勇并见证签约。该次签约项目65个，总投资金额935.04亿元，涵盖南昌市“一枢纽四中心”建设各方面、各领域。

9月

1日

2023中国特色旅游商品大赛颁奖仪式在国家会展中心（天津）举行。进贤县李渡窑·高粱1955获得金奖；南昌高新区奓品·折叠旅行煮杯系列、新建区汪氏·汪氏润畅素、东湖区滕王阁·南昌礼物老豆奶获得银奖；南昌县竹够昊·竹簧雕茶艺三君子、东湖区滕阁好礼·百蝶百花香薰挂件获得铜奖。

2日

省长叶建春一行到南昌中微半导体设备有限公司调研民营经济发展工作。

同日

省市领导李红军、万广明、余正琨、李镇发、卢伟平以及市四套班子其他领导到复兴大桥、洪州大桥项目建设现场，市委党校迁建项目建设现场，南昌中学高中部项目建设现场，昌樟高速公路改扩建二期工程部分互通枢纽，察看南昌市重大重点项目建设情况。

5日

第六届世界绿色发展投资贸易博览会开幕式暨主旨论坛召开。全国人大常委会副委员长肖捷、马拉维共和国议会第一副议长马达伊索卡·宗博、省委书记尹弘出席并致辞。省长叶建春主持。会上，南昌共签约项目9个，签约投资总额193.46亿元。

8日

市长万广明采取“四不两直”的方式到新建区马兰圩湿地公园南侧泄洪口、红谷滩区卧龙山地铁站3号出口附近直排口、西湖区朝阳新城南桃花河支渠、东湖区上湖云筑项目施工现场，调研生态环境保护工作。

同日

第六届湘鄂赣皖非物质文化遗产联展开幕式在南昌举行。

12日

全国工商联发布“2023中国民营企业500强”榜单和《2023中国民营企业500强调研分析报告》。南昌市企业江西方大钢铁集团有限公司、双胞胎（集团）股份有限公司、中大控股集团有限公司、江西济民可信集团有限公司上榜。

13日

全市学习贯彻习近平新时代中国特色社会主义思想主题教育动员大会召开。中央第八巡回指导组组长巴音朝鲁、副组长黄宁生，省委第二巡回督导组组长江枝英，中央第八巡回指导组和省委第二巡回督导组成员到会指导。省委常委、市委书记、市委主题教育领导小组组长李红军主持并作动员讲话。

同日

第七届全国“12345”政务服务便民热线大会举行。会上，南昌市“12345”政务服务便民热线获“2023服务优化典范”奖。

15—17日

2023第六届中国（江西）糖酒会暨茶业博览会在南昌绿地国际博览中心举办。

16日

“家风耀赣鄱”2023最美家庭揭晓会在江西省图书馆举行。

17日

2023第十二届中国智能产业高峰论坛开幕式在南昌举行。

同日

“智汇洪城，话出精彩”——“洪城对话”沙龙活动举行。

19日

市级领导干部学习贯彻习近平新时代中国特色社会主义思想主题教育专题读书班开班仪式在市委党校举办。省委常委、市委书记李红军作专题党课报告。中央第八巡回指导组副组长黄宁生、省委第二巡回督导组组长江枝英以及指导组、督导组成员到会指导。市长万广明主持。

同日

“9·19”全民旅游消费节暨2023南昌文旅消费季启动仪式在南昌新旅铂尔曼酒店举行。

20日

《南昌市数字经济促进条例》宣传月活动开幕式暨“全景江西·南昌专场”数字技术应用场景发布会举行。发布会宣传《南昌市数字经济促进条例》有关内容；宣读关于表彰2022年度南昌市数字经济“一号发展工程”建设先进集体和先进个人的通报；发布南昌市2023年第一批数字技术应用场景机会清单和产品清单。

同日

中国市政工程协会公布《关于公布2023年度通过市政工程最高质量水平评价工程的通知》。由市政公用集团项目管理公司负责实施的昌九大道快速路改造二期工程项目二标段（前湖立交—西站大街立交段）获评“市政工程最高质量水平评价工程”。

23日

“科创中国”2023全国纺织科技成果转化与合作大会开幕式在青山湖区举行。

24日

“水果海鲜嘉年华·FUN肆嗨不停”2023南昌海吉星环球水果海鲜美食节启动仪式在集采海鲜大世界举行。

26日

全市2023年第三季度重大项目推进会在南昌经开区欣旺达“源网荷储一体化”零碳智慧产业园项目开工现场举行。2023年三季度开工重大项目212个，总投资额1013.36亿元，较2022年同期增加71个；年度计划投资240.62亿元，较2022年同期增加38.29亿元。项目涉及工业、服务业、光伏、城市基础设施等领域。

27日

2023年网络中国节·中秋赏月直播活动在滕王阁举行。

10月

8—10日

“感受文化遗产魅力，促进网络文艺创作”网络文艺骨干人才研修采风活动在南昌举行。

9日

市长万广明一行到南昌实验室（瑶湖科学岛地块）项目建设现场进行专题调研，察看南昌实验室（瑶湖科学岛地块）项目建设进展，并主持召开南昌实验室项目建设有关情况推进会。

同日

文化和旅游部发布《2023年文化和旅游数字化创新示范十佳案例》《2023年文化和旅游数字化创新示范优秀案例》。“滕王阁江右文化数字体验馆”入选“2023年文化和旅游数字化创新示范优秀案例”。

10日

《南昌日报》报道，中秋国庆“双节”假期全市累计接待游客按可比口径同比增长73.5%；旅游综合收入按可比口径增长142.2%。

同日

“稻子熟了”——民建南昌市委会助力乡村振兴产业项目开镰活动在新建区大塘坪乡献忠村举行。

12日

市长万广明一行到新建区九望新城片区，石埠镇竹园村、上莘村和石埠镇华山村郭家自然村项目建设现场，调研督导存量土地消化、农村耕地保护和“两整治一提升”工作。

17日

省委书记尹弘一行到国家硅基LED工程技术研究中心、晶能光电有限公司，复合半导体江西省实验室（南昌实验室）新建综合大楼、MOCVD装备与工艺创新中心、光电器件与产品设计中心等项目建设现场，专题调研推进复合半导体江西省实验室（南昌实验室）运行建设工作。

同日

江铃整车出口铁海联运破十万辆暨南昌国际陆港—广州港、厦门港双列齐发和“昌穗一港通”合作签约活动举行。

19日

2023世界VR产业大会开幕式在南昌举行。省委书记尹弘出席并致辞。省委副书记、省长叶建春主持。工业和信息化部副部长徐晓兰，省委常委、市委书记、赣江新区党工委书记李红军分别致辞。省领导史文斌、朱斌、夏文勇出席。开幕式上，中国科学院院士江风益，诺贝尔奖得主爱德华·莫索尔，高通公司副总裁兼XR业务总经理司宏国，香港科技大学校董会主席沈向洋，中央广播电视总台编务会议成员、世界超高清视频产业联盟理事长姜文波，紫光股份董事长、新华三集团总裁于英涛作主旨演讲。中国电子信息产业发展研究院院长、虚拟现实产业联盟副理事长张立发布虚拟现实产业发展白皮书，中国工程院院士、虚拟现实产业联盟名誉理事长赵沁平发布中国VR50强企业。虚拟现实产业联盟发布虚拟现实先锋应用案例。江西省政府与紫光股份、浪潮集团和百度公司签署战略合作协议。

同日

2023世界VR产业暨元宇宙博览会、2023南昌国际通信电子产业大会暨消费电子博览会开幕式举行。

20日

2023中国（南昌）电子信息产业发展大会暨移动智能终端产业供需对接会召开。副省长夏文勇出席并讲话。市长万广明出席并致辞。市领导李镇发、卢伟平出席。市委常委王万征作推介。副市长赵捷主持。会上，南昌市、吉安市、赣州市分别介绍本地电子信息（移动智能终端）产业发展情况；多位行业专家、企业家作主题发言或交流发言。

71个电子信息产业项目达成合作，意向签约金额360.9亿元。

同日

数字化教育发展主题论坛暨虚拟现实行业产教融合共同体成立活动举行。

同日

2023年全国千强镇发布暨镇域高质量发展论坛在北京市召开。中国中小城市发展指数研究课题组、国信中小城市指数研究院发布《2023年全国千强镇发展报告》。南昌市9个乡镇上榜，其中南昌县向塘镇排第219位、进贤县李渡镇排第327位、青山湖区塘山镇排第371位、高新区昌东镇排第425位、南昌县莲塘镇排第454位、青山湖区湖坊镇排第468位、南昌经开区樵舍镇排第664位、新建区望城镇排第699位、南昌县武阳镇排第979位。

21日

省委常委、市委书记、赣江新区党工委书记李红军一行到赣江新区儒乐湖新城调研，听取国土空间总体规划介绍，察看核心区建设及部分路网、公共服务配套重点项目建设情况，研究部署下一步工作。

同日

南昌市首届武术锦标赛开幕式在江西省西山学校举行。

同日

国际篮联三人篮球公开赛全国总决赛在绿地双子塔绿地广场举行。

23日

省委常委、市委书记、赣江新区党工委书记李红军一行就前湖水系综合治理工作进行调研，乘船察看前湖水体水质，并沿前湖干渠、华南渠方向察看上游来水治理情况，研究下一步工作。

24日

南昌市人民政府与海信集团战略合作签约活动举行。

25日

南昌市党外知识分子“秋水知心”音乐同心讲堂、音乐养心驿站揭牌仪式在豫章师范学院举行。

26日

2023中国会展城市产业合作大会暨会展城市竞争力指数发布会召开。南昌市获“2022年度中国最具竞争力会展城市(省会城市)”称号。

27日

2023中国航空产业大会暨南昌飞行大会开幕式在南昌瑶湖机场举行。

同日

南昌市“洪石榴”文化艺术节文艺会演举办。

28日

南昌景德镇战略合作框架协议签约活动举行。

同日

青山湖宠物经济产业园项目开工活动举行。

30日

民族歌剧《八一起义》开排仪式暨媒体见面会在南昌八一起义纪念馆举行。

同日

南昌市老年科技大学揭牌仪式举行。

11月

2日

南昌市、赣江新区生态环境保护大会召开。

3日

2023中国(南昌)国际美发美容节开幕式在南昌举行。

6—7日

全省推进“5+2就业之家”建设现场会在南昌召开。

6—8日

英国伦敦世界旅游交易会举行。交易会发布“2023年中国十大旅游目的地必去城市”榜单。南昌市上榜。

7日

2023中国国际会展业创新发展大会暨年度盛典在上海市举行。南昌获评2023年度“中国会展之星·最具创新活力会展城市”和“最佳会展目的地城市”。

8日

文学名家走南昌暨第十届三江笔会活动启动仪式在南昌市举行。

9日

第二十届中国国际农交会在山东青岛举办。农交会发布中国农业品牌目录2022农产品品牌入选名单。“军山湖”大闸蟹、江西天韵农业开发股份有限公司“鄱湖鸭舍”鲜鸭蛋、江西汪氏蜜蜂园有限公司“wang’s汪氏”蜂蜜入选。

11日

省长叶建春一行到南昌海立电器有限公司调研。

12日

江铃大道·2023南昌马拉松在八一广场举办。

13日

《江西日报》头版以《深化“四下基层”推行“三访三促”——看南昌怎样走好新时代党的群众路线》为题，报道第二批主题教育期间，南昌市深化运用“四下基层”制度，紧密衔接主题教育理论学习、调查研究、推动发展、检视整改、建章立制等重点措施，市级领导干部带头“访城乡群众促治理提效、访经营主体促发展提质、访一线干部促作风提升”，走好新时代党的群众路线，用实干推动发展，以实效取信于民。

同日

全市数字经济创新发展培训班开班。

13—14日

全国、省人大代表调研组到南昌市规划展示中心、南昌硅基半导体科技有限公司、南昌中微半导体设备有限公司、江西佳时特数控技术有限公司、江西三鑫医疗科技股份有限公司、(同济大学)南昌智能新能源汽车研究院实验室、(华东交通大学）省部共建轨道交通基础设施性能监测与保障国家重点实验室、江西江铃集团新能源汽车有限公司、南昌凯迅光电股份有限公司，调研南昌市实施科技强省战略、加快推进创新型省份建设工作开展情况。14 日，全国、省人大代表调研座谈会召开。会议听取南昌市相关工作汇报。

17 日

第十五届中国绿色食品博览会开幕式在南昌举行。省市领导夏文勇、万广明，商务部流通业发展司司长李刚等共同启动开幕式。副市长赵捷主持。开幕式公布 2023 年最受欢迎的“十大地域消费品牌”“十大企业消费品牌”“十大网货品牌”，并为其授牌。其中，安义门窗、军山湖大闸蟹入选“十大地域消费品牌”，云境、舒蕾、林恩、李渡、千百味入选“十大企业消费品牌”，维德医疗、Wang's 汪氏、斗半匠入选“十大网货品牌”。

21 日

首批法治督察员聘任活动举办。

22 日

国家文物局、教育部发布以革命文物为主题的“大思政课”优质资源示范项目名单、精品项目名单。南昌八一起义纪念馆“‘以情动人，以理服人，以史育人’启智润心思政教育课程”和小平小道“小平小道蕴思想，春天故事国富强”主题系列“大思政课”红色教育项目入选优质资源精品项目。

26 日

“校家社，零距离”——南昌市文明校园与新时代文明实践站结对共建现场展示活动在红谷滩区悦城西社区新时代文明实践站举行。

28 日

2023 中国（南昌）数字经济与新基建产业发展大会暨博览会开幕式举行。市长万广明宣布开幕。副市长赵捷致欢迎词。开幕式上，南昌高新区与联通（江西）产业互联网有限公司、江西啄木蜂科技有限公司围绕云计算、大数据、物联网、虚拟现实、人工智能、智慧城市、数字乡村等内容进行项目签约，总投资额 3.5 亿元。

29 日

全国工商联科技装备业商会助力江西（南昌）民营经济高质量发展大会在南昌举办。全国工商联副主席安立佳，省委常委、统战部部长黄喜忠，全国工商联副主席、全联科技装备业商会会长、泰豪集团有限公司董事会主席黄代放出席并分别致辞。省政协副主席、省工商联主席谢茹和全联科技装备业商会专家代表为全国工商联科技装备业商会专家委员会江西（南昌）工作站揭牌。市长万广明作市情推介。市委常委、统战部部长饶绍清主持。南昌市政府与全国工商联科技装备业商会签署战略合作框架协议。

30 日

2023 上海合作组织传统医学论坛开幕式在中国（南昌）中医药科创城举行。

同日

2024 华勤技术全球核心合作伙伴大会在南昌举行。

12 月

1 日

南昌市制造业重点产业链现代化建设“8810”行动计划（2023—2026 年）新闻发布会举行。

同日

人民网 2023 年度网上群众工作峰会在吉林省长春市举办。会议发布《2023 年度人民网网上群众工作单位名单》。南昌市“12345”热线获评人民网 2023 年度“民心汇聚单位”。

同日

第三届鄱阳湖国际观鸟季走进国际湿地城市南昌分会场活动启动仪式在南昌高新区鲤鱼洲千鹤文化村举办。

1—3 日

南昌宗教中国化与文明互鉴学术研讨会召开。

2 日

南昌市地铁大厦天虹购物中心开业仪式举办。

4 日

贵州省委常委、贵阳市委书记、贵安新区党工委书记胡忠雄率贵阳贵安代表团到南昌市、赣江新区考察，参观航空工业洪都大部件车间、南昌华勤电子科技有限公司、南昌中微半导体设备有限公司、江西豪驰实业有限公司、江西华创新材有限公司、欣旺达南昌动力电池生产基地项目、南昌凯迅光电股份有限公司、南昌市规划展示中心、万寿宫历史文化街区。省委常委、南昌市委书记、赣江新区党工委书记李红军会见代表团成员。市长万广明，赣江新区党工委副书记、管委会主任肖玉文分别参加考察活动。

6 日

江西杭电铜箔项目竣工暨投产仪式举行。

7 日

第三届中国米粉节西湖分会场开幕式在中华米粉美食街举办。

8 日

第四届全国革命文物保护利用十佳案例宣传推介活动终评会在北京市召开。终评会评出十佳案例和 20 个优秀案例。南昌八一起义纪念馆申报的《探索“八一”可视化演绎，让革命文物“活”起来》获评优秀案例。

同日

第十届中国旅游产业发展年会举办。年会发布《2023 中国旅游产业影响力案例名单》，“南昌市旅游民宿产业的绿色创新发展之路”入选旅游新业态创新发展典型案例。

同日

第三届中国米粉节开幕式在南昌举行。

9日

南昌市人民政府与广发银行股份有限公司战略合作协议签约活动举行。

10日

中央第八巡回指导组副组长黄宁生率指导组到南昌调研指导主题教育工作。

11日

省委常委、市委书记、赣江新区党工委书记李红军一行到地铁大厦天虹购物中心、南昌T16购物中心、南昌武商MALL以及即将开业的红谷滩万象天地，就商业综合体发展情况进行调研，了解各商业综合体商家入驻、业态布局等情况。

12日

2023江铃集团科技日活动举行。省委常委、市委书记、赣江新区党工委书记李红军出席并为江铃集团重大技术攻关项目、重大整车项目发榜、授旗。市长万广明讲话。副市长赵捷主持。

13日

中国经济体制改革杂志社发布“中国改革2023年度地方全面深化改革典型案例”名单，南昌市“创建‘孺子书房’探索实践现代公共文化服务新模式”入选。

15日

国务院国资委公布最新“双百企业”名单。江铃汽车集团有限公司入选。

同日

“安义门窗”集体授牌仪式在安义门窗特色产业小镇举行。

16—18日

“才聚江西·智荟赣鄱——绿色低碳发展院士论坛暨百名博士江西行”活动在南昌举行。17日，省委书记尹弘会见参加论坛的院士专家。

16—19日

2023乡村振兴与美丽乡村高峰论坛在海南博鳌亚洲论坛国际会议中心举行。进贤县西湖李家被评为“全国乡村振兴示范单位”。

20日

“2023数字政府评估大会暨第二十二届政府网站绩效评估结果发布会”在北京市召开。会上，中国软件评测中心发布对省级地方和省会、计划单列市等重点城市政府网站开展的绩效评估，南昌市人民政府网位居全国省会城市第八名。

同日

“2023国际化营商环境创新发展论坛”在海南省三亚市举行。论坛发布《中国城市营商环境发展评估报告》和“2023国际化营商环境建设标杆城市”优秀案例榜单。西湖区获“2023营商环境质量十佳县(市、区)”称号。

同日

南昌市党外人士2023年调研成果专题协商会召开。

22日

市政府全体会议召开。会议研究审议即将提请市第十六届人大四次会议审议的《政府工作报告(审议稿)》，安排部署近期重点工作。

22—25日

第五届江西“生态鄱阳湖·绿色农产品”博览会暨江西农特产年货节在南昌绿地国际博览中心举行。

23日

南昌市、赣江新区、九江市三地联席会议召开。会上，赣江新区、南昌市、九江市有关负责人分别就重点产业集群打造、重大基础设施协同推进、生态环境防治联动、区域公安协作、公共服务合作共享等需要三地协调解决的事项进行答复，共同研究落实举措。

24日

2022—2023年度国家优质工程奖总结表彰大会暨2023年工程建设科学技术奖颁奖典礼在北京市召开。南昌轨道交通集团牵头完成的“复杂环境下富水砂层地铁车站基坑变形计算与防控技术”项目获2023年度工程建设科学技术进步奖一等奖。

同日

江西金控数字金融创新产业园项目在红谷滩区开工。

26日

市长万广明一行到辰林教育集团(江西应用科技学院)、新建区塔前王家村，就民办教育发展和“两整治一提升”工作进行调查研究。

同日

洪腾高架主线(昌东大道至南昌东站)实现通车。

27日

南昌东站、南昌南站开通运行。

同日

南昌市第八届老年文化艺术节——“奋进新征程，共创新伟业”南昌市老年迎新晚会在市老年大学碟子湖校区举办。

31日

“走复兴大桥·看南昌变化”——南昌市第十二届迎新健步行活动举行。省市领导李红军、万广明、李镇发、肖玉文以及市四套班子其他领导，赣江新区党工委班子成员揭小健参加活动，与市民群众一起徒步复兴大桥，共同见证城市发展新成果，感受南昌发展新变化。

同日

洪州大桥过江主线结构贯通。

(市史志办)

市情概览

自然环境

【概况】 南昌市具有承东启西、沟通南北的枢纽性区位优势，是唯一与全国经济最活跃的长江三角洲、珠江三角洲、海峡西岸经济区相毗邻的省会城市，京九、浙赣、皖赣、向莆4条铁路线交会于此，是京九线上唯一的省会城市。特别是沪昆高铁的开通，使南昌快速迈进“高铁时代”，与周边城市互联成为“一小时高铁经济圈”；轨道交通1号线的开通运营，使南昌迈入“地铁时代”；国道105线、国道320线、国道316线纵贯南昌市；昌北国际机场航线可达全国各大城市；水运经赣江入长江出东海。

【地理位置】 地处江西省中部偏北，赣江、抚河下游，濒临鄱阳湖，北纬28°09′—29°11′、东经115°27′—116°35′。东连余干县、东乡区；西靠高安市、奉新县、靖安县；南接临川区、丰城市；北部与永修县相邻。全市南北长约112.1千米，东西宽约107.6千米。

【地质地貌】 南昌市处于扬子地层区“江南古陆”南缘及其与华南地层区的过渡地带。地质构造大致可分为3个大地构造发展阶段，即九岭地槽发展阶段、加里东—印支地台发展阶段、燕山—喜马拉雅滨太平洋边缘活动阶段。地层发育较为齐全，从中元古界直至第四系均有出露。岩浆活动从晋宁期至喜山期均有发生。大地构造运动、岩浆活动和区域变质等交互作用在区内形成区域变质岩和动热变质岩两大类变质岩。主要缘于所处的特定大地构造环境和多期构造运动叠加影响，地质构造比较复杂，可分为褶皱构造、区域断裂构造、逆冲推覆及伸展构造3个构造层次。辖区内地势以平原为主，东南区域地势平坦，西北区域丘陵起伏，主要山脉是西山山脉。全市最高点是海拔841.1米的梅岭洗药湖。全市平原占35.8%，水域占29.8%，岗地、低丘占34.4%。

【江河湖泊】 辖区内有赣江、抚河、锦河和潦河。赣江穿城而过，军山湖、金溪湖、青岚湖、瑶湖等数百个大小湖泊星罗棋布。其中，老城区内有4个湖，即东湖、西湖、南湖、北湖；老城区外有4个湖，即青山湖、艾溪湖、象湖、黄家湖（含礼步湖、碟子湖）。因此，被誉为“城在湖中，湖在城中”。

【自然资源】 南昌市可开发利用的丘陵、岗地较多，地表水、地下水资源丰富，植物种类1000余种，砂石是优势矿产品种。全市总面积7195平方千米，其中耕地面积27.56万公顷。土壤主要有堆积冲积平原土壤和侵蚀剥蚀地貌土壤两大类型。主要土类为水稻土和红壤土。水资源总量为73.86亿立方米，境内自产水量为57.8亿立方米，地表水资源量为69.99亿立方米，还原水量为4.07亿立方米，地下水资源量为15.14亿立方米。水力资源蕴藏量为7.27万千瓦，可供开发的资源3.45万千瓦，占蕴藏量的47.5%。当地树种主要有樟树、马尾松、油茶等。野生树种主要有钩樟、山苍子、乌药等。矿产以非金属建材矿为主，兼有燃料等各类矿产28种，其中有工业开采价值的8处。已发现矿点、矿化点100余处，其中建筑用沙、砖瓦黏土、饰面石材、石灰石和矿泉水等具有较好的开发前景。花岗岩、砂卵石储量巨大，开采历史悠久。

【气候】 南昌地处鄱阳湖盆地，赣江下游。四季分明，气候暖湿，雨量充沛，日照充足，无霜期长，冰冻期短，属中亚热带湿润季风气候型。南昌冬季受蒙古冷高压控制和影响，盛行偏北气流，1月多刮偏北风；夏季受西太平洋副热带高压控制和影响，盛行偏南气流，7月多刮偏南风。春秋两季为过渡季节，分别受大陆高压和海上高压的控制和影响；春末夏初，天气温湿而多雨；秋末冬初，天气干爽而少雨雪。一年的四季中，夏冬季长，春秋季短，年平均气温比相似纬度邻省地区略高，更有利于农作物繁育生长。

（市史志办）

历史文化

【概况】 南昌始建于汉高帝五年（前202），是历代郡、府、州治所在地。古代南昌以“襟三江而带五湖，控蛮荆而引瓯越”的地理环境，成为中国东南的交通枢纽和政治、经济、文化重镇，不仅造就了“舟车不息、商贾云集”的繁荣和富饶，而且吸引无数文人名士流连忘返，吟咏不已。初唐王勃的《滕王阁序》描绘了南昌“落霞与孤鹜齐飞，秋水共长天一色”的绝妙景致，使南昌“物华天宝、人杰地灵”的美誉流传至今。明末清初的八大山人（朱耷）书画作品向外界展现了南昌博大从容的人文风度。1986年，南昌市被国务院批准为中国历史文化名城。2023年，全市拥有公共图书馆10个、文化馆10个、各类博物馆（纪念馆）28个。全国重点文物保护单位10个；市级及以上非物质文化遗产项目238个，其中，国家级5个、省级49个，市级非物质文化遗产生产性保护示范基地12个、传承基地（传习所）10个、传播基地9个、研究基地2个、非遗工坊10个、传统工艺工作站3个。

【历史沿革】 早在5000多年前，原始先民在该地生产、生活。至3000年前，南起青云谱、北至艾溪湖，弧形地带形成古代南昌居民的聚集区。汉高帝五年（前202），汉将灌婴定豫章郡，次年筑南昌城，城址在今南昌火车站东南约4000米的黄城寺，城周长10里84步，辟有6道门，称“灌城”或“灌婴城”，为南昌建城之开始，并置南昌县为豫章郡之附郭，有“南方昌盛”“昌大南疆”之意。汉设豫章郡；隋废豫章郡，设洪州总管府；唐废洪州总管府，设洪州都督府；南唐废洪州都督府，设南昌府；宋废南昌府，设洪州府，后改为隆兴府；元废隆兴府，设龙兴路；元末废龙兴路，设洪都府，后改为南昌府；明、清为南昌府。1926年正式设南昌市。1927年8月1日，周恩来、贺龙、叶挺、朱德、刘伯承等人在南昌市领导和指挥了震撼世界的武装起义，南昌市成为中国人民解放军的诞生地，被誉为“英雄城”，是“军旗升起的地方”。1949年5月22日，南昌市解放。在中国共产党和人民政府的领导下，南昌人民继承和发扬光荣的革命传统，艰苦创业，开拓进取，在“一穷二白”的废墟上建设社会主义的新型城市。中共十一届三中全会以来，南昌市社会主义建设更是突飞猛进。进入21世纪，南昌市迎来新的发展机遇。市委、市政府围绕“富民强市”的目标，全力做好建设“现代区域中心城市和现代文明花园英雄城市”两篇文章，竭力把南昌打造成带动全省发展的核心增长极。

【文化传播】 早在6万—5万年前，原始先民创造了远古文明。春秋战国时期，孔丘弟子澹台灭明（字子羽）“南游至江”，中原文化开始传入。东汉时期程曾，在南昌讲学写作，著书立说，声望很高，“会稽顾奉等数百人常居门下”；徐稚（字孺子）被称为“江南卑薄之域，而角立杰出”，人称“南州高士”。魏晋南北朝时期范宣、范宁兴办学堂，讲授、传播儒家经学文化；雷次宗著《豫章记》是最早的江西省地方志书之一，唐宋史家的著作，多有征引；许逊传播道教，建立道观，并率民治水，成了治水的传奇人物。唐朝时期建造的滕王阁，因王勃《滕王阁序》蜚声四海，历代的人们，未见其阁，已先读其序，闻其名，慕名而来，留名而去，积得雄文百篇、名诗千首。五代南唐的山水画家董源，被誉为南派山水画之祖。元代民间航海家汪大渊撰写的《岛夷志略》，涉及国家和地区220余个，清同治六年（1867）后，西方人将该书译成多种文字。明末清初“四大画僧”之一的八大山人（朱耷），以其“画风和精神开启和风靡了中国画三百年之画运”。清代末期胡思敬校辑《豫章丛书》1部，收唐宋以来江西历代名人著作经、史、子、集103种694卷266册，丰富中国文化宝库。现代山水画家黄秋园，自学成才，业余作画，山水、花卉、人物、界画无所不工，去世后作品逐渐被人们所认识，并得到艺术界的承认。五四运动后，赵醒侬、方志敏、袁玉冰等开办南昌文化书社，销售《新青年》《共产主义ABC》等书刊，并创办《红灯》《新江西》等期刊，传播马克思主义。1935年，方志敏在狱中写下《可爱的中国》，表达对祖国、对人民的深厚情感，成为爱国主义的千古绝唱。

【习俗礼仪】 南昌百姓的节日习俗主要有春节（拜年、换茶、上七大似年）、闹元宵、春龙节、花朝节、清明节、端午节、划龙舟、斗力和送扇、立夏节、六月六晒龙袍、七夕节、中元节、中秋节、龙岗登高、冬至节。其中，春节是一年中最隆重的传统节日。百姓多自冬至后开始筹办年货，如腌制腊肉、腊鸡，做年糕、印花米果、碾糖块等。农历腊月二十四日过小年。“过了二十四，天天都是年”（南昌话），南昌人过大年的日子各家不同，时辰也不一样。腊月二十五至二十九都有过大年的，有的早上过年，有的是中午、晚上过大年。春节期间主要习俗：一是拜年。正月初一，幼辈依次向尊长拜年，尊长又率幼辈向左右邻居贺年。南昌有句俗话“初一的崽，初二的郎，初三初四老姑丈”（南昌话）。初三、初四也有专为亡亲祭拜的。二是“上七大似年”。南昌人重视上七（初七），要好好地吃一顿，还要吃“糊羹”，象征步步高。三是闹元宵。南昌百姓过元宵叫闹元宵，闹了十五还要闹十六。南昌百姓吃元宵，象征全家团圆、幸福。吃好元宵之后，便开始闹灯。元宵节的灯，各式各样，有龙灯、板凳灯、关公灯、采莲灯等。板凳灯最长由1000余条板凳组成，由1000余人操作。板凳灯起舞时整齐统一，十分壮观。其中，进贤县西湖李村“同吃一桌席、同舞一条板凳龙”的节庆活动更是场面壮观，传统文化得到很好的传承。2009年11月，进贤县西湖李村的“板凳灯文化节”在中华文化促进会等单位主办的第二届“节庆中华奖”颁奖盛典上获得“最佳文化传承奖”。南昌百姓把端午节、中秋节、春节“一年三节”，视为一年内最重要的节日。定好亲事未结婚的送礼，已婚女婿送丈母娘、外甥送舅舅等，一年三节绝对不能缺。南昌人过端午节要吃粽子，插艾枝，吃红蛋、茶蛋、包子，赛龙舟。划龙舟从四月开始筹备，“初一划、初二歇、初三初四划到节”。“六月六晒龙袍”，南昌的气候温暖湿润，每年农历六月六之前，都是梅雨季节。故有六月初六晒衣裳的习俗，实际上也应是对太阳的一种崇拜。随着互联网的发展，南昌人在沿袭传统节日祝贺方式之外，逐步兴起短信、电子邮件、QQ、微信等方式，向亲戚、朋友表示节日的祝贺。南昌百姓人生礼仪主要体现在求子、出生、过百岁、起名、摸周、成年、寿庆、丧葬等方面。出生礼仪：妇女怀孕叫“有喜”，婴儿降生叫“添喜”。婴儿生下的第三天，给孩子“洗三”。婴儿出生到一个月即“满月”，行满月礼；出生满一年整，是婴儿第一个生日，称“过周岁”，为孩子举行“摸周”。寿庆礼仪：按南昌传统习俗，祝寿活动年龄进入50岁以后才举行，越到老年，祝寿活动的仪式也就越是隆重。南昌有句俗语：“三十无人晓，四十无人知，五十做一做，六十摆宴席，七十大庆贺，八十无信息，九十、百岁大摆席。”丧葬礼仪：南昌民间对死者进行吊唁，叫作“白喜事”。吊唁者都穿白衣，以示悲哀。丧葬礼仪一般有举丧、守灵、入殓、出殡、安葬、关山、接七等。南昌地区婚姻习俗除“父母之命，媒妁之言”外，还有许多礼节。一是“托媒”。一般由男家采取主动，并请媒人张罗。二是订婚。双方同意后，男家向女家下聘礼。三是送日子。双方缔结婚约后，男家确定吉日后，要向女家通报，南昌地区将此日称为“送日子”。四是迎娶。婚期确定后，女家准备嫁妆，择日发送。举行婚礼这天，男家请花车到女家迎亲。婚宴开始前，新郎、新娘一拜天地，二拜父母，夫妻对拜后喝交杯酒。五是闹洞房。南昌民间风俗认为，“闹房三日无大小”。除取乐、闹笑外，亲朋好友用各种方法逗趣，以营造一种和谐的氛围。

【方言】 按照《中国语言地图集》对汉语方言的分区，南昌话属赣语昌靖片。南昌方言通常说的南昌，指的是南昌市市区和南昌县管辖的地区，不包括南昌市管辖的其他县。南昌曾有城，城有七门。七门之内的地区是老城区，习惯称为城里，七门之外的地区统称为乡下。南昌方言分城里话和乡下话。乡下话分很多种。由于推广普通话的影响，城里话有新、老派之分。城里话新、老派最大的差别是两点：老派分阴入阳入（阳入有并入阴入的趋势），新派阳入都并入阴入，只有一个入声；遇摄三等知章组字，新、老派读法不同。城里话跟乡下话的一个最突出的差别是古开口三等知章组字的读音。关于调类的分合，有一部分乡下话跟城里话是一致的，有一部分乡下话则不一样。

（梅联华）

行政区划

【概况】 2023年，南昌市辖南昌、进贤、安义3个县，东湖、西湖、青云谱、青山湖、新建、红谷滩6个区，以及湾里管理局、南昌高新技术产业开发区、南昌经济技术开发区。全市设39个街道、28个乡、48个镇，1005个社区居民委员会、1153个村民委员会。

【南昌县】 2023年，南昌县辖9个镇（莲塘、向塘、蒋巷、幽兰、塘南、武阳、冈上、广福、三江），7个乡（泾口、南新、八一、黄马、塔城、富山、东新），1个街道办事处（八月湖街道办事处），1个国家级开发区（南昌小蓝经济技术开发区），1个省级开发区（向塘开发区）和1个管委会（银三角管委会），另有麻丘镇、昌东镇由南昌高新技术产业开发区代管；137个社区居民委员会，263个村民委员会。

【进贤县】 2023年，进贤县辖9个镇（民和镇、李渡镇、温圳镇、文港镇、梅庄镇、张公镇、罗溪镇、架桥镇、前坊镇），12个乡（三里乡、二塘乡、钟陵乡、池溪乡、南台乡、三阳集乡、七里乡、下埠集乡、衙前乡、白圩乡、长山晏乡、泉岭乡），1个垦殖场（五里综合垦殖场）和1个省级开发区（江西进贤经济开发区）；74个社区居民委员会，264个村民委员会。

【安义县】 2023年，安义县辖7个镇（龙津镇、鼎湖镇、万埠镇、石鼻镇、东阳镇、长埠镇、黄洲镇），3个乡（乔乐乡、新民乡、长均乡）；29个社区居民委员会，104个村民委员会。

【东湖区】 2023年，东湖区辖1个镇（扬子洲镇），7个街道办事处（滕王阁街道办事处、百花洲街道办事处、墩子塘街道办事处、豫章街道办事处、大院街道办事处、董家窑街道办事处、彭家桥街道办事处），2个管理处（贤士湖管理处、扬农管理处）；91个社区居民委员会，21个村民委员会。

【西湖区】 2023年,西湖区辖10个街道办事处(南站街道办事处、南浦街道办事处、朝阳洲街道办事处、桃源街道办事处、广润门街道办事处、丁公路街道办事处、绳金塔街道办事处、朝农街道办事处、九洲街道办事处、桃花街道办事处);159个社区居民委员会,13个村民委员会。

【青云谱区】 2023年,青云谱区辖1个镇(青云谱镇),5个街道办事处(三家店街道办事处、洪都街道办事处、徐家坊街道办事处、京山街道办事处、岱山街道办事处)和1个城市综合功能区(新经济产业集聚区);79个社区居民委员会,12个村民委员会。

【青山湖区】 2023年,青山湖区辖4个镇(湖坊镇、塘山镇、京东镇、罗家镇),4个街道办事处(上海路街道办事处、青山路街道办事处、南钢街道办事处、站东街道办事处)和1个省级工业园区(江西青山湖高新技术产业园区);116个社区居民委员会,60个村民委员会。

【新建区】 2023年,新建区辖8个镇(松湖镇、石岗镇、西山镇、石埠镇、望城镇、溪霞镇、象山镇、联圩镇),5个乡(大塘坪乡、铁河乡、昌邑乡、南矶乡、金桥乡),2个街道办事处(长堎街道办事处、欣悦湖街道办事处)和1个省级开发区(新建经济开发区);79个社区居民委员会,200个村民委员会。

【红谷滩区】 2023年,红谷滩区辖1个镇(流湖镇),1个乡(厚田乡),7个街道办事处(沙井街道办事处、卫东街道办事处、生米街道办事处、红角洲道办事处、凤凰洲道办事处、九龙湖道办事处、龙兴街道办事处);121个社区居民委员会,78个村民委员会。

【湾里管理局】 2023年,湾里管理局辖4个镇(招贤镇、梅岭镇、罗亭镇、太平镇),2个街道办事处(站前街道办事处、幸福街道办事处),1个管理处(洗药湖管理处);25个社区居民委员会,35个村民委员会。

【南昌高新技术产业开发区】 2023年,南昌高新技术产业开发区辖2个镇(昌东镇、麻丘镇),2个管理处(艾溪湖管理处、鲤鱼洲管理处);52个社区居民委员会,48个村民委员会。

【南昌经济技术开发区】 2023年,南昌经济技术开发区辖2个镇(樵舍镇、乐化镇),1个街道办事处(蛟桥街道办事处),2个管理处(白水湖管理处、冠山管理处);43个社区居民委员会,55个村民委员会。

(市史志办)

2023年,江西新建经济开发区

(新建经开区　供图)

人口民族

【概况】 截至2023年年底,全市户籍总人口545.88万人。其中,城镇人口309.06万人,户籍人口城镇化率为56.62%。2023年末常住人口656.82万人,比上年增加3.01万人。其中,城镇人口522.69万人,常住人口城镇化率为79.58%;全年出生人口3.81万人,出生率5.82‰;死亡人口3.66万人,死亡率5.59‰;人口自然增长率0.22‰。南昌市是一个少数民族散居城市,居住人口以汉族为主,一些少数民族人口分散居住在市区和各县区,人口数量不多。截至2023年年底,全市少数民族户籍人口21725人,其中人口最多的是回族(4440人)、满族(3786人)、壮族(2381人)、土家族(2145人)、苗族(1658人)。户籍人口有51个民族成分,没有的5个民族成分为塔吉克族、保安族、独龙族、门巴族、珞巴族。全市少数民族流动人口约2.6万人,其中人口最多的是回族、维吾尔族、苗族、土家族、东乡族。少数民族流动人口流出地主要是甘肃、贵州、新疆、宁夏、湖南、广西、云南。

【人口分布结构】 2023年,市辖区总户数108.42万户,户籍人口总数323.89万人。其中,乡村人口83.87万人,城镇人口240.02万人。市辖县总户数68.37万户,户籍人口总数221.99万人。其中,乡村人口152.95万人,城镇人口69.04万人。在全市户籍人口中,男性281.25万人、女性264.63万人;0—17岁117.3万人、18—34岁122.35万人、35—59岁198.65万人、60岁及以上107.57万人。

【少数民族分布情况】 南昌市共有3所学校设有内地民族班，其中南昌市第十七中学有西藏班6个，学生180人；南昌县莲塘一中有新疆班2个，学生95人；进贤县第一中学有西藏班3个，学生161人。全市拉面店有525家，从业人员3300余人，经营者以甘肃、青海、宁夏等地回族、撒拉族为主。新疆特色烧烤店390家，从业人员1357人，经营者以新疆和田墨玉县的维吾尔族为主。全市企业少数民族务工人数有6000余人，其中，回族4000余人，维吾尔族140人。进贤县池溪乡兰家畲族村是南昌市唯一的少数民族自然村，畲族人口42人，主要产业为蔬菜种植、米酒酿造。南昌市有一个由各民族干部群众自愿参加而组成的地方性、联合性、非营利性的群众联谊组织——南昌市民族团结进步协会，有会员172人，包含汉族、回族、满族、畲族、藏族、蒙古族、维吾尔族等民族。

（张　楚）

2023年南昌市户籍人口及其变动一览表

表1

公安单位	年末总户数(户)	年末总人口(人)									2022年度人口变动(人)									
		合计	城镇人口	乡村人口	性别		年龄				出生			死亡			迁入		迁出	
					男	女	0—17岁	18—34岁	35—59岁	60岁及以上	合计	男	女	合计	男	女	省内迁入	省外迁入	迁往省内	迁往省外
东湖公安分局	141734	411229	380870	30359	203009	208220	61716	71612	157194	120707	2034	1053	981	2832	1626	1206	5098	680	11420	2120
西湖公安分局	163129	463612	463612	0	229206	234406	82847	81727	173360	125678	2843	1531	1312	2599	1475	1124	11286	993	9414	2067
青云谱公安分局	89012	258260	258260	0	130138	128122	37801	45226	97728	77505	1486	760	726	2457	1485	972	6166	409	5094	1114
湾里公安分局	33998	88923	52587	36336	46474	42449	20671	21155	31479	15618	939	495	444	337	195	142	2161	262	784	385
青山湖公安分局	151669	440582	376417	64165	222484	218098	79739	91856	165767	103220	3059	1695	1364	1793	1013	780	5047	608	6154	1511
高新公安分局	110193	340122	179480	160642	174912	165210	88143	84878	120245	46856	3308	1840	1468	632	365	267	6863	730	2689	1283
红谷滩公安分局	151480	465072	330897	134175	235027	230045	136976	105287	167729	55080	5129	2806	2323	863	499	364	21408	1794	6003	2073
经开公安分局	74243	214521	161002	53519	109302	105219	52251	52848	74070	35352	2253	1164	1089	916	525	391	4524	670	2438	1019
南昌县公安局	325062	1082308	367344	714964	567745	514563	231765	260017	385053	205473	8500	4663	3837	5580	3159	2421	6434	1050	6004	2305
新建公安分局	168765	556569	197114	359455	292475	264094	135104	146235	189660	85570	4957	2689	2268	2428	1403	1025	3694	548	4072	1210
安义县公安局	102451	305136	92880	212256	163209	141927	73983	71448	108663	51042	2536	1395	1141	2568	1419	1149	282	228	777	2012
进贤县公安局	256166	832449	230146	602303	438509	393940	172031	191234	315536	153648	5658	3035	2623	8610	4650	3960	752	573	2685	4230
南昌市公安局合计	1767902	5458783	3090609	2368174	2812490	2646293	1173027	1223523	1986484	1075749	42702	23126	19576	31615	17814	13801	73715	8545	57534	21329

（资料来源：市公安局）

红色遗址

【概况】 南昌市是一座红色城市。1927年8月1日，周恩来等在南昌领导武装起义，标志着中国共产党独立地领导革命战争、创建人民军队和武装夺取政权的开始，因此被称为“英雄城”，被誉为“军旗升起的地方”。当年举行武装起义的总指挥部旧址、朱德军官教育团旧址、贺龙指挥部旧址等革命旧址及新四军军部旧址、邓小平在新建县拖拉机配件修造厂劳动旧址，经市政府的维修保护，成为革命传统教育基地。

2023年7月26日，南昌八一起义纪念馆内聚满游客

（魏勇剑　摄）

【南昌八一起义纪念馆】 位于南昌市中山路中段380号,原为“江西大旅社”。始建于1922年,1924年建成,采用中西合璧的建筑风格,外观呈银灰色,坐南朝北,为楼高四层的“回”字形建筑。中华人民共和国成立后,1957年,江西大旅社改为南昌八一起义纪念馆,镏金馆额由陈毅元帅手书。1961年,经国务院批准,南昌八一起义纪念馆被列为全国重点文物保护单位。1997年,南昌八一起义纪念馆被中宣部命名为全国百家爱国主义教育示范基地之一。八一起义指挥部旧址改扩建工程自2006年5月动工,筹资153亿元,在起义指挥部旧址南侧兴建新陈列馆,2007年7月28日竣工对外开放。新陈列馆大楼共4层,外立柱由8支“汉阳造”步枪造型组成,屋檐是“八一”字体组成的长城图案,外墙采取镂空造型,所有玻璃窗方框都印有八一军徽图案。新陈列馆采用声光电幻影成像、多媒体同步地台模型、120度多通道环幕投影等多项先进陈列手段,除重点展示南昌起义这段历史外,还新增中国人民解放军光辉历程和英雄城南昌形象展示的陈列内容。

【贺龙指挥部旧址】 全国重点文物保护单位,全国爱国主义教育基地,坐落在南昌市子固路165号。该旧址原为中华圣公会宏道堂及其主办的宏道中学校址,建于1916年,均为坐东朝西的砖木结构,颇具中西合璧的建筑风格。主建筑临街,是一栋有飞檐和钟鼓亭阁的三层楼房,内设传道和做礼拜等宗教活动场所,以及学校的课堂和教师办公室。主楼后面一栋三层西式小楼是牧师兼校长刘屏庚的住宅。1927年7月下旬,贺龙率领国民革命军第20军进驻南昌后,便将他的指挥部设在主建筑宏道堂内。军部各机关办公室分别设在主楼教室和礼堂内,贺龙、刘伯承等起义领导人住在主楼后面的西式小楼里。1927年8月1日凌晨,贺龙、刘伯承、周逸群在此指挥武装起义。旧址大楼三楼靠东的窗沿,留下3处敌人机枪射击留下的弹痕,是当年激烈战斗的历史见证。中华人民共和国成立后,刘屏庚将教堂无偿捐给国家。1956年9月,贺龙指挥部旧址修复。1977年,旧址维修恢复原貌,并对外开放,同时复原陈列贺龙的办公室兼卧室,军指挥部会议室、会客室、军部办公室,刘伯承办公室兼卧室以及指挥战斗的水泥台阶。在一楼大厅还设有“贺龙元帅生平展”。

【叶挺指挥部旧址】 作为八一起义指挥部旧址的一部分,是全国重点文物保护单位,全国爱国主义教育示范基地,坐落在南昌市苏圃路南昌二中校园内,原为心远中学的教学楼。为砖瓦结构“工”字形二层楼房,面积9072平方米。1927年,该楼是国民革命军第11军第24师司令部、办公室、会议室、电话总机房及警卫部队驻地。1927年7月30日下午2时,叶挺在此召开第11军第24师营以上及师直机关军官会议,传达中国共产党关于武装起义的决定,部署战斗任务。南昌起义后,叶挺任国民革命军第11军军长,此楼即为第11军指挥部。中华人民共和国成立后,叶挺指挥部旧址曾是南昌二中的图书馆和教师的办公室。1956年9月该旧址修复。1977年,中国人民解放军建军50周年时,在工字楼内,恢复营以上干部会议的会议室,布置第11军的历史陈列。2007年,中国人民解放军建军80周年时,叶挺指挥部旧址进行全面复原整修,恢复叶挺、聂荣臻的办公室,并布置叶挺生平和第11军军史陈展,对外开放参观。

【朱德军官教育团旧址】 全国重点文物保护单位,全国爱国主义教育示范基地,坐落在南昌市八一大道376号。清末是训练清军的场所,后改为江西陆军讲武堂。占地0.27公顷,前后三进共四五十间房,另有礼堂及操场。1927年春,朱德在这里创办军官教育团并亲任团长,培养了一批革命武装干部,其中一部分人参加南昌起义,这里成为南昌革命活动的一个基地和堡垒。抗日战争中,讲武堂遭日本侵略军狂轰滥炸,学舍大部分被炸毁,但朱德当年的办公室幸运地保留下来。中华人民共和国成立后,讲武堂由军事部门接管。1952年,朱德办公旧址正式对外开放,是八一南昌起义旧址群中最先开放供参观的。2009年,朱德军官教育团旧址再次整修,并设计制作朱德军官教育团革命活动图片展、朱德军官教育团旧址复原陈列、朱德同志生平图片展。

【牛行车站】 牛行车站即南昌车站,位于南昌市红谷滩区凤凰洲管理处老北站社区,是南昌历史上的一个红色地标。1916年5月,南浔铁路全线贯通,是江西第一条客运铁路,牛行车站是南昌的首座火车站。1927年,八一南昌起义部队从牛行车站进入南昌。展示馆大门处有一组表现起义军抵达牛行车站的大型雕塑,雕塑中的火车头造型,在多媒体演示设备的辅助下,冒出一股股白烟。从左边进入展示馆内部,按照时间脉络展示“南浔铁路,百年沧桑”“起义部队,挺进南昌”“南昌起义,牛行战斗”“红一军团,八一示威”4个单元的展览内容。此外,展示馆内还设置体感互动游戏和知识问答游戏。2017年7月30日,牛行车站与南昌起义展示馆同步开放。

【南昌新四军军部旧址陈列馆】 位于南昌市西湖区象山南路119号。南昌新四军军部旧址原为北洋军阀张勋的公馆,建于1915年,内有2栋2层楼的楼房和1栋平房,属中西合璧砖木结构的建筑。1938年1月6日,国民革命军陆军新编第四军军部从汉口迁驻南昌,开始在该旧址正式对外办公。中华人民共和国成立后，1987 年 7 月，省、市政府拨出专款按原貌恢复整修旧址。1988 年 1 月 5 日对外开放。2 月，南昌新四军军部旧址陈列馆成立。2009 年 5 月启动旧址改扩建工程，总投资约 8000 万元，占地约 234 公顷，总建筑面积约 116 万平方米，分旧址保护区、新陈列展示馆、纪念广场、绿化园林四大功能区，2010 年年底完工。新陈列馆位于旧址的南侧，建筑面积 4833 平方米，采用声光电高科技、历史图片等多种方式，分多个展厅展示新四军当年的风采。1987 年 12 月，南昌新四军军部旧址被列为省级文物保护单位。2001 年，被列为江西省爱国主义教育基地。2006 年，国务院公布该馆被列为第六批全国重点文物保护单位。

【小平小道陈列馆】 位于江西省南昌市新建区望城镇，是邓小平 1969 年 10 月至 1973 年 2 月在江西劳动和生活的地方。“小平小道”是居住在原南昌步兵学校的邓小平通往原新建县拖拉机配件修造厂劳动的小道，全长 1500 米。自 1998 年起，南昌市对邓小平劳动车间展开保护性修缮，逐步对其周边设施进行全面维修，于 2002 年正式对外开放。园区由小平小道、邓小平劳动车间、原新建县拖拉机修造厂旧址、陈列馆等组成，占地面积 4.89 公顷。园区辖 1 处全国重点文物保护单位和 1 处县级文物保护单位。园区设有基本陈列和复原陈列，基本陈列设在陈列馆，共分为探索建设道路、在“文化大革命”初期、疏散到江西、小平小道、复出与整顿 5 个部分。复原陈列设在邓小平劳动车间，还原邓小平劳动时的场景。南昌市小平小道陈列馆先后被评为国家 AAAA 级旅游景区、全国红色旅游经典景区、江西省爱国主义教育基地、江西省国防教育基地、江西省干部党性教育现场教学示范点、江西省中小学生研学实践教育基地等。

（市史志办）

经济社会发展

【概况】 2023 年，面对错综复杂的国内外形势，全市上下坚持稳中求进工作总基调，完整、准确、全面贯彻新发展理念，紧紧围绕“项目为先、实干奋进，争分夺秒拼经济”工作主线，真抓实干、担当作为，统筹推进稳增长、促改革、惠民生、保稳定、防风险各项工作，全市经济持续回升向好，高质量发展取得新成效。全年，全市地区生产总值 7212.85 亿元，按不变价格计算，比上年增长 3.5%。其中，第一产业增加值 247.4 亿元，增长 3.4%；第二产业增加值 3340.98 亿元，增长 3.5%；第三产业增加值 3624.47 亿元，增长 3.6%。

【农业生产】 2023 年，农业生产总体平稳，畜牧产品供应充足。全年全市农林牧渔业总产值 426.96 亿元，比上年增长 3.7%。其中，农业产值 181.43 亿元，增长 2%；林业产值 6.91 亿元，增长 13.6%；牧业产值 120.59 亿元，增长 3.8%；渔业产值 87.55 亿元，增长 4.7%；农林牧渔专业及辅助性活动产值 30.48 亿元，增长 9.2%。猪牛羊禽肉产量 32.39 万吨，其中猪肉、禽肉产量分别为 19.32 万吨、12.06 万吨；生猪存栏 121.09 万头，其中能繁殖母猪存栏 12.4 万头。

【工业生产】 2023 年，工业生产稳步回升，新兴动能支撑有力。全年全市规模以上工业增加值比上年增长 4.2%。从经济类型看，股份合作企业、国有控股企业、股份制企业、私营企业分别增长 7.5%、4.9%、4.8%和 4.4%。从行业看，35 个工业行业大类中 20 个行业实现增长，9 个行业实现两位数以上增长。增加值总量排名前十的行业中，有 7 个行业增速高于全市平均水平。从产品产量看，全市重点监测的 153 种主要工业品中 72 种实现增长，增长面为 47.1%，其中智能手环、房间空气调节器、移动通信手持机（手机）、气体压缩机和变压器等产品增势较好，分别增长 268.7%、52.9%、29.4%、22.5%和 21.7%。从新兴产业看，高技术制造业增加值增长 12.1%，高于全市平均水平 7.9 个百分点。从全市重点打造的八大产业看，航空装备、电子信息、机电装备制造产业发展较快，增加值分别增长 28.8%、15.1%、10.5%，分别高于全市平均水平 24.6 个、10.9 个、6.3 个百分点。

【投资增长】 2023 年，基础设施投资增长较快，社会领域投资平稳增长。全年全市基础设施投资比上年增长 26.9%，拉动全部投资增长 5.2 个百分点，其中交通运输、仓储和邮政业投资增长 140.6%，拉动全市基础设施投资增长 29.8 个百分点，工业技改投资同比增长 35.4%；全市社会类投资增长 4.6%，分行业看，教育投资增长 38.3%，拉动社会类投资增长 14.5 个百分点，卫生和社会工作投资增长 9%，拉动社会类投资增长 3.2 个百分点。

【消费市场】 2023 年，消费市场持续恢复，贸易结构持续优化。全年全市实现社会消费品零售总额 3202.41 亿元，比上年增长 6.3%，其中，全市限额以上单位销售情况良好，按经营单位所在地分，全市限额以上单位城镇消费品零售额 1738.97 亿元，增长 3.4%；限额以上单位乡村消费品零售额 71.75 亿元，下降 10.7%。按消费形态分，商品零售 1693.95 亿元，增长 1.8%；餐饮收入 116.77 亿元，增长 19.1%。按商品类别分，监测的 21 个商品零售类别中 9 类商品零售额实现增长。基本生活消费持续增长，粮油食品类、饮料类、服装、鞋帽、针纺

2023 年 7 月 15 日,2023 恰噶南昌消费季启动仪式在滕王阁举行
（魏勇剑　摄）

织品类分别增长 4.5%、3%、8.7%；升级类商品消费旺盛,书报杂志类、中西药品类、家用电器和音像器材类分别增长 4.8%、10.0%、35.8%。全市限上批发零售业通过公共网络实现商品零售额 240.18 亿元,增长 0.2%。全年全市海关进出口总值 1112.91 亿元,占同期全省进出口总值的 19.5%。民营企业进出口 821.1 亿元,占全市外贸总值的 73.8%;外商投资企业进出口 264.8 亿元,增长 10.7%,比重较上年同期提高 5.3 个百分点。机电产品出口 521.6 亿元,占全市出口总值的 66.2%,较上年提高 7.9 个百分点,其中以太阳能电池、锂电池、电动载人汽车为代表的“新三样”产品合计出口 6.6 亿元,增长 10.2%。

【财政收支】 2023 年,财政收支稳步增长,金融存贷运行稳健。全年地方一般公共预算收入完成 500.18 亿元,比上年增长 9.3%,其中,税收收入 330.11 亿元,占一般公共预算收入的比重为 66%。粮油物资储备、交通运输、资源勘探工业信息等方面支出分别增长 55.5%、34.6%、22.2%。至年底,全市金融机构本外币各项存款余额 17266.14 亿元,同比增长 7.2%。其中,住户存款余额 6681.36 亿元,增长 15.4%;非金融企业存款余额 6421.06 亿元,增长 1.2%。全市金融机构本外币各项贷款余额 19894.37 亿元,增长 5%。其中,住户贷款余额 4840.65 亿元,增长 0.6%;企(事)业单位贷款余额 14986.79 亿元,增长 6.6%。

【居民收入和人员就业】 2023 年,居民收入平稳增长,就业任务超额完成。全年全市全体居民人均可支配收入 46709 元,比上年增长 5.2%。按常住地分,城镇居民人均可支配收入 54911 元,增长 4.3%;农村居民人均可支配收入 25803 元,增长 6.5%。消费价格温和上涨,居民消费价格(CPI)上涨 0.6%。分类别看,其他用品和服务价格上涨 5.1%,衣着、教育文化和娱乐价格均上涨 2.7%,居住、医疗保健价格均上涨 0.7%,食品烟酒价格上涨 0.1%,生活用品及服务价格与上年同期持平,交通和通信价格下降 2.2%。全年全市城镇新增就业 68924 人,完成全年任务 116.8%,累计完成数比上年上升 1.3%。其中,城镇失业人员再就业 1.93 万人,完成全年任务的 108%,累计完成数上升 0.9%;就业困难人员实现就业 7950 人,完成全年任务的 115.2%,累计完成数上升 10%。

【社会用电和货运】 2023 年,社会用电降幅收窄,货运需求恢复向好。全年全市全社会用电量 307.01 亿千瓦时,比上年下降 0.2%,降幅较 1—11 月收窄 0.4 个百分点。其中,工业用电 139.15 亿千瓦时,下降 4.8%,降幅较 1—11 月收窄 0.6 个百分点;制造业用电量 96.52 亿千瓦时,增长 3.9%;城乡居民生活用电量 58.49 亿千瓦时,下降 6.3%。全年全市完成公路运输货运量 1.75 亿吨,比上年增长 6.1%,货物周转量 331.1 亿吨千米,增长 4.8%;完成水路运输货运量 1757.6 万吨,增长 15.0%;货物周转量 66.4 亿吨千米,增长 15.1%。

（邱国梁）

中国共产党南昌市委员会

综　述

【概况】　2023年，面对错综复杂的国内外形势以及各种超预期因素影响，南昌市坚持以习近平新时代中国特色社会主义思想为指导，全面学习、全面把握、全面落实党的二十大精神，围绕“一枢纽四中心”（综合交通枢纽和区域科创中心、金融中心、先进制造业与高品质服务业集聚发展中心）发展定位，聚焦“走在前、勇争先、善作为”目标要求，紧扣“项目为先、实干奋进，争分夺秒拼经济”工作主线，坚持稳中求进工作总基调，完整、准确、全面贯彻新发展理念，团结带领广大干部群众攻坚克难、真抓实干，深入实施省会引领战略，做好稳增长、促改革、调结构、惠民生、防风险、保稳定等各项工作，推动全市经济社会发展和党的建设取得新成效。

【政治建设】　2023年，落实“第一议题”制度，深入学习领会和贯彻落实习近平总书记重要讲话和重要指示批示精神，坚持不懈学习习近平新时代中国特色社会主义思想，把学习宣传贯彻党的二十大精神作为重大政治任务，通过举办专题研讨班、集中轮训班、专题培训班等形式，实现1500余名县处级干部轮训全覆盖，开展宣讲活动1324场，受众11万人。第一时间召开市委常委会会议、全市领导干部会议等，传达学习习近平总书记考察江西重要讲话精神，组织市委宣讲团开展学习宣讲。发挥市委理论学习中心组示范带动作用，带头开展14次集体学习研讨，通过领导干部领学主讲，创新组织开展LED、新型储能、公募REITs等专题学习，提升领导干部重学习、谋发展、抓落实的能力水平。贯彻民主集中制，抓好“三会一课”、民主生活会、组织生活会等制度落实，完善和落实“三重一大”制度，开展批评和自我批评，增强党内政治生活的政治性、时代性、原则性、战斗性。组织市四套班子开展“3·23”警示教育活动，引导领导干部带头廉洁从政，弘扬良好家风。落实请示报告制度，对省委、省政府主要领导对南昌工作作出的批示以及提出的工作要求，研究部署落实举措，反馈落实情况，做到件件有着落、事事有回音。

【经济发展】　2023年，出台制造业重点产业链现代化建设“8810”行动计划，推动传统产业转型升级，战略性新兴产业持续壮大，前瞻布局未来产业，全市规模以上工业营收突破6500亿元，电子信息全产业链营收突破2400亿元，汽车及装备、新材料、医药健康等全产业链营收均超千亿元。鼓励和引导企业实施数字化、智能化改造，全年全市工业技改投资同比增长35.4%，新增500万元及以上技改项目403个，新增“上云上平台”企业1.6万家，江铃股份等一批企业获评国家级智能制造示范工厂，南昌获评全国首批中小企业数字化转型试点城市。加大高新技术企业培育力度，新增高新技术企业691家，全年高技术制造业、装备制造业增加值分别增长12.1%、11.3%。把服务业作为经济增长的重要动力，出台促进商务经济高质量发展若干措施等系列政策，全年全市规上服务业营收增长10.7%，增速位居全省第一，限上住宿业、餐饮业营业额分别保持25.7%、20.4%的高速增长。持续提升商贸消费，开展“悦享金秋·乐购洪城”等促消费活动500余场，吸引超100家首店进驻南昌，全省首家重奢购物中心武商MALL开业，促进全市及全省高端外溢消费回流。举办大型展会83场，参观200余万人次，拉动综合消费超200亿元，获评“中国会展之星·最具创新活力会展城市”和“最佳会展目的地城市”。谋划推动东南、北部、西部物流产业园建设，在全省率先创建国家骨干冷链物流基地，入选综合型现代流通战略支点城市布局建设名单。壮大金融业规模，全市本外币贷款余额突破2万亿元，新增持牌金融机构7家、总数192家，新增上市企业5家、总数43家，占全省的比重为38.9%。市领导带头开展招商引资，走访企业、会见客商310批次，推动华为江西总部落户，与京东集团、千方集团签署战略合作协议，举办华勤技术全球核心合作伙伴大会。借助龙头企业供应商大会、产业峰会等活动开展产业链招商，举办或参加各类招商活动200余场。举办2023年世界VR产业大会、南昌电子信息产业发展大会、中国航空产业大会暨南昌飞行大会、中国（江西）工业互联网创新发展大会等大型活动，签约重大项目706个，协议投资总额2325.78亿元。加快产业项目建设，每季度开展重大项目集中开工活动，华创新材锂电铜箔项目、中微半导体生产基地等一批重大重点项目建成投产。

【城市建管】 2023年，深入实施交通强市建设，推进机场、高铁、航运、码头等重大工程建设，加快打造具有全国重要影响力的综合交通枢纽。昌北国际机场三期改扩建工程启动建设，进境水果和冰鲜水产品指定监管场地投入运营，瑶湖机场向民航飞机开放。昌杭高铁黄昌段、南昌东站、南昌南站开通运行，昌九高铁加速建设，昌福（厦）、武咸昌、长昌（九）高铁线路加紧谋划推动。赣江下游尾闾综合整治工程推进，中支、北支、南支枢纽具备运行条件，抚河下游尾闾综合整治工程进展顺利，姚湾综合码头（一期）7个泊位通过验收。加快城市路网建设，洪腾高架主线、桃花南路快速化改造等工程实现通车，复兴大桥主线具备通车条件，洪州大桥实现主线结构贯通，地铁1号、2号线延长线和西外二环高速、隆兴大桥等项目加速建设。提升交通运行智能化水平，持续深化不文明交通行为整治，全市道路平均车速提升每小时4千米，交通健康指数在全国36个重点城市中位居前列。实施城市更新行动，推进老旧小区、城中村改造，建成海绵城市面积158.98平方千米，完成积水点改造44个，新建污水管114.13千米。1—12月全市基础设施投资同比增长26.9%，高于全国（5.9%）增速21个百分点。把打造洁净舒适的城市生活空间作为基础工程，巩固"马路本色"行动成效，创建25个城市客厅"席地而坐"示范区，环卫质量和重点区域保洁水平全面提升。持续抓好主要通道和桥梁环境整治，常态化做好杭昌高铁南昌段沿线环境整治，全面清洗城市桥梁内外侧墙体，涂装和修复脏污、锈蚀铁路桥梁。开展城市家具专项整治，优化灯杆建设标准，规范广告招牌管理，做好城市道路坑洞、破损路面排查整治，整改道路病害2.62万处。养护城市绿化，重点实施南昌大道沿线绿化提升工程，新（扩）建城市公园26个。提升城市智慧管理水平，城市运行管理服务平台上线试运行并通过住房城乡建设部验收，实现城市运行管理"一网统管"。

【乡村振兴】 2023年，巩固拓展脱贫攻坚成果同乡村振兴有效衔接，以"两整治一提升"行动为抓手，加快推动农业强起来、农村美起来、农民富起来。做强做大农业企业，市级以上农业龙头企业年销售总额占全省的60%，中国农企500强10家，全省6家农业上市企业中南昌市占5家。提升农业科技含量，水稻机械化育秧中心实现涉粮乡镇全覆盖，机械化种植率位居全省前列，省级农作物种业骨干企业占全省的56%。推进优质农产品进盒马、山姆等主流商超，安义瓦灰鸡等10个特色农产品被纳入全国名特优新农产品名录。承担粮食安全政治责任，超额完成粮食播种面积、粮食产量和冬油菜播栽任务，重要农产品实现稳价保供。学习运用"千万工程"经验，抓好340个重点村环境整治，推进农村"厕所革命"，改善村庄房前屋后环境，推动道路硬化、村庄绿化、污水净化、路灯亮化等工作取得成效。开展农村路域环境整治，新改建农村公路352.52千米，实施"白改黑"370千米，完成道路隐患治理194千米，农村路域环境品质全面提升。加强乡村精神文明建设，推进移风易俗，重点整治高额彩礼、占道殡葬、大操大办等不良风气，乡村治理水平提升，4个村入选第三批全国乡村治理示范村，建成5个中国美丽休闲乡村。推动共同富裕，实施万名"绿领农民"培育工程，拓宽农民增收致富渠道，全市农村居民人均可支配收入同比增长6%左右，高于城镇居民2个百分点，脱贫人口人均可支配收入增长12%。壮大村级集体经济，加快培育新型经营主体，新增农民合作社343家，全市1149个行政村集体经营性收入11.97亿元、村均收入104.18万元，村级集体经济走在全省前列。加强防止返贫动态监测帮扶，做好重点人群摸排筛查，防范返贫致贫风险，扩大贫困补助范围，切实做到应纳尽纳、应扶尽扶。

【民生改善】 2023年，坚持财力向民生领域倾斜，全市财政民生类支出占一般公共预算支出比重约80%，十件人大代表票决民生实事全面完成。推进"胡子工程"和"打通断头路 畅通微循环"攻坚专项行动，"胡子工程"销号11项，38条"断头路"完工通车。结合城市污水管网改造工程，开展道路窨井盖治理，整治问题井盖21511个，一体化更换井盖1442个。兜住、兜准、兜牢民生底线，做好困难群众救助工作，零就业家庭安置率100%，入选全国公共就业服务能力提升示范项目城市。实施教育高质量发展三年行动，加大优质教育资源供给，新投入使用幼儿园40所、中小学21所，南昌中学、行知中学、洪都中学新校区、南昌十中经开校区等加快建设，办好南昌技师学院、南昌健康职业技术学院，市委党校新校区（八一干部学院）投入使用。推进健康南昌行动，支持五大国家区域医疗中心建设，市第一医院九龙湖院区、市洪都中医院二期、新急救中心建设完工，市级“4+2+2”医疗卫生服务体系逐步形成。完善“一老一幼”服务体系，打造区域性养老中心8个，建成社区居家养老服务中心887家、“一老一小幸福院”14家，获评全国首批婴幼儿照护服务示范城市。深化“书香洪城”建设，建成100家“孺子书房”，引入社会资本因地制宜建设文化产业园区，满足人民群众精神文化需求。打好蓝天、碧水、净土保卫战，全市生态环境持续改善，生态文明建设获国务院督查激励。推进大气污染防治，空气质量优良率92.3%，在中部六省省会城市稳居第一。加快推动水系大连通，深化水环境治理，前湖水系、乌沙河水质明显改善。全市土壤环境质量状况总体良好，未出现因土壤污染导致农产品超标问题，未发生建设用地土壤污染风险管控和修复名录地块违规开发问题。推进碳达峰碳中和，推动全市万元GDP能耗持续下降，国家低碳试点城市评估获优秀等次。因地制宜建设马咀山、鱼目山生态公园，加快推进蟠龙峰景区建设，群众绿色获得感、生态幸福感持续增强。

决策部署

【概况】 2023年，中共南昌市委常务委员会全面落实省会引领战略，加快推进“一枢纽四中心”建设，奋力推动各项事业取得新成效。锚定经济发展主线不动摇，经济运行持续回升向好；坚持补短板强弱项提品质，城市承载力和影响力提升；深入推进改革开放创新，发展动力活力持续迸发；深入实施“两整治一提升”（农村人居环境整治、农村路域环境整治、农业特色产业提升）行动，乡村振兴迈出坚实步伐；持续保障和改善民生，群众获得感幸福感安全感不断提升；纵深推进全面从严治党，政治生态持续向上向好。

【市委十二届六次全体（扩大）会议】 2023年7月28日，市委十二届六次全体（扩大）会议在红谷滩会议中心召开，省委常委、市委书记李红军主持会议并讲话。市长万广明传达省委十五届四次全体（扩大）会议精神。全会听取上半年市委常委会工作报告。全会围绕“以政治建设为引领，更加坚定拥护‘两个确立’、坚决做到‘两个维护’”“坚持稳中求进工作总基调，精准施策推动经济回升向好”“深入推进改革开放创新，发展后劲和动能持续增强”“注重打基础谋长远，城市功能品质持续提升”“着力保障和改善民生，人民群众获得感幸福感不断增强”“全面推进乡村振兴，农业农村现代化迈出坚实步伐”“统筹发展和安全，社会大局保持和谐稳定”“加强党的建设，推动全面从严治党向纵深发展”八个方面总结2023年上半年市委常委会工作。

【市委常委会会议】 2023年，中共南昌十二届市委召开52次常委会会议，由省委常委、市委书记李红军主持。市委常委会会议认真学习贯彻习近平总书记系列重要讲话和中央、省委重要会议、重要文件精神，听取审议全市各相关单位有关工作情况汇报、实施意见、计划方案等，研究部署全市经济社会发展各项工作。

1月7日，市委常委会会议在市委第二会议室召开。会议传达学习习近平总书记近期重要讲话精神重要指示批示精神；传达学习省委副书记、省长叶建春在《关于南昌市委经济工作会议有关情况的报告》上的批示精神，研究部署春节期间重点工作；审议并原则同意市政府党组报送的《鄱阳湖南昌湖区总磷污染控制与削减专项行动工作方案（审议稿）》；听取并原则同意市政府党组关于上海路南延工程项目决策事项的汇报、关于拨付洪都老厂区剩余土地收储及征收款事项的汇报、关于给予青云谱区专项财力补助事项的汇报、关于拨付南昌中铁穗城轨道交通建设运营有限公司政府补贴预付款事项的汇报；研究干部相关事宜。

1月12日，市委常委会会议在市委第二会议室召开。会议传达学习省委书记尹弘在参加省十四届人大一次会议南昌代表团审议时的讲话精神。

1月17日，市委常委会会议在市委第二会议室召开。会议传达学习二十届中央纪委二次全会、省纪委十五届三次全会精神，并审议市纪委十二届三次全会有关材料；传达学习省两会精神；审议并原则同意市政府党组报送的《关于铸牢中华民族共同体意识为主线推进新时代民族工作高质量发展的行动方案（审议稿）》，市人大常委会党组报送的《南昌市人大常委会2023年立法计划（草案）》。

1月20日，市委常委会会议在市委第二会议室召开。会议传达学习习近平总书记近期重要讲话精神重要指示批示精神，中共中央办公厅、国务院办公厅《关于贯彻落实中央经济工作会议精神做好一季度经济社会发展工作的通知》精神；审议并原则同意市政府党组报送的《关于规划建设南昌未来科学城的意见（审议稿）》《南昌市人民政府2023年立法工作计划（草案）》；听取市人大常委会党组、市政府党组、市政协党组、市纪委市监委、市法院党组、市检察院党组情况汇报。

2月1日，市委常委会会议在市委第二会议室召开。会议传达学习习近平总书记在2023年春节团拜会上的重要讲话精神，省领导叶建春、任珠峰在市委市政府报送的《关于成功举办2023年南昌市迎春烟花晚会有关情况的报告》上的批示精神，省委办公厅《关于十五届省委第二轮巡视发现普遍性问题的通报》精神和省纪委办公厅《全省金融领域严重违纪违法问题及其教训警示的通报》精神；传达学习中央密码工作领导小组关于认真学习贯彻习近平总书记重要批示的通知精神，研究南昌市贯彻落实意见；审议并原则同意市政府党组报送的《南昌市2023年“项目为先，实干奋进”攻坚行动实施方案（审议稿）》；听取市政府党组关于南昌市人民医院建设项目决策有关事项的汇报、关于复兴大桥初步设计及概算优化调整有关事项的汇报、广州路东延工程（昌东大道—罗家二路）初步设计及概算优化调整有关事项的汇报；研究部署2月重点工作。

2月11日，市委常委会会议在市委第二会议室召开。会议传达学习习近平总书记在学习贯彻党的二十大精神研讨班开班式上的重要讲话精神、在中央政治局第二次集体学习时的重要讲话精神；听取并原则同意市政府党组关于鄱阳湖旅游公路桥梁工程项目决策有关事项的汇报；审议并原则同意市政府党组报送的《2023年度市政协协商工作计划（审议稿）》、市委办公室报送的《2022年度市委常委班子民主生活会对照检查材料（审议稿）》。

2月20日，市委常委会会议在市委第二会议室召开。会议传达学习习近平总书记近期重要讲话精神重要指示批示精神、习近平总书记关于统计工作的重要批示精神、省党政代表团到安徽考察学习精神；套开市推动长江经济带发展领导小组2023年第一次会议；审议并原则同意市委办公室报送的《市委常委会2023年工作要点（审议稿）》；听取并原则同意市政府党组关于市政公用集团参与杭州市土地竞拍有关事项的汇报。

2月23日，市委常委会会议在市委第二会议室召开。会议传达学习2月21日中央政治局会议精神；传达学习习近平总书记在中央督查室呈报的5年来工作情况汇报上作出的重要批示精神，研究南昌市贯彻落实意见；听取并原则同意市委宣传部关于全国、全省宣传部长会议精神及南昌市贯彻落实意见的汇报，市政府党组关于G320南昌县向塘至新建区西山段公路新建工程决策事项的汇报、关于南昌市人民医院建设项目初步设计及概算审查事项的汇报、关于南昌市第一医院医疗能力提升项目决策事项的汇报、关于洪腾高架初步设计及概算优化调整事项的汇报、关于市产投集团地产公司开发DAFJ2022068地块的汇报；听取并原则同意市委统战部关于全国、全省统战部长会议精神，市委政法委关于中央、省委政法工作会议精神，市委信访局关于全国信访局长会议、全国两会信访安全保障工作视频部署会精神及南昌市贯彻上述落实意见的汇报；审议并原则同意市委统战部报送的《中共南昌市委2023年度政党协商计划（审议稿）》、市政府党组报送的《南昌市关于实干奋进拼经济的若干政策措施（审议稿）》；研究补、辞市人大代表、政协委员有关事宜。

3月1日，市委常委会会议在市委第二会议室召开。会议传达学习党的二十届二中全会精神、全省领导干部大会精神、习近平总书记近期重要讲话重要指示批示精神；套开市委农村工作领导小组会议；审议并原则同意市政府党组报送的《南昌市碳达峰实施方案（审议稿）》；听取市政府党组关于给予南昌兆驰Mini外延芯片研发、生产项目（扩产）支持事项的汇报，关于南昌高新招商集团向南昌市政公用集团借款4.35亿元事项的汇报，关于市政公用集团认购富春环保2022年度非公开发行A股股票事项的汇报；研究部署3月重点工作。

3月9日，市委常委会会议在市委第二会议室召开。会议传达学习习近平总书记近期重要讲话精神重要指示批示精神；套开市委平安建设领导小组会议暨推进市域社会治理现代化试点工作领导小组会议；传达学习全国、全省组织部长会议及老干部局长会议精神，研究南昌市贯彻落实意见；传达学习全国、全省纪检监察干部队伍教育整顿动员部署会议精神，审议并原则同意市纪委市监委报送的《市纪委市监委开展纪检监察干部队伍教育整顿实施方案（审议稿）》。

3月14日，市委常委会会议在市委第二会议室召开。会议传达学习习近平总书记近期重要讲话精神重要指示批示精神；传达学习习近平总书记对中央国安办的重要批示精神，研究南昌市贯彻落实意见；审议并原则同意市政府党组报送的《打造区域金融中心加快金融业高质量发展的实施意见（审议稿）》《南昌市关于进一步加强生物多样性保护的实施方案（审议稿）》。

3月23日，市委常委会会议在市委第二会议室召开。会议传达学习习近平总书记近期重要讲话精神重要指示批示精神；套开市委党建工作领导小组暨人才工作领导小组会议；审议并原则同意市政府党组报送的《南昌市优化生育政策促进人口长期均衡发展的实施方案（审议稿）》；研究市纪委市监委报送的有关请示意见。

3月30日，市委常委会会议在市委第二会议室召开。会议传达学习习近平总书记致中国发展高层论坛2023年年会的贺信精神；传达学习省委书记尹弘在南昌专题调研航空、汽车产业时的讲话精神，研究南昌市贯彻落实意见；审议并原则同意市政府党组报送的《南昌市本级2023年度土地供应计划（审议稿）》，市委编办报送的《市本级3个开发区管理机构及南昌临空经济区（空港新城）事务中心职能配置、内设机构和人员编制规定(审议稿)》;听取市政府党组关于上海路南延工程初步设计及概算事项的汇报、关于市委党校迁建项目开办经费事项的汇报;研究部署4月重点工作和干部相关事宜。

4月6日,市委常委会会议在市委第二会议室召开。会议传达学习习近平总书记近期重要讲话精神重要指示批示精神;传达学习省委书记尹弘在市委市政府《关于清明节祭扫服务保障工作的报告》上的批示精神,研究进一步做好南昌市移风易俗等工作的意见措施;套开市委全面深化改革委员会第十二次会议;套开市巩固拓展脱贫攻坚成果同乡村振兴有效衔接工作领导小组会议;听取并原则同意市关工委关于全省关工委工作会议精神及南昌市贯彻落实意见的汇报,市政府党组对重症床位建设进行补助事项的汇报,市政府党组关于拨付高铁东站新区一期项目资本金事项的汇报,市政府党组关于市政公用集团参与上海土地竞买事项、市交投集团参与南昌市一批次集中供地竞买有关事项的汇报。

4月13日,市委常委会会议在市委第二会议室召开。会议传达学习国家主席习近平出席中法企业家委员会第五次会议闭幕时的重要致辞精神、省委书记尹弘在昌调研时的讲话精神;审议并原则同意市政府党组报送的《2023年南昌市重大重点项目计划(审议稿)》、市文明委报送的《南昌市文明委2023年工作要点(审议稿)》;听取2022年全市禁毒工作情况汇报、市政府党组关于给予方大钢铁国际贸易项目市级支持事项的汇报;研究干部相关事宜。

4月20日,市委常委会会议在市委第二会议室召开。会议传达学习习近平总书记在广东考察时的重要讲话精神;传达学习省委书记尹弘在《培育壮大南昌半导体照明产业集群的对策建议》上的批示精神,研究南昌市贯彻落实意见;审议并原则同意市政府党组报送的《2023年地方政府债务限额和市级预算第一次调整方案(草案)(审议稿)》;听取市政府党组关于南昌中学、南昌市行知中学建设项目初步设计及概算事项的汇报;研究并原则同意市纪委市监委报送的有关请示意见。

4月28日,市委常委会会议在市委第二会议室召开。会议传达习近平总书记近期重要讲话精神重要指示批示精神、中纪委《关于青海省6名领导干部严重违反中央八项规定精神问题查出情况及教训警示的通报》精神、省委书记尹弘在省级领导干部学习贯彻习近平新时代中国特色社会主义思想主题教育专题读书班开班式上的党课报告精神、省委书记尹弘在南昌专题调研安全生产工作时的讲话精神;传达学习省领导尹弘、叶建春在市委、市政府《关于南昌武商MALL(武商购物中心)开业筹备情况的报告》上的批示精神,研究南昌市贯彻落实意见;审议并原则同意市委政研室报送的《关于在全市大兴调查研究的实施方案(审议稿)》、市委编委报送的《关于中共南昌未来科学城工作委员会、南昌未来科学城管理委员会职能配置、内设机构和人员编制规定(审议稿)》《关于南昌市国防动员办公室职能配置、内设机构和人员编制规定(审议稿)》;通报省委第一考核组、省委组织部对南昌市2022年度综合考核结果和干部选拔任用工作"一报告两评议"结果反馈意见;研究部署5月重点工作和干部相关事宜。

5月11日,市委常委会会议在市委第二会议室召开。会议传达学习习近平总书记近期重要讲话精神重要指示批示精神;听取南昌市企业研发机构建设情况汇报,市政府党组关于北二环一期(隆兴大桥南及连接线工程)初步设计及概算事项的汇报、关于南昌高铁东站新区建设——水系综合整治提升工程(一期)项目决策事项的汇报、关于履行中康公司土地出让合同纠纷仲裁裁决事项的汇报;研究市纪委市监委提出的有关请示意见。

5月18日,市委常委会会议在市委第二会议室召开。会议传达学习习近平总书记近期重要讲话精神重要指示批示精神、省委书记尹弘在南昌调研水利防汛并开展巡河巡湖工作时的讲话精神;通报南昌市2022年国务院督查激励有关情况、省纪委第一监督检查室《查出南昌市有关省管干部违纪违法案件暴露的突出问题及建议》;审议并原则同意市政府党组报送的《2023年民生实事安排方案(审议稿)》《关于推进中心城区旧城(棚户区)改造房屋征收、安置经费包干的实施意见(审议稿)》;套开市委考核委2023年第一次会议;听取市政府党组关于市政公用集团参与杭州市及苏州市土地竞买事项的汇报。

5月25日,市委常委会会议在市委第二会议室召开。会议传达习近平总书记近期重要讲话精神重要指示批示精神;传达学习中央主题教育领导小组《关于认真贯彻落实习近平总书记重要批示精神在主题教育中推动树立和践行正确政绩观的通知》精神、全省党校(行政学院)校(院)长会议精神,研究上述南昌市贯彻落实意见;听取南昌市建筑业发展情况汇报;研究陆军博物馆土地置换有关事宜和干部相关事宜。

5月31日,市委常委会会议在市委第二会议室召开。会议传达习近平总书记近期重要讲话精神重要指示批示精神;传达学习中央纪委办公厅《关于河南虞城"麦田里长出高楼"相关问题查出情况的通报》及省领导尹弘、叶建春的批示精神,研究南昌市贯彻落实意见;传达学习省委常委、省纪委书记、省监委主任马森述对全面从严治党有关工作批示精神,研究部署南昌市深入推进反腐败工作；听取市政府党组关于南昌市朝阳污水厂治理片区（含蓑衣荚汇水区域）污水系统整治工程、青山湖污水厂治理片区污水系统整治工程（二期）初步设计及概算事项的汇报、关于南昌高铁东站新区建设项目——交通路网工程四期项目初步设计及概算事项的汇报、关于市本级公益性公墓建设项目（城北及城东）初步设计及概算事项的汇报、关于南昌市洪都中学新校区建设项目初步设计及概算事项的汇报、关于拨付5000万元中央水污染防治专项资金至南昌市红谷滩前湖上游流域水污染防治工程事项的汇报；研究部署6月重点工作。

6月9日，市委常委会会议在市委第二会议室召开。会议传达学习习近平总书记近期重要讲话重要指示批示精神；传达学习中央、全省对台工作会议精神，研究南昌市贯彻落实意见；传达省纪委省监委《关于我省违规吃喝收礼典型问题及其教训的警示通报》《关于萍乡市人大搞“海南老干部休养用房”等问题的情况报告》精神，研究南昌市贯彻落实意见；审议并原则同意市政府党组报送的《关于持续推进营商环境优化升级“一号改革工程”行动方案（审议稿）》，市委组织部报送的《关于调整部分处级单位党的组织设置的方案（审议稿）》；听取市政府党组关于高铁东站新区铁路预留通道项目补充决策事项的汇报；研究干部相关事宜。

6月15日，市委常委会会议在市委第二会议室召开。会议传达学习习近平总书记关于浙江“千万工程”的重要批示精神，研究部署南昌市全面推进乡村振兴工作；套开市巩固拓展脱贫攻坚成果同乡村振兴有效衔接工作领导小组会议；传达学习省委书记尹弘在昌调研重大产业项目时的讲话精神；传达学习中办、国办《领导干部报告个人有关事项规定》精神，研究南昌市贯彻落实意见；审议并原则同意2022年度南昌市数字经济和营商环境双“一号工程”建设先进集体、先进个人名单；听取市政府党组关于市政公用集团投资南昌西部物流产业园事项的汇报、关于市产投集团以股权收购方式对洪大集团提供纾困支持有关事项的汇报、关于江铃控股有限公司股权调整事宜的汇报。

6月27日，市委常委会会议在市委第六会议室召开。会议听取市政府党组关于组织市属国有企业联合以增资扩股的形式对南昌农商银行进行纾困事项的汇报、关于市政公用集团参与上海市土地竞买事项的汇报。

6月28日，市委常委会会议在市委第二会议室召开。会议传达学习习近平总书记近期重要讲话重要指示批示精神；传达学习中央、省委保密委员会全体会议和全国、全省保密工作会议精神，以及中央、省委密码工作领导小组会议和全国、全省机要密码工作会议精神，研究南昌市贯彻落实意见；听取市人大常委会党组关于起草《南昌市人民代表大会常务委员会关于废止3件和修改7件地方性法规的决定（草案）》《南昌市人民代表大会常务委员会关于在地方立法工作中贯彻全过程人民民主的决定（草案）》的情况汇报；研究部署7月重点工作；研究干部相关事宜。

6月30日，市委常委会会议在市委第六会议室召开。会议听取市政府党组关于广州路下穿京九铁路隧道工程初步设计及概算事项的汇报、关于申请洪腾高架项目建设资金有关事项的汇报、关于2018—2022年土地出让合同印花税资金拨付有关事项的汇报。

7月6日，市委常委会会议在市委第二会议室召开。会议传达学习习近平总书记近期重要讲话重要指示批示精神、习近平总书记对防汛救灾工作作出的重要指示和省委书记尹弘有关批示精神；审议并原则同意市政府党组报送的《关于建设区域科创中心推动经济高质量发展的实施方案（审议稿）》；听取全市选调生和党政储备人才工作情况汇报、市委棚户区（旧城）改造专项巡察综合情况及十二届市委第三轮巡察综合情况汇报；书面传达学习2023年全国巡视工作会议暨二十届中央第一轮巡视动员部署会、全省巡视巡察工作会议暨十五届省委第三轮巡视动员部署会以及《中央巡视工作规划（2023—2027）》《十五届江西省委巡视工作规划》《关于进一步推进市县巡察工作高质量发展的意见》精神；书面听取2022年度南昌市委巡察工作情况汇报。

7月12日，市委常委会会议在市委第二会议室召开。会议传达学习习近平总书记近期重要讲话重要指示批示精神；听取市政府党组关于给予南昌经开区动力电池产业支持事宜、给予青云谱区财力补助事宜的汇报，关于江铃集团收购雷诺持有江铃新能源公司股权事宜的汇报。

7月20日，市委常委会会议在市委第二会议室召开。会议传达学习习近平总书记近期重要讲话重要指示批示精神；听取2023年南昌市横渡赣江活动赛事组织的情况报告；审议并原则同意市政府党组报送的《关于建设全国性综合交通枢纽，推动经济高质量发展的实施方案（审议稿）》《南昌市教育基本公共服务体系建设高质量发展三年行动计划（2023—2025）（审议稿）》《南昌市部分乡级行政区划调整方案（审议稿）》；传达学习全省信访问题源头治理三年攻坚行动动员部署会暨第二季度省信访工作联席会议全体（扩大）会议精神，研究南昌市贯彻落实意见；听取市政府党组关于拨付2023年度南昌市人才政策兑现资金事宜的汇报、关于2022年南昌昌北机场客货运发展专项资金奖励分配意见的汇报。

7月23日，市委常委会会议在市委第二会议召开。会议传达学习习近平总书记近期重要讲话重要指示批示精神；传达学习省委十五届四次全体（扩大）会议及省委书记尹弘在参加第一组讨论时的讲话精神，审议市委办公室报送的《市委十二届六次全体（扩大）会议预案（审议稿）》；传达学习省委书记尹弘在市委《关于南昌烟花产业发展情况的报告》上的批示精神，研究南昌市贯彻落实意见。

7月27日，市委常委会会议在市委第二会议室召开。会议传达学习7月24日中共中央政治局会议和党外人士座谈会精神、习近平总书记在中共中央政治局第七次集体学习时的重要讲话精神；传达学习中央层面整治形式主义为基层减负专项工作机制会议、省委整治形式主义为基层减负专项工作机制暨全省形式主义加重基层组织负担问题专项整治会议精神，省纪委办公厅《关于"鲋角"等不良文化突出问题及其警示教训的警示通报》，研究上述南昌市贯彻落实意见；听取全市上半年经济运行情况和下一步经济工作建议的汇报、市政府党组关于拨付南昌高新区2023年重点企业政策兑付专项补助的汇报；讨论《关于市委常委会工作的报告（讨论稿）》《李红军同志在市委十二届六次全体（扩大）会议上的讲话（讨论稿）》；审议并原则同意市政府党组报送的《南昌市处置突发事件、舆情"三个一"工作机制（试行）（审议稿）》；研究市纪委市监委报送的请示意见、干部相关事宜；研究部署8月重点工作。

8月4日，市委常委会会议在市委第二会议室召开。会议传达学习习近平总书记近期重要讲话重要指示批示精神；传达学习《省委巡视办关于十五届省委第三轮巡视发现若干突出问题的通报》精神，研究南昌市贯彻落实意见；审议并原则同意市政府党组报送的《关于加强新时代南昌市高技能人才队伍建设的实施意见（审议稿）》《南昌市人民政府关于加快完善覆盖全民的多层次社会保障体系的意见（审议稿）》；补充审议并原则同意市政府党组提出的北二环下庄湖桥（秀先路至金山互通段）、北二环二期（公铁大桥合建段立交互通工程）初步设计及概算事项。

8月17日，市委常委会会议在市委第二会议室召开。会议传达学习习近平总书记近期重要讲话重要指示批示精神；听取八一广场升旗仪式"八一"场次活动情况汇报，研究部署"十一"升旗仪式活动有关工作；听取"两节"期间南昌市促消费活动安排情况汇报；套开市委网信委第五次会议；听取市政府党组关于市政公用集团参与杭州市2023年第二批次土地竞买的汇报；审议并原则同意市政府党组报送的《南昌市人民政府关于2022年市级决算和2023年上半年预算执行情况的报告（审议稿）》。

9月1日，市委常委会会议在市委第二会议室召开。会议传达学习习近平总书记近期重要讲话重要指示批示精神；听取南昌市意识形态领域情况汇报、南昌市耕地保护工作情况汇报；传达学习全省纪检监察干部队伍教育整顿检视整治工作推进会议精神，研究南昌市贯彻落实意见；审议并原则同意市政府党组报送的《关于中央办公厅长江经济带发展专题回访调研指出问题的整改工作实施方案（审议稿）》；研究部署9月重点工作。

9月8日，市委常委会会议在市委第二会议室召开。会议传达学习习近平总书记近期重要讲话重要指示批示精神；传达学习全国、全省组织工作会议精神，研究南昌市贯彻落实意见；传达学习保密工作有关文件精神，观看警示教育片，研究南昌市贯彻落实意见；审议并原则同意市政府党组报送的《关于保障粮食安全推动粮食高质量发展的实施意见（审议稿）》；听取市政府党组关于南昌市鄱阳湖旅游公路桥梁工程将军洲大桥工程决策的汇报、关于拨付江铃控股有限公司研发支持补贴有关事项的汇报、关于欧迈斯电子及欧菲光电股权延期转让事宜的汇报。

9月12日，市委常委会会议在市委第二会议室召开。传达学习中央、省委主题教育有关会议精神，研究审议市委学习贯彻习近平新时代中国特色社会主义思想主题教育领导小组组成人员建议名单和市委实施方案；研究干部问题。

9月27日，市委常委会会议在市委第二会议室召开。会议传达学习习近平总书记在浙江和山东枣庄考察时的重要讲话精神、在黑龙江考察和主持召开新时代推动东北全面振兴座谈会时的重要讲话精神；传达学习习近平总书记对新时代办公厅工作作出的重要指示精神，习近平总书记就推进新型工业化作出的重要指示精神，习近平总书记给东北大学全体师生的重要回信和向全国优秀教师代表的重要致信，致2023年浦江创新论坛、2023北京文化论坛、第六届海峡两岸青年发展论坛、中欧班列国际合作论坛、全球可持续交通高峰论坛的重要贺信，以及向全国广大农民和工作在"三农"战线上的同志们致以节日祝贺和诚挚问候的讲话精神；传达学习省纪委办公厅《关于违规收送高档烟酒问题的通报》精神，研究南昌市贯彻落实意见；审议并原则同意市政府党组报送的《关于建设高品质服务业集聚发展中心推动经济高质量发展的实施方案（审议稿）》；研究部署10月重点工作；研究市纪委市监委报送的有关请示意见、干部相关事宜。

10月15日，市委常委会会议在市委第二会议室召开。会议传达学习习近平总书记在进一步推动长江经济带高质量发展座谈会、听取江西省委省政府工作汇报、考察江西时的重要讲话精神，研究南昌市贯彻落实意见。

10月19日，市委常委会会议在市委第二会议室召开。会议传达学习9月27日中央政治局会议精神，习近平总书记在中央政治局第八次集体学习时的重要讲话和就深入推进自由贸易试验区建设作出的重要指示精神，习近平总书记在庆祝中华人民共和国成立74周年招待会上的重要讲话、对宣传思想文化工作作出的重要指示、对妇女儿童工作作出的重要指示以及勉励中国人民公安大学在读英烈子女的重要回信精神；审议并原则同意市政府党组报送的《南昌市人民政府关于提请审议2022年度政府债务管理情况及2023年地方政府债务限额和市级预算第二次调整方案（草案）的议案（审议稿）》、市委办公室报送的《学习宣传贯彻习近平总书记考察江西重要讲话精神的工作方案（审议稿）》、市委人才办报送的《南昌新“人才10条”（审议稿）》；听取市政府党组关于青山湖污水厂治理片区污水系统整治工程（三期）初步设计及概算的汇报、关于拨付2023年度南昌市人才政策兑现资金事项的汇报。

10月26日，市委常委会会议在市委第二会议室召开。会议传达学习国家主席习近平在第三届“一带一路”国际合作高峰论坛开幕式上发表的主旨演讲精神，致欧美同学会成立110周年以及致中华全国工商业联合会成立70周年的重要贺信精神；审议市政府党组报送的《关于切实厉行节约坚持过紧日子的通知（审议稿）》；听取赣江下游尾闾综合整治工程质量检测情况的汇报、市政府党组关于全市粮食生产和高标准农田建设工作情况的汇报、关于市建投集团合资成立南昌北二绕城高速公路有限公司（暂定名）事项的汇报；传达学习全省维护社会稳定工作调度推进会议、重大活动期间信访保障工作调度推进会议精神，研究南昌市贯彻落实意见；审查并原则同意市人大常委会党组报送的《南昌市电动自行车管理条例（审议稿）》《南昌市饮用水水源保护条例（审议稿）》；研究干部相关事宜。

11月7日，市委常委会会议在市委第二会议室召开。会议传达学习习近平总书记在中央金融工作会议、10月27日中央政治局会议、中央政治局第九次集体学习时的重要讲话精神以及向第六届中国国际进口博览会的重要致信精神；传达学习习近平总书记同中华全国总工会新一届领导班子成员集体谈话时的重要讲话精神和中国工会第十八次全国代表大会精神、习近平总书记同全国妇联新一届领导班子成员集体谈话时的重要讲话和中国妇女第十三次全国代表大会精神，研究上述南昌市贯彻落实意见；研究部署11月重点工作；听取市政府党组关于南昌市图书馆新馆项目决策事项的汇报，关于南昌轨道交通集团参拍轨道交通2、3号线青山路口站二十八中地块并进行开发事项的汇报，关于给予江铃控股项目贷款贴息支持兑现及当期稳产促增政策支持事项的汇报；观看有关案件警示教育片，研究市纪委市监委报送的有关请示意见。

11月21日，市委常委会会议在市委第二会议室召开。会议传达学习习近平主席在北京河北考察灾后恢复重建工作时的重要讲话、对山西吕梁市永聚煤矿一办公楼火灾事故作出的重要指示精神、在2023年世界互联网大会乌镇峰会开幕式上发表的视频致辞、致首届“一带一路”科技交流大会的贺信、致2023两岸企业家峰会10周年年会的贺信、向亚太经合组织工商领导人峰会发表的书面演讲以及在亚太经合组织第三十次领导人非正式会议上发表的重要讲话精神；套开市委主题教育领导小组第三次会议、市巩固拓展脱贫攻坚成果同乡村振兴有效衔接领导小组会议；审议并原则同意市政府党组报送的《南昌市制造业重点产业链现代化建设“8810”行动计划（2023—2026年）（审议稿）》；听取市政府党组关于拨付2022年度和2023年度市直中职学校自主聘用人员经费事项的汇报。

11月28日，市委常委会会议在市委第二会议室召开。会议传达学习11月27日中央政治局会议精神、习近平主席致第二届全球数字贸易博览会、致世界中国学大会·上海论坛的重要贺信精神；套开市委深改委第十三次会议；听取市政府党组关于G320南昌县向塘至新建区西山段公路新建工程资金分摊计划事项的汇报、关于拨付2022年全市“两整治一提升”农村公路“白改黑”建设项目剩余市级补助资金及预拨2023年“白改黑”建设项目市级奖补资金事项的汇报、关于南昌市安可替代工程第三笔建设资金事项的汇报；研究部署12月重点工作。

12月9日，市委常委会会议在市委第二会议召开。会议传达学习习近平总书记在中共中央政治局第十次集体学习，在上海考察、返京途中在江苏盐城考察和在主持召开深入推进长三角一体化发展座谈会时的重要讲话精神，在第十个国家宪法日之际作出的重要指示精神，省党政代表团到浙江上海江苏学习考察时的有关精神，近期党风廉政建设系列会议和文件精神；审议并原则同意市政府党组报送的《南昌市防范化解地方债务风险总体实施方案（审议稿）》；听取市政府党组关于统筹财政资金保障重点支出事项的汇报；研究市纪委市监委报送的有关请示事项和干部相关事宜。

12月15日，市委常委会会议在市委第二会议室召开。会议传达学习习近平总书记致首届“良渚论坛”、致2023年“读懂中国”国际会议（广州）、致“2023从都国际论坛”的重要贺信精神，中央经济工作会议精神，以及12月8日中央政治局会议、党外人士座谈会精神；传达学习全省网络安全和信息化工作会议精神、全省立法工作会议精神，研究上述南昌市贯彻落实意见；审议南昌市第十六届人民代表大会第四次会议、政协南昌市第十五届委员会第四次会议有关事项；听取市政府党组关于拨付南昌中铁穗城轨道交通建设运营有限公司政府补贴预付款事项的汇报；审议并原则同意市委编委报送的《南昌市计划生育协会机关职能配置、内设机构和人员编制规定（审议稿）》；研究干部相关事宜。

12月22日，市委常委会会议在市委第二会议室召开。会议传达习近平总书记在广西考察时的重要讲话精神、中央农村工作会议精神，习近平总书记对低温雨雪冰冻灾害防范应对工作、对甘肃临夏积石山县6.2级地震作出的重要指示精神，省委经济工作会议精神；审议并原则同意市政府党组报送的《中共南昌市委常委会和南昌市人民政府领导班子及其成员粮食安全工作职责清单（审议稿）》；听取市政府党组关于组织市属国有企业联合以增资扩股形式对南昌农商银行进行第二轮纾困有关事项的汇报、关于南昌市水环境治理项目资金安排事项的汇报、关于拨付洪都集团洪都老厂区剩余土地部分收储及征收款情况的汇报；审查并原则同意市人大常委会党组报送的《南昌市海绵城市建设管理条例（审议稿）》；研究市纪委市监委提出的请示事项。

12月27日，市委常委会会议在市委第二会议室召开。会议传达学习中央政治局专题民主生活会精神、习近平总书记在纪念毛泽东同志诞辰130周年座谈会上的重要讲话精神；审议并原则同意市政府党组报送的《南昌市2024年民生实事人大票决候选项目（审议稿）》《南昌市2023年市级预算第三次调整方案（草案）（审议稿）》及市委办公室报送的《中共南昌市委十二届七次全体（扩大）会议预案（审议稿）》；听取市政府党组关于签订红谷隧道工程项目补充协议及核销部分隐性债务规模事项的汇报、关于南昌市产投集团解决欧菲光供应链代采事项的汇报；研究部署春节前重点工作。

【市委工作会议】 2023年，市委及全市有关部门相继组织召开全市各项工作会议，研究贯彻落实上级相关政策、会议精神，部署具体工作措施和办法，推动全市经济社会建设稳步发展。

1月16日，全市党委（党组）书记抓基层党建工作述职评议会议召开。省委常委、市委书记李红军主持会议并讲话。省委组织部有关负责人到会指导。市长万广明，市委副书记、市委组织部部长余正琨，市领导肖云、胡晓海、陆建刚、王万征、黄冬生、梅峰、李松殿、吴建平、肖铁军出席。

1月18日，中国共产党南昌市第十二届纪律检查委员会第三次全体会议召开。省委常委、市委书记李红军出席全会并讲话。市委常委，市人大常委会、市政府、市政协领导，市法院、市检察院主要负责人出席会议。

2月2日，全市县处级主要领导干部学习贯彻党的二十大精神专题研讨班开班。省委常委、市委书记李红军出席开班式并作辅导报告。市长万广明主持。市委副书记、市委组织部部长余正琨，市人大常委会主任李镇发，市政协主席卢伟平等市四套班子领导，市法检“两长”出席。

3月10日至3月11日，开展全市农业农村“两整治一提升”行动现场会活动，省委常委、市委书记李红军率队察看。市领导余正琨、李镇发、卢伟平、王万征、梅峰、李松殿、饶绍清、江新洪，各县区（开发区、管理局）党政主要领导和市直有关单位主要负责人参加。

3月15日，全市领导干部会议召开，第一时间传达学习全国两会精神和全省领导干部会议精神。省委常委、市委书记李红军主持并讲话。市长万广明传达会议精神。市委副书记、市委组织部部长余正琨，市人大常委会主任李镇发，市政协主席卢伟平等市四套班子领导，市法检“两长”出席。

3月20日，全市经济运行分析会暨招商引资工作座谈会召开。省委常委、市委书记李红军出席并讲话。市长万广明主持。市领导余正琨、肖云、胡晓海、王万征、梅峰、李松殿、龙国英、肖铁军、赵捷、江新洪、彭开先出席。

4月3日，南昌市主导产业商协会成立暨产业集群发展大会召开。省委常委、市委书记李红军为商协会揭牌并向商协会名誉会长、会长授牌。省政协副主席、省工商联主席谢茹出席。市长万广明讲话。市委常委、副市长肖云主持。市委常委、南昌高新区党工委书记王万征，市委常委、市委统战部部长饶绍清，市政协副主席、市工商联主席熊志刚参加有关活动。

4月12日，南昌市旅游产业发展大会召开，省委常委、市委书记李红军出席并讲话。省文化和旅游厅党组书记、厅长梅亦到会指导。市长万广明主持大会。

5月10日，全市打好二季度“经济回升攻坚战”座谈会召开。省委常委、市委书记李红军出席会议并讲话。市长万广明主持。市领导余正琨、胡晓海、王万征、李松殿、龙国英、肖铁军、赵捷、江新洪出席。

5月17日，全市警示教育大会召开。省委常委、市委书记李红军出席并讲话。市长万广明，市委副书记、市委组织部部长余正琨，市人大常委会主任李镇发，市政协主席卢伟平等市四套班子领导，市法检“两长”出席。市委常委、市纪委书记、市监委主任黄冬生主持会议。

5月19日，南昌市金融支持“一枢纽四中心”建设暨重大重点项目产融对接会举行。省委常委、市委书记李红军出席并见证签约。市长万广明讲话。江西省地方金融监管局、人民银行南昌中心支行、江西银保监局、江西证监局负责人，市领导胡晓海、赵捷及金融机构、企业家代表等出席。

6月21日，全市安全防范工作电视电话部署会议召开。省委常委、市委书记李红军主持并讲话。市委副书记、市委组织部部长余正琨出席。市委常委、常务副市长胡晓海，副市长龙国英、江新洪、彭开先就做好各领域安全生产工作进行详细部署。

7月14日，全市“抓党建促乡村振兴”专题座谈会召开。省委常委、市委书记李红军出席会议并讲话。市委副书记、市委组织部部长余正琨主持。市委常委、市纪委书记、市监委主任黄冬生，市委常委、市委政法委书记吴建平出席。

9月18日，全市组织工作会议召开。省委常委、市委书记、市委党建工作领导小组组长李红军出席并讲话。市委副书记、市委组织部部长余正琨主持会议并作具体工作部署。市委常委、市纪委书记、市监委主任黄冬生，市委常委、市委宣传部部长李松殿出席。

10月6日，全市重点工作部署推进会召开。省委常委、市委书记李红军主持并讲话。市长万广明，市领导余正琨、胡晓海、王万征、黄冬生、梅峰、李松殿、饶绍清、吴建平、赵捷、江新洪、彭开先出席。

10月18日，全市领导干部会议召开。深入学习宣传贯彻习近平总书记考察江西重要讲话精神、习近平总书记在进一步推动长江经济带高质量发展座谈会上的重要讲话精神，及全省领导干部大会精神，动员引导全市上下坚持以习近平新时代中国特色社会主义思想为指导，增强“四个意识”、坚定“四个自信”、做到“两个维护”，将率先“走在前、勇争先、善作为”的标准和要求贯彻到各领域各方面。省委常委、市委书记、赣江新区党工委书记李红军主持并讲话。市长万广明，市人大常委会主任李镇发，市政协主席卢伟平等市四套班子领导，市法检“两长”及在南昌副厅级以上老干部出席。

【《关于全力做好2023年全面推进乡村振兴重点工作的实施意见》】 2023年3月1日，市委、市政府印发《关于全力做好2023年全面推进乡村振兴重点工作的实施意见》。意见明确，2023年，是全面贯彻落实党的二十大精神的开局之年，做好2023年和今后一个时期“三农”工作，要坚持以习近平新时代中国特色社会主义思想为指导，深入贯彻落实习近平总书记关于“三农”工作重要论述和考察江西重要讲话精神，以全面实施乡村振兴战略为统领，坚持农业农村优先发展，深入开展农业农村“两整治一提升”专项行动，牢牢守住保障粮食安全和不发生规模性返贫的底线，加快建设农业强市，全面建设宜居宜业和美乡村，切实抓好乡村发展、乡村建设、乡村治理等乡村振兴重点工作，为加快实现农业农村现代化奠定坚实基础。加快农业强市建设。实施粮食产能提升行动，稳步扩大油料生产能力，保障重要农产品有效供给，牢牢守住耕地红线，提升农业机械化、科技创新、农业发展基础水平。深入开展“两整治一提升”专项行动。深入开展农村路域环境整治、农村人居环境整治、农业特色产业提升行动。巩固拓展脱贫攻坚成果。强化防止返贫动态监测和帮扶，增强脱贫地区和脱贫群众内生发展动力，持续增加脱贫群众收入。建设宜居宜业和美乡村。强化乡村建设规划引领，提升乡村基础设施建设、乡村公共服务、农业农村绿色发展水平，加快乡村数字化建设，壮大现代乡村服务业。深化农业农村改革。深化农村土地制度改革，培育农业新型经营主体，壮大农村集体经济发展，全面促进农民就业创业。突出党建引领改进乡村治理。加强农村基层党组织建设，提升乡村治理水平，提高乡村文明程度。加大要素保障力度。加强党对“三农”工作领导，加强要素保障，加强乡村人才队伍建设。

【《关于规划建设南昌未来科学城的意见》】 2023年1月20日，市委、市政府印发《关于规划建设南昌未来科学城的意见》。意见明确，规划建设南昌未来科学城，事关南昌全局、事关长远发展，对南昌加快构建现代产业体系、建设区域科技创新高地和打造全省改革开放标杆窗口，实现高质量跨越式发展具有重要意义和深远影响。南昌未来科学城是拓展城市空间的重要载体。南昌正面临大有可为的战略机遇期、优势叠加的红利释放期、动能升级的转型关键期，加快形成更合理、更科学的产业生态，对加快转型发展、拓展城市空间至关重要。南昌未来科学城的规划建设，将进一步拓宽南昌城市“西拓、南延”的重点增量拓展区域和沿江发展重要空间，促进南昌西南方向高端产业的聚集和产城融合。南昌未来科学城是引爆经济增长的重要平台。未来产业代表未来科技和产业发展方向，强调前沿科技突破，对经济社会引领作用明显。培育与形成未来产业，成为打造区域竞争新动能的重要举措。南昌未来科学城作为南昌第四大产业承载平台，将重点布局数字经济、新兴产业和未来产业，有助于引爆南昌经济新的增长点，形成南昌经济新的核心增长极，是培育南昌竞争新优势的着力点和核心支撑点。南昌未来科学城是助推转型升级的重要支撑。国家提出科技创新作为驱动力后，国内众多城市依托各自优势产业，开始规划建设科学城，竞相抢抓科创赛道，以科技为第一生产力，助推产业转型升级。南昌未来科学城立足打造产研融合、产教融合的标杆和典范，着力推进高端制造业和现代金融业、高端服务业的聚集发展，对于推动南昌产业转型升级将起到重要支撑和关键引领作用。

【《南昌市优化生育政策促进人口长期均衡发展实施方案》】 2023年4月13日，市委、市政府印发《南昌市优化生育政策促进人口长期均衡发展实施方案》。实施方案明确，坚持以习近平新时代中国特色社会主义思想为指导，全面贯彻党的二十大精神，立足新发展阶段、贯彻新发展理念、构建新发展格局，以人民为中心、以均衡为主线、以改革为动力、以法治为保障，稳妥实施三孩生育政策及配套支持措施，将婚嫁、生育、养育、教育一体考虑，释放生育潜能，适度提高生育水平，改善人口结构，应对人口老龄化，促进家庭和谐幸福，为强化省会担当推动南昌市高质量发展提供坚实基础和持久动力。到2025年，积极生育支持政策制度基本建立，服务管理制度基本完备，优生优育服务水平明显提高，普惠托育服务体系加快建设，生育、养育、教育成本显著降低，生育水平适当提高，人口素质进一步提升。到2035年，促进人口长期均衡发展的政策法规制度更加完善，服务管理机制运转高效，生育水平更加适度，人口结构进一步改善，优生优育、幼有所育服务水平与人民群众对美好生活的需要相适应。

【《关于建设区域科创中心推动经济高质量发展的实施方案》】 2023年7月17日，市委、市政府印发《关于建设区域科创中心推动经济高质量发展的实施方案》。实施方案明确，坚持以习近平新时代中国特色社会主义思想为指导，全面贯彻落实党的二十大、党的二十届二中全会、省第十五次党代会和市第十二次党代会精神，坚持科技自立自强，围绕“一枢纽四中心”发展定位，坚定不移实施强省会战略，加快提升南昌发展首位度和综合竞争力，推进“创新六大工程”（创新平台能级提升工程、科技企业培育壮大工程、创新人才引育集聚工程、科技成果转化攻坚工程、创新开放合作拓展工程和创新生态环境优化工程）。强化南昌在全省科技创新中的核心地位，辐射带动全省科技创新进位提升，打造中部地区有影响力的区域科创中心，为加快建设南昌现代化产业体系、全面建设社会主义现代化南昌提供强大支撑。到2025年，区域科创中心初步成型，创新体系布局更加完善，创新支撑发展更加有力，创新平台建设提能升级，创新人才队伍加速集聚，企业创新能力显著提升，重大科研成果实现突破，创新创业生态更加优化，主要创新指标和科技综合实力迈入中部省会城市中游行列，南昌创新影响力明显提高，成为全国重要人才集聚中心和创新高地。力争全社会研发经费投入强度达2.68%，高新技术企业突破3000家，高新技术产业增加值占规模以上工业增加值比重达48%，技术合同成交额达400亿元，新增国家科技创新基地5个以上。

【《关于建设高品质服务业集聚发展中心 推动经济高质量发展的实施方案》】 2023年10月9日，市委、市政府印发《关于建设高品质服务业集聚发展中心 推动经济高质量发展的实施方案》。实施方案明确，坚定不移深入实施省会引领战略，聚焦“一枢纽四中心”发展定位，坚持把增强制造业核心竞争力作为培育现代服务业发展的重要基础，推动生产性服务业向专业化和价值链高端延伸，坚持以城市功能品质提升作为现代服务业集聚发展的重要支撑，推动生活性服务业向高品质和多样化升级，构建优质高效的服务业新体系，加快提升南昌发展首位度和综合竞争力。到2025年，服务业增加值达到4500亿元，占GDP比重逐年提高，达到53%，力争突破55%。实现：产业规模持续壮大，产业布局不断优化，全市服务业经济规模持续扩大，对经济增长的贡献不断提高；服务功能显著提升，现代服务业规模化、品牌化、标准化发展水平显著提升，层次多元、协同发展的现代服务业产业体系加快构建；引领能力明显增强，服务业双向开放水平加快提升，覆盖半径明显扩大，面向全国、服务中部的高品质服务业集聚发展中心全面建成。

【《南昌新“人才10条”》】 2023年10月24日，市委、市政府印发《南昌新“人才10条”》通知。内容包括：支持青年人才在南昌创业就业，支持青年人才安居乐业，支持驻南昌企业提供就业岗位，支持博士后在南昌入站并留南昌就业，支持企事业单位引育高层次人才，支持引进人才创新团队，支持人才创业团队到南昌创办企业，支持创新平台建设，支持新型研发机构转型，支持兑现人才政策便捷高效。

督查与信息

【概况】 2023年，市委办公室深入贯彻习近平总书记“五个坚持”（坚持绝对忠诚的政治品格、坚持高度自觉的大局意识、坚持极端负责的工作作风、坚持无怨无悔的奉献精神、坚持廉洁自律的道德操守）重要指示精神，聚焦“前哨后院”职能定位，忠诚履职，负责担当，始终把抓落实作为一切工作的重点，对中央和省委、市委作出的决策部署、交办的工作任务，第一时间响应、第一时间督办，保证抓落实成效，“三服务”（党委书记为基层组织服务、基层组织为普通党员和群众服务、普通党员为群众服务）各项工作取得新成效，获人民网网上群众工作市级“民心汇聚单位”称号。

【重要工作督查】 2023年,抓好省委督查提出的问题整改情况逐项跟踪督办。做好省委领导批示精神督办落实,对承办的32件省委领导指示交办事项实行专人督办、持续跟踪;对市委常委会会议、书记专题会等重要议定事项以及市委主要领导指示批示交办事项,进行台账管理、分类督办、动态跟踪、逐项对账销号,全年办理市委主要领导批示及纪要明确事项252件,呈报督查专报94期、周刊48期,推动南昌大道改造提升、桃花高架项目、南昌飞行音乐嘉年华环境保障等71件事项落地落实。细化分解市委经济工作会议和市政府工作报告确定目标任务,对分解的359条具体任务坚持每月跟踪、每季督查,推动一批影响经济社会发展问题的解决。聚焦高铁东站建设、"胡子工程"、洪腾高架、S49枫生快速路提升改造工程等重大重点项目,围绕全市老旧小区改造、旧改安置房建设、断头路打通、前湖水系治理、闲置工业厂房等重点事项持续督查,推动一批问题加速解决。组织实施"4+2+2"医疗卫生服务体系项目,南昌中学、行知中学等教育系统项目,"六坝共筑",洪都七区棚户区改造等专项督查,坚持每周一报,推动一批民生方面项目推进。用好"民声通道"平台,全年办理省发函核办件38件,办理人民网网友给省委书记涉南昌留言485件,人民网网友给市委书记留言728件。定期对省市重点办件开展实地核查,倒逼县区和部门主动提高办理效率和质量,确保件件有着落、事事有回音。

【信息编报】 2023年,市委办公室围绕"领导想知道的"和"应该让领导知道的",及时、全面、准确采编信息。全年,编发《今日南昌信息》249期、领导公务活动安排249期。上报中央办公厅、省委办公厅信息1100余条,完成省委办公厅信息约稿130余篇,其中,中央办公厅采用18条、省委办公厅采用205条,1篇稿件获中央领导批示,6篇稿件获省领导批示,32篇获市委主要领导批示。在全省设区市中央办公厅直报点中,南昌市信息报送工作排名第一,市委办公室获全省党委信息工作优秀单位称号。

(李　攀)

2023年中共南昌市委印发文件选目一览表

表2

文号	时间	文件标题
洪发〔2023〕1号	3月15日	中共南昌市委 南昌市人民政府关于全力做好2023年全面推进乡村振兴重点工作的实施意见
洪发〔2023〕3号	1月17日	中共南昌市委 南昌市人民政府关于印发《南昌市市级行政事业单位房产、土地处置工作方案》《南昌市市级行政事业单位所属经营性国有企业划转实施方案》的通知
洪发〔2023〕4号	1月19日	中共南昌市委关于转发《南昌市人大常委会2023年立法计划》的通知
洪发〔2023〕5号	1月20日	中共南昌市委 南昌市人民政府关于规划建设南昌未来科学城的意见
洪发〔2023〕6号	1月20日	中共南昌市委关于转发《南昌市人民政府2023年立法工作计划》的通知
洪发〔2023〕9号	4月13日	中共南昌市委 南昌市人民政府关于印发《南昌市优化生育政策促进人口长期均衡发展实施方案》的通知
洪发〔2023〕10号	7月17日	中共南昌市委 南昌市人民政府印发《关于建设区域科创中心推动经济高质量发展的实施方案》的通知
洪发〔2023〕11号	8月7日	中共南昌市委 南昌市人民政府印发《关于建设全国性综合交通枢纽推动经济高质量发展的实施方案》的通知
洪发〔2023〕12号	9月15日	中共南昌市委印发《关于在全市深入开展学习贯彻习近平新时代中国特色社会主义思想主题教育的工作方案》的通知
洪发〔2023〕13号	10月9日	中共南昌市委 南昌市人民政府印发《关于建设高品质服务业集聚发展中心推动经济高质量发展的实施方案》的通知
洪发〔2023〕14号	10月24日	中共南昌市委 南昌市人民政府关于印发《南昌新"人才10条"》的通知

(资料来源:市委办公室)

全面深化改革

【概况】 2023年,南昌市深入贯彻落实习近平总书记关于全面深化改革的重要论述,按照中央和省委改革决策部署,锚定"走在前、勇争先、善作为"目标要求,紧扣制约经济高质量发展、民生高品质提升的体制机制问题,推动重点领域和关键环节全面深化改革取得新突破。全市50项国家级、63项省级、18项市级共131项试点示范改革项目全面铺开、积极推进,19项市委、市政府领导领衔推进重大改革项目全部结项,20项市县探索和推广改革项目亮点突出,为全面落实省会引领战略、推进"一枢纽四中心"建设,提供强劲动力活力。

【市委全面深化改革委员会第十二次会议】 2023年4月6日,省委常委、市委书记李红军主持召开市委全面深化改革委员会第十二次会议。会议审议《中共南昌市委全面深化改革委员会2022年工作总结报告》《关于2022年度南昌市全面深化改革优秀案例评选结果的通报》《各县区(开发区、湾里管理局)、各改革攻坚行动牵头单位党委(党组)书记全面深化改革工作述职报告》《市委全面深化改革委员会2023年工作要点》《市委全面深化改革委员会2023年重点改革举措》《七个改革专项小组2023年工作计划》《关于坚定不移全面深化改革系统构建改革落实推进机制的实施意见》。会议强调,要统一思想,以更高站位强化改革自觉。各地各单位必须全面把握新时代改革精神、改革部署、改革要求,要落实好中央的重大改革部署,要结合南昌实际对一些不合时宜的制度、机制进行改革,自觉把南昌改革放到全国、全省"三新一高"战略大格局中审视、谋划和推进。要聚焦问题,以更实举措狠抓改革攻坚。要完善招投标领域改革,深化公共资源交易改革,开展涉企服务优化行动,争取国务院督查激励,深入推进营商环境优化升级,深化行政审批制度改革,深化国资国企改革,推进开发区管理机构清理规范工作,稳慎推进区划调整,稳妥有序推进机构改革,持续推进纪律检查体制改革,坚定不移推进司法领域全面深化改革。要压实责任,以更强担当打造改革品牌。要坚持健全机制。健全领导机制,清单化闭环式推进各项改革工作;健全调度机制,及时协调解决改革推进中的困难问题;健全督察机制,细化督察责任、完成时限、成果运用;健全考核机制,确保改革推进到哪里、效能考核就延伸到哪里。要勇于先行先试。用好改革平台,紧抓改革机遇,强化宣传推广,让社会各界全方位、多角度感受南昌改革新进展新成效。

【市委全面深化改革委员会第十三次会议】 2023年11月28日,省委常委、市委书记李红军主持召开市委全面深化改革委员会第十三次会议。会议传达学习二十届中央深改委第二次、第三次会议,以及省委深改委第二十五次、第二十六次会议精神,审议《市委全面深化改革委员会〈工作规则〉〈专项小组工作规则〉〈办公室工作细则〉》《南昌市关于提升开发区能级构建以实体经济为支撑的现代化产业体系集成改革实施方案》,听取部分重点改革工作推进情况汇报。会议强调,必须深入学习贯彻习近平总书记考察江西重要讲话精神,贯彻落实中央和省委改革决策部署,围绕构建现代化产业体系、提升对外开放水平、推进农村现代化、持续保障和改善民生、树牢绿色发展生态优先理念等重点领域探索形成更多可推广、能复制、有实效的改革成果,为全省打造内陆地区改革开放高地探新路、作示范。要持续加大攻坚力度,谋划实施一批打基础、谋长远的集成式改革项目,明确改革"时间表""路线图",确保全面深化改革攻坚行动深入拓展。要持续强化效率意识,围绕"项目为先、实干奋进,争分夺秒拼经济"工作主线,以综合实力和发展能级提升全面落实省会引领战略,把统筹发展和安全的要求落实到各领域各方面,以改革攻坚的更大成效推动经济高质量发展、民生高质量改善。要持续践行人民至上,谋划实施一批利在民生、利在共享、利在品质的改革举措,将问需于民、问计于民、问效于民贯穿全面深化改革全过程,推进就业、教育、医疗、托育、住房、养老等民生领域改革,用实干推动发展、取信于民。

【2023年第一次市委改革办工作会议】 2023年3月24日,市委副书记、市委组织部部长、市委改革办主任余正琨主持召开2023年第一次市委改革办工作会议(专项小组联络员会议)。会议传达学习2023年第一次省委改革专项小组联络员会议精神,会议讨论《市委全面深化改革委员会2022年工作总结报告》《关于2022年度南昌市全面深化改革优秀案例评选结果的通报》《2022年度全市全面深化改革工作先进单位名单》《关于对2022年度南昌市全面深化改革宣传推广工作先进个人通报表扬的方案》《市委全面深化改革委员会2023年工作要点》《市委全面深化改革委员会2023年重点改革举措》《关于坚定不移全面深化改革系统构建改革落实推进机制的实施意见》。会议强调,要提高站位,以更高的标准谋划改革。对标中央最新精神,对标上级总体要求,对标全市中心工作,瞄准重点领域和关键环节,有计划、有步骤推出一批战略性、创造性、引领性改革举措,为深入实施强省会战略、提升南昌发展首位度和综合竞争力提供动力活力。要突出实效,以更硬的措

施推进改革。要抓好责任落实，强化改革攻坚，提升能力本领，推动深化改革各项工作早落实、早见效。要营造氛围，以更大的力度宣传改革。谋划好改革项目，提炼好改革经验，宣传好改革典型，营造改革攻坚的浓厚氛围。

【2023年第二次市委改革办工作会议】 2023年5月23日，市委副书记、市委组织部部长、市委改革办主任余正琨主持召开2023年第二次市委改革办工作会议（专项小组联络员会议）。会议讨论《2023年度南昌市基层探索和推广类改革项目清单》《市委全面深化改革委员会2023年会议审议事项计划》，套开民主法制领域改革专项小组调度会，就推进全市全面深化改革工作提出要求。会议强调，要深化思想认识，增强改革主动性。聚焦全面建设社会主义现代化南昌中的重大问题谋划推进改革，不断以全面深化改革激发发展动力、满足群众需要、破解发展难题。要聚力攻坚突破，提升改革实效性。锚定打造“一枢纽四中心”目标定位及提升南昌发展首位度和综合竞争力重要要求，围绕探索构建以实体经济为支撑的现代化产业体系集成改革、推动市直党政机关经营性国有资产监管全覆盖等改革重点，深度谋划一批具有南昌特色、符合南昌实际的改革项目，全力打通高质量发展的痛点、堵点，将改革“设计图”变成“施工图”“实景图”，推动新时代全面深化改革实现新突破。要注重品牌培育，凸显改革创造性。要用好改革平台，紧抓改革机遇，用足省委、省政府赋予南昌的先行先试权，加强与省直主管部门的汇报沟通，争项目争政策争支持。要突出成效巩固，总结改革项目的典型经验和标志性成果，用政策文件的形式加以巩固和推广应用，把试点变成亮点、把先行变成先成、把试验变成示范，推动更多改革成果转化为制度优势。

【2023年第三次市委改革办工作会议】 2023年10月10日，市委副书记、市委组织部部长、市委改革办主任余正琨主持召开2023年第三次市委改革办工作会议（专项小组联络员会议）。会议传达学习习近平总书记关于全面深化改革的重要论述、2023年第二次省委改革专项小组联络员会议精神，讨论《南昌市全面深化改革攻坚行动进展情况汇报》，听取南昌市落实省委确定的本年度六项重点改革进展情况汇报，就全面落实全市该年全面深化改革工作任务提出要求。会议强调，要聚焦改革重点。坚持问题导向抓攻坚，坚持实干导向抓成效，坚持效果导向抓统筹。要高标准高质量做好该年市县探索项目的总结提炼、复制推广，加大与省委改革办、省直对口单位沟通汇报力度，争取上级指导支持或形成省市联动调研成果，争取更多立得住、叫得响、推得开的改革项目能够入选江西改革优秀案例。要压实改革责任。量质结合保进度，督考结合保目标。市委改革办要加大日常考核力度，坚持一月一梳理、一月一统计、一月一通报，对改革进展缓慢、成效不显著的单位，采取巡回指导、函询督办等形式提醒督办。要打造改革品牌。充分发挥改革平台的推介作用，充分释放宣传推介的倒逼效应，充分激发基层的首创精神。充分运用主题征文、典型宣传、案例评选等多种形式，充分激发社会公众对改革的热情和基层探索创新的精气神。

【经济体制改革】 2023年，依托重点领域改革新突破，经济社会发展持续回升向好。优化升级营商环境，全面打通市县28个自建系统，一网通办率提升至95.84%，网上可办率达到100%、全程网办率达到89.27%；迭代升级“赣服通”至5.0版，1632项依申请政务服务事项掌上可办，4.5万余件办件掌上办成；推进“一件事一次办”改革，上线“一件事一次办”事项22项。打造综合数字见证服务平台，实行“一项目一见证”制度，实现公共资源交易项目全过程监测预警。对低风险经营主体最大限度实现“无事不扰”，全市除重点监管外“双随机”覆盖率100%，低风险经营主体“无事不扰”实现率99.75%。制定《关于支持工业企业稳生产拓市场提质效的若干措施》，设立1亿元的资金池，推进工业企业稳生产、拓市场、提质效。成立南昌市汽车制造产业联合会、航空装备产业联合会、电子信息行业商会、生物医药行业商会、绿色食品行业商会5个主导产业商协会，促进企业、政府和社会交流合作、实现互利共赢。通过“惠企通”平台，精准向3万余家企业推送政策10万次，惠企资金平均0.5个工作日拨付到位，向1.4万余家企业无感兑现惠企资金44.37亿元。南昌市开办企业指标在全国优化营商环境推进大会上作典型发言，数据共享创新场景被国务院电政办全国推介，首获2024年第十八届全国政务服务大会举办权。构建现代化产业体系，制定《关于提升开发区能级 构建以实体经济为支撑的现代化产业体系集成改革实施方案》，以开发区能级提升为重要路径，加快打造“3+4+1”产业发展主阵地。出台《南昌市制造业重点产业链现代化建设“8810”行动计划》，推进制造业“强链”“稳链”“建链”“壮链”“护链”，深入打好产业基础高级化和产业链现代化攻坚战。建立健全支柱产业“一产一策”政策体系。深化消费体制机制改革，把恢复和扩大消费摆在优先位置，全力促进重点领域消费。江铃股份等3家企业获评国家级智能制造示范工厂，欣旺达等4家企业获评国家级智能制造优秀场景，方大特钢等10家企业获评江西省智能制造标杆企业。推进科技创新，坚持以研发为导向的科技计划项目扶持机制，持续构建“科技型中小企业—高新技术企业—高成长性科技型企业—科技领军企业”梯次培育机制。高新技术企业总数占全省比例首次突破30%，复合半导体省实验室启动，全市年营收3亿元以上工业企业研发机构实现应建尽建，完成全覆盖任务。实施市级科技重大项目30项，支持资金4580万元，立项“揭榜挂帅”项目4项。抓实国资国企改革，推进新一轮国企改革深化提升行动，提升国有企业管理水平，推进市属国企层级压减工作，企业数量由2021年底的1075户压减至2023年底的530户，压减比例超50%。市国资委系统该年在投项目266个，项目总投资3427.29亿元，2023年计划投资492.82亿元，较上年增长4.83%。提高国有资本投资运营专业化水平，市产投集团帮助洪大集团渡难关、解危局，通过定增方式化解南昌农商行风险，支持江西盐业等登陆资本市场，协同属地完成4场招商活动，签约投资额91.41亿元。推进乡村振兴战略，出台帮扶项目“23条”，南昌市联农带农机制做法在全省推进帮扶产业及庭院经济发展现场培训班上作经验介绍。建立衔接资金项目管理“三三”工作法，全市衔接资金支出和项目实施进度、绩效水平大幅提升。制定《南昌市村级集体经济发展提质增效若干举措》等文件，基本形成落实土地保障政策、加强金融税费支持、组织村企结对帮扶等政策支持体系，全市1149个行政村集体经营性收入近11.97亿元、村均收入104.18万元，村级集体经济发展走在全省前列。新增国家级农业龙头企业家、国家级农业龙头企业总数达15家，占全省的近四分之一；10家企业入选中国农企500强，江西正味食品、李渡酒业成功上市；进贤县、安义县农业水价综合改革成果入选水利部全国百个农业水价综合改革典型案例；安义县绿能公司“基地＋合作社＋家庭农场＋农户＋加工”经营方式获国家乡村振兴局肯定，经开区“从‘项目入库’到‘资金出口’全流程监管”做法得到省乡村振兴局肯定批示。

【生态文明体制改革】 2023年，始终把建立健全生态文明制度体系作为推进生态文明建设的重要内容，生态文明体制改革获国务院督查激励。印发《南昌市碳达峰实施方案》及工业、交通、农业农村、科技支撑、公共机构、绿色金融、城乡建设等领域达峰方案，碳达峰碳中和“1＋N”政策体系基本构建完成。从跨区域联动治理、完善生态保护补偿制度等方面着手健全现代环境治理体系。加快打通“两山”转化通道，搭建部门填报、数据审核、一键核算、决策支撑的全过程、自动化生态产品价值精算平台。提升生态产品品牌价值，重点培育军山湖大闸蟹、恒湖小龙虾等优质品牌，汪氏等4个品牌入选中国农产品品牌目录。开展森林固碳增汇试点项目试点建设，安义县超额完成14.67公顷森林经营试点任务。

【农业农村体制改革】 2023年，推进农业农村工作“两年大变化”。学习运用“千万工程”经验，推进农村路域环境整治、农村人居环境整治、农业特色产业提升“两整治一提升”三年行动，在打造新时代乡村振兴的样板之地中彰显省会引领。印发《关于在全市农村人居环境整治中落实“六步法”“六禁止”的通知》，让全过程整治体系更加严明。出台《南昌市村庄环境长效管护工作考核评估实施方案》，通过聘请第三方、“回头看”等方式落实常态督导。出台《南昌市农村宅基地制度改革试点和规范管理实施方案（2022—2024年）》，推动宅改试点工作取得良好成效。全市340个重点村环境整治投资额超过90%的121个，完成农村道路“白改黑”项目321千米，治理道路隐患194千米。安义县入选国家乡村振兴示范县，南昌县黄马乡罗渡村等4个村入选第三批全国乡村治理示范村，新建区石埠镇西岗村获评中国美丽休闲乡村。

【民主法治领域改革】 2023年，健全民主法治，制定《南昌市电动自行车管理条例》《南昌市饮用水水源保护条例》《南昌市电动自行车管理条例》《南昌市海绵城市建设管理条例》，出台《南昌市人大常委会关于在地方立法工作中贯彻全过程人民民主的决定》。市人大常委会积极探索地方人大预算审查监督方式，创新推进预算联网、基层联系、代表联审、监督联动的“四联工作法”，得到全国人大常委会领导肯定。开展“公益诉讼南昌行”主题活动。完善“洪城协商委员市长面对面”工作机制，充分发挥人民政协协商民主重要渠道和专门协商机构作用，推动协商民主广泛多层制度化发展。制定“侨梦苑”专项发展规划，建设红谷滩“侨梦苑”展示中心和联谊中心，承办“走进‘侨梦苑’共话侨发展”海外高层次人才江西行活动。推进开发区管理机构清理规范工作，确保分类分步统筹实施。

【文化体制改革】 2023年，统筹推进全市红色基因传承和全民国防教育工作，持续推进红色基因传承示范校、全民国防教育示范校、少年军校“三校同创”工作。建立南昌市文化产业重点项目库、重点文化企业库、重点培育发展中小文化企业库，编制《南昌文化和旅游招商项目册》《南昌市文化产业政策汇编》。发挥文旅活动对消费的带动作用，举办龙舟赛、马拉松、烟花晚会、八一广场升旗仪式、全城联动跨年夜等系列文体商旅活动，南昌跻身新晋网红热门城市，入选“2023年中国十大旅游目的地必去城市”。出台《关于加快南昌市民宿健康发展的实施意见的通知》，“南昌市旅游民宿产业的绿色创新发展之路”入选2023全国旅游新业态创新发展典型案例，获评2023中国旅游产业影响力案例。制定印发《南昌市融媒体中心建设实施方案》，推动市融媒体中心挂牌成立，同步上线“洪观新闻”客户端。探索图书供给覆盖全市、服务市民的公共文化服务新路径，“扎实推进孺子书房建设”改革举措获评全省基层文化体制改革优秀项目、入选中国改革2023年度地方全面深化改革典型案例、被列入中宣部《宣传思想文化工作案例选编（2023）》拟入选案例。南昌县在全省基层理论宣讲现场观摩研讨会上作经验交流发言。

【社会体制改革】 2023年，聚焦人民群众急难愁盼新期待，市域社会治理品牌持续优化提升。完善“昌治久安”治理体系，实施法治环境优化工程、平安建设精品工程、智防提升工程等“十大工程”和190余个治理项目，全市社会治理体制更加成熟、治理布局更加科学、治理方式更加精细。建立健全执法司法监督体系、公安机关执法责任制改革体系、“情指行”一体化警务运行体系、“捕、诉、监、防、治”全链条一体化综合司法保护体系、审判监督管理体系，加强执法司法规范化建设，严格推进规范公正文明执法办案，不断提升执法司法质量、效率和公信力。推出公安“放管服”改革、“诉事速办”、深化“执行难”改革、涉案企业合规改革、维护劳动者合法权益活动、“百名检察官进千企”活动、护企“双加双减”行动等系列改革举措，为企业和群众提供更优的营商环境和办事服务环境。全面深化法治体制综合配套改革，深入推进首席法律咨询专家库建设，落实社区矫正检察、知识产权检察、法治建设专项检查等，开展“典亮网络”公益律师网络直播讲授民法典活动、法治文化基层行活动，夯实法治服务建设基础。南昌获评全国首批市域社会治理现代化试点合格城市、全国首批社会治安防控体系建设示范城市，“智治赋能 支撑市域社会治理精细化”获评“全国市域社会治理现代化试点优秀创新经验”。改善民生福祉，全面拓展延伸基层公共就业服务网点，拓展“家门口”就业渠道。加大就业援助服务力度，全面促进就业困难群体就业。制定《南昌市推进养老服务提质升级三年行动方案（2023—2025年）》《关于“推进养老服务体系建设”的实施方案》，各级财政安排约7000万元用于支持项目建设，更好满足多层次、高质量养老服务需求。出台《南昌市巩固全国婴幼儿照护服务示范城市创建成果三年行动计划（2023—2025年）》，全市每千人口托位数3.79个，提前超额完成年度目标任务。高位推进“省内无异地”就医直接结算工作，取消省内异地就医备案。实施个人养老金制度试点，通过线上+线下多种方式加强宣传，不断增强广大人民群众对个人养老金政策的知晓度。坚持把教育数字化作为教育改革发展的新赛道和突破口，发布全国首个学业水平合格性考试（机考）地方标准。作为全省唯一入选教育部信息技术支撑学生综合素质评价试点设区市，受邀在2023全球智慧教育论坛作主旨发言。稳步推进普通高中“公民同招”改革、初中学业水平考试体育与健康评价改革，优化提升义务教育智慧招生“一网通办”功能，为人民群众提供更加公平、更加优质的基本公共教育服务。推动城市高质量发展，实施城市更新行动和城市功能与品质再提升行动，高标准完成《南昌市2023年城市自体检报告》编制，推进城中村和老旧小区改造。推动南昌动物园改扩建，新建12个城市公园，打造绿化彩化示范路，创建22个“席地而坐”城市客厅示范点。深入推进海绵城市示范建设，加强重点片区建设示范项目全过程跟踪管控，加快鱼目山片区和鱼尾洲片区打造。城市运行管理服务平台上线试运行并通过住房城乡建设部验收，推动各类感知数据整合应用，实现城市运行“一网统管”。打造“1+6+N”智慧平安交通体系，建成全市“五横五纵”绿波网，交通健康指数排名全国36个重点城市第三、中部省会城市第一。

【党的建设制度改革】 2023年，贯彻落实中央新修订的《推进领导干部能上能下规定》，制定《南昌市领导干部不适宜担任现职的细化情形（参考）》，推进干部能上能下。邀请省直单位选派优秀年轻干部到南昌挂职，选派市直单位干部到省直单位跟班学习，统筹推进政企年轻干部双向挂职、乡镇（街道）挂职、中央三部委和驻昌金融机构干部挂职等工作，出台《南昌市挂职干部管理办法（试行）》，推进挂职干部考核管理规范化、精准化。用好综合考核“指挥棒”，完善“1+1+6”综合考核体系，制定《关于在斗争一线开展专项考核的实施意见（试行）》，引导党员干部在重大项目和重大任务中展现担当作为。探索构建“1个产业链党建指导委员会+1个产业链党委+N个链上企业党组织”的组织体系，8家链上企业形成完整产业党建体系链条。制定《关于加强全市新兴领域党群共建工作指导意见》《全市新兴领域党群共建工作指引》，规范指导全市新兴领域党群共建，完成全市15182家重点非公有制企业、3096家社会组织、188个个体工商户重点区域党组织的分类组建工作，逐步实现新兴领域党的组织和工作有效覆盖。制定实施《流出党员“四同两创三服务”机制》《流入党员“双找双育”机制》，完善流动党员教育管理。常态化推进“10万人才”引进，出台《南昌新“人才10条”》《南昌市人才政策“三项机制”实施办法（暂行）》《关于我市开展党委（党组）书记领衔人才工作项目的实施方案》《南昌市选调生和党政储备人才培养管理工作实施方案》，破解人才工作重点难点问题。制定《关于加强企业家人才队伍建设的若干措施》《关于加强新时代南昌市高技能人才队伍建设的实施意见》,健全企业家人才和高技能人才培养制度。优化人才"港网窗"平台和"i南昌"功能,全面实现人才政策"免批快兑"。至年底,兑现奖励补贴超34亿元,惠及人才超23万人次。

【纪检监察体制改革】 2023年,紧盯工程项目强化重点监督,运用"四步工作法"边查边改,着力保障重点工程廉洁高效推进。深化一体推进"三不腐",坚持把查办案件与营造、优化政治生态贯通起来,查清查透违纪违法事实,分析制度漏洞,制发纪检监察建议、工作建议等,督促案发单位开展系统施治。深入开展营商环境领域专项监督,查处营商环境领域腐败和作风问题。推广运行小微权力"监督一点通"平台、民生资金"码上监督"机制,发动群众参与监督。制定出台《关于在城区公安分局全面推行区纪委区监委派驻监督改革的实施方案》,推动城区公安分局派驻监督从"有形覆盖"到"有效覆盖"。制定《打听案情、说情干预、违规交往"零报告"制度》《关于进一步加强市纪委市监委专案组人员监督管理的实施办法》,深入开展违规办案、"八小时外"违规交往等6个方面专项整治,堵塞执纪执法权力运行、内控机制中存在的风险漏洞。出台问题线索处置"两会三研究"模式流程,强化对线索处置全流程的监督管理。出台《关于加强市直单位机关纪委建设的实施意见》,加强机关纪委干部队伍建设。制定《市纪委市监委关于开展市本级监察官等级首次确定工作的实施方案》,完成市本级纪检监察机构391人监察官等级确定工作。落实《南昌市村级(社区)监察联络员工作制度(试行)》,组织开展特约监察员"开放日"活动,推动特约监察员更好履职。

(林　斌　刘卫兵　凌　悦)

组织工作

【概况】 2023年,南昌市各级组织部门聚焦"走在前、勇争先、善作为"目标要求,紧扣"项目为先、实干奋进,争分夺秒拼经济"工作主线,围绕中心奋力担当、服务大局彰显作为,统筹推进理论武装、选贤任能、强基固本、育才聚才各项工作,取得新进展新成效。南昌市在全省组织工作会议、全省干部教育培训工作会议、全省公务员工作座谈会上作典型发言。承办江西省第三届党务技能大赛机关、国企、学校3个领域赛事,南昌市41个参赛项目获奖26个。全市各级组织部门在江西省组织系统调研课题评选中获一等奖1项、二等奖2项,入选江西省全面深化改革优秀案例1项、江西省党的建设制度改革典型案例2项、江西省人才工作创新案例6项、南昌市全面深化改革优秀案例5项。

【学习贯彻习近平新时代中国特色社会主义思想主题教育】 2023年9月13日,南昌市召开学习贯彻习近平新时代中国特色社会主义思想主题教育动员大会。市委按照"学思想、强党性、重实践、建新功"总要求,探索建立"四下基层、三访三促"工作机制和"8+3"分类指引,一体推进理论学习、调查研究、推动发展、检视整改、建章立制等重点措施,组织市四套班子和12个县区(开发区、管理局)、79家市直单位、1370余名县处级以上领导干部,以及1.4万个基层党组织、27.2万名党员开展主题教育。南昌市2次在中央主题教育有关会议上作经验交流,在团中央主题教育总结会议上作经验交流,中央主题教育办《简报》6次、江西省委主题教育办《简报》49次刊发南昌市经验做法,《人民日报》以《调研出成果 发展见实效——江西省南昌市推动第二批主题教育走深走实》为题,头版单篇报道南昌市进展成效。

【干部教育培训】 2023年,举办全市县处级主要领导干部学习贯彻党的二十大精神专题研讨班,调训156人,分3期举办全市县处级领导干部学习贯彻党的二十大精神集中轮训班,轮训1200余人,按照干部管理权限,分级分类推进全市党员干部党的二十大精神培训。指导加强市委党校建设,新校区于10月投入使用后至年底,培训学员4800余人,日均在校学员800人左右。深化全市好课程、好教材、好基地、好师资、好团队"五好"建设,入选江西省委组织部公布的2022年度全省干部教育培训好课程、现场教学示范点和优秀教学团队推荐目录及"优秀组织奖"8个。

【干部考察考核】 2023年,持续深化干部政治素质考察,建立1300余名市管干部政治素质档案。召开乡镇(街道)党(工)委书记、优秀年轻科级干部等多场次、各层面座谈会,统筹开展县区领导班子运行情况、年轻干部现状和使用情况及政法系统、市政府驻外办事机构、市属公立医院、市属公办学校、市属国有企业、南昌汉代海昏侯国遗址管理局等多领域、广范围领导班子和干部队伍建设专题调研,加强针对性配备。健全"1个'办法'管长远、1个'意见'管年度、6个'方案'管实施"的"1+1+6"综合考核体系,制定《关于在斗争一线开展专项考核的实施意见(试行)》,逐步构建以斗争一线考核为点、平时考核为线、综合考核为面的干部考核评价体系。

【干部工作制度建设】 2023年,围绕经济社会发展对干部队伍建设的需要,出台《南昌市科级领导干部任前职数审核工作流程(试行)》《市属公立医院、学校市管领导干部选拔任用工作流程》《关于规范市属公立医院、学校科级(比照科级)干部任免备案的办法》《南昌市市属国企中层干部职数审核办法(试行)》《南昌市市属国企员工招聘工作备案审核办法(试行)》等制度文件,规范干部选拔任用工作制度,推动选人用人管理监督严在日常、抓在经常。

【年轻干部培养选拔】 2023年,接收江西省委组织部选调生200名。至年底,全市共有492名选调生、904名党政储备人才。出台《南昌市选调生和党政储备人才培养管理工作实施方案》,落实《南昌市选调生政治学习制度》《南昌市选调生国情调研制度》,增设市委党校中青四班,选派选调生和党政储备人才参加全国农村实用人才带头人培训班、江西省委党校中青三班、乡村振兴专题培训班、年轻干部培训班等各类业务培训3600余人次。加大选拔使用力度,至年底,130名基层锻炼期满选调生中,提拔担任副县级领导职务2人、正科级领导职务13人、副科级领导职务29人;794名试用期满党政储备人才中,聘任七级职员14人、八级职员751人、九级职员29人。

【干部实践锻炼】 2023年,出台《南昌市挂职干部管理办法(试行)》,加强挂职干部教育管理,强化作用发挥。邀请江西省发展和改革委员会、省财政厅等省直单位选派21名优秀年轻干部到南昌市挂职锻炼,从市直单位选派17名优秀年轻干部到江西省直单位跟班学习。选派37名优秀年轻干部参加全市党政机关、事业单位和市属国有企业年轻干部双向挂职锻炼,选派27名市直单位优秀年轻干部到乡村振兴重点乡镇和基层治理任务较重的街道挂职服务,选派8名县区(开发区)招商干部到驻外办事(联络)处挂职锻炼,分4批选派100余名2022年度市直单位新录用公务员到全市信访部门跟班学习。

【干部队伍管理监督】 2023年,出台《南昌市领导干部不适宜担任现职的细化情形(参考)》,推进干部能上能下。清理整改县区科级干部"人编分离""混编混岗"问题,建立常态化督查检查机制。抓实领导干部个人有关事项报告,加强培训调度、严肃纪律要求,协调南昌市公安局、市市场监督管理局、市住房和城乡建设局等部门开通包括出国(境)、经商办企业、房产等方面的"绿色查询"通道,校验填报对象查询结果,推动全市领导干部个人有关事项填报一致率稳步提升。

【公务员队伍建设】 2023年,做好公务员考试录用,招录公务员722人,其中硕士研究生257人、占比35.6%,大学学历457人、占比63.3%。规范公务员辞去公职后从业行为,探索建立公务员奖惩备案制度,深化公务员分类改革,持续落实公务员职务与职级并行制度,制定《关于进一步加强公务员考核工作的意见》,统筹抓好公务员平时考核、年度考核、绩效考核及奖励表彰等工作。

【基层党建"书记领航"工程】 2023年,制定《关于在全市推行"书记领航"工程的实施意见》,推动各级党委(党组)书记落实第一责任人责任,构建"领题推进一项工作、协调解决一类问题、健全完善一套制度、打造提升一个品牌"机制,部署实施一批城市治理、乡村振兴、产业发展的"攻薄促弱""提质增效"项目。市委主要领导带头领衔江西省汽车产业链党建试点工作和城市基层党建引领城市网格化管理服务2个项目,市、县两级及市直市管党(工)委书记领衔37个"书记领航"项目,推动解决一批全市基层党建难点问题。

【抓党建促乡村振兴】 2023年,统筹推进党建引领传统村落保护、党建引领乡村治理试点等工作,举办第二届"洪城红"乡村振兴公益项目大赛,以党建引领赋能乡村振兴。加强村干部特别是"一肩挑"人员管理监督,持续派强用好"第一书记"和驻村工作队,对全市1153个村党

2023年10月19日,南昌市第二届"洪城红"乡村振兴公益项目大赛决赛举行

(市委组织部 供图)

组织进行届中分析和星级评定，排查整顿16个软弱涣散村党组织，调整不胜任不尽职村支部书记7名。深化村级集体经济发展提质增效行动，至年底，全市村级集体经营性总收入15.45亿元，村均134万元，各村村级集体经营性收入基本实现30万元。

【党建引领基层治理】 2023年，持续深化街道社区管理体制改革，优化设置城市社区网格，推动网格党组织全覆盖，配齐配强专职网格员队伍，加强基层治理平急转换能力建设。推进基层党群服务阵地建设，依托866个城市社区党群服务中心主阵地，推动社区活动场所提档升级，新成立的27个社区党群服务中心场所均300平方米以上。健全社区物业党建联建机制，全市建立物业服务企业党组织863个、业主委员会党组织540个，覆盖率分别达到97.51%、86.82%。加强社区工作者职业化体系建设，按照"每万城镇常住人口不少于18人"标准，全市应配7502人、已配7677人，其中2023年聘用346人。

【新兴领域党建】 2023年，承接江西省新兴领域"两个覆盖"攻坚行动试点，至年底，全市新兴领域单独组建党组织1520余个、联合组建党组织410余个，摸排党员1.7万名，选派党建工作指导员2000余名。开展新兴领域党群共建，制定《关于加强全市新兴领域党群共建工作指导意见》及工作指引，探索以党组织为核心，引领工会、共青团、妇联等群团组织共建互促、整体推进的机制路径，打造33个党群共建示范点。加强对新就业群体的关爱帮扶，指导12家市直单位推出78项暖心举措，开展首届"洪城红"新兴领域最美人物评选，引导新就业群体参与基层治理。10月18日，江西省新兴领域团建工作现场会观摩南昌市党建带团建工作。

【作风提升年活动】 2023年，在巩固提升全市基层干部作风整顿专项行动和"4+X"干部作风专项整治成果基础上，开展"项目为先、实干奋进，争分夺秒拼经济"作风提升年活动，常态化坚持"作风夜查、民情夜访"等8项措施，将"'中梗阻''小鬼难缠'等影响营商环境问题"纳入学习贯彻习近平新时代中国特色社会主义思想主题教育市级层面专项整治项目，持续保持作风整治高压态势。市委常委班子开展夜访夜查50余次，示范带动各县区（开发区、管理局）夜访夜查2250余次、交叉互查710余轮次，推动基层干部队伍作风建设取得实效。

【党员队伍建设】 2023年，全面完成年度发展党员指导性计划。深化"红色苗圃"计划，推进基层青年人才党支部建设，破解青年党员发展难、培养难、发挥作用难等突出问题。推进"洪城夕阳红"计划，推广落实"三定四审、关怀帮扶、发挥作用"三项机制，深化老党员管理。推进"流动洪城红"计划，制定流出党员"四同两创三服务"和流入党员"双找双育"机制，加强和改进流动党员教育管理。举办党的二十大精神市级专题培训示范班5期，指导全市分级分类举办学习贯彻党的二十大精神培训班753期，轮训党员、干部22.6万名。组织举办县乡村"三级书记讲党课"和党员讲"微党课"活动，评选表扬2023年度"三级书记讲党课"优秀作品94部、"优秀微党课"107部。

（武小兵）

人才工作

【概况】 2023年，南昌市将人才作为支撑高质量发展的第一资源，瞄准产业需求，打造人才平台。围绕实现每年吸引10万名人才工作目标，实施"双高创新人才""人才10条"等人才项目，为经济社会发展提供强有力的人才智力支撑。全年举办线下线上"百场校招"2300余场，吸引大学生和技能人才来昌留昌创业就业超14万人。至年底，南昌"人才10条"兑现奖励补贴超34亿元，惠及人数超23万人；全市技能人才总数约78.5万人，2023年新增赣鄱工匠3人、省能工巧匠8人、新时代洪城工匠10人，市级高技能人才培训基地5家、省级技能大师工作室2家、市级劳务品牌技能大师工作室5家。

【人才发展体制机制改革】 2023年，开展党委（党组）书记领衔人才工作项目，形成20个书记领衔人才工作项目，包括人才服务平台建设、人才科研平台建设、专业化人才队伍建设、校企合作项目等多个项目类型，推动实施人才发展体制机制改革攻坚行动。3月1日，出台《人才政策"三项机制"实施办法（暂行）》，促进人才工作制度化、规范化、科学化。10月31日，出台南昌新"人才10条"政策，聚焦青年人才、高层次人才、创新创业人才团队、科研平台建设，提升人才政策竞争力、精准度和系统性。

【"10万人才"来昌留昌创业就业】 2023年，创新实施教育卫生专业技术人才引进计划，开展重点产业链人才专场招聘活动、赣籍学子见面会、"万名学子走进南昌"等活动，推进线上线下校招活动2300余场。对接清华大学、北京大学等高校，在全国126所高校设立"赣才归巢"工作站。创新开展"洪漂"概念引才活动，探索建立"洪漂"人才驿站37家，组织"洪漂人才荟"128场，举办"洪漂创业故事汇"等活动42场，年度吸纳大学生和技能人才来昌留昌创业就业14.7万名，完成年度目标。

【人才平台载体建设】 2023年，策应瑶湖科学岛、航空科创城、中医药科创城、未来科学城建设，参与南昌实验室和江西创新馆建设。提高7家"大院大所"新型研发机构产业支撑能力，获得专利授权193项、科技成果登记1.88亿元，引进硕士及以上人才415人、江西省外高层次人才团队58个。实现年营收3亿元以上工业企业和"专新特精"企业建立研发机构全覆盖，推动1亿元以上工业企业建立研发机构覆盖率超70%。推动江西省高层次人才产业园、高层次人才联谊会运行。

【人才发展环境建设】 2023年，升级优化"昌通码"小程序"优惠政策直达"应用场景，实现人才办事"网上办、就近办、不求人"，至年底，平台拥有各类用户150万人，兑现奖励补贴34亿元，惠及人才23万人次。组织开展国家级和省级人才计划推荐申报，入选江西省"赣鄱俊才支持计划"项目23个、省第五批VR(虚拟现实)产业创新创业优秀人才团队7个、国家重大人才计划5人。强化人才安居保障，加大人才驿站("洪漂"驿站)建设力度，为到南昌求职人才提供免费入住，兑现各类人才购房补贴3000万元。各级党委政府直接联系服务专家1000余名，全年为240余名省、市高层次人才协调解决子女入学问题，为1900余名高层次人才提供医疗保健服务。

【人才补贴政策兑现落实】 2023年，市人力资源和社会保障局落实市委、市政府《关于支持大学毕业生和技能人才来昌留昌创业就业的实施意见》(简称"人才10条")和市政府办公厅《关于印发南昌市优秀青年人才储备计划实施细则(试行)的通知》(简称"人才新政—青才计划")等相关政策。至年底，兑现人才新政—青才计划生活补贴9536人次，发放7368万元；兑现人才新政—青才计划购房补贴256人，发放1552万元；兑现"洪城引才奖"政策54.67万元。"人才10条"落户奖励申报126482人，兑现18216人，发放1700.3万元；"人才10条"生活补贴申报325729人，兑现129034人，发放209813万元；"人才10条"购房补贴申报1181人，兑现12人，发放60万元。

【"双高创新人才"评选】 2023年，市人力资源和社会保障局开展"双高创新人才"选拔工作。对接省"双高工程"，市"双高创新人才"面向全市各级各类企事业单位中高层次专业技术人才和高技能人才，选拔对象为在工农业生产、科学研究、教育、卫生、文化艺术、新闻出版、科技推广一线工作岗位上，开展创新项目的中青年专家、学者、技术人才和高技能人才。依托各县区、市直单位、行业协会推荐，经专家评审、社会公示等程序，2023年选拔出张远来等20名市"双高创新人才"，推荐入选省"双高工程"5人。

【高层次人才绩效评估】 2023年，根据市委人才办、市人力资源和社会保障局联合印发的《南昌市高层次人才绩效评估办法(试行)》要求，对入选南昌市顶尖领军人才领航计划的国内外顶尖人才、国家级领军人才、地方级领军人才开展绩效评估。以业绩、贡献、能力等为核心要素，设立不同的指标分值权重，建立定量评估与定性评估相结合的人才分类评估指标体系。2023年，经材料审核、实地考核、现场答辩、评价打分等评估环节，拨付15位合格顶尖领军人才奖励补贴750万元。

【高层次高技能人才联谊】 2023年，为推动不同领域的人才加强互动与联系，持续提升高层次高技能人才能力素养，市人力资源和社会保障局每季度举办一次高层次高技能人才联谊活动。联谊活动通过邀请人才到优秀企业或基地实地参观，开展交流座谈等方式进行，进一步拓宽人才视野，增进人才对各类领域前沿技术的了解和对人才政策、人才项目等举措的知晓，通过跨行业、跨领域的互动交流，激发人才创新活力。全年，举办高层次高技能人才联谊活动4次，参加人数超70人。

【留学人员创业帮扶】 2023年，为吸纳优秀留学人员到南昌创新创业，促进高新技术产业化，市人力资源和社会保障局修订《江西南昌留学人员创业园管理实施细则》，对入驻留创园的留学人员企业实行100平方米内办公场所租金和物业管理费三年内免收，第四、第五年减半的帮扶措施，对认定为南昌市高层次人才的留学人员，实行200平方米内办公场所租金和物业管理费五年免收。至年底，南昌市建立"一园四区"，一园即"江西南昌留学人员创业园"，四区即"红谷滩园区、南昌经开园区、南昌高新园区、南昌小蓝工业园区"。

【引才活动】 2023年，推进"10万人才"来昌留昌工作，创新"洪漂"概念引才，在文化商圈、夜市等青年人才聚集的场所，举办"洪漂人才荟"招聘会117场，将招聘活动与城市宣介、品牌推广、政策宣传、文化演出、互动体验相结合，吸引群众11.07万人，提供岗位10.94万个，收到简历9093份。聚焦重点产业链精准引才，南昌市组织8条产业链近700家企业，"组团"到省外对口高校举办专场人才招聘14场，与用人单位达成就业意向1310人。全年，全市举办线下线上"百场校招"2300余场，吸引大学生和技能人才来昌留昌创业就业超14万人。

【人力资源服务机构诚信等级评定】 2023年4月，市人力资源和社会保障局根据省人社厅安排部署，开展全市人力资源服务机构诚信等级评定工作。全市收集申报机构 38 家。经专家评审、社会公示等环节，省人社厅评定2023 年度“诚信服务示范机构”和 2023 年度“AAA 级诚信服务机构”。其中，南昌市申报的1家机构获评全省“诚信服务示范机构”，10 家机构获评全省“AAA 级诚信服务机构”，12 家机构获评全市“AA 级诚信服务机构”。南昌市“AAA级”以上诚信机构获评数占全省的三分之一。

【“国聘行动”】 2023年，市人力资源和社会保障局组织171 家企业入驻“国聘网”江西省专区、30 家企业入驻产业园专区，开展“国聘行动”中国南昌人力资源服务产业园活动。6月29日，组织“不负韶华 国聘行动”中国南昌人力资源服务产业园专场招聘直播活动。有3家企业分别提供软件研发、工艺设计、品质检测等就业岗位17个，需求人数627 人，直播当日观看 573.9 万人次，形成就业信息互通和岗位资源共享，促进就业供需双方精准匹配。

【第三届“洪城工匠”培养选树】 2023年，南昌市在全省率先出台《关于加强新时代南昌市高技能人才队伍建设的实施意见》，推进高技能人才队伍建设。聚集南昌市制造业重点产业链现代化建设“8810”行动计划和特色产业，在全市范围内开展新时代“洪城工匠”培养选树活动。经单位申报、资格审核、专家评审、实地考察、社会公示等环节，培养选树10名技艺精湛、社会公认的高技能人才为新时代“洪城工匠”，按每人5万元标准给予一次性奖励。

【职业技能培训】 2023 年，市人力资源和社会保障局聚焦数字经济“一号发展工程”和江西省“2+6+N”、南昌市“4+4+X”主导产业体系，以政府补贴性职业技能培训为龙头和抓手，开展就业技能培训和企业岗位技能培训。培训覆盖面进一步拓展，培训质量和针对性进一步增强，有效满足企业和技能人才培训需求。全市开展政府补贴性职业技能培训 1001 期，培训学员41049 人次，完成全年任务的107.18%；拨付资金 3217.32 万元。其中，企业职工岗位技能培训 6204人次，拨付补贴356.01 万元；就业技能培训 34845 人次，拨付补贴2861.31 万元。

【多元化技能人才评价】 2023 年，市人力资源和社会保障局备案 12家市属企业自主评价机构，企业自主开展职业技能等级认定，指导江铃汽车集团有限公司、南昌轨道交通集团有限公司、江西煌上煌集团食品股份有限公司、江西南昌公共交通运输集团有限责任公司等开展等级认定并发放职业技能等级证书1063 本。组织开展专项职业能力考核，组织编写专项职业能力考核规范，科学设置考核项目。全市设置39 个专项职业能力考点，涉及 162个专项工种，向社会公布。全年发放专项职业能力证书3670 本。

【技工（培训）学校服务管理】 2023年，市人力资源和社会保障局坚持规范管理、健康发展工作理念，重点抓好技工院校专项资金使用、安全管理、分类登记等工作，对专项资金使用情况（其中，市管技工学校免学费和助学金总金额为 4457.28 万元）开展组织核查，防范资金使用风险。持续规范技工学校和民办培训学校办学管理，对技工学校实施营利性、非营利性分类登记，对310 所民办职业培训机构开展年检，注销24 所，撤销 33 所。至年底，全市有市管技工学校 18 所（其中，公办技工学校8所，民办技工学校 10 所），在校生约 2.3 万人，毕业生就业率98.4%，留南昌就业率63.8%。

（武小兵　何婧雅）

宣传工作

【概况】 2023 年，市委宣传部坚持以习近平新时代中国特色社会主义思想为指导，全面贯彻落实党的二十大精神和习近平总书记考察江西重要讲话精神，围绕省会引领战略部署和“一枢纽四中心”发展定位，聚焦举旗帜、聚民心、育新人、兴文化、展形象的使命任务，全力服务全市中心大局，推动各项工作取得新成效。

【理论学习、宣讲与研究】 2023年，突出抓好理论学习，广泛开展理论宣讲，切实深化理论研究。服务市委理论学习中心组学习研讨 13次。创新“局长讲解”学习形式，举行专题集中学习研讨5场。对12个县区、24 家市直单位党委（党组）中心组学习列席旁听。组织各县区、市直单位 126 人开展中心组学习秘书培训。组织开展“贯彻二十大 洪城号角响”专题宣讲活动，开展各类宣讲3800 余场次，受众45 万人次。做好习近平总书记考察江西重要讲话精神的宣传宣讲工作，组建市委宣讲团，开展集中宣讲活动 18 场次；各县区（开发区、管理局）参照市委做法，广泛开展面向基层群众的集中宣讲活动 210 余场次。发挥市县乡村四级“宣讲赣军”师资队伍作用，组成各类宣讲队伍 170 余支，到基层一线开展宣讲活动 630 余场次，直接受众5.7 万余人次，线上线下受众 36 万余人次。打造南昌县“鸣理宣讲队”、西湖区“幸福圆桌会”、安义县“一号大调研”等一批基层宣讲品牌。市本级和西湖区2篇基层宣讲经验稿件分别被党建网、《党建》杂志刊发推广，在省委宣传部基层宣讲动态简报上稿6篇，居全省首位。继续开展全市经济社会发展重大课题市委主要领导点题研究5项,《培育壮大南昌半导体照明产业集群的对策建议》得到省委主要领导批示。配合《人民日报》理论部和全国红色基因传承中心基层宣讲工作开展专题调研,形成"南昌基层理论宣讲工作现状分析及对策研究"调研报告。在全省社科界学习贯彻习近平总书记在文化传承发展座谈会上的重要讲话精神理论研讨会上,南昌市作为特邀设区市代表作交流发言。

【新闻宣传】 2023年,组织新闻宣传,开展主题教育宣传,创新开展对外传播,推进媒体融合。组织开展主题教育、烟花晚会、八一广场升旗仪式、横渡赣江、国际龙舟赛、2023南昌消费季等主题的集中采访和宣传报道,推出一批高质量、有影响力的新闻报道,中央、省级主要媒体刊播南昌稿件5952篇,其中,中央6家主要媒体1312篇,省级主要媒体4640篇,上稿数量和得分在全省设区市排名前列。中央主流媒体、网站共刊播南昌市主题教育相关稿件119篇,在全国第二批主题教育中实现"两个全国第一"(第一批上央视新闻联播、第一批上《人民日报》头版)和"两个唯一"(《人民日报》头版单篇市级的全国仅有南昌、《人民日报》头版综合市级层面全省只有南昌),在中央主流媒体及其重要栏目实现全覆盖。做好29场重大活动的宣传推介,举办各类新闻发布会86场,制作2023版南昌城市形象宣传片《天下英雄城——南昌》,策划创作新闻纪录片《江豚归来》获第33届中国新闻奖二等奖和第30届江西新闻奖一等奖,入选国家广电总局2022年优秀国产纪录片,被纳入中宣部"Z世代"工作重点项目,获得2022年度江西文化艺术基金重点项目立项资助。"外宣厨房"建设深入推进,南昌机构账号和个人账号总数在全省前列。打造以"洪观新闻"全新命名的"两微一端一抖",客户端下载量近240万,微信号、微博号、抖音号在全省各地市月度排名第一。县级融媒体中心各项运行指标持续前移,在全省双月赛中有27件作品获奖,1件作品获中国新闻奖三等奖和江西报刊网络新闻奖一等奖,1件作品获全国县级融媒体中心冬季赛一等奖,2件作品获全国县级融媒体中心季度优秀作品。"学习强国"南昌学习平台在省平台上稿2753篇,"学习强国"全国总平台上稿317篇,均排全省前列。

【红色基因传承】 2023年,制定印发《南昌市落实全国红色基因传承示范区建设2023年重点工作安排》,常态化调度推进8方面40项重点工作任务。持续推进红色基因传承示范校、全民国防教育示范校、少年军校"三校同创"工作,开展"红色故事我来讲""红色走读""爱我国防"演讲比赛等活动1400余场,覆盖学生40余万人。创作推出歌剧《八一起义》等一批重点红色文艺项目,推出南昌军事题材作品展、新四军文化工作专题展、"美丽南昌"诗书画影作品展等一批主题展览。组织举办"国防万映"公益电影展映、红色基层宣讲、少年军校大会演、"奋进新征程·建功新时代"系列活动、红色文化主题宣传月系列活动等,进一步激发全市广大干部群众爱党爱国爱社会主义热情。

【文旅宣传】 2023年,推出系列文旅活动,文化事业稳步发展,文化产业做大做强。举办迎春和国庆烟花晚会、"弘扬爱国志 奋进新征程"八一广场系列升旗仪式、城市英雄争霸赛夏季总决赛、草莓音乐节、星驰音乐节及明星演唱会等系列文旅活动。举办2023年滕王阁金秋诗会、《光荣啊!南昌》红色经典交响演唱会、"美丽南昌·诗书画影"生态主题文艺作品展、文学名家走南昌暨第十届"三江笔会"等一批优质文化品牌活动。出台《南昌市文艺创作奖励及扶持办法(试行)》,建立重点文艺创作联席会议制度,实现市级重点文艺项目台账化管理、常态化调度。推进歌剧《八一起义》、赣剧《铁军出征》、歌曲《与国书》等重点文艺项目创作打磨。南昌市3部作品入选省"五个一工程"文艺精品创作资助项目,居全省首位。电影《邓小平小道》获第19届中国电影华表奖"优秀故事片奖"。承办首届江西省全民阅读大会。完成第二批40家"孺子书房"建设,"孺子书房"建设工作案例入围中宣部《宣传思想文化工作案例(2023)》和中国改革2023年度地方全面深化改革典型案例,在"孺子书房"开展各类全民阅读活动300余场,接待读者150余万人次。广泛开展各类群众性文化活动1804场次,免费为农民送戏722场、送电影1.7万余场。印发《南昌市文化企业注册引导》,做好文化产业统计前端介入工作。到粤港澳大湾区、长三角、京津冀等重点领域开展文旅招商,举办专题推介(招商)会,项目签约金额总计93.5亿元。加强文旅产业品牌创建,万寿宫历史文化街区获评第二批国家级旅游休闲街区,"南昌市:旅游民宿产业的绿色创新发展之路"入选2023全国旅游新业态创新发展典型案例,获评2023中国旅游产业影响力案例,八一起义纪念馆入选国家红色基因库,东湖意库入选全国数字创意主题产业园区榜TOP10,南昌市创新"孺子书房"建设管理运营新机制入选2022年度江西省基层文化体制改革优秀项目。

(张 翔 舒小华)

统一战线工作

【概况】 2023年,南昌市统战系统全面贯彻落实《中国共产党统一战线工作条例》,聚焦"走在前、勇争先、善作为"目标要求,发挥统一战线作用,为南昌高质量发展凝聚人心、汇聚力量，被评为全省统战工作综合考核先进设区市委统战部，全省统战宣传工作先进单位、信息工作先进单位，获得全省统战理论政策研究创新成果一等奖1项、全省统战工作实践创新成果奖2项。

【党对统战工作领导】 2023年，市委常委会研究统战工作7次，理论学习中心组专题学习1次，召开市委统一战线工作领导小组会议2次。4月17日，省委常委、市委书记、市委统一战线工作领导小组组长李红军主持召开市委统一战线工作领导小组2023年第一次全体会议。7月31日，市委理论学习中心组"民族宗教理论和政策法规"专题学习会举行，省委常委、市委书记李红军主持会议并讲话。12月8日，市委常委、市委统战部部长饶绍清就学习贯彻习近平总书记关于做好新时代党的统一战线工作的重要思想，在市委党校为主体班学员授课。将统战工作纳入全市2023年度"1+1+6"综合考核体系，纳入市委第四轮、第五轮巡察，不断压实各级党委（党组）统战工作主体责任。

【主题教育】 2023年，制定出台《关于在市委统战部机关深入开展学习贯彻习近平新时代中国特色社会主义思想主题教育的工作方案》，把握"学思想、强党性、重实践、建新功"总体要求，坚持理论学习、调查研究、推动发展、检视整改一体推进，紧扣"8+3"分类（"八大专项行动"包括实施政治忠诚铸魂行动、实施思想理论武装强化行动、实施绝对忠诚教育涵养行动、实施红色基因传承提质行动、实施干部能力素质提升行动、实施干部担当作为激励行动、实施干部团结奋斗聚力行动、实施干部凝心铸魂保障行动；"三个聚焦"包括聚焦学懂弄通做实新时代中国特色社会主义思想上下功夫，聚焦学史崇德上下功夫，聚焦学史力行上下功夫）指引要求，开展理论学习中心组主题教育专题学习研讨5次，集中开办为期7天的全市统战系统主题教育专题读书班，深入开展"四学四促"（学理论、促思想提升，学业务、促能力提升，学先进、促效能提升，学党规党纪、促勤廉机关建设）活动，有效开展主题教育。指导各民主党派、无党派人士和党外知识分子、新的社会阶层人士开展"凝心铸魂强根基、团结奋进新征程"主题教育，召开动员会，举办经典诵读、书画展、主题征文、现场教学、先进事迹宣讲等各种形式的活动700余次，参与活动成员4万余人次。开展纪念中共中央"五一口号"发布75周年系列活动，举办第二届南昌市"秋水·知心"诵读晚会，组织开展全市民营经济人士"井冈红"理想信念教育活动，向少数民族群众、宗教界人士宣讲党的二十大精神和习近平总书记考察江西重要讲话精神。举办4期南昌统一战线"同心大讲堂"，邀请副市长彭开先、全国人大代表刘文峰等各领域领导、专家，向南昌市党外代表人士授课。

【招商引资专项行动】 2023年，全市统战系统主动融入招商引资工作大局，各民主党派、工商联、知联会、新联会、侨联以及各统战团体对接长三角、粤港澳大湾区、海西经济区重点城市，开展全市统战系统招商引资专项行动。举办江西（深圳）招商引资项目对接会、南昌（香港）经贸合作恳谈会、粤港澳大湾区电子信息产业推介会等10余场招商活动，举办全联科技装备业商会助力江西（南昌）民营经济高质量发展大会。充分发挥驻南昌商会作用，利用外埠商会资源，聘请商会会长为招商顾问，在28家外埠商会设立"双招双引"工作站，全市统战系统共外出招商40余批次，促成签约投资总额102.92亿元，市委统战部被评为南昌市实干奋进拼经济——招大引强（招商引资）成效突出单位。

【多党合作事业发展】 2023年，南昌市制定《中共南昌市委2023年度政党协商计划》，向党外人士通报重要会议精神，组织召开科技创新、传统产业升级、文旅融合发展等工作情况通报会10余次。开展2023年度"党委出题、党派调研、政府采纳、部门落实"专题调研，形成专题报告9篇。12月20日，南昌市党外人士2023年调研成果专题协商会召开，省委常委、市委书记、赣江新区党工委书记李红军主持会议并讲话，市长万广明参加。指导各民主党派开展各类调研和考察，支持市各民主党派聚焦优化营商环境开展民主监督，全年共形成调研成果113个，报送社情民意信息753篇。

【民族宗教工作】 2023年，深化推进民族团结进步"洪石榴"项目建设，建成30个"洪石榴"之家、31个"洪石榴"服务站。加强城市少数民族流动人口服务管理，推动民族团结进步创建，举行"民族团结进步宣传月"活动，铸牢中华民族共同体意识。西湖区丁公路街道恒茂华城社区被评为第十一批全国民族团结进步示范区示范单位，《中部散居城市铸牢中华民族共同体意识教育"从娃娃抓起"的调研报告——以江西省南昌市为例》获2023年国家民委社会科学研究成果优秀奖。推进宗教中国化南昌实践，举办第二届"南昌宗教中国化与文明互鉴"学术研讨会。指导市伊斯兰教协会换届。全面深化宗教"五好"（爱国爱教好、民主管理好、安全稳定好、环境整洁好、服务社会好）活动场所创建，全市10个宗教活动场所被评为全省"百所示范"场所，30个被评为全省"五好"场所。

【民营经济统战工作】 2023年4月3日，围绕"4+4+X"产业体系组建行业商协会，南昌市主导产业商协会成立暨产业集群发展大会举行，揭牌成立南昌市汽车制造产业联合会、航空装备产业联合会、电子信息行业商会、生物医药行业商会、绿色食品行业商会。省委常委、市委书记李红军为商协会揭牌并向商协会名誉会长、会长授牌，省政协副主席、省工商联主席谢茹出席，市长万广明出席并讲话。完善政企沟通服务机制，召开“政企连心聚合力，赋能增效促发展”政企恳谈会、“新形势下进一步提升优化营商环境”政企座谈会、“抓项目、拼经济，凝心聚力促发展”政企恳谈会暨商会会长座谈会。广泛开展“入企走访连心”活动，在市县两级工商联所属商会党组织设立统战工作联络员。推动市非公有制企业维权服务中心高效运行，召开“护企安商促发展，助企纾困拼经济”专项行动诉求交办会，建立企业诉求“提交受理、显示办理、三级终结、跟踪督办”运行机制。全年办理民营企业诉求121件，办结117件，办结率96.7%。推动市光彩事业促进会换届，8月29日，南昌市光彩事业促进会第三次会员代表大会召开。

【党外知识分子、新的社会阶层人士统战工作】 2023年，创新搭建平台载体，完成“党外知识分子之家”“留学人员之家”“秋水知心”音乐同心阵地建设。用好党外知识分子资源，组织开展“秋水知心”科普进校园、同心助学子系列社会服务活动。持续推动“洪城满天星”品牌建设，推进“五好”新联会和“六好”实践创新基地建设，建成南昌市·红谷滩区新的社会阶层人士联谊会“新联之家”，接待全国新的社会阶层人士联谊组织建设推进会暨自由职业人员统战工作现场会现场观摩。组织新的社会阶层人士开展“新联益路行”公益系列活动，创新建立“益起点”法律+心理+税务维权基地，组建“益起点”专家服务团。推动市新的社会阶层人士联谊会换届，10月29日，南昌市新的社会阶层人士联谊会第三次会员代表大会召开。

【港澳台统战工作】 2023年，推动香港南昌联谊会第一届理监事就职典礼举办，组织开展港澳台学子走进“文化里的南昌”等活动，“寻找江西的故事·香港海关南昌行”参访交流团、香港全港各区工商联考察团到南昌参访，举办第十届海峡两岸（南昌）青年学生交流营。

【海外统战工作和侨务工作】 2023年，南昌海外联谊会完成换届，3月19日，南昌海外联谊会换届大会暨六届一次理事会议召开。市委统战部联合市检察院、市侨联联合开展“侨企服务月”活动，收集并解决侨企问题30余个。基层侨联组织建设稳步推进，全市2个基层“侨胞之家”（青云谱区青云侨巢、红谷滩区鸿之家）被中国侨联评为“优秀侨胞之家”，八大山人纪念馆、万寿宫历史文化街区入选中国侨联第十一批“中国华侨国际文化交流基地”。

【党外代表人士培养使用】 2023年，持续推进《南昌市党外代表人士队伍建设五年规划（2022—2026）》落实，建立党外代表人士“四方共培”“六方共管”机制，落实党外干部培养选拔工作联席会议制度，建立市委组织部、市委统战部、市法院、市检察院培养党外干部“两部两院”联席会议制度，建立10个党外人士联系点、2个党外干部实践基地。制定《南昌市共建党外代表人士工作联系点暂行办法》《南昌市共建党外干部实践锻炼基地暂行办法》。坚持党外代表人士“谈心日”制度，制定《2024年度全市统一战线培训计划》，完成全市无党派人士政治面貌认定。全年市委提拔3名正县级党外干部（含2名政府正职）、3名副县级党外干部，推荐省级层面民主党派代表人士14人、市级层面民主党派代表人士102人。

（熊理凰　刘敬铭）

机构编制

【概况】 2023年，中共南昌市委机构编制委员会办公室（以下简称“市委编办”）全面贯彻落实习近平总书记考察江西重要讲话精神和二十届中央编委第一次会议精神，围绕中心、服务大局，认真做好南昌未来科学城管理机构设置和职能体系构建、省级开发区管理体制优化调整、重点领域体制机制改革等工作，管好用活机构编制资源，全市机构编制工作呈现创新发展的强劲势头。

【南昌未来科学城机构设置和职能体系构建】 2023年，围绕市委、市政府关于全力推进南昌未来科学城建设发展的决策部署，向上对接，完成南昌未来科学城管理机构组建工作。2月11日，中共江西省委机构编制委员会办公室（以下简称“省委编办”）下达《关于设立中共南昌未来科学城工作委员会、南昌未来科学城管理委员会的批复》，同意将南昌市象湖梅湖风景区管理委员会更名为中共南昌未来科学城工作委员会、南昌未来科学城管理委员会（以下简称“未来科学城党工委、管委会”）。5月19日，市委办公室、市政府办公室（以下简称“市两办”）印发未来科学城党工委、管委会“三定”规定，明确未来科学城党工委、管委会为中共南昌市委、南昌市政府派出机关，正处级，实行合署办公、一套机构，与红谷滩区党委、政府实行“区政合一”的管理体制，不承担社会事务管理职能。红谷滩区出资设立国有平台公司，由未来科学城管委会负责管理，实行“小管委会+大平台公司”模式。

【省级开发区管理体制优化调整】 2023年，做好省级开发区管理体制优化调整工作，创新省级开发区管理体制机制，推动省级开发区高质量发展。11月30日，市两办印发《关于省级开发区管理体制改革有关事项的通知》，从加强党的领导、明确职能定位、优化管理模式、创新人才招引、做强开发平台等方面优化调整省级开发区管理体制，持续激发开发区发展活力和内生动力，助力区域经济发展。明确4个开发区的党工委书记均由所在县区1名党政副职领导兼任；实行"区政合一"管理模式，将开发区管委会承担的社会事务管理职能剥离，交由属地街镇承担；明确4个省级开发区（含属地管理机构）新进人员除国家政策性安置、区委干部任命外，第一学历为全日制本科及以上；全面推行"管委会＋平台公司＋产业基金"运营模式，对有多个平台管理公司的开发区在半年内整合为1个，未设置平台公司的在1年内新设。

【重点领域体制机制改革】 2023年，推进乡镇街道、经济发达镇、国有企业、卫生健康等重点领域的体制机制改革。2月20日，印发《关于深化乡镇街道管理体制改革的细化措施》，将措施细化为21条。6月30日，召开街道（乡镇）管理体制改革专项工作组工作推进会。贯彻落实党中央关于加强基层治理体系和治理能力现代化建设的要求，做好经济发达镇"后半篇"工作。3月3日，在进贤县李渡镇，为考核评估优秀的南昌县向塘镇、进贤县李渡镇和新建区西山镇举行南昌市经济发达镇授牌仪式，召开新一轮经济发达镇培育工作动员会。5月9日，召开经济发达镇工作座谈会，深入推进经济发达镇管理体制改革工作。5月19日，市两办印发市国防动员办公室"三定"规定。根据中共南昌市委机构编制委员会（以下简称"市委编委"）会议精神，规范国有企业领导人员管理，持续深化国企改革。6月28日，市委编委批复，明确维持6家比照正县级管理的市属国有企业级别不变，各核减2名比照副县级管理的领导职数。8月14日，市委编委批复，重新明确南昌高新招商集团有限责任公司比照正县级管理，核定其公司党委、董事会、经理层领导职数共2正5副。在卫生健康领域，市县疾病预防控制体制调整有序落实。5月25日，市委编办批复，各县（区）卫生健康委员会加挂县（区）疾病预防控制局牌子。5月26日，批复市卫生健康委员会加挂市疾病预防控制局牌子。12月21日，市委编委印发《关于整合组建南昌市疾病预防控制中心的通知》，整合市疾病预防控制中心、市卫生健康综合监督执法局职责，组建市疾病预防控制中心，保留市卫生健康综合监督执法局牌子。根据《江西省计生协综合改革试验区建设方案》要求，推进市计划生育协会综合改革工作，12月20日，市两办印发市计划生育协会"三定"规定。7月17日，市委编委印发《关于组建南昌市融媒体中心的通知》，同意南昌日报社加挂市融媒体中心牌子。

【营商环境体制机制健全完善】 2023年，聚焦"项目为先、实干奋进，争分夺秒拼经济"工作主线，做好市本级和部分县区营商环境相关机构设立批复工作，不断健全营商环境体制机制。5月9日，市委编委批复，同意西湖区营商环境服务中心（西湖区国有资产服务中心）调整为西湖区人民政府直属事业单位，机构规格明确为正科级；6月28日，设立东湖区营商环境服务中心，正科级，为东湖区人民政府直属事业单位；8月14日，设立青云谱区营商环境服务中心，正科级，为青云谱区人民政府直属事业单位；11月30日，同意在市城市发展研究院加挂市营商环境发展促进中心牌子，撤销市发展和改革委员会（以下简称"市发改委"）价格调控科，设立营商环境建设科。明确市城市发展研究院主要领导兼任市发改委党组成员，分管市发改委内设机构营商环境建设科。

【机构编制资源配置优化】 2023年，市委编办统筹使用编制资源，聚焦教育、行政执法等民生一线领域，优化编制资源配置，提高编制使用效益。1月13日，市委编委印发《关于调整全市中小学教职工编制的通知》，要求按照师生比和班师比相结合的方式重新测算核定，核增3155名中小学教职工周转编制。1月31日，市委编委批复，同意豫章师范学院增设2个党政管理机构（资产管理处、审计处），各配备处级领导职数1正1副。6月28日，市委编委印发《关于优化调整市属公办学校比照管理的通知》，8月14日，印发《关于进一步优化调整市属公办学校比照管理的通知》，分2批次对市属公办学校比照管理进行优化调整，一类学校由10所调整为3所，二类学校由21所调整为8所，三类学校由5所调整为18所，明确市属公办学校内设机构数量设置原则。加大城市管理、交通运输、统计等领域综合行政执法队伍机构编制调配力度。2月20日，印发《关于调整南昌市城市管理综合执法支队内设机构的批复》，同意增设市城市管理综合执法支队信访督办科、财务科等2个内设机构，核增2名副科级领导职数。3月7日，市委编办批复同意调整市交通运输综合行政执法支队主要职责，将其分散设置的3个水路执法机构整合为1个海事（港航）执法大队，增加道路运政科、公路路政科等2个内设机构。5月9日，市委编委批复同意，核增市统计执法大队全额拨款事业编制4名。6月28日，市委编委批复，同意将市公安局交通管理局东湖大队五中队、西湖大队四中队成建制划转至市公安局交通管理局红谷滩大队管理，分别更名为市公安局交通管理局红谷滩大队八中队、九中队。

【机构设置与调整】 2023年3月8日，市委编办批复，市科学技术协会机关撤销组织人事部，设立创新发展部，机关党总支增挂“组织人事部”牌子。3月16日，市委编委批复，撤销市公安局东湖分局八一桥派出所、墩子塘派出所，西湖分局西湖派出所、系马桩派出所。3月30日，市两办印发中共南昌高新技术产业开发区工作委员会、南昌高新技术产业开发区管理委员会“三定”规定；印发中共南昌经济技术产业开发区工作委员会（中共南昌综合保税区工作委员会）、南昌经济技术产业开发区管理委员会（南昌综合保税区管理委员会）“三定”规定；印发中共南昌小蓝经济技术产业开发区工作委员会、南昌小蓝经济技术产业开发区管理委员会“三定”规定。同日，市两办印发南昌临空经济区（空港新城）事务中心“三定”规定。5月9日，市委编委批复，明确西湖区经济普查中心机构规格为副科级。6月10日，市委编委印发《关于原市象湖梅湖风景区管理委员会所属事业单位及管辖区域划转事项的通知》，明确原市象湖梅湖风景区管理委员会撤销后，其所属单位和管辖区域按原隶属关系和原管辖区域对应划转。6月13日，市委编办批复，对市红十字会机关内设机构进行优化调整，增设组织宣传科，加挂“监事会办公室”牌子；将救护赈济科、捐献服务科整合为赈济救护科，加挂“捐献服务科”牌子。6月28日，市委编委批复，青山湖区廉政教育中心机构规格明确为副科级，仍为青山湖区纪委监委所属事业单位。8月4日，市委编办批复，市综合考核服务中心增挂市干部数据中心牌子，增加副科级领导职数1名，增加为机关干部信息管理提供服务和技术支持相关职责。11月8日，市委编办批复，市委党校增设正科级内设机构八一学院联络部，核增市委党校科级领导职数1正（主任）1副（副主任）。11月29日，市委编办批复，南昌住房公积金管理中心增设组织人事科，为副科级内设机构，增加副科级领导职数1名。11月30日，市委编委批复，按照“撤一建一”的原则，撤销江西青山湖高新技术产业园区综合执法大队，设立南昌东站综合服务中心，正科级规格，为青山湖区政府直属事业单位，领导职数1正3副。12月26日，市委编办批复，在市非公有制经济发展服务中心加挂市中华职业教育社秘书处的牌子。

（袁　洁）

网络信息管理

【概况】 2023年，全市网信部门坚持以习近平新时代中国特色社会主义思想特别是习近平总书记关于网络强国的重要思想为指导，推进网络内容建设，全面压紧压实管网治网责任，提升网络安全保障能力，发挥信息化驱动引领作用，网信工作取得新成效。建立加强网络文明建设工作协调联络机制，组织开展“江西好网民”南昌正能量故事分享和“网络中国节”系列网络文明活动，开设网络文明建设相关专题专栏300余个，发布图文信息4000余个，推出融媒体产品520余个，全面推进文明办网、文明用网、文明兴网。该年，南昌在全省地市综合考核（网信）中名列第一。

【市委网络安全和信息化委员会第五次会议】 2023年8月26日，市委网络安全和信息化委员会第五次会议在市委常委会中套开。省委常委、市委书记、市委网络安全和信息化委员会主任李红军主持会议并讲话。会议传达学习二十届中央网络安全和信息化委员会第1次会议精神和十五届省委网络安全和信息化委员会第1次会议精神，总结2022年网信工作，审议《中共南昌市委网络安全和信息化委员会2023年工作要点》等文件，为做好全市2023年网信工作指明方向、明确任务、提出要求。

【第十届“国家网络安全宣传周”活动】 2023年9月11—17日，由市委网信办等单位主办，南昌县委、南昌县人民政府联合承办的南昌市第十届“国家网络安全宣传周”活动举办。市委常委、市委宣传部部长李松殿出席启动仪式并讲话。活动期间，围绕“网络安全为人民，网络安全靠人民”主题，举办校园日、电信日、法治日、金融日、青少年日和个人信息保护日等相关活动，开展南昌市第一届“洪网杯”网络安全竞赛，通过双子塔灯光秀，1000余辆公交车尾走字屏，4873辆出租车车顶LED屏，6500余块地铁站厅层、站台层及列车上的车载电视屏，49家商业综合体、大型超市、农贸市场等场所显示屏播放网络安全宣传标语、网络安全宣传片及海报，发放网络安全宣传手册、海报等5万份，营造网络安全“人人有责、人人参与”浓厚氛围。

【网络执法工作】 2023年，市委网信办通过约谈、停更、罚款、关停等手段，加大监管执法力度。针对未及时注销备案，导致域名被篡改为淫秽色情或博彩页面、低俗不良直播等问题依法约谈相关运营主体10家。停更5家发布、传播虚假信息或谣言的自媒体账号。针对“感染恶意程序并对外发起网络攻击”等类型案事件，开具《行政处罚决定书》16份，作出行政警告2起，罚款109万元。上报关停涉黄、涉赌等违法违规网站324家。网络执法工作经验文章《先行先试、勇于亮剑——江西南昌建立健全“四个三”网络安全执法工作机制》被中央网信办《网信动态》专刊刊发、《江西南昌全面规范网络安全领域执法工作》被中央网信办《网信动态》刊发，主要做法在全国推广。

【网络安全应急演练】 2023年8月，市委网信办采用“不打招呼”实网实战演练模式，对全市130余家重要信息系统开展“实打实入侵”，检测发现漏洞197个，其中181个中高危漏洞。围绕网页篡改、后门木马、数据安全、管理权限篡改等随机抽取30个系统，构建网络安全事件开展应急演练，有效检验全市网络安全应急处置准备和应急能力建设，提升全市网络安全积极防御和协同处置能力。

【重大题材系列网上宣传】 2023年，市委网信办组织网络媒体围绕习近平新时代中国特色社会主义思想，对习近平总书记重要论述、重要文章、重要著作进行宣传解读。做好习近平总书记考察江西重要讲话精神以及党的二十大精神网上宣传报道，推出《习近平报道专集》《学习贯彻习近平新时代中国特色社会主义思想主题教育》等网络专题30余个，集纳推送稿件3万余篇(条)。

【重大网络主题宣传】 2023年，市委网信办围绕中央、省市重点工作，加强议题设置，策划推出“项目为先 实干奋进 争分夺秒拼经济”等专题专栏20余个，开设“2023，南昌拼了!”等融媒体话题60余个，总阅读量近90亿人次。制定供稿喂料机制，全年，涉南昌正面稿件在人民网、新华网等大网上稿13981篇。开展“赓续红色血脉 传承奋斗精神”“绿水青山踏歌行十年禁渔看长江”等网络主题宣传，刊发转载相关报道2000余篇，相关话题总阅读量超2亿人次，不断提升南昌的城市知名度、美誉度。

【数字乡村建设】 2023年，市委网信办制定《南昌市2023年数字乡村建设重点工作安排》，明确22项年度重点工作任务。联合市农业农村局等6个部门印发《2023年南昌市数字乡村工作要点》，细化21条工作举措，推进年度数字乡村建设任务落地见效。组织召开省级数字乡村试点建设中期评估推进会，指导南昌县做好省级数字乡村试点建设中期评估。组织开展2023年全国数字乡村创新大赛项目征集活动，推荐《江西鄱谷数字化综合农事服务中心》参与项目建设评比。统筹全市18家单位开展数字乡村创新发展优秀案例评选，10个案例获评省数字乡村创新发展优秀案例。

【IPv6规模化部署和应用】 2023年，市委网信办聚焦IPv6固定网络流量占比提升和网站IPv6升级改造工作，下发《关于做好属地重点单位IPv6固定网络流量提升工作的通知》，持续做好属地164家公有网站IPv6支持度常态化监测及整改工作，网站IPv6支持度平均得分95.57分(90分合格)。协调全市41家重点单位接入江西省IPv6流量监测平台，完成28家重点单位IPv6固定网络流量提升改造工作，接入数量和改造数量位居全省第一。全市城域网IPv6流量占比20.4%(17%为合格)，IPv6固定网络流量占比40%。

【全民数字素养与技能提升】 2023年，市委网信办牵头制定并印发《2023年南昌市提升全民数字素养与技能工作要点》，明确23项年度工作任务。联合市教育局、市科技局、市政数局等16家单位共同成立南昌市全民数字素养与技能提升月活动组委会，制定《2023年南昌市全民数字素养与技能提升月工作方案》，组织全市各单位各县区开展全民数字素养与技能提升月活动68场(次)，各项活动线上线下参与超50万人次，推出活动宣传稿件252篇。联合南昌新闻网创新开展网络直播培训演练、智慧旅游线下数字体验等系列特色数字技能提升利民惠民活动。

【网络普法】 2023年，市委网信办利用新媒体组织开展“网信普法进网站”等宣传教育活动，承办“全国网络普法行·江西站”调研活动，宣传《中华人民共和国个人信息保护法》《数据安全法》等网信领域新法。组织各单位各县区报送省网信普法教育示范基地，南昌广播电视台全媒体矩阵和南昌市司法局政务公众号入选省网信普法教育示范基地。组织市县区4人参加2023年度江西省行政执法证件考试。完善法律顾问制度，加强网信工作法治审核与执法监督，推动网信领域依法行政、规范执法。

【网信业务培训】 2023年5月29—31日，举办2023年南昌市互联网新闻信息服务从业人员培训班。7月25—28日，举办2023年南昌市核心网络通讯员培训班。9月21—22日，举办2023年信息化发展专题培训班。11月15—17日，举办全市网络安全工作业务骨干培训班，通过培训，有效提升全市各层面网信工作能力和水平，为切实做好全市网信工作提供有效保障。

(张兰博)

政策研究

【概况】 2023年，中共南昌市委政策研究室做优做强调查研究、政策制定、信息综合等品牌，为市委、市政府科学决策提供优质高效服务。围绕全市“一枢纽四中心”的发展定位、省会引领战略，开展重大调研，撰写的20余篇调研报告得到市委、市政府领导肯定性批示。组织开展全市大兴调查研究活动，推进征题选题、跟进督导、汇总整理、择优编印等工作。做好文稿服务，多次牵头起草市委重要文稿。报送《政研参阅》专报27期，获得市领导批示率85.2%。编发《决策参考》12期，刊登260篇文章，250余幅图片、75

万余字。

【调查研究】 2023年，紧跟国际国内形势加强分析研判，围绕市委中心工作，立足于解决南昌市高质量发展的重大问题和事关群众的难点、痛点、堵点问题，开展调查研究工作，念好“深、实、细、准、效”五字诀，完成一批调研课题，发挥以研辅政作用。联合省委政研室就省会引领战略推进情况开展课题调研，形成《关于强省会战略推进情况的调研报告》，以《决策参阅》（省委政研室的专报）的形式呈报相关省领导，获得省长叶建春，省委常委、常务副省长任珠峰，副省长卢小青等省领导批示，并批转省发改委、省农业农村厅、省水利厅等部门阅研、提出落实工作举措，推动强省会战略深入实施。围绕南昌市重点企业经营情况开展调研，深入3个县6个区和三大国家级开发区开展集中调研，形成《关于当前南昌市重点企业经营情况的调研报告》，获省委常委、市委书记李红军和市长万广明批示，彰显政研担当。联合省委政研室就传统产业数字化转型开展专题调研，完成《数字赋能 产业焕新 南昌市扎实推进传统产业数字化转型》报告，以省委办公厅名义用参阅件印发各市，交流借鉴。《关于加快推进南昌重大重点项目建设的调研报告》，获省委常委、市委书记李红军批示。《南昌市夜间经济消费行为影响因素的调研报告——以万寿宫历史文化街区为例》，获省委常委、市委书记李红军批示，市长万广明批示“请商务、文旅研究提出并实施相应工作举措”。《关于加快构建南昌现代化产业体系的调研报告》《关于南昌市金融服务中小企业发展的调研报告》《〈关于新时代建设先进制造业集聚发展中心推动工业高质量跨越式发展的实施方案〉执行落实情况的调研报告》《“五一”期间促进消费的各地实践》《近期外地青年人才政策新趋势》《推进义务教育优质均衡发展》等多篇调研报告获得市委、市政府主要领导和其他市领导批示，为市委、市政府科学决策提供智力支持。

【文稿服务】 2023年，坚持以文稿为抓手，起草市委重大文件和重要文稿，有效服务保障市委重要工作。根据市委安排，起草《关于在全市大兴调查研究的实施方案》，以市委办名义印发实施。做好2022年度市委常委会民主生活会材料工作，起草《市委常委班子2021年党史学习教育专题民主生活会整改措施落实情况报告》《市委常委班子2022年度生活污水直排整治不力问题专题民主生活会整改措施落实情况报告》等3个市委专题民主生活会整改措施落实情况报告。广泛征求各地各单位、基层干部群众对市委常委班子及其成员的意见和建议，起草《关于征求到对市委常委班子及其成员意见建议的情况报告》。配合市委办公室草拟市委常委班子对照检查材料，结合市委常委班子查摆的问题，在向各责任单位征求查摆问题整改措施的基础上，起草《2022年度南昌市委常委班子民主生活会整改清单》。

【信息采编】 2023年，坚持以质效为重点，不断强化信息采编工作，全面提升信息品牌。《政研参阅》主要涉及消费、政务服务、重大重点项目建设等方面，2023年编发《政研参阅》专报27期，获得市领导批示33次，批示率85.2%，其中，11期获市委主要领导批示，20期获市政府主要领导批示，报送质量不断提高。《关于深化与中国商飞合作的几点建议》为南昌市航空产业发展建言献策，获得市委、市政府主要领导批示和分管市领导肯定。围绕推进南昌市开发区高质量跨越式发展，深入南昌市及长春、石家庄、郑州等地国家级开发区调研，形成《关于推进南昌市开发区高质量跨越式发展的对策建议》，获得市领导批示并转至相关分管市领导及各开发区。《关于加快推进南昌高铁东站片区建设的调研报告》《关于加快打造具有南昌特色的现代化产业体系的对策建议》调研报告，获市领导批示，为南昌市推进高铁东站片区建设和打造具有南昌特色的现代化产业体系提供决策参考。

【《决策参考》编辑工作】 2023年，紧扣“服务决策、以刊促研”办刊宗旨，围绕市委中心工作，《决策参考》编辑部完成12期《决策参考》编辑、排版、校对、发行任务，设置43个栏目，采用260篇文章，250余幅图片、75万余字。围绕贯彻落实党的二十大精神、学习贯彻习近平新时代中国特色社会主义思想主题教育，开设“学习宣传贯彻党的二十大精神”“学习贯彻习近平新时代中国特色社会主义思想主题教育”“学思想 强党性 重实践 建新功”“南昌高质量发展·大家谈”等专栏，刊发全市各级领导干部相关理论文章和心得感想62篇。围绕市委中心工作，设置“实干奋进拼经济”“打造改革开放标杆窗口”等专栏，刊登各县区（开发区、管理局）、市委各部门、市直各单位实干奋进拼经济、改革开放谋发展的工作做法与取得的成效，为推动经济社会发展营造良好氛围。响应党中央大兴调查研究号召，设置“大兴调查研究”“调查与思考”“党校学员沙龙”“参政议政”等栏目，对接社科联、市委党校、民主党派等，推出一批质量高、针对性强、作用突出的调研报告，涉及产业发展、老旧小区改造、社会治安等重点工作，刊登20篇。

【全市大兴调查研究活动】 2023年，牵头负责全市大兴调查研究活动，推进征题、选题、跟踪、协调等工作，组织协调市四套班子领导、市直各单位、各县区（开发区、管理局）领导班子成员以“四下基层、三访三促”工作机制为抓手，深入农村、社区、产业园区以及机关事业单位开展调研，把基层民意民情摸清楚、搞明白，把解决问题的办法和举措落实到一线。印发提醒函，收集汇总市四套班子领导、市直各单位、各县区（开发区、管理局）领导班子成员领衔的626个调研形成的调研报告、问题清单、整改落实情况、调研成果转化运用情况材料。在汇总整理调研报告的基础上，精选37篇入选《大兴调查研究活动调研报告汇编》，印刷成册，分送市四套班子领导参考。将调研成果运用转化情况列入2023年度市直机关综合考核细分指标，推动各课题牵头领导和责任单位将调研成果转化为推动实际工作的具体举措。市长万广明牵头的《新形势下进一步提升优化营商环境对策》对调研收集的意见建议梳理形成任务清单，提出切实可行的工作举措，推动成立南昌市中小企业服务联盟，优化提升营商环境。市商务局党组书记、局长牵头的《关于统筹各方资源，促进外贸高质量发展的调研报告》推动促进跨境电商发展的若干政策措施出台，助推实现本地航空口岸零售出口货物突破1亿美元，以高水平大兴调查研究活动成果助力南昌高质量发展。

（林　斌　刘卫兵　凌　悦）

保密工作

【概况】 2023年，南昌市保密工作深入贯彻落实总体国家安全观，围绕“补短板、强弱项、蓄势能”，开拓创新，砥砺奋进，为全市经济发展提供坚强保障。南昌市国家保密局（以下简称“市保密局”）切实扛起保密监管责任，督导全市机关单位完善保密制度，规范保密管理，夯实保密基础，落实保密责任。全省率先开展全市进驻式保密检查，压实机关单位主体责任；全省率先推动全市基层保密工作规范化建设，提升基层保密治理能力；全省率先实现全市副县级及以上领导干部保密轮训全覆盖，构建保密宣教大格局。保密工作获得省委保密办“十四五”保密事业发展规划中期督导检查组肯定，先进经验多次获得上级部门的肯定推广。市保密局被评为2023年度保密宣传教育通联工作优秀协作单位。

【市委常委会专题研究保密工作】 2023年9月8日，省委常委、市委书记李红军主持召开市委常委会专题研究保密工作。会议传达学习保密工作有关文件精神，观看警示教育片。会议强调，要提高政治站位，发扬斗争精神，切实增强保密意识、忧患意识，进一步筑牢保密工作防线，全方位抓好保密宣传教育，加强重点领域保密管理，落实保密工作制度要求，加强定密指导，强化科技支撑，严格监督检查。

【市委保密委会议】 2023年6月29日，市委保密委员会召开全体会议，传达学习习近平总书记关于保密工作的重要指示批示精神和中央保密委员会全体会议、全国保密工作会议、省委保密委员会全体会议、全省保密工作会议精神，通报2022年全国窃密泄密案件情况和全省保密违纪违法案件情况，听取2022年全市保密工作情况及2023年重点工作汇报，审议通过《2023年市委保密委员会工作要点》，市委副书记、组织部部长、保密委主任余正琨主持会议并讲话。市委保密委员会全体成员，各县区委、开发区党工委保密委员会主任，各县区委保密委员会办公室主任出席会议。

【参加全省保密系统岗位技能大比武活动】 2023年5月，为深入落实省委书记尹弘对党办干部“争当行家里手”工作要求，省委保密办、省国家保密局组织开展全省保密系统岗位技能大比武活动。市保密局代表队参加全省保密系统岗位技能大比武活动，在与全省设区市、省直机关、企事业单位、省属高选派的98支队伍角逐中获得团体第一、各个单项均一等奖的好成绩。省委常委、市委书记李红军作出肯定批示。

【进驻式保密检查】 2023年5—7月，为不断提升全市保密工作水平，按照省委常委、市委书记李红军批示要求，市保密局耗时2个月对全市各县区（开发区、管理局）、各党政机关、企事业单位、市属高校、驻外办事处等103个单位开展进驻式保密检查，县区同步开展。在市委保密委的统一领导下，成立由市委保密主任为组长，保密委副主任为副组长的保密检查领导小组，下设10个专项检查工作组，相关成员单位分管领导担任专项检查组组长，市委办和保密局业务骨干、全市保密检查人才库成员为组员开展现场检查，明确16个检查项目53个检查重点，重点聚焦保密工作责任制落实、保密机构设置和人员配备、保密制度建设、保密专项管理情况等开展全方位进驻式检查。10个检查小组进驻相关单位，根据进驻式保密检查要求，采取“一谈二看三查”（开展单独谈话，看保密工作档案资料、看保密环境场所建设情况，检查信息系统和信息设备保密管理情况、查看保密要害部门部位管理情况、查看信息公开保密审查情况）等多种方式，深入检查各机关单位保密管理薄弱环节和突出问题。在保密检查“利剑”作用下，各机关单位领导干部保密工作责任制进一步压紧压实，全市保密工作得到有力推动。

【基层保密工作规范化建设】 2023年9月，为规范基层保密管理，压实基层保密责任，市保密局在全面总结基层保密工作室建设经验基础上，将基层保密工作室建设优化升级为“全市基层保密工作规范化建设”，制定出台基层保密室规范化建设清单10项，基层保密工作流程规范化建设清单10条，基层保密工作制度规范化建设清单21项，保密工作队伍行为规范化建设清单10条，基层保密自监管规范化建设清单10项。12月14日，市保密局在青山湖区高新技术产业园区召开全市基层保密工作规范化建设现场推进会，全市各县区副书记（保密委主任）和保密局局长参会，现场观摩青山湖区湖坊镇和高新技术产业园区基层保密规范化建设情况，南昌县、青山湖区、红谷滩区、青山湖区高新技术产业园区和青云谱区青云谱镇交流发言。会上，市委秘书长、办公室主任、保密委副主任对全面推进完善基层保密工作规范化建设作出明确要求：要全面压紧压实保密工作主体责任，做到分步推进到位、措施保障到位、落实督办到位，以保密规范化管理助推保密治理能力不断提升。

【保密法治宣传月活动】 2023年，市保密局着力为全市经济社会高质量发展提供坚强保障，聚焦三类群体（人民群众、重点人群、“关键少数”），推动保密宣教工作持续走深走实。10月，保密法治宣传月期间，市保密局紧贴形势任务发展需要，围绕“保密不能做什么、保密工作怎么做”等热点问题，制作并印发《南昌保密法治宣传月专刊》《手机等智能设备保密管理“十严禁”》宣教资料，发放《党政机关工作人员保密须知》宣传手册。面向社会发放各类宣教品（公文袋、环保袋等）6000余份、《致全体市民的一封信》4000余份，发送保密提醒短信5万余条，开展重点事项保密提醒49134人。组织全市保密工作专兼职干部参加全市保密专题轮训和省市保密工作业务培训班，提升涉密人员保密专业技能水平，培训延伸至乡镇一线，做到不落一人。在全市组织开展“一把手上讲台”讲保密课活动，各县区各单位保密委主任（保密领导小组组长）担任主讲人，以县区、单位全体党员领导干部、涉密人员和重要岗位为对象，讲授保密专题课，推动干部保密责任意识不断提升。

【保密岗位技能大练兵活动】 2023年10月，市保密局在市直机关干部职工多功能会议室开展全市保密岗位技能大练兵活动。全市各级机关、单位、企业、高校等积极响应，共104人参加。全市保密岗位技能大练兵活动围绕党的二十大报告、学习贯彻习近平新时代中国特色社会主义思想主题教育、保密法律法规、保密督促检查、保密科学技术及应用等内容，对全市各级保密干部政治理论和业务知识开展测评，评出一等奖1名、二等奖2名、三等奖4名。

【重点人群保密实训教育活动】 2023年11月，为贯彻总体国家安全观，做好全市领导干部和涉密人员“两识教育”（保密知识和保密意识），市保密局在省保密教育实训平台开展全市重点人群保密实训教育活动。全市市级机关、单位、院校、企业正副职领导干部，各县区（开发区、管理局）党政班子和重点岗位涉密人员共890人参加。重点人群保密实训教育活动围绕听取窃密泄密案例讲解、观看窃密技术和泄密途径演示、参与互动体验、观影及考试等内容，对全市副县级以上领导干部和重点涉密人员进行保密教育培训。通过培训，提升重点人群保密知识和保密意识，压实保密工作责任，增强风险防范能力，筑牢保密安全防线。在2021年第一批副县级及以上领导干部实训教育活动的基础上，该次培训之后，实现全市副县级及以上领导干部保密轮训全覆盖。

（魏建明）

市直机关党建

【概况】 2023年，南昌市直机关各级党组织围绕全面贯彻党的二十大精神和新时代党的建设总要求，坚持以开展学习贯彻习近平新时代中国特色社会主义思想主题教育为主

2023年11月16日，学习贯彻习近平总书记考察江西重要讲话精神市委宣讲团报告会在市委第一会议室举行

（市直机关工委　供图）

线，聚焦"项目为先、实干奋进，争分夺秒拼经济"，全面加强机关党的建设，以高质量机关党建助力高质量发展，为全面建设社会主义现代化南昌提供坚强保证。

【学习贯彻习近平新时代中国特色社会主义思想主题教育】 2023年，坚持以深入开展学习贯彻习近平新时代中国特色社会主义思想主题教育为主线，落实基层党组织（党员）主题教育"8+3"分类指引要求，建立督学的措施、导学的平台、研学的氛围、述学的导向、评学的机制和联学的理念"六学联动"学习机制，联线人民学习网举办"学习贯彻党的二十大精神"等专题讲座4场，指导市直机关党组织举办"双周大讲堂"1250余场，依托123个青年理论学习小组开展研讨交流500余次。聚焦基层党组织建设、"三会一课"制度落实、机关党务干部队伍建设等设立课题，组织开展专题调研，形成调研成果8篇，建立制度措施6个，实现主题教育和机关党建的互动共促。坚持把学习宣传贯彻习近平总书记考察江西重要讲话精神作为首要政治任务，分层次开展专题宣讲，在机关党建微信公众号开设宣传专栏，刊载9期机关党员干部交流学习心得、分享实践体会的情况，引导机关党组织和党员干部自觉用习近平总书记考察江西重要讲话精神统一思想、凝聚共识、坚定信心、引领发展。

【政治机关建设】 2023年，强化政治机关意识，围绕让党放心、人民满意主题，制发《市直机关加强政治机关建设、深化模范机关打造、建设"四强"党支部的实施意见》，部署开展模范机关建设"质量提升年"活动，引领机关党组织和广大党员干部坚定拥护"两个确立"，坚决做到"两个维护"。组织开展模范机关建设先进单位和模范科室评选活动，评选出12个先进单位和136个模范科室，树立起争当模范、勇作示范的良好导向，全面提升政治机关、模范机关建设质量。

【党建引领和服务高质量发展】 2023年，着眼南昌发展需要，立足省会城市特点，在推动党务和业务深度融合中为发展赋能增效。协调召开第二次中央驻赣单位支持南昌高质量发展座谈会，保障中央驻赣单位诉求事项落实，收集反馈57条办理回复意见，密切上下联系、争取更多支持。注重强化宣传，依托南昌电视台《擎旗走前头》专题，在工委微信公众号开设宣传专栏，集中宣传展示31个市直单位、30余名党员干部等先进典型，树立"争分夺秒拼经济"导向。拓宽服务渠道，以党员志愿服务、进基层办实事为抓手，引领37930余人次机关党员进社区、2086人次机关党员进企业、1835人次机关党员进窗口开展志愿服务，帮助基层社区和企业群众解决实际问题920个。80余家市直单位的机关党组织以共建帮扶、点亮"微心愿"等形式，投入经费21.31万元，党员自发捐款1720元，为基层和群众办实事202件（次），基层和群众满意率100%。

【基层党支部建设】 2023年，围绕强化政治功能和组织功能，聚焦"政治功能强、支部班子强、党员队伍强、作用发挥强"标准，制定实施意见，明确建设任务，开展"四强"党支部评选活动，通过基层党支部自评、机关党组织初审、市直机关工委综合验收的方式，打造首批89个"四强"党支部，营造出对标先进、学习先进、争做先进的浓厚氛围。以主题教育期间开展调研为契机，组织开展"灯下黑"问题全覆盖专项督查，查摆党组织名称不规范、机构设置不科学、班子配备不合理等突出问题647个。开展规范市直机关党组织调整设置和按期换届专项行动，指导机关基层党支部针对问题建立清单，对照标准推动整改，持续提升党支部建设质量。

【机关纪律和作风建设】 2023年，开展作风提升年活动，重点整作风、系统优作风，做到日查、周查和月查不间断，现场检查中当场提醒整改1360余人次，书面责令和电话提醒整改问题618个，"交叉互查"发现问题578个并督促整改，通过查改问题引领机关作风向善向好。制发《关于在全市建立政务服务体验日制度的通知》，组织30个市直单位的主要领导、37名机关党组织书记、110名余科长和部门负责人体验办事流程、检验政务服务，接待办事群众880余人次，提出优化办事流程意见59条。注重发挥机关纪委职能作用，制定《机关纪委年度考评细则》，加强纪律教育、警示教育，开展好政治谈话，推动监督具体化常态化。全年审理市直机关科级干部违纪违法案件65起，同意处分党员、干部66名。

【走访慰问与文体活动】 2023年，围绕营造"自信、发奋、齐心"机关氛围，发挥党内关怀和群团激励作用，"七一"、春节等重大节日，走访困难党员、老党员、因公牺牲人员家属253人次，发放慰问金25.5万元。推广《职工住院补充医疗保障计划》，拓宽职工互助保障覆盖面，全年互助保障金额达300余万元。坚持"夏送清凉、冬送温暖"，走访一线职工32户，发放慰问金5.05万元，组织51名省市劳模、155名干部职工到外地疗休养。持续开展科学健身进机关活动，成立10个业余文体兴趣组，打造7个共享文体活动室，参与承办全市职工运动会，活跃机关文化生活。开展"缘圆鹊桥·一期一会"机关青年干部交友联谊和"图书大篷车"进机关活动，持续增强机关的凝聚力和向心力。选树宣传"三风"榜样人物，组织举办主题征文、主题诵读、主题演讲和技能竞赛，引导机关干部职工弘扬劳模精神、劳动精神、工匠精神。

【机关党建品牌打造】 2023年，注重发挥党建品牌的引领驱动作用，部署开展机关党建大调研活动和机关党建创新案例评审活动，征集机关党建调研成果40篇、机关党建创新案例43个，评出10篇优秀调研成果和10个优秀党建创新案例，2个案例被省直机关工委评为“十佳案例”，1个案例被中央和国家机关工委评为“百优案例”，形成以党建品牌推动机关党建创新发展的示范效应。

（周　凯）

对台事务

【概况】 2023年，南昌市对台招商的项目数和总进资额位列江西省第一，市委、市政府主要领导和分管领导多次参加涉台重点活动，接待重点台商及台湾参访团组，17次对对台工作作出批示，引领全市对台工作推进落实。南昌市对台经贸、联络交流、建设涉台教育基地等工作4次被《江西对台工作简报》宣传。

【对台招商引资】 2023年，宣传南昌优势，围绕“项目为先、实干奋进，争分夺秒拼经济”工作主线狠抓对台经贸工作，全年累计引进台资项目30个（新引进项目13个，增资项目17个；第一产业项目1个，第二产业项目18个，第三产业项目11个），总投资额3.4亿美元，实际使用台资1.57亿美元，注册资金3.53亿美元，提前超额完成年度指标。建立“台办系统干部为主力、市台协台联为桥梁、市政府驻外办事处为前沿、沿海地区台协友会为触角”的对台招商体系，派出26批次对台招商小分队，到昆山、深圳、东莞、厦门等地进行台资项目对接，收集意向项目线索31个。利用商会展会、重点企业供应商大会等时机，以海峡两岸产业合作区南昌产业园为招商平台，开展宣传推介。在全省东莞招商推介会上签约台资项目6个，投资总额13.78亿元，签约的项目数和投资总额位居全省第一，占比50%。其中，落户高新区的光群镭射防伪科技项目投资总额6000万美元，是该活动中全省签约金额最大的台资项目。关注“一协一联”（各地台协、全国台企联）。用好台协、台企联资源，深挖存量，做大增量，邀请全国台企联福建江西片区片区长、上海市台协会长、东莞市台协会长、华勤供应商台企等16批次团组到南昌考察。

【交流交往】 2023年，市台办以“做好台湾民心工作”为主线，通过打基础、强沟通、重宣传，全面推动联络交流走深走实。对汪山土库、南昌职业大学2个省级涉台交流基地实施内涵提升、资源提效、功能提质“三提”工程，挖掘涉台资源打造3类6个市级示范基地，形成涉台交流基地矩阵。6月10—11日，由台湾同胞组成的中国台湾昌融壹家队参加首届中国南昌国际龙舟赛，获最佳组织奖和道德风尚奖。9月18日，市台联与台北市江西同乡会开展纪念九一八事变爆发92周年座谈。8月14—16日，举办以“青春同行 共筑未来”为主题的第十届海峡两岸（南昌）青年学生交流营活动。来自台湾大学、台湾海洋大学、台湾政治大学、东吴大学等12所高校和南昌大学、南昌职业大学等8所江西省内外高校师生50余人参加交流营。其中，台湾大学生20名，大多为“首来族”。11月4日，由台湾中华妇女会总会主任委员、台湾中华育幼机构儿童关怀协会理事长雷倩率领的江西籍在台二代、三代乡亲参访团一行20人到南昌参访。

【涉台社会团体完成换届】 2023年3月30日，南昌市台湾同胞投资企业协会第九届会员大会和第九届第一次理事会在南昌禧悦丽尊酒店举行，选举产生市台协第九届会长、辅导会长、副会长、理事会成员，赖建宏当选第九届会长。11月10日，南昌市台胞台属联谊会第七次代表大会在南昌瑞颐大酒店举行。大会选举产生第七届会长及领导机构，曾澎当选第七届台胞台属联谊会会长，章跃进为名誉会长。

【服务台胞台企】 2023年，市台办通过台企专员服务、入企走访服务、主题教育调研等方式，走访台企17批次198家，帮助协调解决用工用电、设备升级改造资金补贴等32个问题。市台办联合市科技局、市工信局、市人社局等部门开展惠台政策落实情况督查，保障全市台企享受各类优惠政策资金4650余万元，有效降低企业运营成本。市台办与市中院联合成立“涉台审判法官工作室”“涉台纠纷多元化解中心”，推动市县两级“涉台法官审判工作室”全覆盖，在高新区创新打造“涉台多元纠纷化解中心”，帮助台胞台商解决涉法涉诉问题7起。通过精准服务，促进台企增资扩产。全年在南昌台企增资扩产项目17个。

【涉台教育创新】 2023年7月10日，市委对台工作领导小组印发《全市涉台教育基地建设实施方案（试行）》，是南昌市第一份关于涉台教育的市级文件，明确全市建设涉台教育基地的指导思想、基本原则、目标任务、建设标准、保障机制等，规划“一年建示范、两年抓推广、三年成品牌”目标任务。市台办组织相关县（区）台办、社区、学校负责人到湖南长沙市考察学习涉台教育基地建设。全市选取5个社区和学校打造首批市级涉台教育基地。各县（区）对该工作高度重视，投入建设经费80余万元。12月，首批5个市级涉台教育基地通过验收。

（杨　翔）

老干部服务

【概况】 2023年，市委老干部局一体推进离退休干部党的建设、发挥作用、服务管理和自身建设，深化信息化精准化规范化建设，围绕“项目为先、实干奋进、争分夺秒拼经济”的工作主线，为全面落实省会引领战略汇聚离退休干部力量。市委老干部局打造全省第一家开放共享式党建综合学习活动阵地——洪城红·老党员红色驿站，11月21日，省委组织部、省委老干部局下发文件指出“总结推广‘洪城红老党员驿站’经验做法，在省、市、县老年大学、老干部综合服务中心等阵地建设共享式党建平台，主动向有需要的离退休干部党组织开展党员活动提供便利”。获全省“奋进新征程、建功新时代”老干部工作知识竞赛第一名。省委老干部局文件通报表扬南昌市报送的《多方联动 多措并举 用心用情精准服务离休干部》离休干部“一人一策”精准服务典型案例。

【离退休干部思想政治教育】 2023年，举办全市离退休干部形势报告会，省委常委、市委书记、赣江新区党工委书记李红军宣讲党的二十大精神，通报全市经济社会发展情况。市委常委、组织部部长刘建军就全市离退休干部学习宣传贯彻习近平总书记考察江西重要讲话精神、主题教育作专题辅导报告。组织全市广大离退休干部及时跟进学习党的创新理论，举办4场学习贯彻党的二十大精神专题辅导报告会，组织全市离退休干部收听收看“深入学习习近平新时代中国特色社会主义思想”等网上专题报告会。举办市直单位离退休干部党支部书记党建培训班。开展党规党纪教育和警示教育，教育引导老干部把纪律规矩挺在前面。编印《学习贯彻习近平新时代中国特色社会主义思想主题教育》《习近平总书记考察江西重要讲话精神》等7个专题学习资料向全市512个离退休干部党支部发放。

【离退休干部“示范党支部”创建】 2023年，会同市委组织部、市直机关工委印发《关于开展贯彻落实中办发〔2022〕31号文件精神调研的通知》，到县区和市直单位实地察看离退休干部党支部建设情况，评选出25个全市离退休干部“示范党支部”，名单如下：南昌县塔城乡退休干部党支部、南昌县供销联社机关离退休人员党支部、南昌县科工信局老干部党支部、南昌县粮食产业发展中心机关离退休干部党支部、南昌县赣抚平原水资源保护中心机关离退休党支部、南昌县人民医院离退休职工党支部、南昌县军队离退休干部安置办党支部、进贤县张公镇离退休干部党支部、进贤县林业局离退休干部党支部、安义县人民法院离退休干部党支部、安义县公安局老干部党支部、安义县红山管理处退休职工党支部、东湖区妇保计生服务中心离退休党支部、市公安局西湖分局离退休干部第一党支部、南昌皮件厂退休党支部、青山湖区人民法院老干部党支部、新建区委党校离退休干部党支部、新建区文广新旅局离退休干部党支部、市自然资源和规划局新建分局离退休干部党支部、新建区住建局机关离退休干部党支部、新建区望城镇离退休干部党支部、红谷滩区人大常委会机关退休干部党支部、经开区老干部党支部、南昌市洪都中学退休教工第一党支部、南昌市市政设施事务中心离退休干部党支部。

【洪城红·老党员红色驿站建设】 2023年，在市县两级建立“洪城红·老党员红色驿站”，探索“党建+学习+活动”新模式，实现党建资源向南昌地区所有离退休干部党组织开放共享。3月开放后，接待参观学习200余场次、2000余人次。创新“1+N”的课程体系，“1”即“党性教育”课程，“N”即“应急救护知识”“科普大讲堂”“非遗传承”“特色手工”“文艺培训”“体育培训”等系列精品课程体系，定期邀请市委党校、省红十字会等多家单位的老师开设党课+活动，全年开设特色课程20场。开展全市离退休干部党员教育轮训活动，100余个党支部、1000余名党员参加。

【离退休干部作用发挥】 2023年，继续发挥离退休干部作用，组织“话传统、谈复兴、聚力量”专题调研，全市各级召开座谈研讨282场次，参加5471人；开展个别访谈334场次，参加883人；收集调查问卷783份，主题征文125篇。开展“党的声音进万家”系列活动9场，组织老干部深入乡镇、社区宣传党的方针政策。组织市老年大学学员开展“百班千人进万家”志愿服务活动50余次，参加活动超1000人次。组织各级关爱报告团深入全市学校、社区、乡村等青少年中开展宣讲300余场，受教育青少年20余万人次。推进“双百工程”结对帮扶工作，向全市家庭困境青少年发放帮扶资金200万元。举办全市青少年“我的家风故事”演讲比赛，开展争做新时代“家庭好孩子、学校好学生、社会好公民”活动，评选出30名全市新时代“三好”青少年。

【离退休干部待遇落实】 2023年，组织离退休干部形势报告会、专题报告会、政府工作报告征求意见会、春节团拜会等。开展“五必访”活动，元旦春节期间，走访慰问7名健在的老红军遗孀。市领导走访慰问市四套班子副厅级以上71名离退休干部，代表市委市政府走访慰问20名困难离退休干部党员，上门慰问因病去世的3名市四套班子副厅级以上退休干部的家属，代表市委市政府走访在省市医院住院的12位市级老领导等，慰问5名享受副省级医疗待遇的离休干部，走访69名生病住院离休干部和副县级以上退休干部，对易地安置离休干部进行上门走访慰问。办理离休干部瘫痪护理费21人次，为128名市直单位有特殊困难的离退休干部和离休干部遗偶发放特困帮扶资金共计85.9万元，为健在市属企业单位离休人员发放增加补贴共计2110人次、944.56万元。

【老干部服务工作】 2023年，在市老年大学碟子湖校区及阳明路校区教学楼卫生间安装150个紧急求助按钮，帮助有紧急需求的老年学员。重阳节期间举办"相约重阳"系列活动，3000余名老干部参与。协调南昌县、进贤县、安义县、西湖区等县区采取新建、改善、合作方式，增加老年教育阵地，加大对老年教育支持力度，全年县区增加1.58万平方米的教学场所。举办南昌市青少年"我的家风故事"演讲比赛，各组决出一等奖1名、二等奖2名、三等奖6名。邀请南昌市医疗保障基金检测中心主任为老干部解读《南昌市职工基本医疗保险门诊共济保障机制实施细则》，详细解答老干部日常就医过程中遇到的实际问题。编印并免费发放智慧助老手册，指导老年人享受网络生活。市老干部活动中心与市第一医院合作设立医疗点，为老干部提供常规医疗、开药等服务。为每位离休干部购买发放一件保温壶。

【老年教育】 2023年，增设"生活艺术系"，新增老年健康心理与幸福、中医保健百病百讲等22个专业，全年开设8个系、106个专业、790个班级，招生25414人次，在校教师227名。扩大远程教育平台受益面，优化升级"南昌市老友大学堂"远程教育平台功能，将教学内容面向全市老年人开放，远程教育平台开设68门线上课程，直播及录制课程800课时，观看30万人次，24112名老干部受益。开展"我为老年大学发展献一计"活动，收集有效问卷1896份，意见建议873条，及时跟进落实，提高老年教育精细化管理和服务水平。

【南昌市第八届老年文化艺术节】 2023年4月25日，由市委宣传部、市委老干部局主办，市老年大学承办的"奋进新征程 共创新伟业"南昌市第八届老年文化艺术节新闻发布会在市老年大学召开。该届艺术节以线上线下相结合，设置"奋进新征程 共创新伟业"教学成果汇报展示、"新时代 新征程 新伟业"老年迎新晚会、"洪城红·乐龄先锋"志愿服务、"红心永向党 华彩耀洪城"爱心义卖等板块，为老年人提供更为广阔的交流展示平台。举办近20场教学成果汇报演出，参与人数过万人。组织开展"汇聚正能量 奋进新征程"诗文朗诵会、"我看南昌新变化"摄影展、师生书画摄影作品展等活动。云上系列活动面向全市老年人征集多种艺术表演形式的优秀作品1010个，上传至"老友大学堂"平台学员大舞台栏目专题展示，总播放量66万人次，总投票数破100万票。2次组织开展"校园开放日"和重阳节庆祝活动，邀请新华社、中新网、江西日报社等10余家媒体记者和社会老年人走进老年大学，精选特色专业进行现场展示与互动体验，加强办学亮点宣传，为学校建设与发展营造优良的外部环境，活动吸引千余名老年人参加。

【老干部活动】 2023年，打造老干部活动月赛品牌，举办扑克、跳棋、趣味竞赛、投篮比赛、飞镖比赛等10场月赛。定期举办大型体育赛事，全年举办全市老干部趣味竞赛、乒乓球赛、门球争霸交流赛等，1000余名老干部参加。开展"兴家风、淳民风、正社风"——现代京剧《红灯记》专场演出、"凝心聚力，团结奋进"——南昌市老干部艺术团演出等活动。邀请专家教授定期为老干部提供义诊、法律咨询服务，定期举办专题法律讲座，购买1000本《中华人民共和国老年人权益保障法》免费发放给老干部。

【安全保障】 2023年，健全安全制度，以场馆安全问题为导向，建立安全管理办法、活动场馆责任包干制、电梯安全巡查及事故处理制度、突发事件处置应急预案、用水用电安全管理等制度。注重安全细节，在学习活动场馆配备5台自动除颤仪、安装412个紧急求助按钮，救助出现意外情况的老干部。开展安全宣传，通过LED屏、宣传展板、易拉宝等形式宣传科学运动知识、安全知识及应急救护培训，帮助老干部提高防范意识。组织安全培训，邀请省红十字会、市体育局、三甲医院等部门专家为老干部和工作人员开展科学运动预防运动损伤、应急救护知识、科普知识培训等，提高工作人员的服务老干部安全技能。

【信息宣传】 2023年，全市各级各单位在赣鄱老干部微讯、《老友》专辑、《中国老年报》等省级及以上相关媒体刊发稿件315篇，其中中国老干部微信公众号上稿2篇，老干部之家上稿17篇，《中国老年报》上稿11篇、《江西日报》上稿2篇，赣鄱微讯126篇，《老友》上稿87篇，《老友》专辑上稿32篇。通过转发扩散微信、微博账号，增加原创内容发布数量，提高老干部工作微博、微信评论点赞及阅读数量等，微博粉丝数3914人，微信粉丝数12081人。

（乐道平）

关心下一代工作

【概况】 2023年，市关工委深入学习习近平总书记对关心下一代工作重要指示批示精神，认真贯彻落实中办、国办《关于加强新时代关心下一代工作委员会工作的意见》（以下简称《意见》）和省委、省政府两办《关于加强新时代关心下一代工作委员会工作的实施意见》（以下简称《实施意见》），坚持“急党政所急、想青少年所需、尽关工委所能”的工作方针，以“走在前、勇争先、善作为”的担当，围绕立德树人根本任务，突出青少年思想道德教育和关爱援助两大重点，推进“两团一会”关工委工作机制创新，提升服务青少年工作水平，各项工作取得成效，得到市委、市政府和中国关工委及省关工委肯定，《中国火炬》《江西日报》及省关工委《工作快讯》等多次推介南昌市关心下一代工作经验做法。

【市委市政府重视】　2023年，市委、市政府坚持把关心下一代工作融入工作大局，纳入党委、政府议事日程。省委常委、市委书记、市关工委名誉主任李红军经常过问关心下一代工作，对做好关心下一代工作提要求、作批示，市委分管领导多次出席市关工委重要活动。4月6日，市委常委会会议专题听取市关工委工作汇报，对进一步做好全市关心下一代工作进行研究部署，省委常委、市委书记李红军和市长万广明等市委、市政府领导就做好困境青少年帮扶、青少年文明交通教育、防溺水、心灵呵护等工作提出具体要求，指导推动全市关心下一代工作开展。

【“两团一会”工作格局构建】　2023年，贯彻落实中办、国办《意见》要求，构建“关爱报告团、关爱援助团、关爱基金会”“两团一会”工作新格局。至年底，全市关爱报告团（组）2112个，关爱报告团成员8752人；关爱援助团120余个，关爱援助团成员2000余人，全市参与关爱帮扶的“五老”及社会各界爱心人士达到10万余人；全市建立市、县区、乡镇、村四级青少年关爱基金会（互助金）120余支，筹集关爱资金2亿余元，“两团一会”工作格局初步形成，全市关心下一代工作活力增强。

【全市关工委工作会议】　2023年4月20日，全市关工委工作会议召开，主要任务是深入学习贯彻党的二十大精神和习近平总书记对关心下一代工作重要指示批示精神，贯彻落实中办国办《意见》和省委省政府两办《实施意见》精神，总结2022年工作，部署2023年任务。市委副书记、市委组织部部长、市关工委主任余正琨出席会议并讲话，市关工委第一副主任周关作工作报告，安义县、青云谱区、市文明办作交流发言，各县区关工委第一副主任及办公室主任、市关心下一代工作联席会议成员单位负责人50余人参加会议。

【全市“双百工程”座谈会】　2023年8月17日，全市“双百工程”（以发挥老干部为主体，组织动员社会各界力量加强与困难青少年帮扶结对的一项活动）座谈会召开，市委副书记、市委组织部部长、市关工委主任余正琨出席会议并讲话，会议为全市1368名家庭困难大学生、中小学生发放救助金，对下一步开展“双百工程”“一对一”结对帮扶工作进行部署。

【青少年思想道德教育】　2023年，坚持以党的创新理论和中国特色社会主义理想信念铸魂育人，加强青少年思想道德教育，联合市教育局编写《南昌市青少年思想政治教育宣讲稿》，宣讲稿分小学版五讲和中学版十二讲，从宣讲工作的针对性、实效性、生动性出发，帮助全市各级关爱报告团以青少年听得懂、易接受、记得牢的形式开展宣讲，引导青少年不断深化对习近平新时代中国特色社会主义思想的系统认识，全年全市各级关爱报告团成员作报告3010场，受教育青少年61.3万人次。

【结对帮扶困境青少年】　2023年，组织各县区关工委，坚持以帮困、帮教、帮学等为帮扶工作重点，做好困难青少年、事实无人照顾儿童的调查摸底，排查登记需要帮扶援助的青少年27407人，根据需帮扶对象的困难状况、解决对策等内容，全部建档立卡，落实“一对一”结对帮扶，全市各级关工委组织向困境青少年发放帮扶救助金2300余万元。

【“两个争做”活动】　2023年，抓住“一老一少”两个重点群体，开展“两个争做”活动，在全市广大“五老”（老干部、老战士、老专家、老教师、老模范为主体，社会各界人士参与）中开展争做“青少年朋友的知心人、青少年工作的热心人、青少年群众的引路人”活动，在全市青少年中开展争做新时代“家庭好孩子、学校好学生、社会好公民”活动。按照“青少年关心什么，期盼什么，我们就抓什么，推进什么”的工作思路，把教育、关爱、保护青少年工作做新、做实、做优。活动评选出30名表现突出的“五老”典型，其中西湖区南浦街道关爱报告团报告员伍学花和南昌县莲塘一中退休教师、“梅家瑞爱心基金会”创始人梅家瑞等获得“中国好人”等称号。活动以加强青少年思想道德建设为重点，突出用习近平新时代中国特色社会主义思想铸魂育人，教育引导青少年在成长的“拔节孕穗期”长志气、强骨气、厚底气，在“扣好人生第一粒扣子”过程中养品德、知荣辱、正行为。全市开展活动1300余场，34万人次青少年参加，推选出30名全市新时代“三好”青少年。

【青少年活动阵地建设】　2023年，继续依托八一起义纪念馆、新四军军部旧址等资源，提升一大批红色文化和爱国主义教育基地的职能作用；继续依托秀美乡村、现代农业园区等平台，深化一大批青少年校外劳动科普教育和中小学生校外拓展示范基地建设。各县区利用农村祖屋祠堂、空闲场所、社区新时代文明实践站等，开办"家长学校""四点半课堂"等3000余所，组织"五老"对孩子进行辅导教育，解决中小学生课后无人管、无处去的问题。

【"传承红色基因"主题活动】 2023年，全市关工委系统组织开展"传承红色基因"活动2038场，参与青少年25.3万人次。组织开展"诵读红色家书、讲述红色故事、传承红色基因"活动，讲好党的故事、革命故事、八一起义故事、方志敏等革命先烈的故事。采取老少携手开展读书、征文、演讲、夏令营和"走出去、请进来"方式，寻访英雄模范，学习英模事迹，感受榜样力量，强化青少年"红色记忆"，汲取奋进力量。

【"我的家风故事"演讲比赛】 2023年9—11月，为推动"树家风、育新人"主题活动走深走实，市关工委、市文明办、市委老干部局、市教育局4家单位联合在全市各学校举办"我的家风故事"演讲比赛活动。11月19日，举行全市总决赛，12个县区高中、初中和小学组36名选手参加。市委常委、宣传部部长李松殿和市政协党组副书记、副主席樊三宝等领导观看演讲比赛，市各媒体对活动开展情况进行系列报道。

【青少年法治宣教】 2023年，以新修订的保护未成年人的"两法"实施为契机，组织开展学习贯彻《中华人民共和国未成年人保护法》《中华人民共和国预防未成年人犯罪法》宣传月活动。以"关爱明天、普法先行"青少年法治宣传教育活动为抓手，重点抓好《中华人民共和国宪法》《中华人民共和国刑法》《中华人民共和国民法典》《中华人民共和国家庭教育促进法》等法律法规的普及宣传工作。以构建法律援助和安全监管网络体系为重点，破解青少年中存在的网络和手机成瘾、校园霸凌、未成年人犯罪等问题，组织"五老"参与净化网络空间和网吧义务监督活动，为青少年健康成长营造良好社会环境。全年，各级关工委开展各类普法宣传活动1049场，受教育青少年14.3万人次。

（顾国强）

党史编研

【概况】 2023年，南昌市史志办公室坚持"党史姓党"根本原则，以"围绕中心、服务大局"为基本遵循，以"存史资政育人"为主要目标，完整、准确、全面践行新发展理念，聚焦"一枢纽四中心"发展定位和"项目为先，实干奋进，争分夺秒拼经济"的工作主线，推进党史资料征集、编纂研究和宣传教育各项工作，较好完成各项目标任务。省委常委、市委书记李红军对市史志办工作给予肯定并实地调研，对机关各项工作作出批示5次。

【《中国共产党江西省委员会执政纪事·2022》供稿】 2023年，市史志办做好《中国共产党江西省委员会执政纪事·2022》供稿工作。以市委办名义印发《关于做好〈中国共产党江西省委员会执政纪事·2022〉供稿工作的通知》。按照栏目设置分工，与市委办、市纪委监委、市委组织部、市委宣传部、市直机关工委等单位做好编写对接工作，挑选整理文稿6篇及图片14张。

【服务重大决策部署】 2023年，市史志办坚持以坚定的历史自信和文化自信围绕中心服务大局，当好党委、政府的参谋助手。出版《南昌麦园"破茧重生"记》《南昌前湖水系综合治理实录》《南昌"胡子工程"攻坚销号记》，总结新时代南昌多项事业取得的重大成就和宝贵经验。紧盯市委、市政府重大决策部署，汇编《南昌市重大重点项目优化经典案例》，编辑《在英雄城建一流红色学府——中共南昌市委党校迁建项目纪实》，跟进记录赣抚尾闾工程、西外二环、复兴大桥、洪州大桥、八一干部学院建设和"4+2+2"医疗卫生体系建设等全市重大重点工程建设历程，采取实地调研和座谈等方式，加强与相关部门的沟通合作，收集整理项目建设资料，推动编纂相关纪实材料。

【2022年卷《图记南昌》编纂出版】 2023年，市史志办注重新时代地情资料留存的质量，时刻关注借鉴各地先进理念，与时俱进，常编常新。按照"以图记事、以图载史"要求，紧扣2022年全市工作亮点、特点和成果、成就，提升编纂质量和缩短编纂时间，落实责任部门和人员，明确工作任务和要求，精选图片，精编文字，精心设计，精细排版，出版2022年卷《图记南昌》。全书分为"深入实施强省会战略 推动高质量跨越式发展""经济建设""政治建设""文化建设""社会建设""生态文明建设""党的建设""开发区风貌""县区风貌"9个部分，编辑文字5万余字，选用图片500余张，生动、直观、形象地展示2022年南昌经济社会发展历程和取得的成就。

【史志宣传品牌打造】 2023年，市史志办发挥部门优势，开展社会主义核心价值观宣传教育，弘扬中华优秀传统文化。与省委党史研究室、江西师大、南昌轨道交通集团有限公司共同策划开展"学习贯彻习近平新时代中国特色社会主义思想知识问答"活动，在南昌地铁移动电视上滚动播出，宣传党的创新理论和党史知识。与市委网信办联合开展清理整治网上历史虚无主义活动，到市委网信办开展“关于历史虚无主义的辨识与防范”主题授课。与市档案馆联合举办“奋进新征程 兰台谱新篇——豫章大地英雄谱”主题展览活动。开展史志“六进”工作，到南师附小九龙湖校区等地开展史志宣传教育工作。

【党史书籍赠送】 2023年，立足史志工作优势，围绕“大力弘扬和践行社会主义核心价值观”“为广大人民群众提供更丰富、更有营养的精神”等重点工作，整理历年市史志办围绕“四史”和中华优秀传统文化开展的研究成果，为市委党校、孺子书房、挂点社区等群众及党员干部接触的部门赠送史志书籍，完成更广泛范围的党史、新中国史、改革开放史、社会主义发展史和中华优秀传统文化的送教上门工作。向省直各单位，市人大代表、政协委员赠送《南昌胡子工程攻坚销号记》《春风又绿江南岸——南昌前湖水系综合治理实录》《南昌麦园“破茧重生”记》近5000册。向市委党校赠送反映新时代在市委、政府领导下，南昌多项事业取得的重大成就和宝贵经验的书籍近5000册，供党校主体班学员学习。向全市100家孺子书房赠送党史书籍400册供市民阅读，进一步满足人民群众文化需求，提升史志文化影响力，以史志作为不断实践培育和践行社会主义核心价值观的新路径、新方式。

【指导服务县区党史正本编写】 2023年，狠抓各县区党史正本编写进度，严把县区党史著作质量关，党史正本取得新进展。进贤县党史正本一、二卷出版。安义县党史正本一、二卷送出版社。新建区党史一卷出版，二卷送出版社。青云谱区二卷按照指导意见补充完善文稿。南昌县、东湖区、西湖区、青山湖稳步推进党史正本第二卷的编研工作。中共江西省委党史研究室发出通报表扬，认可南昌“党史工作成绩一直走在全省前列，为全省各设区市党史部门树立了榜样”。

（陶武强）

党校（行政学院）工作

【概况】 2023年，市委党校深入学习贯彻习近平总书记关于党校工作的重要论述精神，紧扣“以一流的课程体系、一流的现场教学、一流的教学团队、一流的后勤服务，打造国内一流党校”目标要求，推动干部培训、科研资政、后勤管理、迁建项目建设、校庆纪念活动、机关党的建设等工作，开创校（院）发展新局面。全年举办各类轮训培训班次132期，培训学员12514人。获全省党校（行政学院）系统（市县党校行政院校）第一届教学管理优秀奖，《学习习近平关于总体国家安全观的重要论述》专题获评全省党校（行政学院）系统（市县党校行政院校）第五届精品课，《习近平生态文明思想在南昌的生动实践——以南昌麦园垃圾填埋场的蝶变为例》入选全省干部教育培训好课程，经济学教学团队被评为全省干部教育培训优秀教学团队。

【市委党校迁建项目竣工】 2023年，市委党校迁建项目竣工并投入使用。8月1日，省委常委、市委书记李红军实地调研市委党校迁建项目并在项目指挥部主持召开书记专题会议。9月28日，市委党校搬迁至新校区。新校区位于红谷滩区九龙湖延安路1号，紧邻枫生快速道、昌栗高速和南昌西客站等交通枢纽，校园占地面积14.77公顷，加上配套用地和水域面积33.33公顷；建筑面积12.5万平方米，建有教学楼、礼堂、图书馆、学员楼、服务中心、体育馆等建筑16栋，含教室25间、情景模拟实训室11间、讨论室25间、床位1205个，可容纳1200人同时在校培训。

【新校区首批主体班】 2023年11月21日，新校区投入使用后举办的首批主体班开学。省委常委、市委书记，赣江新区党工委书记李红军出席开学典礼并讲话。讲话围绕深入学习宣传贯彻习近平总书记考察江西重要讲话精神，全面落实省委十五届四次全会精神和省委、省政

2023年9月28日，市委党校搬迁至新校区

（市委党校　供图）

府决策部署，加快推进“一枢纽四中心”建设，详细介绍南昌经济社会发展情况，系统讲述南昌市发展规划、理念及当前重点工作意义所在、推动进展。号召南昌干部把“走在前、勇争先、善作为”的目标要求贯穿到南昌发展各个领域各个方面，进一步坚定信心、保持定力，真抓实干、攻坚克难，为全面建设社会主义现代化南昌作出新的更大贡献。首批主体班共376名学员，含市委党校第92期县级干部理论进修班，学制一个半月；第63期中青年干部培训一班，学制三个月；第12期中青年干部培训二班，学制一个半月；第6期中青年干部培训三班，学制一个半月；第1期中青年干部培训四班，学制一个半月；第2期中青年专家培训班学员，学制半个月。主体班课程设置突出三大特点：把习近平新时代中国特色社会主义思想教育培训放在首要位置；突出地方特色，把传承红色基因与推动地方经济发展作为培训的重要目标；拓展教学形式，开展模拟式、访谈式、案例式、研讨式等互动教学，占总课程比例超过30%。

【教学改革】 2023年，市委党校继续完善“1+5+N”的课程体系。坚持把习近平新时代中国特色社会主义思想教学作为首课，将习近平文化思想、习近平总书记关于党的建设的重要思想、习近平总书记考察江西重要讲话精神等及时纳入教学内容。加强市情教育，设置“项目为先、实干奋进，争分夺秒拼经济”教学单元，开设《争分夺秒“拼”争先进位“博”奋力谱写高质量发展新篇章》等专题课程，组织学员深入赣抚尾闾综合整治工程、洪州大桥、复兴大桥等重点项目学习调研，帮助学员更好领会把握市委决策部署。推动课程库、现场教学基地库扩容提质，全年新增课程60堂，新增挂牌现场教学基地16个，编印《英雄城风采——现场教学资料集萃（第二辑）》。继续打造精品课，20门课程被评为省市精品课。

【理论研究】 2023年，市委党校立项各级各类课题47项，其中全省党校系统15项、省社会主义学院课题1项、市社联规划课题15项；29篇论文获奖，其中2篇被评为江西省社会科学界联合会2023（第二届）江西社会科学学术年会优秀论文。7名教师论文入选“第六届全国原苏区振兴高峰论坛”“第五届中国红色文化传承与创新发展”“纪念中央苏区闽赣省暨红七军团成立90周年”“统一战线与中国式现代化”等全国性学术研讨会。在各级刊物和党报党刊上发表理论文章51篇，其中《学习时报》《工人日报》《江西日报》等党报发表11篇。举办1次全国性的学术交流活动，即学报创刊20周年暨习近平新时代中国特色社会主义思想主题论坛活动。组织开展全市党校系统“学习贯彻党的二十大精神”“为党育才 为党献策 干部教育事业高质量发展”征文及理论研讨会活动。

【决策咨询】 2023年，市委党校向市委市政府报送资政内刊《决策咨询参考》17期，获省市领导批示16次，其中市委市政府主要领导批示10次。调研成果《扎实推进全过程人民民主的基层实践和理论思考——以南昌市民生实事票决项目为视角》获评江西省人大一级课题，为南昌市历史首次。《党建引领基层治理，持续深化南昌“洪城红”党建品牌》获评全市机关党建优秀调研成果。资政成果《为党献策 服务大局——南昌市高质量发展重大理论与实践问题研究》一书由中央党校出版。管理学与法学教研室被列为“南昌市地方治理与依法治市研究基地”。把调查研究作为中青班学员的必修课，指导学员撰写调研报告12篇，获得市领导批示14次，其中市政府主要领导批示10次。

【《中共南昌市委党校学报》创刊20周年活动】 2023年12月25—26日，市委党校举办庆祝《中共南昌市委党校学报》创刊20周年暨学习贯彻习近平新时代中国特色社会主义思想主题论坛活动。江西省委党校（江西行政学院）副校（院）长杨会清，南昌市委常委、宣传部部长李松殿为活动致辞。中共中央党校（国家行政学院）马克思主义学院专职副书记、中国马克思主义研究基金会秘书长薛伟江，江西社会科学杂志社负责人俞晖，江西省委党校校刊编辑部主任刘云华分别作主旨报告。中央党校（国家行政学院）督学、《理论视野》杂志主编秦刚作《深入学习研究习近平新时代中国特色社会主义思想》专题报告。来自中央党校、北京市委党校、杭州市委党校、青岛市委党校、福州市委党校、太原市委党校等省外党校，江西社会主义学院、江西省社科联学术中心，江西社会科学杂志社、社会工作杂志社，以及南昌大学、江西财经大学、赣南师范大学、萍乡学院等省内高校，九江市委党校、萍乡市委党校、新余市委党校、鹰潭市委党校、赣州市委党校、宜春市委党校、上饶市委党校、抚州市委党校等省内党校的100余位领导、专家、学者出席活动。

（周　瑶）

南昌市人民代表大会

综　述

【概况】　2023年，南昌市人民代表大会常务委员会(以下简称“市人大常委会”)聚焦“一枢纽四中心”发展定位，依法履职尽责。全年，审议通过法规3件，检查3部法规实施情况，废止和修改法规10件，备案审查规范性文件123件，听取审议专项工作报告16项，作出决议决定7项，督办代表建议262件，专题调研视察9项，全面推动完成代表票决出的10件民生实事，任免国家机关工作人员155人次，各方面工作取得新进展、新成效。

【服务中心大局】　2023年，市人大常委会紧扣“项目为先、实干奋进，争分夺秒拼经济”工作主线，加强经济监督，探索人大预算审查监督方式，创新推进预算联网、基层联系、代表联审、监督联动“四联工作法”，相关做法在全国财政发展研讨会上作经验推介，全国人大预算工委《简报》专刊进行介绍。开展民生实事项目人大代表票决制，工作经验在全省予以推广，相关课题获得省人大理论研究一级课题，研究成果报全国人大常委会委员长会议参阅。参与市委党校、市图书馆新馆、市立医院等全市重大项目建设，参与国有资产清理、乡村振兴、河湖长制、创文保卫等工作，完成城区窨井盖建设管理、南昌品牌日论证等工作调研报告。

【依法监督】　2023年，市人大常委会秉持以人民为中心的发展思想，围绕服务发展大局工作主线，严格依法监督，服务南昌经济社会高质量发展。在全省率先出台《关于加强人大对政府债务审查监督的实施意见》，依法审查地方政府债务限额，督促落实专项债券资金审计查出问题整改。听取审议金融运行、国有资产管理、预决算报告，开展审计查出问题整改情况满意度测评，对困难群众救助补助专项资金管理使用开展重点审查。开展“宁静南昌”主题活动，实地暗访41个点位，推动12个噪声问题整改落实。开展环保赣江(南昌)行主题活动，推动市政府在全省率先开展入河排污口排查整治。围绕“壮大农业龙头企业”主题，开展“乡村振兴南昌行”活动，组织代表视察农业种业优势产业，专题调研新型农业经营体系构建，检查农产品质量安全法实施情况，听取审议农村水利工作报告，推动质量兴农、科技增效。

【支持保障代表履职】　2023年，市人大常委会把支持保障代表履职作为基础性工作，发挥人大代表的监督职能和联系群众的作用。推动民生实事票决项目落实见效。不断健全完善民生实事项目“上年汇民意、年初决项目、全年跟进度、年末问结果、翌年回头看”工作机制，实行全链条闭环监督。将代表主题活动作为提升代表工作质量、激发代表履职热情的重要抓手，开展“五带头五促进”代表主题活动，连续第八年开展“人大代表助学·青年学子圆梦”捐资助学活动。在“双联”基础上，创新专门委员会联系专业代表小组工作机制，代表专长优势得到进一步发挥。坚持重点建议重点督办，将发展会展经济等16件建议作为常委会领导和专工委督办的重点建议，推动代表建议落地落实。

重要会议

【概况】　2023年，市人大常委会召开6次常委会会议(第十三次至第十八次会议)、18次主任会议(第二十八次至第四十五次会议)，传达学习贯彻中央和省市有关会议精神，听取和审议有关单位工作情况报告，讨论和决定全市政治、经济、文化等各方面重大工作事项，审议并通过全市地方性法规和有关情况议案，研究部署人大各项工作，切实履行工作职责。

【市人大常委会会议】　2023年2月

27日，市十六届人大常委会第十三次会议召开。会议传达学习省两会的会议精神（书面）；听取和审议南昌市人民代表大会常务委员会组成人员守则（修订草案）、关于2022年规范性文件备案审查工作情况的报告；审议市人民政府关于2021年全市国有企业资产管理情况的审议意见研究处理情况的报告（书面）、关于南昌市优化营商环境工作情况报告的审议意见研究处理情况的报告（书面）、关于南昌市金融工作运行情况报告的审议意见研究处理情况的报告（书面）；听取南昌市人大常委会2023年立法计划（书面）；审议南昌市人大常委会代表资格审查委员会关于代表资格的审查报告；审议并表决通过有关人事议案。

4月25日，市十六届人大常委会第十四次会议召开。会议传达学习全国两会的会议精神（书面）；听取和审议市人民政府关于提请审议2023年地方政府债务限额和市级预算第一次调整方案（草案）的议案、关于南昌市2023年地方政府债务限额和市级预算第一次调整方案（草案）的审查报告，表决通过《关于批准南昌市2023年地方政府债务限额和市级预算第一次调整方案的决议》；审议并表决通过《南昌市人民代表大会常务委员会人事任免办法》、人事议案。

6月30日，市十六届人大常委会第十五次会议召开。会议审议并表决通过《南昌市人民代表大会常务委员会关于废止3件和修改7件地方性法规的决定》《南昌市人民代表大会常务委员会关于在地方立法工作中贯彻全过程人民民主的决定》（以下简称《决定》）；审议《南昌市饮用水水源保护条例（草案）》（一审）；听取和审议市人民检察院关于公益诉讼工作情况的报告、市人民政府关于南昌市农村水利工作情况的专项报告、市人民政府关于南昌市台资企业发展情况报告。审议并表决通过有关人事议案。

8月29日，市十六届人大常委会第十六次会议召开。会议听取和审议南昌市“一府两院”2023年上半年主要工作情况的报告；审议《南昌市电动自行车管理条例（修订草案）》《南昌市海绵城市建设管理条例（草案）》；听取和审议市中级人民法院关于加强民商事审判服务优化营商环境工作情况的报告、市人民政府关于南昌市2023年上半年国民经济和社会发展计划执行情况的报告、市人民政府关于2022年南昌市市本级预算执行和其他财政收支的审计工作报告、市人民政府关于南昌市外事工作情况的报告、关于开展2023年“宁静南昌”主题活动情况的报告、关于检查《中华人民共和国农产品质量安全法》实施情况的报告、关于检查《中华人民共和国公共文化服务保障法》《江西省公共文化服务保障条例》实施情况的报告、关于检查《南昌市工会劳动法律监督条例》实施情况的报告；听取和审议市人民政府关于2022年市级决算和2023年上半年预算执行情况的报告，并表决通过《南昌市人民代表大会常务委员会关于批准2022年市级决算的决议》；审议南昌市人大常委会代表资格审查委员会关于代表资格的审查报告；审议并表决通过有关人事议案，部分新任职人员作宪法宣誓。

10月30日，市十六届人大常委会第十七次会议召开。会议审议并表决通过《南昌市饮用水水源保护条例》《南昌市电动自行车管理条例（修订）》；听取和审议关于市人民检察院公益诉讼工作情况报告的审议意见研究处理情况的报告并进行满意度测评、关于南昌市优化营商环境工作情况的报告、关于南昌市金融工作运行情况的报告、关于2022年度全市金融企业国有资产管理情况的专项报告；听取和审议关于提请审议2022年度政府债务管理情况及2023年地方政府债务限额和市级预算第二次调整方案（草案）的议案，表决通过《关于批准南昌市2023年地方政府债务限额和市级预算第二次调整方案的决议》；听取和审议市人民政府关于南昌市农村水利工作情况报告的审议意见研究处理情况的报告并进行满意度测评；听取和审议市人民政府关于南昌市台资企业发展情况报告的审议意见研究处理情况的报告并进行满意度测评；审议市人民政府关于2022年度全市国有资产管理情况综合报告（书面）、南昌市人大常委会代表资格审查委员会关于代表资格的审查报告；审议并表决通过人事议案，部分新任职人员作宪法宣誓。

12月29日，市十六届人大常委会第十八次会议召开。会议审议并表决通过《南昌市海绵城市建设管理条例》；听取和审议关于2023年市政府民生实事人大票决项目执行情况及2024年市政府民生实事人大票决项目筛选情况的报告；听取和审议市中级人民法院关于全市法院加强民商事审判服务优化营商环境工作情况报告的审议意见研究处理情况的报告，进行满意度测评；听取和审议关于南昌市第十四个五年规划纲要实施情况中期评估的报告；听取和审议市人民政府关于提请审议南昌市2023年市级预算第三次调整方案（草案）的议案，表决通过《关于批准南昌市2023年地方政府债务限额和市级预算第三次调整方案的决议》；听取和审议市人民政府关于开展2023年“宁静南昌”主题活动情况报告的审议意见研究处理情况的报告；听取和审议市人民政府关于南昌市外事工作情况报告的审议意见研究处理情况的报告，进行满意度测评；听取和审议关于市十六届人大三次会议代表建议、批评和意见办理情况的报告；审议市人大常委会主任会议关于提请审议《关于召开南昌市第十六届人民代表大会第四次会议的决定（草案）》的议案、市人民政府关于南昌市2023年上半年国民经济和社会发展计划执行情况报告的审议意见研究处理情况报告(书面)、市人民政府关于南昌市2022年市级决算和2023年上半年预算执行情况报告的审议意见研究处理情况的报告(书面);审议市人民政府关于南昌市2022年市本级预算执行和其他财政收支审计工作报告的审议意见研究处理情况的报告(书面),对2022年度预算执行审计查出问题整改情况开展满意度测评;审议市人民政府关于检查《中华人民共和国公共文化服务保障法》《江西省公共文化服务保障条例》实施情况报告的审议意见研究处理情况的报告(书面)、市人民政府关于检查《中华人民共和国农产品质量安全法》实施情况报告的审议意见研究处理情况的报告(书面)、关于开展2023年环保赣江(南昌)行活动情况的报告(书面)、关于开展"物业社区(南昌)行"活动情况的报告(书面)、关于检查《南昌市工会劳动法律监督条例》实施情况报告的审议意见研究处理情况的报告(书面);审议并表决通过人事议案。

【市人大常委会主任会议】 2023年1月30日,市十六届人大常委会第二十八次主任会议召开。会议讨论《市人大常委会办公室2023年工作计划(草案)》《市人大监察和司法委2023年工作计划(草案)》《市人大财经委2023年工作计划(草案)》《市人大教科文卫委2023年工作计划(草案)》《市人大农业和农村委2023年工作计划(草案)》《市人大城建环保委2023年工作计划(草案)》《市人大法制委2023年工作计划(草案)》《市人大社会建设委2023年工作计划(草案)》《市人大常委会法工委2023年工作计划(草案)》《市人大常委会选任联工委2023年工作计划(草案)》《市人大常委会外侨民宗工委2023年工作计划(草案)》。

2月20日,市十六届人大常委会第二十九次主任会议召开。会议听取关于市人民政府打击治理电信网络诈骗犯罪工作情况的报告、关于2022年规范性文件备案审查工作情况的报告、市人民政府关于2021年度全市国有企业资产管理情况的审议意见研究处理情况的报告、市人民政府关于南昌市优化营商环境工作情况报告的审议意见研究处理情况的报告、市人民政府关于南昌市金融工作运行情况报告的审议意见研究处理情况的报告;讨论关于听取和审议市人民检察院关于公益诉讼检察工作情况报告暨"公益诉讼南昌行"活动的方案(草案)、市人民代表大会常务委员会组成人员守则(修订草案)、2023年南昌市人民政府民生实事项目专项监督工作方案、《关于召开市十六届人大常委会第十三次会议的工作方案(草案)》、相关人事议案。

2月27日,市十六届人大常委会第三十次主任会议召开。会议讨论市人大常委会代表资格审查委员会关于代表资格的审查报告及人事议案。

3月16日,市十六届人大常委会第三十一次主任会议召开。会议讨论关于开展南昌市"4+2+2"医疗卫生服务体系新格局建设情况人大代表视察活动的工作方案(草案)、关于听取和审议南昌市农村水利工作专项报告的工作方案(草案)、关于开展2023年"宁静南昌"主题活动的工作方案(草案)、关于开展城市地下空间人防工程建设管理使用情况专题调研的工作方案(草案)、关于开展南昌市养老机构运行情况专题调研的工作方案(草案)、关于听取和审议南昌市台资企业发展情况报告的工作方案(草案)、关于对市十六届人大三次会议代表建议进行重点督办的意见(草案)。

4月19日,市十六届人大常委会第三十二次主任会议召开。会议讨论关于听取和审议市中级人民法院关于加强民商事审判服务优化营商环境工作情况报告的工作方案(草案);听取关于南昌市2023年地方政府债务限额和市级预算第一次调整方案(草案)的审查报告(草案)、关于南昌市城市地下空间人防工程建设管理使用情况的调研报告。讨论关于检查《南昌市工会劳动法律监督条例》实施情况的工作方案(草案)、关于2023年市人大代表履职能力提升培训班工作方案(草案)、《南昌市人民代表大会常务委员会人事任免办法(修订草案)》《南昌市人大及其常委会选举和决定任命的国家工作人员宪法宣誓实施方案(修订草案)》、关于召开市十六届人大常委会第十四次会议的工作方案(草案)、人事议案。

5月23日,市十六届人大常委会第三十三次主任会议召开。会议讨论《南昌市人民代表大会代表集中视察办法(试行)草案》、关于审议2022年度全市国有资产管理情况综合报告(书面)与听取和审议关于2022年度全市金融企业国有资产管理情况专项报告的工作方案(草案)、关于听取和审议南昌市第十四个五年规划纲要实施情况中期评估报告的工作方案(草案)、关于检查《中华人民共和国公共文化服务保障法》实施情况的工作方案(草案)、关于检查《中华人民共和国农产品质量安全法》实施情况的工作方案(草案)、关于开展南昌市开发区企业研发人才引进情况专题调研的工作方案(草案)、关于开展人大代表"五带头五促进"主题活动方案(草案)。

6月16日,市十六届人大常委会第三十四次主任会议召开。会议讨论《南昌市饮用水水源保护条例(草案)》;听取关于提请审议《南昌市人民代表大会常务委员会关于废止3件和修改7件地方性法规的决定(草案)》的议案(草案)、关于提请审议《南昌市人民代表大会常务委员会关于在地方立法工作中贯彻全过程人民民主的决定(草案)》的议案(草案)、关于全市公益诉讼检察工作情况的调研报告、关于南昌市农村水利工作情况的调研报告、关于南昌市台资企业发展情况的调研报告;讨论关于听取和审议南昌市2023年1—6月国民经济和社会发展计划执行情况报告的工作方案(草案)、关于组织人大代表视察南昌市数字经济"一号发展工程"的工作方案(草案)、关于听取和审议2022年市级决算和审计工作情况及2023年上半年预算执行情况报告的工作方案(草案)、关于南昌市人大常委会预算基层联系点工作规则(草案)、关于听取"南昌市科技创新平台建设"专项工作报告的工作方案(草案)、关于开展2023年环保赣江(南昌)行活动的工作方案(草案)、关于开展2023年"物业社区(南昌)行"主题活动工作方案(草案)、关于听取和审议市人民政府关于南昌市外事工作情况报告的工作方案(草案)、关于召开市十六届人大常委会第十五次会议的工作方案(草案)、人事议案。

6月30日,市十六届人大常委会第三十五次主任会议召开。会议听取关于《南昌市人民代表大会常务委员会关于废止3件和修改7件地方性法规的决定(草案)》审议结果的报告、关于《南昌市人民代表大会常务委员会关于在地方立法工作中贯彻全过程人民民主的决定(草案)》修改情况的汇报。

7月21日,市十六届人大常委会第三十六次主任会议召开。会议听取关于南昌市科技创新平台建设情况报告、关于南昌市养老机构运行情况的专题调研报告(草案);讨论关于市检察院公益诉讼工作情况报告的审议意见(草案)、关于南昌市农村水利工作情况报告的审议意见(草案)、关于2023年市"一府两院"向市人大常委会通报上半年工作情况的方案(草案)、关于2023年度"青年学子圆梦·人大代表助学"活动方案(草案)、关于南昌市台资企业发展情况报告的审议意见(草案)、关于开展南昌市民族团结进步事业情况专题调研的工作方案(草案)。

8月22日,市十六届人大常委会第三十七次主任会议召开。会议讨论南昌市人大常委会代表资格审查委员会关于代表资格的审查报告、《南昌市电动自行车管理条例(修订草案)》、关于听取和审议市人民政府关于南昌市优化营商环境工作情况报告的工作方案、关于听取和审议市人民政府关于南昌市金融工作情况报告的工作方案(草案)、关于南昌教育高质量发展重大重点项目代表视察活动的工作方案、《南昌市海绵城市建设管理条例(草案)》、关于召开市十六届人大常委会第十六次会议的工作方案、人事议案。听取关于2023年"人大代表活动月"工作方案、关于全市法院加强民商事审判服务优化营商环境工作情况的调研报告、关于南昌市2023年上半年国民经济和社会发展计划执行情况的调研报告、关于2022年市级决算草案的审查报告(草案)、关于2022年南昌市市本级预算执行和其他财政收支审计工作的审议意见(草案)、关于检查《中华人民共和国公共文化服务保障法》《江西省公共文化服务保障条例》实施情况的报告(草案)、关于检查《中华人民共和国农产品质量安全法》实施情况的报告(草案)、关于检查《南昌市工会劳动法律监督条例》实施情况的报告(草案)、关于2022年民生实事项目社区嵌入式养老院运行情况的检查报告、关于南昌市第十六届人大常委会基层立法联系点建议名单、关于南昌市外事工作情况的调研报告、关于开展2023年"宁静南昌"主题活动情况的报告(草案)。

9月26日,市十六届人大常委会第三十八次主任会议召开。会议听取关于南昌市就业工作情况报告;讨论关于全市法院加强民商事审判服务优化营商环境工作情况报告的审议意见(草案)、关于南昌市2023年上半年国民经济和社会发展计划执行情况报告的审议意见(草案)、关于南昌市2022年市级决算和2023年上半年预算执行情况报告的审议意见(草案)、关于南昌市2022年市本级预算执行和其他财政收支审计工作报告的审议意见(草案)、关于听取和审议南昌市2022年度政府债务管理情况报告的工作方案(草案)、关于开展南昌市民办教育办学情况代表视察的实施方案(草案)、关于检查《中华人民共和国公共文化服务保障法》《江西省公共文化服务保障条例》实施情况报告的审议意见(草案)、关于检查《中华人民共和国农产品质量安全法》实施情况报告的审议意见(草案)、关于开展2023年"宁静南昌"主题活动情况报告的审议意见(草案)、关于检查《南昌市工会劳动法律监督条例》实施情况报告的审议意见(草案)、关于听取和审议市人民政府关于南昌市外事工作情况报告的审议意见(草案)。

10月17日,市十六届人大常委会第三十九次主任会议召开。会议讨论南昌市人大常委会代表资格审查委员会关于代表资格的审查报告、关于开展市十六届人大三次会议代表"好建议"和建议办理先进单位推荐活动的工作方案(草案)、关于开展2023年度市人大代表履职积极分子推荐活动的工作方案(草案)、关于开展2022年度审计查出问题整改情况满意度测评的实施方案(草案)、关于召开市十六届人大常委会第十七次会议的工作方案(草案);听取关于市检察院公益诉讼工作情况报告的审议意见研究处理情况的报告、关于南昌市优化营商环境工作的调研报告、关于南昌市金融工作的调研报告、关于金融企业国有资产管理情况的调研报告、关于南昌市2022年度政府债务管理情况及2023年地方政府债务限额和市级预算第二次调整方案（草案）的审查报告（草案）、市人民政府关于南昌市农村水利工作情况报告的审议意见研究处理情况的报告、关于南昌市开发区企业研发人才引进情况的专题调研报告（草案）、市人民政府关于南昌市台资企业发展情况报告的审议意见研究处理情况的报告、关于南昌市民族团结进步事业工作情况的调研报告；研究其他事项。

10月30日，市十六届人大常委会第四十次主任会议召开。会议讨论人事议案。

10月30日，市十六届人大常委会第四十一次主任会议召开。会议听取关于《南昌市饮用水水源保护条例（草案二次审议稿）》审议情况的汇报、关于《南昌市电动自行车管理条例（修订草案二次审议稿）》审议情况的汇报。

11月27日，市十六届人大常委会第四十二次主任会议召开。会议讨论关于南昌市优化营商环境工作情况报告的审议意见（草案）、关于南昌市金融工作运行情况报告的审议意见（草案）、关于2022年度全市金融企业国有资产管理情况报告的审议意见（草案）；听取南昌市电梯安全管理条例立法调研报告、关于市十六届人大三次会议代表“好建议”和建议办理先进单位推荐情况的报告（草案）、关于2023年度市人大代表履职积极分子推荐情况的报告（草案）。

12月14日，市十六届人大常委会第四十三次主任会议召开。会议讨论《南昌市海绵城市建设管理条例（草案二次审议稿）》、关于提请审议《关于召开南昌市第十六届人民代表大会第四次会议的决定（草案）》的议案、关于开展2023年市政府民生实事人大票决项目集中视察活动的工作方案（草案）、关于召开市十六届人大常委会第十八次会议的工作方案（草案）等人事议案；听取市人民政府关于南昌市2023年上半年国民经济和社会发展计划执行情况报告的审议意见研究处理情况的报告、市人民政府关于南昌市2022年市本级预算执行和其他财政收支审计工作报告的审议意见研究处理情况的报告、关于南昌市第十四个五年规划纲要实施情况中期评估的调研报告、关于开展2023年环保赣江（南昌）行活动情况的报告（草案）、关于开展“物业社区（南昌）行”活动情况的报告（草案）、市人民政府关于开展2023年“宁静南昌”主题活动情况报告的审议意见研究处理情况的报告、关于对南昌市第二批五星级人大代表联络工作站的评定意见、关于市十六届人大三次会议代表建议、批评和意见办理情况的报告（草案）。

12月26日，市十六届人大常委会第四十四次主任会议召开。会议讨论南昌市人大常委会2024年立法计划（草案）、南昌市第十六届人民代表大会第四次会议主席团和秘书长建议名单（草案）、南昌市第十六届人民代表大会第四次会议主席团常务主席建议名单（草案）、南昌市第十六届人民代表大会第四次会议副秘书长建议名单（草案）、南昌市第十六届人民代表大会第四次会议邀请登台就座人员建议名单（草案）、南昌市第十六届人民代表大会第四次会议列席人员建议名单（草案）、南昌市第十六届人民代表大会第四次会议全体会议执行主席分组建议名单（草案）、南昌市第十六届人民代表大会第四次会议选举办法（草案）、南昌市第十六届人民代表大会第四次会议通过南昌市第十六届人民代表大会有关专门委员会主任委员人选办法（草案）、南昌市第十六届人民代表大会第四次会议主席团关于宪法宣誓的组织办法（草案）、南昌市第十六届人民代表大会第四次会议民生实事项目人大代表票决办法（草案）、南昌市人民代表大会常务委员会工作报告（草案）、《关于召开南昌市第十六届人民代表大会第四次会议有关具体事项的请示》、南昌市第十六届人民代表大会第四次会议表决议案办法（草案）、南昌市第十六届人民代表大会第四次会议议程、日程（草案）、关于召开市十六届人大常委会第十九次会议的工作方案（草案）。

12月29日，市十六届人大常委会第四十五次主任会议召开。会议听取关于《南昌市海绵城市建设管理条例（草案二次审议稿）》审议结果的报告。

重要活动

【概况】 2023年，市人大常委会始终坚持党对人大工作的全面领导，深入学习宣传贯彻党的二十大精神，坚持党的领导、人民当家作主、依法治国有机统一，践行全过程人民民主，依法履职、主动担当。组织召开全国人大代表在南昌开展集中视察、南昌市人大代表履职能力提升培训班、市人大常委会党组主题教育调研成果转化暨整改整治工作推进会，人大工作和建设迈向新征程、呈现新面貌。

【全国人大代表在南昌开展集中视察】 2023年2月21—22日，32名在赣全国人大代表围绕“深入实施工业强省战略，加快推进江西高质量跨越式发展”主题在南昌开展集中视察。省人大常委会党组副书记、省总工会主席刘强参加视察。市长万广明，市人大常委会主任李镇发，市委常委、副市长肖云，市委常委、经开区党工委书记梅峰，市人大常委会副主任孙毅一同视察。代表到华勤电子科技有限公司千亿产业园、江西兆驰半导体有限公司、商飞（江西）飞机制造有限公司、江西华创新材有限公司、南昌欣旺达新能源有限公司、南昌固废处理循环

2023年5月18日,2023年南昌市人大代表履职能力提升培训班开班仪式举行

（市人大常委会办公室　供图）

经济产业园、江西豪驰5G智慧工厂、江西煌上煌集团食品股份有限公司、江铃汽车股份有限公司富山工厂、南昌国际陆港等地视察。22日,全国人大代表集中视察汇报会召开。

【人大代表履职能力提升培训班】 2023年5月18日,2023年南昌市人大代表履职能力提升培训班开班,136名南昌市人大代表参加培训。市人大常委会主任李镇发出席开班式并作动员讲话,市人大常委会副主任宋铀、刘德辉、王强、万昱原、寇立群参加。会议指出,举办该次培训班的目的是,通过学习、培训、交流,进一步学习、宣传、贯彻好党的二十大精神,更好地坚持和完善人民代表大会制度,更好地践行和发展全过程人民民主,更好地发挥人大代表密切联系群众的优势,带动全市上下真正把思想和行动统一到党的二十大精神上,把智慧力量凝聚到党的二十大确定的各项任务上,以率先"作示范、勇争先"的担当,深入实施强省会战略,推动"一枢纽四中心"建设取得新的更大突破,不断提升南昌发展首位度和综合竞争力,为加快全面建设社会主义现代化南昌作出人大应有贡献。

【市人大常委会党组主题教育调研成果转化暨整改整治工作推进会】 2023年11月27日,市人大常委会党组主题教育调研成果转化暨整改整治工作推进会召开。市人大常委会党组书记、主任李镇发主持并讲话。市人大常委会副主任宋铀、刘德辉、谭绍木、王强、万昱原、张湘赣、寇立群出席。省委第二巡回督导组成员到会指导。市人大常委会党组坚持问题导向、目标导向、效果导向,抓深做实调研成果转化和整改整治推进,取得阶段性成效。

人大监督

【概况】 2023年,市人大常委会围绕服务发展大局工作主线,严格依法监督,服务南昌经济社会高质量发展。开展"三保"工作、地下人防工程建设管理使用情况、南昌市民族团结进步事业建设情况、新型农业经营体系构建等调研,组织"宁静南昌"、环保赣江(南昌)行、物业社区(南昌)行、"乡村振兴南昌行""公益诉讼南昌行"主题活动等;听取审议台资企业发展情况报告、外事工作情况报告、农村水利工作报告、打击治理电信网络诈骗犯罪工作情况报告、民商事审判服务优化营商环境工作报告、公益诉讼工作报告等,促进经济社会高质量发展。全年,检查3部法规实施情况,听取审议专项工作报告16项。

【听取审议工作报告】 2023年,市人大常委会听取和审议市中级人民法院关于加强民商事审判服务优化营商环境工作情况的报告、市检察院关于公益诉讼检察工作情况的报告、市政府关于南昌市2023年上半年国民经济和社会发展计划执行情况的报告、市政府关于南昌市2022年市级决算和2023年上半年财政预算执行情况的报告、市政府关于2022年度南昌市市本级预算执行和其他财政收支的审计工作报告、市政府关于南昌市第十四个五年规划纲要实施情况中期评估报告、南昌市优化营商环境工作情况的报告、南昌市金融工作运行情况的报告、南昌市金融企业国有资产管理情况的报告、市政府关于南昌市农村水利工作情况的专项报告、市政府关于南昌市台资企业发展情况的报告、市政府关于南昌市外事工作情况的报告等。

【《南昌市工会劳动法律监督条例》执法检查】 2023年5月23日,市人大常委会主任李镇发率队开展《南昌市工会劳动法律监督条例》执法检查。市人大常委会副主任宋铀、刘德辉、寇立群参加。李镇发视察职工艺文苑、职工综合艺术培训中心、职工书法美术培训中心等,了解各工会阵地功能及建设运行情况,听取工会工作汇报。李镇发强调,要全面践行以人民为中心的发展思想,不断规范和促进工会劳动法律监督工作,坚决维护劳动领域政治安全,推动条例有效实施。

【《中华人民共和国公共文化服务保障法》执法检查】 2023年6月5

日，市人大常委会副主任张湘赣率检查组到南昌高新区，就《中华人民共和国公共文化服务保障法》《江西省公共文化服务保障条例》实施情况开展检查。检查组到高新区美术馆、高新区图书馆、艾溪湖美书馆，实地了解场馆建设情况，听取负责人关于运营情况的介绍。为强化公共文化基础设施建设，高新区打造“政府主导、市场运营、一体管理、群众参与、共建发展”的公共文化服务模式，将闲置场地建设为文化场所，采用市场化运作模式购买专业运营团队服务，有效解决公共文化空间运营人力不足、服务效能不高的痛点难点，营造出极具特色的公共文化建筑和清雅精致的公共文化氛围。

【《中华人民共和国农产品质量安全法》执法检查】 2023年7月20日，市人大常委会副主任王强一行到新建区检查《中华人民共和国农产品质量安全法》实施情况。检查组一行到麦德龙商业集团有限公司南昌红谷商场、石岗镇南昌市瑞鑫牧业有限公司、石埠镇南昌和博生态农业开发有限公司、石埠镇梦飞田园芦笋基地，通过查看生产基地、农产品检测室、投入品仓库、产品展示区，与企业负责人及技术人员经验交流，召开座谈会等方式进行实地检查，重点围绕新修订法律宣传、产地监测及保护、农业标准化生产与管理、监管协调机制建立、农产品质量安全检测、农产品承诺达标合格证制度执行情况等方面。

人事任免

【概况】 2023年，市人大常委会坚持党管干部和依法任免干部相统一原则，按照规范程序和办法，任免地方国家机关工作人员155人次。

【人事任免名单】 2023年，南昌市第十六届人民代表大会常务委员会第十三次会议通过任命汤王东为南昌市人大常委会副秘书长；揭昉为南昌市人大社会建设委员会副主任委员；郑琴为南昌市人大常委会外事华侨民族宗教工作委员会副主任；万辉为南昌市中级人民法院审判员；樊之珏为南昌市中级人民法院审判员；万欢为南昌高新技术产业开发区人民法院审判员；魏明为南昌高新技术产业开发区人民检察院检察委员会委员、检察员；周兰香为南昌经济技术开发区人民检察院检察委员会委员、检察员。决定任命：骆军为南昌市工业和信息化局局长；杨雨晨为南昌市林业局局长；王玮为南昌市市场监督管理局局长；李鑫为南昌市政务服务数据管理局局长。免去：胡灵驱的南昌市人大常委会副秘书长职务；汤王东的南昌市人大社会建设委员会副主任委员职务；郑琴的南昌市人大常委会预算工作委员会副主任职务；邹建华的南昌市人大常委会代表资格审查委员会委员职务；刘建玲的南昌市中级人民法院副院长职务；宛继斌的南昌市中级人民法院民事审判第四庭庭长、审判委员会委员、审判员职务；周丽华的南昌高新技术产业开发区人民法院审判委员会委员、审判员职务；魏明的南昌市人民检察院检察员职务；周兰香的南昌高新技术产业开发区人民检察院检察委员会委员、检察员职务；邬莉萍的南昌高新技术产业开发区人民检察院检察员职务。决定免去宋明的南昌市林业局局长职务；徐云辉的南昌市市场监督管理局局长职务；宋亮生的南昌市政务服务数据管理局局长职务。

南昌市第十六届人民代表大会常务委员会第十四次会议通过王绍江为南昌市人大常委会办公室副主任；刘锡平为南昌市人大农业和农村委员会副主任委员；陈金华为南昌市人大城乡建设环境保护委员会副主任委员；刘敏为南昌市人大常委会法制工作委员会副主任；欧阳小敏为南昌市人大常委会外事华侨民族宗教工作委员会副主任；谢芸为南昌市中级人民法院立案二庭庭长；陈建华为南昌市中级人民法院刑事审判第一庭庭长；焦伟为南昌市中级人民法院刑事审判第三庭庭长；黄琳为南昌市中级人民法院民事审判第四庭庭长；欧阳晓明为南昌市中级人民法院行政审判庭庭长；黄荔为南昌市中级人民法院未成年人案件综合审判庭（少年审判庭）庭长；邹艳风为南昌市中级人民法院立案一庭副庭长；邓晖为南昌市中级人民法院立案二庭副庭长；周朝阳为南昌市中级人民法院民事审判第一庭副庭长；龚江为南昌市中级人民法院民事审判第四庭副庭长；吴红龙为南昌市中级人民法院行政审判庭副庭长；周治国为南昌市中级人民法院审判监督庭副庭长；周中瑞为南昌市中级人民法院审判监督庭副庭长；李俊文为南昌市中级人民法院未成年人案件综合审判庭（少年审判庭）副庭长；万鹏跃为南昌市中级人民法院审判员；万卫华为南昌高新技术产业开发区人民法院副院长、审判委员会委员；曾树华为南昌高新技术产业开发区人民法院审判员；钟鸣为南昌市人民检察院检察员；郑剑为南昌市人民检察院检察员；段志亮为南昌市人民检察院检察员。免去江新忠的南昌市人大农业和农村委员会副主任委员职务；刘敏的南昌市人大城乡建设环境保护委员会副主任委员职务；刘锡平的南昌市人大监察和司法委员会委员职务；陈雄斌的南昌市人大农业和农村委员会委员职务；陈金华的南昌市人大城乡建设环境保护委员会委员职务；王绍江的南昌市人大法制委员会委员职务；欧阳小敏的南昌市人大社会建设委员会委员职务；刘峥的南昌市监察委员会副主任职务；段毅的南昌市中级人民法院立案一庭庭长、审判委员会委员、审判员职务；陈建华的南昌市中级人民法院立案二庭庭长职务；焦伟的南昌市中级人民法院刑事审判第一庭庭长职务；谢芸的南昌市中级人民法院立案二庭副庭长职务；万俊健的南昌市中级人民法院民事审判第二庭副庭长职务；黄琳的南昌市中级人民法院民事审判第四庭副庭长职务；周治国的南昌市中级人民法院行政审判庭副庭长职务；吴红龙的南昌市中级人民法院审判监督庭副庭长职务；黄荔的南昌市中级人民法院未成年人案件综合审判庭（少年审判庭）副庭长职务；廖江川的南昌市中级人民法院审判委员会委员、审判员职务；高虹的南昌市人民检察院检察委员会委员、检察员职务；刘龙军的南昌市人民检察院检察委员会委员、检察员职务；余俐的南昌高新技术产业开发区人民检察院检察委员会委员、检察员职务。

南昌市第十六届人民代表大会常务委员会第十五次会议通过任命廖溢爱为南昌市中级人民法院副院长、审判委员会委员、审判员；熊红文为南昌市中级人民法院审判委员会委员、审判员；李成为南昌市中级人民法院刑事审判第二庭副庭长；郑国为南昌高新技术产业开发区人民法院综合审判庭庭长、审判委员会委员；孟李玲为南昌高新技术产业开发区人民法院立案庭庭长、审判委员会委员；姜昭龑、周玮妍为南昌经济技术开发区人民法院审判员；王勇、杜迎春为南昌市人民检察院副检察长、检察委员会委员、检察员；刘东、陈芳为南昌市人民检察院检察委员会委员、检察员。免去刘东、陈芳的南昌市中级人民法院审判委员会委员、审判员职务；曹成云的南昌市中级人民法院行政审判庭副庭长、审判员职务；陈伟杰的南昌市中级人民法院审判员职务；廖宏、刘凡奇的南昌高新技术产业开发区人民法院审判委员会委员职务；熊红文、余声汉的南昌市人民检察院检察委员会委员、检察员职务。批准免去王勇的南昌县人民检察院检察长职务；杜迎春的南昌市红谷滩区人民检察院检察长职务。

南昌市第十六届人民代表大会常务委员会第十六次会议通过决定任命邓峰为南昌市财政局局长；陈国宏为南昌市应急管理局局长。任命帅志为南昌市监察委员会副主任；田勇为南昌市中级人民法院审判委员会委员、审判员；黄文亮、杨琪为南昌高新技术产业开发区人民法院立案庭副庭长；匡小明、杨柳桃为南昌高新技术产业开发区人民法院综合审判庭副庭长；陈璇为南昌高新技术产业开发区人民法院审判员；王梦翔为南昌市人民检察院检察员；管金文为南昌经济技术开发区人民检察院检察员。决定免去：涂晓晖的南昌市财政局局长职务；吴志强的南昌市应急管理局局长职务；邓峰的南昌市人民政府金融工作办公室主任职务；徐静的南昌市人民防空办公室主任职务。免去周茂林的南昌市人大财政经济委员会副主任委员职务；晏永青的南昌市监察委员会委员职务；邹艳风的南昌市中级人民法院立案一庭副庭长职务；黄文亮的南昌高新技术产业开发区人民法院综合审判庭副庭长职务；田勇的南昌市人民检察院检察委员会委员、检察员职务；王梦翔的南昌经济技术开发区人民检察院检察员职务；管金文的南昌市人民检察院检察员职务。

南昌市第十六届人民代表大会常务委员会第十七次会议通过决定任命陈鹏辉为南昌市人民政府副市长，南昌市公安局局长；杨志文为南昌市水利局局长；葛苗为南昌市人民政府金融工作办公室主任；汪芳为南昌市体育局局长；丁俊昌为南昌市国防动员办公室主任。任命肖玉芳为南昌市人大财政经济委员会副主任委员；孔庆波为南昌经济技术开发区人民法院综合审判庭庭长；姜昭龑为南昌经济技术开发区人民法院立案庭庭长；陈艳平为南昌经济技术开发区人民法院综合审判庭副庭长。免去熊秋林的南昌市人大常委会副秘书长职务；陈洁的南昌市中级人民法院刑事审判第一庭副庭长、审判员职务；熊祖赍、王萍的南昌市中级人民法院审判员职务；孔庆波、姜昭龑的南昌经济技术开发区人民法院综合审判庭副庭长职务；曹运革的南昌市人民检察院副检察长职务；刘炽、李文华的南昌市人民检察院检察员职务。决定免去肖铁军的南昌市公安局局长职务；杨先国的南昌市水利局局长职务；杨春的南昌市体育局局长职务。

南昌市第十六届人民代表大会常务委员会第十八次会议通过任命熊明为南昌市监察委员会副主任；谢芸、黄琳、黄荔、欧阳晓明、万俊健为南昌市中级人民法院审判委员会委员；管金文为南昌经济技术开发区人民检察院检察委员会委员。免去刘南星的南昌市中级人民法院审判员职务；熊义元的南昌市中级人民法院刑事审判第三庭副庭长、审判员职务；汪西菲的南昌市中级人民法院民事审判第三庭副庭长、审判员职务。南昌市第十六届人民代表大会常务委员会第十八次会议通过《南昌市人民代表大会常务委员会关于熊明代理南昌市监察委员会主任职务的决定》。

【接受辞去职务请求决定】 2023年，南昌市第十六届人民代表大会常务委员会第十五次会议通过《南昌市人民代表大会常务委员会关于接受肖云辞去南昌市人民政府副市长职务请求的决定》。南昌市第十六届人民代表大会常务委员会第十六次会议通过《南昌市人民代表大会常务委员会关于接受龙国英辞去南昌市人民政府副市长职务请求的决定》。南昌市第十六届人民代表大会常务委员会第十七次会议通过《南昌市人民代表大会常务委员会关于接受李林辞去南昌市人大社会建设委员会主任委员职务请求的决定》《南昌市人民代表大会常务委员会关于接受肖铁军辞去南昌市人民政府副市长职务请求的决定》。南昌市第十六届人民代表大会常务委员会第十八次会议通过《南昌市人民代表大会常务委员会关于接受黄冬生辞去南昌市监察委员会主任职务请求的决定》。

代表履职

【概况】 2023 年，市人大常委会把支持保障代表履职作为基础性工作，发挥人大代表的监督职能和联系群众的桥梁纽带作用，加强和改进代表工作。开展“五带头五促进”代表主题活动，组织国、省、市三级人大代表开展“4+2+2”医疗卫生服务体系新格局建设、数字经济、教育高质量发展、民生实事项目等集中视察，指导县区探索建设全过程人民民主实践基地，首次设立 6 个预算基层联系点。连续 8 年开展“人大代表助学·青年学子圆梦”捐资助学活动，36 位省市人大代表共捐赠助学款 36 万元，帮扶 72 名贫困大学新生。

【代表议案建议办理】 2023 年，市十六届人大三次会议及闭会期间收到代表书面建议 262 件。至年底，解决或基本解决 187 件，在解决或规划解决 61 件，留作参考 14 件。其中，代表所提问题已获解决或基本解决的（A 类）187 件，占 71.37%；代表所提问题在解决或列入规划逐步解决的（B 类）61 件，占 23.28%；因条件所限或政策不允许暂时难以解决或留作参考的（C 类）14 件，占 5.35%。45 件代表建议被评为市十六届人大三次会议代表“好建议”，80 名代表获评 2023 年度代表履职积极分子，25 家承办单位被评为市十六届人大三次会议代表建议办理先进单位。

【代表履职服务保障】 2023 年，举办履职能力提升培训班，市人大代表、县乡人大工作者共 130 余人参加培训。推进星级人大代表联络站创建工作，新增五星级人大代表联络站 30 家、四星级 14 家，建成第二批省级人大代表联络示范站 9 个，夯实代表履职平台。在佛山挂牌成立南昌市首家驻外代表联络站。

民生实事票决

【概况】 2023 年，市人大常委会不断健全完善民生实事项目“上年汇民意、年初决项目、全年跟进度、年末问结果、翌年回头看”工作机制，实行全链条闭环监督，10 件民生实事票决项目完成，满意度测评 100%。打通断头路 38 条，完成公共卫生补短板项目 5 个，改造老旧小区 17 个，新增公共停车泊位 13888 个，新增夜间停车区域泊位 5000 个，建设教育网点项目 40 个，打造共同富裕样板村 10 个，新建“孺子书房”40 家，建立家庭医生签约服务团队 1536 个，完成市政消防栓建设 2987 个，安装城市外环路路灯 5075 盏。

【民生实事票决项目专题调度】 2023 年 7 月 21 日，市人大常委会召开 2023 年民生实事票决项目推进工作调度会。市人大常委会主任李镇发出席会议并讲话。市委常委、常务副市长胡晓海，市人大常委会副主任刘德辉、谭绍木、王强、万昱原、张湘赣、寇立群、孙毅出席会议。会议指出，民生实事票决项目事关民生福祉，是市政府对全市人民的郑重承诺。完成建设任务，市委有要求、群众有期待，各级各部门要进一步提高政治站位，切实增强办好民生实事的责任感、紧迫感、使命感，把年度既定目标时刻放在心上、抓在手上，通过民生实事项目的逐项实施，让人民群众感到变化、看到成效、得到实惠。

【民生实事票决项目专项视察】 2023 年 12 月 20 日、28 日，市人大常委会主任李镇发率队到各县区（开发区、管理局）视察 2023 年民生实事人大代表票决项目完成情况。省委第二巡回督导组有关负责人，市委常委、常务副市长胡晓海，市人大常委会副主任宋铀、刘德辉、谭绍木、王强、万昱原、张湘赣参加有关活动。视察组到湾里管理局九湾学校、南昌县丽湖大道北延段、安义县鼎湖镇莲花村、进贤县嘉禾广场、新建区兴业中大道、红谷滩区九龙湖街道社区卫生服务中心、西湖区九州大街生态停车场、东湖区出新幼儿园香江佳苑分园、青云谱区洪都航空院分馆、青山湖区民营大道、南昌高新区鲤鱼洲管理处蔬菜场果林大队共同富裕样板村等地，详细了解全市 10 件民生实事项目总体落实情况。视察组对南昌市 10 件民生实事项目建设情况给予充分肯定，认为全市上下坚持以人民为中心的发展理念，将民生摆在优先位置考量，围绕人代会上确定的 10 件民生实事项目和代表提出的议案建议，精准发力，狠抓落实，取得明显成效，得到群众好评。

（张梦环）

南昌市人民政府

综　述

【概况】　2023年，南昌市政府聚焦“走在前、勇争先、善作为”的目标要求，全面落实省会引领战略，加快推进“一枢纽四中心”（综合交通枢纽和区域科创中心、金融中心、先进制造业与高品质服务业集聚发展中心）建设，围绕“项目为先、实干奋进，争分夺秒拼经济”工作主线，真抓实干、担当作为，战胜各种困难挑战，全市经济社会发展平稳向好。举办中国南昌国际龙舟赛、南昌马拉松、烟花晚会、千人横渡赣江、八一广场升旗仪式、“走复兴大桥·看南昌变化”等系列活动，接待游客1.9亿人次，同比增长16.9%，实现旅游综合收入1977.79亿元，增长41.3%。海昏侯国遗址公园入选国家考古遗址公园，万寿宫历史文化街区获评国家级旅游休闲街区，南昌成为新晋“网红”热门城市，城市品牌持续擦亮。

【经济运行回升】　2023年，开展促消费活动500余场，举办各类规模以上展会83场。入选全国综合型现代流通战略支点城市和国家骨干冷链物流基地。全市1005个重大重点项目全年完成投资3151.31亿元。举办或参加各类招商活动219场，签约重大项目957个，协议投资总额3094.78亿元。全年净增经营主体8.8万余户，新增“五上”企业1681家、省级专精特新企业310家。全市“五经普”工作进展顺利，单位清查登记各类经营主体73.27万户，是“四经普”的3倍。获评全国建设信息基础设施和推进产业数字化成效明显市、全国首批中小企业数字化转型试点城市。

【城市综合承载力提升】　2023年，“六坝共筑、十桥同架”推进，高铁东站、南站，杭昌高铁黄昌段投入运行。昌九高铁、昌北机场三期、姚湾综合码头等重大交通基础设施加快建设。全市道路平均车速提升每小时4千米，交通健康指数在全国36个重点城市中位居前列。城市更新五年规划被住房城乡建设部列入实施城市更新行动可复制经验做法清单。建成海绵城市达标面积159.93平方千米，打造城市客厅“席地而坐”示范点13个，建成公共停车场125个，新增泊位13888个。改造老旧小区303个，完成安置房源分配入住813.3万平方米，既有住宅加装电梯581台。完成248.3千米老旧燃气管网、3517栋既有建筑安全隐患整治。

【改革开放推进】　2023年，统筹推进国资国企、农业农村、政务服务、基层治理等领域改革，131项试点示范改革全面铺开。开办企业指标领域改革作为典型经验在全国营商环境现场会分享交流。网上可办率、一网通办率分别提升至100%、95.84%。参与“一带一路”建设，进出口规模超千亿元。南昌国际陆港开通首条中亚班列，开行铁海联运班列1519列，外贸重箱运量同比增长59.47%。与九江、景德镇、萍乡签署战略合作协议，与赣江新区深化协作，南昌都市圈同城化水平持续提升。

【科技创新】　2023年，未来科学城、瑶湖科学岛规划建设稳步推进，航空科创城、中医药科创城、南昌实验室、江西创新馆建设步伐加快。年营收3亿元以上工业企业研发机构实现全覆盖，营收1亿元以上工业企业覆盖率超70%。科技型中小企业入库3444家，新增创新型中小企业656家。技术合同成交额突破360亿元，增长超200%。制定出台新“人才10条”政策，兑现资金超11亿元。创新推出“洪漂”概念引才，全年吸引人才14.7万名。新增本土院士2名，在南昌院士10人，创历史新高。

【“两整治一提升”行动】　2023年，学习运用“千万工程”经验，340个“两类村”环境整治全面完成。国家级农业龙头企业总数15家，占全省的近四分之一。10家企业入选中国农企500强,江西正味食品、李渡酒业上市。完成粮食播面34.45万公顷,总产量21.48亿千克。投入衔接推进乡村振兴补助资金3.5亿元,全市农村居民人均可支配收入增长6%,高于城镇居民2个百分点。

【民生保障】 2023年,民生类支出占地方一般公共预算支出比重约80%,10件人大票决民生实事项目全面完成。启动实施全市中小学校网点建设补短板三年攻坚行动,完成中小学校建设项目21个、新增学位3.9万个,新增公办幼儿园40所、公办园位1.07万个。加速构建“4+2+2”医疗卫生服务体系(“4”指4家实力强的市级综合性医院,即南昌市第一医院、南昌市人民医院、南昌市中心医院、南昌市洪都中医院;第一个“2”指2家实力领先的专科医院,即南昌市立医院、南昌市精神卫生中心;第二个“2”指2家公共卫生服务中心,即南昌急救中心、南昌市疾病预防控制中心),市第一医院九龙湖院区、市洪都中医院二期完工试运行。获评全国首批婴幼儿照护服务示范城市。打好蓝天、碧水、净土保卫战,空气质量优良率92.3%,$PM_{2.5}$、空气质量优良率指标继续在中部六省省会城市中排名第一,生态环境品质持续提升。推进碳达峰碳中和,国家低碳试点城市评估获优良等次。

【社会稳定】 2023年,开展安全生产重大事故隐患专项排查整治2023行动,安全生产事故数下降33.3%。化解恒大、新力等逾期楼盘涉稳风险,以及洪大、正邦、农商行等金融风险,守住不发生系统性风险的底线。常态化开展扫黑除恶斗争,全市刑事案件破案率上升33.2%,获评全国首批市域社会治理现代化试点合格城市,全国首批、全省首个社会治安防控体系建设示范城市。

【政府治理效能增强】 2023年,推进政府系统全面从严治党,落实“三重一大”事项集体决策制度,履行“一岗双责”,接受人大、政协监督,办理省市人大代表建议270件、省市政协提案337件,做到件件有回复、事事有落实。坚持政府过“紧日子”,全年“三公”经费压减6.8%。获评第一批全省法治政府建设示范地区,连续9年获评全面依法治省考评优秀设区市。

(谭梦阳)

重要会议

【概况】 2023年,南昌市召开市政府全体会议1次、市政府常务会议43次,学习传达贯彻中共中央、国务院和省委、省政府及市委有关会议和文件精神,研究部署全市经济社会各项事业发展工作。会议由市长万广明主持。副市长、市政府秘书长等出席。南昌日报社等公众、媒体代表列席部分会议。

【市政府全体会议】 2023年12月22日,市政府全体会议召开。会议研究审议即将提请市第十六届人大四次会议审议的《政府工作报告(审议稿)》,听取与会人员对《政府工作报告》的意见建议。会议强调,各地各部门要认真学习贯彻中央经济工作会议和省委经济工作会议精神,将“五个必须”的规律性认识贯穿经济工作全过程,要抓好各项工作落实。要咬定全年目标不放松,抓住一切有利时机,利用一切有利条件,看准就抓紧干,尽最大努力争取最好结果;要主动加强与上级的沟通汇报,争取更多关心和支持。要科学谋划下年工作,为下年各项工作开好局、起好步打下坚实基础,收好官开好局。

【市政府常务会议】 2023年,市政府共召开43次常务会议。第1—43次主持人为市长万广明。市领导胡晓海、赵捷、陈鹏辉、江新洪、彭开先、肖云(后调离)、杨勇(后调离)、龙国英(后调离)、肖铁军(后调离)、市政府秘书长邹晓东等出席。

1月6日,市政府第1次常务会议召开。会议传达学习《江西省贯彻落实中央八项规定精神实施办法》;听取南昌市2022年度城市自体检主要成果汇报;审议并原则同

2023年6月14日,2023年市政府重点工作推进落实会议召开

(市政府办公室 供图)

意南昌市优化生育政策促进人口长期均衡发展的实施方案,南昌市市级储备粮补贴专项资金管理办法;研究并原则同意上海路南延工程项目决策有关事项,南昌麻棉纺织厂职工欠缴社保金和所产生的滞纳金及利息有关事项,拨付南昌中铁穗城轨道交通建设运营有限公司政府补贴预付款有关事项,给予青云谱区专项财力补助有关事项。

1月16日,市政府第2次常务会议召开。会议传达学习《江西省人民政府关于认真做好第五次全国经济普查工作的通知》并听取五经普筹备工作进展情况汇报;审议并原则同意南昌市"十四五"残疾人保障和发展规划,南昌市人民政府与中国工商银行股份有限公司江西省分行战略合作协议,南昌市碳达峰实施方案,南昌市2023年"项目为先,大干快上"攻坚行动实施方案,南昌市废旧物资循环利用体系建设实施方案;会议研究并原则同意南昌市城市运行管理服务平台项目初步设计及概算调整有关事项,南昌市赣江东岸岸线生态综合治理工程初步设计及概算优化调整有关事项,签订棚改三、四期项目补充协议并核减部分隐性债务额度有关事项,拨付南昌市人民医院项目建设资本金有关事项。

1月20日,市政府第3次常务会议召开。会议审议并原则同意关于规划建设南昌未来科学城的意见。

1月31日,市政府第4次常务会议召开。会议审议并原则同意关于推进南昌市建筑业高质量发展的若干措施,关于进一步规范南昌市范围内企业跨县(区)财税管理有关事宜的通知,南昌梅岭云端景区国有企业资源整合方案,南昌市市级社会保险基金财政专户资金转出开户银行定期存款操作办法;研究并原则同意南昌市新型研发机构年度及绩效考核有关事项,南昌市人民医院建设项目决策有关事项,九龙湖过江大桥初步设计及概算优化调整有关事项,广州路东延工程(昌东大道—罗家二路)初步设计及概算优化调整有关事项,南昌新四军军部旧址陈列馆陈展提升及环境整治项目决策有关事项。

2月11日,市政府第5次常务会议召开。会议传达学习习近平总书记关于统计工作的重要批示精神以及常务副省长任珠峰在省政府贯彻落实工作部署会议上的讲话精神;审议并原则同意南昌市数字政府规划建设方案,关于做好2023年全面推进乡村振兴重点工作、加快农业强市建设的实施意见,南昌市关于实干奋进拼经济的若干政策措施,南昌市2023年巩固拓展脱贫攻坚成果同乡村振兴有效衔接工作要点;研究并原则同意南昌市环鄱阳湖旅游连接线配套工程(桥梁工程)项目决策有关事项,市政公用集团按历史遗留问题办理房屋不动产权登记有关事项,南昌市第十中学经开校区高中部建设工程项目决策有关事项,产投集团地产公司开发DAFJ2022068地块有关事项。

2月17日,市政府第6次常务会议召开。会议审议并原则同意南昌市建设省营商环境创新试点城市实施方案,南昌市关于进一步加强生物多样性保护的实施方案,南昌市畜禽养殖污染防治规划(2021—2025年),2023年度南昌市"打通断头路 畅通微循环"攻坚专项行动推进计划,南昌市服务型公寓建设管理若干规定,南昌市"十四五"体育发展规划,2023年度全市农业农村"两整治一提升"行动"两年大变化"实施方案;研究并原则同意市政公用集团参与杭州市土地竞拍有关事项,报废一批废旧交通安全设施有关事项。

2月21日,市政府第7次常务会议召开。会议审议并原则同意南昌市深化普通高考综合改革推进工作方案,关于加快南昌市民宿健康发展的实施意见,进一步优化旧改项目资金调度程序的有关规定;研究并原则同意G320南昌县向塘至新建区西山段公路新建工程决策有关事项,中国电建集团江西装备有限公司土地按划拨权益价征收有关事项,南昌市人民医院建设项目初步设计及概算审查有关事项,南昌市第十中学经开高中部建设工程初步设计及概算审查有关事项,洪腾高架(原九洲高架东延)初步设计及概算优化调整有关事项,南昌市第一医院医疗能力提升项目决策有关事项,市政公用集团认购富春环保2022年度非公开发行A股股票有关事项。

2月27日,市政府第8次常务会议召开。会议审议并原则同意南昌市人民政府与景德镇市人民政府战略合作框架协议;学习《江西省制造业中长期发展规划纲要(2022—2035年)》并研究南昌市贯彻落实意见;审议并原则同意南昌市2022—2030年财政支持铁路建设运营政策分摊方案,南昌市中心城区集体土地上房屋征收与补偿安置指导意见,南昌市人民政府与江西省金融控股集团有限公司战略合作协议;研究并原则同意永红路、民辉路等七条道路建设项目决策有关事项,南昌军事装备展示中心新展陈区建设工程项目决策有关事项,给予南昌兆驰Mini外延芯片研发、生产项目(扩产)支持有关事项,南昌高新招商集团向南昌市政公用集团借款4.35亿元有关事项。

3月14日,市政府第9次常务会议召开。会议学习《中华人民共和国行政诉讼法》;传达学习尹弘、叶建春在深入贯彻落实习近平总书记关于统计工作重要批示精神工作部署会上的讲话精神;审议并原则同意打造区域金融中心、加快金融业高质量发展的实施意见,南昌市推进入河排污口排查整治工作实施方案,南昌市赋予国家级开发区市级权限事项清单;研究并原则同意汉代海昏侯国国家考古遗址公园旅游基础设施生态停车场项目有关事项，滕王阁2023年至2025年上缴的门票等非税收入不予集中、给予全额拨付有关事项，江西省网络安全研究院3号楼排危整治有关事项。

3月28日，市政府第10次常务会议召开。会议传达学习《关于在全党大兴调查研究的工作方案》；传达学习全省货物源头超限超载治理工作现场推进会主要精神并研究南昌市贯彻落实意见；审议并原则同意南昌市道路交通安全综合治理工作方案，2022年长江经济带生态环境警示片披露南昌市生态环境突出问题整改方案，南昌市市级水利发展专项资金管理办法；研究并原则同意南昌市本级2023年度土地供应计划有关事项，南昌市沿江快速路积水点改造工程项目决策有关事项，上海路南延工程初步设计及概算有关事项，履行中康公司土地出让合同纠纷仲裁裁决有关事项，市委党校迁建项目开办经费有关事项。

4月4日，市政府第11次常务会议召开。会议传达学习《国务院工作规则》，《李强总理在国务院第一次全体会议上的讲话》；审议并原则同意南昌市人民政府与九江市人民政府深化昌九一体化发展战略合作框架协议，关于推进中心城区房屋征收补偿房票安置实施意见，南昌市海绵城市专项规划（2021—2035年）；研究并原则同意对重症床位建设进行补助有关事项，九龙湖片区起步区（龙兴大街以南地区）JLH501－B03－4、B03－6地块土地出让收益分配有关事项，拨付高铁东站新区一期项目资本金有关事项，市政公用集团拟参与上海市土地竞买有关事项，市交投集团拟参与南昌市一批次集中供地竞买有关事项。

4月11日，市政府第12次常务会议召开。会议听取2022年全市禁毒工作情况汇报；审议并原则同意南昌市防汛抗旱应急预案，2023年南昌市重大重点项目计划，南昌市人民政府与北京千方集团有限公司战略合作协议，市政公用集团现代农业板块整合重组方案；研究并原则同意废止《南昌市人民政府办公室关于印发促进全市批零住餐行业经济高质量发展的若干政策措施的通知》有关事项，南昌市富大有堤维修加固工程项目决策有关事项，洪城路—解放西路（沿江中大道—上海路）快捷化改造工程初步设计及概算有关事项，武警江西总队机关旧址项目资产置换协议补充说明有关事项，给予方大钢铁国际贸易项目市级支持有关事项，申请G320南昌县向塘至新建区西山段公路新建工程建设经费有关事项。

4月16日，市政府第13次常务会议召开。会议学习《质量强国建设纲要》；审议并原则同意关于深入推进计量工作高质量发展的实施意见，南昌市绿色食品产业两年攻坚行动方案（2023—2024年），南昌市人民政府关于提请审议2023年地方政府债务限额和市级预算第一次调整方案（草案）的议案；研究并原则同意南昌中学建设项目初步设计及概算有关事项，南昌市行知中学建设项目初步设计及概算有关事项；研究并原则同意以有偿转受让方式建成市级人防疏散基地项目有关事项，拨付昌景黄铁路项目建设资金有关事项，2023年南昌市市本级教育事业发展专项资金收支计划有关事项，2023年度市本级社会保障专项资金支出计划有关事项。

4月26日，市政府第14次常务会议召开。会议分析全市一季度经济运行情况并部署下一阶段工作；审议并原则同意南昌市特许经营权管理办法，南昌市精诚共治综合治税工作实施方案；研究并原则同意南昌市托育综合服务中心项目决策有关事项，南昌高铁东站新区建设—天祥大道电缆土建工程项目决策有关事项。

5月5日，市政府第15次常务会议召开。会议审议并原则同意南昌市人民政府与国际篮球联合会战略合作协议，关于推进中心城区旧城（棚户区）改造房屋征收、安置经费包干的实施意见，南昌市人民政府与中国移动通信集团江西有限公司深化战略合作协议，南昌市关于贯彻落实生态环境损害赔偿管理规定的实施办法，2023年南昌市城镇老旧小区改造工作实施方案，2023年南昌市生活垃圾分类工作推进方案；研究并原则同意江铃集团收购雷诺持有江铃新能源公司股权有关事项，江铃控股有限公司股权调整有关事项，南昌高铁东站新区建设——水系综合整治提升工程（一期）项目决策有关事项，北二环一期（隆兴大桥南及连接线工程）初步设计及概算有关事项。

5月16日，市政府第16次常务会议召开。会议审议并原则同意市政府带头开展调查研究推动高质量发展的工作方案，2022年度南昌市政府系统“五型”政府建设先进集体和先进个人选树名单，2023年民生实事安排方案；研究并原则同意2023年市级扶持制造业发展专项资金使用计划有关事项，全市电力迁改合同签订及资金支付办法有关事项，2023年市科技发展专项资金使用计划有关事项，2023年南昌市商务发展专项资金计划有关事项，市政公用集团参与杭州市及苏州市土地竞买有关事项，重新安排南昌市交通污染源在线监测系统建设项目和南昌市重点入河排污口规范化建设项目资金有关事项，拨付2021年法院业务工作补助经费结转结余资金有关事项，2023年度市本级卫生健康发展专项资金收支计划有关事项。

5月26日，市政府第17次常务会议召开。会议审议并原则同意关于持续推进营商环境优化升级“一号改革工程”行动方案，南昌市饮用水水源保护条例，全市教育补短板三年攻坚行动方案（2023—2025），南昌中学建设项目、南昌市行知中学建设项目、南昌市洪都中学新校区建设项目 EPC 总承包定标工作方案;研究并原则同意南昌市朝阳污水厂治理片区(含蓑衣荚汇水区域)污水系统整治工程初步设计及概算有关事项,南昌市青山湖污水厂治理片区污水系统整治工程(二期)初步设计及概算有关事项,市本级公益性公墓建设项目(城北及城东)初步设计及概算有关事项,南昌高铁东站新区建设项目——交通路网工程四期项目初步设计及概算有关事项,南昌市洪都中学新校区建设项目初步设计及概算有关事项,市行政中心配电间设施设备维修改造(一期)项目决策有关事项,拨付5000 万元中央水污染防治专项资金至南昌市红谷滩区前湖上游流域水污染防治工程有关事项,给予南昌高新区电子信息产业扶持资金支持有关事项,市水利科技培训中心(东翠园)土地划拨费用有关事项。

6 月 2 日,市政府第 18 次常务会议召开。会议审议并原则同意南昌市水网建设规划,南昌市"4 + 2 + 2"医疗卫生服务体系建设暨卫生健康服务能力全面提升三年行动计划(2023—2025 年),《中华人民共和国噪声污染防治法》部分条款部门职责分工方案,2022 年省生态环境警示片披露南昌市问题整改方案,市政府规章行政规范性文件清理工作报告;研究并原则同意高铁东站新区铁路预留通道项目决策有关事项,2023 年度市级交通运输发展专项资金使用计划有关事项,拨付2023 年度南昌市人才政策兑现资金有关事项,2023 年市本级城市维护管理专项资金收支计划有关事项。

6 月 8 日,市政府第 19 次常务会议召开。会议审议并原则同意2023 南昌飞行大会总体方案,南昌市巩固全国婴幼儿照护服务示范城市创建成果三年行动计划(2023—2025 年),关于建设区域科创中心推动经济高质量发展的实施方案,南昌市长江入河排污口(赣江)整治工作方案,南昌市鄱阳湖旅游公路桥梁工程设计、采购、施工总承包工程定标工作方案,南昌市资产仓管理暂行办法;研究并原则同意市政公用集团投资南昌西部物流产业园有关事项,豫章师范学院申请安排绩效年度考核奖经费有关事项。

6 月 14 日,市政府第 20 次常务会议召开。会议学习《江西省平安建设条例》;审议并原则同意南昌市2022 年度巩固拓展脱贫攻坚成果同乡村振兴有效衔接国家考核评估反馈问题和省考发现问题整改工作方案,南昌市化工重点监测点认定标准和认定管理实施细则(试行);研究并原则同意对华创新材销售总部项目支持有关事项,市产投集团以股权收购方式对洪大集团提供纾困支持有关事项,2023 年市本级农业农村发展专项资金使用计划有关事项。

6 月 27 日,市政府第 21 次常务会议召开。会议研究并原则同意关于组织市属国有企业联合以增资扩股的形式对南昌农商银行进行纾困有关事项,市政公用集团参与上海市土地竞买有关事项。

6 月 30 日,市政府第 22 次常务会议召开。会议审议并原则同意南昌市人民政府、中国电信股份有限公司江西分公司深化战略合作协议,南昌市人民政府办公室关于印发国务院督查激励市级配套措施的通知,南昌市人民政府、北京京东世纪贸易有限公司深化战略合作协议,2023 年城市管网及污水处理补助资金使用方案,南昌市人民政府、鹰潭市人民政府产业协同、文旅融合发展战略合作协议,南昌市人民政府关于废止 3 件和一揽子修改 13 件市政府规章的决定;研究并原则同意广州路下穿京九铁路隧道工程初步设计及概算有关事项,申请洪腾高架(原九洲高架东延)项目建设资金有关事项,江西嘉宝莉科工贸有限公司部分房屋申请按历史遗留问题办理不动产权证有关事项,给予青云谱区财力补助有关事项,2023 年市本级医疗保障专项资金收支计划有关事项,2018—2022 年土地出让合同印花税资金拨付有关事项。

7 月 7 日,市政府第 23 次常务会议召开。会议听取争取省级促进经济回稳向好若干措施等政策情况汇报;审议并原则同意南昌市人民政府关于加快完善覆盖全民的多层次社会保障体系的意见,关于加强新时代南昌市高技能人才队伍建设的实施意见,南昌市涉及民族、宗教方面群体性事件应急预案;研究并原则同意南昌市农科院恒湖现代农业科技园项目初步设计及概算事项,本级公益性公墓(城北及城东)项目土地划拨款有关事项,取消红谷滩区控规 D－4－1、D－6－1 地块成交结果有关事项,延续保障扬子洲地区经济社会发展有关政策事项,2023 年南昌市航空业发展专项资金使用计划有关事项。

7 月 14 日,市政府第 24 次常务会议召开。会议审议并原则同意南昌市人民政府关于推进南昌气象高质量发展(2023—2035 年)的实施意见,关于建设全国性综合交通枢纽、推动经济高质量发展的实施方案,南昌市人民政府、中国联合网络通信有限公司江西省公司深化战略合作协议,南昌市处置突发事件、舆情"三个一"工作机制,南昌市乡级行政区划调整方案,市政府与建筑类央企、大型国企战略合作框架协议;研究并原则同意南昌市青云谱区规划十九路二十一路市政道路建设项目决策有关事项,拨付高新区 2023 年重点企业政策兑现专项补助有关事项,2022 年南昌昌北国际机场客货运发展专项资金奖励分配意见有关事项,给予青云谱区专项财力补助有关事项。

7 月 23 日,市政府第 25 次常务会议召开。会议传达学习省委十五届四次全会精神和市委常委会(扩大）会议精神；分析全市2023年上半年经济形势，部署下一阶段工作；听取南昌市存量土地消化处置和耕地保护领域突出问题专项整改进展情况汇报；审议并原则同意关于按新标准预存被征地农民参加基本养老保险缴费补贴资金的通知，关于退役军人和其他优抚对象免费乘坐市内公共交通工具和免门票游览景区的通知，关于规范市直机关事业单位工作人员社会保险个人缴费工资项目有关问题的通知。

7月28日，市政府第26次常务会议召开。会议学习传达习近平总书记关于安全生产工作重要论述并听取2023年上半年全市安全防范工作情况汇报；听取2021年度市级机关、事业单位、国有企业按比例安排残疾人就业情况汇报；审议并原则同意南昌市人民政府、萍乡市人民政府战略合作框架协议，市级投资建设旧城（棚户区）改造安置房富余资产盘活处置操作办法，南昌市市级行政事业单位公有住宅管理规定；研究并原则同意北二环下庄湖桥（秀先路至金山互通段）初步设计及概算事项，北二环二期（公铁大桥合建段立交互通工程）初步设计及概算事项，南昌市"12345"政务服务便民热线项目（二期）延期服务采购有关事项，市政公用集团参与杭州市2023年第二批次地块竞买有关事项，中共南昌市委党校迁建项目2023年度建设资金安排计划有关事项。

8月9日，市政府第27次常务会议召开。会议审议并原则同意关于进一步加快盘活存量资产扩大有效投资的行动方案，南昌市海绵城市建设管理条例，南昌市电动自行车管理条例，南昌市市本级储备土地管护和临时利用管理办法，关于提升社会保险费征缴工作管服控一体化的工作方案，南昌都市圈城际公交客运服务成本规制实施标准，南昌市人民政府关于2022年市级决算和2023年上半年预算执行情况的报告；研究并原则同意南昌动物园改扩建项目决策有关事项，拨付江铃控股有限公司3亿元研发支持补贴有关事项。

8月17日，市政府第28次常务会议召开。会议听取全市五经普工作开展情况汇报，生态环境部华南督察局赴南昌市拍摄长江经济带生态环境警示片指出问题情况的汇报；审议并原则同意南昌市货物运输车辆超限超载治理工作问责办法，促进南昌市房地产市场平稳健康发展的若干政策措施，南昌市促进开放型经济高质量发展若干扶持政策，关于促进商务经济高质量发展的若干政策措施（试行），南昌市生态文明示范创建"以奖代补"实施方案，关于南昌市2023年上半年国民经济和社会发展计划执行情况的报告，南昌市推动工业互联网创新发展三年行动计划（2023—2025年），中国工业互联网研究院、南昌市人民政府、南昌经济技术开发区管委会共建中国工业互联网研究院江西分院和国家工业互联网大数据中心江西分中心落地协议，关于核定南昌市非营利性民办中小学校收费标准的通知。

8月24日，市政府第29次常务会议召开。会议听取全市五经普工作开展情况汇报；审议并原则同意关于中央办公厅长江经济带发展专题回访调研指出问题的整改工作实施方案，关于支持工业企业稳生产拓市场提质效的若干措施，关于进一步加强村集体留用地管理的通知，关于推进政务服务综合窗口标准化、规范化、便利化运行实施方案，江西省国资委、南昌市人民政府战略合作框架协议；研究并原则同意关于欧迈斯微电子及欧菲光电股权延期转让有关事项，南昌市丹霞路沿线高压线入廊工程项目决策有关事项，2023年享受市政府特殊津贴人选有关事项。

9月1日，市政府第30次常务会议召开。会议听取全市五经普工作开展情况汇报，全市耕地保护和粮食安全责任制考核及涉粮审计整改情况的汇报，全市耕地保护工作情况汇报；审议并原则同意南昌市气象灾害应急预案（修订），南昌市人民政府、中国农业银行股份有限公司江西省分行全面战略合作协议，关于保障粮食安全推动粮食高质量发展的实施意见，南昌西二环高速沿线环境整治提升工作市级奖补方案；研究并原则同意南昌市鄱阳湖旅游公路桥梁工程将军洲大桥工程项目决策有关事项，按历史遗留问题办理省交投集团不动产登记有关事项，南昌实验室2023年度市级建设经费有关事项。

9月7日，市政府第31次常务会议召开。会议听取全市五经普工作开展情况汇报；审议并原则同意关于建设高品质服务业集聚发展中心推动经济高质量发展的实施方案，南昌市土地储备三年滚动计划（2023—2025）、南昌市2023年度土地储备计划、南昌市2023年度储备土地前期开发计划，南昌市国土空间生态修复专项规划（2021—2035），南昌县国土空间总体规划（2021—2035），进贤县国土空间总体规划（2021—2035），安义县国土空间总体规划（2021—2035），新建区国土空间总体规划（2021—2035），南昌新"人才10条"；研究并原则同意南昌市市管路灯节能改造及功能提升项目决策有关事项，南昌市城市水环境治理项目资金安排有关事项。

9月15日，市政府第32次常务会议召开。会议听取全市五经普工作开展情况汇报；审议并原则同意南昌市人民政府、广发银行股份有限公司战略合作协议，南昌市燃气安全整治专项攻坚行动实施方案，南昌市卫生健康服务能力全面提升三年行动计划（2023—2025年）暨"4+2+2"医疗卫生服务体系建设2023年任务分工方案；研究并原则同意2022年下半年南昌市跨境电商产业发展资金分配有关事项，南昌市城区雨污水泵站维修改造工程项目决策有关事项，南昌港客运站还建工程决策有关事项，南昌食品三厂拟转让其代持百事饮料（南昌）有限公司30%股权有关事项，拨付一江两岸建筑外立面景观亮化提升改造工程（南延、北延）竣工结算尾款经费有关事项，拨付2023年度南昌市人才政策兑现资金有关事项。

9月28日，市政府第33次常务会议召开。会议学习《江西省行政规范性文件管理办法》；听取全市五经普工作开展情况汇报，《2022年度南昌市数字经济政策措施落实情况跟踪审计》问题整改情况的汇报；审议并原则同意关于进一步推动电子信息产业高质量发展的实施意见（修订版），关于调整《南昌市城乡居民基本医疗保险实施办法》有关政策的通知；研究并原则同意给予江铃控股项目贷款贴息支持兑现及当期稳产促增政策支持有关事项，市政公用集团所属市政房地产集团收购南昌VR科创城体验中心大楼有关事项，使用基本医疗保险基金滚存结余支付六个批次带量采购药品结余留用资金有关事项，拨付南昌健康职业技术学院建设项目土地款有关事项，拨付青山湖区财力性补助资金有关事项。

10月16日，市政府第34次常务会议召开。会议传达学习习近平总书记在江西考察时的重要讲话精神；听取全市五经普工作开展情况汇报，全市粮食生产和高标准农田建设工作情况报告；审议并原则同意关于切实厉行节约坚持过紧日子的通知，2023年推进冬种油菜生产的实施方案，南昌市“十四五”特殊教育发展提升行动方案，南昌市人民政府关于提请审议2022年度政府债务管理情况及2023年地方政府债务限额和市级预算第二次调整方案（草案）的议案，南昌市优化县域义务教育资源配置工作方案；研究并原则同意南昌市青山湖污水厂治理片区污水系统整治工程（三期）工程初步设计及概算评审报告有关事项，2023世界VR产业大会会务经费预算控制数有关事项，方志敏烈士纪念园提升改造有关事项，清算2022年度南昌市口岸“三同”试点扶持资金有关事项。

10月20日，市政府第35次常务会议召开。会议听取全市“五上”企业培育及年度申报工作情况汇报，全市耕地保护工作和存量土地消化处置工作情况的汇报；审议并原则同意南昌市街道家具暨道路全要素规划建设管理办法，关于规范南昌代驾市场秩序的通告，南昌市自然资源领域市与县（区）财政事权和支出责任划分改革实施方案，南昌市人民政府与海信集团控股股份有限公司战略合作协议，南昌市中心城区旧城（棚改户）改造国有土地上房屋征收与补偿安置方案（示范文本）和南昌市中心城区旧城（棚改户）改造集体土地上房屋征收与补偿安置方案（示范文本）；研究并原则同意青山湖西岸片区基础设施建设工程（部分道路含管廊工程）初步设计变更（新增污水主管项目）有关事项，市轨道集团所属地产公司参拍轨道交通2、3号线青山路口站二十八中地块并进行开发有关事项，市建投集团合资成立南昌北二环高速公路有限公司（暂定名）有关事项，2023年度全市农业农村“两整治一提升”行动项目资金安排及使用计划有关事项，重新安排江西鄱阳湖南矶湿地国家级自然保护区保护与恢复工程建设项目建设资金有关事项。

11月3日，市政府第36次常务会议召开。会议强调布置2023年度国务院推动高质量发展综合督查到南昌实地督查协调保障工作；听取全市五经普工作开展情况汇报；听取2023年前三季度经济形势分析，部署下一阶段工作；审议并原则同意南昌市食品安全工作评议考核办法，南昌市推进养老服务提质升级三年行动方案（2023—2025年），关于推进市以下财政事权和支出责任划分改革的实施意见，南昌市基本公共服务领域市与县（区）共同财政事权和支出责任划分改革方案，《南昌北二绕城高速公路项目合作建设框架协议书》《进贤至南昌（南绕城东延）高速公路项目合作建设框架协议书》；研究并原则同意南昌高铁东站新区建设项目——天祥南大道电缆土建工程初步设计及概算有关事项，永红路、民辉路等七条道路建设项目初步设计及概算有关事项，南昌市图书馆新馆项目决策有关事项。

11月10日，市政府第37次常务会议召开。会议强调布置做好迎接2023年度省对市县综合考核工作；学习《江西省行政执法监督条例》；传达学习中央金融工作会议主要精神，听取南昌市贯彻落实意见的汇报；听取全市巩固拓展脱贫攻坚成果同乡村振兴有效衔接工作情况汇报；审议并原则同意江西省南昌市建设绿色金融改革创新试验区总体方案，江西省气象局南昌市人民政府共同推进南昌气象高质量发展合作协议，南昌市城市轨道交通运营成本规制实施办法（试行），南昌市人民政府关于公布市政府行政规范性文件清理结果的通知；研究并原则同意拨付2022年和2023年度市直中职学校自主聘用人员经费有关事项，调整新建区城镇土地使用税有关事项，“5G+智慧工厂”项目政策兑现工作有关事项。

11月20日，市政府第38次常务会议召开。会议解读全省《关于促进民营经济发展壮大的若干措施》；听取关于对全市耕地保护工作和存量土地消化处置工作情况的通报，《全省耕地保护和粮食安全责任制考核工作部署会议暨地方储备粮管理政策性职能和经营性职能分开工作推进会议》精神的汇报；审议并原则同意南昌市制造业重点产业链现代化建设“8810”行动计划

(2023—2026年),南昌市深化公共资源交易改革方案,南昌市人民政府 全联科技装备业商会战略合作框架协议;研究并原则同意研究拨付2022年全市"两整治一提升"农村公路"白改黑"建设项目剩余市级补助资金及预拨2023年"白改黑"建设项目市级奖补资金有关事项,G320南昌县向塘至新建区西山段公路新建工程资金分摊计划有关事项,青山湖污水处理厂扩建工程组织实施模式费用测算情况有关事项,支付南昌市安可替代工程第三笔建设资金有关事项,豫章师范学院产教融合实训能力提升项目决策有关事项。

12月1日,市政府第39次常务会议召开。会议审议并原则同意全市政府系统深入学习贯彻习近平总书记考察江西重要讲话精神工作方案;听取省对市县综合考核"高质量发展成效"考卷考核指标推进情况汇报;听取全市人口抽样调查工作进展情况汇报;审议并原则同意南昌市交通枢纽场站综合管理办法,《南昌市市场监管专项——知识产权专项资金管理办法》《南昌市市场监管专项——知识产权专项资金项目兑现细则》,南昌市防范化解地方债务风险实施方案和南昌市关于成立防范化解地方债务风险工作专班的通知,2023年度市级国有资本经营收益收入情况的报告及支出方案;研究并原则同意统筹财政资金保障重点支出有关事项,2023年度市级人才资金使用计划有关事项,调整麦格纳项目市级补助资金考核方式有关事项,拨付南昌中铁穗城轨道交通建设运营有限公司政府补贴预付款有关事项,开展市级社会保险基金财政专户资金转出开户银行进行定期存款招标有关事项。

12月7日,市政府第40次常务会议召开。会议学习《反有组织犯罪法》;听取全市人口抽样调查工作进展情况汇报;会议审议并原则同意南昌市2023年生态环境分区管控更新成果,南昌市粮食应急预案,南昌市2023年度市级涉企资金兑现政策清单,江西省国营恒湖垦殖场整建制移交工作实施方案;研究并原则同意调整2023年市重大重点项目计划有关事项,洪都老厂区剩余土地收储及征收款有关事项,拨付2022年度金融业高质量发展考核奖励资金有关事项。

12月14日,市政府第41次常务会议召开。会议听取省对市县综合考核"高质量发展成效"考卷考核指标推进情况汇报,全市2023年1—11月制造业项目和服务业项目招引情况的汇报;审议并原则同意公布《南昌市行政许可事项清单(2023年版)》,《南昌市国民经济和社会发展第十四个五年规划和二〇三五年远景目标纲要》实施情况中期评估报告,中共南昌市委常委会和南昌市人民政府领导班子及其成员粮食安全工作职责清单;研究并原则同意2022年支持限上主体培育市级奖励资金有关事项,申请丹霞路沿线高压线入廊工程项目建设资金有关事项,市监管中心建设工程(二期)项目资金有关事项,兑现南昌市2020年度《关于促进LED产业发展的若干政策措施》(修订版)第二批奖励资金有关事项,市政公用集团关于增拨高铁东站新区一期项目资本金有关事项,富春环保履行前次协议收购遂昌汇金14%股权有关事项,2022年全市智慧平安小区建设采取以奖代补方式给予补贴有关事项。

12月22日,市政府第42次常务会议召开。会议审议并原则同意南昌市公共就业服务能力提升示范项目实施方案,南昌市政府2024年民生实事人大票决候选项目,贯彻落实中共江西省委办公厅、江西省人民政府办公厅《关于深化开发区管理制度改革推动开发区高质量发展的实施意见》重点任务分工方案,南昌市人民政府关于提请审议南昌市2023年市级预算第三次调整方案(草案)的议案,公布实施2023年南昌市医疗服务价格动态调整结果;研究并原则同意南昌市水环境治理项目资金安排有关事项,拨付上海路南延工程项目建设资金有关事项,签订红谷隧道工程项目补充协议及核销部分隐性债务规模有关事项,组织市属国有企业联合以增资扩股形式对南昌农商银行进行第二轮纾困有关事项,南昌市产投集团解决欧菲光供应链代采有关事项,给予东湖区一次性财力补助有关事项,拨付2023年国省道公路建设养护专项资金有关事项。

12月25日,市政府第43次常务会议召开。会议学习《中华人民共和国行政复议法(2023修订)》;听取2023年南昌市政务公开工作汇报,全市耕地保护工作和存量土地消化处置工作情况的汇报;审议并原则同意南昌市国有企业改革深化提升行动实施方案(2023—2025年),南昌市补充工伤保险办法(试行),关于加快先进制造业项目建设推进数字化转型升级的若干措施,南昌市强化鄱阳湖重点水域暨"五河"干流禁捕退捕工作实施方案;研究并原则同意南昌市12345政务服务便民热线三期场地提升改造项目决策有关事项,拨付2022年度支持江铃汽车整车出口政策资金有关事项,预拨江西省现代农业博览园项目部分可行性缺口补助资金有关事项,南昌市电子信息产业企业2022年度研发费用后补助项目有关事项,拨付省道路面"白改黑"项目建设资金有关事项。

(谭梦阳)

2023 年南昌市政府重要文件目录一览表

表 3

文号	文件标题
洪府发〔2023〕1 号	南昌市人民政府关于印发南昌市“十四五”残疾人保障和发展规划的通知
洪府发〔2023〕2 号	南昌市人民政府关于印发鄱阳湖南昌湖区总磷污染控制与削减专项行动工作方案的通知
洪府发〔2023〕3 号	南昌市人民政府关于印发南昌市废旧物资循环利用体系建设实施方案的通知
洪府发〔2023〕5 号	南昌市人民政府关于印发南昌市碳达峰实施方案的通知
洪府发〔2023〕6 号	南昌市人民政府关于印发我市 2023 年国民经济和社会发展计划的通知
洪府发〔2023〕7 号	南昌市人民政府印发《关于打造区域金融中心 加快金融业高质量发展的实施意见》的通知
洪府发〔2023〕9 号	南昌市人民政府关于印发 2023 年南昌市重大重点项目计划的通知
洪府发〔2023〕12 号	南昌市人民政府关于印发深入推进计量工作高质量发展实施意见的通知
洪府发〔2023〕13 号	南昌市人民政府 江西省体育局关于印发中国南昌国际龙舟赛总体工作方案的通知
洪府发〔2023〕14 号	南昌市人民政府关于印发南昌国家农业科技园区“十四五”总体规划的通知
洪府发〔2023〕15 号	南昌市人民政府关于印发 2023 年民生实事安排方案的通知
洪府发〔2023〕16 号	南昌市人民政府关于印发南昌市卫生健康服务能力全面提升三年行动计划(2023—2025 年)暨“4 +2 +2”医疗卫生服务体系建设实施方案的通知
洪府发〔2023〕17 号	南昌市人民政府关于废止部分规范性文件的决定
洪府发〔2023〕18 号	南昌市人民政府关于印发南昌市 2023 年度安全生产责任书的通知
洪府发〔2023〕19 号	南昌市人民政府关于印发英雄聚会 越赣越泳 2023 年南昌市横渡赣江系列活动总体方案的通知
洪府发〔2023〕20 号	南昌市人民政府关于印发中国(江西)工业互联网创新发展大会会议方案的通知
洪府发〔2023〕21 号	南昌市人民政府关于印发中国(江西)工业互联网创新发展大会实施方案的通知
洪府发〔2023〕22 号	南昌市人民政府印发关于推进南昌气象高质量发展(2023—2035 年)的实施意见的通知
洪府发〔2023〕23 号	南昌市人民政府关于加快完善覆盖全民的多层次社会保障体系的意见
洪府发〔2023〕24 号	南昌市人民政府关于印发中国(南昌)电子信息产业发展大会暨移动智能终端产业供需对接会筹备工作实施方案的通知
洪府发〔2023〕25 号	南昌市人民政府关于印发 2023 南昌飞行大会总体方案的通知
洪府发〔2023〕27 号	南昌市人民政府关于印发南昌市推动工业互联网创新发展三年行动计划(2023—2025)的通知
洪府发〔2023〕28 号	南昌市人民政府关于印发南昌市促进商务经济高质量发展的若干政策措施(试行)的通知
洪府发〔2023〕29 号	南昌市人民政府关于做好 2023 年度安排工作退役士兵和退出消防员移交安置工作的意见
洪府发〔2023〕30 号	南昌市人民政府印发关于进一步推动电子信息产业高质量发展的实施意见(修订版)的通知
洪府发〔2023〕31 号	南昌市人民政府印发《关于推进市以下财政事权和支出责任划分改革的实施意见》的通知

续表 3

文号	文件标题
洪府发〔2023〕32 号	南昌市人民政府关于印发南昌市制造业重点产业链现代化建设“8810”行动计划(2023—2026年)的通知
洪府发〔2023〕33 号	南昌市人民政府关于印发南昌市城市轨道交通运营服务成本规制实施办法(试行)的通知
洪府发〔2023〕34 号	南昌市人民政府关于印发南昌市深化公共资源交易改革方案的通知
洪府发〔2023〕35 号	南昌市人民政府关于公布市政府行政规范性文件清理结果的通知
洪府发〔2023〕36 号	南昌市人民政府 江西省体育局关于成立申办 2029 年第十六届全国运动会工作专班的通知
洪府发〔2023〕37 号	南昌市人民政府关于调整《南昌市城乡居民基本医疗保险实施办法》有关政策的通知
洪府发〔2023〕38 号	南昌市人民政府关于印发南昌市第十二届迎新健步行活动总体方案的通知
洪府发〔2023〕39 号	南昌市人民政府关于印发南昌市补充工伤保险办法(试行)的通知

(资料来源:市政府办公室)

政务服务

【概况】 2023 年,南昌市政务服务数据管理局深入落实习近平总书记考察江西时关于“完善跨区域、跨部门、跨层级的数据信息共享和流程互联互通,深化政务服务合作,优化营商环境”重要讲话精神,立足服务企业群众办成事,对表国内一流城市,有序推进数字政府建设,实现政务服务“一网通办”、市域治理“一网统管”、政府运行“一网协同”。深入实施“掌上办、网上办、就近办、不见面、不求人”(以下简称“五办”)集成改革 2.0 版,打造“五办”集成服务品牌,国务院办公厅电子政务办公室评估指出,南昌市政务服务方式完备度全国领先,南昌市获得“2024 年全国第十八届政务服务工作交流研讨会”举办权。

【政务服务“五办”集成改革】 2023 年,全面打通市县 28 个自建系统,建成“个人、法人”数字空间,形成 7000 余万条办件数据,295 种 2047.93 万张电子证照可在线获取,1378 项事项可“免证办理”,705 万张实体证照办事免提交。“赣服通”全省率先开展申报表单定制化开发工作,实现 267 项申报表单无须下载,直接在线填报。全面推进综合窗口改革,打造政府购买服务式综合窗口,全省率先实行乡镇综合窗口人员由县区政务服务管理机构统一派驻模式。在红谷滩区全省首创“叮叮抢单”服务,大厅办事等待时间压缩至 4 分钟以内。建立政务服务体验日制度,37 个部门党政主官参加“政务服务体验日”,查摆各类影响办事体验的问题 56 条,督促全部整改提升到位。依托“赣服通”,在安义县全省首创推出“摆摊一件事”,融合健康证和食品小摊贩备案卡,做到以“数据流动”代替“群众跑腿”,办理时限由 1 周缩短至 1 天,审批生成证照自动存储到电子证照库中供申请人自行查看下载,构建“部门协同、一网通办”的政务服务

2023 年 2 月 8 日,全省政务服务工作现场交流会在南昌召开

(魏勇剑　摄)

体系。

【政务服务事项“就近办”】 2023年，印发《关于推动政务服务事项“就近办”工作的通知》《南昌市推动政务服务事项“就近办”工作实施方案》等文件，推动公共教育、劳动就业、社会保险等下沉至便民服务中心(站)、公安派出所、银行网点等办理。在全市推广政务服务事项“就近办”，打造“15分钟政务服务圈”，实现政务服务“就近办、家门口办”。至年底，梳理出两批共计176项“就近办”政务服务事项指导清单，在全市全面推广政务服务事项“就近办”，全市各乡镇(街道)、村(社区)、公安派出所、银行网点办理“就近办”事项101.03万件，方便企业群众办事。与群众密切相关、办件量较大的社会保障卡申领、城乡居民基本医疗保险参保登记、社会保险个人参保登记3个事项，通过“就近办”为群众提供便利。

【基层审批执法示范点创建】 2023年，根据《江西省政务服务管理办公室关于印发〈基层审批服务执法示范点创建工作方案〉的通知》，组织各县(区)的乡镇(街道)按照自愿原则申报，开展基层审批服务执法示范点创建，南昌市9个乡镇(街道)(红谷滩区九龙湖街道、东湖区百花洲街道、西湖区桃花街道、青云谱区青云谱镇、新建区望城镇、安义县龙津镇、进贤县李渡镇、南昌县向塘镇、湾里太平镇)纳入创建基层审批执法示范点创建单位。经评选，省政务服务办、省委编办、省司法厅决定命名南昌县向塘镇、进贤县李渡镇、安义县龙津镇、青云谱区青云谱镇、红谷滩区九龙湖街道5个乡镇(街道)为2023年度“江西省基层审批服务执法示范点”。

【“一件事一次办”】 2023年，按照国务院和省政府“一件事一次办”指导意见和要求，落实国家和省部署的企业和个人政务服务22件“一件事一次办”，企业群众可通过江西省政务服务网和赣服通申请，或通过一窗式综合服务平台现场申请。7月上线后，南昌市办件31万余件，其中市本级办件12万余件。办件量靠前的事项分别是义务教育入学一件事、城乡居民医保参保缴费一件事和灵活就业一件事。义务教育入学一件事全程实现智能核验学籍、户籍、婚姻、房产等信息，智能获取学区和生源类别等学位信息，最快52秒即可完成入学采集和报名工作，平均用时1分钟即可获取学生学位分配信息。

【行政许可事项清单完善】 2023年，根据《江西省行政许可事项清单(2023年版)》对《南昌市行政许可事项清单(2022年版)》进行修订，形成《南昌市行政许可事项清单(2023年版)》，该次修订新增行政许可事项6项，删除行政许可事项5项。12月22日，市政府办公室印发《关于公布南昌市行政许可事项清单(2023年版)的通知》，全面实行行政许可事项清单管理，严格依照清单实施行政许可，确保清单之外无许可。全面清查事项管理系统中的许可事项，逐项对照“行政许可事项清单(2022年版)”“国家基本目录清单”以及“省级通用事项清单”“省内通办事项清单”，梳理行政许可事项1033个，取消清单外行政许可事项37项，实现清单之外一律不得违法实施行政许可。开展行政许可、行政备案事项实施规范和办事指南编制工作，组织各县区、各部门在江西省行政许可事项管理子系统和备案事项管理子系统编制实施规范和办事指南。至年底，南昌市本级行政许可实施规范和办事指南编制工作全部完成，子项、业务办理项确认率100%，实施规范和办事指南发布率100%。已认领行政备案事项134项，办事指南发布数134项，各县区、各部门目录确认率、办事指南发布率均为100%。

政务信息化建设

【概况】 2023年，全市新增申报政务信息化项目34个，总计投资预算1.96亿元。全市信息化项目主要围绕数字政府基础支撑、政务服务提升、智慧城市等领域展开，涵盖智慧农业、数字人大、智慧住建、数字城管、智慧教育、智慧社区等，覆盖政府履职的大部分领域。数字城管方面，完善南昌市城市运行管理服务平台，建立南昌市城市运行管理服务中心及六大行业应用，实现对城市管理的智能感知，城市运行“一屏统览”。智慧医疗方面，建设南昌市“互联网+家庭医生签约服务”平台，建立全民健康信息平台，接入全市基层医疗机构1370余家，建立居民电子健康档案544万余份，基本建立全市统一的居民电子健康档案、电子病历等为核心的全生命周期健康数据库。

【数字政府建设规划方案】 2023年，根据《江西省数字政府建设三年行动计划(2022—2024年)》《南昌市国民经济和社会发展第十四个五年规划和二〇三五年远景目标纲要》对数字政府建设规划要求，印发《南昌市数字政府规划建设方案》，中期数字政府建设确定数字底座支撑有力、数据共享高效赋能、政务服务更加智慧、城市治理精细智能、政府效能大幅提升五大目标，提出数字底座夯实、数据共享开放赋能、政务服务“一网通办”、市域治理“一网统管”、政府运行“一网协同”、政务公开提升、网络安全保障、标准规范建设八大行动。至年底，数字政府建设18项主要指标中，12项指标达到2025年预期值，其余6项指标按期推进，政务服务电子证照用证率、政府部门电子印章覆盖率、网上可办率、全程网办率等4项指标在全省领先。

【政务信息化项目评审和大数据发展专项资金管理】 2023年,印发《南昌市政务信息化项目技术评审全流程操作细则(修订)》,2023年市级政务信息化项目平均批复时间同比缩短52.55%。为加强和规范南昌市大数据发展专项资金的管理和使用,提高资金使用效益,9月印发《南昌市大数据发展专项资金管理办法》,结合国家、省、市要求,重点对原《南昌市大数据发展专项资金管理暂行办法》中专项资金管理相关部门职责分工、专项资金使用方向与范围、资金申报等内容进行修订。明确专项资金使用方向,规范资金申报与资金拨付流程,强化绩效管理与监督管理责任。该年度大数据发展专项资金共支持40个政务信息化建设项目。

【网络安全防护】 2023年,围绕"一网两中心三朵云"(电子政务外网,市政府数据中心、城市大脑数据中心,市政府政务云、城市大脑云和信创云),持续提升市政数局网络安全防护能力。在制度管理方面,成立局网络和数据安全工作领导小组,统一领导网络和数据安全工作。在项目建设方面,依法依规做好局属系统的等保密评,有效推进安全能力提升一期项目实施。为两中心补充日志审计、数据库审计、蜜罐、态势感知等功能,强化安全运维技术能力。在安全运维方面,坚持检测到位、演练到位、保障到位。全年扫描并修复中高危漏洞4379个,形成34期信息安全简报,在春节、全国两会、"五一"、"十一"、亚运会期间开展重保值守,保障各系统平台稳定运行。参加1次全省和1次全市的网络攻防演练,市政数局获"全省网络安全攻防演习优秀单位""全市网络安全攻防演习优秀单位"。

【"昌通码"转型】 2023年,对"昌通码"进行转型,以全省统一的政务服务码为载体,拓宽昌通码功能,融合i南昌客户端,转型升级为南昌政务服务码平台。8月1日正式上线,平台按照"431"的顶层设计架构,融合电子社保卡等各类卡、码场景应用的试点建设,聚焦政务服务、公共服务、生活服务三大领域,接入更多便民利企应用,上线预约办事、事项查询、码上学、码上读书、消费券发放等61项应用场景,注册人数超262万人,新增用户24.57万人,访问次数1968.09万次。南昌政务服务码作为江西公共服务数字化领域典型经验,在广州市召开的第二届数字政府峰会上对外推介。

【"赣政通"南昌分厅】 2023年,依托"赣政通"平台建立起全市统一的协同办公平台,基本建立市、县、乡、村四级组织架构体系,通过在线化实现公文处理在线拟稿、在线审批、在线办理、在线分发,可以进行指尖办文、随时办文,有网页端和手机端2种处理模式。统筹推进平台覆盖和用户使用,扩大平台覆盖面。基于"赣政通"平台建设南昌市协同办公系统,至年底,全市政府系统基本实现市、县、乡、村四级组织架构全覆盖,接入单位1476家,注册用户7万人,用户平均活跃率78.69%。依托"赣政通"南昌分厅,融合南昌市"12345"便民服务热线平台、公积金业务系统、残疾人辅助器具综合服务平台、四级一体政务服务平台,实现政务服务"前店受理""后厂办理"线上全流程闭环。12月,"南昌市能力图谱及资源申请'一件事'"和"南昌市信息采编微系统"2项案例入选江西省首届"赣政通"微应用创新大赛优秀案例。

【首席数据官制度】 2023年,南昌市深化数字政府建设,推动数据共享开放、数据治理和开发利用,率先在全省实施数据资源管理重大创新,出台《南昌市首席数据官制度工作方案》(以下简称"方案")。推出"首席数据官",设立市级首席数据官1名,由分管数字政府改革建设工作的市领导兼任;各县(区、开发区、湾里管理局),市直部门,市属相关国有企业分别设立首席数据官1名,由分管数字政府改革建设工作的相关领导或该部门领导班子成员兼任,打造一支数据管理队伍,为经济社会高质量发展注入"数据"活力。根据方案,"首席数据官"的职责主要包括推进数字政府建设、完善数据标准化管理、推进数据融合创新应用、实施常态化指导监督、统筹数据管理工作、加强人才队伍建设六个方面,全面推进数据共享工作,加快政务服务"一网通办"、城市运行"一网统管"和政府运行"一网协同"。

【数据共享】 2023年,南昌数据共享工作继续获全省第一,连续四年获评先进,完成105个市级自建非涉密数据共享工作,27个系统均按要求完成数据挂接工作,全面实现通过市数据共享交换平台实现数据共享工作。数据共享交换平台数据目录资源挂载率、数据更新及时率稳定均保持在90%以上,有结构化数据8640.66万条,非结构化数据23.98兆,数据共享需求响应平均时长18.04小时。修订完善《南昌市政务信息资源共享开放实施细则》,全面铺开首席数据官制度,相关做法入选省委办公厅内部刊物《今日信息汇要》,初步实现数据交换共享平台基于赣政通移动端"掌上审数",整合国家、省、市人口、法人数据资源,统一封装,统一对外提供服务。数据共享创新应用受国务院办公厅电政办全国推介,基于"数据融合"的一体化数字文旅平台获评江西开放数据创新应用大赛二等奖。至年底,全市挂接6629个目录,挂接资源17937项,全市累计调用接口1.4亿次。新增订阅国家或省级接口资源数据(包括申请回流的数据)761项,其中有效订阅145项,占比19.1%。年度新挂资源17004项,其中接口类16894个,库表类88个,文件类22个。

(刘艳冰)

人事管理

【概况】 2023年,南昌市人力资源和社会保障局(以下简称“市人社局”)开展事业单位公开招聘工作,完善事业单位岗位设置。严格日常工资福利业务审核,健全教师工资待遇保障长效机制,创新开展绩效工资总量核定工作,完成涉改事业单位工资划转工作。推进职称制度改革,科学评定各系列职称,规范专业技术职务聘任(续聘)工作。全年,市人社局办理各类工资业务24220人次,包括等级晋升、到龄退休、公开招聘、退伍安置、调入调出、人才引进等。审核一线医务人员临时性工作补助3.72亿元。核定森林消防支队队员年工资总量。核定17家主管部门所属23家新成立或涉改事业单位绩效工资总量。会同审核事业单位人员一次性退休补贴20人次。

【事业单位招聘】 2023年,全市事业单位计划招聘1459人,报考人数7.5万人,部分岗位报名比例创历史新高,拿出40%以上的岗位用于专项招聘高校毕业生,拓宽高校毕业生就业渠道。江西省下达南昌市120名“三支一扶”招募计划,经笔试、资格审查等程序,最终确定114人为南昌市2023年度“三支一扶”招募对象。对118名2021年招募服务期满的“三支一扶”人员进行期满考核,其中中途离岗13名,考核合格105名。

【事业单位岗位设置】 2023年,市人社局优化事业单位岗位设置管理,做好事业单位岗位设置政策指导、监督管理和核准备案工作。根据省级有关部门最新文件精神,及时调整优化事业单位专业技术岗位设置结构比例,乡镇事业单位可采取统筹合并进行岗位设置,合并设置产生的中、高级专业技术岗位,可在乡镇事业单位间统筹定向使用。利用江西省事业单位人事管理及工资管理信息系统,实现市直事业单位岗设岗聘线上备案。

【工资福利待遇保障】 2023年,采取主动对接、上门服务和预约办理等形式,简化办事流程,提升经办效率,持续做好市直事业单位及机关工勤人员工资待遇核定。坚决贯彻落实党中央、国务院和省委、省政府部署要求,关心关爱参与疫情防控的医务人员,按标准审核一线医务人员临时工作补助。按照待遇总体不降的原则,妥善解决涉及机构改革事业单位绩效总量问题。对市直事业单位新进人员“空档期”工资待遇问题和政策性安置人员、高层次人才引进人员的起薪时间进行明确。

【职称评定】 2023年,南昌市策应全市经济社会发展需求,根据全省专技工作的统一部署,结合实际适时召开全市工作会议,部署工作、培训业务、解读新政,上下合力推进全市专技人才服务工作。全年,通过职称评审系统在线审核近2.5万人次职称申报资格,向全省各类高级职称评委会推荐2995人参评高级职称,完成市本级组织的卫生高级,中小学、VR行业高中级,工程、农业(含职业农民)、新闻、律师等系列中级职称评审及中初级职称认定工作,全市有11859名专业技术人才通过评定取得职称。依规为10928名事业单位专技人才办理高中级职称聘任(续聘)手续。按要求推荐9人参评国务院特殊津贴专家,选拔20名市政府特贴专家。支持乡村振兴,向基层职称评审进行政策倾斜,推进“定向评价、定向使用”乡村人才职称评审。落实艰苦边远教师(在艰苦边远地区的农村学校任教累计满25年的教师)不受单位岗位结构比例限制评聘高级职称的优惠政策。开展以示范带动效应和社会经济效益作为评价内容的职业农民职称评审工作。全年,全市有257名艰苦边远乡村教师、76名乡村医生通过高级职称评审,12名职业农民通过中级职称评审取得职称。

【博士后三级管理体系完善】 2023年,市人社局通过工作部署会、业务培训会、政企面对面交流等形式,利用报纸、网络、广播电视、南昌人社微信公众号等平台宣传解读职称评聘、“博士后九条”等政策。深入企业走访,点对点帮助江西雄鹰铝业股份有限公司、汇仁集团有限公司2家博士后科研工作站招收博士后。按照《南昌市博士科研创新中心评估办法》对21家市级博士科研平台进行考核评估(2家优秀,3家不合格限期整改)。配合“新人才10条”的实施,制定南昌市博士后建站奖励和新进博士后经费资助政策。全年,全市新设立3家博士后工作站,1家博士后创新实践基地,招收15名博士科研人员。

(何婧雅)

外　事

【概况】 2023年,市外办坚决落实党中央、国务院决策部署和市委、市政府工作要求,以“打头阵、当先锋、作表率”的标准和要求承担省会城市责任,强化党对外事工作的集中统一领导,服务“两个大局”(国家总体外交和经济社会发展),践行为民理念,全力打造体系健全、高效快捷、服务有力的外事工作局面,在新时代新征程上展现外事新作为，为提升南昌发展首位度和综合竞争力，加快全面建设社会主义现代化南昌做出突出贡献。

【党管外事】 2023年6月25日，省委常委、市委书记李红军主持召开市委外事工作委员会第五次会议，围绕始终把牢外事工作正确方向、全力服务经济社会发展大局、持续提升对外交往能力水平、切实防范化解外事工作风险、全面加强党对外事工作领导等6个方面提出要求。会议传达学习2023年度党的对外联络工作座谈会、省委外事工作委员会第六次会议精神，听取市委外事工作委员会、各成员单位及各县区（开发区、湾里管理局）工作情况汇报，审议通过《市委外事工作委员会2023年工作要点》《关于高质量推进新时代全市国际友城工作的实施意见》，为有效“统”外事、科学“谋”外事、有效“干”外事明确目标任务、提供基本遵循，市长万广明出席会议并讲话，副市长肖铁军、赵捷参加会议。为坚决贯彻中央和省、市关于进一步加强外事归口管理的一系列文件精神，履行管理职能，印发《关于重申加强全市外事归口管理的通知》，就外事工作请示报告制度、举办线上外事活动等相关规定进行提醒重申，加强南昌市外事工作的规范性和有序性。

【服务国家总体外交】 2023年11月8—17日，省委常委、市委书记、赣江新区党工委书记李红军率队到德国、法国、美国考察访问，开展经贸投资促进与合作交流活动，发挥高层引领作用，推动高水平对外开放。2023年，参加第三届“一带一路”国际合作高峰论坛、2023中国—中东欧国家市长论坛、第十七次中日友好交流会议、第24届中日韩友好城市交流大会、第十四届中国—东盟民间友好组织大会、第三届中瑞地方可持续发展论坛等活动，承接国际友城青年领袖对话江西活动、2023年东北亚青年可持续发展研习营江西分团活动，做好中国长江中上游地区和俄罗斯伏尔加河沿岸联邦区地方合作理事会第四次会议俄方外宾在南昌参会及参访等相关工作，配合国家总体外交，提升南昌市对外开放水平，初步形成一个全方位、宽领域、多层次的外交格局和交流合作网络，构建政党外交、公共外交、民间外交“三位一体”格局。

【助推经济发展】 2023年，参与第二届中国（南昌）国际大健康产业大会暨博览会、南昌海外联谊会助力南昌招商引资推介会、红谷滩“侨梦苑”招商引智推介会、阿联酋江西商会走进东湖区等活动，对接“德企中国行·走进江西”南昌活动，参加中国侨商投资（广东）大会、第三届中国—非洲经贸博览会、中国—东盟大健康产业博览会、中国·江西—肯尼亚投资贸易合作推介会和江西经济合作区开区仪式等，推动优质企业“走出去”和“引进来”。围绕全市营商环境优化升级“一号改革工程”，打造便捷高效办事政务服务，提高对涉及招商引资、经贸合作的团组的审批效率，优化外国人来华邀请申办流程，开展多场APEC商务旅行卡推介活动，全年共受理全市因公出国（境）团组33批98人次（其中，招商、经贸洽谈类团组11批34人次），办理外邀54批330人次，办理APEC商务旅行卡20批53人次。至年底，南昌市有752家外资企业，南昌籍在外企业22家，进出口总值1112.9亿元，其中出口787.6亿元、进口325.3亿元。

【对外交流合作】 2023年，贯彻落实省委常委、市委书记李红军对南昌市国际友城工作的批示精神，重点开拓与马来西亚沙巴州哥打基纳巴卢市、泰国罗勇府、柬埔寨暹粒市、孟加拉国莫诺哈迪市、白俄罗斯奥尔沙大区等城市的友好交流，深化与奥地利施泰尔马克州格拉茨市、意大利马切拉塔市的交流合作。10月，南昌市与白俄罗斯奥尔沙大区正式缔结友好城市关系，国际友城数量增至18个。协调市领导会见法国驻武汉、澳大利亚驻上海、日本驻上海、韩国驻武汉、乌拉圭驻上海等14个国家的驻华领馆总领事，推动在经贸、文化、农业及城市治理等领域深入交流。春节前夕，给美国、法国、韩国等17个驻华领馆寄送贺新春电子贺卡。全年，有16批80人次的外国驻华使领馆官员到访，派出5批12人次参加外国驻华使领馆举办的各类主题活动，寻求更多国际合作机会，推动更高水平开放。组团参加奥尔沙国际经济论坛、格鲁吉亚库塔伊西市“城市日”庆典活动，组建南昌市中学生代表团到日本开展友好交流，推动南昌市外国语学校与奥尔沙大区第16中学签署合作意向书，开展“豫章端午会”——世界青年说活动、“豫章中秋会”——世界青年说南昌活动，“理解中国，走进南昌——在华外籍博士生南昌行”、非洲交流日等系列交流活动。

【宣传推介】 2023年，建立完善多级媒体资源库，与《中国日报》、中新社、江西广电、《江西日报》、南昌广电、《南昌日报》等多家媒体平台建立稳定联系，聚焦南昌重大重点项目，相继推出“中华米粉节”“世界VR产业大会”“南昌飞行大会”等宣传主题；聚焦南昌生态发展等方面，在*Nanchang China*推特平台、优兔平台发布“国际湿地城市”和“江豚归来”系列视频；聚焦南昌历史文化特色，策划“走近海昏侯”“书香青云谱”“寻梦滕王阁”等多款海外推广产品，外交部发言人赵立坚、驻外大使张和清关注点赞*Nanchang China*推特账号。联合中新社国际传播集团江西分公司，面向全球发起“In南昌国际摄影与短视频大赛”，以图片、短视频等多种形式向世界传播南昌好声音，建立省市县三级外事参访点数据库（至年底累计52个点位），宣传展示南昌市部分产业发展成就。外宣纪录片《江豚归来》在美国天下卫视、江西省海外社交账号等传播平台播出，线上推送至17个国际友城、23个国际友好交流城市与3个国际友好机构，生动展现生态南昌的形象。

（谷宗奎）

港澳事务

【概况】 2023年，南昌市人民政府港澳事务办公室（以下简称“市港澳办”）深入学习领会“爱国者治港”“爱国者治澳”原则的重大现实意义和深远历史意义，与香港、澳门开展交流合作，全年共办理因公赴港澳团组12批39人次。市领导带队到香港推介，推动一批重大项目合作。至年底，全市有港资企业425家，注册资本超过174亿美元。

【南昌（香港）经贸合作恳谈会】 2023年12月17日，由市政府主办，市委统战部、市商务局和香港南昌联谊会承办的南昌（香港）经贸合作恳谈会在香港港岛海逸君绰酒店举行。市长万广明出席并致辞，介绍南昌的人文历史和经济社会发展情况。市委常委、市委统战部部长饶绍清主持。香港特别行政区政府商务及经济发展局副局长陈百里、文化体育及旅游局副局长刘震和部分香港企业家代表、南昌企业家代表，香港江西社团（联谊）总会、香港南昌联谊会、南昌海外联谊会、各兄弟城市香港社团的会员代表及香港各界人士300余人参会，共叙友情、共商合作、共谋发展。

【香港警察乐队奏响爱国主旋律“江西南昌香港月”活动】 2023年5月，市港澳办联合省港澳办、香港驻汉办举办香港警察乐队到南昌交流活动。香港警察乐队分别在八一广场、万寿宫历史文化街区、红谷滩区碟子湖学校进行演出交流。在八一广场，香港警察乐队与南昌英雄警乐团同场演出，曲目包括《我的祖国》《歌唱祖国》《捍卫香港》《中国人民警察警歌》《人民军队忠于党》，演出吸引大量市民、游客观看。6月1日，“守正创新 美好香港”——《中华人民共和国香港特别行政区基本法》及《中华人民共和国香港特别行政区维护国家安全法》展览在江西南昌T16购物中心开幕。香港警察乐队为展览做幕表演。该次展览是内地首个以《中华人民共和国香港特别行政区基本法》及《中华人民共和国香港特别行政区维护国家安全法》为主题的展览，是《中华人民共和国香港特别行政区维护国家安全法》颁布近三年来首个实体展览。

2023年6月1日，“守正创新 美好香港”《中华人民共和国香港特别行政区基本法》及《中华人民共和国香港特别行政区维护国家安全法》展览开幕

（市外办 供图）

【港澳同胞联谊交友】 2023年8月24日，副市长赵捷会见澳门法律工作者联合会国情研修班一行，就昌澳两地打造法治化营商环境开展深入交流。在南昌期间，澳门法联会国情研修班一行到滕王阁、VR产业基地、南昌规划展示中心、海昏侯国遗址公园、南昌八一起义纪念馆进行参访。11月1日，派团参加香港江西社团（联谊）总会成立五周年庆典暨第二届会董会就职典礼。12月17日，香港南昌联谊会第一届理监事就职典礼在香港举行，市长万广明出席典礼并为香港南昌联谊会会长涂雅雅颁发当选证书。拜访港澳江西同乡社团和南昌籍港澳同胞代表人士。

【港澳同胞及眷属服务】 2023年，上门了解在南昌港澳同胞存在的急难愁盼问题，协调有关部门给予解决。解决港澳子女中考加分身份认定情况不明晰问题，经调研外省地市做法，撤销亲属关系凭证材料要求，调整为父（母）的居民户口簿、父母结婚证和本人出生身份证明，进一步优化申办流程，认定信息由市港澳办确认后统一报送至市教育局，实现该事项申办市级层面“只跑一次”。该年度办理港澳子女中考加分3人。

（王嘉维）

参事工作

【概况】 2023年,市政府参事工作紧跟新时代参事工作要求,坚持政治引领、优化服务保障、扩大交流合作、完善工作体系,始终把服务中心工作作为参事履职的首要任务,把下实功、出实招、求实效作为参政咨询工作的主方向,推动参谋辅政成果转化为助力南昌高质量发展的实效。落实参事双周学习交流会制度,组织参事深入学习贯彻习近平新时代中国特色社会主义思想和党的二十大精神,学习研修党中央大政方针和战略部署、省市的最新会议精神、当前的形势与任务等。全年编发《每周信息》刊物52期,编印《南昌参事》简报5期和《2022年南昌市政府参事建言集》,帮助参事订阅相关刊物。拓宽知情明政渠道,通过"请进来"和"走出去"相结合的方式,邀请市发改委、市商务局等相关部门领导为参事通报情况,加强与各方沟通联系,为参事提供研究所需的各种材料。配合省参事室以及云南、广东、河南等外省参事室到南昌调研,以此为契机加强交流,开阔视野。组织参事参与市政府工作报告和有关法规初稿修改工作,落实参事全员列席全市两会要求。

【建言献策】 2023年,坚持将"选题—调研—建言"作为一个完整的工作链,通过组织参事反复酝酿,向市领导征集和审定课题,确定11个重点调研课题,制订课题调研计划。围绕课题,结合领导关注热点、工作任务难点、基层反映热点等问题,全年组织参事调研15次,形成《关于我市全科医生队伍建设的调研》《关于南昌打造"动感都会·不夜之城"的建议》《关于推动我市文旅产业融合发展的对策建议》《关于加快推进国资国企高质量发展的建议》等建言10余篇,大部分获市领导肯定,被相关部门采纳。针对市领导有明确批办意见的参事建言,及时向有关单位发出参事建言转办单,跟踪承办落实情况,推动参事智力成果转化落地,实时向参事反馈办理情况,形成工作链闭环。

【参事管理】 2023年,按照《参事履职考评办法》要求,加强参事履职日常管理,综合参事完成调研任务、咨政建言成果、参加重要会议及集体学习活动、遵守纪律等情况,优化日常考评计分,突出建言成果加分,建立日常管理台账,通过坚持每季度举办一次参事内部讲座等形式,提高参事履职实效。根据《南昌市人民政府参事选聘办法》,为2位聘期已满的参事办理离任手续。

(张　松)

机关事务管理

【概况】 2023年,南昌市机关事务管理局深入开展主题教育,树立新发展理念,落实过紧日子要求,坚持勤俭办一切事业,不断提升保障水平和管理效能,保质保量完成机关事务管理服务保障各项工作。南昌市公物仓建设被国管局授予"公物仓创新试点单位"称号,市行政中心(机关事务局)、洪都中医院、南师附小3家单位,被国管局、住房城乡建设部、国家发展改革委和生态环境部授予公共机构垃圾分类示范点称号,市机关事务管理局获评江西省公务用车管理创新引领实践单位。

【节能降耗】 2023年,践行绿色发展新理念,推进示范单位创建,指导推动节能改造项目。指导节能现场教学示范点、省级垃圾分类样板单位、节约型机关、节水机关创建工作。市行政中心、青云谱税务局和南昌县行政中心被列为省级垃圾分类样板创建单位。全市既有建筑节能改造、中央空调、电梯、照明、厨房设备等重点用能设备节能改造项目72个,合同能源管理项目或合同节水管理项目14个,公共机构太阳能新能源利用项目31个。市直单位分布式光伏发电项目,已装机容量7.25兆瓦,减排二氧化碳约每年5411吨,既有建筑屋顶覆盖率32.86%。深入推进公共机构低碳积分制试点工作,至年底,全市注册人数6.57万人,累计绿币3461万余个,折算减排量7620.68吨。

【公车管理】 2023年,打造公务用车管理新业态,持续推进事业单位定编工作,持续巩固公务用车制度改革成果,采取签订责任状、岗前酒驾毒驾检测、教育培训等措施,打造"品质出行 满意出行"公务出行保障品牌。严格市本级机关公务用车和事业单位业务用车配备更新审批,防止超标准、高配置配备。全年,审批车辆112辆(含一般公务用车46辆,特种车66辆),其中新能源汽车22辆,占年度审批配备公务用车的47.8%。

【资产管理】 2023年,探索创新资产管理新模式,通过集中管理、统筹调剂、盘活存量、合理配置、共享共用,降低行政运行成本,实现资产利用效益最大化。推进闲置资产利用,如人社局局属企业就业大厦办公用房调剂,市信访局办公用房调剂,涉及建筑面积2.4万平方米。审批公开招租处置类资产103处,涉及面积23.68万平方米,涉及36个单位。审批公开拍卖资产4处,涉及建筑面积333.81平方米(市供销社48平方米、西湖区法院285.81平方米)。开展公物仓创新试点建设工作,印发《南昌市资产仓管理暂行办法》,重点是实体仓建设,总仓完成建设布局,分仓挂牌11处(县区4个、市直7家)。12月,南昌市公物仓创新试点建设通过国家验

2023年12月20日，全省机关事务工作先进集体和先进个人表彰大会在南昌召开。图为南昌市获奖集体和个人合影留念

（市管局　供图）

收。通过调剂保障各类活动、会议，比新购节约经费300万元。高质量推进通用设备集采工作，扩展通用设备的审批范围，除空调审批外，加入办公桌椅、柜子、沙发等相关物资，明确通用资产。

【服务保障】 2023年，做好重大活动重要会议保障工作，优化机关运行集约保障，展现服务保障新气象。通过建立“部门牵头、密切配合、协作联动”工作机制，做好2023年世界VR产业大会、第六届世界绿色发展投资贸易博览会、省委十五届四次全体会议等大型会议的后勤保障组牵头保障工作。推进市行政中心和红谷大厦物业安保管理体制改革，改变市行政中心物业服务引进模式，由公开招投标物业服务外包管理模式改为由产权单位统一集中管理，将红谷大厦和市行政中心的物业管理权分别交还产权单位南昌市建设投资集团有限公司和南昌轨道交通集团有限公司。

【机关事务工作】 2023年，坚持固本强基，提升法治化水平，重新修订完善制度汇编，加强机关事务沟通联系。承办江西省机关事务系统第四届运动会篮球比赛及闭幕式，承办2023年度赣东北片区机关事务座谈会，加强与省内兄弟单位的对接交流。加强对县区机关事务工作的指导，召开全市机关事务工作座谈会，谋划推进国家治理体系和治理能力现代化大背景下的机关事务工作。加强对县区机关事务管理工作的日常指导，为基层减负松绑。县区机关事务工作不断推进，新建区机关事务管理中心等5家单位获评全省机关事务工作先进集体，李海等7人获评全省机关事务先进个人。

（刘智发）

信访工作

【概况】 2023年，南昌市信访系统深入贯彻落实习近平总书记关于加强和改进人民信访工作的重要思想，深入学习宣传贯彻习近平总书记考察江西重要讲话精神，紧扣“1+2+X”全年信访工作总体思路，逐步建立和形成信访源头治理、初次信访办理、信访积案化解攻坚、九大领域专班、领导干部接访下访、信访工作法治化负面清单和异常访库等7项工作机制，夯实南昌特色信访战线“主阵地”，维护群众合法权益，促进社会和谐稳定，实现信访事项及时受理率99.99%、按期答复率99.99%、参评满意率99.01%、责任单位参评率93.87%等4项指标稳步提升，推动省会信访工作高质量发展。

【信访工作高位推进】 2023年，市委、市政府高度重视、高位推进信访工作。市委常委会会议、市政府常务会议3次研究部署信访工作，市领导对信访工作作出批示15次，省委常委、市委书记李红军对信访工作作出重要批示，为全市信访工作提供有力遵循。省委常委、市委书记李红军，市长万广明带头深入信访一线调研、指导信访工作，变“群众来访”为“主动下访约访”，与信访群众面对面交流、心贴心解忧，为全市领导干部“四下基层、三访三促”作出表率。分管市领导密集调度信访工作，主持召开6次全市信访工作联席会议全体（扩大）会，对信访工作进行具体部署，落实“周、月、季”三频调度机制（市信访联席办一周一调度，市人大常委会副主任孙毅一月一调度，市委常委、市委政法委书记吴建平一季一调度），其他市领导严格执行每周四值班接访制度，到市人民来访接待中心接待信访群众，到岗率100%。

【信访突出问题治理】 2023年，通过开展“大督查大接访大调研”活动，采用“四不两直”方式，19次深入12个县区、34个乡镇（街道、管理处）进行督查，印发《2023年度专项工作简报》9期，以推动化解九大领域信访突出问题的专项工作方案为抓手,4 次集中开展九大领域的信访突出问题排查、交办、推动化解,构建市领导牵头负总责、属地、责任单位和行业领域齐抓共管的专项攻坚工作领导小组,化解重难点信访事项,为全市经济建设营造良好环境。至年底,省对市考核的 9 项指标中,南昌市有 8 项指标高于全省平均值。开展“治重化积”专项行动,南昌市“四套班子”靠前调度,带头包案办理,落实“四级书记负责制”。

2023 年 5 月 26 日,市委信访局组织开展《信访工作条例》实施一周年集中宣传日活动 (市委信访局 供图)

【重要节点信访保障】 2023 年,坚持提前谋划、周密部署、狠抓落实,组织保障全国性和在南昌举办的重大活动 20 余项,保障时长 100 余天,全国两会、杭州亚运会以及南昌市一系列重大活动的信访安全保障工作得到省信访联席办的表扬,为全省社会大局稳定扛起省会责任、作出省会贡献。

【《信访工作条例》学习宣传】 2023 年,为全面推进《信访工作条例》学习宣传贯彻工作,以《信访工作条例》落实年为契机,举办“主题宣传日”“三进”活动,组织县区人社、司法、市监、辖区派出所、法律援助律师等组成联合宣传团队,通过摆放宣传展板、发放《信访工作条例》相关宣传资料、设立接访展台等方式,向群众深入宣传解读《信访工作条例》。活动期间,相关部门工作人员现场解答群众关心的农民工权益、社会保障、反诈知识、消费投诉、行政复议等法律政策咨询,向群众发放《信访工作条例》宣传资料 1200 余份。通过举办线上知识竞赛、邀请专家授课、组织《信访工作条例》进村庄进社区、开展主题征文、开设专栏等多种方式不断扩大宣传面和影响力,5 月后开展各类宣传活动 50 余次,参与 23.7 万人,在全社会营造出学《信访工作条例》、用《信访工作条例》、守《信访工作条例》的浓厚氛围。向国家信访局推送的作品“桥”在《信访工作条例》网络正能量作品创作大赛中获全国二等奖。

【信访工作法治化】 2023 年 12 月 6 日至 8 日,举办为期 3 天的全市信访系统学习宣传贯彻习近平总书记考察江西重要讲话精神暨信访工作法治化业务培训班。市委常委、政法委书记、市信访工作联席会议第一召集人吴建平作开班动员讲话,就信访工作法治化进行专题授课,以南昌信访工作中的短板弱项和存在的问题为导向,以落实源头治理责任为重点,提升预防法治化水平;以业务规范化标准化为基础,提升受理法治化水平;以职能部门履职尽责为抓手,提升办理法治化水平,推动“信访积案”实质性化解;以健全完善机制为关键,提升监督追责法治化水平;以双向规范为导向,提升维护秩序法治化水平。

【“枫桥经验”推行】 2023 年,坚持和发展新时代“枫桥经验”,践行“四下基层、三访三促”工作机制,常态开展领导干部包案和接访下访。持续开展信访问题源头治理三年攻坚行动,确保初次信访发生得少、信访事项解决得好、信访风险控制得住。深化探索“红色文化 + 信访工作”,开展“信访工作示范县(市、区)”“信访工作示范乡镇”“‘访调诉’一站式调处平台”创建活动,全面推进乡镇(街道)信访工作联席会议实体化运行。强化信访工作信息化建设,对市人民来访接待中心进行信息化智能化改造,搭建信访大数据分析研判平台,打破信息壁垒,实现每件信访事项在网上全程留痕迹、实时可跟踪,更好服务群众。

(曹雪珂)

中国人民政治协商会议南昌市委员会

综　述

【概况】 2023年，市政协常委会聚焦全面落实省会引领战略、加快推进“一枢纽四中心”建设，履行政治协商、民主监督、参政议政职能，广泛凝聚共识，发挥专门协商机构作用，为南昌经济社会高质量发展贡献智慧和力量。制定落实年度走访委员计划，市政协主席会成员分别带队走访50位企业家委员。做好委员履职量化统计、评价及反馈工作。建设政协委员之家，开展界别调研视察、座谈协商、学习联谊、服务群众等活动60余次。

【政治建设】 2023年，以市政协党组理论学习中心组学习为引领，落实党组会“第一议题”学习、常委会会议集体学习、专家辅导讲座、界别学习座谈会、委员读书活动等相配套的学习制度，跟进学习习近平总书记重要讲话、重要指示批示精神，全年举办8次中心组集体学习、10次党组会和常委会集中学习、43次辅导报告和界别学习座谈会，推动主题教育走深走实。坚持和加强党的全面领导，市委把政协工作列入重要议事日程，市委、市政府主要领导带头参加政协重要协商活动，市党政领导阅研采纳委员意见建议，对政协履职成果作出批示37次，其中书记、市长批示20次。落实管党治党政治责任，制定实施政协党组年度工作要点、党建工作要点，加强政协党的各项建设，履行党风廉政建设主体责任和“一岗双责”，巩固良好政治生态。

【协商建言】 2023年，把握专门协商机构的工作定位，紧扣服务全面落实省会引领战略，加快推进“一枢纽四中心”建设协商议政，为助推南昌高质量发展献计出力。深入学习贯彻省委、市委全会精神，聚焦“项目为先、实干奋进，争分夺秒拼经济”工作主线，围绕电子信息产业发展、促进全民健身、实施种业振兴行动、发展宠物经济、加强社区卫生服务机构建设、提升城市治理水平、加快孺子书房建设等事关经济社会高质量发展的重大问题，深入协商议政，推动委员的智力成果更多更好转化为高质量发展的动能。全年，市政协党组成员、主席会议成员分率各调研组，深入基层、沉到一线，实地调研211个点位、学鉴66个典型案例、组织118次座谈交流，召开专题议政性常委会2场、“洪城协商·委员市长面对面”6场、专题协商会和民主监督协商会8场，增加协商密度，丰富协商形式，深化协商交流，形成一批高质量协商成果，为助力党政科学决策、有效施策贡献政协智慧。

【履职为民】 2023年，围绕民生领域实际问题问需于民、问计于民，协助党委政府多谋民生之利、多解民生之忧。广泛开展“赣事好商量·‘三有’在洪城”活动，全市开展协商6800余场次，播出协商专题片35期，以点带面推动共性问题引起关注，从政策层面达成共识，助力市委市政府惠民生的各项措施落地落实。收集和反映社情民意信息，全年收集社情民意信息3700余篇，向市委、市政府报送社情民意专报56期，市委、市政府、市政协领导领衔督办32件重点提案，十五届三次会议后立案的312件提案全部办复。组织部分住昌省政协委员、市政协委员开展民生项目专题视察。

【团结民主】 2023年，支持和保障各民主党派、工商联、无党派人士参与政协履职，在全会大会发言、重要协商活动、重点提案督办等方面作出重点安排。组织住昌全国政协委员考察南昌产业发展和城市建设，以“共推一体化、共建都市圈”为主题组织住昌省政协委员到抚州考察，落实省会引领战略、助推南昌高质量发展。接待各地政协59批次到南昌调研考察。密切与党外知识分子、非公有制经济人士、新的社会阶层人士的联络，发挥少数民族、宗教界代表人士作用，加强同港澳同胞、台湾同胞和海外侨胞、归侨侨眷联系交流。发挥南昌之友联谊会的桥梁纽带作用，协调组织外地客商到南昌考察。全市各级组织、各个层面开展形式多样、内容丰富的“三风”活动2万余场。整理、更新和编纂文史资料30余万字，市政协智慧文史展览馆全年接待参观考察1000余人次。

重要会议

【概况】 2023年，市政协共召开5次常务委员会议、6次主席会议，深入学习贯彻习近平总书记最新重要讲话、重要文章、重要指示批示精神，考察江西重要讲话精神党的二十大精神，专题协商相关课题，审议通过有关草案等，及时研究部署政协各项工作，推动工作贯彻落实。

【政协南昌市委员会常委会会议】 2023年，政协南昌市第十五届委员会第9—13次常委会会议在市政协一楼常委会会议室召开。市政协主席卢伟平在第9—12次常委会会议上发表讲话，市政协主席肖玉文在第13次常委会会议上发表讲话，市政协副主席樊三宝、黄清玉、熊志刚、万敏、宋亮生、谢为民、薛有旺、黄小华、魏宏平，秘书长徐峰出席。市委、市政府相关部门负责人，各县（区）政协主席，市各民主党派、工商联负责人，各界别召集人及市政协副县以上领导干部列席。

3月17日，市政协第十五届委员会第9次常委会会议召开。会议传达学习十四届全国人大一次会议、全国政协十四届一次会议精神；审议通过《市政协常委会2023年工作要点（草案）》；通报市政协十五届三次会议提案审查立案情况；审议人事事项；市政协主席卢伟平讲话。

6月21日，市政协第十五届委员会第10次常委会会议（“丰富活跃群众性体育活动，促进全民健身”专题协商会）召开。会议观看视频短片；市政协副主席黄清玉作调研报告说明；8名市政协委员作发言；市政协常委审议；市直相关部门回应交流；省委常委、市委书记李红军讲话。

8月3日，市政协第十五届委员会第11次常委会会议召开。会议传达学习省委十五届四次全体（扩大）会议，市委十二届六次全体（扩大）会议精神；市政府领导通报南昌市2023年上半年经济社会发展情况及下半年工作打算；审议通过市政协办公室、各专委会、“三风”办2023年上半年工作总结及下半年工作打算（书面）；审议人事事项；市政协主席卢伟平讲话。

11月17日，市政协第十五届委员会第12次常委会会议（“电子信息产业发展情况”专题协商会）召开。会议传达学习习近平总书记考察江西重要讲话精神、习近平总书记在进一步推动长江经济带高质量发展座谈会上的重要讲话精神；传达学习全省、全市领导干部会议精神；观看警示教育片；审议人事事项；专题协商“电子信息产业发展情况”；市政协主席卢伟平讲话。

11月23日，市政协第十五届委员会第13次常委会会议召开。会议传达学习习近平总书记近期重要讲话重要指示精神；传达学习全省政协和统战系统全面从严治党工作推进会精神；审议《关于召开中国人民政治协商会议南昌市第十五届委员会第四次会议的决定（草案）》；审议政协南昌市第十五届委员会第四次会议议程、日程（草案）；审议《政协南昌市第十五届委员会常务委员会工作报告（草案）》；审议《政协南昌市第十五届委员会常务委员会关于市政协十五届三次会议以来提案工作情况的报告（草案）》；审议市政协办公室、各专门委员会、“三风”办2023年工作总结和2024年工作打算（草案）；市政协党组书记、主席候选人肖玉文讲话。

【政协南昌市委员会主席会议】 2023年，政协南昌市第十五届委员会第13—18次主席会议在市政协常委会会议室或一楼东会议室召开，市政协主席卢伟平主持，市政协副主席樊三宝、黄清玉、熊志刚、万敏、宋亮生、谢为民、薛有旺、黄小华、魏宏平，秘书长徐峰出席。

1月18日，市政协第十五届委员会第13次主席会议召开。会议审议《中国人民政治协商会议南昌市第十五届委员会第三次会议提案审查情况的报告（草案）》（罗平汇报）；审议《2023年度市政协协商工作计划（草案）》；审议《市政协常委会2023年工作要点（草案）》；审议《南昌市2023年“兴家风、淳民风、正社风”活动工作安排（草案）》；审议《南昌市2023年基层民主协商“三有”工作安排（草案）》（秦三友汇报）；审议人事事项。

3月16日，市政协第十五届委员会第14次主席会议召开。会议审议《政协南昌市第十五届委员会常务委员会第九次会议工作方案（草案）》；审议有关人事事项。

6月15日，市政协第十五届委员会第15次主席会议召开。会议传达学习省政协提案办理工作现场交流会精神；审议《市政协常委会“丰富活跃群众性体育活动，促进全民健身”专题协商会工作方案（草案）》；审议《关于“丰富活跃群众性体育活动，促进全民健身”的调研报告》。

8月1日，市政协第十五届委员会第16次主席会议召开。会议审议《政协南昌市第十五届委员会常务委员会第十一次会议工作方案（草案）》；审议市政协办公室、各专委会、“三风”办2023年上半年工作总结和下半年工作打算（草案）（书面）；审议人事事项。

11月17日，市政协第十五届委

员会第17次主席会议召开。会议审议《南昌市电子信息产业发展情况调研报告》；审议人事事项。

12月21日，市政协第十五届委员会第18次主席会议召开。会议审议《关于召开中国人民政治协商会议南昌市第十五届委员会第四次会议的决定（草案）》；审议政协南昌市第十五届委员会第四次会议议程、日程（草案）；审议《政协南昌市第十五届委员会常务委员会第十三次会议方案（草案）》；审议《政协南昌市第十五届委员会常务委员会工作报告（草案）》；审议《政协南昌市第十五届委员会常务委员会关于市政协十五届三次会议以来提案工作情况的报告（草案）》；审议《2023年度优秀履职委员推荐名单》《市政协2023年度优秀提案建议名单》《市政协2023年度委员建言"金点子"评选推荐表》；审议《关于完善"洪城协商·委员市长面对面"工作机制的意见》；审议市政协办公室、各专门委员会、"三风"办2023年工作总结和2024年工作打算（草案）（书面）。

重要活动

【概况】 2023年，市政协落实"学思想、强党性、重实践、建新功"总要求，坚持"三个实实在在"推动主题教育开展，深入推进"赣事好商量+"品牌活动，探索"三风"活动新路径，组织部分省、市政协委员视察南昌市重点教育、医疗项目建设，全面落实省会引领战略。抓实调查研究，落实"四下基层、三访三促"机制，主席会成员带头深入企业、农村等一线调研，形成高质量调研报告42篇，在助推南昌经济社会高质量发展中贡献智慧和力量。

【"赣事好商量+"品牌活动】 2023年，深入推进"赣事好商量·'三有'在洪城"活动，以助推解决群众急难愁盼事为导向，全年全市开展协商议事活动6800余场次，推动赣事好商量、商量好干事。与省、市电视台合作开设2档协商电视栏目，播出协商专题片35期，通过"加快养老服务托起'夕阳红'""盘活林地资源唤醒'沉睡的大山'"等典型协商案例的剖析，以点带面推动共性问题引起各方关注，从政策层面形成解决问题的共识。省政协在南昌市召开"持续打造'赣事好商量'品牌，提升市县政协工作质量和水平"专题理论研讨会，向全省推广南昌市"赣事好商量"鲜活经验。

【"三风"活动深化】 2023年，全市"三风"活动坚持以弘扬"四德"为主旋律、以崇尚真善美为主基调、以选树先进典型为主抓手、以党风促民风为主渠道，探索"三风"活动新路径，推进"三风"活动。开展"三风"榜样人物推荐活动，举办南昌市2023年度"三风"榜样人物发布会，评选出全市2023年度"三风"榜样人物20位。组织召开"三风"进机关、进学校、进医院以及孝谦和风进村（社区）工作现场推进会，促进"三风"活动走深走实。发挥传统媒体和新媒体的融媒体阵地作用，不断拓宽媒体宣传渠道，持续开展"凡人善举故事"征集，深入挖掘报道故事90余篇，播出《"三风"大家说》《"三风"故事》104期，推动"三风"活动广泛深入持久开展，不断提高城市文明程度和市民文明素质。

【集中视察】 2023年11月1日，市政协组织部分省、市政协委员视察南昌市重点教育、医疗项目建设。政协委员到南昌中学建设项目、行知中学建设项目、南昌十中经开校区建设项目、南昌市人民医院经开院区建设项目等现场，通过实地观摩、看展板、听取讲解等形式，详细了解南昌市重点项目建设取得的最新进展，全方位感受南昌市城市建设变化，见证南昌高质量发展成果。市政协主席卢伟平，副主席樊三宝、黄清玉、万敏、谢为民、黄小华、魏宏平参加。该次集中视察活动采取分两组双向视察方式，设计视察项目和路线，政协委员一路看一路评一路议，切身感受南昌发展强劲动力。

2023年6月，"持续打造'赣事好商量'品牌 提升市县政协工作质量和水平"专题理论研讨会召开

（市政协办公室 供图）

协商民主

【概况】 2023年，市政协聚焦全面落实省会引领战略、加快推进“一枢纽四中心”建设，制定实施年度协商计划，围绕电子信息产业发展、促进全民健身、实施种业振兴行动、发展宠物经济、加强社区卫生服务机构建设、提升城市治理水平、加快孺子书房建设等事关经济社会高质量发展的重大问题，深入基层、沉到一线、实地调研，为助力党政科学决策、有效施策贡献政协智慧。

【促进文旅消费】 2023年，市政协课题组到西湖区、新建区、湾里管理局等地实地调研，深入了解南昌市文旅消费情况；到成都、雅安、上饶、景德镇学习考察，学习借鉴优秀文旅项目规划、建设、运营、宣传经验；到江西科技师范大学开展“听高校师生谈南昌文旅”活动，听取高校师生意见建议；召开“诸葛会”，与文旅职能部门和旅行社企业交流。8月，召开洪城协商·委员市长面对面——“促进文旅消费高质量发展”协商会。市长万广明出席会议并讲话，市政协主席卢伟平主持会议，市政协副主席宋亮生等出席会议。会上播放南昌市文旅产业发展情况视频短片，宋亮生介绍调研情况，6位市政协委员围绕“促进文旅消费高质量发展”主题建言献策，市直有关部门负责人就相关意见建议现场作出回应。会后，形成《关于促进文旅消费高质量发展的建议案》，得到省委常委、市委书记李红军批示肯定。

【“电子信息产业发展情况”常委会协商】 2023年，市政协课题组到高新区、经开区、小蓝经开区、红谷滩区等地实地调研，与相关部门、电子信息企业座谈和访谈，听取意见建议，到赣州、吉安开展学习考察。11月，市政协召开专题议政性常委会会议。会上，市政协副主席宋亮生代表课题组向市政协常委介绍调研报告情况，8位委员围绕电子信息产业发展协商发言，市政府副市长赵捷带领相关市直部门、县区及开发区负责人出席，与委员面对面交流。会后形成《关于促进电子信息产业高质量发展的建议案》，得到市长万广明批示肯定。

【“实施种业振兴行动，夯实农业发展根基”专题协商】 2023年，市政协课题组到各县区、市直有关部门实地调研，组织部门、县区座谈会收集情况，听取各方面意见建议，深入基层一线开展问卷调查，组织课题组到佛山市、三亚市考察，拜访隆平高科、省农科院、省林科院等科研院所，深入南繁基地、乡镇乡村视察走访，掌握第一手的资料和情况。召开调研报告围读会，邀请省专家和市直单位人员参会讨论。6月27日，召开专题协商会，市直部门与委员面对面协商交流。会后，报送调研报告给市委市政府参考，对协商建议的采用落实情况进行跟踪。报告中提出的“制定实施重大品种研发与推广后补助政策，激励企业加大研发投入”“加大涉农资金统筹整合力度，重点支持农业种质资源保护利用、种业育种创新、企业扶优扶强等工作”等意见被采纳吸收。

【“进一步完善我市农村供销体系建设”专题协商】 2023年，市政协党组、主席会高度重视调研工作，调研组以问题为导向，深入基层一线，多次到有关企业、配送网点、项目建设现场等地开展实地调研，与相关单位、农户座谈交流。委员组成4个调研小组深入4个农业县区的乡镇村落，采取解剖麻雀式的方式开展蹲点调研，听取各方面意见建议。调研组到济南、临沂学习考察。多次组织围读研讨调研报告，修改完善。11月22日，召开专题协商会，委员围绕进一步完善网点布局、密切为农联结、拓展业务领域、夯实要素支撑等方面建言献策，市财政局、市供销联社、市邮政管理局等部门回应交流。会后，调研报告获得市长万广明批示。

【“坚持问题导向，推进长效管理，切实提升城市整体环境”——洪城协商·委员市长面对面】 2023年，市政协课题组科学谋划，起草工作方案，明确调研目的、调研内容、调研方式，就具体安排进行时间倒排，引导委员有针对性地建言献策，推动调研协商。9月16日，市政协召开洪城协商·委员市长面对面——“坚持问题导向，推进长效管理，切实提升城市整体环境”协商会。10月8日，吸收采纳协商会意见建议，形成《关于“坚持问题导向，推进长效管理，切实提升城市整体环境”的建议案》，报市委、市政府决策参考。即日，省委常委、市委书记李红军，市长万广明分别对此作出重要批示。

【“加强社区卫生服务机构建设”——洪城协商·委员市长面对面】 2023年，市政协成立课题组到各县区、市直有关部门实地调研，分别组织相关市直部门、基层卫生机构、部分居民代表召开座谈会，深入基层群众和社区医疗机构从业人员中开展问卷调查，到青岛市、武汉市学习取经，在学习相关制度规定、文献资料、理论成果，借鉴其他城市经验做法的基础上，立足南昌市实际，提出意见建议。11月6日，洪城协商·委员市长面对面——“加强社区卫生服务机构建设”协商会召开。会议就《关于“加强社区卫生服务机构建设”的调研报告》作说明。11位市政协委员围绕协商主题，从不同角度作专题发言。通过沟通交流、深入探讨破解社区卫生服务薄弱之策。

2023年6月21日，市政协常委会“丰富活跃群众性体育活动，促进全民健身”专题协商会召开

（市政协办公室　供图）

【“丰富活跃群众性体育活动，促进全民健身”常委会协商】 2023年，市政协组织部分市政协常委、委员和市政协建言资政专家库专家成立课题组，围绕“丰富活跃群众性体育活动，促进全民健身”广泛调研，形成调研报告和委员发言材料。6月21日，将调研成果提交市政协常委会协商，省委常委、市委书记李红军出席会议与委员面对面协商交流，肯定调研报告内容，点评委员发言材料，现场部署市直部门采纳落实。《人民政协报》、人民政协网、《江西政协报》、《南昌日报》等各级媒体予以全方位报道。

【“加强基层司法所规范化建设”协商会】 2023年，调研工作以贯彻落实《全国司法所工作规范》为纲领，围绕“双重管理机制有待进一步完善”“办公用房建设有待进一步提升”“队伍建设有待进一步加强”等问题作深入研究，调研组多次深入一线，到乡镇街道司法所调研视察，了解详细情况。在调研的基础上，召开洪城协商·委员市长面对面——“加强基层司法所规范化建设”协商会，省公安厅党委委员、市政府副市长、市公安局局长陈鹏辉和相关市直部门负责人参加会议，与市政协委员交流互动。建议案报市委、市政府后，市委常委、政法委书记吴建平作出批示给予肯定。

【“汇聚青年人才 助力南昌经济发展”界别协商】 2023年，根据市政协2023年度“赣事好商量 南昌在行动”计划安排，开展“汇聚青年人才助力南昌经济发展”协商工作。组织共青团界别委员到人才市场、街道社区、人才驿站和人才公寓、用人企业调研青年人才就业创业情况，了解青年人才工作生活遇到的主要困难，鼓励青年人才追求梦想，投身南昌发展。邀请市委组织部、市人社局、团市委向青年人才解读南昌新“人才10条”政策，宣传南昌深入实施省会引领战略，以更大力度、更实举措、更优服务支持青年人才来昌留昌创业就业。协商成果以电视专题片形式在江西电视台五套播出，赢得广大青年人才的关注和好评。

【“深化我市基层民族事务依法治理，提升民族事务治理体系和治理能力现代化水平”协商会】 2023年，市政协课题组通过实地走访、座谈交流等方式，深入了解南昌市基层民族事务依法治理的现状和困难，到广州、珠海市开展调研，向桂林、南阳、无锡、扬州等地开展线上函询，学习成功经验和先进做法。在做好前期调研、提升发言质量的基础上，召开洪城协商·委员市长面对面——“深化我市基层民族事务依法治理，提升民族事务治理体系和治理能力现代化水平”协商会。会后形成建议案报市委、市政府，得到市政府副市长彭开先的批示。市民宗局采纳相关意见建议，草拟相关实施方案。

【“贯彻落实做好新时代学校民族团结进步教育工作”专题协商】 2023年，市政协组织委员到南昌市青山湖区、东湖区等6个县区开展实地调研，深入调查了解南昌市中小学校民族团结进步教育工作开展情况。通过实地查看、座谈交流、网络调研、查阅资料与问卷调查、电话访谈等相结合的方式，于10月13日召开“贯彻落实做好新时代学校民族团结进步教育工作”专题协商会，会后总结整理形成调研报告，报市委市政府，得到市长万广明的批示肯定。相关意见建议被职能部门采纳并落实，市委教育工委逐条对照调研报告中的意见建议，指导开展教育活动。

【“推进农旅融合，助力乡村振兴”专题协商】 2023年2月后，市政协“推进农旅融合 助力乡村振兴”课题组深入安义县、南昌县、进贤县、红谷滩区、湾里管理局等地开展调研视察活动7次，召开座谈会5次，到市商务局、市市场监督管理局、市农业农村局等相关市直部门开展专题调研座谈，组织开展线上线下问卷调查，到浙江省温州市、台州市考察学习借鉴沿海发达地区先进经验做法，形成调研报告《推进农旅融合助力乡村振兴》，以社情民意专报的形式呈送市委、市政府主要领导决策参考。

【“关于我市赣菜发展的调研”专题协商】 2023年3月，市政协“我市赣菜发展情况”课题组深入南昌县象湖新城走访调研赣菜企业，登门拜访向省、市餐饮（烹饪）行业协会的专家学者求教，多次组织相关市直部门开展专题座谈，听取关于南昌市赣菜发展情况的介绍和意见建议。通过实地考察走访、访谈交流、专家研讨、网络调查等方式，收集一手资料，摸清南昌市赣菜产业发展的基本现状，查摆分析南昌市赣菜产业发展中存在的主要问题，研究提出推动南昌市赣菜高质量发展的对策建议，形成调研报告初稿。11月7日，召开“关于我市赣菜发展的调研”专题协商会，市政协委员、市餐饮行业协会、赣菜企业代表、课题组成员与相关市直单位“面对面”协商交流。11月17日，调研报告《提升南昌赣菜品质 推动赣菜高质量发展》获市长万广明批示。

【“保护革命历史遗迹，发展南昌红色旅游”协商会】 2023年，为加大对红色文化遗址保护、修缮，弘扬革命文化，进一步推动南昌市革命历史遗迹在发展南昌红色旅游中的积极作用，根据《2023年度市政协协商工作计划》的安排，组建调研组并于7月启动洪城协商·委员市长面对面——“保护革命历史遗迹，发展南昌红色旅游”主题调研。通过深入调研、学习考察，形成《关于保护革命历史遗迹，发展南昌红色旅游的调研报告》和8个子报告。11月29日，召开洪城协商·委员市长面对面——“保护革命历史遗迹，发展南昌红色旅游”协商会。会后，将《关于保护革命历史遗迹，发展南昌红色旅游的调研报告》和8个子报告报市委、市政府供决策参考。12月1日，市长万广明对报告作出批示：“请万利平组织研究，积极采纳相关工作建议，着力推动南昌市红色旅游板块的高质量发展。”

民主监督

【概况】 2023年，市政协深入贯彻落实习近平总书记关于加强和改进人民政协工作的重要思想，聚焦加快“加快孺子书房建设，推动公共图书馆向基层延伸和服务市民”和“打通断头路 畅通微循环”等方面开展民主监督活动，以调研报告、建议案等形式报市委、市政府，相关部门采纳意见建议。

【“打通断头路 畅通微循环”民主监督】 2023年，按照《2023年度市政协协商工作计划》安排，市政协做好“打通断头路 畅通微循环”民主监督活动各项工作。在协商座谈会上，市政协委员从不同角度对南昌市“打通断头路 畅通微循环”工作提出意见建议，围绕主题深入协商。获得副市长江新洪的肯定。7月20日，在吸收采纳民主监督活动意见建议的基础上，形成《关于市政协委员视察“打通断头路 畅通微循环”工作的建议案》，报市委、市政府决策参考。省委常委、市委书记李红军，市长万广明对建设案给予充分肯定，分别作出重要批示，要求相关部门研究落实。

【“加快构建新就业形态劳动者权益的保障机制，助推新就业形态规范有序发展”民主监督】 2023年，为研究解决新就业形态劳动者关心的热点难点问题，推动全市新就业形态领域和谐稳定发展，市政协社法委就“加快构建新就业形态劳动者权益的保障机制，助推新就业形态规范有序发展”民主监督课题开展专题调研，组织课题组成员外出学习考察，召开市直单位、新就业形态劳动者座谈交流会，深入平台企业、驿站网点、工会走访视察，详细了解南昌市新就业形态劳动者权益保障工作情况。召开民主监督协商会，委员与市直部门协商交流，进一步推动劳动者权益得到保障。会后总结整理的建议案报市委、市政府，市长万广明批示要求有关部门研究贯彻，相关意见建议被职能部门采纳。

【“加快孺子书房建设，推动公共图书馆向基层延伸和服务市民”民主监督】 2023年，为推动南昌市孺子书房建设，进一步为广大市民提供图书阅览的便利性，提高市民文化素养、促进南昌文明城市建设，市政协副主席谢为民根据《市政协2023年度协商计划》安排，围绕“加快孺子书房建设 推动公共图书馆向基层延伸和服务市民”课题开展民主监督考察调研工作。自2月启动调研工作后，到各县（区）、开发区、湾里管理局等地开展实地调研并召开座谈会10次，7月26日，召开民主监督协商会。会后形成的《关于“加快孺子书房建设 推动公共图书馆向基层延伸和服务市民”的调研报告》于8月1日报市委市政府。省委常委、市委书记李红军高度肯定报告提出的意见建议，做出批示：“政协所提建议及群众的意见，请市文广新旅局认真研究，持续提升孺子书房建设管理运营水平。”8月4日，市长万广明对报告做出批示：“请文旅局认真研究贯彻。”

调研视察

【概况】 2023年，市政协投身“项目为先、实干奋进，争分夺秒拼经济”工作主线，围绕繁荣发展宠物经济、南昌市烟花爆竹产业发展情况开展调研视察，让委员的智力成果

2023年7月6日，市政协组织部分全国、省、市政协委员，开展政协委员视察南昌市重点项目活动

（市政协办公室　供图）

更多更好转化为高质量发展的动能，为市委、市政府决策部署建言献策。

【“重视培育宠物产业 繁荣发展宠物经济”专题调研】 2023年4月，根据省委常委、市委书记李红军的指示要求，在市政协主席卢伟平的直接领导和副主席黄小华的具体带领下，市政协组建课题组，就南昌市宠物市场发展情况进行广泛深入的调研。在调研座谈、视察走访、外出考察、问卷调查的基础上，课题组认真分析现状，查找瓶颈短板，提出对策建议，形成《重视培育宠物产业繁荣发展宠物经济——关于我市宠物市场发展情况的调研报告》。该报告呈送市委、市政府后，李红军作出重要批示：“以政协报告内容为主题，组织一次市委理论学习中心组学习，由市政协明确一位干部主讲，请副市长彭开先，市农业农村局、市商务局、市市场监管局、东湖区等负责人做好发言准备。”9月6日，市委理论学习中心组就“重视培育宠物产业 繁荣发展宠物经济”召开专题学习研讨会，市政协提案委主任罗平在会上进行专题讲解。李红军充分肯定调研报告成果，并指示相关部门和县区逐条逐项落实其中建议。

【“南昌市烟花爆竹产业发展情况”专题调研】 2023年，按照市委主要领导点题要求，聚焦打造李渡烟花世界级文化名片，组成课题组深入李渡烟花集团和浏阳市、万载县等烟花爆竹主产区调研，针对李渡烟花产业规模小，产业链不全，企业融资难，政策扶持少，技工流失多等问题逐一提出具体建议，形成调研报告专报。省委常委、市委书记李红军批示要求，全力支持李渡烟花转型升级，擦亮李渡烟花品牌，有序组织好春节、国庆烟花晚会，更好满足广大市民群众节日生活需求。

提案工作

【概况】 2023年，市政协十五届三次会议后收到提案398件，经审查立案312件，分送67个承办单位办理。至7月底，立案提案全部办复，为促进南昌市经济社会高质量发展发挥积极作用。加强对县区政协提案工作指导，促进全市政协提案工作均衡发展、共同提高。组织各参加单位、各县区政协和广大委员收集反映社情民意信息，为党政决策提供有益参考。深入开展宠物经济发展情况专题调研，为南昌市开辟产业发展新赛道贡献良策。全年在各级各类媒体上登载新闻稿件115篇（次），不断扩大提案、社情民意信息工作社会影响力。市政协提案委被省委、省政府、省政协评为政协履职先进单位。

【提案质量提升】 2023年，加强科学引导，通过编写《关于做好市政协十五届三次会议提案征集工作的通知》，发布提案选题参考提纲，组织调研视察、协商座谈等履职活动，引导政协委员、政协各参加单位在提案选题、调研、撰写等方面提升；推动市各民主党派、工商联、市政协各专委会，将重要协商议政成果及时转化为高水准集体提案。严格审查立案，坚持“质量优先，不搞凡提必立”原则，按照会中初审、会后复审、征求主席会议成员意见“三审”程序对三次全会提案进行审查，确保立案提案提得好、立得住、能办理。

【高位推动提案办理】 2023年，提案交办后，省委常委、市委书记李红军，市长万广明，市政协主席卢伟平等市委、市政府、市政协领导班子成员领题，选定32件提案作为2023年度重点提案进行督办。李红军对领办的重点提案《关于推动我市数字经济发展的建议》的办理予以充分肯定，批示“同意下一步工作意见及对委员的答复意见”；万广明在领办《关于南昌国际物流通道建设的建议》重点提案办复件上，要求“更好地发挥委员智囊作用”；卢伟平就《关于加强我市绿道系统建设的建议》重点提案办复情况，批示“感谢城管局对提案办理的高度重视，并且取得了实实在在的成效”。通过开展重点提案督办，取得“办理一件，带动一片”的良好效果。

【提案办理工作调度】 2023年，市政协主席会议、常委会会议把提案工作摆在突出位置，定期听取提案工作汇报，研究推进提案工作。6月9日，为学习贯彻省政协提案办理工作现场交流会精神，进一步推动全市政协提案办理，提升提案办理实效，召开全市政协提案办理暨社情民意信息工作交流会，要求各参会单位推动提案各承办单位不断创新做好提案办理工作思路和举措，把每一件提案办好、办实、办到位。市政协副主席黄小华多次率队到南昌县、红谷滩区及市发改委、市城管执法局、市教育局、市民政局等县区、市直单位，督办调研重点提案，了解提案办理进度，推进提案办理落实。在7月4日召开的市政协十五届三次会议提案办理工作调度会上，市政协主席卢伟平，市委常委、常务副市长胡晓海对参会的67家承办单位提出明确工作要求。南昌县政府、市人社局、市财政局、市科技局等多家提案办理单位在会上进行表态发言和经验交流。

【提案办理思路方法优化】 2023年，实行“项目化办理，清单式落实”，引导承办单位践行项目工作法，对标市委办转发的《市政协年度重点提案督办工作安排》和市政协对提案办理工作的相关要求，结合本单位工作实际，按照提案缘由、重要程度梳理排序，制定年度提案办理工作计划，针对每件提案提出的每条建议，逐一制定办理、落实和回复的工作任务配档表，以清单的方式确定办理任务、办理推进和进展情况，对清单列出的工作任务逐项逐事抓落实，持续提高办理质效性。创新推进“重点提案调研办，相关提案归类办，一般提案尽快办”工作办法，实现提案办理“点面”有机结合，工作进度明显加快。

团结联谊

【概况】 2023年，市政协把握团结民主两大主题，发挥人民政协“重要阵地、重要平台、重要渠道”作用，服务招商引资，反映社情民意，凝聚各界共识，汇聚发展合力，助力乡村振兴对口帮扶，加强同市各民主党派、工商联、无党派人士和各人民团体的联系合作，为南昌改革发展稳定奠定政治基础、社会基础。

【南昌之友联谊会】 2023年，加强南昌之友联谊会平台建设，在原有7个工作组（分会）的基础上，新成立南昌之友（苏州）联谊会。在全市深度挖掘曾在南昌工作、学习、生活过的校友、战友、工友、乡贤乡友等，到南昌大学、江西财经大学、江西科技师范大学、豫章师范学院等高校交流校友工作。到上海走访南昌之友企业家和医疗专家，向在沪南昌之友介绍南昌高质量发展的强劲动力和强盛势头。走访南昌之友在南昌企业，邀请上海、杭州等地南昌之友企业家到南昌开展项目考察，全年邀请外地客商到南昌考察70余人次，推动意向投资项目7个、金额75.5亿元。召开南昌之友返乡恳谈交流会，组织开展走访看望南昌之友在南昌亲属活动，让在外创业拼搏的南昌之友感受家乡的温暖。

【社情民意报送】 2023年，收集社情民意信息4048篇，向省政协报送社情民意信息1185篇，省政协采用并向全国政协和省委报送275篇次，其中报全国政协179篇，全国政协采用8篇；报省委96篇，省委采用5篇。提案委及工作人员分别获2023年度全省反映社情民意信息先进单位、先进个人，在全省总分排名位居第一。编报社情民意信息专报64期，李红军、万广明等市党政领导作出具体批示21次，部门办理回复22次，为帮助党委政府客观全面地听取基层声音，推动解决群众急难愁盼问题发挥作用。组织召开全市政协社情民意信息工作会议、全市政协社情民意信息工作调度会、市政协社情民意信息工作视频会议，加强工作总结、明确工作方向、部署工作任务。制定《社情民意信息专报编审工作办法（试行）》，优化信息编审流程，不断推动社情民意信息工作提质增效，更好地服务改革发展大局。

【汇聚发展合力】 2023年，接待各地政协59批次到南昌调研考察，支持和保障各民主党派、工商联、无党派人士参与政协履职。民革市委会开展“南昌国际陆港建设”等22个课题调研，献计出力。民盟市委会180余篇社情民意信息获中央、省、市采用，盟员章金媛获护理界国际成就奖。民建市委会报送招商引资项目线索26条，推动签约项目6个、金额超百亿元。民进市委会配合民进中央对口江西省开展的长江生态环境保护民主监督，3篇专报获市委主要领导批示。农工党市委会创建“健康生活在南昌·洪城农工在行动”社会服务品牌。九三学社市委会持续打造“九三科普驿站”品牌，举办各类讲座、科普活动10余场，惠及群众300余人。市工商联发挥渠道优势，在深圳、北京、宁波等地举办南昌市“三请三回”招商推介会。

（邹淑珏）

中国共产党南昌市纪律检查委员会 南昌市监察委员会

综 述

【概况】 2023 年，中国共产党南昌市纪律检查委员会、南昌市监察委员会（以下简称“市纪委市监委”）发扬彻底的自我革命精神，开展学习贯彻习近平新时代中国特色社会主义思想主题教育和纪检监察干部队伍教育整顿，推进党风廉政建设和反腐败斗争，持续推动健全全面从严治党体系，严管严治纪检监察干部队伍，纪检监察工作高质量发展取得新成效，全市政治生态持续向上向好，全市纪检监察干部政治素养、履职本领在重大考验、重大斗争中得到进一步锤炼。

【政治监督】 2023 年，市纪委市监委履行监督职责，自觉地担负“两个维护”特殊使命和重大责任。始终把政治监督置于党和国家大局中谋划推进，找准切入点、结合点、着力点，保障党中央重大决策部署在南昌落地落实。聚焦“国之大者”强化政治监督，配合开展有关专项治理，精准把握政策策略，实事求是、依规依纪对 2 个责任单位和 20 名责任人追责问责，以精准问责督促党员领导干部树牢正确政绩观。持续推动长江经济带环保督察反馈问题整改，下沉一线、实地督导，督促相关职能部门切实扛起责任，推动反馈问题如期完成整改。深入开展高标准农田建设领域腐败和作风问题专项整治，严肃查处暗箱操作、内外勾结、权钱交易和形式主义、官僚主义等问题，立案 11 件 13 人，留置 9 人。紧盯“关键少数”强化日常监督，积极协助市委开展政治谈话，全市组织政治谈话 1 万余人次，市管领导班子成员政治谈话实现“全覆盖”。持续实施领导干部司机配备情况报备制度，对市级领导干部司机和身边工作人员开展警示教育谈话。紧盯工程项目强化重点监督，建立全市重点工程监督台账，运用“四步工作法”边查边改，着力保障重点工程廉洁高效推进。聚焦赣抚尾闾综合整治工程等重大项目，督促相关职能部门发挥监管作用，严把工程质量关、安全关，市委主要领导给予充分肯定。

【群众利益维护】 2023 年，市纪委市监委始终把民心所向作为纪检监察工作努力方向，让人民群众充分感受到执纪执法的力度、惩恶扬善的温度。推进乡村振兴领域不正之风和腐败问题专项整治，严肃查处群众身边“蝇贪蚁腐”问题 2278 起，处理 2631 人，切实增强群众的获得感、幸福感、安全感。配合开展医药领域腐败问题集中整治，建立线索移送、挂牌督办等七项工作机制，坚决有力、审慎稳妥处置问题线索，立案 22 件 22 人，督促医药医疗医保等相关部门全面开展自查自纠，着力解决群众急难愁盼问题。推进营商环境领域腐败和作风问题专项整治，重点纠治“吃拿卡要”“红顶中介”“官商勾结”等乱象，查处问题 1668 起，处分 822 人。调查项目落地审批过程中存在的干部作风问题，对 16 名工作人员作出严肃处理，推动解决企业诉求，专题报告得到市委、市政府主要领导批示肯定。推广小微权力“监督一点通”平台，通过亮清单、亮问题、亮结果，倒逼干部转作风、办实事。开展重复举报化解不力专项整治，一批长期困扰群众的突出问题和矛盾得到有效化解。

【主题教育和教育整顿一体推进】 2023 年，市纪委市监委坚持以学习为先导并贯穿主题教育、教育整顿全过程，做到一体部署、有机衔接、相互促进。持续深化“第一议题”制度，常态化落实班子成员领学、中心组研学、机关支部周学、党员干部自学等学习机制，全年组织理论学习中心组、常委会学习 35 次，做到以学铸魂、以学增智、以学正风、以学促干。充分运用本地红色资源，持续加强党性教育，各级纪委监委主要负责人带头讲专题党课、作廉政报告，教育引导纪检监察干部凝心铸魂、强化忠诚。委班子成员紧扣工作形势，选定调研课题，深入开展调研。开展违规办案、“八小时外”违规交往等6个方面专项整治，着力堵塞执纪执法权力运行、内控机制中存在的风险漏洞。坚持严字当头纯洁思想，查摆整改底线问题，对照履职尽责高标准检视整改差距不足，全面提升纪检监察干部履职底气。健全完善内控机制，认真执行解除留置前谈话制度，创新建立打听案情、说情干预、违规交往“零报告”制度，干部纪律规矩意识进一步增强。中央纪委督导组在南昌调研督导时，对南昌市教育整顿工作给予肯定。

（江杰华）

重要会议

【概况】 2023年，全市纪检监察工作认真贯彻落实中央纪委和省纪委全会精神。第十二届中共南昌市纪律检查委员会召开第三次全体（扩大）会议，并多次召开相关工作部署会议，研究纪检监察工作，监督推动党中央重大决策部署、习近平总书记重要讲话精神和重要指示批示精神在南昌落实落细，深入推进党风廉政建设和反腐败斗争，持续推动健全全面从严治党体系，严管严治纪检监察干部队伍，纪检监察工作高质量发展取得新成效，全市政治生态持续向上向好。

【市纪委十二届三次全体会议】 2023年1月18日，中国共产党南昌市第十二届纪律检查委员会第三次全体会议在红谷滩会议中心召开，全会以习近平新时代中国特色社会主义思想为指导，深入学习贯彻党的二十大精神，深化落实习近平总书记考察江西重要讲话精神，认真落实二十届中央纪委二次全会、省委十五届三次全会、省纪委十五届三次全会和市委十二届五次全会精神。省委常委、市委书记李红军出席全会并讲话。市委常委，市人大常委会、市政府、市政协领导，市法院、市检察院主要负责人出席。市委常委、市纪委书记、市监委主任黄冬生作题为《深入贯彻落实党的二十大精神，坚定不移推进全面从严治党，为全面建设社会主义现代化南昌提供坚强保障》的工作报告。省纪委省监委有关负责人到会指导。

2023年1月18日，中国共产党南昌市第十二届纪律检查委员会第三次全体会议在红谷滩会议中心召开　　（市纪委市监委　供图）

【全市纪检监察干部教育整顿动员部署会】 2023年3月10日，市委常委、市纪委书记、市监委主任黄冬生在红谷滩会议中心东厅出席全市纪检监察干部教育整顿动员部署会并讲话强调，开展教育整顿，是党中央部署的重大政治任务，是坚定拥护“两个确立”、坚决做到“两个维护”的必然要求，是以彻底自我革命精神从严锻造队伍、永葆铁军本色的具体举措，是适应新形势新任务新要求、坚定扛起服务保障现代化建设大局职责使命的现实需要。要抓住学习教育这个根本，始终用习近平新时代中国特色社会主义思想凝心铸魂。要紧盯检视整治这个要害，清仓起底全面处置线索，刀刃向己主动说清问题，严肃认真坚决清理门户，动真碰硬重点推进整改，保持干部队伍肌体健康。要把握巩固提升这个关键，建立健全全面从严管理机制，不断提升工作规范化、法治化、正规化水平。要充分发挥政治机关优势，加强组织领导，以更高标准、更严要求确保教育整顿取得实效。全市各级纪检监察机关要切实担起主体责任，形成领导带头、以上率下、整体推进的良好局面。要坚持系统思维、统筹融合，强化全局观念，贯通教育整顿与正风肃纪反腐、干部一体化培养、深化体制改革等各项工作，为全面建设社会主义现代化南昌作出新的更大贡献。

【市纪委市监委机关主题教育调研成果转化暨整改整治工作推进会】 2023年11月29日，市委常委、市纪委书记、市监委主任候选人熊明在市纪委七楼会议室，主持召开市纪委市监委机关主题教育调研成果转化暨整改整治工作推进会并讲话强调，第二批主题教育开展以来，在省委第二巡回督导组和市委主题教育办的悉心指导下，市纪委市监委牢牢把握“学思想、强党性、重实践、建新功”总要求，坚持问题导向、目标导向、结果导向，在深入调查研究、有力整改整治、精准为民服务等方面下功夫、求实效。要加快转化运用，推动调研成果实现价值最大化。把成果转化与中心工作、典型引领、为民服务结合起来，紧紧围绕党中央重大决策部署和省、市工作要求，立足纪检监察机关职责定位，充分发挥调研优化决策、改进政策、促进工作的作用，为经济社会高质量发展提供坚强保障。要勇于动真碰硬，推动整改整治落地见效。开展常态化查摆，以严实作风、坚决态度推进问题整改，围绕主题教育中行之有效的经验做法强化制度完善和制度执行，更好推动制度优势转化为治理效能。要压紧压实责任，持续推动主题教育走深走实。委班子成员和各部门负责人要认真落实“一岗双责”，加大督查力度，抓好结合融合，监督推动分管范围内开展主题教育往深里走、实里走，把主题教育成果转化为工作实效。

【全市县区纪委书记座谈会】 2023年12月7日，市委常委、市纪委书记、市监委主任候选人熊明在市纪委七楼会议室，主持召开全市县区纪委书记座谈会并讲话强调，要深入学习贯彻习近平总书记考察江西重要讲话精神，将“走在前、勇争先、善作为”的目标要求贯彻落实到工作全过程，把学习成果转化为工作实效。要坚持围绕中心、服务大局，聚焦制约高质量发展的突出问题正风肃纪反腐，坚决纠治特权思想、特权行为，着力推进高标准农田建设领域腐败问题专项治理，扎实配合开展医药领域腐败问题集中整治，严肃查处破坏营商环境问题，为经济社会发展清障护航。要始终以零容忍态度惩治腐败，加大对重点领域、重点问题的查处力度，精准把握政策策略，全面历史客观辩证看待问题，牢牢守住安全底线，不断提升一体推进“三不腐”治理效能。要深化政治巡察，坚持上下联动，加强指导督导，持续提高巡察工作质效。要从严从实加强队伍建设，坚持严管就是厚爱，以主题教育和教育整顿为契机，在纯洁思想、纯洁组织中磨炼斗争意志、提升履职本领，着力打造忠诚干净担当、敢于善于斗争的纪检监察铁军。

（江杰华）

党风廉政建设

【概况】 2023年，市纪委市监委把中央八项规定作为长期有效的铁规矩、硬杠杠，以钉钉子精神深入纠“四风”树新风，将从严抓作风一贯到底。围绕岗位职责落实党风政风监督各项工作任务，推进党风廉政建设工作取得新成效。制作警示教育片，在市直相关部门播放60余场次。协助市委召开全市领导干部警示教育大会，督促领导干部严于律己、严负其责、严管所辖，得到省纪委主要领导批示肯定。推进营商环境领域腐败和作风问题专项整治，查处问题1668起，处分822人。

【“四风”纠治】 2023年，市纪委市监委紧盯重要节点、重点场所开展明察暗访，对顶风违纪行为一律先通报后处理，不断释放全面从严的强烈信号。全市纪检监察机关主动发现“四风”问题线索51件，查处违反中央八项规定精神问题745起850人，党纪政务处分765人。常态化开展节前警示教育，通过发送廉洁提醒短信等多种形式，提醒廉洁文明过节，自觉抵制违规吃喝。聚焦日常考核、乡村建设盲目“造景”、经济社会发展巡察活动中的形式主义、官僚主义问题开展监督，查处有关问题213起261人，党纪政务处分242人，及时纠偏正向，减轻基层负担。认真做好以案促改工作，部署开展“五个一”专项行动，系统梳理、深入剖析通报各层级各领域收送高档烟酒等典型案例，教育警示干部举一反三、深刻查摆，切实做到以案为鉴。

【营商环境领域腐败和作风问题专项整治】 2023年，市纪委市监委推进营商环境领域腐败和作风问题专项整治，重点纠治“吃拿卡要”“红顶中介”“官商勾结”等乱象，查处问题1668起，处分822人。调查项目落地审批过程中存在的干部作风问题，对16名工作人员作出严肃处理，推动解决企业诉求，形成《优化营商环境工作须在基层走深走实》专题调研报告，得到市委、市政府主要领导批示肯定。坚持以案示警，结合查办案件和日常监督掌握情况，下发《关于我市营商环境领域干部作风问题及其教训警示的通报》，实名通报南昌市少数党员干部存在工作作风不实、违规任性用权、政商交往不清、纪法观念淡薄、损害企业合法权益等问题。

【警示教育大会】 2023年5月17日，南昌市警示教育大会召开。省委常委、市委书记李红军出席并讲话。市长万广明，市委副书记、市委组织部部长余正琨，市人大常委会主任李镇发，市政协主席卢伟平等市四套班子领导，市法检“两长”出席。市委常委、市纪委书记、市监委主任黄冬生主持会议。与会人员集中观看警示教育片，会议强调要紧盯“关键少数”，以案示警、以案明纪、以案促改，督促“一把手”带头廉洁自律，以上率下形成示范效应，引导全市各级党员干部特别是领导干部筑牢思想防线，提高拒腐防变能力，着力营造风清气正的政治生态。全面从严治党永远在路上，党的自我革命永远在路上，决不能有松劲歇脚、疲劳厌战的情绪，必须持之以恒推进全面从严治党，坚决打赢反腐败斗争攻坚战持久战。

（江杰华）

监督执纪

【概况】 2023年，市纪委市监委坚持使命引领，强化问题导向，忠诚履职担当。发挥监督专责机关职能作用，聚焦“关键少数”、聚焦政令畅通、聚焦民生民利，通过常态化开展政治谈话、精准化纠治突出问题、具体化开展政治巡察，集中整治乡村振兴领域不正之风和腐败问题，试点推行城区公安分局派驻监督改革，重点监督领导干部司机，以有力的政治监督，推动全市全面从严治党不断取得新成效，为全市经济社会高质量发展提供坚强的纪律保障。

【政治谈话】　2023 年，市委主要领导对 11 个县区（开发区）党委（党工委）“一把手”一对一开展谈话，指出包括贯彻上级决策部署不到位、主体责任落实不够有力等方面问题，不回避矛盾，一针见血、直点痛处，让被谈话者警醒、受到教育。市四套班子成员结合挂点联系县区、分管部门扎实开展政治谈话，谈话对象延伸至科级及以下党员干部和公职人员，全市开展政治谈话 5432 人次，完成对市管领导干部政治谈话全覆盖。市纪委市监委会同市委组织部、市委巡察办等部门，结合日常监督掌握的情况，广泛收集问题素材，针对谈话对象以及所在单位在推进工作中的政治站位、落实政治责任等方面存在的苗头性、倾向性问题，进行“素描”“画像”，对需要提醒的问题形成“清单”，确保谈话谈出压力、谈出态度、谈出思路。市纪委市监委还将政治谈话与任前谈话、廉政谈话相结合，与新提任的发改、工信、科技、政数局等 16 个部门“一把手”开展“一对一”任前政治谈话，帮助分析查找廉政风险点、提醒管党治党责任，拧紧“一把手”思想开关，压实责任链条，依法用权、秉公用权、廉洁用权。市纪委市监委跟踪督促谈话反馈问题整改，做实政治谈话“后半篇文章”，建立常态化督查督办机制，列明问题、明确要求、跟踪督办、销号整改。将问题整改纳入专项督查、日常督查的内容范畴，通过听取汇报、现场察看、跟踪回访等方式，严把政治谈话问题整改质量关。对整改不到位的要求“回炉再造”，确保整改落地见效。

【乡村振兴领域不正之风和腐败问题整治】　2023 年，市纪委市监委制定《市纪委市监委关于乡村振兴领域不正之风和腐败问题专项整治实施方案》，明确围绕 5 个方面 22 项问题进行重点整治。至年底，查处群众身边“蝇贪蚁腐”问题 2278 个，处理 2631 人，其中党纪政务处分 1088 人，通报曝光典型案例 353 起 460 人，严肃查办恒湖垦殖场高标准农田建设领域腐败问题等案件，着力惩治损害群众利益和集体利益的腐败行为。压紧压实部门主体责任，监督推动相关责任单位履职尽责、整改整治。推动市人社部门在全市开展在建工程农民工工资欠薪隐患大排查，查处欠薪问题 257 起，为 4282 名农民工追回工资 7600 余万元；会同市乡村振兴局对 23 个乡镇 62 个村的防返贫监测和帮扶情况开展监督检查，发现问题 13 个，提出整改措施 27 条，督促完善预警信息推送、“三线预警”平台入户核实等机制。

【城区公安分局派驻监督改革试点】

2023 年，市纪委市监委结合南昌省会城市实际以及公安工作特点，在不增加职数编制的基础上，从领导体制、工作机制、力量调配等方面创新监督机制，在青云谱区、红谷滩区进行试点改革，采取“监督权与处分权适当分离”的原则，由区纪委区监委向属地公安分局派驻纪检监察组，开展派驻监督，推动形成上下贯通、协同高效的监督体系。监督成效初步显现，查办案件数量大幅提高，干警纪律作风显著提升，精神面貌明显改善，切实推动城区公安分局派驻监督从“有形覆盖”到“有力有效覆盖”，为全面推开城区公安分局派驻监督改革打下基础。

【领导干部司机监督管理】　2023 年，市纪委市监委把领导干部司机作为重点监督对象，针对多年来领导干部提拔交流、工作调动时“岗位变动、司机不变”“领导调动、司机随调”的问题，联合南昌市委组织部下发《关于严肃纪律 纠治领导干部违规配备司机问题的通知》，明确提出领导干部工作调动（含交流、提拔、重用）时，司机一律不得随调随借等要求。联合南昌市机管局对 19 名市级领导司机开展警示教育谈话，通报典型案件暴露出的司机违纪违法问题，教育引导领导司机知敬畏、存戒惧、守底线，并督促各县区同步展开，做到“全覆盖”。同时，督促主管部门、单位强化监管责任，严把司机“入口关、教育关、配备关”。

（江杰华）

审查调查

【概况】　2023 年，市纪委市监委深化一体推进“三不腐”，不断提升治理腐败效能。坚持运用治理的理念、系统的观念、辩证的思维，一体推进“三不腐”同时发力、同向发力、综合发力，不断提升系统施治、标本兼治的综合效能。紧盯国企、医疗、司法、工程建设等重点领域，严肃查处一批严重违纪违法典型案件，释放反腐败无禁区、全覆盖、零容忍强烈信号。深化国有企业腐败治理，全市查处国企党员干部案件 269 件，留置 25 人，着力消除国企系统腐败隐患，推动企业健康稳定发展。创新采取“监检联动”，首次与市检察院协作查办受贿和滥用职权案件，形成更加强大的反腐败工作合力。坚持把查办案件与营造、优化政治生态贯通起来，既查清查透违纪违法事实，又认真分析制度漏洞，查找政治生态和体制机制风险点，通过制发纪检监察建议、工作建议等方式，督促案发单位开展系统施治，防范化解风险。坚持用身边事教育身边人，制定《关于处分决定宣布的工作办法》，推动处分决定宣布工作由“一张纸”向“一堂课”转变。至年底，全市立案2231件2316人，留置85人，已移送检察机关50人，通过监督办案止损挽损超22亿元。立案县处级以上干部74人，留置14人，已移送检察机关10人。全市各县区纪委监委已连续两年实现自办留置案件全覆盖。在纪法威慑和政策感召下，全市有12人向纪检监察机关主动投案，63人主动交代问题。

【招投标领域专项治理】 2023年，市纪委市监委立足“监督的再监督”职责定位，紧盯工程项目强化重点监督，建立南昌市重点工程监督台账，运用“四步工作法”，对一批重大项目招投标开展监督，着力保障重点工程廉洁高效推进。严肃查处南昌市第十中学经开高中部、南昌市人民医院EPC工程中存在的非法转包、操纵评标及串通投标等违法行为，对7名责任人予以严肃处理，并在南昌市通报。围绕软件公司员工、评标专家、招标代理、交易中心工作人员、不法企业、业主单位公职人员六方利益群体，查处违纪违法人员264人，其中刑拘45人，留置12人，移送司法机关33人，收缴违法资金或督促上交非法所得2.17亿元，推动南昌市公共资源交易中心加强硬件建设，强化流程监管，堵塞制度漏洞；制作《深挖彻查招投标领域腐败乱象》警示教育片，在市直相关部门播放60余场次。

【医药领域腐败问题集中整治】 2023年，市纪委市监委建立线索收集移送、优先查办、会商研判等七大工作机制，与市卫健委协作机制相互联动，与协作机制成员单位保持密切联系，督促相关单位按照任务分工扎实履行好工作职责。推动市公安局打击医疗腐败立案17起，破案17起，抓获21人，涉案金额414.77万元，打掉犯罪团伙2个，追缴被骗医保基金62.46万元；推动市医保局开展打击欺诈骗保专项治理工作，追回医保基金2216.56万元。聚焦案件查办，锚定重点问题、紧盯关键岗位，坚决有力、审慎稳妥处置问题线索，立案22件22人，留置查办2人。

（江杰华）

巡察工作

【概况】 2023年，市委坚持政治巡察定位，综合运用常规巡、联动巡、提级巡等多种方式，打好巡察“组合拳”，稳步有序推进巡察全覆盖。先后组织开展对33个市直单位的常规巡察，对9个县区管党组织的提级巡察，统筹市县巡察组对全市民政系统党组织开展联动巡察，发现问题1531个，移交问题线索206件，形成专报8个、通报1个，收缴、核减违规资金5.92亿元。通过立行立改、全面整改，按期完成市委两轮巡察498个问题整改，纠正违规使用资金4963.36万元，建立完善制度591项，处理干部333人。2023年3月，南昌市在全省“提升对村（社区）巡察质效”试点工作总结暨经验成果推广会作经验交流。中央和省级主流媒体、纪检监察网站刊发南昌市县巡察经验做法93篇，工作成效受到中央巡视调研组、省委巡视办的肯定，山东、浙江、江苏、深圳等地巡视巡察机构到南昌学习调研。

【十二届市委第三轮巡察】 2023年3月21日，省委常委、市委书记李红军主持召开书记专题会，听取十二届市委第三轮巡察情况汇报，研究部署巡察整改工作。会议指出，市委第三轮巡察坚守政治监督定位，紧扣职能责任，聚焦“关键少数”，有效揭示被巡察党组织主要矛盾、深层问题，彰显巡察利剑作用。会议强调，要扎实做好巡察“后半篇文章”。要围绕党的二十大战略部署，强省会战略实施，市委争分夺秒拼经济等部署要求强化政治监督，要增强系统观念和协作意识，要坚持人民立场，以实实在在的巡察成效取信于民、造福于民。3月31日至4月14日，市委巡察组召开反馈会向被巡察党组织进行“面对面”反馈，向被巡察党组织主要负责人通报巡察发现的主要问题，并向领导班子反馈巡察情况。反馈强调，被巡察党组织要认真落实整改主体责任，被巡察党组织主要负责人要担起巡察整改第一责任人责任，其他班子成员要认真履行“一岗双责”，防止“新官不理旧账”。反馈要求，被巡察党组织要自觉把巡察整改与贯彻落实党的二十大精神、推动改革发展结合起来，以整改提振党员干部干事创业精气神，履行好职责使命，更加有力有效落实党中央重大决策部署和省委、市委工作要求，为提升南昌发展首位度和综合竞争力作出应有贡献。要始终坚持“以人民为中心”发展思想，结合巡察发现问题，全面排查，举一反三，在解决人民群众急难愁盼问题上下功夫。要切实履行好管党治党政治责任，认真贯彻新时代党的组织路线，加强领导班子建设，加强干部管理监督，着力打造高素质专业化干部队伍。

【十二届市委第四轮巡察】 2023年4月19日，全市巡察工作会议暨十二届市委第四轮巡察动员部署会召开。会议深入学习贯彻习近平总书记关于巡视工作重要讲话和全国巡视工作会议暨二十届中央第一轮巡视动员部署会、全省巡视巡察工作会议暨十五届省委第三轮巡视动员部署会精神，对全市巡察工作作出部署，对市委第四轮巡察进行动员。4月20日至24日，十二届市委第四轮巡察5个巡察组完成巡察进驻工作。8月2日、3日，市委巡察工作领导小组召开会议听取十二届市委第四轮巡察情况汇报。会议指出，市委各巡察组发现的问题精准，要做好向书记专题会汇报准备工作，大单位重点汇报、小单位汇报重点，要开展"一巡一排位、一巡一评优"，发挥考核指挥棒作用。9月4日，省委常委、市委书记李红军主持召开市委书记专题会议，听取市委第二轮巡察整改进展和第四轮巡察情况汇报。会议强调，要扎实做好巡察"后半篇文章"，各被巡察单位党组织要坚决扛起整改主体责任，主要负责人要担起整改第一责任人责任，班子成员要落实"一岗双责"，毫不含糊认领问题，推动巡察整改任务落实到位。纪检监察机关要严肃查办案件，对巡察移交问题线索坚持优先查办、快查快办，深化正风肃纪，强化震慑作用；要联合组织部门强化整改日常监督，对整改不力、敷衍应付、虚假整改的，要严肃追责问责。各有关部门要用好巡察成果，坚持问题导向，举一反三推进系统性问题长效整改、普遍性问题全面治理、具体问题立行立改，努力在堵塞漏洞、源头治理、推进改革、促进发展上形成长效，持续深化以巡促改、以巡促建、以巡促治。9月8日至20日，5个市委巡察组分别向十二届市委第四轮16个被巡察党组织进行反馈。会议向南昌县委、青山湖区委、新建区委通报提级巡察省级开发区有关问题，向被巡察党组织主要负责人通报了巡察发现的主要问题，并向领导班子反馈了巡察情况。反馈指出，被巡察党组织要主动担当作为，完整准确全面贯彻新发展理念；要强化宗旨意识，站稳人民立场；要深入学习领会习近平总书记关于党的自我革命战略思想，加强干部队伍建设；要切实担负起巡察整改主体责任，确保巡察反馈的问题和意见整改落实到位。10月8日，市委巡察工作领导小组召开十二届市委第四轮巡察整改联席会，部署推进巡察整改工作，市纪委市监委机关对口监督室、市委组织部干部监督科、市委宣传部意识形态科负责人就整改工作进行提示，市委巡察办下发整改工作提示及通知。

2023年9月23日，十二届市委第五轮巡察动员部署会在市会议中心东厅召开

（市纪委市监委　供图）

【十二届市委第五轮巡察】　2023年9月23日，十二届市委第五轮巡察动员部署会在市会议中心东厅召开。会议认真贯彻落实中央、省委巡视巡察有关要求，对十二届市委第五轮巡察进行动员部署。会议强调，要坚守政治巡察定位，聚焦"两个维护"根本任务，围绕贯彻党的二十大精神、落实党中央重大决策部署、履行管党治党责任等方面开展巡察，确保党中央大政方针落到实处。被巡察党组织要坚决支持配合，客观公正向巡察组提供情况、反映问题。巡察办要强化指导督导，与巡察组紧密协作、形成合力，确保巡察有序推进、取得实效。9月23日至28日，市委5个巡察组完成对26个单位的进驻工作，十二届市委第五轮巡察全面展开。被巡察党组织分别召开巡察进驻动员会。市委各巡察组组长作动员讲话，对深入学习贯彻党中央、省委、市委决策部署，共同做好巡察工作提出要求。

【棚户区（旧城）改造专项巡察】
2023年，南昌市持续开展棚户区（旧城）改造专项巡察工作，巡察发现并反馈问题280个，推进安置房分配62240套、596.52万平方米。全市2个专项巡察组、8个巡察小组，联同市纪委监委相关审查调查室及市审计、市住建等部门，发现和查实一批擅自提高安置面积、提高补偿标准、改变房屋权属性质、违规分户、违规使用棚户区改造资金、工程违规招标转包等突出问题，落实反馈问题整改机制，统筹力量推动整改，坚持边巡边移边查边改，按照棚改专项巡察反馈问题整改机制要求，合力推动解决一批典型问题。3月21日，省委常委、市委书记李红军主持召开书记专题会，听取棚户区（旧城）改造专项巡察情况汇报，研究部署巡察整改工作，会议指出，棚户区（旧城）改造专项巡察靶向准、作风实、敢斗争、成果优，巡察工作成效显著。3月31日至4月14日，市委巡察组召开反馈会向被巡察党组织进行"面对面"反馈。

（李　贤）

民主党派·工商联

综　述

【概况】　2023年，全市有民主党派市委会6个，即中国国民党革命委员会南昌市委员会（以下简称“民革市委会”）、中国民主同盟南昌市委员会（以下简称“民盟市委会”）、中国民主建国会南昌市委员会（以下简称“民建市委会”）、中国民主促进会南昌市委员会（以下简称“民进市委会”）、中国农工民主党南昌市委员会（以下简称“农工党市委会”）、九三学社南昌市委员会（以下简称“九三学社市委会”）。有总支（基层委员会）30个，下辖支部109个，直属支部113个，小组13个，成员6179人。其中，具有中级以上职称的4026人，占成员总数的65.16%。市区有成员5617人，占成员总数的90.9%。全年共发展新成员132人，平均年龄35.72岁。其中，具有中级以上职称的58人，占新发展成员总数的43.94%。各民主党派成员中担任省级人大代表7人，市级人大代表57人（其中市人大常委会副主任1人），县级人大代表105人；担任全国政协委员1人，省政协委员14人，市政协委员163人（其中市政协副主席3人），县（区）政协委员594人；担任市、县（区）政府副职的7人。

【思想政治建设】　2023年，全市各民主党派深入开展“凝心铸魂强根基、团结奋进新征程”主题教育，举办“凝心铸魂强根基 团结奋进新征程”南昌统一战线学习贯彻中共二十大精神文艺演出，开展各类活动700余次，参与活动的成员4万余人次。结合纪念中共中央“五一口号”发布75周年，召开全市党外人士纪念中共中央“五一口号”发布75周年学习分享会和大型社会服务活动，组织开展网上知识竞赛、书画展、微信诵读、主题征文活动和专题研讨会等系列活动。深入学习贯彻习近平总书记考察江西重要讲话精神，组织召开南昌市党外人士学习贯彻习近平总书记考察江西重要讲话精神座谈会，《南昌日报》整版刊登党外人士体会文章。

【参政履职】　2023年，全市各民主党派、工商联、党外知识分子联谊会和新的社会阶层人士联谊会，围绕“项目为先、实干奋进，争分夺秒拼经济”工作主线，深入开展大调研活动，形成高质量专题调研报告，参加市委、市政府召开的不同形式的协商会、座谈会，对市委、市政府重要工作和一些重大问题等提出意见建议。各类调研形成成果113个，报送社情民意信息753篇，其中全国政协采用3篇、民主党派中央采用11篇、省政协采用57篇、民主党派省委会采用259篇，市政协采用26篇。其中，民革市委会社情民意《关于开展围挡专项整治，提升城市文明气质的建议》获市委主要领导批示，农工党市委会社情民意《搞好物业管理，提振消费信心》获省领导批示，民建市委会《关于“大力推进建设未来科学城 打造科技创新高地”的调研报告》、农工党市委会《提质数字经济 扬起高质量发展新动能的调研报告》获市政府主要领导批示。

【服务中心大局】　2023年，全市各民主党派聚焦优化营商环境开展民主监督，开展调研96次，查找问题151个，向县区反馈问题110个，县区整改问题101个，提出意见建议147条，被采纳131条。共撰写140余篇营商环境有关的调研报告、社情民意，其中69篇获各级采用。支持民进中央对口江西省开展长江生态环境保护民主监督工作，服务协调提供保障，得到民进中央高度肯定。《关于民进中央长江生态环境保护民主监督专题调研组对江西赣抚尾闾工程鱼道建设有关建议的情况报告》《南昌市支持民进中央对口江西省开展长江生态环境保护民主监督工作有关情况的汇报》获市委主要领导批示。开展社会服务活动，各民主党派各级组织全年开展健康义诊、法律咨询、送书画·写春联送祝福、送教下乡、心理帮扶、走访慰问困难群众、环保志愿服务等社会服务活动467次,受惠群众3万余人次。

(魏天瑶　朱素琴)

2023年南昌市各民主党派基本情况一览表

表4

序号	党派	人数(人)	基层组织情况(个)			领导班子
			总支(支部)	直属支部	小组	
1	民革	1025	7(28)	5	1	主委:薛有旺 副主委:熊秋林、余斌、邹萍(专职)
2	民盟	1295	5(19)	37	1	主委:郭翀 副主委:胡巧蓉、万菁(专职)、雷伍华
3	民建	814	6(24)	2	1	主委:黄清玉 副主委:田艳、贺龙茹(专职)、郑建辉、雷峻峰
4	民进	971	4(11)	24	0	主委:谭绍木 副主委:邹玉萍、郑洪健、王光、邹萍莉(专职)
5	农工党	1346	7(23)	27	2	主委:龙国英 副主委:李美君(专职)、吴一建、李杰、胡国华(专职)
6	九三学社	728	1(4)	18	8	主委:魏宏平 副主委:童华、王晖、汪志云(专职)

(资料来源:市委统战部)

中国国民党革命委员会南昌市委员会

【概况】　2023年,中国国民党革命委员会南昌市委员会,有总支7个,民革南昌市委会直属支部4个,小组1个,支部28个,党员1025人,平均年龄55.62岁。其中,具有中级以上职称的543人,占党员总数的52.98%。至年底,发展新党员13名,平均年龄35岁。成员中担任省人大代表2人,市级人大代表10人,县级人大代表21人[其中,县(区)人大常委会副主任2人];担任省政协委员2人,市政协委员30人(其中,市政协副主席1人),县(区)政协委员103人[其中,县(区)政协副主席3人];担任县(区)政府副职的2人;担任副县级以上领导实职的13人;担任副科级以上领导实职的50人(其中,正科级22人,副科级28人)。民革南昌市委会聚焦加快打造"一枢纽四中心"、全面贯彻落实省会引领战略,履行参政议政、民主监督、政治协商职能,团结带领全市民革党员,各项工作取得较好成绩。民革南昌市委会获评民革全国祖统工作先进集体、2023年度民革全省组织工作先进集体,民革南昌市进贤小组获评民革全国宣传思想工作先进集体。

【组织建设】　2023年,完成民革南昌市东湖区总支、西湖区总支及其下辖7个支部的换届,推进达标支部和示范支部创建工作,新建区总支党员之家"知明阁"获评民革全省"优秀党员之家",西湖区四支部获评民革全省"示范支部"。不断提升党员素质,全年共发展新党员13名,具有民革重点领域特色占比为85%,全市党员的年龄结构、知识结构、专业结构不断改善,召开新党员培训班,为20余名新党员讲授民革党史,坚定新党员的政治认同和组织认同。做好代表性人士队伍建设,对40余名基层骨干党员开展履职考核,提升履职成效,选派100余名党员参加中央省市各级各类培训,推荐1名党员任职。全年,1名党员担任正县级领导岗位,3名党员担任正科级实职,1名党员担任副科级实职。召开2次内部监督委员会工作会议,在下辖的所有支部(小组)设立内部监督员,实现基层组织监督员全覆盖,贯彻落实全市深化

2023年3月3日，民革南昌市委会十四届四次全委（扩大）会议召开
（民革市委会　供图）

干部作风建设“4+X”专项整治工作要求，锻造高素质干部队伍，加强机关干部廉政警示教育，实现机关干部廉政档案全覆盖。

【思想建设】 2023年，突出思想政治引领，开展4次中心组集体学习、12次机关学习、60余次基层组织学习。按照主题教育“学思想、强根基、重履职、建新功”总要求，举办主题知识竞赛、红色诵读、书画作品云端展等活动，参加党员300余人，民革南昌市青云谱区总支、红谷滩区总支获评2023年度民革全省主题教育日活动先进基层组织，党员谢艳、汪也获评2023年度民革全省基层党务工作先进个人。2023年是江西民革、南昌民革成立70周年，民革南昌市委会开展“七个一”系列活动，举办书画展，展出作品110余幅，基层组织代表300余人参加，编撰《纪念南昌民革成立七十周年成果汇编》，全面梳理民革南昌市委会和各基层组织历史沿革，集中展示近10年各项成绩，召开座谈会，新老党员共同回忆南昌民革成立70年来的成绩和经历。指导民革南昌市进贤小组申报李世璋纪念馆为全省唯一一家民革党史教育基地，民革中央副主席谷振春为该基地揭牌。继续以南昌民革微信公众号和智慧学习谷为主要宣传平台，转发中央、省、市重大会议、重要文件精神，反映全市民革思想政治建设、参政议政、社会服务和组织建设工作动态，推送120余次，发布文章440余篇，被江西民革网站采用160余篇，阅读量和关注数得到双提升。民革南昌市委会获2023年度《团结报》宣传发行工作先进集体二等奖。

【参政议政】 2023年，参加由中共南昌市委、市政府主持或委托市委统战部召开的协商会、座谈会、情况通报会、征求意见会10次，围绕学习贯彻习近平总书记考察江西重要讲话精神、政府工作报告（征求意见稿）、科技创新、文旅融合发展、立法情况、传统产业升级等，提出意见建议，其中多条建议得到重视或采纳。全年确立22个课题，市委会领导班子成员分别领题带队并邀请学者专家到相关单位和示范地区进行深入调研或书面调研10余次。其中，由民革南昌市委会主委薛有旺带队的大课题《提升南昌国际陆港地位 打造新时代内陆对外开放新高地》调研成果在全市党外人士2023年调研成果专题协商会上作汇报，得到市委高度重视。22个课题结题，其中1篇调研成果入选市政协十五届四次会议大会口头发言材料，6篇入选2023年江西民革参政议政成果汇编，4篇在研讨交流会上作口头发言。推进社情民意工作，制定下发工作意见，召开2次工作交流会，发挥信息员、“三委员一代表”、骨干党员履职作用，收集报送社情民意信息160余条，20余条被全国、省、市政协、民革江西省委会采用，其中党员洪卓撰写的《开展围挡专项整治，提升城市文明气质》得到江西省委常委、市委书记李红军批示，党员肖紫薇撰写的《关于公办义务教育学校配置可午休课桌椅的建议》被全国政协采用，党员樊红敏撰写的《儿童用药窘境需引起注意》以及机关干部井艺霖撰写的《江西福寿螺治理问题需得到重视》等被省政协采用，党员郭小燕撰写的《退役军人就业创业难问题亟须解决》获评省政协2023年度优秀社情民意信息。深入推进民主监督，按照市委、市政府部署，制定下发工作方案，形成“一套方案，一个领导小组，一个办公室，两大工作组”的监督运转模式，主委带队先后到西湖区、新建区开展调研2次，走访有关单位和企业30余家，征集意见建议21条，分批次反馈给区相关责任部门，均得到整改答复。

【社会服务】 2023年，举办“凝心铸魂强根基、团结奋进新征程”——“中秋话团圆 畅叙两岸情”座谈会，邀请台胞台属老党员诵读台湾来信，畅谈历史，展望祖国统一的美好愿景，与民革省委会祖统委联合开展《加快推进我省海峡两岸产业合作区建设》调研，形成集体提案报送至省、市政协，获得《团结报》专题登载。投身“项目为先、实干奋进，争分夺秒拼经济”工作主线，主委带队到上海和南昌高新区开展招商活动，全年报送招商线索11条，落地项目2个，项目所涉资金超过15亿元。民革南昌市委会获评2023年度全市统战系统招商引资专项行动优秀单位，魏运宇、盛丹、张新辉3人获评2023年度全市统战系统招商引资专项行动先进个人。持续擦亮社会服务品牌，开展“博爱·牵手”活动，与市委统战部、各民主党派市委会共同举办“凝心铸魂强根基、团结奋进新征程”大型社会服务活动，与民革省委会联合开展“12·4”国家宪法日宣传活动，开展送教送医送法律和走访慰问等服务活动80余次。青山湖区总支打造“博爱·牵手”项目基地，党员公司向星光小学捐赠价值27万元的朗读设备。

（部志高）

中国民主同盟南昌市委员会

【概况】 2023年，中国民主同盟南昌市委员会以“凝心铸魂强根基、团结奋进新征程”主题教育为契机，把握“学思想、强根基、重履职、建新功”总体要求，创新开展经典围读、南昌民盟话南昌、政治谈话、参政议政、社会服务、招商引资“六个一百”系列活动，全面加强自身建设，履行参政党职能，各方面工作均取得新进展。全年共获得国际、中央、省市级荣誉220余项，其中，获民盟中央授予的“基层组织建设先进集体”“思想政治建设和宣传工作先进集体”“‘凝心铸魂强根基、团结奋进新征程’主题教育先进集体”称号，获民盟中央、司法部授予的“黄丝带帮教”工作先进集体称号；章金媛获全球护理界“国际成就奖”，其模范事迹获得全国政协副主席、民盟中央常务副主席批示。

【组织建设】 2023年，19人提聘任正处二级、正副科二级、省中华职教社代表、市检察院特约人员、市新的社会阶层代表人士。建立人大代表、政协委员等14类代表人士信息库，完善《科级以上领导干部花名册》，完善100位统战人物信息。发展盟员31名，主体界别人数占比70%，全日制本科学历及以上学历100%。其中：5名公务员，2名副教授，4名海归博士、全日制硕士研究生。选送主要领导参加中央社院新任民盟中央委员培训班、省社院第3期全省各民主党派代表人士培训班、全省党外县处级领导干部学习贯彻中共二十大精神轮训班，推荐相关盟员参加省市各类培训班，参训盟员共80人次。完成民盟西湖区总支等5个基层组织换届，民盟新建区支部换届并升格为总支。开展民盟南昌市委会“巾帼之花”选树活动、“青春之光”评选活动，47名盟员入选。开展“盟心永驻 花漾芳华”庆祝“三八”妇女节活动、纪念中共中央“五一口号”发布75周年优秀传统文化讲座、社情民意信息调度会、义诊进社区活动、法律咨询活动、陶笛新年音乐会等。召开“党盟同心”座谈会，推动盟员发展、干部成长、“盟员之家”阵地建设等各项工作。向各县（区）党委、湾里管理局党委、市直学校党委（党支部）发送“盟员之家”建设《感谢信》，继续推进市直支部“盟员之家”建设工作。全面开展市委会领导班子、常委和基层组织主委“同心同廉”政治谈话，做好入盟积极分子政治谈话，督促各基层组织开展政治谈话。

【思想建设】 2023年，成立以民盟南昌市委会主委为组长的主题教育领导小组，第一时间制定并印发主题教育实施方案，召开主题教育动员部署及推进会，出台“凝心铸魂强根基、团结奋进新征程·六个一百”实施细则，为开展主题教育提供指引。在微信公众号开设主题教育专栏，刊发600余期主题教育相关报道。印发《学习宣传贯彻习近平总书记考察江西重要讲话精神实施方案》，学习习近平总书记考察江西重要讲话精神及近期重要讲话精神。民盟市委会主要领导在全市各基层组织负责人会议上作主题教育学习宣讲会，班子成员分别在新盟员培训班及所联系基层组织进行主题教育宣讲，加深广大盟员对主题教育的理解和认同。通过现场教学、主题征文、专题讲座、座谈会、围读会、笔会·书画展等活动，开展纪念中共中央“五一口号”发布75周年系列活动，将主题教育引向深入；参加民盟省委会组织的中共中央“五一口号”发布75周年、学习贯彻习近平总书记考察江西重要讲话精神及全市各民主党派联合组织的“学习宣传贯彻中共二十大精神”主题征文。民盟市委会主委学习习近平总书记考察江西重要讲话精神表态文章刊登于江西民盟微信公众号、《南昌日报》，领导班子成员、机关干部和基层主委的学习交流发言10余篇刊登于江西民盟微信公众号。全年，开展经典围读、南昌民盟话南昌、参政议政、政治谈话、社会服务、招商引资等“六个一百”系列活动600余场。完成12期中心组学习，学习中共二十大精神、习近平新时代中国特色社会主义思想，学习民盟十三大以来历次会议精神；完成2期南昌统一战线同心大讲堂民盟分讲堂，参加全市统一战线同心大讲堂6期，组织观看电影《望道》等。参加“贯彻二十大 同心强省会”系列活动，在全市各民主党派网络知识竞赛、主题征文活动中，分别获得一等奖1名、二等奖3名。牵头制定《“凝心铸魂强根基、团结奋进新征程”南昌统一战线学习贯彻中共二十大精神文艺会演活动方案》，选送节目《共筑中国梦》《爱心厨房》在演出中获得省市领导好评。典型事迹、盟务工作、先进经验在新华社、《人民日报》、中央电视台、《人民政协报》、《中国统一战线》、《团结报》、《中央盟讯》等中央媒体报道30余次。其中,盟员章金媛成为首位荣获国际护理界“国际成就奖”的中国人,先进事迹获新华社、《人民日报》、中央电视台等主流媒体报道。宣传信息获民盟中央微信公众号、网站采用20余篇次,获民盟省委会微信公众号、网站采用300余篇次,民盟市委会微信公众号以系列形式,报道主题教育700余期,学习习近平总书记考察江西重要讲话精神报道80余期,制作播报《南昌民盟半月印象》23期。

【参政议政】 2023年,参加党外人士2023年调研成果专题协商会,参加全市科技创新、传统产业升级、立法工作、文旅融合发展、优化营商环境专项民主监督等情况通报会,参加省、市政府工作报告征求意见会等。就《做好南昌未来科学城产业布局》课题,以调研报告等形式直接向中共市委提出意见建议。向民盟中央经济论坛、科技论坛、教育论坛、“长江大保护”三峡论坛、法制论坛等提交论坛征文16篇,其中:《主攻智能制造 助推制造业高质量发展》《科技创新赋能东北地区:产业发展与地区振兴的关键路径》分别获评民盟中央第九届经济论坛、科技论坛优秀论文。向民盟省委会申报参政议政调研课题62个,中标20个、报送29个参政议政调研课题成果;《做好南昌未来科学城产业布局》中标中共南昌市委大调研课题,在“文化IP助推产业发展”“加快人工智能运用,推动智能装备制造业高质量发展”“科技教育人才协同推进”“职业教育服务社会能力建设”“建立生育支持政策体系,降低生育、养育、教育成本”等15个方面同步开展专题调研。开创性在10家市直单位建立社情民意信息征集点,主要领导率队到市直相关单位征集社情民意信息线索26条。全年报送社情民意信息237篇,获全国政协、民盟中央、省委办、省政协、民盟省委会、市委办、市政协各级采用256篇次。在省两会上,就《社区治理推动基层治理高质量发展》作专题发言,代表、委员提交《破解农业产业难题推进乡村振兴新发展》《加强对物业公司的管理》等11件建议提案。领导班子成员、常委分别就参政议政工作进行专题调度。召开“一月一调度”参政议政工作会议12次,推进全市基层组织同步开展参政议政工作。创新开展“夜间议政”工作,举办社情民意信息线上交流会20期、举办2023年反映社情民意信息工作暨培训会。召开参政议政调研课题申报选题评审会、研讨会、结题评审及成果转化会等。制定2023年工作方案,专题学习民主监督工作会议精神,召开专项工作部署、推进会,多次参加中共市委统战部举办的相关培训会。通过实地调研、小分队暗访等方式,围绕“企业家权益保护、降低企业运营成本、精准推送惠企政策、获得信贷、执行合同、上规企业各项政策落实”等开展系列专题调研,梳理出10个方面的问题清单,提出23条意见建议。到市发改委、市委信访局、市中小企业局等10余家市直单位,专题调研全市优化营商环境运行情况。召开盟员企业家优化营商环境座谈会。在进贤县、青山湖区分别与行业协会和企业家代表进行座谈。围绕优化营商环境向各级党委政府提出意见和建议,20余篇社情民意信息被全国政协、省政协等采用,9篇调研报告被民盟省委会采用。

【社会服务】 2023年,做实“烛光行动”、“黄丝带”帮教、“社区共建”等品牌。在南昌县向塘镇向阳学校、进贤县星光学校、新建区实验学校、湾里管理局太平镇狮峰学校等开展“烛光行动”12场。在江西省未成年人管教所、南昌民盟“心理帮扶”基地、西湖区南站街道铁三东社区开展“黄丝带”帮教活动5场。在南昌市老干部活动中心、东湖区大院街道院二社区、西湖区丁公路街道恒茂国际华城社区邻里中心、新建区长堎街道柘湖山社区等开展“社区共建”活动32场。做优“同心善行”“同心治理”“同心振兴”新品牌。完成“章金媛爱心奉献志愿者小组”授旗和南昌民盟乡村振兴服务基地“爱心小屋”授牌工作。举办“全国助残日 关爱残疾人”“保护赣江母亲河”“与雷锋同行 让善行永续”“‘同心治理’环保卫士活动”“爱护自然 保护环境”“七师进乡村 笛韵进校园”“文明实践不停歇 志愿服务进乡村”“中秋节健康科普服务活动”等主题活动18场。开展“大兴调查研究 彰显省会担当”集中走基层月活动,指导开展各项盟务工作。走访慰问困难盟员、老盟员、企业界盟员、文化界盟员50余名,爱心捐赠并带队慰问病重盟员。先后与上海(上海复旦大学、上海音乐学院)、广东(广州、珠海、东莞、深圳)、北京(海淀区、通州区、昌平区、北京师范大学委员会)、河北(石家庄)等地民盟组织开展工作交流。先后接待鹰潭、赣州、景德镇民盟市委会到南昌调研和开展盟务交流。组织盟员“七师”深入社区、乡村、学校、企业、家庭等开展普惠教育、便民医疗、法律咨询、心理咨询、文艺书画、义务理发等20余场活动。联合民盟省委会开展“弘扬中华美德 关爱老人健康”重阳节大型社会服务活动,为社区老人送上“重阳爱心健康包”,提供健康义诊、法律咨询、足浴理疗、中医非遗体验等服务,被刊登于《人民政协报》等中央级媒体。全年开展各类社会服务活动200余场,受益群众5万余人,捐款捐物价值150余万元。第一时间印发《民盟南昌市委会招商引资专项行动活动方案》,召开专项行动部署会、调度会、工作推进会和情况汇报会,创建的“新春‘五访’+招商、调研、交流‘三合一’”招商引资模式,被《人民政协报》作为先进经验刊发。到北京、上海、粤港澳大湾区等兄弟省市，发改委、工信局、商务局等省市经济部门，九江、景德镇、赣州、抚州等地市，赣江新区、高新区、经开区、小蓝工业园区等开展招商引资工作 30 余次。邀请盟内外企业家来访座谈，全年收集项目信息线索 27 条，签约项目 7 个，签约投资额 8.02 亿元。

（张英群）

中国民主建国会南昌市委员会

【概况】 2023 年，中国民主建国会南昌市委员会开展“凝心铸魂强根基，团结奋进新征程”主题教育，不断夯实共同思想基础。围绕党委政府中心大局开展课题调研，凝聚集体智慧提交提案建议和反映社情民意信息，突出民建经济界优势，招引重大项目落地南昌，深化优化营商环境专项民主监督工作，打造“稻子熟了——民建南昌市委会助力乡村振兴”社会服务工作品牌。至年底，民建南昌市委会有会员 814 人，基层组织 33 个，其中总支 6 个，支部 26 个，直属小组 1 个。成员中经济界会员 668 人，占会员总数的 82.1%；企业界高级管理会员 157 人，占会员总数的 19.3%；民营经济人士 138 人，占会员总数的 17 %。被民建中央评为“思想政治建设工作先进集体”，被民建江西省委会评为“市级组织综合考评先进单位”。

【组织建设】 2023 年，在 2022 年创新开展“政治生日忆初心”和“政治谈心话传承”等活动的基础上，“政治谈心”活动覆盖面进一步扩大，通过与会员面对面交流的方式，及时了解基层会员思想动态，广泛听取会员对民建市委会和领导班子的意见和建议，收集会员意见建议 70 余条，帮助基层会员把准政治方向、站稳政治立场、强化政治担当、严守政治纪律，夯实共同思想基础。发展新会员 15 人，发展率 1.9%，平均年龄35 岁，其中硕士研究生 2 人，有高级职称的 3 人；有新的社会阶层人士 3 人，有政府机关工作人员 5 人。2 名会员提拔担任副科级职务，有 1 名会员提拔担任正科级职务，有 1 名会员提拔担任副县级职务；有 1 家会员企业获江西省五一劳动奖状，有 1 名会员获全国“2023 年百名最美生态环境志愿者”称号。指导帮助东湖区总支和西湖区总支完成换届工作，选举产生新一届总支领导班子。不断适应新形势新要求，对《民建南昌市委会基层组织工作考评办法（2022 年版）》进行修改和补充，制定下发《民建南昌市委会基层组织工作考评办法（2023 年版）》，开展 2023 年基层组织考核工作。民建南昌市青山湖总支、民建南昌市新建区总支、民建西湖区总支、民建南昌市红谷滩支部分别被民建省委会评为“全省先进集体”。

【思想建设】 2023 年，民建市委会按照“学思想、强根基、重履职、建新功”的总要求，深入开展“凝心铸魂强根基，团结奋进新征程”主题教育。民建中央副主席，民建江西省委会主委孙菊生深入民建南昌市红谷滩区支部面对面与会员交流，指导主题教育开展。民建市委会领导班子深入各基层组织调研主题教育开展情况，开展“会员主委面对面”活动 11 次，各基层组织与会员开展政治谈心 26 次，谈心谈话人数 200 余人，实现谈心活动骨干会员全覆盖。召开 2023 年“凝心铸魂强根基、团结奋进新征程”主题教育民主生活会，领导班子针对收集的各基层组织意见建议分别进行剖析、检视整改，以整改推动主题教育走深走实。在“南昌民建”微信公众号开设“凝心铸魂强根基、团结奋进新征程”主题教育专栏，6—12 月发布主题教育工作动态、工作要点、基层组织主题教育活动信息 82 篇。3 月，邀请全国政协委员、民建江西省委会副主委赵波做全国两会精神专题宣讲。组织近百名会员参加 4 期“同心大讲堂”。开展纪念中共中央发布“五一口号”75 周年系列活动。组织文艺骨干艺术创作参加民建省委会书画艺术展，组织代表性人士撰写纪念中共中央“五一口号”发布 75 周年体会文章，民建市委会主委黄清玉在《南昌日报》发表纪念中共中央发布“五一口号”75 周年署名文章《赓续“五一口号”精神，发挥民建特色优势》。开展纪念“五一口号”发布 75 周年理论研究征文活动，1 名会员撰写的文章得到民建中央采用。举办“贯彻二十大、同心强省会”主题的“网上知识竞赛”“文艺演出”“学习交流”等系列活动，组织全体会员观看《大道传薪（民建篇）》学习视频并撰写心得体会。通过开展内容丰富、形式多样的系列活动，传播主旋律、弘扬正能量。以“中共二十大理论创新成果在阐释参政党履职、建设和发展规律中的应用”“新时代统战工作重大理论和实践问题中的守正创新”“如何在履行政治协商职能中充分发挥民建优势和作用”为主题开展理论研究，收集理论研究文章 26 篇，经过审核查重修改，报送 23 篇（含“赣事好商量”主题征文活动 9 篇），在质量上和数量上都保持较好的水平。1 篇理论研究成果获民建中央 2023 年重点理论研究课题优秀成果二等奖，3 篇理论研究成果分别获得民建省委会 2023 年重点理论研究优秀成果一、二、三等奖，民建市委会获民建省委会 2023 年重点理论研究优秀组织奖。信息宣传严把政治关，强化“南昌民建”微信公众号的编发，对“南昌民建”微信公众号已发布信息进行 2 次全面核查，及时整改并建立长效管理机制，不断提升“南昌民建”微信公众号的编发水准。加大信息宣传工作力度，加强与各级媒体的联系合作，形成“领导把关、专人负责、基层为主体”的良好机制。全年，民建市委会在各级媒体上发表稿件274篇次，在国家级以上媒体上发表稿件50篇次，其中在《团结报》上发表特色工作文章1篇，为近年首次在会外中央级媒体刊载民建市委会特色工作；省级媒体发表稿件152篇次，其中在《江西日报》上发表大篇幅文章1篇，市级媒体发表稿件72篇次，稿件的用稿量和发稿层级较上年均有提升，进一步扩大民建市委会的社会影响力。

【参政议政】 2023年，民建市委会围绕党委中心工作，抢抓市场风口，以“抢占预制菜产业发展高地，打造南昌经济高质量发展新增长点”课题，成立课题组，开展“党委出题、党派调研、政府采纳、部门落实”调研活动，邀请市直相关部门进行座谈交流，走访南昌预制菜企业，到河南省郑州市、周口市进行实地考察，获取第一手调研资料，多次举行报告修改会进行讨论修改形成调研成果，在党外人士2023年调研成果专题协商会向中共南昌市委汇报。调研报告被民建中央学术期刊《经济界》杂志全文采用。围绕省市重大决策部署和党派自身建设等工作需要，上报民建省委会课题8项，全部列为民建省委会立项课题。调研课题《大力推进建设未来科学城，打造全省科技创新发展示范高地》获市政府主要领导批示。民建市委会在政协南昌市十五届三次会议民建市委会提交的10件集体提案，3件被列为重点督办提案，集体提案重点督办率达三成；1件个人提案被列为重点督办提案，民建界别的重点督办提案占市政协重点督办提案的12%。《关于提升供销“冷”实力，助推冷链物流跑上热赛道的建议》等4件提案获评市政协2023年度优秀提案。提案助力发展的效果进一步显现。9月《南昌市首席数据官制度工作方案》出台，标志着民建市委会提交的集体提案《关于建立首席数据官制度的建议》得到政府采纳。12月20日，南昌西站高铁旅客“免安检”换乘地铁试运行，与会员晏明智首次提交的提案《关于“两铁换乘免检”的建议》的推动密不可分。12月8日，民建市委会举行线下“议政日”活动，邀请会员的市人大代表、政协委员、各基层组织参政议政骨干围绕民建南昌市委2024年集体提案和重点课题调研发表意见建议，围绕民建南昌市委2024年集体提案和重点课题调研进行讨论，收集集体提案备选材料21篇。在市政协十五届四次会议上，民建市委会及会员中的市政协委员共计34件提案立案，其中集体提案9件，个人提案25件。通过举办参政议政培训班，签订社情民意信息责任状将工作细化分解落实到各基层组织，紧跟党委中心工作和社会热点信息采取专题约稿的方式提升信息的质量和有效性。社情民意信息报送量和采用量均为民建市委会近年新高：2023年民建市委会收到社情民意信息116篇，向民建省委会和有关部门报送89篇，为民建中央采用2篇，为省政协采纳5篇，为民建省委会采用13篇，为市政协采纳6篇，其中《驾校道路训练路线和时间应结合城市发展变化合理规划调整》作为市政协专报报送并获分管副市长批示，获评2023年度市政协优秀社情民意信息。民建市委会被市政协评为社情民意信息工作先进单位。2023年在政府工作报告征求意见会、全市科技创新通报会、产业链提升通报会、文旅融合通报会、立法情况通报会等政党协商活动中建言，提出意见建议12条，得到相关部门的肯定并进行回复，为市委市政府决策提供参考。民建市委会组织优化营商环境专项民主监督工作领导小组成员参加2次专题培训，5次到南昌县、青云谱区开展入企调研和与相关部门走访座谈活动，常态化开展优化营商环境专项民主监督工作，针对在开展优化营商环境专项民主监督工作中发现的问题，各监督小组坦诚建言，向县区反馈问题11个（其中南昌县4个，青云谱区7个），全部问题均得到整改。所对口监督的县区：青云谱区网办率大幅提升，南昌县在2022年度江西省营商环境第三方评价中获评第一档“优秀”评价（第一位次）。

【社会服务】 2023年，民建市委会响应中共南昌市委提出“项目为先、实干奋进，争分夺秒拼经济”的总要求，参与全市统战系统招商引资专项行动，发挥密切联系经济界的特色优势，主委带队招商，各基层组织、招商专项小组、企业家联谊会等招商队伍多次到北京、上海、深圳、广州、南京、苏州等地，“走出去”对接客商、寻找项目，邀请外地客户到南昌考察。5月，民建市委会联合民建省委会和市委统战部，在深圳市举办粤港澳大湾区电子信息产业推介会，现场签约项目8个，投资总额约104亿元。推介会现场聘请5位有影响的企业家担任民建市委会的招商顾问，是市各民主党派首次在外地举办的招商活动。全年，民建市委会招引项目22个，4个项目与地方政府签约，2个项目分别通过市发改委和湾里管理局经济发展办公室备案，已签约和备案的项目投资金额116.03亿元。其中：由民建市委会引进的赣锋锂电（南昌）生产基地项目8月15日在南昌签约，省委常委、市委书记李红军、市长万广明出席签约仪式。在南昌市统战系统招商引资专项行动2023年度总结暨2024年度动员大会上，民建市委会被评为2023年度招商引资专项行动“成效突出单位”，6名民建会员被评为“先进个人”。在深入走访调研的基础上，民建市委会启动“稻子熟了”——民建市委会助力乡村振兴产业项目。该项目落地在南昌市新建区大塘坪乡献忠村，以“生态乡村”建设为背景，以“共享理念”为

2023 年，民建市委会实施“稻子熟了”——民建市委会助力乡村振兴产业项目

（民建市委会　供图）

核心，以农业生产、农业休闲为发展主题，在不改变农村基本农田使用性质的前提下，村里提供“订单式”农田认领服务，民建市委会组织会员企业家自愿认领农田，打造集产品供给、休闲娱乐、农耕体验于一体的共享式、开放式休闲农业项目，以此提高农民收入，资助困难群众。首期项目认领 3.33 公顷农田，筹集公益资金 14 万余元。11 月底，按照各自签约认领农田面积将有机大米统一发放到会员企业家手中。大米的品质得到认领会员企业的一致肯定。该项工作先后被“学习强国”学习平台、《团结报》、《江西日报》等主流媒体宣传报道。争取民建江西省委第 203 间“音乐响起”音乐教室落户南昌县黄马乡冯家小学，承建民建江西省委第 218 间“音乐响起”音乐教室，帮助更多南昌农村孩子实现音乐梦想。民建市委会和各总支（支部）通过捐资助学、扶贫助困、医疗义诊等多种形式推进“思源工程”，引导会员企业家回馈社会，捐款捐物折合人民币 60.6 万余元。

（吴军莲）

中国民主促进会南昌市委员会

【概况】　2023 年，中国民主促进会南昌市委员会下设总支 4 个，支部 35 个，会员 971 人。具有中级以上职称的会员 602 人，占总数的 62%；分布在市区的会员 893 人，占总数的 92%。全年发展新成员 25 人，平均年龄 35.7 岁。其中，教育界别 15 人、文化界别 3 人、公务员 3 人、其他界别 4 人。会员中担任市级人大代表 11 人（其中，市人大常委会副主任 1 人），县级人大代表 20 人；担任省政协委员 2 人，市政协委员 27 人（其中，含省直会员 5 人），县（区）政协委员 101 人；担任市、县（区）政府副职的 1 人［其中，副县（区）长 1 人］。民进南昌市委会获“2023 年度《民主》杂志宣教工作优秀集体”表彰，民进南昌县支部获“民进全国宣传思想工作先进集体”表彰。

【组织建设】　2023 年，民进市委会认真贯彻落实民进中央作风建设主题年工作部署，制定《南昌民进 2023 年“作风建设”主题年实施方案》，召开“作风建设”主题年工作动员会。对市本级和基层组织制度建设情况进行专题调研，形成《民进南昌市委会制度建设情况调研成果报告》。深入调研基层组织和代表人士队伍建设情况，形成《基层组织和代表人士队伍建设经验困难与对策研究》。结合南昌市作风提升年工作要求，民进市委会领导班子成员深入基层开展“三走”（走进基层组织，走入会员之家，走访会员单位）活动，进一步激发基层组织活力。开展谈心谈话活动，征求骨干会员对民进市委会工作、对民进市委会领导班子及其成员、对机关工作的意见建议，了解会员所思所想，进一步调动会员参与会务活动的积极性。指导民进东湖区总支、民进西湖区总支、民进新建区总支、民进进贤县支部 4 个县区组织，民进市直一支部、民进南昌十中支部、民进南昌十八中支部、民进南昌十九中支部 4 个市直组织，完成班子换届工作。指导民进新建区总支、民进红谷滩区支部完成“会员之家”打造。举办骨干会员及新会员培训班，40 名会员参训。组织 16 名科级干部参加全市党外科级干部学习贯彻党的二十大精神集中培训班。组织 6 名基层骨干会员参加民进全省基层骨干会员培训班。推荐民进江西省委会直接联系服务的高层次人才人选 10 名；推荐民进江西省委会新一届专委会建议人选，73 名骨干会员担任专委会委员，其中主任 1 名、副主任 7 名；推荐市检察院特约检察员 3 名；推荐市新的社会阶层人士联谊会会员建议人选 7 名，1 人当选副会长。

【思想建设】　2023 年，民进市委会把学习宣传贯彻中共二十大精神和习近平总书记考察江西重要讲话精神作为首要政治任务，通过班子成员走进基层组织宣讲、开展中心组学习、举办同心大讲堂、召开骨干会员座谈会等方式，深化政治理论学习。开展纪念中共中央发布“五一口号”75周年系列活动，通过班子成员带头撰写心得体会文章、组织参与主题征文、征集书画摄影作品等方式，重温合作初心。依据中央统战部、民进中央、中共江西省委统战部、民进江西省委会、中共南昌市委统战部的工作部署，制定《民进南昌市委会“凝心聚魂强根基、团结奋进新征程”主题教育工作方案》，结合全市各民主党派“贯彻二十大 同心强省会”活动，通过召开思想交流会，举办知识竞赛、征文比赛、文艺会演，开展大型社会服务和红色走读活动等方式，进一步凝聚思想政治共识，促进全市民进会员更加深刻领悟“两个确立”的决定性意义，增强“四个意识”、坚定“四个自信”、做到“两个维护”。深入调研全市民进会员思想动态，形成《民进南昌市委会思想政治工作调研报告》。向各类媒体投稿，其中，中国网、《民主》、民进中央网站等中央级媒体刊登9篇，《江西日报》、大江网、《江西民进》、民进省委会网站等省级媒体刊登170余篇，《南昌日报》《南昌统战工作》等市级媒体刊登16篇。办好民进市委会网站，及时反映会内思想建设、参政议政、社会服务和组织建设工作动态，为社会各界了解南昌民进开辟窗口。

【参政议政】 2023年，民进市委会贯彻落实中共南昌市委2023年政党协商计划，精准选择切入口，深入调查研究，撰写发言材料，在政党协商情况通报会上建言献策，为中共南昌市委、市政府决策提供参考，在市科技创新、传统产业升级情况通报会上的发言获市领导肯定。召开调研工作会，深入有关县区和部门实地调研，广泛收集一手资料，完成民进中央长江生态环境保护民主监督定点调研报告《关于加强南昌市排水单元雨污分流长效管理的调研报告》，完成民进江西省委会立项课题调研报告《关于南昌市科技金融助力科创企业发展的调研报告》《鄱阳湖南矶湿地国家级自然保护区碟形湖管理与生态保护的调研报告》，完成民进市委会立项课题调研报告《开发保护并重，让乡村有“烟”乡愁可寻——南昌传统村落开发保护的建议》，4篇调研报告分别获市委、市政府分管领导批示。举办反映社情民意信息培训，激发广大会员参政议政热情，全年共报送社情民意信息100余篇，其中：民进中央采用1篇，省委采用1篇，省政协采用5篇，民进省委会采用39篇，市政协采用8篇。

2023年11月4日，民进南昌市委会五支部联合开展“凝心铸魂强根基、团结奋进新征程”主题教育红色走读活动

（民进市委会　供图）

【社会服务】 2023年，民进市委会以民进中央对口江西开展为期五年的长江生态环境保护民主监督为契机，邀请民进会员中的省野生动植物保护协会成员，走进东湖区、南昌县等地的大中小学校开展长江生态环境保护课程进校园活动。办好“1%工程”南昌志愿服务站，指导西湖区、青山湖区总支志愿服务站工作，连续17年在西湖区天灯下社区开展帮困活动，连续8年在豫章师范学院、连续7年在新建区大塘坪乡开展助学活动，全年资助困难居民55户、贫困学子30名，发放慰问金和物资价值6万余元。走进南昌市8所特殊学校开展“1%工程·助成长”关爱特殊儿童公益活动，向学校赠送足球和生态环保科普画册。充分调动基层组织力量，开展春联万家、走访慰问、健康安全知识宣教和教育、医疗、法律咨询等服务活动60余场。召开招商引资专项行动动员会，引导各基层组织和广大会员融入招商引资工作大局。积极“走出去”，到北京、深圳开展招商引资行动3次，走访梅花创投、猎户星空等企业20余家。全年报送项目线索14条，其中签约项目2个，签约金额20亿元。

【民主监督】 2023年，民进市委会配合民进中央对口江西开展长江生态环境保护民主监督，接待民进中央到南昌调研组5批次，陪同专家组在南昌就“巩固长江‘十年禁渔’成果，加强长江生物多样性保护”、长江流域突发生态环境事件及其次生生态风险防范，“再生水利用和地下水保护”，“鄱阳湖赣抚尾闾工程的水生态保护”问题开展专题调研，就入河排污口整治和城市黑臭水体治理情况开展“双随机”调研。民进市委会主委谭绍木带队拜访民进中央，汇报南昌市委会配合民进中央开展长江生态环境保护民主监督有关工作情况，民进中央副主席批示“南昌民进开展民主监督工作认识到位、协调有力、工作有效”。向市委汇报长江生态环境保护民主监督工作情况，呈送的4篇专报均获市委主要领导批示。及时反馈监督问题，转呈的《2022年民进中央对口江西省开展长江生态环境保护民主监督报告反馈问题整改方案》得到市委、市政府高度重视，经市政府主要领导同意，印发《2022年民进中央对口江西开展长江生态环境保护民主监督报告反馈问题南昌市整改方案》，对照方案，定期收集整改情况，推动问题改进解决。密切联系市生态环境局、农业农村局、林业局等部门，做好民进中央到南昌调研及座谈安排，向市水利局反馈民进中央专家组对赣抚尾闾工程鱼道建设的建议，助推项目提质增效。组织会员和机关干部参加民进中央2023年长江生态环境保护民主监督工作培训班。组织领导小组和工作组成员参加省、市优化营商环境民主监督工作培训会和座谈会，继续对口红谷滩区、经开区开展优化营商环境民主监督调研活动，深入该地企业了解情况，收集存在的困难问题，向两区反馈监督意见建议。

（胡　琨）

中国农工民主党南昌市委员会

【概况】　2023年，中国农工民主党南昌市委员会共有总支7个，支部27个，小组2个，成员1346人。其中，具有中级以上职称的1012人，占成员总数的75.2%；市区有成员1159人，占成员总数的86.1%。该年度共发展新成员28人，平均年龄36.9岁。其中，具有中级以上职称的16人，占新发展成员总数的57.1%。成员中担任省级人大代表2人，市级人大代表11人，县级人大代表25人；担任全国政协委员1人，省政协委员2人，市政协委员34人，县（区）政协委员119人；担任市、县（区）政府副职的1人［副县（区）长1人］。农工党市委会获农工党中央2023年度《前进论坛》发行工作省辖市级先进单位称号，农工党省委会“我为大方下一单”消费帮扶活动先进市委会称号，2022年度农工党市级组织工作综合评价“优秀市委会”称号，全市政协宣传工作先进单位称号，全市社情民意信息工作先进单位称号，2023年度全市统战系统招商引资专项行动成效突出单位称号；获“全国生态日”网络知识竞赛“最佳组织奖”。

【组织建设】　2023年，农工党南昌市委会推进组织发展，全年共发展党员28名。其中，中级以上职称16人，占57.1%；博士研究生学历1人，硕士研究生学历9人，大学以上学历占100%；平均年龄36.9岁；女党员13人；医药卫生15人，人口资源环境6人，主体界别占75%。完成进贤县支部和西湖区总支的换届工作。高标准建成“党员之家”16家，实现全市县区全覆盖。完善信息月报工作机制，建立信息报送台账，有效掌握基层组织全年信息报送情况。加强党员培训，举办2023年暑期骨干党员政治培训班、新党员培训班，组织党员参加“全省党外县处级领导干部学习贯彻党的二十大精神集中轮训班”等。推荐1名南昌市检察院特约人员人选、1名南昌市公安局特约监督员人选，推荐1名党员担任正厅实职，推荐二级巡视员1名、二级调研员1名、三级调研员2名，1名党员担任市疾控中心副职，1名党员担任区政府部门正职，2名党员担任县区副科实职。落实市委会班子成员“主委接待日”活动，走访接待党员近300人次，面对面听取基层意见建议。实施廉洁承诺与廉洁报告制度，开展节前廉洁警示教育活动，组织党员参观南昌廉文化馆。对2022年违法违纪党员采取坚决措施，实现2023年党员零违纪。

【宣传思想】　2023年，开展“凝心铸魂强根基、团结奋进新征程”主题教育学习活动45次。深入学习宣传贯彻习近平总书记考察江西重要讲话精神，农工党市委会领导班子带头学习，机关跟进学习，基层组织全覆盖学习。以专题学习、纪念参观、开展座谈、主题征文、社会服务等形式开展中共中央发布“五一口号”75周年纪念活动。开展“第一议题”学习，召开“学习贯彻二十大、开局起步争一流”专题学习研讨会，机关理论学习12次，开展宣传信息工作会、市委会意识形态暨宣传思想专题培训班。参加全市各民主党派“贯彻二十大 同心强省会”活动，组织参与开展文艺演出、网络知识竞赛、主题征文等活动。庆祝农工党市委会成立70周年，组织“我与农工党的故事”征文，在微信公众号上推送优秀稿件10篇，开展党史党章网上知识竞赛活动。开展4次“同心大讲堂”活动。2项理论研究成果分别获农工党中央理论研究优秀论文一等奖和三等奖。13篇新闻稿件被《中国新闻周刊》《江西日报》等国家级、省级媒体采用刊登，1篇新闻报道获市政协好新闻三等奖。

【参政议政】　2023年，农工党市委会主委龙国英在全国政协的履职情况被人民网、新华每日电讯、《光明日报》等多家媒体报道。5篇农工党南昌市委会集体提案及6篇个人提案获市政协优秀提案,1篇建议案被市人大评为好建议。1篇调研报告得到市主要领导批示。向农工党省委会报送调研报告42篇,获一等奖1篇、二等奖1篇、三等奖2篇;1篇获"我为江西高质量发展献一策"二等奖。召开社情民意座谈会、工作会,全年向农工党省委会等报送社情民意300余篇,4篇被中央级媒体报道,1篇获省领导批示,89篇被农工党中央、省政协等上级部门采用。完成2022年及2013—2023年参政议政成果汇编。在安义县、湾里管理局开展专项民主监督,召开专题协商会5次,企业座谈会5次,制定农工党市委会民主监督工作方案,组建2个专项民主监督工作小组,提出营商环境等方面意见建议和社情民意共18条。

【社会服务】 2023年,动员部署推进招商,签约总金额15.7亿元,完成预期任务的314%。持续宣传社会服务品牌,组织开展"健康生活在南昌·洪城农工在行动"社会服务品牌活动,组织三期公益讲座。开展"凝心铸魂强根基、团结奋进新征程"社会服务活动助力乡村振兴,组织党员购买大方县乡村振兴产品、参加2023中国乡村振兴与环境发展论坛、开展植树节活动、参加"乡村振兴健康行""书香满校园暨健康进校园公益捐款活动",联合其他民主党派市委会开展捐款、义诊等活动。开展"环境与健康宣传周"活动13次,推动环境与健康知识进社区、进农村、进校园。推动社会服务基地建设。农工党南昌市委会社会服务基地正式投入使用,挂牌3个社会服务基地,另有8个在建设。与市慈善总会、市红十字会沟通对接,筹备成立"社会服务公益基金"。参加农工党中央开展的Keep运动团PK活动。联合农工党省委会到新建区举办民法典环境与健康知识讲座,对南矶山水生态环境实地考察。组织全市骨干党员到江中药谷和麦园垃圾填埋场参观考察。参加农工党省委会"生态江西大讲堂"和"健康江西大讲堂"。全年,指导各基层组织开展社会服务活动249次,参与党员2125人次,服务群众38431人,捐款捐物价值12.37万元。

(叶剑岚)

九三学社南昌市委员会

【概况】 2023年,九三学社南昌市委会聚焦"凝心铸魂强根基、团结奋进新征程"主题教育,发扬九三学社优良传统,围绕市委市政府确定的"一枢纽四中心"发展定位履职尽责,为南昌全面落实省会引领战略聚力献策。九三学社南昌市委会获得南昌市统战系统招商引资工作通报表扬、九三学社江西省委会知识竞赛优秀组织单位等荣誉称号,获得上级表彰12项,为南昌市经济社会发展做贡献。

【组织建设】 2023年,九三学社市委会发展社员20名,平均年龄34.3岁,均为大学及以上学历,其中博士1名,高级工程师6名,提高高层次、代表性人士占比;5个基层组织完成换届,进一步配齐班子,提高基层组织的凝聚力。1个基层组织"社员之家"建成并投入使用,3个基层组织"社员之家"持续改造提升,4个基层组织"社员之家"平稳运行。九三学社市委会领导班子增加1名副县级领导干部,进一步做好后备干部储备、培养、选拔工作。以基层组织班子建设为重点,进一步优化基层组织考评机制,通过"在地管理"品牌建设,持续激发软弱涣散基层组织活力。九三学社市委会依托各专委会,开展活动。"三八"国际妇女节,开展"贯彻二十大 同心强省会"乡村振兴调研活动。9月3日,九三学社创建纪念日举办"凝心铸魂强根基、团结奋进新征程"乒乓球、羽毛球比赛活动。重阳节开展重阳健步走活动。12月中旬经济科技、文化艺术专委会联合开展活动,参观"英雄南昌·俊采星驰——南昌市第四届美术作品展暨南昌美术作品迎新春展"等,通过开展活动,营造团结、奋进、健康向上的良好氛围,增强组织凝聚力,提高社员参与各项社务的积极性。

【思想建设】 2023年,九三学社市委会以开展"凝心铸魂强根基、团结奋进新征程"主题教育为抓手,持续做好社员思想引领,不断凝聚政治共识。九三学社市委会第一时间召开主题教育动员部署会,制定工作方案,成立主题教育领导小组,始终将学习贯彻习近平新时代中国特色社会主义思想作为主题教育的核心内容。领导班子坚持以上率下,强化领导标杆,以"关键少数"带动"绝大多数",形成良好效应。全年开展专题学习14次,组织社员线上参加九三学社中央宣传部举办主题教育政治辅导"网络课堂"2期,举办同心大讲堂1期,完成政治理论研究课题5篇,以多种形式推动主题教育走深走实。在九三学社市委会的推动下,各基层组织的活动有序开展,组织集中学习、座谈交流、实地参观等相关活动23场次,参加社员300余人次。加强对微信公众号、微信群等新媒体社交工具的管理,在微信公众号上开设专栏,持续浓厚思想建设的氛围。以纪念中共中央发布"五一口号"75周年、开展"贯彻二十大 同心强省会"及"五个一"等系列活动为抓手,筑牢意识形态阵地。2023年,公众号发布各类文章200余篇,获九三学社中央、九三学社省委会采用90余篇,《江西日报》、《南昌日报》、中新社江西分社、人民网江西频道等采用10余篇,起到思想引领、凝聚人心的作用。九三学社市委会组织2个节目参加

“凝心铸魂强根基 团结奋进新征程”全市统一战线学习贯彻中共二十大精神文艺晚会，得到观众的一致好评。组织社员参加九三学社省委会和市各民主党派举办的网上知识竞赛，成绩均名列前茅，3位社员获评九三学社省委会先进个人，8位社员在市各民主党派网上知识竞赛中获前二十。通过开展内容丰富、形式多样的系列活动，进一步凝聚社员的思想共识。

【参政议政】 2023年，九三学社市委会注重发挥界别优势和特色，着重从科技、医疗、文旅、民生等领域选择课题，制订年度调研计划，完成12篇建言资政成果。其中，《进一步加强市级公立医院人才队伍建设》在党外人士2023年调研成果专题协商会上向市委市政府主要领导做汇报；《强信心 解难题 优环境 扶持民营经济发展壮大》被市政协拟选为十五届四次会议大会发言；《药品全品种全过程追溯体系的建设建议》《护航海外项目，让企业安心“走出去”》《进一步创新城市更新和提升老旧居民区生活品质》等课题被九三学社省委会立项为重点课题；《推动传统产业数字化转型升级》《深度挖掘英雄城特色，打造军事旅游胜地》等课题转化为政党协商建言，得到市工信局等相关职能部门的采纳落实；《利用生成式AI技术推动我市VR产业高质量发展》得到市政府主要领导批示。年初省、市两会期间，社内各级人大代表、政协委员紧扣省、市高质量发展的重大问题、群众关心关注的民生话题履职建言，提交的《以实施文化数字化战略为引领，推动我省数字文化产业高质量发展》的提案纳入省政协重点调研课题，提交9件集体提案，全部被立案承办，其中《大力发展跨境电商，培育数字经济新动能》被市政协采纳为十五届三次会议大会发言，与《解决城镇低效工业用地再开发问题的建议》一同被选为优秀提案。社情民意信息作为参政议政工作“一号工程”，九三学社市委会高度重视，全年收集社情民意信息稿件126篇，报送九三学社省委会87篇，报送市政协81篇；被九三学社省委会采用37篇，被市政协采用13篇，被省政协采用2篇，被九三学社中央采用1篇。

【社会服务】 2023年，九三学社市委会联合省直基层组织，通过开展科学技术普及、科学文化传播、科技服务社会等活动，打造“九三科普驿站”品牌，开展科普活动10余次，受惠群众500余人。组织社员中的医护人员参加市各民主党派举行的“凝心铸魂强根基、团结奋进新征程”大型社会服务活动，向把口村翔宇教育基金和同心杯农民红歌会捐赠2500元。组织社员企业到把口村开展消费助农活动，为把口村解决葡萄销售金额1万元。依托基层组织“社员之家”平台，联合举办科普公益讲座、科普“四进”活动及助学慰问活动，聚焦留守儿童、困难群众、孤寡老人等弱势群体，开展社会服务活动30余次，受惠群众600余人次。选派2家社员单位参加由九三学社中央与中国科协、国家发展改革委、中国科学院、广东省政府、广州市政府联合主办的2023中国创新创业成果交易会，取得良好反响。为实现招商引资突破，九三学社市委会采取“走出去”“请进来”的方式，先后到广州、深圳拜访客商，推介南昌，邀请到南昌投资。组织来访客商与市商务局领导开展面对面座谈。走访社员中的企业家和新型研发机构负责人，召开企业家座谈会，倾听企业意见建议，推动南昌市优化营商环境、构建“亲清”政商关系。全年上报招商引资线索7条，落地项目资金5.6亿元。

【民主监督】 2023年，九三学社市委会继续对口东湖和高新开展优化营商环境专项民主监督工作，围绕该年的监督重点拟定内容发放调查问卷，邀请企业反映情况，收到有效回复30份。通过梳理调查内容，针对反映的营商环境存在的问题进行分析研究，探索并提出可行的对策办法，向县区反馈，持续推动营商环境优化。九三学社市委会全年开展专项民主监督活动6次，其中座谈会3次，调查走访企业10余家。开展的专题调研中，有6个涉及优化营商环境问题，报送优化营商环境相关社情民意15篇，10篇被九三学社省委会、市委、市政协采用。收集整理反馈对口县区相关问题8个，县区对九三学社市委会反馈的问题高度重视，指定专人负责对接，第一时间转至相关责任单位，推进整改落实、督查整改效果，反馈的问题均整改到位。为帮助县区提升优化营商环境测评成绩，九三学社市委会邀请省优化营商环境测评工作专家到东湖区交流指导，为该区营商环境测评工作优化提供专业视角。

（李　旸）

南昌市工商业联合会

【概况】 2023年，南昌市工商业联合会（以下简称“南昌市工商联”）紧扣“项目为先，实干奋进，争分夺秒拼经济”工作主线，牢牢把握工商联职能任务、工作主题，聚焦强信心、勇担当、畅联通、促改革，不断开创工商联事业发展新局面，推动全市民营经济高质量发展。连续8年在全省工商联工作目标管理评价中获得优秀等次。

【政治引领】 2023年，承办全省民营经济人士“井冈红”理想信念教育暨南昌市专场报告会，举办专题学习报告会、培训班、“书香商会”大讲堂、民营企业家读书会、诗歌朗诵会等10余场活动，参与民营企业家1000余人次，理想信念教育覆盖面、吸引力、感染力不断提升。所属商会党建全面加强，理顺商会党建工作运行管理体制，在全省率先成立商会党建办，构建市工商联党组、市非公党委、商会党建办公室、商会党建工作网络区、商会党支部共同参与的五级工作体系。承办全市非公有制经济组织党组织书记和年轻一代党员出资人重点培训班，组织74名商会党务工作者、党员、党建指导员参加各类培训。组织召开"四好"商会党建工作联席会，通过互学互促，培育一批商会党建品牌。宣传信息工作提质增效，坚持上下互动、内外联动，全年在《中华工商时报》《江西日报》《江西民营经济内参》《南昌日报》等中央、省、市各级媒介上稿100余篇，在全省工商联系统宣教工作会议上作题为《奏响时代旋律，汇聚发展力量全力开创工商联宣教工作新局面》的典型发言，提升工商联影响力和凝聚力。

【服务发展大局】 2023年，发挥优势、整合资源，围绕南昌市主导产业，搭建招商引资平台，招商引资成效显著。聘请276名企业家担任"招商引资""招才引智"顾问。擦亮"家乡情·家乡行"活动品牌，组织7家南昌外埠商会90余名企业家到南昌商务考察，到北京、深圳、宁波等地举办"三请三回"专项招商引资推介活动3场。承办全国工商联科技装备业商会助力江西(南昌)民营经济高质量发展大会，邀请全国科技装备领域专家学者、企业代表等200余人齐聚南昌，助力南昌市装备制造业发展。围绕南昌市民营经济发展的热点、难点问题，调查研究、建言献策，全年向省工商联报送12篇参政议政调研课题、90余篇社情民意信息，获全省工商联系统理论研究成果一等奖(1篇)、调研报告一等奖(1篇)、团体提案二等奖(1篇)及实践创新成果奖(6篇)，被省工商联评为社情民意信息工作先进单位，在全省工商联系统调查研究参政议政工作会议上作典型发言。广泛发动民营企业参与全国工商联民营企业季度运行调查、全省民营企业数字经济发展情况调查等在线调查工作，获2023年全国工商联民营企业调查点工作先进基层单位称号。开展"护企安商促发展，助企纾困拼经济"专项行动，加大诉求办理力度，定期召开民营企业诉求集中交办会，集中交办企业诉求32件，办结率100%。开展"法律进商会"集中宣讲月活动，引导企业合法合规经营，开展法律服务活动40余场。开展法治护航活动，邀请公检法司部门直面商会企业，直指问题提意见、直接对话商对策，营造良好的法治营商环境。全年，市非公维权中心办理民营企业实质性诉求70件，办结69件，办结率98.6%。对上年未办结诉求再次督办，实现积案全部清零，解决一批困扰企业发展的问题。组织召开商会、税务、金融、政法等4场专题政企恳谈会，收到企业问题建议73条，对接相关职能部门协调解决或反馈答复。打造"政企双向匹配"工作模式，通过向涉企部门收集服务清单、向商会(企业)收集服务需求，联合市知识产权中心、市人社局、银行等机构为所属商会和民营企业提供精准服务。全年举办专题活动6场，参加企业家500余人次，受到企业一致好评。

2023年11月，全国工商联科技装备业商会助力江西(南昌)民营经济高质量发展大会召开

(市工商联　供图)

【组织建设】 2023年，举办南昌市主导产业商协会成立暨产业集群发展大会，成立电子信息、生物医药、绿色食品3家重点行业商会。成立南昌市重点行业商会"产业研究院"，分别到上海、厦门、晋江、济南、莱阳等地调研考察，形成各自产业专题调研报告。着重抓好商会班子队伍、商会专业队伍、商会秘书处队伍3支队伍建设，提高履职能力和专业化水平。承办全省"四好"商会建设现场推进会，在会议上作典型发言。举办全市重点行业商会会长、南昌市工商联所属商会秘书长培训班。开展"四好"商会"互学互促"交流活动，举办"四好"商会建设现场观摩交流会，进一步促进所属商会学习提升、改革发展。10家商会被评为2023年全国"四好"商会。以提升促进"两个健康"工作能力为重点，全面加强"五好"县级工商联建设，加强对薄弱县区工商联的工作指导，分类进行重点辅导。推荐8家县区工商联参评2022—2023年度全省"五好"县级工商联。7家县区工商联被认定为全国"五好"县级工商联。

(胡　兴)

群众团体

南昌市总工会

【概况】 2023年，南昌市总工会（以下简称“市总工会”）持续推进“三大提升功能”（提升职工劳动技能、提升职工生活品质、提升工会资产使用效率），为南昌全面落实省会引领战略、建设“一枢纽四中心”作出工会应有的贡献。至年底，市总工会辖3个县、6个区总工会，2个开发区、1个管理局和市直机关工会工委，会员97.57万人。全年新增基层工会1482家，新增会员23.7万人。其中，新增新就业形态劳动者会员1.4万人。市总工会坚持面向基层、面向一线、面向普通劳动者原则，推荐评选全国五一劳动奖章2人、工人先锋号2个，省五一劳动奖章13人、五一劳动奖状7个、工人先锋号13个；选树市五一劳动奖章154人（一线产业工人比例不低于40%）、五一劳动奖状35个、工人先锋号34个。聚焦全市重大工程、重大项目、重点产业，组织举办18类56项市级赛事，参加竞赛的企事业单位1741家，参与竞赛的职工1.7万人，带动岗位练兵28.2万人次。推动首家市级工匠学院挂牌成立，建设7家职工技能实训基地，打造10家市级示范性劳模（工匠、职工）创新工作室，广泛开展“五小”活动，选送优秀的群众性技术创新成果129项。市总工会获评省文明单位，首次获评优秀市管领导班子，全市全面深化改革工作先进单位、打造模范机关工作先进单位、平安创建工作优秀单位、信访工作成绩优异集体等荣誉，各项工作取得新成就。

【第九届职工运动会】 2023年9月1日至11月15日，南昌市第九届职工运动会举办。该届职工运动会设竞技体育项目和群众体育项目12个大项、56个小项。全市组建140个代表团参赛，直接参与职工近万人。快递小哥等新就业形态劳动者首次组团报名参赛，组团规模、参与项目数量和参赛人数均超过历届。其中，24个代表团获“团体总分奖”，46个代表团、230个运动队、534名运动员、30名裁判员获“体育道德风尚奖”，81个代表团获“优秀组织奖”。10月15日晚，南昌市第九届职工运动会开幕式在南昌国际体育中心体育馆举行。省委常委、市委书记李红军出席开幕式并宣布该届职工运动会开幕。省总工会主席刘强、常务副主席邹绍辉，市领导余正琨、李镇发、卢伟平、胡晓海、王万征、刘德辉、赵捷、薛有旺出席开幕式。

【职工宣传教育活动】 2023年，市总工会举办首届江西省工人文化宫联盟职工文化交流活动周。深化“中国梦·劳动美”宣传教育活动，开展“工”字系列职工文化主题十大系列活动，举办劳模工匠宣讲100场、职工主题阅读活动100场、文艺演出进基层35场，制作《榜样的力量》地铁电视宣传片56期，推动党的创新理论进企业、进车间、进班组。依托全市各级职工书屋平台，开展百场“阅读经典好书，争当时代工匠”等主题的职工主题阅读活动，选树全国、省级、市级职工书屋示范点12家、最美职工书屋2家、阅读成长个人3人，突出贡献工作者1人。

【产业工人队伍建设改革】 2023年，市总工会制定印发《南昌市推进新时代产业工人队伍建设改革2023年工作要点》，推动出台完善技术工人培养、评价、使用、激励、保障等措施的相关政策。相继召开市属国有企业产业工人队伍建设改革动员部署会和现场推进会，推动国有企业产改工作全覆盖。组织20家产改试点企业参加全总产改和劳动竞赛现场推进会，方大特钢科技股份有限公司在会上作典型发言。持续实施劳动技能提升工程，对基层工会申报的73名企业技师以上人才给予266万元奖补。开展“携手小康”就业重点群体技能培训2735人次，建设一支知识型、技能型、创新型产业工人大军。

【职工关心关爱服务】 2023年,市总工会投入900万余元用于组织5000名一线职工、劳模和五一劳动奖章获得者开展市内疗休养活动,享受疗养职工人数较上年增加10倍。投入送温暖资金509.3万元,慰问困难职工、坚守一线岗位的干部职工8870余人。筹集104万元向4200名一线职工和户外劳动者开展“关爱职工 夏送清凉”走访慰问。筹措助学资金50万元,带动全市各级工会为百名困难职工家庭子女助学解难。为2055名女职工开展免费“两癌”筛查活动,为5148户职工家庭发放生育慰问大礼包。做好困难职工动态监测和帮扶服务工作,发放帮扶资金73.8万余元,成立南昌市困难职工家庭帮扶基金,进一步构建“惠普、精准、全面”的职工帮扶体系。继续在洪工惠线上平台开展“线上促消费 日日有精彩”全年普惠活动,全年发放南昌职工卡50.4万张,消费金额29.6亿元。组织7000余名职工参加“爱在工会·四季有约”职工艺术公益培训班和女职工“追逐梦想·绽放风采”素质提升班。

【职工合法权益维护】 2023年,市总工会持续深化“三师一室”维权服务机制,提供免费工会法律援助567件,提供线上、线下免费法律咨询790余次,帮助职工挽回经济损失610.86万余元。协助政府有关部门和企业做好“稳就业”工作,帮助459人次职工(含农民工)追讨欠薪439.11万元。发挥协调劳动关系三方机制、“法院+工会”诉调对接机制、“监察+仲裁+工会+法援”机制作用,构建“工会+N”多部门多元化解劳动争议格局。做好劳动领域政治安全风险的预防、管控、处置工作,以实际行动落实“五个坚决”要求,紧扣“五个不发生”目标,维护劳动领域政治安全。全年,市委书记李红军,市委副书记、市长万广明,市委副书记、组织部部长余正锟分别就南昌工会维护劳动领域政治安全工作作批示。市总工会分别在4月、12月全省维护劳动领域政治安全工作座谈会上作经验交流发言。

【基层组织建设】 2023年,市总工会加大重点产业链、中小微企业、新业态新就业群体领域等工会组建力度,聚焦货车司机、网约车司机、快递员、外卖配送员和网络主播等“四转一响”新就业群体开展入会攻坚行动,全年新增基层工会1482家,新增会员23.7万人,不断扩大工会组织的覆盖面。持续推进“县级工会加强年”专项工作,指导县区工会高质量打造一批“六有六规范”工会示范点,全总华东片区“县级工会加强年”专项工作交流座谈会在南昌开展现场观摩。

【智慧工会建设】 2023年,市总工会推进南昌市智慧工会信息化平台二期建设,开设数据平台信息采录功能进行工会组织和工会会员实名制录入工作,全年工会基层组织信息录入1.3万条,会员信息录入97.57万条,精准掌握工会组织和工会会员基本情况。发挥数字化、信息化工会最大效能,打造集建会入会、法律服务、困难帮扶、劳模管理、在线培训、普惠服务等六大服务模块于一体的工会系统数字平台。

【职工服务阵地建设】 2023年,市总工会投入1200万元打造基层职工服务阵地示范点12个。在市工人文化宫教育培训大楼打造职工精神文化培训基地、职工疗休养基地,职工棋院、艺文苑、烘焙培训室、艾灸馆、针灸馆、推拿馆等六大服务项目广受职工喜爱。与高新区、经开区签订协议共同打造文化宫,探索“一宫多点”的新格局,有效提升服务覆盖面。全年新建100个户外劳动者“爱心驿站”和20个爱心妈咪小屋。

(钟艺婧)

中国共产主义青年团南昌市委员会

【概况】 2023年,中国共产主义青年团南昌市委员会(以下简称“团市委”)深入贯彻落实习近平总书记关于青年工作的重要思想、习近平总书记考察江西重要讲话精神,在团结带领广大团员青年踊跃投身中国式现代化建设南昌实践的征程上踔厉奋发、笃行奋斗。南昌在团中央团员和青年主题教育总结会议上,作经验交流发言。全国青年发展型城市建设试点获评估A档(优秀),作为全省唯一城市代表受邀参加2023年世界青年发展论坛之“青城市集”青年发展型城市交流展。在全省综合考评中,团市委获全省共青团工作优秀等次,被评为全省机关事务工作先进集体和贯彻落实中长期青年发展规划优秀单位,“洪城红”青年志愿者、“青英归巢”返家乡社会实践、万名学子走进南昌、西部计划地方项目、“12355”青少年服务台等工作获得领导充分肯定、青年参与认可和社会广泛关注。

【青少年学习教育】 2023年,团市委全面贯彻落实习近平总书记关于青年工作的重要思想,开展全市团员和青年主题教育,在全省率先增设团员和青年主题教育专项组,在团中央团员和青年主题教育总结会议上作经验交流发言。通过线上线下相结合的方式,分层分类开展宣讲。线上充分依托“青年大学习”“红领巾爱学习”“学习强国”等平台载体,用好团属新媒体阵地,推进习近平总书记重要讲话精神和团十九大精神的青年化阐释。线下充分运用青年讲师团、红领巾巡讲团、红领巾讲解员等队伍做好宣讲,守好最有活力的青年群体意识形态阵地。全面构建集网站、微信公众号、微博、抖音、快手、今日头条于一体的团属新媒体矩阵,官方抖音号、快手号、微信公众号粉丝数分别为100.3万人、61.6万人和129.7万人,抖音号“青春英雄城”全年播放1.1亿人次。拍摄《南昌,异乡》《秋水边的小店》等原创作品获江西正能量2023“五个十”网络精品奖。

【基层团组织建设】 2023年,团市委坚持党建带团建,全面推进从严治团,向县(区)委发送商洽函,推动各县区团委规范完成换届,配齐配强专挂兼职团干部,规范发展团员22876人;“两新”团组织突破3586个,推动市委组织部出台全市“两新”领域党群共建指导性文件,全省党建带团建现场会在南昌召开。全面推开县域共青团基层组织改革工作,定期召开全市改革工作推进会,支持团青云谱区委创新设计团费制度改革项目。推动西湖区河滩社区、青云谱区梨园南社区入选全国城市基层共青团组织改革试点,团中央书记处书记王艺实地调研并予以肯定。履行“全团抓学校”职责,建立完善中学中职共青团年度考评、共青团督查等机制。

【青年志愿服务】 2023年,团市委进一步加强志愿服务队伍建设,推动市青志协完成换届工作,指导全市9个县区成立青志协。组织6000余人次完成2023世界VR产业大会等20项重大活动志愿服务工作。更新完善“洪城红”青年应急队伍人员结构,开展应急救援培训,提升处置能力。开展河湖长制工作,推动建立“河小青”志愿服务队,常态化开展巡河护河志愿服务。全年开展“河小青”净滩活动1631场,参与17462人次。深入开展社区青春行动,指导西湖区河滩社区、青云谱区梨园南社区实施开展“伙伴计划”。开展春运“暖冬行动”。全市各级志愿服务队伍开展志愿服务活动1000余场,志愿服务时长超过5万小时。

【青少年权益保障】 2023年,团市委紧扣市域社会治理,履行市预青专项组职能,深化阳光学校建设教育矫治有严重不良行为青少年1561人。在全省搭建规模最大、功能最全的“12355”青少年服务平台,畅通权益保护联动机制。服务台申报全国青少年维权岗成功,获评“全省法治宣传教育基地”,入选全省民生实事。全年,来电2145个,心理咨询1385个,法律维权287个,接听时长30840.59分钟。推进全市“童心港湾”规范化建设与服务,开展“传承红色精神”“防溺水”等主题活动等300余场,覆盖留守儿童4000余人。开展“共青团与人大代表、政协委员面对面”、青少年政协提案等活动,团市委2023年青少年政协提案征集活动被团中央评为“组织实施工作突出单位”,被团省委评为“优秀组织单位”。

【青少年发展服务】 2023年,全国青年发展型城市建设试点获评估A档(优秀),作为全省唯一城市代表受邀参加2023年世界青年发展论坛之“青城市集”青年发展型城市交流展。紧扣市委工作主线,出台《团市委助力“实干奋进拼经济”10条实施方案》,联动青企协、东湖区举办招商引资推介会,对接落户项目13个,签约金额60.9亿元。组织“青英归巢”大学生返家乡社会实践,提供实践岗位7828个,报名参与人数22356人,清华大学、北京大学和港澳台学子在内的808所高校学生参与。公益打造“洪漂驿站”,全市设30个站点,有房源200余间,为大学毕业生提供2000余天免费住宿。组织“万名学子走进南昌”活动,开展“青爱南昌”城市线上打卡,近万名青年参与活动。连续举办十一届青英人才创业大赛,6500余名创业者登上舞台,举办400余场创业讲堂,孵化创业项目3068个。针对青少年婚恋交友需求,深化“爱在赣鄱”交友品牌,开展300余场青年婚恋活动,全年服务覆盖青年1万人次以上。实施西部计划地方项目,招募150名大学生志愿者到乡村振兴一线服务,举办4期“美好乡村生活节”,吸引1.2万余名城市青年到乡村。市青少年宫扩大到“一宫四地”,年培训达3.7万人次,收入5200万元,公益性社区少年宫覆盖50个社区,5.95万余名青少年在家门口免费享受优质课外教育。

【青少年帮困】 2023年,团市委策划开展“南青圆梦”(动员社会力量,向家庭困难的大学新生提供资助,帮助实现上大学梦想公益活动)“青云班”(为中高考学子免费提供学习、生活、心理等方面帮助,助力学子圆梦理想校园公益活动)“宝贝出村”(组织青联委员带领受助学生走出乡村、走进城市,开展城市体验之旅、红色寻访之旅、科技体验之旅、文化体验之旅)等活动,围绕亲情陪伴、自护教育、红色教育等开展常态化服务,资助3871名学子圆上学梦,助学金额509万元,关爱各类青少年群体超过7万人次。“亲亲宝贝”项目(建立青少年大病救助体系,为患上大病儿童提供关怀、救助)救助576名重大疾病贫困儿童,募集善款564万元,拨付善款450万余元,举办各类关爱活动76场,覆盖3295人次大病患儿。知识星光阅读项目(把优质的课外书、阅读空间带到乡村小学,帮助孩子们扩展视野)全年,南青基金联合各级政府单位、爱心企业,捐赠并发放名著小书包2230套,发放名著31812本,覆盖学校80余所。为13所乡村学校建设92个知识星光图书角,捐赠优质图书4110册。在南昌市、赣州市寻乌县开展线下教师辅读培训12场,举办知识星光阅读分享大赛14

场，开展常态化阅读课程1548节，收集阅读反馈2.2万余篇。全年，开设青少年安全素养课堂（为青少年带来安全自护课程，引导青少年树立正确的性别观念和安全意识，增强学生风险感知能力和自我防护技能，包含女童保护、预防烧烫伤、五防课堂、平安小课堂、健康科普、AI编程等一系列课程）1273课时，覆盖南昌市三县六区189所学校及社区，覆盖青少年儿童46707人次。南青基金年度筹款2802万元，其中网络筹款金额达1763万元，获评江西省政府颁发的第三届“赣鄱慈善奖”最具影响力慈善项目，连续9年在中国公益基金会透明指数排行榜中获得满分100分，在全国近9000家基金会中排第一名。

【少先队工作】 2023年，团市委在“六一”“十一三”等少先队重要时间节点组织开展“学习二十大 争做好队员”主题队日活动。召开中国少年先锋队南昌市第四次代表大会，选举产生中国少年先锋队南昌市第四届工作委员会，285名代表参加，其中少先队员代表146名。“少年军校”覆盖全市110所学校，每周对5500余名少先队员进行国防教育，举办2023年度少年军校大会演，1200名少年军校学员代表参与展示。组织81名少年军校学员组成礼仪方阵参加八一升旗仪式。推动全市12万余名少先队员在线注册成为红领巾讲解员，1.8万余名红领巾讲解员在南昌市多个爱国主义教育基地开展志愿讲解，举办全市红领巾讲解员风采大赛。推荐黄聆哲参加2023年全国“红领巾讲解员”传统文化主题系列活动，获小学组一等奖。吸纳70余名各级各类少先队辅导员，组建市、县两级13支“红领巾巡讲团”队伍，开展宣讲300余场，覆盖少先队员3万余人。出品大型红色原创儿童音乐剧《时刻准备着》，为少年儿童讲述革命故事、讴歌革命英雄。开展暑期“三下乡”社会实践活动，接待省内外高校社会实践团队30余支，参与学生超500人次，取得良好的社会效果。

（金一品）

南昌市妇女联合会

【概况】 2023年，南昌市妇女联合会（以下简称“市妇联”）聚焦“走在前、勇争先、善作为”目标要求，紧扣中国妇女十三大、省委十五届四次全会及市委十二届六次全会部署任务，围绕“争分夺秒拼经济”工作主线，开展学习贯彻习近平新时代中国特色社会主义思想主题教育，推动妇女思想政治面貌焕发新气象，巾帼建功立业展现新作为，家庭家教家风建设绽放新风采，维权关爱服务工作凸显新成效，全面深化妇联改革取得新进展。市妇联入选全国妇女宣传舆论阵地建设优秀榜，获全省妇联系统宣传舆论阵地建设先进单位、江西省家庭亲子阅读活动优秀组织奖、江西省女性创业创新大赛优秀组织奖等8项荣誉，市妇女儿童活动中心获全国巾帼建功先进集体、全国社科组织先进单位、全国维护妇女儿童权益先进集体、全国少年儿童“双有”主题教育活动先进单位等8项荣誉，“名著小书包”阅读体验中心获评2023年全国新时代“终身学习品牌项目”。

【“幸福家庭成长计划”公益讲堂项目交流会】 2023年1月17日，南昌市“幸福家庭成长计划”公益讲堂项目交流活动在市妇联会议室举办。活动现场，项目公益讲师围绕《中华人民共和国家庭教育促进法》《江西省家庭教育促进条例》和家庭教育中的重点、难点和焦点问题进行讲课。公益讲堂项目交流会结束后，所有报名的讲师、助教到全市16个项目点开展“把爱带回家——暖童心护成长”2023寒假儿童关爱服务活动，为家庭传授科学家庭教育理念和方法，为留守、困境儿童传递关爱和温暖。

【家庭教育指导服务站授牌】 2023年1月18日，为贯彻落实党的二十大精神，进一步推进南昌市家庭家教家风建设，长天小红星智慧托育中心被授南昌市家庭教育指导服务站，为南昌市首个市级家庭教育指导服务站。长天小红星智慧托育中心以托育中心为载体，常态化开展公益讲座、亲子互动、指导咨询、社会实践等活动，和周边社区协作，对未成年人及其家长（监护人）进行道德品质、文化修养、行为习惯等方面的培育、引导和影响，帮助和引导家长树立正确家庭教育观念，掌握科学家庭教育方法，促进家庭和睦、社会和谐。

【第二十届女性专场招聘会】 2023年3月4日，为全面贯彻党的二十大精神，按照市委市政府“项目为先、实干奋进，争分夺秒拼经济”有关要求，不断强化就业保障，进一步做好企业招工和妇女群众就业工作，为女性人才在南昌市就业创业提供优质服务，市妇联、市人力资源和社会保障局联合举办2023年南昌市第二十届女性专场招聘会。该次招聘会组织企业100家，涉及教育、电子、金融、零售业，会展行业等多个行业，其中包含华唐教育、华勤电子、武商购物、北京银行、华侨城等多个知名企业，提供岗位1.2万余个，该次活动吸引4000名求职者进场咨询，现场收到简历400份，现场达成就业意向210人。

【女企业家协会“争分夺秒拼经济”主题年会】 2023年2月28日，南昌市女企业家协会“争分夺秒拼经济”主题年会举行。市委副书记、市委组织部部长余正琨出席并致辞。省女企业家协会、省女企业家商会、省中小企业家协会、市女企业家商会女企业家代表及市女企业家协会全体会员300余人参加主题年会。余正琨代表市委、市政府向年会的举办表示祝贺并指出，市女企业家协会和全市广大女企业家抢抓历史机遇，勇担时代使命，将协会建设和企业发展融入南昌发展大局中，各项工作可圈可点、有声有色、出新出彩，在全面建设社会主义现代化南昌征程中激扬巾帼之志、奉献巾帼之力、彰显巾帼之美。主题年会举行巾帼创业故事分享，表彰2022年度优秀女企业家。

【纪念“三八”国际妇女节113周年暨“倡导移风易俗 树立文明新风”活动】 2023年3月8日，2023年南昌市纪念“三八”国际妇女节113周年暨“倡导移风易俗 树立文明新风”活动在南昌国体中心举行。市委副书记、市委组织部部长余正琨，市委常委、市委统战部部长饶绍清出席并讲话。市人大常委会副主任寇立群，市政协副主席薛有旺参加。活动现场举行“树文明新风 向幸福出发”百对新人集体婚礼，集体婚礼采取传统中式模式，将传统礼仪与时代新风融合呼应。活动现场，百对新人身着中式婚礼服装，在众多亲友团见证下，一同体验传统婚俗，在文明新风中喜结连理。该次集体婚礼邀请6对金婚老人分享婚姻长跑秘诀，现场进行与移风易俗相关的节目展演。

【第四届家庭教育节开幕式暨第三届家庭教育高峰讲坛】 2023年5月25日，由市妇联、市教育局联合举办的南昌市第四届家庭教育节开幕式暨第三届家庭教育高峰讲坛在南昌市第一中学（朝阳校区）艺术音乐厅举行。副市长龙国英发表讲话，市政协党组副书记、副主席樊三宝出席。活动以“光辉百年 立德树人”为主题，包括上午主场论坛和下午在红岭幼教集团九龙新城分园、红谷教育集团银都路校区和外国语学校九龙湖校区初中部分别举办的幼儿启蒙分论坛、儿童成长分论坛及青少年发展分论坛3个分论坛。

【“家风耀赣鄱”2023最美家庭揭晓会】 2023年9月16日，由省妇联主办，市妇联承办，省图书馆、江西广播电视台都市频道协办的“家风耀赣鄱”2023最美家庭揭晓会在省图书馆举行。省政府党组成员、副省长卢小青，省委组织部副部长傅世平，省妇联党组书记、主席钱昀，省政府办公厅党组成员、副主任谢达贵，市委副书记、组织部部长余正琨，省妇儿工委各成员单位领导，省妇联领导班子成员，省妇女第十三次代表大会代表，全国、省级最美家庭代表等约800人参加活动。活动现场揭晓爱党爱国、清风传家、绿色清洁、爱粮节粮、科技创新、科学教子、孝老爱亲、移风易俗、热心公益、学法用法10类400户2023年江西省最美家庭。揭晓会以“家风耀赣鄱”为主题，通过视频短片、家庭讲述、现场访谈、文艺节目等形式，从不同侧面讲述其中6户全省最美家庭的故事和家庭成员的工作生活感悟。全国最美家庭代表刘勇、王勇、丁晖、陈玉萍、陈朝霞、张单英等现场为6户全省最美家庭颁发证书。活动现场表演《让爱天天住我家》《鹤舞赣鄱》《最美家庭颂》等家庭家教家风主题节目。揭晓会通过央视频、全国妇联女性之声、《中国妇女报》、中国妇女网全媒体平台、凤凰网、江西新闻客户端——“赣鄱云”、江西都市频道、大江网、江西女性客户端——“巾帼云”、江西女性微信公众号等30余个主流媒体及70个县级融媒体中心线上直播，播放量合计1003万人次。

【女企业家协会“跟党奋进新征程 省会引领她力量”主题年会】 2023年12月28日，市女企业家协会举行“跟党奋进新征程 省会引领她力量”主题年会，省女企业家协会会长罗玉英，省妇联妇女发展部部长向亮，省市女企业家协会会长及南昌市女企业家协会会员400余人参加会议。市妇联党组书记、主席胡裔受邀出席并发表讲话，她从“要胸怀‘国之大者’，坚定不移跟党走；要强化使命担当，奋勇争先闯新路；要优化服务环境，携手同心创未来”等三个方面对南昌市女企业家们提出希

2023年3月8日，2023年南昌市纪念“三八”国际妇女节113周年暨“倡导移风易俗 树立文明新风”活动举行

（市妇联　供图）

望。与会领导和嘉宾参观优秀企业代表的展位，详细了解企业在经营管理、科技创新等方面的先进经验和做法。

（陈　科）

南昌市科学技术协会

【概况】　2023 年，南昌市科协围绕“一枢纽四中心”发展定位，锚定“项目为先、实干奋进，争分夺秒拼经济”工作主线，全面强化“四服务”职责，凝心聚力，创新实干，开创工作新局面。南昌市公民具备科学素质比例为 15.6%，位居全省第一。市科协被推荐为全国科普工作先进集体，获“2023 年表现突出的科普中国组织单位”“2023 年全国科普日活动优秀组织单位”“2023 年全国科普日优秀活动”“2023 年度设区市科协工作先进单位”等荣誉。

【服务科技工作者】　2023 年，围绕“点亮精神火炬”，谋划推出“弘扬科学精神”“树立科技榜样”“推动科普赋能”三大系列“全国科技工作者日”主题活动。制定《市科协领导班子成员联系基层工作制度》和《市科协领导班子联系科协委员制度》，全年走访基层 47 批次，收集并采纳回复意见建议 44 条，联系委员 23 人次，收集并采纳回复意见建议 50 条。开展“科协委员面对面”、首期“智荟洪城”科协界别政协委员沙龙等活动。举办十届市科协委员培训班和市科协系统干部学习贯彻党的二十大精神暨学会党建培训班。推荐院士江风益作为市委领导直接联系人才，陪同市委副书记、市委组织部部长余正琨走访看望。实施“院士回家·圆梦故乡”行动，走访慰问宁光、顾玉东、李劲松等院士及在昌和南昌籍院士父母，了解需求，征询意见。

【科技工作者举荐】　2023 年，推荐的江西洪都航空工业集团有限责任公司飞机总设计师、正高级工程师张弘获“第三届全国创新争先奖”和“国家卓越工程师”称号，张辉获“江西省科技人才发展基金会青年科学技术奖”，刘羽飞、闫利青、赵睿、侯鹏获 2023 年江西省“最美工程师”称号，李玉亮、周建国获评 2023 年江西省“最美科技工作者”，刘方义、邹德凤获 2023 年江西省“最美基层‘三长’”称号，汪洪丽获 2023 年江西省“最美科普志愿者”称号，刘耀祖等 19 名科技工作者获评 2023 年江西省企业“创新达人”，李曦入选“创新达人”宣讲代表。向省科协推荐工程领域评审专家 5 人、推荐全市新的社会阶层人士调查摸底工作和代表人士 3 人。

【科技工作者培育】　2023 年，联合市委宣传部、市科技局、市工信局授予马经忠等 20 人 2023 年南昌市“最美科技工作者”称号。修订《南昌市“洪燕领航”工程实施办法》，为南昌市高层次中青年创新人才培育成长提供支持和保障。成立“科学家精神宣讲团”，分别在江西省科技馆、慧谷产业园、新建区第七小学开展科学家精神宣讲。举办江西籍及在昌建站院士先进事迹展，营造尊重劳动、尊重知识、尊重人才、尊重创造的良好社会氛围。

【“科创中国”建设】　2023 年，以市政府名义，联合中国纺织工程学会举办“科创中国”2023 全国纺织科技成果转化与合作大会，签约项目 13 个。大会期间举办产业高峰论坛和技术与产品需求精准对接会，部分成果在南昌实现落地转化。组织开展入驻“科创中国”平台培训，征集“科创中国”金融伙伴意向，协助“科创中国”试点工作组完成技术经理人评估评价工作。至年底，“科创中国”平台入驻学会和企业 405 家、专家 2073 位，发布科技需求 5568 项、科技成果 1081 项，完成需求解析及成果评价 1200 余项，需求签约 160 项，成果签约 18 项。

【“四站一院”建设】　2023 年，南昌虚拟现实检测技术有限公司、江西金山种业有限公司获评省级院士工作站，在双胞胎（集团）股份有限公司、江西和壹科技有限公司、江西中洪博元生物技术有限公司、江西大佑农生物科技有限公司、北京大学南昌创新研究院、南昌航天广信科技有限责任公司、江西强盛科技有限公司、南昌市洪都中医院建立市级专家工作站。江西兆驰半导体有限公司、赣江新区澳博颗粒科技研究院有限公司获评江西省“海智计划”工作站，在江西和壹科技有限公司、江西宝航新材料有限公司、江西省博库信息技术有限公司建立南昌“海智计划”工作站。建立省作物学会江西鄱谷农业科技有限公司科技服务站、省汽车工程学会江铃新能源汽车公司科技服务站。获批中国农技协江西进贤柑橘、南昌酱鸭、新建油茶、新建泥鳅、新建水稻“科技小院”。

【企业创新能力提升】　2023 年，承办中国科协党校“领航计划”青年科技领军人才国情研修活动、2023 世界青年科学家峰会江西分会场活动、“2023 年江西省企业科协负责人创新服务能力提升”活动。制定《2023 年南昌市企业科协建设方案》《南昌市企业科协组织建设资助经费管理暂行办法》，推动全市企业科协组织建设，新建企业科协 207 家。组建“洪城博士服务团”，开展百名博士进百企，提升企业科技创新能力水平、提升企业管理体系和管理能力现代化水平（“双百双提升”）专项行动，常态化开展技术进企业服务，帮助企业解决技术需求和困难问题，组织博士专家深入企业，召开 5 次专项技术需求对接会，为相关企业提出技术攻关建议 10 余条，促成 1 项技术合作意向。指导127家企业注册海外专利库账号，举办海外专利信息资源库推广应用培训班2期，形成10个专利信息使用典型案例。开展创新方法及TRIZ理论宣讲服务12场次、专场培训3场次，组织39支队伍参加创新方法省赛并获一等奖5个、二等奖5个、三等奖3个及优秀组织奖；国赛获一等奖1个、优胜奖2个。

【全民科学素质提升】 2023年，调整南昌市全民科学素质工作领导小组成员，印发《2023年南昌市全民科学素质行动工作要点》，组织召开市全民科学素质工作推进会，对2023年度工作进行部署，明确各成员单位工作目标和重点，提出53项具体任务。以提升产业工人和社区群众科学素质为工作重心，全覆盖组织开展乡镇、街道培训134场次。

【重点科普活动】 2023年，全国科普日期间，举办2023年南昌市全国科普日主场活动和十大系列分会场活动，动员广大科技工作者、科普志愿者14436人次深入各基层阵地，组织系列科普活动2475场，公众参与209.69万人次。联合市教育局组织开展青少年科技竞赛活动20余场、科技辅导员培训7场。开设“洪城科普大讲堂”，邀请中科院院士江风益等多位专家学者进市委党校、机关、重点企业、学校等举行报告会16场次，惠及人群超80万人次。开展“科普五进”活动，聚焦青少年、农民、产业工人、老年人、领导干部和公务员等重点人群，全年举办各类活动近70场。开办首届南昌“科学嘉年华”，举办青少年科技征文大赛、“南昌科普游园会”。实施“智慧助老·联通美好”专项行动，举办相关活动120余场，满足老年人科普需求。

【科普要素建设】 2023年，加强科普阵地建设，命名36家市级科普教育基地、10家市级优秀科普教育基地。推进主题科普场馆建设及使用。制定《南昌市科普公园（乐园）建设资金补助办法（试行）》，打造科普公园3家，梦飞田园获“江西省科普小镇”。11家单位获批江西省科普教育基地。加强科普信息化建设，在南昌地铁1、2号线上线“科普V视”栏目，全年播出334期，覆盖人群超过5000万人次。持续推出“南昌校园科普联播网”，全年播出近200期，每天覆盖青少年超过30万人次。举办首届南昌市公民科学素质大赛和“科普中国”App竞赛，建设“云科普馆”2家，制作“南昌科普地图”。加强科普队伍建设，注册科技志愿组织724个、科技志愿者57536人、“科普中国”信息员6.02万人，全年开展科技志愿活动1061次，传播“科普中国”优质科普资源200余万次，300余名青少年科技辅导员常年提供科普志愿服务，工作力量不断增强。

【助力乡村振兴】 2023年，依托农业院校、科研院所等人才资源，举办2023年南昌市农村党员创业致富带头人培训，通过实地勘察、现场技术指导、产业规划、调研座谈等形式开展科普志愿服务活动12期，普及现代农业科学技术、提高农民科学素质和经营管理能力，助力该地农业产业高质量发展。

【服务党委政府科学决策】 2023年，围绕电子信息、航空制造、生物医药等十大重点产业，组建“南昌市科技创新智库”。制定《南昌市科协决策咨询课题工作管理办法（试行）》，围绕南昌市“4+4+X”现代化产业体系，重点开展生物医药、航空产业、绿色食品、农业装备、知识产权保护等方面的5个重点课题调研，形成高质量决策咨询成果，为党和政府科学决策提供智力支撑。

（万凯敏）

南昌市归国华侨联合会

【概况】 2023年，南昌市归国华侨联合会（以下简称“市侨联”）聚焦“走在前、勇争先、善作为”的标准和要求，坚持以人民为中心，坚持服务大局、服务侨胞，各项工作取得积极成效。制定侨联系统招商引资工作方案，汇聚全市侨界资源，全年报送招商引资项目线索13条，其中签约3个项目，签约金额24亿元。市侨联获“全国侨联系统先进集体”称号，为全省唯一受到表彰的地级市侨联。青云谱区君湖社区“侨胞之家”和红谷滩区卫东街道“鸿之家”“侨胞之家”2家单位获评全国侨联系统“侨胞之家”典型选树单位。南昌八大山人纪念馆和万寿宫历史文化街区2家单位被确认为中国华侨国际文化交流基地，截至年底，南昌有4家单位被确认为中国华侨国际文化交流基地。

【侨界骨干素质提升培训班】 2023年9月7日至8日，为深入贯彻落实党的二十大精神，围绕市委中心工作，聚焦“项目为先、实干奋进，争分夺秒拼经济”工作要求，由市委统战部和市侨联共同举办的南昌市侨界骨干素质提升培训班在市委党校开班。全市各基层侨联组织负责人、部分市侨联委员及市侨联全体机关干部50余人参加培训班。该次培训紧扣新形势下侨界骨干素质提升主题设计教学内容，突出形势任务需要和侨联干部自身发展需求。市委党校副校长钟爱保以《为全面建设社会主义现代化国家而团结奋斗——深入学习宣传贯彻党的二十大精神》为题，对党的二十大精神作深入阐释。省委原常委、省委宣传部原部长，南昌大学教授、博士生导师姚亚平以《省会南昌的发展底气与历史自信》为题，讲述南昌的山水格局、历史文化、省会责任等。省侨联基层建设和权益保障部部长陈宇以《新时代侨务思想与侨务工作实践的探索》为题，提出加强侨联基层组织建设的建议。围绕“科技自立自强、创新驱动发展”，培训班到江铃集团新能源汽车有限公司了解大数据、互联网等智能化技术的运用，参观汽车组装车间、焊接车间，感受南昌“智造”以及南昌市汽车产业和装备制造产业链高质量跨越式发展魅力。

【2023“亲情中华 · 美丽江西”江西南昌特色营】 2023年9月2日至4日，为进一步推进海外华裔青少年文化体验活动走深走实，激发海外华裔青少年学习汉语、了解中国国情和感知中华文化的热情，促进中华文化在海外的传承和弘扬，由中国侨联主办，江西省侨联、南昌市侨联承办的“亲情中华 · 美丽江西”网上营——江西南昌特色营开营。来自韩国大邱庆北华侨华人联合会和韩国光州中国学校的121名海外华裔青少年通过云端学习全面了解南昌文化。该次2023“亲情中华 · 美丽江西”江西南昌特色营，以时间为线索，带领营员们通过《滕王阁序》了解滕王阁，探访万寿宫，了解非遗文化，回顾历史、学习八一精神，挖掘城市烟火气、寻觅大街小味，看南昌古今变迁，学知识、交朋友，感受南昌独特的文化魅力。

【安义古村群“中国华侨国际文化交流基地”揭牌仪式暨2023江西海内外侨胞新春云联欢安义主场活动】 2023年1月14日，安义古村群“中国华侨国际文化交流基地”揭牌仪式暨“瑞兔贺岁传乡情 万象回春聚侨心”2023江西海内外侨胞新春云联欢安义主场活动举行。来自美国、阿联酋、法国、阿根廷等10个国家的20余名江西籍海外侨领参加活动。活动现场为安义古村群举行“中国华侨国际文化交流基地”揭牌仪式。揭牌仪式后，与会来宾和侨胞共同观看新春云联欢文艺会演，包括《阿细跳月》《黑土地》《灯火里的中国》等节目。

【“侨企服务月”活动】 2023年9月至10月，为进一步营造亲商、安商、扶商的良好氛围，推动“检侨合作”走深走实，扎实开展为侨服务工作，市侨联联合市委统战部、市检察院开展“侨企服务月”活动。由市县(区)两级统战部、检察院和侨联领导班子成员带队，采取上门走访、发放调查问卷、征求意见表、召开座谈会等形式，通过走企业、摸实情、解难题、谋发展、求实效，收集协调企业发展难题，提振企业发展信心，促进侨企健康发展。活动内容主要是理论宣讲进侨企、帮扶解困进侨企、政策法律进侨企、线上政策宣讲四个方面。学习贯彻党的二十大、省委十五届四次全会和市委十二届六次全会精神，进一步凝聚侨心、汇聚侨力，为南昌经济社会发展贡献侨界力量。广泛征求意见和建议，协调有关部门推动解决企业发展过程中遇到的困难和问题，促进侨资企业健康、可持续发展。宣传南昌优化营商环境政策举措，帮助企业掌握惠企政策，提升发展效益。充分依托市侨联法律顾问委员会和法律服务团的作用，为侨企提供优质高效的法律服务，保障企业合法权益，助推企业健康发展。通过线上直播形式，宣讲《中共中央 国务院关于促进民营经济发展壮大的意见》《国务院关于进一步优化外商投资环境加大吸引外商投资力度的意见》。

(万　云)

南昌市青年联合会

【概况】 2023年，南昌市青年联合会(以下简称“南昌市青联”)团体会员包括团市委、市学生联合会、8个县区青联以及市青年企业家协会、市青年志愿者协会。完成市青联十五届委员换届工作，南昌市第十五届青年联合会有科学技术、教育、农业和社会科学、经济和技能人才、金融商务、法律、文化艺术和体育、新闻出版和新媒体、医药卫生、宗教港澳和海外华侨、青年社会组织11个界别，260名委员。其中，党外人士130名。推动进贤县、安义县、青云谱区青联召开成立大会。结合团员和青年主题教育工作开展系列活动20余场。策划“职场青年说”“青联委员寻江西”等品牌活动，推出《秋水边的小店》获“我们的向往”新华网短视频大赛银奖。

【市青年联合会第十五届委员会第一次全体会议】 2023年5月16日，市青联第十五届委员会第一次全体会议召开。市青联第十五届委员会候选人260人参加会议。会议审议通过《南昌市青年联合会第十五届委员会全体会议选举办法(草案)》《南昌市青年联合会第十五届委员会主席、副主席、常委候选人名单(草案)》《南昌市青年联合会第十五届委员会全体会议关于十四届常务委员会工作报告的决议(草案)》及《南昌市青年联合会组织细则(修正案)的决议(草案)》。选举出常委52人，包含主席、副主席10人；平均年龄35岁，其中具有研究生学历的12人，大学本科学历27人。包含指定席位4人，党政干部2人；基层代表6人；教师代表2人；社会组织代表4人；企业代表9个；科技代表4人；体育代表1人；卫生代表2人；法律代表2人；红色文化代表3人；新闻出版代表2人；新兴青年群体代表2人；乡村振兴代表1人；农业代表1人；少数民族代表2人；部队代表2人；宗教代表1人；港澳青年代表1人。

【青年典型选树推报】 2023年，市青联开展第十二届“南昌青年五四奖章”评选。经过初评、网络投票、终评、公示等环节，10个青年集体获“南昌青年五四奖章集体”称号，20名青年获“南昌青年五四奖章”称号。推荐刘臣等4人获第26届“江西青年五四奖章”；推荐南昌市西湖区人民法院少年家事审判庭获评第26届“江西青年五四奖章”集体。5月6日，共青团南昌市第十八届委员会第三次全体扩大（会议）上表彰五四青年奖章获得者。

【社会服务】 2023年，市青联开展“青壹暖冬”行动，筹集慰问金3.5万余元，筹备食用油、大米等价值6万余元的生活物资，走访100户贫困青少年家庭。发挥共青团在青年社会参与中的枢纽作用，坚持基层导向和青年导向，服务青少年儿童健康成长，开展“宝贝出村”公益活动10余期，组织500多名乡村贫困留守儿童体验城市、感受温暖，被“学习强国”学习平台、新华社等媒体报道。

（徐　晶）

南昌市文学艺术界联合会

【概况】 2023年，南昌市文学艺术界联合会（以下简称“南昌市文联”）认真贯彻落实上级决策部署，坚持“双百”方针、“二为”方向，以“自信、发奋、齐心”的精神状态，团结引导全市文艺家和文艺工作者，努力出作品、出人才，用精品力作弘扬时代主旋律，用精品活动传播正能量，为全面唱响“物华天宝·人杰地灵——天下英雄城”重要品牌作出应有努力，为推动南昌高质量发展作出应有贡献。

【摄影家协会第十次代表大会】
2023年1月7日，南昌市摄影家协会第十次代表大会在南昌召开。市摄影家协会第九届主席团、秘书处、理事会部分成员和会员代表60余人参加会议。会议的主要任务是总结第九届理事会的工作，部署安排下一个五年工作，修改《南昌市摄影家协会章程》，选举产生市摄协第十届理事会。游华当选为第十届理事会主席，王杰、孙建强、李欣、余霞（女）、赵志敏、贺琴（女）、郭晶（女）、黄菲（女）当选为副主席。会议决定聘请罗水长、王岩为市摄协名誉主席；聘请秦洪渊、浦敏、张志宏为名誉副主席。黄菲任秘书长，吴霏菲（女）、杨晶（女）、江山任副秘书长。

【舞蹈家协会第九次代表大会】
2023年1月9日，南昌市舞蹈家协会第九次代表大会在南昌召开。市舞蹈家协会第八届主席团、秘书处、理事会部分成员和会员代表出席会议。大会审议通过《南昌市舞蹈家协会第八届理事会工作报告》，修改《南昌市舞蹈家协会章程》，选举产生市舞协第九届理事会。周贵宝当选为南昌市舞蹈家协会主席，邹志辉、周维萍、胡悦、胡芷榕、郭红、黄明亮、谢丹当选为南昌市舞蹈家协会副主席。会议决定聘请龚为民为市舞协名誉主席，林燕、周蔓、罗素文为名誉副主席。王剑媛任秘书长，张昊天、罗雅云、许仁君任副秘书长。

【音乐家协会第十次代表大会】
2023年1月9日，南昌市音乐家协会第十次代表大会在南昌召开。市音乐家协会第九届主席团、秘书处、理事会部分成员和会员代表50余人参加会议。会议的主要任务是总结第九届理事会的工作，部署安排下一个五年工作，修改《南昌市音乐家协会章程》，选举产生市音协第十届理事会。施惠媛当选市音协第十届理事会主席，卜卉（女）、付文静（女）、刘宏（女）、李明、张旦丹（女）、陈雅萍（女）、胡万鹏、蔡拯、熊小玉、樊永亮当选副主席。胡敏任秘书长，徐恩楦、宋申华、高国兵、毛思雨（女）任副秘书长。

【城际交流合作】 2023年3月28日，南昌市文联、青岛市文联交流合作座谈会暨双边协议签订仪式在南昌市文联会议室举行，两地文联领导、相关科室、协会秘书长参加座谈会。双方签署《青岛市文联与南昌市文联合作交流框架协议》，就文艺活动、人才培养、协会管理、文艺精品创作扶持等工作进行分享和交流。两地文联签订协议后，将在嫁接资源、学术研讨、创作采风、交流展演等方面深度对接，共同推动两地文艺事业高质量发展。

【新文艺群体协会成立】 2023年5月24日，南昌市新文艺群体协会成立大会在南昌召开。南昌市文艺界推选52名代表参加相关会议。选举产生第一届理事会和领导机构。张建华当选为主席，许佳、李昂桦、杨德锐、吴克勤、胡慎言、黄芳（安以陌）、熊国当选为副主席。陶立中为秘书长，陈丽华、林锐、胡良艳为副秘书长。

【文联十届二次全委（扩大）会】
2023年7月15日，市文联十届二次全委（扩大）会在南昌召开。会议总结2022年12月全市第十次文代会后开展的主要工作，围绕学习宣传贯彻党的二十大精神主题主线，深入践悟笃行习近平总书记关于文联文艺工作的重要论述，不断开创文联各项事业发展新局面进行工作部署。会议审议通过《关于增补市文联第十届委员会委员、常委的决议（草案）》，通报2022年度全市文艺工作优秀单位。

【网络作家协会第二次代表大会】
2023年9月1日，南昌市网络作家协会第二次代表大会在南昌召开。市文联领导、相关部门负责人和市网络作家协会会员代表共40余人参加会议。会议听取审议并通过第一届主席徐彩霞(阿彩)代表第一届理事会所作的工作报告,审议通过代表资格审查报告、学会章程、大会选举办法(草案)等。选举产生新一届理事会,徐彩霞(阿彩)当选为主席,王惠(纯风一度)、任振华(夏言冰)、刘然(焦糖冬瓜)、吴书剑(浪漫烟灰)、徐南燕(红刺北)、黄芳(安以陌)、黄浩东(七月未时)、黄浩南(酱油)、淦清(圣者晨雷)当选为副主席。谭钰任秘书长,徐耿(残殇)、江叶辉(野玉丫头)、杨嘉琪(紫叶箱)任副秘书长。

【诗歌学会第四次代表大会】 2023年8月26日,南昌市诗歌学会第四次代表大会在南昌召开。市诗歌学会会员代表60余人参加会议。市诗歌学会会长邓涛代表第三届理事会向大会作五年工作报告。报告回顾五年间学会所取得的成绩,对今后学会的工作提出发展方向和思路。大会审议通过代表资格审查报告、学会章程、大会选举办法(草案)等。选举产生新一届理事会,邓涛当选为会长,王凡平、王彦山、毛江凡、文向滨、刘晓彬、花海波、李贤平、杨宝珍(女)、张萌(女)、舒琼、谢春明当选为副会长。谭钰任秘书长,聂丽芹、徐贵保、罗霞、陈龙任副秘书长。聘请游华为名誉副会长。

【文艺评论家协会第四次代表大会】 2023年11月3日,南昌市文艺评论家协会第四次代表大会在南昌召开,南昌市文联领导、市评协第三届主席团成员及会员代表50余人参加会议。会议选举产生市评协第四届理事会,邓涛当选为市评协第四届理事会主席,石力(女)、王玉琦、江腊生、李贤平、刘晓彬、陈米欧、苏勇、姜滨(女)、俞佩淋(女)、袁演(女)、詹冬华当选为副主席。大会决定聘请万晓龙、韩春萌为市评协名誉副主席。肖悦任市评协第四届理事会秘书长,王喜梅(女)、叶启、刘香花(女)任副秘书长。

【湾里管理局文学艺术界联合会成立】 2023年12月17日,湾里管理局文联成立座谈会召开,标志着湾里管理局文联正式成立。湾里管理局党工委书记龚志强,市文联主席童华,湾里管理局党工委副书记涂晔等出席揭牌仪式,与参加座谈会的代表合影留念。湾里管理局文联的成立,是推动文化兴盛、提升惠民服务的一项有力举措,为湾里管理局加强与文学艺术界的联系提供重要平台。

(龚慧颖)

南昌市残疾人联合会

【概况】 2023年,南昌市残疾人联合会(以下简称"市残联")围绕"精准助残、精细惠残、精心扶残"工作主线,对标南昌市"十四五"残疾人保障和发展规划工作任务,做好残疾人预防康复、教育就业、组织宣传、文化体育、信访维权等工作,彰显省会担当,展现省会作为,残疾人精准康复服务率、就业培训工作完成率100%,超额完成1378户困难残疾人家庭无障碍改造工作,残疾人事业发展补助资金支出进度位居全省第一。2月,省政府授予市残联"全国第十一届残运会暨第八届特奥会人才输送突出贡献奖"。8月,省残联授予市残联"第13届残疾人健身周活动暨2023年江西省残疾人飞镖、围棋、拔河比赛优秀组织奖"。

【民生托养服务】 2023年,印发《南昌市残联2023年巩固拓展残疾人脱贫攻坚成果同乡村振兴有效衔接工作要点》,成立南昌市残疾人巩固拓展脱贫攻坚成果同乡村振兴有效衔接工作领导小组,助推乡村振兴的底线任务。配合民政部门落实困难残疾人生活补贴和重度残疾人护理补贴制度,审核困难残疾人34212人,重度残疾人43259人。开展政府购买日间照料服务,为860余名残疾人提供日间照料,服务率100%。开展16周岁以上困难重度失能残疾人照护和托养服务,居家照料1210人,日间照料238人,机构托养22人。

【康复服务精准化】 2023年,对全市35家协议管理残疾儿童康复服务机构开展书面及实地调研核查工作,制定出台《关于全市准入协议管理残疾儿童康复服务机构对照准入标准限期整改的通知》《关于进一步规范我市残疾儿童康复服务机构申请准入协议管理申报程序的通知》,有效推动南昌市残疾儿童康复事业健康发展。实施精准康复服务,精准康复服务14649人,投入资金4039.18万元,精准康复服务率100%。其中,残疾人辅助器具适配服务1672人,困难精神障碍患者服药补助2990人,对残疾儿童救助年龄范围扩大到0—15岁,0—7岁残疾儿童抢救性康复训练救助1452人,康复训练陪护补助1186人,8—15岁巩固康复训练救助128人。

【教育就业帮扶】 2023年,有44名残疾学生被全国各高等院校录取,发放高校新生奖励资金16万元。举办各种就业招聘会48场,589家单位提供就业岗位7826个,3851名残疾人现场求职,签订求职意向书1848份。推动机关事业单位按比例安排残疾人就业工作,76家市级机关、事业单位安置189名残疾人就业,有98家共缴纳残保金近1826.38万元。

【文化体育活动】 2023年,举办残疾人非物质文化遗产项目展示、残疾人文化周暨中国兰文化讲座、"书屋读经典 农家颂新风"读书活动等文化活动。多项体育竞赛项目取得成绩，其中，南昌市残疾运动员在德国柏林的第十六届世界夏季特殊奥林匹克运动会上获4枚金牌、2枚银牌，在中国残疾人跳绳比赛中获2枚金牌、1枚铜牌，在江西省青少年啦啦操锦标赛上获智力组一集体爵士自选动作一等奖。

【基层组织建设】 2023年，率先创新探索选聘79名残疾人专干上岗履职，夯实基层组织建设。开展南昌市残疾人社会组织党建大调研，形成联合党支部组建方案，指派党建指导员。组织150余名基层残联工作者进行业务知识培训，有效提升业务能力和水平。与市卫健委联合举办残疾人残疾类别等级评定业务知识培训班，进一步规范残疾评定工作流程。

【助残惠残】 2023年，常态化残疾人信访维权接访答复率、回复率100%、好评率均100%。为进一步改善残疾人心理健康水平、提升残疾人获得感、幸福感、安全感，举办残疾儿童康复机构"愈心行"心理讲座30场，取得良好社会反响。举办送"南昌残友·法治学堂"进县(区)活动12场，受益残疾人数百人。6月，在全省率先出台《南昌市2023年残疾人意外伤害险工作方案》，为具有南昌市户籍的70周岁(不含70周岁)以下的持证残疾人购买人身意外伤害保险，惠及人数达到9万余名，率先在全省实现人身意外伤害保险全扩面、全覆盖。

【盲人按摩大专班】 2023年，市残联切实发挥桥梁纽带作用，积极争取上级政策倾斜，建立办学长效机制，探索盲人按摩大专班高质量发展之路，联合南昌健康职业技术学院开设中医康复技术专业盲人按摩大专班，成为全省唯一一个面向残疾人开设的高等职业教育专业。盲人按摩是盲人就业创业的主要途径，开设盲人按摩大专班是对盲人创业就业技能的提升，盲人按摩大专班已招收13名盲人就读。

【残疾人就业创业】 2023年，为残疾人企业搭建产品展销、技能展示平台，开展"会展+助残"残疾人产品推介活动，借助绿地国际博览中心会展平台举办12期"洪善行"残疾人就业创业产品展示推介活动，展示残疾人就业创业成果，拓展残疾人就业创业产品销售渠道。创建南昌市残疾人就业创业孵化基地，提供探店达人、抖音运营、抖音电商、新媒体电商等工作岗位，安置26名残疾人就业，残疾人企业产品直播销售额1584.96万元，帮助残疾人实现分散就业、集中就业、居家就业、灵活就业、特长就业、自主就业创业，实现共同富裕。

【运动员集中颁奖仪式】 2023年12月，市残联举办近三届全国残疾人运动会暨特奥会南昌运动员集中颁奖仪式，为参加第九、十、十一届全国残运会暨第六、七、八届特奥会的67名南昌籍残疾人运动员发放奖励资金190余万元，激励残疾人不断超越自我，残疾人竞技体育水平稳步提升。在第九届、在第十届、第十一届全国残运会上南昌市残疾人运动员获得7枚金牌、17枚银牌、10枚铜牌，第六届、第七届、第八届特奥会获得115枚金牌、63枚银牌、25枚铜牌，南昌市残联被江西省政府授予全国第十一届残运会暨第八届特奥会人才输送突出贡献奖。

(刘晨阳)

南昌市红十字会

【概况】 2023年，南昌市红十字会锚定"全省走前列，全国有地位"发展目标，真抓实干、攻坚克难，推进各项法定职责，人道资源动员、应急救援救护、"三献"、基层基础建设、人道文化传播等工作持续提升。先后接受中国红十字会总会党组书记、常务副会长王可，党组成员、专职副会长孙硕鹏调研考察和全国19个省、市红十字会参观考察。31人次和14个集体获得省级以上荣誉。

【人道资源动员】 2023年，持续打造多元化、多渠道、可持续筹资工作格局，组织实施一批有社会影响、社会效益高的公益项目和活动，募集社会捐赠款物价值9240.34万元，其中网络筹款2403.5万元。新设立"党内关怀帮扶""情暖老兵、爱在洪城——关爱困难退役军人""敞亮课堂计划"等11个专项公益基金，筹集捐款2230.26万元。举办第二届"洪城红"乡村振兴公益项目大赛，筹集捐款666.49万元。开展"红十字博爱送万家"活动，筹集款物193.44万元，走访慰问各类困难群众4871户，采购2840台指氧仪发放给乡村网格医生，用于保障乡村群众生命健康。举办"托起五孤儿的梦想""火灾后一家五口"等公益直播活动8场次，筹集救助款54.42万元，直播观看浏览量上亿人次、视频号点赞量60余万人次。争取"小天使基金""天使阳光基金"共71万元救助白血病、先天性心脏病患儿22名。市政府对2022年、2023年112个支持南昌红十字事业突出贡献捐赠方进行通报表扬。

【红十字应急救援救护】 2023年，强化应急救援能力建设，广泛开展应急救护培训和知识普及，助力平安南昌建设。开展专业救援培训12次、应急救援演练25次，升级改造市红十字应急救援救护基地，市红十字备灾救灾仓库被中国红十字会总会评为三级库。持续实施"惠民救护百千万"工程，培训红十字救护员21688人，普及急救知识11.23万人次，新增救护师资82人，应急救护师资实现全市乡镇(街道)全覆盖，获得2023年江西省"振兴杯"应急救护行业职业技能竞赛团队第一名。推进公共场所 AED(体外自动除颤仪)投放民生实事项目,通过"财政投入 + 社会募捐"方式投放 AED 153 台。中国红十字基金会应急救护 E 站项目落地南昌健康职业学院。启动"全民防溺水"专项行动,向全市滨水乡村发放救生圈、逃生绳等设备和《防溺水宝典》共2847套,对2.3万余名中小学生开展防溺水安全宣传教育,组织1500余人次红十字志愿者开展暑期赣江值守,提醒、劝阻群众1万余人次。

【造血干细胞捐献和遗体器官捐献】 2023年,造血干细胞成功捐献行为纳入南昌市见义勇为表彰奖励范围,举办2023年"生命·遇见"遗体器官捐献者清明追思缅怀活动,实施"回音计划"、争取"生命光彩"基金,救助遗体器官捐献者家属204.4万元,"三献"工作社会知晓率、支持率不断提升。全年动员造血干细胞血样入库509份,成功捐献造血干细胞9例,15名成功捐献者获全国无偿捐献造血干细胞特别奖或奉献奖;动员遗体和人体器官捐献志愿者登记6725名,实现遗体器官捐献60例。

【"5·8"红十字博爱周系列活动】 2023年5月1—9日,全市各级红十字会广泛开展纪念"5·8"红十字博爱周及"5·8"人道公益日系列活动。5月8日,2023年南昌市"5·8"红十字博爱周系列活动启动仪式暨"文明实践 + 红十字'人道伴行'"乡村公益集市在南昌县泾口乡举办,组织12个志愿服务组织为群众提供免费拍照、理发、义诊等"家门口"的人道服务。联动爱心单位、企业,集中开展"洪城一起红"点亮行动,在全市50余个商超户外大屏,6000余块地铁、楼宇电梯、收费站、景区等公共场所电子屏,以及1000余个文明实践点、红十字阵地等同步展播红十字公益广告,实现全城千屏万次联动、线上线下互动。开展"5·8"人道公益日网络众筹活动,22.16万人次参与网络捐赠,募得善款1231.8万元。

【基层组织联系点建设】 2023年,推进基层组织联系点建设,夯实红十字会基层基础。开展"五红回炉"回头看行动,对2020年至2022年开展的基层组织建设专项行动进行梳理、建立工作台账,补齐工作短板。推动志愿服务组织深入基层开展爱老助老、人道文化宣讲、防溺水宣传、"三献"宣传等活动1500余场。持续实施"博爱助老"项目,为200名困境老人提供人道救助,培训红十字养老护理员729名,普及健康养老知识6000余人次,提升人道服务水平。分级分类开展基层组织联系点申报,按照乡镇(街道)、社区(村)、学校、医院、企事业及其他5个类别,打造县级联系点37个,市级联系点11个,省级联系点3个。其中,5个城市社区博爱家园项目示范点通过中国红十字会总会验收,2个博爱家园项目入选《中国红十字会博爱家园案例集》,2个基层组织入选全省"文明实践 + 红十字"典型案例。

【敞亮课堂计划】 2023年4月,联合市教育局、市卫健委、市红十字基金会启动"敞亮课堂计划"公益项目暨青少年近视防控行动,通过筹集社会捐赠资金,加快改造全市中小学校教室护眼灯,开展困难家庭护眼灯改造,视力筛查、眼健康知识科普公益活动,探索形成"护眼灯改造 + 氛围营造 + 理念传播"的标准化模式,保护儿童青少年视力健康。设立"敞亮计划专项公益基金",成立专项基金管理委员会、专家委员会、监督委员会,共同管理和监督项目执行。项目动员爱心企业直接捐赠护眼灯并完成改造教室62间,动员社会捐款1134万元,第一批改造教室508间,安义县率先实现全部中小学校护眼灯改造。

【监事会工作】 2023年,市红十字会监事会综合运用日常监督、专项监督和聘请第三方机构审计等措施,对理事会、执委会贯彻执行红十字事业发展规划、年度重点工作等有关重大决策部署情况开展监督。聘请第三方审计机构,对2022年市红十字会捐赠款物的收入和使用情况进行审计。对照《财务与捐赠信息公开标准评价指标(2023版)》,对市红十字会、市红十字基金会财务与捐赠信息公开情况进行专项检查。聚焦 AED 管理制度贯彻执行、应急救护员培训,组织监事分组、分批通过查阅台账、实地察看、个人问询、电话回访、现场演练等方式,对市红十字会投放的143台 AED 的管理情况、2022年全市应急救护员培训情况开展专项监督4次,形成专项监督报告4个并通报执委会,对整改情况进行跟踪督查问效,有效发挥理事会决策、执委会执行、监事会监督的内部治理结构作用。

(汤慧婷)

法　治

人大立法

【概况】 2023年，市人大常委会牢牢把握为民立法宗旨，不断提高地方立法的针对性、精准度、实效性，巩固新时代南昌发展的法治基础。坚持加强重点领域立法，全年制定法规2件，修改法规8件，废止法规3件，维护法治统一，为全面深化改革、推动经济发展、完善社会治理、建设生态文明提供法治保障。

【法规审议】 《南昌市人民代表大会常务委员会关于废止3件和修改7件地方性法规的决定》经2023年6月30日南昌市第十六届人民代表大会常务委员会第十五次会议通过，2023年9月27日江西省第十四届人民代表大会常务委员会第四次会议批准，自2023年10月18日起施行。废止《南昌市娱乐场所治安管理条例》等3件法规，修改《南昌市人民代表大会议事规则》《南昌市建筑市场管理规定》等7件法规，有效解决不适应、不协调、不衔接、不一致的问题，使政务服务和监督执法更加优化，增强企业和群众的获得感，维护法制统一。《南昌市饮用水水源保护条例》经2023年10月30日南昌市第十六届人民代表大会常务委员会第十七次会议通过，2023年11月30日江西省第十四届人民代表大会常务委员会第五次会议批准。该条例共5章44条，依据上位法，精准适应实践需要，体现生态优先、绿色发展理念。《南昌市电动自行车管理条例》经2023年10月30日南昌市第十六届人民代表大会常务委员会第十七次会议通过，2023年11月30日江西省第十四届人民代表大会常务委员会第五次会议批准修订。通过衔接细化相关法律法规的规定，科学构建电动自行车生产销售、登记、通行、停放、充电、回收等全链条协同共治的安全监管体系，更加侧重从安全角度规范驾驶人、乘车人行为，维护道路交通秩序，保障人民群众生命财产安全。《南昌市海绵城市建设管理条例》经2023年12月29日南昌市第十六届人民代表大会常务委员会第十八次会议通过，报送至省人大常委会批准。条例将南昌市海绵城市试点工作中行之有效的经验、举措规范化、制度化和法治化。

【立法调研】 2023年5月12日，市人大常委会立法调研组到东湖区就《南昌市电梯安全条例》立法工作开展调研。座谈会上，东湖区汇报电梯安全管理相关情况，部分居民、社区、电梯使用单位代表就电梯日常使用管理中遇到的困难问题提出建议，围绕立法的必要性和可行性，立法需要规范的主要内容等进行深入交流。调研组走访瑞颐大酒店、中大青山湖花园，实地察看电梯安全使用管理情况。11月22日，市人大常委会立法调研组就南昌市城市地下管线立法必要性和可行性开展调研。调研组一行到南昌高铁东站配套市政路网项目建设现场、齐成冈管廊管理中心和赣江取水口优化项目（赣江大道顶管施工段）施工工地，实地察看城市地下管线规划、建设和管理情况，听取市直相关部门和项目负责人的情况介绍。

（张梦环）

政法委与综治

【概况】 2023年，南昌市政法机关聚焦"走在前、勇争先、善作为"的目标要求，开拓进取、担当作为，营造安全的政治环境、稳定的社会环境、公正的法治环境、优质的服务环境。全市治安案件查处数同比下降40.3%，刑事案件破案数上升31%。全市两级法院受理各类案件164761件（含旧存），审（执）结157079件，人均结案378件。全市检察院办理各类案件14879件，案件质量主要评价指标位列全省第一方阵，15个案件入选全国、全省典型案例。全年提供法律服务咨询26.8万余件，受理法律援助案件6142件，各项指标位居全省首位，获评“第一批全省法治政府建设示范地区”，连续9年被评为全面依法治省考评优秀设区市。

【维护社会稳定】 2023年，南昌市政法机关牢牢把握重点行业领域风险走向，预防和化解各类不稳定因素，确保全市社会大局持续和谐稳定。总结和巩固近年安保工作成功经验做法，健全完善部门合作、协同、区域协作等机制，发挥社会治安防控实战平台、大型活动智慧管理系统作用，完成国庆烟花晚会、国际龙舟赛、南昌飞行大会、西山庙会等130场重大活动、300余万人次的安保工作。健全完善涉稳风险评估制度体系，稳妥处置突出涉稳问题，全市未发生有重大影响的规模聚集群体性事件和重大极端案事件。以省扫黑除恶第一督导组督导检查为牵引，全面加强线索摸排核查、案件办理、打伞破网、行业领域整治等各项工作，打掉一批涉黑涉恶团伙，处置一批黑恶财产。深入推进电信网络诈骗等犯罪的打击治理工作，全市损失50万元以上的重大电诈案件立案数同比下降84.6%，在全国省会城市排名从后五位升至第三位。南昌市获评全国首批、全省唯一的社会治安防控体系建设示范城市。

【市域社会治理】 2023年，围绕全国市域社会治理现代化试点合格城市创建目标，全面加快完善“昌治久安”社会治理体系。强力实施法治环境优化工程、平安建设精品工程、智防提升工程等“十大工程”和190余个治理项目。采取“以奖代补”办法，推动全市高标准建成智慧平安小区1812个、智慧平安校园285所、智慧平安医院54所。健全完善配套管理机制，制定印发《关于进一步巩固提升全市城中村(开放式居民区)围合网格化服务管理工作的实施方案》，新增智能门禁道闸3063套，完成围合区888个，建成率98.8%，实现物业化服务管理204个。坚持和发展新时代“枫桥经验”，整合综治中心、信访接待中心、公共法律服务中心等资源力量，建立实体化社会矛盾纠纷多元调解中心，推动具有调解职能的单位派员进驻中心，实现矛盾纠纷一站式接待、一揽子调处、一条龙服务。推动全市网格深入开展14类易发多发领域矛盾纠纷摸排专项行动以及常态化摸排化解工作，排查各类矛盾纠纷37817件，化解36752件，化解率97.18%，有效预防“民转刑”案件发生。南昌市获评全国市域社会治理现代化试点合格城市，申报的“智治赋能 支撑市域社会治理精细化”获评“全国市域社会治理现代化试点优秀创新经验”。

【政法领域改革深化】 2023年，围绕“一枢纽四中心”建设目标，进一步深化政法领域改革，发挥法治保障和服务效能，营造公平正义的法治化环境。市委政法委构建成体系、强监督的执法监督工作规范，修订《党委政法委执法监督工作规定》，实现案件从事后评查向事中监督延伸。市法院压实院庭长监管职责，探索建立“案件比”考核机制，有效压减程序空转。抓牢“四类案件”监管平台运用，对4430件案件进行全过程监管，做到放权不放任。市检察院持续深化刑事立案、侦查活动监督，与市公安局联合制发《侦查监督与协作配合办公室工作细则》，对违法侦查行为提出书面纠正意见2447件次，助力执法司法规范高效。市公安局出台《市局执法办案积分制实施办法》等规范性文件，严格落实警情案件首接责任制、执法办案积分制，开展年度执法质量考评和优劣质案件评选，全面巩固提升执法规范化建设。市司法局结合市委巡察开展执法单位法治检查，探索建立全市行政执法单位行政执法质量等级评分排位机制，抽考285人次，吊销、暂扣行政执法证件39个。

【护航经济全局发展】 2023年，聚焦服务优化营商环境“一号改革工程”，开展一系列惠企、便企、利企活动，为企业高质量发展保驾护航。深入打击安全生产领域“两无”非法行为专项治理行动，协同行政机关对生产企业开展执法检查30358家次，助推安全生产诉源治理。依法平等保护各类市场主体合法权益，起诉破坏市场经济秩序犯罪389人，监督纠正涉企民事行政裁判、执行不当70件。纵深推进“百名检察官进千企”活动，推出优化营商环境助力企业高质量发展28条措施，进一步简化涉企审批流程、优化涉企政务服务、完善涉企帮扶机制，13项涉企高频事项实现“免证办”。建立涉企行政执法“四张清单”，推进包容审慎监管，确定轻微违规“首次不罚”事项458项，作出不予或免予处罚案件5051件。打造“诉事速办”诉服品牌，深化“12309”检察服务中心建设，持续深化公安“放管服”改革，全面铺开“互联网+公安政务服务”模式，实现户籍、交管、治安、出入境4类106项业务实现“一窗通办”。推动生态文明建设，实施新的“八大标志性战役30个专项行动”，探索“以劳代偿”生态修复新模式，打好“蓝天、碧水、净土保卫战”。

【政法队伍建设】 2023年，坚持以深入开展第二批学习贯彻习近平新时代中国特色社会主义思想主题教育为契机，坚持巩固教育整顿成果，做好政法队伍建设。认真贯彻《中国共产党政法工作条例》、省委《实施细则》和市委《实施办法》等制度规定，把旗帜鲜明讲政治贯穿全市政法工作的始终。严格落实“第一议题”“三会一课”等制度，开展学习贯彻党的二十大精神政治轮训、“3·23”警示教育等活动。出台新时代南昌政法铁军培训计划，与市委组织部、复旦大学合作，成立全市政法系统年轻干部专题读书班，组织全系统90余名年轻干部双周定期学习，安排部分干部到基层岗位“墩苗”，全面提升年轻干部知识储备、综合素质。严格执行防止干预司法“三个规定”和新时代政法干警“十个严禁”等禁令，建立全面从严管党治警长效机制，落实《关于巩固全市政法队伍教育整顿成果推进全面从严管党治警的实施方案》，在全市政法机关深入开展“4+X”专项整治，紧盯机关干部“油松痞”“小鬼难缠”“中梗阻”等共性问题及中层突出问题，针对各项存在的问题，制定整改清单、落实主体责任，推动整治行动走深走实。

（曾雄辉）

法治政府建设

【概况】 2023年，南昌市深入贯彻习近平法治思想，围绕“走在前、勇争先、善作为”目标要求，把握法治建设正确方向，开创法治建设新的局面，确保法治建设任务落实，推进法治政府建设，各项工作取得新进展、实现新突破，为落实省会引领战略、加快打造“一枢纽四中心”、推动南昌经济社会高质量发展提供坚强法治保障。南昌市获评“第一批全省法治政府建设示范地区”，2个单位和8名个人获评江西省2020—2022年度依法行政先进单位和先进个人。

【法治政府建设保障】 2023年，深入贯彻落实党的二十大精神和习近平总书记考察江西重要讲话精神，开展第二批主题教育，将习近平法治思想纳入全市政府系统党员干部轮训，不断提高政府工作人员的法治意识和法治观念。深入推进示范创建活动，配合做好第一批全省法治政府建设示范创建实地核查工作，推荐第三批全国示范创建综合候选地区和项目。发挥法治督察“利剑”作用，聚焦行政审批、行政复议等社会热点组织开展个案督察，化解群众急难愁盼的问题。聚焦道路运输、城市管理、市场监管等重点领域执法开展专项督察，提升各行政执法部门的法治意识和执法水平。组建法治督察专门队伍，面向全市公开选聘首批50名法治督察员，制定出台法治督察员日常履职规范。

【法治化营商环境优化】 2023年，推行市场准入负面清单和企业简易注销“即来即办”制度，建立健全涉企商事纠纷调解对接机制和涉案企业合规第三方监督评估机制。企业开办全链条办理时限压缩至30分钟，招投标全流程电子化率100%。“惠企通”平台实现市、县、乡三级全覆盖，为1.4万余家企业无感兑现资金48.09亿元。开展法治护企“双加双减”行动，推动行政复议进园区、进企业、进商会，通过容缺受理、一次性补正、引入行业资源调解等方式，实现涉企行政争议“快立、快审、快结”。促进全市公证行业与448家企业建立常年公证法律服务关系。推行涉企行政执法“四张清单”和涉企多部门“综合查一次”清单制度，明确对458种轻微违法行为免予行政处罚，涉企行政执法检查同比减少11.67%。南昌市连续2年在全省营商环境评价中位列第一。

【立法修订】 2023年，聚焦发展所需和群众所盼，完成《南昌市饮用水水源保护条例》《南昌市海绵城市建设管理条例》《南昌市电动自行车管理条例（修订）》审查修改工作，修改市政府规章13件，废止或宣布失效439件有悖高质量发展的行政规范性文件。拓展立法意见征集渠道，通过新媒体、政府网站等各类渠道广泛征集立法调查问卷16.8万份，通过基层立法联系点、举办圆桌会、听证会等形式，多途径收集立法建议。落实政府内部层级监督，向省政府、市人大常委会报备18件行政规范性文件，备案审查各县区、市直部门56件行政规范性文件。

【依法决策】 2023年，南昌市严格落实行政决策法定程序，履行征求意见、专家论证、中介评审、公众参与、风险评估等程序，72件市政府重大决策事项、合同协议的决定或签订及33件行政规范性文件制定出台前，均经合法性审查。3月，根据《江西省县级以上人民政府重大行政决策程序规定》要求和南昌市实际，在全市范围内收集并最后确定《2023年南昌市重大重点项目计划》等5项市政府重大行政决策事项，对社会公布。10月，根据工作实际，按程序将《南昌市长期护理保险实施方案（试行）》《南昌市国土空间总体规划（2019—2035年）》2项决策事项调出2023年度南昌市人民政府重大行政决策事项目录，对社会公布。发挥法律顾问决策咨询和服务保障作用，精准审查列入目录的3项重大行政决策事项。对决策立项和决策过程中形成的程序证明材料及时整理归档，实现重大行政决策全过程记录。

【行政执法监督】 2023年，推进行政执法体制改革，组建生态环境等7个领域综合行政执法队伍，在市场监管等5个领域实行市本级统一执法，制定出台相应的行政裁量权基准。全面落实行政执法“三项制度”，建立基层综合执法案件协调协作机制，强化对乡镇（街道）综合行政执法的指导培训。开展行政执法“一考二谈三评四访”专项行动，对城管、市监等重点行政执法部门开展专项监督检查。抽取全市317宗行政处罚案卷进行案卷评查，形成问题情况通报，督促行政执法部门严肃整改。加强行政执法队伍建设，建立行政执法人员“以考促学”制度，分批次抽取全市285人参加行政执法能力测试。10月，创新监督手段，对市文广新旅局、市市场监管局开展专题督查调研活动，通过现场随同执法，了解行政执法人员日常开展工作的情况，现场指出其存在的问题，督促执法人员落实严格规范公正文明执法要求。

【政务服务改革】 2023年，“赣服通”南昌分厅迭代升级，实现企业群众办事“一网进”，网上可办率、一网通办率分别提升至100%、95.84%。优化政务（便民）服务中心综合窗口，提供工程项目全科无差别大综窗服务，在全国率先推行“审核合一、一人通办”登记模式。推进政务服务“就近办”，实现176项政务服务事项就近可办，“15分钟政务服务圈”初步形成。编制并公布行政许可事项清单334项，全面落实“清单之外无许可”。

【政务诚信建设】 2023年，南昌市贯彻《中华人民共和国政府信息公开条例》和《江西省政府信息依申请公开工作规范》，优化完善工作流程，规范高效办理政府信息公开申请。结合“政府开放周”活动等多种方式，持续推进政务公开，全市各级政府网站公开信息15.02万条。健全行政规范性文件网络平台，在市政府网站公布45件现行有效规章。统筹推进基层政务公开标准化规范化建设，南昌市1个区和9个乡镇（街道）被评为全省第一批基层政务公开标准化规范化地区。加强政务诚信建设。构建政务失信共享联系人机制，建立并运行定期查询制度，协调各级法院按月核查，全年未发现南昌市政府机构或事业单位被列入失信被执行人名单。接受人大、政协、纪委监委和社会舆论等各类监督，办理人大建议、政协提案、群众信件。发挥审计监督“经济体检”作用和统计监督作用，形成监督合力。

【矛盾纠纷源头化解】 2023年，南昌市着力构建“调有招”调解工作体系（坚持和发展新时代“枫桥经验”，通过品牌先行、资源整合、服务升级等举措，创新调解方法，做实调解工作，因地制宜推进矛调、诉调、警调、访调、仲调深度融合，探索建设“豫章有‘枫’范”调解服务体系）。建立访调对接机制、物业服务矛盾纠纷人民调解工作机制、人民调解对接“诉源治理”等机制。指导县区“一站式矛盾纠纷调处中心”建设，协调人民调解、行政仲裁、行政复议、公证等多部门进驻，形成“多调联动”工作格局。依托各级综治中心，做好排查化解工作，组织开展人民调解“六进”活动679次，受理调解纠纷1.3万余件，调解结案率达99.34%，真正实现将矛盾纠纷吸附在当地、化解在基层、解决在萌芽。

【行政复议与应诉工作规范】 2023年，南昌市创新建立“诉有解”复议工作体系，推动形成行政争议“三源治理”工作格局（化解争议减诉源，把行政争议化解在执法之初、诉讼之前；提速增效理案源，类案专办、多案同审、多案连审，建设行政争议化解“快车道”；法治联动求溯源，法治联席共商，府院联席同解，达到“纠正一案、规范一片”的效果）。发挥行政复议层级监督功能，规范行政机关行政执法行为。开展行政复议“三进”活动，采取“线下+线上”方式全面畅通申请渠道，建立健全复议申请容缺受理，有效发挥行政复议化解行政争议主渠道作用。市本级全年收到行政复议申请1290件，同比增长110%。加强行政复议纠错，市本级直接纠错案件167件，直接纠错率15.64%，上升4.36%。通过制发复议意见书，纠正3起过罚不相当的机械执法行为。强化行政应诉工作。支持法院依法受理、审理行政案件，履行生效判决，及时落实、反馈司法建议。落实行政诉讼案件提醒制度，在开庭前，市政府行政复议办公室会提示涉诉机关做好应诉准备并报备出庭应诉的机关负责人信息，确保应诉责任落实到人。全年，发出193份《关于依法履行行政机关负责人出庭应诉职责的提示函》，督促涉诉机关在开庭前报备出庭应诉的机关负责人信息，确保全市行政机关负责人出庭应诉率达到预期目标。

【全民普法宣传】 2023年，深入落实“八五”普法规划。在高新区打造全省首家园区“法律明白人”教育培训基地。开展“八五”普法中期实地评估和“谁执法谁普法”年度履职报告现场评议。举办“洪城普法课堂”1600余场，组织13.3万人次集中观看旁听庭审。举办第四季“学法达人勇闯关”法律知识竞赛，参与答题达20.7万人次。“VR游南昌法治文化阵地集群”获首批“全省网信普法教育示范基地”称号和第六届“绽放杯”5G应用征集大赛江西区域赛二等奖。

（胡鸿福）

公 安

【概况】 2023年，南昌市公安机关深入学习贯彻习近平总书记关于新时代公安工作的重要论述和考察江西重要讲话精神，认真贯彻落实中央、省市各项决策部署和全国全省公安工作会议精神，围绕落实省会引领战略、治理强基战略，防风险、保安全、护稳定、促发展，维护南昌市政治社会大局持续安全稳定。南昌市获评全国首批、全省首个社会治安防控体系建设示范城市，取得7项国字号荣誉、13项国家级表彰，公安工作得到王小洪、尹弘、叶建春、李红军、袁勤华等领导批示肯定。

【政治建设】 2023年，严格落实“第一议题”“三学联动”等制度，开展政治轮训82期8860余人，组织学习研讨198次，邀请专家学者授课20余次。严格落实党建联席会、民主生活会等制度，班子成员开展共建活动47次。学习宣传贯彻习近平文化思想，严格落实政治工作述职制度，开展民警思想状况专题调研，宣传魏和友、忻军等先进典型事迹，举办先进事迹巡回报告会11场。警旗队和警乐团多次高标准保障八一广场升旗仪式，得到省委常委、市委书记李红军高度肯定。

【安保工作】 2023年，总结固化近年安保工作成功经验做法，专门召开重大活动安保工作复盘总结会议，健全完善部门合作、警种协同、区域联动等机制，成立预测预警预判预处工作专班，充分发挥大型活动智慧管理系统作用，严密做好烟花晚会、国际龙舟赛、南昌马拉松等230场重大活动安保工作，有关经验做法在全省推广。

【矛盾纠纷排查化解】 2023年，开展矛盾纠纷排查化解专项行动，健全完善矛盾纠纷排查分类、流转推送、调处化解全流程闭环管理机制，选派32名公职律师参与矛排化解，推行“多聊十分钟”等工作法，探索建立“娘舅调解室”“村民理事会”等联调特色品牌，化解各类矛盾纠纷7.7万余起，化解率97.1%。南昌市“民转刑”命案大幅下降，制定的《常见矛盾纠纷警情规范处置指引》在全省推广。

【突出犯罪严打】 2023年，深入推进“云剑”“长风”“初夏护安”“夏季行动”等专项行动，“夏季行动”得到公安部督导组高度肯定。电诈案件立案数同比下降30.3%，破案数上升182.3%，损失50万元以上的重大电诈案件立案数下降84.6%，预警劝阻后群众被骗率从4.1%下降至0.03%，在全国省会城市排名从后五位升至第三位。

【社会治安防控体系提升】 2023年，强化社会治安防控体系实战效能，升级改造防控体系监测预警模块，建立防控体系实战化运用“日巡查、周调度、月分析”制度，围绕夜市商圈等重点区域启用166个武装震慑点、50个酒驾整治点，严控社会面，打造10万余人的“洪城义警”强化群防群治，保障“夜经济”安全有序四项措施得到省委常委、市委书记李红军批示肯定。

2023年1月27日，市公安局民警进行春节安保执勤

（市公安局 供图）

【乱点乱象整治】 2023年，严厉整治“黄赌毒”、违规养犬、违规燃放等乱点乱象，对6个黄赌和5个犬患重点地区进行挂牌整治，6次开展治安巡查宣防集中统一行动，缉毒执法各项战果绝对数排名全省第一，建成禁毒教育基地、公园等19处。南昌市黄赌警情同比下降2.7%，市公安局在“春雷行动”中获省公安厅集体二等功。

【三大指数提升】 2023年，坚持民意导向，研究制定“三大指数”（“公众安全感满意度”“群众对公安工作满意度”“平安报告指数”）提升工作实施方案，完善排名奖惩试行办法，深入开展“民意访评”工作，深化开展“将心比心、换位思考”活动，推动现案快办、小案快破，严厉打击民生领域犯罪，“盗抢骗”等侵财犯罪实现破案率、打处率、追赃挽损率上升，发案数下降的“三升一降”目标。

【校园及周边安全治理】 2023年，以开展校园及周边安全治理专项行动为牵引，会同教育、市监等部门联合进行校园安全大检查，发现清除涉校安全隐患1612处，在校园及周边打造特警、交警铁骑“1、3、5”分钟快反处置圈，完善落实“警＋N”护学岗1979个，对2087所校园“四个一”安防设施进行“回头看”，校园安防水平进一步提升。建成防溺水安全设施28818个，开展防溺水“一堂课”宣传教育3.7万场次，南昌市溺水死亡人数同比下降67%。

【重点领域整治】 2023年，开展道路交通隐患排查治理专项行动，制定交通安全治理“60 条措施”,深入开展文明交通治理 1 号、2 号以及交通安全整治“百日攻坚”等行动,排查整治重点道路交通安全隐患 2977 处,治理各类堵点 2480 个,查处十大不文明交通行为 220 余万起,全年交通健康指数排名中部 6 个省会城市第一。结合开展安全生产重大风险隐患专项整治,加强重点部位和新业态新领域的安全监管,强化“九小场所”消防检查,发现并督促整改行业场所、消防等安全隐患 1.6 万余处。

【营商环境优化】 2023 年,全面深化公安“放管服”改革,出台第二批“首违不罚”清单和涉企行政执法四项清单,推出优化营商环境助力企业高质量发展 28 条措施,实现群众无犯罪记录证明“一网通办”、电动车注销等“全市通办”。错时延时办理公安政务事项 2 万余件,自助办理 80 万余件。深化“交所融合”改革,农村派出所办理简单高频交管业务 1800 余件。在原红谷滩派出所率先试点设立全省首个融合多警种业务的综合服务窗口,为全省派出所综窗改革提供“样板”。市民中心 3 个公安服务窗口均获评市“红旗窗口”,市公安局 1 个单位获评南昌市营商环境“一号改革工程”建设先进集体。2023 年,以“云端”“猎狐”“歼击”等专项行动为抓手,严厉打击非法集资、合同诈骗、传销、洗钱等经济违法犯罪,完善“企业安静日”等护企制度,开展“5·15”打防经济犯罪和“6·15”防范非法集资宣传活动,为企业挽回经济损失 14.48 亿元。

【生态文明保护】 2023 年,以全省实施的“八大标志性战役 30 个专项行动”为契机,参与长江经济带“共抓大保护”,持续打好蓝天碧水净土保卫战,统筹推进“昆仑”“鄱湖”“夜鹰”等专项行动,开展联合执法巡查 188 次,侦破“6·30”非法经营生猪专案和陈某祥等人特大生产、销售假洋酒案获得公安部贺电表扬。深化乡村振兴点帮扶工作,两个帮扶村脱贫户家庭年均收入 2.3 万元,市公安局 1 个单位、1 名个人被市委评为“先进驻村工作队”“优秀驻村第一书记”。

【基层治理】 2023 年,深入开展派出所“八个一”勤务机制运行和警务区考核工作,帮扶派出所 3 批 30 个,派出所所长进街道(乡镇)班子和社区民警进社区(村)班子比例分别达到 96.27%、92.86%。“‘八个一’勤务示范派出所”被省委省政府批准为南昌市创建示范活动项目,3 个派出所获评全省首批“枫桥式公安派出所”。监管中心基本建成并实现“胡子工程”销号,水警训练基地和市公安局执法办案管理中心建设稳步推进。解决 10 余个派出所危房和不达标基层所队业务用房问题,为公安工作长远发展奠定坚实基础。

【智慧公安】 2023 年,完成警务云、桌面云等平台升级、巡检、运维等工作。推进市公安局大数据平台整合、汇聚数据工作,整合、汇聚公安内外部 900 余类 2000 余亿条数据为全警共享。为市交管局搭建全市超期未年检车辆预警和多次违章未处理车辆预警模型,助力排查道路交通隐患,协助刑侦创建未成年人犯罪库,搭建未成年人犯罪预警模型,有效预防未成年人犯罪。

【规范执法】 2023 年,严格落实警情案件首接责任制、执法办案积分制,建立每日通报、每周调度、每月讲评等工作机制,新机制运行后案件类警情降格处理预警数环比下降 99.3%,各分县局每日系统预警数降至个位数。出台《南昌市公安局第二批“首违不罚”事项清单》《南昌市公安局涉企行政执法“四张清单”》等规范性文件,打造全省首个执法信息公开平台,“阳光警务”推动执法规范化提质增效做法被《人民公安报》头版头条刊发。举办 4 期法制员培训和公检法联合培训班,开展法律知识竞赛、业务素质比武、“百万网民学法律”等活动,试点组织公职律师挂点基层所队常态化开展工作。有 363 人通过国家法律职业资格考试,181 人取得高级执法资格,全警法治素养和执法能力进一步提升。

【执法监督】 2023 年,制定《全市公安机关优劣质案件评定实施办法(试行)》《全市公安机关业务警种执法监督管理责任规定》等制度规定,开展年度执法质量考评和优劣质案件评选。定期通报全警情案件全流程智能监督管理系统执法巡查、“一案一码”系统巡查、执法记录仪使用管理检查情况,市公安局 3 个分县局执法办案管理中心获评省级一等。

【实战素质提升】 2023 年,开展机关、基层优秀民警双向培养锻炼,制定科技强警、科技兴警八项举措,开展八大警体赛事,组织警衔晋升、新警初任培训、辅警、公安业务等学习培训 147 期 1.8 万余人次,举办周末课堂 12 期。市公安局在全国公安系统毒品分析技能大考核活动中获三等奖,在南昌市第九届职工运动会取得团体总分一等奖,在省公安厅第三届大数据建模竞赛中分别获得一等奖、三等奖。

【暖警爱警】 2023 年,坚持政治上激励、工作上支持、生活上关心,晋升职级 2259 人,提拔重用交流副科级以上干部 153 人,走访慰问公安英模、困难民警等 326 人次,开展“送奖下基层”“警属进警营”开放日等活动,组织 572 名民警子女参加暑期托管班,为 119 名民警、77 名辅警维权正名,79 个集体、131 名个人获得市公安局以上表彰奖励,涌现出公安部二级英模魏和友、一等功臣忻军等一大批先进典型。

（秦京娜）

检　察

【概况】 2023年，全市检察机关忠实履行法律监督职责，办理各类案件19425件，案件质量主要评价指标位列全省第一，53个案件入选全国、全省典型案例和优秀大数据法律监督模型，76个集体、155名个人获市级以上表彰，1人被全国妇联授予全国维护妇女儿童权益先进个人，1人被最高检授予一等功并获"全国优秀公诉人"称号，4人获评全省检察业务专家，13人在全国、全省业务竞赛中获佳绩。

【刑事检察】 2023年，全市检察机关深化刑事侦查活动监督，监督立案、撤案598件，纠正漏捕、漏诉625人，对违法侦查行为提出书面纠正意见2635件次。与市公安局联合印发《侦查监督与协作配合办公室工作细则》，退回补充侦查率降低至8.2%。组织开展"民商事案件审理中发现犯罪线索移送公安机关"专项执法检查，推动构建有效衔接机制。加强刑事审判监督，对确有错误的刑事裁判提出抗诉45件。完善刑事执行监督，全面开展监外执行检察工作，做到监督意见采纳率100%。市检察院组织开展巡回检察3次，提出意见建议16项，对暂予监外执行提出意见建议34人次，坚决防止"纸面服刑"。

【民事行政检】 2023年，全市检察机关通过抗诉、再审检察建议等方式监督民事生效裁判20件。提出民事执行监督、行政非诉执行监督检察建议29件。助力化解社会矛盾，促成民事诉讼监督案件和解78件，实质性化解行政争议47件。有序推进行政强制隔离戒毒检察试点。开展行政违法行为监督，对892件不起诉案件提出行政处罚意见。

【公益诉讼检】 2023年，全市检察机关公益诉讼案件立案670件，提起诉讼26件，制发诉前检察建议367件，开展诉前磋商231件，行政机关回复和启动整改率均100%。向市人大汇报沟通立法建议，推动公益诉讼条款写入《南昌市饮用水水源保护条例》。配合市人大常委会开展"公益诉讼南昌行"活动，办理耕地保护公益诉讼案件101件，挽回、复垦非粮化耕地373.33公顷，追缴耕地占用税2500余万元，推动在南昌县等地建立生态修复基地、检察公益诉讼联络点3个。助力打造"食安南昌"品牌，起诉制售假药劣药、有毒有害食品等犯罪29人，办理公益诉讼案件90件，守护"舌尖上"安全。

【侦查工作专班】 2023年，全市检察机关围绕最高检对检察侦查工作提出的要求，在全省率先成立检察侦查工作专班，立案侦查10件11人，其中县级3人，创新监委检察协作办案新模式办理的司法工作人员徇私枉法窝串案，得到最高检、省检察院肯定。加强与监察机关的协作配合，受理监察机关移送涉嫌职务犯罪案件57人，已起诉54人，依法办理县级以上大要案8人。

【各类犯罪嫌疑人批捕起诉】 2023年，全市检察机关批捕各类犯罪嫌疑人3873人、起诉6758人。常态化开展扫黑除恶斗争，批捕、起诉黑恶犯罪45人。始终保持对故意杀人、抢劫等严重暴力犯罪的高压态势，起诉416人。全链条打击电信网络新型违法犯罪，起诉895人，红谷滩区检察院发布全省首份《电信网络犯罪检察白皮书》，守护"网络上"安全。开展打击整治养老诈骗专项行动，起诉51人，为受害老年群体挽回经济损失1119万余元。

【生态环境检察保护】 2023年，全市检察机关打好"蓝天、碧水、净土保卫战"，起诉破坏生态环境资源犯罪181人。青云谱区检察院运用自主研发的"非法采矿类案监督模型"，为国家挽回经济损失5100余万元，经验做法被全省推广。推进"河（湖）长+检察长"协作机制，新建区检察院督促行政机关拔除鄱阳湖区域沉积地笼，清理废弃网具4000余部，入选最高检典型案例。稳步推进生态损害赔偿制度改革，南昌县检察院、高新区检察院探索"以劳代偿"生态修复新模式。

【诉源治理】 2023年，南昌市检察机关坚持既治罪、也治理，依法不批捕2318人、不起诉2694人，认罪认罚从宽制度适用率91.1%，通过听证等方式化解矛盾908件，制发社会治理类检察建议111份，采纳率100%。探索"检察建议+调研报告"双驱动模式，南昌市检察院聚焦公路客运领域和网约车行业，运用自主研发的监督模型排查发现风险隐患线索1766条，通过检察建议督促行政机关及时整治，形成调研报告得到市委市政府支持，推动道路安全监管法规修改，获得省委政法委肯定。安义县院深化"安心解忧"矛盾纠纷多元化解工作机制，被最高检全网直播报道，阅读量3000余万人次。西湖区检察院压实办案前端矛盾化解责任，助推访源、诉源治理，获评"全国检察机关'为民办实事'优秀团队"。

【民生领域检察保护】 2023年，全市检察机关向696名生活困难的案件被害人及其近亲属，发放救助金800万余元。开展根治欠薪行动，办理欠薪刑事案件15件，经开区检察院帮助102名农民工追回工资118万余元。与市妇联共同开展妇女权益保护专项监督，青山湖区检察院成立全省首家"妇女儿童维权爱心求助站"。开展重复信访积案实质性化解三年"清仓"行动,因案因人制订化解方案,重点信访积案全部销号。

【未成年人司法保护】 2023年,全市检察机关依法惩治侵害未成年人犯罪,起诉204人。对涉罪未成年人不捕率54.3%、不诉率47.29%。设立家庭教育指导站10家,开展亲职教育340人次,制发"督促监护令"129份。指派299名检察人员担任719所中小学法治副校长,开展送法进校园活动692场次。联合市教育局、团市委等出台《预防和治理中小学生欺凌管理办法》《加强罪错未成年人控辍保学工作实施意见》,提升预防未成年人犯罪实效。持续规范文身、电竞、酒店等行业、场所,办理违规骑行、滥用药物等涉未成年人公益诉讼案件201件。新建区检察院获评全国维护青少年权益岗创建单位。

【服务法治化营商环境】 2023年,全市检察机关依法平等保护各类市场主体合法权益,起诉破坏市场经济秩序犯罪496人,监督纠正涉企民事行政裁判、执行不当33件。加强知识产权司法保护,起诉侵犯知识产权犯罪48人,东湖区检察院办理的李某某等3人销售假冒注册商标的商品罪案,入选全省典型案例。纵深推进"为民办实事·百名检察官进千企"活动,走访企业、提供法律服务1588次,办结诉求83件。新建区检察院通过跨省联动监督,帮助某建设集团追回超标查封资金560万余元。中央政治局委员、中央政法委书记陈文清在市检察院调研时肯定全市检察机关服务法治化营商环境等工作。

【检察监督管理】 2023年,全市检察机关向市委、市委政法委等请示报告重大事项61件次。高效办理代表委员意见建议,获评代表意见建议办理先进单位。落实干预司法"三个规定",报告相关重大事项1390件,同比增长165.3%。严肃政治督察,对2家基层检察院进行"回头看",对4家基层院开展新一轮督察,探索邀请市委政法委派员参与,相关经验做法被全省推广。接受社会监督,举行新闻发布会、检察开放日,邀请人民监督员监督各类检察办案活动1176件次。依法适用省市地方法规487件次,其中适用江西省地方法规418件次,适用南昌市地方法规69件次。

(张　鸽)

法　院

【概况】 2023年,市法院聚力聚焦"走在前、勇争先、善作为"目标要求,牢牢把握"项目为先、实干奋进,争分夺秒拼经济"全市工作主线,持续锚定"充分彰显省会担当,争先进位第一方阵"工作目标,践行能动司法理念,做深做实为大局服务、为人民司法。南昌市两级法院受理各类案件164761件(含旧存),审(执)结157079件,人均结案378件,均位列全省第一。其中,市中院受理各类案件19766件(含旧存),审(执)结19119件,人均结案230件,均位列全省中院第一。全市法院80个集体和个人获省级以上表彰,30件案例入选全国、全省法院典型案例,60篇学术文章和案例分析在全国、全省法院评比中获奖。8月1日,市中院新审判综合大楼揭牌启用,市中院新址地址位置为南昌市红谷滩区碟子湖大道1969号。

【助力优化营商环境】 2023年,出台服务保障全面建设社会主义现代化南昌的实施意见,获市委主要领导批示肯定,市中院获评全省优化营商环境先进集体。深化府院联动,成立企业破产管理人协会,审结破产案件343件,市中院获评全省法院破产审判工作先进集体。青云谱区法院成立"建筑产业链司法护航中心""数字物流法企直通站",入选全省法院打造一流法治化营商环境典型事例。经开区法院设立"法企通"法律服务工作室,走访企业253家,为企业经营保驾护航。审结知识产权案件1593件。践行"保护知识产权就是保护创新"理念,审结侵害"华为""阿迪达斯"等知名头部企业商标侵权纠纷,制止"傍名牌"。对"快手公司"侵权案适用行为保全制度,以临时禁令防止损害扩大,不让权利人"赢了官司输了市场"。南昌知识产权法庭获评全国法院知识产权审判先进集体。

【依法惩治刑事犯罪】 2023年,审结刑事案件11792件。常态化开展扫黑除恶斗争,审结涉黑恶案件13件。严惩严重危害社会治安犯罪,审结故意杀人等犯罪案件295件。做好禁毒工作,审结毒品犯罪案件224件。严惩职务犯罪,审结陈某东等职务犯罪案件107件。守护群众"钱袋子",审结非法集资、电信网络诈骗及养老诈骗等涉众型经济犯罪案件587件。

【民事纠纷化解】 2023年,审结涉民生案件19759件,2件案例入选全省法院服务保障民生典型案例。助力保交楼、保民生、保稳定,审结房地产案件1.11万件。与市检察院建立横向联动救助机制,发放司法救助金742.52万元,2件案例入选全省法院涉民生司法救助典型案例。青云谱区法院设立"法院+工会+劳仲委+N"工作室,为157名劳务人员追回报酬105万余元,入选全国"互联网+工会"维权服务典型案例。审结民商事案件90711件。审结老旧小区加装电梯案,入选全省法院弘扬社会主义核心价值观典型案例。审结家事案件6348件,全市法院家事审判做法入选全省家事审判工作品牌。保护妇女、儿童权益，审结案件1532件，1件案例入选全国法院反家暴典型案例。西湖区法院少年家事审判工作获省委政法委主要领导批示肯定。加强个人信息及隐私保护，审结案件32件，1件入选全省法院贯彻实施民法典典型案例。

【胜诉权益兑现】　2023年，开展“执行长效机制巩固年”专项活动，执结案件52696件，到位金额208.92亿元。推进执源治理，2件案例入选全省法院能动执行典型案例。网络司法拍卖标的5797件，为当事人节约佣金8819.76万元。坚持惩戒失信与褒奖诚信并重，纳入失信名单19007人次，信用修复21人次。打击拒执犯罪，移送涉拒执罪案件51件，受理刑事自诉案件53件。进贤县法院建立“执行110”平台，执结案件237件，执行到位金额5436万元。

【金融风险防范化解】　2023年，审结金融案件33667件，2件案例入选全省法院服务金融机构典型案例。红谷滩区法院第一金融法庭坚持“门诊式”速裁和巡回审判相结合，审结案件13170件，挽回经济损失26.61亿元。西湖区法院制发全省首份预执废证明，推动金融机构快速化解不良债务。新建区法院构建“法院＋证券期货行业”诉调对接工作机制，实现全省首例证券类案件通过“总对总”在线诉调对接机制达成和解。

【诉源综合治理】　2023年，坚持“抓前端、治未病”，诉前化解纠纷70004件，新收一审民商事案件首次出现负增长，同比下降8.31%，全市法院诉源治理工作在全省法院坚持和发展新时代“枫桥经验”现场会上作经验介绍，在全省调解工作会议上作经验交流。以司法建议“小切口”参与社会治理“大文章”，制发司法建议187份，3份司法建议获评全省法院优秀司法建议。市中院在审理一起保健食品职业打假案中向市场监督管理局制发司法建议，推动全市保健食品生产经营专项整治，获省法院主要领导批示肯定。做实“有信必复”工作，市中院实质性化解信访积案105件，工作成效获省委政法委书面通报表扬。

【基层基础建设】　2023年，建强用好群众“家门口法院”，全市34个法庭审结案件41205件，人均结案565件，3个法庭获评全省优秀人民法庭，13名干警获评全省法院基层基础工作先进个人。通过沟通协调，在经开区增设儒乐湖法庭。东湖区法院扬子洲法庭多点联动调撤家事案件289件，入选最高法院新时代人民法庭建设案例。

【智慧法院应用】　2023年，常态化应用法院“云”、“收转发e中心”等信息化系统，跨域立案、网上立案13278件，网上调解66500次，网上开庭12698次，流转材料37.66万批次，“三书”电子送达81168人次。打造节约型“绿色法院”，实现无纸化案件庭审应用场景全覆盖，市中院无纸化办案成效在全省法院工作会议上作经验介绍。

【司法体制改革】　2023年，推进法官员额动态调整，增补20人，核准退出7人。落实法官惩戒机制，惩戒法官3人次。开展二审独任审理工作，审结案件410件。发挥院庭长办案示范作用，全市法院院庭长办结案件94972件，占比60.46%；其中，市中院院庭长办结案件9417件，占比49.25%。落实政法领导干部交流轮岗要求，市中院交流任职班子成员4人。完善干警日常考核和年度考核机制，设置“德能勤绩廉法”正、负面考核清单，考核结果与绩效奖金分配、推荐表彰、法官入额、职务职级晋升等直接挂钩。优化队伍结构，选拔任用科级干部37人，招录法官助理52人。健全干部培养机制，举办各类培训14期，培训学员860人次，选派干警参加上级培训112人次。

【接受各方监督】　2023年，落实市人大及其常委会决议决定和代表意见建议，吸纳意见15条，办结代表关注案件35件。向市人大常委会专题报告加强民商事审判服务优化营商环境工作情况，落实审议意见。密切与代表联络沟通，邀请代表视察法院、莅临宣讲、旁听庭审313人次，代表委员联络工作受到新华社等多家媒体报道。加强沟通协调，定期通报法院工作，广泛听取意见建议，邀请、走访委员216人次，办结政协委员提案6件。支持、配合驻院纪检监察组开展监督工作，一体推进“三不腐”，依规依纪查处干警15人（市中院8人）。配合检察机关开展诉讼监督，邀请检察长列席审委会44人次，审结抗诉案件4件，共同维护公平正义。加强与新闻媒体互动，接受舆论监督，市中院被最高法院授予人民法院媒体融合先进集体。坚持以公开促公正，召开新闻发布会4次，举行“公众开放日”活动43场，聘请司法监督员17人，邀请人民陪审员参审案件3812件次，全方位接受监督。

（李　丹）

司法行政

【概况】　2023年，市司法局围绕“一个统抓、五大职能”，统筹全面依法治市，全面履行行政立法、行政执法、刑事执行、公共法律服务、涉外法治等职能，以法治为引领，以改革为动力，紧盯“全省一流、全国先进”目标，一体推进法治国家、法治政府、法治社会建设，取得法治建设成效明显、队伍素质不断提高、运行机制日臻完善的可喜成效。获评江西省司法行政工作高质量发展绩效评价第一等次，被司法部评为全国组织宣传人民调解工作先进集体，被司法厅评为全省行政复议工作规范化示范单位、法治为民好榜样先进集体。

【公共法律服务】 2023年，推进公共法律服务体系标准化规范化建设，南昌市2个中心和4个工作站获评全省示范点。持续推动公共法律服务热线、实体、网络“三台融合”发展，全年办理法律事项32万余件，满意率99.96%，热线和网络平台工单量位居全省第一。打造“有法帮你”法律服务品牌，构建“普有道、商有助、困有济、调有招、诉有解、矫有术、督有方、帮有效”八大工作体系，深化为民服务实践。

【普法宣传】 2023年，市司法局深入实施“八五”普法规划，推进完成“八五”普法中期评估。出台《2023年度南昌市国家机关普法责任清单》《2023年度南昌市领导干部学法清单》，明确全市各单位有关法律法规普及宣传责任分工。印发《南昌市国家机关“谁执法谁普法”履职报告评议实施办法》，完成南昌市首次履职报告评议工作。推动“法律明白人”培养工程扩面提质增效，探索“法律明白人”培养工程进园区、进社区试点，创立“法达园”“法行社”品牌。组织开展春节安全法治宣传专项活动，围绕禁燃禁放、道路交通安全两大主题，发放宣传手册、公开信等资料27.8万份，发送提醒短信20.4万余条。开展“民法典宣传月”活动，14家市直单位共同开办民法典宣传成果展示。组织开展“宪法宣传周”活动，通过宪法知识答题闯关、灯谜竞猜、赠送法治书法、非遗文化展示等活动形式，让宪法进历史文化街区，被央视、江西卫视报道。举办南昌市第五届青少年法治知识竞赛决赛，通过以赛促学的方式激发广大青少年学习法治知识热潮，增强青少年学生的宪法意识和社会主义法治意识。举办南昌市第四届“学法达人勇闯关”法律知识网络竞赛，参与学习和答题20.7万人次。全市完成“法律明白人”网校培训人数18.7万人，完成率70.37%，位居全省前列。市司法局微信公众号获评首批“全省网信普法教育示范基地”。“VR游南昌法治文化公园”项目获江西省第六届“绽放杯”5G应用征集大赛二等奖，4篇“以案释法”案例收录司法部案例库。

2023年12月1日，市司法局在万寿宫举办2023年南昌市宪法宣传周开幕暨宪法进历史文化街区活动

（市司法局　供图）

【人民调解】 2023年，市司法局坚持和发展新时代“枫桥经验”，打造“豫章有‘枫’范”调解服务体系，织密人民调解工作网络，构建市、县（区）、乡镇（街道）、村（社区）四级矛盾纠纷预防排查化解工作网络。全市有人民调解组织2309个，行业性专业性人秘调解组织97个，个人调解工作室86个，人民调解员12484人。全年受理纠纷13147件，调解成功13061件，调解成功率99.35%，涉及金额2.27亿余元。印发《南昌市人民调解“六进”活动实施方案》，开展“六进”活动679次，发放宣传单7.6万余次。全市有立户列编司法所120个，其中乡镇司法所80个、街道司法所40个，实现乡镇、街道全覆盖。推进司法所规范化建设三年行动方案落实，提升司法所规范化改造、功能室完善、业务职能作用发挥、工作经费保障等工作，全市司法所规范化建设达标率83%。召开全市司法行政系统满意度大提升工作推进会，加强司法行政职能宣传，提升人民群众法治获得感和满意度。市知识产权调委会获评全国模范调解委员会，4名调解员获评全国模范人民调解员。市医调委获评江西省优秀人民调解组织，14名调解员获评江西省优秀人民调解员。全市人民监督员开展履职活动397人次，发放人民监督员补助补贴经费15.16万元，监督案件1032件。

【社区矫正】 2023年，全市未发生社区矫正对象重大案（事）件。推进江西省社区矫正“十百千万”专项行动，构建南昌市“矫有术”工作体系，出台《南昌市社区矫正档案(样本)》《南昌市社区矫正对象外出管理工作指导意见》《关于进一步做好社区矫正重大事项报告工作的通知》,加强社区矫正对象规范化管理。推进各县区智慧矫正中心建设,指导全市9个县区全部完成省级智慧矫正中心建设验收工作,完成率100%。开展南昌市社区矫正沙龙活动,搭建市、县、乡三级交流平台,协助解决基层难题。创新律师参与社区矫正工作试点,成立全省首支律师助矫志愿服务队。南昌心安家助矫中心“心安归航”特殊人群社会服务项目获南昌市第二届新时代文明实践志愿服务品牌项目大赛优秀奖、江西省首届文明实践社会化志愿服务项目大赛二类志愿服务项目称号。

【安置帮教】 2023年,全市累计发放刑释人员接送工作经费和生活补助费731.59万元。出台《南昌市安置帮教工作指南(试行)》,统一安置帮教工作档案的内容、格式,规范信息管理、经费管理档案评查标准。开展全市安置帮教工作档案评查活动,从全市各县区抽取511份档案进行集中评查和交叉互评,通报评查结果。召开全市安置帮教业务工作会议,开展业务指导培训,加强对安置帮教工作档案规范化管理。举办全市社区矫正“千人能力提升”暨社区矫正、安置帮教、人民调解业务联合培训班,对全市安置帮教专干培训指导,提升安置帮教业务水平。打造南昌市“归途工程”安置帮教品牌,在江西兵哥送菜食品集团有限公司成立青云谱区刑满释放人员安置帮教基地,深化基地技能培训、就业渠道、教育矫正、心理疏导等功能运用,接收刑满释放人员再就业11名。全市建有安置帮教基地12家。

【法律援助】 2023年,市司法局推行法律援助惠民举措,开展“法援惠民生”七大品牌活动,畅通法律援助“绿色通道”。完善法律援助衔接机制,印发《南昌市法律援助值班律师工作规定》,加强与办案机关、看守所工作衔接。建立国家司法救助衔接机制,联合市中院出台《关于建立国家司法救助与社会救助衔接机制的实施办法(试行)》。完善未成年人刑事案件法律援助配套工作体系,未成年人法律援助案件由市法律援助中心统一指派,优先选择具有犯罪学、社会学、心理学、教育学等背景的律师。提高案件办理质量,开展“大律师”办理“小案件”活动,组建律师法律援助资源库,成立重大疑难案件专家组。全市受理法律援助案件8794件,为受援人挽回经济损失4203.5万余元。

【律师服务】 2023年,南昌市有律师事务所210家,执业律师3691名。完成律师行业党委换届选举工作,审议并通过第一届市律师行业党委工作报告,选举新一届中共南昌市律师行业党委会委员。出台《南昌市律师行业“三重一大”实施细则》,强化党对律师行业的领导。建立全省首家律师学院,打造律师教育培训基地、法律明白人孵化提升基地、服务市场主体示范基地,开展教育培训7期。打造“律动洪城”公益服务品牌,争当“党和人民满意的好律师”,动员律师参加公益活动,组织律师为群众提供免费法律咨询,参与政府行政服务中心、公共法律服务中心、信访局值班。集中完成律师事务所和律师年度考核工作,确定合格律师事务所210家,称职律师3679名,基本称职律师5名,暂缓考核律师9名,不称职律师1名。

【公证服务】 2023年,全市办理各类公证业务89711件,收费4530.87万元。出台《南昌市公证协会党建工作指引》,规范指导公证行业全流程党建工作。印发《南昌市公证协会复查争议投诉工作规程》,规范投诉处理工作流程,完善公证复查争议投诉工作程序。南昌市公证处全部开通在线远程视频公证系统,为全市人民群众提供远程视频公证服务,率先在全省实现远程公证服务全覆盖。全市公证机构办理远程视频、电子证据自助取证公证等1.4万余件,满足群众“一次都不跑”“零接触”公证服务。联合市自然资源局、银保监会江西监管局、住建局、公积金中心出台《关于全面推进不动产“带押过户”工作的通知》,明确不动产“带押过户”适用范围和工作流程,督促公证机构完善提存工作程序,提供便捷、高效的办证方式。联合市公安局、市中级人民法院、市检察院出台《轻微刑事案件赔偿保证金提存工作办法(试行)》,节约司法成本,预防化解社会矛盾。

【司法鉴定服务】 2023年,全市办理各类司法鉴定业务78419件,收费9265万元。市司法鉴定行业党委班子成员全部配齐到位。实施鉴定机构诚信等级评估工作,制定《南昌市司法鉴定机构诚信等级评估量化表》,明确评估指标、等级及评分规则,对鉴定机构的诚信状况组织初评打分定级。出台《南昌市司法鉴定人出庭作证活动规范(试行)》,统一规范鉴定人出庭质证行为,提升司法鉴定公信力。举办为期2天的法医临床客观检查技术专题培训班,南昌市120余名从业人员参加培训。出台《关于进一步完善司法鉴定投诉处理工作的意见(试行)》,加强行业监管工作,促进鉴定人执业的规范化。全年,收到司法鉴定执业活动投诉(含信访、省司法厅转办)72起,同比下降10%。

【戒毒管理】 2023年,市强制隔离戒毒所以党建为引领、安全为底线、戒治为中心、综治为关键,出台《人民警察执法工作重点环节规范用语(试行)》《法制员管理使用办法》《安全生产责任制》,落实场所安全生产双重预防机制建设。实施塑心工程、毅力工程、疏导工程、帮扶工程、数字工程、强警工程，持续推进全国统一戒毒基本模式实体化运行。开展戒毒人员健康体检、艾滋病筛查、防疫“乙类乙管”，组织安全隐患排查整改、省际警务交流合作、“党建＋禁毒宣传”，选派17名民警到基层司法所参与社区矫正、安置帮教工作，探索实践戒毒“一体两翼”，即以强制隔离戒毒为主体，以戒毒康复和指导、社区戒毒社区康复为两翼新路径。成立“洪城映山红”戒毒宣传服务队，打造“洪城彩虹乐队”戒毒品牌，全年开展禁戒毒宣传活动87次，服务人民群众16.8万人次。安全管理工作实现连续16年“六无”（无毒品流入场所、无戒毒人员脱逃、无戒毒人员非正常死亡、无所内案件发生、无安全生产事故、无重大疫情和食品安全事件）。

（胡鸿福）

仲　裁

【概况】　2023年，南昌仲裁委员会以全方位提升仲裁工作质效和服务水平为核心，开展仲裁发展、案件办理及其他各项工作，南昌仲裁整体呈现稳中有进、进中向好的良好发展态势。案件受理数首次突破千件关口，达到1145件，比上年增加309件，增长36.96%；案件标的额66.01亿元，连续3年保持在65亿元以上，实现稳步发展。全年办理案件1557件（含往年结转），结案1150件，比上年增加312件，增长37.23%。已结案件中，裁决结案的627件，占结案总数的54.52%；调解和解结案的523件，占结案总数的45.48%。全年受理的案件在审限内结案的766件，占99.22%；裁决被法院撤销的案件2件，占0.18%。9月28日，南昌仲裁委员会整体搬迁至新址，方便当事人和仲裁员，适应仲裁智能化要求，为南昌仲裁快速发展打下坚实基础。

【仲裁服务专业化国际化发展】　2023年，持续促进仲裁服务专业化国际化发展。成立“南昌仲裁委员会网络金融仲裁院”“南昌仲裁委员会建设工程仲裁院”和“南昌仲裁委员会豫章国际仲裁院”，制定《南昌仲裁委员会网络金融借款合同纠纷在线仲裁指引》《南昌仲裁委员会国际商事仲裁规则》，为发展重点领域仲裁业务，提高仲裁法律服务专业化、国际化水平奠定基础。

【仲裁融入基层社会治理】　2023年，以“仲裁＋调解”为抓手，不断完善工作机制，提升服务能力，推进仲裁融入基层社会治理工作。成立南昌仲裁委员会仲裁调解中心，与相关律师事务所合作成立“仲裁＋调解”工作室，以律师轮值方式为当事人免费提供仲裁调解和法律咨询服务。在江西省信息通信行业人民调解委员会设立南昌仲裁委员会“仲裁＋调解”工作室，为加强仲裁机构与行业人民调解组织协作，建立仲裁与人民调解工作互为补充、相互促进格局进行有益探索。推进仲裁服务向基层延伸，通过建立仲裁秘书对接仲裁分会以及远程受理案件和远程开庭机制，组织相关人员进行业务培训，进一步加强仲裁分会服务能力建设，实现仲裁分会直接受理和审理案件，为企业和群众就近就地提供“面对面”“零距离”“一站式”精准化仲裁服务。

【案件质效管理机制完善】　2023年，优化鉴定机构确定机制，封堵违规操作漏洞。充实和调整鉴定机构名册，新名册收录25类、448家鉴定机构，专业结构分布合理，业务范围涵盖全面，为提高鉴定工作的质量和效率提供更多保障。改革鉴定机构的确定方式，形成更加科学、简便的工作模式。成立确定鉴定机构的工作机构，明确由鉴定秘书负责确定鉴定机构的具体工作，办案秘书不再承担该工作，从源头上防范确定鉴定机构工作中可能存在的违法违规行为。改进指定仲裁员工作，减少人为因素影响。修订《指定仲裁员若干规定》，删去其中不便执行的规定，适当扩大选择范围，指定仲裁员工作主要通过智慧仲裁系统线上运作，进一步满足快速推进仲裁程序的需要，保障指定仲裁员工作的公正性。完善送达机制，提高送达效率。在邮寄送达、直接送达等传统送达方式的基础上，推行电子送达，制定《南昌仲裁委员会电子送达指引》。建立仲裁员考核机制，制定《仲裁员年度考核办法》和《仲裁员办案一案一评工作方案》，通过对仲裁员办理具体案件的情况及其在办案过程中的表现进行日常考核，以及对仲裁员年度总体办案情况和综合表现进行年终综合考核，促进仲裁员全面、正确履行职责。

（黄　英）

军 事

南昌警备区

【概况】 2023年，南昌警备区抢抓基层治理规范化建设重大契机，统筹战建备一体推进，推进打仗型国防动员建设，警备区全面建设展现新风貌、新气象。深入开展第二批主题教育，建立健全“四学”机制，严密组织为期7天的理论集训，一体推进“学习强军思想、建功强军事业”教育实践活动和经常性思想教育。参与双拥模范城(县)考评，支持乡村全面振兴，投入资金150余万元，定点帮扶6个脱贫村。围绕主题主线、中心主业抓实新闻宣传，在省级以上媒体刊稿1300余篇(条)，其中《中国国防报》头版头条9篇、新华社60条、央视新闻62条，新闻宣传工作继续走在全省前列。深入贯彻落实中央军委主席习近平开训动员令，常态化组织形势战备教育和节日战备拉动，广泛开展作战问题研究，大抓军事训练制度落实，高质量完成民兵整组工作和民兵分队训练，年度战备工作、民兵工作、征兵工作处在全省第一方阵。

【应急应战能力】 2023年，南昌警备区坚持把备战打仗作为推进全面从严治党的重中之重，坚持中心居中、主业主抓。常态组织战备常识学习，开展战备值班专项整治，严格形势战备教育和节日战备，完善战备设施规范，部队战备秩序更加正规。统筹落实民兵成建制基地化轮训，出动民兵执行烟火晚会和八一广场升旗仪式安保警戒任务，在练兵用兵中提升部队遂行任务能力。协调将“十四五”民兵建设纳入政府重点工作督查，优化民兵力量结构，完成基干民兵编建任务。

【国防动员准备】 2023年，南昌警备区协调推进南昌市国防动员委员会设置，推动召开市国防动员委员会第一次会议，研究出台工作规则。开展基层武装部高质量发展示范区建设，相关经验做法在全省总结表彰大会上作介绍。突出大学毕业生征集主体，做好高素质兵员储备工作，探索推开院校“定向式”“订单式”输送优质兵员办法，市本级和九个县(区)征兵“五率”考评优等。

【基层建设】 2023年，南昌警备区建设完成“六位一体”兵役服务站，实现“单一征兵”向贯通“全兵役周期”转变。推行“联动大交班、季度大讲评、半年大督导”等制度机制，实现基层抓建由“粗放式”向“规范化”转变；系统梳理18类268项军地交叉地带廉政风险隐患，制定《警备区(人武部、干休所)军地交叉地带廉政风险隐患及防范措施》，推动党风廉政建设由“事后整改”向“事前预防”转变。指导南昌第一、三干休所打造强军文化体系、标准制度体系、适老设施体系、智慧网信体系，全面提升为老服务质效，基层治理成效受到军委国防动员部领导肯定，南昌县人武部被军委国防动员部表彰为全面建设先进人武部。

【组织开训动员】 2023年1月3日，南昌警备区采取誓师动员形式，组织师团两级首长机关开训动员，深入分析练兵备战形势，围绕援战备战、军事训练、民兵建设、依法治军、人才建设“五个大幅提升”，明确新年度练兵备战目标任务，树牢向战为战、精武强能标杆导向。召开党委议战议训会，从“征兵、民兵、练兵、用兵”入手，通过复盘检讨、经验共享、典型引路、思路共研、集智攻关，深入研析举措办法，坚持问题导向，破解矛盾瓶颈。

【全市党管武装会议】 2023年1月9日，南昌市委召开常委议军会暨党管武装工作会议，省委常委、市委书记、警备区党委第一书记李红军出席会议并讲话。会议传达学习中央军委主席习近平关于国防和军队建设的重要论述以及省委常委议军会精神，研究南昌市加强党管武装和国防动员建设措施，组织各县(区)、开发区进行党管武装工作述职。

【全市征兵工作总结暨新年度征兵任务部署会】 2023年1月18日，组织召开全市征兵工作总结暨新年度征兵任务部署会，市委常委、常务副市长、市征兵工作领导小组组长胡晓海出席并讲话。南昌警备区司令员、政治委员出席，警备区副司令员出席并总结部署征兵工作。会议总结2022年征兵工作情况，部署2023年征兵任务，针对全市征兵实际，研究明确各县（区）兵员征集任务指标，对2022年征兵先进单位和个人进行表彰。

【南昌警备区党委六届九次全体（扩大）会议】 2023年1月19日，南昌警备区党委六届九次全体（扩大）会议召开，会议传达学习省军区党委扩大会议精神，全面总结2022年工作，安排部署2023年任务，宣读2022年度表彰通报和奖励通令。全市各人武部主官、开发区（湾里管理局）武装部部长述职述廉。省委常委、市委书记、警备区党委第一书记李红军出席会议并讲话。南昌警备区党委书记、政治委员代表南昌警备区党委常委会作工作报告，纪委作书面工作报告，党委副书记、司令员围绕部署年度工作进行讲话。南昌警备区纪委书记、副司令员以及警备区党委常委和党委委员等出席。

【作风纪律“大反思、大讨论、大排查、大整治”教育整顿活动】 2023年1月28日，南昌警备区召开师团两级动员部署会。全年在全区范围内开展作风纪律“大反思、大讨论、大排查、大整治”教育整顿活动，重点围绕政治忠诚、备战打仗、廉洁征兵、基层风气、工作作风、军地交叉地带等6个方面36类问题，组织全区官兵开展自查自纠，区分“动员部署、学习教育、讨论反思、排查整治、督导检查、巩固提高”六个步骤，集中学习法规10余条，观看警示性法纪教育片10余次。针对教育整顿查找的问题，师团两级制定整改方案，明确具体标准和要求，围绕思想政治建设、练兵备战、国防动员、后装保障、安全管理、党风廉政建设6个方面进行制度规范，进一步强化组织功能、纯正部队风气。

【南昌警备区第七次党代表大会】 2023年2月15日至16日，南昌警备区第七次党代表大会召开。大会听取、审查并通过南昌警备区第六届党委报告，审查通过南昌警备区纪委工作报告，选举产生南昌警备区第七届党委委员和新一届纪委委员。省委常委、市委书记、警备区党委第一书记李红军作开幕式讲话，南昌警备区党委书记代表警备区第六届党委作报告。

【驻南昌干休所移交】 2023年3月2日，省军区召开驻南昌干休所移交警备区领导管理交接大会，明确南昌第一、二、三干休所由南昌警备区领导管理。3月3日，南昌警备区司令员、政委与干休所主官集体谈心，明确有关要求。3月4日，南昌警备区副司令员带队到南昌第二、第三干休所检查调研。3月5日，南昌警备区政治工作处主任带队到南昌第一干休所检查调研，通过谈心谈话问、账物对比看、对口精准核、突出重点查等形式，客观准确地掌握干休所建设现状底数，帮助干休所查找问题、解决问题，确保干休所移交工作顺利开展。

【基层武装部高质量发展建设】 2023年3月，南昌警备区指导新建区人武部推进基层武装部示范建设工作。11月，参加全省基层武装部高质量发展示范区检查验收暨“巡回看亮点”活动，迎接省军区对南昌警备区本级、新建区及所属基层武装部的考评验收，省军区司令员检查指导，提出肯定意见。11月底，参加省基层武装部建设总结表彰大会，新建区作为唯一县区代表进行经验交流。

【学生军训问题专项整治】 2023年4月，南昌警备区党委议战议训会专题学习教育部、军委国防动员部、军委纪委联合印发的《学生军训商业化市场化问题专项整顿治理实施方案》，省教育厅、省军区战备建设局、省军区政治工作局联合印发的《江西省学生军训商业化市场化问题专项整顿治理实施方案》，围绕5个方面、20项内容，上下同步开展学生军训商业化市场问题专项整顿治理。市政府、南昌警备区联合印发《关于抓好2023年学生军训工作的通知》，联合召开“学生军训商业化市场化问题专项整顿治理暨2023年学生军训工作部署推进会”，军地联合部署推进年度学生军训工作，联合印发《南昌市学生军训教官培训认证工作领导小组的通知》《关于抓好民兵军训教官岗前培训和考核认证的通知》，对军训教官考核认证工作的组织程序、实施环节、关键重点、有关要求进行现场明确。

【市民兵工作领导小组会议和任务部署会】 2023年4月6日，南昌警备区组织32家成员单位召开市民兵工作领导小组会议，深入贯彻民兵建设“十四五”规划精神，审议2023年民兵工作安排，明确70余项成员单位职能分工，集体研究民兵工作重难点问题，推动将“十四五”民兵建设纳入政府重点工作督查，将民兵工作作为党管武装和高质量发展综合绩效考核的重要内容，强化民兵工作的贯彻力执行力。组织市、县两级461人召开任务部署会，总结部署民兵工作任务，凝聚军地合力，强化民兵工作的落地落实。

【民兵整组点验和检查验收】 2023年5月24—30日，南昌警备区机关联合市委组织部、市发改委，组成2

个工作组，对全市民兵整组落实情况进行检查验收，现地和电话点验基干民兵，实地检查21个基层武装部和基干民兵营（连、队）部，联合市公安局组织对基干民兵有无违法犯罪记录情况进行抽查，联合市委组织部、市退役军人事务局完成民兵党员、民兵退役军人身份核查，现场下发问题清单、整改通知书，纳入市委工作督查。

【南昌警备区党委七届二次全体（扩大）会议】 2023年7月14日，南昌警备区党委七届二次全体（扩大）会议召开，分析全面从严治党、练兵备战和基层建设形势，总结上半年工作，部署下半年任务。南昌警备区党委书记、副书记出席会议并讲话，南昌警备区副司令员、纪委书记传达省军区党委十一届六次全体（扩大）会议精神，各人武部、干休所1名主官，开发区（管理局）人武部1名领导作分析发言。

【“全国中小学国防教育示范学校”集中授牌仪式】 2023年9月14日，南昌警备区机关会同南昌市教育局在南昌市第二中学举办“全国中小学国防教育示范学校”集中授牌仪式，市委常委、常务副市长胡晓海和南昌警备区政治委员出席会议并讲话，南昌警备区政治工作处主任宣读“国防教育示范学校”授牌名单，军地领导为8所学校授牌，市教育局主要负责人、分管负责人，各县区人武部政治委员，各县区教育行政部门主要负责人，8所示范学校校长，南昌市第二中学高一部分新生参加授牌仪式。

【练兵备战检查考评】 2023年11月13—15日，南昌警备区本级、青山湖区人武部接受省军区年度练兵备战综合检查考评，针对检查反馈问题，抓好问题整改规范。11月23日起，南昌警备区集中8天时间，继续组织未接受省军区检查考评的8个县区人武部年度练兵备战综合检查考评，按照下达预先号令、组织人员装备集结、组织人员装备信息核验、组织训练考核的方式，拉动考核民兵分队，下发练兵备战检查考评通报。

（涂文辉）

国防动员

【概况】 2023年，全市国动系统牢固树立总体国家安全观，深入贯彻新时代军事战略方针，适应战争形态新演进、安全环境新变化、经济社会新发展，按照以战领建、精准施策、协调推进、固强补弱的思路，紧紧围绕“平战结合、军民结合、寓军于民”职能使命，较好地完成全年工作任务。

【人防宣传】 2023年，全市人防系统开展以“民防”为主题的国际民防日宣传活动。人防知识宣传走进社区，提升广大市民的安全防范意识和能力，营造社会各界关注人防、了解人防、参与人防的良好氛围。采取线上与线下相结合方式开展法治人防宣传周系列活动，进一步普及人防法规、强化人防意识、加强人防知识学习。

【国防动员改革】 2023年，省委常委、市委书记李红军，省国防动员办公室主任金俊平参加市国防动员办公室揭牌仪式。市委常委会专题研究国防动员改革工作，出台相关规定。市长万广明组织召开南昌市国动委第一次全体会议，审议通过改革调整后的市国动委成员组成名单、工作规则和联合办公室工作细则等工作制度，为南昌市国防动员改革开局奠定基础。由市国防动员办领导分别结对指导9个县区抓好“三定”方案的落实工作，所有县区均已到位。

【国防动员演练】 2023年，市国动委联合办公室专门召开训练协调会，制定全市国防动员年度训练计划，编写演练脚本。在全市“9·18”防空警报试鸣活动中，按照预先警报、空袭警报、解除警报顺序鸣响防空警报，检验防空警报系统完好率，锻炼市区两级组织发放防空警报信号的能力，为履行“战时防空、平时服务、应急支援”使命奠定基础。以市政府名义在全市范围发布公告，市县两级人防指挥所开展平战转换演练，全市70余个学校、社区等单位组织国动人防法规宣传和人员疏散掩蔽演练，锻炼市县两级指挥保障能力和国防动员专业队伍的应战应急能力。

【军事设施保护】 2023年，通过法律大讲堂、微信公众号等方式渠道，进行《中华人民共和国国防动员法》《中华人民共和国军事设施保护法》等法律法规的宣传，组织全市干部群众参加全省“百万网民学法律——国防动员法知识专场”线上答题活动，提高国防动员法律法规的普及率。落实重要经济目标防护工作。与市发改委联合下发监督检查通知，建立50余家重要经济目标单位负责人、联络员、目标所在区域、地址及主管单位等信息表，督促完成防护方案的编制工作。

【防空警报器建设】 2023年，在全省率先完成警报设施布局规划的编制工作，加大防空警报系统建设力度。投入资金新增防空警报器，提升经开和高新区的音响覆盖率。与市文广新旅监测中心签订《防空警报系统与应急广播系统对接联动管理协调工作协议》，实现人防警报控制平台与应急广播平台对接，履行《江西省警报设施管理办法》相关规定。

【机动指挥平台建设】 2023年，投入资金建成集省市县互联互通、办公指挥、涉密文电传输于一体的指挥信息化平台。推动市县两级人防机动指挥平台建设。协调市财政局落实2024年市本级人防机动通信指挥平台建设经费预算。配置具有自主选频功能的自适应短波电台,实现与省国防动员办的互连互通。

【人防工程维护情况】 2023年,做好人防工程维护管理。落实人防工程维护管理监管职责,实现人防标识牌设置和管理“全覆盖”。市县两级对所有已竣工备案的结建和单建人防工程维护管理情况进行摸底检查,举办全市人防工程管理培训班,聘请第三方专业机构对100个结建人防工程设备设施进行检测、监督、检查。以市国动委联办名义印发早期人防工程治理工作的通知,明确治理范围为全市152个早期人防工程,分区分级予以推进。

【人防审批制度完善】 2023年,坚持把打造全市一流营商环境作为首要政治任务,市国防动员办领导现场实地对人防窗口进行指导访问,制定每季度检查走访一次的制度,通过走访调查收集平时企业提出的难点、堵点、困点,开展人防审批人员教育,定期组织业务人员进行业务学习,结合实际情况,印发《南昌市国防动员办公室结合民用建筑修建防空地下室审批管理规定(试行)》,制定公正公开的审批管理制度,给企业创造便利的透明投资环境。

【“保交楼”项目】 2023年,配合南昌市“保交楼”项目落地,与市住建局共同优化“联合竣工验收”流程,研究出台《南昌市国防动员办公室结合民用建筑修建防空地下室审批管理规定(试行)》,对办理竣工备案较为紧急的单体建筑项目,在未取得人防工程质量监督手续合格的情况下,申请人可通过提交银行《见索即付履约保函》的形式,出具各部门联审意见,予以先行通过备案手续;对因信用问题无法出具银行保函或存在其他情况的,实行“一地一策”方针,如华南城、依云上尚城、中骏世界城等“保交楼”项目。

【审批竣备】 2023年,抓好政务数据共享,“首席数据官”定时定期将人防审批数据共享至南昌市电子政务共享数据统一交换平台。至11月,全市新增人防工程内停车位超额完成任务。

(夏俞毛)

退役军人事务

【概况】 2023年,南昌市深入开展“尊崇服务年”活动,体系建设纵深推进,尊崇氛围日益浓厚。12月,退役军人事务部党组书记、部长裴金佳在南昌市调研,对全市退役军人服务保障体系建设、退役军人就业创业等工作予以充分肯定。全国双拥工作简报刊发南昌市城舰共建经验做法,移交安置工作案例入选退役军人事务协调工作案例,司法救助案例入选全国协同开展司法救助典型案例。被省委、省政府评为“江西省党的二十大维稳安保工作成绩突出集体”。全市退役军人服务保障体系进一步完善,完成退役军人移交安置任务,做好退役军人就业创业扶持,退役军人工作实现高质量跨越式发展。

【市委退役军人事务工作领导小组会】 2023年7月6日,省委常委、市委书记、市委退役军人事务工作领导小组组长李红军主持召开市委退役军人事务工作领导小组2023年第一次全体会议。市委副书记、市长、市委退役军人事务工作领导小组副组长万广明出席并讲话,市委退役军人事务工作领导小组成员单位参加会议。会议专题学习习近平总书记关于退役军人工作的重要指示,传达学习中共江西省委退役军人事务工作领导小组2023年第一次全体会议精神,听取市委退役军人事务工作领导小组办公室工作情况,听取市委编办、市公安局、市财政局关于退役军人工作情况汇报。会议审议通过《中共南昌市委退役军人事务工作领导小组2023年工作要点》等文件。

【服务保障体系完善】 2023年,召开贯彻落实《江西省退役军人服务专干管理办法》暨全市退役军人事务基层工作规范化建设现场会。制定下发《南昌市基层退役军人服务站规范化建设工作手册(试行)》,完成12家样板型退役军人服务站提档升级工作。开展市县两级服务专干大比武活动13场。联合南昌警备区在兵役服务站打造“退役军人之家”。

【退役军人法律援助工作站成立】 2023年11月,由南昌市退役军人事务局、市司法局联合组建的南昌市退役军人法律援助工作站正式揭牌运行,旨在为广大退役军人及其他优抚对象提供法律咨询、引导帮助申请法律援助、参与矛盾纠纷调解、开展法治宣传教育、指导开展公证、司法鉴定、仲裁等其他法律服务。法律援助工作站由2位专职律师作为常驻律师及市司法局派出的公益律师为值班律师组成服务团队,提供涉法涉诉咨询600余人次,心理干预百余人次。

【思想政治和服务保障】 2023年,举办线上线下“八一讲堂”4500余场,举办“老兵宣讲团”进学校、进社区等宣讲220余场,12万余人次接受思想政治教育。深化“齐同心、齐步走”退役军人党员结对帮扶工作,结成联系对4.3万对、重点帮扶对2172对。举办第二届“永不忘却的誓言——2022年度南昌‘最美退役军人(集体)’‘最美军嫂’评选宣传发布仪式”。推荐优秀退役军人喻立猷获评2023年度江西“最美退役军人”。优化整合各级“新长征”退役军人志愿服务队共2072支、志愿者16541人,开展关爱服务、健康救助、社区服务、应急救援等100余项志愿服务活动6.8万余场次。各县区退役军人事务部门打造的“尊崇驿站”,为退役军人志愿者兑换积分近10万分,兑换价值约6万元的物品。

2023年7月,南昌市退役军人事务局与北京银行南昌分行战略合作协议签约暨“退役军人创业贷”产品发布会召开

（市退役军人事务局 供图）

【困难帮扶援助】 2023年5月,联合市财政局在全省率先印发《南昌市困难退役军人帮扶援助实施细则》,建立由下至上、逐级负责、合力帮扶的工作机制,市本级每季度进行困难帮扶。联合市红十字会、红十字基金会建立“南昌市退役军人关爱帮扶公益基金”,举办基金签约仪式暨“情暖老兵 爱在洪城”公益募捐活动,募集善款80余万元。开展“情暖老兵 关爱子女”帮扶工作,为3名困难退役军人子女提供助学金。春节、清明、八一期间,对全市159户烈属进行走访慰问,协调解决医疗、住房、就业等18个实际问题。南昌市困难退役军人帮扶援助工作做法在全省退役军人思想政治工作会议上作典型经验介绍。全年发放帮扶资金100余万元。

【红色基因传承】 2023年,开展“贯彻二十大 传承英烈魂 奋进新征程”、“思英烈、忆事迹、传遗志、护忠魂、显尊崇”、红色九月“缅怀·传承”主题纪念宣讲活动进全市中小学24场,受众师生5000余人。与南昌职业大学、江西司法警官职业学院、江西工业贸易职业技术学院签订“共建‘大思政课’实践教学基地”协议,到共建高校开展15次红色文化宣讲活动。为群众提供清明VR网上代祭扫、视频连线云祭扫等特色服务,全年接待祭扫群众30万余人次,免费讲解808场次。

【就业创业服务】 2023年,举办线上线下专场招聘活动56场,直播带岗招聘活动6场,参与企业1200余家,提供岗位3.5万余个。与北京银行南昌分行合作推出纯信用免担保的退役军人专属创业贷款1000余万元。指导全市10家退役军人创业孵化基地,在孵军创企业79家,成功孵化军创企业28家。在全省率先开展“兵教师”培训。组织退役士兵参加适应性培训、职业技能培训、创业培训班。2个单位分别被评为省级退役军人就业创业园地、省级退役军人优秀就业合作企业,2人被评为省级退役军人优秀创业者。

【军休服务】 2023年2月,挂牌成立全省首家军休老年大学。6月,在全国军休大学建设视频调研会上,南昌军休老年大学建设工作获得退役军人事务部军休司的高度肯定。9月,在全国军休机构负责人培训班上作典型发言。在全省率先实现符合条件的逐月领取退役金退役军官公务员补充医疗保险待遇落实进医保系统,实现报销一卡结算。举办南昌军休干部“八一之声”合唱团建团五周年汇报演出。老兵顾长城被评为“中国好人”。

【拥军优抚】 2023年8月1日,南昌市《关于退役军人和其他优抚对象免费乘坐市内公共交通公交和免门票游览景区的通知》(以下简称“双免”政策)正式实施。南昌成为全国首个通过智能识别全国退役军人和优抚对象优待证方式落实“双免”政策的省会城市。实现服务对象“全国范围”、优待内容“全域覆盖”、便捷实用“全智能化”,获得退役军人事务部高度肯定。

（熊智强）

经济管理

宏观经济调控

【概况】 2023年，南昌市发展和改革委员会（以下简称“市发展改革委”）紧扣“项目为先、实干奋进，争分夺秒拼经济”工作主线，完整、准确、全面贯彻新发展理念，努力克服多重不利因素影响，砥砺奋进、真抓实干、攻坚克难，统筹推进稳增长、调结构、促转型、惠民生、防风险、保安全等各项工作，加快推动“一枢纽四中心”建设，全面实施省会引领战略，有力推动全市经济实现质的有效提升和量的合理增长。全年地区生产总值增长3.5%，地方一般公共预算收入增长9.3%，规模以上工业增加值增长4.2%，固定资产投资下降7.8%，社会消费品零售总额增长6.3%，城镇、农村居民人均可支配收入分别增长4.3%、6.5%，全市经济总体呈现“稳中向好、加快恢复，提质增效、动能积蓄”的态势。

【重大重点项目建设】 2023年，南昌市推进1005个重大重点项目建设，全年完成投资3151.31亿元，其中，推进投资50亿元以上项目54个，20亿元以上项目161个，亿元以上工业项目359个。洪州大桥、复兴大桥、隆兴大桥、昌南大桥、赣抚尾闾综合整治工程等项目建设加快推进，“六坝共筑、十桥同架”强力推进。昌景黄高铁、高铁东站投入运行，昌九高铁、昌北机场三期、西二绕城高速公路、北二绕城高速公路、昌西大道北延、洪腾高架、鄱阳湖旅游公路、昌樟高速二期枫生段扩建工程、G320南昌县向塘至新建区西山段公路新建工程、姚湾综合码头、龙头岗综合码头二期工程、地铁1号线北延和东延、2号线东延等重大交通基础设施加快建设，“空、铁、公、水”四位一体的现代立体交通体系加速构建。市人民医院经开院区、南昌中学、华创新材一期5万吨锂电铜箔项目投产，华勤千亿产业园、龙旗南昌VR、欣旺达动力电池、传音控股年产2500万部智能手机等一大批重大民生项目、重大产业项目加快实施，公共服务提质扩容、发展动能充沛。争取中央预算内资金18.52亿元，发行地方政府专项债103.57亿元。

【产业发展】 2023年，南昌市坚持产业强市、制造业立市。出台制造业重点产业链现代化建设“8810”行动计划，坚持“一产一策”“一企一策”，持续完善产业政策支撑体系。全市规模以上工业营收突破6500亿元，电子信息（含电子信息服务业）全产业链营业收入突破2400亿元，汽车及装备、新材料、医药健康等全产业链营业收入均超千亿元。高新航空制造产业集群新增为省级重点产业集群，安义铝型材产业集群、进贤医疗器械产业集群获评省中小企业特色产业集群，“安义门窗”荣获国家集体商标。数字经济与先进制造业加速融合，信息基础设施建设工作获国务院督查激励，获评全国首批中小企业数字化转型试点城市，新增上云上平台企业超1.5万家，建成5G基站数超1.95万个，城市家庭千兆光纤网络覆盖率超350%，均位居全省第一。江铃股份等3家企业获评国家级智能制造示范工厂，欣旺达等4家企业获评国家级智能制造优秀场景，江西五十铃等12家企业获评“5G+工业互联网”应用示范企业，菱形信息VR+工业仿真系统等3个项目获评工业和信息化部虚拟现实先锋应用案例，“国泰工业互联网平台”成为江西省首个国家级跨行业跨领域工业互联网平台。举办2023世界VR产业大会、中国航空产业大会暨南昌飞行大会、中国（江西）工业互联网创新发展大会等大型产业活动，集中签约项目158个、总投资超1000亿元。推动“省企入昌”签约项目65个，签约金额935.04亿元。在全省率先创建国家骨干冷链物流基地，入选综合型现代流通战略支点城市布局建设名单，进境冰鲜水产品、水果指定监管场地投入运营。商展经济持续活跃，统筹开展500余场促消费活动，发放消费券超亿元，武商MALL、江旅都市方舟、华润万象天地开业，核心商圈网点布局日趋成熟，全年吸引12家知名商贸品牌首店进驻南昌。全年举办各类规模以上展会80余场，展览面积200万平方米，获评中国会展之星·最具创新活力会展城市和最佳会展目的地城市。

【城市品质提升】 2023年，南昌市持续加强城市规划建设管理，城市品质显著提升。完成市、县两级国土空间总体规划编制并上报审批，编制完成重要规划和城市设计21项。全面开展乡镇国土空间总体规划和村庄规划编制工作，编制"多规合一"实用性村庄规划300余个。深入推进"胡子工程"和"打通断头路"攻坚专项行动，"胡子工程"销号11项，38条"断头路"完工通车，交通健康指数在全国36个重点城市中居前列，成为全国首个从"限行"到"不限行"，拥堵指数"不升反降"的城市。全面推进612个城市高质量发展和功能品质提升项目建设，城市更新规划被住建部列入可复制经验做法清单。建成海绵城市达标面积159.93平方千米、新建市政雨污水管133.75千米，高新区湿地公园社区入选国家级完整社区建设试点，创建城市客厅"席地而坐"示范点13个，新(扩)建城市公园26个，试点开放共享绿地54处。建成公共停车场125个，新增泊位13888个。推进303个老旧小区改造，完成既有住宅加装电梯581台、完成老旧燃气管网改造248.3千米，3517栋既有建筑完成安全隐患整治。全年举办迎春(国庆)烟花晚会、国际龙舟赛、千人横渡赣江、八一广场升旗仪式、国际马拉松等系列文旅体活动400余场，海昏侯国遗址公园被列入国家考古遗址公园，万寿宫历史文化街区获评国家级旅游休闲街区，入选"2023年中国十大旅游目的地必去城市"。

【改革开放】 2023年，南昌坚持创新驱动，培育发展新动能。未来科学城、航空科创城、瑶湖科学岛、中医药科创城、南昌实验室、江西创新馆等创新平台加快建设，年营收3亿元以上工业企业实现应建尽建全覆盖，亿元以上工业企业覆盖率超70%。培育科技领军企业和独角兽、瞪羚企业213家，新增入库科技型中小企业3444家，新增省级专精特新企业310家、创新型中小企业656家。成立院士工作站44家，新增本土院士2名，在南昌院士达10人，创历史新高。技术合同成交额突破360亿元，同比增长超200%。制定出台新"人才10条"政策，创新推出"洪漂"概念引才，吸引人才14.7万名，兑现奖励资金超11亿元。企业群众办事"一网进"，网上可办率、一网通办率分别提升至100%、95.84%，开办企业指标领域改革作为典型经验在全国营商环境现场会分享交流，在全省中小企业发展环境评估中蝉联第一。"惠企通"平台为1.4万余家企业无感兑现资金48.09亿元，净增经营主体8.8万户。34个行政执法单位出台458项轻微违法行为"首违不罚"和"轻微不罚"清单，涉企行政执法检查同比减少14.52%。成立全省首个市级中小企业服务联盟。全市131项试点示范改革项目全面铺开，新增入选全国加工贸易承接转移示范地、全省第一批水网先行市等47项国家级省级试点示范。拓展深化国企改革"南昌模式"，完成市直党政机关事业单位所属经营性企业划转工作，全市国资总额达1.3万亿元。参与共建"一带一路"，与白俄罗斯奥尔沙大区缔结友好城市关系，国际友城及友好交流城市达40个。昌北国际机场迈入4E机场运行F类飞机时代，南昌国际陆港开通首条中亚班列，开行铁海联运班列5362列，外贸重箱运量同比增长49.84%。统筹推进区域协作，签署《长江中游城市群省会城市合作行动计划(2023—2025年)》《长江中游城市群2023年重点合作事项》，长江中游城市群合作更加紧密。深化省内合作共建，与九江、景德镇、萍乡签署战略合作协议，与南昌都市圈内城市在汽车及装备等领域开展战略合作，与赣江新区在产业、教育、基础设施、医疗卫生、社会治理等重点领域深化协作互动，区域同城化水平显著提升。

【民生保障】 2023年，民生类支出占地方一般公共预算支出比重稳定在八成，10件人大票决民生实事项目全面完成。入选全国公共就业服务能力提升示范项目城市，新增城镇、农村就业分别达到6.89万人、3.74万人，发放创业担保贷款20.05亿元，企业职工基本养老保险参保企业、参保人员同比分别增长19.0%、6.5%，零就业家庭安置率达到100%。全市中小学校网点建设补短板三年攻坚行动启动实施，新投入使用中小学21所、新增学位3.9万个，公办幼儿园40所、新增园位1.07万个，"义务教育智慧入学"平台获国务院办公厅《电子政务工作简报》肯定推介。办好南昌技师学院、南昌健康职业技术学院，市委党校新校区(八一干部学院)如期投入使用。"4+2+2"医疗卫生服务体系加速构建，市第一医院九龙湖院区、市洪都中医院二期完工试运行，南昌新急救中心、市中心医院瑶湖分院、市卫生应急指挥与检验中心等项目有序推进。不断完善"一老一幼"服务体系，获评全国首批婴幼儿照护服务示范城市，打造区域性养老中心8个，建成社区居家养老服务中心887家，通过全国爱卫办"国家卫生城市"现场评估复审。纵深推进八大标志性战役30个专项行动，生态文明建设获国务院督查激励，全市空气质量优良率92.3%，在中部六省省会城市稳居第一。推动水系大连通，深化水环境治理，前湖水系、乌沙河水质明显改善，重点建设用地安全利用率达

95%以上。加快构建碳达峰碳中和“1+N”政策体系，稳步推进废旧物资循环利用体系建设，国家低碳试点城市评估获优秀等次。省级以上工业园区循环化改造覆盖率达到85.7%。

【风险防范】 2023年，南昌市防范化解各类风险，维护全市社会大局稳定。坚持粮食安全党政同责，全力保障粮食安全，连续7年在全省粮食安全省长责任考核中获“优秀”等次。国家粮食物流核心枢纽建设推进，覆盖城乡的应急保供网络不断完善。迎峰度夏、度冬能源供应保障平稳有序，能源安全得到有效保障。恒大、新力、正荣等逾期交付楼盘涉稳风险有效化解，做好保交楼各项工作。防范和处置非法集资全链条治理能力不断提升，全市防非处非防线更加牢固，提前4个月完成非法集资存量案件年度化解任务。全面压实债务管控主体责任，牢牢守住不发生系统性区域性债务风险底线。推动财力下沉，坚决兜住基层“三保”底线。严厉打击各类违法犯罪，常态化开展扫黑除恶斗争，刑事案件破案率上升33.2%，获批全国首批、全省首个社会治安防控体系建设示范城市。深刻汲取“1·8”重大交通事故教训，开展安全生产重大事故隐患专项排查整治，安全生产事故数下降33.3%。

（徐文俊　刘建波　龙水庚）

自然资源管理

【概况】 2023年，市自然资源和规划局把握“严守资源安全底线，优化国土空间格局，促进绿色低碳发展，维护资源资产权益”职责定位，围绕南昌市“项目为先、实干奋进，争分夺秒拼经济”作风提升年活动要求，聚力自然资源要素支撑保障和规划引领管控，强化使命担当，勇于攻坚克难，全方位提升自然资源和规划管理服务效能。全市自然资源和规划事业取得新成效，支撑保障南昌市经济社会高质量跨越式发展。全年，市自然资源和规划局官网发布各类政务信息1270余条，及时回复官网在线咨询信息77条，受理政务信息依申请公开答复信息164件，按时回复率达100%；办理涉法涉诉案件49宗，答辩49宗，结案36宗；受理群众来信来访409件，市本级接待群众来信来访120批次、265人次，均按时依法办结。完善政务服务事项要素，推进数据共享，获取婚姻登记信息、公安人口户籍信息等66项数据，支撑不动产登记等业务办理。共享不动产登记信息、一书两证等36项数据至市级数据交换平台，全年共享数据377.6万条，共享其他部门数据360.8万条。

【服务项目建设】 2023年，办理南昌中学（高中部）、行知中学（高中部）、南昌市洪都中医院九龙湖院区（国家中医疫病防治基地）项目、重庆医科大学附属儿童医院江西医院（二期）项目、北二环一期（隆兴大桥南及连接线工程）、南昌市图书馆新馆项目、北二环二期（公铁大桥合建段立交互通工程）、北二环下庄湖桥（秀先路至金山互通段）等一批公共服务设施、市政基础设施项目的《建设项目用地预审与选址意见书》69件，用地总规模701.37公顷；核发建设用地规划许可证81件；制订出让土地用地规划条件34件。全市上报用地1118.4公顷，获批项目用地974.64公顷（其中新增用地869.7公顷），有效保障昌九高铁（南昌市段）、北二环、洪腾高架、洪腾高速、2号线东延、昌樟高速改扩建二期等23项交通项目，南昌中学、行知中学、洪都中学等20所学校及北部物流园、高新泰豪产业园、湾里观景平台等40个工商旅游业等一批急需开工项目用地需求。

【土地供应优化】 2023年，市自然资源和规划局主动作为，加强市场研判分析，根据各区域商品房库存、土地市场需求、土地供应潜力等情况，合理安排土地供应。全年成交土地139宗，面积590.4公顷，出让价款211.4亿元，其中，市本级成交土地54宗，面积275.4公顷，出让价款162.6亿元。

【净地储备和旧改资金筹措】 2023年，编制完成《南昌市土地储备五年专项规划（2021—2025年）》《土地储备三年滚动计划（2023—2025年）》《2023年度土地储备计划》《2023年度储备土地前期开发计划》《2023年度储备土地出让计划》《2023年度资金收支计划》。全年南昌市新增净地储备122.02公顷，中心城区完成10.86公顷，非中心城区完成111.17公顷。推进“做精工程”，加大储备土地前期开发力度，统筹推进储备土地周边教育、卫生配套建设，促进储备土地从“生地”“净地”加速向“熟地”“优地”转变。全年，南昌市级投资建设旧改安置房66个，其中54个旧改安置房完成竣工验收备案，62个安置房项目完成评估，盘活处置房源4206套，面积约34万平方米，回笼资金11.3亿元。加强资金保障，全年筹集各类土储棚改资金约50.29亿元，拨付各类资金约78.25亿元。

【“节地增效”行动】 2023年，常态化督促各县区（开发区）、湾里管理局开展批而未用、批而未供、闲置土地消化处置举证工作并做好台账管理，实行“周统计、月通报”制度，及时掌握消化处置进度。全年累计消化批而未用土地面积24933.33公顷，省定任务完成率100.01%；消化2009—2022年批而未供土地面积28533.33公顷，省定任务完成率101.19%；处置闲置土地面积289.28公顷，省定任务完成率92.98%。持续推进城镇低效产业用地再开发，依据批准的项目实施方案依法依规有序盘活存量低效产业用地。高新区编制的城镇低效产业用地再开发年度实施计划及《南昌市高新区城镇低效产业用地再开发2023年度4个项目实施方案》获市政府批复。

【找矿行动】 2023年，完成2022年南昌市锂矿资源调查评价项目验收，发现矿产资源靶区8处，其中具有可供进一步勘查的钴矿靶区1处、辉绿岩矿靶区1处。开展2023年锂、钴等矿产资源调查工作，完成项目地表填图、内业资料整理工作、野外施工验收和提交项目总结报告等工作。申报2024年钴矿勘查项目并于6月获批，入库2024年度第一批省财政出资项目。

【国土空间生态修复】 2023年，持续推进国土空间生态修复。编制完成《南昌市国土空间生态修复专项规划（2021—2035年）》并取得南昌市政府批复正式印发实施。《南昌市国土空间生态修复专项规划（2021—2035年）》是南昌市国土空间生态修复工作的总纲和指引，是制定区域生态保护和修复实施方案、编制县级国土空间生态修复规划、开展重点项目前期工作、实施国土空间生态修复工程的重要依据，是科学开展国土空间生态修复工作的基础。各县区按要求完成辖区历史遗留废弃矿山生态修复实施方案编制，报省自然资源厅备案。

【不动产登记质效优化】 2023年，推进化解“办证难”问题，提出土地已抵押、查封楼盘办证的可行性建议为上级部门提供决策依据，完成新力榕园、新力江悦等首批试点工作。常态化开展交房即交证、交地即交证工作，印发《关于“交房（地）即交证”便民利企工作的实施方案》，在江西省率先实现“交房（地）即交证”全流程网办。完成4个楼盘1026套房屋办理交房即交证。推行不动产“带押过户”，出台《关于全面推进不动产“带押过户”工作的通知》，降低交易成本。在全省率先将遗产管理人引入非公证继承，上线律师在线查询不动产登记信息服务，持续优化登记财产领域营商环境。

【建设项目审批提速】 2023年，建筑许可“网上办”便利度进一步提升，规划许可线上审批持续推进，“一书一证”电子证照功能日益完善。简政放权持续深化，将规划调整、部分临街建筑外立面装修、公共建筑加装电梯等职能下放至各县区自然资源和规划分局，就近服务办事企业。持续推进工程建设项目竣工验收阶段“多测合一”，工程建设项目竣工验收阶段“多测合一”实现率100%。

【自然资源资产清查和平衡表编制】 2023年，按照省、市试点工作要求，完成全民所有自然资源资产清查，形成试点成果，按技术标准制作完成国有农用地、国有建设用地、矿产资源、森林资源等9类资源分布图，基本查清自然资源资产实物量，建立价格体系，助力建立国家所有者权益保护体制、深入推动自然资源资产产权制度改革。

【自然资源统一确权登记】 2023年，在南昌市范围内发布自然资源首次登记通告，全面铺开调查确权。新建区、南昌县农村房地一体确权登记发证成果通过省级抽查。完成南昌市68个自然资源登记单元的调查确权并建立数据库。进贤县范围内的9个登记单元通过验收，其中3个登记单元完成登簿。

【工业“标准地”供地制度】 2023年，通过科学布局工业产业用地，充分发挥规划引领作用，按照布局集中、用地集约、产业集聚的要求，推进高标准厂房建设，探索实施工业用地长期租赁、先租后让、租让结合的供应方式，鼓励探索工业用地弹性年期出让制度，对单个规模较大的项目采取分期供地。全年，成交工业“标准地”29宗，总面积98.33公顷，按宗数核算，省级以上开发园区“标准地”供应达97%。

【国土变更调查】 2023年，坚持监测、查处、整改一体化推进，高质量完成2022年度国土变更调查，全面掌握南昌市2022年度土地利用现状，2023年城市国土空间监测成果上报自然资源部核查，进一步摸清南昌市城市建设总量、用地结构、基础设施和服务功能等情况，通过2023年度日常变更调查、上半年自然资调查监测分析、第三季度自然资源调查监测分析，掌握南昌市地类变化情况，发挥自然资源调查监测的预警作用。

【地质灾害防治】 2023年，制定《南昌市2023年地质灾害防治方案》，印发《关于做好2023年汛期地质灾害防御准备工作》《关于开展2023年汛期地质灾害防御准备情况调研检查工作》等通知，部署汛期地灾防治，加强督促检查指导。全年发布预警预报信息1992条、地质灾害气象风险预警13次，开展巡查排查573批次977人次1221点次，组织对18343个切坡建房图斑进行复核，发放地灾防治“两卡一表”529份，转移受威胁群众122户196人，开展地灾防治知识培训4次，组织应急避险演练30场，维护人民群众生命财产安全，实现地质灾害“零”伤亡目标。

【国土空间基础信息平台运行】 2023年，南昌市国土空间基础信息平台重点建设自然资源和规划空间资源系统核心数据库，为各类应用提供基础支撑平台和通用功能支撑，助力自然资源“以图管地”。完成2022年南昌市城市国土空间监测数据入库、2023年土地利用衔接方案入库、南昌市土地储备0.33公顷以下微型地块入库等多个空间资源系统数据汇交。全年,各类属性数据入库223条,空间数据入库3201条。

【维护群众合法权益】 2023年,启用新一轮征地区片综合地价,均价为52853元每亩,较上轮提高5220元每亩,平均增幅10.96%。科学合理划分征地区片,进一步缩小地区之间征地补偿标准差距,维护被征地农民合法权益。围绕"五型"政府建设,做好"12345"热线回复,办理工单2734件,同比增长29%,按期办结率100%,群众满意率100%。

【档案和信息化管理】 2023年,提供只跑一次查询34万件,一次不跑查询166.6万条。整理归档移交各类档案23.8万卷。推进国土空间基础信息平台和"一张图"实施监督系统建设,实现建设项目预审、用地报批、土地收储、土地供应、不动产登记等数据的实时更新。通过加强数据共享,消除"信息孤岛",促进不动产登记工作更加方便、准确、可靠。

（熊　杏）

公共资源交易管理

【概况】 2023年,南昌公共资源交易中心紧紧围绕市委"项目为先、实干奋进、争分夺秒拼经济"的工作主线,聚焦"一年全面提升"的目标要求,持续对标先进,聚焦问题促规范,凝心聚力抓项目,多措并举优服务,持之以恒转作风,各项工作取得新突破和新成效。全年,南昌公共资源交易中心进场成交总数2715个,与上年市本级项目相比增长8.6%,受经济下行压力影响,交易额仍稳固698亿元,同比节约资金97.37亿元,增值资金7.44亿元。组织实施采购项目95个,增长115.91%,成交金额突破2.69亿元,增长140.02%,节约财政资金7350.12万元,节资率21.48%,成交量与节资率实现双提升,极大提升南昌市财政资金使用效益。南昌公共资源交易中心作为南昌市网上中介服务超市运营机构,全年发布全市中介超市采购项目5233个,增长81.5%,成交金额7855.58万元,增长255.8%,入驻中介机构2475家,位列全省第一。

【平台升级】 2023年11月底,南昌公共资源交易中心全面搬迁进驻市民中心新址,通过对标先进,精心设计,夯实交易场所硬件基础,完成进驻市民中心改建工程,打造布局科学合理、服务设备完善、功能服务齐全的新场所,从根本上扭转硬件设施落后的局面,实现场所环境面貌焕新,硬件设施整体水平在全省地级市中位列第一。依托云技术,部署上线200台云桌面到评标室,实现评标室电脑硬件与信息化管理双提升。在评标区安装48部内线电话,规避中介代理机构、投标企业与评标室专家面对面产生的廉政风险。增设21个高清摄像头,确保全方位、无死角见证交易过程。全省率先建设"综合数字见证服务平台",引入大数据、人工智能等核心新技术应用到交易环节,改变传统"一人一项目"现场见证升级为"一人多项目"数字见证,实现交易、服务、监管全程留痕、行为可溯、责任可究,至年底,实现基本功能初步试运行。

【改革创新】 2023年,落实市委、市政府深化公共资源交易改革部署要求,围绕"招、投、开、评、定"五大招投标环节改革,牵头起草《南昌市深化公共资源交易改革方案》,明确四大方面13项重点任务,破解体制机制障碍、交易管理、交易监督、交易行为规范等方面症结难题,改革方案经市政府审议并印发。参与把握数字经济发展机遇,扩展数据交易业务,新增数据交易系统功能,制定配套交易规则和进场流程。配合政数局推进"政采贷""中标贷"等数据交易业务试点前期筹备工作,帮助市场主体与金融机构搭建交易场景。

【服务效质提升】 2023年,争取630万元专项资金在全省率先推广使用"不见面磋商、谈判功能",实现南昌市政府采购非招标采购方式"不见面"。开启评标专家"不见面"自动抽取新模式,专家抽取效率大幅提升90%。全年,完成不见面开标项目2285个,不见面占比99%,较上年同期增长78.78%。开展远程异地评标项目964个,同比增长110%,应用"5G+区块链技术"与长江中游城市交易中心深化评标合作,合作各地交易中心远超百个。制定《市重大重点项目服务保障工作方案》,配强保障力量,打造重大重点项目"事前主动对接、事中精细服务、事后跟进回访"精细服务模式,形成与市纪委监委、行业监督部门、招标(采购)人高效监管合力,全年高效助力赣抚尾闾、北二环、南昌中学、行知学校等37个市纪委全程监标重点项目。立足交易改革创新发展需求,坚持走出去"取真经"、沉下去"摸实情"、送上门"办实事"相结合的工作理念。全年,到北京、深圳、合肥、杭州、广州等地调研考察10次,学习信息化智能应用、数据交易、营商环境优化、政府集中采购及电子档案管理等经验做法,进一步破除思想障碍,理清工作思路。开展企业大走访,畅通政企沟通联络机制,深入了解企业、服务对象需求,加大国有集体产权、农村产权、中介超市等政策宣讲力度,召开服务对象座谈会12次,上门服务600余人次,以过硬服务提升市场主体获得感、满意度。

【市场行为规范】 2023年，强化评标区物理隔离，严格落实评标区门禁值班人员配置执法记录仪、专家无须签到登记信息、专家签到表打印后不接触等措施，确保专家信息保密，避免内外勾结风险。依托数字见证平台，打造评标专家在亮明身份后场内言行、轨迹全过程可跟踪、可回溯见证机制。针对市重大重点项目，市纪委及各纪检组对专家开展廉洁谈话30次，派驻纪检组开展书面提醒谈话6次。狠抓重点岗位监管，辞退不遵守工作纪律保安5名，改变以往由保安值守门禁的做法，安排2名在编在岗人员值守。做好门禁工作台账，清晰、完整地记录重要信息，完成台账记录1200次。在原场所四楼竞谈室增设值班岗位，安排1名人员值班，重点做好身份核验、物品查验、材料登记、通信记录等职责，确保见证规范有序。狠抓代理行为规范，出台专项考评办法，细化16条考评指标，实现代理机构场内行为全过程闭环考评，对不良行为严格扣分处置，评价结果录入系统、挂网公布，报送行业监管部门。全年，对2619个项目进行评价，发出告知单25份，延伸评价范围至远程异地项目，对10起异地代理机构不规范行为发函告知，进一步规范代理从业人员职业操守，服务市场。全年，通过全程调阅监督开评标区音视频，对开评标区内评标(审)专家现场违规行为制止并记录183件，处理25起轻微以上违纪违规及异常情况，向行业监管部门移送线索7起，对评审专家扣分23起，开评标现场乱象得到有效遏制，取得较好的社会效果，推动优质高效公共资源交易服务。

(邓 婷)

国有资产监督管理

【概况】 2023年，南昌市国有资产监督管理委员会(以下简称“市国资委”)紧扣“项目为先、实干奋进，争分夺秒拼经济”工作主线，全力拼经济、抓项目、攻招商、推改革、强党建，市属国有经济运行质效实现稳步提升。至年底，全市国有企业资产总额11949.04亿元，同比增长15%；净资产总额3785.81亿元，增长7.92%；实现营业收入2373.61亿元，增长8.18%；已交税费总额99.83亿元，增长6.64%；实现利润总额32.29亿元。其中，市属国企资产总额7671.11亿元，增长13.54%；净资产总额2405.89亿元，增长3.79%；实现营业收入2065.59亿元，增长8.3%；已交税费总额82.48亿元，增长11.59%，实现利润总额40.41亿元。

【项目投资建设】 至2023年底，市国资委系统在投项目266个，项目总投资3427.29亿元。2023年计划投资488.38亿元，年度投资518.99亿元，完成年度投资计划的105.31%。全年，市产投集团组建200亿元规模的南昌市现代化产业引导基金，形成规模超360亿元的产业基金集群。项目建设方面，市属国有企业立足职责使命，强化担当作为，在推动全市重点项目方面当主力、打头阵、作表率。其中，洪腾高架项目九洲高架至昌东大道段主线、桃花南路快速化改造工程、S49枫生快速路、丹霞大道项目主线通车；高铁南昌东站开通运营，洪州大桥实现跨江段主线结构贯通；轨道交通3条延长线完成12座车站封顶区间；西绕城高速路灯照明工程11月底完成全线匝道路灯亮灯；洪州大桥12月完成主墩上塔柱施工与主缆安装；赣江抚河下游尾闾综合整治工程“六坝共筑、四支联动”建设、西二绕高速主线、复兴大道西延、鄱阳湖旅游公路桥梁工程等全市重大重点项目有序推进。

【招商引资】 2023年，市国资委系统主办招商活动10场，接洽企业近400家，经市商务局认定的签约项目69个，签约金额318.63亿元(含赣江新区10亿元)，完成年度任务的106.21%。此外，市产投集团和市建投集团分别完成35亿元和12亿元签约项目。8月31日，举办“省企入昌”助力省会引领战略集中签约仪式，签约项目65个，签约金额935.04亿元。

【企业运营管理】 2023年，企业运营管理降本增效，融资成本进一步降低。全年，市国资委系统融资余额2907.62亿元(含棚改项目融资)，平均融资成本3.85%，较2022年底融资余额平均成本4.27%下降42个基点；至2023年底，市国资委系统全年新增融资1250.77亿元，新增融资平均成本3.27%，较2022年新增融资平均成本3.61%下降34个基点；用新融资产品(低利率)替代旧融资产品(高利率)金额793.09亿元，节约融资成本4.54亿元。融资管理进一步规范。指导市属国企制定新融资管理办法，开展资金高贷低存清理整治和应收账款清收工作，至年底清收及整改对外借款36.36亿元。推动企业司库体系建设，在市属国企集团全面推行财务资金集中管理，江铃集团建成功能较为完备的司库体系，其他市属国企初步完成资金集中管理功能模块建设运行。

【国资国企改革】 2023年，巩固扩大市属国企战略化重组、专业化整合成果。完成市直党政机关和事业单位所属经营性国有企业划转工作，涉及22个市直单位64家企业。市政公用集团整合农林粮板块资源，市交投集团整合9家出租公司、3家旅游客运公司及3000余辆车辆资源，成立出租旅游集团。纵深推进各项改革任务落实落地。在2022年度省国资国企改革创新三年行动和攻坚行动重点改革任务评估中，南昌市获评A级。在2022年度地方"双百企业""科改示范企业"评估中，江铃集团获评"优秀"。全年，部署开展对标一流企业价值创造行动，制定价值创造行动方案举措150条。实施《江铃汽车集团有限公司持续深化"双百行动"改革方案（2023—2025年）》。谋划新一轮国企改革深化提升行动，起草《南昌市国有企业改革深化提升行动方案（2023—2025年）》（征求意见稿）。

【国资监管】 2023年，国资监管效能不断提升，主责主业更加聚焦。核准各出资监管企业主业，调整重要子企业名单，建立市国资委系统投资项目台账，每月调度投资项目情况，严控非主业投资比例。开展经营性项目投资事中督查和项目后评价互评工作，督促企业提高投资收益、维护资金安全。法人治理更加健全。印发《南昌市国资委出资监管企业合规管理办法（试行）》，设立市属国企外部董事人才库，完成首批13名兼职外部董事聘任工作。联合市司法局、市仲裁委员会在市属国有企业推行法律仲裁制度。指导市属国企完善法律顾问制度，有效降低经营风险。加快国资国企在线监管系统建设，市国资委本级国资国企在线监管系统完成试运行，6家市属国企集团在线监管系统建设稳步推进，12月全面实现企业端系统和市国资委系统的互联互通。不断加强"三重一大"决策事项监管。开展国有企业"三重一大"集体决策事项不规范问题整改整治，至年底，通过国资国企在线监管系统上传决策制度8个、决策事项495个、会议570个、议题3787个。完成2022年度企业国有资产统计工作，实现授权监管企业和各县区国资监管企业的财务快报统计全覆盖。开展国有资产评估项目管理情况调研，严格国有资产交易进展情况审查。狠抓安全生产工作，确保安全形势稳定向好。

【人才招引】 2023年，制定《南昌市市属国有企业员工招聘管理办法》，进一步规范企业招聘工作。实施党委书记领衔人才工作项目，全年招引全日制研究生193人、全日制本科667人、技能人才362人。举办"国企引领促就业，才聚洪城创未来"市属国企专场招聘会，提供就业岗位106个，招聘人员156人。会同市委组织部选派38名年轻干部进行政企双向挂职。

（冯志远）

财　政

【概况】 2023年，南昌市财政局全面落实省会引领战略，将"项目为先、实干奋进，争分夺秒拼经济"为工作主线，加快推进"一枢纽四中心"建设，提效实施积极的财政政策，完成各项工作任务。继续保留"全国文明单位"荣誉称号，三年蝉联"全省政府系统'五型'政府建设先进集体"称号，获全国、全省财政信息工作先进单位，中国财政科学研究院"2023年优秀合作单位奖"，中国财经报社"全国基层财政新闻宣传工作优秀示范点"，全市双"一号工程"建设、全面深化改革、全面依法治市、政务公开先进单位等重要荣誉近20项。

【财政收支实现三个"新"】 2023年，紧盯全年预期目标，科学研判财政收入情况，出台《南昌市精诚共治综合治税工作实施方案》，建立"纵向到县区、横向到部门"的综合治税体系，显著提升收入监测效能。南昌市财政收入稳中有进、重点支出保障有力，总体表现为三个"新"：收入规模迈上新台阶，全市一般公共预算收入完成500.2亿元，收入规模首次突破500亿元，同比增长9.3%，增幅位列全省第一；县域经济实现新增长，县区一般公共预算收入完成331.1亿元，增长10.1%，12个县区全部实现正增长，6个县区实现两位数以上增长；重点保障彰显新力度，全市一般公共预算支出完成925.6亿元，其中重点领域支出完成725.8亿元，占比近八成，社会保障和就业、农林水、教育等支出分别增长12.2%、11.3%、9.6%。

【助力经济发展】 2023年，紧扣拼经济主旋律，在提升产业创新效能、夯实产业发展根基上精准发力，财政政策资金带动效应加速显现。加快建设现代化产业体系，聚焦深入实施"8810"行动计划，在已出台的重点产业"一产一策"基础上，优化更新工业普惠性政策并制定配套实施细则，全年累计拨付扶持产业发展相关资金超60亿元。申报并获全国首批中小企业数字化转型试点城市定额奖补1.5亿元，促进产业链向更高层级迈进。持续强化各类惠企政策扶持，利用"财园信贷通"放贷61.7亿元、"洪城科贷通"放贷3.3亿元，解实体企业融资难题。牵头开展2023年度涉企资金兑现政策清单动态更新工作，纳入167条政策并及时公布，有效提升惠企政策的覆盖面和知晓度。兑现"映山红行动"奖励资金4186万元，助力南昌资本市场实现"全板红"。构筑聚才引智新高地，深入实施创新驱动发展战略，重点聚焦平台建设、企业培育、项目攻关、成果转化等工作，拨付市级科技发展专项资金4.5亿元。配合出台南昌新"人才10条"政策，细化补贴拨付条件，全年兑现生活、落户、购房、供岗等各类补贴13.1亿元。

【支持城市建设】 2023年，围绕打造全国城市高质量发展示范城市目标，综合做好"筹资、融资、债券、评审"，补短板、强弱项、树形象，城市功能更加完善、城市品质持续提升。基础设施日益完善，牢固树立"项目为先"导向，全年拨付重大重点计划资金42.4亿元,新增政府债券140亿元,支持洪州大桥、南昌高铁东站新区一期等项目建设。高标准严要求控制项目建设资金,全年完成评审项目218个,送审金额300.4亿元,综合审减率近15%。城市品牌日益擦亮,支持开展"交通强市"建设,牵头完善城市轨道交通运营补贴机制,配合制定城际公交运营成本规制推动大南昌都市圈城际公交开通,全年拨付公共交通补贴资金6亿元。推进海绵城市建设工作,自获评全国示范城市后,获得中央财政补助8亿元,完成海绵城市达标面积约159平方千米。全年下达林业生态建设资金5000万元,持续擦亮"国际湿地城市"名片。环境面貌日益提升,坚持把"四精"理念贯穿城市工作全过程,拨付相关资金13.6亿元,统筹用于城市维护管理、城市功能品质提升、生活垃圾分类、污水处理等项目;深入打好蓝天、碧水、净土保卫战,健全完善多项环保资金管理办法,全年下达各类生态环保资金2.5亿元。

【民生保障】 2023年,践行以人民为中心的发展思想,坚持尽力而为、量力而行,加强基础性、普惠性、兜底性民生建设,不断提升民生保障水平。民生实事加快推进,牵头制订2023年民生实事安排方案,按照"一项一策"方式制定具体实施细则,20项民生实事全部完成。教育文体统筹发展,推动教育事业高质量均衡发展,全市教育支出159亿元,其中市本级教育支出36.6亿元,同比增长31.6%。推动文旅消费城市创建,支持举办横渡赣江、2023南昌马拉松等大型体育赛事,全市文化旅游体育与传媒支出11.3亿元。公共卫生体系健全,推广家庭医生签约服务,将65岁以上红色、黄色重点人群签约经费标准翻倍提高至每人每年70元,全市签约常住居民超319万名,重点人群签约率98%;拨付资金2.5亿元支持"4+2+2"医疗卫生服务体系建设,促进医疗资源提质扩容。社会保障持续改善,下达保障性安居工程资金21.4亿元,主要用于城市棚户区改造、老旧小区改造、保障性租赁住房和公租房等方面。入选2023年"公共就业服务能力提升示范项目"和"中央财政支持普惠托育服务发展示范项目",获中央财政补助1亿元。持续巩固拓展脱贫攻坚成果,推动乡村全面振兴,拨付中央、省、市三级衔接补助资金2.7亿元。以"两整治一提升"为抓手,下达相关资金8.4亿元,加快促进农业高质高效、乡村宜居宜业、农民富裕富足。

【财政治理效能】 2023年,紧紧依靠改革创新破难题促发展增动力,深入推进财税改革攻坚,破除深层次体制机制障碍,不断提升财政治理效能。预算管理改革不断深化,在全省率先推进市级预算项目支出标准体系建设,印发三年行动方案。推进市以下财政事权和支出责任划分改革。争取上级各类转移支付资金234.3亿元,较上年增长27.8%。财政"放管服"改革不断突破,在全省首推代理机构"星级化"诚信评价管理机制,实现政府采购全领域交易"不见面"。采取"四个一"(一次预约、一个封套、一封贺信、一项查询)方式打造"升级版"服务,全年发放会计专业技术资格证书1.3万本。风险防范能力不断增强,印发《南昌市防范化解地方债务风险总体工作方案》,多渠道保障偿债资金,超额完成本年度化债任务,全市债务风险总体可控。推进内部控制制度建设,组织开展财经纪律重点问题专项整治、"吃公函"专项监督检查等行动。抓好库款监测"日提醒、月通报",实现全市"三保"资金专户全覆盖,向县(区)调拨直达资金86亿元,兜牢基层"三保"底线。财政管理效能不断提升,全面开展行政事业单位国有资产盘活工作,配合出台《南昌市资产仓管理暂行办法》,建立全市资产共享共用模式。继续深化智库共建,与中国财政科学研究院达成再度合作,推动市博士科创中心建设,持续深化投融资体制改革。绩效管理基底不断夯实,全面构建"1+2+N"预算绩效制度体系,编制分部门、分行业、分领域、分层次绩效指标和标准体系1.5万余条,在全省率先构建县(区)政府财政运行综合绩效评价指标,首次引入成本绩效理念,核减预算资金超2亿元。

(张晓晖)

税　务

【概况】 2023年,南昌市税务局围绕省税务局和市委、市政府确定的工作目标,聚力推进南昌税收"四个三",即提升"三个质量"(组织收入、政策落实、以税咨政),筑牢"三道防线"(日常管理、风险评估、打虚打骗),深化"三项改革"(以数治税、服务提质、以查促改),加强"三基建设"(基础建设、基层建设、基本功建设)等重点工作,以及打好"三大战役"(组织收入主动战、营商环境攻坚战、队伍建设持久战),助力南昌税收经济高质量发展。打造以"三勤三廉"(勤奋学习、勤恳干事、勤勉服务,廉洁修身、廉明执法、廉正齐家)为核心内容的"勤廉洪税"文化品牌和"洪城税悦·畅意行"服务品牌,持续释放税费政策效应,激发市场主体活力。获省部级以上荣誉9项,厅局级及以上荣誉108项,以税咨政和服务大局等工作获得税务总局、省税务局和市党政领导肯定批示47次。

【以税咨政】 2023年,以"国家税务总局税收科研调研基地"建设为契机,深入开展"税收大调研"活动,发挥"以税咨政"作用,服务南昌发展大局。建立税收科研团队和经济分析团队,聚焦南昌重点工作,运用大数据和“税比析”决策服务系统,深入开展区域发展比较、重要产业走势、新业态新模式等专题调研与分析,打造“税眼看南昌”系列精品,为各级领导科学决策提供有价值的参考。市、县两级税务部门完成调研课题和专题分析报告250余篇,向各级党政领导呈报《税收专报》118篇,其中1篇得到省委书记尹弘批示肯定。

【全省税收调研成果(南昌片区)交流会】 2023年12月22日,全省税务系统科研成果(南昌片区)交流会在市税务局召开。市税务局党委委员、副局长张民主持会议,省税务局税收科研所所长赖文军等领导出席。与会人员围绕《新时代税务文化建设的路径与思考》课题和2024年科研方向进行研讨交流,曾耀辉、欧阳颖等专家分别对南昌片区10余篇调研论文进行点评,就如何撰写出高质量的调研论文进行授课指导。会议评选表彰“优秀税收调研论文”5篇,其中南昌获奖2篇。赖文军对南昌片区税收科研成果及转化成效给予充分肯定,对下一年度税收科研工作创新提出新要求。

【组织收入质量提升】 2023年,应对经济下行压力,落实“税费皆重、同征同管”工作要求和“七抓七不放”(抓减不放收、抓大不放小、抓工不放商、抓总不放分、抓城不放乡、抓税不放费、抓评不放查)措施,统筹推进“减税费”和“稳增长”。坚守组织收入纪律和坚决不收“过头税费”原则,杜绝预征预收,实现税费收入“零水分”。建立减免退税清册与销号管理责任制,确保政策红利“直达快享”,实现落实优惠政策“零欠账”。在征收管理、案件查办、土地增值税清算、跨境税源管理、所得税汇算和社保费“统模式”试点等方面创新方法,保证应收尽收“零新欠”。利用大数据开展税费风险分析与应对,依法堵塞税费漏洞,保障税费“零流失”。全年税收、社会保险费及非税收入分别增长10.5%和9.4%,组织收入质量持续提升。

【“勤廉洪税”品牌创建】 2023年,以创建模范税务机关为契机,打造以“三勤三廉”为核心内容的“勤廉洪税”品牌。完善工作方案和绩效考评办法,将勤廉建设与党建创新、税收业务、文明创建和队伍建设等工作相融合,一并部署和考评。制定“勤廉洪税”建设时间表、路线图、任务书和责任状,保障各项目标举措落地生效。建立“勤廉积分”和“红黑榜”制度,评选“勤廉标兵”“服务之星”等,探索“平时积分、年终评价”模式和结果应用办法,推进以勤廉促忠诚、正税风、助发展,形成“以勤为美、以廉为荣”的南昌税务新风尚。“勤廉洪税”品牌建设相关做法与成效被《中国税报》《江西日报》和新华网等众多媒体报道,在全市改革工作经验交流会作典型推介。

【纳税信用管理创新】 2023年,持续创新纳税信用管理,提升诚信纳税企业获得感。公开信用评价原则和标准,对全市纳税人2022年度纳税信用进行综合评价,评出A级1.02万户,占比4.59%;B级9.27万户,占比41.54%;M级9.34万户,占比41.86%;C级3703户,占比1.66%;D级2.31万户,占比10.36%。畅通信用复评和修复渠道,鼓励纳税人主动纠正失信行为,重塑纳税信用,增强依法诚信纳税意识,审核145户企业申请复评资料。拓展信用评价结果运用,建立纳税人信用记录和档案,依托南昌市公共信用信息平台,推动政府部门信用信息协作共享,全年推送“双公示”信息17163条,提升“诚信纳税”企业形象和价值。实施联合激励与惩戒,在享受税收优惠政策和容缺办理服务,申请银行贷款、审批行政许可、政府评先评优与奖励等方面,优先支持诚信纳税企业,助推文明诚信南昌建设。市税务局连续3年获评全市“社会信用体系建设先进单位”。

【“枫桥式”税务分局(办税服务厅)建设】 2023年,市税务系统按照“党建引领不动摇、更坚定,依法治税不走样、更规范,税费服务不缺位、更智能,矛盾化解不上交、更和谐,队伍平安不出事、更有为”的建设标准,着力打造新时代“枫桥式”税务分局(办税服务厅)。创新制度和机制,制定《纳税服务建议、投诉议事厅制度》,建立“枫桥式”争议处理机制,设立“枫桥工作室”“公职律师调解员”,开设“枫桥热线”“枫桥窗口”,推出“枫桥智慧二维码”服务,及时化解基层征纳矛盾。推行“五个一”模式,即“一盘棋联治、一条链联调、一站式联处、一体化联动、一个圈联建”,联合人社、医保、法院等多部门构建“1+N”工作格局,实行简单事项窗口“马上办”、复杂问题枫桥“团队办”、疑难纠纷部门“合力办”的三级办结体系,做到“小事不出窗口、难事不出大厅、大事不出市局”。做好宣传咨询和培训辅导等基础工作,开展事前分析预警、事中调处化解、事后回访评估,实行网上派单、限时处理。全年化解税费争议421起,争议化解平均时限从超1天缩短至半天,问题流转部门从多个缩减为1个,争议源头调处和属地化解率达100%。相关做法和成效受到上级肯定和《中国税务报》、人民网等众多主流媒体报道,在《南昌改革》刊发推广。

【税警联合办案】 2023年,南昌税警双方发挥各自专业优势,抽调精干税务稽查和警务力量成立专案组,对重大案件实施集中研判、蹲点作战和联合办案。深入查办“4·16”团伙案、加油站团伙案和

"P15"团伙案等虚开骗税案件。将相关案件延伸至原材料收购、产成品加工、货物出口等多环节检查,对利用"三假"(假收购、假生产、假出口)进行虚开发票偷税和骗取出口退税等违法犯罪行为实施全链条打击。查实"三假"企业89户,抓捕犯罪嫌疑人29人,停止出口退税权50户,阻止出境1人,追缴所偷骗巨额税款。南昌税警联合办案经验和成效获得国家税务总局领导肯定性批示,在国家六部委工作简报推介,市税务稽查局获评"江西省七部门打击涉税违法犯罪成绩突出集体"。

【欠税监管】 2023年,全市税务系统持续深化欠税监管,维护国家税收权益和市场公平秩序。核实欠税底数,印发《欠税情况通报》,加强欠税催缴和纳税信用评价。争取支持协作,提请市政府召开房地产行业欠税管理工作协调会,明确财政、住建、银行和公安等相关部门协作护税职责。完善欠税资料,逐户逐笔审核,确保资料完整、数据准确、程序合法。加强宣传引导,压缩欠税户数,加大对小额欠税户的清理力度。清理稽查积案,成立税务稽查积案清理小组,落实结案清税责任。全年依法清理欠税13.99亿元,其中强制执行1.38亿元,清理622户1000元以下欠税12万元,实施全省第一例阻止欠税企业法定代表人出境。

【税收协同共治】 2023年,为营造良好营商环境和保障国家税收权益,市税务局推进税收协同共治。提升共治层级,提请市政府成立综合治税领导小组,构建"党政领导、税务主责、部门合作、社会协同、公众参与"的税收协同共治格局。强化共治责任,提请市政府印发《精诚共治综合治税工作实施方案》,明确财政、税务、组织和政数等21个市直单位及19家涉税信息单位的协同共治职责。完善共治制度,出台《南昌市涉税信息管理办法》等,建立联席会议、数据共享等工作机制,确立"先税后证"原则,推进税收源头管控。开展协作联动,包括经济形势监测、财税趋势分析、税警集中办案、"双随机"事项执法检查、检税共商涉税公益诉讼、企业破产处置税务与司法协作和纳税信用增值应用等。深化平台建设,包括综合治税数据统一平台建设和全市政务数据共享平台完善,促进数据直连。上线税务与自然资源及不动产登记部门"区块链+不动产交易缴税平台""税银智慧集成办服务"等新系统,确定119项涉税信息采集项目,获取全市药店医保支付、企业不动产登记、商品房网上签约备案等涉税信息478.43万余条,部门协同综合治税入库税费合计2.54亿元。

【办税缴费服务创新】 2023年,以打造"洪城税悦"服务品牌为契机,推进办税缴费服务创新,支持市场主体加快发展。创新宣传辅导,开展"春雨润苗·扶微助企"直播宣讲,制作热点问题解答小视频,发放优惠政策"口袋书",推行"一对一""面对面"辅导,让纳税人缴费人懂政策、会操作。完善服务举措,印发《税收营商环境优化升级工作方案》,推出六大类82项改革新举措。开展"便民办税春风行动",推出"绿色通道护航、绿波速度领航、绿卡信用助航"三个方面"便民春风绿波行"系列措施20条,将13项资料纳入容缺办理,精简34项资料报送,压缩办税时限。开展联合走访,省、市两级税务与工商联携手举办"支持民营经济健康发展专项行动"和"春风润企"大走访、问需求、送政策、解难题等活动,及时解决企业诉求。打造新型模式,推出以"一键申报""风险对碰"为核心的新型税收服务模式,将原来111个纳税主体每月1天的申报工作量集中到江西移动公司总部一家10分钟完成。实现"五个率先",即在全省率先上线"税银智慧集成办"系统,通过"税银"协同,将22项高频核心税费业务同步覆盖92个建设银行服务网点310台智慧终端,帮助5万余户诚信纳税小微企业通过"税银互动"实现"在线随时申请、网上实时办结"银行贷款150亿元;在全省率先推行城区车辆购置税征收业务"同城通办",打破地域界限;在全省率先推广税务区块链技术办理个人股权转让"先税后证"业务,强化部门协同护税服务;在全省率先建设"10分钟便利办税圈",推出五大类21项111条便民措施,将系统内服务场所增加至80个,服务窗口增加至309个,税费事项"街街办""乡乡通""税邮站"和"税银智"网点扩充至410个,实现"家门口"办税缴费;在全省率先试点上线全国统一规范的电子税务局,实现办税缴费智能化。以"政策找人"全面落实减税退税政策,全年新增减税降费及退税缓费118.25亿元。在全省营商环境评价中,南昌"纳税指标"得分位居各设区市第一。

【社会保险费"统模式"改革试点成功】 2023年6月,根据上级工作部署,南昌市开始推行社会保险费"统模式"改革试点,即将原先由人力资源和社会保障、医疗保障部门设定征收计划、用人单位向税务机关申报缴纳的方式改为由税务机关依政策规定对用人单位申报的社会保险费进行统一核定、征收和管理的模式。市、县区两级税务与财政、人社、医保等部门分别建立由政府主导的工作协调机制,制定《南昌市社会保险费"统模式"试点工作方案》,共同做好政策梳理、数据迁移、系统配置和应急预案,以及参保数据核实、服务保障优化、系统压力测试等工作。建立联席会机制,共同解决数据投放、信息传递、数据纠错和咨询答疑等问题。推行"一厅联办""一网通办"和特殊群体"就近办""帮办代办",开辟缴费专窗16个、综合窗口166个，各地自助办税区178台电脑全部安装客户端。建立税务、人社和医保“三方协调微信群”和缴费服务微信群，制发《缴费指南》、小视频和每日一课等辅导资料。7月1日7时，全市第一张社会保险费缴纳凭证在青山湖区税务局开出，标志着南昌社会保险费“统模式”改革试点成功，全市缴费人可通过电子税务局、客户端和税务窗口申报缴纳社会保险费，实现更便利、更高效的征缴服务。

【南昌土地增值税清算模式获得推广】 2023年，南昌市税务局打造土地增值税清算管理新模式，促进堵漏增收。组建清算专班，举办青年干部“专班实训”和“解剖式项目清算课堂”，提升团队实战技能。建立项目台账，对房地产业实施税源动态化管理、风险递进式监管、数据智能化分析，覆盖项目登记、日常管理、预征管理、清算管理到尾盘管理的全过程。推行提级审核，在全市范围内选取开发周期长、情况复杂的项目，开展跨县区、模块化的提级交叉清算审核。开展案头分析，运用土地增值税测算、预警、监管模型和相关参考指标，从工程合同和往来账目入手，对项目收入确认、成本扣除、分摊面积等关键指标进行比对分析。深入实地核查，以疑点数据为突破口，对有关凭证、公摊面积和地下车位面积等进行重新实测复核。严格扣除标准，甄别各类成本费用发票和扣除凭证的合法性，将红线外支出和竣备后零星维修及改造施工等非开发性支出从清算成本中剔除；充分沟通交流，下发清算意见交换书，同项目方就相关问题核实及纳税调整依据等进行政策宣讲和举证交流，化解争议，下达清算结论书。全年完成13个项目清算审核，补缴土地增值税8.26亿元，获全省税务系统土地增值税清算案例竞赛一等奖，相关经验在全省税务系统推广。

【涉税大数据“供要管用”体系建设】 2023年，南昌市税务局围绕大数据“研判风险、预防风险、化解风险”三大任务和“数据管理”“风险防控”两项重点工作，推进税收大数据“供要管用”体系建设。健全“供数”机制，制定《税收数据供应工作规程》等，统一标准和流程，对内提供数据1102万余条，对外向政府机构提供数据398万余条。加强“要数”合作，拓展部门共享数据来源和储量，获取银行信息30万余条、道路货物电子运单信息14万余条，不动产登记数据25万余条等。提升“管数”效率，利用大数据管理优化人员配置和征管服务措施，向企业提示风险5580余条，处理异议申诉1.86万条，推送并督促处理异常扣税凭证1.74万份、接受并处理异常扣税凭证8286份，风险数据按时核查完成率100%。挖掘“用数”价值，建立税收大数据指标体系和分析模型，开展疑点分析排查和专项风险核查，实现数据赋能、堵漏增收。全年完成549批次风险应对任务，依法补税6.4亿元，其中重点监控企业补税6913.9万元，中介机构补税2773.8万元。

【全国统一的新电子税务局上线】 2023年，江西省税务局确定南昌市新建区税务局为全省首个推广全国统一的新电子税务局试点单位。市税务局成立新电子税务局推广团队和双轨验证测试专班，优化上线方案和系统保障，举办业务培训，细化部门职责。开展市、区两级双轨验证测试和问题排查，确保试点初始化采集、数据验证、纳税人选定等测试准确率达100%。12月20日上午，全国统一的新电子税务局在新建区税务局上线，完成纳税人办税业务全流程。标志着以数字化、智能化、场景化为显著标志，融合线上与线下、整合实体与虚拟资源的全国统一电子税务局平台在南昌试点上线运行成功，实现服务更智能、办税更高效、监管更精准，助力南昌营商环境再提升。

（程应运）

金融监管

【概况】 2023年，国家金融监督管理总局江西监管局以中央金融工作会议精神为抓手，认真落实党中央、国务院决策部署和金融监管总局、江西省委、省政府工作安排，加强组织领导和统筹部署，坚持上下贯通和前后衔接，凝心聚力抓好谋划落实，以政治建设为统领，压实各层级责任，持续深入推进“六大建设”，为金融监管工作提供坚强政治保障，推动南昌市经济社会高质量发展，完成各项工作任务，取得明显成效。至年底，南昌市上市公司33家，总市值2630.32亿元，同比上升32.99%；1家企业过会待注册，1家企业在交易所审核过程中，7家企业在江西证监局正常辅导；南昌市新三板挂牌企业20家。南昌市有证券公司2家，证券分公司58家，证券营业部291家，全年证券交易金额98763.28亿元，上升14.09%；有期货公司1家，期货分支机构20家，代理成交金额20974.78亿元；登记私募基金管理人54家，备案基金产品258只，管理基金规模（净资产）525.57亿元。南昌市制造业贷款余额2348.2亿元，较年初增长10.19%，增速位居全省第十。

【助推经济回升】 2023年，制定印发《关于进一步加大金融支持实体经济力度巩固提升江西经济回稳向好态势的若干措施》《关于金融支持促进和扩大消费的若干措施》等文件，支持江西打造“三大高地”、实施“五大战略”，引领金融机构支持经济回升向好。至年底，南昌市银行业各项存款余额1.62万亿元、同比增长7.55个百分点，增速位居全省第十；各项贷款余额 1.99 万亿元，增长 5.02%，贷款增速位居全省第 11；存贷比达 123.11%，高于全省均值 19.32 个百分点，位居全省第一；南昌市保费收入、赔付支出分别为 292.85 亿元、113.12 亿元，增长 5.6%、16.6%，提供各类风险保障 50.77 万亿元。

【推动普惠金融发展】 2023 年，联合印发《2023 年普惠金融行动方案》《强化金融支持民营企业发展行动方案》等，持续推进普惠金融服务中心创建，不断优化普惠金融服务机制。至年底，南昌市普惠型小微企业贷款余额 1827.03 亿元，较年初增长 19.03%，贷款户数 18.29 万户，较年初增加 1.27 万户；新发放普惠型小微企业贷款平均利率 4.51%，较上年下降 38 基点；设立普惠金融服务中心 5 家。支持乡村振兴战略实施，做好巩固脱贫攻坚成果同乡村振兴有效衔接，实现新型农业经营主体建档评级“能建尽建”。至年底，南昌市涉农贷款余额 3903.74 万亿元，较年初增长 10.61%。

【民生金融保障优化】 2023 年，联合印发《关于加快推进新市民金融服务工作的意见》，持续改进新市民金融服务。南昌市推出新市民专属信贷、保险产品 180 个，贷款余额 354.58 亿元，赔付 16.63 亿元。印发通知督促做好提前还房贷服务，全年办结提前还房贷 1333.16 亿元。加强大病保险、城市定制型医疗保险监管，大病保险实际报销比例达到 18.5 个百分点。

【金融消费者合法权益保护】 2023 年，践行新时代“枫桥经验”，健全消保工作机制，开展消保监管评价和信访举报投诉处理工作专项排查，严格落实“凡举报必查、凡违规必处”。牵头开展教育宣传月活动，创新推进人身险举报投诉“强基减量”，完成“12378”热线 2 次扩容，有效保护消费者合法权益。全年，接听来电 9.83 万个，处理投诉 2.94 万件，其中纳入通报的投诉 7782 件；接待 1835 批次、3255 人次；办理信访举报 3122 件，同比下降 23%。

【金融风险防范化解】 2023 年，将防控金融风险作为永恒主题和首要职责，进一步强化底线思维，增强忧患意识，继续按照“稳定大局、统筹协调、分类施策、精准拆弹”方针，强化法人风险防控，严防重点领域风险，坚决防范小风险演变为大风险、单体风险演变为系统性风险，有效守牢风险底线。至年底，南昌市银行业不良贷款余额 312 亿元，不良贷款率 1.57%，高于全省平均水平 0.2 个百分点。

【市场主体监管】 2023 年，落实注册制改革，加快上市公司监管转型。紧抓年报审计全过程监管，对重点项目保持监管高压，强化质量复核，提高信息披露质量。贯彻落实《健全上市公司退市机制实施方案》，严肃查处恶意规避退市行为，推动 * ST 正邦完成破产重整。按照突出问题导向、加强质量管理、分类处置的原则，严格查处违法违规行为，提升现场检查时效。加强证券期货基金经营机构监管。推进分类监管，组织开展证券公司专项检查，对违法违规行为保持高压态势。加强对法人期货公司内控监督，年内加强对公司高管更换、董事会换届、交易咨询、自有资金投资、风险管理业务等重点领域的监管督导。强化证券类私募基金异常交易监管，约谈多家机构，督促规范交易操作。国盛证券保持平稳运行，中航证券 2023 年公司资本实力进一步增强，合规风控能力稳步提高，连续 3 年分类评价 A 类 A 级。做好其他市场主体的监管工作。稳步推进新三板挂牌公司监管，持续跟进挂牌公司治理专项活动进展，结合辖区实际，聚焦创新层公司监管质效，重点推动质地较好的创新层公司强基础、提质量。组织债券发行人开展自查，鼓励主动排查存在的问题和风险并及时整改。准确把握辅导监管转型要求，通过“抓中间、带两头”，一体推进在辅和在审企业的精准化分类监管、标准化辅导验收。

【市场风险防范化解】 2023 年，持续巩固股票质押风险化解成效，辖区高比例质押上市公司保持较低水平。严查占用担保违法违规行为，除个别迁址公司外，辖区发现的大股东资金占用、违规担保等问题基本完成整改，“清欠解保”取得明显成效。一司一策，促进风险类公司出清，稳妥推动 * ST 正邦完成破产重整。接稳接好企业债监管职责。全年督促公司债（含 ABS）和企业债兑付 749.13 亿元。南昌债券市场继续保持“零违约”的良好信用生态。完成国盛证券接管，稳妥做好国盛证券现场风险监控，化解国盛金控债券违约风险，确保国盛证券稳定经营。结合行业运行和政策变化情况，对涉城投债、涉量化策略类私募基金等重点风险领域开展风险排查，推进私募基金风险分类整治收官，多方协同清理整顿伪金交所和各类交易场所，“伪金交所”整治工作取得积极成效。

【投资者合法权益保护】 2023 年，推进营商环境优化升级，督促多家投教基地规范运营，开展投教基地专项检查，指导新设投教基地，不断拓展投教基地覆盖面。开展专项投教和防非宣传活动，围绕“3·15”消费者权益保护日、“5·15”全国投资者保护宣传日、世界投资者周等重要时点，组织市场主体全方位宣传教育，推动投资者教育纳入国民教育体系。协调南昌中院对接中证协线上纠纷调解平台，与六地中院签署加强证券期货监管机构与审判机关工作协调配合的备忘录，指导协会加强与赣江新区国际仲裁院合作，畅通调解渠道。

【服务实体经济发展】 2023年，南昌资本市场实现健康稳定发展，至年底，南昌有上市公司33家，较上年末新增首发上市公司4家、迁址公司1家，新增辅导企业4家。全年，南昌资本市场融资115.04亿元，其中4家公司首发融资42.54亿元，3家上市公司再融资72.5亿元。17家债券发行人发行公司债券38只、融资353.8亿元，1家债券发行人发行企业债1只、融资15亿元，4家原始权益人发行资产支持证券72只、融资587.01亿元，江西股交中心发行私募可转债融资8亿元，私募股权融资1.23亿元。辖区证券经营机构不断丰富产品体系，通过发行债券、中期票据、定向工具、资产支持专项计划等帮助南昌企业融资，助力南昌经济高质量发展，满足群众多元化的理财需求。

（何凤远　彭鸿健）

审　计

【概况】 2023年，全市审计机关坚持以审计精神立身，以创新规范立业，以自身建设立信，紧扣全市中心，认真履职尽责，发挥审计监督保障作用。坚持党对审计工作的集中统一领导，及时调整组织架构，认真落实请示报告制度，完善成员单位联络员和督查督办等制度，推动市委审计委员会的各项部署落到实处。依法履行审计监督职责，全年审计单位332个，查出违规金额3.12亿元，促进增收节支3444万元，挽回损失7196万元，移送处理事项41起，移送处理人员11人。全年，完成审计项目76个，查出主要问题金额139.37亿元，其中违规金额26753万元，损失浪费金额1770万元，管理不规范金额1365185万元，已上缴财政1065万元。移送处理事项34起，移送处理人员8人。审计信息被批示、采用12篇。

【市委审计委员会决策部署落实】 2023年，不断深化审计管理体制改革。理顺工作机制，及时调整市委审计委员会组成架构，由省委常委、市委书记李红军担任主任，市委副书记、市长万广明和市纪委书记、市监委主任熊明担任副主任，建立市委审计委员会成员单位工作协调推进机制，完善成员单位联络员、督察督办等制度，促进成员单位相向而行、同向发力。召开市委审计委员会会议2次，传达学习中央、省委审计委员会精神，审议年度审计项目计划，听取审计工作汇报，对审计工作作出部署。市委审计办公室认真履行职责，呈报审计专报14篇，市领导均作出批示，为审计各项重点工作开展提供坚强保障。严格落实重大事项请示报告制度，向市委审计委员会、省委审计办报告上级重要精神以及南昌市审计重要事项，指导各县区党委审计办、内审机构规范工作，逐步构建集中统一、全面覆盖、权威高效的审计监督体系。

【政策跟踪审计】 2023年，围绕财政、货币、产业、科技、社会五方面政策，开展跟踪审计。高度关注金融支持实体经济发展、扶持制造业、优化营商环境、疫情纾困帮扶等方面政策落实情况，揭示部分专项资金兑现政策不力、奖补资金兑付迟缓、疫情帮扶资金未及时下达、国家粮食收购政策落实不到位、农民工工资保障金未征收到位，“财园信贷通”互助保证金未及时清退等问题，提出审计建议，促进政策落实到位。

【财政审计】 2023年，组织开展财政同级审计和6个市直部门、1个开发区的预算执行和决算草案审计，关注一般公共预算、政府性基金预算、国有资本经营预算、社会保险基金预算“四本预算”收支安排和统筹衔接，全面摸清310家预算单位、315个实有账户资金金额，揭示财政预算收支管理在收入质量、支出进度、资金效益、存量资金盘活等方面的问题，从落实国家政策、完善民生保障机制、持续推进财政改革、防范化解重大风险等方面提出审计建议，推动盘活各类存量资金，促进提高国有资产和公共资源配置效率。

【民生审计】 2023年，在公益、教

2023年2月3日，全市审计工作会召开

（市审计局　供图）

育、医疗领域，组织开展红十字会等单位的财务收支审计、体彩公益金专项资金调查审计、民政部门预决算审计、教育部门和市卫校的领导干部经济责任离任审计，揭示民生专项资金执行率低、捐赠物资管理存在风险、部分学校违规收取补课费、电教教材费等问题。在居民住房领域，协调德勤华永会计师事务所完成市本级棚改（旧改）专项资金审计工作，揭示棚改（旧改）中存在的问题，挽回国家损失。实施2021年市民生实事人大票决项目执行情况审计项目，对南昌市12个县区及湾里管理局的老旧小区改造工程、智慧平安小区建设、既有住宅加装电梯等民生实事项目情况进行专项审计，反映政策落实、任务完成、资金使用等方面问题，推动各项民生实事落实落细落地。

【“三农”和环境保护审计】 2023年，开展南昌市、南昌县供销联社社有资产专项审计调查，揭示社有资产管理及内控风险等突出问题，审计专报得到省委常委、市委书记李红军等市领导的肯定性批示。围绕农村人居环境整治、农村路域环境整治、农业特色产业提升三大行动计划执行情况，对进贤县、南昌县和新建区开展“两整治一提升”专项资金审计调查，深入剖析体制机制问题与管理漏洞，促进提升农村居民生活质量。对市级农业产业化及科技推广资金进行专项审计，重点关注农业四大特色产业等专项资金管理使用情况。惩治农村“微腐败”的信息先后被《中国审计报》《南昌日报》报道，提升审计部门的影响力和公信力。组织开展进贤县3位主要领导干部自然资源资产任中（离任）审计，重点关注耕地保护、水环境治理、自然资源资产管理、污染防治等情况，促进领导干部落实生态文明建设责任制，提高资源环境专项资金使用效率。

【国有企业审计】 2023年，组织开展轨道交通集团、市政控股、国控汽车、交投集团等企业主要领导人任期经济责任审计。聚焦重大经济政策落实、企业发展战略规划、企业运行效益、“三重一大”决策、公司治理结构、工程项目建设程序、廉洁从业等方面，揭示企业投融资、对外借款、工程建设管理等方面问题，服务国有企业可持续健康发展。

【重大工程项目审计】 2023年，为贯彻落实省委常委、市委书记李红军关于对重大项目开展过程审计的批示精神，提前介入赣抚尾闾、水环境整治等重大重点项目，对跟踪评审单位进行过程监管，及时发现并制止虚增投资、质量管理体系不健全、财政部门监督管理不到位等问题，要求跟踪评审单位履行职责，防范虚增投资风险金额。对豫章师范学院新校园建设工程、花博园项目进行审计，重点关注基本建设程序履行、概算编制调整、招标投标、合同履约以及建设资金使用管理等情况，查出项目审批、概算执行、建设管理、财务管理等方面问题，促进调整优化投资结构。

【经济责任审计】 2023年，推动成立市经济责任审计工作联席会议，建立议事规则、办公室工作规则以及加强市经济责任审计项目计划管理意见等制度。组织召开联席会议，发挥各成员单位的职能优势，加强对全市经济责任审计工作的协调统管。起草《南昌市市管领导干部经济责任审计对象分类管理办法》，根据经济责任审计对象的单位工作性质、经济活动规模、掌握资金资产资源量大小等要素，把全市269家审计对象分为A、B、C三类，实现有重点的审计全覆盖。全年，完成领导干部经济责任审计项目30个，从招商引资、财政收入、工程、债务、土地出让、民生等方面提炼分析问题，提出转变发展理念、完善考核机制等建议，为领导干部选拔任用提供审计参考。

【审计质量提升】 2023年，每月召开审计工作调度会，研判审计工作形势，协调解决审计中的矛盾困难，推进审计项目落实。市审计局领导班子成员根据分工，从审前调查分析、审中督导协调，审后整改督促入手，加强一线指挥，围绕资金、资产、资源精准把脉，促进审计问题查深查透。对审计报告实行五级审核制度，确保审计问题定性和法规引用的准确性。修订《重大项目（事项）审计业务会议制度》，对重大审计项目或移送处理事项进行集体研究讨论，形成统一处理原则。对市审计局各业务科室、9个县区及高新区、经开区和湾里管理局的审计业务质量进行检查指导，开展优秀审计项目评选，评出12个优秀审计项目，形成创先争优的浓厚氛围。

【审计整改】 2023年，出台《进一步强化审计查出问题整改督促检查责任落实办法》《关于加强审计整改分类管理工作的意见》，对审计查出问题，按照立行立改、分阶段整改、持续整改三类，全面纳入问题和整改“两张清单”，实行台账管理，压实审计组、业务科室和审计整改专职机构职责，细化流程，形成全员抓整改的格局。市政府高位推动，召开2022年度市本级预算执行和其他财政收支审计查出问题整改工作专题部署会，市审计局紧密部署，组织审计整改专题调度会4次，向被审计单位等发送审计整改督办函7份，现场督办审计整改10余次。2023年首次将“审计发现问题整改落实情况”纳入全市各单位年度综合考核，要求被审计的部门预算单位在网站公布整改结果，进一步维护审计监督的严肃性和权威性。

【各类监督协同贯通】 2023年，进一步加强与纪检监督、巡察监督的合作配合，在制订审计项目计划中，充分征求各方意见，根据巡察办意见列入2023年度审计计划项目3个。经责审计结果报告与市纪委市监委领导干部廉政档案系统、组织部门领导干部管理档案实现共享。抽调审计人员参加省市巡视巡察、纪委办案等工作50余人次。与市统计局联合印发《关于建立统计监督与审计监督贯通协同工作机制的实施办法(试行)》，配合市追逃办做好市国有企业境外投资及支付佣金中介费情况统计工作，参与完成成品油专项整治等工作，服务全市发展大局。

(熊　英)

统　计

【概况】　2023年，市统计局坚持深入学习贯彻习近平总书记关于统计工作的重要讲话指示批示精神，全面落实市委十二届六次全体(扩大)会议精神，围绕省会引领战略和"一枢纽四中心"发展定位，紧扣全市"项目为先、实干奋进，争分夺秒拼经济"工作主线，聚焦党委政府科学决策需要和人民群众生产生活需求，充分发挥统计职能作用，持续推进统计现代化改革，全力服务新发展格局和高质量发展，为提升南昌综合实力和发展能级，全面建设社会主义现代化南昌贡献统计力量。

【统计监测预警】　2023年，市统计局着重强化对重点领域、重点行业、重点企业发展和经营情况的监测，不断加强对工业、投资、贸易、服务业、劳动工资等专业月度、季度、年度统计报表的审核查询，做好各项常规报表工作，加强对主要行业、重点企业、重大项目运行情况的预警研判，发挥统计监测职能作用。

【统计调研分析】　2023年，市统计局紧扣主题教育关于"大兴调查研究"的要求，围绕中央、省委、市委明确的12个方面调研内容征集形成2类26篇调研成果，其中7篇调研成果报送市委政研室。定期深入县区、相关部门及重点企业(项目)开展经济形势调研，深入挖掘数据背后的趋势，做到月度数据有分析、经济走势有研判、重点领域有预警。全年，撰写编发《统计专报》《统计要情》77期，其中"五上"企业培育工作、统计基层基础、五经普、数字经济、文化产业等领域均获市领导批示，撰写全市各类经济分析会和专题推进会汇报材料20余篇，为有效解难题强信心稳增长、推动全市经济高质量发展发挥统计作用。

【统计信息服务】　2023年，市统计局在开发《南昌统计月报》《南昌统计手册》《南昌统计年鉴》等统计产品的基础上，不断创新服务形式、载体和内容，满足社会公众各类统计数据的需求。全年，办理"12345"政府服务热线29条，实时更新统计门户网站信息321条、市统计局内网信息1101条、市统计局政务微信公众号实时更新217条。在"我为政府网站查错"回复网友提问3条，在市统计局政务网站解答社会公众统计信息咨询62条，为社会公众提供高效便利的统计信息服务，回应社会公众关切，有效引导社会舆论，传递发展信心和正能量。

【统计建模竞赛】　2023年，市统计局选拔业务骨干组队代表全省统计局系统参加第九届全国统计建模大赛，经开题、培训、数据收集、建模、分析等多个环节，提交的参赛论文《基于两山理论下江西省绿色发展水平的测度及实证研究》从国家统计局各司局及直属事业单位，各省(市、自治区)统计局系统、调查队系统参赛的120余支参赛队伍中获三等奖。市统计局在全国设区市一级率先举办全市统计系统首届统计建模竞赛，选拔市县两级11支队伍参赛，邀请高校专家开展培训并参与竞赛论文的指导和评审，达到以赛促学、以赛促干，强化全市统计干部数据运用分析能力。

【数据质量管控】　2023年，市统计局开展各类统计业务知识培训28次，针对统计法律法规、核算、工业、投资、贸易、服务业、劳动工资、科技研发等方面的业务知识，培训部门、基层、调查对象1900余人次，推动统计数据质量提高。全年，完成355户一套表单位和758个项目的现场核查，接受国家统计局对贸易、能源、经济普查数据质量实地核查，数据质量得到检查组认可。通过修订《南昌市统计数据质量管理工作规范》等10项制度办法，构建完善的全专业数据质量管控机制，为提升源头数据质量提供制度保障。

【第五次全国经济普查】　2023年，市统计局开展第五次全国经济普查工作，经费物资保障全面落实，两员选聘培训扎实到位，部门责任压实措施有效，开展普查宣传、清查摸排、底册比对等工作，各级各部门在五经普工作推进过程中密切配合、信息共享，形成统一领导、部门协同、上下联动的良好工作格局，营造浓厚普查工作氛围。

【统计基层基础建设】　2023年，市统计局深入推进基层统计规范化建设"三年行动"。对9个县区16个乡镇(街办、管理处)开展统计基层基础规范化建设重点突破年首批单位实地抽核。实地查看统计机构办公场所和办公自动化设备配备等情况，详细了解专兼职统计人员配备情况和达标创建的问题困难。组织开展统计基层基础规范化建设达标创建活动，对县、乡、开发区(园区)、部门和企业五大领域确定的2023年达标创建单位实施分类指导，就保障统计数据真实性、档案管理规范性、电子台账建立完整性等方面提出具体要求，持续推动统计基层基础规范化建设。

【统计普法宣传】 2023 年，市统计局坚持在全市“五经普”投入产出业务培训会、全市“五经普”试点培训会、各专业年报会等会议上宣讲统计法律法规知识。组织召开统计违纪违法典型案件、“以案促改、举一反三”警示教育会，增强全局干部职工依法统计意识。印发统计法治宣传教育工作计划和统计法颁布 40 周年宣传活动通知，编制年度普法责任清单和领导干部学法清单，开展民法典、全民国家安全教育日、送法入企业进社区等普法宣传活动，营造浓厚统计法治氛围。

【重点执法检查】 2023 年，市统计局全面梳理 2017 年后全市统计行政执法案件，联合市市场监督管理局对相关企业开展“双随机”执法检查，协助省统计局对南昌市相关县区开展统计执法检查，组织开展年度全市统计行政处罚案卷评审，选派执法骨干参与指导县区开展统计执法工作，强化“市带县”“老带新”的实战化统计执法培训模式，加大对执法检查对象现场指导，不断强化统计执法监督职能。

（吴菲华）

市场监督管理

【概况】 2023 年，南昌市市场监督管理局（以下简称“市市场监管局”）紧扣“项目为先、实干奋进，争分夺秒拼经济”工作主线，按照“强化服务保障，强化监管执法，强化安全底线”的工作思路，凝心聚力，实干奋进，各项工作稳步推进。获江西省优化营商环境先进集体，开办企业、市场监管 2 项指标全省排名第一，开办企业指标成效在全国营商环境现场会上作典型发言。南昌县莲塘分局、小蓝分局、新建区长堎分局被国家市场监管总局评定为“五星市场监督管理所”。

【市场营商环境优化】 2023 年，市市场监管局聚焦市场主体全生命周期管理，持续深化“放管服”改革。推进“一件事一次办”改革，在全省率先开展营业执照集中申办试点，建立“承诺 + 云核查”现场检查新模式，企业开办实现零成本、全程网办、一日办结，为 5.3 万余户企业免费发放公章，节约成本近 1800 万元，企业年报率 96.65%。在全省率先推行简易注销“即来即办”，公示期由 45 日压缩至 20 日。服务全国统一大市场建设，对全市 34 件事项开展公平竞争审查第三方评估。全面推行包容审慎监管，明确对 115 种轻微违法行为免予行政处罚。

【行政执法新路探索】 2023 年，市市场监管局制定《南昌市市场监督管理局 2023 年双随机抽查检查工作方案》《南昌市市场监督管理局 2023 年重点监管事项清单、随机抽查事项清单、联合随机抽查计划》和《2023 年南昌市市直单位部门联合双随机重点检查事项清单、一般检查事项清单及联合抽查计划》。协调市直 30 个部门，构建“1 + 30 + X”联合双随机检查模式，在上年联合事项清单基础上，逐步将更多检查事项纳入联合抽查，减少对市场主体正常生产经营活动干预。组织全市各部门统一在平台上共同建立和维护抽查事项清单，通过平台进行联合事项匹配，避免对同一企业重复检查、多头干扰，做到抽查全程留痕、责任可追溯。全市联合“双随机”检查事项占比 99.01%，除重点监管事项外“双随机”监管覆盖率实现 100%。深入推进经营主体信用风险分类监管，按照信用风险状况由低到高，分为信用风险低（A 类）、一般（B 类）、较高（C 类）、高（D 类）四类，突出信用赋能，运用分类结果做到靶向监管，科学合理配置监管资源和力量。全面以“双随机、一公开”监管为基本手段、以重点监管为补充、以“信用监管”为基础的监管模式，随机抽取检查对象，随机选派执法检查人员，在制订“双随机、一公开”抽查计划时，区分不同信用风险等级确定抽查比例和频次，实施

2023 年 9 月 7 日，市市场监管局开展市场监管领域城镇燃气安全专项整治行动

（市市场监管局　供图）

差异化监管。

【特种设备安全专项整治】 2023年,南昌市推进"两无"非法行为(特种设备领域生产经营单位无资质非法开展生产经营活动和从业人员无证上岗非法开展生产经营活动)整治、特种设备重大事故隐患整治和市场监管系统城镇燃气安全整治3个专项整治行动。至年底,"两无"非法行为整治共查处特种设备无证上岗作业26人;查改重大事故隐患25条;市场监管系统城镇燃气安全整治出动执法人员931人次,在全市41家液化气充装企业、2家液化气钢瓶检验机构和5家管道燃气经营企业开展全覆盖检查,查改安全隐患113个。全市启动电梯安全筑底三年行动,重点紧盯餐饮场所的杂物电梯及改变用途的家用电梯,进一步清除监管盲区。整治行动出动执法人员1253人次,检查相关单位212家,发出安全监察指令书45份,消除安全监管盲点23处。全市电梯维保智慧监管改革试点工作持续推进,至年底,除少数场所因特殊要求不能使用电梯维保智慧监管系统外,全市基本实现电梯维保智慧监管系统全覆盖。全市无纸化在保电梯67056台,全市开通无纸化维保账号企业133家,无纸化维保作业人员2347个,累计录入无纸化保养单200余万条。

【市场秩序规范】 2023年,市市场监管局全力维护公平有序的市场秩序。对26件事项开展公平竞争审查第三方评估,梳理违反标准的政策措施85件,修订废止75件。深入开展民生领域案件查办"铁拳"行动和开展反不正当竞争"守护"专项执法行动。举办全国打击传销普法大讲堂活动,打传成果得到国家市场监督管理总局肯定。湾里市场监管局高标准打造"无传销社区"。深入开展网络广告、虚假认证、山茶油、电子计价秤、医疗美容、茶叶过度包装、互联网销售危险化学品、"禁捕退捕 打非断链"等系列专项治理,以及物业管理、停车收费等领域价格专项检查,清退各类不合理费用,维护市场安全稳定。

【消费者权益保护】 2023年,市市场监管局加强"12315"投诉举报热线处理工作,规范投诉举报录入、处理程序等环节工作,切实提升消费维权效能。全市通过"12315"投诉举报热线接听来电及全国"12315"互联网平台、南昌市"12345"政府服务热线转办消费者咨询投诉举报和来信来访共255545件,较上年同期217986件增长17.23%。其中:咨询119798件,占总数的46.88%,增长3.1%;投诉93306件,占总数的36.51%,增长44.72%;举报40968件,占总数的16.03%,增长12.87%;其他1473件,占总数的0.58%,增长44.7%。消费者投诉按时办结率99.86%,为消费者挽回经济损失1335.75万元,回访满意率99.9%。深入开展线下购物无理由退货活动,鼓励引导经营者根据自身实际经营条件及经营商品属性,确定线下购物无理由退货的商品范围、退货退款时限和条件及退货程序。至年底,全市有440家经营者作出线下购物7日无理由退货承诺。发展92家ODR(在线消费纠纷解决)成员单位,103家"诚信和解对接单位",培育消费基地3家。全年经由ODR成员单位处理的消费争议1966件。其中,和解1248件,和解率63.48%。至年底,全市有8家企业获评2023年度江西省放心消费创建示范单位。

【内设机构优化调整】 2023年8月,市市场监管局为进一步加强同省市场监管局业务的沟通协调,调整内设机构设置和职责。新增内设机构"综合规划科",其职责为:协调推进市场监督管理方面深化改革工作。组织开展相关政策研究和综合分析。拟订市场监督管理中长期规划并组织实施。承担重要综合性文件、文稿的起草工作。承担并指导市场监督管理统计工作。办公室职责相应调整为:负责机关日常运转,承担文件办理、机要、保密、信访、政务公开、督查、重大会议、政务信息化和档案管理等工作。整合"价格监督管理科"与"反不正当竞争科(规范直销与打击传销办公室)"2个内设机构,设立价格监督检查和反不正当竞争科(规范直销与打击传销办公室),其职责为:拟订有关价格收费监督检查、反不正当竞争、直销监督管理和禁止传销的制度措施、规则指南并组织实施。组织实施商品价格、服务价格以及国家机关、事业性收费的监督检查工作。组织指导查处价格收费违法违规行为和不正当竞争行为。推行价格、收费公示制度,建立并完善价格诚信体系建设和价格社会监督机制。承担监督管理直销企业、直销员及其直销活动和打击传销工作。网络交易监督管理科增加"统筹智慧市场监管工作"职责。

(程　辉)

质量技术监督管理

【概况】 2023年,市市场监管局推进质量强市战略、开展质量提升行动、不断打造质量发展品牌,打好高质量发展组合拳,助推全市经济高质量发展。以建设全市质量基础设施"一站式"服务站为抓手,依托"赣质通"服务平台,将标准、计量、认证认可、检验检测、知识产权等质量技术基础数据资源融为一体,为企业提供差异化、个性化、多样化的质量基础服务。牵头开展的"电子信息产业质量提升(电子材料与电子元器件)"项目,获"第一批长三角质量提升示范项目"称号。按照中央、省、市决策部署,推进质量强市建设,2023 年公共服务质量满意度 81.76 分,全省排名第一。

【产品质量安全监管】 2023 年,市市场监管局聚焦关系人民群众生命健康安全和社会公共安全的重点工业产品,坚持问题导向,强化源头治理,为高质量发展营造安全稳定的质量环境。抓好产品质量排险除患,针对电动自行车、电线电缆、化肥等 18 类重点工业产品开展全面排查整治,有效排除各类质量安全隐患,严防发生质量安全事件。抓好获证企业日常巡查,组织各县区市场监管部门对 190 余家获证企业开展全覆盖日常巡查,排除隐患 32 个,一律整改到位,形成工作闭环管理。抓好许可工作有效衔接,加强与行政审批部门的协调沟通,及时掌握获证企业信息和通报后续监管情况,对 2 家不具备生产条件的食品相关产品企业撤证,严把发证质量关。聚焦“一老一小”,加强校服、玩具等儿童学生用品以及涉老产品的监管,全面排查“危险文具”,保护弱势群体权益,推进质量安全守护行动走深走实。聚焦“道路安全”,召开电动自行车经营者守法约谈会,联合交管等部门常态化执法整治,严厉查处老年代步车欺诈销售行为及销售超标、非法拼装、改装电动自行车等违法行为。聚焦“乡村振兴”,紧盯春耕秋播季,密切关注种粮大户、经销商,联合供销社、农业农村局等部门,开展突击检查抽查,形成线下一体化农资打假态势。执法抽查 139 批次,发现不合格化肥 4 批次,有力保障化肥、农膜质量安全,为粮食安全保驾护航。针对农膜、一次性发泡塑料餐具等国家明令淘汰产品,进一步强化日常巡查,压紧压实属地监管责任。聚焦“禁捕退捕”,联合农业农村和公安部门开展打击非法捕捞专项整治“夜鹰”行动,开展常态化全链条监管、全时段监测和全环节清理,巩固长江十年禁渔、“五河”干流禁捕退捕工作成果。南昌县被国家市场监督管理总局通报表扬为先进集体,进贤县葛润来获先进个人称号。

【质量标杆打造】 2023 年,市市场监管局通过调查摸底、上门宣讲、组织培训等方式,推动各类组织争创第五届中国质量奖评选,组织 6 家企业、5 名个人申报第五届中国质量奖,在《南昌日报》专版推广南昌华勤等 5 家获奖企业的先进质量管理经验。在全省率先推行企业首席质量官备案试点,该项工作被省市场监管局列入《2023 年中央质量督察考核自评报告》典型案例,印发《南昌市推行企业首席质量官试点工作方案》《南昌市关于深化落实企业首席质量官制度的通知》,分阶段在全市规上企业全面推行企业首席质量官制度。

【质量基础服务】 2023 年,市市场监管局不断夯实质量基础设施,持续提升质量基础设施“一站式”服务平台质量服务水平,结合地方实际,根据区域、产业、行业特点,运用构建“1”张工作网、形成“2”个统一、确定“3”种模式、开通“N”项服务的工作机制,推动质量基础设施统筹建设、综合运用、协同服务。全市设立的 35 个线下质量基础设施“一站式”服务站,服务企业 3100 余次,提供各类业务咨询 300 余次,现场指导 70 余次,深入 10 家企业解决知识产权质押融资贷款困难,为企业节省费用 15 万余元,发挥质量基础设施效能,帮助企业破解质量技术瓶颈,助推全市产业高质量发展。

【质量文化建设】 2023 年,市市场监管局持续强化质量文化建设,组织举办质量讲坛、培训 3 次,培训质量管理人员 320 余名,进一步提高企业全面质量管理水平。印发《组织开展质量讲坛活动工作方案》,组织第一类医疗器械生产企业专家 160 余人开展医疗器械产业专场质量讲坛活动。组织全市大中型企业代表 100 人参加江西省质量基础设施“一站式”服务平台(NQI 赣质通)宣传推广培训。深入华勤电子、李渡酒业等 17 家企业开展“大走访、大帮扶、大调研”活动,了解企业需求,解决企业困难。开展“增强质量意识 推进高质量发展”主题质量月活动,组织各成员单位、县(区)局、企业开展主题宣传活动 42 个,全市发动 428 家经营主体、1219 名一线员工和 2356 名群众参与,该次系列宣传活动现场设置展板 200 块、标语条幅 90 条、宣传标牌 80 块等,发放宣传资料 5000 余份,接受群众现场咨询 600 余人次,发放燃气具及配件安全、计量惠民知识、学生用品选购提示等 500 余份,推荐一批质量提升典型案例(海立电器、兆驰光电)参与苏浙皖赣沪“质量月”共同行动。

【质量安全整治】 2023 年,市市场监管局严格落实缺陷消费品召回管理,摸底调查 2 家企业缺陷产品信息,督促企业落实缺陷消费品召回主体责任。组织召开各级各类学校食品安全知识培训会,邀请 47 家学校(包含幼儿园)食品安全总监与安全员,320 余人参加。组织开展“2023 年儿童用品安全主题宣传活动”,保障儿童用品质量安全。组织各县区开展燃气具、电动自行车等重点工业产品及热点消费品监督检查、秋季校园周边专项整治行动,及时发现消除质量安全隐患,规范校园周边市场秩序。以农村地区及城乡接合部为重点区域,组织开展打击假冒伪劣商品专项整治行动。

【计量监管专项检查】 2023 年,市市场监管局开展贸易结算用电子秤百日计量专项整治,对南昌市 17092 家市场主体,27 家电子秤销售主体开展检查,检查电子秤总数 30346 台,发现超检定周期电子秤 4288 台,检定不合格电子秤 303 台,查处计量违法案件40件。协调推进深农市场统一更换防作弊电子秤，签订承诺书1100余份，采取“三个一点”方式，即：经销商出一点、深农公司出一点、生产企业让利一点，对经营户现用的不符合要求的旧电子秤集中回收，更换符合法制管理要求的防作弊电子秤302台。建立完善充电桩企业信息库，年内对13座电动汽车充电站158个充电桩实施强制检定，检定充电枪282把。持续对眼镜制配场所开展计量专项检查，严厉打击眼镜制配环节使用不合格计量器具行为，确保眼镜制配质量。检查眼镜制配场所180家，检查计量器具559台。对宣传出版、文化教育、市场交易等领域285家计量器具使用单位情况开展监督检查，受检产品总数541件。对全市加油站开展全覆盖监督检查，处理投诉举报10件。完成全市209家加油站的加油枪备案审核工作。

【计量保春耕护收粮】 2023年，市市场监管局对全市范围内生产和销售农资类定量包装商品的企业以及粮食购销和加工的企业开展专项计量监督检查，规范农资市场和粮食收购环节计量秩序，保护农民合法权益，保障春耕生产和粮食收购顺利进行。配合市发改委完成涉粮地磅联合“双随机”检查，100%全覆盖检定粮库粮站地磅。

【标准引领高质量发展】 2023年，市市场监管局引导鼓励企事业单位主导或参与国家标准、行业标准、地方标准、团体标准等制修订，涉及养老服务、乡村助农、文化强市、交通规范、网络安全等各个领域。全年在昌企事业单位主导或参与制修订国家标准43项、行业标准5项、团体标准59项、省级地方标准189项（含省属），发布市级地方标准4项。唱响“江西绿色生态”区域公共品牌，南昌市企事业单位参与《江西绿色生态》团体标准制定7项，其中主导制定的《江西绿色生态餐厅》是江西省首个将制止餐饮浪费列入的团体标准，用标准助力、引领节约新“食”尚，在制止餐饮浪费方面具有重要的示范和引领效应。实施标准提升行动，11家企业发布22项对标达标结果，至年底，南昌市帮扶296家企业完成“对标达标”提升行动，26项企业标准“领跑”全国，占全省标准“领跑”数的56.52%，全省首位。组织开展数字乡村创新发展优秀案例申报，其中西湖区报送的《“赣溯源”智慧监管护航现代农村舌尖上的安全》获评全省优秀案例。

【品牌质量建设】 2023年，市市场监管局开展品牌提升行动，动员阳光乳业、晶能光电、“军山湖大闸蟹”等17家组织参与2023年中国品牌价值评价，申报总数位居全省第一，占全省总数的29%，煌上煌、绿滋肴、中至数据3家企业成功取得中国品牌价值评价结果通知书。邀请第四届江西省井冈山质量奖企业在《中国质量报》《南昌日报》等媒体介绍先进质量管理方法，强化标杆引领作用。组织企业参与江西省“赣出精品”申报，与市工信局联合推荐南昌市79项产品参加“赣出精品”评选，其中南昌市16家企业产品获评第三届“赣出精品”。

（程　辉）

食品药品监督管理

【概况】 2023年，市市场监管局遵循食品安全“四个最严”要求，推进食品安全工作有效落实。完善食品生产经营分层分级包保体系，建成1个市级衔接型、13个县级实施型快检技术机构，3个县级快检室获评省级示范快检室。在全省市场监管系统食品安全抽检监测技能大比武和省“振兴杯”食品行业职业技能竞赛中均获团体第一和多个个人奖项。对全市698家在产获证企业实行食品安全信用分类监管，1337家学校（含幼儿园）全部接入省级“互联网+明厨亮灶”监管平台。全面开展药品安全巩固提升行动，药品安全考核获全省A等次。市检验检测中心药品探索性研究获评全省第一，被评为全省“两品一械”抽检工作表现突出单位。

【国家食品安全示范城市创建】 2023年，市市场监管局强化部署调度、督导检查、问题整改与总结提升，形成创建常态长效机制。印发检查口袋书，组织全面摸排检查明查点位，实行问题日通报、日销号管理。出台评价验收督查方案，成立7个专业检查组和12个挂点督查组，强化对县区创建工作的指导督查。收集各方资料，形成“示范引领”项目系列汇编。高标准接受国家检查组现场评价验收，市领导带队到北京高质量完成示范引领项目（“高质量发展”和“农贸市场提升”2个项目）集中答辩。坚持举一反三，抓好问题整改，做细做深做实创建迎检“后半篇文章”，提升整改质效。出台巩固食安城创建成果深化方案，列出重点任务清单，明确责任分工，以简报形式汇总创建工作动态和相关问题，推动创建工作常抓不懈。对南昌县、新建区、东湖区、青云谱区4个省级食品安全治理示范县（区）开展跟踪评价，深化创建成果。

【校园治理提升行动】 2023年，市市场监管局以校园治理提升行动为抓手，强化校园食品安全治理，成立专项行动工作专班，建立信息互通、有因检查及省属学校协同监管等工作机制，联合市教育局、卫健委修订发布《南昌市中小学校（幼儿园）食堂管理办法》《南昌市中小学校（幼儿园）配送餐管理办法》，推行食品安全副校长、食品安全“双总监”“双食品安全员”制度。开展春、秋两季校园食品安全检查，校园食品安全市级联合督查和校园“每周一抽查”,完善主体台账,强化隐患排查,落实问题整改,压实校园食品安全主管、主体责任。组织在昌省属(管)高校、集中用餐配送单位参与食品安全培训暨食品安全风险交流会,联合市教育局组织开展中小学校食品安全培训。至年底,全市有学校食堂1676家,学校集中用餐配送企业16家,市、县两级共检查学校食堂、集中用餐配送单位3597户次,下达责令整改通知书318份,行政约谈学校145家,立案调查35起。市本级下发督办函23份,移送问题线索560条,有力保障广大师生“舌尖上的安全”。

【食品安全治理】 2023年,市市场监管局继续坚持“严”的基调,落实落细各项食品安全工作。建立包保督导定期提醒机制与包保主体数据更新机制,防止漏报、漏包情况发生。高标准接受“两个责任”国家督查组、省级督查组的检查。召开食用植物油、粮食、食用农产品、校园食品安全等风险会商交流会,协调解决食品安全风险隐患。开展农村假冒伪劣食品、粮食、山茶油、乳粉、保健食品、进口食品、猪肉、集中用餐单位、农(批)贸市场等专项治理行动。开展“守底线、查隐患、保安全”深化行动,发现并整改问题隐患8.2万个,查办案件1013起。搭建食品安全信用风险监管系统,结合风险分级,完成对全市698家在产获证企业食品安全信用分类,实施动态管理。

【食品安全共治共建】 2023年,市市场监管局组织市食安委相关成员单位及各县(区)局、社会团体、食品生产经营企业参与2023年食品安全宣传周活动,形成政府、社会、企业同频共振、同向发力的宣传格局。承办江西食育大讲堂巡回宣讲(南昌站)活动,邀请省市场监管局领导、食育专家,就食品安全、营养健康、饮食文化等知识进行授课,发挥食育在食品安全监管方面的支撑作用。将制止餐饮浪费纳入“诚信经营示范店”“绿色饭店”评选体系,推动行业自律。成立全省首家“食物驿站”,在8所高校、1家机关食堂试点推广菜品“称重”计费用餐模式,防止“舌尖上的浪费”。公布“制止餐饮浪费”典型案例86个,强化社会监督。

【药品化妆品流通领域监管】 2023年,南昌市药品监管工作深入贯彻“四个最严”要求,围绕药品安全巩固提升行动,深入推进各项任务落地落实。开展药品安全巩固提升行动,检查药品经营使用单位8229家次,排查发现风险隐患684条,查办药品领域案件393件,查办的1起违法案件入选国家药品监管局网络销售药品典型案例。全面排查药品化妆品风险隐患,开展药品经营使用环节安全监管、疫苗质量监管、儿童化妆品安全监管等各类专项行动,对全市176家疫苗接种点、14家疾控机构和网络销售零售药店开展全覆盖检查。强化协同形成合力,完善行刑衔接协调机制,移送司法机关相关案件线索22起,协助捣毁生产、销售假肉毒毒素窝点4个;推动不良反应监测工作联动开展,率先由市场监管、卫生和公安部门三方联合推动不良反应监测工作;联合市卫健委共同牵头召开2023年疫苗管理部门联席会议,联合省ADR中心深入推进2家国家化妆品不良反应监测评价基地。落实主体责任,营造社会共治,组织召开药品网络销售第三方平台行政约谈会,约谈天猫、京东等5家平台企业,进一步落实平台主体责任;加大宣传力度,开展“化妆品宣传周”“药品安全月”等活动,强化企业主体责任意识,培训人员1342人次,发放宣传资料4760份,进一步提升共治水平,制作科普视频《美来自规范》获得全国药监系统首届工作影像优秀奖。全面实施“智慧药店”建设工程,全市零售药店“智慧监管平台”入驻率达到100%;探索不良反应智慧监测,开发“南昌市化妆品不良反应监测”微信小程序,有效提升公众的参与度和认知度。以服务推动产业发展,支持药品零售连锁企业发展,鼓励从业人员报考执业药师,实现“连锁率”“注册率”双提升。至年底,全市药品零售企业连锁率72.08%,执业药师配备率95.21%,“连锁率”“配备率”均位于全省前列。

【医疗器械质量监管】 2023年,市市场监管局组织生产经营企业梳理排查风险隐患,提交自查报告,增强企业主体责任意识。开展4次质量安全风险会商,保障医疗器械安全形势整体稳定。下发医疗器械经营分级监管实施办法,实施医疗器械经营企业分级监管。开展第三方物流企业专项检查及委托经营企业集中延伸检查。对第三方物流企业完成全覆盖检查,检查委托异常经营企业901家,注销116家,立案16起。开展医疗器械质量安全专项整治工作,全市检查企业5163家次,责令整改99家,查处案件52起,移送公安1件。8月,开展医疗器械领域安全巩固提升行动,检查第一类生产企业、经营、使用和网络销售企业3613家次,责令整改233家次,查办案件58起。查办的1起违法案件入选国家药监局医疗器械违法案件典型案例。

【食品和“两品一械”抽检监测】 2023年,市市场监管局继续坚持问题导向,紧扣民生关切,优化抽检方案,创新抽检模式,提升抽检效能。全年完成省、市、县三级食品监督抽检29725批次,合格28759批次,合格率96.75%;开展食品评价性抽检568批次,合格564批次,合格率99.3%;完成粮油委托检验259批次;公布抽检信息332期,编写数据快报4期。全年完成监督快检91290批次,农批源头快检9508批次，非靶向高通量筛查500批次。开展“你送我检”现场活动10余场，组织“你点我检”监督抽检979批次，合格率98.57%。开展合格备份样品再利用活动，全市捐赠合格备份样品货值金额13.26万元。在全省市场监管系统食品安全抽检监测技能大比武中获团体一等奖，2人获评优秀个人；南昌市检验检测中心在2023年江西省“振兴杯”职业技能大赛食品行业职业技能竞赛中获团体一等奖，“食品检验员”个人赛获得全省第二名、第四名、第五名成绩，1名选手获“江西省技术能手”“江西省青年岗位能手”荣誉称号，1名指导老师获“竞赛优秀指导老师”荣誉称号。完成省、市两级医疗器械抽样94批次，合格82批次，合格率87.2%。

（程　辉）

价格管理

【概况】　2023年，南昌市价格管理部门做好稳物价、惠民生工作，保持全市价格总水平基本稳定。1—12月全市居民消费价格总水平累计上涨0.6%，低于年初调控目标（3%左右），较全省水平（0.3%）高0.3个百分点，平均涨幅比上年上涨1.2个百分点。构成CPI的八大类同比指数中呈八涨格局：食品烟酒类价格上涨0.1%；衣着类价格上涨2.7%；居住类价格上涨0.7%；生活用品及服务类价格与上年持平；交通和通信类价格下降2.2%；教育文化和娱乐类价格上涨2.7%；医疗保健类价格上涨0.7%；其他用品和服务类价格上涨5.1%。全年，全市有农副产品平价商店85家，为市民减轻“菜篮子”负担约2090.75万元。根据江西省发展改革委工作安排，完成政府冻猪肉常规储备850吨收储合同及入库验收。

【价格调整与制定】　2023年，市发改委根据《江西省发展改革委 江西省教育厅关于印发〈江西省民办中小学校收费管理办法〉的通知》精神，首次核定全市41所非营利性民办中小学校学费。稳步实施天然气价格调整与制定，按照价格联动机制有关规定，联动调整市城区、安义县非居民用天然气销售价格。为规范酒店客房价格监管，4月，组织召开酒店客房价格监管工作会议，发布《关于规范酒店客房价格行为的提醒告诫函》，重点对国体周边酒店客房价格进行规范。为规范巡游出租车运价，会同市交通运输局联合发文《关于明确南昌市新增和更新的巡游出租汽车车辆运价标准的通知》。为进一步提升人民群众获得感、满意度，印发《南昌市发展和改革委员会关于进一步完善景区门票价格优惠政策的通知》。

【价格成本调查监审】　2023年，市发改委完成城区非营利性民办中小学校成本调查、城区非居民垃圾收运、处理成本调查、城区客运出租汽车成本监审工作，核减不应计入成本的费用8.15亿元，按照“严格成本规章、准确核定成本、科学确定利润”的思路，做好成本约束，维护企业合理利润，保护消费者利益，政府价格监管水平得到进一步提升。开展农产品成本调查工作，完成2023年早（晚）籼稻、生猪养殖成本直报调查，存售粮、农资购买、种植意向专项调查，蔬菜、花生、生猪、早（晚）稻成本常规调查，生猪月度调查等30项调查工作，进一步提高全市农产品成本调查工作质量，畅通政府了解农业生产效益的重要渠道，促进农业提质增效。

【价格联动机制】　2023年1月，南昌市居民消费价格总水平（CPI）同比涨幅为3.1%，食品价格同比涨幅为8.6%，均达到启动社会救助和保障标准与物价上涨挂钩联动机制条件，该月全市共发放价格临时补贴555.35万余元，受惠群众15.91万余人次。

（徐文俊　刘建波　龙水庚）

2023年南昌市居民消费价格指数一览表

表5　　单位：%

项　目	1月	2月	3月	4月	5月	6月	7月	8月	9月	10月	11月	12月
同　比	3.1	1.5	0.8	0.1	0.3	-0.2	-0.2	0.1	0.3	0.3	0.1	0.9
环　比	1.5	-0.8	-0.5	0	-0.1	-0.3	0.1	0.1	0.5	0	-0.4	0.8
累计比	3.1	2.3	1.8	1.4	1.1	0.9	0.8	0.7	0.6	0.6	0.6	0.6

（资料来源：市发改委）

中小企业服务

【概况】 2023年度,全市中小企业服务系统紧扣市委、市政府“项目为先、实干奋进,争分夺秒拼经济”工作主线,聚焦培育壮大经营主体、优化中小企业发展环境、提升中小企业服务能力、推动中小企业创新升级、加强中小企业权益维护等重点环节,实干担当、加压奋进,多措并举、全面发力,推动全市中小企业服务工作迈上新台阶,全市经营主体77.58万户,其中企业31.13万户。入选全国首批中小企业数字化转型试点城市,蝉联全省中小企业发展环境评估第一名,在全省率先成立地市级、县区级2个中小企业服务联盟,青山湖区中小企业服务中心获评工业和信息化部优质基层中小企业公共服务机构。

【工业企业“小升规”】 2023年,市中小企业局优选568家潜力企业,组建全市工业领域的“小升规”(小微企业规范升级为规模以上企业)重点企业培育库,将入库企业作为重点服务对象,通过加强市县联动,建立“周调度、月通报”工作机制,合力做好中小企业挖潜、培优、升规工作。持续做好政策激励,通过“免申即享”“资金直达”模式,对全市266家2022年度首次升规入库工业企业(其中,成长型企业248家、新建投产企业18家)和22家2021年度升规次年营收达标(1亿元)工业企业兑现奖励资金2970万元。至年底,全市新增规模以上工业企业171户,规模以上工业企业总数2077户。

【“五上”企业培育牵头工作】 2023年,市中小企业局持续做好“五上”企业培育牵头工作,定期组织商务、发改、住建、统计等市直相关部门召开“五上”企业培育工作联席会议,分析情况、研究问题、明确思路,助力全市“五上”企业培育工作量质齐升。开展调查分析工作,每月对全市“五上”企业培育情况进行系统性分析,形成工作专报12篇,在市政府常务会议和专项工作会议上做工作汇报。强化政策引领,制定加快推进“五上”企业培育奖励政策,对全市“五上”企业培育工作成效明显的县区进行资金奖励,奖励资金合计300万元。

【中小企业运行监测】 2023年,市中小企业局持续做好对中小企业运行动态监测和分析工作。按月调度全市100户以上中小企业在工业和信息化部政务服务平台运行监测子平台报送数据,参与全国中小企业运行监测,及时掌握和了解被监测企业运营情况,供国家提供决策依据。按季度编印《南昌市中小企业运行数据手册》,内容涵盖全市市场主体基本情况、专精特新企业及高新技术企业等优质企业培育情况、创业创新载体及公共服务示范平台建设情况、专利授权及科技成果转化等科技创新情况。

【优质中小企业培育】 2023年,市中小企业服务局按照《支持优质中小企业发展和公共服务平台、创业创新基地建设的若干政策措施》,采用“免申即享、直达企业”模式,对290家新获评优质中小企业兑现1904万元奖励。印发《南昌市为“专精特新”中小企业办实事清单》,办好畅通融资渠道、提升创新水平等9个领域25件实事,培育壮大优质中小企业梯队。至年底,南昌市新增11家国家“专精特新”“小巨人”企业,5家江西省制造业单项冠军企业,13家江西省专业化“小巨人”企业,310家江西省“专精特新”中小企业,656家创新型中小企业。

【组织参加第八届创客中国大赛】 2023年,按照《关于举办第八届“创客中国”南昌市中小企业创新创业大赛的通知》要求,市中小企业局组织并广泛发动,与南昌电视台共同制作赛事宣传片,详细解读报名流

2023年6月26日,2023年南昌市“专精特新”中小企业高质量发展论坛举办

(市中小企业服务局　供图)

程、参赛条件等，发掘优秀企业参赛。参赛企业项目100个，居全省首位；涉及电子信息、智能制造等领域七成以上，项目专利数量1400余个。通过初赛，南昌市选送4个项目进入江西省大赛复赛，有2个项目在全省决赛中分获二、三等奖并入围全国500强。市中小企业局获省赛优秀组织奖。

【中小企业数字化转型试点】 2023年，南昌市以综合成绩第8名入围全国首批中小企业数字化转型试点城市，争取中央财政专项资金1.5亿元。南昌市围绕“提质、增效、降本、减存、绿色、安全”的目标，聚焦汽车及汽车零部件制造、电子元器件制造、生物医药制造、铝压延加工、电力设备及电缆制造五大细分行业，开展中小企业数字化转型城市试点工作。至年底，南昌市遴选首批数字化转型服务商51家，组织服务商到试点行业企业开展免费公益诊断，组织召开政策宣贯会7场和供需对接会5场，推进数字化转型公共服务平台建设、第三方监测机构和验收机构招标等工作，中小企业数字化转型氛围不断浓厚。

【产融对接服务】 2023年，举办产融对接活动，推动金融支持企业高质量发展。至年底，市、县两级中小企业服务主管部门举办产融对接会140场，参加企业2000余家。将1400余家“小升规”重点培育库企业、创新型中小企业、“专精特新”中小企业及产融合作主导产业重点企业名单推送给各驻南昌金融机构，各驻昌金融机构为“白名单”企业发放贷款115.4亿元。汇总梳理南昌市中小企业支持政策及驻昌银行的金融产品，汇编《南昌市中小企业融资促进产品手册》，包括金融产品120余种，印制3000册发放给中小企业。

【融资直通车小程序】 2023年，市中小企业局深化“政府搭台、企业点单、银行服务”工作模式，优化上线南昌市中小企业融资直通车微信小程序，打造“金融超市”，全市有22家驻昌金融机构230余个分支机构入驻，优选百余款信贷产品供中小微企业自主选择，中小企业可在线查看全市惠企融资政策、报名参加产融对接活动、提交融资贷款申请等，驻昌金融机构对接服务，市中小企业局全程跟踪问效，实现融资流程闭环管理，推动对接服务提质增效。至年底，小程序平台访问量18万人次，6300余家企业入驻，54家企业获得授信3亿元。

【清欠工作】 2023年，南昌市中小企业服务局（市清欠办）锚定清欠目标任务，推进清欠工作。健全清欠工作机制，完善清欠投诉受理机制、督导协办机制、清欠考核机制。按照“属地管理、分级负责”原则，压实拖欠主体责任，督促主体责任到位、措施到位。发挥协调统筹作用，密切沟通协调各级部门，该年向国家申请核减部分欠款通过。全年全市受理清欠投诉件61件，清偿金额1543.98万元，完成专项行动无分歧欠款实质性清偿，企业合法权益得到维护，营商环境得到优化，进一步提升企业获得感。

【稳岗就业】 2023年，市中小企业服务局立足“专精特新”企业用工，落实活动资金，举办招聘活动，务实推进用工服务。全年市县中小企业管理部门组织67场招聘会，参与企业3879家，提供岗位18982个，达成意向8393人。市中小企业服务局推进与市人社局沟通对接，从线上用工服务平台、产教融合、校企合作、创新创业人才培养、招聘活动、就业见习等方面深化合作，形成双方合作清单，联合下发《关于做好专精特新中小企业用工服务工作的通知》，解决企业用工难题。

【企业人才培养】 2023年，市中小企业服务局与南昌大学、江西师大、江西财大和南昌航空大学合作办学，开设专精特新、服务业高质量发展、资本运营等8个研修班，培训企业家568名。创新开展线上培训，购买量见·云课堂1000个学习账号，免费发放给专精特新、小巨人企业以及基地、平台管理层，提供800余门课程，课程内容丰富且具有较高的实操性，提升中小企业的管理能力和素质。

【创业创新载体建设】 2023年，南昌市中小企业局通过政策扶持、培育辅导和挂点服务，持续做优中小企业公共服务示范平台和小型微型企业创业创新示范基地，培育国家级中小企业公共服务示范平台6家、省级平台27家，国家级小微企业创业创新示范基地4家、省级基地12家，数量均位居全省第一。全年，市本级认定10家小型微型企业创业创新示范基地、24家中小企业公共服务示范平台。

【中小企业发展环境评估】 2023年，南昌市中小企业局深入贯彻营商环境优化升级“一号改革工程”，突出优质企业培育，创新发展，服务生态构建、企业权益维护、企业家培训培育，中小企业发展环境不断优化，在全省中小企业发展环境评估中，南昌市蝉联冠军，多个优化中小企业发展环境的举措得到上级肯定。在2022年度工业和信息化部中小企业发展环境评估中，南昌市在全国省会城市中排名第11位、前移3位，为历年最好成绩。

【中小企业服务联盟】 2023年，南昌市成立全省首家地级市中小企业服务联盟，汇集100余家优质服务机构为广大中小企业提供多元化公益性服务，打造横向连通、纵向贯通、便利共享“一站式”服务平台。至年底，市县两级中小企业服务联盟为全市广大中小微企业开展各类公益性活动超过300场,以服务助力全市中小企业高质量发展。

【惠企政策宣传】 2023年,南昌市加大惠企政策宣传、解读、推送力度,将政策高效、及时、便捷传递至企业,让企业充分享受政策红利。市中小企业局推进"一周一策"惠企政策宣传活动,组建南昌市惠企政策宣讲团,300名宣传员参加,联合市科技局、新建区科工局等单位进行线上政策宣讲直播,全年录制13期宣讲视频。推动市县两级中小企业服务部门开展各类线下政策宣讲活动326场、覆盖企业3400余家。持续完善"洪城政策通"线上阵地,构建"惠企政策+实施细则+解读指南"合一的宣传渠道,增设"兑现通知"栏目,帮助企业一次性了解市级各部门政策兑现和荣誉认定等工作,方便企业获取政策、享受红利。

(刘瑜璐)

知识产权运用与保护

【概况】 2023年,市市场监管局深入学习贯彻习近平总书记关于知识产权工作的重要讲话精神,抓住江西特色型知识产权强省建设的机遇,以国家知识产权强市建设为抓手,为全市经济建设社会高质量发展提供有力支撑。南昌市知识产权指标排名全省第一,新增1家江西省知识产权信息公共服务网点,1项专利获第二十四届中国专利奖,6项专利获第五届省专利奖,2个项目获批2023年省级高价值专利培育项目,23家企业获国家知识产权优势、示范企业,南昌县获评国家知识产权强县建设示范县。推动江西省首单银行间市场知识产权证券化ABN试点工作。南昌市知识产权保护中心绩效考核全国排名第九,连续2年进入全国前十,领先南京、武汉、苏州等市级知识产权保护中心,获国家知识产权局通报表扬,获第四届全国知识产权快速协同保护业务竞赛优秀奖。南昌市知识产权纠纷人民调解委员会获评全国模范人民调解委员会。

【质量品牌推介】 2023年,市市场监管局按照《南昌市市场监督管理专项——知识产权专项资金项目管理办法》,对上一年度获得地理标志商标、马德里注册商标并符合申报条件的企业给予不同标准奖励,分发奖励10万元,鼓励企业增强商标意识,引导品牌企业做大做强。至年底,全市新增商标申请量30659件,占全省的18.87%;注册商标量18329件,占全省的19.46%;全市有效商标180299件,占全省的20.94%,中国驰名商标31件,地理标志证明商标6件,地理标志保护产品2件,集体商标9件。其中,地理标志证明商标6件(安义米粉、珠珞枇杷、进贤文笔、安义瓦灰鸡、生米藠头、莲塘麻鸭),地理标志保护产品2件(进贤李渡酒、军山湖大闸蟹),集体商标9件(流湖玉季、砂口港、铁河仙、井头红、满果溪霞、荷临吊玉、青山湖针纺、流湖丰闲、安义门窗)。南昌市知识产权保护中心专利预审受理3040件,同比增长79%,快速授权1518件,增长60%,其中发明专利授权量增长81%,授权速度比普通通道提高10倍。

【知识产权政策优化】 2023年6月,市市场监管局组织高新区人民法院、经开区人民法院分别与市知识产权保护中心及其所涉民事管辖的县区局共同签署《知识产权纠纷"三调联动"化解工作合作协议》,通过建立知识产权纠纷联合化解机制,拓宽群众快速维权渠道,推进诉前联调工作的衔接,激发矛盾纠纷源头治理新动能,形成行政、司法与调解的保护合力,营造良好的知识产权保护营商环境。南昌市知识产权保护中心获批第三批国家级海外知识产权纠纷应对指导地方分中心。

【知识产权保护执法】 2023年,市市场监管局坚持疏堵结合、打防并举,加大对线上线下违反知识产权侵权管理秩序行为的规制力度,开展多次执法检查行动,包括:地理标志使用情况联合"双随机"检查、与南昌市消防救援支队就使用领域消防产品开展"双随机"联合抽查、商标代理机构"双随机"检查等"双随机、一公开"检查,强化地理标志保护,规范商标代理机构代理行为;每季度部署全市2023年商标、专利专项整治行动,在元宵节、"六一"儿童节、中秋节、国庆节等特殊节假日,围绕重点领域,以家装建材市场、批发市场、商场超市、母婴用品店、药房等作为重点检查对象,开展知识产权专项执法,检查是否存在商标侵权、商标标识(含地理标识)使用行为不规范、专利侵权及专利标识标注不规范等违法行为;指导处理展会专利侵权纠纷案件,加强展会知识产权保护。全年,全市办理专利案件145件,其中假冒专利19件,结案16件;专利标注标识不规范案件119件,结案119件;专利侵权处理7件。办理商标、地理标志案件105件,结案80件。

【高价值专利培育】 2023年,市市场监管局围绕南昌市重点产业,实施"企业专利清零""高价值专利培育"行动,破解"卡脖子"技术难题,知识产权创造数量、质量快速增长。制定《南昌市高价值专利培育实施方案》,提高专利质量与效益。至年底,每万人有效发明专利拥有量28.87件,同比增长7.1件,是全省的3.16倍;每万人高价值发明专利拥有量8.95件,是全省的3.2倍。新增专利授权量15106件,占全省总数的25.13%。其中,新增发明专利授权量4703件,同比增长

26.09%，占全省总数的45.33%。

【知识产权运用】 2023年，市市场监管局发挥政策的引导激励作用，促进专利成果产业化。开展知识产权质押融资工作。完善企业知识产权质押融资需求常态化征集模式，在全市范围内摸底南昌市拥有知识产权的企业，进行名单制管理，与市委金融办联合推送至各驻南昌银行。通过组织政策宣讲会、“一对一”走访指导、借助媒体发布政策等方式宣讲政策，提高政策知晓度。召开银企对接会，搭建“政银企”平台，促进知识产权与金融资源有效融合，为中小企业解决融资难题，全年，南昌市企业专利质押融资17.93亿元，同比增长64.2%。实施专利转化专项计划。组织专利转化对接会，发布254件拟转化的专利信息，唤醒高校“沉睡”专利。在全省范围内征集专利供需信息，全年，南昌市专利转化3517次。召开南昌市专利转化专项计划工作推进会，解读国务院办公厅印发的《专利转化运用专项行动方案（2023—2025年）》和《江西省实施专利转化专项计划工作方案》实施要点与难点和若干重点指标体系。制定《南昌市实施专利转化专项计划工作方案》和申报指南，推动南昌市专利技术转化实施。

【知识产权宣传】 2023年，市市场监管局参与全国系统地理标志助力乡村振兴视频大赛，多次实地拍摄宣传“安义瓦灰鸡”养殖基地。依托知识产权宣传周集中开展知识产权法治宣传贯彻活动，围绕“加强知识产权法治保障，有力支持全面创新”主题，通过新闻发布会、专版、线上培训等多种宣传形式展现南昌市知识产权高质高速发展现状。以制作保护知识产权相关短视频、知识产权专项执法现场报道等多种方式，在市市场监管局官网、抖音、微信公众号等进行普法宣传，包括《中华人民共和国商标法》《中华人民共和国专利法》《中华人民共和国专利法实施细则》等法规解读、案例介绍等内容。在省人民政府和省市场监管局组织的“4·26”世界知识产权日现场大型活动展中，积极组织南昌市17家企业参展。组织专业人员参加2023年“全国网络普法·江西站”活动，派员入驻2023年世界VR产业大会。开展“知识产权服务万里行”“大走访、大调研”活动，组织知识产权强企培训班等多场培训，全方位、多角度地解读知识产权政策。国家知识产权局先后3次通报介绍南昌市知识产权保护中心典型案例和经验做法，司法部发布5件依法保护民营企业产权和企业家权益系列典型案例，南昌市知识产权保护中心《专业调解组织成功化解涉企知识产权纠纷》是唯一一件入选的调解案例。

（程　辉）

信用体系建设

【概况】 2023年，南昌市深入贯彻落实国家、省关于推动信用体系建设高质量发展的决策部署，以高质量推动“信用南昌”建设、争创全国信用体系建设示范区为目标，坚持“数据为基，应用为本、创新为魂”的理念，凝心聚力、攻坚克难、加压奋进，全市社会信用环境不断向优向好发展。至年底，“信用中国（江西南昌）”点击量1300余万次，发布信用政策、宣传文章4314篇，公示行政许可信息29440条，行政处罚信息2209条，信用承诺书数量5412份。平台归集3608.19万条信息，其中市直单位累计上报3563.79万条，各县（区）累计上报44.4万条。

【制度建设】 2023年，完善制度建设，搭建系统化社会信用体系。印发《南昌市2023年社会信用体系建设工作要点》，围绕健全完善信用制度规范、推进重点领域信用建设、提升信用基础支撑能力、拓展信用信息应用场景、助力营商环境持续优化、加强组织保障六个方面，部署推进26项全市社会信用体系建设工作。印发《南昌市推进社会信用体系建设高质量发展 促进形成新发展格局的工作方案》，围绕完善信用工作机制、营造良好信用环境、筑牢信用建设基础、持续深化信用应用四个方面，重点部署21项工作任务，以推进治理体系和治理能力现代化、全面提升社会诚信水平为目标，为提升全市营商环境整体水平，促进形成新发展格局贡献信用力量。印发《南昌市失信惩戒措施清单及补充清单（2023年版）》《南昌市市级公共信用信息资源目录（2023年版）》，规范界定失信惩戒措施的种类及其适用对象，明确公共信用信息范围，保护信用主体合法权益。

【诚信治理】 2023年，以政务诚信为引领，一体推进南昌市社会诚信体系建设。建立健全协调机制。加强政务失信信息共享工作，实时掌握个案处理进度，及时跟进督办重点案件，党政机关、事业单位被执行人未结案件保持清“零”。印发《南昌市建设省营商环境创新试点城市实践方案》《关于持续推进营商环境优化升级“一号改革工程”2023年行动方案》等文件，建立健全“每周一例会、双周一调度、每月一推进”工作机制，有序推进233项年度改革任务。受理并解决营商环境问题投诉95件、妥善化解“新官不理旧账”纠纷60件，维护合法企业权益超16亿元。违法失信行为专项治理。建立市、（县）区两级推进的治理体系，引导“屡禁不止、屡罚不改”严重违法失信行为主体实施信用承诺，依法依规进行信用修复。

【诚信氛围营造】 2023年，创建“诚信样板街区”，加强诚信宣传，提升信用质效。在西湖区万寿宫、南昌县天空之城2049购物中心、青山湖区国信医药谷等旅游、消费热点商圈创新"信用+街区"模式,依托市公共信用信息平台为街区200余户商户建立"一户一档"的信用二维码,实现信用"码上见",提振市场消费,优化社会治理。"信用+街区"模式获新华社、中国新闻网等多家主流新闻媒体宣传报道。印发《2023年南昌市"诚信建设万里行"诚信主题实践活动实施方案》,开展"诚信建设万里行 文明南昌我先行"主题宣传实践活动,围绕"3·15"消费者权益日、"6·14"信用记录关爱日等重要节点开展诚信主题宣传活动200余场,组织培训30余次,覆盖教育、医疗、住建、法院、市监等多领域。出台《关于做好信用修复"不见面"办理的通知》《关于建立行政处罚信息信用修复协同联动工作机制的通知》等文件,全面推行信用修复提醒告知制度,落实"两书同达"工作。全市组织开展信用修复培训30余次,累计移出经营异常名录企业3718户,完成信用修复900余次,西湖区"信用修复助力民营企业再出发"案例获中国信用、《江西日报》等主流新闻媒体宣传报道。

【市场领域监管】 2023年,以信用赋能专业领域监管,推动出台《南昌市食品生产企业食品安全信用风险分类管理规定》,结合食品生产企业静态、动态风险因素与通用信用风险因素,合理确定食品生产企业风险等级。此项改革举措实现常态化持续推进,题为"精准画像 靶向监管——南昌市持续推进信用分级分类监管综述"被刊登在8月31日《中国市场监管报》上,被刊载在9月5日大江网上。通过推行《行政处罚决定书》《行政处罚信息公示信用修复告知书》"两书同送"主动告知制度,主动开展失信市场主体信用修复指导,帮助失信市场主体重塑信用,恢复正常生产经营。"南昌:建立'两书同送'机制助企做好信用修复"的做法,得到省市场监管局的高度肯定,被作为经验交流材料刊登在江西《市场监管信息》上。

【医保领域监管】 2023年,依托"信用南昌"平台将定点医药机构信用评定结果、行政处罚、信用承诺、其他基础信息等进行上报,增强信用评估成果的应用,助推多部门信用协同监管和联合奖惩,彰显信用管理的威慑力。开展形式多样的教育宣传培训活动,将信用宣传培训工作和"打击欺诈骗保"宣传培训活动同步进行,在全社会形成"不敢骗,不能骗,骗不了"的诚信环境。活动期间,全市医保部门发放各类宣传材料5万余份,召开培训会194场,制作宣传短视频12个,获全省医保基金监管"安全规范年 短视频大赛"大赛优秀组织单位称号。

【交通运输领域监管】 2023年,印发《南昌市"信用交通城市"创建工作方案》,制定《南昌市交通运输局2023年信用工作责任清单》,出台《南昌市互联网租赁电动自行车企业服务质量考核细则(试行)》《南昌市农村公路建设市场施工企业信用评价规则实施细则》,推进行业信用监管,助力行业创新发展。组织市、县交通运输部门对辖区交通运输企业开展年度信用等级评价工作,结合评价结果,对互联网租赁自行车企业实行考核优秀增加配额,对1家信誉考核等级AAA级旅游包车企业经许可新增省际包车运力10辆,对3家信誉考核等级较低的旅游包车企业驳回新增运力申请。根据企业信用情况,用告知承诺制代替部分行政许可材料,核查企业履约践诺情况,对未履约业户采取撤销许可措施。联合市信用办研究出台"信易行"具体激励应用场景实施方案,互联网租赁自行车、驾培、汽车维修领域中8人享受有关优惠。

【社会保障领域监管】 2023年,印发《关于开展特殊工时告知承诺制试点工作的通知》,鼓励和指导有条件的县区开始特殊工时告知承诺制试点工作,至年底,8个县区启动特殊工时告知承诺制办理试点工作,办理67件,覆盖12492名劳动者。探索开展"信易+创新创业"守信激励新模式,市人社局就业创业服务中心坚持聚焦创业"融资难"难题,大规模推广信用贷款模式,信用贷规模得到快速提升,至年底,全市累计发放"信易贷"4.16亿元。开展2023年度根治欠薪冬季专项行动,全市检查、排查用人单位(项目)547个,解决欠薪问题354件(含立案和简易程序处理),涉及劳动者3691人,涉及金额6980.38万元。5月,在中国就业培训技术指导中心主办的创业担保贷款"跟踪助力指导行动"(江西站)高校毕业生专场活动中,万寿宫商圈作为重要示范,得到广泛认可。

【文化旅游领域监管】 2023年,推出"信易+阅读""信易+旅游"应用场景,为市民、游客提供优惠便利。对江西省推荐获评或江西籍、南昌市推荐获评或南昌籍的历届全国全省及南昌市道德模范,凭本人身份证和道德模范相关证明,实行免费游南昌市国家AAA级以上旅游景区政策等。进贤县图书馆推出"信易阅"便民服务,读者可通过微信或支付宝扫码进行信用认证,通过后即可办理电子借阅证,无须线下办理,助力文旅市场社会信用体系建设。指导帮助13家企业完成信用修复。持续做好"双书同达"(执法单位在向失信主体送达《行政处罚决定书》的同时,同步送达《信用修复告知书》)工作,办理信用修复告知书70份。

(徐文俊 刘建波 龙水庚)

开放型经济

参与共建“一带一路”

【概况】 2023年，南昌市外经企业积极响应“一带一路”倡议，在全球30多个国家和地区参与基础设施、民生工程、能源电力等领域的开发与建设，有7家承包商企业连续多年入选《工程新闻记录》(ENR)全球最大承包商250强榜单，5家承包商企业连续多年入选对外承包工程行业A级企业。南昌市有19家企业向21个共建“一带一路”国家和地区非金融类直接投资9205.81万美元，在共建“一带一路”国家对外承包工程项目中，完成营业额62592.71万美元，对外承包工程企业在30多个共建“一带一路”国家和地区全方位参与基础设施互联互通产能合作、能源电力等领域的开发与建设。

【共建“一带一路”直接投资】 2023年，南昌市有19家企业向21个共建“一带一路”国家和地区非金融类直接投资9205.81万美元。从国别共建和地区上看，亚洲地区是南昌市对共建“一带一路”国家和地区投资主要的投资流向，2023年南昌市对亚洲国家及地区投资额为5352.63万美元。非洲地区是南昌市重要的共建“一带一路”投资流向地区，2023年投资额为3790.45万美元，以国有企业为主，涉及建筑业和采矿业，其中建筑业投资额3685.05万美元，江西中煤、江水建设、江西国际是主要投资企业。综合来看，南昌市在共建“一带一路”国家投资持续增长，非洲国家和地区依然是主要市场。从投资行业上看，企业投资主要投向建筑业、制造业、农林牧渔业、采矿业、文化体育和娱乐业、租赁和商务服务业、交通运输仓储和邮政业、科学研究和技术服务业等。其中，建筑业、租赁和商务服务业是南昌市对共建“一带一路”国家投资的主要行业。兆驰光元在越南胡志明市投资设立全资子公司，通过利用越南在内的亚太地区的市场优势，从中国境内采购LED电视灯条等电子元器件销往海外市场，也进一步拓展销售电子元器件的市场空间，从而占据更大的LED方面相关市场的份额以及加速产品的更新迭代。

【共建“一带一路”工程承包】 2023年，南昌市企业在共建“一带一路”国家对外承包工程项目中，完成营业额6.26亿美元，对外承包工程企业在30多个共建“一带一路”国家和地区全方位参与基础设施互联互通产能合作、能源电力等领域的开发与建设。江西中煤承揽的莫桑比克德尔加多角省64千米R1251公路项目，成为连接坦桑尼亚与莫桑比克之间的重要国际主干道，有效促进两国的自由贸易。江西电建参与调试的迪拜700兆瓦光热发电项目，是中阿合作建设中的世界上规模最大、技术最先进的光热发电站，也是世界上装机容量最大、投资规模最大、熔盐罐储热量最大的光热光伏综合能源项目。

【共建“一带一路”贸易往来】 2023年，南昌市对共建“一带一路”国家进出口454.4亿元，占全市外贸总值的40.8%。南昌市引导企业拓展共建“一带一路”国家新兴市场，组织南昌市外贸企业参加第20届中国—东盟博览会、第6届绿发会、第134届广交会、第6届进博会、第23届投洽会、第6届中阿博览会、2023江西省首届消费品博览会、江西省与俄罗斯伏尔加河沿岸联邦区经贸对接会等重要展会，出台政策鼓励企业出国参展，帮助企业多渠道抢抓订单、开拓国际市场。引导外经企业利用赞比亚江西经济合作区加快“走出去”步伐，参与高质量共建“一带一路”，加强国际产能合作。2023年南昌市鼓励江铃汽车开拓海外市场，江铃集团万辆级海外市场由菲律宾拓展至越南等更多共建“一带一路”国家和地区，千辆级海外市场由12个国家拓展至15个国家。至年底，江铃集团实现整车出口

94,753 台,同比增长 45.1%;实现出口额 14.1 亿美元,增长 49.4%。

(黄　河)

利用外资及港澳台资

【概况】 2023 年,南昌市切实贯彻《关于进一步优化外商投资环境加大吸引外商投资力度的意见》等文件精神,依法保障外商及港澳台商投资企业平等享受南昌市产业发展等各项支持政策,为外资及港澳台资企业营造更加公平的市场竞争环境。全市新设外商投资企业 33 个,合同外资 7319.19 万美元;全市新设港澳台商投资企业 45 个,合同港澳台资 2.53 亿美元。全市实际使用外资项目 7 个,实际使用外资 3392.96 万美元;全市实际使用港澳台资项目 23 个,实际使用港澳台资金额 2.17 亿美元。

【外资及港澳台资项目引进】 2023 年,南昌市引进外资二产项目 2 个,实际使用外资 2192 万美元,有江西江铃集团新能源汽车有限公司进资 1107 万美元、华商集团有限公司进资 1085 万美元;南昌市引进港澳台资二产项目 8 个,实际使用港澳台资 2549 万美元。其中规模较大的有:泓润达(江西)电子科技有限公司进资 950 万美元。引进外资三产项目 5 个,实际使用资金 1200.81 万美元;引进港澳台资三产项目 15 个,实际使用资金 1.91 亿美元。其中规模较大的有:江西兆和房地产开发有限公司进资 7177 万美元、江西鑫协供应链有限公司进资 3000 万美元、南昌综保深国际供应链管理有限公司进资 1944 万美元。

【新增外资及港澳台资投资来源】 2023 年,南昌市新增外资及港澳台资投资来源主要包括港澳台地区、美欧及大洋洲地区、日韩东南亚及其他地区。港澳台地区项目 23 个,实际使用港澳台资 2.17 亿美元,占比 86.47%。其中,江西美晨通讯有限公司进资 2100 万美元、南昌综保深国际供应链管理有限公司进资 1944 万美元、江西乐味佳食品有限公司进资 943 万美元等。美欧及大洋洲地区项目 5 个,实际使用外资 2531 万美元,占比 10.08%。其中,江西江铃集团新能源汽车有限公司进资 1107 万美元、华商集团有限公司进资 1085 万美元等。日韩东南亚及其他地区项目 2 个,实际使用外资 866 万美元,占比 3.45%。其中,江西荣祥置业有限公司进资 662 万美元等。

(黄　河)

对外及对港澳台贸易

【概况】 2023 年,南昌市外贸进出口承压向前,结构不断优化,质量稳步提升。据海关统计,南昌市进出口 1112.9 亿元,比上年同期下降 13.8%,占同期全省进出口总值的 19.5%,全省设区市中仅南昌市进出口值超千亿元。其中,出口 787.6 亿元,同比下降 13%;进口 325.3 亿元,下降 15.9%。南昌市外贸进出口、出口规模居全省设区市首位。南昌新增外贸经营主体备案 681 家,增长 19.5%。南昌有进出口记录的外贸经营主体达 1571 家,增长 5.9%。其中,民营企业进出口 821.1 亿元,下降 19.8%,占全市外贸总值的 73.8%;外资及港澳台资投资企业进出口 264.8 亿元,增长 10.7%,比重较上年同期提升 5.3 个百分点至 23.8%。南昌生产型企业出口 422.6 亿元,增长 7.7%。南昌综保区进出口 133.1 亿元,进出口规模居全省 4 个综保区首位。机电产品出口 521.6 亿元,下降 1.2%,占全市出口总值的 66.2%,比重较上年同期提升 7.9 个百分点;其中,汽车(包括底盘)出口首次突破百亿元,达 100.4 亿元,增长 68.8%;笔记本电脑出口 81.9 亿元,增长 8.7%;手机出口 78.5 亿元,增长 22.2%;以太阳能电池、锂电池、电动载人汽车为代表的"新三样"产品合计出口 6.6 亿元,增长 10.2%。劳动密集型产品出口 177.1 亿元,下降 27.4%。初级产品进口不断增长。农产品进口 27.4 亿元,增长 12.6%;金属矿及矿砂进口 16 亿元,增长 122%。集成电路进口 190.3 亿元,下降 21.8%,占全市进口总值的 58.5%;音视频设备的零件进口 12.2 亿元,增长 25.6%。2023 年 6 月,商务部、人力资源社会保障部、海关总署共同新认定南昌为"加工贸易承接转移示范地"。

【跨境电商发展】 2023 年,南昌市创新外贸发展模式支持跨境电商经营主体、通关场所、物流企业、产业园区等建设运营。南昌国际邮件互换局、国际快件监管中心、昌北国际机场跨境电商通关场所等开展跨境电商 9610 出口货物查验业务,为企业提供阳光化运行通道。招引各类经营团队及电商平台、物流仓储、金融支付等专业服务商,助力南昌综保区跨境电商产业园、青山湖区江西跨境电商产业基地、魅丝蔻跨境电商大厦、高新区跨境电商创业园等园区发展。至年底,南昌市有 2000 余家中小企业和创业团体开展跨境电商进出口、物流仓储、货代报关、信息服务、财务金融、教育培训等相关业务,其中 473 家企业在海关部门注册备案跨境电商资质。南昌 165 家企业跨境电商进出口 204 亿元,占外贸总量的 20%,其中本土口岸跨境电商 9610 零售出口和 1210 零售保税进口均突破 1 亿美元。

【参展中国进出口商品交易会】 2023 年,市商务局鼓励并帮助企业利用中国进出口商品交易会(广交会）平台与和国内外采购商线上线下对接、互动交流，精准把握市场需求，借助广交会平台多拿订单、多拓展市场。4月15日至5月5日，在第133届中国进出口商品交易会（广交会）上，南昌市150家企业参展，其中第一期23家企业参展，第二期12家企业参展，第三期115家企业参展。10月15日至11月4日，在第134届中国进出口商品交易会（广交会）上，市商务局开展各项组展工作，组织全市151家外贸企业参展，其中第一期28家企业参展，第二期14家企业参展，第三期109家企业参展。市商务局与商务部、省商务厅相关部门开展对接，组织南昌有自主品牌、有竞争力的企业参展，扩大品牌参展企业的覆盖面。

【参展第二十届中国—东盟博览会】 2023年9月16日至19日，第二十届中国—东盟博览会在广西南宁举行，主题为“和合共生建家园，命运与共向未来——推动‘一带一路’高质量发展和打造经济增长中心”。南昌市的江西雅丽泰建材股份有限公司、江联国际工程有限公司、江西沃科工贸有限公司、南昌市光辉电力有限公司、江西嘉创汽车技术有限公司等多家外贸企业结合自身情况参展，布局海外市场开拓，抢抓《区域全面经济伙伴关系协定》（RCEP）机遇。南昌外贸企业通过RCEP政策提高综合生产率和产品竞争力，主动融入RCEP区域建设，开拓经贸合作互利共赢的新发展局面。

【参展第六届中国国际进口博览会】 2023年11月5日至10日，第六届中国国际进口博览会在上海举办。南昌市注册报名参会企事业单位357家，报名参会931人。南昌市参展采购商首日订单成交额为1871万美元，其中与GE医疗签订进口设备订单687万美元。进博会举办两天时间内，南昌市参展采购商已达成意向成交额3057.23万美元。11月6日，市政府主要领导到国家会展中心（上海），参观第六届中国国际进口博览会并开展经贸对接活动。

【入选国家级“加工贸易承接转移示范地”】 2023年6月19日，商务部、人力资源社会保障部、海关总署共同认定、公布南昌市为“加工贸易承接转移示范地”。2023年，南昌外贸进出口1112.9亿元，占同期全省进出口总值的19.5%。南昌外贸进口、出口规模稳居全省设区市首位，外贸发展首位度持续稳固。南昌加工贸易从业人数从2016年的38662人增加到2022年的47124人。南昌在承接产业转移、发展加工贸易方面成果显著，带动就业人数大幅增长，全市贸易产业结构不断优化，推动产业链向高附加值迈进。

（黄　河）

对外及对港澳台经济技术合作

【概况】 2023年，南昌鼓励电子信息、生物医药等战略性新兴支柱产业的龙头企业和对外及对港澳台承包工程企业“走出去”，积极开拓海外市场，推动南昌对外及对港澳台承包工程转型升级和高质量发展，南昌企业的国际综合竞争力不断增强。2023年，南昌市新增境外及港澳台投资备案企业18家，协议投资额2342.07万美元，同比增长61.33%，占全省比重2.55%；对外及对港澳台直接投资额1.05亿美元，下降37.66%，对外及对港澳台直接投资额占全省比重8.99%；对外及对港澳台承包工程新签合同额5.09亿美元，增长310.35%，占全省比重13.51%；完成对外及对港澳台承包工程营业额6.48亿美元，增长2.77%，占全省比重17.12%；外派劳务82人，期末在外及港澳台务工584人。

【对外及对港澳台直接投资】 2023年，南昌市有22家企业向24个国家和地区对外及对港澳台直接投资1.05亿美元。企业投资主要投向建筑业、制造业、农林牧渔业、采矿业、文化体育和娱乐业、租赁和商务服务业、交通运输仓储和邮政业、科学研究和技术服务业等。其中，建筑业投资额6460.50万美元，占比61.56%；租赁和商务服务业投资额2815.28万美元，占比26.83%；制造业投资1047.47万美元，占比9.98%；采矿业投资额105.40万美元，占比1%；交通运输仓储和邮政业投资额24.79万美元，占比0.24%；农林牧渔业投资额21万美元，占比0.2%；科学研究和技术服务业投资额15.48万美元，占比0.15%；文化体育和娱乐业投资额5万美元，占比0.05%。建筑业、租赁和商务服务业是南昌市对外投资的主要行业。民营企业投资额678.36万美元，占总投资额的6.46%；国有企业投资额9816.56万美元，占总投资额的93.54%。亚洲地区是南昌市对外及对港澳台投资主要的投资流向，2023年南昌市对亚洲国家及对港澳台投资额为5352.63万美元，占比51%。非洲是南昌市重要的对外投资流向地区，2023年投资额为3790.45万美元，以国有企业为主，涉及建筑业和采矿业，其中建筑业投资额3685.05万美元，江西中煤、江水建设、江西国际是主要投资企业。南昌市在共建“一带一路”国家投资持续增长，非洲国家依然是主要市场，《区域全面经济伙伴关系协定》（RCEP）协议国家成为新的投资热点。2023年，晶能光电在美国加利福尼亚州投资设立子公司，引进全球高层次专业人才，研发Micro LED等半导体材料器件前沿技术，对接国际大厂技术、产品开发需求，为晶能光电海外高端人才储备、核心技术研发创新、业务向更高端化发展等提供支撑。兆驰光元在越南胡志明市投资设立全资子公司，通过利用越南在内的亚太地区的市场优势，从中国境内采购LED电视灯条等电子元器件销往海外市场，占据更大的LED方面相关市场的份额以及加速产品的更新迭代。联创电子对美国子公司增资1090万美元，派遣中方人员负责技术、生产和运营，实现更大市场占有率；在德国成立全资子公司，进行市场开拓、研发、销售、客户服务和技术服务，推动公司产品和客户服务的国际化进程，开拓德国和欧洲市场，开发新产品、新技术。

【对外及对港澳台承包工程】 2023年，南昌市企业新签对外及对港澳台承包工程项目合同额5.09亿美元，同比增长310.35%，占全省比重13.51%；完成营业额64768.34万美元，增长2.77%，占全省比重17.12%。南昌市有7家承包商企业入选2023年度ENR全球250强榜单，分别为中国瑞林工程技术股份有限公司、中国江西国际经济技术合作有限公司、江西中煤建设集团有限公司、江西省水利水电建设集团有限公司、中鼎国际工程有限责任公司、江西省建工集团有限责任公司、江联重工集团股份有限公司。南昌市入选企业数量居全国第三位、中西部第一位。其中，江西国际、江西中煤分别名列第71位和第72位，在上榜的国内地方企业中名列前茅；中国瑞林再次入选ENR国际工程设计企业225强，较上一年度排名上升17位。2023年，南昌市对外及对港澳台承包工程企业在30多个国家和地区全方位参与基础设施互联互通产能合作、能源电力等领域的开发与建设。江西国际承担莫桑比克太特市卫生系统改造项目，为当地5个地区新建近3000个家用公共卫生间，改善当地百姓居住的卫生条件。江西中煤承揽的莫桑比克德尔加多角省64千米R1251公路项目，成为连接坦桑尼亚与莫桑比克之间的重要国际主干道。江西电建参与调试的迪拜700兆瓦光热发电项目，是中阿合作建设中的世界上规模最大、技术最先进的光热发电站。

（黄　河）

口岸管理

【概况】 2023年，南昌市口岸管理工作立足区位、交通、产业优势，搭平台、畅通道、强服务、优环境，围绕打造“一枢纽四中心”决策部署，融入国家共建“一带一路”倡议，提升跨境贸易便利化水平，推动口岸管理工作高质量发展。南昌昌北国际机场实现运输架次8.7万架次、完成旅客吞吐量1020.58万人次（其中，国际旅客吞吐量7.1万人次）、货邮吞吐量6.0万吨（其中，国际货邮吞吐量1.96万吨），同比分别增长80.4%、116.0%、49.4%。南昌昌北国际机场进境水果和进境冰鲜水产品指定监管场地先后投入运营。南昌国际陆港铁路口岸2023年全年开行外贸班列1523列，到发标箱（重箱）10.97万个，货值约28.5亿美元，分别增长16.44%、44.09%、46.99%。国际陆港开行铁海联运班列1514列，到发标箱（重箱）10.8万个，货值约28.25亿美元，分别增长19.31%、49.41%、42.63%；中欧（亚）班列累计开行17列（含JSQ汽车整车专列8列），到发标箱（重箱）986个，货值2532万美元；龙头岗综合码头江海联运完成进出口货物45.22万吨，完成进出口集装箱（重箱）运量3.28万标箱，分别增长5.45%、3.15%。2023年，“铁路快通”模式被省营商办列入优化营商环境典型做法全省推广。

【国际航班恢复】 2023年，南昌国际（地区）客货运航班有序恢复，南昌昌北国际机场全年累计开通南昌至泰国曼谷、越南芽庄、新加坡、比利时列日、布鲁塞尔等国际（地区）客货运航线，累计实现旅客吞吐量超千万人次、货邮吞吐量超6万吨。2月16日，春秋航空南昌—曼谷航班复航，每周3班，5月1日加密至每日1班。4月17日，越捷航空南昌—越南芽庄航线复航，每周一、三、五执飞往返航班。4月3日，比利时ASL航空南昌—布鲁塞尔全货机航线复航，每周执飞3班。5月12日，南昌—比利时列日全货机航线复航。5月15日，南昌至比利时布鲁塞尔B747－8F型货机执飞，为业载最大商业全货机，标志着南昌机场正式迈入4E机场运行F类飞机时代。8月2日，酷航南昌—新加坡航线复航，每周一、三、五执飞往返航班。

【口岸功能完善】 2023年，南昌昌北国际机场进境水果、进境冰鲜水产品两个指定监管场地先后投入运营，境外水果、冰鲜水产品可直接通过南昌航空口岸进口，南昌机场口岸平台优势得到发挥。2023年7月21日，首批进口泰国榴莲搭乘春秋航空航班抵达南昌昌北国际机场，随后立即转运至进境水果指定监管场地，经机场海关完成检疫查验程序，由业主企业“附条件提离”后供应市场，标志着进境水果指定监管场地正式投入运营。2023年11月13日，首批产自挪威的冰鲜三文鱼搭乘国际货运航班从比利时列日抵达南昌昌北国际机场，从机舱卸下后迅速转运至进境冰鲜水产品指定监管场地，经机场海关查验后提离，标志着进境冰鲜水产品指定监管场地正式投入运营。两个指定监管场地的投入运营，为南昌及周边城市供给提供便捷通道，使广大群众分享到口岸开放红利，有效降低南昌乃至全省进口产品产业链的运营成本。

【多式联运发展】 2023年，南昌国际陆港首开中亚班列，常态化开行南昌至宁波、厦门、深圳、福州、温州、广州6条铁海联运外贸班列，铁海联运外贸重箱运量同比增长49%。持续推动南昌港和国际陆港通关提速，推行“离港确认”“铁路快通”监管新模式，压缩水运整体通关时间近40小时，缩短中欧班列运输时间2天左右。铁路数据与中国（江西）国际贸易单一窗口、南昌国际陆港实现实时对接，建设码头5G物流信息平台，提升场站作业效率和口岸信息化智能化水平。开拓江海联运出海新通道，新开通南昌—太仓—宁波新航线。4月，南昌国际陆港至哈萨克斯坦阿拉木图首条中亚班列开行，南昌国际陆港已基本形成多口岸直通、多品种经营、多方式联运的良好格局。5月，南昌至广州铁海联运班列首发开行，强化南昌与广州之间经贸交流。至年底，南昌国际陆港有11条国际直达货运班列和12条铁海联运班列线路。

（黄　河）

海　关

【概况】 2023年，青山湖海关认真学习研讨习近平总书记给红其拉甫海关全体关员重要回信精神、习近平总书记考察江西重要讲话精神，聚焦“铸忠诚、担使命、守国门、促发展、齐奋斗”工作要求，按照南昌海关党委“忠诚作示范、创新促发展、实干防风险、严管勇争先”工作思路，发挥好南昌市属地海关优势，念好调查研究“深、实、细、准、效”五字诀，到一线调研，开展“关长送政策上门”等活动，以开门开放理念开拓青山湖海关建设新局面。

【助推营商环境优化】 2023年，青山湖海关走访南昌市3个县6个区及3个国家级经济开发区的党政主要负责人，联合地方商务部门，开展“关‘助’发展”“关长送政策上门”活动等30余次，宣讲企业560余家。发力强省会战略举措获得市委、市政府主要领导及联系海关工作的副市长充分肯定。跟进南昌科创城的“中医药健康产业园”等重点项目建设，帮助辖区7家中医药科研单位解决疑难问题25个。全年为688台设备“一站式”办理减免税进口，减免税款约9630万元，同比增长21.6%。助力南昌辖区7家科研单位的29项科研成果获省级科学技术奖励。帮助中微半导体解决“5类关键零部件未纳入免税清单”的疑难问题，为其节约资金4200万元，助力企业生产的高端刻蚀设备技术跃升至5纳米及更先进水平。做好“百亿投资”芯片企业润芯感知跟踪帮扶。推动加工贸易持续高质量发展16条改革措施，服务重点优强企业，对符合条件的电子信息上下游企业“链式”培育认证，南昌地区已获得AEO（经认证的经营者）认证的16家企业中有11家属于电子信息相关产业。高效服务助力2023年南昌飞行大会，保障参展飞机属地进口报关“零延时”。

【调研成果转化】 2023年，青山湖海关发动24名青年干部，调研外贸企业125家次，助力南昌电子信息产业集群加速壮大。做好香港海关赴赣调研保障工作，推动赣港经贸合作。提升外贸分析质效，结合宏观经济形势撰写南昌与共建“一带一路”国家外贸情况等分析文章18篇，参与撰稿的《南昌海关用好减免税政策助力我省经济高质量发展》获省长叶建春批示肯定，全年获省领导批示12篇，创历史新高。着眼南昌高水平开放平台建设，聚力推动南昌综保区规划调整获国务院批复同意。聚焦南昌国际陆港、姚湾综合码头建设等重点领域，提出优化发展建议。

【稽查业务】 2023年，青山湖海关打造“关‘铸’国门”品牌，结合稽查集约化工作实际，打造稽查风险研判品牌。全年实质性查发稽查作业数41起，稽查追补税额1671万元。办理主动披露作业11起，披露金额约6.15亿元，补税126万元。针对进口生鲜产品检疫业务特点，全面梳理当前海关监管作业流程，探索生鲜产品顺势监管，提升监管效能和治理水平。推进“金钥2023”专项行动，关注特许权使用费、特殊商品、特殊领域，紧盯高税差、高价值、高需求商品，提升查发和取证能力“压实查”，打击商品价格、商品编码等涉税要素伪瞒报行为。对粮食、植物提取物等20余种商品实行集体研判，建立165家风险企业台账并分类处置，提交稽查建议9条。2023年办理涉检稽查作业16起（出口竹木草制品逃漏检），查发率100%，涉案货值7389万元。防范外来物种入侵、不合格食品商品进口等危害国家生物安全风险。对进境粮食企业开展核查22起，核查有效率100%。开展国门生物安全监测，完成9批次送检，检出食蝇128头。加强与地方商务、市场监管、林业部门联动，与林业部门联合执法1次，与市场监管部门联合执法3次并完成联合执法系统录入。

（罗羽琨）

开发园区

南昌高新技术产业开发区

【概况】 南昌高新技术产业开发区（以下简称“南昌高新区”）于1991年3月创建，1992年11月被国务院批准为国家级高新区，是江西省首个国家级开发区，首个地区生产总值千亿级开发区。区域面积286平方千米，位于南昌市区东大门，下辖2镇（昌东镇、麻丘镇）、2处（艾溪湖管理处、鲤鱼洲管理处）。辖区常住人口总数近47.6万人，市场主体约5.8万家，其中企业3.1万家，规上工业企业224家，世界500强和中国500强企业25家。

【经济运行】 2023年，全区地区生产总值实现1002.1亿元，增长4.2%，财政总收入139亿元，一般预算收入30.2亿元，税占比80.3%，列全市第一。园区营业总收入6800亿元，同比增长4.6%。园区规上工业总产值1869.2亿元，占全市比重从2022年的25%增至30%以上；规上工业营收3309亿元，占全市比重从2022年的42.9%增至52%以上；规模工业增加值505.4亿元，其中“战新”产业和高新产业分别占规上工业增加值的47.8%和50.2%，分别高于全省比重19.6个百分点和10.7个百分点。在全省开发区争先创优综合考评（全省开发区综合考核）中连续5年位列第一。在全国国家级高新区综合排名中实现“八连升”，列第22名。

【营商环境】 2023年，坚持“全生命周期服务”理念，对标全国区域性营商环境标杆园区，为企业量身定制政策，助力增资扩产、发展壮大。2023年新增入统“五上”企业100户，较上年同期增加10户。不断提高行政服务效能。建设全省首个“5G＋智慧政务”实体办事大厅，区本级1089项依申请政务服务事项全部实现网上可办，全程网办率达98%；政务服务标准化项目成功入选全国社会管理和公共服务综合标准化试点，获评全省政务服务示范大厅创建工作第一名；推行企业开办“零成本”即来即办、企业注销全程电子化、企业歇业实行备案制，构建从开办、注销、歇业申请到恢复的全生命周期监管服务机制，全年市场主体新增1.58万户。不断丰富服务企业办法。深化企业创新积分制试点，累计为300余家企业提供超过78亿元授信额度，获评工业和

2023年4月3日，南昌高新区与越秀产业基金战略合作暨产业项目及基金签约仪式举行

（魏勇剑　摄）

信息化部火炬中心“企业创新积分制”优秀工作单位。引进中国(南昌)知识产权保护中心,为企业打通专利快速授权、确权、维权和协同保护“绿色通道”,助推31家企业入选国家知识产权优势企业和示范企业,占全市的44%;2023年新增发明专利1601件,同比增长40.69%,万人有效发明专利居全省首位。扎实推进“映山红行动”提质,参与华勤A股IPO战略配售,助推华勤成功上市;推动江铜铜箔在深交所顺利过会,晶能光电、泰豪软件、三瑞智能在省证监局报辅导,梳理重点后备上市企业100家,企业上市工作领跑全市。创新举办“高新下午茶”“创强解题会”等政企零距离交流活动,先后为360余位企业家解决超330个制约企业发展的堵点难点问题,获得新华社政论片《中国的民主》报道。

【产业支撑】 2023年,电子信息产业在全球移动智能产品出货量连续六季度下滑的大背景下,南昌高新区开源节流,拿出14.38亿元产业扶持资金集中支持华勤、龙旗、美晨等龙头企业,在土地要素、人才招引、上市融资等方面及时给予支持,对产业的吸引力和黏性持续增强,推动企业将更多订单陆续迁移至南昌,各自在昌项目占母公司总营收比重均超过60%,南昌高新区成为3家企业全国最大的生产基地。传音控股的子公司南昌传烁科技3月成立,5月开始装修,8月中旬正式投产,产能从1条线到年底10条线实现满负荷生产,全年新增产值15.8亿元。全年高新区ODM出货量1.2亿台,占全球ODM出货量的28%—30%;全年营收1530亿元,同比增长6%,高于全国规上电子信息产业营收,实现逆势增长。新型计算机及信息终端设备制造创新型产业集群获批国家级创新型产业集群,连续3年获评江西省五星级产业集群。航空产业交付ARJ21共10架,占全国交付量的50%。举办2023中国航空产业大会暨南昌飞行大会,22个项目签约,总投资额302亿元,取得会展搭台、项目唱戏、城市走红的“三赢”效果。新材料产业全年营收1250亿元,增长3.5%。医药健康产业全年营收146亿元,赛基生物、弘益药业等多家企业年营收增长超过40%。

【改革创新】 2023年,南昌高新区以改革推动经济发展、释放发展活力。推进招商体制专业化改革,按照“投行专业”标准,组建移动智能终端、医药健康、新材料及服务业、光电、航空航天、数字经济六大产业发展专班,研究生学历人员超过50%,专业匹配度100%,打造一支熟悉产业发展规律、吃透企业投资需求,具有较强谋划、谈判、操盘能力的招商铁军。推进平台公司市场化改革,按照“小管委会+大公司”思路,推动招商集团挖掘盘活存量资产资源、拓展市场化业务,集团资产总规模突破800亿元,成为全市首个正县级县区(开发区)平台公司,AA+主体信用评级落地,提升产业承载能力。推进科技创新体制服务改革。成立科经局,推动产业与创新发展深度融合,为创新链真正扎根产业链提供坚强组织保障。承办国家高新区发展战略研究会第十八届年会,深入汲取火炬中心、高新技术产业领域知名专家及其他高新区先进经验,全面探索经济社会发展各方面深层次改革。推进基层社会治理改革,创新开展“善治小区(村)”示范创建工作,落实“村(社)吹哨、部门报到”机制,引导各方资源和力量向基层聚集,推动干部以奔跑姿态解决基层问题,经验做法得到《光明日报》等主流媒体的广泛关注宣传。推进人才培养体制改革,坚持精准引才,倾听市场主体人才需求,将人才的评价权、选聘权交给企业,破格推荐2人申报国家级人才工程、5人申报省“双千计划”,分别有1人入选。坚持按需育才,在全省率先组建光电产业产教联合体,以“1+N+N+N”模式,统筹发挥政府、企业、中高本院校、科研机构四方作用,推动产教融合由“自发性合作”向“生态性协作”转变,首批4个示范班开班,9个班级签约并计划开班,12家联合体重点光电企业获评江西省产教融合型企业。组织申报产业学院12个,1个产业学院入选省级重点项目,2个入选省级培育项目。坚持暖心留才,打造全市首个人才驿站,在全省首推一站式人才智慧服务平台“南昌高新人才码”,为人才提供“吃、住、游、乐、购”一体化数字服务平台,使用人数超过5万人,获得评由“中国最佳雇主”评比的“最佳促进就业奖”。

【民生福祉】 2023年,坚持“精准规划、精致建设、精细管理、精明增长”的“四精”理念,全力打造宜居宜业宜游的高品质园区。立足“一江相邻、四湖相间”的独特生态禀赋,打造五星白鹤保护小区,吸引全球近四分之三的白鹤过冬,被誉为“全世界离白鹤最近的地方”,“鹤舞鄱湖观鸟之旅”入选文旅部全国乡村旅游精品线路。建设艾溪湖、瑶湖、南塘湖等一批以湖命名的生态公园,鱼尾洲公园获AZ Awards 2022年度最佳景观设计大奖。园区绿地率达到41.7%,被誉为“中国最美高新区”。2023南昌飞行大会吸引观众超过30万人,获得央视《新闻联播》、英国《泰晤士报》、BBC等国内外媒体报道,吸引全网超1.2亿人持续关注、讨论。举办的扶“瑶”直上飞行音乐嘉年华吸引10万余名观众,观演人数及规模位居年度全国前三、全省第一。美术馆、鱼尾洲西岸艺术街区、雅言人艺术街区、凤凰仓艺术Park文创园等文化空间建成开放,艾溪湖美书馆被中宣部评为“年度最美书店”,入选全国基层公共文化服务高质量发展典型案例。FUN青春市集、STAR青春市集、瑶湖里、艾溪湖·嘻街等特色商业街加速布局，形成年轻态消费集聚区。以“步行15分钟”为半径，打造医疗、教育、养老便民服务圈。两家三甲医院相继落户，龙华医院江西医院获批国家区域中医医疗中心。组建高新教育集团，南昌三中二部、师大附中等优质教育资源投入使用，平均每年净增学生3000余人，教育教学质量得到老百姓广泛认可。万科南区、阳门村嵌入式养老院和48家社区居家养老服务中心建成运营，实现“家门口”养老，群众的获得感、幸福感、满意度不断提升。“两整治一提升”行动连续2年位居全市非农县区第一名，乡道宜改造路段黑化率100%，稳步实施农村自来水全覆盖工程，全区48个村集体经济收入均达30万元以上。昌东镇在中国百强镇排名中再次上升、名列第90位，是全省唯一入选的乡镇。

【南昌高新区政务服务标准化项目入选“国标”试点项目】 2023年5月25日，国家标准委正式下发《关于下达第九批社会管理和公共服务综合标准化试点项目的通知》，南昌高新区政务服务标准化项目入选全国107项社会管理和公共服务综合标准化试点，为江西省政务服务系统唯一入选“国标”试点项目。该次入选“国标”试点是该中心继连续5年获全国政务服务领域五大类奖项后获得的又一试创“全国典范”的殊荣。6月30日，南昌高新区政务服务标准化“国标”试点项目启动仪式在高新区政务集中办事大厅举行，标志着江西省首个国家级政务服务综合标准化试点项目启动。

【南昌光电产业产教联合体揭牌】 2024年8月18日，由南昌高新区牵头组建的南昌市光电产业产教联合体举行揭牌仪式。市长万广明、教育部职业教育与成人教育司副司长林宇共同为联合体成立揭牌。市委常委、区党工委书记王万征主持揭牌仪式。该产教联合体以服务光电信息产业高质量发展为目标，将充分发挥政府、企业、学校、科研平台各自功能，以“生态性协作”“规模化定制”“政校企联动”的产教融合发展新模式，推动科研平台、企业设备、技术研发、师资力量等资源深度融合共享，为职业教育改革、产学研融合提供助力。产教联合体已汇集125家企业、28所大中专学校、107家科研机构加入，拥有入库导师2600余名，设立卓越工程师学院、现场工程师学院等50余个二级学院和企业教学实习实训基地，着力打造由企业技术骨干、优秀教师、科研带头人组成的多元化高素质双师双能型教师队伍，为全省打造“三大高地”、实施“五大战略”持续提供高素质人才供给。

（程道榅）

南昌经济技术开发区

【概况】 南昌经济技术开发区（以下简称“南昌经开区”）位于南昌市北郊，毗邻红谷滩区，创建于1992年，2000年被国务院批准成为江西省第一家国家级经济技术开发区。2023年，辖区面积307平方千米，下辖2个镇（樵舍镇、乐化镇）、1个街道（蛟桥街道）、2个处（白水湖管理处、冠山管理处），有55个村民委员会、43个（社区）居民委员会，常住人口约57万人。地方一般公共预算收入完成21.58亿元，实际利用外资5851万美元，进出口额321.2亿元。在全省开发区、全市县区2022年度综合考核中均获评第一等次。

【主导产业态势】 2023年，南昌经开区电子信息、新能源汽车及动力电池、装备制造、医药健康和新材料五大主导产业完成产值836.1亿元。其中，新能源汽车及动力电池产业产值199.8亿元，电子信息产业产值302亿元，装备制造业产值148.6亿元，新材料产业产值108亿元，医药健康产业77.7亿元。

【重大项目建设】 2023年，南昌经开区推进97个省、市、新区重大重点项目，全年累计完成投资286.91亿元。其中，推进亿元以上工业项目64个，完成投资221.16亿元。大东汽车配件项目、华创新材二期等50个产业项目开工；华创一期等60个产业项目完工。其中，科达利、华创等6家新竣工投产企业新增

2023年2月16日，南昌经开区举行2023年春季重大项目集中签约、开工活动

（马悦 摄）

纳统。

【产业招商】 2023年，南昌经开区领导班子带队到北京、上海、广州、深圳等地开展专题招商210余批次，对接走访企业310余家，新签约亿元以上项目87个，投资总额421.14亿元。深入实施产业链招商、以商招商，投资60亿元的欣旺达“源网荷储一体化”零碳智慧产业园项目、投资50亿元的百度集团APOLLO RT6智能驾驶新能源汽车项目等一批有代表性的项目相继落地。

【改革创新】 2023年，持续推进产业升级、绿色金融等重点领域和关键环节改革，2项国家级和4项省级改革试点任务、区党工委深改委成员领衔的32项重点改革举措、年度63项工作要点改革任务有序推进。深入实施企业上市“映山红行动”，国科军工、百通能源先后在上海证券交易所科创板、深交所主板挂牌上市。新增培育一批细分行业内技术领先、产品质量优、成长性好的企业。11月，麦格纳获评省级“制造业单项冠军”，海立电器获评2023年度“国家级智能制造示范工厂”，欣旺达获评智能在线检测、先进过程控制2个“国家级智能制造优秀场景”。扎实推动政校企合作。推动与江西财大合作共建VR产业学院，与欣旺达和江西机电职业技术学院合作建成锂电科技学院，推动东华加速器中子源科学装置项目建设。

【营商环境优化】 2023年，深入推进营商环境优化升级“一号改革工程”，全面推进“放管服”改革和数字政府建设。全区依申请政务服务事项网上可办率100%，涉企的依申请政务服务事项一网通办率100%。持续完善区领导“一对一”挂点推进重点项目、项目服务专班、“一号大走访”等工作机制，强化“店小二”式服务，解决华创新材项目110千伏变电站建设事项。提升助企惠企实效，全面梳理惠企政策，实现免申即享类事项7项、即申即享类事项7项。兑现348户企业政策资金7.13亿元。成立普惠金融服务中心，13家中小微企业获得银行贷款6524万元。

【产城融合发展】 2023年，推动市政道路提升改造建设。幸福路、绿冠路等3条“断头路”顺利通车，“胡子工程”双港铁路桥、昌西大道北延伸项目按时完工通车。加快推进城市水环境治理排水单元整治，通过市级现场达标验收355个。加快推动金丰社区方向机厂片区、江西农大金桂苑、江西省委党校北校区3个老旧小区改造。推进农村产业发展、环境整治、乡风建设。55个村集体实现经营性收入30万元全覆盖，其中突破千万元的村1个。

【生态环保】 2023年，持续打好蓝天、碧水、净土保卫战，基本消除重污染天气、城区黑臭水体。历次中央、省环保督察及长江经济带、省生态环境警示片反馈（披露）问题56个，除2个涉及城市污水管网建设改造滞后问题整改工作计划于2024年底完成外，其余54个问题均整改销号。

【临空中心发展】 2023年，按照“盘活资源、完善配套、做强产业、聚集人气”要求，加快临空中心发展。盘活资产约20万平方米，新增合同收益约2.26亿元。空置厂房由116万平方米减至44.1万平方米，空置人才房由36万平方米减至19.2万平方米。持续完善配套。民生工程临空花园安置房、临港花园安置房（一期）以及空港生活城（一期）项目加快建设。全力做强产业，引进投资32亿元航新科技项目，弥补园区航空制造类产业空白。引进亿元以上产业项目15个，签约金额69.9亿元。快速聚集人气，杨家湖公园正式开园，中秋国庆游园活动吸引上千人参与。江西航空职业技术学院正式开学，新增6000余人。盘活数字经济港，导入人口2000余人。

【民生福祉改善】 2023年，持续推进双港学校异地重建等续建项目、豫章师范学院附属山丹路学校等新开工项目建设。其中，森林公园学校于9月完工交付。金科集美、上罗和谐家园幼儿园投入使用。推进集疾控、血防、妇幼保健医院于一体的综合性医疗卫生服务中心项目建设，南昌人民医院加快建设。持续抓好高校毕业生、退役军人、城镇困难人员等重点人群就业工作。全年，新增城镇就业6221人，完成率101.98%；新增转移农村劳动力1870人，完成率101%；城镇登记失业率控制在4.1%以内。

【安全与发展】 2023年，落实安全生产主体责任，开展重大事故隐患专项排查整治行动，排查发现重大隐患117个，整改率100%。推进“保交楼、督开工、促销售”专项行动，推进枫华天成、恒大时代之光、海棠之恋、金科集美天宸等保交楼项目建设。严格防范政府债务风险，逐步化解存量，严格控制增量。完成重大安保任务72次，有效提升社会治安管控能力，公众安全感、公安满意度连续3年实现双提升、双进位。

【“活力南昌 动感经开”2023首届雷公坳体育文化节】 2023年4月9日，由南昌经开区、南昌市体育局主办的“活力南昌 动感经开”2023首届雷公坳体育文化节在雷公坳文化体育产业园开幕。开幕式上，市委常委、统战部部长饶绍清宣布开幕，南昌经开区党工委副书记、管委会主任于立山出席并致辞。此次活动时间持续至4月15日，是南昌经开区根据自身特色，结合雷公坳文化体育产业园的优质资源及产业功能布局，因地制宜举办的体育赛事。

活动针对篮球、马术、卡丁车、陆上冰壶等运动爱好者，设置“雷霆万钧，畅享经开”社区篮球赛、“一马当先”马术表演秀暨体验周、“勇往直前，雷动风行”卡丁车追逐赛等场馆活动。以体育为引领，联动文化、旅游、商业等资源，开设“雷车之轮”体育超市，丰富文旅市场内容，挖掘消费潜力；举办“燃情时光”体育电影、“雷电之光”体育摄影赛、“燃烧吧，青春”“雷神”杯高校篮球联赛，多途径发展体育运动、传播体育文化。

【南昌经济技术开发区党工委、管委会（南昌综合保税区党工委、管委会）揭牌仪式】 2023年9月7日，南昌经济技术开发区党工委、管委会（南昌综合保税区党工委、管委会）揭牌仪式举行，南昌综合保税区、南昌临空经济区整合并入南昌经济技术开发区。南昌市委常委、南昌经开区党工委书记梅峰，南昌经开区党工委副书记、管委会主任于立山等出席揭牌，南昌经开区党工委副书记程建兵主持仪式。推进“三区合一”改革，将南昌综合保税区、南昌临空经济区整合并入南昌经济技术开发区，是贯彻落实党中央、省委和市委关于开发区管理体制机制改革创新工作相关要求的具体体现，有利于统一规划布局、促进资源整合、推动产业融合发展、提升产业发展能级，有利于进一步发挥国家级平台的融合优势，激发改革创新新活力，释放开放发展新动能，推动资源、要素、服务的优化配置，推动开发区高质量发展。

（周安娜）

南昌小蓝经济技术开发区

【概况】 南昌小蓝经济技术开发区（以下简称“小蓝经开区”）成立于2002年，2006年成为省级经济开发区，2012年升级为国家级经济技术开发区，规划核准面积18平方千米，建成约33平方千米，下辖2个管理处，是国家双创升级示范园区、国家外贸转型升级基地（汽车及零部件）、新型工业化产业示范基地、战略性新兴产业集聚区、国家级绿色工业园区。区内规上企业350家，高端科研平台8个、院士工作站有5个、国家级众创/星创空间6个、市级以上研发平台123个、高新技术企业223家。2023年，全区350家规上工业企业完成工业总产值982.88亿元，同比增长4.99%；工业增加值236.12亿元，增长10.73%；全区重大重点产业项目74个，总投资750.85亿元。嘉友食品等25个项目新开工，科翔紧固件等33个项目竣工或投产，其中省重点项目江铃控股新车型产线改造项目投产，杭电铜箔年产2万吨高性能超薄电子铜箔项目试生产。

【开放型经济】 2023年，围绕“3+3+N”产业体系（高端装备制造、精品钢材、现代商贸物流三大支柱产业升级扩张；装配式建筑、绿色建材、食品医药三大优势产业延链成群；N个新兴产业提质增效，助推社会经济高质量发展），聚焦首位产业、主导产业、存量企业、产业平台四个方面精准招商，签约引进项目45个，协议投资额313亿元（其中长园金锂、凤形股份等优强项目8个，总投资183.16亿元）。全年，实际利用省外项目资金223.04亿元，实际利用外资2019万美元，外贸出口164亿元，总量、增速均位全省19个国家级开发区前列，为园区高质量发展注入强劲动能。策应江西省内陆开放型经济试验区建设，拓展开放通道、强化开放平台，获评2020—2022年全省开放平台先进单位。南昌国际陆港铁路口岸（海关监管作业场所）正式开通运行，南昌国际陆港至广州港、厦门港双列齐发，“昌穗一港通”正式落地生效，南昌国际陆港成功入选国家骨干冷链物流基地建设名单。依托姚湾综合码头、南昌国际陆港两大开放平台，设立商品车出口江铃整车专列，江铃整车出口铁海联运破10万辆，再创历史新高。江铃进出口公司获评江西省外贸出口先进企业。

【营商环境】 2023年，全面推行“互联网+政务服务”模式，推动数

2023年12月6日，投资50亿元的江西杭电铜箔项目在南昌小蓝经开区投产

（南昌小蓝经开区　供图）

字服务与诉求响应深度融合，获评江西省营商环境评价第一档“优秀”。推行企业“网格化”服务模式，上线“企服一点通”小程序，建立企业诉求闭环处置服务机制，全年走访服务企业5086次，解决企业诉求781条。与江铃集团建立常态化政企对接机制，为煌上煌等72家亿元以上企业提供“一企一策”服务，围绕江西国药等15家支柱型企业建立服务专班，精准助力企业事项“一次办好”。为推动政策精准直达、高效兑现，推送惠企政策869条，开设“企服微课堂”44期，制作“惠企政策周周谈”系列海报35期，“蓝财通”大数据企业服务平台推送企业资讯23.5万条。开辟“昌南金融小论坛”，组织召开政银企对接活动23期，解决48家企业融资需求共2.4亿元，同比增长82.6%。

【产业发展】 2023年，围绕三大主导产业拟定产业链发展白皮书，编制“四图五清单”，对标省市拟定县（区）制造业重点产业链现代化建设“6410”行动计划（6个条件、4大集群、规模营收年均增长10%以上），“一链一策”推动产业集群化发展。稳步推进产业链融通发展，引进经纬恒润智能电动平台、煌上煌预制菜产业园等延链补链项目，汽车零部件产业园（二期）、金湖科创大楼、滨江智能制造产业园陆续落户项目。出台《工业企业特派员“大走访、大帮扶”活动方案》，对全区300余户重点规上工业企业、亿元以上工业企业实行精准帮扶。全年，组织近170家企业申报市、县两级政策涉工条款兑现，兑现工业扶持资金4200万余元，惠及企业近80家，协助企业争取上级资金补助4867万元。

【数字经济】 2023年，纵深推进数字经济做优做强“一号发展工程”，加快数实深度融合，获评2023年江西省数字化转型优秀开发区。联合华为创新中心及三大运营商举办9场数字化转型专题活动，赋能200余家企业数字化转型；江铃股份入选2023年度国家级智能制造示范工厂揭榜单位，“江西国药5G+智慧工厂”入选省首批制造业数字化转型优秀案例；2023年省智能制造标杆企业入选3家，2023年“5G+工业互联网”应用示范项目入选5家，入选数均位列南昌市第一。推动华翔5G+智慧工厂等数字化改造项目32个；组织308家规上工业企业参与全省制造业数字化综合发展水平评价，251家企业达L2级及以上，占比81.5%，高出南昌市3.3个百分点。

【科技创新】 2023年，培育创新主体，入库科技型中小企业539家、高新技术企业99家，组织20家企业申报江西省科技领军及入库企业、高成长性科技型企业。围绕重点领域和行业布局，支持研发平台载体建设，新增煌上煌酱卤食品国家级工业设计中心等国家、省市研发机构13个。

【生态环保】 2023年，持续推进“路长制”（全称“路长责任制”，“路长”由各交通支大队民警及相关负责人承担，以“全路实名”“全长有责”“路格集合”为原则，对交通标志标线设施等交通语言实行网格化、实名制管理，及时发现解决交通标志标线设置以及交通信号故障灯问题，并针对相关路段拥堵的成因等进行分析、提出缓堵建议等），对园区13条道路、12个社区开展常态化环境综合整治工作，完成105个入河排污口销号。坚持绿色低碳高质量发展，新增35个屋顶光伏发电项目，铂瑞能源扩大集中供热覆盖度。江西太古可口可乐饮料有限公司入选国家级绿色工厂。

【配套建设】 2023年，雄溪路小学项目交付使用，规划学位1620个。邓埠小学改扩建（一期）项目、玉岸路九年一贯制学校小学部竣工。小蓝经开区人民医院1号主体楼交付使用。邓埠、塔田、唐村（一期）安置房完成建设、移交和分配工作。霞山、雄溪（二期）、柏岗等安置房项目有序推进，建成后将惠及居民4677户。金沙一路农贸市场竣工并投入使用。

（陶　林）

江西青山湖高新技术产业园区

【概况】 江西青山湖高新技术产业园区（以下简称“青山湖高新园区”）是江西省城市规划范围内最大的省级高新园区，规划面积21.5平方千米，已开发面积13.6平方千米。2023年，辖区内有8个行政村、6个社区，户籍户数14244户、人口40863人，常住人口约8.3万人。青山湖高新园区以创新研发为驱动，发展形成针织服装、电子信息、食品医药、数字经济四大支柱产业。2023年，完成财政收入109261万元，同比增长13.3%，完成全年目标的100.3%；完成一般公共预算收入27345万元，同比增长6.8%。规上工业预计累计完成145.03亿元；规上服务业预计累计完成8.83亿元；限上零售额预计累计完成52.09亿元；固定资产投资预计累计完成33.6亿元。

【营商环境】 2023年，深入开展“项目为先、实干奋进、争分夺秒拼经济”作风提升年活动，设立企业服务中心，对接企业政策申报，为企业争取政策支持超过370万元，申报智能制造标杆企业1家、省级企业技术中心3家。组织搭建“政银企”信息共享、资源互通、纾困解难的高效平台，通过“财园信贷通”平台为企业申请并发放贷款52954万元，惠及中小微企业117户。利用“青山湖高新”微信公众号为企业发布招聘信息200余条，招聘各类专业性人才超400人，破解企业用工难困境。举办优化营商环境“亲清茶话会”3次，解决企业反映的附近道路排水不畅以及停车难等问题10余个。

【招商引资】 2023年，青山湖高新园区发挥自有平台优势，聚焦现代针纺、电子信息等产业强链补链，人工智能、大数据、5G等数字经济产业做大做强，开展产业链招商，成立产业链工作专班，制定《青山湖高新园区加强招商引资工作实施方案》，明确目标任务，提升招商引资的项目质量。结合楼宇资源特点，推进产控智谷、车仆总部大楼等楼宇招商，发展总部经济和数字经济，培育新的增长极。深挖中国电建、南昌国金公司总部经济辐射线索，打造总部经济带。全年，签约落户瑞坤制衣中心、祥耀出口服饰面料印染生产线、东方海岸情·文旅商厦（江西）总部项目等19个项目，签约金额46.7亿元。借助以商招商、平台招商等方式强化招商，找寻项目线索，在对接的招商项目有16个。

【项目建设】 2023年，青山湖高新园区推进区重大重点项目49个，总投资约377.64亿元，年度投资约111亿元。41个项目进入开工、在建、装修或竣工投产运营等状态。其中，百度飞桨（江西）人工智能产业赋能中心实现全面运营，华润三九智能高架库、哲霆科技全面竣工投产。中电建总部大楼主体工程完工并投入使用，LED二期（科创园）加速施工，产控智谷项目室内装修施工和市政道路施工加速建设，心励方完成土地摘牌并全面开工，豪驰5G智慧工厂4—5号楼、春丰农业科技、燎原废钢基地、无距服饰、蒂佑科技、雄山科技、产控智算中心、印艺科技、东风日产、广汽埃安、极狐蓝图汽车等一大批项目全面加速建设。

【城市建管】 2023年，完成尤氨路南延、轨道二号线东延、昌东三路与朱桥东路等项目征迁任务，交付施工作业面。开展安置房建设分配，完成沈桥（漆村）旧改安置房分配和义坊村一期安置房房源调拨工作。推进园区道路建设，昌达路道路提升改造工程、京川陶吁西侧道路提升改造工程竣工验收。CN503－D06，b09架空线路迁改工程完成合同签订。昌丰路排水工程地质勘察工作及初步设计方案基本完成。绿都丹石社区东侧小游园、保利心语社区周边环境美化亮化、佛塔路（昌南大道段—昌鸿路）提升改造工程等全线进入扫尾阶段。

【民生保障】 2023年，全面落实解困脱困、殡葬改革、社会保障等工作，推进创业贷款民生工程，帮助群众申请创业贷款2630万元。加强校外培训机构治理，开展2022年度年检实地评估，对存在严重安全事故的南昌青年艺术培训中心给予不予年检处理。开展防溺水工作，召开校园安全暨防溺水工作部署会并组织校园安全生产大排查，对重点防溺水安全隐患点位进行现场巡查600余次，开展防溺水宣传活动135次。推进园区公共文化服务体系建设，组织开展群众文化活动57次，参与人数5400余人。在青山湖区委、区政府组织开展的各项活动中均取得较好的成绩，其中，舞蹈队获青山湖区“舞动青山湖”广场舞决赛第三名，篮球队获2023年青山湖区“针纺杯”篮球赛“道德风尚奖”奖。

【社会治理】 2023年，严格落实安全生产责任制，持续推进各类重点行业领域专项整治行动。开展“平安综治宣传月”“反诈专题警示教育”“反邪教活动”等系列活动，深入开展法治宣传教育，定期开展“和谐劳动关系”培训会，提高群众的法律意识和防骗能力。出台《青山湖高新园区关于规范做好“两提升”行政村（社区）义务巡逻工作的通知》，全面推行“1＋2＋1”（1名民警＋2名村干部＋1名志愿者）巡逻模式，不断提升园区公众安全感综合指数、安全感指数和夜间出行安全感指数。成立青山湖区劳动争议案前速调联调中心高新技术产业园区分中心，抽调专业人员，整合各方资源，形成联调合力，调解劳资纠纷42起，为392人讨回薪资270余万元。完善青山湖高新园区矛盾纠纷“金”牌调解“陈任金工作室”，组织农村老党员、老干部、公益律师和相关职能部门共同参与多元化调解，排查矛盾纠纷217起，化解217起，化解率为100%。

【环境整治】 2023年，全面开展整治“散乱污”企业专项行动，完成整治“散乱污”企业110家，从源头上解决制约环境质量提升的污染问题。投资1200万元对京川村前后李楼堆小组等面貌较差的村庄进行“两整治一提升”，全面实现道路“白改黑”，雨污管网全面铺开，路灯全面优化更新。投入近400万元对京川3个自然村进行自来水改造，彻底解决农村不通自来水的历史遗留问题，让群众喝上安全水、放心水。

【百度飞桨（江西）人工智能产业赋能中心项目】 2023年2月23日，百度飞桨（江西）人工智能产业赋能中心开业。项目位于义坊路和昌东大道交会处，总投资10亿元，由1栋展示中心和1栋赋能中心构成，建筑面积分别是0.32万平方米和1.73万平方米。中心由百度飞桨和生态合作伙伴共同建设，基于飞桨整合百度AI技术服务、解决方案及生态资源，全面支持江西产学研用各方低门槛、高效率地应用AI技术和资源，助力江西开创高质量跨越式发展新局面。

【中国电建南昌总部项目主体落成】 项目位于广州路与高新大道的东南角地块，总投资50亿元，主体大楼由22层主楼+两侧5层裙楼组成，规划建设总面积约38万平方米，建设业态包括写字楼、酒店、人才公寓等。2023年5月25日，项目所有楼栋主体封顶。12月27日，一期办公楼在举行落成典礼并交付使用。项目建成后，部分驻赣和部分在赣成员企业将入驻产业园集中办公，成为电建集团在江西区域的信息中心、战略中心。在总部大楼产业孵化功能上，发挥"投资融资、规划设计、施工承包、管理运营"全产业链一体化综合服务能力，参与该地建设，助推南昌经济社会发展。

【青山湖产控集团总部项目落成】 该项目位于昌东大道与义坊路的东北地块，紧邻昌东大道，南昌大道快速路等城市主干道路，距南昌高铁东站1.6千米。该项目于2023年10月竣工，总建筑面积66559.93平方米，由4栋高层中试厂房组成，由北往南分别为12层、11层、11层和9层。配套建设机动车停车位约420个，非机动停车位约1100个。

【文明创建工作模式创新】 2023年，改变过去集中开会、文件通报的工作模式。由青山湖高新园区管委会主任带队，组织机关、村社有关负责人，集体深入创文巩卫一线召开现场推进会，以交叉检查打分的形式，对15处农民公寓和42个自然村进行检查督办，现场办公，推进农民公寓、背街小巷、房前屋后环境卫生整治。

【AI布匹瑕疵检测系统】 2023年，AI布匹瑕疵检测系统在针纺行业投入使用。众拓制衣引进2台AI布匹瑕疵检测系统，通过4套高清摄像机与4套光源系统互相配合，在针织布匹的来料检测环节，瑕疵检出率提升至95%以上（人工检出70%），可检出最小精度为0.1毫米的瑕疵，瑕疵检出种类多达15大种以上，且检测速率由原先人工验布的15米/分钟，通过AI智能验布可以达到每分钟60—70米，提升产线效率，有效降低经营成本约80%。

（赵子龙）

江西新建经济开发区

【概况】 江西新建经济开发区（以下简称"新建经开区"）原名江西新建长堎工业园区，2019年6月经省政府批准更名。2023年，新建经开区围绕实施省会引领战略和全市"一枢纽四中心"发展定位，紧扣"好新建、美生活"主旋律，以"迎难而上、敢作善为，奋力推动经济社会高质量发展"为工作主线，全面践行新发展理念，聚焦补短板、挖潜力、增优势，各项工作实现稳步推进。至年底，新建经开区实现主营业务收入329.51亿元；500万元以上固定资产投资完成9.97亿元，完成税收20.03亿元；实际引进内资54.08亿元。

【基础设施建设】 2023年，新建经开区紧紧围绕九望新城、重大重点项目，全力推进项目征迁。完成九望新城、园区新落户、新开工项目土地征收66.67余公顷。保证市重点项目复兴大道（九望新城段）交地、市重点教育配套项目行知学校9公顷、国道320改道7.47公顷，以及西部物流园、中至网信学校、浩英轮毂、官马街、兴业西路等项目的征地，为项目建设提供用地保障。完成房屋拆迁面积31303.35平方米，涉及173户、504人。完成兴业西大道、万吉物流园、宝康电气、美园电缆、轨道交通产业园二期等项目征迁扫尾，启动国道320改道项目拆迁。9月，启动玲岗花园安置房分配工作，半个月时间完成安置房分配工作，完成安置房分配2048套，面积180756.27平方米。筹备梦庐花园分配前期摸底等各项工作。

【招大引强成效】 2023年，新建经开区围绕"1+2+N"主攻产业方向，至年底，新增签约项目41个，总金额285.6亿元，其中投资50亿元以上项目2个（南方储能、维科钠电）、30亿元项目1个（特斯联MiniLED智慧互联一体机生产基地项目），20亿元项目3个（大湾区电子信息产业集群项目、PACK储能电池生产基地项目、深兰人工智能江西总部暨机器人产业园项目），10亿元项目1个，新签约落户的主要是新型储能电池、新能源汽车充电桩、人工智能机器人产业园、新能源汽车4S店以及电子信息等产业领域的项目。科朗PACK储能电池生产基地项目、维科钠电生产基地项目、旗鱼新能源物联网产业基地等项目正式投产。新建经开区举办2023年重大招商引资项目集中签约仪式，25个项目集中签约，总投资额超350亿元。1月，新建经开区与江西脉充能源技术有限公司完成投资2亿元的旗鱼新能源物联网产业基地项目，至年底项目已投产。3月，在新建迎宾馆举办粤港澳大湾区首批企业代表新建经开区建设移动智能终端等电子信息产业项目签约仪式。5月，举办粤港澳大湾区电子信息产业推介会、维科钠电产业链企业家座谈会暨新建区招商引资推介会等招商引资推介活动。6月，首批粤港澳大湾区4家企业达成组团落户意向并成功签约。8月，完成南方储能锂离子电池生产基地项目签约，该项目是南方黑芝麻集团盘活现有12公顷土地、6万平方米闲置厂房，投资55亿元建设的8.9GWh锂电池生产基地。该项目规划方案正在规划设计。同月，完成海信乾照江西半导体基地项目签约，已开工建设。投资20亿元的PACK储能电池生产基地项目，首条1GWh生产线完成调试，已投产。10—11月，签约上海雷珏数字化运动健康服务项目、江西京源医药有限公司项目、鹭燕医药江西总部基地项目等项目。

【项目建设推进】 2023年，园区有重大重点项目36个（新建项目17个，续建项目19个）。其中，新建项目中，开工项目10个（竣工3个）；续建项目中，8个项目竣工或投产。项目推进工作取得较好成效：PACK储能电池生产基地项目（科朗）以极短时间完成前期手续，快速投产；赣锋锂业锂电池生产基地项目摘地，在园区与多方协调沟通下进展态势向好；海信砷化镓基地项目（乾照光电）落地；维科钠离子储能电池生产基地项目二期在进行二期项目规划设计方案编制，开展环评、能评等工作。

【营商环境优化】 2023年，新建经开区通过周末亲清行、经开直通车、书记信息专线等各种信息收集渠道，梳理企业建议和诉求306条，主要涉及供地交付、周边配套、交通出行、税收返还、减免税费、“退二进三”、产权办证等，回复办结292条，办结率95.4%、企业满意度100%。打造“十八般武艺”企业服务品牌，形成以“一网联园区、玲岗吐槽会、企业服务卡、书记信息专线、经开直通车、玲岗创业会、金融服务站、企业家联盟、玲岗音乐会、掌上企服通、企服月专报、反馈一周行、企服红黑榜、问效啄木鸟、销售帮帮团、暖心爱企日、经开英才荟、企业家论坛”为子品牌的新建经开区企业服务“十八般武艺”。将“店小二”“保姆式”服务升级为“妈妈式”服务，视企业为亲子女，收集企业成立时间、企业家生日，在重要时间节点送上鲜花、蛋糕和祝福。建立健全“一企一档”“一企一卡”管理制度，有针对性提出企业发展意见、建议，将“亲和爱”“养和育”“管和严”贯穿于服务企业全过程、各环节。开展多样形式的招聘活动，借助“洪漂人才荟”“西山庙会”“春风行动”等招聘活动，邀请乾照光电、江西五十铃等170家企业，发布招聘岗位信息2600余条，帮助企业招工500余人，解决企业用工难问题。组建经开区企业家联盟，按“1+2+N”产业定位，完成208家企业入盟，收集到130余家企业产品700余件，玲岗湿地公园“企业家俱乐部”启用，分别以“企业LOGO墙、企业家笑脸墙、新建经开良品铺子、企业服务十八般武艺”四大板块全方位展示新建经开区企业发展情况，搭建一座助企、惠企连心桥，实现政府与企业、企业与企业的良性互动。10月6日，举办经开区“玲岗音乐会”。借用玲岗湿地公园优势资源，通过“音乐会”形式，邀请金达莱、维科电池、乾照光电等68家企业和区城管、国土、商务等7个区直单位负责人，现场协调解决问题10余件，《江西日报》、都市现场、江西广播电视台、洪观新闻等多家媒体宣传报道。

2023年5月27日，新建经开区举行维科项目第一期投产第二期开工仪式

（新建经开区 供图）

【城市环境管控】 2023年，新建经开区多措并举，全方面推进城市环境管控工作，进一步提升经开区总体城市环境形象。加快推进基础设施提升改造项目，对新建经开区36条市政道路进行提升改造，包括道路工程、交通工程、排水工程（雨污分流与积水点改造）、照明工程、景观绿化工程、老旧厂房外立面改造等，匡算总投资约10.1亿元。该项目已获区发改委立项批复，在走工程概算和工程招投标等前期工作。推进已拍土地平整工作，完成美园电缆、中南高科南地块、国翔电力项目地块、晶砂轮毂地块、轨道一二号地块、武警沙场、庆合再生资源、林恩西侧用地等项目用地土方平整工作，完成土方量约170万立方米，交付企业使用，为企业施工做好前期工作。稳步推进园区保洁绿化服务外包工作，借鉴城区成熟经验，适时推进第三方保洁服务外包，参照城区要求，达到精细化管理目的，还原马路本色。从严推进园区废品收购站清退工作，联合区应急管理局、消防中队、市场局、环保局等部门联合执法，对工业一区28家废品收购站进行整治，清出园区15家，二区9家废品收购站清理出1家，加强监督管理，防止问题持续反弹。全面推

进开发区沿线环境提升工作，以开发区基础设施提升项目为契机，在武功山大道（原320国道）、坚磨大道、宁远大街等主干道沿线灯杆上，安装一批含有开发区LOGO、口号的道旗和宣传展板。对开发区主要道路沿线绿化特别是4S店门口绿化进行调整，在科发路水渠旁或其他闲置场地打造以“汽车”为主题的悠闲广场，打造以特斯拉、比亚迪、“蔚小理”为首新能源汽车销售交付基地。

（朱家宪　万　箭）

江西进贤产业园

【概况】 2023年，江西进贤产业园（进贤医科园）呈“一园五板块”（产业园本部，温圳产业园，医科园，电子电路产业园，转型升级示范园）的发展格局，总规划面积25.3平方千米，建成面积约11.95平方千米，有452家生产型企业，其中规上企业166家。具体分布：产业园本部（规划面积10.31平方千米、建成面积5.88平方千米，园内企业242家、其中规上企业79家）、温圳产业园（规划面积3.87平方千米、建成面积2.74平方千米，园内企业124家、其中规上企业52家）、医疗器械产业园（规划面积14.41平方千米、建成面积2.8平方千米，园内企业85家、其中规上企业34家），南昌高新区进贤电子电路产业园（规划面积2.76平方千米、建成面积0.58平方千米，园内企业2家、其中规上企业1家），南昌（进贤）产业转型升级示范产业园（规划面积1.58平方千米、建成面积0.25平方千米）。

【经济发展】 2023年，进贤产业园（进贤医科园）在全省开发区高质量综合考核中排省级开发区第48位；总产值实现169亿元，其中规上工业产值160.6亿元，同比增长12%；利润总额7.64亿元，增长3.46%；工业增加值50.83亿元，增长6.75%；累计税收11.2亿元，增长27.3%；新增“五上”企业20家；固定资产投资完成22.96亿元，上升28.45%。

【招商引资】 2023年，落户40家企业，总投资约90.6亿元。其中落户用地项目26个。20亿元以上项目1个（江西东临产融投资有限公司太阳能光伏组件的研发生产项目），10亿元以上项目2个［宁波新售通品牌管理有限公司全国小家电供应链枢纽中心项目、美宜佳（江西）数字零售产业园项目］。

【项目推进】 2023年，进贤产业园（进贤医科园）纳入2023年省、市、县重大重点项目62个：省重点项目3个，省大中型项目10个，市重点24个，县重点62个。至年底，超目标任务计划推进较好的23个，占比37.09%；按计划如期完成目标任务的27个，占比43.55%；12个项目因企业规划设计变更、土地及项目前期手续办理等原因未如期完成目标任务，占比19.36%。

【闲置用地清理】 2023年，进贤产业园（进贤医科园）清理盘活低效、僵尸企业用地7宗，面积23.17公顷。分别为：汉盛工贸2.4公顷（热火服饰）、群辉公司2公顷（万顺铝业），永新校车3.97公顷（法拍，嘉雨阳公司），八一电缆2.87公顷（益扣公司），汇贤聚氨酯2公顷（凌博公司），杰臻门窗3.13公顷（融创产投），怡蜂园公司6.8公顷（江西依维尔公司）。

【基础设施建设】 2023年，进贤产业园（进贤医科园）投入建设资金约6亿元，建设进贤产业园辰鼎能源高效组建项目、进贤产业园电商产业园标准厂房及配套设施建设项目，完成进贤产业园本部及温圳园区消防站改造工程、温圳园八路以南三之鑫以西地块土方平整工程、温圳园区十三路南四路至北西路段道路工程、进贤产业园温圳基地东九渠316国道与温创大道交会处涵管工程、进贤县医科园邻里中心建设项目、医科园二级消防站新建工程、进贤县创业大道以南地块土方平整工程、进贤县医科园医科大道以南江西坤脉以西地块土方平整工程等。

【医疗器械产业发展】 至2023年年底，医疗器械产业园现有生产企业85家，其中规上企业34家，高新技术企业10家、专精特新企业7家。全年规上企业实现营收近百亿元，税收2.61亿元，产品出口2.43亿元，下降4.4%。有省、市级企业技术中心各1家，市级中小企业服务示范平台1家。进贤县医疗器械产业集群被省工信厅评为省级中小企业特色产业集群。商务部对外贸易司公布2023年度国家外贸转型升级基地考核结果，江西省南昌市进贤医疗器械科技产业园国家外贸转型升级基地通过考核。

【重点企业发展】 至2023年年底，进贤产业园（进贤医科园）现有各类企业1611家，其中：经营企业1156家，实体企业452家（用地企业221家、标准厂房78家），规上工业企业166家、高新技术企业42家。有15家企业被评为2023年度进贤纳税突出贡献、标兵企业。其中，江西洪达医疗器械集团有限公司纳税10216.9万元，江联重工集团股份有限公司纳税6097.83万元，江西隆莱生物制药有限公司纳税4759.2万元，合壹汇医疗器械集团有限公司纳税4112.28万元，南昌韵至达电子商务有限公司纳税3565.7万元，江西中大人防设备有限公司税收2930.35万元，江西维德医疗设备有限公司纳税2221.64万元，江西万隆实业有限公司纳税1451.57万元，致邦住宅工业集团有限公司税收1541.47万元，江西美格尔医疗设备有限公司税收1435.34万元，江西晟威汽车零部件有限公司纳税1015.06万元，江西松昊重工有限公司税收994.95万元，江西雄宇（集团）有限公司税收824.72万元，江西中成药业集团有限公司税收805.73万元，江西洪富肠衣集团有限公司税收7771.8万元。

【帮企服务】 2023年，进贤产业园（进贤医科园）推行涉企事项全程代办、帮办制度，设置企业服务热线电话，全年收集企业诉求193件，完成办结181件，完成率94.2%。研究出台县产业园历史遗留问题办证实施方案，协助恒生医疗、坚邦钢结构等20余家企业按历史遗留问题方式取得不动产权证，同时协助中大人防、方远钢构等11家企业办理。推出VIP企业尊享服务实施方案，评选23家企业为VIP服务企业，提供VIP尊享服务。

（陈　猛）

江西安义高新技术产业园区

【概况】 江西安义高新技术产业园区（以下简称“高新园区”）位于安义县东部，于2001年8月开发建设，前身为安义县凤凰山开发区，2006年3月被认定为“省级工业园”并更名为“江西安义工业园区”，2022年2月，省政府批复同意更名为“江西安义高新技术产业园区”。高新园区总体规划面积为20平方千米，2023年已建成面积15平方千米，完成基础设施投资10.46亿元。高新园区坚定“工业强县，产业兴县”发展目标，加快构建铝型材、新材料、光伏新能源、电子信息、纺织服装等产业为主要支撑的现代工业体系。2023年，高新园区坚持“项目为先、实干奋进，争分夺秒拼经济”为全年工作主线，开展安义县“奋进新安义，拼搏新征程”高新园区突破行动，围绕“扩大总量提质量、项目为先育后劲、转型升级强链群、科技创新开新局、集约发展拓空间、优化环境促改革”六大攻坚行动，推动高新园区经济发展再突破再提升。县域科技创新能力进入全省前30强（第28位）；铝型材产业集群规模突破500亿元，列全省产业集群第15位；园区规上工业产值规模首次突破400亿元大关；工投铝业、工云投、铝谷数据供应链平台交易规模全年突破50亿元；营收规模升至全市省级开发区第一位；研究与试验发展（R&D）经费支出增速位列全市第一；“财园信贷通”放款金额居全省第三；发明专利总量突破130个；国家高新技术企业总量突破100家。省级制造业单项冠军、省级潜在独角兽、省级研究生工作站、江西省领军企业、两化融合贯标实现破零；江西精品、省级专业化小巨人企业、省级专精特新企业、省级以上绿色工厂、省级两化融合示范企业、江西名牌新增数量实现翻番；中国证券监督管理委员会批复同意江西沐邦高科股份有限公司向特定对象发行股票注册的申请，融资方式实现新突破。全年，获得“安义门窗”集体商标、中国系统门窗产业示范基地、促家居消费优质产业集群地、百县千企行动计划重点联系市县等国家级金字招牌，获评省级开发区第一等次，获省级节水标杆园区、全省三星级产业集群、全省中小企业特色产业集群、江西十大地域消费品牌、省级特色小镇等省级荣誉，“安义铝工”首次获评“赣字号”劳务品牌，改革案例《思想破冰引领行动突围——以园区体制机制改革，创新推动高质量发展》获省级一等奖。

【园区改革】 2023年6月，根据中央和省、市有关开发区改革的意见，启动了《关于深化江西安义高新园区体制机制改革实施方案》（简称“改革方案”）起草工作，安义高新园区管委会组织干部到青山湖高新技术产业园区、丰城市高新园区、进贤工业园区等开发区考察学习，经过县主要领导多次专题听取、多轮修改后，12月30日印发《关于深化江西安义高新园区体制机制改革实施方案》文件。改革方案内容是在高新园区原有的体制机制基础上进行完善和提升，由总体要求、主要目标、总体原则、改革措施、实施保障和9个附件组成。

【园区经济】 2023年，园区有注册企业2159余户，落户企业626户，其中规上工业企业数量291户，高新技术企业102户，专精特新企业90户（其中国家级专精特新1户，省级专精特新80户，市级专精特新9户），绿色工厂5户（其中国家级1个、省级4个）；中国驰名商标6个，江西名牌35个，江西精品5个，赣出精品5个，科技小巨人9户，省级专业化小巨人3户。园区规上工业企业总产值达403.43亿元，同比增长6.1%；实现主营业务收入510.97亿元，增长6.3%，规上工业营收386.32亿元、增长3.8%（其中营业收入过10亿元企业5户，过5亿元企业25户；非工营业收入124.65亿元，增长10.87%）；完成纳税12.24亿元，增长29.71%，其中1000万元以上15家，实体企业7家。安排就业人员26881人，增长16.7%，其中工业22025人，非工4856人。

【招商引资】 2023年，围绕安义县“工业强县、产业兴县”目标，紧密对接项目6个，分别为洪安锂新材料年产5万吨电池级碳酸锂项目、南方印务年产2万吨新型环保油墨及1万吨胶黏剂项目、40万吨沉淀法白炭黑项目、李氏控股集团汽车轻量化项目、盛禾能源年15万吨NMP精馏及年产2万吨导电浆料项目、鑫鼎泰年产3000套绿色环保太空舱及30万平方米保温一体板项目。

新签约项目亿元以上4个，分别为佳仕达年产6000吨新型粉末涂料、7万套汽车配件及工业型材模具项目、森凡智能年产600万套智能穿戴设备及相关配套产品项目、绍达年产80万台手机及蓝牙音响等智能终端产品项目、中铁十九局3万吨混凝土外加剂项目。完成20亿元以上优强项目1个，为总投资额21.8亿元的安义（大湾区）智能终端产业集群项目。园区实际利用省外资金完成43165万元，现汇进资完成41万美元。

【项目建设】 2023年，高新园区坚持把“项目为先、实干奋进，争分夺秒拼经济”作为全年工作主线，推进项目建设，重大重点实施项目86个，项目总投资464.71亿元，年度计划投资约277.29亿元。开工项目84个，开工率97.67%，其中竣工、试投产项目60个，完成年度投资184.48亿元，占年度计划投资的100.21%。盘活低效用地37.19公顷，督建消化闲置、批而未用、用而未尽土地12.13公顷。完成门窗小镇周边区域征迁地块拆迁。工友路以北40.07公顷征收地块，签订土地收储协议。对杭萧钢构以东地块进行摸排，拟拆迁房屋面积约3.8万平方米，涉及村民104户，整体可征收东阳镇闵埠村土地53.33公顷，征收土地约100公顷。

【铝型材及门窗产业发展】 2023年，安义县铝型材产业集群获评2022年度省级产业集群综合评价第15位，三星级产业集群。安义县铝型材产业集群被认定为2023年度江西省小企业特色产业集群。铝型材及配套产业落户企业430户，其中规上工业企业175户，国家高新技术企业44户，专精特新企业29户。全年，铝型材产业实现规上工业总产值282.61亿元，较上年增长7.5%；规上主营业务收入273.99亿元，较上年增长7%，利润总额9亿元，较上年增长1.44%。重点加强铝型材产业技术研究院建设。9月1日，南昌职教城管委会、江西安义高新园区管委会与南昌职业大学，就共建江西省铝型材产业技术研究院举行合作签约仪式；9月11日，江西省铝型材产业技术研究院合资公司注册成立，公司名称为江西省地安人义铝基科学技术研究有限公司。推动市域产教联合体建设。9月1日，园区管委会、职教城管委会与南昌职业大学就共建产教联合体签订合作协议，就建设产教融合实训基地、联合制定培训计划等内容进行详细规定；12月18日，向省教育厅提交联合体申报推荐书和佐证材料。

【新材料（化工）产业发展】 2023年，安义县新材料（金属）产业集群成功创建省级产业集群。新材料（金属）产业集群首次参评，进入2022年度全省产业集群综合考评40强，获评良好等次。新材料（化工）产业有企业51家，规上企业29家，专精特新12家（国家级1家、省级11家），高新技术企业21家。全年，新材料产业规上总产值53.6亿元，较上年增长4.5%；主营业务收入50.24亿元，较上年增长0.9%。创新平台19个，其中：国家级1家［江西晶安高科技股份有限公司（博士后科研工作站）］；省级8家［江西晶安高科技股份有限公司（江西省锆基材料工程研究中心）等］；市级10家［江西巴菲特化工有限公司（企业技术中心）等］。

【新能源（储能）产业发展】 2023年，紧盯锂电产业和光伏新能源两条赛道，依靠金德锂、捷锐机电等企业，发展新能源（储能）产业，落户新能源（储能）企业5户，其中规上工业企业4户。全年，新能源（储能）产业工业总产值14.42亿元，工业主营业务收入10.64亿元。加快推进光伏产业园、捷锐机电生产基地等重点项目，全面投产后将实现裂变式成长，成为带动全县工业经济增长的新质生产力。

【电子信息和LED产业发展】 2023年，电子信息和LED产业有企业34家，规上企业10家，专精特新1家，高新技术企业1家。全年，电子信息和LED产业工业产值2.29亿元，较上年下降20.05%；工业主营业务收入1.98亿元，较上年下降16.02%；利润总额127.1万元，较上年降低68.99%。

【营商环境】 2023年，在税收上打造公平环境，坚持公正公平纳税为原则，通过强化亩均意识、加强税收辅导、实施节地增效办法等多种举措，增强企业的纳税意识。铝材行、棉纱行业较上年同期分别增收5848万元、2724万元，亩均税收为5.46万元，净增收1.67万元，增长44%。在融资上提供优质服务，为216家企业审批“财园信贷通”贷款11.05亿元，备案入库“科贷通”企业26家，其中“财园信贷通”放款户数及金额均排名全市第一。在平台上凸显赋能作用，“百城千店”注册312家门窗企业、精品店35个，江西“安义门窗”经国家知识产权局核准注册为集体商标；“安师傅”服务平台完成交易额4560.11万元，铝合金产成品结算平台实现营收1.35亿元，税收160万元；铝谷数据、工云投供应链、工投铝业完成贸易额48.05亿元。在助企上用心服务，为企业办理行政审批事项331件、解决职工子女就学116人、解决企业用工4379人次、办结企业连心问题142个。

（陈　攀）

数字经济

数字产业发展

【概况】 2023年，南昌市推进数字经济“一号发展工程”，推动数字经济与实体经济深度融合，做强做优数字产业生态，打造数字经济新优势，助力南昌高质量发展。围绕8条数字核心产业精准发力，数字经济核心产业规模不断扩大，全市数字经济核心产业增加值突破600亿元，9个省数字经济集聚区入驻数字经济核心产业企业219家，集聚区产业规模141.7亿元，集聚区数字经济核心产业规模118.6亿元，聚集度82.39%。信息传输、软件和信息服务业规模以上企业营业收入280.2亿元，增长5.3%；物联网产业全年实现营业收入301.40亿元，增长10.43%。

【5G基础设施建设】 2023年，南昌市进一步实现5G网络向行政村、自然村延伸，交通枢纽、大型体育场馆、三甲医院、高等学校、旅游景区等流量密集区域深度覆盖。全市建成5G基站数19613个，占全省的20.4%，每万人拥有5G基站数达35.2个，全省排第一名，是全省率先实现乡级行政区5G网络开通率100%的城市，5G网络实现主城区100%连续覆盖。5G移动用户数占比为53.2%，千兆以上宽带用户数占比19.4%。城市家庭千兆光纤网络覆盖率404%，居全省第一位。

【多层次算力设施体系打造】 2023年，南昌市数据基础设施规模不断扩大，云计算中心向“算力化、智能化、绿色化”加速转型升级，数据中心集中集约加快建设，算力化发展加速推进。至年底，建成数据中心15个，平均PUE（数据中心电源使用效率）1.4，标准机架数达44654个，占全省比重达到59.6%，绿色化、云服务基础支撑能力不断提升。超前布局人工智能算力中心，协调推进红谷滩区人工智能算力中心建设，项目规划100P智算混合架构计算能力，首期建设70P（国产50P＋国外20P），第二期30P根据首期算力运营情况适时建设，完成立项。

【VR产业发展】 2023年，南昌市VR产业规模持续扩大，创新能力进一步升级，基本形成覆盖硬件、软件、内容制作分发、应用服务等环节较为完整的VR产业链，构建企业上中下游聚集、抱团发展的产业生态圈。17家中国VR 50强企业落户南昌，全市VR及相关产业营业收入突破800亿元。举办2023世界VR产业大会，1个项目获2023世界VR产业大会VR/AR年度创新奖金奖、15个项目获创新奖。南昌市在2023世界VR产业大会上达成合作意向项目56个，签约金额达233.7亿元，占全省比重的51%。

【数字经济企业培育】 2023年，南昌市支持数字经济企业利用工业互联网做大做强，数字经济企业逐步发展壮大。思创数码获评2023年工业和信息化部大数据产业发展示范，江西鹭鹭行等3家企业3个产品获评2023年江西省首版次软件产品（全省5个产品获评），江西众灿互动等11家企业获评2023年江西省大数据示范企业，江西软云等4家公司4个项目获评2023年江西省大数据产业发展示范。至年底，102家物联网领域企业获评江西省专精特新中小企业，其中5家企业新获评2023年国家级专精特新“小巨人”企业。

【2023中国（南昌）数字经济与新基建产业发展大会暨博览会】 2023年11月28—30日，由南昌市人民政府、江西省国有资产监督管理委员会、中国国际贸易促进委员会江西省委员会共同主办的2023中国（南昌）数字经济与新基建产业发展大会暨博览会在南昌绿地国际博览中心举办。大会以“数智赋能产业升级，科技引领创新发展”为主题，围绕数字经济领域创新成果、数字政

府与政务、数字基础设施与数实融合、数字金融、5G技术及5G基站建设、特高压、城际高速铁路和城市轨道交通、新能源汽车充电桩、大数据中心、人工智能、工业互联网、央企和国企新基建规划建设与数字化转型成果12个重点领域设置展览展示，全面覆盖数字经济与新基建领域全产业链，搭建政、商、产、学、研高端对话与合作平台，促进产业发展，为所有参展商和参会者提供商务洽谈、项目展示、信息交流的平台。大会举办开幕式及会议论坛10余场，5位“两院”院士、20多位行业领军人士、50多位专家学者和企业高管将发表演讲，并进行对话交流，500余名央企、国企、百强企业、高校、科研院所及知名企业代表参加开幕式，南昌高新区与联通（江西）产业互联网有限公司完成“联通（江西）产业互联网创新型业务及研发总部”项目签约仪式，项目总投资3亿元。

【数字经济领域科技创新】 2023年，南昌市新增一批数字经济领域工程研究中心、企业技术中心等创新平台，南昌未来科学城、瑶湖科学岛规划建设稳步推进，南昌实验室、江西创新馆启动建设，平台支撑作用日益明显，年营业收入3亿元以上数字经济企业研发机构实现全覆盖。创新能力不断加强，7个项目获得2023年度江西省03专项及5G项目立项，全省占比21%。开展数字经济领域揭榜挂帅行动，2023年南昌市重大科技项目立项40项，其中涉及数字经济领域项目36个，占比90%，金额4180万元。“国家技术标准创新基地VR分中心”参与制定国家标准3项、拟立项国家标准2项、正式发布团体标准1项，“智慧城市分中心”完成团体标准1项、起草地方标准2项。

（杨　秀　聂文杰）

产业数字化转型

【概况】 2023年，南昌市坚持推动数字经济与实体经济融合发展，组织开展产业数字化发展水平评价行动和产业数字化“千人入万企”普查工作，完成全市2000余家规上工业企业数字化发展水平评价工作，帮助企业解决在数字化转型过程中存在的问题，有针对性地分类指导和精准施策，产业数字化转型步伐不断加快。南昌市先后入选国务院督查激励2022年度建设信息基础设施和推进产业数字化工作成效明显市（州），工业和信息化部、财政部全国首批中小企业数字化转型试点城市。

【制造业数字化转型】 2023年，南昌市“万企上云上平台”持续推进，全市开展“万企上云上平台”专项活动52场，年度新增上云上平台企业16887家，累计上云上平台企业53187家。江铃新能源汽车、华兴针织、华勤、同兴达、兆驰等近20个5G+智慧工厂项目建成。江西国泰集团工业互联网平台入选2023年国家级跨行业跨领域工业互联网平台，实现江西“双跨”平台“零的突破”。江西融合科技的江西省开发区统一数字化管理服务平台、联通（江西）产业互联网公司的江西联通工业互联网平台、电信维盈工业互联网平台获评国家特色专业型工业互联网平台，7家平台入选江西省双跨型、行业型、区域型以及企业级工业互联网平台；江铃股份等3家企业获评国家级智能制造示范工厂，欣旺达等4家企业获评国家级智能制造优秀场景，方大特钢等10家企业获评2023年江西省智能制造标杆企业。

【服务业数字化转型】 2023年，南昌市构建数字化服务新场景。不断强化数字技术在商贸、文旅等服务行业的融合应用，打造形式多样的数字化服务和消费新场景。开展各类线上促销活动100余场，举办云上文旅推介会、推出“小平小道虚拟展览”，其中“滕王阁江右文化数字体验馆”作为江西省唯一项目，入选2023年全国文化和旅游数字化创新实践优秀案例。南昌VR园项目创评2023年文化和旅游部全国首批智慧旅游沉浸式体验新空间。

【农业数字化转型】 2023年，南昌市紧盯农业领域，发展智慧农业新模式。推动数字化应用场景研发推广，支持新型农业经营主体利用5G、大数据等新一代信息技术建设智慧农（牧、渔）场，实现农业生产、管理、经营等各环节作业精准化、数字化和智能化，推广农产品质量安全数字化监管，打造各具特色的智慧农业示范样板。南昌移动联合绿能农业建设“5G+智慧农业物联网云平台”，借助5G、物联网、人工智能技术，依托无人机、物联系统、智慧农机，打造出5G智慧农业生态系统，实现高标准农田耕、种、管、收的智慧化、精细化管理。至年底，全市创建省级农业物联网示范基地42家。

（杨　秀　聂文杰）

南昌电信

【概况】 2023年，中国电信南昌分公司（以下简称“南昌电信”）履行建设网络强国和数字中国、维护网信安全的使命责任，全面深入实施云改数转战略；以“5G+千兆宽带+千兆Wi-Fi”三千兆引领，持续推进基础业务转型升级，深化智慧社区、数字乡村场景融通；以市场为导向，聚焦客户需求和应用场景，布局战略性新兴产业，提升数字化产品和服务能力，推动产数业务从项目型向运营型转变、从资源驱动向能力驱动转变；以客户为中心，以科技创新为引领，持续加快在南昌地区的数字信息基础设施建设与布局，筑牢数字南昌的关键底座。

【“数字经济·智造未来”智能制造项目交流会】 2023年3月，小蓝经开区经发局、中国电信南昌县分公司、南昌金创、上海冠猴联合举办“数字经济·智造未来”绿色食品制造数字化升级研讨交流会，会议旨在搭建“产学研用”沟通交流平台，为推进信息技术与产业发展融合注智赋能，帮助企业上云及两化融合建设答疑解惑。会议以“煌上煌5G+制造智慧工厂”项目（全国第五届“绽放杯”赛道一等奖）为示范标杆案例，邀请28家食品生产企业和行业专家参加。通过政府解读政策、专家行业洞察、现场实地参观的方式，深入探讨和交流如何围绕运用数字化手段帮助企业抢抓新一轮绿色食品产业发展机遇，进一步推动绿色食品产业高质量发展，助力打造先进制造业集聚发展中心。中国电信工业互联网（江西）研究院以《从“两化融合”到“智能制造”，打造食品行业5G全连接工厂示范》为主题，从政策解读与工业技术分析、5G全连接工厂解决方案及标准化产品方面，全面介绍如何运用云、网、数、智、安、用的能力为绿色食品制造企业数字化转型赋能。南昌县分公司网信安专家为企业介绍工业安全态势感知和网信安平台，中国电信将借助技术优势和平台优势为企业数字化转型保驾护航。冠猴智能、南昌金创也分别从智能产线和MES软件角度，对企业数字化转型进行解读。

【孺子路电信营业厅获“全国五一巾帼标兵岗”】 2023年4月27日，江西省总工会女职工部部长徐红梅到中国电信南昌分公司，为获得“全国五一巾帼标兵岗”的孺子路电信营业厅进行现场授牌。孺子路电信营业厅是南昌电信功能最全、受理业务种类最多、客流量最大的服务窗口，拥有一支技能过硬、服务周到、作风优良的优秀团队，该团队有员工37名，其中党员3名、预备党员1名，平均年龄31岁。营业厅践行“用户至上、用心服务”的服务理念，客户好评率99%，获江西省“五一巾帼标兵岗”和团中央“青年文明号”等多项称号，2023年获江西省“工人先锋号”。

【“3·15”消费者权益保护日活动】 2023年3月15日，南昌分公司作为消保委单位代表，参加由南昌市市场监督管理局、南昌市消费者权益保护委员会主办，高新区市场监督管理局协办的“3·15”国际消费者权益日现场宣传咨询服务活动。开展反诈宣传，讲解五大高发诈骗案例，提醒用户不听不信不转账；推荐用户关注“天翼防骚扰”微信公众号，免费享受高频、骚扰、境外号码的拦截功能；提供适老服务，介绍孝心卡套餐，让老年人享受语音通话和国内流量，免费使用来电显示、智能通信助理功能，套餐设置贴合老年群体使用习惯，价格实惠；配套优质服务，在周边电信营业厅，举办反诈小课堂；提高广大消费者数字消费的获得感、幸福感和安全感，为日常生活带来便利，防范遭遇诈骗的风险。

【适老关爱云手机“臻情”推出】 2023年5月17日世界电信日，南昌电信推出关心关爱老年人群体，倾心打造的“臻情”手机。该款手机由江西电信原创，由中国电信集团公司定制开发，通过科技赋能，全方位解决老年人对智能手机的需求痛点，1.3倍超大字体、4乘3桌面布局、超大音量、一键拨号、语音播报、超长待机等功能，帮助老年人跨越数字鸿沟，融入5G智能数字生活。不仅方便老年人在手机端的看、听、用，还配备臻情守护、家庭相册、远程柜台等专属应用，极大满足子女对老人的亲情守护等需求。

【5G+智慧工厂集中签约】 2023年，南昌电信响应《南昌县（小蓝经开区）深入推进数字经济“一号发展工程”奋力打造全省产业数字化先行区行动方案》，加快推动该区5G、大数据、人工智能等新一代信息技术与工业生产制造各个过程深度融合，与南昌县（小蓝经开区）5家规上企业［南昌青林座椅制造有限公司、江西人之初营养科技股份有限公司、益海嘉里（南昌）粮油食品有限公司、江西人民电器有限公司、南昌友星电子电器有限公司］签订5G+智慧工厂合作协议，围绕5G展开联合创新。邀请企业代表（煌上煌）信息总监分享数字化转型经验；合作各方强调要加强在工业互联网领域合作，致力于打造信息化与制造业深度融合的示范标杆，推动智能制造发展。

【第二届“光华杯”千兆光网应用创新大赛获奖】 2023年，南昌电信在工业和信息化部、中国通信企业协会、中国信息通信研究院联合主办的第二届“光华杯”千兆光网创新应用大赛全国专题决赛中获1个“一等奖”、2个“二等奖”。其中，“千兆全链接赋能江铃控股智能智造项目”获一等奖，“千兆赋能新零售酱卤销售新生活项目”和“双千兆光网助力江西佳时特小单元标准化智能制造产业生态项目”获二等奖，南昌电信成为省内唯一获得二等奖及以上的单位。

【2023年南昌·进贤环青岚湖自行车大赛通信保障】 2023年5月20日，中国电信南昌分公司为保障2023年南昌·进贤环青岚湖自行车大赛通过IP网承载的流媒体实时传输方式进行电视直播，赛前调配开

通光缆路由，赛间派出1辆无线通信应急保障车驻守现场，并派专人密切跟踪网络服务质量，保证720余名来自四川、广东、河南、上海等11个省（直辖市）户外自行车大赛骑友在环青岚湖赛道上驰骋的电视直播画面流畅。

【千人横渡赣江活动通信保障】 2023年7月15日，“英雄聚会越赣越泳”南昌市千人横渡赣江活动举行。南昌电信出动保障人员62人次、保障车辆15辆次，12小时内完成光缆摸排工作，24小时完成直播专线网络开通，按时间进度完成各保障点6条互联网专线联调工作。南昌电信扩容28个基站，部署1艘应急冲锋舟安置小型无线中继确保活动期间沿江区域无线信号畅通和赣江直播信号畅通，部署1辆应急通信车用于紧急时使用，提升活动现场通信良好信号。

【2023南昌飞行大会通信保障】 2023年10月29日，南昌电信以高标准的服务完成2023南昌飞行大会通信保障任务。为确保本次飞行大会的无线网络顺畅，南昌电信按照“5G网络零问题、用户千兆极速体验”的工作要求，成立融合“测试、优化、工程、后台”的保障团队，组织60多人次对洪都机场、商飞等区域的4G/5G网络进行多轮摸底，对风险点全面排查，并针对排查发现的薄弱区域快速进行优化，制定相应的保障执行方案。精准施策提前做好风险预判处理。针对相较往年扫码程序增加的情况，精准投放应急车辆在会场，保障展区入场口扫码网络容量需求；提前完成保障区上百个4G/5G基站的无线核心数据调优，从而确保大会期间现场未出现超容量小区。紧密协同现场后台监控相互配合。现场反馈话务热点区域，后台实时监控优化。根据现场人群流动趋势和现场保障的实时体验，按预案即时对无线核心数据调优。安排专业的技术团队在展览期间现场待命，随时解决可能出现的突发通信问题。

【第十五届中国绿色食品博览会通信保障】 2023年11月17—20日，南昌电信落实第十五届中国绿色食品博览会组委会各项技术保障要求，提供全过程、全方位、全天候的千兆光网和5G网络保障。展会前期，针对博览会主会场绿地铂瑞酒店、绿地国博会展中心等关键场景点，南昌电信提前完成25个小区网络扩容。现场部署1辆应急通信车，对其他交通枢纽、接待酒店等10处重要场景和14条重要线路，开展5轮4G/5G网络摸排测试，提前完成6处场景优化，确保活动现场及周边上网、通话畅通。展会期间，南昌分公司保障专班在现场、后台安排专人全程值守，时刻关注会场网络状态，随时准备处置突发情况。南昌电信出动保障人员40余人次、应急车辆4辆次，累计产生4G、5G流量8.13TB。各大活动现场4G、5G网络整体运行正常，实现任务零故障、零投诉、零失误。

【云网网络安全维护提升】 2023年，南昌电信开展云网安全隐患收集和主动性维护工作。全年整治隐患164个项目，整治光缆619.4千米、电杆677根，割接老旧开关电源71套，投入资金1013万元。组织14个综合业务区机房各开展两次电源与防洪应急演练，清除210项动力隐患。维护指标有明显改善，A+退服率0.16%，非A+退服率0.49%，45G AB类退服时长由38.9分钟缩减至29.32分钟。

【基础网络能力建设】 2023年，南昌电信在光网建设方面完成13.3万端口的建设，累计到达260万光端口，其中，对1245个自然村光网延伸覆盖，建设端口3676个。新建端口利用率40.91%，全量端口利用率56.29%。双千兆建设方面完成0.82个10G PON口的新建，累计建成6.3万个。千兆用户35.66万户，平均每10G PON口下挂千兆用户5.63户。牵头5G配套STN精准部署，新建STN万兆端口332个支撑5801建设任务的完成。创新项目建设方面完成自研DCIBOX首台套试点，完成6套网元1200G能力建设，自主完成设备的上线和调测和业务加载。系统上线12个月，开通24个10G业务，过程中系统稳定，业务运行良好。

（邹　伟）

南昌移动

【概况】 2023年，中国移动通信集团江西有限公司南昌分公司（以下简称“南昌移动”）落实“省会引领”战略，主动服务和融入地方经济社会发展，致力于打造信息服务科技创新公司。公司加快建设双千兆等新型基础设施，全面提升信息通信服务供给能力，推动“连接+算力+能力”赋能数字政府、产业转型、社会治理和民生改善等，促进区域数字化转型升级，以高质量党建引领国企高质量发展，为南昌加快推进“一中心四枢纽”建设贡献移动力量。

【“双千兆”网络基础设施覆盖】 2023年，南昌移动全力支持南昌跻身“千兆城市”第一方阵，投入6.3亿元用于全市“双千兆”网络建设，新建5G基站1364个，累计建成5G基站8407个，进一步满足城区深度覆盖和农村连续覆盖，并率先在未来科学城等产业聚集区建设5G精品网。推进千兆宽带建设，新增10G PON宽带端口1.85万个，累计3.41万个，实现乡镇及以上区域用户100%具备千兆网络接入能力。围绕隐患预警监测、巡检维护和排查整改、应急保障等手段强化网络安全建设，全年排查基站2120站次，巡检干线光缆236280皮长千米，全力保障网络基础设施的安全稳定。

【重要通信保障】 2023年，南昌移动围绕市委、市政府的工作安排，投入1000余万元经费，完成123场网络保障任务，包含烟花晚会、升旗仪式、音乐节、演唱会、龙舟赛、博览会等大型活动，其中万人以上保障48场，出动保障人员2098人次、车辆558辆次，部署应急通信车61辆次，确保通信畅通和网络安全。通过与主管部门、主办方密切配合，活动前获取相关活动信息、评估覆盖及容量情况、制订相应保障方案、提前对涉及保障站点巡检排查，活动期间现场及后台专人全程值守，活动结束后复盘总结改进，着力提升游客、市民的生活、消费体验。并基于中国移动“梧桐大数据”能力，从人口迁徙、文旅活动、交通枢纽、通信消费等维度，面向市政府提供大数据分析专报5次。

【通信服务优化】 2023年，南昌移动加快推进5G普及进程，推动5G服务惠及民生。推行5G套餐降费优惠，开展一系列5G终端让利活动，惠及23.5万户用户，进一步加快5G用户普及速度，至年底，5G手机用户超286万户。主动服务群众，开展宽带故障义诊与千兆提速，覆盖22.6万户宽带用户。提升用户体验，深入推进窗口单位行风建设和纠风工作，畅通用户诉求响应渠道，优化线上服务、适老服务等便民利民惠民服务举措。落实拥军优抚，拓宽优待证使用场景，为全市退役军人提供专属优待优惠服务。丰富产品体系，推广咪咕、移动云盘、千兆智家等新兴5G数字化产品，为广大用户打造“数智化”生活，提升群众获取、运用、交互信息的效率和品质。

【空中缆线整治】 2023年，南昌移动围绕全国文明城市创建工作要求，开展空中弱电管线整治工作。坚持“消除存量、严控增量”原则，按照“整齐、规范、美观、安全”的要求，持续开展空中弱电管线整治工作。全年累计投入管线整治费用近800万元，抽调专业技术人员150余人，调派施工车辆39辆，推动主次干道、商业大街，社区、市场、交通场站及医院周边300米范围内的空中管线整治，累计整治弱电线缆23万余米，完成133个老旧小区2060余栋空中管线入地整治。

【电信网络诈骗整治】 2023年，南昌移动始终保持反诈防骗高压态势，落实通信管理局、属地公安局的工作要求，整治电信网络诈骗，全年发送反诈公益短信1.68亿条，为263万用户免费提供“高频骚扰防护”服务，投入百余万元建设平台及监控模型，累计研发反诈模型11个。深化警企协同，主动推送有效线索给公安反诈中心1500余条，配合公安出动“打猫”（打击GOLP设备）140余次，协助打击窝点129个，抓获犯罪嫌疑人200余人，缴获设备240余台、涉案号卡400余张。全方位推进反诈宣传，与属地基层管理部门联合进学校、进社区、进企业、进村镇开展反诈宣讲300余场。针对重点群体，与市局联合制作“开学第一课”反诈视频课件，覆盖96所高校、48万余名学生。

【移动助力产业数字化转型】 2023年，南昌移动落实南昌市制造业重点产业链现代化建设“8810”行动计划，推动5G+云+DICT赋能企业数字化转型，推动工业云平台+安全态势平台+标识解析节点等平台服务在制造企业应用示范。协助益海嘉里、百威啤酒、东申制衣、仁熙实业等制造企业打造“5G+智慧工厂”，建成16个“5G+智慧工厂”。入围南昌市中小企业数字化转型综合服务商，发挥龙头企业带动作用，牵引上下游加速数字化转型。推动规上企业数字化转型，根据市工业和信息化部统一部署，选拔一批产业数字化讲师和评价专员，到350家规上企业进行数字化融合入企诊断。联合市工信局深入推进“万企上云上平台”专项行动，2023年帮助4820家中小企业上云，累计上云企业2.05万家。

【数字助力治理效能提升】 2023年，南昌移动探索治理体系和治理能力现代化，提升社会治理效能。与南昌市城管局合作，承建“南昌市城市运行管理服务平台”，基于公司5G专网+物联网平台+大数据能力，融入市政设施、环卫、园林、燃气、水务、城管执法等应用，为城市部件精细化管理和城市运行事件智慧化治理提供信息化支撑。与南昌市教育局合作，建设“南昌市素质教育平台”，推广5G+AI+VR智慧应用，组织研学+实践+多校活动，大数据完善评价体系，引导学生走出课堂、亲近自然，拥抱社会。与江西鄱阳湖国家级自然保护区管理局合作，建设“5G+智慧湿地预警监测系统”，实施“天空地”一体化监测网络建设，通过高清探头+5G慢直播，无人机监测、地面巡护监测等方式，利用智慧湿地预警监测系统，加强对湿地和越冬候鸟的监测，密切关注越冬候鸟的生活状态和动向，及时掌握重要鸟种的分布状况，为候鸟保护提供科学研判。

【南昌移动“爱心驿站”建设】 2023年，南昌移动融入工会服务站点建设布局，推进“爱心驿站”建设，新增站点3个，累计建成站点14个。其中，南昌市移动公司会展路自办营业厅爱心驿站获得2023年江西省“最美工会户外劳动者服务站点”称号。南昌移动“爱心驿站”内配备有应急医药箱、充电宝、饮水机、微波炉和休息座椅等设施，提供如手机清洗、贴膜、杀毒、内存清理等服务，在休息、等候之余还可以随时体验咪咕视频等具有移动特色的产品和业务，为辖区内环卫工人、外卖骑手、快递小哥、交警等户外劳动者、老弱残幼等特殊人群提供便利。

（魏　敏）

南昌联通

【概况】 2023年，中国联合网络通信有限公司南昌市分公司（以下简称“南昌联通”）践行央企使命任务，统筹推进省分公司“五个坚持”（匡正干的导向、增强干的动力、形成干的合力、坚定不移落实集团公司战略规划及“九个坚定不移”工作部署、聚焦“攻坚克难、爬坡过坎、提质增效”三个关键词）战略落地执行体系，真抓实干、稳中求进，主题教育走深走实，经营业绩稳步改善，创新发展蓄能累积，网络品质快速提升，基础管理逐步完善。

【智慧社区生活打造】 2023年1月，南昌联通通过5G通信、物联网、人工智能、大数据等新一代信息技术，打造200余个数字化、智慧化社区，全面提高社区生活的便捷性、安全性，为居民、政府、物业、商户等多方提供便利，形成互利共赢的良好生态。联合社区推出“便民无极限，服务零距离”公益活动，开展便民服务、免费上门网络检测上千场，服务触达万余人次，通过专业的网络优化，确保每位居民都能享受到畅通无阻、高效稳定的网络体验。

【网络能力提升】 2023年，南昌联通持续进行网络投入，新增900M基站1476个，实现全域900M低频网连续覆盖，人口覆盖率99%，行政村覆盖率100%；新增中频室分覆盖1311栋，室分覆盖率大幅提升，与行业覆盖水平相当；5G覆盖实现乡镇以上的连续覆盖和发达行政村的覆盖，人口覆盖率85%。宽带建设端口21万个，新增覆盖县城区以上小区及聚类市场863个，乡镇主街45个，行政村及自然村176个，县城区以上住宅套数覆盖率从87%提升到93%，乡镇主街覆盖率从42%提升至89%，行政村覆盖率从16%提升至27%；10G PON端口占比从44%提升到93%，县城区和乡镇主街全面完成千兆覆盖，宽带覆盖广度及网络品质得到显著提升。2023年，南昌市在集团移网质量百日攻坚大会战被评为全国十大标杆城市。

【第十一届环鄱阳湖世界自行车南昌湾里站通信保障】 2023年9月12日，第十一届环鄱阳湖世界自行车大赛南昌湾里站开赛。环鄱阳湖世界自行车大赛由江西省人民政府主办、江西省体育局及11个地市人民政府承办，作为省内一项重要的世界级专业国际赛事。南昌联通建维完成机房、线缆、基站等点位的巡查及维护，总计136.4千米线缆。无线网优部门完成对南昌磨盘山森林公园赛道沿途479个小区的信号测试；对于其中异频切换问题，调整优化总计34个小区容量站点。环鄱阳湖世界自行车大赛南昌湾里站保障当日，南昌联通出动保障人员160人次，出动车辆23辆次，出动应急通信车1台，严格落实“有方案、有部署、有落实、有检查”的闭环管理要求，全程保障大赛举行。

【群众性文化活动通信保障】 2023年10月1日，南昌市举办国庆“风景这边独好”烟花晚会。南昌联通投入保障工作人员130余人次，扩容小区210余个，优化修改站点参数达1200余条，在秋水广场、沿江中大道等重要观景区域增设微站站点14个，出动应急通信车2辆，新增微型基站设备37台，确保观众的用网体验。10月1日，南昌联通做好八一广场升旗仪式保障。南昌联通在国庆节期间持续发力，在八一广场提前研究完成场地信号优化覆盖。通过技术手段的精准施策，联通确保了八一广场的通信信号稳定。10月，南昌联通新加通信设备76台，新建微型基站13个，完成南昌市飞行大会通信保障任务。12月10日，南昌联通在南昌国体中心做好“盖世音雄”群星演唱会通信保障工作，演唱会期间现场网络状况良好，检票口扫码处“大麦网”App可以正常打开验票码，场馆内据统计现场单时段用户数最高达10042人次，现场联通用户的终端通话及微信文字消息畅通，部分观众可以现场直播、视频聊天。

【应急广播系统平台业务培训大会】 2023年10月25日，南昌联通举办关于红谷滩应急广播系统平台的专项业务培训大会。大会旨在提升全区应急管理工作智能化水平和应对突发事件的能力，确保应急广播体系能够高效、精准地服务于广大人民群众。会议在南昌联通市公司办公大楼举行，红谷滩区文广局、各街道办事处、社区工作人员以及相关部门的代表参加。南昌联通技术团队详细介绍新升级的应急广播系统平台的功能模块、操作流程和技术要点，并通过实例演示如何借助该平台实现快速预警发布、信息同步更新与多方联动响应。作为江西省重点民生实事项目之一，“市区县三级应急广播建设工程”的重要组成部分，红谷滩应急广播系统平台依托先进的物联网等信息技术，实现对全区范围内的信息发布、指挥调度、公众活动等功能的全面整合与优化。参会人员参与互动交流，就实际应用场景中可能遇到的问题及解决方案展开探讨。

【《南昌市数字经济促进条例》宣传月活动】 2023年9月20日，由南昌市政府主办的《南昌市数字经济促进条例》宣传月活动开幕式在红谷滩会议中心举办。活动以南昌市数字经济促进条例宣传、数字技术应用产品发布为主要内容。南昌联通作为特邀单位之一亮相主场活动，围绕“数字经济”主题，以“数字经济繁荣发展护航员”身份，充分展示联通“墨攻”安全运营服务平台能力及案例成果，获得市政府主要领导及相关领导的认可。

（张佳璐）

南昌铁塔

【概况】 2023 年，中国铁塔股份有限公司南昌市分公司（以下简称“南昌铁塔”）实施“网络强国”、“数字中国”战略、“双碳”战略和江西省委“强省会”战略，以“立足共享、服务行业、服务社会”为目标，秉承将“通信塔”变“社会塔”“数字塔”的发展理念，坚持稳中求进工作总基调，统筹发展和安全，解放思想，守正创新，持续奋斗，推动公司发展实现质的有效提升和量的合理增长，提升省会公司首位度，各项工作取得新成效。

【助推数字经济发展】 2023 年，南昌铁塔发挥全市近 1 万座通信铁塔设施的站址资源优势，凭借铁塔连续稳定的电力供应、便捷可靠的通信条件和专业高效的建设维护能力，支撑南昌数字经济做优做强“一号发展工程”，助推南昌争创国家数字经济创新发展试验区。南昌铁塔全年统筹 5G 建设需求 2673 个（含结转），交付 2592 个，98% 共享存量站址资源，完成重点工程昌景黄高铁和南昌东站网络覆盖项。持续推进“入规、入法、入厅、建办”工作，推动通信基础设施回归战略性公共基础设施地位，以“双千兆”落地为抓手，助推市政府出台《南昌市工程建设项目移动通信基础设施建设管理办法（试行）》，协同运营商统筹推动地方标准落地。优化审批手续，将 5G 建设纳入“绿色超简”审批。5G 网络规模部署为工业互联网发展尤其是 VR 产业发展筑牢网络底座，提升 5G 网络供给能力与水平。

【综合信息化服务】 2023 年，南昌铁塔为环保、水文、政法、应急、农业等行业提供监控监测、数据信息、维护保障等综合信息化服务。通过“铁塔 + 大数据 + AI”，为重点行业装上“千里眼”“顺风耳”“智慧脑”。293 个站址承载跨行业应用，通信塔变“数字塔”，赋能千行百业社会综合治理能力提升。建成高空监测视联网平台、“实用物联网 + 互联网”平台。至年底，铁塔视联网接入累计 272 路，在林业防火、渔业禁捕、生态环保等多个大场景发挥作用，为提升南昌市信息化综合治理监管能力提供有力支撑，助推南昌争创国家数字经济创新发展试验区。已开放 238 座通信塔安装智能 AI 摄像头及监测设备，实现对目标监管区域内林火、盗捕、道路拥堵、秸秆焚烧等事件 7 × 24 小时无人值守，助力社会治理体系和治理能力建设，受到省人大专题调研组的肯定。

【电力能源社会共享服务】 2023 年，南昌铁塔将通信基站自有电力保障能力向社会共享服务延伸，在全省率先规模部署轻型电动车换电网络。2023 年，新增 127 个累计建成 806 个换电柜，为 9798 名快递、外卖骑手提供安全、可靠、快捷的换电服务。深入全市各区县进行摸排，并通过与县区政府签订战略合作协议的方式，快速完成站址选点和建设，建成 17 个快充场站，服务广大市民新能源汽车充电需求。新余“1 · 24”火灾、南京“2 · 23”火灾发生后，响应政府号召，加入老旧小区升级改造工程中，在小区、办公楼、产业园等地打造电动自行车室外集中场站，助力社区进行电动自行车安全充电宣传。联合市工信局、市机关事务管理局、各区政府进行节能业务挖掘，中标包括轨道交通、电子、纺织、化工等重点行业节能改造的项目，节约用电 450 余万千瓦时，为企业节能减排做出贡献。

【“骑手之家”创建】 2023 年，南昌铁塔与工会组织联动，在全市创建经营 15 个“骑手之家”，为户外劳动者、广大车主提供的休息场所。南昌铁塔不断拓展“骑手之家”服务站功能，将“骑手之家”作为“夏送清凉”“冬送温暖”“节日慰问”的活动驿站。其中，长春村骑手之家获 2023 年度全国总工会颁发的“最美工会户外劳动者服务站点”。至年底，长春村“骑手之家”举办 11 场慰问活动，发放夏日送清凉矿泉水 7.2 万瓶。

【网络通信保障】 2023 年，南昌铁塔组织精干力量，进行周密部署，保障重要活动重要场景下的网络通信服务质量。响应世界绿色发展投资贸易博览会、世界 VR 产业大会、飞行大会等重大会议和国际龙舟赛、2023 南昌马拉松比赛等重要赛事，以及中秋、国庆一系列重要文旅活动的应急抢险保障任务需要，周密编制通信保障应急预案，全年投入保障人员 386 人次、抢修车辆 248 辆次、应急发电油机 396 台，实现“零断站、零故障、零投诉”的保障目标。

（陈　琼）

农　业

综　述

【概况】 2023年，全市农业农村工作坚持以农业农村“两整治一提升”三年行动为抓手，全面实施乡村振兴战略，加快推动年度各项任务落地落实，全市农业农村保持稳中向好、加速发展的良好态势。9月，国务院副总理刘国中在南昌市调研农业农村工作时，对粮食生产和农村人居环境整治给予肯定；农业农村多项工作在省委农村工作会、全省厕所革命现场会、全省粮食生产及农业农村重点工作推进会等会议上作典型经验发言；先后承办中部（江西）农业机械展览会、全国“放鱼日”江西分会场活动、全省厕所革命现场推进会、第三届现代种业蔬菜新品种展示会、全省稻油轮作全程机械化现场展示会等全省性会议活动；中央、省、市媒体报道南昌市农业农村工作460余条，其中央视报道48条；在2022年度全省乡村振兴实绩考核中获得“优秀”等次，全省排位第一名，安义县、南昌县分列全省第三名、第五名；做好国家“菜篮子”市长责任制考核迎检工作，得到国家实地考核组的肯定。

【稳粮保供提效】 2023年，坚持将保障粮食和重要农产品稳定安全供给作为“头等大事”抓牢抓实，全面落实粮食安全党政同责和“菜篮子”市长负责制责任。全市完成粮食播面34.45万公顷，产量21.48亿千克，油菜播种面积5.95万公顷。全市蔬菜、生猪、水产、禽蛋等重要农产品供给充足，全市完成蔬菜播面4.5万公顷，产量139万吨；生猪出栏230.6万头，牛羊出栏12万头；水产养殖面积5.07万公顷，产量45万吨；家禽7300万羽，禽蛋14万吨，有效保障南昌市民消费需求。围绕逐步将永久基本农田全部建成高标准农田目标，2022年度5366.67公顷高标准农田建设全面完成，全市累计建成高标准农田17.05万公顷，占基本农田面积的79.2%。2023年度9733.33公顷建设任务前期准备工作有序推进，确保在2024年春耕前完成田间主体工程，交付农民使用。将农业机械化育秧中心建设作为提升粮食产能的重要抓手，全市累计建成育秧中心99个，实现涉农乡镇全覆盖，单季育秧能力达3.79万公顷。

【“两整治一提升”行动】 2023年，持续推进“两整治一提升”（农村路域环境整治、农村人居环境整治、农业特色产业提升）行动，确保“两年大变化”目标实现。2月10日，出台《2023年度南昌市农业农村“两整治一提升”行动工作导则（修订版）》；3月15日，出台《2023年度全市“两整治一提升”行动“两年大变化”实施方案》；7月27日，出台《落实“六步法”“六禁止”工作通知》。按照方案和工作导则要求，督促指导县区推进年度340个重点村整治建设，全年召开5次全市行动现场推进会，开展4次集中督导。至年底，全市完成340个重点村整治建设。突出新建区、红谷滩区和经开区的10个重点乡镇，开展以“三清、三拆、三整、三管”为主要内容的“夏季攻坚”整治行动，采取一个自然村“过一遍”的整治方式，全市累计拆除有碍观瞻建筑25万平方米，清理沟渠39.4万米，清运垃圾17.8万吨，整治空中飞线12.7万米，重点区域10个乡镇村庄环境实现“看得见的变化”。开展农村路域环境整治行动，新改建农村公路352.52千米，实施“白改黑”370千米，完成道路隐患治理194千米。开展昌景黄铁路和西二环高速沿线环境整治工作，昌景黄铁路沿线15个重点村全部开工建设。8月4日，出台《南昌市农村厕所革命工作导则》，打好“摸清底数、整村示范、重点覆盖”组合拳，实行“首厕过关”，全市累计改造卫生厕所34.8万个。

【农业产业提优】 2023年，围绕全省“头雁引航、雏鹰振飞”行动部署要求，以农业特色产业提升行动为抓手，突出绿色食品产业、预制菜、农产品进商超和农业招商引资等工作重点，推动农业产业化高质量发展。制定出台《南昌市绿色食品产业两年攻坚行动方案》，通过“内培”“外引”“升规”三大举措，推动成立绿色食品产业发展协会，用两年时间推动绿色食品产业重回千亿元的目标。在农业招商引资方面，全市累计完成实际进资金额82.4亿元，全面完成省农业农村厅下达的45亿元任务。南昌县、进贤县、新建区、安义县、青云谱区、青山湖区等先后召开预制菜产业招商推介会，共签约项目33个，总投资超200亿元，煌上煌预制菜产业园、益海嘉里“丰厨”中央厨房等项目签约开工，煌上煌集团、康捷实业、小才子食品、阿灰食品4家企业入选省级预制菜重点联系企业名单。加大对优质农产品进商超的支持力度，强化与盒马、山姆、京东、抖音等主流商超和电商平台的沟通联系，打造更多的盒马村、京东农场，推动更多农产品进商超和电商平台。新建区联圩镇等10个市级农业产业强镇项目全面开工建设，进贤县李渡镇、南昌县幽兰镇入选2023年国家农业产业强镇创建名单。加快实施农业产业化加工项目，培育壮大农业产业化龙头企业，全市有市级以上农业产业化龙头企业422家，江西正味食品、李渡酒业上市，全市上市农业产业化龙头企业达5家。

（杨　鹏　熊韶恒）

种植业

【概况】 2023年，市农业农村局压实粮食安全党政同责，贯彻落实中央、省、市有关粮油、蔬菜等重要农作物生产的决策部署及各项措施。做好春耕春管、夏播夏收、秋杂粮扩种和冬油菜生产等重点工作，推进早稻、中晚稻生产，兼顾抓好油菜、蔬菜等作物生产，为全市种植业健康有序发展奠定基础。全市完成粮食播面34.45万公顷，产量21.48亿千克，油菜播种面积5.95万公顷。全市蔬菜及食用菌播种面积4.41万公顷，同比增长1%；产量141.21万吨，增长2.47%。完成新建设施蔬菜基地任务66.93公顷，完成率100.4%；完成改造提升设施蔬菜基地任务333.67公顷，完成率100.1%。

【粮食生产】 2023年，全市扛起粮食安全的“国之大者”责任，将粮食安全这项党中央交办的大事要事办好。市政府办印发《关于做好2023年粮油生产工作的通知》，将年度粮油生产目标任务分解落实到县区和乡镇，压实县区和乡镇党委、政府抓粮食生产的属地责任。市级财政安排18元/亩对早稻进行补助，安排50元/亩的标准对早稻机插进行补助，提升生产积极性。市级成立粮油生产服务指导组，采取包县包乡连大户的方式，在重点农时下沉到乡村开展技术指导服务，督促县乡落实粮食生产任务，指导服务农户开展生产。早稻生产时期，组织专班线上线下相结合开展督促服务指导，派出4个工作组下沉县区、乡村，加密督导、调度、通报频次，落实“一周三调度三通报”，督促各地落实早稻生产任务，对偏慢的县区、乡镇开展重点督促。在各地全面完成春播后，5月前往各地采取抽查的方式对部分乡镇开展集中核查，确保早稻生产任务落到实处。各级农技人员面对面向种植户提供生产技术指导服务3800余人次，解决生产中的技术问题，防好自然灾害和病虫草害。

【油菜生产】 2023年，按照“旱地应种尽种、水田宜种则种”的原则，将年度冬种油菜5.7万公顷任务下达至各县区，并层层分解至乡镇、村、农户，制作冬种油菜生产布局图。挂图作战、按图扩油，确保任务落实。市级财政安排12元/亩经费对油菜种植进行补贴，各地也因地制宜谋划，出台县级扶持政策，在油菜育苗移栽、一体机和人工直播、油菜示范片打造等方面进行奖补，为农户购买种子、农药、化肥等农资，全市农户种植油菜平均每亩补贴50元，调动农民积极性。10月8日起，市级每日统计各县区、各乡镇的生产情况，每日通报进度，在全市形成比学赶超、压茬推进的良好态势。同时，印发《2023年南昌市油菜生产

2023年7月13日，新建区联圩镇早稻收割

（喻云亮　摄）

技术指导意见》，在品种选择、种植模式、耕种方式等方面提出适合全市实际的技术要点，市级组建5个专项生产服务指导组，深入田间地头进行跟踪式技术指导服务，助力油菜生产提质增效。12月1日，组建2个工作调研组，通过聘请第三方无人机飞测的方式前往4个农业县区核查油菜面积，并根据存在的问题提出整改要求和田间管理工作建议。5日，全市油菜生产工作视频推进会召开。市委常委、市委统战部部长饶绍清出席会议并讲话，对整改工作提出工作要求。市级会议之后，各县区召开会议，传达市级会议精神，因地制地提出工作举措。

【蔬菜生产】 2023年，发布《2023年南昌市蔬菜产业发展实施方案》《南昌市蔬菜生产信息监测工作绩效考核办法》，明确全年蔬菜及食用菌播种面积和产量目标，对蔬菜及食用菌生产落实每旬、月、季调度工作制度，动态掌握全市蔬菜及食用菌生产情况，不断提高部门蔬菜及食用菌生产管理水平，促进蔬菜产业高质量持续发展。全市蔬菜及食用菌播种面积4.41万公顷，同比增长1%；产量141.21万吨，增长2.47%。把推进设施蔬菜基地建设，保障蔬菜产品稳定供应作为农业农村的大事要事来抓，下发《2023年南昌市蔬菜产业发展实施方案》，推进设施蔬菜基地建设，落实2023年新建666.67公顷、改造提升333.33公顷设施蔬菜的计划目标。统筹2023年省级安排财政资金306万元，通过“以奖代补、先建后补”方式，对蔬菜产业发展进行奖补。

【稳粮惠农政策扶持】 2023年，在推动粮食生产的同时，聚焦农民利益，提供政策扶持，为种粮农民保驾护航。要求各县区全面落实耕地地力补贴、稻谷补贴、种粮农民一次性补贴、双季稻轮作资金、稻油轮作资金等中央惠农强农政策，指导县区将有关政策资金及时落实。市政府办印发《关于推进全市种植业高质量发展的实施意见》，按照18元/亩、12元/亩，分别对早稻和油料进行奖补。全年，市县整合各级资金2.1亿元支持早稻生产，首次下达早稻育（插）秧指导性任务3.33万公顷，按市级奖补50元/亩予以补贴推动早稻机插、机抛，支持力度逐级加大。同时市县两级有序推进春耕农资储备调运工作，农资市场流通渠道通畅，各地农资全部下摆到位。全市储备种子8540吨、化肥11万吨、农药937吨，农资供应价稳量足，农户可即买即用，投入大中型拖拉机、耕整机、高速插秧机、精量播种机等各类农机具6.5万台（套），满足全市春耕生产需求。

【南昌市水稻协会成立】 2023年，为推动全市水稻生产高质量发展，根据部分种粮大户的建议，协调推进成立南昌市水稻协会。要求水稻协会以公益性、利他性为准则，统筹协调、共联共育，为广大种粮大户带来切实的收益；以成本降低、品牌做响、扩大社会化服务为目标，提高稻谷溢价能力，取得金融及保险行业的支持；发挥协作协调的作用，凝心聚力，为广大农民服务，为政府决策提供科学可行的建议，促进粮食生产提质增效。以绿能、鄱谷、大田、三邦等种粮大户为理事长、副理事长单位，将全市种粮大户组织起来，抓在手中，发挥协会在落实粮食生产任务、推广新技术新品种、打造粮油品牌等方面的作用。充分发挥种粮大户的示范引领作用，全市50亩以上的种粮大户有8597户，流转耕地9.33万公顷，其中500亩以上有317户，流转耕地2.4万公顷。

【科学防灾救灾】 2023年，春耕备耕以来，加强与市气象局、市应急管理局等部门联系，加强不利天气灾害指导，针对全年出现的降温、强降水等不利天气，推进科学抗灾，根据不同灾种、不同影响程度、不同作物、不同生育时期，共联合市气象局发布农事建议42期，因地制宜落实科学减灾措施。对于开春以来，不利天气影响，印发《关于应对近期阴雨天气做好春耕生产工作的通知》。开展2023年防灾减灾周宣传活动，制作农业防灾减灾宣传展板2块，制作农业重大自然灾害应急工作小手册，宣传农业防灾减灾工作成效、知识技术。同时重视抗旱工作，市农业农村局组织各县区农业农村局分管负责人召开座谈会2次，要求各县区提高认识，提前筹划做好抗旱准备。发布《关于开展2023年“双抢”生产调研指导工作的通知》，派驻5个工作指导组下沉一线，分片包县、巡回指导，实地了解一线旱情灾情，指导做好农业抗旱救灾工作。按照要求加密农情、旱情监测，及早发现农业高温干旱发生苗头，做好防范准备。组织农技专家根据作物品种、生育期等制定下发抗高温干旱技术指导意见，组织市、县农技专家和技术骨干深入县、乡、村开展技术服务200余人次，推广各类节水抗旱技术，指导农户落实节水灌溉、增施叶面肥等田管措施。联合市气象局发布防高温干旱农事建议3期，转发天气预警信息10余次，精准指导农户科学田管、落实抗旱自救措施。同时，督促各县区及早做好抗旱机井检修，强化抗旱队伍、打井队伍、机动应急队伍，做到预防在前、准备在前。

（邹煜菲　戚艳艳）

林　业

【概况】 2023年，市林业局牢固树立绿水青山就是金山银山理念，聚焦强省会战略和“项目为先、实干奋进，争分夺秒拼经济”工作主线，做足“建设好、保护好、利用好”南昌宝贵的森林、湿地和野生动植物资源

“三篇文章”，推动各项工作取得良好成效。南昌市连续两年在全省林业综合考核中名列前茅，进一步彰显南昌林业的省会担当；在全省率先出台“林长制激励措施”，为打造林长制升级版提供省会经验；市本级及所辖7个涉林县区连续两年获全省森林防灭火“平安春季行动”先进单位称号。

2023 年，安义县石鼻镇罗田村樟树王

（市林业局　供图）

【造林绿化】　2023 年，全市完成营造林面积4106.67 公顷，占年度任务的 112.6%，其中完成人工造林面积2240 公顷，占年度任务的 122.2%。同时按照省级百村千树项目要求，完成《南昌市乡村道路绿化总体规划》，推进 6 个乡村森林公园建设，实施完成森林村庄建设 13 个，乡村道路绿化和补植 220 余千米。全市完成封山育林 220 公顷，占省下达计划的 110%，退化林修复 1646.67 公顷，占省下达计划的 102.5%。创建乡村森林公园 4 个、乡村小微湿地保护利用示范点 5 个。完成彩叶树种造林补植 160 公顷，栽植各类彩色、珍贵树种 10 万余株。南昌县投资 300 万元在黄马乡白虎岭实施 66.67 公顷退化林修复工程。新建区象山林场完成更新造林 20 公顷。进贤县在沪昆高铁、沪宁高铁进贤县段高标准实施彩叶树种补植造林 14.67 公顷。

【“绿色文化”推广】　2023 年，全市开展义务植树活动，300 余万人次参加公民义务植树，植树 1000 余万株，适龄公民义务植树尽责率超 80%。创建茶园山林场国家级森林康养基地，四季辉煌农庄、怪石岭公园省级森林康养基地；推进九龙溪、月亮湾、林湾公园的建设步伐；开展“最美市树 · 南昌樟树王”评选活动，调动全民参与林业生态文化建设和创建湿地、森林城市的积极性与主人翁责任感。完成第三次全市古树名木普查工作，建立起责任明确、监管有力、责任到人的古树名木保护网络，确保“树树有人管，保护常态化”。七夕节期间，安义古村群千年古樟树成为央视“古树下的告白”线下落地活动点；新建区万寿宫古柏入围全国“双百”古树推选。

【涉林要素保障】　2023 年，向省林业局争取 290 公顷林地指标支持，保障省市重大重点项目对林地的使用需求；加快推动南昌县三湖县级自然保护区范围及功能区划调整和梅岭总体规划修编相关事宜，为南昌市环鄱阳湖旅游连接线配套工程、湾洗索道等项目开工提供条件；申报造林绿化、油茶产业发展在内的十大类中央林草项目，实现 9300 万元的中央资金入库；申请调增国家储备林建设规划面积，全市国储林计划建设面积为 15.1 万公顷，融资贷款 20 亿元。

【林下经济产业发展】　2023 年，全市各地充分利用现有资源潜力，因地制宜发展高产油茶、森林药材等产业，将林下经济打造成推进、巩固、拓展脱贫攻坚成果与乡村振兴有效衔接的着力点，完成高产油茶面积 2066.67 公顷，油茶低改 1486.67 公顷，油茶籽产量达 1.22 万吨，油茶产业产值 7.6 亿元。完成森林药材种植面积 100 公顷，笋竹两用林 66.67 公顷，栽植林果、菌类等其他经济林 140 公顷，其中进贤县半夏、安义县山香圆、新建区金银花等森林药材示范基地建设已初具规模。另外出台《南昌市推动油茶产业高质量发展三年行动计划（2023—2025 年）》，为全市油茶产业发展指明方向。全市林下经济产业带动 6.96 万人就业创业，总产值为 16.28 亿元，林下经济林地利用总面积 3.58 万公顷。

【集体林权制度改革】　2023 年，推动全市公共资源交易项目进场交易，安义县的新华林场已有 4 项国有统一经营林权项目完成交易，累计成交面积 1749.33 公顷，成交金额 2 亿元。各县区通过联合银行，为“林农快贷”、林权抵押贷款等林业金融行为提供便利和服务，全年新增林权抵押贷款 980 万元。推行商品林政策性综合保险，由市财政局兜底补贴林农商品林 40% 的保费，解决造林单位和个人的后顾之忧，提高林农的造林积极性，为全市林业的发展增添后劲。在安义县开展林权收储担保运营改革试点推广工作，推进林权收储、林地经营权登记和林地适度规模经营。

【林业碳汇开发试点项目】 2023年，全市围绕加快“两山”转换和创新生态产品价值实现机制目标，以国营江西省新华林场为主体，推进林业碳汇开发试点项目。编制完成《国营江西省新华林场 CCER 林业碳汇开发项目试点建设实施方案（2023—2025）》。将新华林场、进贤县香炉峰林场和新建区红林林场的森林资源进行整合，划定7066.67公顷的项目开发范围红线。

【林业科研创新】 2023年，打造智慧林草业物联网系统，实现中心试验基地区域墒情、气象、林情的远程监测。节约人力物力，为科研创新工作打好基础。同时本着适地适树原则，选种建设茶梅、红花油茶、红果榆、枫香、槭树科、银缕梅等优势乡土树种资源库。至年底，已收集140个茶梅、85个槭树科、12个枫香、6个红果榆品种，以及1100株红花油茶嫁接砧木和5000株银缕梅两年生小苗。

【林业主题宣传活动】 2023年4月15日，“精致森林 大美湿地”南昌林业系列宣传广场活动在红谷滩区风筝广场举办。此次广场活动获得1000余名现场观众的参与。通过展览、讲座、互动游戏等活动形式，宣传全市“建设好、保护好、利用好”宝贵的森林、湿地和野生动植物资源的工作成效。活动中，市林业部门工作人员分别围绕“无人机科技兴林”“鄱阳湖南矶湿地是重要的鸟类迁徙目的地”“野生动物保护、救助常识”等主题，为现场的市民游客带来3场讲座。此次广场活动在“今日头条”App上获得近60万次展示，数百条转发；包括《江西日报》、江西广播电视台、《南昌日报》、南昌广播电视台在内的10余家媒体对活动进行全程报道。“精致森林 大美湿地”——2023年南昌林业系列主题宣传活动于3月初启动以来，通过义务植树、媒体采风、爱鸟周系列宣传、广场宣传等一系列活动宣传南昌林业工作特色亮点，展示南昌“国家森林城市”“国际湿地城市”两张靓丽名片。

（宋　南）

畜牧业

【概况】 2023年，南昌市畜牧业克服猪价低迷、畜禽价格波动等不利因素影响，全市主要畜禽产品生产基本保持稳定，屠宰、饲料及兽药行业监管水平不断提升，畜牧业保持稳定健康发展态势。全市生猪存栏121.1万头，同比增长2.3%，能繁母猪存栏12.4万头，增长0.1%，生猪出栏233万头，增长1.1%；牛存栏14.7万头，减少10.2%，牛出栏7.3万头，减少2.3%；羊存栏2.9万头，增长9.1%，羊出栏3.4万头，减少5.5%；家禽存栏3878.1万羽，增长0.4%；家禽出栏7636.4万羽，增长5.4%；肉类总产32.4万吨，增长6.3%，其中猪肉产量19.3万吨，增长3.1%，禽肉产量12.1万吨，增长12.2%；禽蛋产量14.9万吨，增长7.3%。

【畜产品稳产保供】 2023年，围绕稳信心、稳预期、稳生产要求，抓能繁母猪主指标，加大资金扶持力度，落实生猪调出大县奖励资金、生猪良种补贴项目资金等中央、省级项目资金1261万元，并由市财政支出1200万元用于奖补引进1.5万头能繁母猪，帮助养殖场户渡过难关。开展生猪产能调控基地创建，全市累计创建70家省级以上生猪产能调控基地，其中国家级21家，省级49家，加大信贷、保险、财政资金各方支持力度，稳定优势产能。抓生猪生产调度监测，加强与统计调查队、市发改委、市商务局、市市场监管局等部门沟通联系，做好生猪生产数据采集和分析研判，及时提醒养殖场户顺势顺时出栏肥猪，规避市场风险。加快畜牧业生产政策引导。出台《关于推进南昌市畜牧业高质量发展的实施意见》，明确全市畜牧业发展目标方向和畜牧业发展政策措施，稳定政策预期，提振养殖企业发展信心；下拨畜禽养殖场贷款贴息项目473万元，缓解畜禽养殖场资金压力；全市多次开展畜牧法宣传培训、动物防疫培训等各类培训活动，指导养殖场推进畜禽生产，稳住养殖信心。推进主要畜禽监测调查样本轮换工作，开展畜牧兽医生产经营主体统一赋码和信息采集工作，摸清各畜禽品种养殖场户底数，加快农业农村部“掌上牧云”平台推广，能繁母猪200头以上的规模猪场直报率达到100%，整体直报率达50%，使畜牧业统计监测工作更加精准，做到应统尽统。

【畜牧业安全生产】 2023年，结合日常监管工作，强化畜牧业安全生产宣传督导，推进企业主体责任落实，做好饲料兽药、兽医实验室、屠宰、养殖等方面安全生产特别是粪污贮存池、沼气池等有限空间作业安全生产以及畜牧业防灾减灾工作，开展粪污贮存池、沼气池等有限空间全面摸底调查，全市未发生畜牧业安全生产事件。落实兽药生产经营准入要求，开展兽药GSP检查61家，兽用生物制品GSP检查26家，兽药批文现场核查402个；加强兽药生产经营监督检查，累计开展兽药生产环节部级兽药质量跟踪检查抽样7家，经营环节“双随机、一公开”行政检查4家。

【畜产品质量安全】 2023年，强化病死畜禽无害化处理，拨付病死猪无害化处理补助资金636万元（其中：中央资金308万元、省级资金251万元、市级资金77万元），病死畜禽无害化集中处理企业运行补贴150万元;加强屠宰场审批管控,做好进贤县、青山湖区屠宰场有关审批事宜,配合做好有关私屠滥宰案件处置工作;持续开展兽用抗菌药使用减量化行动,启动全市规范畜禽养殖用药专项整治行动,引导全市30%的规模养殖场(733家)参加减抗行动,督促指导规模养殖场做好规范用药自查整改,全市畜禽养殖场安全用药意识提升明显,获评省级减抗达标养殖场6家。

【畜禽粪污综合治理】 2023年,三大畜禽粪污处理中心和病死畜禽无害化处理中心正常运行;开展畜禽养殖污染防治专项行动,指导养殖户做好设施升级改造,保障设施正常运转。做好省生态环保督察及有关问题整改工作,按时序完成整改任务,环保督察反馈问题及信访件均已销号。开展畜禽养殖标准化示范创建,创建部级示范场1家,省级示范场3家,市级示范场6家。全市规模养殖场粪污处理设施配套率达100%,粪污资源化利用率93.2%。

(卢致毅)

渔 业

【概况】 2023年,全市渔业渔政工作围绕渔业稳产、渔民增收目标,实现产业链融合发展,渔业产业提质增效。全面落实禁捕退捕政策,"微笑天使"江豚再现南昌,渔业资源养护工作成效明显。全市水产养殖面积5.1万公顷,与上年度持平;水产品总产量46.8万吨,增长4.65%。其中,特种水产品总产量16.73万吨,增长7.29%;淡水鱼苗孵化量35.83亿尾,增长1.70%,鱼种投放量5.86万吨,增长3.82%。

【水产品质量安全】 2023年,加强水产品质量安全工作领导,成立南昌市水产品质量安全工作小组。广泛开展宣传,增强渔业企业人员质量安全意识。强化水产品质量监管,组织开展全市水产品质量安全检查。全年各级农业农村部门对全市范围内养殖基地、市场流通等环节水产品抽检922批次,合格率98.7%。推进实施生态健康养殖模式示范推广、养殖尾水治理模式推广、水产养殖用药减量、配合饲料替代幼杂鱼和水产种业质量提升等水产绿色健康养殖技术推广"五大行动",全年共创建11个示范基地。至年底,全市已累计建成30个池塘养殖尾水治理试点项目。在全市规模化养殖场推广开展养殖尾水治理建设示范,通过示范推广,推动养殖尾水治理的实施,实现养殖尾水治理及资源化利用试点在全市涉渔县(区)全覆盖,为全市渔业绿色发展起到示范带动作用。

【渔业特色产业发展】 2023年,依托新建区、南昌县小龙虾和进贤县河蟹产业集群,发展河蟹、小龙虾、黄鳝、黄颡鱼、加州鲈等特种水产养殖,提高优势特色水产品供应能力和生产水平,调优渔业产业结构。以稻虾产业链为主链,加快水产产业集群的发展步伐,提升水产品冷链物流、产品加工、销售的全产业链,形成"龙头企业+合作社+农户"水产养殖模式的推广,形成一、二、三产融合发展。持续开展10万亩以上绿色高标准池塘改造行动,分阶段实施,2023年省级下达南昌市渔业发展补助资金(中央资金)3652万元,改造高标准池塘面积不少于722.6公顷,逐步改善池塘绿色生产条件,提高综合生产能力。重点推进进贤县、新建区渔业绿色循环发展试点项目,对养殖池塘实施标准化改造,提高产能,提升水产品质量。探索和推广圈桶养殖等工厂化养殖模式的经验,扶持建设工厂化养殖圈桶400个以上,打造设施渔业推广示范点,提高水产品品质和养殖单产水平。

【水产品养殖技术培训】 2023年9月25日至27日,市农业农村局在嘉莱特精选酒店举办2023年全市渔业渔政培训。全市各级渔业渔政监管、执法、水产技术推广部门相关人员、各县区护渔员,水产养殖大户、合作社、企业相关人员、退捕转产转业渔民等80余人参加培训。培训内容紧贴渔业渔政工作实际,集中学习长江十年禁渔形势下渔政监管的思考与探索、水生生物资源"养"与"护"、渔业渔政行政许可、权限内国家重点保护水生野生动物许可办理、技术推广及执法与巡护管理、渔业统计工作、稻渔综合种养技术、网箱养殖技术、池塘养殖尾水处理技术、渔业病害防治和养殖用药注意事项等内容,为提升全市渔业生产发展水平,增强全市禁捕退捕执法能力,助推渔民转产转业,助推全市水产业调结构、转方式,提质增效,提升全市渔业渔政高质量发展。

【水产健康养殖和生态养殖示范区创建】 2023年,根据《江西省农业农村厅渔业渔政局关于报送2023年省级水产健康养殖和生态养殖示范区有关材料的通知》要求,在已创建6个省级以上水产健康养殖和生态养殖示范区的基础上,组织各县区按照《国家级水产健康养殖和生态养殖示范区管理办法(试行)》规定的程序开展申报工作。经县区政府推荐、省农业农村厅组织专家组考核,南昌中春农业科技有限公司通过评审获得省级水产健康和生态养殖示范区称号。该示范区有效期为2024年1月1日至2027年12月30日。

【渔业发展补助资金下达】 2023年,全市共下达中央、省级渔业发展补助资金5218万元,同比增长26%。用于支持水产养殖尾水处理设施建设、渔业高质量发展试验与示范建设、工厂化循环水养殖基地建设、渔业信息化建设、休闲渔业精品基地建设、水产品加工流通设施建设、水产原良种场提升改造等项目建设。通过项目建设，巩固渔业基础设施，推动全市渔业高质量发展。

（夏张威）

种 业

【概况】 2023年，为深入贯彻习近平总书记考察江西重要讲话精神和关于种业发展的重要指示精神，全面落实省委省政府的种业振兴行动部署，市农业农村局新组建种业管理科，理顺工作职能，明确工作人员，筑牢全市现代种业高质量发展根基。重点聚焦资源保护、企业培育、育种创新、良种推广、种业监管等环节，加快构建创新研发、示范推广、交易服务一体化的种业全产业链。至年底，全市共有农作物种子生产经营许可证持证企业47家（其中，A证3家、B证9家），种畜禽生产经营许可证持证企业29家，水产苗种生产企业8家。种企业年营销收入约20亿元。

【选育良种】 2023年，市农业科学院加强种质资源收集与保护。开展作物种质资源考察收集、鉴定评价、安全保存、提供利用和对外交换等，加大对具有南昌特色优势种质资源的搜集保护和开发利用，新增收集保存豇豆种质资源134份、水稻种质资源199份，引进、选育、种植丝苗米和低镉水稻新品种1303份。引进珠江水系海南鲌和鄱阳湖区翘嘴鲌驯养繁殖，收集、鉴定、保存蒙古鲌、达氏鲌优良种质资源3万余尾。

【育种设施提升】 2023年，市农业科学院水产孵化车间和产卵车间主体建设及玻璃钢圆形鱼池、管路系统、蓄水池等智慧水产养殖系统设施安装全部完成，正式进入运转调试阶段，初步具备工厂化循环水规模繁养条件。开展种质资源圃沟渠晒场等配套设施建设，有效提升种质资源育种科研创新能力。品种选育工作"赣审稻20230036"获得江西省审定。自选花生品种"洪花9号"已申请品种登记，待部级审核。1个优质稻新品种申报参加预试，1个水稻品种进入正试，1个优质稻组合试验结束待审定。承担19组约250个水稻品种省预试，承担2组国家早稻区试、3组国家晚稻区试、2组省级粳稻区试、1个中国水稻所生态测试和4组联合体区试等高级别水稻试验。9个花生新品种和26个油菜新品种完成（联合）区试。繁育优质南繁水稻种子近1800份300千克。番茄品种"7845－9F90""L22YGS"被省种子协会确定为江西省第三届现代种业蔬菜品种展示会重点推介品种。

（刘　薇　余媛媛）

农产品质量建设

【概况】 2023年，全市农产品质量安全工作以推进部省共建绿色有机农产品基地试点工作为契机，"治源头、防风险、严监管、强保障、守底线"，完成农产品质量安全监管各项工作任务。制定印发《全市推进部省共建江西绿色有机农产品试点省"个十百千万"行动方案》，督促指导南昌县、新建区2个先行标杆县、14个星级农产品质量安全检测服务机构、3个国家级绿色有机原料基地、4个省级现代农业全产业链标准化基地的建设，全市5人被评为省级农安卫士。

【豇豆农药残留治理】 2023年，制定《南昌市豇豆农药残留突出问题攻坚治理方案》《关于对豇豆质量安全开展专项监测的通知》等文件，多次召开豇豆农药残留突出问题攻坚治理调度会、推进会，作为商品上市的豇豆生产主体83家（种植面积9公顷），全部纳入省级监管专区，巡查巡检456家次，张贴《禁限用农药清单》《豇豆经常检出农药问题清单》宣传资料8000余份，开展豇豆监测1000余批次，确保上市豇豆质量安全。

【绿色有机地理标志农产品】 2023年，以部省共建绿色有机农产品基地试点省建设为契机，鼓励引导农产品生产企业、农民合作社等农产品生产经营主体申报绿色有机、名特优新农产品，增强品牌影响力。至年底，全市有效期内绿色有机地标农产品618个（其中绿色食品有66家220个，有机农产品96家394个，地标农产品4个），净增数98个，增长19%。幽兰藜蒿、金桥葡萄、安义枇杷等13个产品获评"全国名特优新农产品"。

【监管平台推广】 2023年，推进全市完成846家农产品生产主体纳入省级农产品质量安全大数据智慧监管平台管理，采取"一县一策、因势利导、督导调度、上门服务"等方式，推动县（区）全面完善入网生产主体信息，建立生产档案，做好巡查巡检、农产品检测、追溯合格证等工作，鼓励入网生产主体开具"区块链溯源＋合格证"。全年开具区块链溯源＋合格证398万余张，提升全市农产品质量安全追溯水平。

【农产品抽样检测】 2023年，市农业农村局把监测作为风险隐患排查的重要手段，印发《2023年全市农产品质量安全监测工作的方案》，明确任务和分工。结合"治违禁 控药残 促提升"三年行动，依托省级农产品质量安全大数据智慧监管平台，分区域、分时段随机对农产品生产主体开展质量安全监测，全年市本级完成农产品质量安全抽样检测4700批次。其中，监督抽查1500批次、风险监测2500批次、快速筛查700批次。配合开展部级抽检267批次，省级抽检750批次。

【农业综合执法】 2023年，与市市场监管局、市公安局等部门开展联合执法行动，开展"双随机、一公开"执法检查，加大农产品质量安全监督抽查力度，整治农产品质量安全领域违法违规行为，共检查农产品生产主体及农业投入品经营门店3536家次，完成省级农业投入品抽样110批次，发放宣传资料8000余份，查处案件75起（其中，农产品质量安全类34起、农业投入品类41起），1起案件获评全省2023年农产品质量安全典型案例，3起案件获评全省动物防疫和生猪屠宰执法典型案例，2起案件获评2023年全省农业行政处罚优秀案件。

（何 悦 皮丽霞）

农业科技

【概况】 2023年，全市农业科技工作围绕保障粮食和重要农产品稳定安全供给，以农业技术推广为主线，主要从培育高素质农民队伍、提升农业生产科技水平以及加强农业技术指导等方面，重点突出农业科技示范基地建设，新品种、新技术的引用、试验、示范、推广，强化农业科技成为推动农业农村经济增长重要驱动力。全市共建设30个农业科技示范展示基地，遴选主推技术18项，培育高素质农民1504名，选派22名科技特派员参与"三区"人才科技服务，开展科技下乡服务260人次，发放技术资料900余份，提升全市农业生产科技水平。

【基层农技推广体系建设】 2023年，按照全市农业农村改革工作要求，以农技推广体系改革建设为主线，以先进适用技术示范样板为载体，在南昌县、进贤县、安义县、新建区、红谷滩区5个县区实施基层农技推广体系改革与建设。基层农技推广体系建设项目总资金699万元，建立"专家＋农业技术人员＋科技示范户＋辐射带动户"技术服务模式，为全面推进乡村振兴和加快农业农村现代化提供科技支撑。至年底，全市建设集示范展示、指导培训、科普教育等多功能一体化的农业科技示范基地30个，依据农业特色遴选主推技术18项，招募特聘动物防疫人员47名，培训农技人员199名。

【农民教育培训】 2023年，全市遴选1504名新型职业农民参加省、市、县三级培训。其中，参加省级农业经理人、省级行业班培训504人；参加市级经营管理型和专业生产型培训班培训250人；参加县级培训班培训750人。全市投入培训项目资金413.65万元，围绕主导产业和特色优势产业，组织开展农民生产技术培训。全年举办各类培训班共20期，参加培训人员1000余人。其中，市本级5期，南昌县2期，新建区4期，进贤县2期、安义县2期、红谷滩区5期。培训内容涉及粮油作物高效种植和生产管理技术、秸秆综合利用、农业绿色发展、农产品质量安全等专题。通过培训，丰富学员理论知识和实践经验，培育一支有文化、懂技术、善经营、会管理的高素质农民队伍。

【农业生产科技水平提升】 2023年，推广农业生产科学技术，优质稻"昌两优馥香占""甬优1538"等新品种在安义县示范20公顷。"鲜食花生及高油花生高产栽培技术"在新建区示范13.33公顷。发布《2023年南昌市油菜生产指导技术意见》。推广"油稻稻"三熟制模式，亩产干油菜籽102.44千克，早稻、晚稻亩产干谷各525千克、651.9千克，实现稻油产量双提升。采用机插轻简栽培开展双季稻超高产创建攻关，双季稻年亩产干谷1250.7千克。示范优质稻双季同品种轻简化直播栽培技术，双季亩产906千克，早稻米质达部标2级。采用双季抛秧移栽技术示范稻稻油三熟制栽培模式，完成茬口衔接，亩产干谷1041千克。推广"鲜食花生""黑芝麻"高效种植技术，并选择"四粒红""进贤黑芝麻"等特产品种开展轮作种植模式。"水蕹菜与黄鳝网箱无公害养殖技术"在进贤县等地示范3600余箱。推行优质锦鲤繁育技术，繁育日本锦鲤苗种约5万尾。推广名特水产生态池塘养殖新模式，驯饲加州鲈约2万尾、翘嘴鳜约2000尾。强化科技创新智库决策咨询专家服务能力，市现代农业专家咨询服务团遴选专家174次530余人，全年累计完成评审项目1500余个。

【农业技术指导服务】 2023年，创新农业科技精准服务模式，丰富科技服务的内容和手段，选派22名科技特派员、4名省产业技术体系专家，参与"三区"人才科技服务，服务对接35家企业，组织科技人员采取微信群和电话"接单"模式，及时为广大农民提供技术服务。推进粮油生产和防灾减灾技术指导服务，保障粮食丰收。全年累计开展送科技下乡服务260余人次，开展技术培训41次，培训科技骨干、农民650余人次，免费发放技术资料900余份，提升全市农业生产科技水平。巩固拓展脱贫攻坚成果同乡村振兴有效衔接，履行驻村帮扶工作责任，支持水稻种植业发展壮大，实施消费帮扶行动，接续推动脱贫村发展。

【耕地质量监测】 2023年，全市建设耕地质量监测点46个（含国家级6个、省级40个），数量超过基准数据8个，均建设在永久基本农田保护区、粮食生产功能区、重要农产品保护区等区域，土壤类型包含3大土类、9亚类、19个土属、25个土种，包括水稻、油菜、花生等作物。全市46个耕地质量长期定位监测点的监测数据全部收集完成，并通过各监测点作物产量、施肥量、耕地土壤理化性状以及耕地环境质量等监测数据和化肥对农作物产量贡献率，分析评价出耕地质量年度变化情况和发展趋势，为下一年度制定耕地保护与质量提升工作计划提供参考意见。

【病虫监测点建设】 2023年，整合中央、省级资金，建设完善17个水稻病虫监测点和40个草地贪夜蛾监测点，推动实施可视化实时监测点物联监控情况和灯下害虫种类、虫数等增变情况，做到监测预警及时有效。市县各级通过网站、微信、电话等方式发布病虫情报14期，做好农作物病虫害预测分析，在指导农民科学绿色防控、安全精准用药等方面起到关键作用。

【新优品种示范推广】 2023年，南昌市举办江西省第三届现代种业蔬菜新品种展示会，展示1250余个蔬菜新品种，会上宣布的2023年江西省蔬菜重点推介品种目录中南昌市科研单位和种企选育的辣椒、豇豆等23个蔬菜新优品种获得重点推介；建立4个水稻和1个油菜新品种展示点集中展示90余个水稻和油菜品种；组织企业、种粮大户参加各类品种展示、鉴评活动，其中南昌市种企的油菜品种“赣油杂8号”入选《国家农作物优良品种推广目录（2023年）》，“早两优8208”“馥香两优8号”“华香马蒂”3个品种入选江西省水稻十大新优品种榜单，“康香A/R1028”“振优20”2个品种入选江西省水稻十大潜力品种榜单，“10香优郁香”入选江西省第五届优质稻十大金奖品种榜单；通过新优品种示范推广，实现全市晚稻优质品率达70%以上，水稻主推品种市场占有率45%以上，良种覆盖率98%以上。

【市级粮油作物绿色高质高效示范片创建】 2023年，在农业县区创建18个以“稻稻油”为生产模式粮油作物绿色高质高效示范片（万亩示范片4个，千亩示范片14个），总示范面积3600公顷。示范片内全面应用全程机械化、耕地质量提升、病虫草害绿色防控等技术，实现每亩“双千（亩产出千公斤、亩效益千元）”目标，给全市粮油生产做示范标杆。

【农药化肥减量技术推广】 2023年，全市在施肥新技术、新产品、新机具“三新”配套上实现突破，通过建设化肥减量“三新”技术示范区，引导示范推广“三新”技术，共建设54个“三新”技术示范区，示范面积9093.33公顷，完成化肥利用率、油菜种肥同播等田间试验31个，完成农户施肥调查851户，推广测土配方施肥技术714.77万亩次，测土配方施肥技术覆盖率超过90%；全市建设绿色防控示范1413.33公顷，开展专业化统防统治643万亩次以上，共培训农户、种植大户、农药经销商、专业化防治组织等927人次，张贴发放资料5万余份，农药用量较上年实现负增长。

【受污染耕地安全利用技术推进】 2023年，整合省、市资金1086.2万元，按照“重点区域集中突破、全域范围整体推进”的工作思路，统筹调配资源，同时根据不同耕地污染类型和程度，因地制宜采取品种替代、水分管控、叶面阻控等配套措施，推进安全利用工作；按照属地管理原则，采取休耕、种植结构调整等措施进行风险管控，落实市、县、乡、村四级巡查制度，遏止违规种植问题发生。全年对严格管控区开展27次巡查，对发现的问题采取当场整改及发督导函督促整改的措施，切实做到管控区可食用农产品零种植。

【农膜科学使用及回收示范点建设】 2023年，科学推进加厚高强度及全生物可降解地膜应用，完善废旧农膜回收利用体系。整合中央及市级资金68万元，建设16个加厚地膜科学使用回收示范点、5个全生物可降解地膜科学使用回收示范点及15个废旧农膜回收利用试点示范。市县举办2期废旧农膜回收利用技术培训班、1次市场检查及1次废旧农膜回收利用宣传活动，培训基层技术人员40余人，印发宣传资料500余份。全年农膜使用量1592.39吨，农膜回收量1383.89吨，农膜回收率达到86.91%。

【水产绿色健康养殖技术推广】 2023年，全市创建11个水产绿色健康养殖“五大行动”技术推广骨干示范基地，养殖示范面积共计443.33公顷。在全市范围内推广稻渔（莲渔）和水菜共生综合种养技术模式、陆基圆桶生态养殖、连片养殖池塘生态化改造、大水面综合养殖、养殖尾水处理，普及提升优质种苗繁育、疫病防控、规范安全用药等实用技术，有效促进全市水产养殖绿色高质量发展。

（黄艳梅　余媛媛）

农业机械化

【概况】 2023年，全市加大农机化新机具推广应用，促进粮食生产增产增效，以农机购置补贴惠农政策为抓手，重点针对农机化工作短板，广泛宣传机械化育秧技术，推动农业机械化发展。针对水稻种植全程机械化发展瓶颈及种植关键技术开展重点农机具累加补贴及水稻机械化育秧中心建设，引导农户、专业合作社等加快应用水稻高速插秧机、自走式旋耕机、联合收割机、植保无人机等高效农机。全市新增机具5552台,新增动力14.12万千瓦,农机总动力达306.83万千瓦,同比增加10.17万千瓦;水稻耕种收综合机械化率达86%,主要农作物综合机械化率达82%。南昌县农机手殷真,在农业农村部、人力资源和社会保障部、中华全国总工会联合举办的第四、第五届全国农业行业职业技能大赛总决赛上进入农机修理赛项全国前20名,被授予"全国农业技术能手"称号。

【机械化育秧中心建设】 2023年,全市各级农机推广部门组织建设"安全、先进、适用、宜机"的水稻机械化育秧中心,开展政策宣传和技术指导,组织多次育秧中心建设调度会和现场演示会,通过定期调度项目建设进度,协调解决项目用地、水电设施配套等问题,有效保障各地水稻机械化育秧中心建设的进行。至年底,全市建设水稻机械化育秧中心56家,全市育秧中心达到105家,单季育秧(供秧)能力提高至3.97万公顷,覆盖早稻播种面积3000亩以上乡镇69个,覆盖率100%。

【农机惠农政策实施】 2023年,开展农机购置及报废补贴政策实施,引导购置使用先进适用的农机具,优化农机装备结构,推动数字化、智能化农业装备普及,补齐机械化种植短板,实现农业机械更新换代。全市完成中央农机购置补贴资金9965.91万元,补贴各类机具5552台套,增长12.93%,其中水稻插秧机784台,增长64.7%;全市受益农户2505户,拉动农户购机消费3.2亿元。全市对水稻插秧机、秧苗移栽机(水稻有序抛秧)开展市级累加补贴,共受理市级累加补贴资金772.15万元,补贴重点推广农机具760台。

【全省稻油轮作全程机械化智能化演示展示活动】 2023年,践行大食物观理念,推进水稻、油菜生产全程机械化、智能化,提高生产效率,促进农业增产、农民增收。10月31日,全省稻油轮作全程机械化智能化现场演示展示活动在南昌市新建区联圩镇鄱谷农业基地举行。通过稻油轮作全程机械化智能化现场演示,既向广大农户宣传稻油轮作生产新模式,提高农业生产效益;又向全省种粮大户宣传粮油生产的新机具、新技术、新模式,为农业农村现代化发展提供坚实的机械化、智能化支撑。

【全市水稻机械化育秧技术培训会】 2023年3月24日,市农业农村局在安义县召开全市水稻机械化育秧技术培训会。市农业农村局机械化育秧中心和综合农事服务中心建设专项督导组成员,9个县区农业农村部门分管领导、业务骨干,育秧中心建设主体、种粮大户等78人参加。此次培训分为现场教学和室内培训两个阶段。现场教学阶段由江西省绿能农业发展有限公司、南昌安泰家庭农场的技术人员分别讲解工厂化育秧和大田泥土育秧技术,实地观摩育秧中心的自动化育秧流程。室内培训阶段由局农机化科负责人主持,市农技推广中心农机办负责人解读省、市水稻机械化育秧中心建设政策及适合南昌地区的农机具清单,参会人员就育秧技术、政策补贴等问题开展交流。

(吴　琦)

农田水利

【概况】 2023年,全市实施高标准农田、中型灌区改造、农村涝区治理等项目,夯实农业水价综合改革硬件基础,打通农田灌溉"最后一公里"。完成安义县长石、新建区赣西联圩等地15处灌区、涝区项目建设,指导安义县万长、进贤县钟陵2处中型灌区改造提升,建成高标准农田9733.33公顷,项目区沟渠路通达率均达到100%,粮食亩产量提高约100千克。

【农田基础设施建设】 2023年,为夯实全市农田基础设施建设,完善高标准农田建设系统,解决好农田基础设施中"微梗阻"现象,打通农田设施"最后一公里",真正把"藏粮于地、藏粮于技"落到实处,市政府安排3000万元用于建设207个农田基础设施建设项目,涉及南昌县、进贤县、安义县、新建区、青山湖区、东湖区、红谷滩区、高新开发区、经济开发区和湾里管理局10个单位。项目资金主要用于支持服务于粮食等主要农产品生产的生产路、田间灌排沟渠及配套基础设施等的新(续)建、修复与改造等。

【高标准农田建设】 2023年,全市统筹推进高标准农田建设9733.33公顷,其中新建面积4866.67公顷,改造提升面积4866.67公顷,高效节水灌溉建设673.33公顷,在南昌县、进贤县、安义县、新建区和红谷滩区5个项目县(区)实施。通过项目建设,有效改善项目区农田基础设施条件,提升耕地质量,提高水资源利用率,增强粮食综合生产能力,优化农业种植结构。项目区田间道路通达度为100%,农业(水稻)生产综合机械化率达85%以上,高标准农田项目耕地质量提升0.3—0.5个等级,粮食产能提高10%以上,土地流转租金较建设前提高每亩50—200元,种粮大户、农民合作社、家庭农场等新型经营主体蓬勃发展,农民经济收益大幅提高,受益群众满意度达90%以上。

【涝区治理】 2023年,市水利局推进重点地区排涝能力项目建设,参照省级补助标准,给予3处农村易涝区项目市级配套资金2000余万元支持。安义县万青联圩涝区于12月15日开工建设,计划投资3377.1万元。进贤县军山湖涝区于12月22日开工建设,计划投资2.88亿元。抚东大堤涝区于12月28日开工建设,计划投资2.29亿元。项目建成后,将有效保障圩区农田免遭绝产或减少洪涝灾害损失。

【灌区改造】 2023年,市水利局按照先建后补的形式,投资1.7亿元,推进2023—2025年3个中型灌区续建配套与节水改造项目建设。安义县长石灌区项目于2月开工建设,完成投资2000万元;新建区昌联、药湖2个灌区项目于11月开工建设,完成投资500万元。项目建成后,将改善农田灌溉面积1万公顷,改善农民生产生活水平,夯实粮食安全坚固基础。

【农业水价改革市级验收】 2023年,市水利局按照《江西省农业水价综合改革验收办法》要求,组织开展农业水价综合改革技术评估和验收工作。至年底,完成南昌县、进贤县、新建区(含经开区、红谷滩区)等7个县(区、局)农业水价综合改革市级验收工作,累计实施并完成改革面积18.99万公顷,基本建立起农业用水节约、灌溉工程良性运行的长效机制。

(陈云飞)

农垦业

【概况】 2023年,全市农垦业在春耕备耕、产业提升、垦区防汛工作和垦殖场环境整治等方面取得进展。受到早春气候影响,南昌垦区通过技术指导和农业机械化推广,确保早稻的丰产丰收。铁河垦殖场开展提单产"大比武"活动,推动农垦粮油等主要作物的大面积单产提升行动和"社会化服务+地方"行动。各垦殖场采取措施,包括隐患排查、堤坝除杂、储备防汛物资等,确保安全度汛。在垦殖场环境整治方面,恒湖垦殖场进行污染源调查排查,五里垦殖场落实污染耕地管控监督措施。

【春耕备耕】 2023年,因早春气候影响赣北地区持续降雨降温,南昌垦区长期低温多雨直接影响早稻生长,多家垦殖场种田能手(农村土专家)会同农科所技术人员到稻田指导职工农户,制定早稻管理要决,确保南昌垦区55.33公顷早稻丰产丰收。为加快南昌垦区水稻全程机械化进度,树立农垦示范勇争先的行动,为做好农业机械化的推广应用,铁河垦殖场以推广水稻育、插秧机械化技术为突破口,强化农机与农艺融合,按照"政府引导,市场化运作,专业化服务,整体推进"的发展思路,以扶持农业生产经营服务组织和种粮大户为抓手,加大技术推广力度,加大资金扶持。推广水稻机械化育、插秧技术水平,突破水稻生产机械化瓶颈。提升粮食产后服务能力,提升粮食烘干装备水平。铁河垦殖场水稻生产综合机械化水平达90%以上,基本实现水稻生产全程机械化。

【产业提升】 2023年,为推动南昌垦区农垦粮油等主要作物大面积单产提升行动和"社会化服务+地方"行动开展结合全市农垦实际,铁河垦殖场开展农垦提单产"大比武"活动,铁河垦殖场土地总面积2535.48公顷,水田面积2400公顷,其中双季稻面积1900公顷。农户自签订流转合同的耕地面积1023.33公顷,农户自种耕地面积876.67公顷。现有职工7320人,水稻为主导产业。

【垦区防汛工作】 2023年,南昌垦区各垦殖场提前部署、积极行动,抓好农业防汛工作。桑海企业集团抓好汛前隐患排查,对各单位水利工程进行全方位汛前检查,将安全隐患消除到位;做好圩堤除杂工作。江夏分场组织员工及清杂人员20余人,投入资金近5万元,对江夏圩堤及导托渠堤坝两侧杂草、杂树进行全面除杂清理3次,做到不留死角,确保安全度汛;备齐备足防汛储备物资。在江夏圩储备袋类9000余条,鹅卵石300立方米,铁丝100千克,铁锹40把,救生衣20件,救生圈20个,救生绳20套,应急帐篷6顶。五里垦殖场制定科学合理的度汛方案,并落实防汛物料(麻袋2100条、编织袋1700条、鹅卵石110立方米、石块80立方米),并对"五七"大堤约2.2千米内外坡进行清草除杂。汛期前安排专人每天进行巡查,发现隐患和问题立即处理,确保"五七"大堤安全度汛,保障人民生命财产安全和农业丰收提供保障。

【垦殖场环境整治】 2023年,根据农村人居环境整治三年行动工作要求,市农业农村局推进全市各垦殖场环境整治工作。为提升国控鄱阳湖伍湖分场断面水体质量,恒湖垦殖场配合中科院生态环境研究中心、省科学院能源研究所、新建区生态环境局,开展全场污染源调查排查。对全场人口、耕地、水面、企业等情况再次进行细致调查,调查工业企业11家、规模化生猪养殖企业4家。对杨家港电排站及自流闸、伍湖电排站、官港电排站、恒波电排站5个排口进行入河排污许可登记并设立标志牌,明确责任主体、监管单位、投诉举报等相关信息。恒湖垦殖场水利机电排灌站配合做好闸口排污日常巡查工作,向新建区环保局报送巡查信息100余条。五星垦殖场全面推进"两整治一提升"专项行动,打造共同富裕样板村与乡村振兴示范点,围绕"五大革命""五大工程",全面推进"三清三拆三整"工作,实现人居环境提效增质,村庄面貌得到改善。五里垦殖场按照南昌市2022年受污染耕地严格管控区休耕实施方案的文件精神，农牧场党支部严把管控区域内禁止种植可食用农作物责任关，落实污染管控监督措施，建立长效监督巡查机制，至年底，五里垦殖场21.33公顷污染耕地范围内属休耕状态。

（张仁杰　李文丽）

乡村振兴

【概况】 2023年，坚持“守底线、抓发展、促振兴”工作总基调，把巩固拓展脱贫攻坚成果作为全面推进乡村振兴的底线任务抓紧抓实，常态化进行防返贫动态监测和帮扶，守住不发生规模性返贫的底线，全市脱贫人口年度人均纯收入达20761元。不断优化考评机制和资金监管机制，抓好产业就业、乡村发展、乡村建设、乡村治理等重点工作，推动巩固拓展脱贫攻坚成果同乡村振兴有效衔接取得新进展新突破。

【防返贫监测帮扶】 2023年，新识别“三类对象”337户1237人，是2022年新增监测对象人数的2.7倍。全市累计消除风险444户1286人，占识别总户数47%，未消除风险416户1870人均已全部落实帮扶措施。6月，以家庭为单位，对所有农村地区、所有农村户籍人口开展全面排查工作，全市排查农户67万户255万人，新识别纳入监测对象80户296人，发现消除风险监测对象20户64人。下发《关于进一步做好脱贫户监测户收入监测工作的提示》，指导县区有针对性地实施帮扶措施。市乡村振兴局与市应急局、市民政局等单位联合制定印发《南昌市关于建立健全防范因灾返贫长效机制的实施方案》《进一步做好农村最低生活保障与防止返贫监测帮扶有效衔接工作的实施方案》，不断完善防返贫监测帮扶工作机制。

【“一评两督”与问题整改】 2023年，创新建立全市巩固拓展脱贫攻坚成果同乡村振兴有效衔接“一评两督”工作机制，通过开展“一评两督”工作，实施挂牌督办，压实工作责任。在开展2次集中督导的基础上，结合全市重点工作推进情况，适时开展督导指导。统筹抓好年度考核评估反馈问题，国家及省级暗访发现问题以及市级“一评两督”自查发现问题等各类监督检查、考核评估发现问题整改工作，组织开展问题整改“回头看”，实现问题整改动态清零，200余个问题均按照时间节点和质量要求完成整改。及时处理省乡村振兴局转办“12317”信访举报件1件，办结率100%。

【财政衔接资金使用和项目管理】 2023年，全市投入中央、省、市、县衔接乡村振兴补助资金3.54亿元，其中中央资金1.2亿元、省级资金1.2亿元，市级资金3800万元，县级资金7558.8万元。与市财政局联合印发《关于加快各级财政衔接推进乡村振兴补助资金支出进度的通知》，开展资金支出专项调研，对进度较慢的县区下发通报，完成衔接资金支出率6月底达到50%、9月底达到75%的绩效要求。巩固拓展脱贫攻坚成果和乡村建设项目库纳入年度实施计划项目共499个，投入建设基础设施类项目335个，投入建设产业项目145个，产业收益重点用于支持脱贫村、重点帮扶村壮大村集体经济，带动脱贫户、监测对象增收实现联农带农1925户，农村直接受益人数33.37万人。定期召开衔接资金项目专项调度会，对资金项目数据质量问题进行通报，开展衔接资金项目督导调研，聘请第三方开展资金绩效核查，提升资金使用效益，全市7个有巩固拓展脱贫攻坚成果同乡村振兴有效衔接任务的县（区、开发区、管理局）均在10月底前完成2024年度项目库批复，11月底前完成2024年度项目计划编制。与市财政局联合出台《关于进一步规范衔接资金项目管理工作的通知》，就“严格规范资金使用管理、项目实施管理、扶贫（帮扶）项目资产管理”三个方面明确具体要求。

【扶贫（帮扶）资产管理】 2023年，市巩固拓展脱贫攻坚成果同乡村振兴有效衔接工作领导小组印发《关

2023年10月19日，南昌市第二届“洪城红”乡村振兴公益项目大赛决赛举行

（市委组织部　供图）

于加强扶贫(帮扶)项目资产后续管理的实施方案》,对扶贫项目资产的确权、移交、管护和处置进行统一规范。组织各地完成2022年帮扶项目资产确权移交工作,形成资产805个,资产原值2.72亿元。定期通报资产疑似问题数据18次并督促县区整改,组织各地对2013年以来的扶贫项目资产进行自查,聘请第三方对扶贫项目资产开展核查。

【防贫保险与巾帼帮帮团活动】 2023年,全市下拨防贫保险市级配套资金530万元,各县区按照不低于1:1比例配套的原则,市县两级共计投入防贫保险资金1220万元。组织各相关县区完成防贫保险续签工作,至年底,各县区已办理保险理赔数582例,理赔金额1190万元,其中因病理赔477例1088万元,有效筑牢农村低收入人口返贫致贫防线。下拨巾帼帮帮团补助资金114.22万元,招募464名巾帼志愿者结对帮扶489户“农村特殊对象”家庭清扫家庭卫生、打造美丽庭院。

【产业就业帮扶】 2023年,投入产业项目的衔接资金1.64亿元,占各级财政衔接资金的47%。农业产业化龙头企业、家庭农场、专业合作社、创业致富带头人四类经营主体和扶持产业基地规模保持稳定。制定出台《关于进一步健全完善帮扶项目联农带农机制的实施细则》,建立完善帮扶产业联农带农机制,带动脱贫户和监测对象增收致富。至年底,全市培育“四类经营主体”1882个、带动脱贫户和监测对象6163户6684人、户均年增收3237元。及时跟踪监测脱贫人口和“三类对象”外出就业务工情况,至年底,全市脱贫人口(含监测对象)已实现就业2.16万人。42个帮扶车间运行正常,共带动7004人实现就业,其中吸纳脱贫劳动力281人。

2023年10月27日,南昌市2023年帮扶产品展示展销会

(市乡村振兴局　供图)

【帮扶产品展示展销会】 2023年10月27日,以“绘振兴画卷 享幸福生活”为主题的2023年南昌市帮扶产品展示展销会开幕。展销会为期3天,旨在进一步提升全市帮扶农产品的品牌影响力、竞争力,从而带动脱贫群众持续增收,助推乡村振兴。展销会共有100余家参展企业带来200余种产品进行集中展示。1000平方米的展区里摆放军山湖大闸蟹、红心火龙果、蜂蜜、菜籽油、艾草制品等各类帮扶产品。现场搭建乡村振兴展示区,展示南昌各地巩固拓展脱贫攻坚成果,全面推进乡村振兴的成果、经验、做法。展销会后还召开帮扶产品产销渠道“相亲”对接会,“十佳”帮扶产品的经营主体受邀参加,让帮扶农产品从田间地头到千家万户、从脱贫村、脱贫户到城市商超、农贸市场的路越走越宽。

【驻村帮扶与结对帮扶工作】 2023年,市乡村振兴局协同市委组织部建立平时考核和常态化暗访督导工作机制,压实驻村帮扶工作责任,完成第五轮市派驻村第一书记和工作队轮换工作,同步调整部分重点村定点帮扶单位,95家市直单位定点帮扶95个村。选树12名市级乡村振兴优秀驻村干部,其中3名被评为全省乡村振兴优秀驻村干部。继续推行县区副县级领导结对帮扶未消除风险监测对象机制,在端午、中秋、春节等节日,开展脱贫户和监测对象走访慰问活动,解决脱贫群众生产生活困难。

【巩固拓展脱贫攻坚成果培训】 2023年,按照分级负责、分类施训要求,推进乡村振兴干部培训,组织专题培训班5期,培训乡镇分管领导、驻村第一书记、村级党组织书记等760余人次,督促指导县区开展各类培训36期,培训3300余人次。培育认定乡村工匠25人,推荐认定省级乡村工匠名师2名。

(侯蓓元)

工业

综述

【概况】 2023 年，全市规模以上工业实现营业收入 6682.3 亿元，同比增长 4%，增速列全省第四位。实现利润总额 199.4 亿元，增长 60.2%，增速列全省第一位。亿元以上项目数量 376 个，工业投资增速列全省第三位。工业技改投资增长 35.4%，500 万元及以上技改项目 403 个，均列全省第一位。工业增值税增长 60.8%，列全省第二位。全市电子信息全产业链营收突破 2400 亿元，汽车及装备全产业链营收突破 2100 亿元，新材料、医药健康产业链营收均超千亿元，航空产业链实现营收 869 亿元。南昌市获评全国建设信息基础设施和推进产业数字化成效明显市，小蓝经开区入选“国家级绿色工业园区”，国泰集团工业互联网平台成为江西首个国家级跨行业跨领域工业互联网平台，江西联创电子有限公司被认定为国家技术创新示范企业，江西煌上煌被评为国家级工业设计中心。

【产业发展谋划】 2023 年，对照省 12 条制造业重点产业链，谋划南昌市产业链现代化建设路径思路，针对全市 8 条制造业重点产业链，分链条系统分析基本情况、重点企业、在建项目、产业人才、数字化水平等，制定出台《南昌市制造业重点产业链现代化建设“8810”行动计划（2023—2026 年）》，加快构建体现南昌特色和优势的现代化产业体系。加强产业研究，LED 产业、新型储能产业发展情况在市委理论学习中心组专题学习会上作报告，为抢抓产业发展新赛道提供决策参考。同时，加大对传统产业的调研分析力度，南昌市传统产业数字化转型情况报告，获省委主要领导批示；南昌市再生资源产业发展情况的调研报告，获市委主要领导批示。

【工业经济运行调度】 2023 年，主动协同“3＋4”工业主力平台，每月开展运行监测全方位摸底，收集全市百户重点企业监测表，做好每月工业经济研判分析，建立工业经济运行周例会制度，全市规上工业增加值增速由年初（－9.4%）的起步，到上半年（0.9%）由负转正，再到 12 月（4.2%）的提升，全市工业经济加速恢复、逐月向好。实施项目带动战略，全市推进重大工业项目 376 个，总投资 3789.6 亿元。定期梳理“三个清单”，实时做好项目进度管理，华勤千亿产业基地已搭建完成并投产 27 条 SMT 生产线、34 条组装线，龙旗南昌 VR 项目产线已经搭设完毕，欣旺达动力电池项目已建成产线 15 条，华创新材一期 5 万吨锂电铜箔项目和中微半导体 MOCVD 设备生产基地建成投产，江西杭电铜箔年产 2 万吨高性能超薄电子铜箔项目进入试生产阶段。推进培育领航标杆企业三年行动计划，共有 3 户企业获评省级制造业领航企业，12 户企业纳入省级领航培育企业。至年底，全市省级领航企业 20 户，占全省的 26%，排名全省第一；省级领航培育企业 49 户，占全省的 18%，排名全省第一。引导企业充分发挥自主创新的示范引领作用，南昌矿机、三鑫医疗等 10 家企业被评为江西省管理创新示范企业，华勤电子、乾照光电、泰豪科技 3 家企业项目获评省领航企业管理创新项目。

【重点产业培育】 2023 年，电子信息产业链营收达 2174.7 亿元，移动智能终端产量超 1.5 亿台，VR 及相关产业营收突破 800 亿元；汽车及装备产业全年实现整车生产 39.8 万辆，产业链营收达 2097.86 亿元；航空产业不断延伸拓展 ARJ21 产业链，打造航空产业集群，全产业链营收达 869 亿元；医药健康、新材料产业链营收分别超 1000 亿元、1300 亿元。推进产业集群发展，高新航空制造产业集群新增为省级重点产业集群，安义铝型材产业集群、进贤医疗器械产业集群获评江西省中小企业特色产业集群，高新区获江西省产业集群高质量跨越式发展示范园区称号。至年底，全市已有16个省级（含2个培育型）产业集群。开展调研座谈、技术对接、市场拓展、金融保链强链等综合活动，累计开展各类活动329次（场），产销对接、产业链招商合计66次（场），签约项目159个，签约金额429.6亿元；产融对接活动授信企业245户，授信额度562.38亿元。同时，对全市11条重点产业链"链长制"进行优化，市级层面由市长担任总链长，两个开发区党工委书记以及市政府其他市级领导担任各重点产业链链长，推动产业链链长制工作巩固提升。

【工业互联网建设】 2023年，出台《南昌市工程建设项目移动通信基础设施建设管理办法（试行）》，全市建成5G基站数2万余个，全省排名第一，5G移动用户占比为48.8%，全省排名第二，工业互联网标识解析二级节点数2个，工业互联网融合应用数38个，全省排名第一。全市标准机架数达4.47万个，占全省比重53.7%，获评全国建设信息基础设施和推进产业数字化成效明显市。全年累计开展"万企上云上平台"专项活动57场，新增上云上平台企业1.61万家，新增深度上云企业594家，全市累计上云上平台企业5.32万家。菱形信息VR+工业仿真系统等3个项目获评工业和信息化部虚拟现实先锋应用案例，江西五十铃等12家企业被评为"5G+工业互联网"应用示范企业，国网江西省电力、方大特钢被评为"5G+工业互联网"应用示范场景。制定出台《南昌市工业互联网创新发展三年行动计划》，国泰集团工业互联网平台成为全省首个国家级跨行业跨领域工业互联网平台，江西融合科技数字化管理服务平台、江西联通工业互联网平台、电信维盈工业互联网平台获国家特色专业型工业互联网平台，全市有8家互联网平台入选江西省双跨型、行业型、区域型以及企业级工业互联网平台。江铃股份等3家企业获评国家级智能制造示范工厂，欣旺达等4家企业获评国家级智能制造优秀场景，方大特钢等10家企业获评江西省智能制造标杆企业，南昌思创企管策划等4家企业入选江西省智能制造系统解决方案供应商（第二批）。

【产业转型升级】 2023年，制定《关于加快先进制造业项目建设 推进数字化转型升级的若干措施》，修订完善技改政策实施细则。26家企业被评为省级企业技术中心，16项产品入选"赣出精品"，12家企业13个产品入选江西省首台（套）重大技术装备推广应用指导目录，泰豪科技、江铃改装车等7家企业入选江西省应急产业重点联系企业。以服务型制造助推工业高质量发展，培育壮大全市工业设计主体，江西煌上煌被评为国家级工业设计中心，南昌三瑞智能、江西百胜智能、泰豪电源、江西荣和特种消防设备制造4家企业被评为省级工业设计中心，全市14款入选省级工业设计优秀产品。培育服务型制造示范企业，江西佳时特、江西贝斯特节能环保2家企业获评省级服务型制造示范企业。1家绿色园区、5家绿色工厂入选国家级绿色制造名单，小蓝经开区、进贤经开区2家园区入选省级绿色园区，江联重工等11家企业入选省级绿色工厂。至年底，全市共有绿色工厂30家，其中国家级绿色工厂21家；绿色园区4家，其中国家级绿色园区2家。

【服务企业发展】 2023年，组织召开"亲清早餐会"，开展全市工业企业"大走访、大帮扶"活动，帮助企业协调解决用工、融资、物流、要素保障、市场开拓等影响企业生产经营的痛点、堵点和难点问题及政策诉求，助力企业稳定生产、增产增效。全年共完成4期市工业企业"大走访、大帮扶"活动，市级层面共收集企业问题诉求99个，均已协调解决，办结率100%。制定《关于支持工业企业稳生产拓市场提质效的若干措施》，统筹1亿元资金，以"真金白银"助力企业平稳发展；加快电子信息、绿色食品等支柱产业"一产一策"政策兑现流程，推动企业发展提质、产业发展升级。举办2023世界VR产业大会、中国航空产业大会暨南昌飞行大会、中国（江西）工业互联网创新发展大会、南昌电子信息产业发展大会、南昌市新型储能产业发展研究与合作对接恳谈会等大型产业活动，会上共签约项目158个、总投资超1000亿元。筹备并成立南昌市汽车制造产业联合会、航空装备产业联合会、电子信息行业商会、生物医药行业商会、绿色食品行业商会5个主导产业商协会，促进企业、政府和社会加深交流合作、实现互利共赢。

【行业管理】 2023年，推进全市工业领域碳达峰行动，制定出台全市工业领域碳达峰、工业污染防治等工作要点，编制印发南昌市建材、化工、有色金属三个行业碳达峰实施方案，落实能耗"双控""碳达峰、碳中和"以及水资源保护利用要求，遏制"两高"项目盲目发展。强化工业制造领域安全生产统领指导，开展工信系统安全生产重大事故隐患专项排查整治行动，全面推进行业管理责任制落地生效，全年共开展行业安全生产检查56次，检查企业126家次，排查整改安全隐患92个。做好民爆、军工、民机、民船的安全监管工作，开展全市民爆行业安全生产大检查4次，完成应急管理部检查发现船舶行业整改问题4个，确保民爆、军工、民机、民船安全生产零事故。制定印发《关于开展南昌市工业互联网安全保障能力提升活动的通知》《南昌市工业互联网安全保障能力提升活动实施方案》，推进联网企业网络安全分类分级管理，统筹抓好南昌市工业互联网安全态势感知平台和民爆行业工业互联网安全态势感知平台建设，组织全市45家企业开展工业信息安全自评估，提升工业互联网安全保障能力。

（向佳威）

汽车及装备产业

【概况】 2023年，南昌市汽车及装备产业链拥有规上企业超600家，实现全口径工业营业收入2097.86亿元，同比增长12.1%。已形成南昌县汽车及零部件产业、经开区新能源汽车及汽车零部件产业、新建区汽车及零部件产业、高新区智能装备制造产业4个省级产业集群，聚集江铃、泰豪、方大特钢、宝武钢铁4家中国制造业500强企业，麦格纳、佛瑞亚、李尔、天纳克（辉门）、华翔电子5家全球汽车零部件百强企业，以及华翔电子、凌云工业、银轮机械、经纬恒润4家中国汽车零部件百强企业。至年底，全市实现整车生产39.8万辆，增长11%。轻型商用车销量24.1万辆，占全国轻型商用车总销量的14.5%，占全国商用车总销量的6%；乘用车全年实现销售15.7万辆，增长39%。海外出口持续快速增长，开拓沙特、墨西哥、菲律宾、越南4个超万台市场，以及智利、阿根廷等11个超千台市场，整车出口首次超过10万台。构建以江铃集团整车业务为引领的汽车产业生态圈，形成整车制造、变速箱、混动发动机、动力电池等为一体的汽车及零部件产业体系。整车品种全面，涵盖轻客、轻卡、皮卡、SUV、新能源轿车、客车以及救护车、冷藏车等各类改装车，拥有江铃全顺、领界、领睿SUV、宝典、域虎皮卡，江西五十铃铃拓、牧游侠，江铃集团新能源羿、小麒麟等优秀整车产品；零部件链条完整，涉及发动机、变速箱、传动系统、制动系统、动力电池、车身及内外饰等部件（总成）产品，拥有本地汽车一级供应商130余家，涉及汽车一级零部件产品50个子系统中的41个，本地一级零部件配套能力达82%。1月30日，中国砂石协会发布《关于常纪文等71名同志入选中国砂石协会绿色矿山建设专家库的公告》，南昌矿机集团股份有限公司董事长李顺山入选。4月10日，南昌矿机集团股份有限公司（以下简称“南矿集团”）在深交所举行上市仪式，成为南昌市首批主板注册制上市企业。10月9日，江西佳时特数控股份有限公司被正式列入国家数字化转型贯标试点企业名单。

【首届科技创新论坛】 2023年1月19日，江铃集团举办首届科技创新论坛，旨在激励科技人员创新创造、聚智聚力。江铃集团副总经理李小军主持并作题为《江铃集团技术统筹管理分享与思考》的主题分享。论坛现场，江铃集团旗下整车企业研发负责人丁文敏、单丰武、于勤和南昌智能新能源汽车研究院院长楼狄明，与大家一起畅谈未来产业发展形势，解读最新战略实施政策，分享企业创新发展方向。此次科技创新论坛的举办，为全市汽车产业科技人员提供技术交流，共建共享、协同发展的平台与机会，共同打造“科技江铃、特色江铃”。

【江铃全新一代轻卡“凯运+”上市】 2023年2月10日，江铃全新一代轻卡“凯运+”在江铃汽车富山工厂上市，售价区间为9.68万—13.16万元。全新一代“凯运+”动力输出强劲，车身配置可靠，驾驶体验舒适，智能配置丰富，通过八大升级（颜值、舒适、品质、节能、动力、承载、安全、智能八大升级）、九大定制化产品配置（针对不同行业不同使用需求的用户，江铃凯运+对工程版、建材版、快递快运版、冷藏版、商超版、水产版、家具版、山区版、果蔬版九大版本进行沉浸式体验场景打造），打出产品组合拳，满足不同场景不同需求的用户，在各自的场景内建立全新的领跑新标杆。

【江铃皮卡全新品牌“江铃大道”发布】 2023年3月20日，江铃皮卡全新品牌——“江铃大道”（以下简称“大道”）正式发布，江铃全新技术架构平台、全新皮卡产品同步亮相。“大道”定位于中国皮卡全场景专家，是江铃皮卡在市场扩容、消费升级和需求多元化的背景下，准确预判未来市场发展趋势，为满足用户全场景用车需求而推出的开创之作。“大道”以前瞻的品牌理念、先进的技术架构和硬核产品，为皮卡市场带来全新发展风潮，全面引领皮卡全场景时代。

【南昌市汽车制造产业联合会成立】 2023年3月31日，南昌市汽车制造产业联合会成立。市工信局党组成员、副局长主持会议并宣读《关于同意南昌市汽车制造产业联合会成立的批复》。随后召开的南昌市汽车制造产业联合会第一届一次理事（扩大）会议，选举产生会长、副会长、秘书长，江铃集团党委副书记、总经理万建荣当选会长。南昌市汽车制造产业联合会是由单位会员自愿结成的全市性、联合型社会团体，是非营利性社会组织。南昌汽车制造产业联合会的成立，将凝聚南昌汽车产业的发展合力，为振兴全市汽车行业做出贡献。

【江铃汽车供应商座谈会召开】 2023年4月19日，江铃汽车供应商座谈会暨南昌小蓝经开区汽车产业供应链招商推介会在上海召开。市委常委、副市长肖云讲话，南昌县委书记、小蓝经开区管委会主任陈翔作相关推介，江铃集团党委书记、董事长邱天高主持。华域汽车系统股份有限公司、宁波华翔电子股份有限公司、麦格纳汽车技术（上海）有限公司等50余家供应商代表汇聚一堂、共谋发展。此次供应商座谈会的举办，让全国汽车产业链优质企业拥有共同探讨行业发展新趋势，谋划未来新思路的机会，也为南昌汽车产业的发展提供更多的可能性，为招引更多优质产业链上企业赋予新的机会。

【扩大出口业务合作框架协议签署】 2023年5月11日，江铃汽车股份有限公司与福特汽车公司在南昌签署框架协议。双方将在现有合作基础上，扩大江铃汽车的产品出口业务。该项合作框架协议旨在充分利用江铃强大的工程、制造能力和成本优势，结合福特遍布全球的成熟销售网络，助力包括经济型电动和燃油商用车在内的更多产品走向世界。此次合作标志着江铃与福特海外业务迈上全新的发展台阶，依托福特领先的产品研发技术、良好的品牌声誉、成熟的业务结构和完善的销售网络，南昌市高质量汽车产品将在海外市场拥有更大的机遇。

【全面战略合作框架协议签署】 2023年5月29日，江铃集团与科大讯飞股份有限公司在合肥签署全面战略合作框架协议。根据协议，双方将发挥主营业务优势，发展和强化长期、稳定、互惠的合作关系，依托江铃集团在汽车行业的整体布局，以及科大讯飞在汽车智能化领域的先进优势，在智能交互、智能音效、智能座舱、智能驾驶等方向深度合作，并基于讯飞星火认知大模型，助力人车交互体验跃升，推动江铃集团在智能座舱、自动驾驶及国产化芯片等"新四化"领域的技术储备及应用落地。

【汽车智能电动平台项目合作协议签署】 2023年7月11日，南昌小蓝经开区、北京经纬恒润科技股份有限公司、江铃集团签署汽车智能电动平台项目合作协议。市长万广明，副市长赵捷，经纬恒润董事长吉英存，江铃集团党委书记、董事长邱天高等出席。根据协议，双方将充分发挥各自优势，在南昌小蓝经开区合作建设汽车智能电动平台项目，主要从事汽车电子产品和新能源汽车电池包、集成式底盘的研发、生产和销售，经纬恒润的引入，有助于推动南昌市汽车产业在"新四化"核心领域合作向纵深发展。

【江铃集团与百度签订战略合作框架协议】 2023年9月2日，江铃集团与百度战略合作框架协议签约仪式在江铃集团新能源汽车公司举行。南昌经开区党工委副书记、管委会主任于立山，江铃集团党委书记、董事长邱天高，百度资深副总裁、智能驾驶事业群组总裁李震宇等出席，江铃集团副总经理李小军，百度副总裁、自动驾驶事业部总经理王云鹏代表双方签署框架协议。此次合作协议的签订，有助于充分发挥江铃集团在汽车领域的市场地位优势、业务需求优势和信息获取优势，以及百度在汽车自动驾驶、智能网联、智慧交通、智能地图等领域的优势，抓住汽车向智能移动终端转型的发展机遇，共同开拓与发展智能网联汽车市场及城市智慧交通。

【首届江西汽车产业发展高峰论坛开幕】 2023年7月28日，首届江西汽车产业发展高峰论坛在南昌开幕。清华大学车辆与运载学院教授、智能绿色车辆与交通全国重点实验室主任、国家智能网联汽车创新中心首席科学家、工业和信息化部智能网联汽车推进小组专家组组长、国家重大产业化项目技术总负责人院士李克强，中国工程院院士陈学东，国家智能型新能源汽车协同创新中心主任、同济大学教授余卓平，中国汽车工业协会总工程师、副秘书长，教授级高级工程师叶盛基等专家以及汽车产业链、供应链知名企业代表300余人参加会议。会议由江西省汽车产业科技创新联合体、江铃汽车集团有限公司、同济大学、南昌智能新能源汽车研究院主办，江西省汽车工业协会、南昌市汽车制造产业联合会、南昌市新型研发机构联盟协办。李克强作"智能网联汽车发展态势及高质量发展建议"主题报告，陈学东作"提升产业基础能力，促进制造业高质量发展"主题报告，余卓平作"关于汽车电动化转型的几个思考"主题报告，叶盛基作"汽车产业链供应链—携手践行'双碳'目标"主题报告。论坛集聚国内智能网联汽车、自动驾驶、动力电池等领域的国内行业领袖、业内专家，围绕汽车产业升级、跨界融合、协同创新、未来汽车等热点问题进行交流探讨，聚焦汽车产业发展的机遇和挑战，共同为江西汽车产业转型升级出谋划策，探讨江西汽车未来发展的新思路。

【SAE 2023(第六届)汽车智能与网联技术国际学术会议】 2023年9月22日至23日，SAE 2023(第六届)汽车智能与网联技术国际学术会议在江西南昌召开。此次会议是由同济大学指导，SAE International与南昌智能新能源汽车研究院联合主办，江铃汽车集团有限公司、江西省汽车产业科技创新联合体与南昌市汽车制造产业联合会协办。大会重点聚焦于"智能座舱、感知与控制、汽车芯片、网联与测试"等主题，共同探讨汽车智能网联领域的学术进步和技术应用。大会邀请50余位来自国内外的杰出企业家、技术专家和行业学者。通过主题报告、分论坛、圆桌对话等形式，以汽车智能化、互联化为一体，以学术为基础，行业技术为主线，与行业精英一起贯彻新精神，研判新形势，共商新举措，共塑全球变局下智能汽车出行新时代。在大会期间，还举办2023智能网联汽车行业颁奖典礼，共表彰行业企业11家，技术奖项8个和人物2位。奖项包括感知与定位、智能座舱与人机交互、智能决策与车联网、自动驾驶芯片与域控制器、智能网联软件工具与测试软件平台及工具等多项优秀核心零部件企业奖、先进创新技术奖以及年度影响力人物、年度技术专家等人物类奖项。

【中部八省城市公共交通协会第三届公交企业高质量发展经验交流会举行】 2023 年 11 月 15 日，中部八省城市公共交通协会第三届公交企业高质量发展经验交流会在南昌举行。山东省、河南省、河北省、湖南省、湖北省、安徽省、陕西省公共交通协会以及中部各地公交企业领导和代表、专家学者及公交生态链企业代表 240 余人参加，共同交流探讨公交行业发展的新思路、新办法、新举措，凝聚思想共识、拓宽工作思路，携手推进公交事业高质量发展。会期 1 天，分上午、下午两个部分，会议议程由领导致辞、专家学者主题分享、公交企业代表经验交流、厂商作技术分享、参观南昌公交企业展示馆等组成。

【江铃整车出口铁海联运破 10 万辆】 2023 年 10 月 17 日，江铃整车出口铁海联运破 10 万辆暨南昌国际陆港—广州港、厦门港双列齐发和“昌穗一港通”合作签约活动举行。南昌市副市长赵捷宣布发车。两列铁海联运外贸班列将分别从广州港和厦门港装船出海。其中，前往厦门港的铁海联运班列装载着 40 个大柜江铃汽车整车，至此，南昌国际陆港的铁海联运通道已运输江铃整车超过 10 万台。同时，南昌至广州港铁海联运班列的通行，标志着“昌穗一港通”正式落地生效，通过南昌国际陆港直达广州港的铁路运费下调 40%。

【3000 千瓦大功率电源半挂车首发仪式】 2023 年 7 月 23 日，国内首台 3000 千瓦大功率电源半挂车在泰豪·海德馨首发，半挂车具有“功率大、持久送电、安全高效、性能卓越”等性能，完美契合大型、超大型区域对电源的应急需求。此次半挂车首发，是泰豪·海德馨一直以来，坚持“以客户为中心、以市场为导向”技术创新机制的又一成果，标志着南昌市在应急产业领域开启应急电源车行业市场的又一新里程。

【入选国家级智能制造示范工厂揭榜单位名单】 2023 年 10 月 26 日，工业和信息化部公示 2023 年度智能制造示范工厂揭榜单位和优秀场景名单。其中，江铃汽车股份有限公司、南昌海立电器有限公司、江中药业股份有限公司入选智能制造示范工厂揭榜单位名单。这是南昌市首次有企业获评国家级智能制造示范工厂揭榜，该奖项上实现“零的突破”。此次遴选旨在树立一批各行业、各领域的排头兵，推进智能制造高质量发展。南昌市将以此为契机，继续坚持把制造业高质量发展作为主攻方向，强化统筹协调，着力补齐短板，以国家、省、市级智能制造示范项目为引领，推动智能制造实现突破性、创新性发展。

【南矿集团 MC800 多缸液压圆锥破碎机亮相中国国际矿业大会】 2023 年 10 月 26 日至 28 日，由自然资源部、天津市人民政府指导，中国矿业联合会主办的 2023（第二十五届）中国国际矿业大会在天津梅江会展中心召开。南昌矿机集团股份有限公司出席大会，首次展示全新研制的大型化设备——MC800 多缸液压圆锥破碎机。此次展示的 MC800 多缸液压圆锥破碎机是南矿首次展示的优质产品，为南矿带来更多的人气和海内外客户的合作意向，也意味着南昌市矿机产业的发展在技术领域和创新领域有着长足的进步。

【江铃集团举办以“聚力·创新”为主题的科技日活动】 2023 年 12 月 12 日，以“聚力·创新”为主题的 2023 年江铃集团科技日活动举行。省委常委、市委书记、赣江新区党工委书记李红军出席并为江铃集团重大技术攻关项目、重大整车项目发榜、授旗。市长万广明出席并讲话，副市长赵捷主持。活动现场，江铃集团 130 项科技进步成果、18 项发明专利、32 名先进个人、16 个创新团队、8 项政府及行业大奖受到表

2023 年 12 月 12 日，以“聚力·创新”为主题的 2023 江铃集团科技日活动举行

（马悦　摄）

彰，奖励总金额超过850万元。会场外展示江铃集团场景化产品、新能源产品和先进技术等74项科技成果。同步举办多场科技创新论坛，邀请多名行业专家分享科技前沿信息，打造广大科技工作者收获与分享的盛宴。同济大学教授、国家973项目首席科学家余卓平，国家智能网联汽车创新中心常务副主任郑继虎，同济大学南昌智能新能源汽车研究院院长楼狄明，浙江大学动力机械及车辆工程研究所所长俞小莉及百度公司、经纬恒润公司、南昌济铃科技公司等专家学者参加此次科技日活动。

（王日港）

航空航天设备制造业

【概况】 2023年，航空工业江西洪都航空工业集团有限责任公司（以下简称“洪都公司”）落实习近平总书记考察江西重要讲话精神和对航空工业发展的重要指示批示，实施创新驱动发展战略，落实链主企业职责和江西省制造业重点产业链现代化建设“1269”行动计划，推进科技创新构建先进航空制造体系，聚焦“国之大者”推动航空产业协调发展，科技自立自强取得突破，军贸与民机发展成效初显，服务保障与质量工作提升，“科改”示范行动在国资委考核中获评优秀。洪都公司获评全国国防军工安保工作突出集体和航空工业集团改革、法律工作先进单位。

【科技创新成果】 2023年，加快打造高水平创新平台，推进江西省精确制导技术工程研究中心、江西省先进航空结构与系统集成创新中心等创新平台建设，“南昌市无人飞行器综合电子系统研发重点实验室”获南昌市科技局批复组建。全年完成317项专利申请，其中发明专利195件；完成全年知识产权转化指标任务，许可专利20项。持续加强国防科技成果申报工作，获国防科技奖5项、航空工业集团科技奖27项，2项成果分获中国先进技术转化应用大赛金奖、中国创新方法大赛全国一等奖。1人获国家卓越工程师称号和全国创新争先奖，1人获评航空工业集团首席技术专家，9人入选航空工业集团科技创新专家智库，36名特一级技术专家/国家卓越工程师入选；3人获得国家级职业技能竞赛奖项，23人获航空工业集团首席技能专家等省部级荣誉。

【民机产业发展】 2023年，研究发布民用航空产业高质量发展方案和三年行动计划。C919大飞机前机身和中后机身新签确认订单，C929宽体客机相关项目启动研制。民用初教-6完成首航并新签订购与租赁合同，正式投入民用通航市场运营。首次与厦门航空合作飞训业务，实现本场训练。推进“十四五数智洪都”能力建设，构建起“计划刚性牵引、供需精准匹配”的数字化科研生产管控新模式，滚动拉动式生产计划体系基本成形，“一码到底”联合开发攻关团队获航空工业集团信息化最佳实践团队。落实“双碳”战略，洪都公司能源管理体系通过行业现场审核，首次实现体系认证。建成航空工业集团首个超10兆瓦可再生能源发电项目，实现并网发电。该项目生产的绿电能够“自发自用、余电上网”，每年可发电量1250万千瓦时，节约标准煤约3533吨，减少二氧化碳排放7066吨。

【中国航空产业大会暨南昌飞行大会】 2023年10月27日至29日，2023中国航空产业大会暨南昌飞行大会在南昌瑶湖机场举行。以“激发航空产业新活力 构建航空强省新生态”为主题。在南昌飞行大会期间，“红鹰”飞行表演队以8机、7机、6机编队表演，5机、4机、3机共同特定动作、双机特定动作和单机特技表演，将教-8教练机的性能，通过飞行技艺展示给现场观众。欧洲环球之星特技飞行表演队、英国御风机翼行走飞行表演队、意大利开拓者飞行表演队、英国空中焰火飞行表演队四支外籍飞行表演队应邀进行现场飞行表演。在航空器静态展示区中，C919国产大飞机、ARJ21支线飞机和运5、初教-6、AC313，向世界展示着“南昌制造”的硬核实力；赛斯纳、派珀、皮拉图斯等主流通航飞机的展出，更是吸引不少航空爱好者前来“打卡”。首次在南昌飞行大会期间亮相的航空航天科普展分为航天科普展区、航天互动展区、中国航天文化综合展示区、航空赛事区4个展示区域。航天科普展区以实物、模型及图片的方式呈现中国航天事业的发展历程、科技突破和辉煌成就。其中，东方红一号卫星、长征系列运载火箭模型，以及嫦娥一号、三号、五号等航空航天模型是首次亮相南昌飞行大会。在开幕式上，包括空天发动机项目、飞机生产线自动化装备项目、航空航天特种材料结构件智能生产等项目在内的22个项目正式签约，总投资额达302亿元，签约项目和签约金额实现“双突破”。

（涂松林）

电子信息制造业

【概况】 2023年，南昌市立足电子信息制造基础优势，贯彻全省制造业重点产业链现代化建设“1269”行动计划及全市制造业重点产业链现代化建设“8810”行动计划，聚焦移动智能终端、LED、VR等主导细分产业，加速推动产业集群建设，培育壮大重点龙头企业，构建完善产业发展生态，提升产业基础能力，保障产业链供应链循环畅通、平稳运行，产业发展实现提质增效。至年底，全市电子信息产业链实现营业收入2174.72亿元,同比增长6.3%;电子信息规上工业企业329家,其中百亿元以上企业5家(华勤电子、美晨通讯、勤胜电子、龙旗信息、诚志股份),10亿元以上企业30余家,中国电子信息百强企业落地18家,中国VR50强企业落地17家。南昌高新区新型计算机及信息终端设备制造创新型产业集群获评国家级创新型产业集群。

【南昌市电子信息行业商会成立】 2023年4月3日,南昌市主导产业商协会成立暨产业集群发展大会举行,会上,南昌市电子信息行业商会揭牌成立。商会由南昌华勤、南昌同兴达精密光电、南昌欣旺达新能源、江西美晨通讯、南昌龙旗科技5家企业发起成立,是电子信息产业企事业单位和科技工作者自愿组成的全市性、行业性、联合性社会团体及非营利性社会组织,其中南昌华勤电子科技有限公司为会长单位。商会覆盖电子业研发、制造、生产、销售及技术服务、科研院所等产业领域,是发展南昌市电子信息产业的重要社会力量。商会接受业务主管单位市工商业联合会、登记管理机关市民政局的业务指导和监督管理。商会会员企业将本着合作建设、利益共享的原则,通过战略合作,共同开展电子信息产业一体化业务建设,实现资源整合、互惠共赢,推动电子信息产业健康发展。

【复合半导体江西省实验室(南昌实验室)成立】 2023年4月28日,首家江西省实验室—复合半导体江西省实验室(南昌实验室)揭牌成立。南昌实验室是在南昌大学国家硅基LED工程技术研究中心的基础上,由省、市人民政府,南昌高新区和南昌大学四方联合共建。实验室实行理事会领导下的主任负责制,由市长万广明担任理事长,举办单位南昌大学院士江风益担任主任。实验室基于复合半导体,设有高端装备、健康照明、新型显示、电子器件、新型探测等研究方向,开展涵盖上、中、下游产业链的先导性科技创新,将基础研究、技术创新、产品创造和高端应用有机融合在一起,解决创新链上各环节间割裂问题,不断孵育高科技产业,为全省光电产业高质量发展提供关键支撑。

【晶能光电12英寸硅衬底InGaN基三基色Micro LED外延技术成果发布】 2023年8月,晶能光电发布12英寸硅衬底InGaN基红、绿、蓝全系列三基色Micro LED外延技术成果。大尺寸硅衬底Micro LED外延生长对GaN晶体质量、外延翘曲、外量子效率、光电一致性和InGaN红光MQW等关键技术开发带来更严苛的挑战,此次12英寸硅衬底InGaN基红、绿、蓝三基色Micro LED产业化外延技术的发布,表明晶能光电利用其硅衬底GaN基LED技术不断地创新迭代能力,已经初步攻克上述关键技术挑战,为后续技术和工艺的优化和完善铺平道路。

【南昌市光电产业产教联合体揭牌】 2023年8月18日,由南昌高新区牵头组建的南昌市光电产业产教联合体举行揭牌仪式。市长万广明、教育部职业教育与成人教育司副司长林宇共同为联合体成立揭牌;市委常委、高新区党工委书记王万征主持揭牌活动。联合体已汇集125家企业、28所大中专学校、107家科研机构加入,拥有入库导师2600余名,设立卓越工程师学院、现场工程师学院等50余个二级学院和企业教学实习实训基地。联合体将以服务光电信息产业高质量发展为目标,充分发挥政府、企业、学校、科研平台各自功能,推动科研平台、企业设备、技术研发、师资力量等资源深度融合共享,为职业教育改革、产学研融合提供助力。

【南昌“亲清早餐会”活动举行】 2023年8月27日,南昌“亲清早餐会”活动举行。省委常委、市委书记李红军,市长万广明邀请中国科学院院士江风益,江西佳因光电材料有限公司创始人廖维林,南昌中微半导体设备有限公司总经理周建抚,晶能光电股份有限公司创始人、实控人王敏,江西兆驰半导体有限公司总裁金从龙,海信视像副总裁李敏华,江西乾照光电有限公司总经理刘兆,江西鸿利光电有限公司执行董事李义园,江西省兆驰光电有限公司总经理马国庆,江西省绿野汽车照明有限公司总经理涂鸿斌等专家、企业家代表共进早餐,以这种特殊的方式零距离对话、面对面交流,在轻松的氛围中听意见、解难题,共同谋划南昌LED产业高质量发展。

【2023世界VR产业大会】 2023年10月19日至20日,2023世界VR产业大会在南昌召开。省委书记、省人大常委会主任尹弘,工业和信息化部副部长徐晓兰,省委常委、市委书记李红军出席开幕式并致辞;省长叶建春主持开幕式,省委常委、秘书长史文斌,省政府副省长夏文勇,中国工程院院士赵沁平、戴琼海,中国科学院院士江风益等10余位省部级领导、行业专家出席大会。此次大会以“VR让世界更精彩——虚实融合 智兴百业”为主题,举办开幕式、开幕演讲、主论坛、主题论坛、头部企业生态论坛,以及成果发布、产业对接、系列赛事、展览展示等20余场精彩活动,来自20余个国家和地区、超过3000名行业龙头企业、独角兽企业、权威组织机构、知名院校代表等1.7万名嘉宾线上线下参会,200余家虚拟现实知名企业和机构在博览会上参展,6万名观众现场沉浸式体验VR技术。此次大会全市达成合作意向项目56个,签约金额达233.73亿元。

【全国虚拟现实行业产教融合共同体成立】 2023年10月20日，在2023世界VR产业大会的“数字化教育发展主题论坛”上，全国虚拟现实行业产教融合共同体宣布成立，标志着职业教育虚拟仿真事业进入跨越发展的新起点、新阶段。该共同体由南昌大学、九江职业技术学院、中移（江西）虚拟现实科技有限公司、江西科骏实业有限公司、江西科技师范大学、天津职业技术师范大学、江西工业贸易职业技术学院、国家职业教育虚拟仿真示范实训基地等单位联合发起组建，将充分整合各方优势，以深化产教融合、科教融合为原则，构建产教深度融合、服务高效对接、长期互利共赢的新发展生态，共同推动虚拟现实技术在教育领域的应用和发展。

【VR优秀应用项目奖励】 2023年10月24日，市工业和信息化局印发《2023年度南昌市VR优秀应用项目奖励方案》，对全市2023年度获评省级及以上工业和信息化部门认定的VR应用项目（应用案例），给予一次性奖励。经过企业自愿填报、县区推荐、市级复核、审议公示等程序，江西慧航工程咨询有限公司的BIM+云AR智慧工地施工巡检助手等12个项目获得资金奖励。

【2023中国（南昌）电子信息产业发展大会暨移动智能终端产业供需对接会】 2023年10月20日，2023中国（南昌）电子信息产业发展大会暨移动智能终端产业供需对接会召开。此次大会由省工业和信息化厅、南昌市政府共同主办，副省长夏文勇出席并讲话，市长万广明出席并致辞，副市长赵捷主持会议。南昌市高新区、吉安市、赣州市有关负责人分别作产业推介；国际信息显示学会财务长、中国区总裁、俄罗斯工程院外籍院士严群，浪潮集团执行总裁袁谊生作主题发言；华勤技术股份有限公司董事、高级副总裁、联合创始人陈晓蓉，晶能光电股份有限公司创始人王敏，江西志博信科技股份有限公司副总裁蒋知胜，赣州立德电子有限公司副总经理郭江凯作交流发言。此次大会约400家知名电子信息企业代表600余人参会。大会期间，共有71个电子信息产业项目达成合作，意向签约金额360.9亿元，其中12个项目举行现场签约仪式。

2023年10月20日，2023中国（南昌）电子信息产业发展大会暨移动智能终端产业供需对接会召开

（魏勇剑　摄）

【实施《虚拟现实与行业应用融合发展行动计划》宣传贯彻会】 2023年12月21日，在省虚拟现实产业联盟、市工业和信息化局的支持下，由南昌市新兴产业发展推进中心主办的实施《虚拟现实与行业应用融合发展行动计划》宣传贯彻会召开，市工业和信息化局、市中小企业局、省科技馆、市规划展示中心、市疾病预防控制中心、南昌广播电视台、南昌八一起义纪念馆、红谷滩区、高新区、小蓝经开区等有关单位，江西电信、江西慧航等50余位代表出席会议。会议就工业和信息化部及江西省实施《虚拟现实与行业应用融合发展行动计划》进行宣传贯彻解读，各方代表围绕VR行业多元融合发展、虚实融合赋能行业、供需对接合作、创新应用场景等话题进行交流研讨，共同探索产业协同赋能道路，促进多领域多产业交流合作。

【《关于进一步推动电子信息产业高质量发展的实施意见（修订版）》及其实施细则出台】 2023年10月，印发《关于进一步推动电子信息产业高质量发展的实施意见（修订版）》及其实施细则，对标《江西省制造业重点产业链现代化建设“1269”行动计划（2023—2026年）》，结合现阶段全市电子信息产业发展实际，对发展目标、产业布局等进行调整，即到2026年，全市电子信息产业规模力争达到3000亿元。同时，文件修改完善政策部分条款、内容表述及兑现流程，使政策更具操作性和落地性，推动政策落实见效，助力产业发展升级。

（安　静）

新能源产业

【概况】 2023年，全市落实产业链链长工作制及全省制造业重点产业链现代化建设“1269”行动计划，将新型储能作为绿色低碳转型、实现“双碳”目标、培育新支柱产业的关键，将锂离子电池、钠离子电池、光伏电池等作为重点发展领域，强龙头、补链条、聚集群，为全市工业高质量发展注入动力。至年底，全市新能源产业链实现营业收入394.4亿元，同比增长12%；新能源规上工业企业151家；华创新材年产10万吨超薄锂电铜箔、江西杭电年产5万吨锂电铜箔、维科钠离子电池、振江锂电储能电池等重点项目陆续投产，协鑫10吉瓦储能系统生产基地、景能零碳产业基地、欣旺达“源网荷储一体化”零碳智慧产业园、长园金锂磷酸铁锂正极材料、南方新能源储能电池、科朗数字能源等一批优质项目相继落地，新能源产业发展后劲持续增强。

【江西杭电铜箔一期项目投产】 2023年12月6日，江西杭电铜箔项目在南昌小蓝经开区正式投产。江西杭电铜箔有限公司主要从事动力锂电池铜箔和高频高速电子电路铜箔的研发及生产，是杭电股份的全资子公司。在南昌小蓝经开区投资约50亿元，建设年产5万吨新能源汽车锂电池超薄铜箔项目，项目用地18.67公顷，分两期建设。此次投产的一期项目占地13.34公顷，投资20亿元，建筑面积6.39万平方米，产能规划2万吨，主要产品为4.5—8微米超薄锂电铜箔、12—70微米高性能线路板铜箔，产品应用于新能源汽车、锂电池和PCB印制电路板。

【维科钠电一期项目投产暨二期项目开工】 2023年5月23日，维科技术股份有限公司在江西南昌维科产业园举行维科钠电一期项目量产暨二期项目开工仪式。省、市领导和有关部门负责人，新建区主要领导和相关部门负责人，易事特集团、浙江钠创、中集新能源等数十家企业，上海交大、中南大学等相关研发机构，多家知名媒体200余人出席活动。该项目为“年产2GWh钠离子电池项目”，于2022年启动建设，总投资额6.82亿元，经过建设，实现首条生产线的量产。活动现场，13家产业链企业代表与维科技术签署钠电产业战略合作协议。

【欣旺达“源网荷储一体化”零碳智慧产业园项目开工】 2023年9月26日，投资60亿元的欣旺达“源网荷储一体化”零碳智慧产业园项目开工。该项目位于南昌经开区，以打造“零碳智慧示范产业园区”为目标，依托欣旺达南昌产业基地清洁绿电需求以及欣旺达上游供应链绿电需求，在经开区规划建设光伏、储能、配电网、充电站等。按照光伏500兆瓦、风电100兆瓦项目装机容量测算，项目全部建成投入运营后，预计实现营业收入28亿元以上，每年可提供9.5亿千瓦时的清洁能源绿电，年节约33.3万吨标煤，年减排二氧化碳约82万吨，实现税收约4000万元。

【长园锂电正极材料项目开工】 2023年4月27日，长园集团旗下的南昌长园金锂科技有限公司“磷酸铁锂正极材料研发生产项目”开工。长园金锂主要从事锂电池正极材料磷酸铁锂的研发、生产和销售，其产品应用于电动汽车、轻型电动车、储能电源等领域。项目一期建设年产1.5万吨磷酸铁锂正极材料。

【《南昌市推进新能源产业发展联席工作机制》印发】 2023年8月7日，市政府办公室印发《南昌市推进新能源产业发展联席工作机制》，成立南昌市推进新能源产业发展联席工作领导小组及工作专班。领导小组组长由市政府主要领导担任，副组长由相关市委常委担任，市政府分管负责人担任执行副组长；市发改委、市工信局等相关市直单位，高新区、经开区等有关县区（开发区）等单位主要负责人任领导小组成员。领导小组下设工作专班，专班日常工作由市工信局负责统筹，各成员单位抽调分管负责人和相关业务科室人员参与，强化协调联动，规范工作程序，提高工作效率，形成推动全市新能源产业发展的强大合力。

【新型储能产业发展研究与合作对接活动】 2023年8月28日，南昌市新型储能产业发展研究与合作对接活动举办。市长万广明出席并致辞，副市长赵捷主持会议。会上，中国科学院电工研究所储能技术组组长陈永翀、国家动力电池创新中心副主任马小利、全球电池联盟电池护照指导委员会委员林晓、弗迪电池有限公司（比亚迪）华中区域总监方瑞敏、中国信通院泰尔系统实验室副总工程师齐曙光、湖南大学电气与信息工程学院教授黄晟、深圳市欣旺达能源科技有限公司副总经理李保华等80余位国内行业知名专家、新型研发机构、高校、龙头企业代表围绕“新型储能行业的发展趋势”“南昌新型储能产业的发展路径”作交流发言，为南昌发展新型储能产业建言献策，把脉开方。活动现场签约产业项目9个，签约金额153.5亿元；签约产融授信项目5个，签约授信金额22.1亿元。

（安 静）

医药制造业

【概况】 2023年，南昌市打造“三大高地”、实施“五大战略”，聚焦“走在前、勇争先、善作为”的目标要求，坚持稳中求进工作总基调，全面加快实施南昌市制造业重点产业链现代化建设“8810”行动计划，抓项目、育企业、强平台、铸链条、壮集群，努力实现产业布局更优、集聚程度更高、企业规模更大、竞争力更强的医药健康产业高质量跨越式发展新格局。至年底，全市共有医药健康生产企业400余家，经营企业1.6

万家,从业人员8万余人。其中,规模以上医药健康企业189户,实现营业收入329.2亿元。

【名优企业众多】 2023年,依据工业和信息化部中国医药统计年报数据,中国医药工业信息中心发布"2022年度中国医药工业百强榜单",济民可信集团排第11位。营业收入超10亿元级的企业还有华润江中、洪达集团、三鑫医疗等企业。全市医药健康企业拥有江中药业、三鑫医疗两家上市公司,贝欧特医疗、一保通、龙宇医药、瑞济生物、新草方5家新三板挂牌企业。在区域分布上,全市医药健康产业已形成"双城创新引领、三区高效协同"的发展格局。双城,即中国(南昌)中医药科创城江中药谷核心区和中国(南昌)现代医疗器械科创城;三区,即以济民可信集团、华润江中集团为龙头的高新区医药总部和营销集聚区,以汇仁药业、江西制药、江西国药等为龙头的小蓝现代药品生产集聚区和以一方天江、立健药业、费森尤斯卡比为龙头的经开区药械产业集聚区。在世界品牌实验室发布的《2023年中国500最具价值品牌排行榜》中,南昌市华润江中以376.29亿元品牌价值居医药行业第六位。至年底,全市医药健康产业拥有"洪达牌一次性输注器械"等中国名牌产品和"江中""汇仁""洪达""义鑫""初元"等中国驰名商标。拥有金水宝胶囊、汇仁肾宝片、乌鸡白凤丸、健胃消食片、复方草珊瑚含片等一批明星中药产品。

【技术创新】 2023年,南昌医药健康工业企业注重技术创新成果转化,研发投入力度持续加大。至年底,全市拥有国家级工程研究中心2个(中药固体制剂制造技术国家工程研究中心、蛋白质药物国家工程研究中心)、国家级重点实验室1个(经典名方现代中药创制全国重点实验室)、国家级产业创新中心1个(国家中药先进制造与现代中药产业创新中心)、国家认定企业技术中心1个(华润江中)、省级工程技术研究中心8个、省级企业技术中心15个。

【江西卓瑞科技有限公司智能医用电子内窥镜生产项目投产】 2023年,临空经济区(空港新城)事务中心首个医疗器械生产项目——江西卓瑞科技有限公司智能医用电子内窥镜生产项目投产。该项目主要生产应用于人体自然腔道检查与诊断的一次性支气管镜、膀胱镜、输尿管镜、宫腔镜等。该企业研发团队专注于医疗机器人智能平台研发、机器人软件应用及术中导航系统研发、医疗器械系统集成服务、电子内窥镜生产及微创耗材的研发,通过技术创新为临床提供更精准、更高效的医疗解决方案,为患者提供更质优价廉的医疗产品。

【《南昌市医药健康产业链现代化建设行动方案(2023—2026年)》印发】 2023年12月,南昌市印发《南昌市医药健康产业链现代化建设行动方案(2023—2026年)》,旨在以实施产业链链长制为抓手,突出全产业链整体布局,坚持研发与制造并重,把南昌打造成为中部地区具有重要影响力的医药健康产业集聚区和全国驰名的卫生材料生产基地。方案明确主攻方向包括打造大中药产业链,推动医疗器械产业转型升级,稳步壮大化学药品生产规模,以及突破发展生物制品技术。南昌市将促进产业集聚,依托现有的医药产业资源,聚焦产业链关键环节和优势领域,推动生产要素向产业集群集聚,推动进贤医疗器械产业集群、小蓝医药产业集群发展壮大,实现产业链共建、共创、共享,促进产业集群提能升级。实施数字赋能升级,推动"数字化工厂"建设,引导医药企业"上云用数赋智",建设一批智能制造标杆企业、两化融合示范企业,打造一批数字化转型"小灯塔"企业,推动医药制造数字化、网络化、智能化、绿色化发展。还将聚焦品牌建设,鼓励企业针对已有的知名品牌,对产品进行升级换代,做大市场规模和扩大影响力;选择市场潜力大的品种进行自主品牌跟踪和培育,借助江西省"赣药""赣械"品牌建设工程,创立一批新兴医药品牌;开展热敏灸特色治疗技术产业化推广,做强做优做大热敏灸产业。优化空间布局,加快医药产业布局调整和空间优化,避免无序竞争和重复建设,最大限度提升医药产业资源要素整体利用率。

【首个生物医药产业集群知识产权保险】 2023年10月29日,在市市场监管局的指导和中国人保财险公司南昌市分公司的推动下,全省首个生物医药产业集群知识产权保险在南昌落地。至年底,该项目为南昌9家上市企业"兜底",为245件专利提供承保服务,最高保额达1000万元。该项目主要面向江西医药产业集群的核心上市企业,为其提供知识产权侵权赔偿费用、调查费用、法律费用、附加专利无效诉讼费用等保险赔付,推动风险保障从单个生产企业到产业集群的延伸,可有效降低企业知识产权侵权风险和维权成本,实现生产要素的优化配置和产业发展的协同创新,激发经营主体创业创新活力,促进江西医药健康产业链的协同发展。南昌将发挥知识产权金融效能,持续强化知识产权跨领域合作,营造知识产权金融良好生态,为建设知识产权强市示范城市提供有力支撑。

(王怀亲)

绿色食品产业

【概况】 2023年,南昌食品工业覆盖农副食品加工业,食品制造业,烟草制品业，酒、饮料和精制茶制造业四大二级行业，形成以煌上煌股份、江西阿南食品、南昌达利食品为龙头的南昌小蓝食品产业基地，以汪氏蜜蜂园、江西林恩茶叶、江西小黑小蜜为龙头的江西新建经开区食品产业基地，以南昌统一、娃哈哈为龙头的青山湖区食品饮料产业基地，以双胞胎、正邦科技为龙头的高新区饲料总部基地。全年，绿色食品产业规模以上工业企业实现营业收入663.2亿元。龙头企业双胞胎实现营业收入84.3亿元，益海嘉里实现营业收入43.5亿元，煌上煌股份实现营业收入10.99亿元，江西中烟实现营业收入269.17亿元。龙头企业营收占全市食品工业营业收入的60%以上。

【煌上煌预制菜产业园项目签约】 2023年6月21日，煌上煌预制菜产业园项目签约仪式在南昌小蓝经开区举行。副市长彭开先出席签约仪式。此次签约项目由煌上煌集团投资约30亿元在小蓝经开区建设煌上煌预制菜产业园，将充分发挥煌上煌品牌、平台、冷链、渠道等优势，紧扣"鸭"全产业链预制菜的特色定位，整合产业链上下游资源，通过自营扩大产品线和联营引入关联企业，做精做全做大全鸭预制菜产业链，形成美誉天下的鸭血粉、开味鸭杂、啤酒鸭、莲花血鸭等系列特色赣味预制菜品牌，围绕百亿目标，力争三年内将产业园打造成为"江西最大、国内一流、全国前三"的预制菜产业基地。

【李渡酒业获全国奖】 2023年12月15日，由中国企业联合会、中国企业家协会主办的第十四届全国企业文化年会在四川宜宾召开。会上发布"2022—2023年度全国企业文化优秀成果"表彰名单，李渡酒业报送案例《坚持企业文化赋能，助推白酒老字号高质量发展》获"全国企业文化优秀成果一等奖"。11月30日，2023中国食品工业协会科学技术奖颁奖大会在南京举行，李渡酒业一举拿下"中国食品工业协会科学技术奖""科技创新领军人物""科技创新杰出人才"三项大奖。"中国食品工业协会科学技术奖"和"全国企业文化优秀成果"分别是全国范围内食品科学技术、企业文化建设领域的荣誉。

【入选新一批中华老字号拟认定名单公示】 2023年12月21日，商务部发布关于新一批中华老字号拟认定名单的公示。公示的388家拟认定名单中，江西阳光乳业股份有限公司、东南食品有限公司、江西李渡酒业有限公司等3家南昌老字号企业入选。

【入选"2023预制菜产业基地百强"榜单】 2023年，2023食品预制化（预制菜）产业基地生态大会在北京召开，赛迪顾问消费经济研究中心在会上发布《2023预制菜产业基地百强研究》报告，南昌青山湖区预制菜产业基地和南昌县预制菜产业基地入选"2023预制菜产业基地百强"榜单。11月9日，全国首届预制菜争霸赛颁奖典礼晚会开幕，煌上煌手撕酱鸭荣登2023年全国预制菜争霸赛"十佳预制菜美味榜"，众诚农产品有限公司的井冈山豆皮酥脆卷入选"我最喜爱的预制菜名单"。

【受欢迎的江西消费品牌】 2023年，"军山湖大闸蟹、安义门窗"被评为"2023受欢迎的江西十大地域消费品牌"；"云境（餐饮）"、"舒蕾（洗护用品）、林恩（茶叶）、李渡（烟花）、千百味（餐饮）"被评为"2023受欢迎的江西十大企业消费品牌"；"维德医疗（医疗器械）、wang's汪氏（食品）、斗半匠（图书）"被评为"2023受欢迎的江西十大网货品牌"。

（罗晓平）

现代针纺产业

【概况】 2023年，全市纺织服装产业已呈现出产业链配套相对完整、空间分布相对聚集的新格局。引导企业聚焦创新创意、研发设计、电子商务等重点方向，推动品牌加速升级，已陆续培育出良良、晶心培、爱丽丝、贝谷贝谷等一批自主品牌。南昌市也先后被授予"中国针织服装名城""国家外贸转型升级专业性示范基地""国家纺织服装创意设计试点园区"和"江西省传统产业转型升级试点单位"等称号。至年底，全市现代针纺企业3500余家，从业人员10万余人。

【产业特色突出】 2023年，全市纺织服装企业大部分都是针织服装及其配套企业，产品以贴牌加工各种中档、中偏低档文化衫及针织T恤为主，90%以上销往欧美、东盟等境外市场，在华东地区、全国乃至国际针织服装采购圈内都有较高的知名度，是中部地区重要的针织服装出口及加工基地。全市纺织服装产业规模在全省11个设区市排名第三。其中，青山湖针织服装产量约占全省的60%，在全国针织服装产业集群中规模排名第四，是全国重要的针织服装出口加工基地，全省最大的针织服装产业基地，先后被授予"中国针织服装名城""国家外贸转型升级专业性示范基地""南昌青山湖纺织服装创意设计园区"等称号。

【产业集群做强】 2023年，全市现代针纺产业在空间上形成以青山湖区为主要集聚区，南昌县、安义县协同发展的"一区两园多点"布局。产业链链条不断完善，已涵盖纺纱、印染印花后整理、服装加工、检验检测、电子商务和面辅料市场等多个环节，构建超3000家企业互融共生的产业生态圈。全市针织服装行业拥有各式进口的、先进的织造设备共1000余台套,包括从德国引进的单面、双面圆机、高速罗纹机等织造设备,日本产的各种缝纫、检针设备,日本田岛公司生产的电脑绣花机以及意大利电脑配色及布、沙物理质检仪器等。部分企业还从意大利、法国、日本等国家引进服装设计体系及计算机管理系统,推广数码印花、气流染色等先进技术工艺,充分利用节能减排倒逼机制,淘汰能耗高、污染重的落后设备,提高资源利用效率和产品整体质量水平。其中,京东实业、福德隆实业两家印染企业配置的立信染色机及后整理装备更具国际领先水平,这些设备给纺织服装产业增添巨大发展潜力。

【SHEIN希音服装招商对接会举办】 2023年3月7日,市现代针纺商会、青山湖区纺织服装行业商会在江西跨境电商产业园,举行SHEIN希音服装招商对接会。SHEIN希音是一家总部位于广州的国际B2C快时尚电子商务公司,主攻海外市场,主要经营女装,同时也提供男装、童装、饰品、鞋、包等时尚用品,服务全球超过150个国家的消费者,是全球第五大独角兽企业、福布斯2022中国创新力企业50强。与SHEIN希音开展企业交流合作,将助力青山湖区针纺企业提高出口产品的质量和效益,拓宽出口渠道,提升"青山湖针纺"品牌及企业品牌市场竞争力,推动青山湖区外贸实现稳增长。

【"科创中国"2023全国纺织科技成果转化与合作大会】 2023年,由中国纺织工程学会与南昌市联合主办,市科协、青山湖区政府、市发改委、市科技局、市工信局、市商务局共同承办的"科创中国"2023全国纺织科技成果转化与合作大会于9月23日至24日在南昌市青山湖区举行。大会围绕"科创赋能 美好针纺"这一主题,举办主旨报告会、专家教授分论坛、企业精准需求闭门对接会等系列活动。大会邀请相关院士、专家、企业家,围绕纺织产业创新方向与实践、针纺产业发展趋势、纺织服装国际贸易政策等,共商发展,共话未来。大会是全国性纺织行业活动,也是"科创中国"科技服务团服务地方创新发展的重要载体,重点服务和推动纺织科技成果转化与合作,通过搭建产学研合作平台,精准推介、导入先进科研成果与技术力量,推进产业集群转型升级,引导产业从数量扩张向量质并举转变,实现科技提升与经济高质量融合发展。

2023年9月23日,2023全国纺织科技成果转化与合作大会在南昌开幕

(市工信局 供图)

【轻工纺织产业链人才专场招聘会】 2023年12月27日,南昌市2023年轻工纺织产业链人才专场招聘活动在天津工业大学举办。此次招聘会由南昌市委、南昌市人民政府主办,南昌市委组织部、南昌市人力资源和社会保障局、南昌市工业和信息化局、南昌市教育局、天津工业大学承办。参加天津招聘会的有50家企业。招聘企业向求职学子介绍单位情况、行业前景与岗位需求,并与求职同学进行面试交谈。同学们细致了解岗位需求、薪资待遇、工作环境等信息,部分用人单位与应届毕业生现场达成就业意向。此次招聘会企业共提供500余个工作及实习岗位。

(刘轶君)

新型材料产业

【概况】 2023年,全市新材料产业链主要涵盖钢铁、有色金属、建材和化工等传统产业及其相关的新材料产业,基本形成以方大特钢为龙头的钢铁产业、以江铜龙昌精密铜管、江铜铜箔等为龙头的铜精深加工产业、以南昌硬质合金为龙头的钨精深加工产业,以锦鹏铝业为龙头的铝型材产业、以雄宇集团为龙头的钢结构产业等。在产业布局上,形成青山湖区钢铁产业、安义县铝型材产业、高新区铜精深加工产业、经开区钨精深加工产业、进贤县钢结构产业、南昌县武阳装配式建筑构件部件加工的产业分布。至年底,全市新材料产业链有规模以上企业

631户，实现规模以上工业营业收入1374.1亿元，同比增长8.1%。

【方大特钢5G智慧平台获评江西省级工业互联网平台】 2023年，在省工业和信息化厅组织开展的省级工业互联网平台核查认定评价工作中，经平台评测、现场操作演示和情况汇报等评价环节，方大特钢5G智慧平台获评省级工业互联网平台。方大特钢5G+智慧工厂项目获评江西省2023年“5G+工业互联网”应用示范项目。方大特钢基于5G、人工智能和大数据等新一代信息技术，结合生产现场集控化、少人化、智能化和运营管理精细化的新需求，打造出集生产制造、仓储物流、采购供应、安全生产、环保旅游于一体的工业互联网平台。该平台构建基于海量数据采集、汇集和分析的服务体系，支持企业资源泛在连接、弹性共享和高效配置，可为钢铁企业提供基于5G的数据采集、设备管控、成本管控、业财一体化、数字孪生可视化、大数据决策等解决方案，大幅提升企业业务运营效率，具有良好的经济效益和推广价值，有效促进行业数字化转型发展。

【方大特钢获全国优质建筑用钢品牌创新发展奖】 2023年，在2023（第十二届）中国建筑用钢产业链高峰论坛“2023年度优质建筑用钢品牌”称号榜单发布仪式上，方大特钢获2023年度全国优质建筑用钢品牌创新发展奖。方大特钢发挥产品优势及产业链优势，走低消耗、低排放、高附加值、高质量的发展之路，成为细分市场产业链的龙头企业，在推进弹簧扁钢产品战略的同时，开发高质量钢筋特色产品，不断提高产品技术水平和附加值。作为江西省内钢筋产品的主要供应企业，方大特钢致力于提高“海鸥”牌建筑钢材产品质量等级和生产水平，创新生产技术，开发出小规格钢筋五切分生产技术，达到国内领先水平，有效提升生产效率，引领国内钢筋生产技术进步；在高强钢筋研发方面，开发和储备高强钢筋生产技术，产品满足标准及用户要求，为重大工程技术进步、提高建筑结构安全性、促进钢铁产业结构调整和节能减排提供支撑。

【方大特钢5个新产品通过江西省科技成果验收】 2023年，方大特钢5个省级新产品计划项目通过由省工信厅、市工信局、南昌大学、江西理工大学及华东交通大学等单位专家组成的科技成果验收委员会验收。此次5个省级新产品计划项目涉及2个高强钢筋、3个弹簧扁钢产品。其中，高强钢筋产品包含新国标热轧带肋钢筋与高强抗震螺纹钢，工程应用实践表明，高强钢筋可节省大量钢材，减少能源与资源消耗，搭配高标号水泥还可提高建筑质量与性能；弹簧扁钢产品则包含变截面少片簧用高性能弹簧扁钢与空气悬架导向臂用厚截面弹簧扁钢，均围绕满足汽车轻量化、用户个性化需求进行研发。

【第七届江西（安义）铝型材及门窗博览会】 2023年1月29日，第七届江西（安义）铝型材及门窗博览会在安义县开幕，展期3天。博览会启用安义门窗特色产业小镇、中国（安义）建材门窗博览中心两个会场，并按照参展产品种类设置四个主题展馆，布有1200余个标准展位，展出面积3.5万平方米，超300家优质展商携最新产品、技术同台竞技、集中亮相。同日，还举行2023年江西（安义）铝型材及门窗供需对接推介会、产业高质量发展论坛、春季订货暨产融对接会。其中，春季订货会线上线下签约总金额53.3亿元，现场签约企业24家，签约金额10.6亿元。政银企合作签约金额1.88亿元，其中单笔最大金额为5000万元。活动现场，安义县第一届建材产业“凤凰奖”评选“门窗行业品牌影响力20强”“型材行业品牌影响力20强”等6个类别奖项，共计120个企业和个人获奖。此外，产融对接会上，安义县正式发布金融新产品“门窗产业贷”，该产品通过“政府+银行+协会”合作模式，为企业提供保证类、无抵押贷款，产品利率原则上不高于LPR+100BP，单户贷款额度不超过500万元。

【晶安高科获评江西省制造业单项冠军企业】 2023年，经推荐、审核、公示等程序，晶安高科被认定为2023年江西省制造业单项冠军企业。制造业单项冠军企业是指长期专注于制造业细分行业产品研发和生产，具备较好的创新基础条件和较强的技术创新能力，生产技术或工艺达到国际先进国内领先水平，单项产品市场占有率位居全国甚至全球前列的制造业企业。此次获“江西省制造业单项冠军企业”称号是对晶安高科在化学锆领域强大的市场地位、领先的生产工艺技术、持续创新能力等企业综合实力的肯定。

【方大特钢与江铜铜箔获评江西省智能制造标杆企业】 2023年，方大特钢科技股份有限公司与江西省江铜铜箔科技股份有限公司获评2023年江西省智能制造标杆企业。智能制造标杆企业是指在智能制造领域具有代表性、示范性，能够发挥行业智能制造标杆企业带动作用，推动产业链上下游协同升级的企业。方大特钢已建成智慧工厂数字底座，皮带跑偏识别告警、电缆母线槽温度预警、台车滚轮脱落预警及自动焊挂牌机器人等28个应用场景，实现安全生产、采购供应、生产制造、仓储物流、绿色环保等的智能化和数字化。

【中迅农化与联塑科技获评省级企业技术中心】 2023年，江西中迅农化有限公司技术中心、江西联塑科技实业有限公司技术中心获评2023

年(第26批)新认定及全部江西省省级企业技术中心,南昌市新材料产业链共培育10家省级企业技术中心。省级企业技术中心的认定旨在推动企业成为研究开发投入、技术创新活动和创新成果应用的主体,提升企业自主创新能力、资源整合能力和市场竞争能力。

【晶安高科等企业获评江西省两化融合示范企业】 2023年,江西晶安高科技股份有限公司、江西安德力高新科技有限公司、江西众和化工有限公司、江西融兴铝业有限公司、江西巴尔蒂克家居科技有限公司、江西长征金属制品有限公司6家企业获评2023年江西省两化融合示范企业。两化融合示范企业是指信息化和工业化在更广范围、更深程度、更高水平上实现融合发展,新一代信息技术向制造业各领域加速渗透,在数字化转型、智能制造等领域成效明显、具有较强示范带动作用的企业。

【晶安高科等企业获评江西省产融合作主导产业重点企业】 2023年,江西晶安高科技股份有限公司、江西中再生资源开发有限公司、江西长征金属制品有限公司获评2023年江西省产融合作主导产业重点企业。产融合作主导产业重点企业名单主要为银行业金融机构落实差别化的信贷政策,支持制造业重点行业发展提供参考依据,以推动产业和金融合作,提高金融服务制造业的质量和效率,支持全省工业主导产业发展。

【企业产品获评江西省第三届“赣出精品”】 2023年,江西核工业兴中新材料有限公司的碱式碳酸镍产品、南昌硬质合金有限责任公司的硬质合金棒、江西巴菲特化工有限公司的苯醚·咯·噻虫悬浮种衣剂、江西华晟铝业有限公司的铝型材、江西中泰来混凝土管桩有限公司的混凝土管桩、江西英派森建筑材料有限公司的竹木纤维集成墙板6项产品获评江西省第三届“赣出精品”。评选和推广应用“技术先进、质量优良、品牌知名、效益突出、特色鲜明”的“赣出精品”,有助于提升“江西制造”品牌形象。

【南昌科勒等企业获评国家级绿色工厂】 2023年,南昌科勒有限公司、江西省虹鑫铝业有限公司、江西华晟铝业有限公司3家企业获评2023年度国家级绿色工厂。国家级绿色工厂为发挥绿色工厂节能降碳引领作用,重点用能行业优先推荐能效水平达到《工业重点领域能效标杆水平和基准水平(2023年版)》《煤炭清洁高效利用重点领域标杆水平和基准水平(2022年版)》标杆水平的工厂。评选和推广国家级绿色工厂,有助于持续完善绿色制造和服务体系,推进工业绿色发展,助力工业领域碳达峰碳中和。

【江铜位列2023年《财富》世界500强排名榜】 2023年8月2日,《财富》世界500强排行榜发布,江西铜业集团有限公司以2022年度749.27亿美元的营业收入排名第171位,比2022年前移5位,江铜连续11年跻身《财富》世界500强。《财富》世界500强排行榜是衡量全球大型公司规模、效益和实力的最著名、最权威的榜单,被誉为“终极榜单”,既是世界知名企业用来判断自身实力、规模和国际竞争力的重要指标,也是世界经济状况极具权威性的晴雨表,由《财富》杂志每年发布一次。

(李末霞)

烟草工业

【概况】 2003年,南昌卷烟厂按照江西中烟总体工作部署,顶住后技改时期设备磨合技术消化压力,克服烟草行业卷烟二维码统一应用、“两班制”运行省内先试先行等带来的诸多困难挑战,企业党建取得新成果,精益制造再塑新优势,管理升级迈上新台阶,队伍建设激发新活力,和谐共进呈现新局面,持续推进企业高质量发展和现代化建设,全年共生产卷烟48.92万箱。

【信息化建设】 2023年,南昌卷烟厂利用云计算、大数据、物联网等技术构建“智能制造运营管理云平台”,实现企业全价值数据的在线集中存储、实时交互和深化应用,为智能制造提供技术支撑。按照烟草行业和江西中烟部署,推进行业调控和卷烟二维码项目实施,9月一体化平台进入试运行阶段,11月开始使用国家码生产,盒条件关联系统运行正常,打扫码业务试运行稳定。发挥MES系统、管控系统、高架库系统等各信息系统功能,强化质量数据分析、优化数据报送、完善系统漏洞。健全生产信息系统操作手册及生产数据报送考核机制,保障信息系统运行稳定高效。

【安全隐患治理】 2023年,南昌卷烟厂加大风险防控力度,持续强化执行安全监管制度,重点时段和危险作业监管,利用信息化手段,创建重点设施安全点巡检工作计划及危险作业报备审批,通过常态化的安全巡查,紧盯安全生产的各个环节动态识别安全隐患风险。针对工作难点,从基础工作入手,抓危险源的管控和隐患排查治理工作,完善和延伸人防功能,创新管理思路,通过分级、分类、分层和分专业的“四分管控”方式,将“人防、物防、技防”三者有机结合,做到主动提前预判,及时整治,促进安全管理水平提升。全年实现安全生产“九无一控”目标。

(周爱思)

商贸服务业

综　述

【概况】 2023年，商务服务业围绕"一枢纽四中心"发展定位，聚焦"项目为先、实干奋进，争分夺秒拼经济"工作主线，着力恢复商贸消费，全市商务经济发展持续恢复、稳中求进。南昌市获"2022年度中国最具影响力会展城市"、"2022年度创新会展城市"、2023年度"中国会展之星·最具创新活力会展城市和最佳会展目的地城市"称号。

【促销活动举措】 2023年，聚焦"消费提振年"，线下激活传统消费，以"乐购洪城"为主题，开展约惠春天、礼遇夏季、悦享金秋、爱尚冬季系列应季促销活动。其中，"悦享金秋"活动在全市范围内发放汽车、家电、百货消费券，带动销售额超11亿元。全年累计开展各类促消费活动500余场，发放各类消费券超亿元。线上组织开展"2023南昌网上年货节"、"双品网购节"、电商"十百千万"行动暨"金秋银冬 网购洪城"等网购活动，同时鼓励大宗商品消费，举办大型汽车（新能源汽车）展览展销活动10余场，带动汽车销售额近20亿元，有效激发广大群众的消费热情。

【消费场景推出】 2023年，发展区域首店、行业首牌、品牌首秀、新品首发等"四首"经济，全年吸引超100家首店首牌进驻南昌。新增打造18个、累计推进建设45个一刻钟便民生活圈，城区三星级以上农贸市场已达30家。万寿宫历史文化街区等6条街区被认定为首批市级夜间经济街区，高新吾悦791悦街、绳金塔历史文化街区等20条街区被认定为市级特色商业街区。武商Mall商业综合体开业，填补全省奢侈品购物中心的空白，江旅都市方舟成为全市首个24小时营业的商业综合体，地铁大厦天虹店、华润万象天地等陆续开业。

【商贸品牌打造】 2023年，创新发布南昌市夜间经济50个打卡点，举办第二届"美食洪城"厨艺大赛，评选出十大创新赣菜和十大洪城名厨。联合美团发布2023南昌"火辣小龙虾馆""热门烧烤门店"等七个餐饮主题榜单。中国米粉节"一汤一粉一座城 有滋有味有南昌"的核心文化品牌深入人心。李渡酒业、阳光乳业和东南饼庄3家本土品牌入选中华老字号。举办2023江西（南昌）首届老字号嘉年华活动，吸引全省112家老字号和地方特色产品企业参加。组织本土老字号赴济南、郑州、温州等地参加各类博览会和展销会，扩大品牌知名度。打造南昌会展品牌，全年展会场次和展览面积均创历史新高，共举办规模以上展会83场，展览面积达200万平方米，参观200余万人次，带动经济660亿元（含签约订单），其中拉动综合消费超200亿元。

（黄　河）

电子商务

【概况】 2023年，南昌市电子商务稳中有进、向高质量发展，市流通领域中电商化水平较高，各类企业电商化程度不断提高。电子商务新业态不断涌现，电商直播渗透到各行各业，较好地推动经济发展。电商新业态、新模式发展迅速，社区团购、生鲜电商成为消费零售的新动能，拉动消费增长。至年底，全市已有国家级电子商务示范基地1家；省级电子商务示范基地3家，示范企业32家；市级电商（含直播）示范基地5家，示范企业25家。维德、汪氏、斗半匠3个电商品牌获评2023最受欢迎的"江西十大网货品牌"。全市实现网络零售额673.29亿元，同比增长18.06%。

【线上促销活跃消费市场】 2023年，先后组织开展"2023南昌网上年货节"、"双品网购节"、电商"十百千万”行动暨“金秋银冬 网购洪城”等线上促销活动。1月1日至28日，以“玉兔贺岁 网购洪城”为主题，按照“政府指导、企业参与、市场化运作”原则，采用“1+3+N”模式开展“2023南昌网上年货节”活动，全市开展各类线上促销活动300余场次，促进线上消费近12亿元；3月1日至12日，全市开展各类线上促销活动近百场次；4月28日至5月12日举办2023年南昌市“双品网购节”，以“洪品上行 乐享盛惠”为主题，精选商品和服务，倡导品牌消费、品质消费，开展各类线上促销活动近百场次；2023年南昌市电商“十百千万”行动暨“金秋银冬 网购洪城”活动于8月初启动，持续至12月31日，以电商新业态、新模式为引领，发挥电子商务在加快产业转型、助力循环畅通、活跃消费市场等方面的作用，实施覆盖全市特色产业、购物休闲、餐饮娱乐等重点领域的系列电商促销活动；11月2日组织召开全市电商促消费工作会议，推动全市电商企业抢抓“双十一”线上消费旺季，综合利用线上促销、直播营销、媒体宣传等举措，推动线上消费增长，“双十一”期间，全市网络零售额达到43.48亿元，总量位居全省第一，全省占比26.3%。

【业态服务消费热点丰富】 2023年12月16日，第一届南昌餐饮品牌联合直播消费节活动在抖音平台举行，活动由江西仟得文化传播有限公司主办，汇聚南昌市六家品牌（周真真、老三样、彭记优口、茶决决、YOJO、丰屋烧烤）开展一整天的联合直播活动。传统零售企业加快数字化转型，南昌天虹、江西华润和旺中旺超市等借助社区电商为消费者提供层次丰富、形式多样的消费场景，线上销售规模持续扩大。指导各相关县区汇聚农特产品，发挥各种电商直播平台和主播的作用，开展直播助农活动，打造沉浸式体验，引导直播走进南昌县鄱湖鸭舍、进贤文港毛笔基地、新建金桥葡萄大棚、湾里漫和城农贸市场。南昌县“相约昌南·中秋乐购·直播助农”活动、进贤县“贤城有品”特色产品直播活动、新建区“金色之桥·葡萄之乡”产品直播带货活动、“乐购安义·悦享生活”、“乐购经开·悦享生活”、湾里“金秋丰收季”助力乡村振兴活动等一系列线上直播促销活动开展，不断丰富全市直播电商消费场景。

【示范带动促进数实融合】 在2023年的“江西省十大网货品牌”评选中，南昌市3个电商品牌上榜，分别是维德医疗、汪氏、斗半匠，品牌效益日益增强。婧麒、魅丝蔻、良良、汪氏参加“网上年货节”活动，开展店播175次，线上销售额突破1900万元；雪玲妃在3月8日当天直播14小时，线上销售额增长16.8%；贝肽斯在“双十一”期间，位居天猫婴童用品睡袋床品品牌排行榜第一。江西流量经济产业基地在“双品网购节”期间，与“青山湖针纺文化旅游消费节”联动，邀请各类品牌直播间现场带货，品类涵盖江西米粉、文房用品、本土酒品牌及房产等，活动期间直播间销售额突破450万元。进贤县的电商企业在“双十一”期间，日均出货量达40万单，11月11日韵达江西转运中心发货量超200万件。

（黄　河）

商贸流通

【概况】 2023年，全市商贸流通业稳步发展，消费升级持续推进，拥有大型商场综合体55家，拥有大型超市54家，消费载体日益丰富，零售品牌不断发展。深入挖掘老字号文化和品牌底蕴，开展中华老字号和江西老字号示范创建工作，推荐李渡酒业、阳光乳业和东南饼庄3家本土老字号品牌获评中华老字号，草珊瑚、陈老表、江中制药、莲塘高粱4家企业获评江西老字号。全年，社会消费品零售总额3202.41亿元，其中批发业零售额889.46亿元，同比增长6.50%，占全市社会消费品零售额的27.77%。批发业商品销售额6942.89亿元，增长8.8%。亿元以上商品交易市场超20个，交易额超百亿的商品交易市场3个（新洪城大市场、南昌深圳农产品批发市场、南昌水产品综合交易批发市场）。

【商贸品牌引进和培育】 2023年，落实省商务厅《江西省2022—2024年引进和培育知名商贸品牌实施方案》，鼓励引进和培育知名商贸品牌，提升品牌消费、时尚消费、便利消费。2023年，BALMAIN、MOSCHINO、ETRO、JIMMY CHOO、Qeelin、HOGAN、lululemon、Elizabeth Arden、修丽可9个知名高端商业品牌首店，武商Mall、ole精品超市、万象城3个知名零售品牌，入围全省引进和培育商贸品牌支持项目。依托华润万象城、万象天地和武商Mall等品质型商业综合体，引进chole、maxmara、伯龙腾等一批知名奢华商业品牌首店以及上海联华超市等知名零售品牌首店，全年引进餐饮、钟表、服饰、化妆品等首店超100家。12月23日，LV快闪店在武商Mall正式开业，吸引大量本地和周边城市居民，开业人流、销售远超预期，南昌消费潜力凸显。为营造浓厚的首店发展氛围，打造江西品牌首店标杆，出台支持首发首店经济发展政策，对首次进驻南昌高端知名品牌以及品牌首发首秀予以分类分档的一次性资金支持。

【2023江西（南昌）首届老字号嘉年华举行】 2023年9月22日，以“魅力国货、品质生活”为主题，2023江西（南昌）首届老字号嘉年华活动在红谷滩万达广场举行，百余家江西

老字号企业掌门人“集结”亮相。本次活动由省商务厅指导，市商务局、红谷滩区人民政府共同主办，红谷滩区商务局承办，江西省老字号企业联盟、江西公共·农业频道、红谷滩区沙井街办、红谷滩万达广场协办。从9月22日开始，9月24日结束，三天三大主题，烟火气、新潮派、国际范儿。云上，“电视+互联网”超级直播推介。江西首个老字号数字博物馆正式“开馆”。全网直播推介参展老字号，老字号掌门人在今视频开通江西老字号专区，启动“记忆中的老字号·我为家乡的味道”老字号点赞行动，通过直播推荐和系列特色活动，为江西老字号的传承保护和创新发展提供新的机遇。线下，品牌电视发布、江西诗词对答秀、老字号与时光音乐会、美食品鉴、非遗表演、文化体验，市民群众一边欣赏精彩的节目，一边还可以挑选心仪的老字号商品。活动现场还有与老字号企业互动，老字号产品的品鉴，同享记忆中的老味道。

【地铁大厦天虹购物中心开业】 2023年12月2日，南昌市地铁大厦天虹购物中心开业。地铁大厦天虹购物中心总面积7.7万平方米，位于南昌地铁1、2号线交会站“地铁大厦”，地面主干道世贸路与丰和中大道交界于此，是南昌红谷滩核心商务区，东面正对城市CBD精英商务区，西面住宅密集，东西呼应。该项目引进超过150家品牌商户，其中包括7家江西首进品牌和5家南昌首进品牌，为南昌消费市场注入新鲜活力。以“自在乐活 天生爱玩”为主题，基于独特的地理区位优势，都市感与生活感与生俱来，致力于打造双面双态、共享乐趣的社交生活空间。

【万象天地开业】 2023年12月30日，红谷滩万象天地开业。万象天地位于红谷滩区丰和中大道以西，会展路以南，金融大街以东，毗邻地铁1、2号线换乘站地铁大厦站，总商业建筑面积约12万立方米，正对城市地标级建筑双子塔。南昌红谷滩万象天地发挥核心区位及项目业态特色优势，引入近230家品牌，包含多家首进品牌，为南昌消费市场带来全新体验。万象天地打破传统单一盒子的商业模式，以独特的“街区+Mall”的商业形态，打造一座建筑可阅读、城市有温度、街区可漫步的趣享生活社交场，旨在焕新升级南昌人民的生活方式。项目集国际时尚、运动户外、潮流零售、饕餮美食、生活方式、娱乐体验、亲子儿童等丰富业态于一体，以极具体验感与品质感的室内外空间，塑造开放式高品质社交和潮玩目的地。万象天地与江西当地文化深度融合，引入全球经典IP猫和老鼠，打造全国首站猫和老鼠潮流艺术嘉年华，焕新城市潮流风尚。

（黄　河）

餐饮业

【概况】 2023年，南昌市餐饮业加速拓展线上和线下业务，扩大市场份额，提升竞争优势，满足消费者多样化的消费需求。组织开展“美食洪城”第二届厨艺大赛暨赣菜创新大赛和“品赣菜 夜经济 悦精彩”、第三届中国米粉节以及第三届“汉韵海昏·国潮赣菜”美食节等一系列主题活动，促进餐饮消费快速回升，提升城市烟火气。至年底，全市餐饮业营业额实现232.55亿元，同比增长19.4%。

【“美食洪城”第二届厨艺大赛暨赣菜创新大赛】 2023年2月10日，由市商务局、湾里管理局主办的南昌市“美食洪城”第二届厨艺大赛暨赣菜创新大赛和“品赣菜 夜经济 悦精彩”活动启动仪式在湾里管理局太平心街举办。本届大赛得到全市各大餐饮企业及市县（区）餐饮行业协会的积极响应，汇集南昌市“十大名店”和190家赣菜“百城千店”特色名店以及专业工龄较长的120余名专业厨师同台竞技，为市民呈现出一场精彩的厨艺比拼和美食盛宴。比赛现场全程直播，观看量超15万人次，同时在现场举办优秀菜品大众品鉴会，市民可现场品尝美食，感受赣菜魅力。为持续掀起大赛的热潮，全面营造“赣菜品牌+夜间经济”火热氛围，当晚，南昌市“品赣菜 夜经济 悦精彩”暨湾里管理局“春暖湾里 悦享美食”活动启动。启动仪式上，播放南昌市夜间经济发展情况宣传片，发布《南昌市市级夜间经济街区认定管理办法（试行）》，揭晓南昌市“美食洪城”第二届厨艺大赛“南昌十大创新赣菜”“洪城名厨”“洪城名厨之星”及湾里“山味山鲜十大人气榜”名单。

【第三届中国米粉节】 2023年12月8日至11日，第三届中国米粉节在南昌绿地国际博览中心开幕，本届米粉节以“小米粉款待世界 大产业促进发展”为主题，共设置3大板块、26项主要活动，1个主会场、2个分会场，其中主展区面积3万平方米，设置95个特装展位，特装率超过70%，共有9个国家的500余家企业和品牌参展，首次设置国际美食馆，汇聚俄罗斯、意大利、越南、新加坡等国家的美食品牌。设置主宾省（市）、省内设区市（县）、品牌企业、直播带货、综合服务和金融服务等特装展区，以及粉面食材、粉面餐饮、特色小吃、乡村振兴等标准展区，全面展示全国粉面产业特色产品和产业发展成果。25个省（区、市）的品牌和企业参会参展，益海嘉里、立达老汤、常德壹得壹、王仁和米线、天天食品、麻姑、春丝、青岛海特佳等产业链企业携数千款产品亮相。会展期间，举办2023中国米粉产业发展大会、2023中国绿色消费节南昌站、2023品质预制菜中国行

2023 年 12 月 8 日,第三届中国米粉节在南昌绿地国际博览中心开幕

(魏勇剑　摄)

南昌站——粉面连锁餐饮对接会等配套活动,组织重点展商与连锁餐饮企业现场对接,举办江西优质米粉供应链原产地考察活动。同期,举办米其林和黑珍珠烹饪大师表演赛、米粉嘉年华、线上直播季、文化展演等系列活动。在西湖区中华米粉美食街、安义县宗山米粉小镇设立分会场,举办"潮"粉挑战赛、"潮粉"长桌米粉宴、美食地图打卡、音乐市集等促消费活动,发放消费券,持续掀起活动热潮,吸引大批市民游客前来参观体验,品尝特色美食。

【第三届"汉韵海昏·国潮赣菜"海昏汉文化旅游月】 2023 年 9 月 23 日,由市商务局、南昌汉代海昏侯国遗址管理局指导,省赣菜产业发展促进会、市餐饮烹饪行业协会承办的第三届"汉韵海昏·国潮赣菜"海昏汉文化旅游月在汉代海昏侯国遗址公园开幕。本次活动正值国庆黄金周之际,集聚千百味、柴米油盐、寻鲜居、时鲜楼、季季红火锅等全省各地的知名赣菜企业,以汉服、汉礼仪等,还原和再现汉代生活风貌,打造沉浸式的汉风美食宴会体验,吸引游客,大家一边免费品尝赣菜美食和当地火锅,一边了解江西美食文化。赣菜借助一系列"国潮、国风、国韵"的主题打造再次出圈,三杯鸡、莲花血鸭、藜蒿炒腊肉、香辣火锅等"经典赣菜",成为香辣江西一张张闪亮的名片,赣菜辣得过瘾,辣得尽兴的味蕾记忆实力圈粉年轻顾客,成为年轻人新宠。"好山好水好食材"的红色江西铸就江西人血液里的"香辣"基因,独特的赣菜文化成为赣菜走出江西新的突破口。此次活动通过汉服赴宴、古风游艺,汉风打碟、侯爷穿越 DJ 秀以及 1∶1 将汉代火锅用餐形式"搬上了餐桌",让游客在参观游览品鉴中感受到两千多年的汉文化,通过文旅美食的形式,发挥海昏侯国遗址公园在文化、旅游和商业等方面的独特优势,全方位、多渠道、立体化对赣菜品牌进行宣传推广。

【2023"恰噶南昌 不夜洪城"餐饮主题榜单发布】 2023 年,依据消费者在美团平台上的真实评价、商户星级评分等多个维度大数据,市商务局与美团平台合作,联合发布 2023 南昌"火辣小龙虾馆""热门烧烤门店""网红饮品小店""品质咖啡小馆""人气赣菜餐厅""麻辣川菜小馆""地道米粉小店"等餐饮主题榜单,借助和联合第三方平台共同推广南昌网红美食,助推南昌餐饮知名度、美誉度稳步提升。2023 南昌市"火辣小龙虾馆"——好评榜(前 3 家)虾佬大(红谷滩店)、羊庄·小龙虾·烧烤·烤全羊(解放路店)、香思味龙虾·烧烤(红谷滩店);2023 南昌市"火辣小龙虾馆"——人气榜(前 3 家)冶建镜子螺蛳龙虾夜宵(总店)、冶建镜子螺蛳龙虾夜宵(年代星辰店)、香思味龙虾·烧烤(红谷滩店);2023 南昌市"热门烧烤门店"——好评榜(前 3 家)西塔老太太泥炉烤肉(南昌万象城店)、西塔老太太泥炉烤肉(铜锣湾店)、牛造的场·江西烤肉王(王府井店);2023 南昌市"热门烧烤门店"——人气榜(前 3 家)西塔老太太泥炉烤肉(铜锣湾店)、西塔老太太泥炉烤肉(南昌万象城店)、丰屋烧烤(红谷滩地标店);2023 南昌市"人气赣菜餐厅"——好评榜(前 3 家)开味馆·南昌市井菜(蛤蟆街店)、70 城市小馆(福州路店)、打平火·鲜辣小炒(第一街区店);2023 南昌市"人气赣菜餐厅"——热门榜(前 3 家)春天来了·江西菜(万象城店)、打平火·鲜辣小炒(第一街区店)、开味馆·南昌市井菜(蛤蟆街店);2023 南昌市"麻辣川菜小馆"——好评榜(前 3 家)蜀都丰 手作川菜水煮活鱼(武商 Mall 店)、川香渔府(红谷滩万达店)、老朝凤水煮鱼(万寿宫店);2023 南昌市"麻辣川菜小馆"——热门榜(前 3 家)川香渔府(红谷滩万达店)、映水芙蓉(武商 MALL 店)、太二酸菜鱼(万象汇店);2023 南昌市"地道米粉小店"——好评榜(前 3 家)万方圆拌粉瓦罐汤(恒茂华城店)、周真真南昌粉面(西湖万达店)、花小小新疆炒米粉(和昌·熙梦里商业广场店);2023 南昌市"地道米粉小店"——热门榜(前 3 家)官小胖粉嗦嗦(朝阳天虹店)、潮螺螺螺蛳粉(龙湖天街店)、螺秀才螺蛳粉(万达金街店)。

(黄　河)

住宿业

【概况】 2023年，全市接待游客1.9亿人次，旅游住宿业快速复苏，住宿业营业额完成58.81亿元，同比增长17.5%。全市星级酒店43家，其中五星级酒店4家、四星级酒店22家、三星级酒店16家、二星级酒店1家。绿色饭店26家，其中金树叶级绿色饭店12家、银树叶级绿色饭店14家。为精准提升南昌旅游住宿业发展及服务质量，率先推出以“酒店结对民宿，服务品质提升”为主题的旅游住宿业服务质量提升行动，出台13条措施推动民宿业全链条发展，创优金融保险服务，助推旅游民宿业实现高质量发展。未来数智化赋能住宿业转型升级，将推动住宿业产业重构，带动住宿业态布局调整、产品迭代和品牌焕新。

【岭溪谷民宿获评甲级旅游民宿】 2023年1月，岭溪谷民宿获评甲级旅游民宿，实现南昌高等级旅游民宿“零的突破”。旅游民宿等级由高到低划分为甲、乙、丙三级，并实行有进有出动态管理，通过以评促建，以评促改，培育壮大市场主体，推进民宿行业发展。南昌市顺应本地游、周边游新消费需求，策划推出“民宿＋氧吧洗肺”“民宿＋非遗文化”“民宿＋农趣研学”等6条主题线路产品，推动游客的民宿旅居游打卡热情。

【民宿业健康发展实施意见出台】 2023年3月17日，市政府办公室印发《关于加快南昌市民宿健康发展的实施意见》，引导民宿业规范化、标准化发展，提出13条举措和8个方面的重点任务，全链条推动民宿高质量发展。实施意见在民宿规划、特色提升、证照办理、评星定级奖励等方面明确举措，锚定方向，从体制机制层面破解乡村旅游民宿发展中的难点问题。实施意见提出，南昌市将围绕“建设全省旅游中心城市，打造享誉国内的旅游目的地”的发展目标，把民宿产业培育和民宿经济发展作为实施“文化强市”“旅游强市”战略的重要抓手，有效激发南昌民宿业市场消费热情，助力乡村振兴发展。

【城市酒店与乡村民宿结对帮扶】 2023年4月20日，南昌市首批5家酒店行业代表与5家精品民宿签约结对，这是全市率先推出的以“酒店结对民宿，服务品质提升”为主题的旅游住宿业服务质量提升的具体行动之一，签约双方将以卫生、服务、安全等为重点，针对旅游住宿业投资建设、管理运营、宣传营销、接待服务、安全管理等内容，开展每年2次、每次1周的交流学习，精准提升南昌旅游住宿业的服务质量。此次遴选的结对帮扶乡村民宿的南昌酒店行业代表：金树叶级绿色饭店——喜来登酒店，半山酒店，银树叶级绿色饭店——温德姆酒店，格林漫旅酒店，五星级旅游饭店——锦峰大酒店；5家参与帮扶的乡村民宿行业代表：全国甲级民宿——湾里岭溪谷民宿，2023年提交乙级民宿申创单位——安义唐墅民宿，2023年提交甲级民宿申创单位——新建忘忧村民宿，南昌十佳民宿——湾里半朵悠莲民宿，四星级农家乐、茶旅融合特色民宿——湾里林恩茶研园民宿。

【助推旅游民宿业发展】 2023年8月3日，全市创优金融保险服务，推动中国建设银行南昌分行签署支持南昌旅游民宿发展战略合作协议，合计为行业商户提供贷款支持总额达2000万元，在全国率先探索民宿行业的“保险＋银行＋民宿经营户”金融服务模式，以保单为增信条件的旅游民宿贷款，有效缓解民宿商户抵押担保能力不足问题。南昌市还将江泰保险经纪的“防、保、调、救、赔”风险管理机制引入民宿行业，帮助企业和旅游者建筑一道安全防线和化解矛盾纠纷的“防火墙”。此外，实施民宿管家职业技能提升计划，开设全国首个民宿管家职业教育订单班，编写民宿管家职业技能培训教材，接收高校学生进行寒暑假社会实践，同步实施饭店民宿结对帮扶行动，推进旅游住宿业服务质量提升。

【旅游民宿产业绿色创新发展之路入选典型案例】 2023年12月8日，在第十届中国旅游产业发展年会现场，2023中国旅游产业影响力案例名单发布，南昌市旅游民宿产业的绿色创新发展之路入选旅游新业态创新发展典型案例。南昌市积极推动民宿经济绿色发展，引导星级(绿色)旅游饭店与民宿“一对一”结对帮扶，以精准带教的方式提升民宿管家的服务专业化水平，并通过成立南昌市民宿行业协会，搭建政府与民宿经营者沟通交流的桥梁。全市有民宿机构1600余家，床位1.5万张，其中入驻线上平台的民宿企业数量达28.4%，排名全省第一。

（黄　河）

2023年南昌市58家星级旅游饭店名录信息一览表

表6

序号	饭店名称	旅游饭店星级/品牌	县(区)	详细地址
1	江西宾馆	五星	东湖区	八一大道368号
2	锦峰大酒店	五星	西湖区	江西省南昌市西湖区站前西路281号
3	江西嘉莱特和平国际大酒店	五星	西湖区	南昌市广场南路10号
4	南昌力高皇冠假日酒店	五星	西湖区	沿江中大道266号
5	江西省江西饭店有限公司	四星	东湖区	八一大道356号
6	江西省京西宾馆	四星	东湖区	省政府大院南一路9号
7	南昌百瑞四季酒店	四星	东湖区	洪都北大道10号
8	江西省赣江宾馆有限公司	四星	西湖区	八一大道138号
9	锦都皇冠酒店	四星	西湖区	洪城路99号
10	红牛君亭酒店	四星	西湖区	二七南路552号
11	江西锦怡大酒店	四星	西湖区	洛阳路25号
12	江西万国国际大酒店	四星	西湖区	西湖区八一大道1号
13	江西唯客丽晶大酒店(停业)	四星	西湖区	西湖区洛阳路70号
14	国贸酒店	四星	青云谱区	洪城路2号
15	江西鼎昇大酒店	四星	青云谱区	洪都南大道207号
16	江西师大白鹿会馆	四星	高新开发区	南昌市紫阳大道99号
17	江西玉泉岛大酒店	四星	青山湖区	青山湖区湖滨东路888号
18	新吉花园酒店	四星	红谷滩区	丰和北大道299号
19	进贤皇庭大酒店	四星	进贤县	进贤县胜利中路68号
20	进贤军山湖国际大酒店	四星	进贤县	胜利中路138号
21	琴源山庄	四星	湾里管理局	湾里管理局乌井路28号
22	洗药湖山庄(停业)	四星	湾里管理局	湾里区太平镇云顶1号
23	为邦理想酒店	四星	安义县	龙津镇迎宾大道安义大酒店1楼
24	凯美旅城国际酒店	四星	南昌县	小蓝经济开发区邓埠路99号
25	江西省体育宾馆	三星	东湖区	东湖区福州路28号
26	阳光假日酒店	三星	东湖区	二七北路520号
27	南昌君来大酒店	三星	东湖区	北京西路259号
28	南昌东城宾馆	三星	青山湖区	京东大道777号
29	新都宾馆	三星	新建区	礼步湖大道346号
30	大客天下度假酒店	三星	湾里管理局	湾里太平镇望狮路1号
31	悦岸酒店	三星	高新开发区	天祥大道289号
32	瑶湖明珠大酒店	三星	高新开发区	南昌市天祥大道291号
33	维也纳昌南振兴大道店	三星	南昌县	南昌县迎宾大道788号

续表 6

序号	饭店名称	旅游饭店星级/品牌	县(区)	详细地址
34	南昌瑞颐大酒店	金树叶	东湖区	沿江北路 69 号
35	南昌凯美大酒店	金树叶	东湖区	东湖区湖滨南路 99 号
36	嘉莱特精典国际酒店	金树叶	西湖区	八一大道 2 号
37	南昌富力万达嘉华酒店	金树叶	红谷滩区	凤凰中大道 1000 号
38	南昌香格里拉	金树叶	红谷滩区	翠林路 669 号
39	南昌喜来登酒店	金树叶	红谷滩区	南昌市红谷滩新区红谷中大道 1669 号
40	南昌融创万达嘉华酒店	金树叶	红谷滩区	红谷滩区南龙蟠街 555 号
41	融创万达文华酒店	金树叶	红谷滩区	红谷滩区南龙蟠街 333 号
42	南昌融创铂尔曼酒店	金树叶	红谷滩区	红谷滩区南龙蟠街 577 号
43	南昌绿地华邑酒店	金树叶	高新区	紫阳大道 3333 号
44	南昌恒大酒店	金树叶	南昌县	迎宾中大道 3988 号
45	嘉莱特花园国际酒店	金树叶	南昌县	莲塘镇澄湖北大道 69 号
46	南昌滕王阁希尔顿欢朋酒店	银树叶	东湖区	沿江北大道 1555 号水天一色五号楼
47	麗枫洪城玛雅乐园朝阳店	银树叶	西湖区	西湖区月池路 3 号
48	凯美格兰大酒店 （原南昌凯美格兰云天大酒店）	银树叶	高新开发区	高新区南京东路 1515 号
49	南昌融创美居酒店	银树叶	红谷滩区	红谷滩区南龙蟠街 987 号
50	南昌红谷滩希尔顿欢朋酒店	银树叶	红谷滩区	红谷滩新区丰和南大道 2888 号
51	南昌禧悦丽尊酒店	银树叶	红谷滩区	红谷中大道 1366 号
52	维珍天使酒店国体店	银树叶	红谷滩区	赣江南大道 1566 号恒天时尚中心 B 二
53	维珍天使酒店万达店	银树叶	红谷滩区	世贸路 872 号
54	维珍天使酒店珠江店	银树叶	红谷滩区	红谷滩区闽江路印象新天地商业城 3 栋
55	南昌西站智选假日酒店	银树叶	红谷滩区	红谷滩新区西站大街 1818 号
56	格林缦旅酒店	银树叶	红谷滩区	丰和中大道 166 号
57	南昌美吉温德姆花园酒店	银树叶	红谷滩区	红谷滩新区学府大道 1 号
58	南昌保利皇冠假日酒店	银树叶	湾里管理局	红湾大道 66 号

（资料来源：市商务局）

供销合作

【概况】 2023 年，市供销联社秉持为农理念，在为农服务实践中不断探索，持续深化综合改革、规范社有资产管理、强化完善集配体系，全面提升为农服务能力。在下辖 7 个县（区）社累计实现“四位一体”运作基层社 23 个、规范建设“3＋2＋N”综合服务社 245 个、领办创办农民专业合作社 310 个。南昌市在全省供销系统 2023 年度综合业绩考核中获一等奖（列全省第一）。

【南昌供销品牌建设】 2023 年，利用地铁经济的发展，在八一馆站等 5 个地铁站点开设供销便利店，打造“一刻钟便民生活服务圈”，先后 3 次被《中华合作时报》《南昌日报》以及“中国供销”微信公众号等媒体报道，网络阅读量超过 60 万人次。在南昌供销大楼打造“智慧食堂”，完善停车场充电桩等配套设施，提升综合服务品质。面向社会公开征集并设计“豫章农臻”品牌，注册10大类94种商品类别，与进贤顺雨米业公司共同推出首款“豫章农臻+稻福隆”大米，利用双品牌影响力提升农产品附加值。以“南昌新供销”抖音账号为宣传阵地，拍摄小视频展示供销文化展厅、智慧展厅和“孺子书房”等24小时免费参观打卡点，讲好新时代供销故事。与省气象局“奇象风云”合作，举办“南昌人自己的年货节”等直播带货活动和线下展销会，展示本地特色农产品，提升品牌知名度和影响力，助推农产品上行。

【供销综合改革】 2023年，贯彻落实总社《关于开展生产、供销、信用“三位一体”综合合作试点的指导意见》，构建生产、供销、信用“三位一体”综合合作服务平台，为推进乡村振兴和农业农村现代化作出贡献。全市选择1—2个县(区)开展试点工作，提升试点地区农业生产组织化、规模化、集约化水平，探索构建区域性“三位一体”综合合作服务模式，培育创建生产合作、供销合作、信用合作“三位一体”新型基层供销社示范社3个以上。

【为农服务能力增强】 2023年，争取800万元中央财政支持供销合作社开展农业社会化服务试点资金，完成土地托管任务5333.33公顷。与省绿能农业发展公司等本地涉农企业合作，在南昌县塘南镇等地新增流转土地面积866.67公顷，打造为农服务中心1个。搭建“供销农贷”线上小程序，拓展仓单通业务，助力银行放款1.19亿元。南昌县供销联社开发供销集配系统订购平台，拓宽农产品销售渠道。学习“滴滴农机”“嘟嘟农机”的经验做法，建设“赣供农服”数智化管理平台，以创新农机数智化融合发展为基础，以农机服务为重点，精准匹配农户作业需求，推进“机器换人”，使农田、农机、农机手数据上线、实时互动，实现作业统一标准，机械、规模、规范三化融合，推动“互联网+农机”市场化运营。

【供销集配体系建设】 2023年，推进城乡冷链物流骨干网、“互联网+第四方物流”供销集配体系建设，不断形成联结产地到消费终端的农产品市场网络。新建区供销联社在新建区昌邑乡建成220平方米的冷链物流仓储配送中心。利用600万元供销发展专项资金，推动“互联网+第四方物流”供销集配体系建设持续完善，建成县级供销集配中心4个，乡镇供销集配站点60个，村级供销集配网点548个，实现乡镇供销集配站点覆盖率100%，村级供销集配网点覆盖率60%。

【社属企业管理】 2023年，通过制定社有经营性房产租赁管理办法、经营业绩考核、企业职工管理办法等制度压实社有企业主体责任。连续6年对社有企业领导班子和领导人员进行量化考核、民主测评，发挥“以考促干、以考促优”的导向作用。5家社有企业全年租赁合同收入3178万元，同比增长13.5%，实现连续第五年正增长。社有资产出租率97%，租金收缴率100%，年化投资收益率10%，基本做到应租尽租、应收尽收。通过多渠道招商，出租供销丰农大楼、罗马服饰广场2.49万平方米资产，推动洪城旧货市场、新魏路仓库等7000平方米老旧资产改造并出租，共增加年租金收入约203万元。办理不动产证、消防证等1.7万平方米。

（王　岩）

粮油物资储备

【概况】 2023年，粮油储备工作落实国务院关于保障国家粮食安全的重大决策部署，夯实粮食安全根基，落实粮食安全党政同责，压紧压实保障粮食安全的政治责任，推进南昌粮食产业高质量发展，完成全年各项工作任务。重点整合盘活全市仓储资源，以粮食仓储企业为主体，实施优质粮食工程，加强粮食仓储设施建设，已建成15个粮食产后服务中心，专业化提供粮食产后代清理、代烘干、代储存、代加工、代销售“五代”服务，助力粮农节粮减损增收。

【粮食购销】 2023年，执行国家粮食收购政策，统筹抓好粮食市场化收购和政策性收购，引导多元主体入市，组织各地参与建立全省粮食收购贷款信用保证基金，规范粮食收购行为。全市备案256家粮食收购企业，全年累计收购稻谷9.64亿千克(早籼稻3.3亿千克、中晚籼稻6.34亿千克)，其中地方国有粮食企业收购1.84亿千克，占收购总量的19%；社会企业收购7.8亿千克，占总量的81%。组织辖区内涉粮企业参加福州、郑州、哈尔滨等地市粮食洽谈会、产销合作对接、展销会，全年粮食购销企业销售粮食6.3亿千克。

【粮油储备】 2023年，落实地方储备粮规模，对市级储备粮实施相对集中管理，全面网上公开竞价交易，市县级储备粮规模达到国家规定的粮食主产区原粮3个月和成品粮15天的储备要求。同时，组织各地粮食行政管理部门与辖区粮食经营企业签订粮食社会责任储备协议，形成政府储备和企业储备功能互补、协同高效的新格局。

【粮油应急保障体系】 2023年，建立覆盖城乡的应急保供网络，供应网点388家，加工企业35家，储运企业30家，配送中心35家。开展粮油价格监测和统计调查。以全市范围内建立的25个三级粮油价格监测网络为基点，按照日常周报、月度分析，粮油价格出现异常波动或应急处置特殊时期日报告工作机制，强化粮油市场监测预警。

【商品粮大省奖励资金支持粮食项目建设名单】 2023年，根据《关于做好2023年商品粮大省奖励资金支持项目建设有关工作的通知》要求，在企业自愿申报，项目所在地粮食行政主管部门初审与推荐的基础上，市发改委对项目申报资料进行审核，并组织评审专家对重点项目申报材料进行评审，确定南昌县高标准粮仓建设项目，青山湖区粮食储备中心库高标准粮仓建设项目，进贤县储备粮管理有限公司粮食仓储设施改造提升项目，安义县黄洲粮管所粮食仓储设施改造提升项目，中粮（江西）米业有限公司地方储备粮监管信息化建设项目，安义县粮食局徐埠粮管所地方储备粮监管信息化建设项目，南昌高新区滁槎粮食收储有限公司地方储备粮监管信息化建设项目（五星粮站），南昌高新区滁槎粮食收储有限公司地方储备粮监管信息化建设项目（三源粮站），南昌县粮食产业发展中心地方储备粮监管信息化建设项目，南昌粮食集团储备管理有限公司地方储备粮监管信息化建设项目，南昌市第一粮食仓库地方储备粮监管信息化建设项目，南昌市第六粮食仓库地方储备粮监管信息化建设项目，江西新建国家粮食储备库、石埠国家粮食储备库、成新粮食油加工厂、朱港粮食加工厂地方储备粮监管信息化建设项目，江西省绿能农业发展有限公司粮食应急保障体系建设项目，南昌金进果粮油有限公司粮食应急保障体系建设项目，高新区滁槎粮食收储有限公司粮食应急保障体系建设项目，南昌市军粮供应站粮食应急保障体系建设项目，高新区滁槎粮食收储公司粮食质量内部检验检测能力建设项目，南昌县横岗国家粮食储备库粮食质量内部检验检测能力建设项目，中粮（江西）米业有限公司粮食机械装备提升项目，中粮（江西）米业有限公司粮油加工节粮减损技术改造项目，中粮（江西）米业有限公司粮食品种品质品牌提升项目22个项目为拟支持项目。

【粮食安全应急管理知识培训】 2023年5月30日，为加强粮食安全应急管理，提高应对各类突发事件粮食应急保障能力，市发改委举办2023年度粮食安全应急管理知识培训。机关涉粮科室和军粮供应管理中心全体人员参加培训，粮食调控科科长对《江西省粮食应急预案》进行解读，主要从全省粮食应急保障能力概况、预案修订背景、预案主要内容等方面介绍粮食应急工作预案相关要求。在学习省粮食应急预案后，及时做好市级粮食系统应急预案修订和体系建设工作。

【粮食购销定期巡查】 2023年3月14日，为贯彻落实粮食购销定期巡查工作制度，市发改委成立检查组开展粮食购销定期巡查工作。检查组到市第六粮库，通过查阅资料、现场查看粮情等方式，从粮食数量、粮食质量、安全储粮和安全生产、国家粮食政策执行、企业经营管理、问题整改等6个方面对企业进行全面的巡查。3月15日，检查组又到安义县、新建区，对县区开展粮食购销定期巡查工作进行督促和指导。

（周冬忠）

2023年南昌市粮食购销情况一览表

表7　　单位：万吨

地　区	粮食收购		粮食销售	
	合计	其中，国有粮食企业	合计	其中，国有粮食企业
南昌县	36.55	1.1	12.73	4.72
进贤县	21.28	11.27	14.01	26.53
安义县	8.07	0.4	3.37	0.4
新建区	27.16	3.48	21.21	4.61
青山湖区	0.44	0.35	1.03	0.35
高新区	2.85	0.1	1.48	0.1
市　直	0	1.72	9.11	1.86

（资料来源：市发改委）

药品销售

【概况】 2023年,江西南华医药有限公司面对医改政策不断深化调整、市场格局持续变革、带量采购常态化等现状,以创新思维构建发展新引擎,推进全面深化改革,实现公司经济持续稳定高质量发展。全年公司实现无税销售163.6亿元,同比增长8.56%,实现利润总额1.16亿元,增长4.24%,上缴税金3.22亿元,在全国同行业百强排名中列第17位,旗下江西黄庆仁栈华氏大药房有限公司在全国医药零售企业中列第18位。公司获全省企业文化建设先进单位称号。

【主营业务增效】 2023年,公司不断强化经营管理,以市场需求为抓手,坚持传统业务和新板块业务两手抓。落实精细化管理、强化培训赋能,立足药品配送主营业务,做好药品销售工作。公司引进新品和新业态,开发农村市场,完善整体流程管理体系,增加新的管理制度,在经营活动中规范运作,有效地控制和防范经营风险。取得第八批国家集采品种的334个配送权,点配份额达到57.52%,国家集采第八批配送份额获得全省第一位。公司物流中心以"三定"改革、降费增效等方式控制支出,提升劳效,加大现代物流设备的投入,提升物流整体服务质量。并且强化冷库规范管理,克服冷藏药品配送面广、网点多、零散商品多等问题,坚持保证客户订单响应在装车前最后一分钟,为打造冷链标杆建立扎实的基础。同时对疫苗出入库扫码记录,在库在途温度记录均上传至码上放心疫苗平台,完成可追溯体系,为疫苗委托储运业务的开展提供保障。

【强化合规管理】 2023年,公司遵守药品管理法,持续强化质量管理体系,加强质量培训,实现药品质量的全程追溯,提升公司质量管理水平,确保所经营药品的质量安全。根据国家相关规定并结合企业实际,对原有的《药品经营质量管理制度》进行全面修订和印发,为公司质量管理工作提供标准和行动指南。通过贯彻落实常态化合规反腐机制,采取一系列举措,完善合规制度体系,规范工作流程,提高公司合规经营管理水平。在合规反腐工作常态化机制有效的同时,公司第一时间成立专项领导小组、组建专项工作队伍,制定工作方案,组织自查自纠,加强监督整改。全年开展合规法律培训10场次,组织观看警示教育片,增强防腐拒变能力。公司内部每季度刊发一期《合规简报》,供广大干部员工学习并及时了解医药行业合规反腐形势。签订责任状和承诺函覆盖3000余名员工,强化广大干部员工纪律意识、廉洁意识、责任意识。

【零售药店多元化发展】 2023年,公司扩大品牌影响力,全省门店覆盖达到90个单位(市辖区、县、县级市),覆盖率90%,直营门店超过500家。公司打造专业化药房服务理念,门店慢病服务体系持续升级,联合120余家供应商开展各类患教、社区公益行活动600余场,升级迭代慢病会员服务系统,服务全省会员超226万人,慢病会员70余万人,在慢病会员的建档、用药提醒、关爱回访、健康用药咨询等药学服务方面提升服务质量。DTP(直接面向患者提供更有价值的专业服务的药房)专业药房不断开拓市场,扩大销售网络,引进新品,以更好地满足患者的需求。发展多渠道、多样化的业务形态,新增商贸业务和电商业务两大板块。在持续深化互联网医院管理体系的同时,不断推进O2O(线上到线下)平台合作,O2O销售在南昌市场占有率提升至行业前五,为广大群众提供更加便捷的线上服务。

(韩萨出拉)

成品油销售

【概况】 2023年,中国石化南昌石油分公司(以下简称"南昌石油")以建设"诚信、卓越、创新、共赢"的一流销售企业为目标,以"服务地方经济,谋求企业发展"为宗旨,铭记"每一滴油都是承诺"的社会责任,秉持"为美好生活加油"的初心,贯彻"最好的员工在中国石化,最好的服务在中国石化,最好的油品在中国石化"理念,践行"油品不断供、商品不涨价、服务不打烊"的企业承诺,为救护车、农机、出租车等民生用油开通绿色通道,用实际行动服务客户、稳定民心,切实扛起保障民生的社会责任,充分发挥南昌成品油市场供应主渠道作用,为南昌经济与社会发展作出贡献。

【江西社会责任报告发布会】 2023年9月26日,为庆祝中国石化成立40周年,中国石化江西社会责任报告发布会在南昌石油麦庐加能站举行。发布会上,中国石化以图文并茂的形式集中展示九江石化、江西石油、天然气分公司江西销售等驻赣企业在江西履行社会责任的情况。报告反映驻赣企业在保障能源供应、践行绿色低碳、强化创新驱动、回馈社会四个方面的生动实践。

【首座"微电网"型综合场内充电站投营】 2023年8月,南昌石油麦庐加能站二期项目完工,正式对外投营。场内共设置充电枪44把,其中直流快充42把,液冷超充2把,单日最大服务新能源车辆可达700辆,通过构建有序充电、换电、光伏、储能、换电、V2G(充放电终端)、调峰调频的新型电力模式,麦庐加能站成为中国石化首座“微电网”型综合场内充电站。

【会展助力】 2023年10月19日，2023世界VR产业大会在南昌开幕，为做好大会期间综合能源保供工作，南昌石油提前加大油气资源调配力度，合理安排配送计划，做好场内、外场充电站运营管理，以优质、便捷的服务，向国内外嘉宾展示良好的企业品牌形象。10月27—29日，2023年中国航空产业大会暨南昌飞行大会在南昌市瑶湖机场举行。南昌石油作为大会支持单位，为大会提供水饮、纸巾、参观指引等服务。在现场设置四个展区，集中展示江西石油打造“油气氢电服”综合能源服务商的功能和场景，特别是充换电服务功能，长城润滑油及易捷特色商品。

【首座综合汽车服务门店开业】 2023年12月22日，中国石化易捷养车联合京东养车打造的江西地区首座综合汽车服务门店——麦庐店在中国石化南昌公司麦庐加能站开业，门店设有5个维修车位和4个洗车车位，全天可为120辆车提供清洗、保养、换油等服务，为车主提供一站式汽车综合服务项目，满足广大车主的需求，构建和完善“人·车·生活”生态圈。

【公众开放日活动】 2023年5月19日，南昌石油举办公众开放日活动，邀请学生代表20余人走进综合加能旗舰站麦庐站，站经理为大家详细介绍麦庐加能站加油、加气、充电、洗车及易捷便利店等综合服务功能，科普爱跑98油品知识，现场演示“一键加油”和自助服务操作，让大家了解中国石化加快向“油气氢电服”转型，打造综合服务能源商的发展理念。

【常态化开展应急演练】 2023年，南昌石油贯彻“安全第一、预防为主、综合治理”的安全生产方针，建立内部风险分级管控、隐患排查治理常态化机制，确保每个岗位人员具备相应应急处置及安全防护能力。库站常态化在各个层面多次举办针对性广、实战性强、多岗位实战演练，同时，不定期开展企地联合的综合性实战演练，应急预案演练活动既是对应急预案可行性、适用性的有效检验，也是一次生动的安全培训，将安全生产工作做到细枝末节上，不断提升基层员工应对突发应急事件的反应和处置能力，各类应急预案演练覆盖率达到100%。10月16日晚7点，一辆满载货物的货车开进中国石化南昌石油小兰加能站加油，车辆刚停在加油机旁，员工李淑秀突然发现车辆油箱两边冒出滚滚白烟，立即通知其他同事，同时提起灭火器进行扑救。现场当班员工听到呼喊后立刻赶来参与扑灭火情，并疏散现场其他车辆，经过7分钟的扑救，终于将所有暗火扑灭。

【开展“3·15”消费者权益日活动】 2023年3月13日，在“3·15”消费者权益日来临之际，南昌石油在云飞路加能站搭起展台，提供汽油油样让消费者参观，使用智能机器人播放油品数质量科普视频和中国石化油品质量宣传片，法律顾问和志愿者为消费者宣讲走私油危害并提供法律咨询，直观地向消费者展示中国石化践行“每一滴油都是承诺”，引导消费者通过正规渠道加注有质量保证的油品。

【“送油下乡”活动】 2023年，在“双抢”季节，为解决农户购油不便，7月13日，南昌石油开展“送油下乡”活动，将便民、惠农服务送至蒋巷镇大田农机社，实现足不出村就加到“放心油”。现场为20余辆农机车加注油品3000升。同时，员工向农户们介绍石化农机卡，现场手把手教学使用方法，让大家了解这项惠农政策。并与该农机社沟通协调，达成长期合作，助力支农保供。

（张晓雨）

烟草制品专卖

【概况】 2023年，市烟草专卖局坚持稳中求进工作总基调，完整、准确、全面贯彻新发展理念，锚定南昌烟草“走前列、立标杆”发展目标，发扬“三先”理念，推动南昌烟草“五有”现代化建设，各项工作取得成效，为地方经济发展做出贡献。市烟草专卖局获得全省系统目标管理考核先进单位，全省系统宣传舆论工作优秀单位，4个打假打私重大案件被国家烟草专卖局发文表彰通报。

【生产经营调控】 2023年，坚持稳中求进和经济运行“十六字”方针，全面把握“树牢一个目标、优化两个环境、建立三支队伍、打造四个阵地”发展路径，有效发挥市场机制作用，实现开局好、持续进、总体稳。全年，实现卷烟销售18.07万箱，税利23.47亿元。推动建立三级品牌共育机制，品牌培育不断优化。将终端建设融入乡村振兴大局，发挥农村终端全店铺管理优势以及城网客户点多面广优势，建成136家“美丽乡村星火店”、279个“星火小澄驿站”，以客户的良好口碑赢得南昌烟草的良好口碑。丰富服务体系内涵，完善进口雪茄烟供应制度，探索“菜单式”服务模式建设。举办首次“星火闪耀杯”零售客户技能之星大赛。

【卷烟市场监管】 2023年，坚持“立足本地，露头就打”原则，巩固完善“政府领导、部门联合、多方参与、密切协作”打假打私体系，开展“飓风4号”专项行动，推动专卖监管固本强基，提高治理效能。打造警烟联勤指挥室，构建“打防结合、攻守兼备”的监管模式。创新政务服务方式，在全市范围内推广“绿色通道”“预勘验”“短信告知”特色服务。修订零售点合理化布局规定，完善市场主体准入准营退出机制。推进全市烟草零售市场信用监管落实落地。加强“八大环节”闭环监管，维护卷烟市场良好经营秩序。全年查办各类涉烟案件847起，其中5万元以上大案408起，涉案金额4620万元，查获各类非法卷烟4297万支；破获部督案件1起，省督案件6起，国标网络案件5起。

【现代企业治理】 2023年，深化目标管理，建立复盘检视机制，优化跟踪问效，不断厚植管理思维、涵养创新氛围、激发员工有为，企业治理体系和治理能力现代化水平不断提升。开展“三看三促”经验交流活动，激活基层基础，激发基层经验。推进企业降本增效，夯实可持续发展基础。主动融入服务行业现代化建设大局，完成全省系统数据中心及配电工程、二维码和调控数字化转型等行业两个重点项目建设。加快创新成果应用和推广，“源代码安全管控新模式的研究与应用”等多项课题取得省部级以上成果。建立分层线上巡查机制，投资采购管理水平不断提升。突出“安全有底”目标，落实“三管三必须”要求，健全完善安全生产责任制体系，为全市系统高质量发展和现代化建设营造安全稳定的良好环境。

（伍木兰）

会展业

【概况】 2023年，全市探索推进会展改革，围绕“带动产业发展、拉动消费升级”两条主线，引进多个国际会展、全国性会议、大型企业年会项目落户南昌，实现“周周有小展、月月有大展、全年展会不断”的办展格局。全年，举办规模以上展会83场，展览面积达200万平方米，南昌市获得“中国会展之星·最具创新活力会展城市和最佳会展目的地城市”“2023最具影响力会展目的地金手指奖”。

【助推产业发展】 2023年，制定《南昌市促进商务经济高质量发展的若干政策措施（支持会展业发展）》《南昌市会展招商促产业发展联动机制》等系列政策，探索“会展+招商”“会展+产业”路径，通过检验医学博览会、大健康产业大会等展会平台，做好相关产业支持政策发布推介工作，全市达成招商合作意向项目74个，协议金额449.13亿元，助推美目美佳医疗隐形眼镜生产、CRO研发中心及试剂盒生产等20余个相关企业项目加速落户，“以产兴展、以展促产、产展一体”的良性互动格局初步形成。

【拉动消费升级】 2023年，坚持重点发力、因时而进，紧盯房产、汽车、家居等大宗消费板块，把握五一、端午、国庆等假日消费窗口期，举办2023南昌国际汽车交易会暨新能源车展、华夏家博会等大宗商品消费类展会15场以及江西省消费品博览会、中国绿色食品博览会、江西广电电竞大赛暨动漫游戏文化节等大众消费类展会25场。全年，会展参观人数200余万人，带动吃住行游购等综合消费超200亿元。

【城市宣传推介】 2023年，中央电视台、人民日报（海外版）、人民网、新华社等多家中央级媒体对在南昌举办的第二十届中国国际检验医学暨输血仪器试剂博览会、2023中国国际地理信息测绘展、世界VR产业博览会、南昌飞行大会等展会活动进行宣传报道，向境内外参会参展人员展示南昌城市精神风貌及发展速度，创造提升南昌国际、国内影响力的重要机会。

【中国国际地理信息测绘展】 2023年2月14—16日，世界上唯一得到全球展览业协会（UFI）认证的同类型国际展会—2023中国测绘地理信息技术装备展览会在南昌绿地国际博览中心举办。此次展会以“迎接N+地信新时代”为主题，展览面积3万平方米，吸引来自国内外测绘地理信息行业300余个知名品牌参展。展品涵盖高精度激光雷达、国产智能测量机器人、水下多波束、实景放样RTK、无人机、无人船等。参展企业涵盖测绘地理信息行业上下游产业链及新型高精度位置服务的互联网企业。展览会同期举办由中国地理信息产业协会指导、协会装备工作委员会主办的中国测绘地理信息技术装备高峰论坛、全国平安城市变形监测高端论坛、先进轨道测量与数字孪生技术高端论坛3场论坛，内容涵盖平安城市变形监测、实景三维、数字化转型、先进轨道测量与数字孪生技术等内容，邀请业内知名专家、企业家作报告，分享行业主流技术，分析市场趋势，为行业发展出谋献策。

【中国教育装备展示会】 2023年4月21日至23日，第81届中国教育装备展示会在南昌绿地国际博览中心举办。此届展会以“数字赋能教育、创新引领未来”为主题，设置10大主题3D展馆，21万余平方米展览面积，创江西展会规模之最。此届展会吸引海内外1400余家企业，重点展示数字技术和人工智能在教育装备领域的新应用、新成果、新产品和新的整体解决方案，全方位、多角度、立体化呈现教育装备行业的良好发展态势，助推全国教育数字化转型。展会围绕教育数字化转型等热点话题，举办“全国名师名校长峰会”“教育数字化创新应用发展论坛”等40余场论坛活动，多维度、深层次探讨教育技术装备与教育教学相关问题，吸引1万余人次的教师，29万余人次参观，拉动消费突破23

亿元。

【中国国际检验医学暨输血仪器试剂博览会】 2023年5月28—30日，第20届中国国际检验医学暨输血仪器试剂博览会（CACLP），第三届中国国际IVD上游原材料制造暨流通供应链博览会（CISCE）在南昌绿地国际博览中心举办。此届展会总展览面积13万平方米，吸引来自海内外20余个国家和地区体外诊断上、中、下游全产业链的1432家企业参展，参展产品涵盖生物化学、免疫、分子与核酸、微生物、上游原材料等领域，众多国际、国内医疗企业和从业人员参会，就行业发展、创新理念、国内外前沿动态等进行全方位、多角度的交流和探讨。在博览会召开同期还举办"创之声"第八届中国实验医学大会及其分论坛、全国卫生产业企业管理协会实验医学分会第二届委员会换届选举大会暨第二届委员会第一次全委会工作会议、第十届中国体外诊断产业发展大会、第三届中国体外诊断关键原材料及零部件论坛、亮·检验——第六届体外诊断青年企业家论坛、第五届中国IVD流通企业论坛以及超过百场企业专题自办会议。组委会主办的各种会议和论坛均通过"体外诊断快讯"App进行现场直播，创之声大会和发展大会分别通过人民日报健康客户端实验医学频道进行现场转播，全部会议的线上线下观看累计超过220万人次。

2023年11月3日，2023中国（南昌）国际美发美容节开幕式举行
（魏勇剑 摄）

【中国（南昌）国际美发美容节】 2023年11月3日至4日，2023中国（南昌）国际美发美容节在南昌绿地国际博览中心举办。此届美发美容节是由中国美发美容协会和南昌市人民政府联合主办，展览面积2万平方米，设置会、赛、展、秀、商、红、看7大板块活动，参展企业达到500家，参展品牌超过3000个。展会同步举办中国美业全国竞争力品牌发布会、第四届全国美发美容行业职业技能竞赛，以及中国美业品牌TOP展主题大秀等多场活动。通过专业赛事、热点会议、时尚大秀以及精准细分展会、南昌特色活动等内容，在展示美业创新成果的同时，推动相关产业链上下游的交流与合作、升级与转型，致力于打造一个国际化的美业平台。

【中国绿色食品博览会】 2023年11月17日至20日，第十五届中国绿色食品博览会在南昌绿地国际博览中心举办。此届绿博会展览面积6万平方米，以"新亮点 新场景 新突破 新消费"为主题，设置"绿色食品及名优土特产品综合展区""预制菜食材与成品展区""国际贸易展区"等多个专题展区，展品涵盖优质绿色食品、地方特色农产品、地理标志产品及食品深加工等系列产品。国内外绿色食品行业1800余家优秀企业参展。展会期间，共吸引12万人次参观，达成现场交易额1.46亿元，意向订单交易额13亿元。绿博会同期举办绿色食品及土特产品高质量发展论坛、中国绿色食品及土特产品流通渠道创新论坛、土特产高质量发展学术论坛、2023江西餐饮品牌爆款菜品秀、全国土特产品产销专场对接暨江西优质农产品原产地考察等多场专业活动，众多行业大咖做主题分享，共同推动优质农产品、老字号产品、绿色食品产业高质量发展。

【中国（南昌）数字经济与新基建产业发展大会】 2023年11月28日至30日，2023中国（南昌）数字经济与新基建产业发展大会暨博览会在南昌绿地国际博览中心举办。此届展会展览面积2万平方米，以"数智赋能产业升级、科技引领创新发展"为主题，聚焦数字经济与新基建全产业链，集聚国际化、高水平创新平台，吸引百余家央企、国企、上市公司、行业龙头企业，以及科研院校参会参展，实现优质数字经济与新基建资源合作的便捷对接。开幕式上，南昌高新区与联通（江西）产业互联网有限公司、江西啄木蜂科技有限公司围绕云计算、大数据、物联网、虚拟现实、人工智能、智慧城市、数字乡村等进行项目签约，项目总投资达3.5亿元。大会同期举办首届中国（南昌）数字交通发展大会、中国（南昌）数字经济与新基建产学研合作发展大会、中国（南昌）5G +

工业互联网高峰论坛等多场平行论坛。

（黄　河）

商贸物流业

【概况】 2023年，南昌市落实省会引领战略、深入推进“一枢纽四中心”建设，加快构建现代物流体系，促进物流提质增效，支持商贸物流企业创建A级物流企业。全市A级物流企业增加1家，减少1家（未参加复评，退出），累计共41家。其中，AAAAA级物流企业3家、AAAA级物流企业22家、AAA级物流企业15家、AA级物流企业1家。全市星级冷链物流企业增加1家，累计4家。其中，五星级冷链物流企业1家、四星级冷链物流企业2家、三星级冷链物流企业1家。全市省级重点商贸物流企业增加4家，累计21家。全市省级重点商贸物流园区（中心）增加1家，累计4家。全市省级商贸物流产业园“链主”型企业5家。全市开展商贸物流高质量发展行动，出台《南昌市农产品冷链物流规划（2023—2025）》《商贸物流产业链链长制工作要点2023—2024年》等文件，强化商贸物流规划指引和夯实商贸物流政策基础。

【南昌入选国家骨干冷链物流基地建设名单】 2023年，国家发展改革委印发《关于做好2023年国家骨干冷链物流基地建设工作的通知》，发布新一批25个国家骨干冷链物流基地建设名单。其中，南昌国家骨干冷链物流基地被列入建设名单，成为全省唯一入选的基地。国家骨干冷链物流基地是依托存量设施群布局建设的大型冷链物流基础设施，是整合集聚冷链物流资源、优化冷链物流运行体系、促进冷链物流与相关产业融合发展的基础支撑、组织中心和重要平台。此次发布的25个国家骨干冷链物流基地在存量冷链物流规模、基础设施水平以及上下游产业配套等方面具备良好条件，并且在带动上下游产业转型升级、引领冷链物流绿色创新发展、夯实构建新发展格局基础三方面具有明显示范带动作用。打造国家骨干冷链物流基地，可以有效提高冷链物流规模化、集约化、网络化水平建设，对于提升南昌市物流资源整合能力和辐射能级，助力打造“一枢纽四中心”，推进大南昌都市圈建设，支撑江西内陆开放型经济试验区高质量发展具有重要意义。

【商贸物流园区建设】 2023年，推进万纬物流南昌昌北冷链物流园区、南昌向塘传化智能公路港等一批现代化、辐射能力强的重大物流项目建设。万纬物流南昌昌北冷链物流园区由万科集团旗下物流平台—万纬物流开发运营，总投资近10亿元，占地8.67公顷，总建筑面积5.1万平方米，是全省规模最大的高位货架冷链物流仓储中心。园区包含三座冷库，共计约5万个托盘位，冷库可存储货物5万余吨。项目按绿色仓库三星标准实施，并已获得认证，可作为冷链仓储、冷链全流程操作、多温区食品加工、中央厨房配套、省市级仓储配送中心、全国干线运输、电商一件代发、仓配一体化等复合型冷链产业链集群。南昌向塘传化智能公路港总规划用地35.87公顷，总投资约20亿元，规划有七大功能区，供应链服务中心、物流商务办公区、社会运力配载中心、城市分拨配送中心、智能仓储中心、展示展销中心、三产配套服务中心及高端人才公寓。

【物流产业园规划】 2023年，为优化全市现代物流发展布局，市委、市政府规划在昌西（新建区坚磨大道）、昌东南（青山湖区东升大道）和昌北（新建区罗亭镇）分别建设物流产业园。6月8日，召开市政府常务会对该项目进行研究，决定由省、市供销联社和市政集团共同投资建设。市供销联社进行多次实地调研和项目论证，推动项目进展，项目规划用地面积28.53公顷，总建筑面积33万平方米，总投资约25亿元，注册资本金实缴5亿元。

（黄　河）

家政服务业

【概况】 2023年，为快速提升全市家政服务行业质量，针对家政服务人员良莠不齐，社会评价满意度低及家政服务尚未与社区及各类公共服务有效融合等问题，南昌市通过开展家政服务进社区百场免费培训活动，组织企业申报诚信家政企业，逐步完善政策支持体系，探索构建职能部门、社区街道、家政企业协作机制，推动全市家政服务业健康发展。

【获评全省家庭服务业诚信企业】 2023年2月，省家庭服务业协会在全省组织开展家庭服务业诚信企业评选工作，经过企业自主申报、资料审核、走访调研和对外公示等程序，评选出26家家庭服务业诚信企业，南昌市的江西赣洪健康服务发展有限公司、江西东堃家政服务有限公司、南昌市东湖区光明家政服务中心、南昌市思蒙育婴服务有限公司四家企业入选。通过评选发布家政服务业诚信企业，不断规范全市家政服务企业信用行为，打造诚信品牌，营造诚实守信的良好社会风尚，更好地满足人民群众对高品质家政服务消费的需求。

【家政服务进社区百场免费培训活动启动】 2023年9月13日，在红谷滩区卫东街道新时代文明实践所，市妇联牵头，联合市发改委、市商务局、市人社局、市民政局共同举行2023年度家政服务进社区免费培训启动仪式。各县(区)、开发区、湾里管理局妇联和8家相关家政服务企业、社区居民代表50余人参会,参加家政服务企业现场进行服务承诺宣誓。整个活动从9月启动实施至12月底结束,共计100场,主要面向社区妇女群众和家庭开展包含家庭清洁、养老照护、母婴护理、营养餐制作、收纳整理为主要内容的家政培训课程。家政服务机构通过此次进社区培训活动,提升家政行业的社会形象,增强与社区的了解和互信,推动家政服务"数智化",打造"精准化15分钟家政服务圈"。

(黄　河)

养老服务业

【概况】 2023年,全市有序推进城乡养老统筹发展,养老服务设施、服务质量、监管效能提升。全省城市社区居家养老现场推进会、全省养老服务改革发展现场推进会在南昌召开,推动南昌市养老服务体系建设。至年底,全市60周岁及以上户籍老年人口103.66万人,老龄化比例19.19%。

【养老服务项目提升】 2023年,验收中央财政支持居家和社区基本养老服务提升行动项目。联合监理和承建单位、各县区民政部门组成10个验收小组,实地验收2014人,组织开展交叉线上验收2986人。推进省级民生实事项目,各级财政安排约7000万元用于支持项目建设,完成10家社区嵌入式养老院建设、支持4家县(区)福利院实施失能护理改造、支持4家县(区)福利院配建医务室等、提升改造10家乡镇敬老院。市社会福利院老年福利大楼提升改造纳入全市重大重点项目,争取市级资金3000余万元推动项目改造。制定《南昌市老年人助餐配餐服务管理办法》,建成396个养老助餐点,解决高龄、失能等老年人"吃饭难"问题。

【养老福利制度落实】 2023年,落实高龄津贴补贴制度,市级分两批次下达高龄津贴补贴资金共计7401.54万元,保障高龄补贴资金足额发放。落实困难老年人服务补贴,市级财政共安排700万元用于购买居家养老服务,为全市60周岁以上分散供养特困老人,60周岁以上失独老人,70周岁以上低保老人,80周岁以上经济困难且失能老人,获得市级及以上劳动模范、因公致残或见义勇为伤残等为社会做出突出贡献人员中失能或年满80周岁以上老年人按照每人每月200元的标准购买居家养老服务,覆盖2万余名老人。落实养老机构建设运营补贴制度,安排民政专项资金2182万元用于养老机构建设运营。安排市级福彩公益金940万元专门支持嵌入式养老院建设。印发《2023年南昌市老年人意外伤害险宣传工作方案》,下发至各社区、村委会宣传册、海报3万余份。全年,平安保险公司受理573个案件,理赔金额179.14万元。

【养老服务领域专项治理】 2023年3月17日,印发《南昌市养老服务领域重点难点问题专项治理工作方案》,对全市开展养老服务领域重点难点问题专项治理工作做具体部署。围绕排查整治工作台账进行专门督导20次,下发整改督办单6份,开展专项集中约谈3次。通过县区自查,市级实地检查、座谈交流、查阅台账等形式,共摸排出10大方面的45个问题,完成整改45个。制定《养老服务领域困难群众救助补助资金审计发现问题专项治理"回头看"方案》,进行专项部署安排,对照省审计厅指出整改标准,逐一核查,通过督导调研再次组织"回头看",建立问题台账,对整改措施落实效果进行跟踪。坚持"双随机、一公开"监管与重点监管相结合,市民政局、市住建局、市市场监督局、市消防救援大队、市卫健委联合印发《南昌市养老机构安全生产百日整治专项行动方案》,各抽调业务骨干组成检查工作组,4—6月,对全市102家养老机构进行全覆盖、地毯式安全风险隐患排查,关停1家非法运营养老机构,下发32份《检查结果告知书》。

【养老服务政策制定】 2023年,制定《关于健全南昌市基本养老服务体系建设的实施意见》《南昌市推进养老服务提质升级三年行动方案(2023—2025年)》,发布《南昌市基本养老服务清单(2023年版)》。出台《"党建引领夕阳红"养老服务质量提升行动实施方案》,增强养老机构政治功能和组织功能,扩大党的工作覆盖。出台奖补政策,对符合条件的护理人员给予5000元—1万元的入职奖补。全年,市、县(区)共计开展20余期养老服务人才队伍建设培训,培训4000余人次。制定《南昌市敬老院建设与管理规范》、《居家养老服务机构助餐服务规范》(DB 360/T 4—2022)、《居家养老志愿服务规范》(DB 3601/T 5—2022)、《农村敬老院运营管理规范》(DB 3601/T 6—2022)、《家庭养老床位服务规范》(DB 36/T 1790—2023)等系列标准,规范养老服务设施配建标准、设备配置、服务要求、运营管理。全市居家养老服务中心实现标识、名称、代码三统一。

(黄熙康)

金 融 业

综 述

【概况】 2023年，南昌市金融工作围绕打造“一枢纽四中心”目标，按照“坚定不移打造区域金融中心、全力以赴做大金融总额总量、凝心聚力壮大南昌资本市场、奋发图强提升省会金融首位度”的思路，提升金融服务实体经济能力，推动金融业高质量发展。至年底，全市金融机构本外币存款余额17266.14亿元，全市金融机构本外币各项贷款余额19894.37亿元。全市金融机构存贷比115.22%，全省排名第一。全市保费收入292.85亿元，增长5.61%，占全省比重29.06%。全市企业实现新增5家上市、1家申报、4家辅导、15家完成股改，上市公司数量从38家增加到43家。全年新增上市公司数位列全省第一。已在南昌落户的金融机构共192家，其中银行业金融机构52家，保险业金融机构52家，证券业金融机构68家，期货业金融机构20家。

【区域金融中心建设】 2023年3月18日，出台《关于打造区域金融中心加快金融业高质量发展的实施意见》，以红谷滩区为全省金融商务区核心承载区，分区域推进产业金融、科技金融、绿色金融、普惠金融四个创新示范园建设。3月24日，召开全省金融机构支持南昌市经济高质量发展座谈会，对实施意见进行专题发布、解读，同时鼓励支持和引导驻南昌金融机构积极融入、深度参与全市经济社会发展。随后，印发实施细则，并集中开展一年一度政策奖励兑现工作，通过政策引导充分调动金融机构积极性，鼓励其加大对全市实体经济发展支持力度。对34家金融机构、地方金融组织给予综合发展贡献奖1930万元，对13家金融机构给予单项奖奖励。对于信贷投放力度大、服务小微企业成果显著的前10家银行机构给予的奖金专用于对行内普惠贷款客户进行贴息补偿，该项资金已累计兑现1484.16万元。

【产融对接】 2023年，南昌市先后举办金融支持水利项目建设、金融支持工业转型升级、金融支持“一枢纽四中心”建设暨重大重点项目产融对接会、金融支持中小企业发展，组织新型材料产业链产融对接会、金融支持中医药产业发展调研座谈会、新型储能产业发展研究与合作对接等活动，推动产业与金融对接。其中，金融支持“一枢纽四中心”建设暨重大重点项目产融对接会签约产融对接项目20个，签约金额585.25亿元。

【普惠金融】 2023年，持续推动南昌市普惠金融“两站两中心一平台”（两站指乡村普惠金融服务站点、社区普惠金融服务站点，两中心指普惠金融服务中心、首贷续贷服务中心，一平台指南昌市普惠金融服务中心平台）建设。线上，持续迭代南昌市普惠金融服务中心平台功能，上线第二批信贷白户企业名单、全市有融资需求的企业名单，升级农户专区、支持市场主体快速查询、多家银行匹配等功能。线下，持续推进线下普惠金融服务中心、首贷续贷服务中心两个中心建设。全市已实现线下普惠金融服务中心全覆盖，现有首贷续贷服务中心10个，乡村普惠金融服务站点3个，社区普惠金融服务站点2个。至年底，全市普惠贷款余额1827.03亿元，较年初净增292.15亿元，普惠贷款平均利率4.51%，较年初下降38基点，较全省普惠贷款平均利率低36基点，中小微企业融资成本逐步降低。

【实体经济信贷服务】 2023年，市委金融办组织市农业农村局、市工信局、市商务局、市科技局、市文广新旅局5家行业主管部门，收集汇总226家有融资需求的企业名单，联合印发文件，向全市金融机构进行推送。至年底，已实现96次有效对接，授信56.41亿元，放款22.47

亿元。组织市市场监管局、市税务局等部门收集2022年以来全市新设市场主体名单及纳税企业名单，并与人行江西省分行比对去重形成8833户首贷户储备名单向各金融机构推送，推动银行信贷服务精准有效适应市场主体需要。7月上线以来，有效对接203户，授信12.8亿元，放款5.8亿元。

【金融环境优化】 2023年，先后开展“解债”类非法集资打击整治专项行动等4次专项整治，组织各县区、各单位摸排全市各类企业1.7万家（次），稳妥处置涉非风险企业。加大非法集资陈案化解工作推进力度，化解非法集资陈案21件，2018—2020年存量案件处置办结13件，2021年存量案件处置办结8件，超额完成年度目标任务，完成率131.25%。持续推进《防范和处置非法集资条例》施行，11月举办防范和处置非法集资工作培训班，邀请省、市专家针对法律法规、行政执法实操经验进行专题授课，提升全市处非行政执法水平。发挥宣传作用，拓展宣传阵地，全市共计开展各类防范非法集资宣传活动1140余次，累计发放、张贴、悬挂各类宣传材料28万余份。

（赵芷莹　曾祥威　王　琦）

银行业

【概况】 2023年，南昌市银行业金融机构加强信贷投入、优化信贷结构、深化金融服务，持续推动经济高质量发展。至年底，全市金融机构本外币各项存款余额为17266.14亿元，同比增长7.17%，增加1155.84亿元。其中，全市金融机构外汇各项存款余额为22.48亿美元，增长22.26%，增加4.09亿美元。全市金融机构本外币各项贷款余额为19894.37亿元，增长4.99%，增加945.24亿元。其中，全市金融机构外汇各项贷款余额为15.09亿美元，下降8.33%，减少1.37亿美元。跨境收支延续长期以来的顺差态势，全市涉外收支总额318.96亿美元，增长2.6%。其中，收入158.52亿美元，增长0.9%，支出160.43亿美元，增长4.3%。

【货币政策工具运用】 2023年，人民银行江西省分行发挥结构性货币政策工具引领作用，引导金融机构加大对南昌市资金投放力度。至年底，南昌市再贷款余额97.44亿元，占全省比重9.77%；再贴现余额95.07亿元，占全省比重39.33%。累计办理再贷款97.44亿元，占全省比重8.89%；累计办理再贴现264.46亿元，占全省比重40.4%。其中，全市累计办理绿色票据再贴现38.71亿元，占全省比重27.1%；全市多项工具资金使用居全省前列，普惠小微贷款支持工具和普惠养老专项再贷款运用居全国第一位。全市发放符合条件的碳减排领域贷款33.57亿元，全省排名第四；发放符合条件的煤炭清洁高效利用贷款12.62亿元，全省排名第四；发放符合条件的交通物流贷款2.41亿元，全省排名第一。

【信贷结构优化】 2023年，全市金融机构把更多金融资源投向制造业、普惠金融、科技创新、乡村振兴等国民经济重点领域和薄弱环节。至年底，全市制造业贷款余额1659.98亿元，增长9.48%，高于各项贷款增速4.49个百分点；较年初增量占各项贷款增量比重为15.21%，比全省平均水平高0.29个百分点，较上年末增长1.04个百分点。科技中小企业贷款余额146.56亿元，增长15.48%。国家级高新技术企业贷款余额863.8亿元，增长1.32%。全市普惠小微贷款余额1805.34亿元，增长19.33%，高于各项贷款增速14.27个百分点；贷款户数14.11万户，增长5.53%。南昌市涉农贷款余额3903.74亿元，增长10.03%，高于各项贷款增速5.04个百分点。全市绿色贷款余额2617.80亿元，比年初增量612.79亿元，多增131.95亿元，增长22.05%，高于各项贷款增速17.06个百分点。

【债务融资工具发行】 2023年，全市有20家企业发行95只债务融资工具，发行金额1020.9亿元，同比多发324.4亿元，占全省发行金额的48.3%，在全省各设区市中排第一位。其中，发行4只绿色债务融资工具，金额25亿元；发行7只科创票据，金额96亿元，同比多发86亿元。全市债务融资工具加权平均利率2.71%，较同期全省企业贷款利率低1.62个百分点，可为企业节约财务成本16.5亿元。

（葛正灿）

【中国农业发展银行江西省分行营业部】 2023年，中国农业发展银行江西省分行营业部围绕南昌市“项目为先、实干奋进，争分夺秒拼经济”工作主线，服务“一枢纽四中心”发展定位和省会引领战略，发挥政策性银行“当先导、补短板、逆周期”职能作用，信贷支农力度加大，支农履职质效提升。全年累计投放各类贷款80.88亿元，同比多投2.86亿元，增幅3.66%，年末各类贷款余额435.74亿元。聚焦农业政策性银行主责主业，按照保收储、增供给、当主导、防风险的总体要求，统筹做好政策性和市场化收购信贷工作，全年累计投放粮油类贷款22.85亿元，支持收购粮食13.43亿千克，支持收购市场份额位居全市金融机构第一，重点支持优质贸易企业、大型骨干加工企业采购粮源资金需求，发挥粮食收购资金供应主渠道作用。同时，落实粮食收购贷款信用保证基金模式，解决粮食企业融资难、融资贵问题。主动服务南昌市“十四五”重点工程项目建设，全年累计向32个重大项目投放贷款

47.5 亿元。在交通路网建设方面，向高铁东站综合交通枢纽项目审批信贷资金 16.7 亿元，向南昌县八一乡片区、东新乡象湖滨江片区农村路网提升改造项目审批信贷资金 16.8 亿元。支持城乡融合和农村路网建设，紧盯农村基础设施、公共服务、改善人居环境等重点领域，以服务全市“两整治一提升”三年行动为抓手，助力安义县、进贤县、新建区等地区村庄“一整四化”建设。全年累计投放基础设施类贷款 42.57 亿元，贷款余额 201.41 亿元，较年初增加 12.3 亿元，增幅 6.5%，为提升南昌发展首位度、贡献度和综合竞争力注入政策性金融活水。聚焦乡村振兴重点领域项目，因地制宜深挖产业帮扶贷款效能，全年累计投放帮扶贷款 19.11 亿元，同比多投 4.27 亿元，增幅 28.81%。

（聂　琦）

【中国工商银行南昌分行】 2023 年，中国工商银行南昌分行以中央金融工作会议精神为指导，服务南昌经济社会高质量发展的同时，推动自身业务实现高质量发展，总体指标保持稳中快进、均衡向上的发展态势。至年底，各项贷款余额 1492 亿元，较年初增加 116 亿元，增长 8.4%；各项存款余额 1709 亿元，较年初增加 170 亿元，多增 18 亿元。加大信贷投放力度，公司贷款余额 883 亿元，新增 103 亿元；普惠贷款余额突破 100 亿元，新增 29 亿元，增长 40%；银行卡透支规模新增 27 亿元。项目贷款增量占比较年初增长 22%，多投 37 亿元。强化重点领域信贷投放，支持昌九客专、昌景黄铁路、南昌龙头岗综合码头等省市重大重点项目，全年交通运输、租赁和商务服务业、建筑业、文体板块分别多投 90 亿元、53 亿元、10 亿元、11 亿元。全量个人客户 491 万户，新增 27 万户，5 万元、20 万元、100 万元、600 万元以上客户增量均列同业第一，获零售银行杂志 2023RBA 第七届零售银行大奖“100 强零售市分行奖”。净增对公结算账户 1.2 万户，多增 2744 户。全年代发社保 134 亿元，多发 26 亿元；个人养老金开户 16.5 万户；信用卡持卡客户净增 1.92 万户。推出线上线下消费惠民活动，涵盖天虹、乐豆家、华润万家、安义古村、缴付通及华住会酒店等场景。推进南昌市“青才卡”项目，助力南昌高水平人才高地建设。全年累计处置不良贷款本金 18.3 亿元，核销 5.2 亿元，转化 7.6 亿元，现金清收 5.5 亿元，清收账销案存 2800 万元，年末不良贷款 27.3 亿元、不良率 1.82%。机构优化改革，按照“网点综合化、支行轻型化、本部集约化”总体思路，将城区支行优化至 9 家，管辖网点数均超过 8 家；成立战略客户中心，提升对重点大型公司客户的综合服务水平；建立“个贷 + 普惠”集约处理中心模式，提高处理效率，实现接单最快当天放款。推进数字化转型战略，全年累计落地 30 余个系统类项目、研发投产 10 余项 RPA（机器人流程自动化）应用场景。

（王义骏）

【中国银行南昌市分行】 2023 年，中国银行南昌市分行围绕中部地区崛起、长江经济带国家战略实施，强化国有大型金融机构责任担当，主动融入南昌“一枢纽四中心”建设，积极支持“8810”行动计划，为开创南昌高质量发展新局面提供金融支撑。至年底，有营业机构 69 个，从业人员 1400 余人。本外币各项存款余额 1099 亿元，各项贷款余额 1205 亿元。做好“科技金融、绿色金融、普惠金融、养老金融、数字金融”五篇文章，将更多金融资源配置到南昌市经济社会发展重点领域，持续增强金融服务实体经济质效。至年底，人民币信贷余额 1201.13 亿元，新增 119.16 亿元，增长 11.01%，余额贷存比达 112.51%。支持南昌重点产业集群“延链”“补链”“强链”“固链”，对战略新兴产业、先进制造业、现代服务业等关键领域的核心企业，综合运用公司信贷、贸易融资、票据、债券等金融工具加大信贷支持力度。至年底，基础设施类贷款余额 411.92 亿元，新增 61.80 亿元，增长 17.65%；制造业贷款余额 106.49 亿元，新增 11.69 亿元，增长 12.34%；战略性新兴产业贷款余额 88.02 亿元，新增 46.23 亿元，增长 110.62%。支持民营企业经济发展壮大，投放民营企业贷款 272.95 亿元，为双胞胎集团、煌上煌集团等企业提供贷款支持。聚焦重点产业、工业园区的金融需求，以客户为中心强化普惠金融服务，推广普惠线上产品，以及“总对总”等银担合作类产品，扩大普惠金融覆盖面，为 398 家企业提供首贷服务，为 435 家企业提供信用类普惠贷款。同时，落实监管要求，确保各项减费让利政策落到实处，主动承担小微信贷业务涉及的抵押品评估费、财产保险费及抵押登记费等多项费用，降低企业融资成本。至年底，普惠金融贷款余额 112.71 亿元，新增 23.70 亿元，增长 26.62%。

（吕晓丽）

【中国建设银行南昌分行】 2023 年，中国建设银行南昌分行做强做大资产业务，做深做细客户服务，做优做好风控管理，各项主要业务保持平稳发展。至年底，一般性存款日均余额 1864 亿元，新增 199 亿元。各项贷款余额 1364 亿元，较年初新增 122 亿元。实现中间业务净收入 7.29 亿元。对公非贴贷款新增 116.07 亿元。优化信贷结构，其中基础设施贷款余额 460.24 亿元，较年初新增 95 亿元；战略性新兴产业贷款余额 118.72 亿元，较年初新增 46.13 亿元；绿色贷款余额 236.75 亿元，较年初新增 65.89 亿元。获省金融局“支持地方经济发展担当作为先进集体”。落地资产盘活、林权特许经营权并购贷款、“e 政通”、“e

收通”、专项债配套融资、保交楼等全省首笔首单业务。深化与市房管局在保障性租赁住房领域的合作，为保障性租赁住房项目千亿建筑科技产业园公建配套，发放住房租赁贷款1.2亿元。支持市场化住房租赁项目，为南昌高新置业投资有限公司人才公寓项目、赣江控股集团有限公司人才公寓项目、赣江新区创新产业投资有限公司人才公寓项目等提供金融支持。加大对专精特新、高新技术、绿色信贷等类型企业的支持力度，利用善新贷、赣建科创贷、财园贷、赣菜贷等产品对接客户需求。投放全省建行第一笔善新贷业务、第一笔新版收支流水贷业务，通过赣富贷、农保贷对接农户融资需求。至年底，普惠贷款余额224亿元，新增39.76亿元。农户生产经营贷款较年初新增5.15亿元，开展“裕农优品”活动6场，利用裕农通服务渠道打通乡村金融“最后一公里”。打造“双子星+护城河”线上经营体系，开展商户营销和场景搭建，借助建行生活平台承接各县、区政府购车消费券政策对接消费商户，通过建行生活平台开展“新客百元礼”活动、前置白名单派券活动。至年底，建行生活平台注册客户89万户，上架门店2649户，商户交易额9.8亿元，对接政府消费券1.54亿元，首创“电子房票”承接住房补偿资金1.2亿元，灵活满足政府个性化需求。加强医院学校的场景平台建设，投入9000万元开展与医院、学校的智慧医院、银医自助、智慧校园、银校一卡通等的合作。

（彭　玲）

【江西银行】 2023年，江西银行坚持稳中求进工作总基调，完整、准确、全面贯彻新发展理念，加快构建新发展格局，统筹做好稳增长、防风险、优服务、促改革等各项工作，经营发展稳中有进，风控能力巩固提升，服务实体更加有力，改革创新不断深化，助力全市经济社会发展。至年底，资产总额5523.45亿元，吸收存款总额3812.12亿元，发放贷款和垫款总额3368.9亿元，实现营业收入112.97亿元，净利润10.74亿元。助力江西省制造业重点产业链现代化建设“1269”行动计划，12条制造业重点产业链、6个先进制造业集群、数字经济核心产业、国家级专精特新“小巨人”企业等贷款均实现两位数增长。普惠小微贷款余额461.41亿元，增加107.54亿元，增长30.39%。推动绿色低碳转型，挂牌江西首家法人城市商业银行“碳中和”支行，落地江西省法人银行机构首笔碳减排支持领域贷款和首笔制造业可持续发展挂钩贷款，绿色信贷余额311.96亿元，增加85.01亿元，增长37.46%。提升跨境金融服务水平，成为全省首家使用人民币分红的境外上市金融机构，跨境人民币结算量同比增长138.7%。推进普惠金融服务站建设，完成106家站点设立工作，推进324家站点建设，实现县域站点全覆盖；依托服务站开展金融知识宣传活动逾千次，覆盖农村居民近2万人次。涉农贷款余额580.13亿元，增加95.85亿元，增长19.79%，服务涉农客户1.36万户，涉农贷款加权平均利率较上年同期下降0.18个百分点。普惠涉农贷款余额94.47亿元，增加33.87亿元，增长55.89%，高于各项贷款增速（不含贴现）42.75个百分点，服务普惠型涉农客户近8000户，普惠型涉农贷款加权平均利率较上年同期下降0.28个百分点，全面完成普惠型涉农贷款领域增速不低于各项贷款增速监管指标。聚焦服务实体经济，落实落细惠企纾困政策传导工作，对普惠小微客户推出“专属优惠利率”“无还本续贷”等一揽子专属减费让利政策，用好用足人行货币政策工具和内部资金转移定价，推动普惠小微企业融资成本持续下降。通过线上线下渠道广泛宣传，拓宽政策的社会知晓面和覆盖面，履行社会责任。累计减免客户手续费1700万元，普惠型小微贷款平均利率较上年同期下降0.35个百分点，有效降低小微企业融资成本。

（叶征昌）

【招商银行股份有限公司南昌分行】 2023年，招商银行南昌分行把服务实体经济放到更加突出的位置，做好金融支持全市实体经济发展服务工作，持续在制造业、普惠小微、绿色金融、设备更新改造上发力，以金融服务的“提质提效”为经济发展“输血造血”，为实现南昌高质量跨越式发展提供金融支撑。全年自营存款年日均余额1205.25亿元，增量突破100亿元。自营贷款余额996.28亿元。围绕江西制造业重点产业链现代化建设“1269”行动计划，全年为282户制造业企业提供贷款85.15亿元，较上年提升6.51亿元，余额和客户数分别提升8.3%和19%。绿色信贷余额60.16亿元（人行口径），占全行各项贷款比重20.85%，提升2.24%。同时利用碳减排支持工具助力传统工业企业产能置换升级，投放碳减排支持工具贷款7笔，金额6.28亿元，获省人民政府2023年度绿色金融发展贡献奖。自主研发江西志愿者联名卡平台，为全省105所学校超2万名学生提供优质金融服务。招商银行南昌分行营业部获评中国银行业协会“网点文明规范服务百佳示范单位”。在省地方金融监督管理局与江西日报联合主办的“江西社会责任企业”推选中，入选年度“江西社会责任企业”。被国内专业杂志《零售银行》评为“50强私人银行省分行”。

（吴晓洁）

【中国民生银行南昌分行】 2023年，中国民生银行南昌分行（以下简称“分行”）贯彻落实党和国家金融工作的决策部署，秉承“服务大众、情系民生”企业使命，聚焦“民营企业的银行、敏捷开放的银行、用心服务的银行”战略定位，主动融入全省地区经济发展，落实落细各项金融服务工作，支持实体经济发展，加强绿色信贷、普惠金融、乡村振兴等重点领域信贷支持，履行社会责任，强化风险合规建设。至年底，各项存款余额401.6亿元，各项贷款余额为664.43亿元。支持南昌轨道交通一号线北延、二号线东延项目等重大项目建设。加大“三农”服务力度，支持农业农村基础设施建设和农村地区企业发展。丰富小微特色产品，陆续上线“厂房抵押贷”“厂房按揭贷”“信融E”“出口E融”“民生惠”等信贷产品，满足小微企业多样化融资需求。至年底，普惠小微贷款余额94.98亿元，较年初增加6.52亿元。为小微企业减负，优化定价管理策略，普惠小微贷款利率4.51%，较年初下降37BP；落实无还本续贷政策，累计为4815户小微企业办理无还本续贷金额67.69亿元，节省“过桥”融资成本0.95亿元，为小微企业减负。开展“金融消费者权益保护教育宣传月”、存款保险、反洗钱、反电信诈骗、资金链治理等金融知识宣传工作，聚焦重点区域、重点群体，帮助金融消费者提升金融素养和风险防范意识，践行金融机构的责任与担当。

（王凯攀）

【南昌农商银行】 2023年，南昌农商银行践行“八行战略”，提升“五大能力”，立足本土，服务实体，支小支微，用实际行动彰显省会城市农商银行的责任与担当。至年底，全行员工1000余人，下辖73个营业网点，其中，支行65个，分理处8个，各项存款余额567亿元，同比净增3亿元；各项贷款余额555亿元，净增33亿元。推进集中外拓行动，全年累计走访客户12.4万户，添加客户微信7.1万户，开展各类对接活动633场。全年新增信贷客户数1.43万户，净增8431户，至年底，信贷基础客户总数达到4.5万户。6月起，全面启动乡村振兴整村授信，推广“强村贷”“美丽乡村贷”“百福·惠农贷”等特色产品，以金融赋能农村农业高质量发展，助力农民共富。全年累计向南昌市辖内33个行政村预授信5.2亿元，涉及农户7.64万户，为1.52万户村民进行信息建档，评议白名单客户6578户，累计发放乡村振兴贷款金额4.78亿元。实施“三个融入行动”，开展融入产业行动，推行融入市场行动，施行融入渠道行动，主动对接市委市政府“8810”产业行动计划，为江西赣江中医药科创城建设投资集团有限公司发放贷款4亿元，支持全省重点工程中医药科创城研发孵化中心建设。为南昌市政公用集团提供贷款6.37亿元，满足管网改造等基础设施建设融资需求。向汽车及装备产业投放贷款11.82亿元，向轻工纺织业投放贷款26.4亿元，向医药健康产业投放贷款6.8亿元，向农林牧渔业投放贷款24.84亿元，向绿色食品产业投放贷款3.03亿元。与青山湖区京荣社区联合举办“普惠金融进社区”活动，提供整区授信2亿元；在西湖区广润门街道试行“金融服务员制度”，为万寿宫商圈近100户商户提供授信支持，助燃南昌“夜经济”；与本土企业万方圆餐饮集团股份有限公司达成战略合作，向其预授信2亿元。上线全省农商行首个不良贷款管理系统，规范不良贷款全流程管理，实现线上审批、无纸化办公。

（仇昌友）

证券期货业

【概况】 2023年，南昌市共有证券经营机构132家，开立资金账户402.67万户，托管客户资产3881.85亿元，全年累计证券交易金额56970.19亿元，市辖区证券经营机构累计实现营业收入10亿元，净利润371.4万元；期货经营机构21家，开立资金账户3.56万户，客户总权益23.9亿元，全年代理成交额20974.78亿元；全市上市公司43家，新三板挂牌企业20家，江西联合股权交易中心挂牌展示企业2031家。

【两家企业同日上市】 2023年4月10日，江西省盐业集团股份有限公

2023年4月10日，南昌矿机集团股份有限公司在深圳证券交易所举行主板上市仪式

（湾里管理局　供图）

司、南昌矿机集团股份有限公司分别在上海证券交易所、深圳证券交易所举行主板注册制首批企业上市仪式。南昌一日之内新增2家上市公司,创下全市上市工作新纪录,同时南昌也是唯一在全面注册制下首批10家主板上市企业中拥有2家上市企业的城市。

【“映山红行动”升级】 2023年,南昌推进企业上市“映山红行动”升级工程,新增上市企业5家、申报1家、辅导4家、完成股改15家,全市新增上市公司数位列全省第一。至年底,全市有境内外上市公司43家,其中,A股上市公司35家(含过审待发1家),占全省的比重为39%;在审企业1家(中赣通信),辅导备案企业7家(华睿交通、晶安高科、泰豪软件、晶能光电、瑞能半导体、三瑞智能、凯迅光电),纳入省重点上市后备企业资源库企业151家。

【国盛金控迁入】 2023年5月31日,国盛金融控股集团股份有限公司(以下简称“国盛金控”)完成工商变更,注册地由佛山市顺德区迁至南昌市西湖区,全市上市公司再添一员。国盛金控拥有国盛证券、国盛期货和江信基金3张金融牌照,国盛金控的迁址填补全省公募基金牌照的空白,对健全全省金融机构体系、完善金融生态极具战略意义。公司通过内生式与外延式双向发展,以“资本+创新”为双轮驱动,逐步构建起以“证券为核心,投资为纽带,科技为支撑”的多元化金融服务体系,充分发挥各业务板块在金融领域的作用,实现资金、技术与资产的有效链接。

(曾祥威)

保险业

【概况】 2023年,全市引领保险业以满足社会日益增长的多元化保险服务需求为出发点,以完善保险经济补偿机制、强化风险管理核心功能和提高保险资金配置效率为方向,改革创新、扩大开放、健全市场、优化环境、完善政策,深化金融供给侧结构性改革,规范保险市场秩序,保护保险消费者合法权益,推动更多保险资源聚集到南昌高质量发展的战略方向、关键领域和薄弱环节。至年底,南昌保险业保费收入292.85亿元,同比增长5.61%,占全省比重29.06%;保险业赔付支出持续加大,赔付支出113.12亿元,增长16.6%。

【农业保险】 2023年,以服务农业农村现代化、支持乡村振兴为核心,发挥农业保险保障粮食安全、推进农业产业转型升级、助推农业强省建设的功能作用,满足“三农”领域风险保障需求。全市农业保险累计实现保费收入4.01亿元,增长16.38%,共为26.58万户次参保农户提供风险保障89.74亿元,向1.97万户次受灾农户支付赔款2.22亿元。保障国家粮食安全,推动水稻完全成本保险扩大至全市4个产粮大县,全市水稻保险承保面积34.58万公顷,保费收入2.67亿元。助力地方优势特色农产品发展,新增茶叶、家禽养殖、绿色有机脐橙3个省级财政保费补贴产品,全市各类地方特色农产品保险保费1.17亿元,增长23.71%,占农险总保费的29.09%。开展“防贫保险”,增强“易致贫低收入户”“易返贫脱贫户”的抵御风险能力。至年底,全市防贫保险累计提供风险保障263.18亿元,向490人支付赔款756.71万元。

【重点产业建设保险】 2023年,落实制造业重点产业链现代化建设“1269”行动计划,全面对接辖内国家级和省级园区,创新半导体专属财产保险产品,为园区企业以及航空、电子信息等产业提供综合风险保障。完善科技保险产品体系,推进首台(套)、新材料、知识产权等科技保险为企业提供风险保障。全市科技保险提供风险保障377.72亿元、首台(套)保险提供风险保障1177.64万元、新材料保险提供风险保障2.28亿元、专利执行保险提供风险保障854万元。

【外贸保险】 2023年,出口信用保险已累计为全市193.22亿美元出口提供风险保障,涉及对外工程承包,以及新能源、有色金属、制造业、船舶、农业等多个领域,支持服务外贸企业4681家(次),累计带动银行为外经贸企业提供保单融资增信保额24.56亿元,向企业和相关银行支付赔款6500万美元。

【城乡居民保险】 2023年,完善商业保险机构承办城乡居民大病保险运行及监管机制,鼓励发展普惠型商业健康保险,促进多层次医疗保障有序衔接,为参保群众织密更加稳固安全的“防护网”。至年底,大病保险签约人数已覆盖全市409.41万名城乡居民,累计赔付18.09万人次,赔付金额2.43亿元;城市定制型医疗保险累计赔付1700人次,赔付金额1647万元。

(廖　鑫)

【中国人民财产保险股份有限公司南昌分公司】 2023年,中国人民财产保险股份有限公司南昌市分公司贯彻集团“卓越战略”,全年实现全险种保费收入29.18亿元,增长16.52%。在服务现代化产业体系建设方面,聚焦区域产业体系发展难点,布局产业保险,全年累计为产业园区提供2272亿元风险保障。提升重点项目的抗风险能力,为抚河下游尾间综合整治项目、赣江龙头山枢纽二线船闸工程等多个省级重大项目提供240亿元综合风险保障;在服务乡村振兴方面,加大服务

“三农”力度，助力农业农村现代化与农业强国建设，全年为10.9万公顷主粮作物、20.42万头生猪、6.87万公顷林木提供23.13亿元风险保障；在服务科技方面，对接落实新材料、首台（套）等保险补偿政策，推进重大创新成果转化和应用，全年为科创高新企业提供保障金额200亿元，与市市场监管局达成知识产权保险合作，落地全国首个“医药产业集群＋知识产权保险＋服务”新模式；在服务增进民生福祉方面，承办南昌市城镇职工大病保险业务，全年为86万人提供全方位医保服务，推广与基本医疗保障有效衔接的普惠型补充医疗保险产品“惠民保”，全市参保人数19.4万人。聚焦新市民群体，为其提供526亿元风险保障，化解新市民群体风险，解决新市民后顾之忧；在服务推动绿色发展方面，建立新能源汽车保险专营体系，战略性发展新能源汽车保险，累计承保新能源车3.69万辆；在服务安全发展方面，聚焦城市安全隐患，在建筑领域、安全生产、高端设备、校园安全、工程纠纷等城市治理方面，发展安全生产、公众责任、校园安全责任保险、农民工工资支付保证保险等，安全生产责任险提供风险保障226亿元。

（袁　燕）

【太平洋寿险南昌中心支公司】 2023年，太平洋寿险南昌中心支公司按照“转方式、促规范、防风险、稳增长”的总体方针，规范保险市场秩序，防范化解行业风险，推进重点领域业务发展，市场保持规模和效益协调发展。公司以“做一家负责任的保险公司”为使命，坚持价值可持续增长、坚持协调平衡发展、坚持客户需求为导向，坚持科技创新驱动，致力于提供覆盖客户全生命周期的整体解决方案。通过持续的产品创新和服务创新，满足客户的风险保障和财富管理需求，在售险种覆盖人寿保险、年金保险、健康保险、医疗保险、意外伤害保险等多个领域。发挥科技赋能优势，为客户开通全方位的线上服务平台，实现客户线上承保、线上自助理赔、线上保全业务办理，为企业客户提供极简、极速、安全、便捷、有温度的保险服务。通过微信、App等平台，实现远程投保、电子保单、自助理赔、自助保全、自助交费、自助查询、智能回访、直通客户“95500”随身听、云柜面等各种互联网创新工具，客户不出门、服务不中断，让客户享受到更安全、便捷的保险服务；通过“问医生”“重疾绿通”等线上增值服务，提供免费健康咨询，为客户答疑解惑。

（廖来金）

【平安产险江西分公司】 2023年，平安产险江西分公司聚焦“以人民为中心”，坚持服务人民，切实服务地方实体经济，提升金融创新能力，健全保险保障，助推南昌高质量发展。创新推出“科技项目研发费用损失保险”，用于保障被保险人由于特定原因造成科技项目无法按照立项合同或销售合同中的约定时间完成而损失的研发费用，为促进科技创新和科技型企业高质量发展提供保险保障。在模式创新上，平安产险江西分公司与市市场监管局签署知识产权保险战略合作协议，并且与相关知识产权转化机构、服务机构合作，在推动科技保险同时，协同推进知识产权保险工作。提升小微企业服务质量，聚焦重点行业、产业，创新专属小微企业保险产品方案，为充电桩提供综合风险保障的充电无忧产品、推出覆盖家政行业多方位风险的“平安家政保”以及专为灵活用工企业打造的灵活用工保险“小微新就业雇主险”等。至年底，为2.73万家小微企业提供超1.3万亿元保险保障。开发、推广绿色保险产品，在绿色产业领域创新保险产品、提供风险保障，服务实体经济绿色转型。通过扩大“环境污染责任险”覆盖面，完善产品责任，增加保障范围（如清理费用、公益诉讼费用等），为企业提供更完善的保险保障。全年，承保环境污染责任保险保单28笔，保额4686万元。此外，布局新能源车发展，快速响应市场新能源发展需求，至年底，为7.8万名新能源车主提供2779亿元风险保障。围绕“新市民”在创业、就业、住房、教育、医疗、养老等领域的金融需求，提高新市民金融服务可得性和便利性。创新推出的“平安心安务工意外险”，涵盖外卖骑手、网约车司机、家政人员的意外保障，至年底，承保100余人次，保额超5422万元。通过灵活推进新市民金融服务，有效改善“新市民”与企业之间的金融服务供给，解决参保困难群体的职业风险难题，减轻用人单位企业负担，构建多层次工伤保障体系。发挥金融支持乡村振兴作用，以保险、金融、医疗健康能力为乡村振兴贡献力量，共同打造党建基地、致富基地。

（陈涵钰）

【平安人寿江西分公司】 2023年，平安人寿江西分公司树立“规范、效益、诚信、服务”的经营理念，调整并完善经营发展方式、改善业务结构，秉承“客户至上、服务至上”的宗旨，诚信合规经营，履行企业公民的社会责任，开展村教、献血、消费扶贫等各项社会公益扶贫项目。同时，锚定高质量发展的首要任务，深化“综合金融＋医疗健康”双轮并行、科技驱动战略，以数字化经营持续赋能金融主业，助力公司业绩实现增长。全年保费收入42.5亿元，同比提升4.46%，其中个险渠道保费收入37.3亿元、银保渠道保费收入1.3亿元、直销渠道保费收入3.9亿元。公司以客户需求为出发点，融入百姓金融及医疗健康需求场景，提升金融服务实体经济、保障社会民生的能力和水平，通过平安金管家App，提供一站式多渠道综合金融解决方案，以专业的服务、高性价比的体验，满足客户的各种需求，包括在就医绿通、在线问诊、老年陪诊、在线药房、臻享 RUN、全球急难援助、VIP 体检等功能，实现以“保险 + 健康管理”为核心的线上线下健康、慢病、医疗三方面的健康管理增值服务。开展“销售行为全面自查”“防范和打击非法集资”“费用专项自查”“打击电信网络诈骗”等各类自查自纠工作 14 项，自查问责内部管理成效提升。集中开展多项主题宣传活动，宣传范围涵盖合规、反洗钱、防范非法集资、费用管理、销售管理等多方面内容，全面夯实合规管理基础，防范经营风险。

（任子欣）

地方金融组织

【概况】 2023 年，南昌市加强地方金融组织规范管理、优化发展模式，推动地方类金融组织发展。推进政府性融资担保体系与“财园信贷通”融合，降低担保费率。完善金融组织体系、提高金融服务覆盖面、推动资源高效配置布局、助力“三农”、缓解小微企业融资难等。至年底，全市有地方金融组织 95 家。其中，小额贷款公司 29 家，融资担保公司 7 家，典当行 37 家，融资租赁公司 10 家，商业保理公司 11 家，交易中心 1 家。

【非银行业金融机构】 2023 年，全市有小额贷款公司 29 家，注册资本金在 1 亿元以上 18 家，其中随行付网络小贷注册资本金最高，为 5 亿元。融资担保公司 7 家，其中政府性融资担保机构南昌产投融资担保有限公司注册资本金最高，为 10.5 亿元。典当行 37 家，注册资本金在 5000 万元以上 3 家，其中江西金财典当有限公司注册资本金最高，为 1.3 亿元。融资租赁公司共有 10 家，江西江铜融资租赁有限公司注册资本金最高，为 12 亿元。商业保理公司 11 家，江西产投商业保理有限公司注册资本金最高，为 2 亿元。交易中心 1 家，为南昌文化产权交易中心，注册资本金 5000 万元。

【小额贷款公司】 2023 年，全市新设立 3 家小额贷款公司——南昌市红谷滩区元翰小额贷款有限责任公司、南昌市红谷滩区众鑫小额贷款有限公司、南昌市红谷滩区邦众小额贷款有限责任公司，注册资本金分别为 1 亿元、5000 万元、5000 万元，3 家新设小贷公司注册地及经营地均位于红谷滩区。至年底，全市有小额贷款公司法人机构 29 家，其中网络小贷 2 家、传统小贷 27 家。按照《江西省小额贷款公司监督管理办法》，对小额贷款公司开展分类监管评级，并依据评级结果对小额贷款公司进行管理，推动全市小额贷款公司健康有序发展。

【融资担保机构】 2023 年，全市融资担保行业在“降本增效”下稳健提升。机构数量、从业人员呈下降态势，至年底，融资担保公司机构数量从 9 家减少至 7 家，降幅 28%；从业人员从年初的 141 人减少至 117 人，降幅 20.5%。注册资金、业务规模呈增长态势，注册资本总额从 15 亿元上升至 18.5 亿元；担保在保余额从 157.02 亿元上升至 167.14 亿元。至年底，融资担保在保户数 11.8 万户，平均综合担保费率为 0.39%，大幅低于市场平均担保费率。

【融资租赁机构】 2023 年，全市融资租赁行业市场定位日趋成熟，更加突出“融资租赁”功能。减少 1 家融资租赁公司——江西省鄱阳湖融资租赁有限公司，12 月注册地址变更为赣江新区。至年底，全市有融资租赁公司 10 家。其中，6 家为法人机构、4 家为分公司。法人机构注册资本金均在 1 亿元及以上，分支机构无注册资本金。全市多措并举推动行业合规稳健发展，定期做好数据监管、现场检查等相关工作，持续促进融资租赁公司合规经营。

【商业保理机构】 2023 年，全市商业保理行业处于快速发展阶段，机构数量及业务规模均有增长。新设立 1 家商业保理公司——南昌金开商业保理有限公司，1 月获批开业，注册资本金 1 亿元。至年底，全市有商业保理法人机构 11 家，均为地方国企控股，注册资本总额 10.5 亿元。全市通过数据报表监管、“双随机、一公开”现场检查等多种方式规范商业保理公司经营行为，推动行业规范发展。

【典当行】 2023 年，全市典当行业呈现“双增”态势，典当行业各项业务规模持续扩大，盈利能力增强。典当余额从 5.6 亿元增加至 6.1 亿元，增幅 9%；全年开展业务笔数 5568 笔，较上年增加 163 笔，同比增长 3%。与此同时，典当行业利润增长明显，净利润 1854 万元。

（赵芷莹　陈　浩　占敏宇）

旅 游 业

综 述

【概况】 2023 年，全市文广新旅系统围绕建设“全省文化旅游中心城市”，以“促进文化旅游消费”为工作主线，全面实施“文旅 +”“ + 文旅”计划，打造南昌文旅品牌，举办系列有影响、有成效、有人气的文化旅游主题活动，全市文化旅游业呈现“市场强劲复苏、产业优化转型、场景创新出圈、城市品牌网红”的态势。全年，全市旅游接待 1.9 亿人次，同比增长 16.9%，实现旅游综合收入 1977.79 亿元，增长 41.3%，均排全省前列。全市有国家 AAAAA 级旅游景区 1 家，国家 AAAA 级旅游景区 19 家，国家 AAA 级旅游景区 35 家，旅行社 433 家。

【文旅节庆活动】 2023 年，市文化广电新闻出版旅游局（以下简称“市文广新旅局”）推出“四季”文旅活动、“南昌，登场皆为英雄”等主题系列活动；两场“烟花晚会”、五场“八一广场升旗”；草莓音乐节、星驰音乐节，飞行音乐节、大型音乐综艺节目《跨越时空的旋律》、全国高校乐队选拔赛、薛之谦、任贤齐、盖世英雄等明星演唱会；国际龙舟赛、南昌马拉松、千人横渡赣江、《英雄联盟》城市英雄争霸赛夏季总决赛、QQ 飞车手游亚洲杯总决赛；全民阅读大会、全民旅游消费节、四省非遗联展、“大地情深”广场舞大赛等赢得百姓点赞；全民旅游消费节、乡村旅游风情节、安义金花节等。

【文旅品牌创建】 2023 年，万寿宫历史文化街区获评国家级旅游休闲街区，李渡元代烧酒作坊遗址获评国家工业旅游示范基地，岭溪谷民宿获评全国甲级旅游民宿，湾里雷港村获评全国乡村旅游重点村，夜赣江“秋水长天”文旅消费集聚区、1962 文创园入选省级夜间文旅消费集聚区，滕王阁景区、湾里太平镇分别入选全省“风景独好”名景区、旅游名镇村，南昌 VR 主题园等三家景区被评为国家 AAA 级旅游景区。整合全市乡村旅游资源，以“美景、美食、美宿”为主体吸引力，打造南昌“宝藏八园”“人生八雅”。举办民宿设计大赛，推动旅游民宿提质升级，一条乡村旅游线路、5 个精品景点入选全国精品。

【城市宣传营销】 2023 年，市文广新旅局打出精彩营销“组合拳”，持续以“总要来趟南昌吧”“放心把假期交给南昌”“登场南昌皆英雄”等话题造势，打造现象级话题传播，“王者荣耀 × 滕王阁”文旅营销入选国内旅游宣传推广优秀案例；推出南昌文旅频道、文旅新观察，涌现一批易传播、有创意、接地气的短视频；深化与广东七市、长江中游城市群、大南昌都市圈战略合作，赴长沙、深圳、武汉等周边重点客源地开展旅游推介、客源互送，以“天下英雄城”冠名赣深高铁动车，拓展粤港澳大湾区客源市场；在英国伦敦世界旅游交易会上，南昌入选“2023 年中国十大旅游目的地必去城市”，跻身中国旅游目的地“顶流”。

【文旅环境优化】 2023 年，围绕“提振行业发展信心”，实施“优秀旅游服务提升季”活动，启动“你吐槽 我解决”专项行动，入选全省首批优秀旅游服务体验城市创建试点，全市旅游承载力和服务水平提升；办好惠民利民实事，办结各种审批事项 410 件，增长 98%，群众满意度 100%；坚持“游客至上”服务理念，提高游客投诉处理的高效化、人性化，全年受理并回复举报 185 起，受理旅游投诉 90 起，组织现场调解会 28 场，调解 986 人次，退赔金额 30 余万元；在南昌火车站建成南昌全域旅游集散中心，实现旅游参团、线路营销、维权理赔等一站式综合服务功能，打通旅游的“最后一公里”。

（马　婧）

旅游资源

【概况】 2023 年,南昌旅游集团抢抓“十四五”规划战略机遇期,以文旅融合发展为主线,大视野谋篇布局,以重点旅游项目为抓手,拓展旅游市场,发展旅游新型业态,创新旅游文创产品,促进旅游二次消费及夜间旅游经济发展,加大景区品牌创建力度,促进业态、文化、科技等与景区融为一体,发挥全市龙头旅游企业的示范效应,提升全市文旅品牌形象。

【滕王阁旅游区品牌创建】 2023 年,滕王阁旅游区获评全省首批“风景独好”旅游名景区,“滕王阁智能背序亭”被评为省旅游宣传推广优秀案例、“王者荣耀 x 滕王阁”文旅营销活动被文化和旅游部资源开发司评为 2022 年国内旅游宣传推广优秀案例,“滕王阁江右文化数字体验馆”获评文化和旅游部文化和旅游数字化创新示范案例。完善旅游基础设施,加装遮阳连廊和长凳;设免费饮品点、布设移动卫生间、因地制宜设置网红打卡点,进行景区彩画修复、建筑物修缮等,游客满意度上升。精心策划文旅活动,举办“滕阁迎春,炫彩赣江”新年系列活动、“仲夏夜北园国风沉浸式游园”活动、第七届滕王阁九九重阳金婚盛典、滕王阁旅游区高质量发展高峰论坛等。至年底,核心景区接待游客 363.29 万人,实现旅游综合收入 1.46 亿元。

【南昌舰主题园】 2023 年,南昌舰主题园发挥其作为省国防教育基地的作用,承办“青春向党 · 我心飞扬”主题国防教育活动,向党庆献礼。与南昌理工学院签订共建协议,互授“国防教育共建基地”牌,推动国防教育深入发展。此外,与企事业单位、社会团体及大中小学校联动,组织各类国防教育研学活动,南昌舰主题园已成为全市国防教育的重要阵地。同时,推出沉浸式数字体验项目,打造一个海军主题红色实景与数字化互动体验空间,使游客能够身临其境地感受南昌舰的历史与战斗历程,成为全国海军类主题园中首个 VR 沉浸式体验的标杆项目。景区负责人受邀参加解放军新闻传播中心广电部、中国人民革命军事博物馆联合举办的“踔厉奋发强国防,勇毅前行向复兴”全民国防教育日主题活动。

【洪崖丹井景区】 2023 年,洪崖丹井景区进行全面的提升改造,实现软硬件设施提档升级。景区以乐祖伶伦“汲水炼丹、断竹而吹、创造音律”的故事为主线,以音乐体验型主题旅游景区的设计定位,结合地块现状及功能要求,布置洪崖雕塑广场、炼丹草庐、音乐部落、乐神宫等核心景点;十二律壁雕、天下第八泉、玉笛湖、玉琴湖等主要景点;开发布局彩虹滑道、洪崖射场、陆羽茶室等多种娱乐和业态项目。景区以节促游,开展“你畅游我买单”系列促销活动(春节、端午、暑期),“紫藤花音乐艺术节活动”等,举办“盖世音雄,青春盛典”国风音乐节,打造一场“音乐 + 市集”的视听盛宴。

【厚田沙漠景区】 2023 年,厚田沙漠景区创新文旅融合发展,充分利用沙漠独特的地形、地貌,以举办景区体验性赛事活动为契机,为景区拓展大众参与体验项目进行更多的有益尝试,举办全省规模最大的历史题材儿童挑战赛三国榜、全国少儿模特大赛、沙漠越野赛事等,吸引众多游客与参赛者参与。对景区设施及景观进行改造提升,游客满意度提高,打造成行业有分量、活动有规模、市场有影响的特色旅游景区。

【万寿宫历史文化街区】 2023 年,街区总销售额 3.1 亿元。累计游客接待量约2250 万人次,总客流同比增长 130%,周末日均客流量 8 万—10 万人次,重要节假日客流量约 20 万人次,12 月 31 日跨年夜,更是创造 32.6 万人次的单日街区最高客流纪录。获评“国家级夜间文化和旅游消费聚集区”“国家旅游休闲街区”。全年共接待约 400 场次各级政府部门的参观、交流活动,擦亮南昌城市文化名片,实现“由网红变长红”的转变。万寿宫历史文化街区旨在将江西深厚的历史文化用年轻群体喜闻

2023 年,洪崖丹井景区

市交投集团　供图

乐见的方式浓缩为一站式体验之旅，让更多人爱上江西文化。

【绳金塔历史文化街区】 2023年1月18日，绳金塔历史文化街区恢复阔别三年的绳金塔庙会并迎来正式开街，其间举办的开街晚会、唐风演绎、民俗戏曲等活动吸引众多游客，全年，累计游客接待量约430万人次，单日最高游客接待量约12万人次，总销售额约3845万元。引来多家主流媒体争相报道，成为南昌市乃至江西省的城市商业、文化和旅游新地标。街区向政府、协会等公共机构提供服务平台，配合开展一系列公益性、专业性、综合性的活动，树立良好的社会形象。街区占地面积11.2公顷，以打造绳金塔千年文化IP为切入点，复合江西原生非遗文化、城市艺术商业和绳金塔祈福文化，力争打造成为江西文化城市会客厅。

【《寻梦滕王阁》】 2023年，《寻梦滕王阁》共演出407场，全年观演人数达30.59万人，其中77%为外省游客，完成多次国家和省、市级政要的接待任务。举办"518滕王阁国风大赏"活动，打造江西滕王阁"文传国风""国潮兴起""华服汉唐""滕阁诗词"等新潮文化标签出圈。《寻梦滕王阁》作为南昌特色的文化产业，将南昌山水人文空间的独特性展示出来，为打造城市品牌和提升城市品位做出贡献。

（李昀聪）

旅游项目建设

【概况】 2023年，南昌旅游集团公司树立"项目为王"的理念，推进重大重点项目建设，致力发展和丰富旅游项目，运营《寻梦滕王阁》大型实景演出，加快推动滕王阁南扩、北扩、梅岭云端等项目建设，文旅品牌创建成果喜人，城市影响力显著增强。至年底，全市重大重点文旅项目达57个，年度计划投资251.22亿元；先后赴深圳、武汉等地开展系列招商推介，招商签约总额达48.05亿元，提前完成年初制定的35亿元招商任务，核心文旅商圈网点布局日趋成熟。

【滕王阁南扩项目】 2023年，实现滕王阁南扩滨江区域业态全面开放。滕王阁南扩区域以传统文化休闲业态为主，汇集文化娱乐、餐饮文创业态，融合现代技术和历史文化，打造符合现代游客独特品位的新业态旅游项目。滕王阁南扩项目（滕王阁旅游景区国家AAAA级升国家AAAAA级提升改扩建工程）位于滕王阁主景区南侧，是景区整体规划的一部分，项目总投资4.36亿元，项目具体建设内容为省博物馆、省科技馆外立面及内部改造，周边环境综合改造及市图书馆周边环境改造，同时打造赣东大堤文化创意片区，包括文化旅游长廊、滨江步道、滨水滩地、城市阳台等。项目自2019年9月开始动工建设，2022年沿江景观工程、市科技馆、景区南门停车场改造工程已全部完工。

【滕王阁景区北扩工程】 2023年，滕王阁景区北扩工程位于滕王阁景区北侧，西临赣江，东至阳明路，爱国路，南起章江门，北至人行天桥，总占地面积12.5万平方米，项目总投资1.44亿元。规划片区定位为"滕阁古韵北大门，章江晓渡新景点"，共分为北园、南园、东园三片。北园主要进行环境提升与设施再利用等；南园结合游船码头和仿古墙修复，游客集散中心及观江游廊的建设等，打造滨江景观；东园针对八一桥下环境整体提升改造，修缮"郁孤台""浔阳楼""牡丹亭""龙珠阁"江西四大名楼。项目的建成将为市民游客提供更多高品质亲水休闲空间，强化滕王阁景区、滨江游步道与半步街、大士院、胜利路、中山路等地商圈、美食街的交通联系，让登阁、乘船、观江、品美食更好联动，促进全市文旅商贸融合发展。

【一江两岸灯光秀】 2023年，一江两岸灯光秀在进行日常灯光秀表演的基础上，在南昌沿江标志性建筑楼宇上滚动播放"热烈庆祝人民空军成立74周年""热烈庆祝中国人民警察节""新时代展现新姿态 国防动员迈上新征程"等公益宣传字幕，支持首届江西全民阅读大会、2023南昌马拉松活动等多项大型活动。打造《春暖赣江 千年豫章》《江西风景独好》多部大型灯光秀微电影，承办2023年春节、国庆烟花晚会灯光秀部分，加强城市文化宣传，反映全市新举措和新成就，提高城市形象。

【梅岭云端项目推进】 2023年，梅岭云端项目基本完成市属企事业单位及民营企业资源整合工作，其中南柴职工疗养院产权、梅岭宾馆管理权均在市交投集团名下。整体策划方案两次提报市委市政府，初步明确梅岭云端的市场定位、目标客群，功能分区（一镇三区格局即星云小镇、云和养度假区、生态休闲区、山地运动区）及开发时序，并启动项目一期建设，针对洗药湖片区进行提升改造。项目集观光和游玩、食宿、消费为一体，兼顾赏雪避暑。让游客通过索道登上景区，望南昌城市风光、赏四季不同景观、玩极致体验项目，打造南昌新的标志性打卡旅游目的地。

（李昀聪）

旅游业态

【概况】 2023年，市文广新旅局通过打造特色城市旅游品牌、消费潜力释放新场景、文旅工程建设新体系等方式推进“文化强市”“旅游强市”建设，实施“规划引领、纾困解难、项目提速、创新营销、提升动能”等举措，以文旅产业政策为保障，充分发挥重大项目的牵引带动作用，实施文旅融合、提升文旅消费，推动文化和旅游产业高质量发展。召开全市旅游产业发展大会，研究部署南昌市文化旅游发展新思路、新举措，抢抓经济复苏回暖机遇，深入挖掘旅游资源，做深内涵、做精特色、做优体验。在2023中国特色旅游商品大赛上，南昌市李渡·高粱1955获金奖，南昌礼物老豆奶、参品·折叠旅行煮杯系列、汪氏润畅素获银奖，南昌礼物百蝶百花香薰挂件、竹簧雕茶艺三君子获铜奖。

【旅游产业发展大会】 2023年4月12日，南昌市旅游产业发展大会召开。省委常委、市委书记李红军，省文化和旅游厅党组书记、厅长梅亦出席会议并讲话。市长万广明主持会议。会议指出，要深入挖掘旅游资源，摸清资源底数，科学制定规划，做好跨区域协调，开发互联互通的文旅线路和特色产品，加大“引客入昌”力度。要丰富旅游产品供给，做强“城市旅游”，注重“传统文化旅游”，壮大“红色旅游”，发展“乡村旅游”，打造“夜间旅游”。要培育壮大经营主体，坚持做大“龙头”企业，深挖中小微文旅企业潜力，加快建设一批文旅消费集聚区、文旅康养示范区、旅游休闲街区等平台载体。要着力强化项目支撑，全力做好招商活动，加快重点项目建设进度，推动数字化技术与旅游融合。要推进旅游品牌创建，打造更多高品质的旅游景区，开发更多具有南昌特色的文创产品，用“南昌礼物”讲好南昌故事。要完善配套服务设施，加快景区景点道路交通建设改造和全市旅游集散体系建设，提升旅游承载力和服务水平。要抓好宣传推介工作，多角度、多方位、多层次实施城市品牌营销、客源互送、信息互通，策划推出一系列有市场、有流量、有影响的宣传活动。会上，李红军为下一届南昌市旅游产业发展大会承办地湾里管理局授旗。市商务局、市农业农村局、南昌县、湾里管理局、江西国泰旅行社、滕王阁旅游区作交流发言。会后，组织集中考察活动，察看南昌县原城纪、凤凰沟景区等重点旅游项目。

2023年4月12日，南昌市旅游产业发展大会召开

（马悦　摄）

【旅游景区品牌新增】 2023年，全市新增五个国家级品牌，万寿宫旅游休闲街区获评国家级旅游休闲街区、李渡烧酒作坊遗址获评国家工业旅游示范基地、市政公用生态农业示范园获评国家AAA级旅游景区、汉方鹿苑获评国家AAA级旅游景区、VR主题园景区获评国家AAA级旅游景区。新增2个省级旅游景区品牌，滕王阁景区获评江西省首批“风景独好”旅游名景区、湾里管理局太平镇获评江西省首批“风景独好”旅游名镇。

【“南昌礼物”品牌打造】 2023年，市文广新旅局首次举办全市文创旅游商品展销会，联合市外办共同举办2023“南昌礼物”征集暨外事礼品评选活动，组织“南昌礼物”进驻各类展览展会、赛事活动25场，持续打造“南昌礼物”品牌影响力。至年底，“南昌礼物”线下销售门店已达20家、线上门店3家，销售额3367.85万元，增长326%，基本实现“五进五上”（进重点AAA级以上旅游景区、进旅游休闲街区、进文化文博场馆、进重点宾馆饭店、进重点商圈，上电商平台、上直播平台、上在线旅行服务平台、上社交娱乐平台、上传统媒体平台）全覆盖，新增开设“南昌礼物”昌北机场形象店、地铁大厦地铁站店和香格里拉酒店销售店。

【旅游民宿品牌培育】 2023年，市文广新旅局持续加大品牌创建、培育力度，将国家标准《旅游民宿基本要求与等级划分》贯穿企业品牌创建全过程。1月20日，文化和旅游部发布《文化和旅游部关于发布甲级、乙级旅游民宿的公告》，南昌市湾里岭溪谷民宿获评全国甲级旅游民宿，根据《南昌市文化旅游专项资金奖励兑现细则》，岭溪谷民宿获得15万元奖励资金。3月，推荐湾里管理局在芙山房民宿参评全国甲级旅游民宿、安义县江西唐墅民宿参评全国乙级旅游民宿，通过以评促建，以评促改，提升本地民宿企业的品牌知名度、美誉度和市场竞争力。

【乡村旅游风情系列活动】 2023年，市文广新旅局策划南昌乡村旅游风情之“宝藏八园2.0”活动，线下统筹全市12个县区（开发区、湾里管理局）举办红谷滩区首届辣椒文化节、渔舟唱晚·扬子洲“畅游季”暨东湖区农民丰收节、厚田沙漠越野车体验活动、玛雅探险记、海昏赣菜美食节、“秋赏乡戏”乡村戏曲大舞台展演等20余项乡村文旅活动。线上通过抖音、视频号、新媒体、本地活动群等平台发布“遇见南昌之宝藏八园”活动进行宣传推广，覆盖全市300个电梯广告。在12个乡村旅游点设置八园造型的打卡点，邀请游客、网红进行线下打卡线上宣传。活动期间，全市乡村旅游接待市民游客61万人次，带动旅游收入1220万元。

【研学旅行创新线路设计大赛】 2023年，市文广新旅局联合市教育局举办“知行致远 发现南昌”全市研学旅行创新线路设计大赛。大赛历时2个月，收到全国各地108份申报材料。经初审、复审、网络投票环节，综合网络、专家得分，10个案例获“2023南昌市十佳研学案例”，南昌八一起义纪念馆《“起义少年助力计划”——南昌八一起义纪念馆沉浸式研学教育》、南昌市小平小道陈列馆《感受历史脉动，追寻红色梦想——“小平小道”中小学生研学》、江西省泰康旅业集团有限公司《“我是十四亿分之一护旗手”——军事主题教育研学》、南昌市政农业集团有限公司《心近田园 情满农耕》、江西省旅游集团研学教育科技有限公司《老糕模里的中国味——中华糕饼模具大世界研学》、进贤县文化馆《非遗传天下 文港学路长》、八大山人纪念馆《八大山人研学》、江西凤凰沟生态产业发展有限公司《“蚕学小博士”研学实践课程》、南昌太空文化旅游有限公司《南昌“遨天一号太空科技馆”一日研学》、江西省泰康旅业集团有限公司《亲近茶园好时光——江西省蚕桑茶叶研究所主题研学》。江西教之旅国际旅行社《铸就钢铁意志，学习工匠精神》——南昌方大特钢一日研学线路获得线路设计大赛一等奖。南昌海通国际旅行社《“三色豫章”——南昌三色探究研学旅行方案》、江西教之旅国际旅行社《读城南昌，穿越古今看未来》——南昌三色主题二日研学2条线路获得线路设计大赛二等奖。南昌欢乐假期旅行社《我爱祖国海疆——知行红色南昌》二日研学、江西泰康旅业集团《豫章情深 两天两千年》南昌二日研学线路、南昌市中小学综合实践教育学校《文化寻踪 非遗拾趣》二日主题研学3条线路获得线路设计大赛三等奖。江西友好国际旅行社《“未来已来”——启蒙职业观 探索未来路》一日研学、江西联胜国际旅行社《研非遗技艺精粹 品豫章文化古韵》一日研学、刘伯杨《南昌工业研学百年经典之旅》、南昌市中小学综合实践教育学校《科技强国寄我情产业生态一路行》二日研学、南昌市政农业集团《揽锦绣南昌 品“三色文化”》南昌三日研学之旅、飞翔国旅 & 桔叔研学《神农尝的是什么草?》、南昌融创主题文化旅游管理有限公司《探索神秘的海底世界》、李建明《海昏侯镇馆之宝研学》、张小焰 谢高叶《“我是小农夫”生态主题研学》、汉辰文化发展集团 & 洛禾文化《“龙宝研学南昌”非遗篇》10条线路获得线路设计大赛优秀奖。

【“旅游+”融合发展】 2023年，市文广新旅局联动全市大型体育赛事，策划推出系列文旅活动，国际龙舟赛现场吸引客流量达30万人次。推动“南昌礼物”进全国教育装备展、草莓音乐节、薛之谦演唱会等，宣传扩大城市品牌影响力。按照“空间重塑、功能再造、文化注入、商业创新”模式，指导成型的文化创意产业园丰富旅游业态，打造成新的网红打卡景区点。推动开通“网红打卡铛铛车”，串联全市网红景区景点。推动滕王阁景区打造“江右文化数字体验馆”，并获评“2023年文化和旅游数字化创新示范优秀案例”。推动南昌VR主题园创评“全国智慧旅游沉浸式体验新空间”。

【惠民补贴活动】 2023年8月19日至12月31日，市文广新旅局启动2023南昌文旅一卡通惠民补贴活动，补贴800万元用于在“南昌文旅一卡通”平台发放消费券，抵扣现金在景区二次消费、购买书籍、电影、演艺等权益。活动共核销优惠券20.79万张，核销金额744.56万元，带动文旅消费超5000万元。为做热景区节假日消费市场，市文广新旅局开展三场形式多样的“你畅游我买单”景区促消费活动，共发放门票3万张，直接补贴景区125万元，有效拉动景区消费，活动期间景区接待游客数和门票收入均增长50%以上。

【夜间文旅消费集聚区创建】 2023年8月，市文广新旅局开展第三批省级、国家级夜间文旅消费集聚区评定工作。经过实地考察和专家评估，推荐红谷滩区南昌夜赣江“秋水长天”夜间文旅消费集聚区、青云谱区1962文创园、新建区欣悦湖主题文化街区申报第三批省级夜间文旅消费集聚区；推荐红谷滩区南昌夜赣江“秋水长天”夜间文旅消费集聚区、原城纪南昌市城市文化街区申报第三批国家级夜间文旅消费集聚区。其中，南昌夜赣江“秋水长天”夜间文旅消费集聚区、青云谱区1962文创园获评第三批省级夜间文旅消费集聚区。至年底，全市共有二家国家级夜间文旅消费集聚区，“夜东湖”文旅消费圈、万寿宫历史文化街区。五家省级夜间文旅消费集聚区，湾里太平镇心街、699夜间文旅消费集聚区、原城纪南昌市城市文化街区、南昌夜赣江“秋水长天”夜间文旅消费集聚区、青云谱区1962文创园。

（马　婧）

旅游推介

【概况】 2023年，全市文旅系统以拼经济、抢进度、抓机遇，策划形式多样的宣传推介活动，持续做热做旺全市旅游市场，推动全市文旅产业高质量发展。深化与广东七市、长江中游城市群、南昌都市圈战略合作，赴太原、长沙、深圳、武汉、杭州等省外重点客源地开展旅游推介、客源互送，以“天下英雄城”冠名赣深高铁动车，拓展客源市场，提升南昌“出圈指数”。

【“5·19”中国旅游日江西分会场启动】 2023年5月19日，“5·19”中国旅游日江西分会场启动仪式在南昌市青云谱区梅湖花博园举行。此次分会场活动由省文化和旅游厅、南昌市人民政府主办，南昌市文广新旅局、青云谱区人民政府、南昌市交通投资集团承办。启动仪式上，南昌市、萍乡市、江西航空分别进行“引客入赣”资源、政策推介，“昌景黄”高铁沿线的南昌、上饶、景德镇、黄山四市签署“昌景饶黄”旅游联盟战略合作框架协议。“引客入赣”旅行社渠道对接会、南昌导游带您游景区大型公益直播、文旅新业态创意展巡展等配套活动同步举办。南昌市在启动仪式现场设置越野车车友区、房车车友区、露营爱好者区、改装爱好者区，文创雪糕区等展区，组织营地教育、户外房车、自驾旅行车、越野车、伞翼飞行等旅游新业态项目，精选“南昌流动数字博物馆”“青山湖传统表演艺术类非遗项目双龙戏珠、南昌篓筷”“南昌礼物旗舰店”等品质体验类项目现场参展，吸引许多穿汉服的市民前来打卡、直播。

【八一广场升旗仪式】 2023年，市文广新旅局先后举办五场“弘扬爱国志 奋进新征程”八一广场升旗仪式活动，营造出热烈喜庆、昂扬向上的城市氛围，也展示新时代英雄城的风采，擦亮“自信、发奋、齐心”的天下英雄城名片。活动有29万人到场观看，超过6000万人次在线观看直播。活动获得巨大的话题流量和宝贵的城市品牌声誉，充分展现英雄城雄姿、英雄城品格，同时对南昌文旅市场消费的带动作用明显。八一广场升旗仪式已成为南昌常态化、长效化、标志化的知名城市品牌活动。

2023年5月19日，2023年“5·19”中国旅游日江西分会场活动暨启动活动在青云谱区梅湖花博园举行

（马悦　摄）

【城市国风漫游月活动】 2023年，市文广新旅局联合东湖区人民政府、市交通投资集团，引进《长安三万里》电影IP，主场地设在滕王阁景区，联动绳金塔历史文化街区、杏花楼（南昌画院）、胜利路步行街，同步在全城多个点位开展系列国风沉浸式互动活动，并链接全市“琴棋书画诗酒花茶”相关消费业态，达到吸引人流、拉动消费的目的。此活动主要内容包括沉浸式游园演艺互动、国风音乐会、国风打卡集章、穿着汉服游南昌、“人生八雅”古今传承。活动期间，活动内容总曝光近3000万人次，线上传播约2500万人次，线下曝光约500万人次。其中，抖音话题超2000万人次，多次登顶本地同城榜第一名。

【《QQ飞车》手游亚洲杯总决赛】 2023年，由市文广新旅局联合南昌县人民政府主办的《QQ飞车》手游亚洲杯总决赛在南昌县洪州体育馆举办。活动当天赛事全平台内容阅读量达到25亿人次，全球直播观看达到5.7亿人次，用户创作内容增长10亿。与腾讯及全球美食达人“觅食”共创的南昌美食及QQ飞车版本宣传片，在B站播放量突破700万人次。这是江西省落地的首个腾讯官方的全球性电竞赛事，也是腾讯与省委宣传部共同举办的《QQ飞车》江西文创大版本的重要组成部分，面向全球直播。来自安徽省的“狼队·宁清”张君豪夺得冠军。

【《英雄联盟》城市英雄争霸赛夏季总决赛】 2023年，由市文广新旅局联合新建区人民政府主办的《英雄联盟》城市英雄争霸赛夏季总决赛在新建体育中心举办。该赛事两天共吸引超1500万人次在线观看直播，通过传统媒体、地面媒体及新媒体平台宣传及传播的流量超过1.86亿。最终河南Kun战队以3:2击败安徽安庆电协战队，捧起夏季总决赛冠军奖杯，并获得直接晋级全国总决赛名额。同时，市文广新旅局联合新建区、东湖区，配套推出嘉年华活动和市集，以赛事流量带动文旅消费。活动期间，嘉年华活动及市集参与人数达到4.38万人。

【南昌草莓音乐节】 2023年，由市文广新旅局联合华侨城主办的2023南昌草莓音乐节在西湖区华侨城欢乐象湖举办。这是江西首站草莓音乐节，活动现场共设置三大舞台，草莓舞台、爱舞台、新血舞台，演出进程两天，演出17小时。全场共计售出单日票2.48万张，两日通票2000张。购票群体中，南昌本地人群占比45%，省内其他地市人群占比32%，省外人群占比23%，其中杭州市人群占比13%。活动期间，场地内直接消费超过40万元，带动周边消费近2000万元，活动举办完24小时内，微博与抖音两大新媒体平台相关话题阅读量超过4838万人次，其中微博平台3310万人次，抖音平台1528万人次。

【南昌城市时尚设计展大赛】 2023年，市文广新旅局与艺术机构雅昌文化合作，面向全国各大设计专业院校征集南昌主题设计作品。经过4个月的征集，收到来自全国282位作者的457件作品。经国内专家评审及全民网络投票，评选出国画、油画、版画、雕塑、影像、装置、文创、平面设计等38件参展作品，其中12件为获奖作品。7月28日，“洪都繁花 豫章新篇——南昌城市主题时尚设计展”在省美术馆进行为期一个月的展出。该展分为两部分，“影·象”和“器·物”，其中，“影·象”部分主要呈现根据南昌地标建筑、历史文化元素等设计的视觉形象，展现的是南昌古今风貌。“器·物”部分是基于南昌主题设计的IP形象和主题文创产品，包括设计理念、创意思路以及实物展示。设计展通过全市350家乐豆家门店宣传，参观人数超过9万人，全网宣推流量超过1900万人次。

【南昌星驰音乐节】 2023年10月2—4日，由东湖区主办，市文广新旅局指导的南昌星驰音乐节在东湖区举办。此届音乐节，罗大佑、杨千嬅、杨丞琳等实力歌手和宝藏乐队等40余组艺人先后登场，覆盖国风、嘻哈、流行、民谣等多种音乐风格，给广大乐迷们带来一场精彩的视听盛宴，“点燃”假日激情。活动三天吸引近6万人次参加，南昌星驰音乐节全网话题量突破4.95亿人次，掀起“一场音乐活动 带火一座城”旅游热潮。此外，还与“唱游江西”计划联动，推出餐饮、住宿、景区抵扣优惠活动，让各方游客朋友们“吃好、住好、玩好”，助力“江西风景独好”的品牌的推广与发展。音乐节带动举办地旅游消费达6106.75万元，各商圈人流量达333万人次，商贸消费达2.27亿元。

（马 婧）

旅游管理

【概况】 2023年，市文广新旅局落实省会引领战略，深化“放管服”改革，优化提升营商环境，规范市场秩序，提升旅游服务质量。指导文旅部门做好旅游领域信用体系建设，确保文旅市场整体平稳有序。制定《南昌市A级旅游景区业态提升工作方案》，提升全市文旅软环境。举办“登场皆为英雄 寻味南昌美食”美食季活动，树立南昌旅游美食新形象，用年轻人的方式讲好“南昌故事”，助力南昌“网红”变“长红”，“流量”变“留量”。滕王阁管理处申报的“滕王阁江右文化数字体验馆”入选文化和旅游数字化创新实践优秀案例。江西省众灿互动科技股份有限公司被评为省级文化和科技融合示范基地单体类。

【旅游资源普查】 2023年，市文广新旅局为摸清全市旅游资源家底，提高旅游资源利用和保护水平，促进旅游产业高质量发展，推动优质旅游资源向优质旅游产品转化，根据《文化和旅游部办公厅关于开展旅游资源普查工作的通知》《江西省文化和旅游厅办公室关于开展全省旅游资源普查工作的通知》，于10月在全省率先启动南昌市旅游资源普查工作，11月27日完成项目验收。普查数据显示全市共有旅游资源6382个，其中入级旅游资源3819个，未入级旅游资源2563个。全市入级旅游资源中，五级旅游资源50个，四级旅游资源175个，三级旅游资源890个，二级旅游资源1526个，一级旅游资源1178个。同时，利用现代信息化手段搭建南昌市旅游资源信息管理系统，并升级为省级数据平台，打开数据赋能旅游资源普查的新局面。

【文旅市场信用体系建设】 2023年，市文广新旅局落实《文化和旅游行业信用管理办法》《江西省社会信用条例》，指导各县区文旅部门做好旅游领域信用体系建设。对受到行政处罚的文旅企业在市信用信息平台进行公示。指导开展严重失信主体认定工作。指导新建区文广新旅局对一家吊销许可证的娱乐场所开展严重失信主体认定，并依据相关办法，实施联合惩戒。指导文旅企业开展信用修复工作，帮助15家企业完成信用修复。与430家文旅企业签订信用承诺，并向社会主动公示，督促企业诚信经营。

【精品文旅线路开通】 2023年，市文广新旅局贯彻《关于进一步加快

2023 年，南昌一日游两日游精品文旅线路正式开通

（市文广新旅局　供图）

城市旅游发展的实施意见》，落实市领导“要整合特色文旅资源，将滕王阁、万寿宫、汉代海昏侯国遗址、八大山人、八一起义纪念馆、梅岭等旅游资源串联起来共同推介”批示，牵头打造南昌“一日游”“两日游”精品文旅线路。3 月 1 日，南昌市一日游、两日游城市旅游精品线路开始试运行（3 月 30 日正式开通运营）。线路分为文旅 A 线和时令 B 线，两条线路每日各开行一班，从南昌全域旅游集散中心始发，运行时间为每日 9 时至 15 时 30 分。文旅 A 线深度挖掘天下英雄城南昌的历史变迁，弘扬革命英雄主义精神，是一条特色文化线路，路线为南昌全域旅游集散中心—八一广场—八一起义纪念馆（万寿宫历史文化街区）—滕王阁—小平小道（八大山人纪念馆）；时令 B 线将南昌历史人文与现代化发展进程紧密融合，呈现多元化的魅力南昌，是一条动感时令线路，路线为南昌全域旅游集散中心—绳金塔—绳金塔历史文化街区—秋水广场—海昏侯（安义古村、凤凰沟、怪石岭、军山湖、梅岭/选一）。线路一经开通，吸引许多市民及组团游客前来体验，并获得央视新闻联播、《中国旅游报》、省文化和旅游厅的关注、报道。指导线路开展进宾馆、景区、学校、社区、企事业单位“五进”宣传工作，并参加各类会议、会展活动，进行现场布展、宣传，文旅精品路线品牌初步形成。

【“登场皆为英雄 寻味南昌美食”美食季活动举办】　2023 年 11 月，市文广新旅局举办“登场皆为英雄 寻味南昌美食”南昌旅游名菜、名点（小吃）、名店宣传推广活动暨南昌旅游名菜、南昌特色餐饮旅游饭店评选活动。活动以美食为“媒”，有机结合美食文化与旅游经济，唱响“天下英雄城”城市品牌。活动汇聚南昌 12 个县区的美食特色品牌，以“美食 + 旅游”为理念，深入挖掘南昌美食背后的文化内涵，完成南昌旅游美食插画地图，完成美味南昌电子书，设计 3 条“City walk”（城市漫步）线路，丰富广大游客和市民的“舌尖”体验。

【景区品质提升】　2023 年，市文广新旅局制定《南昌市 A 级旅游景区业态提升工作方案》，组织各县区、重点景区实地考察学习，开阔视野思路提升景区业态。组织复核 39 家国家 A 级旅游景区，对不达标的 7 家旅游景区下达整改清单，2 家旅游景区取消国家 AAA 等级，倒逼景区提升品质。牵头制定全市文旅软环境提升工作方案及任务清单，梳理整改提升举措 66 条，妥善处理投诉及网络舆情，为游客营造良好的旅游体验，景区投诉由“五一”假期的 103 条下降为国庆假期的 30 条，降幅达 70.9%，11—12 月基本无舆情投诉，全市文旅软环境大幅提升。开展节前安全隐患排查整治 6 次，发现隐患问题 68 条，节前节中现场督导检查 58 人次，确保景区全年“零事故”。出台《南昌市内道路旅游标识牌规划》，制作 30 块高速公路旅游交通标识牌，实现国家 AAAA 级及以上旅游景区全覆盖。巩固提升“厕所革命”成果，完成全市 562 座旅游厕所的评定验收工作，旅游厕所电子地图上线率 99.47%。

【智慧文旅指挥调度监测平台扩容】　2023 年，南昌市智慧文旅指挥调度监测系统内新增文旅信用监管、旅游媒资监测子系统。其中，文旅信用监管系统提供全市旅行社的失信和受罚信息；旅游媒资监测系统对南昌文旅频道的旅游新闻进行监测。子系统的上线，扩大全市旅游行业监测的覆盖面，提高全市旅游监测水平。

【导游大赛】　2023 年 11 月 20—21 日，由市文广新旅局主办，市导游协会承办的南昌市导游大赛在红牛君亭酒店举办。大赛以“展英雄城市风采、绘文化旅游新篇”为主题，来自全市 20 余家单位 70 余名选手，围绕南昌市历史故事、历史名人、景区景点、风俗民情等方面内容进行全方位展示。大赛分为预赛、决赛 2 个阶段。邀请曾担任省、市级大赛评委、旅游院校专家、国家金牌导游、国家高级导游等组成专家评审组，邀请市导游协会部分理事以及旅行社代表组成大众评审团。经过评审，全市产生“2023 年南昌市十佳导游”10 名、“2023 年南昌市优秀导游”20 名，另有 21 家单位获此届大赛优秀组织奖。

（马　婧）

房地产业

房地产市场监管

【概况】 2023年，全市贯彻落实上级要求，适应房地产市场供求关系发生重大变化的新形势，适时调整优化房地产政策，因城施策用好政策工具，以更好满足居民刚性和改善性住房需求，促进房地产市场平稳健康发展。全年房地产市场呈现“前高、中低、后稳”趋势，四季度环比增速由负转正，市场下行态势趋于平稳，全市商品房销售面积同比增速-0.4%，房地产开发投资同比增速-1.9%。

【房地产市场调控】 2023年，全市保持上年调控措施的延续性，鼓励各县区（开发区、湾里管理局）结合实际，适时延长阶段性购房补贴发放期限，以更好支持居民刚性和改善性购房需求；继续鼓励销售去化率（60%以上）较好、风险可控的项目，可在单体工程完成±0时，提前办理预售，早上市、早销售，以满足居民对热点楼盘住房需求，稳定商品住房销量市场；此外，开发企业可依据相关法律、法规和约定，提供“见索即付”类型保函置换预售监管资金，缓解企业资金压力。3月，出台《南昌市中心城区集体土地上房屋征收与补偿安置指导意见》，鼓励被拆迁人选择“房票”货币化安置，引导被征收人通过购买新建商品住宅实施市场化安置；5月，出台公积金新政，多子女家庭使用住房公积金贷款额度上浮20%，停止向全市范围内房地产开发企业收取住房公积金贷款担保保证金；8月，根据7月24日中央政治局会议精神，结合南昌市实际，出台《南昌市人民政府办公室关于印发促进我市房地产市场平稳健康发展的若干政策措施的通知》，出台15条政策措施。以前“防过热”的调控文件同时废止，正式全面取消南昌市“限购、限价、限贷、限售”等购房行政性限制措施；9月，市住建局通过大江网“南昌新政15条，购房你能省多少”直播活动，就购房契税补贴、住房置换个税退税、房票购房补贴以及公积金全省一体化、公积金预提付首付、存量住房贷款利率下调等百姓关心的问题，作详细解读；联合市税务局、市财政局、市人社局印发《2023年南昌市阶段性购房契税补贴操作细则》；10月，集中组织就契税补贴、公积金预提、房票购房等多个措施操作细则办法向开发企业作好解读和宣传，并通过企业向客户作好政策宣传，促进销售。

【房地产领域涉稳风险防范】 2023年，全市按照“大干30天”建立的一楼一策一法官、领导包案、红黄档管理等工作机制，用好用足保交楼专项借款，持续开展保交楼攻坚行动，稳定市场信心和预期。全市89个列入涉稳管理项目，销号64个，累计交付4.99万套。其中，全市48个“保交楼”专项借款项目交付2.5万套（交付套数全省排名第一），解决购房群众急难愁盼问题。

【商品房预售资金监管】 2023年，为做好房地产领域涉稳风险化解处置，特别是个别房企房地产项目逾期交付烂尾风险化解处置工作，全市建立共管账户机制，实行监管资金政府、企业共管，设立政府指定的专用账户，将企业的预售监管资金账户余额全部划入共管账户，在各县区（开发区、湾里管理局）属地政府指定其国有企业作为项目依托单位设立共管账户，以更好维护购房人的合法权益。

房地产中介和租赁

【概况】 2023年，按照住房城乡建设部和省住房和城乡建设厅要求，市住建局开展全市房地产中介专项整治行动和房地产市场违法违规行为的查处；不断加强房地产经纪行业管理，规范经营行为，提高行业服务质量；开展督导检查，维护消费者合法权益，建立公平竞争、诚实信用、运作规范的市场秩序；坚持以行业健康发展为工作目标，主动作为、大胆管理、建章立制、创新发展，促进全市房地产市场平稳健康发展。

【房地产中介机构管理】 2023 年，按照省、市有关整治规范房地产市场秩序三年行动要求，推进整治规范行动。会同网信部门对房源信息发布平台提出要求，对未经房管部门核验的房源信息采取全部下架处理，净化信息发布渠道。全年，核验的房源信息 6.7 万套，对 79 个不规范房源信息责令中介整改，确保真实房源信息。通过房地产经纪机构从业人员信用平台加强对从业人员信用管理，促进房地产从业人员素质提升和存量房交易行为规范。通过量化评分的方式，提高从业人员的服务质量和从业行为。至年底，房地产行业信用管理系统和房地产经纪从业人员信用管理平台登记经纪机构 136 家，经纪人 252 人，从业人员 6867 人。记录从业人员不良行累计 2393 条。针对群众反映中介机构在经纪服务过程中的问题，认真对待，细致了解，及时处理，耐心调解，对涉及中介公司的问题责令有关公司立即整改，使群众的诉求得到妥善处理，维护群众利益。全年，受理群众投诉 42 起，“12315”热线 37 件，领导信箱 2 件，省厅转办件 1 件，行政处罚 1 起(1 万元)。

【住房租赁市场培育】 2023 年，鼓励住房租赁企业，通过存量房市场增加住房租赁市场供应。扩大全市住房租赁市场规模，已备案登记的住房租赁企业主要以经营长租公寓为主，已登记备案的 16 家租赁企业，共筹集租赁房源 4119 套，面积 16.3 万平方米，同比增长 9%，出租率保持在 87.5%。承租对象主要为到南昌从业的年轻人，供需相对平衡。同时，引导租赁企业建立标准化运营和管理体系，支持企业利用用工区内空置场所多的特点，盘活闲置资源，改建为长租公寓，以独栋楼宇为运作标的，统一风格打造，统一价格出租，推行标准化服务，打造品牌公寓，让“新市民”和到南昌打工的年轻人租房更便利。落实租赁资金监管制度，为防范住房租赁企业资金风险，市住建局加强对住房租赁企业租金支付超过三个月的资金纳入租赁资金的监管，加大检查力度，降低承租人支付租金风险。同时，为保障房屋租赁双方当事人的合法权益，规范房屋租赁交易行为，维护房地产交易市场秩序，推行《住房租赁合同示范文本》，供房地产经纪机构、住房租赁企业和租房群众使用。利用商品房屋住房租赁合同备案统一平台为房地产中介机构、住房租赁企业和房屋租赁当事人提供房屋信息核验、住房租赁信息发布、房屋租赁合同网上签约、房屋租赁登记备案、信用评价等服务。同时，为街道（乡镇）、社区（居委会）办理商品房屋租赁登记备案工作人员进行培训，提高备案服务质量。

【住房租赁企业督导】 2023 年，按照“双随机”工作要求，随机抽取经纪机构 5 家、评估机构 4 家列入检查对象。检查过程中对发现的 3 家企业存在的公示信息不全、合同使用不规划等问题，下达整改通知书，并督促企业整改到位，检查结果通过“双随机、一公开”平台进行公示。制定下发《关于印发〈2023 年校园及周边住房租赁整治工作方案〉的通知》，督促指导各县区加强校园周边商品房屋租赁备案登记工作。整治期间，各县区深入辖区各学校及周边单位、街道、居民小区，开展房屋租赁排查和宣传教育工作，发放通告 900 份，悬挂宣传标语 30 条，以教育引导广大群众加强房屋租赁守法，合法意识，维护净化校园周边环境。至年底，全市各城区住建部门共完成房屋租赁备案 5019 件、面积约 57 万平方米。由市住建局牵头，市住房和城乡建设综合服务中心房屋租赁服务科具体实施，对各县、区住建部门租赁管理工作和全市已登记备案的 31 家租赁企业实际开展经营情况进行全面检查和摸底，期间共查看租赁项目 12 个。

物业管理

【概况】 2023 年，市住建局对照江西省住建厅、省委组织部、省民政厅《关于党建引领社区物业治理的指导意见》和市委组织部等印发《关于深化城市基层党建引领基层治理的工作方案》的要求，持续推进城市基层党建引领社区物业治理，落实省人大“物业社区行”活动要求，聚焦物业服务企业服务行为规范和监督管理，实施物业管理“十百千”重点工程，组织住宅物业小区项目经理培训教育，强化企业信用信息评价和运用，指导老旧居民区改造后创新物业管理工作，促进物业服务水平整体提升。

【物业服务企业信用评价】 2023 年，根据《南昌市物业服务企业信用信息管理暂行办法》，市住建局扩大企业信用信息评价覆盖面。4 月 27 日，印发《关于做好 2022 年度物业服务企业信用信息评价和管理工作的通知》。6 月 7 日，召开物业服务企业信用信息评价管理工作推进会。8 月 21 日，召开新闻发布会，通过市住建局官网公布 2022 年度全市物业服务企业信用信息评价结果。此次向社会公布的 386 家物业服务企业信用信息评价结果，参与企业增长 30.85%，另外公布的 119 家按“一星”标识管理企业属应参与而未参与的物业服务企业，受到社会各界的欢迎和关注。9 月 8 日，市住建局印发《关于进一步做好全市星级标识物业服务企业监督管理的通知》，通过加强结果运用，激励惩戒，推动形成优胜劣汰的市场环境。推动形成“街道社区日常管理、住建部门行业管理、相关部门联合监管”的社区物业治理长效机制。压实属地政府、物业服务行业主管部门、相关行政管理部门的监督管理责任，充分发挥业主、行业协会以及社会各界监督作用，推动实现小区共建共管共评共享，各方联动联治。

【物业服务“双公开”检查】 2023年4月17日，市住建局印发《南昌市加强物业小区公开服务情况、公开费用收支监督检查工作方案》，方案明确至年底，完成1000个物业小区按要求公布物业服务情况检查，并制定统一的公开模板，从源头减少因物业服务不公开不透明引发矛盾纠纷。8月底，市住建局对各县区（开发区、湾里管理局）“双公开”工作进度进行督查，对进度缓慢的县区进行重点督导。至11月底完成1069家物业小区“双公开”督察检查，实现督查1000个以上物业小区“双公开”的目标任务。督查中，对128个物业小区的物业服务企业下发责令整改通知书，其中因物业小区服务情况未按要求公开的72个，因公共收益未按要求公开的56个，已全部整改到位。南昌市物业服务公开行为督查相关做法获得中国建设报和住房和城乡建设部官网宣传报道，有效规范物业服务企业服务行为。

【“共建红色物业 共享美好家园”活动】 2023年，为推动物业服务水平提升，坚持“行业引导、示范引领”，根据省委组织部和省住建厅联合印发的《关于开展“共建红色物业 共享美好家园”活动的通知》，市委组织部、市住建局10月底向省推荐20个“共建红色物业 共享美好家园”住宅项目和3个红色物业优秀县区，南昌县和红谷滩区被确定为省级“红色物业”优秀县（市、区），12个小区被确定为省级“红色物业”小区。同时，结合物业服务公开行为的督察检查，12月市级创建100个住宅小区“示范项目”典型案例，覆盖各县区，以点带面、以评促建、全面推进，促进全市物业服务水平和小区环境水平提升。

【老旧小区物业管理新模式】 2023年，市住建局落实党建引领社区物业治理，推动物业服务与城市管理、社会治理相融合，提升老旧小区居民安全感、幸福感和满意度。4月25日，市住建局印发《关于南昌市2023年度城区创新老旧居民区改造后物业服务考核工作的通知》。7月17日，对全市城区推荐的144个老旧居民区实施物业服务情况进行实地考核。9月19日，形成考核报告，上报市老旧居民区物业服务创新工作领导小组。10月23日，市财政局下达奖补资金发放的通知，全年共考核144个项目，合格137个项目，市区两级财政共发放奖励资金1334.8万元。南昌市已陆续对2019—2022年创新物业服务模式项目进行了考核，共有260个项目考核合格，市区两级财政累计奖补资金约3420万元。

【基层党建引领社区物业治理】 2023年，市住建局、市民政局、市委组织部等部门指导各县区扩大业主委员会（物业管理委员会）、物业服务企业党的组织和工作覆盖面。至年底，全市2100个住宅小区物业服务覆盖率100%，其中符合成立业委会条件的住宅小区1192个，已经成立业主委员会或物业管理委员会的住宅小区数分别为422个和615个，组建率87.0%，同比增长8.84%，实现住宅小区物业服务覆盖85%以上和业主委员会（或物业管理委员会）成立80%以上目标要求。全市物业服务企业党组织866个，覆盖率97.85%，增长29.26%，业主委员会建立党支部或党小组387个，覆盖率91.92%，增长1.42%。

【物业服务领域整治】 2023年，聚焦物业服务领域侵害业主权益重点整治五类20项具体问题，开展联合整治攻坚行动。城市基层党建引领社区物业治理专项工作组各成员单位依职责对物业领域侵害业主权益突出问题进行督导和查处。全年，住建部门处置物业服务领域侵害业主权益突出案33件，均已整治销号，收到举报投诉转办件26件，办结率100%。

（龚　艳）

交通·邮政

铁　路

【概况】　2023年，中国铁路南昌局集团有限公司（以下简称“南昌局集团公司”）落实“交通强国、铁路先行”战略，秉持“为服务和支撑中国式现代化贡献南铁力量”发展理念，运输安全持续稳定。全年，南昌车站旅客发送4103.3万人，完成客运收入57.16亿元；南昌车务段货物发送897.6万吨，完成货运收入6.5亿元。

【杭昌高铁黄山至南昌段开通运营】　2023年12月27日，杭昌高铁黄山至南昌段建成通车，标志杭昌高铁全线开通运营。9时8分，杭昌高铁首发G4012次列车从南昌东站发车。省长叶建春出席通车仪式并宣布首发高铁发车，省委常委、常务副省长任珠峰主持通车仪式。杭昌高铁是国家“八纵八横”高铁网的重要连接线，串联起杭州西湖、千岛湖、黄山、鄱阳湖、景德镇、滕王阁等一批全国著名旅游名胜，形成连接浙皖赣三省众多名城、名镇、名湖、名山的世界级黄金旅游线。杭昌高铁起自杭州南站，途经浙江省杭州市，安徽省宣城市、黄山市，江西省景德镇市、上饶市、南昌市，接入南昌东站，线路全长560千米。其中，杭昌高铁杭黄段已于2018年12月25日开通运营。杭昌高铁黄昌段线路全长288千米，设计时速350千米，全线共设黄山北、黟县东、祁门南、浮梁东、景德镇北、乐平北、鄱阳、余干、进贤北、南昌东10座车站，其中，黄山北、景德镇北站为改扩建车站。杭昌高铁黄昌段按最高时速350千米运营。开通运营初期，南昌局集团公司按照日常线、周末线安排旅客列车开行，每日开行动车组列车最高达32列。其中，南昌东至景德镇北、黄山北站间最快可分别在49分、1小时45分到达。为提升运营品质、满足旅客不同出行需求，南昌局集团公司在各站间实施灵活折扣、差异化市场化票价机制，为旅客出行提供更多选择。

【南昌东站开通】　2023年12月27日，随着杭昌高铁黄昌段建成通车，南昌东站正式开通。南昌东站位于南昌市青山湖区罗家集，旅客候车面积1.8万平方米；设正线2股、到发线14股、站台14个；设有自助检

2023年12月27日，杭昌高铁首发G4012次列车从南昌东站发车
（中国铁路南昌局　供图）

票闸机110台、半自助检票闸机20台、扶梯74台、直梯28台;设置实名制验证口38个(其中自助核验闸机27台)、安检查危仪21台、人工售票窗口6各、自动售(取)票机28台。开通前,南昌车站统筹做好预介入各项工作,建立预介入问题库,按时间节点推进静态验收、联调联试、安全评估;制定南昌东站规章制度、应急预案等56个;8月组建南昌东站管理团队,加强与地方政府沟通,就通水排污、交通配套、联动机制等定期沟通,解决各类问题271个。

【南昌国际陆港与广州港共建内陆港】 2023年5月29日,南昌国际陆港至广州港铁海联运进出双向对开班列首发暨广州港南昌内陆港揭牌仪式,在南昌国际陆港所在地——江西向塘镇举行,标志南昌国际陆港正式成为广州港的内陆港。广州港南昌内陆港是继2022年9月28日南昌国际陆港与深圳盐田港共建内陆港之后的又一共建内陆港。南昌国际陆港作为"十四五"首批国家物流枢纽,已与宁波港、厦门港、盐田港、江阴港等11个海港建立合作关系,港口功能延伸至南昌。此后,南昌国际陆港与广州港将就"共建昌穗铁海联运新通道,共建冷链、整车进出口合作示范园,共建粤赣跨境电子商务综合试验区"等方面展开深入合作,有利于优化货物通关流程、降低物流运输成本、提高物流服务效能,提升外贸货运班列承载力、吸引力、竞争力,为江西省加快融入国家"一带一路"倡议和推进南昌"一枢纽四中心"建设提供支撑。

【南昌铁路客户服务中心获评"全国五一巾帼标兵岗"】 2023年,南昌铁路客户服务中心被中华全国总工会评为"全国五一巾帼标兵岗"。南昌铁路客服中心的全国统一代号为"12306",主要由女职工组成,着眼不同群体基本服务、普惠服务和差异化、个性化、多层次服务需求,做优"互联网+服务",创新打造服务品牌,开设"小甜鹭"视频号,自主策划制作服务宣传、营销宣传等视频,由被动接听转向主动服务;调整IVR热点语音内容,引导拨打电话旅客利用菜单项解决需求,减少人工接入量,有效提高应急状况下话务接通率和旅客感知度;投入铁路智能客服系统上线准备工作,完成智能客服试点系统语音语义转写及标注工作4.86万个,转写准确率为93%;为更好服务老年旅客,调整"12306"电话语音服务流程,在进入客运服务界面后,可以按"8"直接进入特殊重点旅客服务,下一层直接按"9"可进入人工服务,方便老年旅客咨询;为省内高层次人才做好预约服务,推动首批高层次人才电子服务卡上线运行;旅客可通过"12306"电话、"12306"手机App和邮件等多种方式,预约遗失物品查找和重点旅客优先服务。

(曾　进)

2023年5月29日,南昌国际陆港至广州港铁海联运班列的首发班列出发

(成奔　摄)

公　路

【概况】 2023年,市交通运输系统聚焦"一枢纽四中心"发展定位,打造具有全国重要影响力的综合交通枢纽,加快推进交通强市建设,负重前行、加压奋进、善作善成,"两整治一提升""两年出形象"目标如期实现,人大票决"十大为民办实事"之一城市外环高速公路亮化工程完工,昌杭高铁昌黄段开通,"六坝共筑、十桥同架"保障有力,非限治超跃升全省第一。在国省干线公路建设、养护、路域环境整治、安全隐患排查及整改、路产路权维护、公众出行服务等方面多措并举,全面提升公路保障能力,为群众出行提供高质量的公路服务保障。至年底,全市道路运输及相关业务经营户5859家,其中道路货运业3791户,网络平台道路货运业6户;道路客运业20户;客运站5户;公交业5户;巡游出租汽车业1115户;网约车平台61户;机动车维修业690户;机动车驾驶员培训业90户;小微型客车租赁业51户;汽车综合性能检测机构25户。道路运输车辆6.24万辆,其中载货汽车3.23万辆,道路客运车辆1204辆,公交车辆3887辆,巡游

出租汽车5649辆，网约出租汽车1.92万辆，小微型客车车辆126辆。道路客运班线166条。全年完成机动车维修201.99万辆次，完成机动车驾驶员培训18.36万人次。全年南昌市公路运输客货运总周转量332.22亿吨千米，同比增长4.92%。市交通运输局获“2023年度江西省交通运输工作表现突出单位、江西省交通运输安全生产工作表现突出单位”称号。

【公路养护管理】 2023年，全市国省道路路面技术状况指数PQI值分别达到94.21、89.18，提高1.95%和0.93%，超过省交通运输厅下达PQI值分别达到92、85的预期目标。完成14个全市普通国省道路面养护类工程项目，实施里程191千米，预算总投资3.7亿元。其中，大中修及预防性项目13个，建设里程161千米（其中白改黑项目9个，建设里程99千米）；示范路项目1个，实施里程30千米。主体已完工项目11个，完成总投资3.47亿元。其中，大中修及预防性项目完成10个，完成总里程151.1千米，完成总投资3.24亿元；完成示范路项目1个，完成里程30千米，完成投资2300万元。桥梁项目共3个，包括安义分中心S414黄洲大桥、湾里分中心S106双桥、南昌分中心G316沙埠潭大桥，项目总里程634米，预算总金额约563万元，均已完工。按照“路面整洁无杂物、视野开阔无遮挡、安全通行无隐患”目标，用时2个月对管养国省道公路路基、路面、排水及交通安全设施、绿化等内容进行全面整治。整治绿化带2.6万平方米，整修路肩、边坡1.1万平方米，边沟开挖、清理110千米。

【安全隐患整治】 2023年，对管养的路段、桥涵实行全面排查，做到“一桥不漏、一路段不漏”，建立隐患台账，对排查的隐患实行网格化动态销号管理，落实“五定、两立即”（定时、定人员、定责任、定目标、定具体要求，立即汇报、立即处理）。8月2日，召开全市普通国省干线公路隐患排查整治联席会议。会议明确建立市县两级路警联络机制，明确联络对接部门及人员，完善“联合排查、会商论证、共同确认”工作机制，提高隐患排查整治工作的效率和质量，防范化解重大安全风险，切实维护全市道路交通安全形势稳定。全年排查和整改隐患1003处，补划标线2.78万平方米、振动标线8859平方米、增设（维修）波形护拦6894米、增设桥头红蓝爆闪灯244盏、警示桩2837根、标志标牌644块、修复路面坑槽1.72万平方米。G320新建段封闭10处中央绿化带开口，G105湾里段封闭8处中央绿化带开口，G105、G353安义段封闭7处中央开口；开展道路遮挡视距隐患专项排查治理，共排查隐患点81处，已全部整改到位。全市国省道桥梁共计203座，对其中的独墩桥、危桥进行防撞加固、修复、重建，保障桥梁运行安全，全年安排65座桥梁进行定期检测，其中对8座承载能力适应性不足的桥梁进行静载试验及承载力验算，实现危桥处治率100%，全市普通国省道危桥“清零”目标。

【路产路权维护】 2023年，按照“一路一册”的要求，完成11条普通国省道干线公路（G105、G316、G320、G353、S103、S106、S208、S212、S215、S416、S417）379.3千米里程的路产登记。建立共同维护路产路权保护工作联动协作机制，市公路中心会同市、县两级交通运输综合执法部门开展联合巡查101次，配合处理占道经营208起，违规开挖42起，污染路面136起、涉路施工82起；与属地政府联合开展路域环境综合整治6次，联合市交通运输局开展联合督查2次，印发督查通报2份。全年处理公路路损事件117起，挽回经济损失102.99万元。

【公路续建项目】 2023年，完成3个公路续建项目，S218安义互通至石鼻镇公路（安义县古村大道）改建工程，项目全长4.2千米，批复概算总投资1.69亿元，完成里程1.2千米、完成投资5232万元，项目已全面完工；S426袁渡至梁西（白虎岭至黄马互通段）公路改建工程，项目全长4.78千米，批复概算总投资8256万元，完成里程1.03千米，完成投资2443万元，项目已全面完工；安义县石鼻镇果田村至安南小镇新建桥梁工程（一期），项目全长487米，批复总投资概算为3417.48万元。至年底，桥梁下部结构已全部完成，累计完成预制箱梁35片，占总量的63%，完成果田大桥40米预制梁3片，架设15片，累计完成投资1744万元，完成总工程量占比68.5%。

【G320南昌县向塘至新建区西山段公路新建工程】 2023年，G320南昌县向塘至新建区西山段公路新建工程路线全长49.11千米，全线按一级公路标准兼顾城市道路功能双向六车道设计，批复概算总投资52.13亿元。项目共分为4个标段，A标段（南昌县新线及昌南特大桥段）、B标段（红谷滩区、新建区新线段）、C标段为老路提升改造段、D标段为铁路代建标段。1月17日，取得建设用地预审与选址意见书。7月18日，取得自然资源部先行用地批复。9月18日，取得市自然资源和规划局压覆矿产资源评估批复。9月，开工建设A标段昌南大桥首根桩基。至年底，昌南大桥桩基共713根，已完成324根，占总量的45%，其中主桥桩基共132根，已完成33根，占总量的25%。昌南大桥承台共89个，已完成20个，占总量的22%；昌南大桥系梁共93个，已完成5个；昌南大桥墩柱共309个，已完成4个。支付项目经费5229.91万元。

【S103路面修复养护工程】 2023年8月，秉承“公路+旅游”、助力乡村振兴目标,启动S103路面修复养护工程项目。S103起于南昌县蒋巷镇豫章大桥南桥头,全长51.11千米,是蒋巷镇、南矶乡通向外界的主要干道,也是通往鄱阳湖南矶湿地国家级自然保护区的唯一道路。市公路事业发展中心和属地政府共同成立项目联合指挥部,共同规划、完善沿线景观设计、人文服务、安全设施、美丽乡村建设等事项,重点打造公路滨水景观线,对S103道路进行整体打造提升。该项目总投资约5017万元,于11月底完工,比预期工期提前一个半月完成,累计对25.4千米路段进行"白改黑"作业,修整边坡2.5万平方米,绿化覆盖路肩7万平方米,修整绿化路肩边坡9.5万平方米、修剪路旁树木8090株、补栽路树1306株,沿途增设景观点4处、停车位40个。

【环鄱阳湖旅游公路开工】 2023年6月,南昌市鄱阳湖旅游公路桥梁工程项目开工建设,项目位于南昌县、新建区、高新区,主要是在长乐联圩、红旗联圩、蒋巷联圩、南湖圩、成朱联圩、廿四联圩、赣西联圩之间新建5座桥梁(其中特大桥2座,大桥3座)。五座桥梁标准横断面宽10米—14.5米,按双向两车道标准建设,桥梁总长4.4千米。其中,长乐大桥总长429.5米,桥宽平均12米;南新大桥总长约1303米,桥宽平均12米;三官河大桥总长389米,桥宽10米;官港河大桥总长488米,桥宽10米;铁河跨赣江主支特大桥总长1809.5米,桥宽平均12米。项目主要建设内容包含桥梁涵洞工程、道路工程、临时工程、电气工程、给排水工程、景观工程等,总投资9.44亿元。

【农村公路建设】 2023年,全市农村公路总里程10106.31千米。县道三级及以上公路601.98千米,乡道双车道公路700千米,1162个建制村通双车道公路779个,农村公路桥梁763座。全年完成农村公路新改建352.5千米,安防工程111.3千米,完成总投资12.84亿元,超额完成省级下达农村公路建设投资12.1亿元的任务。完成农村公路安全隐患整治193.7千米,其中安装波形钢护栏建设项目合计168.8千米,其余路段已采取警示标志、警示牌等方式完成整治。按照"两整治一提升"工程要求,全面完成农村公路路面改造370千米年度任务。

【公路信息综合平台构建】 2023年,新增接入市级平台视频监控20套、情报板3套、气象环境监测系统4套以及弯道预警36套、雾区引导4.5千米。依托S417望城至招贤"交通安全提升"示范路建设工程,深化数字技术应用,推进信息资源整合,兼容已建系统平台,初步构建以"1个数据中心、6大业务板块、N类场景应用"为技术架构的南昌公路信息综合平台,在公路的多元感知能力、智能分析能力、安全预警能力、信息共享能力、数智运维能力等方面进行优化提升建设,汇聚可视化展示全部场景应用的监测数据,实现"一张图"查看主要设备的位置分布以及在线状态,加强数据资源的整合共享、综合开发和智能应用。

【不停车超限检测点运维】 2023年,全市不停车检测系统在线率始终名列全省前列,不停车检测点检测数据在线率达到100%,全年平均小时在线率92.49%,增长25.64%,监测数据的完整性和准确性得到有效保障。按规范要求对所有不停车检测点组织开展称重数据年度检定工作,所有点位均通过国家计量基准/测量标准,车辆总重量准确度等级达到5级,检定合格。创新研发治超不停车检测点可视化自动巡检系统,有效自动筛查非现场执法数据的连续性和自动筛查证据链的完整性,提高运维工作效率。

【公众出行信息服务】 2023年,落实信息报送程序与信息发布管理制度,利用全市普通干线路网运行监测与应急处置平台采集的各类数据,通过门户网站、短信、微信公众号等载体,及时向公众发布公路实时路况信息。全年共接报阻断信息32条,通过门户网站、微信公众号、情报板发布路况信息345条,通过短信平台发送公路路况信息68万条。8月,在万埠不停车检测点称重区安装波形防护栏施工期间,启用具有高精定位、智能感知、信息采集发布等功能的"智能路锥",通过高德地图App对公众实时发布道路施工信息,保障群众的出行安全。

【巡游出租车行业治理】 2023年,先后开展"百日攻坚"专项整治、营运形象大提升行动、不文明行为专项整治等工作,加大对"三站一场"、医院、学校等客流密集地的巡查频次,查处出租车各类违法违规行为。督促指导各企业开展教育培训,提升驾驶员文明素养。通过集中整治攻坚,巡游出租车驾驶员文明服务意识有所提升,交通场站运行秩序更加安全有序,行业形象明显改善。

【共享单车专项整治】 2023年,市交通运输部门会同城管执法、公安交管部门,通过市级统筹、属地齐抓共管方式,开展共享单车专项整治。不定期深入各县区、各企业开展督查,对督查中发现的问题,督促县区、企业立即整改。对不认真、不及时履行管理主体责任的企业进行约谈,同时纳入服务质量考核。至年底,大部分区域能够做到车辆停放有序,上下班高峰期"潮汐现象"大为改善,专项整治工作取得成效。

【交通法治建设】 2023年,市交通运输局拟定《南昌市货物运输车辆超限超载治理工作问责办法》《南昌市交通枢纽场站综合管理办法》等,报请市政府出台。集中对35个规范性文件和1个政府规章进行梳理,保留15个、修改3个、废止18个。严格行政执法"三项制度"和自由裁量权标准。建立免于处罚、从轻处罚、减轻处罚和少用慎用强制措施"四张清单"66项。

【货车超限超载治理】 2023年,开展治超工作,做到"三个全面"。重点源头数字监管全面覆盖,全市53家重点源头企业称重设备全部接入省治超平台实施监管。路面治超执法全面加强,先后组织开展全市春运期间货车超限超载专项整治、赣北五市货车超限超载联合集中整治、全市货车治超"百日攻坚"行动及新一轮"百日攻坚"等6次专项行动。同时,在12个县区,从晚上10点至次日凌晨7点,持续半年时间,开展夜间联合集中整治。全年共出动路面治超执法人员2.83万人,共检查货车25.4万辆次,查处超限超载违法货车4614辆,卸载货物6.1万吨,打击非法改装车265辆,对69辆涉嫌多次超限超载运输或"百吨王"货车实施研判预警,布控稽查,精准查处。出台治超问责办法市、县区全面覆盖。

【交通政务服务】 2023年,深化"赣服通"前端受理、"赣政通"后端办理的"前店后厂"政务服务办理新模式。推进"一网、一门、一窗、一次"改革,推进网上办和全程网办,交通运输政务服务168项事项全线上网,全年网上办理交通行政审批事项2.45万件,其中高频服务事项办件占比98.5%,为广大交通运输企业和从业人员提供高效便捷的交通政务服务。

【驾培行业智能化】 2023年,全市驾培行业率先在全省引进AI智能实车教学和VR虚拟场景教学,让广大学驾民众体验全新智能化的学习方式,给驾培行业的转型升级注入新活力。AI智能实车教学具有实现轻松学车、教学方法规范等诸多优势,确保学员掌握全面的驾驶技能,提升取证后社会道路的独立驾驶能力。VR虚拟现实技术与驾驶培训的融合,可以帮助学员更好地掌握驾驶技能,在强化学员驾驶规则意识、安全意识和文明意识培养方面也具有优势。全市驾培行业引入AI智能实车教学和VR虚拟现实技术,为全省驾培行业的转型升级提供有益借鉴。

【《南昌区域高速公路网规划总图》发布】 2023年2月,省交通运输厅和市人民政府联合印发《关于印发南昌区域高速公路网规划总图的通知》,规划以"两环十二射"为主的高速公路网络新格局,形成南昌市域范围内高速公路网建设总纲,明确各规划待建设线高速公路与南昌市环城高速公路的控制节点,为推进项目建设打下坚实的基础。

【文旅运融合发展】 2023年,江西都市城际有限公司以南昌长途汽车站为中心建设南昌全域旅游集散中心,3月30日正式开业,集散中心依托全市客运站、旅客乘车点,形成"1+3+N"布局的旅游集散网络,建立省会城市的游客"落地散"服务中心及江西省游客"落地散"服务网,将旅游交通、文旅展示、景区宣传、特色产品和文旅创客空间有机融合,打造区域性旅游用车聚合平台,已进驻集散中心的文旅企业38家。增设城市景区门票+车票旅客一体化服务项目,开行文旅精品"一日游""二日游"班线以及游客运游融合运输新模式试点线路2条,引入旅游专线5条。

(王文翰　黄　煌)

水　运

【概况】 2023年,全市水运企业31家,其中普通货运企业29家,客运企业1家,液货危险品运输企业1家。营运船舶138艘,419748.85载重吨,258959总吨。其中,普通货船120艘、404928.85载重吨、249022总吨(集装箱船/多用途船34艘、4791箱位);客船3艘(纯电动船1艘)、678客位;危险品船舶15艘、14820载重吨、9937总吨。南昌港现有码头15座(在建码头3座),泊位56个(在运营泊位37个),港口设计通过能力3562万吨、50万标箱(实际在运营码头2446万吨、25万标箱),使用港口岸线5.42千米。至年底,南昌港完成吞吐量4550.9万吨,同比上涨49.6%,其中集装箱吞吐量完成12555标箱,上涨5.5%。完成水路运输客货运总周转量66.4亿吨千米,上涨15.1%,其中完成水路货运量1757.6万吨,上涨15%,完成水路客运量28.1万人,增长295.8%。南昌市交通运输综合行政执法支队海事(港航)大队获交通运输部海事局"人民满意的海事执法集体"称号。南昌市交通运输综合行政执法支队罗刚获第二届全国船舶检验业务技能比武大赛国内运输河船组三等奖。

【《南昌港总体规划(2035年)》修订启动】 2023年,《南昌港总体规划(2035年)》获得中国水运建设行业协会颁发的"2022—2023年度水运工程优秀咨询成果一等奖"。《南昌港总体规划(2035年)》明确南昌市水路交通运输"十四五"乃至中长期的发展思路和建设目标,为强化南昌港顶层设计,推进南昌市水运高质量发展开启新篇章。为适应城市发展建设中的新变化及新需求、优化土地资源配置,南昌市启动《南昌港总体规划(2035年)》修订工作,主要针对城区港区部分客运岸线、客运停靠点以及昌东港区部分货运岸线进行修订。7—8月,交通运输部、省人民政府同意南昌市开展南昌港城区港区及昌东港区规划修订工作。规划的修订完善将为水上城市客厅、水上巴士、一江两岸灯光秀等旅游观光项目带来发展空间，使得全市水上旅游客运资源得到充分的利用，促进沿港产业经济的发展。

【南昌港建设】 2023年，南昌港码头建设正逐步趋向于大型化、专业化、现代化，基础设施水平有所提升。南昌姚湾综合码头是南昌港在建规模最大的综合码头项目，也是全国一次性批复泊位最多、岸线最长的内河港口码头项目，总投资25.6亿元。姚湾综合码头一期工程5个泊位通过验收并投入运营，二期工程正在有序推进。全年完成投资额6.04亿元，项目已完成总投资额16.6亿元。南昌龙头岗综合码头二期工程计划投资6.27亿元，2个(1个集装箱、1个通用)泊位主体结构建设已完成。全年完成投资额2.8亿元，项目完成总投资额4亿元。江西省龙达港务营运有限公司码头项目于年初复工，项目已基本建设完成，正准备交工验收，已完成总投资1.7亿元。秋水广场客运停靠点、昌东下尾万家码头、南新洲美码头前期工作加紧研究，南昌港"一港十区两核心"布局正在形成。

【港口污染防治】 2023年，全市13家码头全部具备船舶污染物接收能力，码头环保设施全部完成整改提升、有效运行。全市船舶水污染物联合监管与服务信息系统平台运行正常，已形成船舶污染物接收转运和处置的闭环管理，各类船舶污染物转运接收处置率达100%。在大气污染防治工作上，以落实港口装卸扬尘治理标准化、码头场区亮洁化、降尘设施自动化、作业车辆清洁化的要求为切入点，督导企业做好防尘治理工作。

【绿色低碳水路交通】 2023年，推广新能源船舶的运用，水路客运企业新增280客位纯电动客运船舶1艘，新能源客货运船舶在全市的推广运用实现零的突破。同时推进码头、船舶受电设施改造工作，至年底，南昌港11座码头已建设港口岸电设施34套，其中集装箱码头已按要求全覆盖，均可正常使用。南昌港使用岸电船舶5946艘次，使用岸电时间1.5万小时，使用岸电电量2.84万千瓦时。完成12艘船舶岸电系统受电设施改造工作。

【水路旅游客运精品航线试点】 2023年，交通运输部公布的《打造国内水路旅游客运精品航线试点单位及试点内容》中，南昌滕王阁游轮客运有限公司八一大桥至朝阳大桥游航线入选水路旅游客运精品航线——城市景观游航线，南昌滕王阁游轮客运有限公司入选交通运输部打造国内水路旅游客运精品航线试点单位。南昌市按照要求打造功能完善、内涵丰富、便捷舒适、安全绿色的高品质水路客运旅游精品航线，培育特色突出、品质精良、游客满意的水路旅游客运品牌。水路旅游客运精品航线船舶品质提升，全市水路客运企业投资建造的新趸船，长80米，宽15米，二层仿古结构，正式投入使用。并租一艘280客位新能源船舶"金龙鱼号"，双节期间投入运营。服务设施不断改善，对现有游客通道及售票大厅进行升级改造并投入使用。在入船前新增一个游客通道，缓解上下客时的拥挤和安全。同时在两个通道之间安装一部电梯，为老弱病残孕人群提供无障碍服务。

2023年12月8日，南昌姚湾综合码头项目(一期)泊位通过验收
(成奔 摄)

【水运企业服务】 2023年2月，省交通运输厅出台《江西省促进赣江航运业发展扶持方案》，南昌市水运管理部门集中力量开展扶持政策的宣传贯彻工作，利用网站、公众号、微信群等平台第一时间推送政策有关文件精神，制作政策解读H5发布到公众号和各航运企业工作群，提升宣传效果；召开市水运企业负责人座谈会，进行扶持政策的宣讲和解读，让水运企业人员对扶持政策有一个全面、准确的理解；深入企业，上门指导，与有意愿申报的企业承办人加强沟通对接。同时做好行政审批辅助工作，不断提高水路交通政务服务水平。加强对港航企业的安全隐患排查治理工作，按照《安全生产专项整治三年行动实施方案》，加强夏季高温危险化学品运输安全生产监管，加强重点时段、重大节日期间安全生产保障工作，开展全市交通运输行业实施安全防范"六大攻坚"行动、市水路运输行业"两无"非法专项治理行动，开展新

《中华人民共和国安全生产法》宣传等活动,确保行业的安全稳定,护航南昌水运行业高质量发展。至年底,共完成检查范围内的企业42家,开展安全生产督导检查80余次,检查项目89处,下达隐患告知单30张。

【复兴大桥实施临时水上交通管制】 2023年,为保障复兴大桥水上施工作业建设,4月29日起,市交通运输综合行政执法支队联合省赣中航道事务中心、省交通运输执法局一支队八大队全天候对施工水域开展水上交通管制,做好监管和服务保障工作。复兴大桥主拱安装施工从4月29日至6月17日,共有33个主拱节段、4个临时横撑节段需要浮吊船舶占用航道进行吊装施工,共计23次吊装作业,封航总天数30天。4月29日至5月14日以白天单向通航,夜间双向禁航管制为主,5月15日至6月17日以双向禁航管制为主,期间有4次单向封航,每次持续时间为48小时,有4次双向封航持续时间为34小时,其余每次封航持续时间约为10小时,主要时间段为8时至18时。南昌市交通运输执法支队海事(港航)大队提前了解施工作业计划,对外发布航行通告,通过局网站、辖区航运公司微信群、VHF甚高频等方式提醒过往船舶合理选择作业时间窗口,降低交通管制对水上物流保通保畅的影响。同时,加强与项目施工方的沟通与联系,建立沟通联络、信息通报、每日施工动态报告机制,合力保障复兴大桥水上工程项目施工。

【港口专项检查】 2023年7月20日,交通运输部水运局第二检查组到南昌检查船舶港口岸电建设使用及港口经营市场情况。检查组先后前往益海嘉里粮油食品码头、南昌龙头岗综合码头、南昌滕王阁游轮客运码头进行港口污染防治和港口岸电设施使用情况专项检查。每到一处都查看港口防污染接收设备及岸电设备运行情况、船E行系统电子联单闭环情况,详细了解各码头经营情况、港口岸电操作规程和收费标准、码头应急物资储备情况,查阅船舶污染物接收转运台账、岸电使用台账等文件。检查组对南昌港口企业防污染和岸电设施使用方面提出建议和要求,港口企业要切实履行港口防污染主体责任,主动引导靠港船舶交付各类污染物,落实船舶污染物船岸交接制度,提高港口岸电使用率,推动港口绿色高质量发展。

【桥梁建设质量安全专项检查】 2023年12月20日,市交通运输综合行政执法支队对昌南大桥等“十桥同架”(隆兴大桥、复兴大桥、洪州大桥、昌南大桥、铁河大桥、官港河大桥、三官河大桥、南新大桥、将军洲大桥、长乐大桥)在建工程项目开展质量安全专项检查。先后深入昌南大桥、长乐大桥、南新大桥、三官河大桥等“十桥同架”在建工程项目施工现场,对工程实体质量、用电、高空作业、特种设备人员和设备进行专项检查,同时对施工方有效防范应对低温雨雪冰冻天气应急预案、应急物资的储备情况进行检查。执法人员结合现场情况和项目内业资料对各工程进行“平安工地”建设现场考评,并对施工现场发现的质量安全问题进行现场反馈,督促工程在建人员及时整改,监理、业主单位全程监督,确保施工建设项目安全推进。

(王文翰)

航　空

【概况】 2023年,江西省机场集团有限公司安全管理不断创新,运输生产有序恢复,服务品质稳步提升,经营管理取得实效,基本建设稳步推动。聚焦航旅联动,加快资源整合,加强宣传营销,着力开拓入境客源市场。南昌机场吞吐量突破千万人次,全年起降8.8万架次,同比上升78.5%;旅客吞吐量1020.6万人次,上升116%;货邮吞吐量6万吨,上升49.4%。

【航运生产】 2023年,客运方面,夏航季争取民航局对南昌机场航班时刻放量的支持。货运方面,稳定南昌至比利时全货机航班的运行。营销方面,引入“海天无限”“华夏联程”中转产品,国际航空、东方航空“空铁联运”产品。“中转”方面,协调东航推出百余条中转联程航线,重点推进十条精品中转航线取得良好成效;通过“通程航班服务管理平台”“民航中转旅客服务平台”备案通程组合航线257条。“大市场”建设方面,成立江西民航市场发展联盟,邀请23家省内旅行社加入联盟,在达州、榆林、东营等客源较弱地开展营销推广,通过组织旅游团队稳住航班。冬航季航班换季后,南昌机场航班计划每周2757架次(日均394架次)。换季后,国内客运恢复成都双流航点,加密青岛、太原、舟山3个航点,国际地区上恢复新加坡、曼谷、芽庄。至年底,南昌机场累计通航72个国内客货航点,6个国际客货航点。

【重点项目建设】 2023年,江西省机场集团有限公司贯彻落实“规投融建营”一体化等现代工程理念,完成新型组织管理机构和体系搭建工作,有序推进各重点项目建设。南昌机场T2C指廊及飞行区配套工程通过行业验收,主进场路跨线桥工程建成通车,两站一池迁改工程房主体和二次结构施工全部完成。南昌机场三期扩建前期相关工作有序开展,可研文本正式获国家发展改革委批复。三期扩建工程环境影响评价报告和水土保持方案报告书获批,飞行区工程初步设计完成上报并经民航华东地区管理局评审，货机坪及4、5号下穿通道正式开工。

【运行服务】 2023年，南昌机场放行正常率为91.73%，在全国旅客吞吐量占0.2%以上65家机场中排名第八位，在华东地区排名第一位。所辖各机场旅客满意度测评值均高于年初目标值，南昌机场以90分的成绩，通过局方服务质量管理体系评审，全年未发生重大投诉和重大运输保障投诉事件。南昌机场完成中转区域改造，推出普通中转、通程中转、急特中转、无感中转、预约中转五大服务模式，实现行李直挂、"舱门对舱门"引导、行李免提取等多样化服务。开通首条省际客运"南昌机场—邵武、进贤"客运班线；各机场通过设置"首乘服务岗"、定制"首乘手环"、提供首乘旅客电话预约等多种方式，为旅客提供无缝衔接首乘服务。开展"飞昌快乐·福送万家"航站楼送春联活动，"迎春暖花开，伴幸福同行"妇女节主题活动以及"寻茶之旅，相约春天""一眼千年，寻瓷之旅""江西省省藏珍贵古籍展"等系列活动。

（郭方炜）

邮政管理

【概况】 2023年，市邮政管理局把握市委市政府"一枢纽四中心"建设部署，贯彻年度十大重点任务和邮政快递业更贴近民生七件实事，坚持以综合实力和发展能级提升全面落实南昌省会引领战略，推动全市邮政快递业高质量发展。全市邮政行业寄递业务量累计完成9.61亿元，同比增长19.49%；邮政行业业务收入（不包括邮政储蓄银行直接营业收入）累计完成88.43亿元，增长11.61%。其中，快递业务量（不包含邮政公司包裹业务）累计完成7.95亿件，增长21.74%；快递业务收入累计完成76.54亿元，增长10.01%。市邮政管理局获评"江西省五一劳动奖状"。

【"中国快递示范城市"创建】 2023年，市政府印发《南昌市新一轮创建"中国快递示范城市"实施方案（2023—2025年）》，从完善政策补给、加强基础设施建设、畅通国内国际循环、加大创新应用力度、提升现代治理水平5个维度，明确新一轮"中国快递示范城市"建设工作12个具体要求任务。在《中国邮政快递报》专栏发表副市长赵捷署名文章，宣传快递示范城市创建工作南昌经验。组织主要邮政快递品牌区域总部企业相关负责人赴浙江杭州等地开展调研学习，学习优秀示范城市的创建经验。

【邮政业绿色低碳发展】 2023年，落实省邮政管理局和市委市政府关于行业生态环保工作要求，推进行业绿色转型工作。加快行业绿色发展作为"中国快递示范城市"新一轮创建重点任务，印发《南昌市邮政快递业生态环保2023年工作要点》，细化工作职责，确保绿色低碳发展举措落实到位。组织全市快递企业负责人600余人，开展绿色环保工作专项培训，提升企业生态环保意识，提高行业包装规范化、标准化和循环化水平。将企业生态环保相关内部制度、包装采购、宣传培训等方面纳入专项检查重点内容，定期在行业通报有关问题，督促企业认真履行生态环保主体责任。实施"9218"工程，印发《南昌市邮政快递业塑料污染治理工作三年实施方案（2023—2025）》，推动行业过度包装和塑料污染治理两项工作。

【行业基础设施建设】 2023年，菜鸟中国智能骨干网核心节点二期申通江西省区枢纽中心项目按期完成建设交付。圆通智创物流园项目按计划完成土地转让手续。结合已建成的京东亚洲一号向塘智能物流园项目、菜鸟中国智能骨干网核心节点项目等行业重大建设项目及即将建成的昌北机场空侧综合邮件处理中心项目，全市"一南一北"两大快递服务集群的规划布局已基本完成。至年底，全市拥有已融合3个及以上快递品牌的智能化县区分拣中心27个，基本实现规模化、集中化分拨处理场地在市县两级行政区的全覆盖。推动制订《精品示范网点标准化提升工程的实施方案》，打造精品示范网点线路2条，提升改造沿线标准化网点120家，完成对红角洲、凤凰洲、南昌县沿途标准化网点验收工作23家，精品示范网点改造升级工作6家，涉及快递品牌8家，制作上墙制度牌400余块。

【地方政策支持】 2023年，推动市政府出台明确县级邮政管理责任部门文件。全面宣贯落实《关于全力做好2023年全面推进乡村振兴重点工作的实施意见》《南昌市服务业高质量发展2023年工作要点》《支持电子商务和商贸物流发展政策实施细则》《关于促进商务经济高质量发展的若干政策措施》等政策文件，指导快递企业申报"推进农村寄递服务水平""鼓励寄递企业做大做强""支持A级物流企业创建"等资金奖补项目，7个品牌11家企业获得110余万元奖补资金。至年底，全市快递企业享受税收优惠约1600万元，地方航空货运补贴、县域物流体系建设奖补超200万元，人社部门新业态用工就业、稳岗留工补贴补助240余万元。

【快递进村】 2023年，制定出台"快递进村"三年行动工作方案，推进农村寄递物流体系建设，结合南昌文化传统和产业特点，打造一批邮政快递业服务地方产业特色项目，深化邮快合作，推动"快递进村"提档升级。响应省第三批城乡交通运输一体化示范县创建工作，推动安义县“客货邮”融合发展试点工作。推广“交邮”“邮快”合作等共配模式，进贤县“供销＋第四方物流”试点工作和南昌县、新建区探索交邮合作取得进展。鼓励支持邮政企业加快县乡村三级寄递物流体系建设，探索直封到村模式，提升农村地区的邮政服务品质。打通农产品上行通道，培育“赣蟹、煌上煌、老南昌拌粉”等一批快递服务现代农业“一地一品”示范项目。

【快递进厂】 2023年，建成快递企业与制造企业共同仓储、寄递和信息服务功能的省级供应链仓储基地2处，县区级仓储物流基地8处，初步形成集约化与规模化协同发展模式。重点培育“江铃汽车配件”“洪都航空配件”等本地大型制造业与快递业融合发展项目，持续壮大“快递服务文港文房四宝”等典型“寄递＋”项目规模，打造“鸿利智达光电”“迅特通信”等项目，重点发展邮政、顺丰等一批快递服务电子信息产品高质量项目，至年底，“寄递＋制造业”业务量累计完成9078万件，支撑产值超200亿元。

【快递出海】 2023年，对接有关部门推进邮政昌北机场空侧综合邮件处理中心项目建设，工程生产主楼主体结构已完成。现场核查并同意一起本土国际快递企业经营许可申请，弥补江西空白。推动南昌国际邮件互换局、南昌国际快件监管中心、南昌跨境通关口岸的国际邮件、快件、跨境电商监管“三关合一”建设，通过集约化通关新模式，实现对国际邮件、快件和跨境电商的进出口装卸、集中查验、转关监管、检验处理等海关通关服务“一站式”办理。至年底，开通邮政海外仓16个、南昌—深圳—日本大阪的邮政自主航线、“赣邮宝”美向和欧向商业快件出口渠道。

【邮政普遍服务提升】 2023年，印发《南昌市邮政普遍服务质量提升攻坚战指导意见》，明确全市邮政普遍服务质量提升攻坚战贯穿全年，突出抓好五项重点工作，即“四个全面提升＋一个万无一失”（服务乡村振兴能力全面提升，综合服务平台建设全面提升，寄递服务质量全面提升，落实寄递渠道安全管理责任全面提升，确保邮政机要通信“万无一失”）。指导督促市邮政分公司针对邮政普遍服务存在的短板和弱项研究制定专门的提升方案。督促市邮政分公司及时排查处理邮政普遍服务中的投申诉问题，全年邮政普遍服务申诉率得到压降。强化对邮政企业的执法监管工作，综合运用责令整改、约谈告诫、立案处罚等方式依法依规对检查发现的问题进行处理。利用季度政企联系会议机制，向邮政企业定期通报相关问题，并开展“回头看”实地督导，确保问题整改到位。

【寄递渠道安全管理】 2023年，配合市委政法委完成全市市域治理试点验收工作；配合市安委办完成安全生产专项整治三年行动总结评估及重大隐患排查治理巡视工作。完善属地部门数据信息共享机制，为相关部门提供案件信息2000余条。印发《压实企业安全主体责任 提升行业高效治理能力的措施》，编制《行业突发事件应急预案和人员密集场所事故灾难应急口袋书》，组织全市主要邮政快递品牌省级企业开展无脚本应急救援演练工作。联合12个部门开展平安寄递专项行动，查处整改违规寄递毒品、假冒伪劣商品、烟草等问题101个；开展道路交通安全专项治理，联合市公安交管局进行现场培训，印发倡议书3000余份；做好快递市场秩序整顿工作，加大对企业经营许可资质问题治理力度，打击市场“黄牛”等违法行为，对品牌企业进行行政约谈。认真开展“扫黄打非”、邮政机要通信保密安全监督检查，邮政机要通信连续27年无安全事故。

【平安员队伍建设】 2023年，在全省率先开展平安员试点工作，指导各寄递企业设立专职平安员队伍454人，兼职平安员队伍1059人，实施编号管理，对号制发工作证。制订《全市寄递渠道平安员管理办法（试行）》，同步印发《关于在寄递企业分拨中心和基层网点设立平安员的通知》《关于进一步明确平安员履职工作要求加强行业隐患排查治理工作的通知》。督促各品牌区域总部企业完成对本品牌平安员岗前履职培训工作，组织举办全市平安员专题培训班，邀请市国安、反恐、治安、禁毒、交管、消防6个部门专家及高校老师为全市300余名平安员代表授课。将平安员队伍划分总部平安员、片区督导员、网点平安员3个层级，明确各层级平安员管理职责，充分发挥平安员队伍基层治理作用。至年底，全市平安员累计开展安全自查1.02万家次，覆盖企业网点2174个，发现整改安全问题隐患2295个。

【快递员群体权益保障】 2023年，争取市总工会投入100万元在江西顺丰丰泰产业园建设总面积1000平方米的标准化“职工之家”。指导市快递行业协会与华思健康体检中心合作开展快递企业员工免费公益健康体检服务，“三八”国际妇女节前后面向行业女性推广免费“两癌”筛查，“五四”期间，举办行业青年趣味运动会。联合市总工会、团市委、市妇联等部门开展南昌首届最美快递员评选，举办南昌市第三届“快递小哥”专场招聘会。联合相关部门妥善处理劳资和经营纠纷，开展各类走访慰问活动，至年底，为17名行业先进工作者和33名困难快递从业人员发放慰问金及物资价值50余万元。

（邹梦婷）

城乡建设和管理

城乡规划

【概况】 2023 年，市自然资源和规划局围绕“深入实施强省会战略、持续优化城市布局、拓展城市功能、提升城市品质，打造全国高质量发展示范城市”工作目标，创新规划理念，补充完善相关配套机制，发挥规划调控引领作用，解决道路拥堵、学位不足、老旧小区等问题，为全市经济社会发展提供规划支撑及服务保障。市级国土空间总体规划已上报国务院二次审核；市、县两级国土空间总体规划已上报省政府审核。过渡期土地利用总体规划与“三区三线”划定成果衔接方案编制完成，并已获省政府批复。完成马咀山区域周边、鱼目山周边区域、市动物园改扩建等项目规划编制和优化提升工作。开展城市快速路、跨江临湖通道、轨道线网等专项规划编制，逐步构建“十纵十横十联”城市干线路网格局。

【国土空间总体规划】 2023 年 2 月，《南昌市国土空间总体规划(2021—2035 年)》已通过省政府常务会审议，5 月由省政府上报国务院审批，自然资源部组织部委对上报稿进行联合审查，并提出部际联审修改意见。12 月，已根据部委审查意见修改完善，并经市政府同意后重新上报审核。南昌县、进贤县、安义县和新建区等县级国土空间总体规划已通过县区人大常委会和市政府常务会审议，并上报至省政府审核。根据《江西省自然资源厅关于全面开展乡镇国土空间总体规划编制助力乡村振兴的通知》要求，督促指导各县区开展乡镇国土空间总体规划编制工作。

【规划衔接方案编制】 2023 年，根据《江西省自然资源厅办公室关于做好过渡期国土空间规划管理与“三区三线”划定成果衔接工作的通知》，为保障“十四五”期间重大基础设施和民生保障项目、重大产业项目建设依法依规用地，做好过渡期规划实施管理工作，市自然资源和规划局牵头组织南昌县、新建区、进贤县编制完成过渡期土地利用总体规划与“三区三线”划定成果衔接方案编制，并获得省政府批准。此外，根据县区实际需要，完成安义县东阳镇和新建区西山镇两个乡级土地利用总体规划衔接方案的审查工作，保障全市重大重点项目的实施。

【各类规划编制】 2023 年，提升城市景观风貌，组织开展赣江南大道南延、马咀山区域周边、鱼目山周边区域、市动物园改扩建、昌景黄高铁沿线、市图书馆新馆建筑和周边区域等重大规划设计项目编制。研究城市重大战略性增量区域规划编制，开展高铁东站周边地区、九龙湖片区西部组团、瑶湖科学岛等控规编制及修编工作。优化城市存量空间规划编制，开展江铃老厂区、经开区建业大街、儒乐湖产业片区等存量空间的控规修编及调整工作。开展陆军博物馆、市图书馆新馆、南昌国际会展中心、中小学补短板项目(南昌中学、行知中学和洪都中学)、梅岭观景平台等 10 余个项目选址工作。优化规划体系衔接，创新城市空间治理，开展《南昌市市辖区详细规划单元划定》工作，保障全市国土空间总体规划有效实施。加强文化遗产保护和活化利用，推进《南昌历史文化名城保护规划(2021—2035 年)》修编，提升城市人文魅力。通过精细化设计，优化提升南昌大道、西二环沿线、富山湿地等地景观风貌，打造美观大气的城市门户形象，建设“水清、景美、城优”的高品质生态城区。促进品质提升，参与发布自然资源部指导下的《城市设计·上海倡议》，推动城市设计水平提高。

【滕王阁景区概念规划】 2023 年，为践行习近平总书记考察江西重要讲话精神，聚焦“走在前、勇争先、善作为”的目标要求，践行“人民城市

2023 年，滕王阁景区概念规划

（市自然资源规划局　供图）

人民建，人民城市为人民”重要理念，按照市委、市政府决策部署，市自然资源和规划局于 10 月启动《滕王阁景区还江于民、还岸于民、还景于民及北扩工程概念规划》编制，实现滕王阁景区向北延伸，赣江东岸景观连续贯通，滨江公共空间开放共享，推动城市“中兴”和老城复兴。概念规划是面向实施管理的典型规划实践，规划管理与项目实施全生命周期并行，规划的科学性、经济性、社会性、实施性贯穿编制全过程。规划提出“滕阁古韵北大门，章江晓渡新景区”的总体项目定位。规划特色在于充分彰显赣抚水运文化内涵，强化水陆旅游集散功能，营造市民亲水休闲空间。规划致力于实现集防洪安全、旅游码头和市民观江于一体的滨江新岸线；在交通上促进游线联通，构建多元交通，打造集水上游客集散、滨江绿道贯通、停车配套完善于一体的游线体系；在景观上串联滨江空间，营造文化公园，打造集水运文化展示、市民观江休闲、生态环境提升于一体的文化景观公园。

【市政交通规划】 2023 年，推动城市骨干路网、跨江通道规划建设，完成广州路下穿京九铁路隧道工程、昌西大道北延工程、洪州大道（西）快速化改造工程、S49 枫生快速路、北二环工程、洪腾高架（九洲高架东延工程）等重大重点交通道路和隆兴大桥、复兴大桥、洪州大桥、昌南大桥、鄱阳湖旅游公路桥梁等多条跨江临湖通道的方案制定和审批工作，逐步构建“十纵十横十联”城市干线路网格局，保障城市交通畅通。推动构建综合交通枢纽体系，开展现代化综合轨道交通基础设施规划研究论证，完成《南昌市第二轮轨道交通线网规划（2019—2035 年）》的编制工作，并已获市政府批复，做好轨道 1 号线北延、东延及 2 号线东延等三条延长线的项目规划保障。服务城市水环境治理，综合规划新、改、扩建道路管线，实施雨污分流，全年已完成 300 余条市政道路管线实施的前期规划服务工作。科学规划城市道路全要素设计、完善城市功能配套，组织编制《南昌市街道家具暨道路全要素设计专项规划》，对市政箱体、路灯路牌、交通护栏、道路缘石坡道等 6 个大类 38 个小类道路全要素进行精细化设计和研究，打造美丽城市街道空间。持续做好“打通断头路 畅通微循环”攻坚专项行动，完成赣江北大道上下金山大道匝道等 24 条断头路的规划方案审批。

【城中村改造规划】 2023 年，市自然资源和规划局联合市住建局和各区相关部门成立城中村改造工作专班，对全市各县区城中村情况进行调研摸查。中心城区城镇开发边界内（644 平方千米）共有 166 个城中村（行政村）待改造。按照“上图、上表、上视频”的工作要求，对须改造的城中村逐一进行航拍、编号和基础信息数据入库工作，并建立集 720 度全景影像、卫星航拍、基础信息数据等于一体的空间数据库。坚持“安全为底线、项目为导向、以整治提升为主”的工作原则，将 166 个城中村按照地域远近划分为整治提升，排危慎拆、以整为主，拆整结合、规模控制，酌情拆除等三类改造模式进行分析界定，初步确定前期城中村改造项目共 26 个，其中，拆除新建类 3 个，拆整结合类 20 个，整治提升类 3 个。

【规划管理】 2023 年，深化用地规划条件，将 0—3 岁幼托设施、沿街立面公建化、竖向管控要求及“一江两岸”等沿江临湖地块应编制夜景灯光照明设计方案并负责建设等内容写入用地条件控制条款，作为强制性要求。依法加强用地实施管理，研究制订用地规划条件 28 件，核发《建设项目用地预审与选址意见书》69 件，核发建设用地规划许可证 81 件。开展规划批后监督管理规范化、标准化研究，草拟相关制度办法，推进规划批后监管事项信息化建设，实现规划批后监管事项证照 100% 电子化，全年完成规划查验 467 项、规划核实 335 项，核实建筑规模 1595 万平方米。开展违反建设规划许可“私搭乱建”问题摸排，形成工作总结报告完成相关数据系统录入。核发建设工程规划许可证（建筑类）853 件（涉及 70 个建设项目），总建筑面积 521.45 万平方米，代市政府征收市政公用设施配套费 2.58 亿元。

【社区规划师试点】 2023年，制定《南昌市社区规划师工作方案（试行）》；从南昌高校、驻南昌规划设计单位中遴选100余名城市规划、建筑学、园林景观等专业技术人才，构建社区规划师人才库；以红谷滩区为试点，派驻40余名社区规划师对接沙井街道等9个街道（乡镇），在提升人居环境品质、构建15分钟生活圈等规划实践中充分发挥专业优势，打通规划落地的“最后一公里”。

【规划展示】 2023年，做好南昌市规划展示中心维护运营，全年完成接待16.1万人次，其中，市民参观总人数14.4万人、政商接待448场、其他接待人数1.3万人（机关事业单位8000人、企业5000人）。举办“世界青年说”“社区规划师讲座”“小小城市讲解员”“规范使用地图”等各类活动25场。全年累计推文46篇，各类媒体报道64次，阅读量超110万人次，实现城市与市民的关联，形成良好的互动体验。南昌市规划展示中心获“自然资源部科普基地”“陆军步兵学院政治理论课程实践教学基地”“南昌市党性教育重点基地”“南昌市外事参访点”“南昌市中小学素质教育实践基地”等称号。

（熊 杏）

城乡建设

【概况】 2023年，市住建局围绕市委、市政府决策部署，坚持“项目为先、实干奋进，争分夺秒拼经济”工作主线，推动城乡事业高质量发展。市建设投资集团有限公司围绕“省会引领”战略部署和“一枢纽四中心”发展定位，主动融入全市经济社会发展大局，扛起“城市建设”重任，以“城市建设主力军”的担当，为南昌城市建设特别是拉开城市框架、打通城市交通方面贡献建投力量。市建设投资集团开工及在建政府指令性项目19个，总投资494.52亿元，年度计划投资78.47亿元，全年完成投资81.58亿元，完成率104%。全年新增直接融资96亿元，占新增融资比重48.08%，全年新增间接融资103.65亿元，占新增融资比重51.92%。市重点公共建设项目管理中心树牢“抓项目就是抓发展、谋发展就是谋未来”工作理念，把握“抓协调促前期、抓前期促开工、抓调度促进度”的推进原则，紧扣市重大重点项目投资计划，通过倒排工期、挂图作战、协调调度，推进项目建设，为城市建设重大重点项目实施提供有力保障。市重点项目管理中心协调推进的城建口重大重点工程项目共97项，已开工项目年度计划投资279.4亿元，累计完成投资299.6亿元，占年度计划投资的107.2%。全年共组织召开城建口重大重点项目协调会议38次，印发会议纪要38份，涉及66个（含历年重大重点项目）项目，协调推进226件事宜。召开调度会议19次，涉及45个项目，协调解决151件事宜，做到全力以赴推进项目、务实高效调度项目、精准施策保障项目。

【绿色建筑发展】 2023年，为加快构建全市碳达峰“1+N”政策体系，科学、稳妥、有序推进城乡建设领域碳达峰工作，完成《南昌市城乡建设领域碳达峰实施方案》编制并印发实施；全面落实《南昌市推进绿色建筑发展管理工作实施细则（2021—2025）（2022修正）》要求，城镇规划区内新建民用建筑全面实施绿色建筑建设标准，持续开展星级绿色建筑标识认定，推动三星级绿色建筑建设，在全省城镇绿色建筑发展和物业管理工作推进会议上就绿色建筑发展作优秀经验交流发言；印发《关于开展南昌市建设领域绿色建材产品信息登记的通知》，探索绿色建材推广应用路径，推动绿色建材在全市城乡建设项目中的应用。至年底，全市绿色建筑项目竣工面积1710.94万平方米，在新建民用建筑中占比94.16%。

【装配式建筑】 2023年，为加强装配式建筑项目源头把控，形成装配式项目建设全过程监管体系，印发《关于进一步明确南昌市装配式建筑项目参建单位有关责任的通知》《关于进一步加强部门联动、协同推进南昌市装配式建筑工作落实的实施方案》。7个项目入选省装配式建筑示范工程案例（第一批），向省厅推荐36名装配式建筑专家，为全市装配式建筑推进过程中的技术规范、政策文件的制定，项目评审，检查、督导考核等环节提供技术支持。分别于5月12日、9月15日召开装配式建筑业务培训会，针对企业技术骨干、机关干部进行宣贯培训，引导相关企业技术负责人、业务骨干加深对装配式建筑的认识和了解。

【海绵城市建设】 2023年3月，在全省系统化全域推进海绵城市建设工作培训会议上，向全省各地市介绍南昌市系统化全域推进示范城市建设实施情况。全市海绵城市建设工作入选市委2022年度南昌市全面深化改革优秀案例，江西电视台《江西新闻联播》节目报道南昌市鱼尾洲公园项目海绵城市建设先进经验。4月，完成2022年度国家海绵示范城市绩效考核迎检工作。《南昌市海绵城市建设管理条例》经市十六届人大第十八次全体会议审议通过，已报送省人大常务会议审议。印发《南昌市2023年城市管网及污水处理补助资金使用方案》，将中央补助资金2.2亿元下拨至各县区。7月，受邀参加第四届湖南省绿色发展博览会，在“中部地区绿色崛起海绵城市建设”高峰论坛上作为中部地区六个省会城市中唯一一个国家级海绵示范城市分享南昌市海绵城市建设经验做法。11月，参加在江苏昆山举行的海绵城市建设工作会议，宣传南昌市海绵城市建设示范城市经验做法，并与其他城市交流海绵城市建设试点、示范的经验、做法和案例。10—12 月河北秦皇岛市、安徽六安市、湖北襄阳市先后赴南昌市学习考察海绵城市建设项目、立法、机制体制等方面的经验做法。至年底，全市城市建成区内累计已建成海绵城市达标面积 159.93 平方千米，占 2022 年末城市建设区域面积的 42.4%。

【“十纵十横十联”干线路网建设】 2023 年，为适应新发展格局及大南昌都市圈发展新需求，南昌市围绕“十纵十横十联”骨干路网体系，助力“一枢纽四中心”建设，有序推动城市“东进、南延、西拓、北融、中兴”。至年底，已形成“城市快速路一环线 + 城市快速路二环线 + 南昌市绕城高速 + 南昌市第二绕城高速”的市域“四环”路网。随着“十纵十横十联”干线路网的逐步推进，未来南昌交通将达到“103060”目标（“10”是指 10 分钟内上骨干道路，“30”是指 30 分钟内上高速路，“60”是指 60 分钟都市圈可达）。

【洪腾高架主线通车】 2023 年，洪腾高架是南昌“十纵十横十联”干线路网的重要组成部分，连接洪都大道、高新大道、昌东大道、天祥大道，串联起南昌东站及福银高速等重大交通基础设施，对推进南昌“东进、南延、西拓、北融、中兴”城市发展战略，提升道路网络服务功能等级具有重要作用。洪腾高架通车后，将与九洲高架、朝阳大桥、前湖大道快速路共同构成一条完整的东西走向快速路，市民可快速从湾里抵达南昌东站。1 月 18 日，洪腾高架（洪都大道—昌东大道）主线正式通车；12 月 26 日，洪腾高架主线（昌东大道至南昌东站）实现通车，至此，洪腾高架全线主线实现完整连通。

【洪都立交节点改造工程竣工】 2023 年，洪都立交节点改造工程于 2022 年被纳入全市“胡子工程”攻坚行动。该工程位于洪都高架、洪腾高架交接处，处于京九铁路正上方，上跨江铃立交匝道、井冈山大道等交通干道。是联通南昌一环和二环交通路网的重要工程，也是从根本上解决九州高架交通拥堵问题的关键项目，该项目于 3 月 31 日实现竣工通车，进一步畅通南外环，优化城市快速路网。

【桃花南路快速化改造工程通车】 2023 年，桃花南路（九洲高架—昌南大道）快速路改造工程位于南昌市赣江东侧朝阳片区，北起九洲高架，南至昌南大道，是城市“十纵十横十联”干线路网的重要组成部分。项目实施改造总里程约 3.2 千米，包含主线高架桥，互通立交改扩建，地面道路改造，过街天桥等。工程于 1 月 18 日主线高架建成通车，地面道路交通开放分为两阶段，第一阶段通车时间为 10 月 2 日，通车路段为九洲大街（含）以南至南昌大道中；第二阶段通车时间为 10 月 5 日，通车路段为九洲大街以北至云天路口段。地面道路通车后，将打通朝阳片区支线路网与南一环路、南昌大道、桃新高架互通栓结，缓解朝阳片区路网日益拥堵的现状，为沿线各路口的进出提供廊道交通服务，承担着朝阳片区与朝阳新城居住组团、华侨城文旅组团等沿线各片区的通勤交通进出功能，保障通过性交通功能的同时，服务沿线用地的交通集散需求并加强节点转换能力。

【丹霞大道主线通车】 2023 年 4 月 28 日，丹霞大道（沿江北大道—青山湖北大道）道路及综合管廊工程主线正式通车，成为城市快速路网的重要组成部分。工程西起沿江北大道，东至青山湖大道，途经青山北路，全长 1.85 千米，其中，沿江北大道至青山北路段 380 米（东湖区），青山北路至青山湖北大道段长 1.47 千米（青山湖区）。设计为城市主干道，双向六车道，设计时速 60 千米。工程主要包括道路、排水、桥梁、照明、交通工程、绿化、综合管廊工程等。丹霞大道的主线通车贯通赣江新区和青山湖区，成为连接这两个区域的重要道路。项目通车后，将

2023 年，桃花南路（九洲高架—昌南大道）快速化改造工程通车

市政公用集团　供图

完善南昌市北部地区的路网结构，连通沿江北大道，打通断头路，分流从青山湖大道进入沿江北大道快速路的车辆，方便市民出行。

【高铁东站新区建设】 2023年，南昌高铁东站新区项目位于青山湖区罗家镇境内，距离中心城区约16千米，总投资约206亿元（含近期与远期建设内容），近期实施的10平方千米核心区规划范围东至铁路站房、西至深圳大道、北至洪腾高架、南至南通路，远期将扩展至22平方千米，涉及的主要建设内容为市政路网、站前广场、安置房、水系以及配套公用设施等。按照“三年基础设施基本成型，五年新城片区初步建设”的总体目标，采取“多主体共建共享、多环节融合推进、多渠道资金平衡”的片区综合开发模式，计划利用五年时间，将高铁东站新区打造成以交通枢纽为基础、创新产业为主体，公共服务发达，自然生态良好，宜居宜业的活力新区。自11月28日南昌高铁东站开通运营工作指挥部成立以来，各单位工作专班稳步推进高铁东站片区路网建设、交通组织、交通指引、交通管控、环境整治等工作，完成开通运营各项保障工作，12月27日昌景黄高铁及南昌东站正式开通运营。至年底，高铁东站新区项目共完成年度投资约97亿元，洪腾高架主线完工，东站配套建设项目中13条市政道路和南北匝道桥主线均完工，已开放交通，市政配套站前广场已投入使用，相关配套设施也已全部完成。

【西外环高速路灯照明工程开工】 2023年7月28日，南昌市西外环高速路灯照明工程随着第一个路灯基础的开挖正式开工，该项目作为市人大票决十大民生项目之一，起于九龙湖南收费站沿西外环高速往北至枫林互通段，线路长约57千米（主线长约38.5千米，匝道长约18.5千米），项目主要建设内容含路灯及基础安装、线路敷设、防雷接地、箱变设置、外电接入、绿化破坏恢复等。全线共计安装路灯约3200盏，路灯箱变18套，路灯控制箱20座，敷设线缆约13.2万米，绿化破坏恢复面积约7万平方米。项目的实施为西外环高速公路车辆夜间通行创造更加安全的条件，对提升南昌城市形象有着重要意义。

【北二环项目首榀预制箱梁浇筑完成】 2023年，南昌北二环项目全长7.61千米，其中北二环二期（公铁大桥合建段立交互通工程）起于南昌县蒋巷镇蒋巷大道，途经东湖区扬子洲镇杨新路，西至经开区金山大道，包括蒋巷立交、扬子洲立交、金山大道立交，全长5.51千米。项目建成后，对于完善南昌市骨干路网结构，提供城市组团间中长距离客货便捷交通具有重要的作用。8月1日，南昌北二环项目首榀预制箱梁浇筑完成，标志着项目建设正式进入箱梁预制生产阶段，为箱梁架设打下基础。

【西二环高速项目全线路基成型】 2023年，作为省市重大重点项目的南昌西二环高速项目已全面进入桥梁上部结构施工。全线预制梁片9000片，已完成5958片，完成率66%；已架设箱梁4590片，完成率50%。全线路基已基本成形，其中主线路基填筑完成95%，主线涵洞通道全部完成。路面工程已开始全面启动，其中底基层已摊铺12千米，水稳下基层已摊铺11千米，水稳中基层已摊铺9千米。梅岭隧道已累计开挖2836米，完成率52%。该项目建成后，将形成从南昌至省内其他设区市2小时，到周边省会城市3小时的综合交通格局，对促进江西省区域协调发展，对促进地区资源开发利用和经济发展具有重要作用。5月4日，省交通运输厅印发《关于2022年江西省高速公路、大型水运工程省级平安百年品质工程创建示范考核评价情况的通报》，南昌市绕城高速公路西二环项目获评2022年度江西省平安百年品质工程创建示范项目。通报指出该项目对60米钢混组合箱梁等特殊结构设置永久性位移观测点，设计水平提升；创新应用砼升降温专用冷（热）双模机组，提升混凝土的品质，质量通病治理成效明显。

【施工许可改革】 2023年，为推进工程建设项目审批制度改革，持续优化营商环境。市住建局推进施工许可“三分核发，满分服务”改革，破解项目施工许可审批难题，助推项目建设提速增效。施工许可“三分核发”，允许建设项目分阶段进行施工图设计文件审查，对房建项目按“土方开挖、基坑支护及基础工程、地下室、±0.000以上及室外工程”三个阶段或单体工程分批次，市政线性工程按桩号核发施工许可证。施工许可“容缺审批”，对政府已立项决策实施的政府投资重大重点项目，可采取用地预审意见和选址意见书、建设项目设计方案审查意见书等材料代替正式用地、规划审批文件，绿色建筑审查合格意见书等采取“容缺+告知承诺制”方式先行核发施工许可，未及时补正材料的撤销施工许可并纳入信用监管。施工许可“三办合一”，施工许可证、质量安全监督手续、人防工程质量监督手续“三办合一”，并联办理，同步入场监督。该项举措让房建项目至少提前3个月开工，市政基础设施项目至少提前6个月开工建设。同时，有助于公共建设项目提早争取各类专项债，房地产开发项目争取获得开发贷。项目取得施工证后，获得合法手续开工建设，既解决项目“未批先建”期间，无质量安全监督问题，减少项目质量和安全隐患，避免行政处罚，也为参评鲁班奖、杜鹃花奖等国内、省内工程质量奖项工程创造条件。

【"打通断头路 畅通微循环"行动】 2023年3月1日,《2023年度南昌市"打通断头路 畅通微循环"攻坚专项行动推进计划》经市政府常务会审议通过并印发,下达全市"打通断头路 畅通微循环"攻坚专项行动计划,项目共计44条(市政府年初下达的民生实事人大票决项目任务42条,按照市委、市政府部署新增2条),总投资13.3亿元,总长度23.1千米,年度计划通车36条。各县区对照全市"打通断头路 畅通微循环"实施项目推进计划表,按"清单化管理、项目化推进、责任化落实"要求,细化任务、明确要求、落实责任,推动"打通断头路 畅通微循环"攻坚专项行动。至年底,康中路、康北路、创业路、高兴三路、利民路、芳雅路、天城路、启华路、芳林路等38条道路已通车,超额完成年度通车任务。

【建设工程消防设计审查】 2023年,学习借鉴外地经验,专报市政府并获同意,以公开招标的形式确定3家单位协助开展消防设计审查,有效解决消防设计审查存在图审机构消防技术审查质量不高、违反强制性条款频发、审批人员缺乏、审批人员专业水平难以满足消防设计审查要求等问题,补齐消防设计审查审批质量短板,充实消防设计审查专业力量,提高审批效率。为解决不同单位、不同人员对部分规范条文理解不一致、评判尺度不统一的情况,组织编制并印发《南昌市消防设计技术审查要点(2023年版)》,对理解存在分歧的条文进行明确和细化,统一规范条文的理解,规范消防设计技术审查管理。

【规范建设工程消防验收】 2023年,规范全市建设工程消防验收工作,市住建局调研先进城市的消防审验工作经验,多次组织专家论证会,征求各设计院、图审单位及相关单位意见,邀请从事规范编制、消防设计、消防救援的专家成立课题组编制《南昌市建设工程消防验收工作指南》《建设工程消防验收常见问题资料汇编》。工作指南健全消防验收工作制度,规范全市消防现场评定事前安排、事中开展、事后存档等各项工作,压缩现场评定人员的自由裁量权;规范工作流程,完善工作程序,规范工作文书,统一资料存档,确保建设工程消防验收和备案抽查工作全程留痕。同时常见问题资料汇编分别从建筑、给排水、电气、暖通等专业系统地收集整理建设工程中消防验收的常见问题,使消防验收工作人员了解建设工程中消防验收的各个专业领域的常见问题,掌握相应的验收方法和技巧,提高全市从事消防验收工作人员的专业技术能力,使消防验收工作人员能够更加熟练、准确地进行消防验收工作,确保全市建设工程的消防安全达到标准要求,提升全市消防验收工作的整体水平。

【自建房安全隐患排查整治】 2023年,按照《南昌市人民政府办公室关于印发南昌市自建房安全隐患排查整治实施方案的通知》要求,重点聚焦其他类型自建房安全隐患排查和隐患经营性自建房整治销号任务,为推进两项年度重点任务,市自建房安全隐患排查整治工作专班共下发文件80余份,其中下发给各县区的工作提示函41份,组织督导检查组赴各县区开展督导暗访50余次。6月19日,完成全市所有自建房安全隐患排查任务,共计摸排房屋119万余栋,排查出自建房76万余栋,其中经营性自建房3.7万栋。经整治,全市1384栋需要采取工程措施进行整治的隐患经营性自建房已整治销号1375栋,其余9栋因无维修加固价值等待棚改旧改而处于管控状态,隐患经营性自建房整治销号工作已基本完成。全市自建房安全生产领域安全生产形势稳定,未发生安全生产事故。

【工程质量监管】 2023年,市住建局召开全市建设领域"质量月"活动及工程质量管理标准化现场观摩会,通过示范引领、典型引路,全面提升工程质量标准化水平。组织省新宇建设工程有限公司等企业制作住宅工程户内质量分户验收视频、地下室钢纤维金刚砂地坪施工工艺等视频,编制标准化工艺图册。定期对常见质量问题进行统计分析,对开裂、渗漏等质量常见问题开展专项整治。每季度对工程质量投诉反映的问题进行统计分析,供决策参考。总结部分企业质量管理标准化实施经验做法,组织编写《南昌市建设工程质量管理标准化工艺图册》—房屋建筑分册结构篇(2023年版)。至年底,全市创质量标准化示范工地91个,观摩工地9个,市优质工程奖58个,省优质工程奖22个,杜鹃花奖10个,鲁班奖2个。

【BIM技术推广应用现场观摩会】 2023年10月31日,市住建局在南昌保利大剧院项目现场举办全市BIM(建筑信息化模型)技术推广应用现场观摩会。各县区住建部门、市属投资平台、部分房地产开发企业、设计企业、图审机构、施工企业200余人参加会议。观摩会上保利发展江西公司、中建三局等单位分别作主题汇报和专题交流汇报,与会人员还深入到项目施工现场,对土建、钢结构、机电、幕墙和声学装修等创新施工方法利用BIM技术情况进行现场观摩。

(龚　艳　李琰娜　程明圣)

城市绿化

【概况】 2023年,市城管执法局做好绿化养护修剪、苗木补种补栽工作,开展绿地裸土专项整治,对公共区域、道路、树池、临时闲置绿地裸土进行整治。加强树木保护,完成全省第三次古树名木普查工作，对青云谱区井冈山大道等5条道路行道树进行保护。常态化开展绿化彩化工作，开展12条绿化彩化示范道路建设。巩固省级生态园林城市创建工作成果，以打造"宜居宜业、精致精美、人见人爱"为目标，推动城市公园改造提升、绿化彩化示范路建设等工作，打造极具竞争力的高品质生活之城，全方位提升城市园林绿化功能和品质。

【城市绿化彩化提升】 2023年，遵循园林绿化增绿、增花、增彩、增景观、增文化传统和城市精神的思路，组织推进全市12条绿化彩化示范道路建设，总改造提升长度43.9千米，投资2537.91万元。对绿化彩化示范道路两旁的行道树池进行全面改造，推广实用化、美观化、精品化树池，根据道路绿化形式不同，采取格栅板覆盖、卵石覆盖等方式美化行道树池。同时，按照因地制宜、适地适花的原则，根据示范道路不同地形、不同特色，增加彩枝彩叶植物量和草本花卉等的使用，营造多彩城市绿化氛围，采用高中低层次立体造景手法，突出特色景观中心，形成彩点、彩线、彩景；采取日常和节庆相结合的方式，对沿江北大道、阳明东路、洪城路等100条主次干道彩化，重点营造"五一""国庆""春节"节日氛围，在八一广场和人民公园等场所的摆花造型。

【公园提升开放】 2023年，组织召开城市公园和口袋公园方案评审会，按照公园设计规范对全市9个城市公园、30个口袋公园的设计方案进行专家评审，并提出指导性意见和建议。至年底，建设完成城市公园6个，打造口袋公园20个，新增绿地面积178.98公顷。通过开展城市公园绿地开放共享试点，让人民群众可以在绿地上进行各种休闲活动，以满足人民群众搭建帐篷、运动健身、休闲游憩等亲近自然的户外活动需求，全市共涉及12个公园54块绿地开放共享，开放面积18.43万平方米。

【绿道之城形象打造】 2023年，为持续巩固省级生态园林城市创建工作成果，南昌市依托丰富的山水生态资源，探索打造新场景，全方位提升城市园林绿化功能和品质。推进全市绿道绿廊体系建设，不断拓展绿道长度和服务范围，提升绿道品质，构建山水相连的绿道网络。全年，建设提升城市绿道25条，新增绿道118千米，投资额约4733万元，新增社区绿道24千米，投资额763.7万元，全市绿道总长度935千米。

2023年3月15日，市民在艾溪湖湿地公园绿道上慢跑、骑行
（马悦　摄）

【绿化管护】 2023年，对全市道路、街头绿地、公园景区等进行摸排，重点是对冬季未补种补栽的地段进行排查，针对死株缺株、长势不好、有病虫害、品种规格不一等树木，及时进行补种补栽。制定《南昌市园林绿地裸土整治方案》，对公共区域、道路、树池、临时闲置绿地裸土进行整治，全市整治绿地裸土点位540余个，累计整治裸土面积7.9万平方米。加强行道树保护，首次对未纳入古树名木的行道树进行保护，经过实地查看与现场复核，重点对青云谱区井冈山大道，红谷滩区庐山南大道，湾里管理局乐祖路、翠岩路，高新区五星十里香樟路五条路进行保护。

【百花园项目建设】 2023年，百花园项目已完成项目EPC招标并进场施工。项目定位为重要苗木和花卉科研生产基地，集城市花卉苗木产业带动、市管主要花卉生产、城市园林花卉苗木引种研究。建成后百花园基地每年可生产各类草花1000万盆、月季等其他类木本花卉60万盆。常规产能每年可生产草花700万盆、木本花卉40万盆，可屯集苗木1000余株，并向本地花卉苗木生产商提供科技、繁育、示范、销售等全方位服务，从而形成一个具有以点带面能力，推动城市整体花卉苗木行业发展的城市苗圃。

【参展第十四届中国（合肥）国际园林博览会】 2023年9月26日，第十四届中国（合肥）国际园林博览会开幕。此届园博会以"生态优先、百姓园博"为主题，由住房城乡建设部、安徽省人民政府共同主办，合肥市人民政府、安徽省住房和城乡建设厅承办。园内重点建设38个城市展园，包括31个国内展园、7个国际展园。南昌展园位于合肥园博园的中部城市展区B2地块，占地面积2077平方米(长约46米、宽约44米)，园区以观鹤为线索，建造松鹤入口广场、鹤岛、观鹤台和鹤亭广场等景点，打造湖面、白鹤、水草景观，展示南昌最珍贵的“鸟”、最多姿的“水”、最惊艳的“草”。此外，还以安义红土公园为蓝本，展示南昌特有的网纹红土，展现大地自然之美。园区还采用“自然材料利用技术”“海绵城市建设技术”等新技术，在展示南昌全新“亮点”的同时，不断倡导无废环保的生活新理念。

【第35届菊花展】 2023年11月4日，南昌市第35届菊花展开展。此届菊花展以“豫章故郡，发奋南昌”为主题，采用分散布景模式，18个展示位遍布城市各处，方便市民就近感受菊花的清新与艳丽，感悟菊文化的厚重与沉稳，触摸南昌的生机与魅力。18个点位分别是：人民公园(主会场)，八一广场南、北广场，佑民寺广场，子羽路华侨城，丹霞文体公园内(海螺书屋旁)，包家花园文化广场，马兰圩花海公园，磨盘山体育公园，瑶湖郊野森林公园，旭辉广场，赣江中大道长天广场，澄碧湖北广场，青岚湖湿地公园，安义古村广场，蓝天碧水广场，象湖北公园近施尧路景区入口(游客服务中心广场)，绳金塔历史文化街区南门广场，世贸路地铁大厦门口。此次菊花展首次展出荷兰菊系列——“三文鱼”。11月18日，参赛品种“春日见山”喜获花魁，成为此届花展的“菊王”。菊花展持续至12月3日。

【绿化行业指导】 2023年，推动《南昌市城市绿地系统专项规划(2021—2035)》修编工作，结合国土空间规划成果及分区规划修改绿地图斑，完善绿地专项传导内容。落实树木移植审批事中事后监管，制定《关于规范工程建设涉及苗木移植有关事项的指导意见》，明确建设单位、产权单位权责，规范工程建设苗木移植，开展2022年度树木移植批后检查，督促有关单位及时整改问题9个。

(徐宇康)

市政公用事业

【概况】 2023年，国网南昌供电公司围绕全市发展战略部署，践行“人民电业为人民”宗旨，服务“省会引领战略”实施，助力“一枢纽四中心”建设，加快省会电力高质量跨越式发展，提升全市电力保障能力和服务水平，为助力“碳达峰、碳中和”战略目标实现，提供电力支撑。全年，南昌电网发展投入20亿元，完成售电量263.14亿千瓦时，同比增长4.4%，综合线损率2.51%。市燃气集团有限公司(以下简称“南昌燃气集团”)聚焦“成为有影响力的一流城市综合能源服务商和运营商”战略定位，紧扣“稳健有劲 高质前行”发展目标，按照“提素质、建数字、定标准、推精益、重品质、求高效”思路，坚持稳中求进、提质增效，以更大担当、更强干劲践行新发展理念、推进高质量发展。至年底，累计用户总数133万户，销售气量5.25亿立方米，累计投资建设管网长度7414千米，其中高压管网72千米、中压管网2551千米、低压管网4791千米。南昌水业把握稳中求进工作总基调，聚焦“民生服务、产业拓展、提质增效”，推进“9+1”项目攻坚，夯实“5+X”产业体系，构建企业内生增长与外延扩张双促进发展格局。加速新旧动能转换，重点围绕产业拓展、项目建设、资源整合、内部管理、安全生产等方面抓项目、促发展，主要经济指标保持稳健增长，企业发展态势良好。

【电网建设】 2023年，推动城市建设全面升级，7个月建成昌景黄第二回电源，完成复兴大桥、洪腾高架、地铁一号线北延等22项重大重点工程涉电迁改，合同产值3.87亿元。加快推进京港高铁2期、北二环、丹霞路等省市重点项目电力配套以及迁改工程。服务重点企业，建成投运华创外线、樵舍扩主变等工程，助力华创锂电铜箔、欣旺达扩

2023年3月，南昌市2023年电网工程集中开工

(国网南昌供电公司　供图)

大产能项目按期投产。联合政府6次举办电网工程集中开工仪式，深化电网建设协调会等联动机制，协调解决工程建设难题65项。组织做好武汉—南昌特高压工程施工阶段属地协调工作，全面解决外部协调问题，推动武汉—南昌特高压交流（江西段）全线贯通，完成新斗—莲塘等16个网架项目可研，攻坚投产鱼目山扩建等11项基建工程，开工110千伏望新变、洪都变输变电工程，提升红谷滩、青云谱区域供电能力。年度开工率、投产率分别达124%、137%。全年配网建设投入9.9亿元，同比增长按期投运转资中低压工程1046个，10千伏N-1通过率达93.2%、全自愈线路增加176%。驱动南昌全面建设现代城市智慧配电网，率先建成红谷滩高可靠配网示范区，供电可靠性达99.99%，示范区实现“零停电”检修、故障自动研判和快速自愈。助力新能源汽车发展，主产协同布点充电桩102个，改造建成紫阳、前湖两个公交充电站，打造核心区域“一公里充电圈”，充电电量增长87%。

【电力供应】 2023年，提升东新、向塘等区域供电能力，消除30处主变重载风险，加快分布式光伏“四可”建设，引导43万用户参与“智·享节电”活动，可调节能力达到最大负荷10%，保障民生用电。开展“春节零停运”攻坚战，“强运维、防跳闸”春季百日大会战，配网整治百日攻坚战，累计开展线路巡视1220条，通道清理3927千米，消缺907项，频停线路、低电压台区数量分别压降38%、44%；出台频繁停电专项整治工作实施方案，累计梳理频停线路70条、防雷线路376条，编制专线整治台账表，全面倒排计划建档销号。构建不停电作业主产协同模式，等效作业次数达1.23万次，台区平均停电时长下降52.5%。在全省率先利用全自动FA技术，应用线路达345条，将故障处置时长缩短至秒级。

【电力服务】 2023年，推行1250千伏安及以下单电源高压业扩工单现场答复，高压供电侧办电时间、低压非居民全流程接入时长分别压缩至5.1个、4.5个工作日，再降17%、6%；高压业扩平均时长压缩至40.8个工作日，为全省最优，用电报装满意度指标全省第二位。落实国家级园区、充电桩、光伏扶贫等项目供配电设施建设至客户红线，对接市发改委、市自然资源局等部门，持续优化电力营商环境，促成用户红线外政府投资“零的突破”，推动电力接入工程费用分担机制落地，节约客户办电成本1.12亿元。深化“办电e助手”、i国网移动终端等线上功能应用，推行“云签约”“云验收”“刷脸办”“一链办”，贯通政企数据平台，一次性获取办电所需证照，自动获取所需证照次数13万次，线上办电率达99.97%。全年2046个光伏扶贫项目扶贫容量8710千伏安，光伏上网电量895.72万千瓦时，电费结算完成379.56万元，结算及时率100%。投入农网资金8.53亿元，占全市配电网投资86.71%，支撑新能源汽车下乡、家电下乡行动，推动电养殖、电采茶等一批乡村电气化项目落地。全年完成17个供电所充电设施建设，37个供电所完成充电桩立项。将光伏发电与充电桩有机融合，打造梅岭时光停车场“光伏车棚+充电桩”光伏扶贫工程。全年完成29个“村网共建”电力便民服务点创建，湾里立新村和安义县京台村2个村网共建示范点获得国网公司授牌。

【气化南昌】 2023年，为改善老旧社区居民生活品质，南昌燃气集团推进“气化南昌”民生工程。至年底，累计完成老社区管网覆盖18万余户，其中主城区内老社区管网覆盖12.8万户，约300个老社区的10余万名居民施工通气，为居民“燃”起幸福生活。开展免费“换装行动”，对超期服役的燃气表免费更换为物联网燃气表，提升用户的便利性。至年底，已为109个小区更换超期服役表7.09万块，让市民告别超期“服役”燃气表，享受更安全、便捷的燃气服务。

【燃气服务】 2023年，为提升燃气服务水平和效率，南昌燃气集团率先推出企业微信，开启客户服务“智慧化3.0”时代。全市21.13万户居民用户配备专属“燃气管家”，打通企业与用户的“最后一米”服务距离。为加快推进全市餐饮等公共场所燃气“瓶改管”工作，南昌燃气集团响应市燃气安全整治专项攻坚行动，加快瓶装气用户“可改尽改”，助力南昌打造区域性营商环境标杆城市。至年底，已完成485家餐饮户的“瓶改管”工作，切实筑牢燃气安全“防火墙”，保障人民群众生命财产安全。在冬季寒潮期间，随着天然气用气量剧增，12月22日，南昌燃气集团天然气供应量达到280.1万立方米，其中工商用户用气量150.1万立方米，居民用量130万立方米，创下单日用气量新高，同比增长36.4%。为确保全市安全稳定供气，南昌燃气集团吹响“保供号角”，全面进入天然气保供“临战状态”，确保全市天然气安全稳定供应。

【供水保障】 2023年，南昌水业抓项目建设，夯实产业根基，加大供水保障能力，累计供水量4.67亿吨，新建市政供水管网19.5千米、小区管网178.6千米；加快水厂升级改造和专项工程，全年启动并开展水厂技改工程60余项，同时推进赣江市区段取水口优化调整工程。

【管道直饮水】 2023年，城市供水项目上，在做好城镇供水的同时，在全市范围内开展管道直饮水的推广、建设、运营工作，解决城镇供水“最后一米”的问题，满足老百姓对高品质生活用水的期待，全年共接洽项目300个，落地29个，其中通水运营18个，涵盖企事业单位、居民小区、中小学校、大中专院校，服务人数6万人。

（傅裕斌　付欢春　刘彦薇　邓　蕾）

2023年南昌地区社会用电构成一览表

表8　　单位：万千瓦时

类型	用电量
合计	3070131.92
一、全行业用电总计	2485227.49
1. 第一产业	19353.15
2. 第二产业	1441566.34
3. 第三产业	1024307.99
二、城乡居民生活用电总计	584904.43

（资料来源：南昌供电公司）

城市交通

【概况】　2023年，南昌公交总资产53.29亿元，净资产22.89亿元，在岗人员6181人（其中驾驶员4089人），营运线路379条，公交车辆3885台，线路总长8677.2千米，日客运量49.64万人次；公共自行车2.1万辆，共享电单车2.6万辆，综合性公交枢纽站18个、首末站47个、停车场51个。南昌轨道交通集团围绕"项目为先、实干奋进，争分夺秒拼经济"工作主线，以"推进管理优化，实施市场化、数字化转型"为抓手，推进地铁建设、运营服务、地铁经济等各项工作发展。全年，实现营业收入29.32亿元，占年度计划25亿元的117.28%，累计实现利润总额1.57亿元，占年度计划1.21亿元的129.75%，同期增长42.52%；资产总额1289.31亿元，同比增长15.29%；净资产总额573.65亿元，增长8.47%；累计上缴税费7.28亿元，增长89.66%。

【线网优化升级】　2023年，新辟赣江新区、高铁东站等区域2条公交线路，取消8路、19路等12条公交线路，优化调整39条公交线路，加快构建更加贴合市民需求走向的快—干—支—微四级公交网络，全年客运量1.64亿人次；分批分类优化班次间隔，推行近郊、远郊、镇村线路定班定点精准运营模式，完成3337张查询码、131条定班定点线路发班时刻表张贴工作，让市民做到"掐点乘车"。投资5048万元，购置106台高品质公交车投入运营，车辆能源结构持续优化。

【定制公交】　2023年，围绕市民通勤、就医、购物、商贸等需求，南昌公交推行进学校、进企业、进园区、进医院、进中心、进小区"六进"活动，开通菜农专线、社区专线、家企专线、家校专线等190余条定制公交，实现定制业务收入约9400万元，日均服务12.78万人次出行，并吸引大量自驾车主放弃开车，乘坐定制公交通勤，公交吸引力得到提升。

【特色公交】　2023年，为策应"引客入昌"战略，南昌公交探索打造"交旅融合"发展模式，策划推出"网红铛铛车打卡专线""双层巴士旅游观光专线""畅游西湖公交专线"等系列特色旅游线路，助推全市周末及假日经济发展。其中，"网红打卡铛铛车"推出便成广大游客打卡的"热点、亮点、爆点"。同时，精心打造7条敬老爱老专线，十米车厢内外彰显城市公交的服务温度。

【共享电单车】　2023年，为迎合客运市场变化，补齐公交产业链条，南昌公交取得南昌县1万辆电动车投放经营权并于6月正式投运。同时，将市区1.6万辆电动车和南昌县1万辆电动车合并运营，形成规模效益和品牌效益。至年底，共享电单车项目累计注册用户370万人次，日均租借量5.9万人次，成为企业探索转型发展的一条新路。

【地铁建设】　2023年，南昌轨道交通集团入选市重大重点项目库的项目9个，项目推进进度达到预期。南昌轨道交通1号线东延、北延、2号线东延三条延长线各节点稳步推进，19座车站18座已封顶，42个单线区间27个已贯通。至年底，完成

2023 年 9 月 28 日，南昌地铁 1 号线东延线跨湖隧道——瑶湖东站至瑶湖西站区间实现双线贯通

（南昌轨道交通集团　供图）

年度投资计划的 120.75%。开展第三期建设规划申报工作，与国家发展改革委、省发改委沟通，加速申报进度。

【地铁运营服务】 2023 年，南昌轨道交通集团为方便市民出行，提高市民出行体验，主动缩短行车间隔，推动地铁行车间隔进入“3 分钟时代”，总体运力提升约 20%，全年线网客运量 3.81 亿人次，日均客运量 104 万人次，单日最高客运量刷新历史最高纪录，达 268.26 万人次，客流强度长期位列全国前十。线网列车正点率 99.99%，运行图兑现率 99.99%，均高于行业标准。推出“阳光纳凉区”“阳光寄存”“阳光爱心预约”等 10 余项惠民生、暖民心举措，首次推出为期 100 天的夏夜“限时免费”乘车活动，让利于民 1300 余万元，助力南昌夜间经济发展。保障节假日及烟花晚会、跨年夜、龙舟赛、演唱会等 22 次大型活动期间的出行需求，助推南昌城市经济发展与网红城市打造。第三方乘客满意度达 9.48 分，位居行业前列。根据公布的南昌市轨道交通服务质量评价结果，南昌地铁各项运营关键指标评价均优于国家标准，服务质量千分制考核得分 977 分，综合服务水平获得市民的认可。

【地铁经济】 2023 年，地铁经济实力增强。地产开发完成土地战略收储 323.33 公顷、正式收储 40.53 公顷，实现出让金返还 4.56 亿元，自主开发项目“轨道丨景秀未来”即将开售。资源经营实现管片、商混等业务营收 3.24 亿元；供应链金融实现营收 11.56 亿元，贸易业务外拓实现突破，业务资金回款及时，提升企业创收能力；拓展南昌地铁项目合同额 8.9 亿元，初步实现“走出去”业务目标；方轨道交通产业园“建设、招商、运营”，年内完成注册（迁址）落户企业 25 家，完成签约项目 33 个，新增签约金额 45.5 亿元，完成年度计划的 101%，税收超 4025 万元。

【地铁科研创新】 2023 年，《复杂环境下富水砂层地铁车站基坑变形计算与防控技术》获中国施工企业管理协会 2023 年度工程建设科学技术进步奖一等奖，《富水砂层与泥岩复合地层盾构隧道施工安全关键技术及风险管控》获中国安全生产协会第四届安全科技进步奖一等奖，《富水软硬不均地层地铁盾构隧道稳定性控制与施工关键技术》获 2023 年度中国交通运输协会科学技术奖一等奖，《富水砂层—泥质岩地层地铁施工变形防控理论与技术》获 2022 年度江西省科学技术奖进步奖二等奖。

（丁南昌　刘骏毅）

城市水利

【概况】 2023 年，市水利局抓好水旱灾害防御、水生态文明建设和水利建设、管理、改革等各项工作，实现全市水利高质量发展。加快推进重大水利工程建设，超额完成赣江下游尾闾综合整治工程建设年度目标任务，开工抚河下游尾闾综合整治工程及河湖水系连通工程。加强水利基础设施建设，实施长堎河幸福河湖建设，启动 3 处涝区治理，实施 3 座灌区项目改造，治理水土流失面积 1460 公顷。市水利局获全省水利综合考核优秀等次。

【水旱灾害防御】 2023 年，全市共出现 34 次降水过程，19 次强降水过程，平均降雨 1684.5 毫米，与常年同期持平，江河水情总体平稳，赣江、抚河、锦河、信江、潦河洪水位均在警戒线以下。市县水利部门做实水旱灾害防御工作，完成 66 处水毁灾毁工程修复，完成 2 轮水利工程防洪隐患大排查，整治隐患 74 处；储备防汛草袋 151.5 万条、橡皮艇 62 艘等各类防汛物资；排涝 2000 万立方米水量；安排 100 万元抗旱资金，全年未出现洪涝灾情和水利工程险情报告，实现江河无倒堤、水库无垮坝、人员无因灾死亡的防汛目标，保障农业生产和人畜用水安全。

【推进赣江尾闾综合整治】 2023

年，市水利局加快推进赣江下游尾闾综合整治工程建设，按照“质量为先、速度为要、安全为本、节约为上”的工作要求，通过四支联动建设，全年累计完成投资16.45亿元。至年底，赣江尾闾工程主支枢纽已完成泄水闸检修桥T梁、船闸钢混组合梁和现浇箱梁施工，中支枢纽已完成泄水建筑物工程、挡水建筑物（连接段）工程和鱼道工程施工，南支枢纽已完成防渗墙、船闸L形门机和金结闸门安装，北支枢纽已完成挡水建筑物（连接段）工程、鱼道工程和管理用房主体结构施工。

【抚河尾闾综合整治启动】 2023年2月6日，抚河下游尾闾综合整治工程及河湖水系连通工程作为省市县三级“项目大会战”主会场开工，工程由中国水利水电第八工程局承建。计划总投资20.05亿元，建设内容包括新建塔城枢纽、八字脑闸、荏港闸、金凤闸（瑶湖引水闸）、荏港至西洲段7.3千米水系疏通整治等。至年底，已完成塔城枢纽、八字脑闸临建施工，累计完成投资3.77亿元。

【赣江尾闾综合整治质量问题整改完成】 2023年，市水利局抓好赣江尾闾质量问题整改落实，聘请中国水科院开展工程质量监测评估，排查发现工程外观质量问题468处。12月12日，赣江尾闾工程质量问题整改工作验收会议召开，经现场查验、查阅资料、质询、评议及内部充分研究讨论，赣江尾闾工程452处外观质量问题全部整改完成，整改效果均达到验收标准，混凝土外观效果提升，南支枢纽船闸底板16处问题已全部整改完成，整改完成率达100%。

【赣抚尾闾专班组建】 2023年3月20日，市水利局组建赣抚尾闾工程项目监管服务专班，专班下设3个小组，分别负责主支和北支工程、中支和南支工程、抚河尾闾及水系连通工程监管服务。11月7日，重新调整充实专班人员，下设综合组与驻现场组，驻现场组分4个小组，分别负责主支和北支工程、南支和中支工程、塔城枢纽工程、水系连通工程监管服务。专班实行3天72小时轮流驻点和旁站式监管服务，至年底，累计进驻超600余人次，发出工作提示7期，发现并督促整改问题101个。

【富大有堤维修加固工程启动】 2023年，富大有堤位于南昌市东北侧八一大桥以下赣江南支南岸，堤线全长16.56千米，维修加固工程由山东齐鸿工程建设有限公司中标承建。12月开工，计划总投资4157万元，建设内容包括对富大有堤1.6千米堤脚抛石固脚、对沿线4座电排站前池清淤和拆除重建沿线6座穿堤建筑物外河侧消力池等。

【吴公庙机电设备维修改造完成】 2023年，吴公庙电排站位于南昌市城东地区，机电设备更新改造工程由江西丰美建设工程有限公司中标承建。1月19日开工，计划总投资1119.37万元，工程建设内容包括10套主水泵机组及出水系统、辅助设备改造更换和新增机组在线监测系统及一路供电线路。4月，工程完成验收，累计完成投资728万元。工程改造后，吴公庙电排站机电设备安全隐患消除，运行安全稳定，满足艾溪湖治涝区10年一遇排涝标准下的排涝运行要求。

【乌沙河泵闸枢纽工程主体完工】 2023年，乌沙河泵闸枢纽位于南昌市昌北城区乌沙河入赣江口，工程由中国水利水电第16工程局有限公司中标承建，总装机容量1.75万千瓦，是一座以排涝为主、兼顾城市环境用水安全的大型水利枢纽工程。至年底，乌沙河泵闸枢纽工程最后一台水泵机组安装完成，工程主体完工。

【金融支持水利高质量发展产融对接会】 2023年2月27日，南昌市金融支持水利高质量发展产融对接会召开。市委常委、常务副市长胡晓海出席并讲话，副市长彭开先出席会议。会上，11个县区政府分别与相关银行签订战略框架合作协议，12个重大重点水利项目分别与银行签署意向合作协议。根据协议，农发行、建行、招行等10余家驻南昌金融机构，与全市重大重点水利项目建设单位将在防洪安全、供水保障、水生态修复、水系连通等方面加强合作，各金融机构将向这些水利项目建设提供145亿元意向性融资额度，并落实办贷优先、规模倾斜、利率优惠等政策，为重大重点水利项目实施提供长期稳定支持和全方位金融服务。

【水利高质量发展项目】 2023年，南昌市实施水利高质量发展项目125个，计划总投资258.14亿元，年度计划投资58.26亿元，至年底，完成年度投资58.48亿元，占比100.38%。93个水利高质量发展新建项目完成年度投资28.05亿元，占年度计划投资31.67亿元的88.57%；32个水利高质量发展续建项目完成年度投资30.43亿元，占年度计划投资26.59亿元的114.45%。

【水利投资】 2023年，南昌市落实全社会水利投资70.45亿元，完成水利投资65.53亿元，其中争取省级以上资金4.94亿元，较上一年度增长28.31%，争取市本级资金1.99亿元，全社会投资额、完成投资额、争取省级以上投资额均创历史新高。组织申报万亿国债项目26个，入围项目8个，争取特殊国债27.05亿元，规模在全省11个设区市中排名第二，占全省水利口落实增发国债资金197.03亿元的13.73%，创造南昌市争取国家水利资金的新高。

【杨家滩电排站通过国家标准化管理评价】 2023年，水利部委托中国灌溉排水发展中心组织流域管理机构和相关技术支撑单位，通过材料审核、专家打分、现场抽查等方式开展大中型灌区、灌排泵站标准化管理水利部评价工作。12月28日，水利部印发《关于第一批大中型灌区、灌排泵站标准化管理水利部评价结果的公示》，杨家滩电排站通过国家标准化管理评价。杨家滩电排站坐落于赣江南支和焦头河交汇处的昌东高新区域，是保障航空城等重要基础设施的现代化防洪排涝电排站。

【河道采砂管理】 2023年，市水利局集中重点水域、重点地段、重点时段开展河道采砂专项整治行动，全年累计开展执法巡查2787次，出动执法9346人次、车辆2082车次，船艇191艘次，巡查里程4.06万千米，查处采砂船舶机具33艘(台)，办理涉水行政案件42起，制订落实赣抚尾闾工程砂石综合利用网格化巡查监管实施方案，形成三级网格化管理模式，实现全天候、全覆盖、无缝隙巡查监管，确保工程实施合理合规综合利用，有效减少非法采砂乱象，切实维护河湖良好秩序。

【“智慧水利”系统建成】 2023年，市水利局完成为期3年的南昌市智慧水利项目建设，累计完成投资约3560万元，建成一套信息标准、一张感知网络、一张地图展示、一个大数据中心、一个水利云平台、一批智慧水利应用的“5+N”智慧水利综合服务体系，纳入重要河道水库超预警现状、城市防洪闸泵运行等情况，接入中小水库71座、重点河道堤防实时水位14个、城区防洪电排站14个、闸站12个、视频监控300余路，基本涵盖重点中小型水库、万亩以上重要堤防、重点河道水域、城区防汛排涝闸泵，构建全市防洪减灾预警体系。12月18日，完成《南昌市城市防洪规划报告》编制并报送省水利厅初审。

(周玉铖)

城市管理

【概况】 2023年，市城市管理和综合执法局围绕建设“可阅读、能感知、有韧性、更宜居”的现代都市目标，实施“强党建、保安全、美环境、惠民生、严执法、抓项目”六大行动，城市环境品质明显提升，城市运行安全总体稳定，为全面落实省会引领战略，打造“一枢纽四中心”实现“两个大幅提升”提供城市环境保障。

【市政设施管养】 2023年，编制《南昌市市政设施养护管理标准(试行)》，印发《关于进一步加强城市家具规范建设和管理的通知》《关于进一步优化灯杆建设标准的函》，为市政设施精细化管理提供依据。加强对城市道路、桥梁、路灯等设施的日常巡查，完成南昌大道中分道路灯提升改造、艾溪湖大桥主拱涂装更新、铁路跨线桥梁涂刷、青山湖、象湖隧道提升改造、枫生快速路路面修补等项目。持续开展城市道路坑洞、路灯、桥隧安全隐患整治，对破损路面进行维修，保障路面安全，整改道路病害共2.73万处，整改面积约32万平方米，整治问题井盖2.07万处，维修涉及路灯4.1万盏。开展户外广告和门店招牌设施专项整治行动，全年拆除各类违法违规设置的户外广告和招牌设施2009处，守护市民头顶安全。实施市管路灯节能改造及功能提升项目，完成英雄大桥、八一大桥、南昌大桥、朝阳大桥、生米大桥5座跨江大桥桥梁防撞主动预警系统安装调试工作，完成八一大桥独柱墩桥梁加固工程。

【市容环境整治】 2023年，加大对餐饮油烟、噪声污染、露天焚烧、垃圾广告、车窗抛物等市民群众反映强烈的违法、违规行为执法力度。共处罚餐饮企业(单位)油烟污染案件14件，查处露天烧烤案件30件，查处社会生活噪声案件33件，查处施工噪声129件，依法处罚张贴垃圾广告案件292件，向公安移交线索231起(其中垃圾广告移送152起，涉黄小广告移送79起)。加强对临时设摊经营区域的监督管理，联动街办、社区共同推进“小修小补”行业疏导点建设，打造群众“15分钟便民生活圈”，充分体现城市烟火气，同时强化夜市街区经营期间巡查，对发现的问题及时整改到位，经各县(区)政府批准的夜市经济街区和临时疏导点共54个。坚持“重源头、严执法、强监督”的原则，对建筑垃圾及散装物料运输车辆污染路面行为做到早发现、快处置。全市共教育、查处建筑垃圾及散装物料运输车身不洁、泄漏、遗撒、挟带污泥等污染路面违法违规行为1681起，累计处罚金额约330万元。

【老旧小区改造】 2023年，把群众满意度作为老旧小区改造工作的出发点和落脚点，对老旧小区进行摸排“体检”，找出设施和服务短板。聚焦“楼道革命”“环境革命”“管理革命”，从“缝缝补补”“碎片化”改造，全面“升级换代”每个小区制定相应的改造内容、改造方案和建设标准，通过“拆改提造管”五方面，解决群众反映的难点、堵点、痛点问题。通过全面统筹保障资金，争取中央补助10.38亿元，省级补助资金8370万元，安排市级奖补3400万元，保障老旧小区改造工作。实施改造303个老旧小区，围绕基础类、完善类和提升类三大主题，主要实施雨污分流、空中管线下地、道路硬化、内外墙粉刷、绿化补植、屋面防水、路灯更换、电动车充电棚等提升改造工程。涉及面积750.12万平方米，惠及居民9.35万户。全市共计拆除违法建设面积4.21万平方米、新增地面普通停车位3533个，改造供水管网1.7万米、排水管网25万米，改造供电管网2.6万米；新建智慧安防小区147个；并通过推广“组团连片、集散为整”的做法，解决老旧小区空间普遍偏小，缺乏设施配套等问题。

【路域综合环境整治】 2023年，制定全市路域环境优质示范路（街）（第一批）实施方案，明确以9条城市快速路、6条城市主干道和桥梁、7个城市出入口的主干道及两侧环境为重点，分批次建设环境优质示范路（街）。以提升路域市容保洁、市政设施、园林绿化、建（构）筑物等为重点，持续开展洁化、绿化、优化、美化等整治活动，打造环境优质示范路（街）。

【铁路沿线环境整治】 2023年，通过采取“线上乘火车看、线下赴实地查、空中无人机拍”等多种方式，全面掌握动态情况，全方位推动铁路沿线环境整治工作，保持铁路沿线市容美观。全市铁路沿线共拆除新增违章搭建1.69万平方米，拆除新增有碍观瞻建筑物7889平方米，清除垃圾2.3万吨，绿化面积3万平方米，建筑立面装饰美化25.4万平方米。

【违建围挡查处】 2023年，以“城管进社区”管理模式为依托，建立常态巡查机制，按照“一案一档”的要求，督促各县区开展违建“拉网式”排查，对已排查违法建设的拆除情况实行对账销号，严控新增违章建筑，对新出现的违章建筑以“零容忍”的态度，发现一起，拆除一起，始终保持对违法建设的高压态势，全市共拆除违建数1614处。对各类占道施工围挡进行全方位排查，明确对围而不建、围挡延期、建成不拆等问题进行整治。全市共完成整治任务586个，整治违规施工围挡3716次，处罚案件数188起。

【城区水系治理】 2023年，加强城区河湖水系的日常巡查，落实水面保洁、岸线清洁工作，加强对前湖、桃花河、龙河等重点水体水质的日常监测，强化实时调度，改善水体水质，全市10条已消除黑臭的水体均达标，实现长治久清。强化污水排放单位监管工作，推行排水许可办理，全市累计办理1.85万户，办理户数排全省前列。强化污水处理设施维护，保障正常运行，全市城区污水处理设施（含分散式）合计处理污水5.02亿吨，出水稳定达到一级A排放标准。加强科学研判，应对雨情汛情，实施沿江快速路积水点改造工程，完成桂苑路（枫林至玉屏东）等44个积水点改造，开展15座雨污水泵站维修改造，清掏雨水井13.28万座、检查井5.7万座，维修、更换井具8914套。

【排水单元源头治理】 2023年，全面推进排水单元达标创建，全市6313个排水单元，已整治完工3851个排水单元，完成率61%，累计完成排水单元污水管网建设1550.41千米，整治错接、漏接、混接点位10.7万个。实施市政管网建设，青山湖治理片区（一期、二期、三期）项目、朝阳治理片区项目和红谷滩（新建区长堎镇）治理片区项目已全面开工，共计开、完工道路202条，新建污水管138.25千米，青山湖三期项目已正式挂网招标，12月初开工建设。城区污水处理厂平均进水BOD浓度提升至每升76.09毫克，生活污水集中收集率提升至70.03%。

【燃气安全整治】 2023年，开展城镇燃气安全排查整治专项行动，聚焦“问题气”“问题瓶”“问题阀”“问题软管”“问题管网”“问题环境”等重点领域组织全面排查，共排查燃气使用企业1.84万家，排查隐患1.14万处，整改隐患1.13万处，整改率99.05%。加大执法力度，全年查处、纠正瓶装液化石油气违法违章行为646起，检查取缔瓶装液化气供应“黑点”29个，证据保存液化气钢瓶718只。6月查处金家山社区辖区青山小区非法经营、储存液化气黑点，一次性缴获15公斤液化气钢瓶102只。同时，对无证经营的新建区恒湖液化气站予以关停，对存在重大安全隐患的红谷滩区恒兴燃源有限公司责令停业整顿，完成国务院督查发现9条燃气隐患整改工作。

【生活垃圾处置】 2023年，建设完成大件垃圾破碎中心项目，推进南昌泉岭厨余垃圾处理厂、南昌泉岭生活垃圾焚烧发电厂工程建设。做好生活垃圾处置设施安全保障工作，督促企业落实主体责任，开展安全隐患检查，修订完善应急检修预案。全年，排查生活垃圾处理处置厂、生活垃圾填埋场渗沥液处理隐患220余处，全市生活垃圾焚烧处理量194.73万吨，垃圾焚烧发电量8.31亿千瓦时，垃圾无害化处理率达100%。

【“马路本色”行动】 2023年，持续开展“马路本色”行动，固化优化城市道路“机械化清扫、人行道冲洗、快速流动保洁”作业模式，城区道路机械化清扫率稳定在95%以上。加强对城市快速路、高架桥、立交桥等桥梁防撞墙内侧和外侧清洗工作，建立常态化清洗机制，内、外侧清洗面积累计14.2万平方米。推进环卫作业车辆公益取水点智慧化管理项目，完成97个智慧消防取水栓改造，实现环卫作业车辆一车一卡智慧取水。

【生活垃圾分类】 2023年，制定《2023年南昌市生活垃圾分类工作推进方案》，按照“四定法则”因地制宜,推进“两分法”,精准实施分类工作。按照每个300户的标准完成分类投放收集点建设及升级改造工作,建设4426个分类投放亭,并配备等额数量的分类督导员,配备垃圾分类转运车辆1497辆,并统一标识标志,编写专运线路,建成区生活垃圾回收利用率已达到35%,生活垃圾分类工作在全国80个城市中排第12名。

【共享单车停放管理】 2023年,完善巡查整治常态机制,强科技赋能,建设线上监管服务平台,举办“绿色出行月”,推动“随手扶”公益活动。建设蓝牙道钉泊位3585处,电子围栏点位5823处,共安装定位地桩、蓝牙道钉设备3.18万套,蓝牙嗅探设备21套,处置共享单车乱停放122.7万辆次,暂扣10.7万辆次。

【城市客厅“席地而坐”示范点打造】 2023年,健全完善保洁标准和管理体系,以“四无三洁二见一现”为目标,制定《城市客厅“席地而坐”作业质量标准》,推进“机器换人”,督促管护单位落实“全天候巡回+重点时段强化”保洁方式,做到垃圾随产随清、污渍随脏随擦。完成第一批次13个示范点授牌以及第二批次12个示范点验收工作。

城市客厅“席地而坐”第一批次13个创建示范点一览表

表9

授牌编号	单位	名称
001	市本级	八一广场
002	南昌县	澄碧湖公园
003	湾里管理局	岭秀湖公园
004	红谷滩区	长天广场
005	经开区	乐活公园
006	安义县	龙安广场
007	西湖区	孺子亭公园
008	新建区	心怡广场
009	青山湖区	丹霞文体公园
010	东湖区	宪法广场
011	高新区	休闲公园
012	进贤县	青岚湖湿地公园
013	青云谱区	八大山人广场

(资料来源:市城管执法局)

【城市运行管理服务平台建设】 2023年,以科技赋能,打造城市运行管理服务平台,推动城市运行、管理和服务转型升级上台阶,主要建设内容包括一个监督指挥中心、一个综合性城市运行管理服务数据库、一个平台,集中建设管理机制、应用体系、数据体系、基础环境四个方面,深化拓展原有的“1+5”应用体系平台架构,搭建具备南昌特色的“1+3+8”架构,即一个中心、三大支撑中台和八大行业应用。12月29日,平台正式上线试运行。

【城市管理技术及装备产业博览会】 2023年11月9日,举办2023中国(南昌)城市管理技术及装备产业博览会。博览会主题为“以展共见行业发展,以会共享科技成果”,设11个主题展区,展期至11日,展览面积3万平方米,盈峰环境、欧卡智舶、中国电建等200余家省内外城市建设行业龙头企业参展,全方位、多层次、立体化展示环卫、城管执法、供水等城市管理领域新技术、新工艺、新能源装备发展成果。同期举办10余场专题论坛研讨会及一场城市管理装备采购信息交流会,聚合职能部门、专家学者和企业家就当下环境创新技术与应用领域热点进行全面解读,持续推进政府部门与企业、企业与企业、机构与企业的无缝对接,释放行业巨大潜能,为江西城市建设共启合作之门、共架合作之桥、共筑合作之台。

(徐宇康)

生态环境保护

生态环境质量

【概况】 2023年，市生态环境局坚定不移走生态优先、绿色发展之路，持续巩固生态环境质量，助推经济社会高质量发展，为打造富裕美丽幸福现代化江西“南昌样板”提供坚实的生态环境保障。全市空气质量优良天数比例为92.3%，同比上升6.5个百分点；地表水断面水质优良率为84.85%，上升3.03个百分点，赣江干流、抚河、潦河断面继续保持Ⅱ类水质；重点建设用地安全利用实现有效保障，土壤环境质量状况总体稳定。

【大气环境质量】 2023年，全市空气质量优良天数比例为92.3%，同比上升6.5个百分点；$PM_{2.5}$年平均浓度为每立方米33微克，上升10.0%，空气质量连续六年达到国家二级标准，在全国省会城市中持续领先、中部省会城市持续领跑。

【水环境质量】 2023年，全市地表水断面水质优良率为84.85%，上升3.03个百分点，赣江干流、抚河、潦河断面继续保持Ⅱ类水质。鄱阳湖南昌湖区总磷浓度为每升0.071毫克，下降14.46%。

【土壤环境质量】 2023年，全市受污染耕地安全利用率达93%以上，重点建设用地安全利用实现有效保障，全市未发生因耕地土壤污染导致农产品质量超标事件，未发生疑似污染地块或污染地块再开发利用不当造成不良社会影响事件。

【声环境质量】 2023年，全市城区声功能区站点昼间达标率为90%，下降3.8个百分点；夜间达标率80%，与上一年度持平。城区道路交通噪声昼间等效声级路段长度加权均值为65.1分贝，下降0.7分贝，道路交通噪声总体水平等级为一级，评价结果为好。达标路段总长40.42万米，超标路段总长5.98万米，路段达标率为87.1%，达标道路11条。

（蔡汶君）

水资源保护

【概况】 2023年，市水利局实施水生态文明建设，启动长堎河幸福河湖建设，加大各级河湖长履职履责力度，开展水土流失综合治理，围绕落实水资源用水总量和强度双控、取用水事中事后监管、节水型社会建设和水资源集约节约利用创新等方面落实水资源管理制度，强化节水载体建设，推进驻南昌节水型高校创建和合同节水工作，加强保护水资源、防治水污染、改善水环境、修复水生态等各项工作，打造“河畅、水清、岸绿、景美”水生态环境。

【节约用水宣传】 2023年，市水利局开展“世界水日 中国水周”、全国城市节水宣传周和节水“五进”等宣传活动，实地节水宣传100余次，发放节水宣传资料、节水纪念品1万余份，充分利用抖音、“豫章城里话节水”微信公众号等线上宣传载体发布节水云科普30余次、推送活动精彩视频5部，获评水利部《公民节约用水行为规范》主题宣传活动优秀组织单位。

【水资源管理】 2023年，市水利局强化水资源刚性约束，完成万元国内生产总值用水量、万元工业增加值用水量和农田灌溉水有效利用系数等关键用水指标年度控制目标；严格水资源论证和取水许可管理，累计完成14个建设项目取水许可审批、38个取水许可延续及变更和10个取水许可注销审批；加强取用水事中事后监管，全年累计征收水资源费约5080万元。

【节水型社会建设】 2023年，市水利局推进节水型社会建设，加强计划用水管理、节水载体创建和节水宣传报道，全年完成合同节水和水权交易项目25例，累计交易水量294.2万立方米，交易金额1000余万元；下达1万立方米及以上的工业和服务业用水户用水计划；完成17家省级节水载体、37家市级节水型企业、38家市级节水型公共机构、6所市级节水型高校、5个市级节水型居民小区创建。实施国家节水行动，持续推进节水型高校建设工作。11月，江西交通职业技术学院等6所高校获“2023年度南昌市节水型高校”称号。12月，江西农业大学等7所高校获评“2023年度江西省节水型高校”。至年底，驻南昌54所高校中，累计完成40所节水型高校创建，创建率达74%，位居全省第一。

【长堎河幸福河湖建设】 2023年，南昌市申报长堎河幸福河湖建设项目，列入国家第二批幸福河湖建设试点项目、江西省第二个国家幸福河湖建设试点项目，获得国家幸福河湖建设试点项目补助资金6687万元。项目于10月开工，至年底，完成河道清淤工程、铜源峡拦沙坎、河道护坡护岸新建及恢复、入河口生态治理工程、堤顶防汛公路工程、六合亭鱼鳞堰、数字孪生建设等任务，累计完成投资3175.16万元。长堎河幸福河湖建设将改善水域岸线侵占、河湖功能衰退、水污染严重等问题，提升周边群众对水生态环境的满意度与幸福度。

【巡河巡湖】 2023年，全市落实《江西省实施河长制湖长制条例》，压紧压实各级河(湖)长主体责任，加强巡河巡湖督导，市、县、乡、村四级河(湖)长累计开展巡河(湖)8.4万余次，发现问题4168处，发现问题解决率达99%以上。市级、基层巡河(湖)有效次数、频率、效果均符合要求，解决了一大批涉水突出问题，提升了全市河湖水生态环境质量。市水利局通过政府采购第三方服务，在全市推行无人机巡河，对重点河湖水域全方位、无死角定期巡查，每月对赣江南昌段、瑶湖、幸福水库等13条(座)重点河湖库全覆盖巡查。至年底，无人机巡查累计发现各类影响河湖健康问题430处，基本完成整改，整改完成率达99.54%，提升巡河效率和发现问题效率，提高河道保护和治理能力水平，河湖面貌得到改善。

【市水保委第一次会议】 2023年5月25日，南昌市2023年水土保持委员会第一次工作会议召开。市政府副市长彭开先出席会议并讲话。会议宣读《南昌市人民政府关于调整南昌市水土保持委员会成员的通知》，听取南昌市水土保持工作报告，审议并印发《南昌市水土保持委员会与成员单位主要职责》《南昌市水土保持委员会制度》《2023年南昌市水土保持工作要点》。

【全市农村自来水普及率超89%】 2023年，市水利局持续巩固2022年南昌县、新建区城乡供水一体化省级先行县建设成果，推进进贤县2023年度省级先行县建设。按照每人101元标准给予补助资金585万元，实施南昌县、新建区、进贤县等4处农村供水保障工程建设，累计完成投资9300万元，巩固、提升5.57万村民的饮水品质，至年底，全市农村自来水普及率超过89%。

【水土流失治理】 2023年，市水利局按照《江西省水土保持率市县分解方案》，结合《南昌市水土保持规划(2016—2030年)》，印发《关于下达2023年南昌市水土保持生态建设任务指导性指标的通知》，分解落实2023年全市水土流失治理面积1460公顷、重点预防保护面积4760公顷指标任务。至年底，完成水土流失治理面积1460公顷，重点预防保护面积4760公顷。

【水利工程管理】 2023年，市水利局强化水利工程管理，创建水利工程标准化管理常态化，打造标准化管理示范引领工程。全年完成标准化管理常态化工作733处，完成率达100%。不定期组织水库、水闸、堤防风险隐患排查，发现110处问题并整改落实；开展水利工程安全运行督查整改工作，不定期组织“四不两直”检查；完成河湖圩堤管理范围内房屋拆迁整改48栋；推进河湖“清四乱”三年攻坚行动，抓好“清四乱”和碍洪问题整治253处；使用无人机巡查督导12条、377千米万亩以上堤防清草除杂工作，下达水库堤防等白蚁隐患危害整治资金443万元，全面完成年度任务，新建区白蚁防治工作获省鄱建办通报表扬。

【河道砂石电子采运管理单系统建成】 2023年11月，市水利局委托南昌赣昌砂石有限公司建设河道砂石电子采运管理单系统，系统由长江空间信息技术工程有限公司具体负责搭建。至年底，全面完成南昌市河道砂石电子采运管理系统建设，完成投资约66万元，完成采砂基础资料台账管理体系、采砂作业过程智能感知体系、电子采运单闭环管理体系、采砂监管指挥地图以及数据互通对接。系统建成将改变过去河道采砂纸质采运管理单签发过程烦琐、票据管理不便、监管难度大、存在廉政风险、执法难度大等问题，实现河道采砂规划、许可、开采、运输等环节全方位电子化监管。

(周玉铖)

土地资源保护

【概况】 2023年，市自然资源和规划局不断完善“长牙齿”的改革举措，全面压实耕地保护责任，以“严”为纲全方位守护耕地红线，夯实粮食安全根基。完成江西省对各设区市及县(市、区)党委和政府落实耕地保护和粮食安全责任制考核。将永久基本农田保护红线中存在的9000公顷永久基本农田非耕地图斑(基于2022年度国土变更调查数据)全部调整补划到位。落实省自然资源厅下达南昌市2023年度补充耕地任务100公顷,至年底,全市已新增入库6个补充耕地项目,产生指标58公顷,任务完成率58%。

【耕地保护和粮食安全责任制考核】 2023年,根据新一轮国土空间规划“三区三线”划定中确定的南昌市耕地保护和永久基本农田保护任务控制数,从耕地保有量、永久基本农田保护、耕地进出平衡、耕地占补平衡、违法占用耕地和永久基本农田等方面,认真开展自查,突出耕地用途管制,严防耕地“非农化”“非粮化”,实施耕地恢复整改工作,抓好市级统筹补充耕地指标落实,全市各县区均未发生“一票否决”。至年底,由市耕地保护和粮食安全工作领导小组办公室牵头,向省耕地保护和粮食安全工作领导小组办公室报送《关于南昌市2023年度党委和政府落实耕地保护和粮食安全责任制考核的自评报告》,完成江西省对南昌市党委和政府落实耕地保护和粮食安全责任制考核。

【耕地“占补平衡”】 2023年,全市相关县区均编制完成本辖区《2023年度耕地“进出平衡”总体方案》并报省自然资源厅备案,依法依规支持重大基础设施、民生工程、保障性住房以及重大产业等项目建设,合理确定项目选址及用地规模。引导建设项目统筹规划、科学选址、节约用地,鼓励非农建设项目不占或少占用耕地,从源头上保护耕地资源。至年底,全市非建设用地占用耕地面积549.88公顷,均通过异地购买补充耕地指标和自行补充耕地方式落实耕地“占补平衡”。11月15日,市自然资源和规划局主持召开耕地保护年度考核重要数据相关工作部署会,对全市耕地流出、耕地卫片整改、补充耕地、年度国土变更调查等多项工作进行系统全面地调度,督促解决耕地保护滞后问题。通过推动补充耕地问题整改工作,至年底,新建区、安义县已实现耕地占补平衡指标“由负转正”,进贤县已实现水田指标转正。

【耕地卫片问题整改】 2023年,市自然资源和规划局加强日常巡查监管,充分运用自然资源执法监察综合系统,根据已建立的执法监察通报制度,对卫片执法工作情况进行通报,指出问题,督促各县区及时纠正,提升工作质量。通过部署开展自然资源土地矿产卫片执法工作,聚焦耕地保护和矿产资源保护,早发现、早制止、查处各类自然资源违法行为,打击不符合高质量发展要求恶意占用耕地、违法占用永久基本农田的非农化建设行为,打击生态保护红线内违法违规采矿严重破坏生态环境行为,打击非法开采稀土等战略性矿种的违法行为。全年国家下发耕地卫片图斑8332个,面积5.31万公顷。

【违法用地查处】 2023年,印发《关于开展2023年全市自然资源执法监察巡查有关工作的通知》,聚焦耕地保护,重点对永久基本农田、可长期稳定利用的耕地、开发园区等易发生违法用地的区域,结合卫片图斑、日常执法检查结果、信访举报线索等,分片区每季度不定期开展一次全面巡查,重点关注新增乱占耕地建房、挖田造湖、挖湖造景、违建“大棚房”等违法行为。全年立案查处130宗,面积63.14公顷,其中耕地18.73公顷,收缴罚款6663.4万元。推进农村乱占耕地建房整治,全年发现农村乱占耕地建房新增问题21宗,耕地面积1.84公顷。整治规范矿产资源保护开发利用专项行动,4个问题完成整改。

【耕地保护智能监控系统建设】 2023年,按照“早发现、早制止、严查处”的工作要求,完善网格化巡查防控机制,运用信息化手段,在“网格化”管理的基础上,全面升级市自然资源执法监察综合系统,沟通对接市财政局、市发改委、市政数局等部门,启动智能监控系统政府采购招投标工作,持续推进智能监控系统建设。进贤县作为试点县区,矿产视频监控已建成,全覆盖工作已纳入进贤数字政府建设内容。

(熊　杏)

森林资源保护

【概况】 2023年,全市聚焦护林管绿、造林增绿、用林活绿三大任务,抓实抓细林长制工作,持续筑牢绿色屏障,不断擦亮生态底色,推动南昌林业高质量发展。开展“护绿提质2023行动”,加强森林资源保护、加强森林防火工作、森林有害生物防治、科学开展国土绿化,强力“护绿”、全力“增绿”、科学“用绿”、有效“兴绿”,提升全市森林资源保护发展水平。至年底,全市森林面积12.38万公顷,林地面积14.39万公顷,有国家、省级生态公益林面积4.74万公顷,古树名木4214株。

【林地管理】 2023年,规范林地保护利用。坚持林地用途管制,落实建设项目使用林地定额管理制度,不断优化林地审核审批服务,助推南昌经济高质量发展;推进林地占补平衡试点工作,引导多元化主体按照“宜林则林”的要求开展矿山生态修复;执行森林采伐限额制度,全市林木采伐量呈逐年减少的趋势;完成林草湿综合监测工作;全面禁止天然林商业性采伐,实行天然林与生态公益林并轨管理。全市5947.37公顷天保工程任务全部落实到位。

【林长制】 2023年，省委常委、市委书记、市级总林长李红军主持召开市级总林长会议，签发市级总林长令《关于切实抓好当前林业相关重点工作的行动令》，要求全市各级林长要认真履行林业资源保护发展责任，统筹推进当前造林绿化、林业资源保护、森林防灭火和松材线虫病防控等林业重点工作，打造林长制升级版。市县两级林长开展巡林182次，就林业重点工作批示23次，协调解决森林资源保护发展问题93个，建立林长+示范基地42个，压实地方政府的主体责任和市直各有关单位的监管责任，促进联防联治。另外，市林长办按照“一对一”网格化、“全覆盖”责任区的要求，将全市林地划分成533个网格，并聘用专职护林员巡护，实现林区监管全覆盖，完善护林员源头管理体系。

【“最美市树·南昌樟树王”评选活动】 2023年9月27日，在南昌县冈上镇举办的2023年全国古树名木保护科普宣传周江西省主场活动中，南昌市为10株“最美市树·南昌樟树王”授牌。由市绿化委员会、市林业局主办的“最美市树·南昌樟树王”评选活动，经过3个月的筹备和组织，经历宣传发动、县区摸排推荐、市级核实初筛、“两代表一委员”现场踏查评选、网络投票竞选、专家现场勘察综合考评等环节，评选南昌县三江镇竹山村樟树王、南昌县黄马乡冯家村樟树王、进贤县前坊镇英山村樟树王、进贤县架桥镇彭宗村樟树王、安义县长均乡观察村樟树王、安义县石鼻镇罗田村樟树王、安义县新民乡尚礼村樟树王、新建区石岗镇新坊村樟树王、新建区金桥乡金山村樟树王、南昌高新区昌东镇三联村樟树王10株“最美市树·南昌樟树王”。南昌市以创建国家森林城市为抓手，开展古树名木保护，完成第三次全省古树名木普查工作任务，为4214株古树建档，完善古树名木电子档案和基本信息，统一制作古树名木标识保护牌，实施挂牌保护，古树名木标识保护牌上有二维码，扫描二维码后，可了解树木的年龄、大小、冠幅、高度、坐标等基本信息。按照属地管理的原则，对全市古树名木开展摸底督查，明确管养单位和管养人，对管养成效不定期开展检查和通报，管养不佳的当即责令整改到位。投入资金，对部分古树进行抢救复壮，如病虫害防治、硬化去除、种绿植改善土壤环境等措施，让古树在良好的环境中生长。至年底，全市有古树4214株，较上一次普查新增古树1761株。其中，一级古树486株，二级古树760株，三级古树2968株。

2023年9月27日，2023年全国古树名木保护科普宣传周江西省主场活动举行

（市林业局 供图）

【林业行政执法】 2023年，在全面压实林长责任的基础上，加大林业执法力度，推进“打击毁林毁草专项行动”“清风行动”“鄱湖利剑”“越冬候鸟和湿地保护”等专项整治行动，打击乱砍滥伐林木、乱征滥占林地湿地、乱捕滥猎野生动物等各类破坏森林资源的违法行为，维护林业生态安全。全年，查处各类林业行政案件305起，罚款1396.98万元，没收非法所得1500元，复绿18.18公顷，没收木材48.44立方米，补种树木1.27万株。

【林业防灾减灾】 2023年，全市各级林业部门加强森林防火宣传、野外火源管理、防火基础设施建设，防范森林火灾事故发生，平稳度过森林防火敏感期和危险期。同时建设完成森林防火“两带”113.33公顷。在重点林区新增设13台森林防火双光谱视频监控和16套智能语音播报器，并在防火视频监控盲区增设无人机进行巡护，提升全市森林火情监测覆盖范围，提高火灾监测预警能力。另外完成2022—2023年度疫木除治成效县级自查及市级复评、森林火灾风险普查的评估区划以及林业有害生物和外来入侵物种普查工作，摸清各县区的疫木除治质量和水平、森林火灾风险点、有害生物和外来物种基本情况，为灾害防治方面建章立制，提供全面、准确、客观的基础数据信息。

【松材线虫病防控】 2023年，按照松材线虫病疫情防控五年攻坚行动方案要求，开展"松材线虫病疫情防控""护绿"等专项整治行动，对辖区范围内所有松林开展拉网式排查，并对梅岭等重要区域内的松树进行打孔注药保护。1月10日，召开全市松材线虫病防控工作会。会议传达省松材线虫病防控现场会精神，总结松材线虫病防控工作经验，分析当前形势和存在问题，并研究部署下一步松材线虫病防控工作。至年底，完成除治面积1.11万公顷，清理病死树18万余株，实施打孔注药13.88万瓶，保护重要区域6万余株松树，实现松材线虫病疫点乡镇数量、病死松树和发生面积"三下降"。

（宋　南）

自然保护地保护

【概况】 2023年，全市践行绿水青山就是金山银山理念，推动自然保护地治理体系和治理能力建设，发挥自然保护地在生物多样性保护方面的核心支撑作用。全市各类自然保护地26处，湿地面积15.33万公顷。辖区内的鄱阳湖水域面积约占鄱阳湖水域总面积的三分之一，每年在此越冬的候鸟达212种、18万羽，是全球75%以上东方白鹳和98%白鹤的越冬栖息地。

【自然保护地管理】 2023年，完成全市自然保护地整合优化方案的编制、公示、联审、上报，夯实自然保护地管理基础，确保全市自然保护地整合优化成果经得起历史、实践检验。完成象山马术中心、白虎岭县级自然保护区采石场问题整改任务。全面启动南昌市自然保护地发展规划，南矶湿地国家级自然保护区第二期总体规划的编制工作。协调指导业主单位解决云海220千伏输变电工程、真君路隧道管理用房选址等项目中涉及自然保护地的相关问题。

【湿地保护管理】 2023年，全市完成中央财政湿地生态效益补偿两个批次项目的评审论证和2024年储备项目的考察、审查、上报工作。启动城区湿地面积数据核实工作，为全面摸清城区湿地资源底数，加强城区湿地的监督管理打好基础。做好湿地征占用日常监管工作，规范湿地征占用程序。出台《湿地资源运营中心试点实施方案》，为推动"湿地银行"在南昌落地生根创造条件，纾解全市重大重点建设项目湿地指标需求量大，但又无指标可调配的困境。

【林草生态综合监测评价】 2023年，市林业局召开专题动员部署会，抽调业务过硬、责任心强、身体素质好的技术骨干组成3个调查工作组，在省局的技术指导下，采取统一组织、统一技术标准、统一工作经费的方式，高质量开展林草湿监测样地调查工作。全市完成106个林草湿样地（森林样地51个、湿地样地49个、草地样地6个）、1463个图斑监测任务，样地监测成果通过国家林草局华东院质检，图斑监测成果提交至省林业局。

【鄱阳湖区碟形湖生态保护】 2023年，南矶湿地保护区管理局和新建区林业主管部门以及当地政府，就如何落实碟形湖的生态保护和管理达成共识。由保护区管理局筹措资金，与当地乡政府、村集体合作对碟形湖进行维护和调控水位，确保保护区重要水鸟分布的碟形湖能够在关键时候蓄水、控水，为越冬水鸟提供必要的生态需水。全年通过"协议管湖"的方式，累计对四个行政村的13个湖泊进行碟形湖的维护和蓄水，面积6666.67公顷，为水鸟越冬提供宝贵的栖息地和充足的食物。

【野生动植物保护】 2023年2月9日，省委常委、市委书记，市级总林长李红军签发《关于进一步加强野生动植物保护管理的通知》，压实地方政府和市直各有关单位的监管责任。为形成长效保护机制，开展重点时期野生动物疫源疫病监测和舆情引导工作，在全市林业部门的努力下，野生动物保护工作成效显著，未发生过重大陆生野生动物疫病和重大负面舆情事件。为帮助越冬候鸟安全越冬，在鲤鱼洲等地营建候鸟食堂，为候鸟备足"口粮"，创造良好的栖息家园。

【"世界湿地日"主题宣传活动】 2023年2月2日，由省林业局、市林业局主办，省自然保护地建设中心、市野生动植物保护中心、市野生动植物保护协会等承办的2023年"世界湿地日"主题宣传活动在红谷滩区红谷大厦举行。活动的主题是"修复湿地 刻不容缓"。活动广泛宣传湿地保护的重要意义，强调湿地修复的重要性和迫切需要，提高社会公众湿地保护意识，呼吁社会各界采取行动，共同保护湿地。活动通过现场摆放湿地保护宣传展板，发放宣传品300余份，并设有专人讲解南昌湿地保护发展历史、现状等。江西广播电视台、南昌广播电视台等多家媒体报道此次宣传活动。活动充分展示南昌市湿地保护现状和近年来在湿地保护修复工作上所取得的成就，强化南昌市民尊重自然、顺应自然的生态理念，提升保护湿地的生态意识。

（宋　南）

生物多样性保护

【概况】 2023年，全市加大生物多样性保护力度，探索生物多样性保护体制机制改革路径，以实施生物多样性保护重大工程为重点，深入研究生物多样性保护的具体措施，探索建立各行业主管部门各自具体负责的生物多样性保护体系。坚持湿地与候鸟保护不分开，推进湿地保护体系建设，并依托象湖、艾溪湖、九龙湖等城市内的湖泊河流，建立多个集市民休闲游憩与生态保护于一体的城市水体、湿地公园。至年底，全市维管束植物有2099种，其中野生植物1726种，被列入《国家重点保护野生植物名录》的有30种。在动物方面，共有监测记录的陆生野生动物489种，包括国家一级保护野生动物23种、国家二级保护野生动物78种，珍稀濒危野生动物有中华穿山甲、麋鹿、小灵猫、白鹤、白枕鹤等。

【生物多样性保护知识进校园进社区】 2023年，各县(区、开发区)响应省、市关于加大生物多样性保护知识宣传力度的号召，在“5·22”国际生物多样性日来临之际，广泛开展生物多样性保护知识进校园进社区活动，切实提升全社会关注、保护生物多样性意识。高新区赴江西师范大学开展生物多样性保护知识进校园活动并召开座谈会，南昌县赴莲塘一小开展生物多样性保护知识进校园活动，西湖区赴桃花小学开展生物多样性保护知识进校园活动，新建区赴新建区四小开展生物多样性保护知识进校园活动，安义县在县城老二中广场开展生物多样性保护宣传活动，青山湖区在湖坊镇开展生物多样性宣传活动，湾里管理局在站前街办翠园开展生物多样性保护宣传活动，经开区在乐盈广场开展生物多样性保护宣传活动。

【“2023年国际生物多样性日”科普宣传】 2023年，市生态环境局联合市农业农村局、市林业局印发《南昌市2023年国际生物多样性日宣传活动工作方案》。5月20日至21日，由市林业局主办，南矶湿地保护区管理局承办的“2023年国际生物多样性日”科普宣传活动在青山湖万达广场线上线下同步开展。此次主题是“从协议到协力：复元生物多样性”。活动现场，志愿者主动为市民宣讲鄱阳湖生物多样性科普知识，引导公众从我做起，从身边小事做起，争做一名生物多样性保护的倡导者、行动者和传播者。现场600余人次参加活动，发放科普宣传品及奖品500余份。现场公众积极参与识鸟达人、知识问答、你划我猜、鄱阳湖生物多样性彩绘、线上有奖答题等活动。《江西晨报》、南昌电视台四套、“鄱阳湖南矶国际重要湿地”微信公众号对活动进行直播，通过抖音、快手、公众号等媒体观看直播的人数达5万余人。

【生物多样性保护措施完善】 2023年，印发《南昌市生物多样性保护联席会议办公室关于建立南昌市生物多样性保护联席会议制度的通知》，设立由26个市直相关部门(单位)组成的南昌市生物多样性保护联席会议制度，构建全市生物多样性保护共商、共议、共享平台，为全市加强生物多样性保护夯实组织领导基础。组织召开第一次全体会议，全面部署推进南昌市生物多样性保护工作。

【《关于进一步加强生物多样性保护的实施方案》发布】 2023年，印发《关于进一步加强生物多样性保护的实施方案》，提出到2025年，全市保护优先区域的生物多样性得到有效保护，生物多样性丧失的趋势得到基本控制；森林覆盖率稳定在21.27%以上，天然水域及湿地保护率力争达到56.7%，国家重点保护野生动植物物种数保护率达95%，典型生态系统得到有效保护。方案围绕总体目标，确定8项重点任务22条重点措施，提出将生物多样性保护纳入本地区、本行业中长期发展规划，将生物多样性保护纳入市县国民经济和社会发展总体规划，逐步建立与经济发展水平相适应的生态保护补偿机制，因地制宜探索候鸟生态补偿办法、野猪致害补偿办法。加强赣江、抚河、潦河南昌段等流域水生态环境保护和恢复，实施“四纵三横”水系连通工程，连通赣江、抚河与城市内河内湖水系，改善水质、活化水体、改善鱼类洄游繁衍环境。全力构建绿道网络系统，根据市域空间发展布局，推进绿道往军山湖、湾里、鄱阳湖大绿道网布局和建设，加快推进梅岭揽山入城步伐，将湾里打造成城市中央公园。

（蔡汶君）

节能减排

【概况】 2023年，全市坚持以“碳达峰碳中和”目标为引领，坚持走生态优先、绿色低碳的高质量发展道路，抓重点领域节能降碳，提升资源综合利用水平，推动全产业链绿色低碳发展。全市把节能减排作为优化经济结构、推动绿色低碳循环发展、加快生态文明建设的重要抓手和突破口，加大节能工作管理力度，落实节能目标任务。全市规模以上单位工业增加值能耗下降1.57%。

【绿色制造体系建设】 2023年8月，按照国家、省绿色制造建设体系的要求，组织开展国家级绿色制造名单推荐暨省级绿色制造名单遴选工作，共推荐2家绿色园区、13家绿色工厂及1家绿色供应链管理企业。9月，省工信厅公布江西省2023年度绿色制造名单，南昌小蓝经济技术开发区、江西进贤经济开发区(产业园)2家园区入选省级绿色园区，江联重工集团股份有限公司、江西赣江海螺水泥有限责任公司、江西华晟铝业有限公司、江西江铃集团新能源汽车有限公司、江西锦鹏铝业有限公司、江西林恩茶业有限公司、江西普诺德铝业有限公司、江西乾照光电有限公司、江西省虹鑫铝业有限公司、南昌科勒有限公司、南昌新华电缆有限公司11家企业入选省级绿色工厂。12月，工业和信息化部公布2023年度绿色制造名单，南昌小蓝经济技术开发区入选国家级绿色园区，江西江铃集团新能源汽车有限公司、南昌科勒有限公司、江西乾照光电有限公司、江西华晟铝业有限公司、江西省虹鑫铝业有限公司5家企业入选国家级绿色工厂。绿色制造典型的创建，带动绿色技术推广应用和产业链供应链协同转型，对全市工业绿色低碳发展发挥重要引领作用。

【节水型企业创建】 2023年，按照《南昌市节水行动实施方案》的要求，推进重点用水行业节水型企业创建。11月，安义高新技术产业园区入选省级节水标杆园区，南昌统一企业有限公司入选省级水效领跑者，江中药业股份有限公司入选省级节水标杆企业，南昌娃哈哈食品有限公司、江西太古可口可乐饮料有限公司、江西金祥亚麻纺织有限公司、江西天一铝业有限公司、中粮（江西）米业有限公司5家企业入选省级节水型企业。至年底，江西核工业兴中新材料有限公司等37家单位入选市级节水型企业名单。

【碳达峰“1+N”政策体系建立】 2023年3月，印发《南昌市碳达峰实施方案》，方案中明确要坚持绿色低碳发展，谋划“构建两大体系、深化三大发展、实施七大行动”的具体举措，提出出台重点领域碳达峰方案的要求，为推进“双碳”工作提供科学、有效指引。全市形成以《南昌市碳达峰实施方案》为引领，以工业、能源、交通运输、城乡建设等重点领域以及建材、有色金属、化工等重点行业碳达峰实施方案，科技支撑、金融改革创新等保障方案为支撑的政策体系。

【工业领域碳达峰方案出台】 2023年4月，出台《南昌市工业领域碳达峰实施方案》，明确“2+6”（两大行动和六大重点任务）工作推进体系，加快构建以高效、绿色、循环、低碳为重要特征的现代化产业体系。7月，针对重点行业，分类施策、精准发力，出台有色金属、建材、化工等重点行业碳达峰实施方案，科学谋划全市工业领域碳达峰实施路径。

【能耗双控制度】 2023年，印发《南昌市固定资产投资项目节能审查实施办法》。定期开展节能形势分析工作，指导固定资产投资项目建设单位开展自主验收，做好省政府对市政府和市政府对县区（含开发区、湾里管理局）2021—2022年度节能目标责任评价及“十四五”节能工作中期评估工作，完成第一批重点用能企业能耗在线监测接入端系统数据质量验收工作并推进第二批接入工作，全市重点用能企业高耗能落后机电设备淘汰更新改造591台。

【能源结构调整】 2023年，全市新能源和可再生能源发电项目总装机容量134.78万千瓦，同比增长59.62%，占全市全口径总发电装机容量的43.4%，其中，光伏发电装机达到114.59万千瓦，增长94.75%。印发《南昌市级电网发展规划项目库（2023—2028年）》，集中开工220千伏云海、110千伏天祥输变电工程等12项重点电网工程，总投资14亿元，共计新增变电容量131万千伏安、线路长度58千米。项目投运后，南昌电网“十四五”骨干网架将基本形成，地区网架结构更加优化，提高供电保障能力。推动各城镇燃气经营企业与上游供气公司共签订6.79亿立方米合同气量。

【城建领域节能减排】 2023年，全市城镇规划区内新建（改、扩建）民用建筑全面实施绿色建筑建设标准。新竣工建筑总面积1816.41万平方米，其中绿色建筑面积1710.94万平方米，绿色建筑面积占比94.16%。印发《关于进一步明确南昌市装配式建筑项目参建单位有关责任的通知》《关于进一步加强部门联动协同推进南昌市装配式建筑工作落实的实施方案》，争取将装配式纳入土地出让条件，强化部门联动，加强装配式建筑项目源头把控。新开工装配式建筑面积占新开工总建筑面积的39.94%。

【交通领域节能减排】 2023年1月，南昌市获评国家绿色出行达标城市，9月入选交通运输部城市公共交通优先发展和绿色出行典型案例，绿色出行比例达76%，绿色出行满意度达98%。昌景黄高铁建成通车，南昌南站、南昌东站开通使用，推进南昌东站站城一体及综合客运枢纽工程等项目。累计投入414个有桩服务站点和820个无桩电子围栏服务站点，投放2.1万余辆公共自行车、11万辆共享电动车，地铁站100米内必有公交，公交车来车预报准点率100%，基本形成“以轨道交通为骨干、常规公交为主体、公共租赁自行车为补充”的立体公共交通体系。强化客货运车辆排查，严把准入关和年审关，降低交通运输行业污染物排放总量。注销、报废道路货运车辆6304辆，注销、报废道路客运车辆84辆，淘汰老旧公交车207辆。新增网约车8105辆，其中新能源7616辆；更新巡游出租车1414辆，其中新能源902辆。南昌港11座码头共安装港口岸电设施34套，79艘南昌港籍1200总吨以上船舶已全部完成船舶岸电系统受电设施改造。南昌港共使用岸电船舶5142艘次、岸电时间1.4万小时、岸电电量2.56万千瓦时。

【参与碳市场建设】 2023年，安义县被列为2022—2023年全省首批CCER（国家核证自愿减排量）林业碳汇开发试点项目的11个试点县（区）之一，以国营江西省新华林场为主体，并与进贤县香炉峰林场、新建区红林林场森林资源进行整合，划定7066.67公顷的项目开发范围红线，在样地补植阔叶树种闽楠6600株，已编制完成《国营江西省新华林场CCER林业碳汇开发项目试点建设实施方案（2023—2025）》。组织新昌电厂、晨鸣纸业2家纳入全国碳市场的发电行业重点排放单位完成碳配额清缴履约，连续两个履约周期达成100%履约率。编制完成2021年温室气体清单，组织116家温室气体排放重点企业完成2022年温室气体排放数据填报及核查工作，其中重点行业41家企业完成碳核查工作。

（刘建波　杨　扬）

污染防治

【概况】 2023年，全市贯彻落实习近平总书记考察江西重要讲话精神，聚焦“走在前、勇争先、善作为”的目标要求，坚持精准、科学、依法治污，持续深入推进污染防治攻坚战，在深入打好污染防治攻坚战上锚定更高标准，推进“八大标志性战役30个专项行动”，持续改善全市生态环境质量，在助力绿色高质量发展上作出贡献。

【大气污染防治】 2023年，突出平战结合，印发《南昌市2023年大气污染防治平战结合改善提升空气质量工作方案》，以“平时减排、战时管控、修养提升”为目标，确定部门、属地28项重点任务并持续跟踪调度；优化“南昌智慧环保”指挥作战平台，整合空气质量、在线监控、用电监控、高空瞭望、油烟在线等监测监控资源678路，“一站一图”动态化清单更新覆盖全市各类大气污染源5337个。推进产业绿色转型，新能源和可再生能源发电量7.88亿千瓦时，增长34.01%，节能监察覆盖158家重点用能单位；印发《大气污染问题专项整治和主要污染物减排提质增效专项行动工作方案》，排查703家涉气企业，制定绩效分级指南，开展绩效评级企业746家；推动58家重点企业开展“一企一策”治理提升，谋划实施重点工程减排项目34个，总投资3.25亿元，完成方大特钢245平和130平烧结机、晨鸣纸业锅炉超低排放改造和南昌印钞厂VOCs深度治理等18个项目，同步申报中央大气专项资金3300万元；推动东湖区3家加油站安装雾化增湿系统，推动红谷滩海湾加油站建设油气回收在线监控，启动西湖区汽修集中喷涂绿岛项目。开展扬尘污染专项整治，多部门组建联合帮扶工作组对市属平台公司14个重点工程开展工地扬尘治理“一对一”专项帮扶，综合运用卫星遥感监测、无人机航拍、人工巡查等方式对全市裸地开展常态化监测巡查，组织各地和市土储中心开展裸地集中整治；严格渣土运输违规作业执法整治，查处建筑垃圾运输车辆泄漏、遗撒、挟带污泥等违规行为1491起，处罚金额309.69万元；强化城市道路保洁考核，月度道路积尘走航监测4083千米，将道路积尘走航监测结果和巡查调度问题纳入“马路本色”月考核，开展夜间和高值时段走航，多时段分析道路积尘高值原因。全市建筑垃圾和散装物料处置运输在线监管系统平台已投入试运行，初步完成网上监管、申请、派发运输单等智慧管理功能。推进秸秆综合利用及露天禁烧管控，优化高空瞭望监控点位布设，建成高空瞭望设备116套，建立完善露天焚烧监测、通报提醒、约谈问责的工作机制。开展餐饮油烟及露天烧烤污染排查整治，协调市场监管、机关管理部门筛查全市在册排放餐饮油烟单位4.18万个、机关事业单位食堂251个。优化机动车排污监控平台，增设移动摄像设备加强尾气检测采样过程监控，对检验机构出具的检验报告和现场监控录像开展网络巡查1690家次。常态化开展柴油货车路检路查和入户抽测工作，抽测柴油货车5072辆，开展非道路移动机械编码登记行动，编码登记2.2万辆，抽测非道路移动机械3509辆，对使用排放超标非道路移动机械立案4件。

【水污染防治】 2023年，统筹水资源、水环境、水生态治理，持续深入打好碧水保卫战，巩固提升水环境质量。加强饮用水水源地保护，印发《南昌市饮用水水源保护条例》，从立法层面建立完善工作机制，完成青云水厂水源地保护区优化调整工作，取消湾里乌井水库水源地保护区，完成县级及以上集中式饮用水水源地规范化建设。推进鄱阳湖南昌湖区水质改善，开展鄱阳湖南昌湖区青岚湖、金溪咀刘家断面水生态调查和总磷溯源分析，统筹推进环湖县区水污染治理。对赣江干流、抚河干流及鄱阳湖南昌湖区入河排污口开展排查整治，共排查出排口1083个，完成833个排口整治。提升开发区污水处理效能，省级及以上开发区就辖区内涉水企业、开发区管网、污水处理设施运行情况、规划环评落实方面进行排查，依托城镇污水处理厂处理工业污水的省级及以上开发区，完成辖区内工业企业污染物排放评估工作。

【土壤污染防治】 2023年，印发《关于开展建设用地土壤污染状况初步调查监督检查工作的通知》，落实全部安全利用类和严格管控类耕地防治面积任务，结合“两整治一提升”行动持续推进农村环境整治，完成100个行政村农村环境整治，农村生活污水治理率达45%以上，提前完成"十四五"预定的目标任务。编制印发《南昌市"十四五"畜禽养殖污染防治规划》，南昌县等5个涉农县区同步印发实施，为全市畜禽养殖业持续健康稳定发展打下基础。强化地下水污染防治，针对长期不达标的两个国家考核点，开展国考点及周边地下水环境调查，完成水质变化趋势及环境污染风险评估。编制完成全市地下水污染防治重点区域划定报告，确定地下水污染防治重点区域管控，针对不同分区，提出差别化对策建议。夯实项目建设基础，组织申报中央地下水污染防治资金项目2个，推动重点区域地下水环境状况调查与风险评估，获得地下水中央资金1275万元。

【辐射污染防治】 2023年，市生态环境局共核发辐射安全许可证140张。通过例行检查和专项检查结合的方式，加强全市核技术利用单位的日常监管，对使用Ⅳ、Ⅴ类放射源单位及涉DSA单位开展全覆盖检查，对使用Ⅲ类射线装置单位按20%比例开展现场检查，完成145家核技术利用单位现场检查，对排查发现的辐射安全隐患，提出整改要求，并就整改情况跟踪落实。

【固体废物与化学品环境污染防治】 2023年，申报省级"无废城市"，南昌市"无废城市"建设工作调度协调会召开。持续规范废铅蓄电池收集转运工作，南昌市被选为全国废铅蓄电池收集试点现场学习观摩点。印发《关于加强危险废物经营单位经营许可范围管理的通知》，建立健全全市"源头严防、过程严管、后果严惩"危险废物环境监督管理体系。开展南昌市工业固体废物管理平台二期建设，按照建设方案完成平台二期软件开发、赣政通、I南昌接入以及终验工作。完成全市危险废物环境重点监管企业信息化建设，推动全市应安装物联网设备产废、经营单位50家全部完成安装。全市4家小微产废企业危险废物集中收集暂存点共收集小微产废企事业单位危险废物1334.15吨，转出1293.8吨。危险废物产废企业申报台账1807家，较上年提升27.34%。举办南昌市2023年危险废物规范化环境管理评估工作培训，生态环境部门相关工作人员、省重点监管产废单位及经营单位危废管理人员共150余人参加培训。开展市危险废物规范化环境管理评估工作，考核产废单位76家，考核合格率98.6%，危险废物经营单位20家全部进行考核，考核合格率95%。

（蔡汶君）

环境监管

【概况】 2023年，全市生态环境执法以打好污染防治攻坚战、改善生态环境质量、保障生态环境安全、服务高质量发展为主线，规范执法行为、优化执法方式、提升执法效能、提高服务水平，为打造"山水名城、生态之都"美丽南昌建设城市品牌提供强有力的执法保障。

【环保督察问题整改】 2023年，全市持续推进环保专项整治问题整改销号。至年底，第一轮中央生态环境保护督察及"回头看"、第二轮中央生态环境保护督察、第一轮省环保督察及"回头看"、2018—2022年长江经济带生态环境警示片、2020—2022年省生态环境警示片涉及南昌市问题261个，有整改时限的问题227个完成整改213个，销号208个，其余14个问题（含3个涉及"城市污水管网建设改造滞后"问题并入第二轮中央生态环境保护督察问题整改工作）按时限要求推进整改中；交办信访件2981件，已解决2981件，已销号2980件。

【生态环境执法】 2023年，检查全市企业4390家次，联合联动执法361次。立案调查152件，下达行政处罚决定书60件，其中申请法院强制执行案件2件、移送拘留案件3件。开展全市"散乱污"企业环境问题排查整治、集中式饮用水水源地交叉检查、第三方环保服务机构弄虚作假问题检查、医疗机构污水专项检查、排污许可执法检查等14个专项行动，守卫全市生态环境安全。

【污染监测】 2023年，市生态环境监测网络新增专项监测断面、关联断面、城区排水设施点位、河湖断面等监测断面121个，监测点位覆盖空气、地表水、土壤、噪声及污染源等环境要素，覆盖城区、工业园区、乡镇、农村等区域范围。在全省率先开展农村面源污染监测工作，逐步建立农业面源污染监测网络。印发《南昌市地表水水华监测方案（试行）》，水华初步识别、水华级别数值量化、水华暴发应急处置等方面技术要求进一步细化。监测质量提高，强化环境质量自动监测站日常管理，完成23个自建自动监测站数据联网，对40余个自动站开展运维基础保障现场全面检查，全市自动监测站稳定运行。

【突发事件应急联动】 2023年，全市未发生重大、较大突发环境污染事件。分别与抚州市临川区、九江市永修县等接壤县（区）生态环境局签订突发环境事件联防联控合作框架协议；市生态环境局分别与市应急管理局、市消防救援支队签订突发环境事件联动战略合作协议，建立应急联动机制。编制完成《南昌市生态环境局应急响应工作手册》，开展西总干渠—护城河"南阳实践"突发水污染事件无脚本环境应急演练。推动"南阳实践"试点河流推广工作，开展长埈河、护城河、赣江干流南昌段"一河一策一图"环境应急响应方案编制。

（蔡汶君）

科学技术

综　述

【概况】　2023年，全市科技工作贯彻落实习近平总书记考察江西重要讲话精神，真抓实干、攻坚克难，全面推进区域科创中心建设，创新能力不断提升。强化科技计划管理，及时下达项目专项资金，服务创新创业发展。落实相关政策，完善高新技术企业培育机制体系，推动高新技术企业量质“双提升”。加强校企、院企合作与交流，发挥各方优势，推动科技成果转移转化。实施人才引进和培育计划，多渠道吸收创新技术人才，不断增强创新创业动力。全市科技型中小企业入库3444家，高新技术企业总数1719家，技术合同成交额391.15亿元，被科技部火炬中心评为全国技术合同认定登记优秀单位。

【创新研发机构增加】　2023年，推动全市规上工业企业、高新技术企业、高等院校、科研院所建立市级研发平台，推动年营收3亿元以上、年营收1亿元以上企业研发机构建设。组织开展市级基础研发平台申报认定工作，新认定35家市级重点实验室、40家市级工程技术研究中心。全省首家省实验室—复合半导体江西省实验室落地南昌，省实验室建设稳步推进。实施高层次科技创新人才“双百计划”，引进和培育高层次科技创新人才和团队36个；开展全市“十大青年科技英才”工作并确定10名入围人选。

【鄱阳湖自创区建设】　2023年，鄱阳湖自创区加速打造创新驱动发展示范区和高质量发展先行区，突出“高大上、链群配”思路，深耕做透产业链，形成电子信息、新材料、数字经济、医药健康、航空制造为主导的产业集群。新材料、电子信息两大产业迈入千亿元行列，超过100亿元企业10家。移动智能终端已集聚ODM整机企业9家，其中超百亿元企业4家，集聚80余家上下游配套企业，一级产业链完整度超80%。LED产业有全球最大的LED外延设备MOCVD制造基地、全球最大的LED芯片制造基地，形成从设备、材料、芯片、封装到应用的LED完整产业链。兆驰LED显示终端项目推动南昌LED产业迎来从“芯”到“屏”的跨越。航空科创城打造国产民机研发制造基地，成为国产大飞机C919的重要试飞基地和ARJ21的生产试飞交付中心，全年交付ARJ21飞机10架，占全国交付总量的50%。数字经济产业实施“软件业振兴”行动，高新数谷二、三基地入选省级数字经济集聚区，加快推进中国（南昌）数谷产业园建设；入选国家库科技型中小企业798家，占全市总数的23.46%；高新技术企业528家，占全市的30.72%；高成长性科技型企业103家，占全市的50%。入选科技领军企业2家，占全省的三分之一，占全市100%；科技领军入库企业4家，占全省23.53%，占全市的三分之二；瞪羚（潜在）、独角兽（潜在）企业共25家，占全省的12.2%，占全市51.02%。技术合同登记1103项，合同成交额86.15亿元，同比增长282.9%。

（钟思平）

科技管理

【概况】　2023年，南昌市科技创新工作规划全面落地，发布《南昌市“十四五”科技创新驱动发展规划》；按照《关于建设区域科创中心推动经济高质量发展的实施方案》部署，实施省会引领战略，全面推进区域科创中心建设，赋能全市经济社会发展，重点从“强化科技创新布局、构建重大创新平台、构筑产业创新高地、集聚高端创新人才、推进成果转移转化、加大科技投入力度、营造良好创新生态”等方面，持续增强全市科技创新驱动力。聚焦科技创新重点工作，获批市级公共财政预算安排科技发展专项资金5.27亿元。

【上级科技计划项目经费支持】 2023年，市科技局加强与上级及县（区）、开发区科技部门的沟通联系，组织全市企事业单位申报省级以上各类科技计划项目和经费的支持。全市获得省级科技计划项目129个，争取支持资金1.13亿万元。其中，省级重大项目和重点项目22个，支持资金4510万元。

【市级科技发展专项资金】 2023年，市级科技发展专项资金支出5.27亿元，支出进度99.41%。下达科技重大专项资金4982万元；下达创新引导计划资金2.19亿元，其中企业研发投入后补助资金1.07亿元、高企“双提升”资金9835万元，科技成果转化资金1409.67万元；下达创新平台计划资金9081.5万元；下达科技人才计划资金1102.28万元；下达科技条件建设专项资金1837万元。发挥财政资金引导带动作用，鼓励企业、高等院校、科研院所和医疗机构加大科研经费投入力度。实施企业研发费用后补助政策，拨付企业研发投入后补助资金1.05亿元，拨付南昌实验室建设经费4500万元。围绕打造区域科创中心目标，深化科技体制改革，加强产学研融合，支持科技创新。出台《驻昌高校院所产学研合作项目实施暂行办法》，加大对产学研合作项目的支持力度，持续深化市校合作，打通政产学研用协同创新通道。

【2023第十二届中国智能产业高峰论坛】 2023年9月17—18日，由中国人工智能学会、江西省科学技术厅、南昌市人民政府主办，南昌市科技局、中国工程科技发展战略江西研究院承办的2023第十二届中国智能产业高峰论坛在南昌举办。江西省副省长夏文勇，南昌市长万广明出席开幕式，并与参会院士共同启动论坛。中国工程院院士戴琼海、赵春江、蒋昌俊，北京邮电大学副校长王文博，百度集团副总裁吴

2023年9月17日，2023第十二届中国智能产业高峰论坛开幕式在南昌市举行

（魏勇剑　摄）

甜，复旦大学人工智能创新与产业研究院院长漆远，蚂蚁集团副总裁王晓航，北京航空航天大学教授刘强等8位专家作大会主题报告。8位主题报告嘉宾从理论方法、核心技术、应用创新、行业实践等方面系统性地阐述元宇宙的未来、大模型的技术与应用、算力网络的优化、数控机床的高端化、电磁信号的智能处理等前沿课题。此次高峰论坛通过1场主论坛、21场专题论坛、3场同期活动，带来130多场学术报告、3场圆桌对话，以及2天的互动体验展。在同期举行的“2023年江西（南昌）电子信息产业科技成果对接会”上，有关院士专家作主题演讲，江西兆驰半导体有限公司等4家企业进行项目路演，现场5家企业与高校达成技术需求签约，签约金额达1268万元，对接会吸引5000余名访客在线观摩。

（钟思平）

高新技术产业发展

【概况】 2023年，全市有效期内高新技术企业1719家，占全省总量的27.44%；科技型领军企业2家，占全省的33.33%；科技型领军入库企业6家，占全省的35.3%；新增49家企业入榜全省独角兽（种子、潜在）、瞪羚（潜在）企业榜单，占全省的25%。至年底，独角兽（潜在、种子）、瞪羚（潜在）企业总数累计达到205家，占全省的27%。开展“下县区、走园区、进场区”政策宣讲活动，录制2部线上科技型梯次培育政策培训视频课件，组织三次在线答疑活动和3场线下专家“一对一”辅导。

【高新技术企业量质“双提升”培育行动】 2023年，按照《南昌市高新技术企业量质“双提升”行动方案》，联合各方力量，加大高新技术企业培育力度，构建“科技型中小企业—高新技术企业—创新型领军企业”的梯次培育机制。完成高新技术企业培育系统建设工作，全市5806家企业完成入库。分3批共申报高新技术企业1173家，认定高企691家，占全省的23.62%。全年组织3444家企业入库国家中小企业信息库，占全省的22.87%，落实各项政策措施，兑现534家新认定高新技术企业和71家规模以上首次新认定为高新技术企业的奖励资金共8810万元。

【科技创新载体培育】 2023年，根据《南昌市洪城众创备案管理与绩效评估办法》《南昌市科技企业孵化器、众创空间管理办法》，开展众创空间、科技企业孵化器的申报与认定工作，推荐企业申报国家级、省级科技企业孵化器和众创空间。全年，新增市级孵化器1家（南昌青控科技企业孵化器），市级众创空间4家（安义县数字经济众创空间、南昌绿园企业精英众创空间、南昌泰和大厦众创空间、南昌590创意园众创空间）。至年底，全市共有众创空间93家，其中国家级众创空间19家、占全省的43.18%，省级众创空间22家、占全省的18.18%，市级众创空间52家；科技企业孵化器35家，其中国家级科技企业孵化器九家、占全省的45%，省级科技企业孵化器12家、占全省的17.39%，市级科技企业孵化器14家，下达一家市级科技企业孵化器认定奖励资金20万元。开展众创空间、科技企业孵化器的2021—2022年度绩效考核工作，共有17家双创载体被评为优秀、良好。

（钟思平）

科技合作与成果奖励

【概况】 2023年，加强科技成果转化机制建设，科技成果转化体系更加完善，出台《驻昌高校院所产学研合作项目实施暂行办法》《南昌市科技创新“研发飞地”认定管理办法》。落实《南昌市促进科技成果转移转化补助暂行办法》，兑现资金1295.27万元，增长94.1%。全市技术合同登记数6219项，技术合同成交额391.15亿元，增长189.3%，约占全省总量的24.5%，被科技部火炬中心评为全国技术合同认定登记优秀单位；全市23项科技成果获2022年度省科技奖，占设区市总数的37.1%，增长283%，提名省科学技术奖项目84项，增长127%。校企合作44个项目实现签约，金额1.45亿元；举办科技成果直通车，实现签约项目25项，引进2个项目落户南昌高新区。

【科技成果转化】 2023年，全市共登记推荐科技成果307项，增长71.5%，156项成果转化，转化率51.6%，转化成果产值586.28亿元。3项成果立项省科技成果熟化与工程化研究专项，支持金额850万元，1项成果立项省国际科技合作专项，支持金额120万元，7项成果立项全市重大科技成果转化专项，支持金额1150万元。火炬科技成果直通车开进粤港澳大湾区及长三角地区，征集科技成果494项，推荐110项重点科技成果入选科技火炬中心科技成果直通车项目库，引进外地科技成果落户南昌转化2项。征集省内高校科研院所科技成果702项，44项重点科技成果落地南昌转化。完成技术合同认定登记6219项，技术合同成交额391.15亿元，分别增长34.8%和189.3%。

【科学技术奖励】 2023年，全市共有23项成果获奖，占设区市提名获奖总数的37.1%，增长283%。其中，一等奖6项、二等奖17项，获奖数量在全省各设区市中排名第一位。六项一等奖项目均为科技进步奖，分别是江西浩然生物制药有限公司的《尿激酶原料人体尿蛋白收集和纯化新工艺关键技术研发与应用》，北京航空航天大学江西研究院的《航空航天大型装备整机及关键零部件三维工业CT检测技术及应用》，江西佳因光电材料有限公司的《超高纯半导体用前驱体的国产化关键技术》，东华理工大学的《中国东部伸展背景下铀成矿作用与找矿关键技术创新及其应用》，昌九城际铁路股份有限公司的《高铁大跨桥梁无砟轨道变形防控理论及控制关键技术》，中国瑞林工程技术股份有限公司的《复杂难处理铜钴矿高效利用关键技术与产业化》。

【科技合作与交流】 2023年，开展与长三角地区、粤港澳大湾区合作与交流。在广东、江苏等地举办五场专场对接会，35家科技企业与广东省科学院、华南理工大学、暨南大学、广东工业大学、江苏省产业技术研究院、南京大学、东南大学、南京邮电大学等高校院所的专家进行合作交流，25个优质项目实现现场签约；开展驻南昌高校科研院所产学研合作与交流。在驻南昌高校与科研院所举办七场高校院所科技成果对接会，促进南昌大学、华东交通大学、江西农业大学、东华理工大学、江西师范大学、江西理工大学（南昌分校）、江西财经大学、江西纳米技术研究院、江西智能产业技术创新研究院、北京航空航天大学南昌研究院、南昌智能新能源汽车研究院、中山大学南昌研究院、北京大学南昌创新研究院、江西求是高等研究院与南昌市企业有效对接，多个项目达成合作，实现签约44项；全市10家企业11项创新成果参展第二十四届中国国际高新技术成果交易会。14家单位21项创新成果参展中关村论坛展览（科博会）。18家企业线上参加江西（樟树）中医药技术成果在线对接会。12家企业参加长江经济带先进制造业绿色发展科技成果在线对接会暨中部六省技术市场联盟工作会。江西智库峰会暨国家级大院大所产业技术及高端人才进江西活动，15家企业对接大院大所与高端人才，11项创新成果达成合作意向，3家企业与院所实现现场签约，分别为江西联创电子有限公司与四川大学、四川深瑞视科技有限公司，润芯感知科技（南昌）有限公司与安徽光智科技有限公司、珠海矽敏科技有限公司，江西国科医药工程科技有限公司与中国科学院生物物理研究所。

【科技服务】 2023年,开展技术市场培训辅导服务。举办两期全市技术市场政策宣读与业务培训会,全市技术市场相关人员370余人参加培训;联合高新区、青云谱区、南昌县、小蓝经开区、西湖区举办多场专场业务培训,累计培训人员300余人,同时赴各县区园区、企业调研与企业面对面开展政策宣讲解读12次;举办两期初级技术经纪人的培训,培训200名技术经纪人;举办省技术合同登记管理人员培训班,培训管理人员150名;审定办理技术合同增值税、企业所得税免税审定证明业务350项,核定免税技术交易额18.79亿元,为企业审定减免增值税、所得税1.2亿元;江西省常设技术交易平台发布最新技术成果1050项、企业真实技术难题需求675项,促成技术交易额1.13亿元。南昌科技广场组织开展技术成果推介、企业融资、科技政策宣传、成果评估评价等各类科技创新活动90场次,举办两期"赣拍"江西省科技成果拍卖会,成交金额3625.8万元,举办第三届"洪城创业故事汇"高新区选拔赛、江西省科技成果推介会、南昌高新区科技政策宣讲会、南昌高新区科技活动周、预见独角兽线上投资路演、南昌市"揭榜挂帅"制项目企业重大技术需求答辩评审会等活动;南昌科技创新公共服务平台新增实名认证注册企事业单位470家;服务机构14家;新发布政策资讯1601条,政策解读及图说36篇,视频解读二篇,政策文库三项,全国范围内技术供需1044条。市科技计划项目申报管理系统共申报两批次40类项目,合计1583个项目。

(钟思平)

科技人才与平台建设

【概况】 2023年,市科技局围绕"人才强市战略",加大高端人才、青年科技人才培养力度,优化提升人才管理服务水平,多措并举,不断夯实人才工作根底,为推进全市科技创新高质量发展提供人才保证和智力支持。实施创新人才引育集聚工程,强化高端人才引育,加快产业人才培养,优化人才发展环境。建立重点产业紧缺人才需求目录发布制度,深化产教融合、校企合作,加快培养产业发展急需的创新型科技人才和实用技能型人才。加快南昌技师学院、南昌健康职业技术学院等建设,整合资源推动南昌职业教育高质量发展。

【科技创新人才"双百计划"实施】

2023年,抓好"双百计划"项目的日常管理,完成2022年34个"双百计划"项目的中期考核和2021年35个"双百计划"项目的验收工作,引育高层次科技创新人才16名、创新团队38个,下达市级科技专项经费1040万元。项目主要分布在电子信息、航空装备、生物医药、汽车和新能源汽车、人工智能、绿色食品等产业,紧贴全市重点和战略性新兴产业发展方向,为全市重点产业发展提供人才智力要素保障。

【"十大青年科技英才"认定】 2023年,市委人才办、市科技局联合印发通知,共同组织实施南昌市"十大青年科技英才"认定推荐工作。申报对象为在南昌市行政管辖范围内的企事业单位工作三年以上,具有大学本科以上学历,年龄不超过45周岁的青年科技人才。被认定为"十大青年科技英才"的个人,除可获得荣誉称号及每人10万元奖励外,还可认定为南昌市D类人才,享受D类人才相关待遇,并优先推荐申报省级以上人才计划。经过认定推荐,完成组织申报、材料审核、专家评审、现场考察等程序,确定江西掌中无限网络科技股份有限公司CEO王彪,江西慧航工程咨询有限公司董事长王婷,中广核贝谷科技有限公司国家工程研究中心副主任王海涛,江西联益光学有限公司副总经理刘绪明,江西珉轩智能科技有限公司董事长李淑琴,泰豪软件股份有限公司副总裁张远来,江西江铃集团新能源汽车有限公司副总经理单丰武,南昌市洪都中医院针灸科主任胡秀武,南昌市第一医院妇产科主任高军,江西煌上煌集团食品股份有限公司技术总监郭德斌10名入围人选。

【高层次科技人才引育】 2023年,超额完成省科技厅和市委人才办下达的国家重大人才工程申报任务指标。组织推荐上报国家级人才计划46项,四人入选,是全省唯一有人才入选的设区市;组织推荐上报省级人才计划项目26项,12人入选"赣鄱俊才支持计划——主要学科学术和技术带头人培养项目",三人入选"赣鄱俊才支持计划—省高层次和急需紧缺海外人才引进计划",下达省级科技专项经费620万元。

【外国专家管理】 2023年,市科技局派驻市民中心窗口共办理外国人来华工作许可审批事项376件,在外国人来华工作许可审批办理中始终坚持高标准、严要求、强服务,不断强化服务理念,优化服务质量,提高服务水平。举办"南昌市外国专家联谊日"之走进南昌汉代海昏侯国考古遗址博物馆、"南昌市外国专家联谊日"之中秋佳节庆团圆活动等联谊活动,在讲好南昌故事,擦亮南昌名片的同时,让外国专家在南昌找得到组织、交得到朋友、享受到服务,为促进外国专家参与南昌建设发挥积极作用。

【基础研发平台建设】 2023年,持续推动全市规上工业企业、高新技术企业、高等院校、科研院所建立市级研发平台,推动年营收3亿元以上、年营收1亿元以上企业研发机构建设。组织开展市级基础研发平台申报认定工作，新认定35家市级重点实验室、40家市级工程技术研究中心。推动省重点实验室，全国重点实验室重组。3月获批的“现代中药全国重点实验室”，是中央企业在中医药领域唯一的全国重点实验室，也是江西省在中医药领域唯一的全国重点实验室。

【新型研发机构建设】 2023年，聚焦省、市重点产业高质量发展需求，推动新型研发机构建设提质增效，为助力省、市区域创新体系建设提供良好的科技、人才、产业化支撑。持续强化科技政策激励引导，加快推进新型研发机构引育，不断增强区域创新能力，为全市重点产业高质量发展提供强有力的创新支撑。贯彻落实《南昌市支持新型研发机构发展办法》《南昌市新型研发机构建设实施细则（试行）》，加快新型研发机构建设，做好新型研发机构的管理服务。组建南昌市新型研发机构联盟，致力于持续推进新型研发机构合作交流，搭建政产学研用合作交流的桥梁和纽带。

（钟思平）

科普活动

【概况】 2023年，通过多层次、多形式的科技活动周系列活动，深入基层、企业、乡村、社区开展科普宣传、培训，发放各类宣传资料1万余份、举办60余项各具特色的科普活动，吸引百万以上市民参加。通过举办丰富多彩的群众性科技活动，宣传科技政策，普及科学知识，营造群众学科学、爱科学的社会气氛，提升公众科学素质，为推动全市经济社会发展做出贡献。营造科普活动的浓厚氛围，活动直接辐射约5万人次，全媒体传播浏览量达100万人次，达到让科普进入千家万户的目的。

【科技活动周】 2023年5月20日，“热爱科学 崇尚科学”2023年南昌市暨南昌县（小蓝经开区）科技活动周启动仪式在南昌县澄碧湖广场举办。活动邀请50余家重点科技企业齐聚活动现场，向广大居民重点展示南昌人工智能、VR、智能家居等重大科技创新成就。其中科普答题活动、科普成果展演、特色科普互动体验等众多互动项目。组织《江西日报》、大江网等20余家媒体一起集中探访北航江西研究院、江铃新能源汽车公司等单位，利用媒体宣传南昌科技，展示全市近年来在科技创新领域的发展和进步。开展“下县区、走园区、进厂区”科技政策宣讲活动。市科技局分派7个宣讲小组，采取在县区、开发区、大学科技园内举办报告会、专题培训会、座谈会等方式向企业宣讲国家、省、市的科技政策、各类科技计划项目和申报流程等一系列惠企政策。此次宣讲活动，实地了解企业创新需求，主动登门提供精准服务，助力企业创新转型和高质量发展。为企业了解国家、省、市各项科技政策，熟悉掌握市级科技计划项目要求搭建一座互动交流的平台，帮助企业熟悉政策、掌握政策、运用政策。

【科普讲解大赛】 2023年4月14日，由市科技局、市科协和市教育局联合主办，市科技成果转化协会承办的“洪科杯”南昌市科普讲解大赛在南昌虚拟现实VR产业基地和市青少年宫同步举行。此次大赛分为“成人组、企业组分会场”“青少年组分会场”，两大会场同步开赛，总赛程历时2天。为保证大赛的公平、公正、公开，大赛除专家评委组之外，成立独立监督组，对此次活动进行全程监督。来自各县区、开发区、湾里管理局的151名选手同台竞技，最终决出“企业组”“社会组”“少年组”3个组别的获奖者。比赛中，从工作经验丰富的“老科普人”，到年龄不足10岁的“科普新星”竞相上台，选手们以通俗易懂的语言，用实验、表演、动画视频、音乐和PPT等最直观的形式，把神奇的科技讲解透彻，向赛场观众撒播科学的种子，让更多的人感受科技魅力。

（钟思平）

气象测报

【概况】 2023年，市气象局加快推进气象科技能力现代化和社会服务现代化，在气象防灾减灾、气象高质量发展、城市气象服务保障等方面取得成效，在全省气象高质量发展综合考评中获评优秀单位，全省市级气象现代化建设评估中列全省第二名，综合观测业务24项考核项目中12项位列全省第一，全市气象服务业务质量排名全省第一。市气象局获“全国气象部门创建模范机关先进单位”称号，1人获“全国气象工作先进个人”称号。

【气候】 2023年，全市气温明显偏高，降水偏多，日照偏少。年内气温波动起伏大，降水时空分布不均。年降水1849.3毫米，偏多8.6%；日照时数1688.3小时，偏少120.6小时。年平均气温19.6℃，比常年偏高1.1℃，为有气象记录以来第二高；年内最高气温平均值23.8℃，为有气象记录以来最高。1月1日至14日，异常回暖，平均气温偏高4.7℃，下旬出现两次寒潮大风雨（雪）天气，冷暖切换，其中14日晚至16日平均气温下降10℃以上，最低气温跌破0℃，全市飘雪花，无积雪。6月19日20时至26日20时，全市出现持续性的暴雨到大暴雨天气过程。全市平均累计降水184.7毫米，有107站累计降水超过50毫米，有100站累计降水超过100毫米，有18站累计降水超过250毫米，以进贤县梅庄396.3毫米为最大，此次过程影响具有范围广，累计雨量大、短时雨强大、雷电活动频繁等特点，局地出现积水内涝、农田受淹、房屋倒塌等险情。此次暴雨过程造成直接经济损失599.4万元。7月28日22时台风“杜苏芮”从抚州市黎川县进入江西省境内，绕过南昌，于29日8时移出江西。尽管此次过程给部分地市造成损失，但缓解了高温干旱，增加了水资源。11—12月，南昌出现9次大雾天气，其中12月5日至7日大雾影响范围最广、能见度最低，三天里最小能见度均不足100米，最低能见度仅48米，发布年内唯一一次大雾红色预警。受大雾天气影响，南昌多条高速入口封闭、公交暂停，交通受阻明显。12月15日至20日，受寒潮影响，南昌先后出现强降温、大风及雨雪天气。12月14至18日全市平均气温普遍下降14—16℃，16日全市五个国家站均出现雨夹雪或冰粒。21日转为冷晴天气，大部地区出现冰(霜)冻，浅水和潮湿路面出现道路结冰。22日至23日早晨最低气温零下6.4℃至零下3.5℃，为下半年最低值。

2023年12月7日，江西省气象局、南昌市人民政府市厅合作联席会议暨共同推进南昌气象高质量发展合作协议签署仪式举行

（市气象局　供图）

【气象服务】　2023年，市气象局做好强对流暴雨、高温、干旱等预警预报服务。开展通报、叫应200余次，助力强降水影响区域168人提前转移，在致涝暴雨期间与市城管局、市交管局开展密切联动，形成内涝预警发令、排水队伍出动、交警上街巡查的应急联动机制。发布气象情况反映180期，预警信号139次，农业气象服务材料56期，内涝服务产品25期。建立重大活动气象全链条服务流程，主动对接“新晋网红城市”气象服务需求，保障2023迎春烟花晚会、世界VR产业大会、南昌飞行大会、南昌马拉松等31次重大活动。微博、微信等新媒体传播矩阵发布服务信息超万条，阅读量过亿人次。建成具备台站开放、VR科普、线下讲座、实地操作等功能的校园气象科普教育基地群。全年实施地面人工增雨作业127次，发射火箭弹172枚，燃烧烟条159根。累计受益面积1.85万平方千米，累计增雨量3398.82万立方米。

【气象高质量发展】　2023年，市气象局落实省会引领战略，坚持守正创新，提质增效，推进南昌气象高质量发展。实施国家气候观象台P波段风廓线雷达、X波段雷达等8种综合基准气候和生态气象观测装备建设，重点改善大气垂直探测和多圈层生态气象观测短板。开展基于AI机器学习的短临客观预报预警技术应用研究，完成短临预报系统更新，实现南昌市1千米分辨率精细化预报“格点一张图”。制定《南昌市气象“十四五”规划项目建设总体实施方案（2023—2025）》，落实配套资金，4个县区方案获地方政府批复。完成南昌农试站试验能力提升项目（一期）建设。加强合作共建，与江西省气象局、江西信息应用职业技术学院、兰州市气象局签署合作协议，共同推动组织共建、人才共育、经验共享、科研共促。全年，获批7个市厅级科研项目1个横向课题，自筹经费支持15个科研项目。连续两年获全省“绽放杯”三等奖。3人入选省局“双百”人才计划，3人入选省局创新团队。

（周梦云　陈丽红）

教　育

综　述

【概况】 2023年，全市教育系统贯彻落实习近平总书记关于教育强国建设和考察江西重要讲话精神，紧扣基础教育高质量发展方向，持续深化教育领域综合改革，以"走在前、勇争先、善作为"的勇气担当，推动各项工作取得新成效。市教育局获评国家通用语言文字推广普及先进集体、全省政府系统"五型"政府建设先进集体；平安校园建设、中考体考改革、城乡教育一体化发展等被《人民日报》、央视《新闻直播间》、《中国教育报》推介；面向全国举办区域教育高质量发展"南昌论坛"；启音学校校长张俐参加全国优秀教师代表座谈会并发言，优化县域义务教育资源配置、特殊教育、科学教育、普通高中新课程新教材改革等工作在全省会议作交流发言。

【教育投入力度加大】 2023年，全市一般公共预算教育经费支出159.02亿元，较上年增加13.71亿元，增幅9.44%。聚焦园位、学位问题，新增公办幼儿园40所、公办园位1.07万个，完成校建项目21个、新增学位3.9万个。实施教育基本公共服务体系建设高质量发展三年行动计划，全年计划新开工校建项目49个、建成后学位容量达9.3万个，已开工30个。通过不断深化营商环境服务宗旨，优化审批流程、提高审批效率、主动对接服务，南昌中学、南昌行知中学等重点项目推进速度刷新全市校建项目纪录。

【教育组织基础夯实】 2023年，实施"书记领航"工程，以高质量党建引领教育事业高质量发展取得成效，在全市优秀"三级书记讲党课"和优秀"微党课"评选活动中有39部作品获奖，在全市组织系统"学思想、铸忠诚、强本领，争当新时代组工标兵"大比武中获三等奖。全面落实党管人才原则，把人才工作与主题教育深度融合，通过开展中心组学习、举办读书班、"四下基层、三访三促"等形式，不断强化党对人才工作的政治引领。以"三联三融"活动为抓手，组建25组公办带民办结对共建。抓好省委巡视涉教育领域普遍性问题整改工作，制定整改措施31条，受理"三违"信访问题633件，办结率100%，营造清朗教育生态环境。制定全市教育系统暑期开展基层管理突出问题检视整改工作实施方案，明确夯实校园安全基础、严格食品安全管理、强化中小学校防溺水工作等11项重点任务，坚持问题导向，强化底线思维，以下看上查问题，以上带下抓整改，切实改变各级教育行政部门和学校管理"宽松软"问题。

【校外培训监管】 2023年，推进《校外培训行政处罚暂行办法》落实到位，严防外资渗透，强化资本监管，防止资本炒作，有效遏制资本对教育的侵蚀。制定科技、体育类校外培训机构管理实施细则，落实校外培训机构分类管理，开展校外培训机构违规办学整治，出动人员次数1万人次，督查机构2000余次，开展联合执法400余次，查处各类违规培训行为92起，疏散学生3500余名，取缔、停办违规机构145所，退还学费263.8万元，对违规校外培训行为进行行政处罚2次，罚款3.1万元。46项治理经验被国家《"双减"改革每日快报》刊载，70余项经验上榜省"双减"改革半月报，16个案例被省教育厅推广。

【"区域教育高质量发展南昌论坛"召开】 2023年8月11日至12日，由市政府、教育部人文社会科学重点研究基地华东师范大学基础教育改革与发展研究所主办，市教育局承办的"区域教育高质量发展南昌论坛"在前湖迎宾馆举行。论坛以"区域教育优质均衡的理论探索与实践路径"为主题，共话教育发展。中国教育学会常务副会长、教育部基础教育司原司长吕玉刚，中国教育发展战略学会教育标准专业委员会理事长、北京师范大学原副校长陈光巨，教育部基础教育教学指导委员会副主任、上海市教育学会会长尹后庆，中国教育学会副会长、教育部人文社会科学重点研究基地华东师范大学基础教育改革与发展研究所所长李政涛，北京师范大学教育学部部长、教育部人文社会科学重点研究基地北京师范大学教师教育研究中心主任朱旭东出席开幕式并作专家报告，江西省委教育工委委员、省教育厅副厅长程裕秋，南昌市人民政府副市长龙国英出席开幕式并致辞。开幕式由南昌市人民政府副秘书长王英主持。来自上海、成都、北京、广州等13个城市的发言嘉宾登台畅谈教育发展的最新趋势，分享本地区教育教学的提质思路、实践成果和未来展望。同时，来自南昌市东湖区、西湖区、青云谱区、南师附小教育集团、站前路学校教育集团和腾龙学校的主要负责人作为区域教育高质量发展中的南昌实践代表也围绕课程治理、集团化办学、作业大数据、校园文化建设、教师共同体和师德建设等方面做经验分享。论坛以线上线下相结合的方式进行，面向全国全程直播。

（刘圣城）

学前教育

【概况】 2023年，全市稳步推进学前教育“幼有所育、幼有善育”，促进学前教育普及普惠安全优质发展。全市共有幼儿园1096所，毕业幼儿7.26万人，招生5.17万人，在园幼儿18.04万人。其中，教育部门和集体办幼儿园305所，毕业生3.09万人，招生2.58万人，在园幼儿8.41万人，教职工1.2万人，专任教师6490人；民办幼儿园662所，毕业生3.16万人，招生1.96万人，在园幼儿7.25万人，教职工1.14万人，专任教师5840人；其他部门（含企事业单位）办幼儿园129所，毕业生1.02万人，招生6319人，在园幼儿2.37万人，教职工3880人，专任教师2128人。按城乡分，城市幼儿园591所，毕业生4.22万人，招生3.05万人，在园幼儿10.4万人，教职工1.67万人，专任教师8676人；县镇幼儿园377所，毕业生2.67万人，招生1.87万人，在园幼儿6.8万人，教职工9356人，专任教师5158人；农村幼儿园128所，毕业生3614人，招生2442人，在园幼儿8417万人，教职工1113人，专任教师624人。

【普惠性园位扩增】 2023年，全市加大幼儿园投入力度，扩增普惠性园位。全年新增普惠性幼儿园61所，新增普惠性园位1.5万个。其中，公办幼儿园40所，含南昌县7所、进贤县2所、安义县4所、东湖区2所、西湖区3所、青云谱区3所、青山湖区5所、新建区2所、红谷滩区3所、经开区3所、高新区4所、湾里管理局2所，新增公办园位1.07万个，满足群众对普惠性园位的需求。全年安排市本级学前教育发展专项资金4388万元，对公办幼儿园、普惠性民办幼儿园给予运营经费补助，对省、市级示范幼儿园给予一次性奖励。安排婴幼儿入托补助资金2400万元，对按照政府普惠指导价招收3岁以下婴幼儿的托育机构给予补助，惠及机构326家、3.58万人次。

【办园质量提升】 2023年，落实《南昌市学前教育质量提升三年行动计划（2021—2023）》，参加第三批全省学前教育质量提升实验园、保育教育质量评估试点园、学前教育宣传月优秀案例评选，开展市级示范园评估工作，新增质量提升实验园21所、保育教育质量评估试点园5所，推出学前教育宣传月优秀案例6个，新增南昌县第二幼教集团洪科分园等18所市级示范园。出台《南昌市美丽乡镇幼儿园建设实施意见》，举办全市美丽乡镇（村）幼儿园建设专题培训班，推进美丽乡村幼儿园建设。组织举办全市幼儿园教师专业能力竞赛，推荐17名幼儿教师参加省级幼儿园教师专业能力展示活动，获活动视频解读单项奖二等奖5名、三等奖7名；活动案例分析单项奖一等奖1名、二等奖7名、三等奖8名；获全能奖一等奖2名、二等奖4名、三等奖8名。实施“赣京合作”跟岗研修、“安吉游戏”推广计划、幼儿园跟岗帮扶计划等“国培”“省培”项目，幼儿园保教人员专业能力素质得到提升。

【标准化幼儿园建设】 2023年，继续在全市范围内实施标准化幼儿园建设工程，督促各县区结合本地实际情况，按照时间节点，组织标准化幼儿园达标认定及市级抽检复核工作。全年新认定标准化幼儿园213所，全市标准化幼儿园数量达到404所，达标率36.86%，超过省定30%目标要求。加强幼儿园办园行为督导，规范幼儿园办园行为。开展全市幼儿园办园行为规范清理整治，强化对幼儿园办园资质、课程教学资源、安全防护、幼儿园名称等方面的动态监管，对违规行为开展专项整治，累计清理整治7所无证园，清理下架360余册不符合规定的幼儿教材。

（廖斌璐　李　静）

义务教育

【概况】 2023年，全市有小学355所，毕业生7.2万人，招生8.05万人，在校生45.55万人，专任教师2.73万人；初中244所，毕业生6.82万人，招生7.22万人，在校生21.35人，专任教师1.63万人；特殊教育学校8所，毕业生336人，招生278人，在校生1255人，教职工257人，专任教师252人。全市网点布局优化、办学条件改善,优质教育资源持续扩大。至年底,全市成立义务教育集团68个,覆盖城区(县城)学校276所。

【就近入学】 2023年,印发《关于做好2023年义务教育免试就近入学工作的实施意见》,划定义务教育学校学区范围,对城区公办义务教育学校招生实行容量限额管理。县区相应出台实施意见及公布学区范围。全市所有县区均应用昌通码智慧入学平台(原i南昌智慧入学平台)实施招生,由系统识别房产等入学依据、直接派位,确保公平、公正。为解决城市流动人口子女入学问题,按照就近入学有关规定,全市各中小学接收1.88万名流动人员随迁子女就近入学。其中,小学为7483人,初中为1.13万人,随迁子女就读公办学校(含民办学校政府购买学位的部分)占比达95%以上。印发《关于进一步做好控辍保学工作的通知》,对全市长期不在校学生进行摸排,建立健全控辍保学工作台账,全年共有重点检测对象台账学生7145名,列入不具备学习条件台账学生共53名,各县区教育行政部门对台账中每生每户跟踪落实到位,确保辍学学生动态清零。

【县域义务教育资源配置优化】 2023年,推进乡村小规模学校优化调整工作,出台《南昌市优化县域义务教育资源配置工作方案》,成立工作领导小组,召开全市工作推进现场会,全域一体推进优化县域义务教育资源配置工作。秋季学期,全市优化调整乡村小规模学校130所,其中省级试点县安义县共优化调整乡村小规模学校66所,妥善分流安置学生1216人,合理调配教师资源247人,盘活闲置教育资源44处,完成省级试点任务。全市所有撤并点学生无一人辍学、无因小规模学校撤并引发的舆情。

【集团化办学】 2023年4月,召开全市集团化办学经验交流暨优质资源拓展工作部署会议,九个县区及学校分享在集团化办学的特色探索,为其他县区、教育集团发展提供可复制的经验。探索合作办学、片区学校共同体、城乡发展共同体等多样态拓展优质教育资源路径,出台《关于建设义务教育片区学校优质均衡发展共同体的实施意见》,以西湖区、东湖区、红谷滩区、湾里管理局作为试点区域,推动优质资源拓展、延伸。在农村区域,探索建立城乡发展共同体,以优质城区学校带动农村学校发展,促进城乡一体化和义务教育优质均衡。

【课后服务】 2023年,面向全市公开征集108门特色类课程和312名师资,不断丰富校内课后服务资源。开展校内课后服务精品课程评选,15门优秀课程纳入市级课后服务开放平台。做好暑期托管工作,全市143所义务教育学校开设暑期托管班,惠及学生3.76万名,确保服务需求“全覆盖”,有效解决家庭暑期孩子“无人管”难题。分批组织课后服务专项督查,督促各校有效运用课后服务管理平台,“晒”好服务内容项目清单和收费标准等,推进课后服务常态化、规范化。

(廖斌璐　胡　莹　陈　堃　罗景延)

普通高中教育

【概况】 2023年,全市有正在招生普通高中学校72所,其中市直属公办学校22所、市属民办学校19所、省属事业单位办3所;县区属公办学校共28所。至年底,全市在校生12.2万人,高中阶段毛入学率达到98.7%。

【“公民同招”改革】 2023年,市城区中考实施“公民同招”改革,将民办学校纳入公办学校批次招生,取消城区民办学校自主招生,生物、地理学业水平考试成绩达到C等及以上方可填报普通高中志愿。通过实施招生批次调整、民办纳入公办批次招生、严格普通高中录取程序、改革考试评价模式和规范特长招生等,持续深化新时代教育评价和高中育人方式改革。实施“公民同招”,民办学校依据本校办学实际,向市教育行政部门申报招生批次,学校自主选择第一批次A档、B档或第二批次A档、B档申报,限定申报一个批次的一个档次。市教育行政部门综合审核确定并公示后向社会公布。科学核定民办学校招生计划,民办高中学校不设置均衡招生计划。民办学校招生计划实行动态管理,各校招生计划完成情况作为下一年度教育行政部门核定该校招生计划的重点参数。民办学校可设立计划招收举办者子女、本校及所属高校(或单位)教职工子女,由所属教育行政部门按照资质审查要求,做好审核确定工作。

【新课程新教材新高考改革】 2023年,市教育局聚焦新课程新教材新高考改革,出台《南昌市深化普通高考综合改革推进工作方案》,加强教师队伍建设保障、深化教育教学改革、加强学生生涯指导,统筹推进教学、考试、招生和管理的综合改革。开展普通高中新课程新教材实施中期督导评估工作,全市50所学校开展实地评估,发现特色亮点,梳理问题短板,助力“双新”实施工作跑好“后半程”。江西师大附中、南昌二中、莲塘一中三所国家级示范校在全省普通高中新课程新教材示范区示范校建设交流研讨会上作交流发言,南昌市“双新”改革工作被《江西改革工作简讯》收录。

【普通高中多样化特色办学】 2023年,全市重视普通高中特色发展,鼓励普通高中多样化特色办学，市豫章中学、市洪都中学、市第十八中学、市第二十三中学获评第三批全省普通高中特色学校。下发《南昌市普通高中特色学校评估认定的工作方案》，各普通高中学校应提高认识，将评估认定工作作为学校以评促建的重要契机，深化特色办学理念，加强特色课程建设，改善办学条件。组织学校管理人员、教师深入学习，深度挖掘本校特色，结合本校办学实际，加快特色建设步伐。将《评分细则》作为推进学校特色发展的重要抓手，满足不同潜质学生发展需求，促进学生全面发展。打造更契合实际的评估体系，合理设置评选门槛，引导各高中学校特色化发展，为南昌学子拓宽赛道，创造更多可能。

【县域高中结对帮扶】 2023 年，制定《南昌市县域高中结对帮扶工作实施方案》，指导相关县区、学校做好县域高中结对帮扶工作，各县域高中学校均与省级重点中学、高校签订帮扶协议，开展联合教研等系列活动。明确共同体、协作体的指导思想、总体目标、基本原则、实施步骤和保障机制，为帮扶薄弱县中提供制度保障，确保帮扶工作取得实效。县区“点对点”的管理团队帮扶，优化学校管理体制；市区“点对线”的主题帮扶，实现专项突破；省内“点对面”的全方面帮扶，提升县域高中教育教学质量。南昌县莲塘一中“构建‘1+N’三级帮扶模式带动县中提质”案例在《江西省县中发展提升工作动态》2023 年第一期刊发。

【民族教育】 2023 年，市教育局贯彻落实党和国家关于民族教育的有关政策，做好莲塘一中、进贤一中、南昌十七中三所开办民族班学校的日常管理工作，提升民族班办学质量，铸牢中华民族共同体意识。市教育局配合市政协开展新时代中小学校民族团结进步工作专题调研，充分了解全市民族教育现状，掌握新时代背景下全市民族教育工作存在的短板及不足，探寻发展路径，并形成调研报告呈报市委市政府。

【高考录取情况】 2023 年，全市考生 7.57 万人（占全省的 12.10%），共录取 5.35 万人（含少年班 8 人、保送生 96 人、强基计划 58 人、高职单招 1.26 万人），录取率为 70.61%。其中，本科批次录取 2.13 万人，专科录取 3.22 万人。28 人被清华大学录取，27 人被北京大学录取，空军、海军招飞共录取 23 名空军飞行学员。

（甘凇原　肖浩宇）

民办教育

【概况】 2023 年，全市共有民办中小学、幼儿园 742 所，毕业生 5.96 万人，招生 4.38 万人，在校生数 16.54 万人，教职工数 2.96 万人，专任教师 2.01 万人。其中，幼儿园 662 所，毕业生 3.16 万人，招生 1.96 万人，在园幼儿 7.25 万人，教职工 1.14 万人，专任教师 5840 人；小学 8 所，毕业生 1065 人，招生 667 人，在校学生 5181 人，教职工 492 人，专任教师 380 人；初级中学 1 所，毕业生 874 人，招生 300 人，在校学生 1410 人，教职工 112 人，专任教师 105 人；九年一贯制学校 21 所，毕业生 5883 人，招生 4758 人，在校学生 2.1 万人，教职工 3611 人，专任教师 3085 人；完全中学 9 所，毕业生 1605，招生 1552 人，在校学生 4480 人，教职工 1098 人，专任教师 938 人；十二年一贯制 18 所，毕业生 9643 人，招生 1.04 万人，在校学生 3.5 万人，教职工 1.07 人，专任教师 8388 人；高级中学 10 所，毕业生 3436 人，招生 3184 人，在校学生 1.09 万人，教职工 1048 人，专任教师 698 人；中职类学校 13 所，毕业生 5583 人，招生 3373 人，在校学生 1.5 万人，教职工 1234 人，专任教师 734 人；全市合法校外培训机构 842 所。

【民办义务教育管理】 2023 年，为更好地理顺全市市管民办义务教育学校管理体制，强化市、县（区）分级管理分类指导职能，引导规范全市民办学校有序健康发展，营造良好的教育生态，助推各县区义务教育优质均衡发展，按属地管理的原则，将南昌现代外国语象湖学校等 8 所民办义务教育学校的管理权限下放到所在辖区教育行政部门。继续按照中央、省相关文件精神，常态化开展民办义务教育专项工作，保持民办义务教育学校数和民办义务教育学校在校生占比只减不增。至年底，全市民办义务教育在校生数为 5.35 万人，扣除政府购买学校学位 1.01 万人，占全市义务教育学校在校生总数的 6.64%，控制在省定目标之内。按照全省教育系统“三个专项整治”工作部署，从 3 月底开始为期 3 个月的民办学校问题专项整治工作，通过各学校自查自纠和各级教育行政部门监督检查，发现问题 34 个并整改到位，清退资金 155.24 万元。“三个专项整治”工作开展以来，全市在规范民办中小学后勤、招生、收费等方面都取得较好效果，各类投诉举报明显减少。

【规范民办中小学校发展工作会议】 2023 年 5 月 15 日，市教育局召开全市规范民办中小学校发展工作会议。副市长龙国英出席会议并讲话。部分县区政府分管负责人、教育行政部门主要负责人，市发改委、市市场监管局、市民政局分管负责人，市管民办中小学校举办者、校长参加会议。会议下发《南昌市规范民办中小学校发展实施意见》，从优化治理体系、优化发展布局等 6 个方面对规范民办学校发展提出具有可操作性的措施，引导民办中小学校规范办学，注重内涵发展，全面优化提升民办中小学校发展水平。通报近年来全市民办中小学校工作情况，并就文件精神转化、党建引领、资金投入、师风建设、办学行为、安全稳定、办学质量等工作作出具体部署。南昌县政府、新建区政府、市发改委、市市场监管局、市民政局分管负责人，雷式学校、向远轨道学校举办者逐一发言。

【规范校外培训机构】 2023年，全市重视“双减”工作，市委常委会、市政府常务会多次研究审议，市委、市政府主要领导调度并多次批示，召开各级各类动员部署、协调调度会议350余次。全市842所校外培训机构全部纳入全国校外教育监管与综合服务平台管理，线上支付开通率100%，购课、消课比例100%，监管资金总额7974.47万元，在培学生1.2万名。印发《南昌市科技类校外培训机构管理实施细则（试行）》《南昌市体育类校外培训机构管理实施细则（试行）》，明确部门职责，强化科技类、体育类校外培训机构管理。印发《南昌市学科类隐形变异培训防范治理行动方案》，疏堵结合，综合施策，持续强化校外培训监管。组织专家审核培训14次，12支审核队伍共有专家99人审核全市培训材料3244份，未发现存在思想性、科学性、适应性问题材料。对全市校外培训消防安全进行全面排查检查，发现安全隐患1000余处，关停无证机构513所，其他消防安全隐患问题要求机构限期整改到位，确保学生参训安全。

（杨雪飞　李芳琳　李　颖）

中等职业教育

【概况】 2023年，全市共有中等职业全日制学历教育学校27所（不含技工学校），其中市属公办学校6所、行业办学校4所、县区属公办学校5所、市管民办学校12所，共有在校学生3.87万人，教职工2844人。毕业生数1.23万人，就业率90.56%。其中，通过中高职对接、对口单招、普通高考升学、技能人才拔尖选优等方式升入高等院校的中职学生数6151人，升学率为50.20%。全市中等职业学校共设电子与信息、交通运输等15个专业大类，涵盖城市轨道交通运营服务、电气化铁道供电等81个专业，共20所学校具有中等职业教育招生资格，招生10057人。

【专业建设】 2023年，基于《南昌市市县中等职业学历教育学校网点布局规划（2022—2025）》，结合城市建设和产业发展总体目标，对全市职业教育网点布局进行同步优化和调整，并开展全市中职学校专业设置和调整工作，新增专业大类2个、取消专业大类20个，新增专业15个、取消专业32个，撤并淘汰供给过剩、就业率低、职业岗位消失的专业，提升专业与产业契合度。在新设的15个专业中，涉及电子与信息大类、装备制造大类、交通运输大类等，新增专业点位包括电子技术应用、电子信息技术、汽车美容与装潢、工业机器人技术应用、新能源装备运行与维护等，聚焦全市“4+4+X”新型产业体系，集中力量为优势主导产业发展培养技能人才。经过调整，全市中职学校的专业布局更加合理，面向市场、服务发展、促进就业的办学方向更加凸显。

【课程建设】 2023年，为构建兼顾学生专业性和职业性发展的、适应应用型人才培养的课程体系，提高职业教育教学质量，在督促各中职学校开齐开足国家规定的各类课程基础上，指导各校打造精品课程和一流核心课程。面向各校开展中职精品课程市级评选活动，择优向省教育厅推荐12门课程，其中南昌汽车机电学校的《工业机器人基础编程与调试》《PLC技术应用》入选全省职业院校精品在线开放课程。面向各校开展中职一流核心课程市级评选，择优向省教育厅推荐4门课程，南昌汽车机电学校“工业机器人基础编程与调试”“网店运营基础”、南昌市第一中等专业学校“美术基础”、江西泛美艺术中等专业学校“中级美容师”入选全省职业教育一流核心课程（线下）。作为推进高水平职业学校和高水平专业群建设、信息化教学和产教融合的重要抓手，指导南昌汽车机电学校打造建设《新能源汽车运用与维修》教学资源库，该库与重点产业链新能源紧密对接，体现学校专业教学对产业变化的应对，入选“十四五”期间首批省级职业教育专业教学资源库。

【职普融通改革】 2023年，为贯彻《教育部江西省人民政府关于整省推进职业教育综合改革提质创优的意见》，推进培养模式多样化，打通职业教育与普通教育的壁垒，实现双向流动、融通互动，经请示省教育厅同意后，市教育局指导南昌艺术职业学校（南昌十八中）、市交通航空职业学校（南昌二十三中）制定2023年度的“学籍互转”选拔考试工作方案，并于9月8—9日在两所试点校组织开展职普融通实验班“学籍互转”选拔考试。按照相应程序、根据录取规则，共有19人符合条件，市教育局已提请省教育厅为通过选拔考试的职普融通班学生办理学籍变更。19名职普融通实验班学生进入同校普通高中特长班就读，转为普通高中学籍。全年，两所试点校招收职普融通学生230人。

【校企合作】 2023年11月，市政府印发《南昌市制造业重点产业链现代化建设“8810”行动计划（2023—2026年）》，制定主攻电子信息、汽车装备、新能源等8条重点产业链和光电、VR、铝型材等8个标准性产业集群的发展路径，以高效实施产业链链长制为抓手，加快构建全市现代化产业体系。12月，市教育局出台《南昌市中等职业教育产教融合“8623”行动计划（2023—2025年）》，指导各中职学校围绕产业发展优化专业设置，鼓励学校全面提升“订单式”培养，支持县区围绕地方产业办好产业学院，鼓励各中职学校参与组建市域产教联合体或行业产教融合共同体，加快形成中等职业教育产教良性互动、校企优势互补的发展格局。

【服务地方发展】　2023年，支持中国（南昌）现代职教城建设项目，引荐优质职业院校落户职教城，高标准建设产教融合示范园区，高规格打造“应用人才新高地”。中国（南昌）现代职教城引进江西交通职业技术学院、江西外语外贸职业学院、江西司法警官职业学院3所院校。市教育局会同市发改委做好泰豪集团有限公司等5家企业纳入省产教融合型企业建设储备库的复核工作，并推荐江西雀耐科技有限公司等2家企业申报入库，激发企业在职业教育办学和深化改革中的积极性，在提升技术技能人才培养质量、创造社会价值等方面发挥重要作用。

【职业教育活动月】　2023年，落实教育部关于“职业教育活动周”的工作部署，于5月6—31日举办南昌市职业教育活动月活动。通过举办职业教育活动月启动仪式、职业技能竞赛并表彰获奖选手、职业学校“校园开放日”活动、数字化职业教育宣传活动、“技能服务美好生活”志愿活动和“为职业教育亮灯”等一系列活动，增进社会对职业教育和中职学校的了解。5月14日江西电视台“都市现场”对南昌市“职业教育活动月”进行宣传报道。6月6日，《江西日报》头版以《创新培养模式 拓宽成长通道 南昌高水平推进职业教育结硕果》为题对南昌市职业教育发展成果进行报道。市教育局微信公众号“南昌教育”以“我是职校生”为专栏，分5期推送系列优秀中职生短视频；发布“全面解读新修订《职教法》”推文。

【技能竞赛获奖】　2023年，在全国职业院校技能大赛中获二等奖2个、三等奖5个；在全国职业院校技能大赛教学能力比赛中，获三等奖2个。在全省职业院校技能大赛中，获一等奖22个、二等奖13个、三等奖19个；在全省中职学校技能大赛班主任能力比赛中，获一等奖1个、二等奖1个、三等奖3个；在全省中职学校技能大赛教学能力比赛中，获一等奖6个、二等奖5个、三等奖12个。各类竞赛活动充分发挥在职业教育教学中的导向作用，激发广大师生学技能、比技能的热情，营造中职师生齐心努力磨炼职业技能、展现专业风采的良好局面。

（孙　怡）

素质教育

【概况】　2023年，市教育局印发《南昌市初中学业水平考试体育与健康评价改革方案》，推动终结性评价向过程性评价转变。与江西师范大学、豫章师范学院合作，协同推进大中小学思想政治教育一体化建设。开展“智慧阅读 书香校园”“洪城慧悦读”活动，推进智慧阅读平台建设，实现资源共享、营造书香氛围。举办全市教育科研学术论坛活动，有序开展省、市级教育科学课题研究，参加“长三角城市群教育科研协作共同体”研讨等活动，形成全市教育科研良好工作氛围。

【体美劳全面发展】　2023年，开展体美劳课程“晒课表”工作，将中小学课表进行公示并接受社会监督，加强“晒课表”明察暗访，确保开足开齐上好中小学体美劳课程。组建全市体育、艺术、科技和劳动教育专

2023年11月22日，在育新学校教育集团北京西路校区，学生们开展丰富多彩的趣味活动

（喻云亮　摄）

家库,266名素质教育专家收录其中,入库专家将参与教材编写、比赛评选、建言献策等方面,为素质教育发展提供智库。常态化开展大课间和各项课外体育活动,打造"健康知识+基本技能+专项技能"体育教学模式。举办第七届南昌市"滕王阁杯"青少年体育联赛及啦啦操、广播体操、校园足球等比赛,参加全省阳光体育比赛并获得好成绩。参加全省第三届中小学大课间比赛,获小学组第三名、中学组第一名。成立南昌三中等6所首批体教融合示范基地学校,推进体教融合走深走实。制订并实施《南昌市体育传统特色基地校招生计划》,首次将体质健康监测列入过程性评价。召开全市中小学生游泳教育工作现场会。探索美育浸润行动,举办全市第八届中小学生、幼儿艺术节活动,全年共组织艺术表演类比赛和演出14场次,1000余支表演队伍、4000余名教师、3.3万名学生参与,全市学校参与率超过80%。10所学校上榜省教育厅"写好中国字"书法教育示范校。参加"青春唱响"暨第三届江西省大中小学合唱展演、江西省第二届学校美育教学(中小学组)展示等活动。参加各类美育展演活动获国家级奖项22个、省级奖项336个。召开全市首次中小学劳动教育工作现场会,对全市中小学劳动教育进行工作部署。依托校内劳动实践教室、校内劳动实践场所和校外劳动教育综合实践示范基地创建,评选出13家市级校外劳动教育综合实践示范基地并挂牌。

【智育成效提升】 2023年,做优"教—学—评"一体化教学教研体系,以义务教育阶段系列研修活动为着力点,推动"双减"背景下课堂提质增效,依托命题工作室开展常态教研活动,促进教师作业设计质量和能力提升。开展"智慧阅读 书香校园""洪城慧悦读"活动,推进智慧阅读平台建设,实现资源共享、营造书香氛围。举办全市教育科研学术论坛活动,有序开展省、市级教育科学课题研究,参加"长三角城市群教育科研协作共同体"研讨等活动,形成全市教育科研良好工作氛围。落实《南昌市普通高中推进"强基实验项目"试点工作实施方案》,探索新时代拔尖创新人才和特殊禀赋学生的培育途径。在全国高中五大学科联赛中获18枚金牌、32枚银牌、3枚铜牌,3人入选国家集训队;在全省高中联赛中获一等奖144人次、占全省的三分之一。

【智慧教育】 2023年,全市以创建国家智慧教育示范区为契机,以市级"智慧教育示范区和示范校"建设为依托,开展智慧教育工作,完成教育部中期绩效评估工作任务。抓建设,强管理,加强学校基础设施建设,切实推动学校网络终端设备、智慧教育平台、高质量班班通设备稳定应用。抓应用,重提升,在智慧作业、教学通、学情大数据、在线课堂、智慧阅读、师生信息素养提升等项目应用上持续推进,不断提升全市教育信息化水平。

【学生心理健康】 2023年,调研撰写《关于加强和改进新时代学生心理健康教育工作的实施方案》,开展中小学心理健康教育"达标学校""示范学校"评选。建强心理教师队伍,组建心理危机干预队伍,组织心理教师专业成长、班主任心理咨询师技能专业提升等系列培训,加强与高校合作,深化大中小学心理健康教育一体化联盟建设,加强资源共享、专业互助。健全协同育人机制,开展"万师访万家""万师润万心·大走访大谈心"活动,举办南昌市首届心理剧大赛,定期组织家庭教育讲座,组织家长沙龙和亲子辅导活动,提升家长心理健康教育意识。启动儿童早期心理健康促进项目,推动形成"预防为主、关口前移"的工作格局,开通"家庭教育"热线电话,举办第三届家庭教育节暨第三届家庭教育高峰论坛,有效提升校家社协同育人水平。

【中考体育评价改革】 2023年,为发挥考试评价对深化课程改革、促进学生全面发展的导向作用,出台《南昌市初中学业水平考试体育与健康评价改革方案》,对初中学业水平考试体育与健康评价作出调整。改变原有单一的终结性评价,将学生初中三年《国家学生体质健康标准》测试成绩纳入中考体育评价,推动学校逐步建立日常参与、体质监测、专项运动技能测试相结合的考查机制。将羽毛球、乒乓球、游泳等项目纳入现场测试技能类选考项目,满足不同学生的兴趣爱好。采用耐力跑必考+素质类选考+技能类选考的模式确定考试项目,基于学生发展实际与成长规律,引导其选择合适的项目,激发运动积极性。

【中小学国防教育】 2023年,学校每学期安排一定课时进行国防专题教育,开展国旗下的讲话、黑板报、手抄报等系列主题活动。市八一中学、珠市小学云飞路校区、象湖实验学校、南昌师范附属实验小学玉泉岛校区、市第二中学、高新区昌东第一中学、站前路学校云飞路校区、市洪都中学8所学校被评为全国中小学国防教育示范学校。召开全市中小学军训工作推进会,对国防教育和高中阶段学校学生军训工作进行安排部署,组织教官岗前培训,会同南昌警备区开展学生军训商业化市场化问题专项整顿治理,组织评选优秀教官。结合第二十三个全民国防教育日,举办全市大中小学生"爱我国防"主题演讲大赛和"全国国防教育示范学校"集中授牌仪式暨国防教育进校园活动。

【法治教育】 2023年,把依法治校示范校创建工作作为贯彻落实习近平法治思想的重要举措,创建首批全市依法治校示范学校23所，其中9所中小学校被认定为首批全省依法治校示范学校。组织参加第八届全省学生“学宪法 讲宪法”活动，全市共有58万名中小学生参与“宪法卫士”网上答题。推进法治副校长实质化履职，12个县区共组织494名法治副校长走进457所中小学开展514次民法典宣传活动。

（李道义 王逸凡 胡先春 欧阳俊杰 石诗忆 黎 云 黄 旭 钱学佳）

教育管理

【概况】 2023年，全市教育系统聚焦“走在前、勇争先、善作为”的目标要求，市委市政府出台《南昌市教育基本公共服务体系建设高质量发展三年行动计划（2023—2025年）》。深化教育领域改革，以“两项评估”为抓手，推动县域义务教育优质均衡。坚持师德为先，加强教师队伍建设、教育人才支撑不断强化。坚持把教育数字化作为教育改革发展的新赛道和突破口，通过国家智慧教育示范区年度绩效评估，参与教育部信息技术支撑学生综合素质评价试点，探索初中学业水平考试体育与健康评价改革，助力教育综合评价改革。2023年，全市一般公共预算教育经费支出155.21亿元，增加12.93亿元，增幅9.09%。生均公用经费标准达到并超过省定标准，充分保障学校正常运转。累计全年下达中央、省级资金11.06亿元。义务教育阶段教师工资福利全部纳入财政预算，切实保障不低于当地公务员平均工资收入水平。

【教师培训】 2023年，组织校（园）长和教师参加“国培计划”项目培训、省级专项培训、市本级集中培训，以及教育部暑期教师研修、中小学幼儿园教师信息化素养提升培训、“互联网＋教师专业发展”全员远程培训、省中小学（幼儿园）教师心理健康教育辅导能力培训，持续强化师资培训，实现教师培训全覆盖。印发《〈南昌市中小学（幼儿园）教师培训三年行动计划（2023—2025年）〉的通知》，明确教师培训三年计划重点任务，实施教育专业人才培养培训工程、教师素质能力优化提升工程、教师培训机构赋能提质工程。启动实施名师名校长培养工程，培养一批具有示范引领作用的名师名校长，并举办第38期中学校长任职资格培训班。举办全市思政骨干教师示范引领专项培训班，深化中小学思政课改革创新，加强思政课教师队伍建设。建设南昌市中小学教师专业发展管理平台，推动教师发展治理数字化，从管、培、评等方面，帮助建立教师全方位、立体式的画像，实现教师培养全过程的督导、管理，切实提升教师培养成效。

【教师专业成长】 2023年，以《南昌市教育局直属中小学教师专业技术职称（岗位）评聘管理办法》为指导，规范指导全市中小学教师专业技术职称评审和岗位等级晋升和相关教师聘任工作，全年新增正高级教师18名、洪城学师30名，副高级教师655名、中级教师1108名、初级教师724名。推荐夏敏入选市“双高创新”人才，推荐夏敏、刘克群申报高层次高技能领军人才培养项目。

【师资队伍优化】 2023年，实施教育专业技术人才引进计划，市本级面向全国50所优质高校引进优秀应届硕士研究生457人、接收国家公费师范生75人。各县区通过全省公开招聘教师考试、接收公费师范生、定向师范生、特岗教师等渠道，新增中小学教师1745人，新签约培养乡村定向师范生78人、省属公费师范生161人，完成183名服务期满教师考核留任工作，全市教师队伍学科结构、年龄结构得到优化。

【师资均衡配置】 2023年，持续强化师资优质均衡配置，建立健全义务教育学校校长教师交流轮岗常态化机制，将实际交流轮岗人数达到应交流轮岗人员占比由10%提高至15%。重点推动优秀校长教师从城市到农村、中心校到村小（教学点）、名校强校到边远薄弱学校交流任教，发挥名师名校长示范引领作用，助推城乡义务教育一体化发展，让乡村教育赋能乡村振兴。全市实际交流轮岗校长教师数为1647人，占应交流轮岗对象的20.02%，实际参与交流骨干教师582人，占比35.34%，两项指标均突破新高，全市优质师资资源共享成效更加凸显。

【语言文字教育】 2023年，举办滕王阁金秋诗会、中华经典“诵写讲”活动、“洪城慧悦读”寒假阅读等活动，启动“童语同音”计划做好学前儿童普通话教育，先后选送122名校长、教师参加省级以上培训，选树13所省级“十四五”期间首批语言文字规范化示范校，坚持把“说好普通话、用好规范字、提高语言文字应用能力”融入日常教育教学、素质教育督导评估、学生成长过程，以语言文字教育为切口弘扬传承中华优秀传统文化。

【智慧入学】 2023年，将智慧入学方式扩展到进贤县、湾里管理局等郊县，全市义务教育近14万名新生入学办理实现“掌上好办”“智慧秒办”，获评教育部智慧教育优秀案例、省第六届“绽放杯”5G应用智慧教育行业赛一等奖，被国务院办公厅《电子政务工作简报》刊登向全国推介，在第六届数字中国峰会展示交流。

（邓晓文 李湘豪 朱 彬 杨 佳 肖浩宇）

文　　化

综　述

【概况】 2023年，市文化广电新闻出版部门围绕“项目为先、实干奋进，争分夺秒拼经济”工作主线，按照“文化工作出品牌、出影响，广播电视、新闻出版、电影工作出亮点、保第一”工作思路，解放思想，开拓进取，真抓实干，全市文旅业呈现“市场强劲复苏、产业优化转型、场景创新出圈、城市品牌网红”的喜人态势。全市拥有各类专业艺术表演团体3个，公共图书馆10个，文化馆10个，各类博物馆（纪念馆）28个。全国重点文物保护单位10个；市级及以上非物质文化遗产项目238个，其中，国家级5个、省级49个，市级非物质文化遗产生产性保护示范基地12个、传承基地（传习所）10个、传播基地9个、研究基地2个、非遗工坊10个、传统工艺工作站3个。

【文旅经济复苏】 2023年，市文化广电新闻出版旅游局（以下简称“市文广新旅局”）秉持“资源”变“产品”理念，打造新场景、新体验、新业态，不断丰富优质文旅产品供给，南昌文旅市场迎来爆发式增长，成为新晋“网红”城市。全市规模以上文化及相关产业企业439户，同比增加81户，实现营业收入341.7亿元，按可比口径计算，增长9.2%，营业收入总量位居全省第一；全市电影票房收入4.35亿元，增长78%，占全省总票房的32.8%，居全省第一位。

【公共文化服务】 2023年，做优南昌礼物品牌，全市“南昌礼物”销售店20家，实现销售额3367.85万元，增长326%；安排800万元陆续在南昌文旅一卡通平台发放消费券，组织全市各县区参与“三百”文旅消费季，举办“9·19”全民旅游消费节暨2023南昌文旅消费季活动，配套推出146项文旅促消费活动。发挥全市旅游集散中心功能，整合全市特色文旅资源，开通“一日游”“两日游”精品文旅线路和“网红打卡铛铛车”，让市民游客真正体验“一线全达”“一站直达”的贴心服务。

【博物馆发展】 2023年，南昌八一起义纪念馆以全省第一名的成绩入选全国综合影响力百强博物馆，4个展览入选全省博物馆展览十大精品，在全省文物工作会作交流发言；完成市级文物安全监测系统（一期）建设，完成南昌新四军军部旧址维修，启动贺龙指挥部旧址维修、邓小平劳动车间维修、西山万寿宫等重大文物维修项目，基本实现文物安全管理长效化；推动组建“南昌博物馆联盟”，全市各级各类博物馆继续推行免费开放，举办“中国美术馆藏吴昌硕作品特展”“新四军馆文化专题展”等精品展览，推出赣剧《铁军出征》，开展“流动数字博物馆”进基层活动，全年免费服务群众750余万人，居全省首位。

【文旅项目建设】 2023年，全市重大重点文旅项目达57个，年度计划投资251.22亿元，其中7个项目列入全市百大重点项目（总投资合计348.51亿元，年度计划投资80.19亿元）；统筹全年文旅项目招引任务，先后赴深圳、武汉等地开展系列招商推介，招商签约总额达48.05亿元，全面筑牢文旅项目硬支撑；110家“孺子书房”全面建成，洪都航空文化园、顺外181文教融合产业园项目完工，武商广场、江旅都市方舟开业，珠宝街、蛤蟆街等成为热门打卡地，核心文旅商圈网点布局日趋成熟。

（马　婧）

文化场馆

【概况】 2023年，市文广新旅局推进公共文化服务均衡化，加强文化基础设施建设，扩大公共文化服务覆盖面，深化文旅融合，优化城乡文化设施布局，提升公共文化服务质量，为全市公共文化服务高质量发展增添新动能。创新推动孺子书房项目,建成并免费开放110家孺子书房(城市书房),走出一条全民覆盖、精准供给、特色服务的公共文化服务新路径,南昌市创建孺子书房探索现代公共文化服务新模式获中央深化改革委员会2023年度全面深化改革优秀案例、孺子书房建设工作案例入围中宣部《宣传思想文化工作案例(2023)》;建成符合标准的村(社区)综合性文化服务中心1993个,完成率100%;全市共有公共图书馆10个,文化馆10个,各类博物馆(纪念馆)28个,网吧658家,娱乐场所245家,影城81家。

【南昌八一起义纪念馆主题宣讲】 2023年,南昌八一起义纪念馆主题宣讲活动在全国各地开展。"军旗猎猎 一路前行""'八一'红色文化润人心"主题宣讲活动,先后在由南昌飞往西安、淮安、海口的航班,南昌开往瑞金的列车、昌北机场、新疆克州阿克陶县各军营、喀什边境管理支队等30余家场馆和单位开展,进一步传承和弘扬八一精神,提升八一红色文化的辐射带动力、城市影响力,得到社会各界认可,取得良好社会效益。

【特殊群体志愿服务】 2023年,南昌八一起义纪念馆依托"八一红色百人团"与中建海峡江西公司、市启音学校、市盲童学校、江西师范大学外语系志愿者队伍等单位合作,以帮助听障、脑瘫、孤独症等"特殊青少年"为对象,定期开展文化普及课程,打通公共文化服务和特殊群体定制化服务间的"最后一公里",塑造志愿服务新IP。"心星相连向未来"活动共开展文化志愿服务27场,走进青云谱区现代儿童康复训练中心、市启音学校、市盲童学校,为500余名学生公开授课。

【《小军军会客厅》宣讲品牌打造】 2023年,南昌八一起义纪念馆联合市文明办、团市委共同打造"小军军会客厅"主题宣讲活动。活动自5月开展以来,邀请全国道德模范崔译文、中宣部"最美铁路人"宣讲团、江西省道德模范邹德凤、江西好人洪丽娟等20位先进典型代表到八一馆宣讲建功新时代的奋进故事,以榜样为力量,通过鲜活的故事感召观众,引领现场观众践行社会主义核心价值观,弘扬崇德向善的社会风尚。

【获评全国首批文明旅游宣传引导十佳案例】 2023年9月,文化和旅游部公布第一批文明旅游宣传引导十佳案例、优秀案例名单。由省文化和旅游厅推荐、南昌八一起义纪念馆申报的《整合文旅资源 创新志愿服务 "八一红色百人团"引领文明风尚》入选十佳案例,南昌八一起义纪念馆是全国首家获得此项荣誉的专题纪念馆。南昌八一起义纪念馆整合文化和旅游志愿服务资源,组建涵盖各年龄层、多领域专长的"八一红色百人团"志愿服务队伍,常态化开展文明引导、义务讲解、红色展演等活动,讲述新时代好人故事,扩大好人效应。拓展宣传维度,探索数字赋能文明旅游,打造"小军军"文明旅游推介官IP形象以及各类衍生文明旅游宣传品,弘扬英雄城文明旅游新风尚。

【入选"大思政课"优质资源精品项目名单】 2023年4月,国家文物局、教育部联合开展以革命文物为主题的"大思政课"优质资源建设推广工作。11月,经中央有关单位、部属高等学校、省级文物部门、省级教育部门推荐和专家审核,南昌八一起义纪念馆与江西师范大学联合申报的"以情动人 以理服人 以史育人——启智润心思政教育课程"入选以革命文物为主题的"大思政课"优质资源精品项目名单。推动新时代革命文物工作与学校思政课改革创新融合发展,推进"大思政课"建设走深走实,提升育人效果。

【入选中国华侨国际文化交流基地】 2023年12月19日,中国侨联印发《中国侨联关于确认第十一批中国华侨国际文化交流基地的通知》,公布全国69家第十一批中国华侨国际文化交流基地,八大山人纪念馆入选,在弘扬中华优秀文化、扩大地域文化对外影响力方面发挥作用。八大山人纪念馆每年与海内外各类型博物馆、美术馆开展文化交流合作展览,打造"八大山人·对话系列"展览品牌,同时结合中华传统节日开展高品质讲座论坛等系列活动。在弘扬中华优秀文化、扩大地域文化对外影响力方面发挥作用。场馆接待来自日本、西班牙、菲律宾、柬埔寨等各地海外国际友人、华侨华人千余人次来馆参观交流。

【流动数字博物馆建立】 2023年,市博物馆推出元宇宙概念流动数字博物馆,以虚拟现实技术为核心,将众多文化、考古成果进行数字化展现,挖掘南昌地域文化中的科学元素,发挥科技在南昌特色文旅产业上的应用,解决传统宣传教育活动形式单一、场地限制、重要文物外带困难保护不易等问题。全年多次开展流动数字博物馆进社区、进学校、进景区、进乡村活动,是一项开创性的文化+科技+宣传的融合应用成果。南昌流动数字博物馆项目分别获江西省社联工作创新案例、江西省社科普及创新项目拟资助项目。

【智慧图书馆建设】 2023年,市图书馆在二楼大厅加装显示大屏,搭建"南昌市公共图书馆服务数据展示系统",通过对全市公共图书馆大数据分析及挖掘,将服务及管理信息梳理出来,让图书馆基本运行数据、读者数据、借阅数据等通过大数据实时统计与展示系统大屏可视化呈现,实现馆藏资源运行状况的集中展示,为读者提供个性化内容推荐，让读者能直观、清晰、快捷获得所需服务项目。同时，引进2台智能图书盘点机器人，实现自动化、智能化的图书盘点操作，大幅提高图书管理效率。利用中央补助地方专项经费建设2万条细颗粒度标签标引和4集（共120分钟）豫章文化相关题材的公开课，为智慧图书馆体系建设提供丰富多彩的本地特色数字资源。

【孺子书房建设】 2023年，市图书馆成立专班，创新推动孺子书房项目建设，建成并免费开放110家孺子书房（城市书房），继续打造50家关注市民新需求、符合时代新趋势的孺子书房，编实织密公共文化服务网。通过UILAS（图书馆自动化集成系统）统一业务平台，以市图书馆为中心馆，实现“市级中心馆＋区县级总分馆＋孺子书房（流通点）”的运转架构，实行统一数据采集、统一分编标准、统一检索、读者统一管理，使分散的图书馆资源得到整合，弥合全市公共图书的“数字服务鸿沟”，打造出“一馆办证多馆借书、一馆借书多馆还书”的通借通还服务模式。

2023年9月19日，孺子书房洪都航空文化园分馆免费对外开放

（青云谱区　供图）

【原创展览“百年征途铸忠魂——新四军革命英烈专题展”获省十大陈列展览精品奖】 2023年5月18日，第47个国际博物馆日，省文化和旅游厅主办的“全省博物馆（2021—2022年度）十大陈列展览精品”评选活动在九江博物馆举行，南昌新四军军部旧址陈列馆选送《百年征途铸忠魂——新四军革命英烈专题展》参加评比，获得全省博物馆（2021—2022年度）十大陈列展览精品奖。此展览于2021年6月至9月展出，展示新四军英烈人物中的51位代表和9个英烈群体，展出图片200余幅、珍贵文物10余件。

（马　婧）

2023年南昌市文化场馆展览情况一览表

表10

场馆名称	展览名称	展出时间	展览内容	获得荣誉
南昌八一起义纪念馆	“光影八一——馆藏珍贵老照片”原创专题展	2022年8月1日至12月30日	展览以馆藏“八一”老照片为切入点，分为“印迹、对话、幸福、荣耀、洗礼、传承”六个篇章，从上万张馆藏老照片中精心挑选出200余张珍贵照片串联起“八一”相关的记忆和故事，涵盖“一馆五址”和南昌城带有“八一”印迹的地标和建筑的老照片；老一辈革命家情系“英雄城”重访八一旧址的情形；江西大旅社举办婚礼的珍贵老照片和军人集体婚礼；新兵入伍宣誓、授旗，老兵退伍仪式活动照；国际友人以及社会各界人士参观以及八一馆讲解员风采照。展览展出200余件（套）珍贵展品，展品种类丰富、时间跨度大，众多影像以最原始的形态呈现在观众面前，满怀“八一”的红色记忆	2023年5月，该展览荣获“2021—2022年度全省博物馆十大陈列展览精品奖”

续表 10

场馆名称	展览名称	展出时间	展览内容	获得荣誉
南昌八一起义纪念馆	“灼灼初心——江西红色货币历史”原创展	2023 年 5 月 18 日（第四十七个“国际博物馆日”）	展览共分为“艰辛历程”“匠心独具”“货币斗争”“初心不忘”四个部分。通过珍贵的红色货币实物 134 件和历史图片 200 余张，精彩再现江西红色货币的发展历史，展示中国共产党在金融事业上的创新实践，生动诠释用生命和鲜血铸就的中国共产党人的精神谱系。此次展览的红色货币实物得到徐安民支持，是八一馆借助民间收藏家的学术成果和珍贵藏品，完整展示江西红色政权货币史的一次尝试，也是“社会 +”办展模式的重要成果	
南昌八一起义纪念馆	“没有调查 没有发言权——毛泽东与调查研究”原创专题展	2023 年 9 月 20 日	展览以“没有调查 没有发言权”为展览主题，内容分为四个部分：“毛泽东的调查研究”“毛泽东调查研究的方法”“调查研究是我们党的传家宝”“新时代调查研究的光辉典范”。展览通过珍贵的照片和文献，重温以毛泽东为代表的老一辈无产阶级革命家开展调查研究的光荣传统。同时，展览还重点展示党的十八大以来，习近平总书记率先垂范，大兴调查研究之风，为新时代全党大兴调查研究提供根本遵循。展览共展出珍贵的调查文献、红色文物近 100 件（套），包括《湖南农民运动考察报告》《兴国调查》《长冈乡调查》《农村调查》《毛泽东选集》等各种珍贵版本	
南昌八一起义纪念馆	“红土地上映初心——江西革命文物”精品专题联展	2023 年 11 月	展览以“红土地上映初心”为展览主题，生动地展现新民主主义时期江西波澜壮阔的革命历史以及江西人民为中国革命作出的伟大贡献。展览内容分为“工运旗帜”“八一建军”“井冈星火”“红色中华”“浴血荣光”五大部分，着重展示江西是工人运动策源地、人民军队的摇篮、中国革命的摇篮、共和国的摇篮以及长征出发地等闪亮篇章，以传承弘扬革命精神，讲好江西红色故事。展览以文物展品为基石，充分整合江西红色资源，精选江西各大红色馆藏文物 97 套、118 件	入选 2023 年度“弘扬中华优秀传统文化、培育社会主义核心价值观主题展览推介项目”
南昌八一起义纪念馆	“谁持彩练当空舞——毛泽东在江西”原创 VR 虚拟展	2023 年 12 月 26 日	展览以“毛泽东在江西的革命足迹”为主题。内容分四个部分：“青山留胜迹”“红土印初心”“绿水抒豪情”，并附“毛泽东在江西大事记”。展览通过珍贵的照片、油画和文献，重温毛泽东在江西长达七年的革命岁月中，留下的革命旧址、旧居；文物、文献著作；毛泽东在江西和为江西所创作的诗词以及与毛泽东相关的经典油画作品等，全面展现毛泽东在江西的丰功伟绩。该线上展览，是南昌八一起义纪念馆首次尝试将 VR 虚拟技术与多媒体数据及现代信息技术相结合，打破时空限制，实现展览场景线上游，为观众呈上永不落幕的创意创新云上展厅	
八大山人纪念馆	对话近代艺术家的“八大山人对话系列展之吴昌硕：“金石·禅心——中国美术馆藏吴昌硕作品特展”	2023 年 4 月 29 日至 8 月 16 日	由八大山人纪念馆和中国美术馆主办的“金石·禅心——中国美术馆藏吴昌硕作品特展”是将两位艺术大师的作品进行对话，将上演一出中国传统艺术的巅峰大戏。此次展览共展出 66 件吴昌硕作品，其中，中国美术馆馆藏的 63 件吴昌硕作品，包括《枝藤烂漫》《墨葡萄》《墨荷》《墨笔瓶花》《兰花月影》《三友图》等经典作品。同时，八大山人纪念馆 2 件馆藏吴昌硕作品同时展出	

续表10

场馆名称	展览名称	展出时间	展览内容	获得荣誉
八大山人纪念馆	对话现当代艺术家的“致敬八大——首届八大山人写意画传承提名展”	2023年9月26日至10月26日	中国美术馆和八大山人纪念馆联合举办《致敬八大——首届八大山人写意画传承提名展》。此次展览旨在以八大山人写意作品为指引，梳理中国写意画的发展脉络，探寻艺术家们对八大山人艺术风格的传承与自身创作的独特视角。此展览分两部分，第一部分特邀靳尚谊、吴为山两位艺术家及周韶华、崔振宽、李宝林、张立辰、李世南、刘云泉、吴悦石、熊红钢、刘罡9位提名艺术家，重点展现近现代写意画的不同风貌，得以“超以象外”的文人精神，更好地传承与发扬中国传统文化；第二部分则收集包括陶博吾、黄秋园等31位江西近现代艺术家作品参加展览	
八大山人纪念馆	“墨韵文脉——八大山人、石涛与20世纪以来中国写意艺术展”	2023年5月23日至8月23日	此展览由中国美术馆、故宫博物院、南京博物院、四川博物馆、广州艺术博物院、八大山人纪念馆联合主办，以最具中国艺术特质的写意为核心理念，将中国明清之际和现代以来的美术史上写意精神和写意水准的艺术作品齐聚一堂。展出作品在创作时间上分为古代和现代两部分。其中，古代部分以八大山人、石涛作品为主，展示两位艺术大师的书画艺术与时代、社会、个性之间的互动关系。现代部分，梳理20世纪以来在理念和技法层面深受二人影响的中国写意艺术的文脉流变，旨在从更宽广的历史、文化、艺术的视野，呈现中国艺术家对传统进行创造性转化和创新性发展所达到的高度、广度与深度	2023年全国美术馆馆藏精品展出季活动优秀项目（中国美术馆）
八大山人纪念馆	“彭友善和他的时代——彭友善诞辰110周年”	2021年12月18日至今	江西已故艺术大家彭友善，是美术界前辈。他和他的艺术，充分展现出20世纪中国画变革的历史轨辙，留下清晰的探寻足迹。他身上民族大义、家国情结、变革意识和为学状态，都十分典型，是一代老艺术家的缩影。恰逢彭友善诞辰110周年，特举办此次展览，既是一份生日贺礼，也是对彭友善深深的怀念。展览分为“多脉传承”“时代先锋”“融冶中西”“文人本色”“承前启后”五部分	2023年5月，获得全省博物馆（2021—2022年度）十大陈列展览“精品奖”
市博物馆	“古色厚土－江西省文化遗产系列之风景名胜”临时图片展	2023年1月18日	展览把江西的文化遗产分为世界文化景观、中国历史文化名城、中国历史文化名镇和中国历史文化名村四大部分，彰显江西深厚的文化底蕴	
市博物馆	“轻翰染烟华——馆藏清代砚台欣赏”临时图片展	2023年4月15日	清砚是中国砚史的巅峰之作，砚材造型、纹饰、题名砚等方面都超越前代，达到新的高峰。该展览选取35件馆藏清代砚台，分为“型上观砚”“砚上世界”“砚贵有铭”三部分，旨在让观众对清代砚台有一个大致的了解	
市博物馆	“镕古铸今——西江第一楼”变迁临时图片展	2023年10月1日	滕王阁，江南三大名楼之一，从唐代初建到当代重修，滕王阁在历史上屡建屡毁28次之多。乱世废，治世兴。该展览整理滕王阁兴废历史极具代表性的图文，资料丰富，内容翔实，为观众徐徐展开滕王阁历史变迁的画卷	

续表 10

场馆名称	展览名称	展出时间	展览内容	获得荣誉
市博物馆	“珠联璧合·洪城盛宴——南昌市博物馆联盟馆藏文物精品展”专题展览	2023 年 11 月 8 日	该展览汇集 16 家博物馆联盟单位,200 余件精品文物,展现出 50 万年以来南昌恢弘的历史画卷,是南昌市博物馆联盟成立后的第一次联合展览	
市博物馆	“洪州青瓷耀千秋——南昌市博物馆洪州窑藏品展”全国 4 地巡展	2023 年 3 月 17 日至 2024 年 3 月 10 日	洪州窑是唐代六大青瓷名窑,也是中国最早创烧瓷器的窑场之一,是南昌独具特色的历史文化。该展览精选南昌市博物馆馆藏 81 件(套)文物,通过对洪州窑历史记载、考古发现、典型器物、工艺特征、历史影响等内容的介绍,展示洪州窑的发展史及其独特魅力,同时也是古代南昌社会生活和经济发展的写照	
南昌新四军军部旧址陈列馆	“战地放歌——新四军文化工作专题展”自制精品临展	2023 年 5 月 17 日	展览分为赣江河畔的暖流、大江南北的号角、华中抗战的熔炉、文化战线的旗帜四个部分,按照时间、空间顺序展出新四军在南昌、华中地区开展的文化活动,再现新四军此时期开展的内涵丰富的文化教育活动,促成东南地区文艺繁荣的辉煌历史。整个展览共展出珍贵图片约 200 幅,展出两个场景复原场面:新四军报纸印刷场景还原景观、新四军识字班场景还原景观。展出珍贵文物约 50 件	

(资料来源:市文广新旅局)

公共文化活动

【概况】 2023 年,市文广新旅局围绕南昌“文化大市、文化强市”建设,持续实施文化惠民工程,丰富群众文化活动。全市公益性文化场馆全部对外免费开放,全年免费开放服务人数累计达 1134.77 万人。围绕“第二届洪城读书节”、“4·23”世界读书日、“百馆千万场 服务来共享”等主题开展全民阅读推广工作,带动大南昌都市圈全民阅读浓厚氛围,传承和创新城市精神。开展春节期间夜间演艺活动,出台《南昌市文广新旅局支持春节前后全市夜间演艺补贴细则》,对春节前后在国家夜间文旅消费集聚区、国家 AAAA 级及以上旅游景区等开展演出的文艺团体,给予补贴,共组织夜间演出 24 场,发放补贴 30.8 万元,惠及群众约 20 万人次。

【文化惠民工程】 2023 年,市文广新旅局推进公共文化服务向基层延伸,举办各类群众性文化线上线下活动,丰富市民精神文化生活。公共文化场馆全部对外免费开放,公共图书馆总流通 425.9 万人次,文化场馆(站)免费开放服务 1134.77 万人次。免费为农民群众送戏 1059 场,各乡镇开展文化活动 1.01 万场。2 月 3 日,由市文广新旅局主办的第二届南昌艺术季系列活动在九龙湖街道鸿玺社区邻里中心首次上演。该场元宵节文艺惠民演出以“我们的中国梦——文化进万家”为主题,包括《劝妻》《灯火里的中国》《变脸》等节目。4 月,市文化艺术中心参与“红土情深·嘉游赣”南昌文旅推介(招商)活动演出,承办全省艺术创作工作会议;5 月,完成五一文艺演出;6 月 30 日,参与“凝心铸魂强根基 团结奋进新征程”南昌统一战线学习贯彻中共二十大精神文艺演出;6—8 月,参与南昌“登场皆为英雄”“英雄请就位——南昌文旅推荐官”招募活动等主题系列活动;9 月 9 日,参与万寿宫历史文化街区——南昌采茶戏(折子戏)专场演出;9 月 29 日,在绳金塔历史文化街区古戏台进行中秋、国庆文艺演出。市文化艺术中心开展文化惠民进乡村、进校园等活动,走进新建区小桥村、进贤县前坊镇、高新区外国语学校和南昌市第二十八中学等地开展文化惠民演出活动。全年完成 40 场“送戏下乡”“戏曲进校园”等文艺惠民演出。

【全民阅读活动】 2023 年,市文广新旅局围绕“第二届洪城读书节”、“4·23”世界读书日、“百馆千万场 服务来共享”等主题,组织开展全民阅读线上、线下活动831场次，共接待读者425.91万人，借阅书籍161.62万册。市图书馆开展豫章讲坛46场，服务读者共7508人次；"小小洪旗手"少儿阅读推广活动38场，参与人数3064人；"图书大篷车"开展线下活动129场，服务读者1.09万人，办理图书借阅证482张，图书借阅量5634册；开展"送书下基层"活动4场，送书2322册；开展公益展览38场，观展群众近4万人；开展线上活动37场，参与读者4万人次；开展"你选书，我买单"荐书活动，结合南昌市"云端借书，快递上门"的网借服务，实现读者在家点单，邮寄到家的形式，读者选择就近的孺子书房还书即可；组织各类培训6场，参与500余人。

【第七届广场舞展演活动】 2023年4月至11月，市文化馆以"美好生活 舞动洪城"为主题，举办南昌市第七届广场舞展演活动。11月23日，由省文化馆、市文广新旅局、进贤县人民政府主办，市文化馆、进贤县委宣传部、进贤县文广新旅局承办，进贤县文化馆协办的"美好生活 舞动南昌"南昌市第七届广场舞集中展演活动在进贤县人民广场举办。展演活动旨在聚焦举旗帜、聚民心、育新人、兴文化、展形象的使命任务，以广场舞的形式展现新时代新风貌，丰富和活跃群众精神文化生活，提升群众的获得感和幸福感。活动遴选全市各县区的11支广场舞队伍上台展演，活动现场还为第七届广场舞比赛的获奖单位和团队进行颁奖。此次大赛根据专家意见共推选出6个优秀节目参加江西省广场舞展演决赛。其中，南昌市选送的节目《欢乐的田野》获一等奖，《喜洋洋》《万紫千红》获三等奖，市文广新旅局获"优秀组织奖"。

【中国·南昌首届校园木偶艺术文化节】 2023年3月22日，中国·南昌首届校园木偶艺术文化节在豫章师范学院开幕。艺术节秉承"文化强自信 国粹豫章行"宗旨，以"我们的中国梦——文化进万家"为主题，包括迎春花市文艺演出、红色文艺轻骑兵、戏曲进校园等多项大型文化艺术活动，《秧麦》《采桑》《灯火里的中国》等节目。艺术节是省内规模最大的校园木偶艺术文化展演与文化传播活动，为传播普及优秀传统文化，提升地方文体产业合作交流提供契机和平台。24日，市文化艺术中心采茶剧团应邀参与演出。此届文化节为期5天，中国木偶戏文化传承保护与美育实施学术论坛、学术讲座"一出偶戏"、国家级非物质文化遗产泉州提线木偶戏与晋江布袋木偶戏、省级非物质文化遗产兴国提线木偶戏表演等活动陆续举办。

【"大地情深"全国优秀群众文艺作品示范性巡演(江西)活动】 2023年9月27—28日，由文化和旅游部主办的"大地情深"全国优秀群众文艺作品巡演(江西)活动在南昌县昌南文化中心及澄碧湖北广场举办，活动分为示范性巡演和惠民专场巡演，参演人员320余人，现场观众2000余人，线上观看人数200万人。巡演邀请北京、上海、山东、湖北、广西等省(自治区)、市的第十九届群星奖获奖作品及入围作品，以"大地春常在""沃土抒情怀""讴歌新时代"三个篇章集结呈现。节目有两夹弦小戏《公鸡过寿》、江西大鼓《好心缘》、戏剧小品《爱心厨房》、口琴重奏《爱上这座城》等11个群众文艺精品，这些具有浓浓的时代性、烟火气和人情味的节目，让广大群众感受到高水准群众文艺作品的魅力。

【"永不落幕"的百姓大舞台优秀文艺作品展演】 2023年10月23日，由省文化馆和市文广新旅局主办的"文艺零距离 重阳传真情"——2023年"永不落幕"的百姓大舞台文化惠民活动分别在东湖区、西湖区、青山湖区、青云谱区、南昌县、进贤县六地同步开展，活动主要通过文艺演出、摄影志愿服务、非遗体验等形式，将文化"大餐"精准送到老百姓的身边。市文化馆累计举办"百姓大舞台"文艺演出100余场，参加演出群众1万余人，观看群众10万余人，有效地活跃城乡群众文化生活，为全体市民打造艺术活动舞台，提高群众的获得感、幸福感。

【"南昌，登场皆为英雄"主题系列活动】 2023年，市文广新旅局开展"南昌，登场皆为英雄"主题系列活动，策划完成大型音乐综艺节目《跨越时空的旋律》、全国高校乐队选拔赛及青春盛典和纪念抗美援朝战争胜利70周年军事题材主题创作研讨会三大主题活动，吸引外来游客超10万人，拉动城市文旅消费超1000万元，获新华网、中新网、新浪、搜狐、《中国日报》、微博、抖音等数十个媒体和网络平台集中宣传报道，受众互动流量超5亿人次。

（马 婧）

文学与艺术

【概况】 2023年，南昌文学艺术工作者坚持以文艺活动为牵引，在带动创作、带动人才、带动影响力上下功夫，围绕中心抓主责、服务大局干主业，举办一系列有主题、有声势、有影响的活动，以实际行动彰显省会文艺担当，彰显南昌文艺魅力，丰富群众业余文化生活，提升南昌文艺影响力、传播力。市文广新旅局立足文艺宣传工作实际，凝聚文艺界力量，深挖南昌特色，创作出一批优秀文艺作品。根据下拨专项基金100万元预算，创排7个歌舞项目即《人民》《红色的回忆》《游进南昌成网红》《赣江潮》《夜未央·照山河》《赣绣》《南昌故事》以及3个南昌采茶戏小戏，即《老樟树下的祭奠》《杀庙》《逃难》，唱响红色主旋律，充分展现地方文化特色，让文艺精品真正担负起举旗帜、聚民心、育新人、兴文化、展形象的使命任务。

【《八一起义》开排】 2023年10月30日，由省委宣传部、省文化和旅游厅、省文学艺术界联合会、市委宣传部、江西文演集团、市文广新旅局共同出品，省歌舞剧院、市文化艺术中心创作演出的民族歌剧《八一起义》，在南昌八一起义纪念馆正式开排。该剧以“八一”南昌起义为故事原型，由黄定山、王晓岭、李文绪、栾凯等共同担任主创，以舞台剧目的表现形式，再现1927年南昌八一起义这一铭刻于中国人民内心的革命史实，进一步弘扬八一精神，擦亮江西的文化名片，是南昌市冲击中宣部“五个一工程”、献礼建军100周年的核心文艺剧目。在省文化和旅游厅的指导下，该剧目入选文旅部《2023—2025年舞台艺术创作行动计划》和江西文化艺术基金重点项目，并申报国家艺术基金创作资助项目。

【原创采茶戏《兰妹子》公演】 2023年7月16日，由市文化艺术中心历时3年创排的大型南昌采茶戏《兰妹子》在南昌群星剧场正式公演，该戏被列为江西文化艺术基金重点资助项目。《兰妹子》描写江西革命根据地创建初期，贫苦妇女兰妹子先后收养地主弃子和红军遗孤，并将二人抚养成人、投身革命的故事，描绘一幅幅江西革命老区人民跟党走的壮丽画卷。给广大市民带来一场听觉和视觉上的盛宴。公演还通过微信视频号、抖音等平台直播，线上直播浏览量高达10万余次。

【赣剧《铁军出征》首演】 2023年5月18日，由南昌新四军军部旧址陈列馆主创，联合省赣剧院打造的赣剧《铁军出征》在群星剧场首演，该剧以《梅岭三章》为主线，通过《坚持》《集结》《出征》三个革命片段叙述李旌旗在南方三年游击战争时期经历父亲李青山的壮烈牺牲后，从一个普通农家子弟蜕变为红军战士，并在新四军的谈判改编的过程中进一步成长，与其他新四军将士一起，以家国大义为先，奔赴抗日前线的历程，展现新四军历经千难万险、坚守革命信仰、为民族独立、人民解放奉献一切的崇高精神。首演当天，文艺界、新四军老战士、媒体等社会各界人士观看演出，赣剧《铁军出征》获得观众的一致认可。

2023年，民族歌剧《八一起义》开排仪式暨媒体见面会举行

（南昌日报社　供图）

【“孺子书房·文化名家讲堂”】 2023年，开展“孺子书房·文化名家讲堂”系列活动。3月1日，市美术家协会副主席张明远作题为《美育——让我们的生活更美好》的讲座。3月4日，武汉音乐学院教授、声乐系主任余惠承开讲声乐公开课。3月11日，中国作家协会创作联络部主任彭学明作题为《新时代文学的家国情怀》的讲座。4月13日，知名摄影家包旭东作题为《漫谈摄影之道——兼谈参评摄影展赛应把握的重点和注意事项》的讲座。4场活动受到观众热烈欢迎，为新时代南昌的建设与发展提供文艺支持、精神力量。

【省市百家春联书法作品特展】 2023年1月18日—2月5日，由市文联、市交通投资集团、省楹联学会、江西日报文体部联合主办的“华彩南昌·乐活新年”省市百家春联书法作品特展在绳金塔历史文化街区民俗风情街展出。100件原创春联书法作品，分别由省市楹联名家撰写内容，由省楹联学会书法家和市书法家协会主席团、理事完成书法创作，打造一场有年味、接地气、充满时代气息的高品质展览，向广大市民群众提供新春“文化大餐”。

【“美丽南昌·诗书画影”生态主题文艺作品展】 2023年6月5日，由市文联、市文广新旅局会同市生态环境局、市农业农村局、市自然资源规划局、市城管执法局、市水利局、市林业局、市乡村振兴局主办的“美丽南昌·诗书画影”生态主题文艺作品展在省美术馆开展。市文联面向社会公开征集800余件美术和摄影作品，并组织40余名文艺家，分赴全市各地现场采风，创作200余件作品。组委会从中遴选出近300

件优秀作品入展。展览分为《江山揽胜·南昌风》《只此青绿·豫章雅》《花开中国·洪城颂》《山乡巨变·宜善地》《和谐共生·隆兴城》五个篇章，展出诗歌、书法、美术、摄影作品，讴歌新时代生态文明建设的成就、赞美南昌高质量发展的成果，全方位呈现南昌之美，向观众铺展一幅人与自然和谐共生的画卷，受到市民群众的欢迎。

【第四届美术作品展】 2023年12月1日，由市文联主办的“英雄南昌·俊采星驰—南昌市第四届美术作品展暨南昌美术作品迎新春展”在南昌美术馆举行开幕仪式。征稿自5月19日启动，共收到553件作品，最终评出一等奖3件、二等奖6件、三等奖9件、优秀20件、入选61件，包括国画、油画、版画、雕塑、水彩和漆画等多个艺术门类，涵盖多种艺术表现形式和表现媒介，凝聚创作者的热情与才华，反映新时代南昌美术创作的整体面貌，体现艺术家在作品探索中面貌的多元和创新。

【“文艺两新”骨干培训班】 2023年7月15日至17日，由市文联主办的2023年“文艺两新”（新的文艺组织、新的文艺群体）骨干培训班在南昌举办。省文联党组书记饶利萍参加开班式并作题为《坚定文化自信·铸就文艺高峰·更好担负起新时代新的文化使命》的讲座。市文联领导班子、市级文艺家协会秘书长和来自全市各领域的70余名“文艺两新”骨干代表参加培训。

【军事题材电影主题创作研讨会】 2023年7月27日，朝鲜战争停战70周年纪念日，由中国电影家协会、省文联、市委宣传部主办，中国文联电影艺术中心、省影视家协会、市文联、市文广新旅局、市交通投资集团承办的“银幕上的战争与和平”——军事题材电影主题创作研讨会在南昌举行。中国文联党组成员、书记处书记、中国电影家协会分党组书记张宏，省政协教科卫体委员会副主任、省影视家协会主席马玉玲，省文联主席叶青，副市长龙国英出席开幕式。省文联党组书记饶利萍主持开幕式，中国文联电影艺术中心常务副主任宋智勤主持研讨会，来自全国各地的知名导演和影视行业从业人员参加研讨会。开幕式后，与会人员聚焦军事题材电影发展及未来创作方向等话题展开充分研讨，总结军事题材电影创作的经验，对新时代中国军事题材电影可持续发展建言献策，并交流、探讨、贡献自己的研究成果。研讨会期间，开展纪录片《1950他们正年轻》导演映后交流会、军事题材电影露天放映活动。

【“南矶三个不一样”征文、摄影比赛】 2023年8月1日，由市文联、新建区委宣传部主办的“南矶三个不一样”征文、摄影比赛启动，活动通过文学创作和艺术影像的形式展现江西鄱阳湖南矶湿地深厚的文化底蕴与自然生态之美。为配合比赛，8月3日至4日，10余位摄影家齐聚南矶开展摄影采风活动。11月17日，70余位文学名家到南矶乡各处观鸟点寻找文艺创造灵感。12月20日，征文、摄影比赛评选结果进行公示，征文、摄影分别评出一等奖1名、二等奖2名、三等奖3名、优秀奖20名。

【谷雨诗会】 2023年，开展“生态新画卷·逐梦新篇章”南昌市谷雨诗会系列活动。3月18日，全市60余位诗人、作家在南新乡参加采风活动，实地感受南新乡引人入胜的田园风光、深厚的历史文化底蕴，和全乡实施乡村振兴战略、加快美丽乡村建设、推进农旅融合的举措。4月18日，南昌·南新谷雨诗会获奖名单揭晓。谷雨诗会作品征集历时一个月，得到全国广大诗人、诗歌爱好者的广泛关注和参与，共收到2135首诗作。经过评委会评审，评选出一等奖2名、二等奖4名、三等奖6名、优秀奖20名。4月24日，在红谷滩区绿地中央广场举行“经典吟诵·歌咏春天”南昌·南新谷雨诗会雅集活动，与会嘉宾以各种形式吟诵经典诗篇和谷雨诗会获奖作品，反映南昌的崭新风貌和人文历史，抒发爱党爱国爱人民的美好情感。

【滕王阁金秋诗会】 2023年10月20日，由北京大学、南昌市人民政府主办，北京大学中文系、南昌市委宣传部、南昌市文联承办的2023年滕王阁金秋诗会“江山入座·烟光凝翠—锦绣南昌”诗词征集大赛获奖名单揭晓。大赛自6月21日启动以来，共收到投稿1.15万首。主办方组织由北京大学诗词专家组成的评委会，经评委会评选，共评出一等奖2名、二等奖9名、三等奖34名、优秀奖28名。11月10日至26日，在南昌美术馆举办瑰伟序章—滕王阁金秋诗会优秀作品书法展。共展出书法作品104件，其中80件为获奖诗词作品，另24件为历代名人吟咏滕王阁诗词作品，由百余名书法名家挥翰抄录。

【第十届三江笔会】 2023年11月8日，由市文联主办的文学名家走南昌暨第十届三江笔会启动仪式与“深入发掘长江文化的时代价值”文学研讨会在南昌举行，全国70余位作家参加研讨会。笔会期间，5名全国名家和南昌、武汉、长沙的30余位作家走进南昌知名文化地标，感受赣鄱大地深刻的社会变革及近年来现代化建设成就，领略和书写南昌深厚的文化内涵与美丽的生态环境。

【第三届舞蹈大赛】 2023年6月13日，由省舞蹈家协会指导，市文联、市文广新旅局联合主办的美丽南昌“舞”与伦比南昌市第三届舞蹈大赛启动，共收集作品289件。9月，进行初评工作，经大赛评委会评分及组委会核定，共有10个作品入围决赛。宣传视频将决赛选手舞蹈与南昌十大地标融合，用舞蹈描绘南昌历史，用艺术讲好南昌故事，在网络平台点击量达百万余人次。10月19日，决赛在南昌群星剧场上演，央视频、赣鄱在线等平台进行全程同步直播，最终评选出一等奖1个、二等奖3个、三等奖6个。

（马 婧 龚慧颖）

2023年南昌美术馆展厅展览情况一览表

表11

展览承办单位	展出时间	展览地点	展览主办单位
江西省迎新春兔年画兔作品展	2023年1月21日至2月15日	江西省工笔画学会、南昌画院（南昌美术馆、南昌瓷板画研究中心）	
丹青颂党恩 奋进新征程喜庆二十大英雄城画家采风美术作品展	2023年2月17日至3月15日	中共南昌市委宣传部、市文广新旅局	南昌画院（南昌美术馆、南昌瓷板画研究中心）
南昌城市建设展	2023年2月12日至3月15日	南昌画院（南昌美术馆、南昌瓷板画研究中心）	
南昌军事主题油画展	2023年2月17日至4月20日	南昌画院（南昌美术馆、南昌瓷板画研究中心）	
胸怀丘壑 痴心逐梦——漆伯麟先生纪念展	2023年2月18日至5月4日	南昌画院（南昌美术馆、南昌瓷板画研究中心）	
石上清凉——王慧生新花鸟画展	2023年5月7日至6月28日	市文广新旅局、市文学艺术界联合会、江西画院、江西省美术家协会、江西科技师范大学美术学院	江西省工笔画学会、江西画派研究会
南昌市老年书画协会十人展	2023年5月17日至21日	市老干部局	市老年书画协会
南昌市老年书画协会会员优秀作品展	2023年6月12日至15日	市老干部局	市老年书画协会
水墨长征——陈桂明中国画展	2023年6月29日至7月6日	南昌画院（南昌美术馆、南昌瓷板画研究中心）	南昌画院（南昌美术馆、南昌瓷板画研究中心）
《高阁临江渚，清幽杏花楼》南昌市青少年首届优秀美术作品展	2023年7月10日至28日	市文广新旅局、市教育局	南昌画院（南昌美术馆、南昌瓷板画研究中心）
春风化雨 · 艺心致远——中国美术学院教授作品邀请展	2023年8月9日至31日	中国美术学院、市文广新旅局	南昌画院（南昌美术馆、南昌瓷板画研究中心）
作始也简，将毕也钜——董必武手迹展	2023年9月5日至10月6日	中共南昌市委宣传部、市文广新旅局	南昌画院（南昌美术馆、南昌瓷板画研究中心）
江西省工笔画学会作品展	2023年9月29日至10月6日	南昌画院（南昌美术馆、南昌瓷板画研究中心）	

续表 11

展览承办单位	展出时间	展览地点	展览主办单位
"行万里路·绘异域情"新疆采风写生优秀作品展览	2023年10月25日至11月26日	市文广新旅局	南昌画院(南昌美术馆、南昌瓷板画研究中心)
江右青绿——江西省工笔山水画作品展	2023年10月13日至22日	江西省美术家协会	南昌画院(南昌美术馆、南昌瓷板画研究中心)、江西省工笔画学会
南昌市老年书画协会夕阳红书画大赛作品展	2023年10月25日至29日	市老干部局	南昌画院(南昌美术馆、南昌瓷板画研究中心)
滕王阁金秋诗会优秀作品书法展	2023年11月10日至26日	市文学艺术界联合会	南昌画院(南昌美术馆、南昌瓷板画研究中心)
南昌市第四届美术作品展	2023年11月29日至2024年1月7日(跨年展出)	市文学艺术界联合会	南昌画院(南昌美术馆、南昌瓷板画研究中心)

2023年南昌画院画家相关作品获奖情况一览表

表 12

作品名称	作　者	作品类别	获奖名称	奖项主办单位
《赤壁随想》	娄远琨	国画	"江右青绿"江西省工笔山水画作品展 最佳作品奖	江西省美术家协会
《盛世繁华》	邹　霞	国画	第四届"洪城法韵"法治文化作品征集评选活动 平面类三等奖	南昌市普法教育工作领导小组办公室
《永远的黑曼巴》	万伊泓	瓷板画	"喜庆二十大·匠心传非遗"2022年江西省非遗优秀工艺美术作品展 二等奖	江西省文化和旅游厅、江西省科学技术协会、江西省工艺美术学会
《吴静钰》	万伊泓	瓷板画	"迎盛世杭州亚运·展国瓷艺术风采——以杭州亚运为主题的陶瓷艺术展" 一等奖	浙江省文化和旅游厅、浙江省慈善总会、萧山区人民政府
《松荫鸟欢图》	林　川	瓷板画	2023年中国(大连)国际文化旅游产业交易博览会"中艺杯"创新设计作品大赛 金奖	中国工艺美术学会
《宇航员汤洪波》	顾本卫	瓷板画	2023年中国(大连)国际文化旅游产业交易博览会"中艺杯"创新设计作品大赛 银奖	中国工艺美术学会
《般若》	徐　珊	瓷板画	2023年中国(大连)国际文化旅游产业交易博览会"中艺杯"创新设计作品大赛 铜奖	中国工艺美术学会
《峡江渔乐图》	谈　昊	瓷板画	2023年中国(大连)国际文化旅游产业交易博览会"中艺杯"创新设计作品大赛 铜奖	中国工艺美术学会
《中式新娘》	赵建新	瓷板画	2023中国(北京)国际精品陶瓷展览会暨第十一届"大地杯"中国陶瓷创新与设计大赛 金奖	中国轻工业联合会、中国陶瓷工业协会
《母与子》	范　宇	瓷板画	2023中国(北京)国际精品陶瓷展览会暨第十一届"大地杯"中国陶瓷创新与设计大赛 银奖	中国轻工业联合会、中国陶瓷工业协会
《中国力量——吕小军》	郝　亮	瓷板画	"迎盛世杭州亚运·展国瓷艺术风采——以杭州亚运为主题的陶瓷艺术展" 二等奖	浙江省文化和旅游厅

续表 12

作品名称	作　者	作品类别	获奖名称	奖项主办单位
《汪顺》	谈承勇	瓷板画	“迎盛世杭州亚运·展国瓷艺术风采——以杭州亚运为主题的陶瓷艺术展”二等奖	浙江省文化和旅游厅
《陈梦》	肖翔宇	瓷板画	“迎盛世杭州亚运·展国瓷艺术风采——以杭州亚运为主题的陶瓷艺术展”二等奖	浙江省文化和旅游厅
《巩立姣》	郝　亮	瓷板画	“迎盛世杭州亚运·展国瓷艺术风采——以杭州亚运为主题的陶瓷艺术展”三等奖	浙江省文化和旅游厅
《中国力量——石智勇》	郝　亮	瓷板画	“迎盛世杭州亚运·展国瓷艺术风采——以杭州亚运为主题的陶瓷艺术展”三等奖	浙江省文化和旅游厅
《杨文军》	谈承勇	瓷板画	“迎盛世杭州亚运·展国瓷艺术风采——以杭州亚运为主题的陶瓷艺术展”三等奖	浙江省文化和旅游厅
《苏炳添》	肖翔宇	瓷板画	“迎盛世杭州亚运·展国瓷艺术风采——以杭州亚运为主题的陶瓷艺术展”三等奖	浙江省文化和旅游厅
《刘诗颖》	喻荣华	瓷板画	“迎盛世杭州亚运·展国瓷艺术风采——以杭州亚运为主题的陶瓷艺术展”三等奖	浙江省文化和旅游厅
《彭勃》	周　丽	瓷板画	“迎盛世杭州亚运·展国瓷艺术风采——以杭州亚运为主题的陶瓷艺术展”三等奖	浙江省文化和旅游厅

（资料来源：市文广新旅局）

文化遗产保护

【概况】 2023 年，全市文物系统落实新时代文物工作方针，加大文物和文化遗产保护力度，推进文物合理适度利用，使文物保护成果更多惠及人民群众。南昌八一起义纪念馆“探索可视化演绎，让革命文物‘活’起来”入选全国革命文物保护利用案例。开展南昌新四军军部旧址陈列馆文物征集工作，全年共征集到文物 8 件，分别为新四军驻赣办事处胡金魁之子胡立东画父亲像一副（复印件）；新四军兵站总站长忻元锡夫人张薇儿子忻晓迪署名回忆录一本；上饶抗日制瓷名家严鸿泰儿媳妇黄珍仙亲家黄智堂、黄礼堂题字一幅；上饶抗日制瓷名家严润泰作品《双桃树下教子图》粉彩人物六方形瓷板一块；《提倡国货》江西荣发公司粉彩印花花卉盘一块；上饶抗日制瓷名家严鸿泰作品“新四军将领互赠山水壶（壶中署名后人仿）”一只；郑国使用过的手枪枪套和毛毯以及抗战时期日军轰炸赣州遗留下来的航空炸弹弹片。充分利用现有非遗资源，开展非遗政策研究与项目保护工作，推动“非遗＋”战略，促进“非遗＋旅游、＋校园”等多元发展，加强传承人队伍建设，让非遗迸发出新活力。

【文物保护】 2023 年，市博物馆先后 15 次进行野外调查、勘察等文保工作，出动 147 人次。发现墓葬点 7 处，主要有华东交大六朝古墓、经开区昌西大道南侧（702 厂区）2 座六朝时期古墓、经开区南昌绕城高速南侧 2 座清代古墓、太平镇南溪村明代家族墓葬、绕城高速南侧明清古墓、红谷滩区厚田乡詹扬村六朝古墓葬、经开区江西省交投供应链有限公司六朝时期古墓、南塘徐村明代祖墓等现场勘察工作；窑址 1 处，进贤万家村下行山晚唐洪州窑的现场勘察工作；摩崖石刻 1 处，梅岭嘉定九年萧峰摩崖石刻现场调查并制作拓片。对民德路古建筑维修期间发现的南昌古城墙砖进行拆运保护工作，共采集古城墙砖 411 块。收集东湖区龙光寺旧址石狮 1 个。市博物馆对京山新园东晋唐墓、高新区宋代水井、进贤县吾悦广场明墓出土器物进行文物修复、绘图工作。共修复陶、瓷器 43 件，绘制器物线图 67 件，并对文物进行三维数字建模。5— 6 月，市博物馆配合省文物考古研究院对豫章师范学院扩建项目古墓进行发掘，该区域发现六朝时期古墓和明墓各 1 座，其中明代墓葬共出土 360 余件青瓷碗。市博物馆配合省文物考古研究院对涉及 3 个南昌地区的建设项目地块进行开工前的文物资源评估，以落实考古前置政策，文物资源评估范围为昌樟高速二期扩建项目（枫生高速公路李庄山大桥至昌西南枢纽段）沿线、新建区望城新区面积 4.82 平方千米待开发地块、湾里管理局梅岭景区缆车建设项目。

【获第四届(2022)全国革命文物保护利用优秀案例】 2023年12月,由国家文物局指导,中国文物报社等主办的第四届(2022)全国革命文物保护利用十佳案例宣传推介活动终评会在北京召开。南昌八一起义纪念馆"探索可视化演绎,让革命文物'活'起来"项目从27个省(自治区、直辖市)和新疆生产建设兵团的125个申报案例中胜出,获第四届(2022)全国革命文物保护利用优秀案例。"探索可视化演绎,让革命文物'活'起来"项目主要通过探索革命文物资源的可视化演绎,让革命文物可观、可触、可感、可知。南昌八一起义纪念馆立足革命人物、革命旧址、革命文物三个维度,策划推出"跨越时空的八一追寻—南昌起义参加者新增名录发布活动"、"绽放新生的革命旧址—那年八一革命旧址沉浸式实景剧"、"百啭千声的八一课堂—八一军旗红大思政课"、五彩八一亲子课堂、起义少年助力计划沉浸式研学等"八一"系列活动。该活动具有仪式感强、跨界度高、互动性强、延展面广等鲜明特点,是南昌八一起义纪念馆在研究和活化利用革命文物资源上的大胆尝试,在展示利用、传播推广等方面取得良好效果。

【南昌新四军军部旧址修复】 2023年8月,国家文物局批复南昌新四军军部旧址(不含屋架、屋面部分)结构加固和整体性修缮部分设计方案,南昌新四军军部旧址陈列馆按方案批复内容进行修改并上报备案,随后编制完成项目概算并于9月获得概算批复。编制中共中央东南分局旧址修缮工程计划书,加强对馆内中共中央东南分局旧址文物本体的保护,3月,获得国家文物局批复《国家文物局关于江西省2023年度第二批革命文物保护项目计划的批复》,随后根据国家批复编制完成设计方案及概算并于8月获得设计方案及概算批复。启动旧址消防、安防系统升级改造项目,组织编制完成南昌新四军军部旧址消防系统升级改造项目及安防系统升级改造项目,加强南昌新四军军部旧址的保护,保障游客参观安全,该项目已按照正常程序上报省厅,待国家文物部门批复后按程序实施。3月16日,南昌新四军军部旧址陈列馆陈展提升及环境整治项目获得市发改委的立项批复,10月25日,获得市发改委可行性研究报告批复,对比立项阶段,该项目总投资核减7.16%,可研批复项目估算总投资为7843.06万元,其中工程建设费用6586.5万元,工程建设其他费用729.64万元,预备费526.92万元,项目资金来源由已争取到的上级资金和市重大重点项目计划等资金中分年度统筹安排。7—8月,南昌新四军军部旧址陈列馆邀请专家对馆内部分文物进行评估,共定级三级文物172组(198件),经审定后送市文物局盖章,南昌新四军军部旧址陈列馆文物定级工作完成。

【非物质文化遗产】 2023年,市文广新旅局完成国家级代表性传承人、国家和省级非遗生产示范性基地申报工作;指导"凤凰沟"全国非遗旅游景区及全国"非遗工坊"典型案例建设,推进"非遗小镇"申报工作;组织60名非遗传承人进行专业培训,推荐全国"非遗工坊"典型案例传承人参加全国研培;推动"非遗+"战略,促进"非遗+旅游、+文创、+校园"等多元发展。市文化馆(市非遗保护中心)完善184项目名录体系,强化非遗传承队伍建设,对全市42名省级非遗代表性传承人进行2022年度传承活动情况的评估工作,并与传承人签订传承协议,8人评估结果为优秀。开展2023—2026年度省非遗生产性保护示范基地的申报工作,加强非遗生产性保护示范基地建设,推荐城南龙灯实业有限公司等5家非遗企业进行申报。开展国家级非遗瓷板画1项省级专项非遗代表性传承人记录拍摄工作。市文化馆根据《2023年"非遗进景区"新春促消费活动补贴细则》等,组织9个县区分别在春节、五一、国庆期间进景区开展非遗宣传展示活动,撷取国家级、省级、市级、县级235项非遗进入景区及商业综合体,以线下体验互动的方式,融非遗舞台展演、现场展示展销、互动体验为一体,组织开展活动20场次,服务超百万人次。在西湖区万寿宫历史文化街区、绳金塔第十九届"金塔庙会"、东湖区百花洲、安义古村及红谷滩区万象城新春花市等地融入百姓生活,激发形成一股"非遗进景区"的文化热潮。

【第六届湘鄂赣皖非物质文化遗产联展】 2023年9月8日,为深化长江中游各省文化和旅游合作,推进长江经济带非物质文化遗产保护传承工作高质量发展,由江西、湖南、湖北、安徽四省文化和旅游厅、南昌市人民政府主办,四省非物质文化遗产保护中心、南昌市文化广电新闻出版旅游局、南昌市交通投资集团有限公司承办,南昌市西湖区人民政府、南昌市文化馆协办的第六届湘鄂赣皖非物质文化遗产联展在南昌市万寿宫历史文化街区举办。该届联展以"传承创新·融合共享"为主题,持续四天在万寿宫历史文化街区、华侨城欢乐象湖景区、百花洲文旅街区、洪都夜巷等南昌著名文旅景点举办四省传统表演类非遗节目惠民展演、四省传统工艺类非遗代表性项目展示、南昌市"非遗在社区"成果展示展演等活动,主会场汇集来自湘鄂赣皖四省的41个非遗代表性项目、95名传承人和2000余件展品,157名传承人演出传统表演类非遗节目12个。活动期间,吸引21万人次现场观演、购买和体验,非遗产品现场销售总额17.5万元,让观众游客近距离欣赏非遗作品，零距离体验非遗技艺，让非遗真正走进大众生活。联展开幕式还通过线上平台进行直播，全程在线观看突破250万人次，中国新闻网、今日头条、腾讯新闻、新浪新闻、今视网等30余家省内外媒体进行宣传报道，点击突破300万人次。

【“非遗青年说”校园展演展示】 2023年12月26日，由省非物质文化遗产研究保护中心指导，市文广新旅局、团市委、南昌医学院联合主办，市文化馆（市非遗研究保护中心）、江西综合新闻频道承办的2023年“非遗青年说”校园展演展示暨2024南昌“非遗健康行”迎新活动在南昌医学院举行。该活动以“多彩非遗，青春传承”为主题，设有“非遗青年说”启动仪式、高校非遗志愿者联盟成立、《非遗青年说》主题论坛、非遗项目展演展示及非遗健康行迎新打卡互动等多个分会场，市属14所高校组团参加，共有2000余名学生现场参与，活动举行3场直播，直播观看210万人次。活动全景式地展示南昌市非遗项目及传承人风采，共邀约南昌市涵盖国家级、省级及市县四级代表性非遗项目，优秀民间传统技艺与中国传统中医药非遗等共计37个项目及传承人参加，《非遗青年说》主题论坛邀请国务院政府特殊津贴专家全国名中医，全国优秀教师，中国药膳大师做主题演讲，得到《人民日报》、新华社、江西广播电视台等多家媒体及国际频道的报道。

（马　婧）

新闻出版

【概况】 2023年，市文广新旅局加强印刷企业和出版发行单位监督指导，新闻出版行业呈现稳步发展态势。东湖意库被评为省级版权示范园区，同时被省版权局推荐为国家版权示范园区候选单位。开展软件正版化使用推广工作，共抽查到非国产化电脑122台。全市版权登记数量5.54万件。南昌市文化市场综合执法支队被国家版权局评为办案有功单位。南昌日报社加快推动媒体融合发展，完成南昌市融媒体中心揭牌暨“洪观新闻”客户端上线，新闻舆论从“相加”迈向“相融”新征程；做强主流舆论阵地，围绕市委、市政府中心工作，聚焦全市重大活动，进行立体化造势、全平台宣传，在更广范围讲好南昌故事、传递南昌声音，取得较好的宣传效果。

【市融媒体中心成立】 2023年6月26日，南昌市融媒体中心揭牌暨“洪观新闻”客户端上线。市融媒体中心依托南昌日报社组建，全面推进南昌日报社、南昌广播电视台旗下媒体、平台的内容整合、服务融合、用户聚合，构建“1+2+12+N”的全媒体传播矩阵，打造新媒体传播新格局。其中“1”是指市融媒体中心，“2”是指南昌日报社、南昌广播电视台，“12”是指12个县级融媒体中心，“N”是指市直单位新媒体、市属企业新媒体以及市域其他新媒体。市融媒体中心将南昌日报社、南昌广播电视台的采编和技术人才进行整合，组建融媒体采访平台、融媒体编辑平台和融媒体技术平台“三大平台”。以“南昌头条”客户端为基础，整合“爱南昌”“掌上南昌”客户端，推出“洪观新闻”客户端，将“南昌新闻”微信公众号、“南昌晚报”微博号、“南昌广播电视台”抖音号分别升级更名为“洪观新闻”微信、微博、抖音号，共同形成市融媒体中心“一端两微一抖”主流新媒体舆论阵地。

【融媒体矩阵】 2023年，通过做强内容生产，策划赠送门票、发放消费券、组织活动报名等，增强粉丝互动，提高用户黏性。洪观新闻客户端下载量突破243万人次，与洪观新闻微信、微博、抖音号的总粉丝量超过1270万人；加上南昌发布、《南昌晚报》新媒体共同构成的融媒体矩阵，市融媒体中心全平台用户（粉丝）超过2600万人。在省主要媒体机构影响力每月排名中，南昌晚报微信号排名始终保持前两位；洪观新闻微信号居全省地市级融媒体中心微信公众号第一位。8月，中国报

2023年6月26日，南昌市融媒体中心揭牌暨洪观新闻客户端上线仪式举行

（喻云亮　摄）

业新媒体(客户端)发展大会发布的城市新媒体影响力“沈阳指数”中，洪观新闻客户端入选2023报业新媒体(客户端)影响力Top100,名列全国52位，为省内首位。10月，在中国报协主办的2023中国媒体技术创新发展大会上，市融媒体中心自主开发的“洪观云”采编融合技术系统获评全国报业技术赋能媒体融合优秀案例。

【主题宣传报道】 2023年，强化新闻舆论工作主阵地、宣传思想工作主战场的作用，加强策划，造势宣传，推出学习贯彻习近平总书记考察江西重要讲话精神、“项目为先实干奋进 争分夺秒拼经济”、“桥”见南昌、南昌“城”长记等主题报道，开设“学思想 强党性 重实践 建新功”“民呼我为心连心”“带着调研去采访”等专题专栏，做好鄱阳湖生态马拉松大赛、八一广场升旗活动、千人横渡赣江、烟花晚会、“英雄马”、南昌飞行大会等重大活动报道。其中，中国南昌国际龙舟赛报道全网流量累计突破千万，“八一广场升国旗仪式”登上抖音同城热榜第一、抖音全国社会榜第17位，国庆烟花晚会预热短视频冲上全国社会榜第11位，纪念八一南昌起义96周年大型直播特别节目“已如您所愿——来自八一起义参加者家乡的主题报道”被《城市党报研究》刊登向全国推介等。全年，南昌日报社获得江西新闻奖12项、江西报刊网络新闻奖29项；城市党报新闻奖15项，城市党报媒体融合奖8项；赵超构新闻奖4项；3件作品获中国城市新闻网媒联盟创新创意精品奖；5件作品在全省“市县融媒体优秀原创作品双月赛”中获奖。

【媒体上稿宣传】 2023年，南昌日报社向《人民日报》《经济日报》《光明日报》《新华每日电讯》4家中央媒体供稿，共完成对外上稿448篇，共计5350分，超额完成市委宣传部下达的全年上稿任务。承办的“学习强国”南昌学习平台全年签发稿件1.34万篇，总平台选用420篇，省平台选用3237篇。南昌日报社国际传播中心协调推进全市外宣工作发展，完善外宣矩阵建设，全市外宣队伍在四大海外社交平台拥有378个账号，其中包括39个机构账号和339个个人账号，全网海外账号总粉丝数为26.94万人，比2022年增长逾40%，海外账号数和粉丝总数增长迈上新台阶。

【意识形态安全防线筑牢】 2023年，制定出台《南昌日报社关于意识形态工作的监督管理办法》《南昌日报社关于贯彻〈党委(党组)意识形态工作责任制实施办法〉的实施细则》，对南昌日报社各平台意识形态工作情况开展督查，树牢记者编辑的安全意识。落实“三审三校”制度，各媒体平台在重大活动、重大会议、重大节点实行“双值班”甚至“三值班”，把牢正确的政治方向、舆论导向、价值取向。做好网络安全监测和维护，对机房硬件基础设施以及洪观云平台、全媒体大脑、新华社卫星供稿等软件系统进行重点检测，保障网络意识形态安全。

【版权登记】 2023年，市文广新旅局开展版权登记工作。全市完成作品登记5.54万件，占全省登记总数的38.21%。在美术、摄影、视听、文字等四个大类中，三项(美术、视听、文字)位居全省第一。该项工作以“4·26”世界知识产权日集中宣传宣讲活动为契机，以深入调查研究为手段，以优质高效服务为支撑，加大版权登记宣讲力度，强化全市尊重和保护版权的意识，充分激发公众进行作品登记的主动性和自觉性，全市版权登记工作实现新突破。

【软件正版化督导】 2023年9月，全市使用正版软件工作领导小组贯彻落实全省软件正版化工作部署以及《2023年南昌市推进使用正版软件工作计划》，组成两个核查组，抽查20家市政府机关单位软件正版化日常管理台账及工作情况，共抽查到非国产化电脑122台。12月，对全市市直单位和各县区软件正版化工作进行总结考核，对全市正版软件备案信息进行及时更新，通过认真分析统计结果，全面、准确地掌握全市机关软件正版化工作进度，推进全市党政机关软件正版化工作。

(马　婧　尹玲玲)

广播电视

【概况】 2023年，市文广新旅局坚持以意识形态工作责任制为广播电视管理工作的主导思想，在全年各类重要时间节点强化舆论导向管理，开展广播电视产业统计工作，加强境外卫星电视传播秩序专项整治，抓牢播出安全保障，全年安全播出及广电信息网络安全零事故。南昌广播电视台自觉履行主流媒体责任担当，打造“南昌视频通讯社”，提升新闻舆论的传播力、引导力、影响力，全年共开设广播电视栏目61个，播出节目1.91万期。其中，电视开设栏目24个，播出节目4265期；广播共开设栏目37个，播出节目1.48万期。

【专题宣传】 2023年，南昌广播电视台围绕“全面深入学习贯彻党的二十大精神”“传达学习贯彻习近平总书记考察江西重要讲话精神”“实干奋进拼经济”等重大主题以及城市建设、产业转型、人才招引、会展经济和文明城市创建等重点工作，在广播、电视和新媒体平台同步开设33个专题专栏；推出“项目为先、实干奋进，争分夺秒拼经济·一线调研”系列报道，采制播发稿件14条；推出“项目为先、实干奋进，争分夺秒拼经济·权威访谈”13期；推出“经济工作方法论”系列述评10期、“城市管理方法论”系列述评8期，为推动党的创新理论深入人心，汇聚改革发展正能量贡献媒体力量。围绕市委、市政府中心工作、重大项目，拍摄专题片、汇报片、宣传片80余部。《新时代 新征程》《新时代 新南昌》先后在全市经济工作会议、新春团拜会及全市各县区两会等重要场合播放，《人民日报》、新华社、“学习强国”学习平台等央媒转载。

【央媒上稿】 2023年，南昌广播电视台在中央广播电视总台发稿1002条，总分4010分，总台发稿数量、分值，央视、央广发稿数量、分值均位列全省第一。围绕贯彻落实习近平总书记考察江西重要讲话精神播发《谱写长江经济带高质量发展新篇章——习近平总书记在进一步推动长江经济带高质量发展座谈会上的重要讲话在广大干部群众中引起热烈反响》《奋力谱写中国式现代化江西篇章——习近平总书记在江西考察重要讲话引发干部群众热烈反响》《新思想引领新征程 坚持绿色发展 建设美丽中国》等稿件12条。中央广播电视总台3天11次报道南昌迎春烟花晚会。中秋、国庆假期，央视央广8天45次高频聚焦南昌，其中在央视《新闻联播》播发8条，基本实现天天上联播。10月5日，央视《新闻联播》报道南昌市主题教育的特色和亮点，使南昌成为全国第二个在主题教育报道中受到央视关注的城市。

【城市宣推引流】 2023年，南昌广播电视台以打造“南昌视频通讯社”为抓手，通过活动策划执行“造”流量、大型网络直播“推”流量、短视频分发“引”流量、全媒体外宣“聚”流量，助推南昌成为“外地人喜欢、南昌人自豪、年轻人向往”的新晋网红城市。全年常态化承担省、市重大活动的策划执行和官方直播任务，全程参与世界VR产业大会、南昌飞行大会、“鹤舞鄱湖·最美高新”2023南昌鄱阳湖生态马拉松大赛、八一广场常态化升旗仪式、中国南昌国际龙舟赛、迎新春和国庆烟花晚会、千人横渡赣江等50余场大型活动的策划执行、直播宣推，总观看量超5亿人次。其中，7场观看量超过3000万人次，国庆升旗和烟花晚会的两场直播吸引全网近1亿人次观看，南昌文旅频道“恰噶南昌”抖音号升旗直播的观看量突破1030万人次。作为唯一的官方直播信号源，向《人民日报》、新华社、中央广播电视总台、凤凰网、今日头条等50余家中央、省市区、商业媒体提供拉流地址，为南昌赢得巨大流量和新的好口碑。全年生产优质原创短视频4000余条。2500余条短视频登上央视新闻客户端、央视频平台。直播拆条短视频450余条，登上抖音同城榜及社会榜60次。记录英雄城、英雄舰、英雄兵故事的南昌舰微纪录片《“舰”证》系列短视频在人民网、海军政治部视频号等100余个官方媒体平台发布，全网观看人数超1.1亿人次。推出“Live南昌”慢直播IP，选取滕王阁、红谷滩红谷十二庭、湾里枫林尖、五星白鹤小镇四个点位，以绝佳的观赏视角、24小时不间断的精彩呈现，全方位展现南昌的优美生态环境和城市风光，总阅读量近2亿人次。白鹤小镇慢直播在澎湃新闻App、官网和手机版官网上线24小时阅读量达160万人次。

【新型主流媒体建设】 2023年，南昌广播电视台加速打造新型主流媒体，构建主流新表达、传播新矩阵、垂直新生态。由南昌广播电视台负责运营的“洪观新闻”抖音号在全省主要媒体机构抖音排行榜位列第一，南昌广播电视台“小政视频”抖音号位列第七。南昌广播电视台微博账号入选国家广电总局全国广电新媒体联盟首批成员名单（100家），是全省地市媒体首个加入的机构。南昌广播电视台今日头条账号在“南昌热榜”上榜400余条，较2022年增长92%。

【广播电视舆论引导】 2023年，市文广新旅局督导市县（区）播出机构用心做好中国共产党成立100周年、脱贫攻坚、全面建成小康社会、中央及省市两会等重大主题宣传，及时组织开展防灾、禁捕退捕、防恐反诈等信息发布、舆论引导、科普宣传和公益广告宣传，指导全市各级广播电视机构播出公益广告4137条，传达节目调整信息109次、宣传提示29次、收听收看简报49期，制作宣传提示三次；组织优秀节目、公益广告集中展播30部（次），收集数据231条；组织优秀节目参评活动二项；督促落实全市禁捕退捕、生态整治等广播电视宣传任务七项；组织全市广播电视播出机构参加国家广电总局、省广电局组织的广播电视各项评优评先和创新创优评选活动，申报重大广播电视创优项目。推荐参加全省广播电视行业技能能手竞赛获得各类专业奖项3名，获奖人数列全省第一；南昌广播电视台制作的纪录片《江豚归来》获得国家广电总局扶持。由南昌各级广播电视播出机构选送、南昌广电学会推荐的《江豚归来》《稻田里的“年终奖”》等作品获江西广播电视奖。

【广播电视系统建设】 2023年，市文广新旅局向上级争取相关政策支持，组织指导市县两级广播电视播出机构加快推进频道高清化改造，加大专业频道采、编、播人才培养力度，南昌广播电视台四套电视频道均已实现高清化播出。督导南昌八〇一台设备升级改造，印发文件一份，下发整改通知书一份。在广播电视节目创作中，市文广新旅局要求全市各级广播电视播出机构做好选题孵化及作品质量管理，督促引导广播电视媒体充分发挥南昌乃至江西红色资源丰富的优势，挖掘反映党的初心使命的题材，力争创作生产在全省、全国有影响力的文艺作品。在广播电视节目评先创优工作中，组织节目栏目评优、推优，获江西广播电视奖各类奖项19项，稳居全省地级市前列。

【应急广播体系建设】 2023年，市文广新旅局制定下发《关于做好2023年全市村级应急广播终端建设的通知》，明确在推进实现行政村应急广播终端“村村有、全覆盖”目标的基础上，充分考虑农村生产生活特点，确保工程质量；根据应急广播终端建设工作任务，落实好建设资金；加强应急广播平台、终端的管理，必须按照国家制定的总体规划和技术标准规范建设。按照“村村有、全覆盖”的建设目标，在全市1163个行政村建成1.11万个村级应急广播终端，构建起覆盖城乡的广电公共服务体系，实现每个行政村所辖区域建有不少于5个终端的目标任务，实现市、县(区)、乡(镇)各平台之间互联互通。应急广播设施完好率在95%以上，终端的在线率到85%以上，完成村级应急广播全覆盖工作。

【境外电视传播秩序专项整治】 2023年，市文广新旅局联合市公安局等多部门开展境外电视传播秩序专项整治工作，对全市各大宾馆、酒店等场所的广播电视节目卫星接收设施进行全面巡查，重点对长运电子市场等境外电视接收设备集散地进行集中整治，为世界VR产业大会在南昌市召开提供主办区域酒店巡查保障。共巡查宾馆酒店54家，初步完成“无小耳朵”社区全市覆盖50%工作目标。该专项整治行动共出动专项整治车辆217辆，出动专项整治执法人员430余人，查处非法境外卫星销售点19个，收缴非法地面卫星接收设施133套(其中：强制拆除非法卫星地面接收设施57套，自行拆除非法地面接收设施76套)、印发专项整治宣传品2382份，检查播出机构17家(次)，境外卫星电视接收单位86家(次)，现场消除播出隐患6处，受理举报投诉一件，线索转办一件。同时，市执法支队在全市范围内三星级以下酒店开展“亲清政商服务直通车”活动，对市辖区内20家境外电视节目接收持证酒店依次开展现场换证核验工作。在30家三星级以下酒店开展“普法促整治 廉情进酒店”活动，对宾馆酒店负责人进行宾馆酒店节目接收规范和境外节目接收许可相关法律法规普法宣传，并发放廉情卡加强与服务对象的联系沟通。

【精品创作获奖】 2023年，南昌广播电视台在专业奖项的获奖数量和层次上都实现突破。南昌广播电视台创作的纪录片《江豚归来》获第33届中国新闻奖二等奖，国家广电总局2022年度国产纪录片(优秀系列短片)。这是南昌市属媒体时隔8年后再次获得中国新闻奖殊荣。该片在总台央视纪录频道(CCTV－9)黄金时段以及中国国际电视台(CGTN)、凤凰卫视、中国教育电视台等平台播出，微博话题阅读量超1亿人次，相关视频累计播放量突破千万次。在获奖数量上，共有24件作品获江西广播电视奖，9件作品获江西新闻奖，其中《江豚归来》《15米深井下的奋斗者 棒棒哒!》《“摘星星”的妈妈回信了》等11件作品获一等奖，刷新近4年的纪录。创作的纪录片《义贾》《张九龄》同时入选江西省文化艺术基金2023年度重点项目。

(马　婧　张姣婕)

文化产业

【概况】 2023年，市文广新旅局加快推进“文化强市”建设，以文旅产业政策为保障，发挥文旅项目带动作用，实施文旅融合、提升文旅消费，推动文化和旅游产业高质量发展。全市共有规模以上文化及相关产业企业439家，增加81家，实现营业收入341.7亿元，增长9.2%，营业收入总量重回全省首位，营业收入增速全省第二。市重大重点文旅项目57个，总投资1053.61亿元，年度计划投资251.22亿元，其中，7个项目被列入全市百大重点项目。全市共有国家级夜间文旅消费聚集区2家，省级夜间文旅消费聚集区5家。组织各县区文旅企业申报“文旅贷”，新增入库企业15家，贷款总需求8500万元。全市电影市场平稳有序，各级电影主管部门和影院持续抓好影院安全生产、做好农村公益电影放映、及时拨付省级电影专项资金等工作。全市共有营业影院81家、银幕595块。

【文旅项目招商引资】 2023年，市文广新旅局印发《2023年南昌市文广新旅行业招商引资工作方案》，统筹各县区文旅项目招商引资任务。全年先后赴深圳、武汉等地开展“红土情深·嘉游赣”旅游(招商)系列推介会，与美团生活服务消费大数据运营中心、雅昌文化(集团)有限公司、花生数字多媒体有限公司等企业建立战略合作。联合市商务局举办南昌市商文旅融合发展招商推介会，推动签约10个文旅项目。组织参加珠三角、长三角、京津冀三场省文旅产业招商活动，通过上门对接、集中推介、现场签约等形式，招商签约总额48.05亿元。同时，整理各县区41个文旅招商项目，编印《南昌市文旅招商手册》，吸引更多优质企业“赴南昌”投资。

【文旅消费季活动】 2023年9月至12月，举办2023南昌文旅消费季活动。围绕“汇南昌 惠英雄”主题，以“政府搭台、企业唱戏、多方联动、媒体助力、全民乐享”为原则，创新推出"英雄留步 爱上南昌"城市漫游计划、"为森林呐喊"绿色南昌文旅艺术展、南昌文旅创新创业大赛、直播带货及多项特色主题活动。"英雄留步 爱上南昌"城市漫游计划在抖音、小红书、微信官方公众号等各大平台同步上线,推介南昌精品漫游点,抖音平台#"英雄留步 爱上南昌"话题下共发布182个视频,播放量达2344.7万次;"为森林呐喊"绿色南昌文旅艺术展,吸引3万余名市民、游客和研学团队前来观展体验;创新创业大赛设计60余款文创产品,评选出首批12个"双创示范项目"和八款"最佳人气文创"。

【"百县百日、百城百夜、百企百创"文旅消费季活动】 2023年,市文广新旅局组织参与开展江西"百县百日、百城百夜、百企百创"文旅消费季活动,南昌市共配套推出146项文旅促消费活动。联动全市12个县区(开发区、湾里管理局),将辖区内的景区门票、文创产品、旅游商品、民宿酒店等文旅好物上线直播间,直播带货累计销售额1.86亿元。在百县文旅惠民节线上惠民节直播赛中,各县区(开发区、湾里管理局)累计销售1.66亿元;在百企直播PK赛中,累计销售达2062.97万元。南昌市被评为江西"三百"文旅消费季(设区市)优秀组织奖,红谷滩区、青山湖区、东湖区、西湖区、青云谱区5个县区进入(县区)优秀组织奖20强。

【"文旅贷"政策落实】 2023年,市文广新旅局下发《关于转发〈关于做好2023年"文旅贷"的通知〉的通知》,落实"文旅贷"政策,组织各县区文旅企业申报"文旅贷",助力中小微文旅企业高质量发展。全年新增入库企业15家,贷款总需求8500万元,其中红谷滩区5家、西湖区3家、高新区3家、东湖区2家、湾里2家。累计入库36家,数量位居全省第二,发放贷款3600万元,额度位居全省第一。同时,在《南昌市中小企业融资促进产业手册》中,对"文旅贷"政策清单中的申报条件、申报额度、申报流程等内容进行更新完善。

【电影放映】 2023年,全市电影票房4.35亿元,占全省总票房的32.8%,居全省首位,居中国城市票房第26位。全年观影1.11亿人次,票房超过1000万元的影院有13家。市文广新旅局在基层综合性文化服务中心、新时代文明实践所(站)建设农村电影固定放映点,加快露天放映向室内放映转变,主动联系城区广场、工业园区、社区、大中专院校、工地、养老及福利机构等场所,组织群众喜闻乐见的片源,让群众看上想看的影片。会同市财政局拨付省级电影专项资金431.88万元,主要用于票房成绩突出影院奖励、国产影片成绩达标、新建县城影院、新建乡镇影城、全省电影人才培训等补助,及时缓解影院资金和经营压力。市文广新旅局为农村群众提供数字电影放映服务,一村一月免费观看一场数字电影,其中每年国产新片(院线上映不超过2年)比例不少于三分之一。为中小学生每学期提供2部爱国主义教育影片。

(马 婧)

文化市场管理

【概况】 2023年,市文广新旅局深化"放管服"改革,提升营商环境,规范市场秩序,提升文化服务质量。同时培育壮大市场主体,推进行业转型融合发展,优化旅游产品市场供给,助力引客入南昌、留南昌。树牢底线思维、守好发展"红线",营造舒心安心放心的文旅消费市场环境,确保文旅市场整体平稳有序,文旅行业治理水平持续提升,助力南昌持续走红,文旅"出圈"、城市"出彩"。全年,市文化市场综合执法支队出动检查人员9678人,检查经营单位3701家次。其中,检查网吧805家次,娱乐场所407家次,网络文化92家次,广播电视194家次,出版市场1221家次,版权市场18家次,演出市场142家次,文物保护单位27家次,艺术品市场20家次,旅游市场364家次,其他文化市场经营单位411家次。切实履行文化市场综合执法职责,开展市场秩序整治,打击各类违法经营行为,维护南昌市文化和旅游市场规范有序发展。

【文化市场专项整治】 2023年,全市部署"正道""新风"集中行动和"清源""净网""固边""护苗""秋风"专项行动及七大专项整治,把清查市场、查缴非法出版物作为工作重点,常态化开展校园周边文化市场专项整治行动,对全市进行暗访检查6次,联合各县(区)公安、市场监管、文广新旅、教育体育等职能部门对全市校园周边的图书文具店、沿街商超开展集中整治行动,打击销售非法出版物、有害读物、侵权盗版教材教辅等非法经营行为,净化校园周边文化市场环境。全年共出动执法人员1.25万人、执法车辆1360余辆次,检查点位3780余家次,收缴非法出版物4.4万册。督导查办案件120起,转办上级移交线索25条。有2起案件被列为全国"扫黄打非"办等五部委挂牌督办案件。

【文娱领域治理】 2023年,市文化市场综合执法支队针对互联网上网服务营业场所、娱乐场所、营业性演出场所以及电竞酒店、剧本娱乐场所等新业态中涉及未成年人的违法违规经营行为开展综合治理行动,净化未成年人成长环境。全年共查处涉未成年人案件31件。其中,一起电竞酒店违规接纳未成年人进入案件为全省首例电竞酒店因违反

《中华人民共和国未成年人保护法》受到处理的案件。5月30日，印发《关于开展全市营业性演出场所风险隐患排查整治的通知》，重点加强对演出场所、大型演出活动现场的监管，规范演出票务市场秩序，压实演出举办单位主体责任以及加强演出市场执法办案等工作，保障演出市场平稳健康发展。

【文旅营商环境优化】 2023年，市文化市场综合执法支队持续优化文旅营商环境，提升服务质量，拓宽监督渠道，强化社会监督，落实"企业安静日"制度。全年共受理文化市场举报投诉397起，受理旅游投诉97起，诉转案2起，退赔金额34万元，组织旅游投诉现场调解会46场，旅游咨询与调解1142人次。推出并发放廉政监督卡即"廉心卡"900余家次，收集了解群众反映强烈的作风问题线索，主动接受管理服务对象和群众监督，收到致谢锦旗5面。开展涉企执法检查"瘦身"行动，每月1—20日"企业安静日"期间，不得擅自对企业进行各类行政执法检查，减少对企业生产经营的干扰。

【"剑网2023"专项行动】 2023年8—11月，根据省版权局、省公安厅、省委网信办、省通信管理局的统一部署，市版权局牵头开展打击网络侵权盗版专项治理"剑网2023"专项行动。以体育赛事、点播影院、文博文创等领域的侵权盗版行为为重点，加大网络版权执法监管力度，强化网络平台治理，规范网络传播版权秩序，强化网络平台主体责任。专项行动期间共查办侵权盗版案件19起，与中国音乐著作权协会和中国音像著作权管理协会联系，办理一批网络音乐侵权盗版案件。有一起案件被列入国家版权局等五部委挂牌督办。

【执法监督】 2023年，市文化市场综合执法支队执行行政执法三项制度，做好行政执法公示、行政执法全过程记录、重大执法决定法制审核，全年共公示行政处罚决定信息157条，组织案审会16场，审理案件55起；参与修订《南昌市文化市场监管领域轻微违法行为免罚清单》（2023年版），修订后的免罚事项共四类21项，比2021年版清单增加12项，扩容133%，全年共办理免罚案件五件；开展"互联网＋监管"，制定"双随机、一公开"年度抽查计划，"双随机"事项覆盖率达到100%。常态化开展案卷评查，共评查案卷154起，提出整改意见821条；联合交通运输等部门，开展旅游包车安全执法行动，全年共开展联合检查7次，检查旅游团队61家次，保障旅行社旅游包车安全，形成跨部门执法合力；与市公安局食药环侦支队达成第一个联合执法合作框架，全面推进法治政府建设。

（马　婧）

社会科学

【概况】 2023年，南昌市社会科学界联合会（以下简称"市社科联"）围绕中心、服务大局，发挥哲学社会科学认识世界、传承文明、创新理论、咨政育人、服务社会的重要作用，为繁荣发展南昌哲学社会科学事业、助力南昌经济社会高质量发展作出贡献。西湖区、红谷滩区、青山湖区、东湖区、湾里管理局挂牌成立社科联，标志着全市县区社科联建设取得历史性突破，实现县区社科联组织全覆盖。市社科联获得"全国社科组织先进单位"称号。

【社科课题研究】 2023年，围绕推进"一枢纽四中心"建设和落实省会引领战略，组织全市经济社会重大招标课题工作和全市社科规划项目课题研究工作，确定《突出特色优势加快构建南昌现代化产业体系研究》《深入实施强省会战略提升南昌集聚能力研究》《南昌"流量"变"留量"、"创红"到"长红"对策研究》《南昌地方文化内涵及特征研究》《补齐"短板"，持续优化南昌营商环境研究》5个重大招标课题面向全国公开招标，同时共有92项课题纳入全市社科规划项目。围绕全市经济社会发展的热点、重点、难点问题，形成一批高质量的研究成果，其中《打通"政产学研用"链条、加速科技成果就地转化——南昌市加速科技成果就地转化的对策建议》《关于加快完善南昌航空制造配套产业研究报告》《培育壮大南昌半导体照明产业集群的对策建议》等研究成果获省、市领导的批示。

【社科普及宣传】 2023年，采取市和县区联动、协作的方式，联合开展以"学思践悟新思想，砥砺奋进谱新篇"为主题的南昌市第十五届社会科学普及宣传周活动，集中开展社科普及活动100余场。在全市范围内广泛挖掘理论宣传宣讲师资人才1000余名，组建市、县、乡、村四级全覆盖的"南昌市宣讲赣军"。举办市"弘扬江西优秀传统文化 传承江右文化精神"讲解比赛、市红色社科普及基地讲解员讲解比赛等赛事。

【社科基地阵地建设】 2023年，新命名、授牌南昌市中国工艺美术大师博物馆、进贤县毛笔研究会等19家单位为第八批市级社科普及基地。新设立万寿宫文化研究中心、"八一品牌"文化传播研究基地、南昌制造业数字化转型研究中心等22家单位为第二批南昌市人文社科研究基地。将《现代人文》杂志更名为《南昌社会科学》，突显主责主业和南昌标识，增强办刊的地域特色。开通"南昌社科"微信公众号，宣传南昌，传播社科知识。开展《南昌发展蓝皮书（2023）》编撰工作，更好地展示有关南昌经济社会发展方面的研究成果。

【第八届长江中游城市群建设研讨会】 2023年，第八届长江中游城市群建设研讨会在南昌举行，以“协同发展 共担使命 加快推动长江中游城市群高质量发展”为主题，来自南昌、武汉、长沙、合肥四市知名专家及社科联（院）负责人等参加，围绕长江中游城市群协同发展建言献策。在主旨报告环节，与会专家、学者分别以“强化南昌引领作用 在推进长江经济带发展上善作为”“‘十四五’都市圈战略背景下的武汉都市圈建设”“长江中游城市群产业协同发展研究——以长江经济带自由贸易试验区为例”“打造创新驱动发展最佳试验场的合肥实践与作为”等为主题发言。研讨会为加快推动长江中游城市群协同发展带来有益的启迪和帮助，更为南昌建设和发展“传经送宝”，留下很多宝贵的意见和建议。

（刘能洲）

2023年南昌市经济社会发展重大招标课题立项名单一览表

表13

序号	课题名称	负责人	单位	课题编号
1	突出特色优势加快构建南昌现代化产业体系研究	徐　斌	南昌师范学院	ZDSK202301
2	深入实施强省会战略提升南昌集聚能力研究	史言信	江西财经大学	ZDSK202302
3	南昌“流量”变“留量”、“创红”到“长红”对策研究	龙　强	江西省生态文明研究院	ZDSK202303
4	南昌地方文化内涵及特征研究	温江斌	江西财经大学	ZDSK202304
5	补齐“短板”，持续优化南昌营商环境研究	罗海平	南昌大学	ZDSK202305

（资料来源：市社科联）

2023年南昌市社科规划项目拟立项名单一览表

表14

序号	课题名称	负责人	单　位
1	海昏侯文化创意产品的开发与营销模式研究	温玲英	江西应用科技学院
2	高校毕业生返昌就业创业：现状评价及质量提升路径研究	涂雯雯	江西农业大学
3	新结构经济学视角下南昌市农业强市实现路径与政策优化研究	余永琦	江西省农业科学院农业经济与信息研究所
4	红色基因传承“文化艺术+”旅游的南昌优势及实现路径研究	王　欢	南昌航空大学
5	文化自信视域下南昌红色文化与非遗篆刻艺术的创新融合发展研究	黄金亮	南昌理工学院
6	南昌市“三水统筹”治理经验调查研究——以安义县山上村为例	王　颖	江西水利职业学院
7	南昌城市文化品牌“数字共通”的供需鸿沟及弥合路径研究	易　魁	华东交通大学
8	南昌文体旅产业融合发展路径研究	戴庆锋	南昌社会科学院
9	基于在地文化的传统村落保护与活化路径研究——以安义古村落群为例	陈　媛	南昌应用技术师范学院
10	体验经济视角下南昌文旅产品的创新路径——以手工皮具为例	赵丽雪	江西服装学院
11	南昌历史文化资源保护与利用研究	何丽君	南昌社会科学院
12	乡村振兴背景下大数据支持的农村公共文化资源精准供给研究——以南昌市进贤县为例	付明霞	进贤县社联
13	“双碳”目标下南昌市纺织服装产业绿色转型升级的新路径研究	邹群英	江西服装学院
14	习近平文化思想研究阐释及南昌实践研究	曹金生	南昌大学
15	南昌地方文化：“安义精神”的内涵与特质研究	张　燕	安义县社联
16	“智慧城市”视域下南昌市社区智慧体育服务体系设计与实施策略研究	冯迎娜	江西科技师范大学

续表14

序号	课题名称	负责人	单　位
17	宋元进贤石刻资料整理与研究	余　辉	进贤县社联
18	南昌市现代服务业发展问题分析及对策研究	阳春秀	南昌社会科学院
19	南昌职业教育产教融合、科教融合研究	李　娜	南昌职业大学
20	南昌市工业遗产保护与适应性再利用规划设计研究	高珍宇	南昌工学院
21	文旅融合背景下“八一起义”纪念馆文创产品设计研究与实践	李贝贝	南昌工学院
22	文旅融合推动南昌旅游品牌提升及推广的研究	刘　然	南昌职业大学
23	南昌市生产性服务业空间集聚特征及优化路径研究	邹蔚然	江西师范大学
24	“五育融合”教育理念在小学课后延时服务中的应用研究与实践策略	雷玥桐	豫章师范学院
25	推动南昌市数字经济与先进制造业深度融合发展研究	甘江英	南昌社会科学院
26	南昌与上海产业要素互补协同发展研究	程晓文	南昌职业大学
27	南昌未来产业发展研究	杨美蓉	南昌社会科学院
28	融媒体背景下的南昌网红城市形象传播研究	韩欣莹	南昌航空大学
29	南昌农业产业化龙头企业高质量发展的路径探索	卢　慧	江西省农业科学院农业经济与信息研究所
30	南昌建设高水平未来科学城的重点和难点问题研究	罗思越	南昌社会科学院
31	媒介建构视角下南昌八一品牌传承红色基因策略研究	郑永涛	江西科技师范大学
32	乡村振兴战略下江西传统村落文旅产融合现状、问题与对策研究——以南昌市为例	张晓波	南昌社会科学院
33	非遗促进南昌市文旅产业高质量发展理论、方法及路径研究	王雯艳	南昌工学院
34	南昌市的赣菜产业现状、困境与发展路径	张超武	南昌社会科学院
35	长江经济文化带建设背景下赣江流域红色文化创新发展的路径研究	赵忠山	南昌应用技术师范学院
36	南昌瓦罐汤的演化及新时代品牌形象设计研究	皮文君	南昌理工学院
37	市域社会视角下社会组织参与社会治理研究	周林根	华东交通大学
38	南昌市高质量发展环境下职业教育人才就业状况调查研究	刘济红	南昌社会科学院
39	南昌打造新时代改革开放新高地的策略研究	赵　亮	南昌工程学院
40	南昌市融媒体发展对策研究	程兴飞	南昌理工学院
41	“双碳”目标下南昌市碳排放效率动态演进与收敛特征研究	陈华脉	南昌航空大学
42	数字经济助推南昌产业转型升级的对策研究	黄　晨	南昌航空大学
43	助推南昌民营经济提质升级研究	段志明	南昌社会科学院
44	文脉传承视角下的赣文化吉庆元素在南昌城市公园中的创新与运用研究	赵保洋	江西应用科技学院
45	数字经济下江西粮食主产区新型职业农民创业障碍和破解路径研究	梁志民	江西农业大学
46	“双轮驱动”背景下数实融合驱动南昌实体经济创新发展策略研究	刘　鹤	江西应用科技学院
47	南昌万寿宫历史文化街区的旅游资源开发研究	熊桃慧	南昌应用技术师范学院
48	南昌市营商环境对外商直接投资的影响及对策	周静敏	南昌应用技术师范学院

续表 14

序号	课题名称	负责人	单 位
49	新时代红色基因传承的南昌优势及实现路径研究	吕月琳	南昌应用技术师范学院
50	“双循环”新格局与网红城市浪潮下南昌全国性消费中心城市的建设路径研究	胡轩伟	南昌工学院
51	新时代传承红色基因的南昌优势及实现路径研究	章斐然	南昌工学院
52	南昌职业教育科教融合研究	潘锐锋	南昌职业大学
53	江西省本科职业教育发展的现实困境及对策研究	赖丽芳	南昌职业大学
54	乡村文旅视域下安义古村品牌视觉形象设计研究	彭子珈	南昌职业大学
55	职业本科产教融合人才培养模式设计	刘 琦	南昌职业大学
56	南昌县域经济的产业结构优化与发展策略研究	张 珏	南昌职业大学
57	红色文化旅游赋能县域经济发展研究——以南昌市为例	陈雅雯	江西应用科技学院
58	产教融合视域下民办高校应用型人才培养路径优化研究——以南昌市为例	崔全立	江西应用科技学院
59	南昌市乡村教师队伍建设问题及对策研究	樊海燕	安义县龙津中学
60	数字经济视域下南昌都市圈发展战略研究	邹建中	江西科技学院
61	数字化赋能南昌制造业高质量发展的作用机制及对策研究	王 婷	江西科技学院
62	智能化、数字化转型:南昌数字供应链技术赋能可持续发展研究	李海艳	江西科技学院
63	南昌市农产品物流现代化的制约因素与对策研究	高学伟	江西科技学院
64	“双碳”目标下南昌市新能源汽车产业链与创新链协同发展路径研究	鲁 宇	江西科技学院
65	低生育背景下南昌市家庭生育成本测算及成本分担机制研究	俞慧婷	江西科技学院
66	数字经济赋能南昌市乡村振兴实践路径研究	邓安萌	江西科技学院
67	南昌市“三区一城”建设背景下制造业数字化转型的困境及对策研究	温 欢	江西科技学院
68	南昌市“数字乡村”建设背景下数字技术赋能农业高质量发展的对策研究	高日升	江西科技学院
69	南昌市数字经济与实体经济深度融合:困境与路径	吴 萍	江西科技学院
70	群体传播视域下南昌城市形象建构研究	李 倩	江西科技学院
71	网络治理视域下南昌县级融媒体参与社会基层治理研究	范蕾蕾	江西科技学院
72	政策激励对南昌市新能源汽车消费者购买意愿影响研究	贺银娟	江西科技学院
73	新能源汽车企业的绿色创新绩效研究——以南昌市为例	叶咏梅	江西科技学院
74	南昌市电动汽车公共充电设施建设与运维问题研究	章小平	江西科技学院
75	讲好南昌红色文化故事:短视频时代南昌城市文明形象的构建与实践研究	刘 芳	江西科技学院
76	VR 技术赋能瓷文化数字化传承的应用研究	史晓倩	江西科技学院
77	自媒体时代下南昌古色文化影响力提升对策研究	涂 曼	南昌理工学院
78	基于贝叶斯网络模型的南昌老旧小区改造决策风险评估研究	熊 娜	南昌理工学院
79	功能翻译理论视角下南昌红色旅游网站外宣翻译的问题与对策研究	尚晓艳	江西服装学院
80	基于毛笔制作的传统文化研学基地打造研究	朱细胜	进贤县社联

续表 14

序号	课题名称	负责人	单　位
81	习近平文化思想视域下南昌市文旅产业发展优化路径研究	杨志明	南昌应用技术师范学院
82	李商隐无题诗的空白结构及其审美意蕴研究	李亚楼	南昌应用技术师范学院
83	南昌市数字经济与制造业产业融合的机制及影响研究	孟　婕	南昌应用技术师范学院
84	南昌市虚拟现实企业员工流失的预警机制研究	何　博	南昌工学院
85	数字经济背景下南昌实现城市绿色发展的路径与对策研究	刘运芹	南昌工学院
86	管理学视角下 AIGC 技术推动数字经济与实体产业的融合策略优化	肖裕水	南昌工学院
87	新型智慧城市背景下南昌市数字化人才能力进化与需求研究	殷小姣	南昌工学院
88	系统范式下新时代社会主要矛盾科学论断的内在逻辑研究	徐　琴	南昌工学院
89	沉浸式体验视角下南昌宣纸刺绣数字化展示平台设计研究	谢凌云	南昌工学院
90	红谷滩东城村非物质文化遗产李氏龙灯会数字化保护发展研究	刘　丹	南昌工学院
91	南昌市县域义务教育优质均衡发展研究	艾细珍	南昌工学院
92	基于高校背景下探索大学生心理健康教育与思想政治教育的路径研究	张卫燕	南昌工学院

（资料来源：市社科联）

档案工作

【概况】 2023 年，市档案馆以“走在前、勇争先、善作为”的标准和要求，立足主责主业，在新时代南昌高质量发展的历程中展现档案担当，实现档案作为。依法依规、科学有序接收到期档案以及重大项目、重大活动和特色档案进馆；拓展档案资源，开展南昌特色档案资料征集，并首次开展口述历史采集工作；提升档案工作服务和利用水平，强化档案安全体系建设和信息化建设，优化档案管理水平；挖掘馆藏红色档案，开展《南昌市被日机轰炸人员伤亡及灾民救济档案汇编》（上、下册）、《革命青年之赤光》、《日出前的爝火》的编纂工作；开展档案宣传教育，举办“奋进新征程 兰台谱新篇—豫章大地英雄谱”主题展览。至年底，馆藏总量 64.79 万卷、29.23 万件，较 2022 年底馆藏总量增长 2.5%。

【档案利用服务】 2023 年，市档案馆牢记档案工作“为民服务”的要求，做好现场查档、电话预约查档、民生档案跨馆异地查档等服务。全年共接待档案查询利用 1707 人（次），提供电子档案利用 1.36 万次、实物档案利用 2638 卷（件），打印、复印、翻拍档案文件 8992 页，利用满意率 100%。修订完善《南昌市档案馆指南》，为查档利用者全面了解南昌市档案馆馆藏情况，提供方便有效的线索和方法，并根据查档利用情况，撰写利用实例 9 篇。主动在“全国档案查询利用服务平台”“赣服通”等平台上线市档案馆档案查询专题，让社会公众享受跨区域、跨层级的档案查询利用服务，全年共受理“全国档案查询利用服务平台”查阅和咨询服务 412 人次、受理“赣服通”手机查档 157 人次，办结率 100%。在与深圳市档案馆、杭州市档案馆等综合档案馆建立民生档案跨馆异地利用机制的基础上，继续与广州、长春、厦门等外省市综合档案馆签订《民生档案跨馆异地利用服务工作协议书》，推动“异地查档、馆际互认、跨馆出证”工作进程。

【档案资源建设】 2023 年，市档案馆围绕全市发展大局，主动跟进做好地铁项目、南昌七里岗互通立交新建工程项目、“2023 世界 VR 产业大会”等全市重大工程、重大项目、重大活动档案的业务指导，主动向各立档单位提供业务指导服务，督促各单位按规范和标准对到期档案进行整理，并依法依规、科学有序接收到期档案以及重大项目、重大活动和特色档案进馆。全年对市城管局、市委政研室等单位全宗卷、档案整理接收进行 255 次指导；接收市防震减灾局、市体育局、地铁 4 号线等单位档案 1.15 万卷、4.91 万件进馆，接收 18 家单位全宗卷进馆。完成 2022 年度馆藏散存档案整理项目验收工作，共计完成 308 卷（卷内 1501 件）、1046 件的整理工作，其中 73 卷（卷内 1501 件）、992 件完成数字化工作，各类档案分类科学，保管期限划分恰当，装订整齐牢固，档案装具、目录等符合规范要求。

【档案信息化建设】 2023年，做好南昌数字档案馆维护工作，更新完善软硬件系统，优化馆藏系统，加快档案信息化建设步伐，推进档案事业转型发展。完成2022年馆藏档案数字化项目终验，项目共扫描纸质档案80万页；完成2023年馆藏档案数字化项目第一、二阶段验收，项目共扫描纸质档案72.17万页；完成市妇联、市委政研室、市民宗局、市商务局等13个市直单位，共2657卷、4.59万件文书档案数据审核及入库工作；完成地铁项目档案56个标段档案，共1.02万卷、27.79万件及7417张照片的数据审核及入库；完成2214件声像档案资料的制作、入库及挂接工作。创建数字档案馆，初步拟定《南昌市数字档案馆项目建设方案》（初稿），加强与市发改委、市政数局沟通联系，推动数字档案馆创建工作。

【档案安全建设】 2023年，市档案馆落实总体国家安全观，加大安全隐患排查力度，完善安全防范措施，确保档案馆和档案的实体安全和信息安全。定期开展库房清洁和安全巡查检查，对库房门窗、监控系统进行检修和更新升级，添置档案柜9列54组。建立健全《南昌市档案馆出入库交接管理制度》《南昌市档案馆库房管理制度》，完善档案出入库手续。与哈尔滨市档案馆开展重要档案异地备份工作，对馆藏全部电子档案、重要电子文件共14.14太字节数据进行异地备份。根据二级等级保护测评要求，采购防火墙、防病毒网关、运维审计系统、漏洞扫描系统、日志审计、终端防御系统等网络安全设备，对机房4台服务器进行网络安全漏洞修复，完成二级等级保护测评项目验收。开展网络安全风险隐患自查整改、馆网络安全应急演练、网络和数据安全自查等工作。完成馆门户网站重新申请英文域名及备案工作，加强网站维护工作，备份网站数据，修复网站漏洞，做好防病毒软件升级和系统补丁升级，确保网站平稳有序运行。

【特色档案征集】 2023年，市档案馆加大向社会征集档案资料力度，密切与征集对象、当地专家学者的联系，在“南昌档案”微信公众号上发布《南昌市档案馆关于面向社会公开征集档案资料的公告》《南昌市档案馆红色档案征集公告》，征集散存散失在社会上的有关南昌的各种载体的档案史料和红色档案。全年共征集图书资料1231册、文书档案270件、实物档案120件、照片档案143张，以及电子档案资料12.38太字节。其中，包括中共南昌城工部（地下党组织）成员程光荫生前的藏书、个人历史研究手稿、笔记、历史研究检索卡片以及他曾使用过的台灯、收音机和书柜等，还有民国时期南昌历史资料（包括《南昌自由报》、《南昌捷报》《胡兰畦回忆录》《延安时期文献档案汇编》等）3.7万份。为更好地搜集和丰富红色记忆，市档案馆还走访大革命时期南昌红色报刊《贯彻日报》外勤记者陈维柏女婿邓重峻，开展首次口述历史采集工作。

2023年6月9日，“奋进新征程，兰台谱新篇”——“豫章大地英雄谱”主题展览举办

（市档案馆 供图）

【档案编研】 2023年，市档案馆做好馆藏红色资源开发利用工作，发挥馆藏优势，深入挖掘馆藏红色档案，根据《红灯》、孙师毅回忆录、李桂生手稿等，完成解密红色档案系列之《革命青年之赤光》《日出前的爝火》的编印工作，用档案讲好红色故事，展现革命先辈们的家国情怀和革命精神。完成国家重点档案保护与开发项目《南昌市被日机轰炸人员伤亡及灾民救济档案汇编》（上、下册）的书稿编纂及送审工作，全书包括南昌市政府、江西省会警察局、非常时期难民救济委员会南昌市分会等机构关于战时被日机轰炸伤亡人员统计及灾民救济等内容，所收录档案时间自1937年起至1939年止，共130件，971页。

【档案宣传展览】 2023年，市档案馆依托“南昌档案”微信公众号和“南昌档案信息网”，普及档案业务知识、传播各类档案故事，让党员群众随时随地了解南昌档案故事，提升档案宣传阵地影响力。6月9日至15日，市档案馆联合市档案局、团市委、市史志办、红谷滩区委办在南昌市青少年宫举办“奋进新征程，兰台谱新篇”——“豫章大地英雄谱”主题展览，同时通过“南昌档案”微信公众号线上线下同步举办展览。展览共选取10余位革命先烈的故事，以图文并茂的形式，以集中展示新民主主义革命时期，在南昌大地上为共产主义远大理想奋斗终身的先烈们的英勇事迹为主。此次展览参观人数达到1万余人，得到市级多家主流媒体的关注报道和群众的认可，并在《南昌日报》刊登《展现南昌高质量发展档案新作为——写在第十六个“6·9”国际档案日之际》一文，提升档案社会影响力。并充分利用“6·9”国际档案日的契机，通过手机客户端发送短信，提高群众对档案利用服务的知晓度。

（杨柳青）

地方志工作

【概况】 2023年，市史志办公室贯彻落实习近平总书记考察江西重要讲话精神和关于地方志的工作重要论述、重要指示批示精神，按照依法治志总体要求，稳中求进做好志鉴编纂出版、旧志整理、地方志资源开发利用等各项工作，提升地方志在忠实记录新时代奋进历程、传承红色基因、弘扬中华优秀传统文化中的作用，开创南昌地方志事业高质量发展新格局。

【清乾隆五十四年《南昌府志》校注】 2023年，市史志办落实习近平总书记关于“让书写在古籍里的文字活起来”的指示精神，启动历代旧志点校工程，开展清乾隆五十四年《南昌府志》的点校和注释工作，联合省社科院古籍整理专家开展古文繁化简、文字录入与校核工作，推动中华优秀传统文化创造性转化、创新性发展，推动中华文明走出“故纸堆”与更广泛的群众“面对面”。至年底，完成152万字的文字简化与录入和100万字的古文点校。

【“两志编纂”】 2023年，市史志办按照中指组和省政府要求，开展《南昌市扶贫志（1949—2020）》《南昌市全面小康志（1978—2020）》编纂工作，记录在党的领导下，全市人民完成脱贫攻坚、全面建成小康社会的历史任务，实现第一个百年奋斗目标的历史进程。组建《南昌市全面小康志（1978—2020）》编纂工作网络，统筹全市98家单位编纂任务，结合各责任单位工作职能与工作实际，通过逐文批注、撰写审稿意见、电话交流、面对面沟通等多种方式对各单位报送初稿进行审阅反馈，为其厘清志书编纂思路和基本撰写要求，及时督促各单位主笔补充资料、落实修改要求。通过上门座谈的方式前往市发改委、市民政局、市生态环境局、市体育局等部门开展上门座谈，逐一提出针对性指导意见，督促其落实好编纂任务。至年底，《南昌市全面小康志（1978—2020）》已形成初稿130万字。指导《南昌市扶贫志（1949—2020）》编纂，以提供编纂资料、审阅稿件、上门座谈等方式，对市乡村振兴局开展指导工作，并提出有针对性的指导意见。至年底，《南昌市扶贫志（1949—2020）》已完成初稿71万字。

【《南昌年鉴（2023）》编纂出版】 2023年，市史志办把握精品年鉴的特色亮点，借鉴好的经验做法，分析存在的不足，并将学习成果落实到《南昌年鉴（2023）》的编纂工作中。掌握工作主动权，收集全市各单位工作要点，制定《南昌年鉴（2023）》编目大纲，调整卷首图片12个、类目6个、分目81个、条目252个，主动向精品年鉴看齐。召开组稿会，将精品年鉴编纂要求融入组稿课程，及时向全市各单位编纂人员传达。及时收集全市143个单位的稿件，并按照精品年鉴要求，筛选内容、精简文字、规范体例，形成131万字的年鉴送审稿。11月，《南昌年鉴（2023）》出版发行，全书117万余字，设类目37个，分目258个，条目1768条，随文表格47个，随文图片65张，专题彩页24版，图片47张。同时做好《江西年鉴（2023）》南昌入鉴文字的编纂工作，及时撰写文字稿4000余字，突出反映南昌市经济社会发展的各方面成就。

【《南昌大事记》编纂出版】 2023年，市史志办主动将图片纳入地情记录范畴，向南昌日报社、相关单位、专业摄影爱好者点对点征集全市重点工作图片。《南昌大事记（2022）》在月度大事记的基础上，按照时间先后顺序，记载全市重大决策、重要会议、重要活动、重要事件、重大变革和重大成就等大事要事32万字。收录2023年月度大事记，以全市大事记工作网络为依托，定期征集各单位大事要事素材，按照经济、社会等12个类目，谋篇布局，编纂完成全市月度大事记12期、24万字。

【督促指导县区史志工作】 2023年，市史志办指导县区综合年鉴编辑工作，并对编辑过程中发现的问题及时提出合理建议意见。定期督促县区年鉴编辑，及时追踪编辑进度，对部分进度落后的县区，精准定位、靶向施策，推动工作步入正轨。持续跟进行业志、部门志编修，审读《南昌外事志（1991—2021）》《南昌高新区志》，并给予修改意见；指导《南昌经开区志》，开展集中培训授课，为经开区首轮区志编修厘清思路、指明方向。

【学术研究利用】 2023年，市史志办做好学术研究利用工作。撰写并发表《南昌早期地方党组织的创建与发展历史述略》《万历〈南昌府志〉编纂述论》《地方综合年鉴衍生产品研究——关于年鉴开发利用新路径的探讨》等理论文章9篇。反馈市政协“关于做强农耕文化助力乡村振兴建议”的提案，为市直各单位、企业提供地情咨询和审读服务。与市政数据合作，充分运用“城市大脑”优势，开展机关信息化数据库建设，整理存储史志资料，为做好史志研究和地情服务打下坚实的基础。

（陶武强）

卫生健康

综 述

【概况】 2023年，全市卫健系统围绕“项目为先、实干奋进，争分夺秒拼经济”的工作主线，凝心聚力、担当作为、迎难而上，各项工作稳步推进。市人民医院、市中心医院、市立医院、市精神卫生中心4家医疗机构集中授牌；南昌市疾病预防控制局挂牌成立，南昌市入选全国首批婴幼儿照护服务示范城市、市中心医院（八一大道老福山院区）获批国家中西医协同“旗舰”医院试点项目建设单位、市洪都中医院获批国家中医疫病防治基地；通过全国爱卫办“国家卫生城市”现场评估复审；在全省范围内第一个实现市级血吸虫病传播阻断达标；全市居民健康素养水平提前实现《健康中国行动（2019—2030）》中提出的2030年居民健康素养水平达到30%的目标要求；国家卫生城市巩固、婴幼儿照护服务、家庭医生签约等工作在国家级会议交流发言7次、省级会议交流发言10次；三级人大代表、政协委员集中考察“4+2+2”医疗卫生服务体系建设情况。协调推进“医疗、医保、医药”联动改革，推动全省“两个示范项目”建设，市级公立医院医疗服务收入占比较上年增长2.5个百分点，住院次均费用下降8.5个百分点。

【“4+2+2”医疗卫生服务体系建设】 2023年，市政府出台《南昌市卫生健康服务能力全面提升三年行动计划（2023—2025年）暨“4+2+2”医疗卫生服务体系建设实施方案》，“4+2+2”体系是指4家实力强劲的市级综合性医院（市第一医院、市人民医院、市中心医院、市洪都中医院）、2家实力领先的专科医院（市立医院、市精神卫生中心）、2家公共卫生服务中心（南昌急救中心、市疾病预防控制中心）。计划共列出52个重点项目，统筹推进资源整合、项目建设、人才提质、能力提升、服务协同、管理重构等重点任务，并根据基层医疗卫生服务体系短板，制定“县级医院服务能力建设”“县级医院传染病区建设”等9项基层医疗卫生补短板工作指引，促进优质医疗卫生资源扩容下沉和区域均衡布局，推动全市卫生健康综合服务能力提质增效。共提出40项提升卫生健康综合服务能力的工作目标任务，并分别明确责任单位，建立定期调度机制。

【健康南昌建设】 2023年，开展健康南昌监测评估工作，健康南昌行动指标完成率达96.4%，17项指标提前达到2025年目标。南昌市向江西省推荐3名健康达人，均获“健康达人”称号，其中战天卫代表全省健康达人在首届健康达人颁奖典礼上分享健康理念。参与健康中国建设揭榜攻关工作，作为协作单位全力配合健康江西办开展“1+15+N”健康中国支撑保障体系研究及应用，为健康中国、健康江西建设贡献南昌经验，“以健康影响评价制度建设为抓手，实施将健康融入所有政策的探索”课题入选健康中国建设揭榜攻关省级课题。健康南昌宣传活动全面铺开，组织16项市级重点宣传活动，引导各县区同步开展大型宣传、义诊活动。示范建设不断扩大，全市谋划打造4个健康社区、1个健康机关和3个营养健康食堂，充分发挥试点对全局性工作的示范带动作用。西湖区作为健康江西重点建设县区代表在全省作汇报。

【医疗卫生重大重点项目建设】 2023年，市县区医疗卫生重大重点项目30个，总投资176.65亿元，其中市级项目13个，总投资115.66亿元，建立“日报告、周调度、月督导”工作机制，完成民生实事人大票决项目任务目标。至年底，市委市政府现场调研及调度会共计104次（市委市政府主要领导14次），市领导批示38份，每周报送专报给市委、市政府、人大、政协主要领导。至年底，市第一医院九龙湖院区、市

2023年5月4日，南昌急救中心项目主体完工

（魏勇剑　摄）

洪都中医院二期已完工试运行，南昌新急救中心已基本完工，市中心医院瑶湖院区、市人民医院经开院区、市立医院新院区地上主体结构均已封顶。

疾病防控

【概况】　2023年，全市围绕“十四五”卫生与健康规划目标，以“能力建设”为中心、以“机构改革”为抓手，全面提升疾病预防控制和卫生应急工作能力，促进健康南昌建设，倡导健康生活方式，全面实行健康影响因素干预，持续改善健康环境，重点防控重大疾病。疾控能力提升，新发突发传染病处置规范及时，在全省范围内第一个实现市级血吸虫病传播阻断达标、完成国家第五轮艾滋病综合防治城市示范区申报、全国慢病示范区申报和复审。

【健康县区及医院建设】　2023年，东湖区、西湖区通过健康县区省级复审，红谷滩区获评江西省2023年健康县区、“江西省第三批优秀健康县区”。指导各级各类医院参与省级健康促进医院的评选，市人民医院、市中心医院（青山湖院区）、市生殖医院、南昌县人民医院、市第六医院5家医院获评“省级健康促进医院”。为持续做好健康促进医院建设工作，对市属8家健康促进医院及各县区推荐的评估市级健康促进医院进行市级巩固评估和验收评估。经综合评估，市属8家医院全部达标，10家县区级医疗机构达到南昌市健康促进医院建设标准，命名授牌市级健康促进医院。

【健康素养监测】　2023年，在国家监测点的基础上开展具有市级和县级代表性的健康素养监测工作，了解全市居民健康素养水平和变化趋势。组织健康教育网络单位500余名工作人员进行健康素养监测工作相关培训，对200余个健康教育网络单位的健康教育和健康促进工作进行指导。对样本抽取、培训动员、绘图列表、现场调查、质量控制、数据分析等各个环节把关，确保监测数据的代表性、真实性和科学性，全市完成4800份调查问卷，其中市级3200份，数据分析显示，南昌市居民健康素养水平为30.89%，较上年上升1.41个百分点。

【健康知识普及】　2023年，组织全市各级各类医疗卫生机构开展健康科普“六进”活动，推动健康科普进社区、进乡村、进学校、进机关、进企业7255次，进家庭9.98万户，服务80万余人次，发放健康科普材料59.11万份。围绕“送卫生下乡　护百姓健康”主题开展“5+1”健康教育活动，活动期间开展咨询义诊531场、讲座750场、技能表演12场、沉浸式中医体验、知识竞赛等创新性活动5场，发放健康传播材料1.86万份和健康工具包1354个，累计30.49万人受益，提升农村居民健康素养水平。

【健康知识竞赛】　2023年，举办全市首届家庭健康素养技能大赛，12个县（区、开发区、管理局）各组织一户由祖孙三代构成的家庭参赛。组织全市各级各类医疗卫生机构工作人员开展“健康南昌　医者先行”线上答题活动，共1.93万人参与，监测发现全市医务人员健康素养水平由60.3%提升到91.5%。举办“2023年南昌市健康科普讲解‘达人’大赛”，培育24名高素质、擅宣传的健康科普讲解能手。在全省健康科普讲解“达人”大赛中，南昌市获个人二等奖和优秀组织奖；在江西省首届家庭健康素养技能大赛中，南昌市获团体一等奖和优秀组织奖；动员全市各级各类医疗卫生机构参加国家“健康知识普及行动——2023年新时代健康科普作品征集大赛”，南昌市报送的《草地吸血鬼的末日》获微视频类优秀奖。

【传染病防控】　2023年，全市疾病预防控制机构应对流感、支原体肺炎、诺如病毒感染性腹泻等季节性高发传染病疫情，保障全市人民群众身体健康。全市全人群HIV抗体检测率达29.08%，哨点运行率达100%，贫困家庭艾滋病患者救治工作完成率达100%，完成国家第五轮艾滋病综合防治城市示范区申报工作。全市肺结核报告发病率下降至46.6/10万，控制在55/10万以下，糖尿病患者通过季度随访进行肺结核症状筛查率99.80%，参加体检的65岁以上老年人肺结核症状筛查率达到99.66%；耐药结核病诊治工作规范，其中高危人群耐药筛查率99.20%，新肺结核病原学检查阳性患者耐药筛查率95.51%，利福平耐药肺结核患者纳入治疗率94.74%，各项指标均达到“十四五”规划目标。推进进贤县国家耐药监测点，青云谱区、南昌县、安义县省级耐药监测点工作；在全市6个县区创建和实施无结核社区和校园试点项目，探索终结结核病流行的科学途径，促进全市结核病防控工作健康发展。各县区均完成病媒生物密度监测、登革热伊蚊监测、重点行业病媒生物侵害率调查等工作任务，其中鼠类生态学监测显示全市鼠类以黄胸鼠为主要优势种，与上年的监测略有不同（小家鼠为主要优势种）。

【血吸虫病风险防范】 2023年，南昌市达到血吸虫病传播阻断标准。全市共完成血吸虫病询检查20.9万人次，完成任务数（15.5万人次）的134.83%；完成血检查病6.7万人次，完成任务数（5.45万人次）的122.92%；粪检查病1780人，完成任务数（1600人）的111.25%；治疗病人（含扩大化疗）13542人次，完成任务数（1.35万人次）的100.31%；完成晚血救治874例，完成任务数（790例）的110.63%；查螺2.71亿平方米，完成任务数（2.07亿平方米）的130.97%；药物灭螺2241.87万平方米，完成任务数（1750万平方米）的128.11%。

【输入性疟疾规范处置】 2023年，全市辖区各医院网报12例境外输入性病例，其中恶性疟11例，间日疟1例，市辖区7个疫点（包括外地报本地病例1个），南昌市疾控中心对病例及时进行流行病学个案调查、督导服药、同行人员调查、疫点调查与处置、健康教育及监测报告管理系统网报等，医疗机构对病例进行规范治疗，规范治疗率100%。全市共完成发热病人疟原虫血检2866人次；县级复核阳性血片12张，阳性血片复核率100%，复核阴性血片397张，阴性血片复核率13.91%；市级复核阳性血片12张，阳性血片复核率100%，复核阴性血片124张，阴性血片复核率4.34%，完成寄生虫病专报系统数据录入与审核。

【地方病碘营养水平监测】 2023年，全市对2700户盐样和2700份尿样进行碘含量检测，其中非碘盐36份，碘盐2664份，合格碘盐2577份，不合格碘盐87份，碘盐覆盖率98.67%，居民合格碘盐食用率95.44%，非碘盐率1.33%，盐碘含量中位数为每千克23.06毫克。全市学生尿碘中位数为每升188.75微克，孕妇尿碘中位数为每升172.32微克；市疾控中心对南昌县、安义县、东湖区和青云谱区4个县（区）的800名儿童进行甲状腺B超检查，4个县（区）中发现10名学生为甲状腺肿大，具体分布为：8岁5名（青云谱区3名、南昌县2名），9岁4名（均在青云谱区），10岁1名（青云谱区）。8岁、9岁、10岁三个年龄组儿童甲状腺肿大率分别为1.84%（5/272）、1.45%（4/275）和0.40%（1/253），平均甲状腺肿大率为1.25%（10/800）。

【免疫规划推进】 2023年，继续实施扩大国家免疫规划政策，提高儿童规划疫苗接种率，免疫规划疫苗接种率以乡镇为单位持续保持在90%以上。加强疫苗冷链监测，实现疫苗储存和在途运输全过程的温度监测、预警报警，开创免疫规划工作新局面；建立区域范围内各级相关部门疫苗管理综合协同机制，实现疫苗从市级出入库、区级出入库、社区入库到门诊使用全过程管理；加强流动儿童预防接种工作精细化管理，使流动儿童与常住儿童均能享受到国家计划内疫苗免费接种。2月1日起，在全省率先实践“医防协同”的预防接种服务理念，通过建立产科预防接种线上教育平台，在全市35家开设产科并开展新生儿预防接种服务的医疗机构开展“互联网+预防接种线上教育项目”，3.42万人参与线上学习扫码，共获取结业证书2.73万份，获取率为80.09%。按照“先建设、后考核、再复核”的流程，推动全市9家数智化预防接种门诊建设，至年底，全部完成建设。

【慢病综合防控】 2023年，持续推进慢病综合防控示范区建设，青云谱区、东湖区完成国家慢病示范区复审组的现场审核，青山湖区创建国家级慢性病综合防控示范区。开展营养健康食堂建设，已完成4个县区的营养健康食堂创建工作启动会。全市肿瘤登记发病率为202.12/10万（目标值175/10万），城市癌症早诊早治项目惠及8个县（区）20余个社区1万余人，已完成4961人次筛查，任务完成率110%。脑卒中项目筛查和干预9800人，任务完成率为100%；心血管病高危人群早期筛查与综合干预项目任务完成率为100%；适龄儿童口腔干预项目，惠及南昌县、新建区、湾里管理局、西湖区、青云谱区、高新区和红谷滩区等县（区）6—9岁学生儿童，完成1.72万颗牙的窝沟封闭工作、完成7013人次3—6岁儿童的涂氟工作。

【公共卫生监测调查】 2023年，全市公共场所空气环境卫生监测能力逐步提升，东湖区、西湖区、青山湖区、南昌县已具备完整的公共场所空气环境实验室检测能力，安义县、经开区和高新区的公共场所空气环境实验室检测能力或卫生监测能力取得一定提升。至年底，全市各县区共上报完成公共场所空气环境卫生监测1793家，增加1536家，监测完成率提高到597.6%,监测范围不断扩大。全市检测结果反映公共场所空气环境中的噪声、照度、细菌总数、甲醛、可吸入颗粒物以及游泳池水余氯、菌落总数合格率相对较低。全市各县区城乡饮用水水质监测实现全覆盖,生活饮水(出厂水、末梢水、二次供水及农村饮水)的检测与分析,共计614份,任务完成率107.3%,水样合格率95.28%。其中,城区饮用水检测246份,合格率94.72%,农村饮用水检测368份,合格率95.65%,合格率较上年均有提升。合理开展学生常见病监测,全年已获得有效数据2.98万份,人数和学生分布符合国家要求。青少年学生近视率为47.8%,下降0.6个百分点。

【应急管理能力提升】 2023年,全市传染病监测指标基本完成全年目标任务要求,急性传染病监测率100%。有力、有序、有效处置各类传染病暴发疫情。至年底,全市共处置聚集性疫情61起,其中诺如病毒感染聚集性疫情21起、手足口聚集性疫情17起、流感聚集性疫情17起、急性出血性结膜炎聚集性疫情3起、水痘聚集性疫情1起、布病聚集性疫情1起,未出现因控制不力导致的疫情播散。联合团市委、市总工会,组织全市疾控机构、医疗机构的专业人员,举办2023年第三届"公共卫生杯"南昌市疾控系统现场流行病学调查职业技能竞赛暨南昌市青年职业技能大赛卫健系统分赛,全市12个县(区)共102人参赛。

城乡医疗卫生

【概况】 2023年,全市基层卫生健康工作坚持"以基层为重点""以人民健康为中心",多措并举提升基层卫生健康服务能力和水平。全市92个乡镇卫生院、1143个村卫生室、56个社区卫生服务中心和117个社区卫生服务站构建起"城乡15分钟医疗卫生服务圈",打通卫生健康服务的"最后一公里",为广大群众构筑起健康保障网。

【基本公共卫生服务】 2023年,市、县(区)财政建立稳定的基本公共卫生服务保障机制,采取先预拨、绩效考核后结算的方式,落实年人均89元的经费补助标准,为广大群众免费提供14类基本公共卫生服务。全年累计建立城乡电子居民档案535万份,疫苗接种率以乡为单位达90%以上;累计老年人健康管理46.3万人,高血压患者健康管理38.32万人,糖尿病患者健康管理11.77万人,社区在册居家严重精神障碍患者健康管理2.43万人,保障群众的身体健康。全面落实基本药物制度各项政策措施,加强基药制度实施绩效评价和采购监测,落实基层医疗机构基本药物配备比例不低于70%的要求,及时足额下达中央、省、市各级基药补助资金4419万元,确保各级各类基层医疗机构全覆盖配备、使用国家基本药物。

【基层医疗健康服务】 2023年,做好基层发热诊室、基层医联体、标准化村卫生室等项目竣工验收,推进实施基层两慢病一体化门诊规范化建设,在此基础上,为推进基层"一院一特色"品牌打造,通过对接争取,新增下达3个县域医疗服务次中心和40个基层临床特色科室项目建设,并在全省率先落实每个次中心最少500万元、每个特色科室最少20万元的财政补助,助推基层基础设施提档升级。同时,推进"优质服务基层行"和社区医院创建,全市达到优质服务国家推荐标准的基层机构有18所,达到基本标准的有90所,80.6%的基层机构创建达标,创建社区医院12家。推进基层人工智能辅助智慧医疗系统建设,加强乡村两级卫生健康信息化设备配备,完成全市123个乡镇卫生院和社区卫生服务中心、1039个村卫生室部署省智医系统,做好新系统切换及验收,促进数字技术与基层医疗健康服务深入融合发展。

【基层医务人员建设】 2023年,通过实施市县医院下派一批、定向培养招录一批、强基提能培训一批的举措,优化提升基层医务人员整体结构和技能水平。市、县公立医院下派55名优秀医务人员到乡镇卫生院挂职副院长,二级及以上医院对口支援基层医疗机构;2016年以来培养的456名中专层次的定向生已全部毕业并安排进入村医力量薄弱的村卫生室从业,组织实施大学生乡村医生专项招聘工作,联合市编办、市财政局、市人社局等部门上报当年新增招聘计划59人;对基层医务人员、管理人员进行"强基提能"全员培训,线下线上共培训6300余人。

【健康扶贫】 2023年,依托巩固拓展脱贫攻坚成果大数据管理平台,动态做好监测对象管理,有效防范因病致贫返贫风险。7个任务县区96家公办定点医疗机构全覆盖实施健康帮扶住院"先诊疗后付费""一站式"结算政策,家庭医生对4.18万名脱贫人口和1801名三类监测对象开展签约履约服务,持续加强村卫生室规范管理,确保广大农村居民就近获取卫生健康服务。

【家庭医生签约服务】 2023年,家庭医生签约服务项目被纳入南昌市十大民生实事,在基本公共卫生服务和医保基金分别人均补助20元和3元,一般重点人群签约补助35元/(人·年)的基础上,市、县区财政分别增加投入,将65岁以上红、黄人群签约经费增加到70元/(人·年),其中70%的签约服务费用于家庭医生奖励性绩效。开发搭建"移动家庭

2023年3月15日，新建区开展家庭医生签约服务

（市卫健委　供图）

医生”线上服务平台，引导居民通过微信“健康南昌服务号—移动家医”进行网上电子签约，并提供健康咨询、慢病随访等签约履约服务，提高办事便捷性，让信息多跑路，让群众少跑腿。制定下发《家庭医生签约服务宣传月活动方案》，组织开展家庭医生签约服务宣传活动，并在央视新闻、中新网、新华社、《南昌日报》等主流媒体上相继报道，切实提高家庭医生签约服务知晓率，使家庭医生签约服务家喻户晓。全市共组建1739个签约服务团队，市、县二级以上医疗机构组织骨干医生全覆盖加入每个签约服务团队，签约319万余名常住居民，签约率达49%，65岁以上红色、黄色重点人群签约率达98%，超额完成确定的各项目标任务并通过市人大票决。先后在首届全国家庭医生经验交流会和2023健康中国发展大会江西主题会议上作经验交流，南昌市“家庭医生签约服务平台”案例获评全省数字乡村优秀创新案例。

【全民健康信息化】　2023年，“互联网+医疗健康”推动便民惠民服务纵深发展，“互联网+家庭医生签约服务”助力家庭医生签约服务高质量落地，实现签约居民和慢病人群的网络化、深度化管理，获省数字乡村智慧医疗典型案例；市人民医院推进互联网医院建设，市第一医院、市人民医院、市洪都中医院、市中心医院（青山湖院区）启动“互联网+护理服务”，满足人民群众多样化、多层次就医需求；改善就医结算模式，市立医院推行“一站式”及时结算，上线医保移动支付功能；构建线上线下服务一体化，市第一医院推行线上病案预约复印；推进新一代信息通信技术赋能医疗发展，急救中心“智慧急救项目”作为全国“5G+医疗健康”创新试点项目，迎接省工信厅的验收。

【卫生健康统计】　2023年，执行国家卫生健康统计调查制度，开展全市卫生信息统计专项提升行动，定期维护校对机构基本信息、人力资源、医疗设备、运行指标等，确保卫生健康统计报表数据及时、准确。落实分级审查制度，形成层层把关的审核机制。组建数据质控专家库，制定《卫生健康统计数据现场质量控制方案》，开展全市卫生健康统计数据质量现场质控专项行动。强化统计数据应用，组织编撰《2022年南昌市卫生健康事业发展统计报告及提要》，为深化医改政策制定、健康南昌考核评估、卫生健康规划指标实施、医院运营发展提供决策数据支撑。10月，东湖区作为全国开展第七次卫生服务调查样本县区，完成上级部门数据统计调查工作，并得到国家、省专家组肯定。

妇幼保健

【概况】　2023年，全市妇幼健康工作围绕健康南昌建设，以妇女儿童健康为中心，以妇幼健康促进行动为主线，以“三提升”“两促进”“两消除”“两融合”系列行动计划为抓手，促进妇女儿童健康水平不断提升，保障妇女儿童全生命周期健康。至年底，全市城乡适龄妇女“两癌”筛查完成3.18万人，完成年目标任务率102.12%，0—6岁儿童眼保健和视力检查覆盖率95.26%。

【母婴安全保障】　2023年，全面筑牢母婴安全底线，5月10日、16日至17日分别组织专家对全市市级、县级共6家危重孕产妇救治中心和5家危重新生儿救治中心进行动态评估。对一家不合格危重孕产妇救治中心予以退出。依托市人民医院成立南昌市新生儿疾病筛查中心，承担全市新生儿遗传代谢疾病筛查工作。委托市第三医院（市妇幼保健院）依次召开由市、县两级危重孕产妇和新生儿救治中心负责人、设有产科、儿科医疗机构分管院长、医务处（科）负责人、产科和儿科主任及有关专家等人参加的孕产妇和新生儿死亡评审培训会。培训会对死亡案例进行评审，并对工作规范进行培训，有效提升全市危重孕产妇和新生儿救治能力。全市孕产妇死亡率、婴儿死亡率和5岁以下儿童死亡率分别为2.89‰、1.79‰、2.78‰,均控制在“两纲”目标值范围内。

【妇幼健康促进行动】 2023年,落实母婴安全行动计划和健康儿童行动计划,贯彻《“健康江西2030”规划纲要》《江西省儿童发展纲要(2021—2030年)》,开展健康南昌3岁以下婴幼儿健康养育照护宣传,在全市助产机构产、儿科面向孕妇和婴幼儿父母,进行3岁以下婴幼儿健康养育照护现场宣传,发放宣传折页3万余份;利用实施妇幼健康民生项目平台,强化群众优生意识和自我保健意识。全市孕前优生健康检查完成3.2万人,完成年目标任务率114.31%;完成婚检人数6.22万人,婚检率达97.79%,比上一年高3个百分点。育龄妇女叶酸发放服用人数3.72万人,完成年目标任务率116.3%;预防艾滋病、梅毒和乙肝母婴传播项目检测完成2.67万人,完成率106.5%。

【妇幼健康民生实事】 2023年,推进两项省、市民生实事。落实“免费提供出生缺陷防控服务”民生实事,为全市孕产妇和新生儿提供8项免费出生缺陷防控服务。全市确定定点服务机构40家,设有免费服务券发放点139个。至年底,全市为3.66万名孕妇发放服务券,检测出阳性2639例。推进民生实事“为适龄女生免费接种HPV疫苗”项目,通过动员、宣传、培训、调研摸底,确定18家疫苗接种点,确保稳妥有序推进民生实事落地。至年底,为4.49万名初中女生接种HPV疫苗第一剂。

【妇幼健康服务能力建设】 2023年5月23—31日,通过实地查看、听取汇报、开展座谈交流等方式,走访基层医疗保健机构,形成《南昌市妇幼健康服务能力调研报告》,并出台《关于进一步加强全市妇幼健康服务体系和服务能力建设的实施方案(2023—2025年)》;举办产前筛查和新生儿疾病筛查培训班。全市辖区内产前筛查机构由19家增加到33家,听力筛查机构由33家增加到38家,先天性心脏病筛查机构由21家增加到33家;新生儿遗传代谢疾病筛查40家定点机构均能提供采血送检服务,县级以上助产机构新生儿疾病筛查服务已做到全覆盖。并联合市妇联和市总工会举办“洪工杯”妇幼健康职工职业技能竞赛,参训人员1550余人。市洪都中医院和市中心医院(八一大道院区)获批省级妇幼健康中医药适宜技术培训基地后,开展中医药人才培训,全年培训900余人次。

职业卫生

【概况】 2023年,全市职业病防治工作落实“防、治、管、教、建”五个策略,强化政府、部门、用人单位和劳动者的四方责任,推动职业健康工作高质量发展,保障劳动者健康权益。推进职业病防治技术能力提升,工作场所“三同时”建设,工作场所职业病危害因素监测,职业病危害项目申报,开展“职业健康示范企业”创建活动和全市用人单位“职业健康达人”评选活动。

【职业健康支撑能力建设】 2023年,重点支持市、县(区)疾控中心职业健康技术支撑体系建设,加强人才队伍、技术装备、实验条件建设,提升市、县(区)疾控中心职业病防治监测能力。加强对市、县(区)职业卫生技术服务人员的监测能力培训,分批业务培训达160人次,作为市级培训基地,分两批次培训10名职业病监测评估专业骨干人才。

【职业健康监督】 2023年,加强对职业卫生技术服务机构、职业病诊断机构与职业病鉴定办事机构的质量控制和监督管理。全年接受职业病鉴定申请14例,其中已鉴定10例,撤销申请3例,暂不受理1例;结合全省职业健康领域第三方服务机构执业行为专项治理工作,查处各类机构弄虚作假行为、超资质范围从业等违法行为,对全市各类机构开展监督检查56户次,立案13起。推进用人单位落实“三同时”工作,全年对用人单位开展各类监督检查923户次、行政处罚114户次、罚款9万元。通过落实职业病防治项目工作,对全市77家非医疗机构用人单位、11家核医学专业放射诊疗机构以及148家放射诊疗机构开展工作调查,加强对职业病及健康危害因素监测信息系统、职业病危害项目申报系统的申报、查看审核和维护,掌握全市职业病高发行业、人群分布情况,落实用人单位防暑降温督导督促工作,督导检查涉高温危害因素用人单位282户,发现问题113项,督促相关用人单位做好防护措施。

【职业健康创建评比活动】 2023年,在用人单位开展“职业健康达人”评比活动,全市共评出49名健康达人。开展“职业健康示范企业”创建活动,经各县区初步筛选,全市共有22家用人单位申报“健康企业”,经过用人单位自评、市县两级卫生健康委督促指导,市职业病防治领导小组部分成员单位市卫健委、市总工会、市工信局组成3个评估小组,对12个县区申报的“健康企业”进行评估,共评出10家“健康企业”[南昌县江西太古可口可乐饮料有限公司、南昌县南昌佛吉亚排气控制技术有限公司、南昌县江西江铃专用车辆有限公司、安义县江西晶安高科技股份有限公司、进贤县江西隆莱生物制药有限公司、青云谱区江西华宏汽车有限公司、青山湖区南昌统一企业有限公司、青山湖区华润三九(南昌)药业有限公司、经开区南昌硬质合金有限责任公司、高新区南昌勤胜电子科技有限公司]，并对获得年度“健康企业”的用人单位给予帮扶资金和授牌，对全市相关用人单位落实企业的主体责任起到较好的促进作用。

【《中华人民共和国职业病防治法》宣传周活动】 2023年4月25日至5月1日，通过组织专家深入企业宣讲、制作宣传视频、进行线上线下咨询、发放宣传资料等形式，开展《中华人民共和国职业病防治法》宣传周活动。围绕“守护职业健康，共享幸福生活”活动主题，把保护劳动者健康放在首位，把宣传活动作为预防、控制和消除职业病危害、保护劳动者健康的重要手段。宣传周期间，开展主题宣讲45次，咨询活动58次，警示教育62次，印发资料1.06万份，制作宣传视频62条，出动宣传人员330人，受众达9722人次。

老龄健康

【概况】 2023年，全市老龄健康工作以开展二级以上综合性医院老年医学科规范化建设和老年友善医疗机构建设为抓手，建设以老年医院和综合性医院老年医学科为主体，以基层医疗卫生机构、康复医院、护理院、安宁疗护机构、医养结合机构为基础的老年健康服务体系，提升全市老年人就医获得感和幸福感。

【“全国示范性老年友好型社区”创建】 2023年，根据省卫健委《关于我省开展2023年全国示范性老年友好型社区创建工作的通知》，南昌市印发《关于我市开展2023年全国示范性老年友好型社区创建工作的通知》，按照《全国示范性老年友好型社区创建标准(试行)》，围绕创建工作目标、任务、流程和要求，自下而上逐级申报推选全国示范性老年友好型社区，南昌经济技术开发区蛟桥街道舍里甲社区、安义县龙津镇东门社区、东湖区彭家桥街道光明社区、湾里管理局幸福街道景湾社区、青山湖区青山路街道彩虹社区5个社区被国家正式授名“全国示范性老年友好型社区”，创建覆盖率全省第一。至年底，全市已累计创建14个“全国示范性老年友好型社区”，创建率位居全省第一，创建数量位居全省第二。

【全国医养结合示范县和示范机构创建】 2023年，经省、市、县遴选并指导，南昌县和南昌大学第四附属医院向塘院区作为南昌市第一批全国医养结合示范县、示范机构创建单位参与评选。5月，省卫健委对市创建工作进行现场初核评审，10月通过省级复核，12月通过国家审核。南昌县、南昌大学第四附属医院向塘院区分别获全国医养结合示范县和示范机构，成为全省仅有的5个创建指标(3个县区、2个机构)中的2个，南昌市成为全省唯一“双示范”市(既有示范县也有示范机构)。

【“江西省老年友善医疗机构”创建】2023年，印发《关于加快我市推进2023年度江西省老年友善医疗机构建设的通知》，督促、指导各医疗卫生机构开展“江西省老年友善医疗机构”创建工作。4—6月，各医疗卫生机构对照标准开展建设工作，对存在问题进行整改并组织自评;7月，县级卫生健康委组织相关人员对辖区内各医疗卫生机构提交的上报材料开展核查;8—9月，市卫健委在县(区)上报材料进行书面复核基础上，组织专家对各申报的医疗卫生机构实地审评，全年全市创建“江西省老年友善机构”26家。至年底，全市累计有196家综合性医院、康复医院、护理院和基层医疗机构建设成为江西省老年友善医疗机构。

【医养结合与失能老年人评估指导项目】 2023年，按照省卫健委《关于做好2023年度医养结合与失能老年人评估指导工作的通知》，南昌市印发《关于贯彻落实2023年度医养结合与失能老年人评估指导工作的通知》，坚持“每月一调度一通报”制度，做好医养结合与失能老年人评估指导项目工作。至年底，全市已完成失能评估11.03万人，确认失能人数9.03万人，申请评估完成率93.72%，失能率为13.82%，名列全省第一。

【南昌市老年医院挂牌】 2023年，按照《江西省人民政府关于印发江西省卫生健康服务能力全面提升三年行动计划(2023—2025年)的通知》中对建设老年医院的相关要求，立足南昌市实际，以各市级医院老年医学科建设水平为参考，经多方调研，市第一医院作为南昌市老年医院开展建设。增挂“南昌市老年医院”牌子，至年底，已完成审批并挂牌，提前完成江西省2025年目标。

爱国卫生

【概况】 2023年，南昌市爱国卫生工作在巩固国家卫生城市成果、农村卫生创建、爱卫主题活动开展、病媒生物防制、健康影响评估推进等方面取得成果。通过全国爱卫办国家卫生城市现场评估复审；推动2022—2024周期“国家卫生县”“国家卫生乡镇”创建工作，全市国家卫生县申报创建实现全覆盖，新创省级卫生乡镇5个，创成市级卫生村70个。选送的沙画节目获全国第35个爱国卫生月主题活动暨“爱卫新征程 健康中国行”大型文艺演出“最具人气奖”;《处理好三个关系高标准高质量巩固创卫成果》在全国爱卫办举办的“爱卫新征程 健康中国行"主题活动(南阳站)作经验分享;《以人为本 科学创新 全面推进病媒生物防制"五化"建设》在全省爱国卫生工作暨国家卫生城镇创建推进会上作交流发言;《五个注重推动南昌市爱国卫生运动见行见效》经验交流材料在《健康江西》杂志刊登。

【病媒生物防制】 2023年,根据"四害"的消长规律和四季活动特点,组织开展全市春季统一灭鼠灭蚊活动、夏季统一灭蚊、蝇、蟑螂活动和秋季统一灭鼠活动,活动贯穿全年,以城乡接合部和城中村、农贸市场、建筑工地、垃圾场(站)等场所或区域为重点,发动广大干部群众清理垃圾杂物、疏通下水管道、堵塞鼠洞、铲除杂草、翻盆倒罐、消除各类小积水。结合巩卫工作,强化病媒督导考核,配合省爱卫办做好南昌市病媒生物密度控制水平评估工作,并组织对全市3个县开展病媒生物密度水平评估。举办全市病媒生物防制工作培训班,提升基层病媒生物防制工作人员业务水平。下拨200万元病媒生物防制专项补助经费,保障全市病媒生物防制工作推进。全年全市各县区共采购各类鼠药饵剂40.85万袋、杀蚊烟剂76.7万盒、杀蟑饵剂85.51万盒、灭鼠粘板4000张、灭蚊片5.39万片、各类宣传单4万份、其他各类杀虫喷雾剂255箱,全市病媒生物密度得到有效控制。在全省爱国卫生工作暨国家卫生城镇创建推进会上作《以人为本 科学创新 全面推进病媒生物防制"五化"建设》交流发言。

【国家卫生城市创建成果巩固】 2023年,成立省委常委、市委书记为组长,市长为常务副组长的南昌市巩固国家卫生城市工作领导小组,定期调度、督查、推进巩卫工作。制定下发《南昌市巩固国家卫生城市创建成果常态长效工作实施方案》,组建包含8个专项工作组的巩固国家卫生城市工作专班,坚持"周调度、月排名、季通报、年考核"机制,针对薄弱环节,推动各专项工作组开展"五整治一提升"工作,全年共编发简报126期,组织第三方评估2次,召开全市巩卫工作推进会5次,巩卫专班调度会11次,通过全国爱卫办国家卫生城市现场评估复审。通过现场评估复审后持续推进国家卫生城市常态化管理,召开全市国家卫生城镇创建和巩固工作推进会,制定下发《关于建立南昌市国家卫生城镇常态长效管理工作机制的通知》,把工作职责分解到各城区各职能单位,将巩卫工作重要指标融入各部门考核。

2023年4月10日,南昌市巩固国家卫生城市创建成果工作动员部署会召开

(魏勇剑 摄)

【农村卫生城镇创建】 2023年,建立完善国家卫生城镇创建常态长效管理机制,全过程参与安义县、进贤县的创建国家卫生县城工作的技术指导、暗访、考核验收等,全面指导安义县、进贤县省级国家卫生县考核验收和南昌县国家卫生县迎复审工作。启动全市国家和省级卫生乡镇、市级卫生村创建工作,推进塘南镇等23个乡镇创建国家乡镇工作以及太平镇等5个国家卫生乡镇的复审工作,推进新创5个省级卫生乡镇和70个市级卫生村。

【爱国卫生主题宣传】 2023年,推进《南昌市爱国卫生工作条例》学习宣传贯彻工作。广泛宣传发动群众,持续推进全市迎新春爱国卫生运动、爱国卫生宣传手势舞接力活动、"健康生活 爱卫同行"健步走活动、"烟消花开 城市同行"城市控烟活动、第35个爱卫月活动、第36个世界无烟日活动等爱卫主题宣传活动。全市共制作爱国卫生宣传栏1.16万块,播放电子屏23.11万块,发放宣传资料152.51万份,宣传对象216.25万人次。参与省爱卫办举办的全国第35个爱国卫生月主题活动暨"爱卫新征程 健康中国行"大型文艺演出,选送的沙画节目《薪火相传 伟大创举——战火中诞生的爱国卫生运动30载光辉历程(20世纪50年代—70年代)》被评选为"最具人气奖"。参加江西省青少年控烟绘画作品征集活动,南昌市8幅绘画作品获奖,获奖数量为全省第一。开展控烟专项行动,广泛进行控烟知识宣传,建设无烟支持性环境,巩固无烟党政机关、无烟学校建设成果，采取巩卫日常督导和控烟干预专项督导相结合的方式对市县两级无烟单位进行督导，持续巩固无烟环境建设。

【健康影响评估】 2023年，下发《关于全面开展健康影响评估制度建设的通知》，推进市县健康影响评估工作全面开展。迎接省爱卫办、省爱卫促进中心对南昌市健康影响评估工作的现场调研指导；分别在南昌县、进贤县组织召开全市健康影响评估工作推进会；举办全市健康影响评估工作培训会，邀请省爱卫宣促中心副主任和南昌大学公共卫生学院教授进行授课。市级首次开展健康影响评估，完成一个公共政策《2023年南昌市生活垃圾分类工作推进方案》的评估，初步探索建立市级健康影响评估工作路径和方法。全年全市各级开展各类健康影响评估28个，其中开展公共政策健康影响评估8个，开展工程项目健康影响评估18个，开展空间规划健康影响评估2个。

卫生监督

【概况】 2023年，全市卫生监督执法机构围绕卫生健康监督工作任务，统筹推进全市卫生监督工作开展，打击卫生健康领域各类违法违规行为，切实维护全市群众生命健康安全，结合巩固提升国家卫生城市创建成果，各城区执法机构共对1.16万余户次监督单位开展监督执法检查。对9个城区387家重点公共场所、医疗机构、城区学校、托幼机构、生活饮用水单位开展多轮次暗访督导，保障全市"巩卫"工作。

【卫生监督执法检查】 2023年，全市各级卫生监督执法机构共开展卫生监督检查1.62万户次，其中公共场所卫生7412户次、医疗卫生3207户次、血液安全25户次、传染病防治3069户次、消毒产品单位247户次、学校卫生506户次、生活饮用水卫生448户次、职业卫生979户次、放射卫生260户次、妇幼健康61户次、餐饮具集中消毒单位22户次。查处办结案件1545件（公共场所卫生672件、医疗卫生228件、传染病防治376件、职业卫生117件、放射卫生72件、消毒产品单位23件、学校卫生33件、生活饮用水卫生14件、餐饮具集中消毒单位10件），其中警告1269件、罚款707件、没收违法所得48件、吊销许可证1件。

【卫生领域专项整治】 2023年，组织消毒产品、抗（抑）菌制剂专项整治，通过省卫生健康委调研组对南昌市消毒产品监管情况的实地调研。全市92家消毒产品生产企业按照标准已全部完成自查清理，办理消毒产品处罚案件19起；检查抗（抑）菌制剂生产企业88户次、经营单位89户次、医疗机构使用单位598户次。组织市直管集中式供水单位生活饮用水、二次供水、小区直饮水巩卫工作专项督查，对城东水厂等9家市直管集中式供水单位现场进行水质快检；对城区18个二次供水单位、8个小区直饮水开展专项督查。组织打击无证行医工作，印发《关于做好2023年全市打击无证行医监督执法工作的通知》，全市共查处68起各类型无证行医案件。组织防范养老诈骗专项行动，对全市55家各类型养老机构进行督导检查。尚未发现各类养老机构中存在无证行医或非法行医等违法违规行为。组织《出生医学证明》专项督查工作，督导检查全市16家公立及民营妇产医疗机构《出生医学证明》签发工作，检查19户次。

【创新卫生监督执法】 2023年，实施公共场所卫生量化分级管理制度，四类公共场所均在经营场所显著位置公示信誉等级，方便群众知情选择消费。各县区结合日常监督、随机监督抽查工作，按照《消毒产品分类监督综合评价表》，对53家参与试点企业进行监督检查。全市共完成企业综合评价数据录入53家，其中评价结果优秀单位26家、合格单位27家。全市对1610家医疗卫生机构进行传染病分类监督综合评价，被评为优秀的单位949家，优秀率58.94%，被评为合格的单位656家，合格率40.75%，5家被列为重点监督单位，重点监督率0.31%。推进职业卫生分类监督执法试点工作，1家重点行业用人单位完成职业病危害综合评价，全年用人单位职业卫生管理自查389户。

【监督执法能力提升】 2023年，落实行政执法"三项制度"。及时在市卫健委官网、市公共信用信息平台和省行政执法服务网等平台公示各类行政执法结果和行政处罚案件信息，全年公示案件信息65件。建立局行政执法音像记录清单登记制度，对执法过程用执法记录仪同步记录，实现执法过程可回溯管理，全年记录音像263条。完善重大案件法制审核流程，对31件重大行政处罚案件进行法制审核。举办生活饮用水、职业卫生、公共场所、巩卫等9期卫生健康监督业务培训，培训1281人次；12月13日至15日，举办市卫生行政处罚案卷评查暨首届"健康卫士杯"卫生健康执法典型案例宣讲竞赛活动，提升办案质量与水平。

医政药政管理

【概况】 2023年，全市推进健康中国战略和应对人口老龄化战略，加快构建"4+2+2"医疗卫生服务体系建设，不断提升医疗服务能力，推动公立医院高质量发展，稳步推进医疗管理日常工作，保障医疗安全，提升医疗质量。

【医疗质量安全】 2023年,印发《南昌市开展全面提升医疗质量行动计划实施方案(2023—2025年)》,开展全面提升医疗质量行动。发挥质控中心在专业指导的优势,加强质控中心检查情况的运用,将其作为医院专业技术水平重要依据和医院评审评价内容之一。各质控中心下发质控相关文件42件,组织开展质控检查20次,质控调研4次,质控培训5次,质控通报8次;编撰《南昌市2022年医疗质量控制报告》,推进全市医疗质量持续改进。成立第九批市级医疗质量控制中心,增加外科护理、供应室管理、手术室护理、骨科护理、肿瘤护理、传染病护理、老年医学、院前急救8个市级质量控制中心,市级质控中心数量已达39个,覆盖全市医疗卫生服务重点专业、薄弱专业,质控中心专业数居全省前列。推进DRGs工作,督促医院加强信息化建设,持续强化医院病案首页质量。

【医疗服务改善】 2023年,解决人民群众看病就医急难愁盼问题,做好与《南昌市改善群众就医体验主题活动实施方案(2021—2023年)》的衔接,切实为群众办实事、解难题,印发《南昌市落实改善就医感受提升患者体验主题活动工作实施方案(2023—2025年)》,全面梳理全市医疗机构医疗服务流程,聚焦诊前、门诊、急诊急救、住院、诊后体验,聚焦贯穿医疗服务全程的基础性、支撑性工作,在巩固前三轮全市"改善群众就医体验"主题活动成效的基础上,通过开展主题活动,持续改善医疗服务,增强群众就医获得感、幸福感、安全感。

【急危重症救治体系构建】 2023年,全面加强胸痛中心、脑卒中中心、创伤急救中心等"三大中心"建设,推动构建快速、高效、城乡一体的急危重症医疗救治体系,提高急危重症救治效率和水平,构建新型诊疗模式。全市新成立7个"三大中心",全市共有25个"三大中心",已实现县域"三大中心"全覆盖,健全完善南昌市急危重症救治体系,提升患者急诊急救体验。

【院前急救体系建设】 2023年,完善院前急救体系建设,合理规划体系布局,新增3个急救待命点和2所网络医院,全市急救待命点增加到31个。提升院前医疗急救及应对突发重大公共卫生救援能力,12月28日,与九江市医疗急救中心合作完成两地重大交通事故紧急医疗救援演练。推进南昌新急救中心项目,并在新址举办江西省院前急救综合技能竞赛。创新信息化建设工作,完善院前院内协同救治平台,确保此平台广泛用于日常院前急救工作中,重点完成"南昌智慧急救专科群""5G+智慧急救大脑"的运用。

【心理健康服务体系建设】 2023年,印发市委平安建设领导小组社会心理服务专项组工作要点,加强重点人群心理健康服务,为126名青少年学生开展因心理问题就医调研,为探索青少年心理健康问题医教协同工作机制提供参考。开展心理健康科普宣传活动,在"世界精神卫生日"开展以"促进儿童心理健康,共同守护美好未来"为主题的宣传活动,市县两级、各精神专科医疗机构开展系列心理健康知识讲座,深入社区、乡村、学校开展义诊及健康咨询活动,系列活动共计发放宣传资料、手册6000余份,参与学生、市民6500余人。推进精神专科医院和二级及以上综合医院精神(心理)门诊建设,至年底,全市7家精神专科医院设立心理门诊、达标比例100%;17家二级以上综合医院,其中8家设立精神(心理)科门诊,达标比例47%。加强精神专科医师转岗培训,12名学员报名参加全省精神专科医师转岗培训。3月至5月,市卫健委、市公安局、市民政局等部门联合在全市范围内集中开展网格式精神障碍患者排查救治管理工作,定期调度、通报全市严重精神障碍管理工作进展,落实贫困家庭重性精神病免费救治政策,完善关爱小组,抓好严重精神障碍管理治疗。

【县域医共体建设】 2023年,推荐南昌县申报省财政支持县域综合医改建设项目。根据11月全省紧密型县域医共体建设和紧密型城市医疗集团建设试点工作推进会精神,以南昌市医改领导小组秘书处名义对南昌县政府下发工作建议函,督促其尽快实现紧密型县域医共体内"六统一"(行政、人员、业务、药品、财务、绩效)管理,带动全市紧密型县域医共体建设向纵深发展。全市4个县域已实现紧密型县域医共体建设全覆盖,并全部完成紧密型县域医共体挂牌仪式,推动县域内医疗卫生优质资源扩容下沉。市医保局、市财政局、市卫健委联合印发《南昌市推进紧密型县域医疗卫生共同体医保支付方式改革实施办法》,推进紧密型县域医疗卫生共同体建设,促进基本医疗卫生服务公平可及,提高参保群众健康保障水平。市医改领导小组秘书处印发《南昌市紧密型城市医疗集团建设试点工作方案》,全面启动全市城区紧密型城市医疗集团建设试点工作。东湖区、西湖区、青云谱区和高新区启动城市医疗集团建设试点工作,举行揭牌仪式并与牵头医院签订合作协议,全市紧密型城市医疗集团覆盖率达57%。

【临床重点专科建设】 2023年,完成第一批市级临床重点专科5个建设项目验收工作,召开全市专科建设大会,向第一批市级临床重点专科授牌。开展第一批市级重点专科暨第二批市级临床重点专科建设项

2023 年，第二批市级重点专科（暨第三批市级临床重点专科）建设项目申报评审工作现场

（市卫健委　供图）

目年度评估，并根据评估结果推进各项目整改相关问题和加快专科建设。根据省重点专科建设规划、南昌市专科优势及发展规划，启动三批市级临床重点专科建设项目申报及遴选工作，邀请外省专家开展评审工作，确保公平遴选先进项目引领医院高质量发展，评选出 14 个建设项目和 5 个培育项目。

【公立医院公共卫生职能建设】 2023 年，在全省率先实施三级公立医院公共卫生首席专家委派制度，实现市直公立医院公共卫生首席专家全覆盖，推动公立医院与疾控机构建立 6 项医防协同制度，重新制定公共卫生职责清单，医防深度融合取得新突破。建立公卫与临床医务人员交叉培训机制，开展第一批交叉培训，对全市 76 名临床医师进行公共卫生理论实践培训，对 52 名公卫医师进行临床医疗理论实践培训。建立对公立医院公共卫生职能履职情况和公共卫生首席专家履职情况的考核评价机制，并将考核结果与公立医院综合考核成绩挂钩，推进公立医院履行公共卫生职能，促进公立医院医防协同发展。

【血液供应保障】 2023 年，全市通过 8 个街头献血点和 2 辆流动献血车，结合元旦、学雷锋月、国庆节等，开展主题宣传活动 11 次，制作节日海报 100 余张，鼓励无偿献血，全市无偿献血率 100%，全年采集血液 4.8 万人次 8.18 万单位，供应临床各类成分血液 19.3 万单位，无偿献血 100% 保障临床用血需要，未发生一例血液质量事故。对万达献血房车进行更换升级，改造翻新家乐福、磨盘山、秋水、百花洲 4 个献血点，万寿宫献血点被中国输血协会评为“2023 年全国最美献血点”。

【公立医院床位配置】 2023 年，根据《关于加强我省公立医院床位管理工作的意见》《关于开展 2023 年全省县级及以上公立医院床位动态调整评价的通知》要求，开展全市县级及以上公立医院床位动态调整评价工作，印发《关于 2023 年南昌市公立医院床位动态调整评价的评审意见》，市中心医院（八一大道老福山院区）、江西省长征医院、江西省荣军优抚医院分别拟新增床位 200 张、110 张、100 张，各县区均已完成辖区公立医院床位动态调整工作。

【民营医疗机构监管】 2023 年，市卫健委于 10—12 月开展南昌市民营医疗机构专项巡查行动，对 36 家市管民营医院进行巡查全覆盖，并抽查各县区发证的民营医院。印发《关于 2023 年南昌市民营医疗机构专项巡查行动的通报》，对 48 家民营医院存在的问题进行通报批评，约谈 5 家民营医院负责人，市卫健委综合监督执法局对 1 名医师进行立案调查。至年底，36 家市管民营医院和各县区均已上报整改报告。市卫健委将巡查工作和机构校验、等级评审等工作结合起来，建立健全民营医疗机构管理长效机制，医疗行为逐步得到规范。

【护理服务】 2023 年，印发《南昌市落实进一步改善护理服务行动计划工作方案（2023—2025 年）》，在全市范围内开展改善护理服务行动，强化临床基础护理，提升护理质量，改善护理服务，为全市人民提供更加优质的护理服务。至年底，全市共有注册护士 2.64 万人，每千人口注册护士数 4 人，全市二级以上公立医疗机构开展优质护理服务达 100%。开展“互联网 + 护理服务”试点，在市第一医院、市人民医院、市中心医院（八一大道老福山院区）、市洪都中医院 4 家委属公立医院开展“互联网 + 护理服务”，开展鼻饲（置管护理）、PICC 置管维护、伤口换药、静脉采血、乳腺疏通及催乳、耳穴贴压以及刮穴位按摩等 16 个项目，服务量达 120 余次。

【行风建设】 2023 年，印发《南昌市医疗机构及其工作人员廉洁从业行动计划（2023—2025 年）》《2023 年南昌市纠正医药购销领域和医疗服务中不正之风工作要点》，围绕影响群众看病就医感受的突出行风问题，切实解决群众身边的“烦心事”，持续纠治医疗领域的不正之风。开展医药领域腐败问题集中整治工作，对医药行业开展全链条全领域全覆盖的系统治理,破解行业监管中的系统性问题,推进医药领域行业治理,确保整治工作取得成效。

中医药管理

【概况】 2023 年,全市二级以上公立中医医院门急诊 137.1 万人次,同比增长 10.83%;住院 9.38 万人次,增长 30.14%;中医非药物疗法 25.82 万人次,增长 16.36%。中医药业务全面提升,业务收入 18.39 亿元,增长 20.18%;中药收入 4.06 亿元,增长 17.63%;中药饮片收入 2.48 亿元,增长 14.09%。

【中医药服务】 2023 年,市中心医院(八一大道老福山院区)获批国家中西医协同"旗舰"医院试点项目建设单位,为全省唯一入选的中医类别医院。市洪都中医院是省建设国家中医疫病防治基地项目的唯一承接单位,医院北院二期工程投入运行,新增 700 张编制床位。市洪都中医院骨伤科入选国家中医优势专科建设项目。完成 5 家中医类别医院新一周期的医院等级评审工作。推进南昌县中医院新建中西医综合大楼和全省"两专科、一中心"项目建设,推进进贤县中医院新院区建设和"共享中药房"项目建设。在乡镇卫生院、社区卫生服务中心中医馆全覆盖基础上,开展示范中医馆建设,至年底,共有省级示范中医馆 5 个、市级示范中医馆 18 个,占全市中医馆数量的 16%。完成新建区全国基层中医药工作示范区评审工作。

【中医药人才培养】 2023 年,举办第五期中医护理知识技能应用培训班、市"强基提能"骨干培训班(中医技能)、市第二期中医适宜技术培训班、市冬季急性呼吸道疾病中医药防治培训班,覆盖超过 500 名基层卫生技术人员。参加省"天工杯"中医药行业职工职业技能——第四届"杏林杯"中医药技能竞赛,获团体三等奖;参加省中药鉴别技能大赛,2 支参赛队伍获优胜奖;参加省中药调剂职业技能大赛,2 名选手获个人优秀奖。推进中医药适宜技术培训基地建设,市中心医院(八一大道老福山院区)获批省女性盆底康复适宜技术培训基地;市洪都中医院获批省小儿推拿适宜技术培训基地。强化中医(专长)医师培养和执业管理,全市新增 205 名中医(专长)医师,举办南昌市中医医师确有专长医师岗前培训班,规范中医(专长)医师诊疗行为,提高诊疗水平。

【中医药融合发展】 2023 年,挖掘南昌市中医药传统技艺,推动传统技艺活态传承。6 月以来,市委市政府主要领导和市政府分管领导多次对"南昌市第六批市级非物质文化遗产""江西老字号"土将军余门伤科开展专题调研,推动中医药传统技艺产业化发展。依托新建区中医医院开设"土将军"非遗传承工作室,开展特色诊疗技术推广。成立南昌市新建区喻嘉言学术中医药研究协会,做好喻嘉言医学学术思想的挖掘、传承和发展工作,打造南昌市喻嘉言中医药名片。加快热敏灸技术推广应用,市政府分管领导对热敏灸产业开展专题调研,了解热敏灸种植、加工、推广、应用全产业发展情况。全年全市新增 58 家江西省中医康复(热敏灸)联盟成员单位;新增 33 家医疗机构纳入热敏灸医保支付范围;遴选 11 家基层医疗机构,给予市级专项资金支持,加强热敏灸等中医适宜技术在社区推广应用。探索"中医+"夜市经济新模式,7 月举行为期一个月的嘉言养生节系列活动,养生节嵌入以中医药为主题的夜市经济"回春集",成为省内首个中医药主题夜市,取得社会与经济效益双丰收,全网关注度超 1000 万次,消费体验超 10 万人次,现场消费金额超 200 万元,义诊超 1 万人次。10 月 27 日启动嘉言养生节秋冬养生活动,秋冬养生活动启幕期间,消费体验超 2 万人次,现场消费金额 50 万元,义诊近 3000 人次。

【中医药文化宣传】 2023 年,以"守护脊柱健康,中医药在行动"为主题开展中医药文化进校园活动,促进中医药文化薪火相传,《人民日报》进行专题报道。开展"中医药文化服务月"活动,通过开展义诊、科普讲座、展览展示、参观体验、旅游研学等方式,提供内容丰富、形式多样的中医药文化服务。全市组织活动 88 场,线下活动累计覆盖 1.49 万人,线上活动覆盖人群 1588.7 万人次。配合举办好 2023 上海合作组织传统医学论坛,以论坛举办为载体,围绕南昌中医药文化传承、特色技术、发展现状等中医药底蕴,加强新闻宣传,突出展示南昌中医药发展的鲜明特色和强劲活力。

【国家中医药综合改革示范区建设】 2023 年,以国家中医药综合改革示范区(江西)建设为契机,对标对表、结合南昌市实际情况,制定出台《南昌市关于实施中医药传承创新暨国家中医药综合改革示范区创建,推动中医药事业高质量发展工作方案(2023—2025)》《2023 年国家中医药综合改革示范区建设南昌市工作要点》。7 月,召开全市中医药传承创新暨国家中医药综合改革示范区创建工作座谈会,会上传达学习副省长 7 月 12 日调研市洪都中医院时讲话精神;听取县(区)卫健委和中医医院中医药工作汇报,全市 6 家二级以上公立中医院和进贤县、新建区、东湖区卫健委作会议发言,其他各单位作书面交流;研究部署全市中医药工作。会议要求,全市中医药系统要进一步提振信心、凝聚合力,推进中医药传承创新发展,确保中医药综合改革示范区创建各项工作落地落实,从持续提升中医药服务能力、加强中医药人才培养、促进中医药产业发展、推进中医药传承创新发展、完善中医药政策五个方面部署全市中医药重点工作。

卫生科教

【概况】 2023年,全市卫生科教部门认真履行工作职责,开展各项工作。加强全市病原微生物实验室监督管理。组织相关单位申报各级各类重点实验室和科研项目。加强基层医疗卫生健康单位适宜技术推广,提升农村和社区医疗卫生健康服务机构医疗服务能力和技术水平。鼓励各级医疗卫生单位和医疗卫生人员引进应用成熟、先进、适宜的医学新技术,提高医疗服务质量。做好继续教育申报项目工作,加强全市继续医学教育管理。南昌市伦理委员会备案登记医疗机构共有15家,完成网上初审待提交纸质版文件机构7家。至年底,登记备案临床研究项目共933项,其中备案完成795项、机构内在审34项、驳回修改92项。

【生物安全管理体系规范】 2023年,学习《中华人民共和国生物安全法》,普及生物安全相关知识,组织开展法律法规宣传贯彻活动96次。推进全市生物安全工作协调机制完善,召开全市生物安全工作协调机制会议,落实协调机制各成员单位责任清单。建立专家咨询库,将非医疗机构纳入管理范围,根据生物安全涉及面广特点,建立实验室生物安全管理群,充分利用网络平台进行信息收集、矛盾处置和结果反馈。规范病原微生物实验室备案管理,落实医疗机构实验室属地管理模式。至年底,全市备案一级实验室701个、备案二级实验室492个。

【医学科研创新平台建设】 2023年,出台《深入推进南昌市卫生健康科技创新工作实施意见》,筹建科技创新重点项目,推动项目管理纳入省级科技创新管理联动机制。合理布局全市卫生科技创新平台,全年新增两个国家级重点研究中心,分别为国家中医针灸临床医学研究中心江西省分中心和国家精神心理疾病临床医学研究中心江西省分中心。新增1个国家级药物临床试验机构——南昌县人民医院药物临床试验机构。助力各单位申报省卫健委科技创新"四个一批工程"建设,推动重点科研项目、平台、人才、资金一体化配置。市人民医院乳腺肿瘤学科获批国家临床重点专科建设项目,并成为"中国抗癌协会乳腺癌前哨淋巴结活检(SLNB)培训中心",为江西省唯一一家获批单位。市人民医院乳腺肿瘤学科与赣南创新与转化医学研究院签订战略合作协议。

【医学科研创新项目申报】 2023年,协助市中心医院(八一大道老福山院区)组织举办省实验动物学会第62期《实验动物与动物实验科技工作者技术培训班》,助力143位科技工作者取得省实验动物与动物实验科技工作者技术培训证书,为医院科研工作夯实人才基础。组织申报各类课题,获得国家自然科学基金6项、省科技厅科技项目10项、省卫健委科技项目22项、市科技局项目2项、省中医药局科技项目208项。组织申报省卫健委科技计划项目,结题230项。发表各类论文744篇,其中SCI 94篇。各医疗单位获得专利37项,论著、专著数45项,标识、共识数3项,9项科技成果获得转化,转化金额超700万元。开展市级新技术引进和农村适宜推广项目评审,引进新技术、适宜技术项目20项。市第一医院放射基地在国家级竞赛"第二届星火杯影像住培医师读片大赛"中获大赛特等奖。市第九医院熊墨龙团队《非生物型人工肝技术推广应用序列丛书》项目获得第二届江西省医学科技奖之"江西省医学科普奖",为唯一市级获奖医疗单位。

【医学教育】 2023年,全市共招聘150名全科医师转岗培训学员。至年底,全市全科医生共2086人。遴选建设一批国家级、省级住培重点专业基地,其中国家级住培基地5家(含中医基地2家)、协同基地5家、助理全科基地1家,在培人员276人。将住培基地硬件建设纳入医院建设统筹安排,并落实住培教育大纲和导师责任制,督促住培师资岗位能力培训,规范教学评估、考核,确保住院医师规范化培训质量。推进住院医师规范化培训,督促各培训基地落实结业考核相关工作,并按照有关要求完成住培结业临床实践能力考核工作。组织各单位申报各级各类继续教育项目,立项43项国家级继续教育项目、58项省级继续教育项目及10项市级继续医学教育线上项目,133项专题讲座类项目,39项学习班项目。

(陈以焱)

体　育

综　述

【概况】 2023年，南昌体育系统聚焦“走在前、勇争先、善作为”目标要求，落实省会引领战略，围绕江西体育加快赶超三年行动计划，开拓进取、奋勇争先，在竞技体育、群众体育、体育产业等方面，完成年度目标任务。获得国家级荣誉11项，省级荣誉60余项，其中，市体校受到国家体育总局表彰，获“全国体育事业突出贡献奖”；市体育局、市体校受到省政府表彰，获“江西省体育人才输送先进单位”；市体育局在全省体育高质量发展评估中获得第一等次。举办千人横渡赣江、万人迎新健步行、国际龙舟赛、南昌马拉松、国际篮联三人篮球全国总决赛等70余项大型体育赛事活动；创建国家体育产业示范项目1个，总数达3个，位居全省第一；创建省级体育产业示范单位1个，总数达8个。在杭州亚运会上，南昌健儿夺得3枚金牌、1枚银牌。

【重大赛事】 2023年，坚持“以体为媒、以赛兴业”，发挥体育赛事“聚人气、提消费、促经济”的作用，举办6项国际级赛事，13项国家级赛事，68项省级赛事，435项市级赛事，推动南昌人气“爆表”，实现流量口碑双丰收，助力南昌晋升“网红城市”。南昌马拉松、横渡赣江等赛事在中央电视台直播，国际龙舟赛央视热度指数排位第二；“走复兴大桥·看南昌变化”迎新健步行参与人数达15.1万人。同时，申办2024世界青年羽毛球锦标赛，省政府正式批准同意以南昌为中心城市，申办2029年第十六届全国运动会；南昌马拉松获世界田联精英标牌赛事，列全国12位，世界第60位；“红谷滩—联发杯”城市业余篮球联赛获评全国首批群众“三大球”精品赛事案例；梅岭越野赛入选人民体育推荐项目。

【篮球城建设】 2023年5月13日，南昌市人民政府与国际篮球联合会（以下简称“国际篮联”）签订战略合作协议，国际篮联首席运营官到南昌签约，这也是国际篮联首次与中国一个城市签订战略合作协议。根据协议，双方将围绕加快推动南昌篮球示范城市建设，按照“资源引入、筑牢基础、全面提升、互惠共赢”的模式，将国际篮联优质的篮球青训体系、教练培训课程、篮球赛事资

2023年5月13日，南昌市人民政府与国际篮球联合会签订战略合作协议

（市体育局　供图）

源引入南昌，推动篮球运动在南昌全方位、多维度的提升发展，助力南昌成为国际化的全国篮球示范城市。同时，举办国际篮联三人篮球公开赛全国总决赛、"强军杯"篮球赛、第十四届全运会群众组篮球项目决赛等各类篮球赛事100余项。引入众天麒麟篮球俱乐部落户南昌，填补全市无高水平职业篮球队的空白，代表南昌参加中国男子三人篮球超级联赛。为表彰帮助国家队打进巴黎奥运会，中国篮球协会授予南昌众天麒麟篮球俱乐部"优秀贡献单位"奖。

【国民体质监测】 2023年11月6日，南昌市常态化国民体质监测工作在进贤县幼儿园启动。此次监测工作分别在南昌市的东湖区、西湖区、进贤县、南昌县开展，监测人群为3—6岁、20—59岁、60—79岁三类，按年龄、城乡分为14类样本80个年龄组，总样本量不少于1600人，监测内容包括身体形态、身体机能、身体素质三大模块，涵盖身高、体重、血压、心肺功能、平衡能力、肌肉力量、柔韧性、反应能力等25个测试项目。常态化国民体质监测工作的启动，旨在通过样本监测分析了解市民体质状况，掌握市民体质现状和规律，充实完善国家国民体质监测大数据，为评估全市全民健身公共服务体系建设效果、提高健身指导水平和全民健身公共服务能力建设提供科学依据和数据支撑，让市民了解关注自身身体素质状况，养成良好的生活习惯，并获得科学健身指导服务。

群众体育

【概况】 2023年，南昌市群众体育工作贯彻落实《全民健身条例》和健康南昌行动，推动全民健身和全民健康深度融合，不断开创全市群众体育新局面。举行"金花"户外运动节、梅岭越野赛、全国广场舞公开赛、中国无人机竞速赛、全国击剑大师赛、娃娃学体育等群体活动，丰富广大市民的文体生活。开展科学健身服务"六进"、全民健身志愿服务等系列活动，为群众提供便捷的健身指导。推进体育场地设施建设，在市级体彩公益金中安排110.6万元，县区配套安排770万元，用于全民健身器材维修更新和建设配套，全市全年完成乡镇(街道)全民健身场地补短板项目2120处，"15分钟健身圈"实现全覆盖。全市建成体育公园7个，市县区配套建设全民健身器材2万余件，人均体育场地面积达到2.88平方米，经常参加锻炼比例42.1%，国民体质测定合格率95%，位居全省第一，每千人拥有社会体育指导员2.6人。

【迎新登高活动】 2023年1月1日，由市体育局、市体育总会主办，湾里管理局教育体育办公室、市登山协会、市路跑协会承办的"中国体育彩票"2023年全国新年登高健身大会江西省南昌市分会场活动在湾里月亮湾风景区举行。100余名登山爱好者迈着矫健的步伐沿着山路向上攀登，以登高望远的形式祈福新年，共同迎接新一年的到来。新年登高活动是每年首项全国性全民健身活动，具有新年新气象、新年开好局的良好寓意，通过举办这项活动，引导广大群众参与登山、徒步等全民健身活动，培养积极健康的生活方式。

【第九届全国冰雪大众季南昌站活动】 2023年2月2日，由市体育局、市体育总会主办、市轮滑协会承办的第九届全国大众冰雪季南昌站活动在南昌高新区冰嬉乐园真冰场进行。活动以"全民健身·健康南昌"为主题，设置双鱼过桩计时赛、200米短道速滑赛及亲子赛。活动现场，60余名冰雪爱好者穿上冰刀鞋，戴上头盔，在场地上展现着冰雪运动的激情与活力。第九届全国大众冰雪季活动在全国广泛开展，是全面展示中国冰雪运动蓬勃发展的群众性冰雪体育活动。同时，对推动冬奥成果全民共享，保持群众冰雪运动热情，巩固和扩大"带动三亿人参与冰雪运动"工作成果，向国际社会展现中国持续推动冰雪运动发展的决心具有重要意义。

【首届"金花"户外运动节】 2023年，南昌市首届"金花"户外运动节由市体育局、市文广新旅局、市农业农村局联合主办，各县区承办。"金花"户外运动节主题为"春来有'运'，'动'享洪城"，从3月到5月在全市12个县区举办44项赛事活动，其中国家级赛事1项(中国桨板公开赛)、省级赛事2项(赣鄱轮滑公开赛、鄱阳湖生态马拉松)、市级赛事活动12项(2023年南昌市农耕健身大赛等)、县区级赛事活动29项，涉及马拉松、滑翔伞、越野、露营、马术、飞盘、垂钓、桨板、皮划艇、赛艇、自行车、踏青赏花、民俗展演、非遗展示、农耕大赛、美食节、摄影赛(展)等众多户外运动游玩项目。作为"金花"户外运动节的开场戏，也是江西新春第一马，南昌安义半程马拉松于3月5日开赛。来自全国27个省市的3000名选手参加，按照半程马拉松(21.0975千米)和欢乐健康跑(5千米)两个项目分组。经过角逐，来自江苏省常州市的程乾育以1小时8分48秒的成绩夺得半程马拉松男子组冠军；来自江西省南昌市的选手周晓晓以1小时24分6秒夺得半程马拉松女子组冠军。以"金花"为媒，推动全市户外运动与休闲旅游、营地体验、农旅观光、观展体验等深度融合，转化绿水青山生态价值，助力南昌经济社会高质量发展。首届"金花"户外运动节参与人数达20万人，直接带动消费1亿元。

【少儿健走大赛】 2023年5月20日，南昌市首届“走娃”少儿健走大赛在红谷滩区长天广场启动，4000余组家庭共8000余人沿着赣江畔，从长天广场走到融创乐园，跨越10千米。参赛人员徒步穿过国体中心江边公园、滨江月季园、红谷滩湿地公园、九龙湖音乐喷泉广场、融创乐园等南昌地标与网红打卡点。此次比赛根据少儿参赛年龄分为少将组（参赛选手6—7岁）、中将组（参赛选手8—9岁）、大将组（参赛选手10—12岁），共30名选手获奖。10月29日，“趣走娃”少儿健走大赛在长天廉文化广场举行，近3000组家庭6000名参赛。此次线路起点是长天廉文化广场，途经南昌之星、市民广场、秋水广场、牛行车站，终点站设在建军雕塑广场。活动将全民健身与红色文化有机结合，引导儿童、青少年发扬红色传统，传承红色基因，增进爱党爱国之情，助推体教融合，鼓励和引导孩子从小养成毅行健身的习惯，让孩子拥有独立的人格、坚韧的毅力、不屈的斗志，以及强健的体魄。

【城市定向挑战赛】 2023年6月3日，2023南昌城市定向挑战赛在红谷滩区九龙湖公园开赛，挑战赛由市体育局、红谷滩区人民政府、市总工会、团市委、江西日报社大江网站主办，红谷滩区教体局、南昌市定向户外运动协会承办。4000名参赛选手身着红、黄、蓝、绿4种颜色“战衣”。此届赛事共设8条线路，包括特种兵打卡南昌、“不负韶华”障碍挑战、“激情青春”障碍挑战3条博览赣江主题线路，缤纷童萌、童趣无限、亲子时光3条真趣九龙湖亲子线路，以及VR飞越未来、安利红谷滩2条特色线路。经过5个小时的比拼，不少参赛者在完成各个点标任务后，返回九龙湖音乐喷泉参加闭幕式。赛事方依照各参赛队伍的有效比赛成绩，每条线路分别决出第一、二、三名。挑战赛特别邀请广东省深圳市、东莞市、惠州市的定向户外运动代表队到南昌参赛，通过此次赛事，共同推动南昌与广东各市的体育与旅游、文化的广泛融合，见证南昌与广东各市选手的青春与活力，助力打造多条休闲旅游精品线路和网红打卡地标，共促品质城市建设和体育+产业的发展。

【国际龙舟赛】 2023年6月10—11日，2023年中国南昌国际龙舟赛在红谷滩区九龙湖举行。此次龙舟赛由省体育局、市人民政府主办。比赛设12人龙舟200米直道竞速赛和22人龙舟500米联合对抗赛两个项目，共有南昌市各县（区）和大南昌都市圈城市代表队、国际赛队、港澳台代表队、广东省友好城市代表队、中部地区友好城市代表队、长三角部分城市代表队以及龙舟发源地汨罗代表队等，共计44支龙舟队700余人参加。活动期间，以赛事为媒，“文旅体商”融合，南昌市还精心策划水幕音乐喷泉烟花秀、光影艺术季等系列活动，为广大市民游客带来丰富多彩的欢乐盛宴。南昌县、鄱阳县联队获大龙舟直道竞速赛冠军，安义队获200米直道竞速赛冠军。龙舟赛期间，八大文旅活动客流量30万人次，比重大节假日增长470%。央视频等49个网络平台开展赛事直播，龙舟赛相关话题均处于同城热搜前列，总阅读量达8000万余次。

【横渡赣江系列活动】 2023年7月15日至16日，举办“英雄聚会 越赣越泳”2023年南昌市横渡赣江系列活动。为开展全民健身活动，唱响天下英雄城品牌，展现南昌人民“自信、发奋、齐心”精神面貌，塑造自强不息、拼搏向前的城市品格，依托文体活动增强市民群众对城市的认同感、自豪感。15日，千人横渡赣江活动开幕式在红谷滩区滨江月季园举行，来自省内各设区市、广东友好城市、中部友好城市、南昌都市圈、南昌市各县区和冬泳协会共2000人参赛。活动期间，策划体育展演、千名“小赣将”游泳竞赛、万人畅游喝彩、“英雄长天志 鸿鹄逍遥游”、“泳动盛夏 活力西湖”、东湖夜市人乘船游赣江等活动，让广大市民游客和运动爱好者看比赛、游赣江、观美景、品美食，全面感受南昌独特魅力与活力。

【环鄱阳湖国际自行车大赛】 2023年9月12日，第十一届环鄱阳湖国际自行车大赛第五站赛事南昌湾里站开赛，来自30余个国家及港澳台地区的百余名专业自行车选手参加。此站赛事是环鄱赛十一站比赛中属于国际自行车联盟亚洲巡回赛（2.2级）赛段的最后一站比赛。赛事总里程107.9千米，选手从湾里八面山路出发，然后沿盘山公路进入梅岭国家森林公园，在青山之中展开激烈的角逐。获得此站个人前三名的分别是斯坦·阿佩尔（荷兰ABLOC CT车队）；凯恩·史蒂芬·理查德（澳大利亚ARA车队）；泰勒·贾伊·汤姆金森（澳大利亚ARA车队）。

【南昌梅岭越野赛】 2023年10月5日，2023南昌梅岭越野赛在湾里管理局磨盘山森林公园开幕，来自全国各地的1500名越野跑爱好者参加。此次越野赛共分60千米、40千米、20千米和5千米四个组别，沿线经过南昌最高点高路入云端景区、虹河谷、神龙潭、竹海明珠、狮子峰、洪崖丹井等景区景点，涵盖湾里的历史文化与自然风光，赛事做好“体育+旅游”文章，推动体育产业的发展。经过角逐，60千米组别，张火话、王清华、赵虎获男子组前三名，骆丽华、陈娜、尹国宾获女子组前三名；40千米组别，张胜、巴特孟开、欧阳理明获男子组前三名，陈小兰、邓荣华、袁菊英获女子组前三名；20千米组别，何亮亮、沈滨亮、王旭祺获男子组前三名，陈丽凤、林雪菲、漆志煊获女子组前三名。

【中国广场舞公开赛】 2023年11月4日,2023年"赣鄱杯"中国广场舞公开赛在南昌市红谷滩区绿地双子塔中央广场举行,此次赛事由国家体育总局社会体育指导中心、全民健身活动推广与指导委员会、江西省体育局、南昌市人民政府主办,全国广场舞健身活动推广委员会、南昌市体育局、南昌市红谷滩区人民政府承办,南昌市体育事业发展中心、南昌市八一体育综合体协办。来自北京、上海、安徽、甘肃、广西、贵州、湖南、河北、河南、湖北、湖南、吉林、江苏、辽宁、宁夏、山东、山西、陕西、四川、新疆等21个省(自治区、直辖市)34支队伍共600余人参加,是年度举办的全国广场舞大赛中参赛人数最多、队伍最多、参加队伍分布省市最广泛的赛事。同时,各参赛作品融入地域文化特色、风土人情,既有传统民族风,也有活力现代感,展现欢快、喜庆的新时代生活景象。经过角逐,最终夺得前三名的分别是山西省运城市代表队、新疆维吾尔自治区麦盖提县刀郎艺术团和江西省赣州市广场舞队。

【全民健身日系列活动】 2023年,开展全民健身日大展演、"娃娃学体育·体彩来买单"、体育场馆免费开放等专题活动。8月8日,由市体育局、青山湖区人民政府主办、市体育事业发展中心、青山湖区教育体育局承办的全民健身日大展演系列活动在八一体育场举行,活动以"全民健身 绘就幸福生活"为主题,开展足球、篮球、羽毛球、击剑、广场舞、航模、健身健美、武术、跳绳、街舞、啦啦操、健身气功、体育舞蹈等项目展演。各县区设分会场,南昌县举办全民健身大展演、莲塘镇首届"城市精英"社区篮球赛篮球、七人制足球赛等群众性健身活动;"全民健身·健康南昌"进贤县"全民健身日"启动仪式在体育公园举行。活动现场,广场舞协会、太极拳协会、永年杨氏太极拳协会、老年人体育协会等协会的900余人先后给大家带来曳步舞、太极拳、八段锦、书简舞等表演;安义县举办"奋进新安义·拼搏新征程"篮球赛、"安义古村"杯八人制足球比赛、"科学健身指导"、"全民健身志愿服务"等活动。

【科学健身进机关】 2023年,市体育局采取"你点单,我配送"的形式,以"便民惠民"为核心,以健身技能培训、科学健身宣传、健身活动组织为主要内容,为市直机关干部职工提供基本体育公共服务。活动设10个健身项目(健身瑜伽、网球、马术体验、卡丁车、健身健美、激光枪、太极拳、体育舞蹈、飞盘、皮艇赛艇)进行专业技能指导,提高健身项目的普及性和机关干部职工健身锻炼水平,全市62家单位1962人报名3315项活动。

竞技体育

【概况】 2023年,全市训竞工作以组团参加学青会、打造全国篮球示范城市为重点,在体育后备人才培养方面"走在前 勇争先 善作为",完成全年各项工作任务。全市共注册运动员8813名,建立体教联盟校23所,社会力量办训基地43个,市体校进贤分校揭牌。组队参加全省青少年锦标赛,90%以上的项目列全省前三位。6个县区跻身全省青少年业余训练"十强县(市、区)"。

【南昌籍运动员国内外参赛成绩】 2023年,南昌籍运动员参加国家级及以上比赛共获得45枚金牌、27枚银牌、43枚铜牌。其中羽毛球运动员李诗沣先后获得苏迪曼杯世界混合团体锦标赛、全英公开赛、美国公开赛、杭州亚运会羽毛球团体及单打五项冠军,射击运动员王仕文摘得射击世界青年射击锦标赛、亚洲锦标赛个人项目及团体项目3枚金牌,游泳运动员万乐天在杭州亚运会游泳比赛中,获得100米仰泳金牌与50米仰泳银牌,田径运动员危菱侠摘得亚洲青年田径锦标赛撑竿跳高第一名,南昌海模队在世界锦标赛中蝉联12连冠。为鼓励南昌籍运动员在国内外比赛争创佳绩,对《南昌市运动员参加国内外比赛取得优异成绩奖励办法》进行重新修订。此次修订,明确奖励比赛级次涵盖世界级比赛、亚洲级比赛、国家级比赛、省级比赛,并明确分级奖励标准,对取得前三名的运动员及其带训、输送教练员进行奖励,除奥运会奖励标准另行制定外,单人单项奖励金额最高可达10万元。

【全国第一届学生(青年)运动会成绩】 2023年,全国第一届学生(青年)运动会(以下简称"学青会")11月15日在广西南宁落幕,此届学青会是由原全国学生运动会和全国青少年运动会合并而成,教育部、国家体育总局、共青团中央联合主办,广西壮族自治区人民政府承办。赛事共设39个大项、51个分项、805个小项(其中校园组370个、公开组435个),共有101个代表团、2万余名运动员参赛。南昌市组织近300人体育代表团参加学青会公开组21个项目比赛,取得6枚金牌、7枚银牌、14枚铜牌,其中金牌总数排在全国前20位,奖牌总数列全国第18位,完成赛前5枚金牌的目标任务,南昌三人篮球队首次闯入全国八强。同时,南昌代表团获得体育道德风尚奖代表团。

【2023南昌马拉松】 2023年11月12日,江铃大道·2023南昌马拉松鸣枪开跑,此次赛事设马拉松(42.195千米)、半程马拉松(21.0975千米)和欢乐跑(5千米)三个项目。马拉松参赛选手1万人,半程马拉松参赛选手1.3万人,

欢乐跑（家庭跑）7000人，创下历届南昌马拉松参赛人数之最。赛事邀请国内外32名高水平运动员参加，包括13名埃塞俄比亚选手，6名肯尼亚选手和13名国内专业运动员。比赛当天“英雄城跑英雄马”刷爆朋友圈，受到国内外跑友的高度评价，赛事期间，央视体育、新华社现场云、优酷、百度、新浪微博、今日头条、西瓜视频、抖音、洪观新闻等平台对赛事进行视频直播或转播。经过角逐，来自埃塞俄比亚的选手TESFA以2小时9分35秒的成绩获得男子全程马拉松冠军；来自中国的选手李芷萱以2小时28分21秒获得女子全程马拉松冠军，双双打破赛会纪录。

【全军院校“强军杯”系列比赛】 2023年8月1日，全军院校“强军杯”系列比赛集中交流赛在南昌市举办，此项赛事由中央军委训练管理部主办，中央军委训练管理部军事体育训练中心、南昌市政府共同承办，共有来自全军各军兵种24支军队院校代表队的官兵参加乒乓球赛、足球赛、篮球赛三项比赛，乒乓球赛8支代表队于8月1日至6日，在南昌市八一体育训练基地进行；足球赛7支代表队于8月1日至7日，在南昌市八一体育场举行；篮球赛9支代表队于8月1日至12日，在南昌市八一体育馆举行。“中国军号”App对各项决赛进行现场直播，央视军事频道、解放军网对比赛进行多次报道。赛事期间，南昌市分别组织参赛官兵参加8月1日八一广场“弘扬爱国志，奋进新征程”升旗仪式、参观八一起义纪念馆和新四军军部旧址等活动。

2023年8月1日，全军院校“强军杯”系列比赛集中交流赛举办

（市体育局　供图）

【南昌赛艇大师赛】 2023年8月12日至13日，由南昌市人民政府、中国赛艇协会俱乐部联盟主办，南昌市体育局、青山湖区人民政府承办的第七届南昌赛艇大师赛暨名校邀请赛·赣粤城际联赛在青山湖区举行。此次比赛采用国际标准赛制，分大师组、公开组、高校组、青少年组、赣奥组5个组别，分设男/女8人单桨、4人双桨、双人双桨1000米直道竞速赛以及6000米环湖追逐赛等项目。赛事邀请大学生队伍12支（国际4支、国内8支）130人，国内各省市及本地队伍20余支，约220人，共计运动员350人。赛场之外，主办单位在江西深潜赛艇俱乐部举办“名校面对面”活动，邀请本地中小学、国际学校的师生及家长一同参加，给予他们与悉尼大学、阿姆斯特丹大学、清华大学、北京大学等世界名校、多所国内双“一流”高校、15个赛艇俱乐部成员进行交流沟通，以“艇”为媒促进中外文化交流、推动赛艇运动的普及与发展。

【国际篮联迷你级教练员培训班】 2023年5月10日，南昌市首期面向全市中小学体育教师举办的国际篮联迷你级教练员培训班开班，共有70名中小学体育教师参加。此次培训由市体育局与市教育局共同承办，旨在加速教体融合，在全市中小学中培养一批水平较高的篮球教练员，全面提升体育教师的专业能力，助力南昌打造全国篮球示范城市。在为期4天的培训中，学员们对篮球技战术、运动解剖学、青少年力量与体能、营养学、少年儿童心理学、教育心理学等体育教育领域的重要知识进行学习，通过考核获得国际篮联颁发的教练员证书。

【国际篮联三人篮球公开赛全国总决赛】 2023年10月21日至22日，FIBA Open3X3全国总决赛（国际篮联三人篮球公开赛全国总决赛）在南昌市红谷滩区绿地双子塔下绿地广场举办，这是南昌承接水平最高的三人篮球比赛。共有来自北京市、上海市、广东省、山东省、湖北省、四川省、陕西省、安徽省、江西省9个省份16支队伍约100名运动员参加。最终广东三建精锐队以21∶18的比分胜北京君达队获得总冠军，广东三建精锐85号唐志铿获得此次赛事MVP。四川米兰世家与安徽4PM分别获得第三名和第四名。广东三建精锐队除获得赛事10万元奖金外，还将受邀前往瑞士，参加在国际篮联总部举行的FIBA Open全球赛事。比赛间隙还举行扣篮大赛，杨浩、程龙、邹祖琪和赵旭4名顶级扣将拿出看家本领，给全场观众呈现一场顶级扣篮表演，最终来自上海的程龙获得此次比赛扣篮王。此外，来自武体科院二队的靳卞爽夺得三分球大赛冠军。

【全国男篮高水平后备人才基地U15比赛】 2023年6月11日，全国篮球高水平后备人才基地U15比赛男子预赛（南昌赛区）在南昌县洪州体育馆闭幕。此次比赛的成绩构成为比赛成绩（65%）+素质与技术达标（20%）+技术评定（15%），共有22支代表队300余人参加，赛程历时8天，进行72场精彩的角逐。最终A组总成绩冠军为杭州市陈经纶体育学校，亚军为长沙市明德华兴中学，第三名为上海市体育运动学校；B组总成绩冠军为浙江省临海市回浦实验中学，亚军为深圳市体育运动学校，第三名为东莞光明中学。全国篮球高水平后备人才基地比赛为首次在南昌市举办，比赛的举办展示南昌体育扩大开放、增强合作的发展模式。

【青少年击剑公开赛】 2023年6月24日，中国击剑协会C级认证赛事2023年“奥飞杯”青少年击剑公开赛—论剑英雄城在南昌县洪州体育馆闭幕。此次比赛共有来自全国各地的约500名选手参赛。比赛分为个人赛和团体赛两个竞赛组别，在个人赛中，从4岁到70岁的参赛者分为U6、U8、U10、U12、U14、U16、17+六个组别，其中13—70岁的参赛者还可参加个人公开赛。在团体赛中，同样划分U8、U10、U12、U14、U16、17+和公开组，运动员年龄段划分与个人赛相同。经过两天赛事角逐，U10男子重剑个人组，南京奥斯达蒋成壹获得金牌，杭州钱江万国肖子昱获得银牌，湖南聚力李定、广州万国吴柏希获得铜牌。U10女子重剑个人组，上海静安万国马如音获得金牌，长沙博翼刘施妤获得银牌，苏涵宇、温州“一对一”陈合悦获得铜牌。U10男子花剑个人组，武汉武昌万国金家瀚获得金牌，香港剑乐会曾柏迪获得银牌，深圳锦洋王光耀、武汉武昌万国万子文获得铜牌。U10女子花剑个人组，长沙星博薛子悦获得金牌，湖南聚力冬嘉怡获得银牌，上海剑缘何云熙、厦门蓝鲸尚竞郑沐恩获得铜牌。

【专业篮球队伍引入】 2023年，南昌市引入北京众天麒麟篮球俱乐部落户，并与市体校签订合作协议。根据协议内容，北京众天麒麟篮球俱乐部所属篮球队更名为“南昌众天麒麟篮球队”，代表南昌参加中国男子三人篮球超级联赛，所属中方球员代表江西在全国注册，代表江西参加全国运动会。这填补南昌市无高水平职业篮球队的空白，市体育局在训练竞赛等方面给予适当经费支持。在全国篮球超三联赛中，众天麒麟闯入季后赛，完成赛前目标。

【体教融合发展】 2023年，市体育局、市教育局联合印发《关于进一步推动全市体教融合发展的通知》，将田径、游泳、篮球、足球、排球、乒乓球、羽毛球、网球、击剑、跆拳道、皮划艇、赛艇、军事体育等项目纳入市属普通高中年度招生计划，对体育专长的学生通过体教融合的方式委托普通高中学校培养，实行招生计划单列。体育特长生招生人数较往年增长80%以上。根据学校条件，成立南昌三中、朝阳中学等6所基地校。6月，分组对市属学校体教融合生的招生工作进行督查，并督促各县区出台辖区内体教融合生的招生方案。

【中小学生运动会】 2023年10月15日，2023年第七届“滕王阁杯”南昌市青少年体育联赛暨南昌市中小学校运动会在南昌市八一体育综合体开幕。此次运动会由市体育局、市教育局、青山湖区人民政府主办。县区高中组比赛以学校为单位参加市级总决赛。县区初中、小学组以县区、开发区、湾里管理局为单位报名参赛。县区初中、小学组网球、跆拳道、击剑项目允许学校、俱乐部、企业单独组队参加。比赛项目包括篮球、足球、排球、网球、羽毛球等11项。参赛运动员共有5046人。10月29日，第七届“滕王阁杯”南昌市青少年联赛游泳比赛总决赛暨南昌市中小学生游泳运动会在昌南体育中心游泳馆落幕。此次决赛为期两天，共有12个区县的游泳基地、俱乐部参加。西湖区以797分的总分获得团体第一名，东湖区以633分获得第二名，红谷滩区以571分的成绩获得第三名。11月19日，第七届“滕王阁杯”南昌市青少年体育联赛击剑总决赛暨南昌市中小学生击剑运动会在青山湖区八一体育场南昌市击剑运动基地落幕。排球总决赛场地设在南钢学校教育集团，各县区共派出73支队伍经过4天的激烈角逐，最终青山湖区以获取金银铜奖牌数最多位列比赛团体总分第一名，西湖区、南昌县分获二、三名。击剑总决赛场馆设立在青山湖区八一体育场南昌市击剑运动基地，各县区派出的9支代表队经过三天的激烈比赛，最终红谷滩区获得团体总分第一，东湖区、西湖区分获二、三名。

【业训管理】 2023年，组织全市运动员参加全国、全省注册工作，全市共注册及确认运动员8813名。在进贤县成立市体校分校，先后批准成立43所全市社会力量训练基地。同时举办全市青少年跆拳道、田径、乒乓球、排球选拔赛，举办全市体传校击剑赛、全市游泳公开赛、青少年电子制作比赛等各类青少年比赛，组织运动队参加华东区田径、跆拳道、足球、击剑等体育比赛。协调各级体校参加全国及全省的基地评选及体校评估，南昌市体校、南昌县被评为新周期国家高水平后备人才基地，田径、游泳等15个项目被评为全省单项体育后备人才基地，中昌红网、市体校湾里训练中心、市体育事业发展中心被评为全省体育训练基地。南昌市体校被评为全省唯一优秀等次市级体校。

体育产业

【概况】 2023年，全市发挥体育赛事“聚人气、提消费、促经济”作用，举办横渡赣江、国际龙舟赛、国际篮联三人篮球公开赛全国总决赛、南昌马拉松、中国广场舞公开赛等60余项大型体育赛事活动，拉动旅游、商贸、交通、住宿、餐饮、体育用品等领域消费，实现“体育搭台、经贸唱戏”。至年底，全市拥有国家体育产业示范项目3个，省级体育产业示范单位（项目）8个。全市体育彩票销售额超26亿元，占全省销售额的23.9%，连续创造销售纪录，连年位居全省第一。南昌市雷公坳文化体育产业园入选国家体育产业示范项目，南昌市八一体育综合体入选国家体育总局公共体育场馆开放使用典型案例名单，奥飞文体集团场馆运营面积居全国前列。

【公共体育服务】 2023年，举办“娃娃学体育”系列公益活动，面向全市少年儿童免费开展马术、击剑、游泳、球类、棋类等22个体育项目的培训，共4375名孩子报名参加。全市公共体育场馆坚持场馆的公益属性和体育服务功能，在保障运动队训练、体育赛事活动的同时，坚持免费、低收费开放，切实推动全市基本公共体育服务与群众需求有效对接。全市所有政府资金投资的社会足球场全免费开放，其他资金投资但享受奖补的社会足球场每周免费和低收费开放至少15个小时，引导周边居民开展足球运动，为群众健身锻炼提供方便。

【体育夜市】 2023年5月1日，由市体育局、青山湖区人民政府主办的体育消费季·体育夜市在八一体育综合体拉开帷幕。此次活动以“‘五一’消费季 运动‘趣’夜市”为主题，围绕“赛事互动”“运动展演”“运动市集”展开。活动现场设运动展演区、舞台节目表演区、体育产品展示区、体育培训推广区、美食小吃区，集夜赛、夜销、夜演、夜购于一体，共设参展展位70余个。消费节期间穿插安排无人机表演、体育展示、体彩开盲盒等活动，带动夜间体育经济，培育消费新热点，增添城市活力。此外，八一体育综合体周边体育协会（俱乐部）全天对外开放，进行全民健身运动互动活动，带动更多的市民朋友爱上体育、爱上运动。

【南昌市体育产业协会成立】 2023年1月19日，南昌市体育产业协会成立，这标志着全市体育产业发展在组织建设方面向前迈进一大步。协会会员单位100余家，并设立体育产业服务工作站，架起沟通协作的桥梁，为全市体育企业、项目提供优质服务。全市推进国家体育消费试点城市建设，全民健身、体育赛事、体育培训、体育中介、场馆运营等产业业态日渐丰富，体育与文化、旅游、健康、科技等产业领域紧密融合，体育消费规模不断扩大，体育产业发生质的飞跃。成立体育产业协会旨在充分发挥组织引导功能，集众人之智，成众人之事，实现服务全市体育事业，带动体育企业发展的目标，为打造经济发展新动能，实现全市体育产业高质量发展作出贡献。

【首届雷公坳体育文化节】 2023年4月9日，由南昌经济技术开发区、市体育局主办的“活力南昌 动感经开”2023首届雷公坳体育文化节活动在雷公坳文化体育产业园开幕。此次活动为南昌市首届“金花”户外运动节系列之一，时间持续至4月15日，是南昌经开区根据自身特色，结合雷公坳文化体育产业园的优质资源及产业功能布局，因地制宜举办体育赛事。活动针对篮球、马术、卡丁车、陆上冰壶等运动爱好者，设置“雷霆万钧，畅享经开”社区篮球赛、“一马当先”马术表演秀暨体验周、“勇往直前，雷动风行”卡丁车追逐赛等场馆活动。同时，以体育为引领，联动文化、旅游、商业等资源，开设“雷车之轮”体育超市丰富文旅市场内容，挖掘消费潜力；开展“燃情时光”体育电影鉴赏活动、“雷电之光”体育摄影赛、“燃烧吧，青春”、“雷神”杯高校篮球联赛，多途径发展体育运动、传播体育文化。

【南昌马拉松博览会】 2023年11月10日，第二届中国南昌体育博览会暨江铃大道·2023南昌马拉松博览会开幕式在青山湖区举行。此次马拉松博览会发放100万元体育消费券，搭建体育展示合作平台和体育消费平台，让跑者从不同维度了解南昌城市发展和体育产业发展，助推打通和延伸“英雄马”赛事上下游产业链。作为2023年“英雄马”的参赛物资领取现场，博览会还将为3万名参赛选手提供装备物品发放服务。同时，参展企业近30家，展品种类繁多，既有各种专业体育装备，也有南昌特色文化展示等，让广大参赛选手和参观者在互动体验当中感受到南昌“活力之城”的独特魅力，助推体育与旅游、文化等方面的融合发展。

（熊　亮）

社会生活

人口家庭

【概况】 2023年，南昌市人口工作贯彻落实《中共中央、国务院关于优化生育政策促进人口长期均衡发展的决定》《江西省人口与计划生育条例》《中共江西省委、江西省人民政府关于印发江西省优化生育政策促进人口长期均衡发展实施方案的通知》，稳妥实施优化生育政策及配套支持措施，完善家庭发展支持体系。被命名为全国首批婴幼儿照护服务示范城市，入选全国首批中央财政支持普惠托育服务发展示范项目，实施全国托育服务从业人员培训信息系统应用试点，为实现幼有所育打造南昌样板，推动实现适度生育水平，促进人口长期均衡发展。江西省全员人口信息系统显示（计生统计口径），南昌市出生人口36099人，人口出生率6.26‰，死亡人口22988人，人口死亡率3.99‰，自增人口13111人，人口自然增长率2.28‰。出生人口中，一孩占比44.96%，二孩占比37.28%，三孩占比13.72%，四孩及以上占比4.04%。东湖区、青云谱区出现人口负增长，其他各县区仍正增长。

【优化生育政策】 2023年，将“南昌市人口和计划生育领导小组”更名为“南昌市人口生育保障领导小组”。领导小组办公室设在市卫健委，市委卫健工委书记、市卫健委主任兼办公室主任。市委、市政府联合出台《南昌市优化生育政策促进人口长期均衡发展实施方案》，在省级基础上新增子女周岁以内十日亲子假、未成年子女医保参保费用报销、二孩三孩生育慰问大礼包、长幼随学等政策，并开展优化生育政策宣传活动，相关经验多次在国家、省级培训班和推进会上交流发言。

【人口监测实施】 2023年，健全完善人口监测网络，形成市、县区、乡镇（街办）、村（社区）四级共计2300余人的人口工作基层网络队伍，完成国家级（南昌县）和省级（进贤县）人口监测点跟踪调查任务，新增安义县、红谷滩区、经开区为省级重点关注县区。开展人口信息数据质量提升专项行动，规范人口监测全流程机制，为科学制定生育政策提供翔实、准确的信息支持。

【全国首批婴幼儿照护服务示范城市】 2023年3月，南昌市被命名为全国首批婴幼儿照护服务示范城市，出台实施《南昌市巩固全国婴幼儿照护服务示范城市创建成果三年行动计划》，鼓励、支持居住（小）区婴幼儿照护服务设施、幼儿园托班、公办托育机构、用人单位办托、社区公共资源托育服务设施配套等五种办托类型，将托育服务融入“1+5+X”社区邻里中心、新建小区项目配套、完整社区、老旧小区改造、城市更新、乡村振兴和城市一刻钟便民生活圈等建设项目中，推动市属公立医疗机构开展职工托育服务工作。为加强托育机构负责人和保育人员岗位培训工作，探索托育服务职业资格准入制度，国家卫生健康委组织开展全国托育服务从业人员培训管理信息系统试点应用工作，并采取试点先行、同步完善的方式，在全国范围内仅遴选14个地市承担试点任务，南昌市作为全省唯一入选城市。

【申报中央财政资金支持普惠托育服务发展示范项目】 2023年，根据《财政部办公厅 国家卫生健康委办公厅关于组织申报2023年中央财政支持普惠托育服务发展示范项目的通知》，市卫健委联合市财政局申报示范项目，于12月1日通过省级竞争性评审（省内三地市申报，南昌第一，赣州第二，抚州第三），于12月5日以省财政厅、省卫健委名义向国家申报，于12月16日完成国家级竞争性评审答辩。12月19日，财政部、国家卫生健康委对34个城市竞争性评审结果进行公示，共15个城市入选，南昌市位列其中。该项

2023 年，南昌市入选中央财政支持普惠托育服务发展示范项目。图为保育院托大班

（市卫健委　供图）

目以“方便可及、价格可承受、质量有保障”为原则，满足人民群众多层次、多样化托育服务需求为目标，扩大服务供给、降低托育价格、提高托育质量为着力点，打造可复制、可推广、切实管用的普惠托育服务发展南昌样板。

【婴幼儿照护服务示范机构】 2023 年，引导托育机构建立健全品牌运营管理体系，打造众多具有代表性的优质托育园，“以评促进、以奖代补”，发挥示范引领、带动辐射作用，提高托育服务整体水平，评选市级示范机构 10 家，每家予以奖补 7 万—9 万元，落实奖补资金 74 万元，并从 2022—2023 年市级示范机构中择优推荐 7 家机构参与省级示范机构遴选，全部通过评审。每个县区皆建有至少一所规范化婴幼儿照护服务机构，全市提供托育服务机构达 750 家含幼儿园 2—3 岁托班，托位总数达 2.52 万个，每千人口托位数达 3.85 个，城市社区托育服务机构覆盖率达 48.7%。

【托育服务监管】 2023 年，建立市政府统一领导、市卫健委牵头、相关职能部门协同推进的综合监管机制，筹备人口生育托育协会南昌分会组建工作，促进托育市场有序发展。以安全防范、巩卫、食品安全、消防安全等内容为重点，对托育机构开展隐患排查、质量评估和健康指导，全年开展隐患排查 6 轮次、质量评估 2 轮次、健康指导超 400 次，有效排除托育机构安全风险隐患。推动妇幼保健机构、基层卫生机构与托育机构签约，提供健康教育指导、科学育儿指导、儿童发育筛查、应急救治等服务，从营养、健康、安全、回应性照护和科学育儿等方面强化“医育结合”。市县两级妇幼保健机构充分发挥专业优势，将托育服务与健康服务融为一体。各级医疗卫生机构与 70 家托育机构实现“医育结合”签约服务全覆盖。

【托育服务人才队伍建设】 2023 年，“建梯队、补短板”扩大托育人才培养供给，全市开设托育服务相关专业的中专以上职业院校达 15 所，在校学生近 4000 人，为社会输送 1000 余名托育服务人才。同时，市卫健委、市人社局、市总工会针对托育机构负责人、母婴护理员、育婴员、保健人员、保育员等开展培训，全年培训 3300 人次，有效提升托育服务从业人员的业务素养。加强南昌市托育服务专业队伍建设，提升托育服务机构婴幼儿照护服务能力，“以赛代训、以赛促建”，举办全市首届托育技能竞赛，采用理论笔试和实践操作结合形式，全面考核参赛选手职业素养、婴幼儿保教能力及托育服务技能。参加全省首届技能竞赛并获团体和个人双冠军，位列全省第一。

【计划生育奖特扶】 2023 年，落实计划生育奖扶、特扶、阳光助学、独生子女父母奖励等政策。全市奖扶 11274 人，阳光助学 216 人，城乡居民社会保险金补助 9162 人，增加新农保补助金人数 5743 人，提前享受新农保补助金人数 6057 人，优秀女孩成才奖人数 94 人，市级配套资金 870.13 万元；推进城镇独生子女父母奖励费工作，全市非国企（或机关事业单位）政策享受对象 17.37 万人，奖励资金 2.01 亿元。发放计生特殊家庭一次性抚慰金，为全市计划生育特殊家庭成员购买疾病医疗综合保险，实现保险、就医绿色通道、家庭医生签约、联系人制度、免费体检五个全覆盖。推进“暖心行动”，西湖区、青山湖区“暖心家园”评为国家计生协“暖心家园”项目；组建心理援助队伍和志愿者服务队伍，为计划生育特殊家庭提供心理辅导、精神慰藉、志愿服务。

（陈以焱）

劳动就业

【概况】 2023年,市人社局坚持稳就业、保就业、促就业,贯彻落实国家、省、市促进就业政策,开展各项和谐劳动关系创建活动,深化大学生就业创业服务平台建设,推进创业孵化基地规范提质发展,就业形势保持总体稳定,和谐劳动关系创建、企业薪酬调查、市属国企负责人薪酬改革方面取得成效。至年底,全市开展招聘活动4417场(其中,线上3513场,线下904场),参加招聘企业26.65万家,滚动提供岗位793.97万个,接受投递简历36.33万份,发放宣传册53万余份。城镇新增就业6.8万人,新增转移农村劳动力3.74万人。新增发放创业担保贷款20.05亿元,直接扶持创业者6776人,带动就业2.96万人次。南昌市入选2023年国家公共就业示范项目城市。

【就业政策保障】 2023年,联合市财政局出台"拼经济"人社惠企政策,鼓励企业新吸纳到南昌就业给予补贴;印发全市2023年离校未就业高校毕业生等青年就业服务攻坚行动通知,制定10项主要措施28条具体任务;联合市发改委等九部门,印发县域农民工市民化质量提升行动实施方案责任分工的通知,细化5个方面14项工作举措;制定2023年提升就业服务质量工作任务通知,明确7个方面11项工作任务。根据稳岗返还最新政策要求,推行"免申即享"模式,数据自动比对,无须企业申报。全市累计为3.18万户企业发放稳岗返还补贴1.66亿元,惠及人数54.38万人。

【创业孵化基地建设】 2023年,加快创业孵化基地提质升级,新获评省级基地2家,通过省级复评1家,新认定市级基地3家,新增县区级基地3家。会同市财政局修订南昌市孵化基地管理办法,完善监督管理和考核机制。全市共有创业孵化基地34家(国家级2家,省级10家,市级6家,县区级16家),实际孵化创业实体1075户,带动就业7198人(其中大学生2322人)。

【大学生就业创业平台建设】 2023年,市人社局与驻南昌院校就业工作部门加强联系,新设立驻南昌院校大学生就业创业指导中心4所。开展大学生就业创业指导中心一次性建设经费补贴申领工作。对南昌工程学院、江西科技师范大学、江西泰豪动漫职业学院、华东交通大学、江西师范大学、江西制造职业技术学院、江西水利职业学院七家指导中心申报的一次性建设经费补贴进行实地核查,对符合条件的上述7家大学生就业创业指导中心,按照每家10万元的补助标准共拨付一次性建设经费补助70万元。为探索创新校企合作模式,举办"洪城校企合作大会",此次活动共有80余所学校、100余家驻南昌优质企业代表,以及80余名人力资源总监和多位行业专家,共计400余人参与活动。活动通过举办校企合作签约仪式、组织专家进行主题讲座、组织学校和企业代表在活动现场进行面对面交流,以及首次专门面向南昌"4+4+X"产业优秀企业中的人力资源管理人才举办高级研修班等,深化推进南昌市校企合作,为大学生和技能人才到南昌留南昌创业就业提供优质的服务。

【高校毕业生就业服务】 2023年,高校毕业生就业工作,着力拓宽就业渠道,加强就业观念引导,优化就业服务,创新开展洪城就业"职"通车、"洪漂人才荟"活动。全年,洪城就业"职"通车全城发车122次,全市所有县区实现全覆盖,开进27所学校、20家企业、34个社区、47个人流密集公共场所及热门地标,共吸引3.81万人参与活动;举办"洪漂人才荟"系列招聘活动117场,共吸引群众11.07万人,组织单位4244家,提供岗位10.94万个。开展离校未就业高校毕业生就业服务攻坚行动,针对全市2023届离校未就业高校毕业生1.6万人,落实"1311"帮扶机制,"一人一档一策"梳理毕业

2023年7月8日,南昌市2023年"洪漂人才荟"夏季星空夜市招聘会在万寿宫历史文化街区举办

(魏勇剑　摄)

生就业需求，毕业生联系率、服务率100%，帮扶就业率93.52%、困难高校毕业生帮扶就业率92.51%。推进实施就业见习工作，新增就业见习单位439个，全市共有就业见习单位887个；新增见习岗位1.49万个，完成全年任务的300.02%；新招收见习学员3164人，完成全年任务的190.95%；累计拨付见习补贴1238.21万元。为困难高校毕业生发放补贴，发放2023年度困难高校毕业生一次性求职补贴2.82万人，补贴资金2822.7万元；发放一次性创业补贴123人，发放金额62万元。

【就业帮扶】 2023年，市人社局精准施策、分类援助，重点帮扶零就业家庭就业。对全市就业困难人员家庭开展逐户走访，对未就业困难人员进行登记认定，开展"一对一"就业帮扶。对通过市场渠道难以就业的脱贫劳动力，设置乡村保洁员、护林员等公益性岗位托底安置。对符合条件的返乡创业企业招用建档立卡脱贫劳动力、登记失业人员，落实税收优惠政策。全市发放公益性岗位补贴2997人，补贴资金1166.76万元；发放社会保险补贴9044人，其中就业困难人员享受社保补贴7015人；高校毕业生享受社保补贴214人；工业园区招用40岁以上省内劳动力1815人。全市发放社保补贴资金4703.86万元。全市脱贫劳动力2.7万人，有就业意愿的落实就业2.08万人，就业率100%；参加职业培训621人，发放培训补贴（含生活费补贴）9.34万元。乡村公益性岗位安置1900人，发放补贴683.91万元；为3431人落实交通补贴，发放102.93万元；为吸纳282名脱贫劳动力的42个扶贫车间发放运行补贴27万元。

【职业技能培训】 2023年，市人社局完善终身职业技能培训制度，推进职业技能培训工作，全市开展职业技能培训4.1万人次，拨付资金3217.32万元。其中企业职工岗位技能培训6204人次，拨付补贴356.01万元；就业技能培训3.48万人次，拨付补贴2861.31万元。技工院校承担补贴性培训5559人次。12月15日，为提升全市职业经理人的整体素质，开设2023年度南昌市人力资源总监高级研修班，通过搭建学习交流平台，激发企业创新创造活力。

【第三届"洪城创业培训十佳讲师"】 2023年，为加强全市创业培训师资队伍建设，检查全市创业培训师资队伍整体能力和水平，通过以赛促训方式举办南昌市第三届"洪城创业培训十佳讲师"大赛。大赛赛程为12月18日至22日，设置初赛、复赛、半决赛及决赛四个阶段，141名讲师报名参加比赛。经过比拼，傅佳获第一名，晋雨晴获第二名，彭钰婷获第三名。此次大赛还设立"最佳人气""洪城创业培训优秀讲师""洪城创业培训十佳讲师"等奖项。通过大赛搭建创培讲师交流平台，发掘和培养有潜力、有情怀、有素质、有能力的创业培训讲师，充分展现南昌市创业培训师资队伍风采和成果，为南昌市创业培训工作高质量发展提供坚实的师资保障。

【重点产业链人才专场招聘】 2023年10月至12月，全市组织专场招聘工作组赴国内重点地区、重点院校，开展重点产业链人才专场招聘活动。活动由市领导带队，组织全市产业链重点企业、龙头企业分赴外地，开展重点产业链人才专场招聘活动。通过现场播放南昌招才引智宣传片、开展南昌市情宣传推介、解读南昌新"人才10条"政策、组织招聘会现场求职互动、举办赣籍学子座谈交流多形式，引导更多大学毕业生参与投身到南昌重点产业链建设中来。活动期间，共举办电子信息、医药健康、绿色食品、航空、新能源、汽车及装备等8个产业链共14场招聘活动。线下组织695家企业，提供就业岗位1.74万个，收到简历4209份，达成就业意向1310人。

【特殊工时告知承诺制审批】 2023年，制定出台《关于开展特殊工时告知承诺制试点工作的通知》，协助试点县区，在文件制定、企业办理、宣传推广全工作环节中给予政策指导和技术支持。8个县区已开展特殊工时告知承诺制审批试点工作，至年底，全市已开展特殊工时告知承诺制试点工作的县区共通过告知承诺制办理76件、服务75家企业、涉及员工1.59万人。江西卫视、《江西日报》等多家媒体平台通过图文、视频等多种形式对全市特殊工时告知承诺制办理现场进行报道。

【根治欠薪机制建设】 2023年，市人社局督促指导各县区（开发区、管理局）和住建、交通、水利等行业监管部门，开展欠薪隐患排查，健全欠薪隐患和存量案件台账，加大存量案件整治力度。对全市404个（政府投资项目128个，非政府投资项目276个）在建项目落实根治欠薪"一金六制"排查制度，重点对按月足额支付工资、农民工实名制管理、农民工工资专用账户等保障政策落实情况进行摸排。全年共排查梳理问题185个，限期整改达标率98.5%。全年立案查处欠薪问题595起，结案率达99.6%；处置国务院欠薪平台转办线索1.76万件，线索总量占全省的43%，回复率达100%，居全省首位。6月，全市实现各级仲裁机构"农民工工资争议速裁庭"的全覆盖，为切实维护农民工劳动报酬权益提供又一条维权途径。制定《速裁庭工作规范》，保障速裁工作快速、高效、妥善。

【星级劳动人事仲裁院】 2023年，市人社局全面推进劳动人事仲裁院标准化、规范化、实体化、信息化建设,提升劳动争议调解仲裁效能,打造“四化”仲裁新形象。按照省人社厅统一部署,在全市开展“星级劳动人事仲裁院”创建活动。各级仲裁机构按照创建星级劳动人事仲裁院建设标准,持续提升办案质效,提高群众满意度。全市共评出五星级劳动人事仲裁院8个,占全省五星级数量的23%,四星级劳动人事仲裁院2个。全年受理劳动争议案件5436件,同比增长11.5%,仲裁结案率99.85%。

【劳动争议调解】 2023年,市人社局探索建立多元联动劳动争议调解机制,逐步建立司法调解、人民调解、仲裁调解相结合的劳动争议纠纷联动化解工作模式。与司法部门联动,在市劳动仲裁院设立法律援助室、人民调解室,对劳动争议案件进行案前调解。实行调解优先,劳动仲裁机构将调解贯穿于办案全过程并丰富多种调解手段,探索出实地调解、电话调解、座谈调解、预约调解、委托调解等多种调解方式,调解思路拓宽。至年底,法律援助窗口接待群众咨询3216人,受理法律援助案件64件,调解率82.81%。发挥劳动争议仲裁与劳动保障监察制度优势,快捷高效处理劳动关系矛盾纠纷,依法维护当事人合法权益。通过开展劳动纠纷联调联处,及时做好案件办理工作。坚持首问负责、依法履职、协调合作,保障劳动争议仲裁与劳动保障监察协调联动工作开展。通过建立劳动仲裁与劳动监察联动办案机制,发挥仲裁和监察在劳动维权方面的作用。至年底,开展司法联动调解42次。

(何婧雅)

收入消费

【概况】 2023年,南昌市经济运行呈现持续恢复、加快向好态势。各项惠民政策落实落地,民生福祉不断增强,全市城乡居民收入稳步增长,城乡居民收入相对差距缩小,生活水平提高。全体居民人均可支配收入为46709元,同比增长5.2%,居民收入增长与经济增长基本同步。全体居民人均消费支出为30188元,增长6.9%。

【城镇居民收入】 2023年,城镇居民人均可支配收入为54911元,增长4.3%。城镇居民人均工资性收入32652元,增长2.2%,拉动人均可支配收入增长2.2个百分点。城镇居民人均转移净收入8993元,增长18.5%,拉动增长18.5个百分点,是城镇收入中最大增速项。城镇居民人均财产净收入9600元,增长4.2%,拉动人均可支配收入增长4.2个百分点。城镇居民人均经营净收入3666元,下降5%。

【农村居民收入】 2023年,农村居民人均可支配收入为25803元,增长6.5%。农村居民人均工资性收入14350元,增长10.8%,拉动增长10.8个百分点。农村居民人均转移净收入4009元,增长7.6%,拉动增长7.6个百分点。农村居民人均转移净收入1316元,增长10.8%,拉动增长10.8个百分点。农村居民人均经营净收入6128元,下降3.5%。

【城镇居民消费支出】 2023年,城镇居民人均消费支出34580元,增长6.4%。其中,人均食品烟酒支出9401元,下降1.5%;人均衣着支出1557元,下降2.8%;人均居住支出8994元,增长14.2%;人均生活用品及服务支出2388元,增长19.2%;人均医疗保健支出2007元,下降1.7%;人均教育文化娱乐支出4145元,增长44.5%;人均交通通信支出5169元,下降7.0%;人均其他用品及服务支出918元,下降9.8%。

【农村居民消费支出】 2023年,农村居民人均消费支出为18992元,增长7.3%。其中,人均食品烟酒支出8115元,增长46.0%;人均衣着支出975元,增长18.3%;人均居住支出4095元,下降14.9%;人均生活用品及服务支出868元,下降9.0%;人均医疗保健支出1232元,增长19.2%;人均教育文化娱乐支出1501,下降16.6%;人均交通通信支出1888元,下降20.3%;人均其他用品及服务支出317元。下降11.5%。

(邓福林)

社会保险

【概况】 2023年,市人社局坚持“民生为本”工作主线,以“强经办、精管理、优服务”为目标,开展“安全规范年”活动,主动担当、真抓实干,推动各项工作稳步开展。全市基本养老保险参保人数427.84万人,工伤保险数参保人数135.49万人。社保经办能力提升,企业开办“全程网办”,员工参保登记压缩至0.5个工作日。工伤保险待遇核算时限从10个工作日压缩至5个工作日。依托864个金融网点及100家24小时自助服务网点,建成“15分钟社保经办服务圈”。全市基本医保参保工作获国家医保局通报表扬,在国家医保局组织开展的DRG/DIP支付方式改革交叉调研评估中被评为优秀等次,连续3年在全省医保系统高质量发展综合考核中位列第一,连续3年医保基金监管综合成效位居全省第一方阵,医保数据“两结合三赋能”工作作为全省唯一城市纳入全国试点;获评全省医疗保障行政执法案卷评查先进单位。

【社会保险覆盖面扩大】 2023年,全市企业职工基本养老保险参保企业新增6.27万户,同比增长19%,

参保人员新增16.63万人，增长6.48%。全市基本养老保险参保人数为427.84万人，其中企业职工养老保险、机关事业单位养老保险、城乡居民养老保险，分别为272.99万人、15.89万人、138.96万人，分别完成全年任务的106.27%、101.51%、95.47%；工伤保险参保人数135.49万人，增长3.25%，完成全年任务数的102.78%。

【企业降费缓缴】 2023年，市人社局全面落实降低社会保险费率惠企政策，为企业累计减负19.18亿元，其中养老保险费17.04亿元、工伤保险费2.14亿元。将2.18万名退捕渔民纳入养老保险，完成率达100%。常态化开展被征地农民参加基本养老保险工作，全市被征地农民已参保7.87万人，已落实缴费补贴5.29万人，补贴金额4.29亿元。为全市8.8万名符合条件的困难人员代缴城乡居民养老保险费，代缴率100%，为5.36万名困难人员按月发放城乡居保养老金。开展助保贷款工作，累计办理493人，发放贷款2225.13万元，财政贴息191.23万元。

【“社保服务进万家”主场活动】 2023年10月21日，全国首届“社保服务进万家”主场活动在南昌举办。副省长孙洪山出席并致辞，人力资源和社会保障部副部长李忠出席并宣布启动。活动期间，全国社会保险经办机构均同步组织开展一系列活动。针对小微企业职工、灵活就业人员、新就业形态就业人员等重点人群，宣传解读社会保险政策，优化服务举措，推动社会保险覆盖范围。活动现场解答社保相关问题和业务咨询8500余人次，发放张贴活动宣传品3万余份。

【“三进三小”工伤预防活动】 2023年，为贯彻落实《江西省工伤预防五年行动计划（2021—2025）实施方案》，完善“预防、康复、补偿”三位一体制度体系，提升职工工伤预防意识和能力，市人社局会同市社保中心相关业务科室，在全市开展“三进三小”工伤预防活动。活动结合南昌实际，聚焦重点领域、重点行业、重点人群，组建工伤预防宣讲小分队在全市10个县区“进单位、进工地、进车间”开展主题宣讲。为40家工伤事故率较高，参保人数100人以上的用人单位免费派送屏显，将制作的工伤预防知识小视频赠送企业，进行长期滚动播放；开展重点企业工伤预防风险小诊断，组织安全生产专家、工伤预防专家对全市近三年工伤事故高发的15家企业上门进行“望闻问切”式调查摸底。

【工伤职工劳动能力鉴定】 2023年，按照《工伤职工劳动能力鉴定管理办法》的要求，优化流程缩短职工鉴定时间，同时对经办人员加强廉政教育，牢固树立廉洁意识。邀请局机关纪委人员在现场鉴定采取随机抽取的方式确定鉴定专家；对于在外地接受工伤治疗、难以赴南昌市进行现场鉴定的职工，委托异地劳动能力鉴定部门对工伤职工开展鉴定工作；对于行动不便，所配辅助器具满足《江西省工伤保险辅助器具配置目录》规定的最低使用年限，需要更换同编号辅助器具的工伤职工，可凭借前次的有关文书或配置记录，直接向各级经办机构提出更换申请。全年出具劳动能力鉴定结论书2629份。

【医保体系改善】 2023年，推进职工医保门诊共济改革，从降低起付线、提高报销比例、提高封顶线三个方面，提高职工门诊统筹待遇保障水平。全市累计96.14万人享受政策红利，统筹基金支付3.3亿元。印发《南昌市基本医疗保险门诊慢性病、特殊病病种目录和认定标准》，职工医保门诊慢特病种由33种扩大到40种，居民医保门诊慢特病种由30种扩大到42种；职工医保门诊慢特病报销比例一级医疗机构由90%提高到98%、二级医疗机构由85%提高到95%、三级医疗机构由80%提高到90%。优化生育津贴领取条件，提高生育保险门诊和住院待遇，将职工医保生育门诊费用报销比例统一提高到100%，年度限额提高到1200元，居民医保生育门诊医疗费用按普通门诊统筹政策执行；住院医疗费用不设起付线，二级以下医疗机构报销比例提高到100%，三级医疗机构报销比例提高到90%。提高城乡居民基本医疗保险待遇，将城乡居民在市属、市管三级定点医疗机构因住院、门诊慢特病发生的政策范围内费用报销比例由60%提高至70%。

【医保基金运行】 2023年，全市医保基金累计结余206.84亿元，累计结余可支付月数分别达到19.51个月、19.92个月，基金运行总体平稳、安全可控。实施全民参保计划，将参保扩面工作纳入市、县“医疗保障水平”指标考核，建立每周一调度每月一通报机制。优化70周岁（含）以上老人享受财政资助参保流程，做好特殊人群动员参保工作。全市基本医疗保险参保人数587.05万人，较上年度增加5.79万人。综合运用基金监测、日常稽核、行政检查等手段，开展市级抽查检查、定点医疗机构自查自纠、“一地域一特色”专项治理，全市医保部门检查定点医药机构3144家，追回医保基金7387.62万元，行政处罚1358.84万元，暂停、解除医保服务协议50家，移送司法机关1家。

【医保脱贫成果巩固】 2023年，落实重特大疾病医疗保险和救助制度。实施分类分层救助，在原有六类人员基础上，增加两类人员为定额资助参保对象。全市脱贫人口和监测对象住院1.57万人次，发生医疗费用1.75亿元，基本医保支付

9616.79 万元、大病保险支付 1624.84 万元、医疗救助支付 3408.62 万元,住院医疗费用累计实际报销比例 83.73%。加强高额医疗费用负担患者监测预警,协同做好风险处置和综合帮扶,累计向市民政局、市乡村振兴局等部门推送 598 名达到监测标准的脱贫人口,3.06 万名达到监测标准的普通居民医疗费用信息。推动多层次医疗保障体系建设,指导相关承保保险公司将南昌“惠民保”参保范围扩大到省本级参保单位,并对相关权责进行明确。

【药耗集采】 2023 年,落实集采中选结果,全年共落地执行 5 批次药品集采中选结果和 9 批次医用耗材集采中选结果,涵盖心血管病、高血压、骨科、心内科等多个领域,其中国家第 8 批药品集中带量采购平均降幅 56%。加强对采购量完成情况的督促指导,建立带量采购药品医用耗材集采执行情况通报制度,通过询问核实、约谈告诫,督促医疗机构完善院内集采管理制度和流程,并根据相关采购计划优先采购使用中选产品。强化沟通促进集采产品配送保障,为医疗机构和药械配送企业建立沟通平台,共解决全市 15 家医院涉及 25 种药品的短缺、配送不及时等问题。组织全市医保部门常态化受理医保定点零售药店开通门诊统筹申报,共完成 1472 家定点零售药店纳入门诊统筹管理。

【智慧医保建设】 2023 年,加强监管子系统运用,通过综合监管子系统将市本级及各县区全部纳入智能监控范围,实现全市 3000 余家定点医药机构医保险种、医疗类别、费用类别“三个全覆盖”。推进“村村通”终端使用,定期通报各村卫生室“村村通”终端进行医保费用即时结算情况,实现小病不出村,全市“村村通”终端使用率达 99.89%。打造全省首个医保智能语音机器人“小医医”,提升“12345”政务服务医保专线接通率,累计接听 66.87 万条咨询。提高医保电子凭证激活率和结算率,全市医保电子凭证激活人数 467.56 万人,激活率 83.58%,共有 2873 家定点医药机构使用医保电子凭证进行医保费用结算,医保电子凭证结算占比 43.6%。

【医保经办服务】 2023 年,全面实施“省内就医无异地”政策。南昌市共有 199 家定点医疗机构,1287 家定点门诊,1183 家定点零售药店已完成系统对接,省内其他设区市参保人员到南昌就医就诊 296.3 万人,医疗总费用 103.15 亿元。南昌市参保人员赴省内其他设区市异地就医刷卡 96.94 万人,医疗总费用 2.8 亿元。通过修订评估标准、及时向社会公布医药机构评估准入工作方案,以书面和现场评估结合的方式,有序开展专家评估准入工作。开展 3 批次统筹区内医疗机构、零售药店准入评估工作,新增定点医疗机构 46 家、定点零售药店 270 家。拓宽“掌上办、网上办”服务渠道,全市 33 个医疗保障政务事项已实现 100% 网上办,通过政务服务网累计办理医保业务 5.39 万件,实现医保经办服务从“跑一次”到“跑零次”跨越式转变。通过授权代理、帮办代办服务,开通老年人等特殊群体绿色通道,为参保对象提供更周全、更贴心、更直接、更温馨的医保经办服务。

(何婧雅　任　曼)

社会救助

【概况】 2023 年,全市围绕“保基本、兜底线、救急难、可持续”工作思路,聚焦“作示范、勇争先”目标要求和“六个江西”重点工作任务,切实兜住兜牢基本民生底线,加快健全分层分类的社会救助体系。全市城乡困难群众社会救助保障标准实行统一。城乡低保标准提高到每月 915 元;城乡特困人员供养标准提高到每人每月 1190 元;城乡失能特困人员照料护理补助标准提高到每人每月 1480 元,半失能特困人员照料护理补助标准提高到每人每月 370 元,自理特困人员照料护理补助标准提高到每人每月 100 元;20 世纪 60 年代精简退职老弱残职工救济标准,城乡人员每人每月提高到 730 元。

【城乡困难群众救助】 2023 年,全市发放各类困难群众生活基本救助金 9.16 亿元。保障城市低保 1.71 万户 2.93 万人,发放城市低保金 2.43 亿元;保障农村低保 4.34 万户 7.57 万人,发放农村低保金 5.41 亿元;保障城镇特困人员 1461 人,集中供养 539 人,分散供养 922 人,累计发放资金 1981.11 万元;保障农村特困人员 5414 人,集中供养 881 人,分散供养 4533 人,累计发放资金 7535.57 万元。发放失能特困人员照料护理补贴 1121.88 万元,半失能特困人员照料护理补贴 251.63 万元,发放自理特困人员照料护理补贴 630.38 万元;保障 20 世纪 60 年代精简退职职工 330 人,发放资金 287.65 万元;实施临时救助 9047 人次,发放救助金 1436.14 万元,人均救助水平 1587.42 元。急难型临时救助 7494 人次,发放救助金 746.44 万元。其中,支出型临时救助 1493 人次,发放救助金 619.7 万元。特别救助 60 人次,发放救助金 70.01 万元。

【社会救助主动发现行动】 2023 年,出台《南昌市民政局关于建立社会救助主动发现机制的实施办法》《南昌市社会救助主动发现攻坚行动实施方案》,充分发挥基层党组织战斗堡垒作用,聚焦“九类”人群,组建以县(区)、乡镇(街道)、村(社区)协理员(网格员)为基础,村(社区)党员、在职党员、社工志愿者为补充,通过落实上门入户排查、数据监测比对、申请及时受理、救助政策宣传、重要线索报告、疑难问题会商等六项制度,全面开展主动发现、多元救助、数字监督、提升基层经办能力等攻坚行动。并充分发挥低收入人口动态监测预警平台作用,实现线上监测和线下走访相结合,做到主动发现,应救尽救。全年,走访群众3.72万人,通过主动发现新增纳入低保2453人、特困268人,城乡低保人数同比增长1.98%,临时救助增长64.52%,整户保户数增长20.67%。

【低收入人口动态监测】 2023年,汇聚市残联、市乡村振兴局、市应急局、市住建局、市总工会、市医保局、市人社7个部门共计57.3万条数据导入省数字民政平台的专项救助数据,实现帮扶信息共享常态化。其中残疾人信息28.4万条,乡村振兴"三类对象"9272条,应急受灾人员救助信息5964条,住房保障对象信息3.6万条,工会困难职工帮扶信息98条,失业救助对象9.7万条,医疗费用个人累计自付超过1万元、2万元的患者信息11.4万条、2.58万条。定期开展"三类对象"台账比对工作,实现数据共享,打通信息孤岛。对返贫风险较高的脱贫不稳定人口、边缘易致贫人口、突发严重困难户进行摸底排查,确保符合条件的人员及时纳入社会救助范围。其中,2.9万已脱贫人口纳入低保或特困供养,占全市已脱贫人口总数的65%;2145名易返贫致贫人口纳入低保或特困供养,占全市易返贫致贫人口总数的79.9%。

【家庭经济状况核查】 2023年,市核对中心接受最低生活保障、临时救助、特困人员供养、支出型困难家庭、低保边缘家庭、住房救助等社会救助申请家庭经济状况核查委托14.11万户次,其中最低生活保障10.21万户次,临时救助1468户次,特困人员供养8465户次,支出型贫困家庭352户次,低保边缘家庭221户次,住房救助3346户次,困难职工认定35户次。核对信息预警累计11.01万人次,预警率达78.7%。

(黄熙康)

社会福利

【概况】 2023年,全市聚焦群众关切,以满足群众对美好生活的向往为目标,围绕流浪乞讨人员救助、残疾人福利和困境儿童关爱重点任务,坚持与时俱进、统筹谋划,在困境儿童、农村留守儿童、流浪乞讨人员等特殊困难群体关爱帮扶上分类施策、精准发力,提升服务水平,增强群众获得感、幸福感。

【流浪乞讨救助】 2023年,投入资金80万元,对市救助管理站一楼观察区、二楼受助区按照快捷酒店标准进行改造,房间配备空调、电视及独立卫生间,满足受助人员食宿、管理、医疗、教育等生活需求,提升救助管理服务质量。安排工作人员每日对救助区域进行两次消毒,观察区床单做到一人一换,每周定期进行安全大检查、隐患大排查行动,以保证在站人员人身安全。在全省率先举行冬春期间流浪乞讨人员救助"百日行动",通过强化部门联动、加大巡查力度、实行分类施救、拓展救助渠道、广泛宣传引导、优化服务供给等举措开展街面救助。累计巡街123次,发现流浪乞讨人员90人。引导社会力量参与街面救助,印制770份《关于鼓励"快递员"发现报告流浪乞讨人员倡议书》及1.07万份救助指引卡交由市快递行业协会进行派发,扩大流浪乞讨人员线索发现报告的收集覆盖面。全年累计开展街面巡查475次,站外救助131人。投入资金2万元,打造设施完备、功能齐全的寻亲工作室,设立专职寻亲岗位,抽调业务能力强、思想素质好、敬业精神佳的党员干部,成立寻亲工作专班。对接省、市公安科信部门及社会公益组织,通过"今日头条"、全国救助寻亲网、各种报刊等多种途径,提高寻亲效率,共寻亲成功252人。制定出台南昌市落户安置实施方案,明确落户安置流程、部门职责和完成时限,统一落户安置材料模板,推动建立高效顺畅的落户安置机制。累计为3名滞留人员办理落户安置手续。

【残疾人福利】 2023年,市民政局、市财政局、市残联印发《关于进一步完善困难残疾人生活补贴和重度残疾人护理补贴制度的实施方案》,每月开展数据比对和动态复核,对于新纳入低保的残疾人发放政策告知书进行政策宣传。开展审计指出问题和"两项补贴"精准管理"回头看"整改,建立整改台账。全市累计发放残疾人"两项补贴"9207万元,保障困难残疾人3.46万人,重度残疾人4.33万人。采取政府购买服务等方式,委托专业社会组织、村级卫生所、社区精神障碍康复机构、"残疾人之家"、社会工作服务站等作为探视巡访服务机构,以上门入户为主,结合电话问候和视频视讯,开展以生活陪伴、心理咨询、情感支持等为主要内容的探视巡访工作,动态掌握困难重度失能残疾人生产生活、健康及精神状态、居所安全等情况,有针对性地为居家照护的困难重度失能残疾人解决实际困难,提升残疾人生活品质,增强幸福感、获得感和安全感。累计服务1055人,1269人次。印发《南昌市开展"精康融合行动"实施方案(2023—2025年)》,细化布局优化、双向转介、能力提升、队伍建设、发展保障、体系优化等六大行动19项子任务。全市6个县区开展精神障碍社区康复服务,并建立服务机构和康复对象档案,全市开展精神障碍社区康复服务县区覆盖率达到50%，登记康复对象接受规范服务率达到48%。通过购买服务的方式吸纳精神卫生科医生、专业社会工作者、心理咨询师等社会康复领域的经验丰富人员，建立专业服务队伍，对有需求的对象进行专业评估，提出康复建议，促进全市精神障碍社区康复服务提质升级。全市已有187人在康复站的帮助下走出家庭，融入社会，已安排辅助就业45人，正常就业27人。

【困境儿童保障】 2023年，将“提高孤儿、事实无人抚养儿童基本生活最低养育标准”列入民生实事，机构养育孤儿生活保障标准提高到每人每月2000元，散居孤儿和事实无人抚养儿童提高到每人每月1500元。至年底，发放孤儿和事实无人抚养儿童保障金3563万元，惠及孤儿439人，事实无人抚养儿童1709人，残疾孤儿（事实无人抚养儿童）337人。将年满18周岁仍在读孤儿、事实无人抚养儿童继续纳入基本生活保障范围，保障儿童继续就学发展。实施助学、助医工程，为143名成年仍在读孤儿和事实无人抚养儿童发放助学金，为84名病残孤儿提供手术治疗和康复服务。整合闲置校舍等阵地资源，支持安义县、青云谱区等地建成6所“一老一小”幸福院，为困境儿童关爱提供服务新阵地。在全市配备乡镇（街道）儿童督导员131名，村（居）儿童主任2081名，对全市5532名留守儿童建档立卡，签订委托监护协议书和确认书，并定期更新留守儿童和困境儿童家庭成员、生活保障、就学就医等资料信息。开展“困境儿童政策宣传进村居”活动，加大政策宣传力度，变“被动申请”为“主动发现”，确保事实无人抚养儿童在教育、医疗、康复、关爱等保障上应享尽享。首创“基础评估+专业评估”两步走的工作方式，开展困境儿童家庭监护评估和留守儿童心理健康评估服务，精准掌握儿童的监护情况、心理状态、安全状况，划分为低、中、高三个风险等级，实行红、橙、绿三色管理。其中高风险18人，中风险37人，低风险471人。联合市教育局、市妇联开展家庭监护指导进社区、进学校，通过亲子活动、家庭教育讲座、家庭故事分享等形式，帮助提升家庭监护能力，改善亲子关系。至年底，举办家庭教育专业培训12场，家庭教育活动155场，惠及4065名家庭成员。联合市关工委开展农村留守儿童、事实无人抚养儿童结对帮扶活动，组织1226名“五老”人士与困境儿童持续开展“一对一”结对帮扶帮教，安排市级福彩公益金100万元，用于“双百工程”结对帮扶助学金发放。链接爱心企业、志愿组织等各类社会资源，联合市慈善总会发起“你我相伴、筑梦成长”——关爱困境儿童微心愿征集活动，为1230名困境儿童发放微心愿礼物，护航困境儿童逐梦远航。

【慈善捐赠】 2023年，推动慈善组织登录使用“慈善中国”平台，及时转发各级通知要求，宣传《中华人民共和国慈善法》《江西省实施〈中华人民共和国慈善法〉办法》等各项政策法规。南昌市参与腾讯“99公益日”活动，首次采取微信扫码捐赠、银行转账捐赠两种方式参与“慈善一日捐”活动。南昌市成立网络筹募工作团队，市政府牵头组织召开网络筹募工作动员培训会议，动员全市党政机关、企业、事业单位以及社会各界爱心人士微信扫码捐献一天的工资（利润），鼓励多捐。全市各级慈善会系统筹款总额951万元，在参与此次活动的全省16家社会组织中排名第六，在全省11个地市级慈善会中排名第四。同时，“慈善日”活动期间，引导全市公益慈善类机构开展“慈善一日捐”、慈善日系列救助活动、慈善义工志愿服务、慈善宣传活动等慈善主题系列活动。至年底，全市、县两级登记认定为慈善组织的数量为8家，全市共有32家慈善组织。在全省率先开展慈善信托，至年底，全市备案慈善信托项目共计41项，慈善信托资金2.12亿元，慈善信托数量及规模居全省第一。

【社工站向民政服务站转型】 2023年，推动乡镇（街道）社工站向民政服务站转型，聚焦民政服务对象，开展“助老敲门”“护童成长”“慈善救助”“邻里守望”“移风易俗”“温暖回家”“阳光助残”七大行动，提升站点覆盖率和服务能力。至年底，全市建设完成乡镇（街道）民政服务站132个，其中乡镇（街道）民政服务站115个，管委会（管理处）民政服务站9个，县区级民政服务站总站8个。青云谱区岱山街道民政服务站、青云谱区京山街道民政服务站、红谷滩区九龙湖街道民政服务站等14个站点获得2023年“江西省‘六化’乡镇（街道）民政服务站（原社工站）”。至年底，全市有2434人通过全国社会工作者职业资格考试，共有7187名持证社会工作者，持证社工人数全省第一。市委“两新”工委在全市范围内开展首届新兴领域“洪城红‘最美’人物”评选活动，其中包括“最美社工”，经各县区申报、局党组研究，确定青云谱区合众力社会工作创新发展中心社工陈娟娟、青云谱区蓝鲸社会创新发展中心社工彭丽玲、南昌益源社会工作服务中心社工李俊芳3名最美社工提名者。

【志愿服务】 2023年，协调市文明办、团市委在全市村（社区）设立志愿服务站点，宣扬志愿服务精神及活动内容，帮助志愿服务站建立完善志愿服务相关管理制度；市、县两级民政部门深化推进志愿服务项目挖掘、培育和选树工作，聚焦社会救助、养老助残、儿童福利、社区治理等民政领域，围绕老小残困等特殊群体的需求，设计开发志愿服务活动并实施,扩大民政领域志愿服务品牌项目影响力,深化“五社联动”机制,形成示范引领效应。青山湖区南钢街道“退休不褪色、余热映初心”为老志愿服务等3个项目获评“五社联动”乡镇(街道)民政社会工作服务典型项目;首届江西省文明实践社会化志愿服务项目大赛中评定老农万岁乡村影像计划志愿服务项目、“八一红色百人团”文化志愿服务项目、章金媛“智慧助老”志愿服务项目、“小小志愿者+”志愿服务项目、“绘啦课堂”关爱留守儿童助力乡村振兴志愿服务项目、“青云微讲堂”新时代文明实践理论宣讲志愿服务项目、亲亲宝贝——江西大重病贫困患儿心理舒缓志愿服务项目、“呵护成长,筑梦启航”志愿服务项目、“豹”护童安——儿童安全教育志愿服务项目9个项目为一类项目。至年底,全市实名认证志愿者52.5万人,开展志愿项目总数1.43万项,服务时长达834万余个小时。

【福彩销售】 2023年,全市福彩机构通过强化管理员新增站点的绩效考核、推动商超综合体形象店建设、发展建设即开票小卖场、实施乡镇网点全覆盖等,全年新增网点265个,净增249个,累计完成46家各类形象店的建设工作,46家形象店累计贡献即开票销量达6200余万元。全市14名市场管理员全部通过市场管理员考核,其中5人被评为一级市场管理员。全市福彩销售渠道建设进入“快车道”,全年累计销售福利彩票9.2亿元,同比增长41.8%。

(黄熙康)

住房保障

【概况】 2023年,市住房保障部门贯彻落实国家、省最新住房保障政策精神,拟订住房保障相关政策措施,加快发展保障性租赁住房,稳慎有序推进配售型保障性住房,加强公共租赁住房租赁补贴发放、实物配租和后期管理,持续完善住房保障体系建设。至年底,全市(含三县一区)共发放公共租赁住房租赁补贴2.74万户,发放金额7641.6万元,超额完成省政府下达的2.6万户的年度目标任务。市住房保障工作已实现对符合条件的城镇低收入住房困难家庭“依申请”应保尽保。

【公租房申请准入标准放宽】 2023年,为扩大低收入群体保障范围,市住房保障部门草拟并报请市政府,市人民政府办公室印发《关于调整市中心城区申请公租房家庭收入准入标准的复函》,将市中心城区申请公租房的家庭收入准入标准由2019年城镇居民人均可支配收入44136元调整至2022年城镇居民人均可支配收入52622元,全市居民家庭人均年收入不超过52622元即可申请公租房实物配租或租赁补贴,大幅降低公租房申请家庭收入准入标准。

【保障性租赁住房房源筹集】 2023年,发挥市场机制作用,坚持“多主体多方式筹集、多渠道多层次盘活”原则,全方位挖掘存量的土地、居住房屋和非居住房屋资源,通过政府给予政策支持,引导和鼓励房地产开发企业、产业园区企业、高等院校等各类企事业单位、集体经济组织等多方主体参与投资建设和运营,支持专业化、规模化住房租赁企业建设和运营管理保障性租赁住房,已经实际筹集完成91个项目、1.68万套(间)保租房,超额完成1.66万套(间)年度目标任务。

【配售型保障性住房】 2023年9月,国务院印发《关于规划建设保障性住房的指导意见》后,南昌市成立以市政府分管领导为召集人的南昌市规划建设保障性住房和城中村改造工作专班,按照“按需定建、谋定后动、稳慎有序”的原则,启动政策拟定、计划制定等工作。计划采取“筹、建”结合的方式建设,划拨用地上的闲置住房转换与划拨用地新建相结合,确定2024年首批筹建2100套的建设任务,其中利用划拨用地新建1100套,利用棚改安置富余房源转化1000套。同时,启动《南昌市配售型保障性住房建设和管理实施办法》起草工作,并形成初稿,内

2023年8月28日,红谷滩区岭口路集租房项目建设现场

(喻云亮　摄)

容涵盖配售型保障性住房的建设、配售、回购、管理等全流程。

【保租房民用水电气政策落实】 2023年,为确保保障性租赁住房的民用水、电、气价格落到实处,市住建局会同市城管执法局、南昌供电公司、市政公用集团(南昌燃气集团、南昌水业集团),在全省率先联合出台《关于落实保租房民用水电气政策的通知》,创新提出以项目或楼层为单位对水电设施进行改造,改造后执行居民合表水价、电价;创新提出以项目或楼层为单位建设项目或楼层"公共厨房"的概念,切实将民用水电气价格真正降下来,让保障性租赁住房项目经营企业和租赁住户得到实惠。

【市级公有住房政策制定】 2023年,为做好行政事业单位房产清理、处置工作,根据市委、市政府相关文件要求,市住建局联合市机关事务管理局、市财政局、市国资委、市自然资源和规划局联合印发《关于印发南昌市市级行政事业单位公有住宅管理规定的通知》。从有效盘活存量公有住宅出发,按照分类处置原则,完善公有住宅管理涉及的不动产登记、租赁、处置等内容,为公有住宅的租赁及处置拓宽新路径,提供制度支撑。

(龚　艳)

住房公积金

【概况】 2023年,南昌住房公积金管理中心主动融入全市经济社会发展大局,坚持工作稳中求进,业务提质增效,在支持缴存者的刚性和改善性住房需求方面,发挥住房公积金作用,完成年度目标任务。全市(市本级及铁路分中心,下同)归集公积金156.03亿元(含年度结息),归集额完成全年目标任务的103.47%,同比增长6.22%;新增开户单位4556户,11.71万人。至年底,全市开户职工人数118.65万人,中心累计归集住房公积金1265.93亿元,住房公积金归集余额468.55亿元。提取住房公积金141万人次、113.32亿元,分别增长13.59%、21.35%;累计提取公积金797.38亿元。全年发放住房公积金贷款1.91万户、106.69亿元,分别增长31.33%、37.15%。累计向20.28万户家庭发放住房公积金贷款696.54亿元;住房公积金贷款余额371.95亿元,住房公积金个贷率为79.38%,贷款逾期率为0.05‰。

【多子女家庭住房公积金支持政策】 2023年,对符合租房提取住房公积金条件的多子女家庭的本市缴存职工,其提取额度按同期提取政策规定额度上浮20%确定。对符合住房公积金贷款条件的多子女家庭,购房时申请住房公积金贷款的,其贷款额度上浮20%。调整后,多子女家庭贷款最高额度为双缴存职工96万元,单缴存职工84万元。至年底,中心共支持多子女家庭住房消费1020笔,金额6.52亿元,其中提取238笔、金额279.17万元,贷款782笔、金额6.49亿元。

【住房公积金个人住房贷款省内"一体化"政策】 2023年,为方便省内其他城市缴存职工在南昌购房办理住房公积金贷款业务,中心在"南昌都市圈"异地互认互贷业务基础上,扩大区域范围,于8月15日开始在省内实施住房公积金个人住房贷款"一体化"政策。至年底,中心共发放省内异地贷款627笔,金额3.6亿元。

【住房公积金支付购房首付款提取政策】 2023年,为更好地支持缴存职工刚性和改善性住房需求,减轻其购买新建商品住房支付首付款的资金压力,中心于8月底推出提取住房公积金支付购房首付款政策。缴存职工在南昌市城区购买新建商品住房且不申请住房公积金贷款的,可申请提取购房人账户内的住房公积金支付购房首付款。至年底,中心已为51名购房职工办理首付款提取业务,提取金额1128.62万元。

【住房公积金贷款担保保证金取消】 2023年,面对房地产市场出现的新情况、新变化,为缓解企业资金压力,助力全市房地产市场平稳发展,中心自5月起停止向全市范围内房地产开发企业收取住房公积金贷款担保保证金,对已收取的担保保证金符合退还条件的应退尽退。至年底,中心共为463个房地产开发企业退还保证金3.4亿元。

【"一件事一次办"改革】 2023年,按照"一事通办"政策相关要求,中心与市民政局、市人社局和市市场监管局配合,通过整合业务流程、简化办事程序,先后完成"公民身后一件事"的公积金提取(死亡)业务、"公民退休一件事"的公积金销户提取业务、"企业员工录用一件事"的公积金账户设立以及"企业变更一件事"的公积金缴存登记信息变更业务上线,实现企业、群众办事"只进一扇门、最多跑一次"。以"一站服务、一次办结"为目标,中心打通业务网络,通过与市不动产登记系统直连,实现抵押登记数据网上跑,群众办事"不见面",提升审批效率,提高政务服务水平,增强群众获得感和满意度。至年底,中心共办理不动产抵押登记事项7839笔,其中抵押登记6585笔,预告登记1254笔。

【非委贷银行"商转公"贷款中心垫资模式】 2023年,为解决公积金缴存职工办理非委贷银行商业性贷款转住房公积金贷款时,需自筹资金结清商贷的资金困难问题,中心多次和委托贷款合作银行座谈研究,通过引入担保零收费模式，解决贷款资金安全性的难题，实现非委贷银行“商转公”贷款中心垫资模式。6月，该业务模式已正式上线，至年底，共为372名缴存职工发放贷款2.18亿元，有效缓解职工的阶段性资金压力。

【骗提骗贷整治】 2023年，打击利用虚假手段骗提公积金、骗取公积金贷款，扰乱房地产市场的行业乱象，结合新修订的提取管理办法，针对新发现的一些职工利用购买小户型房屋或者不具备居住条件的房屋提取公积金等情况，着重加大审核力度，有效遏制此类虚假住房消费行为，营商环境进一步优化。至年底，中心共核查职工申请提取住房公积金可疑材料94笔，发现18笔使用虚假材料使用住房公积金的行为，中心已对骗提职工的公积金账户做出限制并通报其单位。

（龚　艳）

社区建设

【概况】 2023年，全市持续强化基层治理的党建引领，优化社区服务新模式，引导多元主体有序参与，提高综合治理和公共服务供给能力。把创新城乡社区治理作为基层治理的重要抓手，初步构建起党建引领、齐抓共管、群众参与、多方协商、共建共治的城乡基层治理模式。

【全国村级协商议事创新试点】 2023年，指导各县区（开发区、管理局）结合各自实际，创建议事协商品牌，形成西湖区“幸福圆桌会”，青云谱区“民情家访”、东湖区“三问一说”、经开区“古井夜话”、新建区“火盆会”“板凳会”“凉亭会”，青山湖区“小康茶话会”、南昌县“民情边心桥”等12个议事协商品牌。青山湖区进顺村、新建区店前村、经开区上罗村列入全国村级议事协商创新试点工作。按照“有阵地、有标识、有制度、有流程、有活动、有实效”的要求，三个试点单位议事协商形式多样，各有特色。

【“幸福社区”服务质量提升】 2023年，开展“幸福社区”服务质量提升行动，围绕“组织领导、综合平台、人才队伍、服务供给、治理机制、居民自治”六大一级指标、32个二级指标和76个具体指标，高标准创建省级“幸福社区”。省专家组采取实地考察、查阅资料、问卷调查等方式对全市五星、四星参评社区进行考核评估验收，并根据星级评价指标进行评分。经评定，全市211个社区被省民政厅、省财政厅评为省级“幸福社区”，创建总数占全省21%。

【村（社区）党群服务中心服务不打烊】 2023年，不断提升居民群众的幸福感、安全感和满意度，着力解决居民群众“上班没空办、下班没处办”的堵点痛点问题，推动“村（社区）党群服务中心365天服务不打烊”，构建便捷化、高效化全天候服务体系，在全市村（社区）党群服务中心（便民服务站）办公用房张贴服务公告，公布服务时间、预约电话以及人员值班表，并在显著位置公开张贴服务清单，做到“365天不打烊”服务有标识、有队伍、有清单。实现错时、延时服务。便民服务“无空档”、对外开放“无阻挡”、解决问题“无断档”。

【村级组织工作事务规范】 2023年，为切实整治形式主义加重村级组织负担问题，市民政局制定《关于规范村级组织工作事务、机制牌子和证明事项的工作方案》，并以市委、市政府办公室名义印发。规范全市村级组织依法履职工作事务、依法协助政府工作事项、工作机制、综合服务设施挂牌、不应出具证明事项5个指导目录，制定规范村级组织工作事务、机制牌子和证明事项工作任务清单，以及村级组织情况摸排表。通过建立健全一张任务清单、一张摸排表、五张指导目录和一项准入机制，推动各项任务具体化、清单化。文件出台后，全市开展专项检查70余次，清理各类机制牌子80余项，手机工作群、App30余类，取消证明事项20余类，清理各类内外挂牌8000余块，村级组织事务得到规范。

（黄熙康）

社会组织管理

【概况】 2023年，全市登记社会组织3453家，其中社会团体1198家，民办非企业单位（社会服务机构）2249家，基金会6家；各县区备案社区社会组织2.08万家。市本级登记社会组织792家，其中社会团体470家，民办非企业单位（社会服务机构）316家，基金会6家。建设社会组织孵化基地11个，全市新设立各类社会组织195家，为1574家社会组织提供咨询、登记资料填写辅导等服务。市本级共360家社会组织参加年检，其中合格225家，基本合格133家，不合格2家。5家基金会进行年报。全年社会组织新成立197家，注销撤销145家；11家“僵尸型”社会组织经过整改重新走上正轨；整治非法社会组织13家，其中取缔6家、劝散5家、自行解散2家。“双随机、一公开”抽查工作，市本级随机抽取13家社会组织开展实地检查，检查结果均合格。

【行业协会商会规范收费】 2023年，印发《关于持续强化行业协会商会乱收费治理进一步帮助市场主体减负纾困的通知》《关于开展市本级行业协会商会乱收费自查自纠的通知》，在市民政局网站上发布《关于征集行业协会商会乱收费等问题线索的公告》。全市307家行业协会商会积极行动，市本级110家行业协会商会签署《南昌市行业协会商会规范收费行为自律承诺书》，通过减免、降低、规范收费等举措减轻企业负担310万元；通过推动本行业企业为其他市场主体让利减轻企业负担265万元，通过为行业争取帮扶政策减轻企业负担2433万元。

【社会组织助力高校毕业生就业】
2023年，印发《关于做好社会组织助力高校毕业生就业工作的通知》。实行“挂图作战、市县联动”，制定“工作推进表”“任务分解表”，发布《关于助力高校毕业生就业工作的倡议书》，推动助力就业工作落地落实。市民政局牵头召开助力高校毕业生就业工作对接会，引领就业创业类社会组织发挥作用。全市373家社会组织参与助力就业工作，累计提供就业岗位1249个、见习岗位1325个，开展各类就业服务活动400余场（次）。发挥行业协会商会类社会组织的优势，动员会员单位（企业）挖掘需求，共582家会员企业发布就业岗位1788个。

【社区社会组织发展专项行动】
2023年，贯彻落实《培育发展社区社会组织专项行动方案（2021—2023年）》要求，全市登记备案社区社会组织共计2.08万家，全面完成每社区12家，每村委会6家社区社会组织的任务目标。向青云谱区拨付50万元市本级福彩公益金支持建设社区社会组织服务中心，引导社区社会组织开展文体活动、移风易俗、便民服务、培育文明风尚等工作，构建社区、社会工作者、社会组织、社区社会组织联动机制，广泛调动社区居民参与社区社会组织发展，引导社区社会组织更好提供服务、反映诉求、规范行为，建立和深化互动机制，推进共建共治共享、探索“善治+自治+共治”新路，在基层治理上取得成效。

（黄熙康）

区划地名管理

【概况】 2023年，市民政局贯彻落实《行政区划管理条例》《地名管理条例》《江西省地名管理办法》，推进全市乡级行政区划优化调整和道路命名工作，助力南昌“东进、南延、西拓、北融、中兴”的发展战略，发挥行政区划和地名在推动全市经济社会高质量发展中作用。通过开展“乡村著名行动”、讲好南昌地名故事、参选省级地名文化遗产等增强城乡群众文化自豪感和自信心。开展地名文化进学校、进社区活动，传播、弘扬南昌优秀地名文化。在“世界读书日”开展《“美丽南昌·地名寻梦”南昌地名故事集锦》线上直播推介活动，探索“互联网+地名文化保护、开发利用和宣传工作”新模式。

【乡级行政区划调整】 2023年，推进进贤县、南昌县、安义县、新建区、红谷滩区乡级行政区划调整的前期各项申报工作。按照《行政区划管理条例》《行政区划管理条例实施办法》规定，做好风险评估、专家论证、征求社会公众意见、制定组织实施总体方案等基础性工作，对以上县区上报的乡级行政区划调整申报材料进行审核把关，同时征求市自然资源和规划局、市发改委、市委编办、市住建局、市财政局、市民宗局、市外事办七部门意见，确保申报程序合规、材料齐备有效。

【地名命名】 2023年，按照“规范化、标准化、科学化”要求和地名命名程序，开展地名命名和路牌设置工作。全年共命名道路141条，调整道路起止点11条，注销道路名称2个，公告住宅区、建筑物名称共66个。新安装、更新路牌870块，维护路牌187块。根据《地名管理条例》和民政部《地名备案公告管理办法（试行）》的规定，对南昌市街路巷、住宅区、楼宇名称依法进行备案公告。全年共备案公告道路名称25批次220个，其中道路名称公告7批次154个，住宅区、楼宇名称公告18批次66个，并全部录入“中国·国家地名数据库”。

2023年7月6日，南昌市社会组织助力高校毕业生就业招聘会举办

（市民政局　供图）

【行政区域界线联检】 2023年，根据省民政厅下发的《关于2023—2027年省县乡三级行政区域界线联合检查工作安排的通知》要求，印发《南昌市民政局关于做好2023年度行政区域界线联合检查工作的通知》，安排31条行政区域界线联检任务，其中设区市间县级界线3条、设区市内县级界线3条，乡级界线25条，总长度271.86千米。至年底，全面完成31条行政区域界线联检任务，并分别形成行政区域界线联检报告。同时组织县、乡毗邻地区开展多种形式的平安边界联谊活动，签订《平安边界共建协议》，从源头上预防边界纠纷的发生，确保边界地区的长治久安。

【“乡村著名行动”】 2023年，按照民政部、省民政厅《关于开展“乡村著名行动”通知》要求，组织实施南昌市“乡村著名行动”，召开南昌市“乡村著名行动”工作部署会，下发《南昌市实施“乡村著名”行动工作方案》。开展乡村著名行动以来，共设置乡村地名标志1156块，录入国家地名信息库乡村地名32个，采集乡村兴趣点名称上百度、高德地图5056个，开展乡村地名文化宣传29场次，发挥地名信息在乡村振兴中基础保障作用。

【地名文化保护】 2023年，挖掘、保护和传承全市优秀地名文化。根据省民政厅、省文旅厅、省住建厅等部门联合印发的《关于开展省级地名文化遗产及红色地名鉴定命名活动的通知》，参加省级地名文化遗产评选鉴定活动。经逐级推荐、部门会商、专家评审，南昌市选送5个乡镇参加省级地名文化遗产评选鉴定，南昌县三江镇、进贤县李渡镇、新建区松湖镇被列入省级文化遗产保护名录。

【“插花地”治理】 2023年，为加快推进基层治理体系和治理能力现代化，提升城市管理精细化水平，按照“大稳定、小调整”的原则，开展全市“插花地”治理工作。通过调查摸底、梳理分析，确定18处“插花地”列入治理范围。市政府办公室下发《关于印发南昌市“插花地”处理意见的通知》，要求各地、各部门遵照执行。

（邓　力　张智生）

2023年南昌市区新增道路名称一览表

表15

序号	标准名称	起止点	所在区域
1	云中路	北起灌婴路，南至水厂路	西湖区
2	四季路	东起凉伞树路，西至云中路	西湖区
3	联发路	南起北江路，北至望江路	东湖区
4	韶华路	东起南江路，西至联发路	东湖区
5	文曲路	南起韶华路，北至前洲路	东湖区
6	群芳路	南起望江路，北至扬农路	东湖区
7	石竹路	西起北江路，东至扬农路	东湖区
8	扬瑞路	西起扬农路，东至碧流路	东湖区
9	扬福路	西起北江路，东至扬农路	东湖区
10	丰登路	东起南江路，西至北江路	东湖区
11	江豚路	东起南江路，西至北江路	东湖区
12	北窑路	东起南江路，西至北江路	东湖区
13	夹湖路	西起扬农路，东至家禽中心南区门口	东湖区
14	扬渠路	西起扬农路，东至扬新路	东湖区
15	万洲路	东起扬农路，东转北至扬农四大队	东湖区
16	罗家舍路	南起扬渠路，东至罗家舍住宅区	东湖区
17	扬堤路	南起扬渠路，北至横堤住宅区	东湖区

续表 15

序号	标准名称	起止点	所在区域
18	深圳大道	北起苏州路，南至南昌大道东	青山湖区
19	杭州路	西起昌东大道，东至淮安路	青山湖区
20	扬州路	西起昌东大道，东至天祥南大道东	青山湖区
21	苏州路	西起昌东大道，东至东站规划路	青山湖区
22	香港路	北起苏州路，南转西至昌东大道	青山湖区
23	澳门路	北起苏州路，南至南昌大道东	青山湖区
24	珠海路	北起洪腾大道，南至杭州路	青山湖区
25	佛山路	北起香港路，南至南昌大道东	青山湖区
26	嘉兴路	西起昌东大道，东至徐州路	青山湖区
27	绍兴路	西起香港路，东至淮安路	青山湖区
28	南通路	西起昌东大道，东至淮安路	青山湖区
29	东站路	北起苏州路，南至南通路	青山湖区
30	肇庆路	北起洪腾大道，南转西至东岗路	青山湖区
31	惠州路	北起苏州路，南至坝溪路	青山湖区
32	东莞路	北起苏州路，南至南通路	青山湖区
33	江门路	西起香港路，东转南转西至佛山路	青山湖区
34	潮州路	北起秦坊路，南至绍兴路	青山湖区
35	韶关路	西起东站路，东转南至东站站房	青山湖区
36	茂名路	北起东站站房，南至南通路	青山湖区
37	淮安路	北起紫怡路，南至南通路	青山湖区
38	徐州路	北起洪腾大道，南至紫怡路	青山湖区
39	泰州路	西起深圳大道，东至天祥南大道西	青山湖区
40	舟山路	西起国展西路，东至韶关路	青山湖区
41	镇江路	西起昌东大道，东至白兰路	青山湖区
42	金边路	东起香港路，西转南转东至东站路	青山湖区
43	白兰路	北起罗家集街，南至肖家桥路	青山湖区
44	殷王路	西起昌东大道，东至东岗路	青山湖区
45	岗下路	西起惠州路，东至洪腾大道	青山湖区
46	东岗路	北起苏州路，南至南通路	青山湖区
47	肖家桥路	西起惠州路，东至东岗路	青山湖区
48	富坊路	西起东岗路，东至深圳大道	青山湖区
49	枫下北路	西起东岗路，东至花溪路	青山湖区

续表15

序号	标准名称	起止点	所在区域
50	枫下中路	西起深圳大道,东至花溪路	青山湖区
51	枫下南路	西起澳门路,东至花溪路	青山湖区
52	坝溪路	西起昌东大道,东至澳门路	青山湖区
53	吴塘路	北起扬州路,南至梧桐岗路	青山湖区
54	梧桐岗路	西起吴塘路,东至谢埠路	青山湖区
55	灞水路	北起苏州路,南至洪腾大道	青山湖区
56	沥水路	北起苏州路,南至泰州路	青山湖区
57	灞桥路	西起深圳大道,东转南至泰州路	青山湖区
58	大石桥路	西起天祥南大道东,东转北至苏州路	青山湖区
59	棠溪路	北起苏州路,南至胡家坊路	青山湖区
60	秦魏路	西起天祥南大道东,东至东站路	青山湖区
61	胡家坊路	西起国展西路,东至韶关路	青山湖区
62	秦坊路	西起通渠路,东至茂名路	青山湖区
63	板溪路	西起江南路,东至茂名路	青山湖区
64	长定路	西起北嵩路,东至谢埠路	青山湖区
65	仪亭里路	西起北嵩路,东至天祥南大道	青山湖区
66	江南路	北起江门路,南至南通路	青山湖区
67	永义路	东起惠州路,西转南至洪腾大道	青山湖区
68	通渠路	北起舟山路,南至国展南路	青山湖区
69	顺运路	北起杭州路,南至南通路	青山湖区
70	通运路	西起顺运路,东至深圳大道	青山湖区
71	盛岗路	西起肇庆路,东至深圳大道	青山湖区
72	和熙路	北起苏州路,南至罗家集街	青山湖区
73	和悦路	北起苏州路,南至罗家集街	青山湖区
74	同和路	西起澳门路,东至东岗路	青山湖区
75	同顺路	西起澳门路,东至东岗路	青山湖区
76	花溪路	北起枫下北路,南至枫下南路	青山湖区
77	花语路	北起枫下北路,南至枫下南路	青山湖区
78	瑞巷	西起昌东大道,东转南至坝溪路	青山湖区
79	禧巷	北起坝溪路,南至香港路	青山湖区
80	安泰路	西起顺运路,东至澳门路	青山湖区
81	坤元路	北起嘉兴路,南至广州路	青山湖区

续表 15

序号	标准名称	起止点	所在区域
82	乾元路	北起国展西路，南至广州路	青山湖区
83	春明路	北起香港路，南至南通路	青山湖区
84	春晓路	北起南通路，南至扬州路	青山湖区
85	秋芳路	北起扬州路，南至仪亭里路	青山湖区
86	晨光路	北起东旭路，南至春明路	青山湖区
87	东晨路	西起香港路，东至茂名路	青山湖区
88	东旭路	西起香港路，东至淮安路	青山湖区
89	仁泽路	西起香港路，东至天祥南大道	青山湖区
90	仁惠路	西起香港路，东至江门路	青山湖区
91	紫怡路	西起徐州路，东转南转西至淮安路	青山湖区
92	永定路	西起春晓路，东至天祥南大道	青山湖区
93	向新路	西起天祥南大道，东至东莞路	青山湖区
94	茂林路	南起南通路，北转东至佛山路	青山湖区
95	修竹路	北起茂林路，南至南通路	青山湖区
96	院士路	北起宜春大街，南至铁路货运线	红谷滩区
97	行知路	北起德兴街，南至复兴大道西	红谷滩区
98	求真路	北起德兴街，南至万年街	红谷滩区
99	和润路	东起云溪路，西至梅岭大道	红谷滩区
100	玉润路	北起云溪路，南至双云路	红谷滩区
101	望石岗路	东起青原山路，西至规划路	红谷滩区
102	厚港路	东起厚田码头，西至丰厚一级公路	红谷滩区
103	玉清路	西起抚河中路，东至前进路	西湖区
104	南柴路	西起丁公路，东至京九铁路线	西湖区
105	红霞路	东起桃花路，西至朝霞路	西湖区
106	春桃路	南起桃花河，北至云天路	西湖区
107	碧桃路	东起桃花河，西至长寿路	西湖区
108	新溪桥西三路	北起洪都南大道，南至新溪桥路	青云谱区
109	墨池路	西起博文路，东至城南大道	青云谱区
110	云松路	北起新溪桥路，南至新溪桥南一路	青云谱区
111	云柏路	北起新溪桥路，南至新溪桥南一路	青云谱区
112	云樟路	北起新溪桥路，南至新溪桥南一路	青云谱区
113	云杉路	北起新溪桥路，南至新溪桥南一路	青云谱区

续表 15

序号	标准名称	起止点	所在区域
114	松琴路	西起新溪桥东二路,东至上海南路	青云谱区
115	云柳路	北起新溪桥南一路,南至惠民路	青云谱区
116	总装厂路	北起新溪桥南一路,南至飞龙路	青云谱区
117	八角亭路	西起井冈山大道,东至振飞路	青云谱区
118	海虹巷	西起洪飞路,东至振飞路	青云谱区
119	飞龙路	西起井冈山大道,东至振飞路	青云谱区
120	精工巷	西起洪飞路,东至振飞路	青云谱区
121	试飞路	西起井冈山大道,东至振飞路	青云谱区
122	青云路	西起井冈山大道,东至高新南大道	青云谱区
123	博采路	北起新溪桥路,南段转东至规划路	青云谱区
124	南罐路	北起三店西路,南至江铃东一路	青云谱区
125	洪学路	北起江铃东一路,南至江联路	青云谱区
126	燕子岩路	北起江铃东一路,南至南昌大道中	青云谱区
127	狮子口路	西起迎宾北大道,东至青云谱北路	青云谱区
128	马门山路	西起迎宾北大道,东至青云谱北路	青云谱区
129	尧冈路	西起迎宾北大道,东至青云谱北路	青云谱区
130	江联路	西起迎宾北大道,东至青云谱北路	青云谱区
131	唯实路	西起迎宾北大道路,东至陈云旧居陈列馆便道	青云谱区
132	广州西路	西起施尧路,东至井冈山大道	青云谱区
133	旭丰路	北起南京东路,南至豫泉香苑	青山湖区
134	居安路	西起高新南大道,东至新桃路	青山湖区
135	闵旺路	南起解放东路,北至香桥路	青山湖区
136	昌裕路	西起高新南大道,东至东升大道	青山湖区
137	东锦路	北起义坊路,南至兆驰工业园北门	青山湖区
138	东顺路	南起南昌大道,北至昌鸿路	青山湖区
139	全顺街	东起迎宾北大道,西至规划路	青云谱区
140	学园路	北起规划路,南至江铃西二路	青云谱区
141	文德路	南起前万街,北至朱桥东路	青云谱区

2023 年南昌市调整道路起止点一览表

表 16　　单位：米

序号	标准名称	原起止点	调整后起止点	长/宽
1	洪腾大道	西起昌东大道 东至天祥南大道	西起昌东大道 东延至洪腾高速收费站	9100/60
2	天祥南大道	北起紫阳大道 南至瑶湖南大道	北起紫阳大道 南延至南外环高速	36300/66
3	南昌大道东	西起高新南大道 东至幽兰互通	西起高新南大道东延至福银高速	12500/70
4	广州路	西起井冈山大道 东至高新南大道	西起井冈山大道东延至东莞路	9600/66
5	昌东大道	北起沿江大道北 南至昌南大道	北起沿江大道北 南延至南外环高速	22000/68
6	东坛街	东起井冈山大道 西至十字街	东起井冈山大道 西至十字街（原东坛街北移 100 米）	560/16
7	洪玉巷	北起墅溪路 南至新溪桥北二路	北起墅溪路 南至新溪桥路	904/（6—12）
8	新溪桥北三路	西起新溪桥东二路 东至洪玉巷	西起洪都南大道 东至城南大道	2900/30
9	新学路	西起青渠路 东至贝斯特幼儿园	西起青渠路 东转南至新溪桥路	849/19
10	警民路	西起施尧路 东至迎宾北大道	西起施尧路 东至青云谱北路	1864/25
11	丹园街	西起航空路 东至南连通渠	西起航空路 东至城南大道	1060/25

2023 年南昌注销道路名称一览表

表 17

序号	注销道路名称	注销原因	所在区域
1	江铃西四路	并入广州西路	青云谱区
2	江铃东二路	并入警民路	青云谱区

2023 年南昌市公告新命名住宅区、建筑物一览表

表 18

序号	标准名称	地理位置	所在辖区
1	南水大厦	红谷滩区茶园街 1399 号	红谷滩区
2	云水府	经济技术开发区桂苑大道 908 号	经开区
3	省庄花园	新建区长征西路 1666 号	新建区
4	小桥小区	新建区长康路 1288 号	新建区

续表 18

序号	标准名称	地理位置	所在辖区
5	文全小区	新建区长康路 1299 号	新建区
6	东汇玉府	青山湖区南京东路 1555 号	青山湖区
7	菁华合院	高新区火炬七路 199 号	高新区
8	青控科创城	青山湖区杨家山路 699 号	青山湖区
9	悦湖华院	青云谱区三店西路 498 号	青云谱区
10	产控智造园	青山湖区谢佛路 388 号	青山湖区
11	尚品华庭	青云谱区洪都三区 53、54、55 栋	青云谱区
12	绿景春晓小区	青云谱区新墅路 111 号	青云谱区
13	凯悦小区	青云谱区广州路 1399 号	青云谱区
14	艾溪雅院	高新区创新一路 655 号	高新区
15	流量经济产业园	红谷滩区龙兴大街 616 号	红谷滩区
16	信和商住小区	红谷滩区香江路 216 号	红谷滩区
17	嘉悦滨江商住中心	西湖区朝阳洲中路 369 号	西湖区
18	揽境花苑	新建区四联路 777 号	新建区
19	武商购物中心	东湖区广场北路 29 号	东湖区
20	武商大厦	东湖区省府西一路 2 号	东湖区
21	昌南医疗器械园	青云谱区金鹰路 2 号	青云谱区
22	昌隆商厦	青云谱区航空路 999 号	青云谱区
23	云瑶府	经开区青岚大道 1718 号	经开区
24	产控和樾府	青山湖区昌富路 188 号	青山湖区
25	尚璟嘉苑	经开区金山大道 299 号	经开区
26	江西展演中心	红谷滩区红谷南大道 2699 号	红谷滩区
27	悦江小区	青山湖区民营大道 969 号	青山湖区
28	红谷滩现代服务园	红谷滩区腾科路 208 号	红谷滩区
29	天青佳苑	红谷滩区龙兴大街 977 号	红谷滩区
30	隆祥花园	青山湖区昌东大道 3000 号	青山湖区
31	汇峰家园	青云谱区井冈山大道 899 号	青云谱区
32	缦云住宅小区	西湖区云锦路 555 号	西湖区
33	养云住宅小区	西湖区云锦路 589 号	西湖区
34	竹山翠苑	湾里竹山路 606 号	湾里管理局
35	澳博园	红谷滩区茶园街 889 号	红谷滩区
36	璟宸云府	青山湖区青山湖大道 316 号	青山湖区

续表 18

序号	标准名称	地理位置	所在辖区
37	艾溪湖佳苑	高新区创新一路 698 号	高新区
38	半岛商务中心	红谷滩区赣江北大道 13968 号	红谷滩区
39	琅悦府	西湖区九洲大街 99 号	西湖区
40	宸央府	西湖区绳金塔街 333 号	西湖区
41	锦天盛世小区	红谷滩区飞虹路 399 号	红谷滩区
42	十里风荷南院	湾里管理局鹿聚路 2 号	湾里管理局
43	湖畔商业中心	红谷滩区南龙蟠街 1328 号	红谷滩区
44	邻湖未来小区	高新区艾溪湖二路 567 号	高新区
45	锦云小区	青云谱区上海南路 1699 号	青云谱区
46	菁华轩	经开区山丹路 555 号	经开区
47	悦盛小区	红谷滩区龙虎山大道 1598 号	红谷滩区
48	璟上小区	东湖区青山北路 398 号	东湖区
49	朗明住宅小区	高新区创新二路 985 号	高新区
50	悦文华小区	青山湖区青山北路 298 号	青山湖区
51	江上云筑	红谷滩区赣江南大道 1516 号	红谷滩区
52	景秀未来小区	红谷滩区赣州大道 966 号	红谷滩区
53	朗翠庭	西湖区孺子路 66 号	西湖区
54	璟樾府	青山湖区惠州路 886 号	青山湖区
55	伟唐和府	青山湖区民园路 226 号	青山湖区
56	朝阳锦里小区	西湖区金环路 508 号	西湖区
57	下罗锦泰家苑	经开区庐山南大道 2516 号	经开区
58	洪源聚府	青云谱区洪飞路 68 号	青云谱区
59	漫和坊北区	湾里管理局陈家路 88 号	湾里管理局
60	嘉佑医养中心	西湖区抚生路 858 号	西湖区
61	红谷滩基金产业园	红谷滩区赣江中大道 1566 号	红谷滩区
62	欣瑞府	西湖区朝阳洲南路 219 号	西湖区
63	添汇雅苑	青云谱区漕溪街 555 号	青云谱区
64	九龙观塘商住小区	红谷滩区龙兴大街 968 号	红谷滩区
65	三友滨江小区	西湖区水厂路 1288 号	西湖区
66	瑞盛商坊	新建区长堎街道文化大道 2225 号	新建区

（资料来源：市民政局）

民族宗教事务

【概况】 2023年,市民族宗教事务局(以下简称"市民宗局")聚力聚焦率先"作示范、勇争先"目标要求,以铸牢中华民族共同体意识为主线,坚持宗教中国化方向,推动民族团结进步事业提质增效,提升宗教事务法治化水平,维护全市民族宗教领域和谐稳定。市民宗局协助市委、市政府印发《铸牢中华民族共同体意识行动方案》,并协助市民族宗教工作领导小组印发《铸牢中华民族共同体意识行动方案贯彻落实意见》。被国家民族事务委员会授予2023年度全国民委系统信息工作优秀集体。

【"五好"宗教活动场所创建】 2023年,出台《市民宗工作领导小组关于深化全市"五好"宗教活动场所的实施意见》《2023年南昌市"五好"宗教活动场所创建考核细则》,从规范宗教事务管理,强化宗教活动场所财务管理,强化宗教界教风管理等方面深化"五好"场所的创建。先后组织召开"五好"场所现场会暨创建工作动员部署会以及"五好"场所现场会暨"五好"场所创建培训班,并印发1000本南昌市2023年"五好"场所创建活动培训材料。至年底,全市有30处宗教活动场所获省级"五好"场所称号。

【民族团结进步创建】 2023年,市民宗局加强国家、省、市民族团结进步示范区示范单位申报创建工作,评选出南昌市西湖区丁公路街道恒茂华城社区被命名为第十一批全国民族团结进步示范区示范单位,评选出南昌市红谷滩区、进贤县第一中学、南昌八一起义纪念馆为第六批全省民族团结进步示范区示范单位,评选出南昌八一起义纪念馆、红谷滩区第三小学、江西科技学院"石榴籽之家"工作室等12家单位为南昌市第三批民族团结进步示范区示范单位。

【"洪石榴"项目品牌】 2023年,制定下发《关于进一步深化民族团结进步创建"洪石榴"项目的实施方案》,按照"广播石榴籽、盛开团结花"原则,共建成38个"洪石榴"之家、37个"洪石榴"服务站、32个"洪石榴"志愿服务队、29家"洪石榴"民族团结示范店(企业)、24个"洪石榴"宣讲团、35个"洪石榴"孵化基地,弘扬民族团结进步理念,构建各民族共居共学、共建共享、共事共乐的社会环境。10月27日,由市委统战部、市民宗局主办,南昌工学院、市民族团结进步协会承办的"洪石榴籽一家亲 同心共筑中国梦"——南昌市"洪石榴"文化艺术节文艺会演在南昌工学院天工剧院举办。省委政法委副书记、新疆驻江西省工作组党委书记、组长翟少勇,省民宗局党组成员、副局长李新华,市政协第十五届委员会副主席薛有旺等省市相关部门领导,获得省级以上荣誉的各民族代表以及民族班、"洪石榴"站点等相关负责人出席晚会。此次演出通过歌舞、朗诵等艺术形式展示各族人民风雨同舟、携手发展、守望相助的手足之情,营造"五十六个民族一家亲,团结之花永盛开"浓厚氛围。

【民族宗教工作调研】 2023年,赴杭州市学习考察民族事务治理和民族团结进步创建工作的经验做法和成效,配合市政协开展"洪城协商·委员市长面对面"——"深化我市基层民族事务依法治理,提升民族事务治理体系和治理能力现代化水平"课题协商工作;配合市人大开展"做好新时代中小学校民族团结进步教育工作"以及"全市民族团结进步事业情况"视察调研。《中部散居城市铸牢中华民族共同体意识教育"从娃娃抓起"的调研报告——以江西省南昌市为例》获2023年国家民委社会科学研究成果优秀奖;《创新理念+齐抓共管擦亮城市少数民族工作"洪石榴"品牌》获全省统战工作实践创新成果奖。开展宗教理论创新横向合作研究,与中央党校、中国佛学院等相关学者共同形成研究成果《全面从严治教的理论逻辑、历史逻辑和实践逻辑》。

【"南昌宗教中国化与文明互鉴"学术研讨会】 2023年12月1日至3日,第二届"南昌宗教中国化与文明互鉴"学术研讨会举行。市委常委、统战部部长饶绍清会见部分与会专家学者。市人大常委会副主任张湘赣,南昌大学副校长吴丹出席开幕式并致辞。研讨会由省哲学学会、市宗教文化交流协会主办,南昌大学江右哲学研究中心、市佛教协会承办。到南昌参加研讨会的宗教界专家学者71位,收到参会论文63篇。会上,来自北京大学、中国人民大学、中国社会科学院、武汉大学、南京大学、北京师范大学等相关高校、院所的专家学者进行大会主旨发言。在分组讨论阶段,与会专家学者、宗教界代表人士等就如何深入挖掘南昌宗教文化资源,推进南昌佛教、道教、伊斯兰教、天主教和基督教五大宗教中国化与文明互鉴走深走实;发挥宗教工作三支队伍作用,形成推进宗教中国化的合力等主题分别进行讨论。

【少数民族传统体育运动会】 2023年5月17日至21日,省第三届少数民族传统体育运动会在鹰潭市贵溪市举办。南昌市代表团选派73名各民族运动员,参加射弩(民族标准弩)、蹴球、高脚竞速、板鞋竞速、毽球、陀螺、民族健身操等7个大项33个小项的比赛。南昌市代表团获得一等奖10个、二等奖14个、三等奖16个,取得一等奖总数第一名、获奖项目总数第一名、团体总分第一名的优异成绩。同时，南昌市代表团获得团体总分一等奖、体育道德风尚奖。

（张　楚）

精神文明建设

【概况】 2023年，南昌市精神文明建设工作以举旗帜、聚民心、育新人、兴文化、展形象为使命任务，统筹推进文明培育、文明实践、文明创建，推动城乡精神文明建设融合发展，市民文明素质和城市文明程度不断提高，为南昌经济社会发展提供精神动力和道德支撑。持续常态化开展“南昌好人”推荐评议活动，共评出4期“南昌好人”共42人。推荐胡能迢、程应清、顾长城、敖亮、徐丽、梅家瑞、魏和友七人上榜“中国好人”，推荐上榜“江西好人”18人。第八届南昌市道德模范评选，选出助人为乐、见义勇为、诚实守信、敬业奉献、孝老爱亲5类道德模范19组（共21人）。制作播发10个“文明南昌·南昌有礼”文明礼仪系列宣传片，开展“文明南昌360度·南昌有礼”文明礼仪知识竞赛，举办“文明伴我心·书香照前行”名著小书包捐赠仪式，弘扬传统文化，传递文明美德。开展文明交通、文明旅游、文明餐桌、文明祭祀等文明培育工作。

第八届南昌市道德模范名单一览表

表19

类别	姓名	职业
助人为乐类	伍学花（女）	西湖区南浦街道象山社区居民，陈言人妻子
	梅家瑞（女）	南昌县莲塘一中退休教师
	刘风香（女）	青山湖区南丁格尔志愿服务队志愿者
	陈文斌	江西听讼律师事务所律师
见义勇为类	胡能迢	新建区象山镇新增村村民、中国人民解放军第73集团军某旅班长
	应　强	南昌燃气集团职工
	纳斯尔江·阿布力米提	西湖区新疆纳斯尔江馕店店主
	余其文	进贤县公安局架桥派出所三级警长
诚实守信类	饶　满	南昌地铁执法支队一大队二中队中队长
	王华则	南昌公交公司向塘站保安
	韩海明	红谷滩区青赣缘兰州拉面馆店主
敬业奉献类	胡春龙	南昌市公安局西湖分局情报大队大队长
	单文增	江西现代职业技术学院教师
	刘　辉	江铃汽车股份有限公司冲压厂三车间首席技师
	曹和槐	湾里管理局罗亭镇上坂村村医
孝老爱亲类	高菊花（女）	经开区黄家湖社区居民
	胡冬水	西湖区九洲街道十里水岸桃花小区居民
	喻冬英（女）	南昌县塔城乡凤岗村东边李自然村村民
	刘上高、熊梅香（女）夫妻	安义县万埠镇文埠村田北刘家村小组村民

（资料来源：市委宣传部）

【全国文明城市创建】 2023年，推动“空中管线、公益广告、垃圾广告、文明交通提升、不文明养宠、共享单车治理、楼道清理、飞线充电、巡游出租车”等九大专项整治，均取得较好成效，受到群众赞誉。通过整治，补齐创建短板、打牢创建基础、提高创建水平。开发“回音壁”文明城市创建群众服务平台，通过“百姓点单、平台派单、县区和市直部门接单、百姓评单”的闭环管理，让群众从“袖手看”到“动手干”，做到文明创建人人参与、文明成果人人共享，已收到群众诉求600余件，所有诉求均得到整改落实。

【新时代文明实践志愿服务】 2023年，通过制定市、县区、镇街、村社“4级”新时代文明实践活动清单和推广使用“四单”平台，推进学习实践科学理论、宣传宣讲党的政策、培育践行主流价值、丰富活跃文化生活、持续深入移风易俗五大类活动常态长效，开展精准服务群众的文明实践活动14.93万场次。创新开展“文明实践+红十字‘人道伴行’”活动在全省发文推广，在民政部举办的中国慈展会上进行交流发布。南昌市供电公司微光志愿服务队李先海入选全国最美志愿者，南昌市小鲜鹭志愿者协会、南昌大学第二附属医院志愿者协会入选全国最佳志愿服务组织，新建区长堎街道凤凰山社区、西湖区南站街道铁路二村社区入选全国最佳志愿服务社区；16个先进典型获得全省优秀志愿服务先进个人和组织。全面开展新时代文明实践阵地建设提质增效工程，建成100个精品点位。共有258个阵地获全省星级中心（所、站），形成文明实践精品阵地全面开花的良好局面。

【先进典型宣传帮扶】 2023年，全面梳理全市道德模范、身边好人、新时代好少年、文明家庭、最美人物，建立南昌市“好人库”，从中挑选30名政治过硬、理论水平较高、宣讲经验丰富的先进典型组建“南昌好人宣讲团”，团长由南丁格尔奖获得者、中国好人、江西省道德模范邹德凤担任，副团长由全国最美志愿者、中国好人、南昌市道德模范郭联发担任。结合“好人故事会”“小军军好人会客厅”等特色品牌群众性主题宣教，常态化组织开展好人宣讲“声”入人心活动，共开展宣讲1022场，受众4.9万人次。落实道德模范礼遇政策，为道德模范办理免费参观景点、免费乘坐公共交通等礼遇卡。为全市历年获评的道德模范、“诚实守信”类好人提供驾校报名、机动车保养维修、租赁自行车等优惠服务。协调市英雄基金会等社会组织，为道德模范和“身边好人”开展免费健康体检21人次。加大道德模范和“身边好人”奖励帮扶力度，全年共投入31万元，奖励帮扶135人。

【移风易俗乡风文明专项行动】 2023年，抓好南昌市推进移风易俗乡风文明三年专项行动部署要求，制定全市开展移风易俗乡风文明三年专项行动“全面改善年”十项活动，组织召开全市移风易俗乡风文明建设工作现场推进会，联合市委组织部、市民政局联合制定《深入开展农村婚嫁彩礼专项治理实施意见》，举办“倡导移风易俗、树立文明新风”百对新人集体婚礼，各县区组织开展集体婚礼70余场，倡导婚事新办、婚事简办。组织开展移风易俗“五个100”系列群众推荐评议活动，全市45个家庭和个人获全省移风易俗“好家庭”、孝老爱亲“好媳妇”、婚事新办“好公婆”、不要彩礼“好岳父母”、弘扬新风“好理事长”表彰。开展“新时代·新风尚”——文明实践志愿服务和移风易俗“大篷车”巡演活动推动移风易俗建设文明乡风。在2111个新时代文明实践中心（所、站），组建1722支移风易俗类志愿服务队，利用文化活动室、理论宣讲室等活动场地，开展以移风易俗、家庭美德、家风家教、法律知识、健康卫生知识为主要内容的宣传教育活动。推动南昌县入选全省移风易俗工作重点示范县、青云谱区入选全省婚丧领域移风易俗工作示范区，推动新建区、青云谱区、红谷滩区入选全省“移风易俗集体婚礼”重点示范县区。

【“新时代好少年”评选】 2023年，突出“英雄城、新时代、好少年”空间、时间、人物三个要素，以“英雄出少年”为主题广泛开展“新时代好少年”学习宣传活动，全市推荐的罗廷晖、章子逸、“光明行”跳绳队等3个先进事迹已获评省级“新时代好少年”，“光明行”跳绳队被评为全国“新时代好少年”，并作为全国8个重点对象之一，参加全国“新时代好少年”发布仪式。评出市级“新时代好少年”30个先进事迹，8月，举办“英雄出少年”暑期成长营活动。

【“校家社零距离”结对共建】 2023年，印发《关于开展南昌市“校家社零距离”文明校园与新时代文明实践站结对共建活动的通知》，组织100所学校按照就近原则与100个新时代文明实践站结对，已有124支师生志愿服务队6.42万人下沉至社区（村），通过学校和社区（村）之间的密切配合，做到资源整合、优势互补，为辖区居民提供优质服务。

【未成年人思想道德建设】 2023年，通过线上线下相结合的方式开展“清明祭英烈”活动，全市参与线上祭文留言36.1万人次。4月1日，在八一起义纪念馆开展“清明祭英烈、花语寄哀思”主题活动。遴选红谷滩区流湖初级中学等22所学校参加省文明办、省教育厅联合开展的“家校协同共育、培育健康心灵”第三届“百场辅导进百校”心理健康教育实践活动。开展“书香伴成长”阅读和“向国旗敬礼”活动。

（张　翔　舒小华）

应急管理

综 述

【概况】 2023年，全市应急管理系统积极预防化解公共安全风险，认真应对处置各类自然灾害风险，妥善应对低温寒潮天气，汛期大中小各类水库无一垮坝、重要堤防无一决口，未发生森林火灾。防震减灾工作在2023年度考核中蝉联全省第一位。市应急管理局（以下简称“市应急局”）落实市委、市政府和省应急管理厅关于值班值守、信息接报、指挥调度等决策部署，强化值班值守，扎实预案演练，努力提升突发事件应急应对能力和水平。全年应对处置434起突发事件、接收突发事件信息报告4393期、编发突发事件信息636期、应急管理周综报24期、风险研判和应急值班汇要11期，通过视频、电台抽查县区值班值守县区339个（次），启动应急勤务二级、三级响应5次。

【安全形势总体平稳】 2023年，市应急局对3起较大道路交通事故进行调查，推行市县（区）两级应急管理局局长（安委办主任）蹲点计划，逐月制定重点工作提示，逐个重要节点发送行业提示。充分发挥安委办综合监管职能，以自身辛苦指数换得年终平安指数。全年全市发生各类生产安全事故71起、死亡91人。与2022年同期比，事故起数减少32起，下降31.1%；死亡人数增加3人，上升3.4%。工矿商贸领域发生生产安全事故30起、死亡31人，与2022年同期比，事故起数减少5起，下降14.29%；死亡人数减少3人，下降8.82%。道路运输（含水上运输）领域发生生产安全事故41起、死亡60人，与2022年同期比，事故起数减少27起，下降39.71%；死亡人数增加6人，上升11.11%。

【防灾减灾救灾工作融合】 2023年，市应急局开展会商研判，妥善应对低温雨雪冰冻天气。在2023年12月中旬抗击极端气象天气中，首次组织以“减灾委办+安委办”的处置模式，大大提升全局融合协作的能力。通过协调全市主要涉灾部门建立全市灾害性天气和重点时期应急管理联防联处机制，加强互通互联，密切关注天气变化趋势，加强会商研判，及时掌握天气动态变化信息，发现异常迅速预警，针对性地制定各项安全防范措施，牢牢把握应对各类灾害事故的主动权。

【基层应急管理基础建设】 2023年1月，南昌市召开应急管理流动现场会，对13个县区（开发区、湾里管理局）推荐的13个乡镇的基层应急管理体系和能力建设的新特色、新亮点、新变化进行现场交流，学习借鉴好经验、好思路、好举措，营造“比学赶帮超”的干事创业良好氛围。分3批对全市133个乡镇、街道、管理处以及10%比例的村社基层应急管理体系和能力建设进行评估验收，全市基层应急体系“八有”（有机构、有经费、有机制、有预案、有队伍、有物资、有培训演练、有示范创建），行政村（社区）“六有”（有经费、有固定人员、有场地设施、有装备物资、有工作制度、有隐患台账）建设基本完成，基层应急处置能力、防范风险能力、共建共治能力得到提升。

【重大活动保障安全】 2023年，全市密集举办2023年迎春和国庆烟花晚会、中国南昌国际龙舟赛、千人横渡赣江、八一广场升旗仪式、世界VR产业大会、中国航空产业大会暨南昌飞行大会等活动。市应急管理系统发挥市应急办、安委办综合协调职能，督促指导市城管执法局、市公安局交管局、市文广新旅局、市体育局、市工信局等相关部门和属地政府，做好活动举办场所附近环境和交通秩序维护、疏导，做好安全防范、安全提醒、后勤保障等相关工作，并指派专人全程驻点蹲守活动现场，加强通信保障和图传联通，强化协同配合，确保及时应对，有序调度。制定《南昌市应急管理系统应急等级勤务机制》，响应期间全市应急管理系统均在昌备勤，全体人员禁酒，各县区均组建3—5人小分队，指定一名领导带队在岗备勤；实行事故"零"报告制度，提前调度并发布预警和风险提醒；各类应急车辆、370MHz设备和单兵图传设备调试准备到位，确保县区设备能够正常应答和使用。

【应急保障机制】 2023年，市应急局探索建立统一指挥、反应灵敏的城市安全运行应急处置工作机制，形成定期交流、定期沟通的资源共享机制。市域内已与南昌警备区、武警南昌市支队建立军地抢险救灾协调联动机制，密切军地指挥体系、信息共享、系统互联、协作救援的联动，提升全市联合应对较大及以上灾害的能力。省域内已与宜春市签订两市应急联动合作机制，明确定期会议、信息共享、响应联动、资源共享以及队伍共训共练等机制。长江中游城市群中已与武汉市、长沙市、合肥市建立常态化沟通渠道，夯实四市视频互联互通基础。

【应急指挥】 2023年，市应急局参照《南昌市应急管理局灾害事故应急响应框架和处置机制（试行）》，理顺综合指挥、专业指挥、现场指挥关系，建立日常调度、预警调度、响应调度三种专业调度指挥模式。在重大突发事件、重大事件节点、突发天气灾害时均能够及时研判，提前调度各县区、相关部门并发布预警或风险提醒，改变以往被动接收信息的局面。

【应急预案】 2023年，市应急局开展基层应急预案简明化工作试点，牵头组织开展全市各级各类应急预案"小口袋书"编制工作，全市有市县两级总体应急预案13个、专项应急预案191个、部门应急预案243个，乡镇级工作方案583个。以"会应急、懂操作、能处置"为目标，组织开展无脚本考核性应急演练，全年全市开展市县党政正职防汛应急预案无脚本桌面推演，并动员各地、各部门、有关企业参照开展无脚本盲演86次；组织开展西湖区城市内涝无脚本考核性演练，获得省应急管理厅表扬，作为先进案例通报全省学习。

（闫乐琛）

防灾减灾

【概况】 2023年，全市上报8次自然灾害过程数据：风雹灾害2次，洪涝灾害5次，台风灾害1次，南昌县、进贤县、安义县、新建区、红谷滩区、湾里管理局均有受灾，受强降雨和台风影响，受灾人口9647人，受灾农作物2794.14公顷，其中绝收9.3公顷，严重损坏房屋10间，直接经济损失1287.43万元。地质灾害区域累计提前转移142户，228人，防汛实现"不垮一坝、不溃一堤、不死一人"的总目标。全年全市没有发生森林火灾。

【防汛和抗旱】 2023年，全市应急管理系统围绕"一个中心、三个重点、五个确保"的防汛总目标和抗旱保民生的基本要求以及"最大程度地减少人员伤亡、最大程度减轻灾害损失和影响"的工作目标，开展年度防汛抗旱各项工作。汛前结合南昌市近年来的防汛抗旱工作实际，修订《南昌市防汛抗旱应急预案》。结合南昌市防汛抗旱工作实际，在与多部门会商研究基础上，建立并实施《防汛联合值班工作机制（试行）》《南昌市应对雨雪冰冻灾害工作机制》《南昌市强降雨31风险预警应对实施细则》以及防汛专班机制，保障南昌市应对相关灾害过程。在全市范围开展全面隐患排查，梳理出64个隐患问题，及时形成台账，并在汛前内全面完成整改。市、县两级准备各类防汛抢险队伍80支，工程项目抢险队伍35支，总人数近12000人，明确抢险类型、队伍位置、人数、设备。全市各县区、相关单位防汛物资折合人民币7700万元，包括98万条草袋、51.8万条麻袋，163万条编织袋、1256立方米木料、30.5万立方米石料、1.3万件救生衣等物资和96艘橡皮艇、56艘冲锋舟、4238套各类灯具、300余套发电机、340余套排涝设备等防汛设备以及1800余套水泵、70台打井机等抗旱物资和设备。6月2日，市防指在新建区廿四联圩赣抚尾闾项目部附近组织开展2023年南昌市防汛应急综合演练，300余人参演、观摩，提升防汛抢险救援组织指挥能力。7月，南昌市持续高温干旱少雨天气。全年全市累计新打抗旱井2783眼，开展抗旱技术服务1600多人次，投入抗旱资金2亿多元，有效减轻旱灾对粮食生产的影响，南昌市抗旱好的经验做法被央视报道8次。

【森林防灭火】 2023年，全市应急管理系统探索应用"技防＋人防"模式。利用视频探头、无人机巡护，强化技防水平，加强传统巡护模式，发挥"一长两员"基层一线优势，确保隐患问题及时排查发现及时处置。全市533名护林员巡护42.29万小时，巡护里程达140.12万千米，各级林长巡林3.5万余人次。在森林防火重点期结合森林防灭火"百日攻坚行动"及"平安春季行动""违规野外用火啄木鸟专项整治行动""森林火灾隐患排查整治和查处违规用火行为专项行动"等，加强重点防火区域的排查，围绕"三个管住、两个规范"（管住重点时段、区域、人群，规范生产性用火、祭祀用火）要求，不断强化源头管控，严格落实"五个禁止"规定。针对风景名胜区、自然保护区、森林公园、国有林场等重点区域，林边、路边、坟边、田边等重点地段，督促林内电力设施、信号塔、油库、公路等重要设施权属单位落实森林防灭火主体责任，摸清林内重要设施数量35个，排查整治火险隐患309个。全市专业森林消防队伍深入林区一线巡逻巡护，开展专项查处、重点整治，切实减少野外违规用火行为。公安、林业及应急管理等联合执法，依法从严对野外用火进行处罚，发现一起，查处一起，形成高压态势。全年排查、制止违规用火行为为387起，对1072人予以口头教育，对24人予以行政拘留，对32人予以行政罚款，罚款总金额为7.43万元，有效保障春节、全国两会、中秋、国庆等重点时期森林防火工作形势平稳。

【防震减灾】 2023年，市应急局加强与城乡规划、公安等部门沟通联系，持续做好辖区内11个台站的地震监测设施和地震观测环境的保护。定期组织巡查人员检查台站供电系统、通信系统以及仪器设备工作情况、维护维修情况和周边环境情况，确保监测台（站）始终处于良好的工作状态，并联合各级公安部门对全市11个地震监测站点的周边环境开展隐患排查和整治。印发《2023年南昌市震情监视跟踪和应急准备工作方案》，要求各县区（开发区、湾里管理局）和市抗震救灾指挥部成员单位要严格执行。强化协同配合，提高技术保障能力，增强服务能力，与南昌地震监测中心站密切沟通，以地震监测与速报项目（一期）建设为引领，稳步推进《南昌地震监测中心站 南昌市应急管理局共同推进南昌防震减灾救灾能力建设合作框架协议》落实。

【灾害救助】 2023年，市应急局在各县区自查申报的基础上，到灾区进行走访调查，对灾民受灾情况及需救助情况进行全面核实，出台专项救助实施方案，全面摸清冬春需救助受灾群众底数，建立冬春救助工作台账，及时下拨2022—2023年度中央冬春救助补助资金1482万元。与市财政局联合开展2018—2022年度中央自然灾害救灾资金核查工作，全面摸清中央自然灾害救灾资金分配、使用基本情况，提升资金分配合理性和高效性。

【防灾减灾宣传】 2023年，市应急局根据省减灾办、省应急管理厅统一部署，开展“5·12”防灾减灾宣传周系列活动。通过举办防灾减灾知识讲座、张贴宣传海报、设置宣传栏、播放宣传字幕、宣传视频、发放宣传资料等方式，深入开展防灾减灾进社区、进企业、进校园、进农村、进家庭“五进”活动，营造良好宣传氛围。全市开展“五进”活动300余次，举办防灾减灾知识讲座200余场，发放宣传资料30余万份，有效普及防灾减灾知识，提升群众防灾减灾意识。

（闫乐琛）

安全生产监督管理

【概况】 2023年，市应急局坚持人民至上、生命至上，履职尽责，迎接国务院安委会综合检查、省安委会检查巡查、安全生产考核，推进安全生产重大事故隐患专项排查整治2023行动，发挥组织、统筹、协调、盯办职能，落实好大排查大整治工作，为全市经济社会发展提供有力安全保障。全年全市发生各类生产安全事故71起、死亡91人。与2022年同期比，事故起数减少32起，下降31.1%；死亡人数增加3人，上升3.4%。

【安全生产责任制落实】 2023年，市应急局推进落实安全生产领域“三包”监管责任制（县区领导干部包“片”、行业管理部门干部包“线”、乡镇干部包“点”），运用“四单”工作法，及时下发工作提醒单、风险警示单、问题督办单、问责建议单，全方位、分阶段、分层次督促各级政府、有关部门和单位落实安全生产责任。落实安全生产“三包”监管，划分责任“片区”132个、“点位”2099个，包片领导189人，包点干部2246人；组织市、县、乡镇（街道、管理处、园区）和村（社区）对辖区内生产经营单位进行全面摸排，建立台账，逐一明确其所属行业领域、从业人员数量、主要安全风险等信息，全市摸排安全生产领域生产经营单位10.7万余家。视情况梯度运用“四单”工作法，下发工作提醒单、风险警示单、问题督办单、问责建议单，全方位、分阶段、分层次督促各级政府、有关部门和单位落实安全生产责任，市县两级全年累计发出工作提醒单453份、风险警示单97份、问题督办单308份、问责建议单10份。

【燃气安全专项整治】 2023年，南昌市印发《南昌市城镇燃气安全专项整治工作方案》，组建燃气安全专班，定期通报工作进展情况，扎实开展燃气安全整治。信息系统录入检查人员3057人，企业信息18356家，排查覆盖进度100%，排查发现隐患11348处，整改完成11230处，整改率98.96%。特别是针对红谷滩区燃气问题隐患整改不到位的问题，依法依规对行业监管部门及其具体责任人进行追责问责。

【建筑领域风险防控】 2023年，市应急局以专项行动为抓手，部署开展建筑施工“百日攻坚”行动，重点县区帮扶指导企业72家，开展执法人员专题培训432次，累计检查项目477个，发现问题4044条，下发750份限期整改单、39份停工整改单。强化危大工程和重大危险源管控，对深基坑、高支模等230个重大危险源和1329台起重机械设备进行密切监控，严格落实危大工程管理规定。编制《南昌市自建房结构安全隐患排查（复查）技术要点》，出台《关于规范自建房安全隐患排查鉴定工作的紧急通知》,建立自建房安全隐患排查整治专家库(152名),公布房屋结构安全鉴定机构名录(57家)。全市排查房屋总数为119万余栋,排查出自建房76万余栋,其中经营性自建房37038栋。经营性自建房中判定存在安全隐患的1364栋,已整治销号1341栋,整治销号率98.31%。

【道路交通领域风险防控】 2023年,市应急局推进"人车路企"风险治理,落实"三个一律",紧盯"两客一危一校",对787家风险运输企业下发整改通知书3204份,全市高风险运输企业由年初的90家下降至28家,中风险运输企业由年初的437家下降至323家。清理车辆、驾驶人各类风险隐患12519起,排查道路隐患3998处,已治理3823处。印发《南昌市占道殡葬问题专项整治工作方案》《关于建立违规占道施工作业"黑名单"制度的工作意见》等文件,联合开展违法占道整治,受理占道施工审批538起,占道施工报备1996起;发现处置违规占道施工作业228起、违规占道殡葬55起、违规占道摆摊经营65起,行政处罚35起、约谈企业52家、抄告单位75家次、曝光占道行为30起。聚焦道路运输、水路运输,投入执法车辆8055辆次、出动执法人员28780人次、组织联合执法检查2538次、入户检查企业1599家次、检查车(船)11.8万余次,办理行政处罚案件4738起。

【特种设备领域风险防控】 2023年,市应急局开展主体责任推进年活动,围绕"首届特种设备安全宣传周""安全月""质量月",对206家特种设备生产单位301人和3218家特种设备使用单位4989人组织培训。推进安全生产领域"两无"非法行为整治,排查整治特种设备无证上岗作业26人。开展电梯安全筑底三年行动,出动执法人员1253人次,检查相关单位212家,发出安全监察指令书45份,消除监管盲点23处。

【安全生产重大事故隐患专项排查整治】 2023年,南昌市印发《南昌市安全生产重大事故隐患专项排查整治2023行动实施方案》,各县区全部出台方案,推进安全生产重大事故隐患专项排查整治2023行动,市安委会按照"定期调度+专题调度"方式,及时分析研判安全生产形势、问题和任务,切实抓好重点工作推进。安全生产重大事故隐患专项排查整治2023行动期间,全市帮扶指导重点县区571次,指导重点企业4321家次。抽查检查企业21230家,排查出重大事故隐患1493项,开展行政处罚685次,处罚金额633.12万元,企业及其主要负责人"一案双罚"34次,责令停产整顿55家,曝光、约谈、联合惩戒企业1396家。市、县党委政府组织专题学习安全生产十五条硬措施61次,党委政府主要负责人专题研究158次,政府负责人现场督导检查424次,安委会成员单位负责人到企业宣讲823次,推进安全生产举报奖励工作发放奖励金额4.89万元。

【消防安全重大风险隐患专项排查整治】 2023年,市应急局推进消防安全重大风险隐患专项排查整治2023行动。督促企业认真开展自查自改,建立安全生产重大事故隐患台账。各县区(开发区)、湾里管理局及各有关部门对重点地区、重点企业开展帮扶,完成安全执法队伍专题培训并组织开展好"安全生产月"活动。相关部门聚焦安全生产重大事故隐患和重点检查事项,监督检查并录入系统的社会单位13854家,发现火灾隐患9244处,整改隐患8563处,下发行政处罚决定书716份,临时查封161份,罚款557.32万元。检查三类重点场所16.3万家(次),发现隐患21.8万余处,整改隐患21.5万余处。

【行政执法效能提高】 2023年,南昌市出台并贯彻落实《关于进一步加强安全生产领域违法行为线索移送工作的通知》,市应急局加强与其他具有行政执法职能的部门进行沟通,开展违法问题线索的移交和联合执法工作。所有执法活动通过"互联网+执法"系统录入数据,全年全市通过系统开展执法检查2472次、查处隐患2875处、已完成整改的隐患2485次、行政处罚210次金额344.51万元。南昌市安全生产行政检查次数、典型案例报送数量均列全省第一位,行政处罚次数、罚款金额均列全省第二位,得到省应急管理厅通报表扬。

【信息化助力应急能力提升】 2023年,市应急局发挥信息化作用,为应急管理工作提档提速。推进南昌市应急管理风险综合监测预警防范处置项目建设(城市安全风险综合监测预警平台)。推进建设以"全面感知、动态监测、智能预警、扁平指挥、快速处置、精准监管、人性服务"为模式,充分整合各市直部门相关数据,依托赣政通平台构建一数据、一视频、三屏、N应用的系统体系,最终建成实现重大安全风险有效管控,各类生产安全事故有效遏制,自然灾害风险损失大幅降低。加快推进南昌市森林防火监测预警点位补盲服务,构建基于大数据与AI技术,"空、天、地、人"四维一体监测体系,实现森林火灾"预警监测、扑救指挥、灾后评估"全流程闭环管理,做到"火情发现早、核查实,火灾扑救快、评估准",显著提升全市的森林防灭火及应急处置能力。强化全市统一的应急指挥系统和370MHz通信、4G单兵、融合通信、图传系统、天通卫星和视频会议等信息化设施在实战应急指挥中的应用,提升全市应急通信保障在"三断"极端条件下的通信能力。

【安全宣传教育】 2023年,市应急局加强与《南昌日报》、南昌广播电视台、江西交通广播的新闻宣传合作，拓展与南昌交通广播的合作，开设《安全风险防范大宣传大实践》《南昌应急之声》《应急小课堂》和应急公益宣传等专栏、专题。加强与各类新闻媒体沟通，加大对全市应急管理、安全生产、防灾减灾等工作的宣传报道力度，中央、省市新闻媒体新闻报道超过180篇。精心组织“最美应急人”学习选树活动，评选出10名“最美应急人”和10名“最美应急人提名人选”，6月6日晚上举行发布仪式，相关市领导出席并颁奖，全市应急管理系统、安委会成员单位代表、获奖者亲属等近600人参加活动。

（闫乐琛）

消防救援

【概况】 2023年，南昌市消防救援支队紧扣“巩固提升立潮头、接续奋斗争一流”的发展目标，以高水平消防安全服务护航“省会引领”战略起步实施。全市消防救援队伍接处警12651起，疏散营救被困群众1399人，抢救保护财产价值约22.15亿元，打赢“2·22”赣江油船火灾、“5·30”宏瀚再生资源有限公司火灾、“8·22”苏克尔新材料有限公司火灾等大仗硬仗。支队获评全国消防救援队伍执勤训练工作先进支队，17个集体、7名个人获省部级层面以上表彰，特勤大队胜利青年志愿服务队获“中国青年志愿者优秀组织奖”，麦玉山获“全国技术能手”称号，陈汉秀获“全国训练尖兵”称号。

【省市假冒伪劣消防产品集中销毁仪式】 2023年3月13日，江西省消防救援总队、南昌市消防救援支队和市场监督管理部门在南昌市青山湖区联合举行打击冒牌消防培训和制售假冒伪劣消防产品专项行动暨“3·15”假冒伪劣消防产品集中销毁仪式，仪式通报南昌市消防产品质量三年专项整治开展情况，部署打击冒牌消防培训和制售假冒伪劣消防产品专项行动。消防员当场使用铁锤、切割机、挖掘机等工具，对防火门、防火阀、灭火器、感烟探测器、应急照明灯等10余种、3000余件假冒伪劣消防产品进行销毁。

【全国首个建筑内新能源汽车充电泊位火灾实验】 2023年9月11日，由江西省消防救援总队、江西省住建厅、江西省国防动员办公室主办，南昌市消防救援支队联合江西江铃集团新能源汽车有限公司、九江中船消防设备有限公司、中国建筑科学研究院建筑防火研究所、江西省新能源安全产业科技创新战略联盟等14家单位，开展“建筑内充电泊位火灾实验”。这是全国首个该领域的实验，此次实验发现新能源电动汽车在地下室、人防工程中锂电池包热失控致灾关键特征参数演变规律，有助于提升新能源电动汽车火灾事故快速应急救援处置能力，解决该产品消防安全治理技术性难题。

【全市消防救援队伍暨政府专职队实战化比武竞赛】 2023年11月22日至28日，南昌市消防救援支队举办2023年全市消防救援队伍暨政府专职队实战化比武竞赛。此次比武竞赛科目设置广，涵盖单兵技能、综合体能、大队全指、班组集体、整建制实战五大类、51项比赛科目。竞赛形式坚持“贴近实战、聚焦初战”原则，创新大队全勤指挥部搭建应用操、态势标绘操及通信组网操、消防站高层建筑快反控火救人操等科目和“平均体能”等模式，实现“从操场画线到实战场景、从单兵竞技到实战合成、从挂图想定到实战指挥”的转变。竞赛将大队全勤指挥部、国家队站、政府专职队全部纳入比赛范围，实现既比队站、又比大队，既比尖子、又比全员的工作目标。

【消防安全标准化管理现场会】 2023年12月8日，南昌市消防救援支队联合教育、民政、卫健等部门在全市分别召开学校、养老服务机构、医疗机构等重点场所消防安全标准化管理现场会，进一步提升行业主管部门监管水平，夯实社会单位主体责任。全市教育、卫健、民政与消防部门联合分别在西湖区南昌市珠市小学、青山湖区江西省肿瘤医院、西湖区社会福利院召开现场会，行业部门负责人、消防监督干部、单位（场所）消防安全管理人代表在各自会场参加会议。

【消防宣传“平安进群”行动】 2023年，南昌市消防救援支队在全省率先试点开展消防宣传“平安进群”行动。支队以建强网格宣传队伍、打通网格工作渠道、科学设计宣传内容、健全跟踪问效机制为抓手，先后遴选培训“网格消防宣传员”357名，在6600余个社区网格工作群内开展消防宣传、咨询和便民服务，覆盖人群超120万人，消防宣传“进家庭、进社区”工作成效更加突显。

【市政消火栓建设】 2023年，南昌市政府将城市道路配套“市政消火栓建设项目”列入南昌市“2023年十大民生工程”，明确2023年共建市政消火栓2860个，分两年彻底解决市政消火栓不足的问题。市人大常委会、市政府先后成立由分管领导挂帅的监督小组和工作领导小组。市消防救援支队双主官与所有县区（开发区、管理局）大队主官签订责任状，每周跟踪推进，每月挂图公示，随机实地核查。至年底，南昌市投资4300余万元，建设市政消火栓2987个，超额完成率104.5%；全市市政消火栓缺建率从38.08%缩小至14.67%，城市消防安全指数上升。

（刘　成）

县区(管理局)

南昌县

【概况】 南昌县位于江西省中部偏北,赣江、抚河下游,鄱阳湖西南岸。辖9个镇、7个乡、1个街道、1个管理委员会,主管1个国家级开发区、1个省级开发区。总面积1810.92平方千米(含昌东、麻丘镇),其中城区面积64平方千米。耕地面积8.16万公顷,有林面积2.57万公顷,森林覆盖率14.18%。户籍人口108.23万人,人口自然增长率1.1‰。在2023年全国中小城市高质量发展排名中,综合实力、绿色发展、投资潜力、科技创新、新型城镇化质量分别位居第33位、第44位、第6位、第27位和第25位,较2022年全面前移。莲塘镇、向塘镇、武阳镇入选2023年全国千强镇,冈上镇、幽兰镇入选国家级产业强镇,小蓝经开区入选2023年度国家级绿色工业园区。在第二十三届全国县域经济与县域综合发展百强榜单中稳居第18位,继续保持全国百强县第一方阵。

【政治建设】 2023年,县委按照中央和省市委的统一部署,深入开展学习贯彻习近平新时代中国特色社会主义思想主题教育,牢牢把握"学思想、强党性、重实践、建新功"的总要求,一体推进各项重点措施,认真落实全市"8+3"分类指引要求,推动主题教育走深走实,先后获中央电视台《新闻联播》、《人民日报》等主流媒体宣传报道60余篇(条)。在主题教育中,组建县、乡、村三级宣讲队伍,坚持和完善"第一议题"制度,县委常委会会议集体学习30次,县委(小蓝经开区党工委)理论学习中心组带头开展集体学习研讨,领导干部带头讲专题党课,依托"澄湖大讲堂""小蓝大讲堂"等学习载体,引导广大党员干部在深学深悟中坚定拥护"两个确立"、坚决做到"两个维护"坚持大兴调查研究,制定《关于在县(区)大兴调查研究的实施方案》,县四套班子开展领题调研29个、正反典型案例解剖式调研8个。认真落实"四下基层、三访三促"机制,组织党员干部沉到一线摸实情、出实招、求实效,推动一批比较成熟的调研成果转化为工作措施和制度机制。坚持边学习、边对照、边检视、边整改,梳理县级层面问题23个、指导基层党组织检视问题1674个,实行清单推进、对账销号、真改实改,特别是聚焦8个县级层面的突出问题开展专项整治,确保"以学铸魂、以学增智、以学正风、以学促干"取得实效。选拔任用优秀年轻干部,全县1985年后出生乡镇主官占比提高至42%,年轻科级干部占比提高至16.2%。优化干部综合考核体系,制定《县管干部不适宜担任现职的细化情形》,清理和规范编外人员。加强宣传思想文化工作,严格落实意识形态工作责任制,县(区)中国新闻奖实现"零的突破"。坚持抓党建促乡村振兴,全县村集体经济经营性收入完成1.75亿元,263个行政村经营性收入达到30万元,其中百万元以上经济强村32个。扎实推进"书记领航"工程,在全省率先开展新兴领域"两个覆盖"攻坚行动试点,完成72所中小学领导体制调整工作。推进基层小微权力"监督一点通"平台试点,部署开展十四届县委第四、五轮巡察,整治乡村小型工程项目"多付工程款"做法在全市推广。查处违反中央八项规定精神问题98起107人,立案425件,给予党纪政务处分395人。推进法治政府和"五型"政府建设,办理人大代表建议135件,办理政协委员提案168件,办结"12345"政府服务热线诉求6.4万件。

【经济建设】 2023年,南昌县地区生产总值1281.09亿元,按可比价格计算比上年增长4.8%。其中,第一产业增加值增长3.4%,第二产业增加值增长6.7%,第三产业增加值增长2.7%。三次产业比5.8∶54.0∶40.2。财政总收入159.40亿元,同比增长8.2%;地方一般公共预算收入同口径完成85亿元，同比增长9.4%；地方一般公共预算支出143.61亿元，同比增长3.7%。规模以上工业增加值增长7.5%。外贸出口157.94亿元，同比增长2%。500万元以上固定资产投资同比增长0.1%，其中工业投资同比下降37.7%，房地产投资同比增长11.4%。实际利用外商投资2019万美元、省外项目资金244.96亿元。主要工业产品及产量有水泥166.7万吨、服装5939.5万件、大米26.2万吨、饮料91.2万吨、饲料80.4万吨、汽车34.1万辆（其中新能源汽车2.3万辆）。农业总产值129.05亿元，增长3.75%。粮食总产量78.34万吨。主要农业产品及产量有粮食78.34万吨、蔬菜72.58万吨、肉类5.79万吨、家禽2288万羽、禽蛋4.66万吨、水产品16.12万吨。城镇居民人均可支配收入50595元，增长4.0%；农村居民人均可支配收入28732元，增长6.1%。城乡居民年末储蓄余额858.69亿元，增长15.9%。南昌县开展“项目为先、实干奋进”攻坚行动，启动实施总投资2219亿元的314个重大重点项目，江铃控股新车型启源A07下线，杭电铜箔年产2万吨高性能超薄电子铜箔项目竣工投产。实行重大重点项目推进“比武赛马”机制，组建复兴、洪州大道等重点项目综合协调专班，用8天时间完成复兴大道邓埠段1.5万平方米征拆攻坚。出台稳经济接续措施“31条”、制造业高质量发展“20条”等政策措施，为县区百家亿元以上工业企业制定“一企一策”，规上工业企业增加至456家。持续推动45个“5G+”智慧工厂、智慧车间项目建设，华为创新中心、江铃汽车股份等数字化改造项目加速推进，南昌县以考核排第一名的成绩获评全省第一批中小企业数字化转型试点县，小蓝经开区获评全省数字化转型优秀开发区。新增建筑业特级企业1家，总数达7家，占全省近三分之一，全年建筑业总产值完成1935.2亿元、增长2%。成都、杭州外埠商会正式揭牌，先后举办16场招商推介、集中签约活动，推动经纬恒润汽车智能电动平台、印尼宝力马汽车板簧等14个优强项目落户。高质量推进南昌国际陆港建设，与温州、广州港等沿海港口签署战略合作协议，获批全省唯一国家骨干冷链物流基地。中亚班列首次开通运行，外贸班列达23条，全年发行班列1523列，到发标箱（重箱）10.97万个、货值28.5亿美元，到发列数及标箱数居全省第一位。“昌穗一港通”落地生效，江铃汽车全年累计出口破10万辆，江铃进出口公司获评全省外贸出口先进企业。全县外贸出口额居全省第一位，南昌县和小蓝经开区在全省开放型经济考评中继续蝉联“双先进”。开展创新平台攻坚行动，同济大学南昌智能新能源汽车研究院、南昌大学国际食品创新研究院正式揭牌，高能级科研平台覆盖全部主导产业。持续强化企业创新主体地位，瑞能半导体成为北交所“领航计划”首批企业，三鑫医疗成为国家级“揭榜挂帅”首批入围单位，煌上煌获批“国家级工业设计中心”，德瑞光电获批省级新型研发机构，全县“揭榜挂帅”企业增加至22家。新增江西省“专精特新”中小企业58家，省级以上“专精特新”企业增加至132家。推进“映山红行动”，正味食品在港股上市，敲响全省上市第一锣，本土上市企业增加至6家。有效发明专利拥有量1245件，其中4件获中国专利优秀奖，获批国家知识产权强县建设示范县。规上服务业在库企业144家，增长28.6%；规上服务业营业收入111.55亿元，增长5%。举办“新春欢乐购·幸福满昌南”等7场商贸促销活动，累计发放各类补贴、消费券1750万元。承办2023年全市旅游产业发展大会、《QQ飞车》手游亚洲杯总决赛，举办“欢乐五一·畅游昌南”文化旅游消费节等一系列文旅活动，列2023年全国县域旅游综合实力百强县第56位，连续三年位次前移。抢滩布局预制菜，入选“全国2023预制菜产业基地百强”。

【社会建设】 2023年，南昌县持续深化“放管服”改革，在全省首创“直播+帮办”政务服务模式，率先运行“综窗改革”“政务小屋”，依申请政务服务网上可办率、全程网办率均100%，实现办理环节压缩42.5%，平均等候受理时间减少65%，县政务服务中心获评省政务服务示范大厅，南昌县营商环境评价列全省第一位，连续6年获评中国营商环境示范县。重点改革稳步推进，出台实施69项改革任务、17项重点改革举措，落实6项国家级、4项省级、2项市级试点示范改革工作，“一县一区”布局优化试点入选全省开发区改革创新优秀案例。全国一次性批复泊位最多、岸线最长的内河港口码头——姚湾综合码头一期完工验收，“铁、水、公”多式联运的现代化综合交通运输体系雏形初显。南昌南高铁站正式通车，首发线路直达广州、深圳等一线城市，南昌县正式迈入“双铁时代”（高铁、地铁）。复兴大道、洪州大道主体工程基本竣工，丽湖大道、文山三路等4条群众反映强烈的断头路打通。完成房屋征收面积73.7万平方米，7个安置房项目交付。投入4.8亿元，改造老旧小区房屋359栋，惠及居民10213户。持续推进城市环境综合整治，拆除违章建筑8768平方米，新增公共停车泊位2371个、路灯3000盏。常态化开展“巩文巩卫”，实施洪州大道绿化彩化示范路、八月湖清风公园等城市绿化项目6个，建成全市首个进城车辆冲洗站。赣江昌南外滩公园、莲塘前头溪森林公园正式开园，莲塘澄碧湖公园获评全市城市客厅“席地而坐”创建示范点。推进“两整治一提升”行动，打造6个乡村振兴示范村和74个共同富裕样板村，总投资13.76

亿元的城乡供水一体化项目全面开工。昌景黄高铁沿线环境整治基本完成，实施69个村庄生活污水治理项目，完成21个农村改厕示范村建设。投资1.7亿元推进农村公路"白改黑"59.3千米，列入市级"胡子工程"的S426白虎岭至黄马互通段公路改建项目销号，S103蒋巷段中心公路25.4千米提升改造工程完成，塔城湾庄公路获评全省"十大最美农村公路"。并网新能源发电项目总装机容量达381兆瓦，全年新能源发电量达3亿千瓦时，小蓝经开区屋顶光伏发电覆盖率超60%，集中供热实现园区重点企业全覆盖。空气质量优良天数比率上升至95.3%，5个省控、县界断面水质优良率和县级集中式饮用水水源地水质达标率均100%。

【社会稳定】 2023年，南昌县推进平安昌南建设，建成全省功能最全、规模最大的县级公安执法办案管理中心，成立全省首家"涉外法庭"、全市首家"拥军检察工作室"。完成3家智慧平安医院、23所智慧平安校园建设和升级改造，建成99个平安智慧小区。常态化开展"民情连心桥"活动，走访群众36万余人次，解决群众急难愁盼问题5.9万件。探索"枫桥经验"昌南实践，将县矛盾纠纷调处中心、诉调对接中心等9个部门整合成社会矛盾多元化解中心，打造全域调处平台，累计受理重大疑难矛盾纠纷3720件。实施县综治中心"1+N"运行机制，办理各类民情诉求9.9万余件。深刻吸取"1·8"重大交通事故教训，强力开展重大事故隐患专项整治2023行动，深入整治交通运输、燃气消防、老旧危房、非法成品油、"园中园、厂中厂"等突出问题，排查重大事故隐患155条，公布典型执法案例4例。化解新洪城大市场、赣昌农商银行、县域房地产保交楼等涉稳风险，被《小康》杂志评为"县域社会治理经典案例"。常态化开展扫黑除恶，重拳打击"盗抢骗"、"黄赌毒"、电信网络诈骗等各类违法犯罪，2023年上半年公众安全感指数99.48%，实现六连升，创历史最佳。

【民生工程】 2023年，南昌县财政投入民生类资金近120亿元，占一般公共预算支出的83.55%，年度12件人大代表票决民生实事项目全面完成。新建、改扩建各类学校13所，新增学位5500个(其中公办高中学位930个)，新增公办幼儿园6所、园位1890个，并在6所民办高中创新推出公费生学位300个，莲塘一中、洪州学校、莲塘三小滨江校区相继揭牌招生。推进健康昌南建设，县域医共体信息中心正式运行，县公共卫生应急指挥中心投入使用，小蓝经开区人民医院、南昌陆港医院等项目主体结构完工，县医疗健康集团进入实体性运行，南昌县获评首批全国医养结合示范县，南昌大学第四附属医院向塘院区入选全国医养结合示范机构。打造全省首个国家AAAAA级标准的国潮风婚姻登记中心，新建孺子书房4家，公益演出90场，农村公益电影放映4100场，莲花书屋获评全省最美阅读空间，县图书馆获评国家一级图书馆。加强防返贫动态监测帮扶，抓好脱贫人口稳岗就业和持续增收，脱贫人口年人均纯收入提高到21675元。落实就业优先政策，新增城镇就业人员5896人，农村劳动力转移10920人。医疗救助10.36万人次，支付金额5206.17万元。发放最低生活保障金2.38亿元，低保、特困人员月保障标准连续16年提高。开展临时救助1666人次，发放救助资金322.09万元。健全农村留守儿童关爱保护机制，配齐400个村(社)儿童主任。稳步推进公办养老机构改革，打造区域性中心敬老院2个、嵌入式养老院1个、社区城市助餐点12个。免费为全县60周岁以上老年人办理人身意外伤害险，发放高龄津贴3345万元，投入2166万元为80岁以上老人提供居家养老服务。

【南昌南站投入使用】 2023年12月27日，南昌南站高铁始发列车首发仪式在车站站前广场举行。中午12时25分，随着首趟G9860次列车从南昌南站驶出，标志着南昌县正式进入高铁时代。南昌南站位于南昌县县城东南的横岗，是南昌西站、南昌东站之后的第3座高铁站，处于全国"八纵八横"高速铁路网之一的"京港道"，与京九线并站设置，南北通过"京港通道"直达北京、深圳，东西分别通过联络线连接沪昆线与昌景黄客运专线。站房以"江南粮仓、五谷丰登"为设计理念，整体造型取江南"粮仓"的意象，建筑屋面形成两个高低不同层次，如粮仓，似谷堆，设计提取"稻米"及南昌县代表花卉"荷花"的轮廓形态，将其进行提炼、重组，通过石材雕刻、材料组合的方式运用在公共空间室内装饰中，展现"谷穗横仓"的丰收喜庆场景。站房总建筑面积7998.2平方米，站场布局为3台8线，站房中心设置跨线人行天桥。站前广场总面积74000平方米，分为主广场区、北侧公交枢纽区、南侧休闲广场区，地下停车场配有390个车位。后期，站前广场将连接南昌地铁3号线南延线，与地铁、公交形成无缝对接。

【姚湾综合码头项目(一期)7个泊位通过交工验收】 2023年12月，姚湾综合码头项目一期7个泊位通过交工验收。姚湾综合码头位于赣江干流右岸南昌县富山乡滩上村姚湾自然村，距县政府驻地西南部11.2千米。2021年1月开建，占地面积101.33公顷，其中堤外占地面积34.93公顷、堤内占地面积66.40公顷，码头使用岸线总长1905米，设计泊位18个，年吞吐量为散杂货1049万吨、集装箱15万标箱，是国内一次性批复泊位最多、岸线最长的内河港口码头和南昌港在建规模最大的综合码头项目。姚湾综合码头项目分为两期建设,此次交工验收的第一期7个泊位,包括2个杂件泊位、5个散货泊位,吨级大、接卸能力强,对于加快推进南昌县“铁路、公路、水路”多式联运现代化综合交通运输体系建设和提升南昌港大型船舶靠泊的能力具有重要意义。

(喻相根)

进贤县

【概况】 进贤县位于南昌市东南方向60千米。土地面积1971平方千米,其中城区面积30.76平方千米,耕地面积7.56万公顷。林地面积4.04万公顷、森林覆盖率22.17%。2023年,全县户籍人口83.24万人,其中城镇人口23.01万人、乡村人口60.23万人。辖9个镇、12个乡、1个垦殖场、1个省级开发区,264个村民委员会,74个居民委员会,2369个自然村。创建省级生态文明建设示范乡镇1个、省级生态园林镇3个。获评全国“松材线虫病疫情防控攻坚行动先进单位”,连续10年获评“鄱阳湖区越冬候鸟和湿地保护工作先进县”,入选“橙黄橘绿 乡村胜景”全国乡村旅游精品线路。李渡元代烧酒作坊遗址获评“国家工业旅游示范基地”。

【政治建设】 2023年,把握“学思想、强党性、重实践、建新功”总要求,深入开展学习贯彻习近平新时代中国特色社会主义思想主题教育。举办县级领导干部主题教育专题读书班,坚持和完善“第一议题”制度,县委理论学习中心组带头开展13次集体学习研讨。利用“学习强国”学习平台、新时代文明实践中心、融媒体平台、党性教育基地等宣传平台,广泛开展党的二十大精神和习近平总书记考察江西重要讲话精神宣传宣讲,累计培训乡科级领导干部700余人次、轮训基层党员干部1.3万余人次。始终把整改整治摆在突出位置,县委常委班子牵头召开县级层面调研成果转化暨整改整治工作推进会,县级层面检视问题30个,制定整改措施110项,完成整改措施107项,问题销号率86.7%;基层党组织层面检视问题1105个,制定整改措施1800余条,完成问题清单整改922个,整改销号率83.44%。围绕营商环境、基层治理、乡村振兴、统计造假、教育资源分配等问题部署县级层面专项整治。在省委第二巡回督导组、市委第二联络组指导下,督促各乡镇、各部门整改落实,推动全县主题教育取得实效。自觉接受人大、政协监督,办结人大代表建议107件、政协提案147件。开展人大代表“五带头五促进”主题活动,组织各级人大代表围绕全县中心工作开展专项行动21项。推进江西数字人大3.0进贤分厅建设,完善代表履职、联网监督、数字会务、备案审查系统模块,推动数字技术与人大履职行权融合。办结“问政江西”转办件287件。办理“12345”热线工单1.4万余件,满意率100%。“三公”经费逐年下降,人均公用经费缩减44%。在全县33家公立医疗机构、51所学校配备纪委书记(专职纪检委员),率先实现教育、卫生系统纪检监察机构全覆盖。做大做强“码”上监督平台,平台用户稳定保持在26万人,总访问量增长至3000万人次,增长200%,解决群众、企业诉求2.4万余条,满意率96.3%。

【经济建设】 2023年,全县地区生产总值363.92亿元,增长3.5%。规模以上工业增加值增长5.8%,社会消费品零售总额154.42亿元,增长6%。财政总收入47.36亿元,增长15.48%,人均4927元,税收占财政总收入的73.37%。一般公共预算收入23.25亿元,增长9.44%;一般公共预算支出59.59亿元,增长12.16%。固定资产投资增速-3%,外贸出口完成16.83亿元,增长-9.86%。实际利用外资540万美元,增长409.43%;实际利用内资84.9亿元,增长-11.93%。城镇居民人均可支配收入4.68万元,增长3.8%;农村居民人均可支配收入2.63万元,增长5.9%。全年净增经营主体4339户,其中企业630户。新增“五上”企业(规模以上工业,限额以上批发零售和住宿餐饮业,规模以上服务业,有资质的建筑业,房地产开发经营业)59户,其中新增规上服务业企业9家,规上服务业营业收入增速列全市第一。制造业税收增长25.09%,纳税百万元以上企业由320家增至418家。第五次全国经济普查清查登记法人单位2.1万户、个体户3.3万户,分别是第四次全国经济普查的3.4倍和1.7倍。全县186个重大重点项目完成年度投资201.9亿元,开工建设项目140个,竣工项目48个。举办首届医疗器械赣商大会、进贤2023上海高峰论坛等招商活动21场,全年引进项目50个,投资总金额160.53亿元,其中20亿元项目2个。工业项目外资利用实现“零的突破”,争取中央预算内项目资金1.8亿元,增长34%;发行专项债资金11.15亿元,增长51.7%。引进医药大健康行业龙头德福资本,与省国控组建30亿元基金,争取到省财政厅重点产业供应链金融奖励试点。建设高标准农田666.67公顷,完成粮食播种面积5786.67公顷、总产量5.1亿千克,新增“三品一标”(无公害农产品、绿色食品、有机农产品,农产品地理标志)农产品33个。新增省级示范家庭农场13家、农村合作社38家。加快打造“2+1+N”(“2”即医疗器械、绿色建筑两大主导产业集群,“1”即电子信息新兴产业集群,“N”即李渡酒业、文港毛笔、李渡烟花等N个特色产业)产业体系,医疗器械产业被评为“省级中小企业特色产业集群”,并通过“国家外贸转型升级基地”复牌考核。经开区被评为“江西省绿色工业园区”。作为全市唯一县区，入选工业和信息化部评选的2023年消费品工业“三品”战略示范城市。春香柚、瓦灰鸽上榜第二批全国名特优新农产品名录。创控智慧农业二期生姜基地建成投产，获欧盟质量体系认证。李渡镇入选“中国中部百强镇”“国家产业强镇”，文港镇被评为全省小型微型企业创业创新示范基地。举办“金花节”“农耕文化节”“传统村落旅游文化节”等文旅活动30余场。承办“环青岚湖自行车大赛”“全国青少年足球俱乐部邀请赛”“中国·江西路亚俱乐部LCC巡回赛”等国家级体育赛事。在8个省会城市创新设立“晏殊故里·进贤文笔”形象店，唱响进贤城市品牌。引进全县首家五星级酒店“格兰云天国际酒店”、全省首家“星巴克咖啡”县级店。李渡酒业上市并入选“中华老字号”。全年电商交易额突破30亿元。李渡酒业、联和农牧创评农业产业化国家重点龙头企业。江联重工国家级技术中心通过复评。进贤柑橘科技小院获批国家级“科技小院”。美格尔医疗获评省级“瞪羚企业”。隆莱生物制药首次被认定为省级企业技术中心。雄宇集团、益成实业入围2023“江西省专业化小巨人企业”名单。

【社会建设】 2023年，全县83个村庄规划编制工作启动，北五路、青阳大道、云桥北路等7条断头路实现贯通，塘湾湿地儿童公园基本建成，涂家安置房一期完工。完成6个老旧小区改造以及66个小区、76条主次干道“飞线整治”，改造供水管网10.6千米，安装楼道灯5000余盏，完成29.5万栋自建房安全隐患排查录入。省级文明城市完成复牌，国家卫生县创建工作通过省级评估验收。“昌景黄”高铁全线贯通，进贤北站正式运营。改造320、316国道以及部分省县乡道120余千米。创建省级乡村振兴示范乡镇3个、示范村20个。推进农村生活垃圾治理，18个乡镇实行农村环卫第三方外包服务。七里乡、下埠集乡等10个集镇污水处理设施建成运行，实现县域乡镇污水处理设施全覆盖。制定“一村一策”精准帮扶，全县264个村集体经济收入全部达20万元以上。强化环境整治，空气环境优良率96.5%，全县饮用水水源地水质达标率100%，全球极危物种、国家一级保护动物青头潜鸭首次现身青岚湖。推进77项重点领域改革任务，农业水价综合改革入选水利部全国百个典型案例，“码”上监督改革入选全市改革优秀案例。盘活国有资源，完成全省首例水面经营权、全市首例污水处理厂特许经营权出让工作。探索国资国企赋能乡村振兴机制改革，组建“进贤县农经集团”，消化批而未供土地158.53公顷，盘活土地23.2公顷，低效土地再利用入选省开发区改革创新优秀案例。认定国家高新技术企业24家、省级“专精特新”中小企业18家，年营业收入3亿元以上工业企业研发机构实现全覆盖。

【社会稳定】 2023年，进贤县实施“市县主战、派出所主防”实战改革，依托创建全国社会治安防控体系建设示范城市和圈层防控体系建设，部署4个主城区夜间定点震慑点、32条机动巡逻线路、机关警力重点部位巡逻以及案件高发区域夜间巡逻盘查，采取“驻点值守+动态巡逻”结合模式，提高街面见警率、管事率和治安控制力。开展线下反诈、防范非法集资宣传37场，电信网络诈骗持续保持“两降两升”（立案数、损失数下降，抓获数、破案数上升）。打造现代化勤务机制，刑事类、治安类警情分别下降11.11%和39.39%。推进“保交楼”专项行动，完成12个问题楼盘、5050套房屋交付工作。落实安全生产责任制，连续安全生产施工天数1328天。建成国家级“民主法治示范村”2个、省级7个。

【民生工程】 2023年，民生支出占财政支出比重75%以上。10件人大票决民生实事项目基本完成。持续巩固拓展脱贫攻坚成果，投入乡村振兴衔接资金8482万元，推进扶贫项目118个，累计消除返贫致贫风险24户81人。新增城镇就业4080人，转移农村劳动力就业8398人，引进高校毕业生及各类技能人才2200余人。发放创业贷款1.69亿元，扶持创业者589人次，为2.49万名低保对象发放低保资金1.61亿元。扩大教育投入，新改扩建校舍面积6.3万平方米，新增学位3600个，优化乡村小规模学校25所，组建进贤一初教育集团，一初滨湖校区秋季顺利开学。新增体育场地40个，全县人均体育场地达3.05平方米。江西省人民医院进贤医院挂牌运行，并获评“南昌医学院临床实践教学基地”。进贤县作为全市唯一县区，申报实行省基层人工智能辅助智慧医疗系统试点。组织开展北京、上海专家大型义诊活动5次，服务群众4000余人次，家庭医生签约31.49万人。婴幼儿托位增至2270个。县图书馆连续3次被文化和旅游部评为“一级图书馆”。

【进贤县首届金花节】 2023年3月15日，进贤县首届金花节在罗溪镇开幕。此次金花节以“美丽进贤·‘金’彩盛世”为主题，活动现场融入系列网红打卡元素，开展非遗表演、广场舞和摄影大赛、瑜伽秀、旗袍秀等文化旅游活动，现场举办乡村美食节，增设美食街和土特产销售点，为当地农民销售土特产搭建平台，增加村民收入，助力乡村振兴。罗溪镇是农业农村部万亩高产油菜示范基地、红壤旱地高产油菜试验基地，有1066.67公顷油菜花和20公顷集中连片的金花公园，节庆期间吸引游客约8万人次。

2023 年 3 月 26 日,江西透景生命科技有限公司在进贤县医科园开业
(进贤县 供图)

【江西透景生命科技股份有限公司开业】 2023 年 3 月 26 日,进贤县引进的第一家上市龙头企业——上海透景生命科技股份有限公司投资的江西透景生命科技有限公司体外诊断试剂产业化项目在县医科园开业。江西透景生命科技有限公司主要从事体外诊断试剂生产、研发,产品以肿瘤全程监测、自身免疫、心血管疾病、病原体感染及生殖健康等为主要应用方向。公司投产后至年底,生产临床检验领域最先进的基于化学发光原理的体外诊断试剂产品 59 个,生产体外诊断试剂盒 270 万盒、辅助类非体外诊断试剂 150 万盒。

【"珍酒李渡"在香港交易所上市】 2023 年,李渡镇推动国宝李渡酒庄奠基暨中国白酒古窖微生物酿酒工程技术中心项目落地,帮助李渡酒业提升发展空间,支持和参与推进企业上市工作。4 月 27 日,珍酒李渡集团有限公司(简称"珍酒李渡",股票代码 6979. HK)在香港交易所主板挂牌上市,成为港股白酒第一股,也是近 7 年来白酒行业唯一上市的企业。珍酒李渡由珍酒、李渡、湘窖及开口笑四大白酒品牌组成,主要生产及销售酱香、兼香、浓香型白酒,产品涵盖高端、次高端及中端价格带,旗下多个产品获布鲁塞尔国际烈性酒大赛大金奖、金奖。

【首届医疗器械赣商大会举行】 2023 年 6 月 16 日,首届医疗器械赣商大会在南昌绿地国际博览中心举行。来自医疗器械相关行业的赣商、省市县相关部门、进贤县医疗器械企业代表出席会议。大会以"多元融合创新,健康绿色发展"为主题,旨在加强产、学、研、医的联合,加快高端医疗器械与装备创新、高层次人才引进、持续强化品牌建设、营造良好发展环境、提升监管力,致力于将进贤县医疗器械打造成为千亿产业,推动形成医械研发、加工、制备、商贸流通的完整产业体系。

【"军山湖剁椒鱼头"登上全国首届预制菜争霸赛"十佳预制菜美味榜"】 2023 年 7 月 30 日,由中央广播电视总台、江西省农业农村厅主办的全国首届预制菜争霸赛在赣州举行。位于进贤县的江西省小才子食品集团有限公司推出的预制菜"军山湖剁椒鱼头"经过美食行业专家及流量博主组成的评审团评选,经过多轮评比,被评选为最地道的赣菜预制菜,登上全国首届预制菜争霸赛"十佳预制菜美味榜",该奖项是本次大赛的最高荣誉。

【志博信高多层 5G 通信电路板生产基地项目】 2023 年 9 月 16 日,志博信南昌高新区进贤产业园高多层 5G 通信电路板生产基地项目开工活动举行,省委常委、市委书记李红军宣布项目开工并讲话。志博信集团致力于高密度互联(HDI)电路板、高多层电路板(MLB)以及软硬结合电路板(FPC/RFPC)的研发、生产与销售,产品用于计算机、智能终端、汽车电子、消费电子、工控安防等行业领域,已打入中兴、小米、华为、OPPO、VIVO 等品牌客户的供应链体系。志博信集团在高新区进贤产业园投资建设高多层 5G 通讯电路板制造基地项目,项目总投资 50 亿元、用地面积 20 公顷。

【李渡镇入围"全国综合实力千强镇"】 2023 年 10 月 20 日,由中国中小城市发展指数研究课题组和国信中小城市指数研究院联合发布的 2023 年"全国综合实力千强镇"名单中,进贤县李渡镇再次入围全国综合实力千强镇,名列第 327 位,较上次入围进位 546 位,全省排第五位。李渡镇围绕"焕发千年古镇、打造工贸强镇、培育旅游名镇、建设特色小镇"发展思路,推动全镇经济社会高质量发展,提升综合实力和核心竞争力,先后获评全国重点镇、全国文明村镇、国家级生态乡镇、国家卫生乡镇和江西省首批经济发达镇等。4 月 28 日,李渡镇被农业农村部和财政部授予农业产业强镇称号。

【军山湖大闸蟹获全国"蟹后"称号】 2023 年 10 月 25 日,由中国渔业协会河蟹分会主办的第五届全国"名蟹大赛"在江苏省高邮市举办,江西省进贤县军山湖鱼蟹开发公司选送的大闸蟹以 425 克的净重获全国"蟹后"称号。全国"名蟹大赛"每五年举办一届,是全国最高级别的河蟹评比赛事。军山湖清水大闸蟹连续多年获得“中国十大名蟹”称号，在这场大赛中，江西省进贤县军山湖鱼蟹开发公司选送的军山湖大闸蟹获“蟹后”奖、“金蟹”奖。

【进贤电商“双十一”网络零售额3亿元】 2023年“双十一”期间（10月23日至11月11日），进贤县网络零售额突破3亿元，同比增长30.4%。全县有1300家电商企业参与此次电商促销活动，其中医疗器械电商龙头“维德医疗”全品牌GMV（成交额）突破3000万元，文港电商基地整体销量突破1000万元，玉水湖文化、波洛克文创、升聚医疗、李渡酒业等十余户重点企业销售额突破100万元。“双十一”期间，全县电商企业日均出货量达40万单。

【进贤北站通车运营】 2023年12月27日，杭昌高铁黄山至南昌段建成通车，杭昌高铁全线贯通运营，进贤迈入南北双高铁时代。昌景黄高铁以“一站一景”为目标，起自南昌东站，终至黄山北站，线路全长286千米，设计时速350千米，在江西段设南昌东、进贤北、余干、鄱阳、乐平北、景德镇北、浮梁东7个车站。进贤北站位于进贤县三里乡，站场规模为2台4线，正线2条，到发线2条，设置基本站台和侧式站台各1座。

（王方）

安义县

【概况】 安义县位于江西省南昌市西北部，总面积660.23平方千米，耕地面积22万公顷，林地面积1973.33公顷，森林覆盖率（林木绿化率）45.62%。2023年，全县户籍人口305136人，其中市区人口或非农业人口户籍城镇人口92880人。人口自然增长率0.95%。辖7镇3乡，104个村委会和29个居委会。安义县以习近平新时代中国特色社会主义思想为指导，紧扣“拼争‘四个第一’，建设‘五个新安义’”发展目标，聚焦四大区域，扎实推进“十大提升”和“工业强县、产业兴县”行动。

【政治建设】 2023年，安义县分级分批抓好党员教育培训。举办基层一线党员学习贯彻党的二十大精神教育培训班，全县各级党组织先后开展党员培训176期，培训党员1.1万余人，党员参训覆盖率100%。按照主题教育“8+3”分类指引的要求，全县498个基层党组织均组织党员开展党性教育，采取多种形式形成坚持学、持续学、主动学的浓厚氛围。针对在外流动党员，建立区域学习网格14个，对尚未纳入驻外党组织的流动党员寄送学习资料，向流动党组织和流动党员寄送学习资料1600份，向流动党员所在地组织部门发函327份，有效落实流动党员参加主题教育。实施村干部队伍建设专项行动，有效破解村干部队伍特别是村党组织书记老龄化，村干部队伍“断层”问题。调整村党组织书记47名，全县“80后”村党组织书记由4人增长至30人，平均年龄下降7.1岁，村书记大专及以上学历占比由原来的65.3%提升至73.8%，清理年龄超60岁的村干部、村聘用干部40人。2023年，“1号大调研”已开展12次，参与干部1.2万余人次，收集并梳理问题418个，办结392个，办结率93.78%。各乡镇干部常态化开展“萤火虫”行动，组建夜查队伍1220多支，围绕森林防火、防汛、防溺水等开展夜查工作，维护群众安全，收集问题1207个，办结1186个。推进“两新”党组织攻坚行动，优化调整单建党支部27个、联建党支部20个，新建单建党支部3个，覆盖446家非公有制企业、66家社会组织。全年提拔干部70人次，进一步使用14人次，晋升职级86人次。结合十四届县委巡察，对22个单位开展选人用人专项检查，将因私出国（境）证件管理、公职人员违规经商办企业作为重点检查督导内容，采取针对性措施，及时填补短板。常态化开展领导干部工作状态、工作作风、履职能力、工作成效全方位体检，有3名干部调离原单位，9名干部转任职级，1名干部免职处理。开展政商专项整治，对12个单位进行摸底排查，形成对干部的有效约束。

【经济建设】 2023年，全县地区生产总值142.31亿元，同比增长5.3%。其中，第一产业增加值15.68亿元，增长2.6%；第二产业增加值62.93亿元，增长6.9%；第三产业增加值63.70亿元，增长4.6%。规上工业总产值完成410.12亿元，同比增长5.57%；规模以上工业增加值同比增长8.6%；一般公共预算收入19.51亿元，增长33.5%；税收收入9.59亿元，占一般公共预算收入49.15%；地方财政支出40.73亿元，同比增长15.9%。完成现汇进资332万美元，全市排第三名；完成省外投资82.09亿元，增长30.95%。城乡居民人均可支配收入分别增长4.8%、7.7%。全年争取省重点项目4个、省大中型项目22个、市重大重点项目54个，234个项目累计争取中央预算内、政府专项债券等支持资金20.23亿元，其中6个项目争取到国家第一、第二批增发国债支持资金5亿元，项目数量和支持资金金额均位列全市第一。吊钟水库争取国债4.01亿元，为近年来安义县争取上级资金金额最大项目。落地建设捷锐机电、金德锂、智慧针纺产业园、南昌职业大学职教城校区等一批引领性项目，有序推进吊钟水库、潦河综合整治等重点工程。225个重大重点项目完成投资431.15亿元，投资完成率超年度投资计划2.16个百分点。2023年,完成项目入库145个,总投资687.42亿元。争取上级政策支持32个,创建国家知识产权强县建设示范县、江西省优化农村义务教育资源配置试点县等。规上工业企业增加至308家,规模以上工业增加值增长8.6%,规上工业总产值410.5亿元,增速5.6%。引进安义产业创新设计研究院,新增市级创新平台10家,市级以上创新平台数量达到41家。引进乐腾通讯科技、新智力科技等安义(大湾区)智能终端产业基地二期项目和金黄光智慧照明产业园一期项目落户。注册"安义门窗"国家集体商标,铝型材产业集群蝉联全省三星级产业集群,排位前移至全省第15位,获评2023年度省中小企业特色产业集群。新材料产业集群首次参评并挺进全省40强,晶安高科获省制造业单项冠军企业称号,信达航科入选潜在独角兽企业。锦鹏铝业、普诺德等4家企业获评省级绿色工厂,华晟铝业、虹鑫铝业2家企业获评国家级绿色工厂;晶安高科、众和化工、融兴铝业等6家企业获评省级两化融合示范企业;巴尔蒂克获两化融合贯标企业。华晟铝业等50家企业获"2023年度江西省第一批创新型中小企业"称号,众力精密等6家企业获"2023年度江西省第二批创新型中小企业"称号,新增省级"专精特新"企业42家。举办第七届江西(安义)铝型材及门窗博览会、2023年中国(安义)门窗幕墙博览会等重大活动,全年新引进亿元以上产业项目87个,同比增长89.13%,其中10亿元以上项目9个。新增高标准农田1.5万亩,完成粮食生产面积40.45万亩,全年粮食产量1.86亿千克。安义古村群创建江西省旅游名村、江西避暑旅游目的地,磨法小镇等12个乡村运营点位投入运营。全年接待游客1650万人次,实现旅游综合收入81亿元,分别增长15.38%、12.50%。安义瓦灰鸡、安义枇杷、安义油菜籽纳入中国名特优新农产品名录,腾飞公司"穗圣"大米获评"赣鄱正品",全年举办蓝莓、枇杷、杨梅、香梨、葡萄、猕猴桃、马家柚及火龙果等水果节庆活动16次。举办预制菜产业招商推介大会,签约项目12个,签约总额34.1亿元。安义县农村产业融合发展示范园入选国家级示范园创建名单、全国乡村振兴示范县创建名单。发放各类政府消费券及购房补贴1350万元,直接带动消费45882万元,社会消费品零售总额增长7.5%。

【社会建设】 2023年,安义县稳步推进56个城建项目,完成3个片区老旧小区提升改造,在全市率先实现2005年以前建成老旧小区改造全覆盖。实施城北排洪港、城南新城排水防涝等工程,完成龙安大道等12条道路提升改造,古村大道竣工通车,补齐一批城市功能短板,连续三年获全省城市功能与品质提升考核先进县。巩固国家生态文明建设示范区创建成果,持续打好"蓝天、碧水、净土"三大保卫战,$PM_{2.5}$浓度均值指标排全市第一名,空气优良天数比例96.4%,国考断面水质达Ⅱ类水质标准,优良比例100%。国家卫生县创建通过省级现场评估,省级文明指数测评复核排第三名。深化"两整治一提升"行动,高标准打造4个乡村振兴示范村、33个共同富裕样板村,全县示范村、样板村建设覆盖率10%,农村卫生厕所普及率88.25%。完成"白改黑"建设89.9千米,国省县道"白改黑"率100%,完成10个宅改试点样板村建设,承办全市农业农村"两整治一提升"行动暨农村宅基地改革现场会。全国水系连通及水美乡村试点县项目通过水利部验收、获华东地区第一名。南昌职业大学香樟校区开工建设,江西司法警官职业学院签约入驻,实现公办院校签约落户新突破。新经济产业园、医疗产业园落户企业140余家。北京银行安义支行、恒玖时利研学基地、龙誉人工智能数据创新基地开园开业。职教大道、安南学校先后建成,县人民医院新院区、安置房主体大楼陆续封顶,水电、通信等基础配套逐步完善,南山大道、工匠大道主体建成通车。

【民生工程】 2023年,安义县民生支出占一般公共预算支出比重85.82%。民生实事项目稳步推进,区域性中心敬老院、城区公厕提升改造等项目投入使用。全年发放创业担保贷款1.84亿元,城镇新增就业3881人,转移农村劳动力6150人。投入2.66亿元推进安义五小扩建、安南学校、南大附属学校安义校区等项目建设,新设立的安义实验学校开学,完成优化农村教育资源配置省级试点任务,全县101所乡村学校优化调整为35所,建成11个"一老一小"幸福院。完成县疾控中心搬迁改造,打造全省首家公办民营托育服务中心,县乡医共体基本建立,与市人民医院、市中心医院建立紧密型医联体,全面落实"三位一体"医保基金监管机制。常态化开展"社保服务进万家"活动,为市民提供现场咨询和答疑服务,切实做好全方位、多角度社保惠企政策和扩面宣传工作,全县基本养老保险参保人数19.33万人。实行收支两条线管理,严格落实"三个全面取消",切实堵住社保基金风险漏洞,对部、省下发的安义县疑点数据1362条进行核查,查实违规127条,涉及违规基金118.44万元,追缴基金110.83万元,综合追缴率93.57%。通过系统集成推动社会保险惠民政策自动兑现,为650余家用人单位,减免工伤保险费528万元。持续开展助保贷款工作,发放助保贷款6.7万元,财政贴息0.19万元。拓展"社银合作"范围,在全县开通社银合作网点20个,社保卡服务事项全部下沉到各合作银行网点。全县社保卡持卡人数30

万人,电子社保卡人口覆盖率68.83%。安义县社会保障卡居民服务"一卡通"已经在政务服务、交通出行、文化体验、教育服务、金融支付领域实现应用场景应用。

【社会稳定】 2023年,安义县处理欠薪举报投诉案件60件,为127名工人追发工资约104.7万元,在全国根治欠薪线索反映平台接收线索318条,办结318条。受理劳动人事争议案件41件,涉及劳动者41人,其中调解和解结案33件,仲裁终结率80.5%,依法裁决案件8起,结案率100%。各项经济补偿、工伤赔偿、工资、社会保险费等涉及金额约270万元,劳动人事仲裁网络办案率100%。开展"农民工工资支付情况""用人单位遵守劳动用工和社会保险法规情况"等专项执法检查,对辖区内200家企业开展日常巡查,对170家企业进行劳动保障书面审查。全年检查全县各类在建工程项目4个,涉及农民工1493人,纠正或补充完善劳动合同185份,认定工伤案件262宗。开展第八届"百镇千村"反邪警示宣传活动,向群众发放日用品3500余份,在全县329个网格微信群转发观看反邪教微视频,高标准打造安义三小、反邪教主题公园、平安文化广场、台山寺4个反邪特色示范点,长均乡和23个村(社区)分别被省委政法委评为无邪教示范乡镇、村(社区)。开展为期三个月的矛盾纠纷大排查大化解有效预防"民转刑"案件专项行动,印发《关于建立矛盾纠纷排查化解情况双月报告制度的通知》,常态化排查化解矛盾纠纷。全县累计摸排社会矛盾纠纷事件1519件,化解1478件,化解率97.3%。全年警情、案件、事故始终处于全市较低水平,电诈警情数、损失数同比下降28.81%、34.84%。贯彻涉稳问题分类归口处理机制,住建房管部门落实"保交楼"工作措施,金融主管部门处置中亿佰联、实实在在等涉众经济纠纷,推动落实重大决策社会稳定风险评估项目30件。

【第七届江西(安义)铝型材及门窗博览会】 2023年1月29日,第七届江西(安义)铝型材及门窗博览会在县门窗特色产业小镇开幕。本届铝博会的主题是"中国门窗·安义智造——好门窗,让生活更安逸"。在参展产品种类上,设置高端智能系统门窗、门窗企业产品、机械设备产品、铝型材企业和门窗配套件企业产品5个主题展馆,布有1200余个标准展位,展出面积近35000平方米,有超300家优质展商。其中,包括门窗行业全国前二十强企业,铝型材行业全国前十强等国内外知名品牌,都携最新产品、技术集中亮相。

【南昌市"百场校招"人才引育安义专场推介会暨校地合作签约活动举办】 2023年3月20日,南昌市"百场校招"人才引育安义专场推介会暨校地合作签约活动举办。县人社局、县农业农村局等6个部门与江西农业大学招生就业处及5个学院签约。此次活动由中共南昌市委、南昌市人民政府,江西农业大学主办,中共安义县委、安义县人民政府等单位承办。此次招聘会组织62家用人单位,其中省内龙头农业企业20家,工业企业42家;提供709个优质岗位,66个见习岗位,部分岗位年薪超过15万元,吸引近7000名毕业生进场求职,现场收到简历1200份,达成初步就业意向300余人。

【中国安义门窗杯·2023龙舟文化节】 2023年6月22日,中国安义门窗杯·2023龙舟文化节在安义北潦河举行。本次安义龙舟文化节核心赛事为男子组22人龙舟500米直道竞速赛,设4条赛道,采取预赛、半决赛、决赛。石鼻乘风破浪队、花果新民龙舟队、长埠远航龙舟队、奋进万埠队等20支龙舟赛队伍500余名运动员参赛。潦河明珠龙津队、公安局龙舟队、教体局龙舟队和长埠远航龙舟队4支队伍进入龙舟竞赛的最终决赛,最终潦河明珠龙津队夺得龙舟竞赛冠军,公安局龙舟队和教体局龙舟队分获亚军和季军。

【江西日报·龙誉集团(南昌)人工智能数据创新基地项目签约仪式举行】 2023年9月4日,安义县人民政府、江西报业传媒集团有限责任公司、北京龙誉教育科技集团有限公司举行江西日报·龙誉集团(南昌)人工智能数据创新基地项目签约仪式。此次三方将在安义县打造集数据标注培训、技能认证、标注接包等功能于一体的人工智能数据创新基地,形成"培训—考试—就业"的数据标注生态链。项目建成后,运营方将长期为中国头部人工智能企业提供优质的数据标注及清洗服务,协助AI算法表现提升,全方位覆盖文本、语音、图像、视频、地图测绘等数据类型的标注和加工处理服务,为客户提供多样化的数据安全方案。

【第三届中国米粉节安义分会场米粉嘉年华暨走进安义·中国米粉品牌行活动】 2023年12月9日,第三届中国米粉节安义分会场米粉嘉年华暨走进安义·中国米粉品牌行活动正式启动。现场设置农特产品、安义非遗、米粉文创、手工DIY、特色小吃等展示展销摊位,米粉原料、生产、加工、销售、餐饮等企业参与展销。活动吸引约3万人到宗山米粉小镇打卡游玩。截至10日晚,第三届中国米粉节安义分会场共发放消费券50万元,核销近10万元,带动消费约35万元。湖南常德壹德壹米粉、花小小新疆炒米粉、安徽王仁和米线、桂林地道米粉等40余家来自全国的米粉行业品牌代表参会,与安徽王仁和米线、桂林地道米粉、湖南常德壹德壹米粉等6家企业签订合作协议。

（刘思易）

东湖区

【概况】 东湖区是南昌市重要中心城区之一，地处南昌市东北部，东以北京西路与洪都大道的交会点、洪都北大道、青山湖西岸线、青山北路、青山湖闸与富大有堤交会点，南以北京西路、八一广场南端、八一大道、中山路、中山桥、中山西路为界，西、北均以赣江南航道中心线为界，辖区面积58平方千米，辖1个镇、7个街道，2个管理处，设91个社区居民委员会、7个家委会、21个村民委员会。2023年，全区园林绿地面积477.18公顷，绿化覆盖面积501.8公顷，城区绿化覆盖率31.54%，人均公共绿地面积12.18平方米。年末全区户籍总人口41.1万人，人口出生率为3.94‰，自然增长率为-1.53‰。

【政治建设】 2023年，东湖区加强政治教育和政治训练，分层分级分类开展政治能力培训，先后举办区级领导干部读书班、全区科级领导干部学习贯彻党的二十大精神集中轮训班、中青年干部政治理论培训班。开展“贯彻二十大 红色板凳基层讲”党的二十大精神专题宣讲活动，到基层开展宣讲500余场，受众9000余人次。党组织书记带头讲党课，在全市“三级书记讲党课”评比中，获得16项奖项。推进城市党建引领社区物业治理，全区172个住宅小区业主委员会和物业服务企业党组织覆盖率分别超75%、88%。推进新兴领域党建，成立党组织75个，覆盖51家企业、47个社会组织。在新兴领域组建工会组织37个、团组织120个，妇联组织104个，并新设立“青年之家”“司机之家”“职工之家”等各类服务驿站7处。成立东湖区外卖骑手流动党员服务站、外卖骑手流动党员党支部及“小个专”党建指导站。打造蛤蟆街夜市和央央春天投资大厦2个新兴领域党群服务综合体。制定《关于在全区大兴调查研究的实施方案》，从全区发展所需、改革所急、群众所盼入手选定“商贸消费扩容、楼宇经济发展”等30个调研选题，县级领导认真践行“四下基层，三访三促”制度，带头深入一线摸实情、寻实策、谋实招，形成一批高质量调研成果。召开主题教育调研成果转化暨整改整治工作推进会，检视列入清单问题30个，销号率100%。以“沿着总书记的足迹勇毅前行”为主题，打造光明社区红色教育基地，自主题教育开展以来，先后迎接市内外30余批次1000余人次参观学习。东湖区主题教育相关做法在人民网主题教育官网刊登7次，在省委主题教育办简报上稿2次，在市委主题教育办简报上稿8次。自觉接受人大法律监督、政协民主监督，办理人大代表建议67件、政协委员提案97件，办结率和满意率均100%。全力支持区人大及其常委会依法履职，召开区人大十七届三次会议，听取和审议“一府一委两院”专项工作报告25项，作出重大事项决定决议6项，开展专题调研9次，对12件备案文件依法审查，主动审查文件目录103条，依法任免国家机关工作人员36人次。充分发挥人民政协专门协商机构作用，聚焦政协履职中心环节，召开区政协十届三次会议，召开专题协商会，市区两级政协委员提出12条意见建议，形成一批调研协商成果。持续深化司法体制改革，开展党政主要负责人履行推进法治建设第一责任人职责年度述职，加强执法司法制约监督，大力支持法院、检察院依法履职。严格落实行政决策法定程序，重大行政决策合法性审查率100%。举办“政府开放周”系列活动26场，获评全省首批基层政务公开标准化规范化“十县百乡”建设标准规范县区。打造扬子洲镇“佬倌俚”多元解纷新品牌，获评全省法治政府建设首批示范项目。全面启动“赣政通”平台建设，区、镇（街道、管理处）两级组织架构覆盖率100%，工作日日均活跃率稳定在90%以上。依法全面履行审计监督职责，完成各类审计项目57个，审计发现问题240个，提出审计建议128条，挽回财政资金850万元。查处服务企业过程中“吃拿卡要”、“小鬼难缠”、权力寻租等问题109起、处理129人。持续巩固“股长”作风建设成效，组织全区各单位主要负责人沉浸式体验办事执法流程，查找问题55个，举一反三整改落实61项。聚焦关键时间节点开展全时段全覆盖“四风”督查，查处违反中央八项规定精神问题47起、处理54人。

【经济建设】 2023年，东湖区地区生产总值实现502.34亿元，按可比价计算，同比增长2.5%。实现地方一般公共预算收入15.93亿元，增长3.53%，其中税收收入完成11.79亿元，增长13.78%，税占比73.99%；社会消费品零售总额完成431.48亿元。全年利用省外项目资金89.1亿元，增长58.77%；实现外贸出口16.65亿元，实际利用外资1085万美元，服务外包接包合同执行总额完成1315万美元。全年争取中央预算内资金、省基建投资、市预算内基建专项资金等共计1.43亿元。全年71个重大重点项目已开工66个，开工率93%，其中5个省大中型项目、3个市百大项目全部开工，投资完成率分别为128%、134.18%，全市排名前列。出让青山湖西岸1—3号、4号等6宗土地，面积16.73公顷，创历史新高。全省首座奢侈品购物中心南昌武商MALL、全市首个24小时商业新地标江旅都市方舟开业，吸引LV、BURBERRY等重奢品牌首度进驻江西，劳力士品牌店成为首家入驻年营业收入亿元店。慧铭广场、1927园区提升改造等重难点项目取得阶段性突破，育新学校教育集团紫金校区、东湖区医疗和公共卫生能力提升工程等停滞多年的项目启动，南湖栈道等民生项目投入使用，国贸璟上等房地产项目实现当年拿地、当年开工、当年预售。三次产业结构比为0.11∶4.76∶95.13，江西百盛购物中心获2023年度省级现代服务业聚集区。在全市率先出台《数字经济发展规划》，规上数字经济核心产业营业收入30.96亿元，增长16.74%；规上软件和信息技术服务业营业收入13.37亿元，增长8.07%；企业上云总数3287家、深度上云总数134家，两项指标连续两年均列全省第一位；月度新增上云数524家，全市排第一名；豫章1号文化科技园入选第三批省级数字经济集聚区，成为数字文创融合赛道全省唯一入选园区。推进"映山红行动"，支持天轴通讯、沃农股份等8家入库企业加快上市进程。网络零售额总量达到70.56亿元，全市排第五名；增长42.06%，全市排第三名，新建商品房网签销售面积增速28.8%，全市排第二名，规模以上文化企业43家，"五上"企业培育成效明显，新增一套表法人单位87户、总数达531户；"五经普"工作取得阶段性成效，清查登记经营主体5.69万户，其中单位1.55万户、个体户4.14万户，以税务活跃单位底册数为基数填表率178.3%，个体户填表率161.3%，全市排名均排第一名。审核技术合同598个，交易额18.51亿元。商标有效注册量1.14万件，增长7.82%；发明专利授权量134件，增长12.61%；每万人有效发明专利拥有量18.24件，增长51.08%。加大品牌培育和保护力度，东湖区8家首店入围全省引进和培育商贸品牌项目，占项目总数的30%，排全省第一名。开展精准招商，对接省外客商1182批次，外出招商586批次。举办南昌市东湖区2023年（深圳）招商引资推介会等活动13场，全年新洽谈重大项目747个，意向投资总额815.06亿元。申报市产业动态系统签约入库项目82个，同类县区排第二名；签约投资总额175.65亿元，同类县区排第三名。先后举办"暑期兴文旅促消费系列活动""胜利归来第三季""胜利归来第四季"等8场促销活动，投入资金450万元，直接拉动消费1.57亿元。举办首届"南昌星驰音乐节"，被省文旅厅评为"唱游江西"计划"引客入赣"典型案例。推进胜利路、蛤蟆街夜市、紫金广场星空游玩集市等夜市提升，促进夜间经济繁荣发展，充分释放文旅消费潜力，上榜2023中国市辖区旅游综合竞争力百强区，获全省"三百"文旅消费季"优秀组织奖"、2023全市文旅消费季"消费三强县（区）"称号。招商蛇口·东湖意库入围"全国数字创意主题产业园区TOP10"，获评2023年"江西省版权示范园区（基地）"。认定科技型中小企业106家，高新技术企业26家，华睿交通科技股份有限公司成为全区首家国家专精特新"小巨人"企业。农业产业转型蹄疾步稳，莘洲村草莓基地投产运行，育秧中心稳步推进，时令蔬菜集散中心挂牌成立。举办扬子洲第四届番茄节、扬子洲"稻田农趣节""葡萄采摘季"、农民丰收节、金花节等特色农文旅活动，吸引大量市民游客游玩打卡。

【社会建设】 2023年，东湖区深入推进营商环境优化升级"一号改革工程"，政务服务、开办企业、市场监管等方面改革成效明显。省市主流媒体刊登报道东湖区营商环境先进典型经验百余篇，"创业大V"典型经验案例被纳入全省营商环境大会特刊，东湖区作为南昌市唯一县区作全省经验交流发言，"优化营商环境，激发县域经济新动能"做法入选《小康》2023年度县域高质量发展经典案例，营商环境测评稳居省市第一方阵。推动政务服务自助终端机向基层延伸，开启24小时全天候"不打烊"自助办事模式，健全完善"15分钟政务服务圈"。深化"马路本色"行动，持续开展窨井盖、围墙围挡、裸土绿化、空中管线等专项整治。扎实推进"四位一体"环卫作业模式，城市管理精细化考核在全市获评"优秀"等次。投入370万元建设完成南湖周边岸线整治项目，打造老城区核心地段观光休闲带。常态化开展违法建设、垃圾广告、占道经营、非机动车乱停乱放等专项治理，拆除违法建设102处、面积4033平方米，整治出店经营1.52万起、占道经营1万余起、空中管线927处，清理公共区域内垃圾广告6.2万条，处理"数字城管"问题22.5万件。集中开展交通乱象整治，规范乱停乱放非机动车16万余辆。建成8个垃圾分类示范小区，完成90多个垃圾分类亭升级改造。持续推进大气污染防治，全域"散乱污"企业动态清零，$PM_{2.5}$平均浓度为34微克/立方米，PM_{10}平均浓度为56.3微克/立方米，所有空气质量监测因子均稳定在国家二级标准内，空气优良率为93%，改善4.9%。深入落实"河湖长制"工作，强化河湖沿线水质污染防治，扬子洲地区电排站前池及中心渠水生态修复和污水处理设施建设等项目稳步推进，"微笑天使"江豚频现赣江水域扬子洲段。开展土壤污染防治攻坚行动，风险得到有效管控，土壤环境状况保持良好。坚持教育优先发展战略不动摇，育新学校教育集团紫金校区、南京路小学改扩建项目开工并加速建设。滨江学校改扩建工程、出新幼儿园香江佳苑分园顺利竣工并投入使用，全区普通教室护眼灯安装覆盖率100%，新增园位310个。举办第五届全国中小学（幼儿园）品质课程研讨会，获评全市唯一"全国品质课程实验示范区"；完成义务教育优质均衡省级督导评估实地核查工作,连续六年获“全省党政领导干部履行教育职责督导评价‘优秀’等次”;蝉联“全省高质量发展综合绩效考核评价‘教育发展’考评”全市第一。新增婴幼儿照护服务托位268个,累计建设1583个;新增医疗床位65张,累计完成230张。

【社会稳定】 2023年,东湖区深入开展安全生产“七大攻坚行动”,全区安全生产事故起数、亡人数实现“双下降”,省、市应急管理综合考核均为“优秀”等次。深入推进两轮道路交通安全整治“百日攻坚行动”,整改道路隐患317处,整改完成率100%。扎实做好“保交楼”工作,中骏世界城、中金金汇时代中心、力扬京都汇均已竣工交付。弘扬新时代“枫桥经验”,践行“浦江经验”,深入开展矛盾纠纷排查化解等“三大专项行动”,共摸排各类矛盾纠纷8664起,矛盾化解率达99.24%。推进领导带头下访、化解信访难题,构建多元化解矛盾纠纷机制。构建和谐稳定劳动关系,区劳动人事争议仲裁院获评全省“五星级仲裁院”。开展防范非法集资公益宣传活动、预防养老诈骗宣传活动,邀请防范非法集资公益宣传大使、奥运冠军吴静钰在光明社区进行宣传。坚持“现案快侦、小案快破”,开展“春雷”“獴猎”“猎狐”行动,现案侦破率70.6%,创历史新高。打造智慧平安医院、智慧平安校园升级版,研发推广“久安智管”和“派出所主防”警务协同App应用,深化“情指行”一体化改革。严格落实粮食安全责任制,完成全年150万千克粮食生产任务。设计打造东湖“人才优服”小程序,推动人才信息互联互通及资源共享。新增就业岗位8560人,完成全年指标任务的104%。常态化开展“10万人才”引进工作,开展“百场校招”活动320余场,挂牌成立“赣才归巢”人才工作站18个,举办赣籍学子见面会21场,与37家龙头企业建立“区校联盟”,全年新引进高校毕业生3000余名。

【民生工程】 2023年,东湖区用于保障和改善民生支出17.8亿元,占一般公共预算支出比重71.5%。低保、特困人员供养、自理特困人员照料护理补贴标准分别提高至915元、1190元、100元,为2320户3252名低保对象和特困人员发放低保金2909.47万元、特困供养金199.98万元、特困人员护理补贴146.11万元,临时救助525人次140.86万元,为5794户住房困难家庭发放租赁补贴806万元。持续深化全民参保,基本养老保险参保7.68万人、工伤保险参保2.06万人、医疗保险参保18.34万人;构建三级医保经办服务体系,实现医保服务体系建设全覆盖。发放计生、养老、低保、残补等各类社会救助补贴资金1.37亿元。新增社区居家养老点位2个,建成社区嵌入式养老机构2所,新增医养结合型养老床位86张;开展政府购买居家养老服务,惠及2794位老人。医养服务体系进一步健全,率先试点成立南昌市第一医院紧密型城市医疗集团,获省级健康县区称号,彭家桥街道光明社区入选2023年全国示范性老年友好型社区。组建家庭医生团队99个,盘活医疗床位65张,通过国家慢性病综合防控示范区复审,获“省级健康县区”称号,区计生协获得全市唯一一家“第五次全国城乡老年人生活状况抽样调查工作表现突出单位”。打造东湖区就业关爱帮扶中心,实现城镇新增就业8560人,零就业家庭就业安置率100%,发放创业担保贷款约1.16亿元,城镇登记失业率3.76%。投入3.2亿元完成朱家湖住宅小区等38个老旧小区改造,惠及居民1.6万户。完成既有住宅加装电梯38台,稳步推进258个排水单元雨污分流改造。投资4400万元完成12个共同富裕样板村、南江路(庙后—熊万段)道路改造工程建设。投入7225万元实施赣电中心周边道路、樟树林路等4条断头路贯通工程,“内联网、外贯通”的交通循环逐步优化。完成棚改征迁历史遗留问题整改,完成征迁地块11个,涉及住户4905户,拆除房屋面积约48.23万平方米。新建改建阳明东路、箭道巷、南京西路3个口袋公园,改造完成阳明东路绿化彩化示范道路,打造宪法广场成为城市客厅“席地而坐”示范点位。新建汤家园84号等社区停车场17个,新增泊位780个,施划夜间泊位2435个;维修更换井盖1403个;新建孺子书房3座;新建公厕5座、改造公厕2座,开放社会单位厕所150座,“10分钟如厕圈”基本形成。受理“问政江西”问题390个,办理率、按期办结率均为100%。12345政务服务热线受理群众诉求3.5万件,按期办结率、群众满意率99.9%。持续深化“放管服”改革,924项政务服务事项纳入全面通用综合窗口服务,1321项依申请事项实现100%网上可办。创新政务服务新模式,本地330项、合作城市1763项高频政务服务事项实现“异地通办”。扎实开展“赣鄱无欠薪示范县区”创建工作,增设3处“农民工维权加油站”和“园区(社区)监察工作室”,开设“小东监察”暖心窗口,切实保障农民工权益。

【南昌武商MALL开业】 2023年4月28日,江西首座奢侈品购物中心——南昌武商MALL开业。南昌武商MALL坐落于南昌地标性商圈八一广场,是定位重奢、面积最大、功能最优的标杆性商业综合体。商业总建筑面积22.93万平方米,包含国际名品、国际美妆、时尚零售、亲子、餐厅、影院、超市、街区等。225家品牌在开业当天同步开放。南昌武商Mall的诞生,填补了南昌乃至江西最重要的高端商业空白,

2023 年 8 月 8 日，东湖区中小企业服务联盟揭牌仪式在东湖区举行

（东湖区　供图）

将带动全市改善消费条件、创新消费场景、释放消费潜力。

【东湖区党外知识分子联谊会成立】 2023 年 6 月 15 日，南昌市东湖区党外知识分子联谊会成立大会召开。会议听取南昌市东湖区党外知识分子联谊会筹备工作报告，审议通过《南昌市东湖区党外知识分子联谊会章程（草案）》《南昌市东湖区党外知识分子联谊会第一次会员大会选举办法（草案）》，选举产生南昌市东湖区党外知识分子联谊会第一届领导班子。东湖区知联会着力推动服务中心大局，发挥专业特长积极贡献智慧力量，打造党外知识分子“秋水知心”工作品牌。

【东湖区中小企业服务联盟成立】 2023 年 8 月 8 日，南昌市东湖区中小企业服务联盟揭牌仪式在南昌举行，首批联盟会员单位代表及企业代表等 200 余人参加活动。此联盟是全省范围内首个县（区）级中小企业服务联盟，联盟成立旨在聚焦产业发展需求，当好企业“贴心人”，促进中小企业平稳健康发展。联盟组织全区企业服务中心、企业公共服务平台、产业集群窗口平台、优秀服务机构、创业创新基地、优秀企业，在兼顾公益性与市场性基础上，提升服务运营能力。联动服务资源，降低运营成本，实现政企间资源共享、信息互通、合作共赢、互利互惠。

【第四届扬子洲番茄节】 2023 年 6 月 18 日，东湖区扬子洲举办 2023 第四届扬子洲番茄节。番茄节包含扬番喜连连、番茄节启动仪式、扬番洲尚游三大板块，设置 12 个活动点位用于全面展示扬子洲的特色产业、餐饮、采摘和游玩项目。充分发挥番茄产业先进代表示范引领作用，在番茄节当天对扬子洲本土优秀农业企业进行授牌仪式，并邀请其与番茄种植农户代表签订意向性协议，提振种植农户信心。

【章金媛获 2023 年度“国际成就奖”】 2023 年 7 月 2 日，东湖区从事临床护理和志愿服务 70 余年的“白衣天使”章金媛，在 2023 年国际护士会大会上获“国际成就奖”，这不仅是中国首位获得该奖项的护理工作者，更是 2023 年全球唯一获奖者。她以 94 岁高龄一直活跃在护理志愿服务的第一线，曾获全国三八红旗手标兵称号、第 39 届南丁格尔奖章等荣誉。截至 2023 年年底，她个人累计志愿服务时数 26000 多小时。在她的感召下，由近 2 万名志愿者组成的队伍，先后为 70 多万人提供爱心服务，并将服务模式延伸到国外，许多国家志愿者慕名到江西参加爱心志愿服务。

【首届星驰音乐节】 2023 年 10 月 2 日至 4 日，首届具有南昌文化属性的 IP、全新原创且持续性的音乐节品牌——南昌星驰音乐节在青山湖西岸地铁七里站盛大启幕。活动 3 天吸引近 6 万人次参加，设置主舞台、副舞台 2 个舞台，活动现场分集市区、展示区、休闲区 3 个区域，邀请 36 组明星艺人参加。活动结合周边青山湖等资源，推出“音乐现场＋乐园模式”，进一步拉动全市文旅消费。本次音乐节带动“双节”期间全区旅游消费 6106.75 万元，各商圈人流量 333 万人次，商贸消费达 2.27 亿元，全区累计接待游客按可比口径比 2022 年增长 274.9%，接待旅游综合收入 13.05 亿元，按可比口径比 2022 年增长 597.7%，旅游人次和旅游收入增长率居全市第一位。

【第五届全国中小学（幼儿园）品质课程研讨会】 2023 年 9 月 17 日，第五届全国中小学（幼儿园）品质课程研讨会在东湖区开幕。本次研讨会为期 2 天，由上海市教育科学研究院普通教育研究所、东湖区人民政府主办，以“聚焦育人质量的课程变革”为主题，围绕“区域智慧与前沿观点”“学校课程与文化变革”“热点聚焦与深度对话”“课程博览与现场聚焦”“联盟智慧与全真观察”5 个板块开展交流研讨，邀请到 1200 多名全国各地的课程领域专家、教育行政领导及一线学校校长、骨干教师参加。研讨会以线上线下相结合的方式进行，面向全国全程直播。研讨会分为 45 场主题报告、22 节精彩课堂教学展示及 48 位专家点评互动环节，展示一批中小学、幼儿园课程建设成果，分享东湖区品质课程实践探索的经验，呈现一批可学习、可复制的区域提升学校课程品质的优秀案例，为参会人员带来最前沿的课程建设观点。

（高骏锴）

西湖区

【概况】 西湖区是南昌市中心城区、老城区之一,也是鄱阳湖生态经济区38个县市区之一。东起京九铁路线与青山湖区毗邻,南以洪城路东段、抚河路南段、象湖以及南隔堤为界与青云谱区、南昌县接壤,南滨赣江中心线与红谷滩新区交界、北沿中山路、北京西路与东湖区相连,辖区最大距离9千米,南北最大距离8.4千米。2023年,区域面积35.3平方千米,辖10个街道、159个社区居委会和13个行政村。全区户籍人口46.36万人,常住人口46.36万人。

【政治建设】 2023年,西湖区扎实开展第二批主题教育,组织区委理论学习中心组集体学习16次,开展"六进"宣讲千余场,学习宣讲工作在中宣部基层思想政治工作培训班上作经验交流。对835个基层党组织、353名流动党员、403名年老体弱党员、全区非公有制经济组织党员等分类施策、督促指导,推动主题教育全覆盖。发扬寻乌调查唯实求真精神,大兴调研之风,认真落实"四下基层、三访三促"工作机制,依托"民情家访"、"两代表一委员"进社区、党建引领"幸福圆桌会"等载体,开展实地调研99次,形成高质量调研报告40篇,解决群众急难愁盼问题238个,推动建章立制18项、解决问题77个。实施"西湖政务直通车"暗访问政行动,扎实推进股长作风专项整顿,深入整治"浮浮先生""好好先生""南郭先生""传花先生"等作风突出问题,查处干部作风问题251件274人。6个民主党派基层组织和区新联会完成换届,成立区知联会等3个统战社团,打造万寿宫统战综合体等17个阵地品牌,恒茂华城社区获评"全国民族团结进步示范区示范单位",万寿宫历史文化街区获评"中国华侨国际文化交流基地",区工商联获评2022—2023年度全国"五好"县级工商联。推动法治政府建设,全年审议重大议题340余项,受理办结行政复议46件,依法应诉3次,安排"八五"普法讲师团开展宣讲450余次,培养社区"法律明白人"骨干3045名。2023年,升级政务服务体验,现代化、智能化西湖市民中心高标准建成落地,所有窗口部门全部入驻,实现行政审批、行政许可等1050项公共服务事项"只进一扇门"。梳理"社区能代办、街道能办成"的"就近办"事项182项,全年办理"就近办"事项8万余件;梳理出台131项"一件事一次办"事项,实现企业全生命周期相关联事项"集成化"办理;设立"帮办代办小赣事服务台",梳理公布省内通办清单269项。高质量办理办结人大代表建议107件、政协委员提案96件,实现答复率、满意率两个100%。九洲街道城管执法"两化"建设做法在全国城市管理执法经验交流培训班接受观摩学习,缓解"停车难"、党建引领"幸福圆桌会"等机制举措被央媒专题报道,"散工超市"新就业群体党建工作得到中央第八巡回指导组的视察肯定,区农民工散工驿站被中华全国总工会评为"最美工会户外劳动者服务站点","幸福圆桌会"获评中国改革2023年度地方全面深化改革典型案例。

【经济建设】 2023年,西湖区完成地方一般公共预算收入24.26亿元,同比增长7.28%;实际利用省外项目资金67.34亿元,增长13.41%。地区生产总值同比增长2.7%,社会消费品零售总额同比增长6.9%,500万元以上固定资产投资增速持续回升。完成"五经普"单位清查工作,登记各类经营主体8.8万户,是"四经普"的2.4倍。新增"五上"企业306家,限上个体户231家,一套表调查单位总数2575家,三项数据均全市第一。三次产业结构0:17.10:82.90,三产占比较上年提升2.29个百分点。全年规上服务业营业收入368.2亿元,约占全市比重四分之一,两项指标均列全市第一位;限上社会消费品零售总额289.3亿元,约占全市比重六分之一。实施区级重大项目137个,增加37个,其中重点推进项目94个,实现开工率100%,完成固定资产投资229.25亿元,占全区固定资产投资总数的93.9%。"走出去"敲门招商19次,"请进来"共谋发展98次,累计签约项目219个,增长112.62%,协议投资总额221.87亿元;注册项目215个,增长138.89%,注册率98.17%。全年获得各类上级补助资金7.51亿元;7个项目获得中央预算内投资2.89亿元,增长130.72%;发行各类债券项目23个,争取资金11亿元,增长106%。数字经济产业由"一园三部"拓展成"一园六部",总面积11万平方米,新增入驻企业73家。现有数字经济核心产业规上企业189家,全年营业收入110亿元。11个项目分别入选江西省第三批、南昌市第一批数字技术应用场景"产品清单"。"梦想小街"创建市级创业孵化基地。拓宽企业直接融资渠道,新增上市公司1家、股权分置改革展示企业11家。实现各类减税退费2.37亿元,兑现惠企政策资金1.6亿元,惠及1.2万家企业。举办各类产融对接会12场,授信总额420亿元。发放"政采贷""科贷通"1064万元,"财园信贷通"1.77亿元。实现技术合同成交额28.9亿元,增长105%。R&D年度研发投入增长47%,增长率全市第二。42家企业认定省级"创新型"中小企业,18家企业认定省级"专精特新"中小企业,4家企业认定市级中小企业公共服务示范平台。西湖区现有5000平方米以上商务楼宇103栋(含在建),千万元楼宇41栋,其中税收过亿楼宇10栋。实现楼宇税收60.61亿元,增长6.6%,占全区税收总额的47.1%。举办各类商贸促销活动100余场,发放消费券1232万元,带动综合消费超45亿元。1月18日,绳金塔历史文化街区开街,引进上市公司国盛金控等19个金融产业项目,全年实现金融业增加值101.4亿元,增长5.3%。引进“大家的家”、江西毓舫医疗等健康服务企业14家,总投资1.83亿元。新增华侨城玩美公园、元亨江滩尾箱集市等4个夜市街区,开通全市首条夜经济专线。西湖区获评全省开放型经济综合先进单位、全国营商环境质量十佳县区、全国县域高质量发展经典案例、全国楼宇经济十大活力城区。区统计局被评为全省统计工作先进单位。

【社会建设】 2023年,万寿宫历史文化街区入选长江都市休闲之旅线路,获评国家级旅游休闲街区、中国华侨国际文化交流基地。八一起义纪念馆入选长江红色基因传承之旅线路。孺子亭公园南门广场入选全市首批“席地而坐”试点。全年举办或承办全市新春烟花晚会、八一广场升旗仪式、横渡赣江、香港警察乐队演出等文旅节庆活动百余场;新增珠宝街、鸟屿集等一批网红街区,万寿宫历史文化街区跨年当日接待游客达32万人次创历史新高,先后迎接湖南省党政代表团等重要文旅考察接待278次。“游在西湖”品牌IP阅读量超3.2亿人次。深入实施主次干道、背街小巷环境综合整治,全面提升洪城商圈等26个专业市场周边道路环境,持续优化万寿宫、绳金塔等景区周边环境。改造老旧燃气管网41.14千米,整治建筑施工等领域隐患问题1094个。区卫健委进入全国生育友好工作先进单位公示名单。《幸福的颜色》在国家卫健委“生育友好主题优秀短视频征集”活动中被评为优秀作品,是江西省唯一获优秀的作品。打造九洲、永乐2个四星级农贸市场。全区垃圾分类亭升级改造过半,完成君领朝阳小区、南烟小区“一街两区”垃圾分类示范打造。环境质量不断改善,全年PM_{10}平均浓度考核在全市主城区排第一名,$PM_{2.5}$平均浓度考核、空气优良率在全市主城区排第二名。赣江西湖段两个省考断面均稳定达到Ⅱ类水质,青云、朝阳饮用水水源地水质100%达标。西湖生态环境局获评全国生态环境系统先进集体。打通康中路、粮库中路等5条断头路,完成17.4平方千米海绵城市建设,“一纵二横”道路建筑立面综合整治工程等5个项目被列为全市海绵城市示范项目。打造3.3千米九洲大街绿化彩化示范路,新建口袋公园3处,建成总长8.5千米的云飞路、朝阳中心公园2处绿道。整治树池5690个,对17条道路补栽补种行道树2000余株。启动朝阳二号电排站新建工程,建成朝阳水系5座钢坝闸,426个排水单元通过达标验收。深入开展“清河行动”“清四乱”等专项行动,整改销号问题30起。持续推进油烟监管治服一体化项目,整改问题256个,油烟扰民问题得到有效控制。区社会福利院获评全国养老服务先进单位,获全国养老服务百家品牌创新成果奖。在第十六届世界特奥会上,区属育智学校获5枚金牌、2枚银牌。举办和承办2023年中国击剑大师赛、南昌马拉松等25场大型体育赛事,拉动消费5000万元。

【社会稳定】 2023年,西湖区开展南昌火车站西广场客运乱象整治,组建常态化联合执法队伍,打击非法拉客、违规经营等行为1798起。开展道路交通安全风险隐患治理年专项行动,整治道路隐患355处。建成237个智慧平安小区、52所智慧平安校园、12家智慧平安医院,各类警情下降23.5%。开展年度安全生产重大事故隐患专项整治行动,安全生产事故同比下降40%,火灾损失同比下降10.54%。探索食品安全积分制管理,获评2021—2023年全省食品安全治理示范县区。广润门派出所民警刘爱国当选2023江西“最美基层民警”。受理消费者投诉举报2.3万件,办理率100%,挽回经济损失159万元。处理欠薪案件1622起,为劳动者追回工资2475万元。南浦街道劳动人事争议调解中心获评全省金牌劳动人事争议调解组织,绳金塔街道获评全省矛盾纠纷排查化解先进单位。新成立12个社区,基层治理格局进一步优化,15个社区获评省级“幸福社区”。组织召开1180场“幸福圆桌会”,解决1391个问题,相关经验做法被中国经济体制改革杂志社《改革内参》刊载。

【民生工程】 2023年,西湖区按时办结群众呼声强烈的80件区级民生实事,7件市级、10件区级人大代表票决民生实事,各项民生保障更加普惠、优质。为1.09万户家庭发放公租房补贴2730万元,交付保障性租赁住房488套(间)。完善城市功能,投入9.1亿元,完成象南小区、怡滨花苑等102个老旧小区改造升级,惠及897栋、3.6万户居民。全区2000年前建成的271个老旧小区,改造完成243个,改造率89.7%。发放困难群众生活救助金3007.63万元、医疗救助金633万元、社会保险补贴825.07万元,保障低保群众、特困人员3034人。筹集发放奖学助学金953.23万元,830名生活困难师生得到资助。区社会救助中心荣获全省社会救助工作先进集体称号。开展招聘活动264场,新增就业6929人,康王庙社区、应天寺社区获评全省星级充分就业社区。累计发放创业担保贷款1.48亿元。发放一般稳岗返还资金310.18万元,全民医保参保率稳定在95%以上。发放计划生育特殊家庭扶助资金1013.56万元,为1.55万名老年人发放2144.34万元高龄补贴。在全省率先完成退役军人“四位一体”保障体系建设,发放各项优抚资金 2327 万元。全年教育投入 7.9 亿元,增长 9.4%,增幅排全市第二名。站前路学校子羽校区等4所公办学校(幼儿园)开班办学。站前路学校教育集团云飞路校区、珠市学校教育集团云飞路校区被中央军委政治工作部评为全国国防教育示范校。坚持医养协调发展,区卫健委与南昌市人民医院组建紧密型城市医疗集团。完成 489 户困难老人家庭适老化改造,新增 3 个社区嵌入式养老院、7 个社区居家养老服务中心、35 个社区老年食堂,率先在全市试点老年人刷社保卡用餐服务。建成 4 个“孺子书房”,吴齐美术馆正式开放。结合老旧小区改造,为 125 个小区更新补齐健身器材,新增体育场地 4050 平方米。完成老旧小区既有住宅加装电梯 47 台,完工数列全市第一位。完成 C 级危房整治 442 栋,栋整治率 97.36%,维修数量排全市第二名。在 D 级危房全部腾空的基础上,通过原址重建、维修加固、零星安置、相对集中自主改造4种模式,完成 D 级危房整治 191 栋,整治率 87.21%。通过利用小区闲置车位、建筑退让红线区域增设、闲置空地改造等创新路径,新增停车泊位 2.2 万个,缓解停车难问题,该工作被《人民日报》报道。

【西湖区获“2023 营商环境质量十佳县(市、区)”称号】 2023 年 12 月 20 日,在由人民日报社主管,环球时报社主办的 2023 年国际化营商环境创新发展论坛现场,西湖区获“2023 营商环境质量十佳县(市、区)”,是江西省唯一获此称号的县区。西湖区聚焦企业全生命周期和全链条服务,常态化开展“千名干部访千企”活动,解决企业诉求 662 条。开放使用西湖区市民中心,实现“一楼式办事、一窗式收费、一站式服务”。开展就近办事项清单梳理,全区“就近办”事项办理 17 万余件。深入开展知识产权代理行业“蓝天”行动专项整治,严厉打击不以使用为目的的恶意商标、专利申请代理等行为。推动普惠金融服务中心、首贷续贷中心和普惠金融服务站建设,创新推出“旧改贷”“危房贷”等普惠金融产品,发放“财园信贷通”贷款 1.77 亿元。开展“股长”作风整顿提升专项行动,查处“股长”作风问题 53 个,解决群众和企业问题 1391 件。出台一系列特色惠企扶企政策,累计兑现惠企政策资金 1 亿余元。创新推出“信易贷”模式,促进贷款服务免除反担保,累计发放创业担保贷款 1.47 亿元,直接扶持创业 599 人。

【停车难问题缓解】 2023 年 6 月,西湖区成立有效缓解停车难工作领导小组,设立 5 个工作专班、10 条路径,调动街道、社区、物业公司以及社会组织和个人等多元主体协同参与。在 14 条符合条件的城区道路上设置昼夜错时停车标识,新增车位 730 个。15 个党政机关、企事业单位和学校,在法定节假日期间向社会免费开放停车位,新增车位 1313 个。在公交枢纽小区、河畔小区、幸福之苑小区、星光园小区、桃花园小区、悦湖佳苑小区 6 个保障性住房小区内部及周边开展施工改造工作,新增使用车位 2053 个。对朝阳时代广场、朝阳峰汇、华侨城万科等 27 个小区存在地下车位“只卖不租”、人防车位长期闲置不对外出租等违规情况进行专项整治,1658 个人防车位、4773 个地下车位对业主全面开放。全面摸排 416 个小区,具备条件的 122 个居民小区完成停车设施升级改造,新增停车位 6908 个。交警直属二大队在 33 条道路新增路内全天免费泊位 1511 个,西湖大队在 15 条道路新增路内全天免费泊位 239 个。新改造的 102 个老旧小区通过拆除公共空间区域的违章搭建,新增停车位 562 个。利用五亩以下闲置地块,新建停车设施 10 处,增加停车位 1152 个。科学规划和合理利用闲置地下空间资源,在南浦街道象山文化广场地下闲置空间进行试运营,新增车位 256 个。

【万寿宫历史文化街区被评为国家级旅游休闲街区】 2023 年 2 月 27 日,万寿宫历史文化街区被文化和旅游部评为国家级旅游休闲街区。街区围绕“赣鄱文化第一街”目标,划分尚品街、潮尚领地、赣味人家、文创市集、江西礼物、南昌市街六大业态功能区,打造“文、商、旅”一体的现代服务业新高地。2023 年全年客流超 2200 万人次,销售额 3.3 亿元。街区内店铺数量 110 余栋、开业 97 栋,招商率 88%。春节期间单日最高客流量 15.5 万人次,累计客流量百万人次,营业额约 1200 万元。“五一”期间,万寿宫历史文化街区持续开展节事活动,持续深化“花潮节”原创文化 IP,深入挖掘本土文化力量,打造“破界 · 共生”2023 春夏系列城市大秀,重塑城市地标打卡点,万寿宫历史文化街区单日客流量创最高纪录 26 万人次,5 天客流量 103.6 万人次,营业额 1170 万元。中秋、国庆双节期间 8 天客流量 152.41 万人次,营业额 1696.78 万元。

【西湖区规模以上服务业企业营业收入总量排全省第一名】 2023 年,西湖区规模以上服务业企业 185 家,实现营业收入 368.21 亿元,同比增长 15.87%,较上年提升 5.87 个百分点,总量排全省第一名。西湖区每月组织召开经济运行情况监测分析会,针对 185 家规上服务业企业及涉 GDP 核算六大行业经济指标情况进行逐一分析,以科学研判保障数据平稳运行,以实时监测预警防止错报、漏报,深刻总结分析。按照“谋划一批、储备一批、培育一批、入统一批”思路,利用“五经普”全面摸清全区各项经济数据，通过街道与部门之间数据共享，及时掌握重点培育企业基本情况和发展态势，宣讲落实入统奖励政策，做到部门、街道挖掘重点单位和达规单位主动申报相结合，全年完成新增规上服务业企业35家（含转库）。落实“楼长制”“千名干部访千企”活动成效，全年走访在库企业60余次，累计办结企业诉求10余条。指导企业申报“服务业重点项目建设”“南昌市加强服务业企业支持力度”“促进服务业发展”等政策，兑现市级奖励340万元、区级奖励70万元，激发企业发展活力。组织举办政企“周末汇”等7场活动，邀请企业50余家，切实拓宽政企交流渠道。

（田　熠）

青云谱区

【概况】　青云谱区位于南昌市区南部，东与青山湖区罗家镇接壤，南与南昌县为邻，北毗西湖区，西临象湖与西湖区桃花镇隔湖相望，因境内“青云谱道院”（今八大山人纪念馆）得名。2023年，全区区域面积36.86平方千米，户籍人口25.83万人，辖5个街道办事处（三家店、洪都、徐家坊、京山、岱山）、1个镇（青云谱镇）和1个城市综合功能区（新经济产业集聚区），79个社区居民委员会、12个村民委员会。

【政治建设】　2023年，青云谱区委召开区党政班子工作推进落实会、区委常委会（扩大）会议、全区领导干部会议，传达学习习近平总书记考察江西重要讲话精神，制定《青云谱区学习宣传贯彻习近平总书记考察江西重要讲话精神的工作方案》。县级领导带头到分管领域和所在支部授课，宣讲习近平总书记考察江西重要讲话精神。选派领导干部成立区委宣讲团，开展示范宣讲14场、集中宣讲34场。四套班子成员下沉一线实地调研122次，现场解决问题65个，形成制度性成果12项，完善规章制度12项，322个问题完成整改销号，形成文件、制度29个。强化“8+3”分类指导，收集意见建议269条，各级党组织为群众办实事好事846件。

【经济建设】　2023年，青云谱区推动楼宇经济发展，26栋重点楼宇产生税收14.13亿元，同比增长46.71%，打造天集大楼、江南云港、九州通等7栋“亿元楼”。引进象湖格兰云天酒店、京3+、卡泰驰等项目，社会消费品零售总额突破230亿元。推进“央企入昌”，招引中铁十局集团（南昌）建设有限公司、中铁建工和江西中煤旗下荣祥置业总部，建筑业总产值预计突破800亿元。打造赣味预制菜产业园，引入天合光电生产线，建设远彻啤酒酿造加工厂。开展“遇见·灯彩之乡”“遇见·洪都”“遇见·京山”“遇见·梅湖”等各类活动300余场，接待游客2736.2万人次，增长321%。签约文旅项目9个，总投资额42.1亿元，4个项目实现当年开工，推进朱姑桥梅村文化旅游、1985数字文创产业园等一批文旅项目，获2023江西省“三百”文旅消费季“县（市、区）优秀组织奖”。总投资1.2亿元的全省最大集采海鲜集市开业，1962文创园入选第三批省级夜间文化和旅游消费集聚区，洪都夜巷入选南昌市第一批市级夜市经济街区。三点联采等3家企业获评省级电商示范企业，143个重大重点项目总投资额937.67亿元，增长19.42%，超时序进度完成投资额，投产达效72个。其中，入选省、市重大重点项目70个，总投资额384.87亿元。

【社会建设】　2023年，青云谱区完成广州路部分路段拓宽改造，实现全线双向六车道，配合广州路下穿京九铁路隧道、上海路南延等工程，洪都新城路网突破25千米，打通和宝二路“断头路”，“15分钟交通圈”初步形成。推进25个老旧小区改造，加装电梯39台，改造雨污管网30.3千米，新增车位1635个。在全省首创“12345+掌上城管”智慧化政务服务新模式，全省唯一获评2022年全国城市数字治理创新案例。深化环卫作业市场化，新增保洁道路15条，面积45.7万平方米，道路清扫覆盖率和机械化清扫率均100%。巩固文明城市创建成果，市区两级督查7000余个问题均已整改到位。投入1189万元实施洪腾高架沿线综合提升改造，打造简洁大气、清爽美观的景观带。新建2座口袋公园，打造八大山人广场和梅湖景区游客中心广场2个全市“席地而坐”示范点位。区快递行业联合工会小哥“工寓”爱心驿站获评全国总工会2023年“最美驿站”，李敏金牌调解室入选中华全国总工会第一批基层劳动关系公共服务样板站点培育名单，《“法院+工会+劳仲委+律所”齐心聚力共同化解集体劳动纠纷》入选“2023年全国互联网+工会维权服务典型案例”。兵哥送菜团支部获评全国青年五四红旗团支部。在徐家坊街道曙光社区设立全省首家婚姻家庭矛盾纠纷调处工作站，经验做法被全国妇联宣传推广。打造“四季青云”科普品牌，被中国科协推广宣传。打造青云谱镇益民社区“博爱家园”品牌，入选全国、全省红十字品牌工作案例。

【社会稳定】　2023年，青云谱区开展“清朗”系列行动。开展重大事故隐患专项排查整治行动，排查重大事故隐患95条，安全生产事故数、伤亡人数实现“双下降”。坚决落实“人不进危房，危房不进人”“经营不带险，带险不经营”要求，258栋C、D级危房完成整治。纵深推进“平安青云谱”建设，电诈发案、损失同比分别下降19.1%、26.4%,“盗抢骗”发案下降18.2%。完成3家医院、11所学校智能化防控建设。创新研发“九小场所”消防安全监督检查App、矛盾纠纷分级分类流转处置App和“不戴头盔智能监测预警系统”。建立矛盾纠纷大调解工作格局,排查各类矛盾纠纷1887件,化解率100%,未发生“民转刑”案件。成立全省首家反家暴联动中心,打造“青云家和”品牌。岱山街道人民调解委员会获评全省优秀人民调解组织。“三师一室”维权平台获评江西省2023年度金牌劳动人事争议调解组织,区劳动人事争议仲裁院获评江西省五星级劳动人事争议仲裁院。

【民生工程】 2023年,青云谱区推出“青云智聘”就业服务数字化平台,与高校联合建成19个“赣才归巢”人才工作站,开展“百场校招”“春风行动”“洪漂人才荟”等各类招聘活动280余场,达成意向1.1万人。创建省级充分就业特色社区1个、省星级充分就业社区5个,徐家坊街道建北社区打造全省首家社区级“就业之家”,兵哥送菜退役军人就业创业孵化园获得省级认定。完成1912名困难群众基本生活保障提标提补,发放城市低保金1205万元。基本医保参保12.3万人,参保任务完成率100%,医保支出总额1.5亿元。“益民·益家”救助服务综合体获评省级“文明实践+红十字”工作榜样单位,新增学位1650个,新增4所公办幼儿园,新增园位1170个,14所幼儿园顺利通过省级标准化评估认定。新建施尧村、熊坊村2家“一老一小”幸福院。新增托育机构和点位9家,新增托位180个。新增社区嵌入式养老院2家、老年食堂6家,新增2处省级残疾人自强体育建设示范点。13家医疗卫生机构完成中医药服务标准化建设,“15分钟中医药健康圈”持续升级。在全市率先完成家庭医生签约任务,社区覆盖率100%,以全省第一名的成绩通过国家慢性病综合防控示范区复审,创建经验在全省推广。

【青云谱区发展楼宇经济】 2023年,青云谱区委、区政府把发展楼宇经济作为推动现代服务业发展和产业转型升级的重要抓手,实施出台特色楼宇认定办法、评选标志性特色楼宇;引入第三方专业运营,实施整体集中管理;招引一批总部型、创新型、技术型都市工业企业;完善楼宇配套中介服务体系;探索打造楼宇综合数字管理平台;实行“一幢楼宇、一名楼长、一个专班”服务模式等一系列落实举措。至年底,全区26栋重点楼宇产生税收14.13亿元,增长46.71%,打造天集大楼、江南云港、九州通等7栋“亿元楼”。

【1962文创园入选第三批省级夜间文化和旅游消费集聚区】 2023年1月25日,江西省文旅厅公布第三批省级夜间文化和旅游消费集聚区名单,青云谱区1962文创园入选。1962文创园位于青云谱区解放西路,占地面积约3.33公顷,前身为南昌大众印染总厂。园区在保留南昌大众印染总厂原厂房建筑原貌的基础上,充分挖掘洪都工业遗产文化魅力,以“新艺术、新创意、新生活”为主题,创新式地打造出了一座以“多元文化、工业遗产、现代创作”为特色的集创意文化体验、工业非遗、数字影视、餐饮娱乐、休闲运动、网红打卡等多功能于一体的人群潮流集聚区。

【“12345+掌上城管”智慧化政务服务新模式创建】 2023年,青云谱区打通数字城管热线与“12345”热线数据壁垒,实现“双线融合”,在全省首创“12345+掌上城管”智慧化政务服务模式,成为全省唯一获评2022年“数字治理·智慧赋能”全国城市数字治理创新案例。“12345+掌上城管”模式运用现代技术,方便群众参与城市管理工作。群众既可拨打“12345”热线反映诉求,也可通过掌上城管App“随手拍”的方式上传问题,还可以随时掌握各项问题的处理进度及结果。

【江西省首家反家暴联动中心在青云谱区成立】 2023年3月7日,南昌市青云谱区反家暴联动中心正式挂牌成立。青云谱区反家暴联动中心是江西首家由法院牵头的反家暴联动工作中心,由青云谱法院联合青云谱区妇联、区公安分局、区司法局、区民政局等单位共同打造,该中心集家事纠纷法律咨询、纠纷调处、心理干预、家暴行为预防与制止、庇护救助、优良家风家德涵养等多功能于一体,实现家事纠纷的一站式、关怀式化解,既解纠纷,更化心结。依托反家暴联动中心,各方畅通家暴投诉的“绿色通道”,对受理的家暴行为进行风险评估。

(徐　亮)

青山湖区

【概况】 青山湖区位于南昌城东,赣江下游,青山湖畔,是南昌城的发源地,因辖区风景秀美的“青山湖”而得名。2023年,青山湖区辖湖坊、塘山、京东、罗家4个镇,上海路、青山路、南钢、站东4个街道,青山湖高新技术产业园区1个省级工业园区。有60个行政村、116个社区居委会、15个家委会,257个自然村。区域面积127.6平方千米。户籍人口44.3万人。

【政治建设】 2023年,青山湖区开展主题教育,完成理论学习、调查研究、推动发展、检视整改等各项任务,落实“四下基层、三访三促”工作机制,做到问题在一线发现,难题在一线解决,成效在一线体现;严格落实主体责任,建立完善“三重一大”事项集体决策制度,坚持重大事项向区委报告,持续开展"吃公函""违反财经纪律突出问题""违规发放津补贴""工程建设领域突出问题"等专项督查行动,推动全面从严治党向基层延伸;推进作风建设,开展基层干部作风整顿专项行动,接受人大监督、政协民主监督和社会监督,办理市区两级人大代表建议138件、政协委员提案161件,累计办理"12345"政务服务热线4.2万件、"问政江西"757件,按期办结率100%。

【经济建设】 2023年,青山湖区地区生产总值完成675.40亿元,同比增长2.3%;地方一般公共预算收入16.55亿元,增长11.2%;完成工业增加值417.43亿元,增长2.0%;社会消费品零售总额318.2亿元,增长4.9%;实际利用外资51万美元,下降92.7%;完成实际利用内资106.86亿元,下降38.0%;城镇居民人均可支配收入55569元,增长4.3%;农村居民人均可支配收入29252元,增长6.5%。青山湖区围绕"1+2+N"产业体系,实施产业链链长制、企业特派员帮扶制,开展产业规模、创新动能、产业项目三大倍增行动,"青山湖针纺"集体商标获评2023年中华品牌商标博览会"金奖",现代针纺、冶金建材、电子信息三大主导产业产值分别达到500亿元、220亿元、70亿元;数字动能加速形成,高标准承办"科创中国"2023全国纺织科技成果转化与合作大会、全省纺织服装产业数字化转型推进大会,全年实施技改项目55个,建设"5G+智慧工厂"项目8个,新增上云上平台企业超2500家;产业平台加速扩容,产控智造园推进,科晨电力研发总部大楼、中电建南昌总部经济产业园等总部楼宇建成落地,赣江教育科技文化产业园入选2023年度省级现代服务业集聚区,全年新增标准厂房52.3万平方米、产业楼宇24.3万平方米,在全市率先开展既有工业园区提容增效试点工作,推动东方针织数字产业园等12个项目开展提容增效,增加厂房面积超100万平方米。青山湖区以开展2023"惠享青山湖"全民消费年为主线,举办首届南昌市"青山湖针纺"文化旅游消费节等各类促消费活动30余场,拉动综合消费超20亿元;推动商圈提质扩容,建成5个"一刻钟便民生活圈",699夜市街区入选首批省级高品质夜间经济街区,恒茂梦时代广场街区入选示范性市级特色商业街区;拓展直播电商、跨境电商先发优势,全年网络零售额完成175.99亿元,增长14.8%;以实施经营主体培育专项行动为抓手,打出惠企资金、融资贷款、减税降费等政策"组合拳",兑现惠企政策资金1500万元、提供放贷资金6.95亿元、减免税费10.16亿元,推动经营主体新增2.6万户、总数达8.9万户,"五上"法人单位新增145户;开展"五经普"清查工作,清查单位和个体8.8万户,是"四经普"清查数量的3.2倍,为做好"五经普"工作打牢基础。

【社会建设】 2023年,青山湖区整合成立青山湖学校等4个教育集团;推进临江学校、天香学校等校建项目建设;5所公办幼儿园投入使用、新增园位1230个。实施企业梯次培育计划,全年认定科技型中小企业313家、高新技术企业58家,培育创新型中小企业63家、省级"专精特新"中小企业16家,兆驰光电入选省级制造业单项冠军企业,实现零的突破;构建产学研协同创新体系,用好"科贷通"贴息奖励等扶持政策,全区新增市级以上研发平台6家,完成技术合同登记331项,交易额达26.8亿元,青山湖区成为全市首个省级创新型县(市、区)试点建设完成区。全年城镇新增就业5566人,城镇失业人员再就业1920人,就业困难人员就业470人,新增农村劳动力转移599人(其中省内新增农村劳动力转移585人),青年见习127人,创业培训1380人;全年发放创业担保贷款8681万元(其中个贷190笔,3981万元;为13家小微企业发放贴息贷款共4700万元);开展线上线下公共就业服务活动254场(其中线下36场、线上218场),提供就业岗位53.92万个。全区出生2744人,人口出生率6.11‰,人口自然增长率4.26‰;推进全国慢性病综合防控示范区创建,2个社区卫生服务中心通过"市级示范中医馆"验收,48个智慧医疗点位完成上线。深化水环境治理,创新推行"政府河长+民间河长"协同机制,累计巡查河道17.13千米;完成482个排水单元达标验收和59条道路管网雨污分流改造,国考断面水质达到三类水质目标;方大特钢烧结机超低排放改造等环保项目投入使用,施工工地、餐饮企业、露天烧烤等污染源监管实现全覆盖,全区$PM_{2.5}$、PM_{10}浓度均实现改善,空气质量优良天数341天,优良率93.4%,提高3.7个百分点。洪腾高架、深圳大道等主干道路建成通车,地铁二号线东延等轨道项目实施,民营大道、创业路、沈桥路、高兴三路和利民路5条断头路打通,36条安置房配套路网加快建设;实施66个老旧小区改造、17条背街小巷整治,新建3个城市休闲广场、2个城市小游园、4条城市绿道,顺外村工业园、文泉艺术公园改造工程入选全省更新改造优秀案例;完成8万平方米旧改征迁,推进高铁新区13条路网建设和2条水系治理;谢埠老街等14个"两整治一提升"项目建设完成,丹霞文体公园入选全市城市客厅"席地而坐"示范点,全区主次干道机械化作业率100%,道路设施完好率98%。

【社会稳定】 2023年,青山湖区升级平安青山湖智慧安防平台,推进112个智慧平安小区、平安医院、平安校园、平安街区建设;开展"两提升"攻坚行动,常态化开展扫黑除恶斗争和反电诈专项行动,全区刑事治安总警情、电诈警情、黄赌毒警情分别下降 26.3 个、26.8 个、28.3 个百分点,公众安全感指数 98.2%;湖坊村入选全国乡村治理示范村,青山湖区通过全省双拥模范区创建考评。开展重大事故隐患专项排查整治行动,累计排查整改重大事故隐患 121 处,隐患整改率 100%,全区未发生较大及以上安全生产事故,安全生产形势总体平稳。全区信访工作稳步推进,开展《信访工作条例》颁布 1 周年宣传活动;做好第一、二批交办件的持续稳定工作,以及第三批交办件的化解办理工作。

【民生工程】 2023 年,青山湖区落实失业保险扩围政策,发放失业保险金、补助金、创业担保贷款等各类资金 8000 万元,1506 名城镇失业人员、353 名就业困难人员实现再就业;落实社会救助、社会福利、慈善公益等救助政策,发放低保、特困、高龄、残疾人等各类补贴 6450 余万元,4551 名困难群众实现应保尽保;重点推进 147 个民生实事项目,10 个区级人大票决项目全面完工,一批群众急难愁盼问题得到有效解决;建成使用 5 个孺子书房,江纺 1953 文化教育产业园等文旅项目落地,利玛窦天主教堂、万寿宫等文物保护工程修缮竣工,谢埠老街、文泉艺术公园吸引大量游客前来参观;推进 29 个安置房项目建设,23 个安置房项目竣工验收,13 个安置房完成分配,超 6 万名群众迁到新居;完成粮食播种面积 1280 公顷,整改耕地流出 1.16 公顷。

【首届南昌"青山湖针纺"文化旅游消费节】 2023 年 4 月 28 日,首届南昌"青山湖针纺"文化旅游消费节在 699 文化创意园 · 520Park 文创公园开幕。活动主题为"相约魅力青山湖 ·'五一'针纺嘉年华",活动持续至 5 月 3 日。消费节突出"针纺"主题,现场有 118 家规模以上针纺企业参与展览展销,布展面积 1000 多平方米,展品主要有针织内衣、针织运动衣、瑜伽服、T 恤衫、POLO 衫、运动休闲服饰、男女童户外休闲运动衣等。消费节期间举办"设计之花 · 编织未来"——"青山湖杯"服装设计大赛启动仪式、"数智针纺"企业家沙龙、"青山湖针纺"故事讲述、华安针织工业记忆展、青山湖针纺产业招商推介签约会等活动。

【青山湖区预制菜产业发展大会】 2023 年 8 月 18 日,青山湖区预制菜产业发展大会召开。大会以"'预'知赣美味,'制'在青山湖"为主题,聚焦青山湖区预制菜产业发展,省内外预制菜企业代表及阿里、京东、抖音、圳品、盒马等网络平台、餐饮、商超企业代表 150 余人参加。会上,举行"预"知赣美味"制"在青山湖——助力南昌市打造"江南预制菜之都"启动仪式以及预制菜产业发展交流等主题活动,介绍青山湖区预制菜产业发展情况。活动签约项目 10 个,总投资达 62.5 亿元。

【青苑书店获评全国"年度最美书店"】 2023 年 5 月,青山湖区青苑书店获评全国"年度最美书店"。青苑书店总店位于洪都中大道,构建集展陈、零售、批发、活动、沉浸式阅读、童书绘本、仓储、配送于一体的"以书为主,以书为美"书业文化空间,面积超 2000 平方米,备受读者推崇和青睐。书店探索"书店 +"未来模式,以书为媒,基于馆店结合的跨界探索,先后与多家出版机构联合开展各类线上活动 60 场,线下活动 18 场。

【"光明行"跳绳队获评全国新时代好少年】 2023 年 4 月,"光明行"跳绳队获评全国新时代好少年。"光明行"跳绳队有 12 名队员,他们都有不同程度的视力障碍,有的甚至是全盲,对于跳绳,他们通过声音和节奏来判断,再通过反复练习形成肌肉记忆。"光明行"跳绳队先后参加残疾人运动会盲人跳绳比赛、全国第十一届残运会暨第八届特奥会,获得 2 枚金牌、3 枚银牌、2 枚铜牌。

(宋文娟　程世勋)

新建区

【概况】 新建区位于江西省中部偏北、东与红谷滩区接壤,隔赣江与南昌县相望;南与丰城毗邻;西与高安市、安义县为界;北、西北与永修县相连;东北频鄱阳湖与都昌县、鄱阳县、余干县为邻。2023 年,全区行政区划面积 2117.6 平方千米(含湾里管理局和南昌经开区),实际管辖 13 个乡镇、2 个街道、1 个省级开发区,79 个居委会、200 个村委会。2023 年末户籍总人口 55.66 万人。获"中国厨师之乡 · 地标城市""全国产粮油大县(区)""江西省鄱阳湖区越冬候鸟和湿地保护工作先进县区""全省松材线虫病除防控优秀县区"称号。

【政治建设】 2023 年,新建区委组织常委会学习 11 次,开展区委理论学习中心组集体学习研讨 3 次。出台学习宣传贯彻党的二十大精神实施意见等文件,率先在全市各县区完成科级领导党的二十大精神集中轮训,开展党的二十大精神宣讲 150 余场,受众 2 万余人。主题教育期间,在全国第二批主题教育单位中率先上中央简报、上省简报数量居全市第一位,创新实施"书记问、干部述、党员谈"检验理论学习经验在全市推广,调研成果转化暨整改整治工作在全市调度会上作典型发言,杨辉利党代表工作室特色做法得到省督导组点名表扬,"三清单一方案"质量受到市主题教育办肯定。认识深化落实习近平总书记考察江西重要讲话精神的重大意义,第一时间召开区委常委会(扩大)会议、全区领导干部会议、区委理论学习中心组集中学习会进行传达,出台《关于做好学习贯彻习近平总书记考察江西重要讲话精神宣讲工作的方案》,组织区委宣讲团到乡镇(街道),村(社区)开展集中宣讲。坚持以党建引领基层治理,开展基层党建"书记领航"行动,整顿较弱涣散基层党组织。开展作风建设督查,持续推进基层干部作风整顿,解决"懒、浮、粗、急"等作风弊端。全面落实管党治党政治责任,查处违反中央八项规定精神问题58起65人,通报曝光典型案例3起7人。查处22名科级干部等违法违纪案件,保持惩处腐败高压态势。推进纪检监察干部队伍教育整顿,处置纪检监察干部问题线索7件7人。

【经济建设】 2023年,新建区地区生产总值比上年增长2.9%;地方一般预算收入34.09亿元,比上年增长10%;社会消费品零售额196.43亿元,比上年增长8.3%;城镇居民人均可支配收入4.93万元,比上年增长4.6%;农村居民人均可支配入2.61万元,比上年增长6.8%;规上工业总产值增长8.1%,固定资产投资增长6.0%;限上零售额增长10.8%;房销面积增长7.4%。新增签约项目64个,增长25.49%;投资额186.88亿元。世界领先的"锂"生态头部企业——赣锋锂业、物联网百强企业——特斯联、人工智能独角兽深蓝科技、海信集团、小米汽车、360科技等一大批企业投资落户新建。坚持以先进制造业为主攻方向,构建以汽车(含新能源汽车)及零部件产业、电子信息产业和新能源产业为主导的"1+2+N"现代化产业体系;积极培育新质生产力,新增高新科技技术企业31家、创新型中小企业47户、国家级专精特新"小巨人"企业2家、省级"专精特新"企业12家。围绕"好新建、美生活"目标定位,培育新的消费增长点,打造全省新能源汽车销售交付中心,新引进新能源汽车销售企业5家,新能源汽车销售增长77.1%,占全市交易量的40%。开展"乐购新建"等促消费活动,引领大型商超、汽车、家电等零售企业让利销售。状元里街区获评示范性市级特色商业街区,云境生态园、林恩茶叶入选2023年受欢迎的江西"十大企业消费品牌",汪氏蜂蜜入选江西"十大网货品牌"。完成粮食播种面积6.93万公顷,总产量42万余吨,蔬菜产量9.53万吨,油菜及其他油料作物总产1.47万吨,农业生产再获丰收。壮大葡萄、芦笋、油菜、小龙虾等种养规模,推进十里丰产、梦飞田园、河林果蔬等农业产业规模化、品牌化、特色化经营;新增市级以上示范农民专业合作社、家庭农场49家,新增认定有机产品18个、绿色食品3个、有机产品企业6家,石埠芦笋、金桥葡萄被认定为全国名特优新农产品。

【社会建设】 2023年,新建区在全省率先运行"新事心办"综合服务平台,以"四大集成"创新推进"大浮窗"改革,应急服务处理态度提升80%,办事效率提升60%,群众平均等待时间缩短至5分钟内;经开区成立企业家联盟,首创"十八般武艺"服务模式;优化办税服务,平均办税时长和等候时长大幅压缩;推出税银智慧集成办,"10分钟办税便利圈"初步形成。开展"周末亲情行"企业帮扶活动,办理企业诉求500余件,办结率96%,被省市改革办列入"2023年度江西省探索和推广的改革项目清单";率先推行"免申即享""即申即享",兑现惠企资金3.8亿元,惠及企业2680余家。启动九望新城一期市政道路工程,加快四联路、望北大道、江中路等道路建设;推动昌九客专、320国道改道等省市重大项目实施。敏学路、霁亭路等8条断头路提前完工通车,南昌大道(新建段)道路提升改造全线竣工,新建城、欣悦湖、望月湖片区路网更加完善。珑庭路公园、公厕、停车场、绿道、休闲空间等城区公共配套设施建设稳步推进,马兰花海春秋冬三季打造"新建花海";推进"席地而坐"试点,打造心怡广场南门区域"四无一见"精细化保洁示范区。举办赣菜美食文化节、五一新建YOU好地、英雄联盟夏季总决赛、2023金秋美好生活季等系列商贸文旅活动,吸引来区游客突破3000万人次,比上年增长129.1%。投入12.2亿元持续开展"两整治一提升"工程,拆除"三房"18万平方米,整改问题户厕3460处,增添绿化3.7万平方米,农村人居环境持续向好。深入实施美丽乡镇建设,打造乡村振兴示范区5个、示范村5个、共同富裕样板村53个。望城镇入选全国千强镇,溪霞镇、联圩镇入选全省乡村振兴示范镇,石埠镇西岗村荣获中国美丽休闲乡村。

【社会稳定】 2023年,新建区深化平安新建建设,推行"综治中心+网格化+精细化"基层治理模式,打造288个智慧平安小区、3个智慧平安医院、27个智慧平安校园,实现276个村(社区)1254个网格基层治理高效运转,"文明实践+基层治理"新做法在《南昌日报》头版刊登。常态化推进扫黑除恶,破获刑事案件665起;严厉打击电信网络诈骗犯罪活动,破获电信网络诈骗案件291起,全区滞留境外涉诈重点人员核减82%。举办"西山庙会民俗文化节",做好保交楼、保民生、保稳定各项工作,23个问题楼盘完成销号17个、全面复工建设5个,快速侦破"12·13"特大生产销售伪劣成品油案等一批大案要案,公众安全感和政法部门满意度连续攀升。严格落实安全生产和森林防火责任制,开展安全生产领域"两无"打击治理专项行动,全年安全生产事故起数、死亡人数实现"双下降"。

【民生工程】 2023年,新建区民生支出占财政一般公共预算支出81%,市级八大领域、区级10件人大票决民生实事项目全部完成。巩固拓展脱贫攻坚成果同乡村振兴有效衔接,拨付衔接资金6260万元推进13个产业项目建设。新增城镇就业5900余人,转移农村劳动力6800余人,零就业家庭100%;开展系列促就业活动181场,发放创业担保贷款1.53亿元,促进就业1.6万余人;打造区农民工综合服务中心“5+2”就业之家示范点,全面构建“1+18+N”公共就业服务体系。推动社保扩面提速,全年新增参保人数6500余人。打造中医院、新建城两个嵌入式敬老院并投入运营,石岗、石埠2个乡镇敬老院提升改造工程完成,推动区社会福利中心、11个老年人助餐点改造并试运营。省庄花园、玲岗花园、文全花园、幸福花园4个安置小区交付使用。强化临时救助、保险代缴、大病补助等政策落实,全面织密社会保障网。完成新建一中、育明学校改造提升;持续推进区职业技术学校等7个校建项目实施;新增公办和普惠性幼儿园8所、普惠性学位1470个;实施昌湾学校与南昌大学附属学校合作办学,撤并小规模小学24所。加快完善医疗卫生服务体系,区人民医院二部项目稳步推进,并与南大二附医院签约合作,创建全国基层中医药工作示范(县)区,完成卫生院中医馆建设16家、床位2150个,推进药品、医用耗材集中带量采购,相关医疗价格下降50%以上。建成“孺子书房”5家,举办文化惠民活动60余场,送戏下乡240余场,送电影下乡3900余场。完成第二轮省环保督察23件信访整改,全区空气质量率93.6%。$PM_{2.5}$浓度连续三年下降;有序推进前湖新建段整治,曹家桥水质年均值达到Ⅲ类,7处集中式饮用水水源地水质达标率100%,实现受污染耕地安全利用率不低于93%。

【江西省首个“政务晓屋”落户新建区】 2023年2月9日,江西省首个“政务晓屋”落户新建区。“政务晓屋”是一间集白天、人口远程服务和24小时自助服务于一体的政务服务小屋。企业和市民可在“政务晓屋”办理企业开办、个体工商户登记、食品生产许可证新发、公共卫生许可证核发等78项人工远程服务事项,也可自助办理税务、工商营业执照打印、“洪城一卡通”等40余项服务事项,改变办事群众“上班没空办、下班没处办、办事需等待”的服务难点,促进政务服务从“朝九晚五”向“白+黑”“全天候”转变。

【新建区获评中国厨师之乡·地标城市】 2023年4月29日,中国饭店协会为“厨师之乡·地标城市——中国·新建”授牌。新建区是享誉全国的厨师之乡,从事餐饮烹饪人员2万余人,4000余名厨师创业开酒店,足迹遍布全国,是中国赣菜的一支主力军,年创“厨师经济”30亿余元。新建2013年被授予“江西厨师之乡”称号,新建厨师制作的“鸡汁菜心”“如意豆腐饺”“特辣牛肠”“吊锅阉鸡”等菜品被评为中国名菜,“松湖米粉肉”“大塘东坡肉”“西山豆腐”“藜蒿炒腊肉”等地方菜彰显“新建味道”,新建厨师多次获烹饪大赛大奖。

【江西首台超小转复半径矿用TBM“江铜一号”下线】 2023年7月26日,江西首台超小转复半径矿用TBM中铁1299号暨“江铜一号”在南昌轨道交通产业园江西中铁工程装备有限公司盾构产业化中心下线。这是该公司针对江西矿山领域生产的首支具备支付功能的TBM设备,填补省内空白。此次下线的“江铜一号”TBM开挖直径3.53米,整机长度60米,最小转变半径30米,刀盘盾体采用分块设计,是集机、电、液于一身的矿用设备,对促进江西矿山巷道建设高质量发展具有重大意义。

【石埠镇西岗村入选全国美丽休闲乡村】 2023年,石埠镇西岗村入选农业农村部2023年中国美丽休闲乡村,是南昌市唯一入选村庄。西岗村秉承“小芦笋,大希望”理念,打造梦飞田园芦笋产业园,以“完善基础设施,做强芦笋示范,提升产业功能,鼓励农民参与”的目标,优化园内道路,扩大产业规模,延伸产业链条,实现芦笋大棚标准化,全年吸收

2023年12月27日,新建区石埠镇西岗村梦飞田园芦笋产业园
(魏勇剑　摄)

就业200余人，实现人均增收2万元。西岗村将村庄建设与芦笋产业园一起打造，开展人居环境整治，依托良好生态布局景观小品，引进农家乐、民宿等业态，走出以产业振兴推动乡村全面振兴的新路径。

【新建区抱朴书屋获全省"'最·悦读'最美阅读空间"称号】 2023年，新建抱朴书屋获评省文化和旅游厅"'最·悦读'最美阅读空间"称号。新建区抱朴书屋地处心怡广场，环境优美；室内面积700余平方米，藏书1万余册，涵盖文学艺术、科学、经济、社哲、摄影、教育等领域；设有阅读区、多媒体区、非遗工艺手作展示区、书屋交流室，提供多样化的文化体验；抱朴书屋自2021年开馆以来，以其独特的文化底蕴，吸引10万余人次入馆阅读，举办100余场文化活动，成为新建区的文化新地标。

【汪氏蜂蜜入选江西十大网络消费品牌】 2023年12月，汪氏蜂蜜入选2023年受欢迎的江西十大消费品牌。汪氏蜂业始创于1965年，江西汪氏蜜蜂有限公司生产运营总部设于新建区，有员工256人，年产量8600余吨，是国内著名的集蜜蜂养殖、蜂产品深加工于一体的大型企业，有线下连锁专卖店2500余家、线上旗舰店（专卖店、专营店）100余家，是中国唯一的3次获得国际养蜂大奖的品牌企业，获农业产业化国家重点企业、中国农业500强、中国驰名商标等称号。

（蔡晓华　吴志芳）

红谷滩区

【概况】 红谷滩区位于南昌市西北部，赣江下游西岸，是南昌市为拓展城市规模，构建"一江两岸"城市发展格局而设立的城市新区。2023年，辖区面积403.2平方千米（其中水域面积29.3平方千米），林地5491.72公顷，森林面积5809.97公顷，森林覆盖率15.03%，辖1个镇1个乡7个街道，121个城市社区居民委员会、78个村民委员会，辖区内户籍人口46.39万人，流动人口21.52万人。

【政治建设】 2023年，红谷滩区组织15次区委理论学习中心组学习，组建区委宣讲团，开展基层理论宣讲"六进"活动220余场，累计受众1万余人，开展2轮意识形态专项巡察，对全区96个党组织开展实地督查并反馈意见。印发《关于在全区大兴调查研究的实施方案》《红谷滩区学习宣传贯彻习近平总书记考察江西重要讲话精神的工作方案》。开展第二批主题教育，制定出台《关于在全区深入开展学习贯彻习近平新时代中国特色社会主义思想主题教育的工作方案》，召开主题教育动员会、区委理论学习中心组专题学习会等，区委书记带头作专题党课报告；抓深调查研究，形成一批高质量调研成果，县级领导深入一线现场解决问题56个，出台《关于建立资本招商信息沟通机制》等政策文件20个，取得阶段性成效。严格落实全面从严治党主体责任，以"书记领航"工程为抓手，加快推进祥云社区等13个社区党群服务中心建设，深入推进楼宇、商圈等党建引领品牌创建，打造新地中心、VR基地、保利中心等一批楼宇党建示范点。依托"红谷连心会"党建服务平台，深入基层一线走访、调研、座谈，收集问题建议1935个，解决1803个。持续保持整治形式主义、官僚主义的高压态势，严肃查处不担当、不作为、乱作为、假作为等突出问题11起15人次。聚焦违反中央八项规定精神及其实施细则，坚决整治公款吃喝、餐饮浪费、私车公养及其隐形变异问题40起，处理50人次。聚焦营商环境、土地征迁、服务发展、基层治理、农村"三资"管理等重点领域，对23个单位、5个街道、70个村（社区）开展政治巡察，推动解决群众身边急难愁盼问题。

【经济建设】 2023年，红谷滩区紧扣高质量发展主题，贯穿"项目为先、实干奋进，争分夺秒拼经济"工作主线，争资金、促投资、推项目，推动经济发展稳中向好。全区地区生产总值完成842.02亿元，同比增长4.6%；社会消费品零售总额完成341.53亿元，增长6.3%；城镇居民人均可支配收入56939元，增长4.1%；农村居民人均可支配收入25869元，增长7.1%。1—12月，固定资产投资完成206.35亿元，增长0.3%；一般公共预算收入完成34.88亿元，同口径增长7.4%。聚焦未来科学城等重点区域，锚定智能智造等重点领域，高标准办好2023世界VR产业大会等系列招商活动，推动曼恒江西区域总部等一批大项目签约落地，获评2020—2022年度全省开放型经济先进单位县（市、区）组一类综合先进单位。全年实际利用外资1.03亿美元；新引进入统签约项目62个，总投资额260亿元；储备在谈项目86个，总投资额380.06亿元。聚焦年度投资545.82亿元的238个项目，解决征地迁坟等400余个难题，全区重大重点项目推进取得明显成效，华南城高铁商务中心等5个停工项目实现复工；地铁大厦天虹等60个项目竣工投产；江西国控基金产业园等82个项目新开工建设，其中建发商业综合体等项目基本实现拿地即进场施工。推进数字经济"一号发展工程"，健全完善《红谷滩区关于建设全省数字经济创新引领核心区的扶持办法》，华胜天成华中区域总部等8个区域总部项目落户，新华三江西阅动等4个数字经济和高端制造园区项目签约启动，全区新增数字经济核心企业438家，总量5818家，是全市数字经济企业增量最多、集聚度最高的县区;规上信息技术企业新增13家,总量达54家,营业收入突破83亿元,企业新增数、营收增量均名列全市第一位。紧扣区域金融中心核心承载区建设,新引进各类金融机构和企业58家,累计落户1360家,汇集全省80%以上的法人金融机构和省级区域性总部。加快推进江西国控基金产业园等项目建设,引入IDG资本等知名投资机构,推动南昌和谐安瑞股权投资基金等10只基金落地,全区基金规模首次突破千亿元。深入实施"上市企业倍增计划",探索实施"园区+政策+基金"企业上市新模式,加快推进"映山红行动"升级工程,江盐集团主板上市。至年底,全区有境内外上市企业4家,首次公开募股在审企业1家,新三板创新层企业2家,省重点拟上市后备企业16家。深入开展商贸消费提质扩容行动,投入1300万元,举办乐购新车季等主题促消费活动,带动消费超10亿元。举办春节烟花晚会、国际龙舟赛、千人横渡赣江、国庆烟花晚会、国际马拉松、元旦跨年夜等系列文商旅体活动。加快推进保利大剧院等文化项目建设,有机融合省三馆等文化载体,打造南昌夜赣江"秋水长天"国家级文旅消费集聚区;南昌VR主题乐园创建国家AAA级旅游景区,获批国家文化和旅游第一批全国智慧旅游沉浸式体验新空间培育试点;连续3年获省文化产业重点县(市、区)称号。依托绿地国博中心,承办中国米粉节等55场高端会展活动,名列全市第一位,参展面积超130万平方米,现场交易额超100亿元。实施"请进来、留下来、强起来、带起来"战略,中铁大桥局集团南昌智能建造有限公司等6家建筑央国企全资子公司落地。

【社会建设】 2023年,红谷滩区坚持人民城市为人民,持续提升城市品质和城市形象,着力打造"有厚度、有风度、有温度"的城区。紧盯未来科学城开发建设,南昌大道提升改造提前通车,复兴大道西延、明月山大道南延基本完工,洪州大道快速化等项目稳步推进。持续完善城市交通体系,打通芳林路等5条"断头路"。开展"马路本色"行动,常态化开展文明创建八大专项整治行动,扎实推进碟子湖大道"彩化"工程,主要道路全部实现"彩化"点缀。风筝广场等"城市绿肺"管护提升,打造全市首批"席地而坐"城市会客厅示范点——长天广场,全面启动怀玉山等城市游园、休闲空间建设,加快推进充电桩、储能等设施建设和配套电网改造,新增公共停车泊位842个,全面更替城市窨井盖1560个,打造1条智慧井盖示范路。扎实推进省级生态文明试验区创建工作,推进碳达峰碳中和,持续打好"蓝天碧水净土"保卫战。严格落实"河湖长"制,常态化抓好前湖水系管护,市政管网缺陷修复等工程有序推进,区属278家排水单位全部实现销号。推进中央、省生态环保督察反馈问题整改,赣江干流7个断面水质达到地表水二类标准,饮用水水源水质达标率100%。深化滨江风光带打造,马咀山生态湿地公园雏形初现。坚持农业农村优先发展,深入实施乡村振兴战略,建设高标准农田1000公顷,完成水稻总产量0.9亿千克、油菜冬种2400公顷。坚持以"两整治一提升"专项行动为抓手,深入实施农村"厕所革命",稳步开展"白改黑"项目,加快推进西二环高速沿线环境整治,精心打造1个乡村振兴示范村、18个共同富裕样板村。深入推进营商环境优化升级"一号改革工程",制定出台《2023年红谷滩区"暖心护企"优化营商环境行动方案》等,全面实施"四减一优"专项行动。推出全省首批政务服务事项口语化清单,全省率先上线鸿鹄智办"叮叮抢单"系统。创新推出"吐槽大会",形成"街道吹哨、部门报到"的响应机制。

【社会稳定】 2023年,红谷滩区谋划推进平安志愿者—乡镇(街道)—品牌建设,打造10个志愿服务品牌,围绕交通秩序、心理健康等开展志愿服务活动533次活动、服务人群23000余人次;在全市率先成立区矛盾纠纷多元调解中心,唱响"鸿鹄连心桥、调解'520'"特色调解品牌,《专家联手破难题"四诊"并举解纷争》被中央政法委《长安》杂志刊登,并入选省委政法委"新时代'枫桥经验'江西实践先进典型"。开展矛盾纠纷大排查大化解大调处专项行动,受理案件数10563件,调解成功10487件,调解率99.28%。

【民生工程】 2023年,红谷滩区坚持以人民为中心的发展理念,兜牢民生底线,提高民生质量,促进社会和谐。坚持以实际行动兑现民生承诺,19件市区人大代表票决民生实事落地落实。推进区综合康养中心等项目建设,建立"社区食堂+居家养老点+配送入户"多层次助餐服务体系。解决被征地农民养老保险政策历史遗留问题,提高困难群众救助标准,"江西卫惠保"参保率列全市第1位。扎实开展"百场校招",创新开展红谷篷友会人才夜市等特色招聘活动,新增城镇就业7987人,发放就业补贴1382.34万元。高标准打造全市首家多元化调解组织(和谐劳动关系一站式服务中心),办结线下欠薪投诉案件289件,线上各渠道欠薪反映线索7300余起,为5368名劳动者追回工资8615.6万元。扎实推进南昌学校等11所学校建设,心远中学卧龙校区、碟子湖教育集团俊采校区如期开班办学。投资1亿元推进智慧教育项目建设,稳步实施义务教育量化积分入学制和"三维三度"教师分层分类培训改革,创建全国青少年近视防控示范县区,推动义务教育优质均衡发展。协调推进3家国家区域医疗中心、未来科学城南大一附院等省市三甲医院建设。推行建立区域合作、“两个下沉”分级诊疗、上下“融合融通”等机制，完成8个公立性基层医疗机构中医馆建设，中医治疗率逐步提升。举办2023年群众篮球赛等系列赛事，及首届迎春花市等特色亮点活动。

【红谷滩区（未来科学城）招商推介暨重大项目签约大会】 2023年4月21日，红谷滩区（未来科学城）招商推介暨重大项目签约大会在红谷滩区举行。省委常委、市委书记李红军出席并见证签约。市委常委、常务副市长胡晓海致辞。此次活动签约产业项目43个，签约总金额273.6亿元，包括央企平台战略合作项目，高科技、大数据、大金融项目以及教育、医疗、商贸项目等。大会推介红谷滩区（未来科学城）发展情况；部分签约客商代表在会上发言。

（徐卓）

湾里管理局

【概况】 湾里管理局地处南昌市西北部，东南与新建区、红谷滩区相连，西邻安义县，北接永修县、赣江新区。2023年，湾里管理局辖4个镇（招贤镇、梅岭镇、罗亭镇、太平镇），2个街道办事处（站前街道办事处、幸福街道办事处），1个管理处（洗药湖管理处）；25个社区居民委员会，35个村民委员会，4个分场，4个林场，区域面积230平方千米，常住人口14.5万人。湾里管理局围绕“打造一园三区，建设幸福湾里”（“一园”即打造城市中央公园，“三区”即打造高颜值的生态旅游区、高质量的生态经济区、高标准的生态居住区）的目标，全局经济社会平稳有序发展。获评全国农村集体产权制度改革工作先进集体，野生动物致害保险工作被国家林草局全国推广。湾里本土培育企业南昌矿机集团在深交所敲钟上市，成为全国首批10家注册制上市企业之一。太平镇获评江西省首届“风景独好”旅游名镇，半朵悠莲民宿获评全省四星级休闲乡村民宿，罗亭义坪绣球花谷获评全省乡村森林公园。湾里管理局获评2023年度全市创建全国文明城市考核（县区组）第一名。2023年空气质量优良天数338天，优良率94.4%。连续29年无重大森林火灾、无人员伤亡，连续15年获“全省森林防火平安县（区）”。全局公众安全感综合测评指数排全市第一名。

【政治建设】 2023年，湾里管理局党工委班子累计进行集中学习、专题研讨8次，讲授专题党课10次，基层党组织、团组织分别开展各类学习230余次、120余次。明确梅岭国家级旅游度假区创建、优化营商环境为企服务等调研课题10个，赴一线调研126次，现场研究解决问题53个，收集意见建议25条，制定整改措施25条。召开主题教育调研成果转化暨整改整治工作推进会，建立问题清单15条，制定相应整改举措56条；建立民生项目清单23项；确定8个专项整治任务，制定1个专项整治工作方案和8个子方案。开展作风提升年活动，聚焦营商环境、乡村振兴、生态环保等重点领域，纠治“油松痞”“小鬼难缠”“中梗阻”等顽疾，累计查处干部作风问题90起、处理204人；处置问题线索50件，立案31件，给予党纪政务处分28人。完善干部考核评价体系，加强干部管理和监督，与干部谈心谈话320余人次，在经济发展、乡村振兴等各领域表现优秀的31名干部获得提拔重用。开展“两个覆盖”工作，调整、撤销27个不规范“两新”党组织，打造7个新兴领域党群共建示范点，开展景域党建品牌创建，选树一批省市级模范党组织和赣鄱先锋。

【经济建设】 2023年，湾里管理局地区生产总值78.51亿元，增速2.6%；固定资产投资增速2.9%，全市排第三名，较上年前进八位；社会消费品零售总额（7.7%）、限上零售额（10.2%）两项指标增速均全市排第三名；规上工业增加值增速4.1%，全市排第八名；一般公共预算收入同比增长10%，全市排第六名，较上年前进一位。推进优化营商环境升级“一号改革工程”，推行“企业安静日”制度，出台“21条实干奋进拼经济”“12条促进建筑业高质量发展”和扶持数字经济、电商直播产业园等政策，举办4场“政银企”交流会，兑现各类企业支持资金1.39亿元，新增“五上”企业47家。南昌稻香空间、乌井水库除险加固、山水谈·望乡等一批项目竣工见效，中国·南昌国际农产品交易中心、岭秀湖地下人防停车场综合体等一批大体量项目动工建设。全年新引进产业项目55个，达成协议总投资额60.33亿元，投资20亿元食疗科技方舟项目签约落户，盘活9万平方米闲置物业资源。推进2023年度12项重点改革举措，56项改革工作任务。深化国有企业改革，大湾集团资产规模达97亿元。湾里野生动物致害保险工作先进经验在全国推广。举办2023环鄱赛南昌·湾里站、太平啤酒音乐节、磨盘山美乐会、见山艺术市集、龙狮邀请赛等百场节庆赛事。梅岭镇立新村、太平镇楠树坪民宿村获评南昌市“十佳”乡村振兴旅游地。滕王阁建工、华蒲电缆、滨江建材等一批重点工业项目开工，推进盛华有色、金杯赣昌等技改项目，罗亭工业园全年完成工业总产值35.2亿元，同比增长5.5%；税收6890万元，增长14%。申报高新技术企业18家，入库科技型中小企业52家，均为历年最高。推出“逻汉”“梅岭乌晶”特色旅游产品，全年新增农民专业合作社54家，新增绿色食品认证企业1家、绿色产品3个。2023年新引进生态总部企业936家，其中，已纳税企业285家，纳税额3000余万元。全年接待游客2022.12万人次，实现旅游综合收入64.66亿元。

【社会建设】 2023年,九湾学校、恒茂及赣电贵府幼儿园建成开学,新增学(园)位2640个。通过国家卫生城市复审,加快南大一附院医联体湾里医院扩容增效,收治住院病人增长56.21%,手术量增长57.8%。江中药业企业职业健康工作案例入选全国第二批健康企业建设优秀案例。完成26个城镇老旧小区改造,3个孺子书房建成开放,黄洋界路、萧峰大道、桐木岭路等道路竣工通车。推进海绵城市建设,梅岭镇水秀世界项目两次迎接住房城乡建设部海绵城市现场考评。打造9个"共同富裕样板村"和2个"乡村振兴示范村",完成32.64千米农村公路"白改黑"建设完成,黄芽垅至罗田公路建成通车,打造5G长效管护信息化平台3.0升级版,梅岭镇获评江西省乡村振兴示范乡镇。推进222个排水单元达标创建,2个集中式饮用水水源地水质达标率100%。完成《南昌市梅岭风景名胜区条例(修订)》工作,实施梅岭知秋园、沐风园、索道沿线林相彩化1.2万株,完成240公顷森林"四化"建设、森林抚育、封山育林等任务,实施梅岭曼山谷、洗药湖新少坪裸露山体生态复绿工作。

【社会稳定】 2023年,湾里管理局开展安全防范"七大行动"和重大事故隐患专项排查整治2023行动,加强道路交通、消防、文旅、商贸、建筑施工等领域安全监管,全年检查企业3135家次,排查整改各类安全隐患2254处,未发生一般及以上安全事故。摸排化解各类矛盾纠纷2554起,化解率98.87%,招贤派出所获评全省首批"枫桥式公安派出所",湾里公安分局立省厅集体二等功,湾里公安网安大队入选"全国公安机关成绩突出集体",公安满意度指数96.13%,列全市第二位。

【民生工程】 2023年,湾里管理局开展"百场校招""洪漂人才荟"等各类招聘活动130场,东方红社区获评江西省充分就业示范社区。建成城乡老年助餐点31家,东方红、爱民、磨南社区获评全省五星级"幸福社区",景湾社区获评"全国老年友好型示范社区"。巩固拓展脱贫攻坚成果,完成乡村振兴衔接资金总额2592万元的31个项目,连续6年全省巩固拓展脱贫攻坚成果考核获评"好"的等次。全局35个行政村村级集体经营性收入均超30万元,8个村超100万元。

【萧坛云雾茶入选2022年"非遗工坊典型案例"】 2023年2月3日,文化和旅游部、人力资源社会保障部、国家乡村振兴局共同发布《关于公布2022年"非遗工坊典型案例"的通知》,江西省萧坛云雾茶非遗工坊"萧坛云雾茶:两个巴掌炒出飘香生活"入选"非遗工坊典型案例"。萧坛云雾茶制作技艺是绿茶制作技艺的一种,选用南昌市湾里梅岭之巅的鹤岭、萧坛峰上种植的中、小叶种茶树鲜叶,以独特的手工炒茶加工,具有"条索壮丽,嫩绿较显毫,汤色清亮,香气持久,兰香略显,滋味鲜醇略有兰香味,叶底偏青绿、嫩绿匀齐"等品质特征。

【南昌矿机集团在深交所敲钟上市】 2023年4月10日上午,南昌矿机集团股份有限公司(以下简称"南矿集团")在深交所举行主板上市敲钟仪式,正式登陆A股资本市场,成为全国首批10家注册制上市企业之一。南矿集团扎根南昌湾里数十年,专注于技术创新研发,从一家传统装备制造企业向"装备制造+服务"企业升级。公司是国家级专精特新"小巨人"企业、江西省制造业单项冠军示范企业、江西省智能制造标杆企业,拥有博士后创新实践基地、博士科研创新中心、省级企业技术中心等科研基地,是国内技术领先的中高端矿机装备供应服务商之一。

【南昌市八一体育馆建成启用】 2023年8月1日,南昌市八一体育馆开馆仪式在湾里射击中心举行。该项目于2018年6月立项,并列入当年市重点工程,2019年11月20日奠基开工。工程总投资约1.2亿元,占地面积为11479平方米,含1栋面积10247.77平方米约3000座综合训练馆,1栋面积4981.9平方米可容纳近300人入住的运动员公寓及配套基础设施,总建筑面积约为1.7万平方米。场馆建成启用后结束南昌体育系统没有综合馆的历史,弥补南昌体育系统在办赛、办训等方面的不足。

【南昌太平心街第十届啤酒音乐嘉年华】 2023年8月12日,南昌太平心街第十届啤酒音乐嘉年华开幕。活动为期10天,8月12日至14日,邀请海来阿木、南拳妈妈等近20名国内知名的歌手组合,为前来参加活动的游客献上精彩演出;8月15日至21日邀请江西本土知名乐队在太平心街以音乐演出形式延续本次音乐节热度。活动现场设置喝啤酒大赛等有趣的互动环节,让游客享受啤酒带来的酣畅淋漓,让"啤酒+快乐"再次成为盛夏的主角。

(李春生　汪　满)

人物·荣誉

2023年全国五一劳动奖章获得者

甘荣刚 1979年12月出生，江西省南昌县人，群众，2003年8月参加工作，电焊工高级技师，方大特钢科技股份有限公司建筑安装公司“甘荣刚电焊技能大师工作室”领衔人。先后获“江西省青年岗位能手”“江西省技术能手”“江西省劳动模范”称号，南昌市“首席技师”称号，南昌市首届“洪城工匠”称号。享受南昌市政府特殊津贴，被江西省人力资源和社会保障厅聘为江西省技能鉴定专家委员会机械热加工类专业委员会专家。甘荣刚劳模创新工作室被评为“全国机械冶金建材行业示范性创新工作室”。

甘荣刚在焊接技术领域，勤学苦练、深入钻研，不断提高技术技能水平；在生产实践中，争做“学习型知识型”工人，从一名普通工人成长为电焊工高级技师。他发挥自己善于特殊材质如不锈钢、生铁、铜件、耐热耐磨件堆焊等焊接，善于研究焊接工艺，能够不开坡口直接将25毫米厚钢板焊透等技能特长，有效地解决生产、检修中遇到的疑难焊接问题。高炉本体开裂在线处理、带压补焊加热炉的水管等；他曾5次获方大特钢电焊工比赛第一名，被称为方大特钢“技能状元”；2011年获江西省首届振兴杯技能大赛焊工第五名；2016年获第五届全国焊工技能大赛江西赛区第三名等。2018年10月，甘荣刚当选为中国工会的十七大代表。

“机器人是实现智能制造的关键，甚至是核心装备，机器人为智能制造提供强大的支撑。可以说，没有机器人，智能制造的系统是难以实现的。”而方大特钢作为钢铁制造业企业，在智能制造机器人运用方面，已然有自己的行动。其中，甘荣刚与他的团队以此为契机，敢于向困难“发起挑战”，大胆创新，向降低成本要效益，用“智能化”改造、提升传统焊接技术。利用“机器人”自动焊接替代传统工匠手动焊接已成为该公司制作及修复大型构件的主导方式，为企业提高焊接生产效率，优化人力资源、降本创效创造可观效益。其中，每年仅外委费用就可节省200余万元。此外，甘荣刚重视有关以电焊为难点的科技攻关和小改小革，为企业降本增效。他所带领的“甘荣刚电焊技能大师工作室”，共获得国家专利34项，其中4项技术获国家发明专利。其中发明专利“工程机械高耐磨耐蚀再制造关键技术及设备”获国家发明创业奖、创新奖中的一等奖。完成科技攻关和小改小革方面每年能为企业创造效益约300万元。

甘荣刚说：“电焊是个传统型的行业，需要师傅的‘传、帮、带’。我竭尽所能做好‘传帮带’工作。”当有年轻人或学徒工向他请教电焊技术问题时，他总是不厌其烦地指点，即使是核心技术，他也是知无不言，言无不尽，口头回答不了的就实际操作演示。甘心为团队成员做绿叶、铺路石、陪练，为焊接大师工作室建设带好头。焊接大师工作室的成员在企业和省市技能大赛中获得优异成绩，工作室成员包揽企业技能比赛前三名。其中两名成员在2018年获江西省“振兴杯”职业技能大赛第一名。仅2014年至2020年，他就为公司200余人次培训焊工技术知识，许多外单位也慕名而来。

杨准正 1996年7月出生，江西丰城人，中共党员，2014年9月参加工作，担任江铃股份智能装备中心工程车间钳工A组小组长。2018年夺得第六届全国职工职业技能大赛钳工竞赛江西省及南昌市双料第一名，并代表江西省参加全国决赛；2019年被授予江西省五一劳动奖章；2019年获南昌市“最美职工”称号；2020年获南昌市“劳动模范”称号；2021年获得江西省“天工杯”劳动和技能竞赛——第七届全国职工职业技能大赛钳工竞赛江西选拔赛第一名，被再次授予江西省五一劳动奖章，南昌市第三届洪城工匠称号；2022年获评第21届全国青年岗位能手标兵。

2018年4月，第六届全国职工职业技能大赛的通知下发到各基层工会，从填写好报名表那一刻起，杨准正把自己的每一天安排得满满当当。除完成正常工作，他每天拖班接受师傅姜建国的特训，一对手掌上大大小小的水泡，破了好，好了又破。晚上回到家后，还要查阅资料，学习加工工艺与测量方法。正所谓天道酬勤，无数次锉刀飞舞、无数滴汗水滑落、无数次被磨破的手掌，都成为杨准正不断攀登的阶梯，最终为他斩获江西省选拔赛第一名，并代表江西省参加全国竞赛，同时也为他收获一枚沉甸甸的江西省五一劳动奖章。

近年来杨准正带领团队克服困难，参与多项企业重大项目。2021年在车架厂搬迁项目中，他负责与用户对接，带领小组用时18天完成车架焊接线整线搬迁工作，将搬迁工作对生产的影响降到最低，合理利用产线空间，实现U375及驭胜线体下线工位共线，为整线节约人员6人，节约人工成本60万元，同时节省3个工位的产线空间，助力企业实现年度经营目标。在股份公司小蓝工厂焊装ST250工位自动化改造项目中，整线JPH经优化后提升25%，同时优化主线6人，为企业直接节约人工成本约80万元。

2022年在江铃稳固轻客市场占有率的重磅车型L536项目投产期间，受疫情影响，线体夹具改造加工件到货延迟，影响项目周期。为保证产品按时交付，项目工期将由原计划的20天压缩到11天，杨准正带领小组成员克服压力，与时间赛跑，与工程技术人员、工艺人员、电气调试人员组成的项目小组持续奋战，同时对40余个工位进行改造升级，仅耗时3天即完成机械相关改造，为后期的整线联调工作赢得时间。在后期的陪产过程中，他在做好疫情防护情况下第一时间支援现场生产调试及问题点整改，累计发现并整改Top问题达80余项，保障公司V348订单车的交付。并同步完成L536VP阶段样车在量产线体上的焊车调试，为公司节省柔性夹具开发费用200余万元。

2022年4月22—24日，为保证公司T360、V363VP项目按时间节点交付，吃住在厂，带领小组成员坚守一线，超预期完成项目施工进度，保证公司新品项目工装设备的按期交付。以实际行动践行一名当代江铃青年立足岗位献青春，以“青春之我”成就民族之梦想，国家之希望的青春誓言。

2023年江西省五一劳动奖章获得者

彭长水　1975年3月出生，江西南昌人，中共党员，1993年8月参加工作，中国印钞造币集团有限公司首届印钞大工种高级技师，南昌印钞有限公司钞券印刷副主任技师，国家级技能大师工作室主要成员。2018年获评南昌印钞有限公司“南钞工匠”；2020年获评南昌印钞有限公司“控本类岗位能手”“中国印钞造币行业技术能手”；2021年获评中国印钞造币行业劳动和技能竞赛“最佳优胜个人”，“彭长水凹版印刷快速改印操作法”获评江西省首批先进操作法；2022年获评第十六届“全国技术能手”、南昌市第三届“洪城技师”。

邓建设　1973年2月出生，湖南省常德市人，中共党员，1993年6月参加工作，担任中建五局江西分公司南外环（部队段）项目负责人。个人先后获江西省市政建设行业优秀项目经理、南昌市“五一劳动奖章”、中建五局优秀员工、中建五局优秀共产党员、南昌市建设投资集团有限公司先进个人等荣誉。管理的项目先后获得江西省工程建设优秀质量管理活动成果表一等奖、江西省平安工地、国家优质工程奖、交通部公路水运建设项目“平安工程”冠名、市政建设行业优秀QC小组二等奖、工程建设项目优秀设计成果三等奖、江西省“工人先锋号”、李春奖（交通运输部优质公路交通工程奖）等。

段鹏炜　1997年11月出生，江西省赣州市人，群众，2018年1月参加工作，担任江西迅特通信技术有限公司制造工程师。获评迅特通信技术有限公司“月度之星”“董事长特别激励”“月度之星”“平凡的迅特人”“月度之星”等。2020年疫情期间，提前回到工作岗位，一人承担生产管理和工程技术及防疫支援等工作，保障疫情期间的产线运转和后续的复工复产工作。

林志勇　1974年9月出生，福建省龙海市人，中共党员，1997年1月参加工作，担任方大特钢科技股份有限公司主任工程师。先后获南昌市“建功立业大竞赛”、“金牌工人”、“南昌市劳动模范”、方大特钢公司“科技标兵”、方大集团“优秀党务工作者”、方大特钢公司2021年度“特钢杯”职业技能竞赛“优秀裁判员”、方大集团2022年度“优秀员工”称号。他带领劳模创新工作室先后获得国家专利7项；其主持的科技攻关项目《方大特钢煤气综合利用研究》，每年可创造效益2300万元；其研究的汽轮发电机并网新技术，每年可为企业创效近620万元，在2022年获得全国机械冶金建材职工技术创新成果三等奖。

谭金金　1983年11月出生，江西省南昌县人，群众，2002年10月参加工作，担任江西汇仁药业股份有限公司保全班长。2017 年、2018 年获公司生产部“先进个人”;2019 年、2020 年获公司年度“创新改善奖”;2020 年获公司“工匠优胜奖”;2021 年获公司年度“质量之星”;2022 年获南昌市五一劳动奖章。工作期间,完成多个重点创新项目;开展技术创新 IE 改善达 20 余项;提报合理化建议数十项,为公司大幅提升产品生产效率,节省能耗成本达百万元。

钱　杰　1971 年 12 月出生,浙江镇海人,中共党员,1993 年 8 月参加工作。担任南昌水业集团青云水厂厂长助理。2015 年获南昌市首席技师;2018 年获南昌市五一劳动奖章;2018 年获南昌市“五好家庭”称号;2018 年获江西省高技能(能工巧匠)人才称号;2020 年获南昌市劳模称号。

张　晟　1971 年 3 月出生,江西省南昌市人,群众,1993 年 7 月参加工作,担任江西奈尔斯西蒙斯赫根赛特中机有限公司电工班长。2016 年和 2018 年两次获评公司先进工作者;2022 年获得南昌市五一劳动奖章。

王超兰　女,1983 年 1 月出生,湖南省涟源市人,中共党员,2007 年 8 月参加工作。担任中国电信股份有限公司南昌分公司云网运营支撑中心副经理(主持工作)。2016 年获评中国电信集团“青年岗位能手”;2018 年获评中国电信集团劳动模范;2022 年获评南昌市五一劳动奖章;2021 年当选江西省第十五次党代会党代表;2021 年获评中国电信集团优秀共产党员;2019 年获评南昌市“新时代赣鄱先锋”;2019 年获评江西电信“岗位创新能手”;2018 年、2013 年连续两届获评江西电信劳动模范。

陶茂荣　1970 年 11 月出生,江西南昌人,群众,1990 年 7 月参加工作,担任南昌市新建区第二中学校长。2007 年获评南昌市优秀教育工作者;2008 年获评江西省“两基”先进个人;2011 年获评南昌市优秀教育工作者;2012 年获评南昌市五一劳动奖章;2014 年获评南昌市优秀教育工作者;2015 年获评南昌市“十佳校长”;2017 年获评第三届“南昌市突出贡献人才奖”;2018 年获评南昌市“优秀共产党员”称号;2019 年获评江西省第三批中小学名校长;2021 年获评南昌市政协“优秀党员委员”称号。

涂丽云　女,1977 年 4 月出生,江西南昌人,中共党员,1985 年 4 月参加工作,担任南昌市西湖区少儿教育活动中心主任。2014 年获评江西省群众体育先进个人;2016 年获评德艺双馨优秀辅导教师奖,2012—2015 年度南昌市群众体育先进个人;2017 年获评西湖区优秀教育工作者称号;2018 年获评南昌市五一劳动奖章;2019 年获评首届“幸福西湖群英榜”社会工作人才,2018 年度西湖区“三八红旗手”称号;2020 年获评西湖区优秀教育工作者;2021 年获评西湖区教育体育系统优秀共产党员。

杨　剑　1979 年 10 月出生,江西丰城人,中共党员,2003 年参加工作,担任泰豪科技股份有限公司总裁,并任江西省政协委员、省工商联执行委员会副主席、中国青年企业家协会副会长。2016 年获评江西省“优秀企业家”;2017 年获评第一财经“年度创新力特别人物奖”、江西省“青年五四奖章”;2018 年获评“江西省优秀中国特色社会主义事业建设者”;2020 年获评“南昌市劳动模范”;2021 年获评新时代“江西省杰出企业家”称号;2022 年获评“江西省十大经济人物”。他捐资赞助一系列社会公益事业,以个人名义多次捐资支持青年创业基金,推动泰豪在清华大学、华中科技大学、南昌大学 20 余所省内外高校设立奖学金。推动并承办首届江西省青年科技创新项目评选活动,先后在创新创业及人才培养方面陆续提供支持资金达百万元。

万火生　1963 年 10 月出生,江西南昌人,群众,1984 年参加工作,现任江西龙河物流有限公司员工。2012—2021 年在江西龙河物流有限公司每年评为优秀员工。他出生在农村,自己就是农民工。他心系农民工,关爱农民工,为农民工提高素质而努力,为农民工排忧解难。

周立经　1990 年 6 月出生,江西抚州人,中共党员,2015 年 3 月参加工作,现任江西洪工高科有限公司技术总监。作为主要起草人参与工业和信息化部、人社部《国家职业技术技能标准》虚拟现实工程技术人员(2021 年版)的起草。同时受人社部技工教育和职业培训教材工作委员会及人社部职业能力建设司委托,按照该项标准要求,开发九本人社部职业培训规划教材,其中三本已完成内容编写和校对工作,出版样书;参与开发一本虚拟现实技能实训系列教材《虚拟现实可视化编程技能实训》,已出版;作为质量负责人协助团队获评全国首个虚拟现实 CMA 检验检测机构资质认定证书;作为项目技术负责人参与完成《长沙市博物馆文物三维数字采集》《虚拟现实大范围多人交互协同系统》《平昌冬奥会运动员心理舒缓》等多项 VR 项目,其中《虚拟现实大范围多人交互协同系统》获评 2018 世界 VR 产业大会 VR/AR 创新奖,《NED－20D 近眼显示测试系统》获评 2020 年世界 VR 产业大会 VR/AR 创新奖,同时参与《70 周年国庆阅兵虚拟仿真系统》开发工作;设计 360°环幕立体投影系统的多投影机亮度一致性校正系统;公开发表学术论文 3 篇、申请发明专利 2 项;代表江西洪工高科有限公司团队参加 2022 年南昌市“洪工杯”第四届虚拟(增强)现实职工职业技能竞赛,获得团队二等奖;参加 2022 年南昌市“洪工杯”第四届虚拟(增强)现实职工职业技能竞赛应用开发赛,获得个人二等奖;代表江西洪工高科有限公司团队参加2022年江西省"天工杯"第四届虚拟(增强)现实职工职业技能竞赛,获得团队一等奖。

2023年江西省五一劳动奖状获得者

江西飞尚科技有限公司 私营企业,负责人刘文峰。公司共303人,男职工212人,女职工91人。获得全国模范职工之家,全国工人先锋号,国家地方联合工程研究中心,国家级众创空间,国家知识产权优势企业,信息系统集成及服务资质证书(三级),国家高新技术企业,大数据产业发展试点示范项目(国家级),企业信用评价AAA级信用企业,中国中小企业协会理事单位,全国售后服务先进单位,城市基础设施智能安全检测与预警关键技术;江西省工人先锋号,江西省劳动关系和谐企业,江西省映山红企业,江西省专精特新企业,全省百佳园区非公有制企业工会,博士后创新实践基地,2018年度江西瞪羚企业,江西省首批大数据试点示范企业,江西省服务业龙头企业,江西省城市安全信息化学会理事长单位,江西省专精特新中小企业;南昌市工人先锋号,南昌市五星级六型工会,南昌市先进基层党组织,南昌市五一劳动奖状,"五十佳"标准工会,军民融合会员单位,南昌市2019年度市级服务龙头企业,南昌市劳动和谐"十佳企业"。

江西博微新技术有限公司 私营企业,负责人朱林生。公司共1029人,男职工775人,女职工254人。先后获国家规划布局内重点软件企业、江西省第一批创新型企业、国家火炬计划重点高新技术企业、南昌市五一劳动奖状、国家级博士后工作站、江西省劳动关系和谐企业、第八届中国技术市场金桥奖先进集体、南昌市2015-2016年现代服务业龙头企业、全省百佳园区非公企业工会、中国(行业)十大影响力品牌、江西名牌产品、江西年度功勋企业、南昌高新区纳税重大贡献企业、中国数字服务暨服务外包百强企业、南昌市守合同重信用单位、南昌市提升职工品质生活试点单位等荣誉。

江西乾照光电有限公司 有限责任公司,负责人刘兆。公司共820人,男职工528人,女职工292人。2019年、2022年获国家高新技术企业称号;2020年获江西省"双千计划"高层次创业项目、江西省智能制造试点示范项目、南昌市百户工业重点企业、江西省管理创新示范企业、2017—2020年度光彩事业先进企业;2020年、2022年获评江西省专精特新中小企业称号;2021年获得南昌市三八红旗集体、南昌市先进基层党组织、江西省潜在瞪羚企业、南昌市劳动关系和谐企业称号;2021年、2022年获评南昌市优秀企业;2022年获评南昌市模范职工之家、南昌市五一劳动奖状、南昌市工业重点企业、江西省产融合作主导产业重点企业、江西省制造业领航培育企业、江西省信息化和工业化融合示范企业等荣誉。

江西李渡酒业有限公司 私营企业,负责人汤向阳。公司共831人,男职工476人,女职工255人。2006年被评为省级非物质文化遗产、全国重点文物保护单位;2013年被评为国家地理标志保护产品、江西老字号;2018年被评为国家工业遗产、国家AAAA级旅游景区、江西工业旅游示范基地;2020年获全国模范职工小家称号;2021年被评为2021年度江西领军企业、南昌市劳动关系十佳企业;2022年获得南昌市五一劳动奖状、第四届井冈质量奖提名奖、南昌市市长质量奖。

江西习友实业有限公司 有限责任公司,负责人袁自波。公司共10人,男职工8人,女职工2人。2015年被评为江西省酒类流通协会"诚信经营示范单位";2016年被评为江西省酒类流通协会"理事单位",南昌市民营企业家商会东湖分会"理事单位";2017年被评为南昌市残疾人联合会"爱心助残"先进单位;2018年被评为"湘鄂赣优秀经销商";2018年被江西银行授予"三A诚信单位"称号;2019年获贵州茅台酒厂(集团)习酒有限责任公司"君之竹奖",被民生银行授予"三A诚信单位"称号;2020年被江西酒类流通协会授予"诚信经营单位"称号;2021年获南昌市"五一劳动奖状"。

南昌市邮政管理局 行政机关,负责人黄挽澜。单位共11人,男职工5人,女职工6人。2021年度获"全国邮政行业先进集体"称号。

南昌市公安局经济技术开发区分局 行政机关,负责人谢浩。单位共289人,男职工238人,女职工51人。2021年被评为第十六届江西省文明单位。2022年以来,分局获得市级以上表彰共23批次,16个单位、192名民辅警立功授奖,政治处获评"全省优秀公安基层单位",涌现出"全省优秀人民警察""平安江西建设先进个人"冯建国和"全省爱民模范"涂俊等一批先进典型。

2023年南昌籍获二等功退役军人名录

胡　华 中共党员,户籍为南昌市高新区昌东镇阳门村;2005年6月入伍,服役于中国人民解放军某部队。因在战备训练中成绩突出,立二等功一次。

胡能迢 中共党员，户籍为南昌市新建区象山镇，2015年9月入伍，服役于中国人民解放军某部队。2022年2月12日，在外做客的胡能迢听到"赶快救火"的求救声后，第一时间奔赴火场，六进六出，因挽救人民群众生命财产安全，立二等功一次。

万亮亮 中共党员，户籍为南昌市进贤县衙前乡，2007年6月入伍，服役于中国人民解放军某部队。因带领单位官兵连续3个季度勇夺群众性练兵比武团体总分第一名，5人次打破纪录，立二等功一次。

吴福强 户籍为南昌市进贤县民和镇，2006年毕业于空军航空大学。现任某部上校飞行员。因在初教机、高教机、歼击机和直升机安全飞行3500余小时，立二等功一次。

胡志伟 户籍为南昌市南昌县塘南镇观堂山村王山自然村，2014年6月毕业于北京航空航天大学国防生，服役于东部战区航空兵某旅，因保障安全飞行1500小时，立二等功一次。

姜文林 户籍为南昌市西湖区朝阳洲中路287号利中小区，2001年9月入伍，服役于中国人民解放军某部队，空军专业技术中校助理工程师。历次年度考评为"稳职"以上，因无维护责任飞行事故、事政事故和地面事故18年2个月，立二等功一次。

陈　鹏 中共党员，户籍为南昌市青山湖区湖坊镇进明村姜村，2008年12月入伍，服役于中国人民解放军某部队，因连续保障安全飞行1500小时，立二等功一次。

（熊智强）

2023年南昌市入选"中国好人榜"人员

见义勇为好人　胡能迢 1998年4月生，中共党员，中国人民解放军某旅战士、班长。胡能迢曾获江西好人等荣誉，并被所在部队授予二等功。

诚实守信好人　程应清 女，1950年2月生，南昌市东湖区百花洲街道桂旺巷社区居民。1992年下岗后，为补贴家用，她开始摆摊售卖自制的藕片等传统小吃。根据当时的物价水平，程应清的小吃串串按一毛钱一串销售。然而随着物价上涨，她售卖的小吃却30多年从未涨价。程应清曾获江西省道德模范等荣誉。

助人为乐好人　顾长城 1933年1月生，南昌市军队离休退休干部。他16岁参军，退休后心系贫困学子，定期资助多位贫困学子。当社会有需要的时候，他也总是慷慨解囊，30多年来，各类捐款总金额超过100万元。顾长城曾获"江西好人"等荣誉。

助人为乐好人　敖　亮 1984年10月生，南昌市某包子店店长。"你们的早餐我这包了！包大家满意。"2018年以来，他所负责的门店承诺为周边居住的孤寡老人、环卫工人、住院患者及家属等人群免费发放包子。久而久之，身边的群众称这些包子为"爱心包子"，亲切地称店长敖亮为"包子哥"。5年多来，他累计送出近70万个"爱心包子"，包子店也成为社会爱心人士奉献爱心的聚集地，受到群众们的一致称赞。敖亮曾获"江西好人"等荣誉。

助人为乐好人　梅家瑞 女，1943年6月生，中共党员，南昌县莲塘一中退休教师、梅家瑞爱心助学基金负责人。从教40余年，她始终恪守初心，将自己的青春奉献给教育。退休后，她仍然心系学生，创立"梅家瑞爱心助学基金"，连续10年资助贫困学生，为85名学子燃起梦想的希望。一支粉笔，三尺讲台，挥洒汗水四十载；退而不休，念兹在兹，照亮贫困学子人生路。梅家瑞曾获"江西好人"、南昌市道德模范、南昌市"三风"榜样人物等荣誉。

敬业奉献好人　徐　丽 女，1995年3月生，南昌市盲童学校体育教师、"光明行"跳绳队教练。徐丽琢磨出一套"语言描述动作讲解手把手纠正"的特殊教学方法，不厌其烦地教学，让盲童学校的孩子们在反复练习中领悟动作要领。在她的悉心教学训练下，孩子们克服重重困难，逐渐掌握动作要领，也渐渐自信自强。她带领孩子们先后获第十届残运会盲人跳绳全国女子双人花样金牌、第十一届残运会盲人跳绳两金三银三铜的成绩。2023年，"光明行"跳绳队获全国"新时代好少年"并入选全国重点宣介对象。徐丽曾获"江西好人"、南昌市"五一巾帼标兵"等荣誉称号。

（资料来源：中国文明网）

附　录

南昌市人民代表大会常务委员会工作报告（摘要）

——在南昌市第十六届人民代表大会第四次会议上

南昌市人大常委会主任　李镇发

（2024 年 1 月 16 日）

2023 年是全面贯彻党的二十大精神的开局之年。一年来，在市委的坚强领导下，市人大常委会坚持以习近平新时代中国特色社会主义思想为指导，认真学习贯彻党的二十大和二十届二中全会精神，全面贯彻习近平总书记考察江西重要讲话精神，聚焦“一枢纽四中心”发展定位，认真履行宪法法律赋予的各项职责，积极践行全过程人民民主，充分发挥地方国家权力机关作用。全年共审议通过法规 3 件，检查 3 部法规实施情况，听取审议专项工作报告 16 项，作出决议决定 7 项，专题调研视察 9 项，全面推动完成代表票决出的十件民生实事，圆满完成市十六届人大三次会议确定的各项目标任务。

一、突出政治统领，更加坚定拥护“两个确立”、坚决做到“两个维护”

沧海横流显砥柱，万山磅礴看主峰。常委会始终坚持党的全面领导这一最高政治原则，使人大及其常委会成为坚持党的领导的坚强阵地。

扎实开展主题教育。牢牢把握“学思想、强党性、重实践、建新功”总要求，深入开展学习贯彻习近平新时代中国特色社会主义思想主题教育，一体推进理论学习、调查研究、推动发展、检视整改、建章立制，落实“四下基层、三访三促”机制，持续听民情、访民意。认真学习贯彻习近平总书记考察江西重要讲话精神，常委会班子成员深入县区、企业、村（社区）开展宣传宣讲，人大常委会机关采取多种形式进行宣传阐释，引领全市各级人大做到学思用贯通、知信行统一。常态化落实党组“第一议题”制度和理论学习中心组学习制度，全年共学习习近平总书记重要讲话和重要指示批示精神 48 次，组织集体学习 37 次，交流研讨 22 次，专题辅导 6 次。

始终坚持党的领导。市委高度重视人大工作，市委常委会专题听取市人大常委会党组工作汇报，研究人大立法、监督、代表等重要工作，市委主要领导对人大工作提要求、作批示 20 余次。市人大常委会自觉维护党总揽全局、协调各方的领导核心作用，严格执行请示报告制度，重要工作、重大事项、重要会议、重要立法等向市委请示报告 48 次；坚持党管干部原则和依法选举任免有机统一，依法行使人事任免权，严格规范任免程序，全年共任免国家机关工作人员 155 人次。

主动融入中心大局。紧扣“项目为先、实干奋进，争分夺秒拼经济”工作主线，加强经济监督，探索人大预算审查监督方式，创新推进预算联网、基层联系、代表联审、监督联动“四联工作法”，相关做法在全国财政发展研讨会上作经验推介，全国人大预算工委《简报》专刊进行介绍。扎实开展民生实事项目人大代表票决制，工作经验在全省予以推广，相关课题获得省人大理论研究一级课题，研究成果报全国人大常委会委员长会议参阅。积极参与市委党校、市图书馆新馆、市立医院等全市重大项目建设，参与国有资产清理、乡村振兴、河湖长制、创文保卫等工作，圆满完成城区窨井盖建设管理、南昌品牌日论证等重要工作调研报告。

二、完善法规体系，更实举措提升立法质效、促发展保善治

立法为民，法贵便民。常委会牢牢把握为民立法这一宗旨，不断提高地方立法的针对性、精准度、实效性，巩固新时代南昌发展的法治基础。

突出重点领域立法。制定饮用水水源保护条例，实行饮用水水源保护区制度，建立健全饮用水水源保护协调和重大事项会商机制，明确在饮用水水源一级保护区内种植、放养畜禽等违法行为的法律责任。制定海绵城市建设管理条例，规范海绵城市规划、建设、运行维护、管理等各类活动，助力国家海绵城市建设示范城市创建。修订电动自行车管理条例，规范登记、通行等行为，夯实新业态经营企业主体责任，让城市慢行交通通行更有温度、治理更有力度。

坚持民主科学立法。在全省率先出台《南昌市人民代表大会常务委员会关于在地方立法工作中贯彻全过程人民民主的决定》，对地方立法工作指导思想、工作原则、实现路径和保障举措作出科学合理的制度安排，把全过程人民民主落实到新时代人大地方立法工作之中。广泛运用立法听证、专家论证、网络问卷调查等方式征求社会各界意见，在修订电动自行车管理条例过程中，通过网络收集调查问卷16.8万份，充分发挥“线上线下”平台载体在践行全过程人民民主中的支撑作用。

健全立法工作机制。不断完善党委领导、人大主导、政府依托、各方参与的立法格局，建立提前介入地方性法规起草阶段的工作模式，跨部门多方参与法规起草工作专班常态化。设立基层立法联系点23个，推进联系点规范化标准化建设，切实发挥立法“直通车”作用。一揽子废止和修改法规10件，备案审查规范性文件123件，有力维护法治统一。深入开展宪法宣传活动，做好迎春烟花晚会法律适用解释，开展电梯安全管理等立法调研，增强立法工作的计划性、针对性、协调性和系统性。

三、坚持依法监督，更大力度服务发展大局、增强监督实效

监督促发展，发展为人民。常委会秉持以人民为中心的发展思想，紧紧围绕服务发展大局这一工作主线，严格依法监督，服务南昌经济社会高质量发展。

助力经济持续健康发展。在全省率先出台《关于加强人大对政府债务审查监督的实施意见》，依法审查地方政府债务限额，督促落实专项债券资金审计查出问题整改。听取审议金融运行、国有资产管理、预决算报告，开展审计查出问题整改情况满意度测评，对困难群众救助补助专项资金管理使用开展重点审查。开展“三保”工作专项调研，为基层“三保”建言献策。持续关注优化营商环境，实施“十四五”规划中期评估，听取审议台资企业发展情况报告，推动惠企政策落实，护航台资企业发展。听取科技创新平台建设专项工作报告，调研企业研发人才引进，推动创新引领发展。

助力宜居宜业城市建设。开展“宁静南昌”主题活动，实地暗访41个点位，推动12个噪声问题整改落实。开展环保赣江（南昌）行主题活动，推动市政府在全省率先开展入河排污口排查整治。开展物业社区（南昌）行主题活动，推动落实属地物业管理指导监督职责。调研地下人防工程建设管理使用情况，助力城市地下空间开发利用。听取就业情况专项工作报告，检查市工会劳动法律监督条例，保障职工合法权益。听取审议外事工作情况报告，促进对外合作交流，提升南昌国际知名度和美誉度。

助力城乡均衡发展。围绕“壮大农业龙头企业”主题，开展“乡村振兴南昌行”活动，组织代表视察农业种业优势产业，专题调研新型农业经营体系构建，检查农产品质量安全法实施情况，听取审议农村水利工作报告，推动质量兴农、科技增效。检查公共文化服务保障法实施情况，推动完善城乡公共文化服务体系。持续关注我市养老机构发展、残疾人权益保障，助力发展成果社会共享。调研我市民族团结进步事业建设情况，监督推动“洪石榴”服务站实现县区全覆盖。

助力守护公平正义。听取打击治理电信网络诈骗犯罪工作情况报告，推动开展反诈宣防“万人大决战”行动，有效遏制电信网络诈骗犯罪高发快升态势。听取审议民商事审判服务优化营商环境工作报告，深化诉源治理，提升审判质效，以法治力量释放经济活力。聚焦“守住耕地红线、护航粮食安全”主题，开展“公益诉讼南昌行”主题活动，听取审议公益诉讼工作报告，督促检察机关加大耕地保护力度，汇聚全社会公益保护的共识共为。

四、发挥代表作用，更优服务保障代表履职、践行人民民主

人民选我当代表，我当代表为人民。常委会把支持保障代表履职作为基础性工作，充分发挥人大代表的监督职能和联系群众的桥梁纽带作用。

推动民生实事票决项目落实见效。不断健全完善民生实事项目“上年汇民意、年初决项目、全年跟进度、年末问结果、翌年回头看”工作机制，实行全链条闭环监督。2023年，10件民生实事票决项目如期完成，满意度测评达100%。打通断头路38条，完成公共卫生补短板项目5个，改造老旧小区17个，新增公共停车泊位13888个，新增夜间停车区域泊位5000个，建设教育网点项目40个，打造共同富裕样板村10个，新建“孺子书房”40家，建立家庭医生签约服务团队1536个，完成市政消防栓建设2987个，安装城市外环路路灯5075盏，进一步擦亮群众幸福底色。

做好代表主题活动结合文章。将代表主题活动作为提升代表工作质量、激发代表履职热情的重要抓手，开展“五带头五促进”代表主题活动，连续八年开展“人

2023年7月21日，民生实事票决项目推进工作调度会召开
（市人大常委会办公室　供图）

大代表助学·青年学子圆梦”捐资助学活动。结合中心工作，组织国家、省、市三级人大代表开展“4+2+2”医疗卫生服务体系新格局建设、数字经济、教育高质量发展、民生实事项目等集中视察，指导县区探索建设全过程人民民主实践基地，首次设立6个预算基层联系点，试行街道议事代表会制度，激励代表进一步坚定发展和改革信心。

优化代表履职服务保障。在“双联”基础上，创新专门委员会联系专业代表小组工作机制，代表专长优势得到进一步发挥。举办履职能力提升培训班，市人大代表、县乡人大工作者共130余人参加培训。深入推进星级人大代表联络站创建工作，新增五星级人大代表联络站30家，四星级14家，建成第二批省级人大代表联络示范站9个，进一步夯实代表履职平台。在佛山挂牌成立我市首家驻外代表联络站，做到代表选民走到哪里，人大服务就跟到哪里。

提高代表建议办理质效。坚持重点建议重点督办，将发展会展经济等16件建议作为常委会领导和专工委督办的重点建议，高位推动代表建议落地落实。市十六届人大三次会议共收集、交办、督办代表建议262件，解决或基本解决187件，正在解决或规划解决61件，留作参考14件。开展市人大代表履职积极分子推荐、代表好建议和建议办理先进工作单位评选活动，80名代表获评2023年度代表履职积极分子，45件“好建议”和25个建议办理先进单位得到通报表扬。

五、加强自身建设，更强担当解放思想、开拓进取，扬长补短、固本兴新

打铁必须自身硬，自身建设永远在路上。常委会牢牢把握“四个机关”定位要求，努力在思想、制度、作风、效能建设等方面走在前、勇争先、善作为。

纵深推进全面从严治党。坚决扛起全面从严治党政治责任，积极配合市委巡察，自觉主动接受政治体检，抓实选人用人、意识形态等专项检查问题整改。统筹推进党风廉政建设和反腐败工作，支持和保障驻机关纪检监察组履行职责、发挥作用，政治生态更加风清气正、健康向上。扎实推进模范机关建设“质量提升年”活动，全面推进“四强”党支部建设，深入开展创先争优活动，推动常委会及机关各级党组织全面进步、全面过硬。

持续提升工作效能。加强制度体系建设，及时修改市人民代表大会议事规则、常委会议事规则、常委会组成人员守则，制定修订人事任免办法、宪法宣誓实施方案、代表集中视察办法等。大兴调查研究之风，重视和加强人大理论研究，促进调研成果转化。讲好人大故事，中央媒体刊发我市经验做法稿件335篇。

密切加强工作联动。主动向省人大常委会请示报告工作，配合做好各项执法检查、专题调研等服务保障。密切与县区人大的沟通联系，在综合考核、信息报送、新闻宣传等方面形成合力。深化“数字人大”南昌分厅建设，将民生实事项目作为特色打造，实现市、县（区）两级人大全覆盖。增进与兄弟市人大、外地人大的学习交流，全国人大到南昌考察11批62人次，省人大考察13批107人次，外地人大来访66批548人次，南昌人大成为展示城市形象的重要窗口。积极组织机关干部参加南昌国际龙舟赛等重大活动志愿服务，助力南昌从“网红”走向“长红”。

各位代表，这一年成绩的取得，是习近平新时代中国特色社会主义思想科学指引的结果，是省人大常委会精心指导和市委坚强领导的结果，是市“一府一委两院”积极配合，全市人民、各级人大以及社会各界大力支持的结果，是全体人大代表、常委会组成人员以及市人大常委会机关工作人员扎实工作的结果。在此，我代表市人大常委会表示衷心感谢，并致以崇高敬意！

总结一年来的履职实践，我们也清醒地看到，对标习近平总书记的殷殷嘱托、悉心指导，面对新时代新任务新要求，常委会工作还存在一些需要久久为功、笃行发力的地方，主要是：在“小切口”“小快灵”精准立法上还需再下功夫，在增强监督实效上还需加大力度，在发挥人大代表主体作用上还需拓展提升。常委会将虚心听取人大代表和各方面意见，自觉接受人民监督，不断加强和改进工作，更好履行宪法法律赋予的各项职责。

中国人民政治协商会议
南昌市第十五届委员会常务委员会工作报告(摘要)

——在政协南昌市第十五届委员会第四次会议上

南昌市政协主席　卢伟平

(2024年1月14日)

2023年是全面贯彻落实中共二十大精神的开局之年,也是全面建设社会主义现代化南昌迈出新步伐的关键一年。习近平总书记时隔四年再次亲临江西考察,给我们以强大的精神动力和奋进感召。一年来,在省政协有力指导、中共南昌市委坚强领导下,市政协常委会高举习近平新时代中国特色社会主义思想伟大旗帜,深入学习贯彻中共二十大精神,聚焦全面落实省会引领战略、加快推进"一枢纽四中心"建设,认真履行政治协商、民主监督、参政议政职能,广泛凝聚共识,充分发挥专门协商机构作用,为南昌经济社会高质量发展贡献了智慧和力量。

一、强化思想引领,确保政协事业正确政治方向

深入学习贯彻习近平总书记考察江西重要讲话精神,毫不动摇坚持党的领导,夯实团结奋斗的共同思想根基。

加强思想理论武装。以市政协党组理论学习中心组学习为引领,落实党组会"第一议题"学习、常委会会议集体学习、专家辅导讲座、界别学习座谈会、委员读书活动等相配套的学习制度,及时跟进学习习近平总书记重要讲话、重要指示批示精神,全年共举办8次中心组集体学习、10次党组会和常委会集中学习、43次辅导报告和界别学习座谈会。第一时间学习贯彻习近平总书记考察江西重要讲话精神,市政协党组、机关党组、机关党委、委员党委、党支部"五级联动"学讲话、悟真理,更加深刻领会把握核心要义、精神实质和实践要求,以感恩奋进的实际行动捍卫"两个确立",做到"两个维护"。

扎实开展主题教育。认真落实"学思想、强党性、重实践、建新功"总要求,坚持"三个实实在在"推动主题教育走深走实。制定实施理论学习计划,系统开展读书班、专题党课、交流研讨、现场教学等各类学习活动83次,完成18个专题"周学习",165人次作交流发言。抓实调查研究,念好"深、实、细、准、效"五字诀,落实"四下基层、三访三促"机制,主席会成员带头深入企业、农村等一线调研,共形成高质量调研报告42篇。坚持边学、边查、边改、边立,推进查摆的16个问题逐一整改销号,以整改落实推动作风转变、履职提升。

坚持和加强党的领导。把坚持党的全面领导贯穿市政协工作各方面和全过程,始终与市委同心同向同行。中共南昌市委高度重视发挥政协作用,把政协工作列入重要议事日程,定期听取汇报,多次给政协点题目、交任务,着力推动政协履职成果转化落实。一年来,市委、市政府主要领导主动带头参加政协重要协商活动,省委常委、市委书记李红军出席市政协专题议政性常委会,市委

2023年8月22日,洪城协商·委员市长面对面——"促进文旅消费高质量发展"协商会召开

(市政协办公室　供图)

副书记、市长万广明出席“洪城协商·委员市长面对面”协商会；市党政领导积极阅研采纳委员意见建议，对政协履职成果作出批示37次，其中书记、市长批示20次，引领形成委员意见深度交流、各界诉求充分表达、协商民主纵深发展的良好局面，生动展现了全过程人民民主的南昌实践。

二、服务中心大局，充分发挥专门协商机构作用

聚焦全面落实省会引领战略、加快推进“一枢纽四中心”建设，大兴调查研究之风，通过党政点题、部门征题、委员荐题、政协报题，确定18个重点协商课题，主席会议成员分率各调研组深入基层、沉到一线，实地调研211个点位、学鉴66个典型案例、组织118次座谈交流，先后召开专题议政性常委会2场、“洪城协商·委员市长面对面”6场、专题协商会和民主监督协商会8场，增加协商密度，丰富协商形式，深化协商交流，形成一批高质量协商成果，彰显了专门协商机构效能。

助推高质量发展集众智。积极投身“项目为先、实干奋进，争分夺秒拼经济”工作主线，围绕宠物经济、烟花爆竹产业、电子信息产业、种业振兴行动、赣菜产业、农村供销体系等课题开展调研协商，让委员的智力成果更多更好转化为高质量发展的动能。着眼开辟经济发展新赛道，市政协领题对我市宠物经济发展情况开展专题调研，形成“重视培育宠物产业，繁荣发展宠物经济”调研报告，市委以调研报告为主题组织专题研讨。李红军书记点题交办我市烟花爆竹产业发展的调研课题，市政协闻令而动，在较短时间内完成调研任务，提交调研成果。针对电子信息产业这一我市战略性新兴支柱产业，组织委员深入调研、集中议政，万广明市长批示要求相关部门、县区、开发区认真研究采纳相关建议，全力推动我市优势产业高质量发展。

紧扣高品质生活谋良策。聚焦落实全民健身战略、打造体育名城，召开“丰富活跃群众性体育活动，促进全民健身”专题议政性常委会，从要素融合共享、创新“百姓健身房”模式、加强体育场馆设施“适老化、适儿化”配置等多角度建言，李红军书记逐一点评回应委员发言，强调各有关部门要认真梳理、深入研究，加快专题协商成果转化，更好指导和推进工作。聚焦打造文化强市，就加快孺子书房建设、保护革命历史遗迹发展红色旅游、推进农旅融合等开展调研，提出许多契合实际、具有前瞻性的意见建议，得到市委、市政府领导重视和采纳，相关建议有效转化落地。开展促进文旅消费高质量发展课题调研，广泛吸纳专家学者、院校师生、市民游客、文旅从业者等各方面的意见，万广明市长出席专题协商会，现场评价委员发言“立意高、切口准、落点实”，会后报送的建议案分送各县区、开发区、管理局党政主要负责人阅，部分重要意见建议迅速研究落实。同时，就加强社区卫生服务机构建设、促进新就业形态健康发展等与民众生活品质息息相关的热点问题开展调研协商。

服务高效能治理建箴言。针对提升城市治理水平积极协商议政，组织委员深入各城区调研视察，先后形成“市政协委员视察‘打通断头路 畅通微循环’工作”“坚持问题导向，推进长效管理，切实提升城市整体环境”等建议案，均得到书记、市长的批示肯定，分管市领导牵头相关职能部门认真研究并采纳合理化建议，不断提升城市精细化建管效能。发挥人民政协服务基层社会治理的重要作用，先后就基层民族事务依法治理、基层司法所规范化建设、学校民族团结进步教育等开展调研，形成多项协商成果报市委、市政府领导阅批后，相关对策建议吸纳进入职能部门起草的政策文件之中。

三、坚持履职为民，为增进人民福祉献计出力

围绕民生领域实际问题问需于民、问计于民，协助党委政府多谋民生之利、多解民生之忧，努力让群众感到政协离自己很近、委员与自己很亲。

协商议事助解民生难题。深入推进“赣事好商量·‘三有’在洪城”活动，以助推解决群众急难愁盼事为导向，一年来全市共开展协商议事活动6800多场次，推动赣事好商量、商量好干事。与省、市电视台合作开设2档协商电视栏目，上年共播出协商专题片35期，通过“加快养老服务托起‘夕阳红’”“盘活林地资源唤醒‘沉睡的大山’”等典型协商案例的剖析，以点带面推动共性问题引起各方关注，从政策层面形成解决问题的共识。省政协在我市召开“持续打造‘赣事好商量’品牌，提升市县政协工作质量和水平”专题理论研讨会，向全省推广我市“赣事好商量”鲜活经验。

提案督办回应民生关切。完善重点提案调研办、一般提案尽快办、相关提案归类办的督办机制，市委、市政府、市政协领导领衔督办32件重点提案，李红军书记领衔督办“推动我市数字经济发展”提案，起到很好的示范引领作用，三次会议以来立案的312件提案已全部办复。其中关于“加强我市绿道系统建设”“多方共建社区基金焕发老旧小区新活力”“加大打击防范电信网络诈骗力度”“加强0—3岁托幼机构建设”等一批建议贴近民生、群众关注，通过办理落实取得了良好的社会效益。市政协提案委被省委、省政府、省政协表彰为“政协工作先进履职单位”。

建言献策促进民生改善。开展民生项目专题视察，组织部分住昌省政协委员、市政协委员进工地、看现场、问进度，详细了解重点教育、医疗项目建设情况，为加快项目建成落地、不断完善公共服务体系献智献策。发挥社情民意信息“直通车”作用，收集社情民意信息3700多篇，向省政协报送1116篇，其中由省政协报送全国政协158篇、报送省委81篇，全国政协采用5篇、省委采用4篇，考核得分位居全省第一；向市委市政府报送社情民意专报56期，“开展围挡整治提升城市文明气质”“推动

‘两整治一提升’迈向持久美”“老旧小区改造需改到群众心坎上”等信息得到相关部门高度重视，推动一批民生问题有效解决。

四、发扬团结民主，广泛凝聚人心和力量

着眼建言资政和凝聚共识双向发力，发挥大团结大联合优势，努力为南昌高质量发展画出最大同心圆。

深化合作共事增共识。支持和保障各民主党派、工商联、无党派人士参与政协履职，在全会大会发言、重要协商活动、重点提案督办等方面作出重点安排，确保参政有舞台、建言有机会、协商有渠道、成果有落实。一年来，各民主党派、工商联发挥优势，积极履职尽责：民革市委会开展“南昌国际陆港建设”等22个课题调研，积极献计出力；民盟市委会180余篇社情民意信息获中央、省、市采用，盟员章金媛获护理界国际成就奖；民建市委会报送招商引资项目线索26条，推动签约项目6个、金额超百亿；民进市委会全力配合民进中央对口我省开展的长江生态环境保护民主监督，3篇专报获市委主要领导批示；农工党市委会积极创建“健康生活在南昌·洪城农工在行动”社会服务品牌；九三学社市委会持续打造“九三科普驿站”品牌，举办各类讲座、科普活动十余场，惠及群众300余人；市工商联发挥渠道优势，在深圳、北京、宁波等地举办了南昌市“三请三回”招商推介会。

扩展团结联谊汇力量。去年，全国政协、省政协27批次到南昌调研考察，其中省政协主席先后8次到南昌考察调研指导，关心关注南昌省会引领战略的实施。市政协在做好服务保障的同时，积极组织住昌全国政协委员考察南昌产业发展和城市建设，以“共推一体化、共建都市圈”为主题组织住昌省政协委员赴抚州考察，为落实省会引领战略、助推南昌高质量发展“同题共答”、鼓劲助力。同时，以接待各地政协59批次到南昌调研考察为契机，讲好南昌故事，推动交流互鉴。密切与党外知识分子、非公有制经济人士、新的社会阶层人士的联络，发挥少数民族、宗教界代表人士作用，加强同港澳同胞、台湾同胞和海外侨胞、归侨侨眷联系交流。发挥南昌之友联谊会的桥梁纽带作用，协调组织外地客商到南昌考察70多人次，推动意向投资项目7个、金额75.5亿元。

加强宣传思想文化聚人心。深入学习贯彻习近平文化思想，做好政协宣传思想文化工作。持续开展“兴家风、淳民风、正社风”活动，召开“三风”活动现场会，全市各级组织、各个层面开展形式多样、内容丰富的“三风”活动2万多场，广泛推选、积极宣传“三风”榜样人物，营造崇德向善、见贤思齐的浓厚氛围。擦亮“微、网、端”等多平台宣传窗口，去年“南昌市政协”微信公众号先后7次进入人民政协报“商靓榜”排行榜前十。注重发出履职“好声音”，汇聚发展“正能量”，《人民周刊》《人民政协报》《江西日报》等中央、省级主流媒体报道我市政协工作100余篇次，引起广泛关注点赞。坚持以史资政、以文化人，整理、更新和编纂文史资料30余万字，市政协智慧文史展览馆全年共接待参观考察1000余人次。

五、持续强基固本，推进履职能力现代化建设

贯彻落实中央、省委、市委关于加强和改进新时代市县政协工作意见、措施精神，进一步加强政协履职能力建设，为政协事业提质增效、创新发展提供有力支撑。

加强政协党的建设。落实新时代党的建设总要求，制定实施政协党组年度工作要点、党建工作要点，推进市政协党的各项建设。坚持党组成员联系界别、党员委员联系党外委员机制，调整委员党委及8个专门委员会委员党支部组成人员，夯实委员党建阵地，发挥党员委员示范引领作用。落实中央八项规定及其实施细则精神，全覆盖开展政治谈话，持续深化纠治“四风”，促进全面从严治党主体责任和“一岗双责”执行落地。

加强委员队伍建设。坚持习近平新时代中国特色社会主义思想学习座谈会制度，以界别为小组深化学习交流，着力提高委员建言资政、凝聚共识能力。制订落实年度走访委员计划，市政协主席会成员分别带队走访50位企业家委员，听意见、问需求，为推进营商环境优化升级“一号改革工程”献计出力。做好委员履职量化统计、评价及反馈工作，评选表扬年度优秀履职委员、优秀提案和委员建言“金点子”，激励委员积极履职，交出精彩“委员作业”。突出界别特色，建设政协委员之家，开展界别调研视察、座谈协商、学习联谊、服务群众等活动60多次。

加强机关自身建设。落实中央、省委政协工作会议精神，争取市委重视支持，为新增设的专门委员会及机关内设科室配人员、建机制，更好发挥职能作用。以打造让党放心人民满意的模范机关为目标，健全机关学习及办文办会办事规章制度，提升服务意识和运转效能。加强专委会规范化建设，提高履职水平，发挥好基础性作用。深入开展人民政协理论研究，2篇理论成果被《江西政协报》刊用。持之以恒加强作风建设，弘扬“脚上有土、心中有谱”的作风，保持“自信、发奋、齐心”的精神状态，着力打造忠诚干净担当具有六种鲜明特质的“四有”干部队伍。

各位委员、同志们，过去一年成绩的取得，是省政协倾力指导、中共南昌市委坚强领导的结果，是市人大、市政府和市直各部门各单位大力支持的结果，是老领导老同志热忱关心和社会各界积极参与的结果，也是市各民主党派、工商联等政协各参加单位、全体委员和各县区政协辛勤付出的结果。我代表市政协常委会，向大家表示衷心感谢！

我们的工作中还存在一些问题和不足，委员联系界别群众的制度机制还需进一步完善，民主监督的作用有待进一步发挥，聚焦高质量发展建言的精准度仍需进一步提升，政协理论研究的实践性和实效性还要向纵深拓展等，要在今后的工作中切实加以改进。

组织机构及负责人名录

市级领导机构干部名录

中共南昌市委

李红军　省委常委，市委书记，赣江新区党工委书记（10月任）
万广明　市委副书记，市政府党组书记、市长
余正琨　市委副书记、组织部部长，市委党校校长（兼），八一干部学院院长（兼）（任至10月，调离）
肖　云　市委常委，市政府党组成员、副市长（正厅级）（任至4月，调离）
胡晓海　市委常委，市政府党组副书记、副市长，市行政学院院长（兼）
王万征　市委常委，南昌高新技术产业开发区党工委书记
黄冬生　市委常委，市纪委书记、市监委主任（任至11月，调离）
熊　明　市委常委，市纪委书记（11月任）、市监委代主任（12月任），二级高级监察官
梅　峰　市委常委，南昌经济技术开发区党工委书记
李松殿　市委常委、宣传部部长
饶绍清　市委常委、统战部部长，市政协党组副书记（兼）
吴建平　市委常委、政法委书记
刘建军　市委常委、组织部部长，市委党校校长（兼），八一干部学院院长（兼）（10月任）

南昌市人大常委会

李镇发　党组书记、主任
宋　铀　党组副书记、副主任，一级巡视员（12月任）
刘德辉　党组成员、副主任
谭绍木　副主任（民主党派）
王　强　党组成员、副主任
万昱原　党组成员、副主任
张湘赣　党组成员、副主任
寇立群　（女）党组成员、副主任
孙　毅　党组成员、副主任
吴伟柱　原党组书记、主任（2月退休）
李福如　一级巡视员（2月退休）
申少平　原党组副书记、副主任
王　敏　（女）原党组成员、副主任、一级巡视员（7月任）
沈　杰　原党组成员、副主任（2月退休）
罗剑云　原党组成员、副主任（11月退休）
梅茂发　原党组成员、副主任
杨保根　原党组成员、副主任
叶明和　二级巡视员（7月任）

南昌市人民政府

万广明　市委副书记、市长
胡晓海　市委常委、常务副市长
陈鹏辉　副市长（10月任）
赵　捷　副市长
江新洪　副市长
彭开先　副市长
肖　云　市委常委、副市长（任至4月，调离）
龙国英　（女）副市长（任至8月，调离）
肖铁军　副市长（任至10月，调离）

政协南昌市委员会

卢伟平　党组书记（任至12月）、主席
肖玉文　党组书记（12月任）、主席候选人
刘家富　原主席（11月退休）
樊三宝　党组副书记、副主席
黄清玉　（女）副主席、民建市委会主委
熊志刚　副主席、市工商联主席
万　敏　（女）副主席
宋亮生　党组成员、副主席
谢为民　党组成员、副主席
薛有旺　副主席、民盟市委会主委、市检察院副检察长
黄小华　党组成员、副主席
魏宏平　副主席、九三学社市委会主委
周智安　原副主席（2月退休）
李广振　原副主席
胡　彬　（女）原副主席（11月退休）

南昌市纪委监委

熊　明　市委常委、市纪委书记，市监委主任候选人（11月任）

黄冬生　市委常委、市纪委书记、市监委主任（任至11月，调离）
黄细华　市纪委副书记、市监委副主任
帅　志　市纪委副书记、市监委副主任
姚　平　市纪委常委、市委巡察办主任
李　莉　市纪委常委、市监委委员
屈小兵　市纪委常委、市监委委员
徐　军　市纪委常委
肖　璐　（女）市监委委员
张乐洋　市监委委员
朱　斌　二级巡视员
晏永青　市纪委常委、市监委委员（任至6月，调离）

市直单位县级以上干部名录

市委办公室

杨先国　市委秘书长、办公室主任（9月任）
钟国栋　市委副秘书长、二级调研员
宣　治　（苗族）市委副秘书长（1月任）
聂嘉平　二级巡视员
李晓东　市纪委市监委派驻纪检监察组组长
陈　峰　副主任
吕东锦　副主任、市档案局局长（兼）（任至1月，调离）
付　磊　副主任、市档案局局长（兼）（1月任）
杨文军　副主任（5月任）
谭翼直　副主任（任至7月，调离）
赖继红　正县级督查专员
曾国华　副县级督查专员
崔瑞娟　（女）三级调研员
吴　群　（女）四级调研员
梅清贵　副县级督查专员

市人大常委会机关

汪军伟　党组书记、办公室主任
汤王东　党组成员（1月任）、社会建设委副主任委员（任至2月）
徐永立　二级巡视员（2月退休）
宋　晓　副主任
王绍江　副主任（4月任）、法制委副县级专职委员（任至4月）
刘　兴　（女）监察和司法委主任委员（6月任）
邓　亮　监察和司法委副主任委员
黎建武　财经委主任委员
肖玉芳　财经委副主任委员（8月任）
周茂林　财经委副主任委员（任至8月）、三级调研员（8月任）
邹玉萍　（女）教科文卫委主任委员
付园萍　（女）教科文卫委副主任委员
周国繁　教科文卫委一级调研员（任至5月）、二级巡视员（5月任）（11月退休）
熊春水　教科文卫委三级调研员
刘志勇　党组成员、农业和农村委主任委员
胡友胜　农业和农村委二级巡视员（9月退休）
江新忠　农业和农村委副主任委员（任至8月）、二级调研员（8月任）（9月退休）
刘锡平　农业和农村委副主任委员（4月任）、监察和司法委副县级专职委员（任至4月）
陈雄斌　农业和农村委副县级专职委员（任至3月）、三级调研员（3月任）
胡灵驱　党组成员、城建环保委主任委员（8月任）
邹建华　城建环保委二级调研员
陈金华　（女）城建环保委副主任委员（4月任）、城建环保委副县级专职委员（任至4月）
耿承军　（女）常委会机关党组成员、法制委主任委员（1月任）、监察和司法委主任委员（任至1月）
谢文斌　法制委一级调研员（任至9月）、二级巡视员（9月任）
詹洪武　法制委二级调研员
曾宏斐　（女）法制委副主任委员
熊秋林　社会建设委主任委员（8月任）
吕　娄　（女）社会建设委二级巡视员（2月退休）
周国群　社会建设委一级调研员（任至5月）、二级巡视员（5月任）（12月退休）
李　林　社会建设委主任委员（任至8月）、一级调研员（4月任）
熊　成　法工委主任
刘　敏　（女）法工委副主任（4月任）、城建环保委副主任委员（任至4月）
吴倨峰　备案审查工委副主任
卢亮昊　选任联工委主任、市委组织部副部长
刘荣林　选任联工委副主任
赵　俊　外侨民宗工委主任
郑　琴　（女）外侨民宗工委副主任（2月任）、预算工委副主任（任至2月）
欧阳小敏　外侨民宗工委副主任（4月任）、社会建设委副县级专职委员（任至4月）

市政府办公室（市政府研究室）

邹晓东　市政府秘书长、机关党组书记、办公室主任
陈吉炜　市政府副秘书长、机关党组成员
王　耀　市政府副秘书长、机关党组成员

杨墉富　市政府副秘书长、机关党组成员
汪　成　市政府副秘书长
李建红　市政府副秘书长(8月任)、机关党组成员、研究室主任
叶　涛　市政府副秘书长、机关党组成员
吴　华　市政府副秘书长、机关党组成员
张永华　市纪委市监委驻市政府办公室纪检监察组组长、市政府机关党组成员
何文军　公室副主任(12月任)
涂俊炜　副主任
赵江华　副主任(1月任)
龚红林　副主任(1月任)
余毛毛　二级调研员
农小兵　(壮族)三级调研员(5月任)
吴建清　三级调研员(6月任)
李德平　四级调研员
蒋建山　副县级督查专员
汪美宁　四级调研员
祝雄华　市政府研究室副主任
黄诗健　市政府研究室副主任
杨志龙　一级调研员(任至3月)
王　英　(女)市政府副秘书长、机关党组成员(任至9月)
王小文　二级巡视员(任至11月)
彭严明　三级调研员(任至12月)

市政协机关

徐　峰　市政协党组成员、秘书长提名人选,办公室主任(兼),机关党组书记(3月任)
余　刚　一级调研员
张　菁　一级调研员(9月退休)
赵晓毛　机关党组成员,副秘书长(正县长级)
罗　平　提案委主任
钟春发　经济委主任
万仁如　经济委二级巡视员
郭子东　农业和农村委主任
丁慧兴　机关党组成员,人资环城建委主任
余　颖　教科卫体委一级调研员(4月任)
左　辉　机关党组成员,教科卫体委主任(3月任)
衣　萍　(女)社会和法制委主任
况胜秀　(女)民族和宗教委主任(11月任)
罗　坤　社法民宗二级巡视员(8月退休)
杨晓辉　(女)机关党组成员,港澳台侨和外事委主任
张恒立　机关党组成员,文化文史和学习委主任
贾晓光　机关党组成员,派驻纪检组组长
江文升　副主任
罗晓斌　副主任(3月任)
谈水泉　提案委副主任
夏云标　农业和农村委副主任
何　民　人资环城建委副主任
罗建国　文化文史和学习委副主任(9月任)
秦三友　二级调研员
王志勤　调研员(1月退休)
潘建华　社法民宗委二级调研员(7月退休)
曹克强　经济委三级调研员(6月任)
刘绍友　文化文史和学习委三级调研员(6月任)

市纪委监委机关

宛继斌　办公室主任
罗　堃　组织部部长
何剑芳　宣传部部长
吕　欣　研究室主任
刘　健　党风政风监督室主任
陈　珊　市委巡察组副组长
熊　伟　第三室主任
杨志勇　第七室主任
金　栋　干部监督室主任
谭良娇　二级调研员(9月任)
付石兰　三级调研员
王雁鸣　三级调研员
胡贤清　三级调研员
雷进先　三级调研员(9月任)
聂志强　四级调研员

市委组织部

余正琨　市委副书记、组织部部长,市委党校校长(兼),八一干部学院院长(兼)(任至10月,调离)
刘建军　市委常委、组织部部长,市委党校校长(兼),八一干部学院院长(兼)(10月任)
唐艳华　分管日常工作的副部长
凌　菲　(女)副部长(兼),市委老干部局局长
陈奕蒙　副部长(兼),市委编办主任(任至9月,调离)
卢亮昊　副部长,市委非公有制经济组织和社会组织工委书记(兼),市人大常委会选任联工委主任(兼)
邹敏琴　(女)副部长(兼),市委编办主任(9月任)
郝思一　市纪委市监委派驻市委组织部纪检监察组组长(任至6月,免职),市纪委市监委派驻市委组织部纪检监察组三级调研员(6月任)
王　新　副部长
王　成　部务委员(1月任)
杨晓波　一级调研员(任至11月,退休)
陈奇勇　二级调研员
曾光华　四级调研员(任至6月,退休)

市委宣传部

李松殿　市委常委、宣传部部长
夏清平　分管日常工作的副部长(任至8月)
熊中高　市委网信办主任、副部长(兼)(任至9月),市委宣传部分管日常工作的副部长(正县长级),市委网信办主任,市文明办主任(兼)(9月任)
李良生　南昌广播电视台党组书记、台长,副部长(兼)
胡洪水　南昌日报社社长、总编辑,副部长(兼)
李少峰　市纪委市监委派驻市委宣传部纪检组组长
张　敏　(女)副部长
陈　焜　副部长
徐小虎　副部长(5月任)
郭国亮　原市文明办副主任、二级调研员
程　超　原市文明办副主任
杨　涛　二级调研员
李学聪　原市文明办副主任(任至6月),三级调研员(6月任)
雷丽红　(女)四级调研员
温华贵　四级调研员
张定章　四级调研员

市委统战部

饶绍清　市委常委、统战部部长
高革霞　(女)分管日常工作的副部长
黄　文　副部长
熊冬燕　(女)副部长
麦建宁　副部长
杨　燕　(女)市纪委市监委派驻市委统战部纪检监察组组长
吕　璠　(女)副部长
杨　杰　副部长
王反金　二级调研员

市委政法委

吴建平　市委常委、政法委书记
赵泽华　分管日常工作的副书记(1月任)、一级调研员(4月任)
慈海波　副书记(正县级)、一级调研员(4月任)
柯文翔　副书记
杨　成　副书记(1月任)
樊彦洲　市纪委市监委驻市委政法委纪检监察组组长
刘志斌　政治部主任(1月任)
王建国　二级调研员
彭淑萍　三级调研员
何运游　二级调研员(3月任,6月退休)
徐　宏　市综治中心主任(任至5月)、四级调研员(10月任)
刘顺祥　市法学会专职副会长
彭小华　市综治中心主任(5月任)

市委政研室

康健林　市委副秘书长、市委政研室主任、改革办副主任
杨平水　副主任、二级调研员
车红云　副主任、二级调研员
高　峰　副主任
罗建国　改革办专职副主任(任至8月,调离)
叶想英　四级调研员

市委网信办

熊中高　市委宣传部分管日常工作的副部长,市委网信办主任
刘　煜　(女)副主任
田雨舟　副主任(8月任)
胡洪武　二级调研员
刘　力　副主任(任至6月)、三级调研员(6月任)
丁江华　四级调研员

市委编办

邹敏琴　(女)主任兼市委组织部副部长(9月任)
陈奕蒙　主任兼市委组织部副部长(任至8月,调离)
周　丽　(女)副主任
郑钦新　副主任
孔令源　副主任(任至6月,到龄改非,任三级调研员)
高小华　三级调研员

市委台办

夏小兰　(女)主任、一级调研员(兼)(9月任)
尤丁发　四级调研员(任至8月),副主任(8月任)
戴　军　副主任(9月任)
余建明　副主任(任至6月)、二级调研员
邹冬梅　(女)副主任(任至6月),三级调研员(6月任)
戴继斌　四级调研员

市直机关工委

徐　强　书记
殷红锋　(女)副书记
陈　俊　副书记
朱文保　工委委员
廖文生　工委委员
钱　靖　工委委员
梁厚生　三级调研员(1月任)
李　智　三级调研员(9月任)

市委巡察办
姚　平　市纪委常委、主任
蒋　理　副主任
艾安水　副主任(任至8月)
市委第一巡察组
晏　青　组长
肖　林　副组长
市委第二巡察组
陈茂林　组长(任至7月)
刘木林　正县级巡察专员
周洪卫　副组长
市委第三巡察组
张梅生　副组长
周学平　副县级巡察专员
市委第四巡察组
管琳丽　组长
熊九胜　副组长
康　忠　副县级巡察专员
市委第五巡察组
万　平　组长
李小雄　正县级巡察专员
陈　姗　副组长

市委信访局
章建云　局长,市委副秘书长(兼)
万明凤　(女)县级督查专员、一级调研员
刘玉国　正县级督查专员
诸　虹　(女)副局长
袁定福　副局长
刘多祯　市信访接待中心主任(副县级)
黄咏梅　(女)副局长
吴斌清　副局长
张智华　(女)二级调研员(8月退休)

市委老干部局
凌　菲　(女)局长
唐雄华　副局长
王爱华　三级调研员
涂　兵　四级调研员

市史志办
谢晓亮　主任
廖子君　副主任(9月任)
徐明生　副主任(任至9月),三级调研员(9月任)
涂俊彦　四级调研员

市委党校(市行政学院,市社会主义学院)
余正琨　校长(任至10月)
刘建军　校长(10月任)
胡晓海　院长
陶东阳　分管日常工作的副校(院)长
万　强　副校(院)长
邓裕斌　副校(院)长
刘海保　市社会主义学院副院长
杨云峰　二级调研员
钟爱保　三级调研员
王传林　四级调研员

市档案馆
余小勇　馆长
占明义　副馆长
黄　霞　(女)副馆长
叶寿祥　三级调研员

市中级人民法院
刘　星　党组书记、院长
陈　健　党组副书记、副院长
黄淑彬　(女)党组成员、副院长
钟明强　副院长
刘建玲　(女)副院长(任至2月,12月退休)
刘晓辉　党组成员、纪检组组长
刘　东　党组成员、执行局局长(任至5月,调离)
陈　芳　(女)党组成员、审委会专职委员(任至5月,调离)
廖溢爱　(女)党组成员、副院长(5月任)
万为军　党组成员、政治部主任(9月任)
熊红文　党组成员、审委会副县级专职委员(5月任)
田　勇　党组成员、执行局局长(5月任)
廖治中　审委会专职委员(任至5月,改非)
陈　力　(女)审委会副县级专职委员(5月任)
吕清泉　一级高级法官
胡建华　二级调研员
晏水银　二级调研员
赵　兴　二级调研员
刘南星　二级调研员(6月任,11月退休)
廖江川　三级高级法官(4月退休)
赖婞华　(女)研究室主任、四级调研员
王士松　四级调研员

市检察院
刘鸿斌　党组书记、检察长,一级高级检察官(12月任)
曹运革　党组成员(任至9月)、副检察长(任至10月)、二级高级检察官

薛有旺　市政协副主席、副检察长、三级高级检察官
刘志权　党组成员、市纪委市监委驻院纪检监察组组长（1月任）
戴雪玲　（女）党组成员、政治部主任（任至6月），三级调研员（6月任）
熊红文　党组成员、检察委员会专职委员、三级高级检察官（任至5月，调离）
田　勇　检察委员会专职委员、三级高级检察官（任至5月，调离）
王　勇　党组成员、副检察长、三级高级检察官　（5月任）
杜迎春　（女）组成员、副检察长、三级高级检察官　（5月任）
刘　东　党组成员、检察委员会专职委员、三级高级检察官（5月任）
陈　芳　（女）党组成员、检察委员会专职委员、三级高级检察官（5月任）
刘　炽　一级高级检察官（8月退休）
余声汉　副县级干部（5月退休）
万里光　四级调研员
赖蓉蓉　（女）三级高级检察官
魏琫金　三级高级检察官（11月退休）

市总工会

刘德辉　市人大常委会副主任，党组书记、主席
熊绍群　党组副书记、分管日常工作的副主席
张小芳　（女）党组成员、副主席
邓林和　党组成员、副主席
邹循泷　党组成员、副主席
谢　芬　（女）党组成员、副主席（挂职）
陈水平　三级调研员
熊　艳　（女）三级调研员
钟　东　三级调研员
张　霖　四级调研员

团市委

刘众星　书记
曾　晋　副书记
熊　坚　副书记
万　琪　（女）副书记
肖云艳　（女）挂职副书记
杨辉利　（女）兼职副书记
刘　臣　兼职副书记
胡　剑　兼职副书记

市妇联

胡　裔　（女）党组书记、主席
皮　洁　（女）党组成员、副主席
陈　姝　（女）党组成员、副主席
黄薇薇　（女）党组成员、副主席
谢江琴　（女）党组成员、副主席（挂职）
梅　丽　（女）三级调研员
黄朝华　（女）三级调研员
吴建华　四级调研员

市科协

吴新财　党组书记
王妮娜　（女）主席
刘　琛　（女）党组成员、副主席
文　颖　（女）党组成员、副主席
符文志　党组成员、副主席（挂职）
孙群力　二级巡视员（9月退休）
辜　峰　二级调研员（4月退休）
李培赣　三级调研员（任至6月）、二级调研员（6月任）
杜　敏　三级调研员

市文联

万晓东　党组书记
童　华　（女）主席
周文彬　党组成员、副主席
李文波　党组成员、副主席
朱佳君　（女）党组成员、副主席（挂职）
龚建峰　二级调研员（6月任，11月退休）
雷　雨　（女）四级调研员
林继敏　四级调研员

市社科联

陈　曙　党组书记、主席
黄小红　（女）党组成员、副主席
黄师奇　（女）党组成员、副主席
喻凤林　二级巡视员（11月退休）
邹时光　二级调研员（3月退休）
彭路萍　（女）三级调研员
谢蔚如　（女）四级调研员

市侨联

麦建宁　党组书记、主席
许日强　党组成员、副主席
李良清　党组成员、副主席
陈　铭　（女）三级调研员

市残联

万里菲　党组书记、理事长
吴卫平　党组成员、副理事长

刘国华 党组成员、副理事长
林善岳 三级调研员

市红十字会
潘 凌 (女)党组书记、常务副会长
梁 璐 (女)党组成员、专职副会长
熊 兵 党组成员、副监事长
曹小明 三级调研员
范德有 党组成员(任至3月),二级调研员(6月任、8月退休)

市发展改革委
雷桥亮 党组书记、主任
钟 坚 党组成员、副主任、二级调研员
何彦军 党组成员、副主任、市城发院党组书记、院长
何华辉 党组成员、市纪委市监委派驻市发展改革委纪检监察组组长
钟雷英 (女)副主任
陈 洁 (女)党组成员、副主任
林绪强 党组成员、副主任(4月挂职)
段 颀 副主任(2月挂职)
赖育雷 二级调研员
熊 飞 三级调研员
黄建平 三级调研员
李少卿 四级调研员
陈 瑛 (女)二级调研员(11月退休)
欧阳龙 二级调研员(9月退休)

市教育局
黄 琰 (女)工委书记、局长
何永明 工委副书记、副局长(正县长级)(4月任,挂职)
熊 彪 工委委员
卢 琛 工委委员、市纪委监委派驻市教育局纪检监察组长
付青岚 (女)工委委员、副局长
万晓玲 (女)工委委员、副局长
周晓东 工委委员
陈 瑜 三级调研员
蔡爱民 二级调研员
李智良 二级调研员
陈子柠 三级调研员
朱道清 四级调研员
唐庆伟 二级调研员(10月退休)

市科技局
凌敏杰 党组书记、局长
付长根 党组成员、市纪委市监委驻市科技局纪检监察组组长
黄端伟 党组成员、副局长
胡辉勇 党组成员、副局长
张 馥 (女)党组成员、副局长
李世玉 二级调研员
万小敏 二级调研员
江 燕 二级调研员
杜晓晖 三级调研员(6月任)
曹绍炜 四级调研员
叶保平 正县级干部

市工业和信息化局
骆 军 党组书记、局长(3月任)
陈 净 (女)党组成员、副局长、二级调研员(10月退休)
伍秋平 党组成员、副局长
邹 涛 党组成员、副局长
牛丽坤 (女)党组成员、副局长
薄夫森 党组成员、副局长(挂职)
刘樟根 党组成员、副局长(1月任)
赵 耀 党组成员、副局长(挂职)(4月任)
史渝闽 四级调研员

市公安局
肖铁军 省公安厅党委委员、副市长、党委书记、局长、督察长(任至10月)
陈鹏辉 省公安厅党委委员、副市长、党委书记、局长、督察长(10月任)
吴志强 党委副书记、常务副局长(6月任)
郑义端 党委副书记、副局长
杨玉章 党委委员、副局长
陈国梁 党委委员、政治部主任
汪 勇 党委委员、交管局局长
范晓云 党委委员、特勤局局长
涂咸高 党委委员、驻局纪检监察组组长
徐十斗 党委副书记、常务副局长(任至6月)
张增和 党委委员、副局长、市警校校长(任至6月)
陈国宏 党委委员、副局长(任至6月)

市民政局
戴 闽 党组书记、局长
王国辉 党组成员、副局长、二级调研员(10月退休)
汪礼良 党组成员、市纪委市监委驻市民政局纪检监察组组长
曹志宏 党组成员、副局长
熊印根 党组成员、副局长
姚林强 副局长(任至8月,调回)

聂丽红　副局长(4月任,挂职)
邱　锐　二级调研员

市司法局

李国水　党组书记、局长兼市强制隔离戒毒所第一政委
罗永兴　党组成员、市强制隔离戒毒所党委书记、所长(12月退休)
廖云生　党组成员、副局长,二级调研员
万文革　党组成员、副局长
汤潇琼　党组成员、副局长
周义军　党组成员、副局长
凌小晋　(女)党组成员、政治部(警务部)主任
邱　荣　二级调研员(1月退休)
周晓雄　二级调研员(5月退休)
冯庆文　四级调研员
廖承文　三级调研员(6月任)
舒奕斌　四级调研员

市财政局

邓　峰　党组书记、局长
陈国广　党组成员、副局长、二级调研员
黄书林　党组成员、市纪委市监委派驻市财政局纪检监察组组长
曾　辉　党组成员、副局长
毛志东　党组成员、南昌政府和社会资本合作创新中心主任
李新宇　党组成员、副局长
肖　璐　(女)党组成员、副局长(挂职)
余　超　党组成员、副局长
王晓平　四级调研员
徐建华　国库支付中心三级调研员
夏文化　市财政公共服务中心主任

市人力资源和社会保障局

巫　滨　党组书记、局长
陈　进　党组成员、副局长
詹晓庆　党组成员、副局长
刘晓锋　党组成员、副局长
王明超　党组成员、副局长
张　赶　党组成员、副局长

市自然资源规划局

岩小明　党组书记、局长(8月任)
陈长春　党组成员、市规划国土发展研究中心主任
梁卫东　党组成员、市纪委市监委派驻市自然资源规划局纪检监察组组长(8月任)
邵欣然　副局长
吴　頔　副局长
熊　斌　副局长
陈献忠　二级调研员(12月任)
徐海平　二级调研员
罗晓峰　二级调研员

市生态环境局

陈宏文　党组书记、局长
章美良　党组成员、三级调研员、副局长
黄宝强　党组成员、三级调研员
刘忠马　党组成员、南昌生态环境监测中心主任
刘　扬　党组成员、副局长
邓　军　党组成员、市纪委监委派驻市生态环境局纪检监察组组长

市住房和城乡建设局

李　勇　党组书记、局长、一级调研员(4月任)
熊焕标　副局长、二级调研员
欧阳锋　党组成员、市纪委监委派驻住建局纪检监察组长
罗　峻　党组成员、副局长
薛凯喜　党组成员、副局长(挂职)
龚　浩　党组成员、副局长(9月任职)
邹　京　副局长(4月挂职)
饶良富　三级调研员(5月到龄改非)
池建林　三级调研员(6月到龄改非)
徐　胜　三级调研员(6月到龄改非)
李仉红　(女)四级调研员
肖　虹　二级调研员(5月退休)
陈建华　二级调研员(6月退休)
周庆荣　二级调研员(11月退休)

市城管执法局

罗建华　党组书记、局长
唐尚洪　党组成员、副局长
黄泉勇　党组成员、副局长
占肆土　党组成员、市纪委监委派驻市城管执法局纪检监察组组长
孙新初　党组成员、副局长
赖　青　党组成员(5月任)
况宇翔　副局长(挂职,10月任)
张裕生　党组成员、副局长(任至1月),二级调研员
陈宗龙　二级调研员(9月退休)
曾享庭　二级调研员
罗红辉　二级调研员
户春才　三级调研员
胡军锋　二级调研员(任至9月),四级调研员(9月任)

吴　军　党组成员(任至1月),四级调研员(1月任)
喻国平　四级调研员
彭小林　四级调研员

市交通运输局

熊保良　党组书记、局长
黄挽澜　党组成员、副局长(兼)
罗　宁　党组成员、副局长
谌跃勇　党组成员、市纪委市监委派驻市交通运输局纪检监察组组长
吴　涛　党组成员、副局长(8月任)
张志辉　副局长(兼)(4月任)
俞剑平　党组成员(6月免)、副局长(7月免),二级调研员　(到龄改非)
车小琴　(女)党组成员(1月免),二级调研员(到龄改非,7月退休)
肖洪辉　四级调研员

市水利局

杨志文　党组书记、局长(10月任)
杨先国　党组书记、局长(任至10月)
涂传建　党组成员、副局长,二级调研员
詹成龙　党组成员、副局长(任至6月)、三级调研员(6月任)
胡秋华　党组成员、市纪委市监委派驻市水利局纪检监察组组长(任至3月)、二级调研员(8月退休)
吴　民　党组成员、副局长
董　扬　党组成员、副局长(6月任)
龚　涛　党组成员、市纪委市监委派驻市水利局纪检监察组组长(8月任)
吴海勤　党组成员、市河湖长制办公室专职副主任
李　霖　党组成员、副局长(4月挂职)
罗　晨　副局长(挂职任至9月)
李爱水　三级调研员(任至6月)、二级调研员(11月退休)
罗柏林　四级调研员
邹　幸　四级调研员
冒红星　四级调研员

市农业农村局

龚林涛　党组书记、局长
罗伙庚　党组成员、纪监组组长
罗小琴　(女)党组成员、副局长
李慎林　党组成员、副局长
张　东　党组成员、副局长
王　胜　党组成员、副局长
周资平　党组成员、副局长(4月任)
凌永青　(女)二级调研员
祝国强　二级调研员
崇林风　(女)三级调研员
刘　健　(女)三级调研员
陈玉保　三级调研员
邓善华　三级调研员
黄文生　四级调研员
樊　滔　四级调研员
万云标　四级调研员
朱旺生　二级调研员(7月退休)

市商务局

戴　琼　(女)党组书记、局长
李凌鹏　党组成员、副局长
张建平　党组成员、副局长
金　伟　副局长
胡足卿　党组成员、副局长
曾伟群　党组成员、副局长
李　通　党组成员、市纪委市监委驻市商务局纪检监察组组长
狄俊韡　党组成员、副局长(4月挂职)
江建明　党组成员、副局长(4月挂职)
黄信红　二级调研员
胡　星　市商贸和会展服务中心主任、四级调研员
陶东铭　四级调研员
雷　艳　(女)四级调研员
徐国华　四级调研员

市文广新旅局

万利平　党组书记、局长、一级调研员(9月任)
徐　芬　(女)党组成员、二级调研员
张　良　党组成员、市纪委监委派驻市文广新旅局纪检监察组组长
宋国平　党组成员、副局长
刘芬芳　(女)党组成员、副局长
曾育婷　(女)党组成员、副局长(9月任)
董焕霞　(女)副局长(4月任,挂职)
晁　婷　(女)副局长(10月任,挂职)
赵刚平　(女)二级巡视员(9月退休)
熊　伟　二级调研员
刘国产　二级调研员(10月退休)
袁　峰　二级调研员(1月退休)
罗东文　四级调研员
邓穆超　四级调研员

市卫生健康委

朱世鸣　工委书记、主任

卢　恬　（女）副主任（挂职，任至9月）
易海英　（女）工委委员、副主任、二级调研员（3月退休）
王　群　工委委员、副主任
赵海金　工委委员、市纪委市监委派驻市卫生健康委纪检监察组组长
张　萍　（女）工委委员
裘国亮　工委委员、副主任（1月任）
周　斌　工委委员、副主任（挂职，4月任）
潘景屏　工委委员、副主任（5月任）
黄立发　二级调研员
万　鹏　二级调研员（8月退休）
符德厚　二级调研员（9月任）
姚　敏　（女）四级调研员

市退役军人事务局

刘祈虎　党组书记、局长
杜辉根　党组成员、副局长
彭达兵　党组成员、副局长
杨西河　党组成员、副局长
李　伟　党组成员、副局长（8月任）
邓　宏　二级调研员
张周平　二级调研员
吴义文　四级调研员（9月退休）
高　星　四级调研员
熊小刚　四级调研员
李　明　四级调研员（12月任）

市应急管理局

陈国宏　党委书记、局长（6月任）
马小娟　（女）党委委员、副局长
陶志海　党委委员、副局长
杨　航　党委委员、副局长（5月任）
吴晓勇　党委委员、市纪委市监委派驻市应急管理局纪检监察组组长（6月任）
吴海勤　党委委员（兼职）
李永强　党委委员、副局长（挂职）
宋明军　党委委员、副局长（4月任，挂职）
罗春来　二级调研员
潘四清　二级调研员
吴　堃　三级调研员
赖洪标　三级调研员
欧小青　三级调研员

市审计局

胡崇敬　党组书记、局长、一级高级主管（9月任）
张根全　党组成员、副局长、二级高级主管（6月由二级调研员套转为二级高级主管）
彭艳云　党组成员、副局长
胡蓓蓓　（女）党组成员、总审计师
徐宝华　党组成员、副局长（任至6月），三级高级主管（6月任）
廖金红　二级高级主管（3月由四级调研员晋升为三级调研员；6月晋升为二级高级主管，7月退休）
熊家芳　三级高级主管（6月由三级调研员套转为三级高级主管）
何稳庚　四级高级主管（6月由四级调研员套转为四级高级主管）

市外办

梅　梅　（女）党组书记、主任
毛亦水　二级调研员
甘裕红　（女）党组成员、副主任
曾建民　党组成员、副主任
黄剑魁　三级调研员（6月任）
申继明　四级调研员

市国资委

周仁斌　党委委员、副主任、二级调研员
黄少林　党委委员、市纪委市监委派驻市国资委纪检监察组组长
杜小华　党委委员、副主任（1月任）
吴坤荣　二级调研员
傅荣志　二级调研员
易　坚　二级调研员
万晓峰　（女）二级调研员
舒　洪　三级调研员（3月任）
汪发林　三级调研员（3月任）

市林业局

宋　明　党组书记
杨雨晨　局长
杨馥宁　党组成员、副局长
谢凤俊　党组成员、副局长
肖天佑　党组成员、市绿委办主任
徐　岩　党组成员、副局长
徐仲平　二级调研员
丁　乐　二级调研员
胡　明　二级调研员
王水生　二级调研员
罗美英　（女）三级调研员
陶丽珍　（女）　党组成员、副局长
胡友军　四级调研员

市金融办

邓　峰　党组书记、主任(任至10月)
葛　苗　党组书记、主任(10月任)
李志超　党组成员、副主任
秦　娟　(女)党组成员、副主任

市市场监管局

徐云辉　党组书记、局长(任至1月),二级巡视员(到龄改非)
王　玮　党组书记、局长(1月任)
曾性军　党组成员、副局长
邓瑞禄　党组成员、市纪委市监委派驻市市场监管局纪检监察组长(任至6月)
喻　兵　党组成员、经开区局局长
龙纪瑞　党组成员、副局长
汪炳钦　党组成员、副局长
朱景新　党组成员、副局长
江国忠　党组成员、副局长(4月任,挂职)
谢志春　二级调研员(任至2月)
付流云　三级调研员
田卫国　三级调研员
张志刚　三级调研员
陈卫东　二级调研员(任至12月)
敖春海　二级调研员(任至3月)
殷政权　二级调研员
刘灿东　二级调研员(任至4月)
田克成　二级调研员(任至3月)
余路华　三级调研员
周　琳　(女)三级调研员
赵红华　(女)三级调研员
谌燕军　(女)三级调研员
李年生　四级调研员
罗中凯　四级调研员
黎　敏　四级调研员

市民宗局

黄　文　党组书记、局长,一级调研员(9月任)
买买提·麻木提　(维吾尔族)党组成员、副局长
官　晋　(女)党组成员、副局长(8月任)
谭三国　二级调研员
熊　武　二级调研员
欧阳晓文　党组成员、副局长(任至6月),三级调研员(6月任)
张世忠　四级调研员(9月任)

市体育局

杨　春　党组书记
汪　芳　(女)局长
熊庆峰　党组成员、副局长
许　慧　(女)副局长
艾　民　二级调研员

市统计局

兰　园　(女)党组书记、局长
黄书林　市纪委市监委派驻市统计局纪检监察组组长
肖玉芳　(女)党组成员、副局长(任至9月,调离)
许卫群　(女)党组成员、副局长
胡　强　党组成员、副局长
李家文　党组成员、副局长(4月任,挂职)
胡林发　四级调研员
张志萍　(女)四级调研员

市国防动员办

丁俊昌　(回族)党组书记、主任
徐　静　(女)一级调研员(8月任)
黄文金　党组成员、副主任
刘建勇　党组成员、副主任
谭来长　副主任(兼)
罗词礼　二级调研员(9月任)
万　明　三级调研员
陶涛会　四级调研员

市乡村振兴局

龚林涛　党组书记
熊　敏　(女)党组副书记、局长
徐小萍　(女)党组成员、副局长
陈　慧　党组成员、副局长
易连发　二级调研员

市医保局

郭　宇　局党组书记、局长
熊慧平　(女)局党组成员、副局长
刘　凯　局党组成员、副局长
舒敏强　二级调研员
焦玉庄　二级调研员
桂　芸　(女)四级调研员
吕尚书　四级调研员

市管局

汪　戍　市政府副秘书长,党组书记、局长
张　恩　党组成员、副局长
冯明亮　党组成员、副局长(9月转任)
何小波　党组成员、副局长(任至5月)三级调研员(6月任)

卢学文　党组成员、副局长　（4月退休）
李晓东　二级调研员　（6月退休）
熊建军　三级调研员　（8月退休）

市政数局

宋亮生　市政协副主席、党组书记、局长(1月调离)
李　鑫　党组书记、局长
叶见瑜　党组成员、副局长
张　庆　党组成员、副局长
尹　娟　（女）党组成员、副局长
张世忠　党组成员、副局长(9月调离)
杜　琴　（女）党组成员、副局长
郭　耀　党组成员、副局长(4月任,挂职2年)
黄志华　党组成员、副局长(4月任,挂职2年)
黄招员　二级调研员
郑　斌　二级调研员

市中小企业局

陈建军　党组书记、局　长
石　浩　党组成员、副局长
朱　彪　党组成员、副局长(12月调离)
彭望元　党组成员、副局长
卢啸宇　党组成员、副局长(7月任,挂职)

市公路事业发展中心

付向宇　党组书记、主任(6月任)
万治强　党组成员、副主任
戴志军　党组成员、副主任
章金华　党组成员、副主任
曾彩勤　党组成员、副主任(1月任)
万文浩　党组副书记、主任(任至6月),一级调研员(4月任)
邓安祥　四级调研员
黄邑华　四级调研员
张耀平　四级调研员

市重点项目管理中心

熊　伟　党组书记、主任
陈京广　党组成员、总工程师
黄文华　党组成员、副主任
万兆兰　副主任
罗　辉　党组成员、副主任

市供销联社

罗毛则　党组书记、理事会主任
钟仁和　党组成员、理事会副主任
彭贤柏　党组成员、理事会副主任
蔡　丽　（女）党组成员、监事会主任(9月任)

民革南昌市委会

薛有旺　主委
熊秋林　副主委
余　斌　副主委
邹　萍　专职副主委
朱世刚　秘书长、四级调研员

民盟南昌市委会

郭　翀　（女）主委、市社会主义学院院长
胡巧蓉　（女）兼职副主委
万　菁　（女）专职副主委
雷伍华　兼职副主委

民建南昌市委会

黄清玉　（女,土家族）市政协副主席、主委
田　艳　（女）副主委,红谷滩区政协副主席
贺龙茹　（女）专职副主委
郑建辉　（女）副主委,青山湖区科协主席,
雷峻峰　副主委,市雷式学校董事长

民进南昌市委会

谭绍木　主委,民进省委会副主委、市人大常委会副主任
邹玉萍　（女）副主委,市人大常委会教科文卫委员会主任
郑洪健　副主委,东湖区人大常委会副主任
王　光　副主委,西湖区政府副区长
邹萍莉　（女）专职副主委、秘书长(兼)
刘英杰　四级调研员

农工党南昌市委会

龙国英　（女）主委
李美君　（女）副主委
吴一建　副主委
李　杰　（女）副主委
胡国华　副主委

九三学社南昌市委会

魏宏平　主委,市政协副主席
童　华　（女）副主委,市文联主席
王　晖　副主委、南昌市第一医院心胸外科主任
汪志云　专职副主委

市工商联

熊志刚　主席,市政协副主席
熊冬燕　（女）党组书记、副主席

张晓伟 党组成员、副主席
陈东飞 党组成员、副主席
文素芝 （女）党组成员、副主席
尹　波 市非公有制企业维权服务中心六级职员
欧阳凡 党组成员
刘　欣 （女）党组成员、秘书长

南昌高新技术产业开发区

王万征 市委常委、党工委书记
陈　艳 （女）党工委副书记、管委会主任
吴前进 党工委副书记、一级调研员
喻慧平 党工委委员、纪工委书记、监察组组长
刘用强 党工委委员、管委会副主任
熊　俊 党工委委员、管委会副主任
曹　媛 （女）党工委委员、管委会副主任
熊新伟 党工委委员、公安分局局长
杨　磊 （女）管委会三级调研员
王　珏 （女）管委会三级调研员

南昌经济技术开发区

梅　峰 市委常委，党工委书记
于立山 党工委副书记、管委会主任
程建兵 党工委副书记、管委会一级调研员，临空经济区（空港新城）事务中心党委书记
吴江辉 党工委副书记
徐海波 党工委委员、管委会一级调研员
张　磊 党工委委员、管委会副主任、一级调研员
谭建平 党工委委员、管委会副主任、一级调研员
徐　慧 党工委委员、管委会副主任
贺　敏 党工委委员、管委会副主任
晏永青 党工委委员、纪工委书记、监察组组长，三级高级监察官
朱　彪 党工委委员、管委会副主任
谢　浩 党工委委员、公安分局局长，市公安局二级高级警长

南昌小蓝经济技术开发区

陈　翔 南昌县委书记，区党工委书记
贾彧超 南昌县副书记、县长，区党工委副书记、管委会主任、一级调研员
李　碧 党工委副书记、一级调研员
柯雪琴 （女）党工委委员、纪工委书记、监察组组长、三级高级监察官
涂莉华 （女）党工委委员、管委会副主任
葛　苗 党工委委员、管委会副主任（9 月调离）
李　虎 党工委委员、管委会副主任（1 月挂职）
姜　川 管委会副主任（挂职）

湾里管理局

龚志强 党工委书记、一级调研员
刘昌华 党工委副书记、局长
涂　晔 党工委副书记
高招彪 党工委委员、副局长
万爱军 （女）党工委委员
杜卫东 党工委委员、纪检监察工委书记、四级高级监察官
王仪镇 党工委委员、副局长
曾斯博 党工委委员、副局长
颜　琳 党工委委员、副局长
洪　略 党工委委员、副局长（6 月任）
戴国飞 副局长（挂职）

南昌广播电视台

李良生 党组书记、台长，市委宣传部副部长（兼）
许海霞 （女）党组成员、副台长
王　庆 （女）党组成员、总编辑
徐　红 （女）副县级干部（7 月退休）
舒民强 副县级干部（7 月退休）

南昌日报社

胡洪水 社长、总编辑，市委宣传部副部长（兼）
朱艳萍 （女）副总编辑
张春勇 副社长
万荣海 调研员（副县级，12 月退休）

南昌仲裁委员会

张根水 主任

南昌公共资源交易中心

陈　雷 党总支书记、主任

县区委常委及人大、政协主要负责人名录

南昌县委

陈　翔 书记，小蓝经开区党工委书记
贾彧超 副书记、县长，小蓝经开区党工委副书记、小蓝经开区管委会主任
闵员根 副书记（1 月任）、政法委书记
皮　钧 常委、统战部部长
刘荣鑫 常委、纪委书记
胡朝辉 常委、宣传部部长
邬春华 常委、组织部部长

付向宇　常委、常务副县长(任至6月)
万向阳　常委、副县长
张秉公　常委
熊健俊　常委、副县长

南昌县人大常委会
刘万勇　主任

南昌县政协
邹艾民　主席

进贤县委
徐　强　书记
熊　辉　副书记、县长
杨志文　副书记(任至10月)
邓之武　常委、副县长
陈　云　常委
涂辉平　常委、纪委书记、监委主任
钱太高　常委、政法委书记
涂莉花　常委、统战部部长
徐永钢　常委、副县长(任至5月),常委、组织部部长(5月任)
吴庆和　常委、宣传部部长

进贤县政协
胡建平　主席

安义县委
谭伯乐　书记
罗国栋　副书记、县长
叶　飞　常委、副县长
廖明哲　常委、组织部部长
章征江　常委
杨　峻　常委、宣传部部长
余建国　常委、政法委书记
刘志伟　常委、副县长
龚飞霞　常委、纪委书记、监委主任
张　帆　常委、统战部部长
谭翼直　常委、副县长

安义县人大常委会
熊　斌　主任

安义县政协
陈伟峰　主席

东湖区委
高辉红　书记
胡俊峰　副书记、区长
邓云生　副书记
魏维新　常委、组织部部长
邵应兰　(女)常委、纪委书记、监委主任
况灯明　常委、统战部部长
熊广义　常委、副区长
程家华　常委、政法委书记
江人生　常委
涂宏伟　常委、宣传部部长(7月任)

东湖区人大常委会
陈　兰　(女)党组书记、主任

东湖区政协
陈　宇　党组书记、主席

西湖区委
陶亿国　书记
杨　燊　副书记、区长
熊振强　副书记
陈　韬　常委、纪委书记、监委主任
陈　冲　常委
万　勇　常委、政法委书记
余　铭　常委、统战部部长
郭小玲　(女)常委、宣传部部长
吕东锦　常委、副区长(1月任)
胡　海　常委、副区长
李　隽　常委、组织部部长

西湖人大常委会
夏森珍　(女)党组书记、主任

西湖区政协
胡国星　党组书记、主席

青云谱区委
叶修堂　书记
汪众华　副书记、区长
林　峰　副书记(1月任)
黄华辉　常委、政法委书记
左　烨　常委
郭保庚　常委、统战部部长
腾作鹏　常委、宣传部部长
徐志勇　常委、副区长(1月任)
杨　峰　常委、副区长

杨　柳　常委、组织部部长(1月任)
李　军　常委、纪委书记、监委主任(5月任)

青云谱区人大
唐铭市　党组书记、主任

青云谱区政协
黄小平　党组书记、主席

青山湖区委
袁一旦　书记
杨育星　副书记、区长
毛　涛　常委、统战部部长(任至7月)
牛　浩　常委、统战部部长(7月任)
胡建勇　常委、政法委书记
龚　婧　常委、组织部部长
徐永强　常委、纪委书记,监委主任
兰杨丽　常委、宣传部部长
万志军　常委

青山湖区人大
郑晌龙　党组书记、主任

青山湖区政协
聂玉华　党组书记、主席

新建区委
李松殿　市委常委、宣传部部长,区委书记(任至8月)
陈奕蒙　书记(8月任)
王成久　副书记、区长
李　葵　副书记(1月任)
李细平　常委
冯　健　常委、纪委书记、监委主任
贾中强　常委、常务副区长(2月任)
涂文坚　常委、政法委书记
黄永强　常委、组织部部长(1月任)
余耀武　常委、副区长(6月任)
邓　培　常委、宣传部部长(任至1月)
吴梅萍　常委、宣传部部长(7月任)

新建区人大常委会
钱和平　主任

新建区政协
黄云松　主席

红谷滩区委
吴江辉　书记(任至6月)
涂晓晖　书记(6月任)
刘光荣　副书记、区长
万晓娟　(女)副书记
帅　志　市纪委副书记、市监委副主任(8月任),常委、区纪委书记、区监委主任
邱　胜　常委、副区长
仇海泉　常委、常务副区长(任至2月)
邓越峰　常委、宣传部部长
江　龙　常委、常务副区长(2月任)
胡　军　常委、组织部部长
陈　敏　(女)常委、统战部部长
唐　武　常委、政法委书记
沈　平　常委(任至3月)
黄小明　常委(3月任)

红谷滩区人大常委会
吴韶宸　党组书记、主任

红谷滩区政协
陶国强　党组书记、主席

中央、省属企事业及金融单位主要负责人名录

国家金融监督管理总局江西监管局
赵　巍　党委书记、局长

江西证监局
匡晓凤　(女)党委书记、局长

航空工业江西洪都航空工业集团有限责任公司
王卫华　党委书记、董事长(7月任)

江西中烟工业有限责任公南昌卷烟厂
罗　飏　党委书记、厂长

中国铁路南昌局集团有限公司
汤立新　党委书记、董事长
王创路　党委副书记、董事、总经理

江西省机场集团有限公司
万　林　党委书记、董事长

姜春阳　(蒙古族)党委副书记、总经理

国家税务总局南昌市税务局

曾长根　党委书记、局长、一级高级主办
陈玉萍　(女)党委副书记、副局长、一级高级主办(7月任)
罗建萍　(女)党委副书记、副局长(任至9月,调离)
张　俊　党委委员、副局长、二级高级主办
钟绪林　党委委员、副局长、三级高级主办(任至7月,调离)
张　民　党委委员、副局长、二级高级主办
黄　青　党委委员、副局长(11月任)
陈玉珍　(女)党委委员、纪检组组长(11月任)
刘亚晖　(女)党委委员、总经济师(11月任)
万先荣　党委委员、总会计师(11月任)
吴晨阳　督办(1月退休)
付和平　一级高级主办(11月退休)
陈国富　一级高级主办(5月任,12月退休)
裘以华　一级高级主办(5月任,10月退休)
姜雁平　一级高级主办(5月任,7月退休)
林延敏　(女)一级高级主办(5月任,12月退休)
余国良　一级高级主办(5月任,5月退休)
邱　明　二级高级主办
游利民　二级高级主办
张云如　二级高级主办
吴一亮　二级高级主办(5月任)
李有望　三级高级主办
胡芳梅　(女)三级高级主办(5月任,12月退休)

南昌调查队

蔡　飚　党组书记、队长
邬海文　党组成员、副队长
邓萍萍　党组成员、副队长
胡素强　党组成员、副队长
李金科　党组成员、纪检组组长

市消防救援支队

赵　伟　支队长
罗　梁　政治委员

市气象局

谢银水　党组书记、局长
陆春信　党组成员、纪检组组长
龚细明　党组成员、副局长
徐亚娟　党组成员、副局长
郑　晶　党组成员

市邮政管理局

黄挽澜　党组书记、局长
汪　焱　党组成员、副局长、四级调研员
胡　彬　(女)党组成员、副局长、纪检组组长

中国移动南昌分公司

贺　玲　党委书记、总经理

中国电信南昌分公司

陈　斌　党委书记、总经理(任至2月)
戴东文　党委书记、总经理(2月任)

中国联合网络通信有限公司南昌市分公司

樊　平　党委书记、总经理

中国铁塔股份有限公司南昌市分公司

付远秋　党委书记、总经理

中国农业发展银行江西省分行营业部

郑　兵　党委书记、总经理

中国工商银行南昌分行

孙会元　江西省分行行长助理、南昌分行党委书记、行长

中国银行南昌市分行

李　雄　南昌中行党委书记、行长

江西银行

骆小林　行长

招商银行南昌分行

李公正　行长

南昌农商银行

郭先境　党委书记、董事长

中国人民财产保险股份有限公司南昌市分公司

李　霁　党委书记、总经理

太平洋寿险南昌中心支公司

朱　君　党支部书记、副总经理(主持工作)

平安产险江西分公司

曹　阳　党委书记、总经理

平安人寿江西分公司

曾雅恒　党委书记、总经理

江西南华医药有限公司
王克勤　党委书记、董事长

国网南昌供电公司
彭振华　总经理、党委副书记
王　健　党委书记、副总经理

中国石化销售股份有限公司江西南昌石油分公司
韦哲峰　总经理

南昌市烟草专卖局(公司)
揭东轲　党组书记、局长、经理

市属企事业单位主要负责人名录

市政公用集团有限公司
万义辉　党委书记、董事长

市建设投资集团有限公司
涂建平　党委书记、董事长
章　勇　党委副书记、总经理、董事(任至12月)

市交通投资集团有限公司
章　勇　党委书记、董事长(12月任)
肖　壮　党委副书记、总经理

南昌轨道交通集团有限公司
万先逵　党委书记、董事长

南昌市2023年国民经济和社会发展统计公报

南昌市统计局　国家统计局南昌调查队

2023年,面对复杂严峻的国内形势,全市上下始终坚持以习近平新时代中国特色社会主义思想为指导,全面贯彻落实党的二十大精神,深入学习贯彻习近平总书记考察江西重要讲话精神,聚焦“走在前、勇争先、善作为”的目标要求,完整准确全面贯彻新发展理念,全面实施省会引领战略,加快推动“一枢纽四中心”建设。全市经济运行回升向好,高质量发展稳步推进,民生保障有力有效,社会大局和谐稳定,全市经济社会呈现稳中向好的发展态势。

一、综合

经省统计局统一核算,全年地区生产总值(GDP)7212.85亿元,比上年增长3.5%。其中,第一产业增加值247.40亿元,增长3.4%;第二产业增加值3340.98亿元,增长3.5%;第三产业增加值3624.47亿元,增长3.6%。三次产业结构为3.4∶46.3∶50.3,三次产业对GDP增长的贡献率分别为3.8%、46.0%和50.1%。非公有制经济实现增加值4200.03亿元,增长2.0%。人均地区生产总值110067元,增长2.5%。

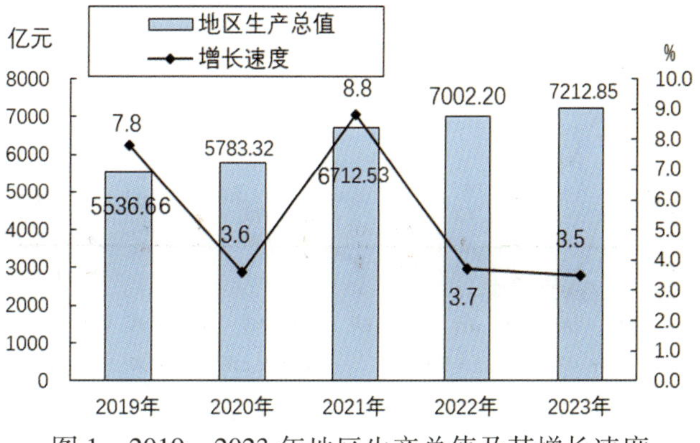

图1　2019—2023年地区生产总值及其增长速度

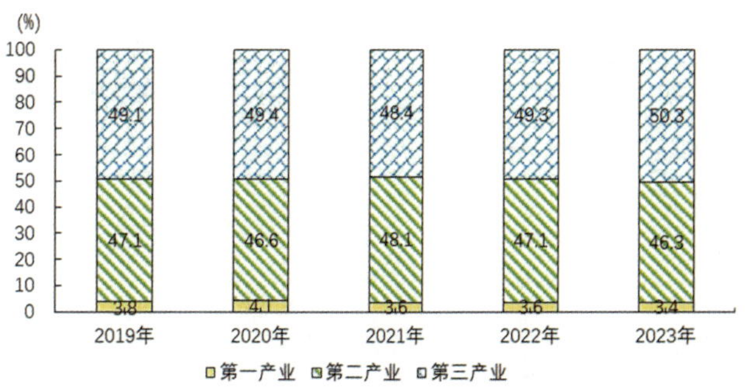

图2　2019—2023年三次产业增加值占地区生产总值比重

2023年末常住人口656.82万人，比上年增加3.01万人。其中，城镇人口522.69万人，常住人口城镇化率为79.58%；全年出生人口3.81万人，出生率5.82‰；死亡人口3.66万人，死亡率5.59‰；人口自然增长率0.22‰。

2023年末常住人口数及其构成

表20

指　标	年末数（万人）	比重（%）
全市常住人口	656.82	100.00
其中，城镇	522.69	79.58
乡村	134.13	20.42
其中，男性	343.64	52.32
女性	313.18	47.68
其中，0—15岁（含不满16周岁）	104.89	15.97
16—59岁（含不满60周岁）	447.41	68.12
60周岁及以上	104.51	15.91
其中，65周岁及以上	75.16	11.44

全年城镇新增就业6.89万人，安置“4050”等困难群体0.80万人；新增转移农村劳动力3.74万人。

全年居民消费价格总指数（CPI）比上年上涨0.6%。其中，消费品价格下降0.2%，服务价格上涨1.8%。

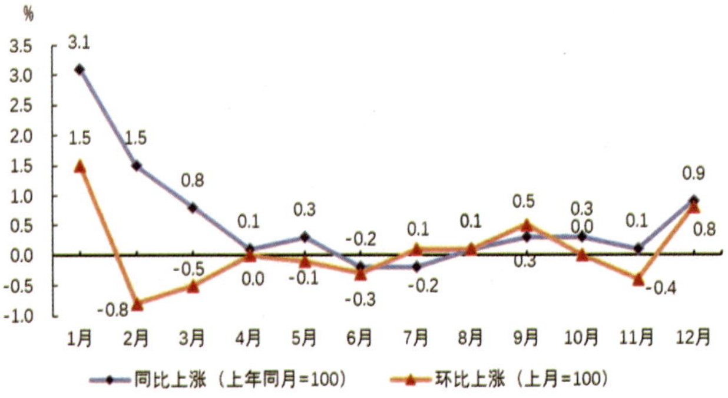

图3　2023年居民消费价格情况

2023年居民消费价格情况

表21

类　别	比上年上涨（%）
居民消费价格总指数	0.6
#食品烟酒	0.1
衣着	2.7
居住	0.7
生活用品及服务	0.0
交通和通信	-2.2
教育文化和娱乐	2.7

续表21

类　别	比上年上涨（%）
医疗保健	0.7
其他用品和服务	5.1

二、农业

农业生产：全年完成农林牧渔业总产值426.96亿元，比上年增长3.7%；全年完成农林牧渔业增加值258.35亿元，增长3.7%。

全年粮食种植面积34.45万公顷，比上年下降0.2%。油料种植面积114.65万亩，下降0.7%。其中，油菜籽种植面积81.72万亩，下降2.3%。蔬菜及食用菌种植面积66.22万亩，增长1.0%。水果种植面积16.29万亩，下降0.5%。

农牧产品产量：全年粮食产量214.81万吨，比上年增长2.0%。油料总产量11.96万吨，增长0.2%。蔬菜及食用菌总产量141.30万吨，增长2.5%。水果总产量14.01万吨，增长0.8%。

全年猪牛羊禽肉产量32.39万吨，比上年增长6.3%。其中，猪肉产量19.32万吨，增长3.1%；牛肉产量0.96万吨，增长2.8%；羊肉产量0.06万吨，下降10.6%；禽肉产量12.06万吨，增长12.2%。禽蛋产量14.85万吨，增长7.3%。牛存栏14.67万头，下降10.2%。家禽出笼7636.38万羽（只），增长5.4%。

渔业：全年水产品总产量46.80万吨，比上年增长4.7%。其中特种水产品产量16.31万吨，增长4.6%。

林业：全年造林2240公顷，全市森林覆盖率达到21.3%。

2023年主要农产品产量及其增长速度

表22

产品名称	单位	产量	比上年增长（%）
粮食	万吨	214.81	2.0
油料	万吨	11.96	0.2
蔬菜及食用菌	万吨	141.30	2.5
水果总产量	万吨	14.01	0.8
猪牛羊禽肉	万吨	32.39	6.3
家禽出笼	万羽（只）	7636.38	5.4
水产品	万吨	46.80	4.7

三、工业和建筑业

工业生产：全年规模以上工业增加值比上年增长4.2%。分轻重工业看，轻工业增加值下降4.9%，重工业增加值增长8.9%。分经济类型看，国有企业增加值下降8.6%，集体企业增加值下降46.0%，股份制企业增加值增长4.8%，股份合作企业增加值增长7.5%，外商及港澳台商投资企业增加值下降0.1%。全市规模以上工业35个行业大类中，金属制品、机械和设备修理业，废弃资源综合利用业，铁路、船舶、航空航天和其他运输设备制造业，化学纤维制造业，有色金属冶炼和压延加工业，计算机、通信和其他电子设备制造业，化学原料和化学制品制造业，汽车制造业，食品制造业等9个行业增加值增速高于10%。高技术制造业增加值增长12.1%，装备制造业增加值增长11.3%。重点监测的153种主要工业产品中有72种产品产量同比实现增长，增长面为47.1%。其中，智能手环、房间空气调节器、移动通信手持机（手机）、气体压缩机和变压器等工业产品产量分别增长268.7%、52.9%、29.4%、22.5%和21.7%。

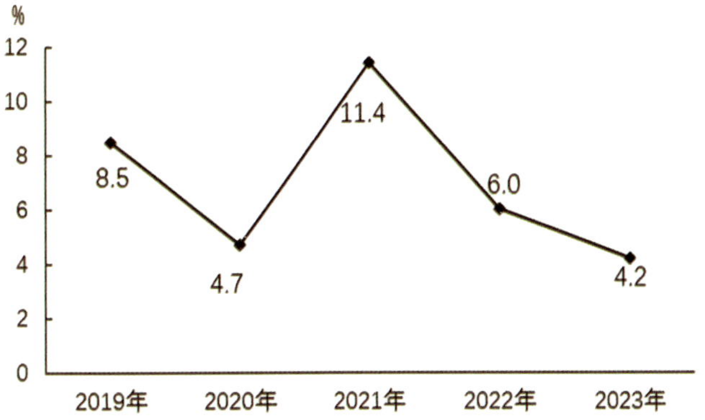

图4　2019—2023年规模以上工业增加值增长速度

2023年主要工业产品产量及其增长速度

表23

产品名称	单位	绝对量	比上年增长(%)
饲料	万吨	199.82	-38.0
智能手机	万台	7182.99	24.5
沥青和改性沥青防水卷材	万平方米	437.22	-22.8
卷烟	亿支	643.23	0.2
光缆	万芯千米	83.06	-59.9
光电子器件	亿只(片)	1477.92	-18.8
钢化玻璃	万平方米	9.67	-43.0
水泥	万吨	693.21	9.1
商品混凝土	万立方米	1484.62	-8.1
生铁	万吨	345.75	-4.2
粗钢	万吨	406.37	-3.7
钢材	万吨	589.31	10.2
交流电动机	万千瓦	144.84	13.9
汽车	万辆	39.74	10.9
房间空气调节器	万台	419.75	52.9

续表23

产品名称	单位	绝对量	比上年增长(%)
智能手环	万台	819.92	268.7
气体压缩机	万台	2086.94	22.5
变压器	万千伏安	1631.52	21.7

工业经济效益：全年规模以上工业产品销售率为98.1%；实现利润总额199.44亿元，比上年增长60.2%。

全年规模以上工业营业收入6682.28亿元，比上年增长4.0%，营业收入过百亿元的行业达到17个。其中，计算机、通信和其他电子设备制造业，电力、热力生产和供应业，汽车制造业突破500亿元，营业收入分别为1529.68亿元、1310.94亿元和694.70亿元。

工业开发区：全年开发区工业企业实现营业收入6489.46亿元，比上年增长2.2%；实现利润总额201.64亿元，增长51.7%。三个国家级开发区中，南昌高新技术产业开发区全年营业收入突破3000亿元，达到3309.09亿元，南昌经济技术开发区全年实现营业收入964.55亿元，南昌小蓝经济技术开发区全年实现营业收入952.25亿元。

建筑业：年末全市共有资质以上建筑业企业1483家，比上年增加235家。全年完成建筑业总产值5778.76亿元，比上年增长3.4%。

四、服务业

服务业：全年服务业实现增加值3624.47亿元，比上年增长3.6%。其中，批发和零售业增加值633.11亿元，增长6.4%；交通运输、仓储和邮政业增加值287.07亿元，增长10.3%；住宿和餐饮业增加值80.42亿元，增长12.3%；金融业增加值721.90亿元，增长5.5%；信息传输、软件和信息技术服务业增加值188.58亿元，增长7.1%。

全年规模以上服务业企业营业收入1544.34亿元，比上年增长10.7%；利润总额95.86亿元，增长55.5%。分行业看，租赁和商务服务业营业收入增长15.8%，交通运输、仓储和邮政业营业收入增长14.8%，水利、环境和公共设施管理业营业收入增长12.7%，科学研究和技术服务业营业收入增长11.3%，文化、体育和娱乐业营业收入增长9.9%，信息传输、软件和信息技术服务业营业收入增长5.3%，卫生和社会工作营业收入增长3.0%。

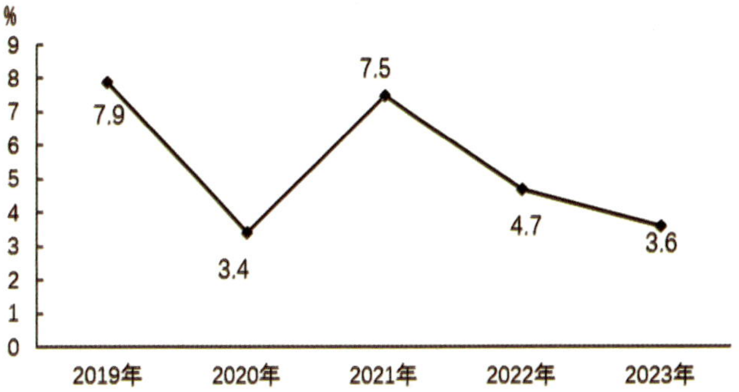

图5　2019—2023年服务业增加值增长速度

交通运输:全年铁路、公路、水路完成旅客运输量4934.4万人,比上年增长86.7%;铁路、公路、水路完成货物运输量19802.8万吨,增长6.8%。昌北机场旅客吞吐量1020.58万人次,增长116.0%;货邮吞吐量6.00万吨,增长49.4%。

2023年铁路、公路、水路完成客货运输量及增长速度

表24

指　　标	单位	绝对数	比上年增长(%)
旅客运输量	万人	4934.4	86.7
其中:铁路	万人	4218.3	102.5
公路	万人	688	25.6
水路	万人	28.1	295.8
货物运输量	万吨	19802.8	6.8
其中:铁路	万吨	506.2	6.4
公路	万吨	17539	6.1
水路	万吨	1757.6	15.0

汽车保有量:年末民用汽车保有量159.98万辆,比上年增长7.8%。年末民用轿车保有量93.52万辆,增长7.0%,其中私人轿车保有量88.23万辆,增长7.1%。

邮电通信:全年邮政行业寄递业务量累计完成9.61亿件,比上年增长19.5%;快递业务收入76.54亿元,增长10.0%;快递业务量7.95亿件,其中同城快递0.69亿件、异地快递7.10亿件、国际/港澳台快递0.16亿件。电信业务总量93.41亿元,增长5.7%。年末全市固定电话用户80.02万户,下降2.9%;移动电话用户814.92万户,增长1.5%;互联网宽带用户数380.37万户,增长6.2%。

五、固定资产投资

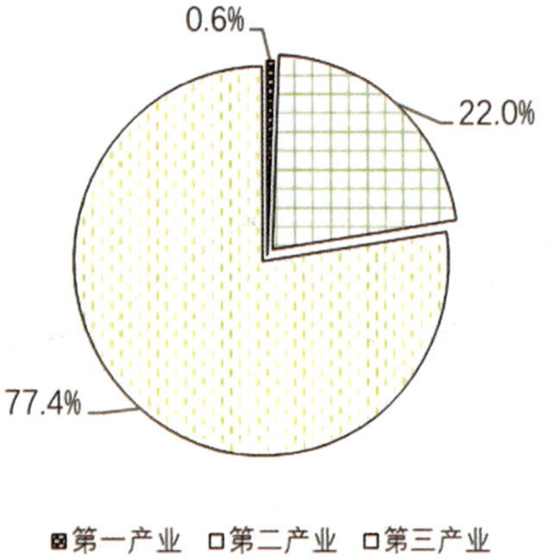

图6　2023年三次产业投资比例

投资:全年500万元及以上固定资产投资比上年下降7.8%。其中,第一产业投资增长15.7%,第二产业投资下降9.0%,第三产业投资下降7.6%。三次产业在固定资产投资中所占比重为0.6∶22.0∶77.4。全年施工项目2638个,其中新开工项目1435个。

从投资主体看,全市500万元及以上固定资产投资中,国有经济投资比上年增长5.1%;非国有经济投资下降11.7%,其中,民间投资下降27.1%。

全年房地产开发投资比上年下降1.9%。其中,住宅投资下降1.2%,办公楼和商业营业用房投资下降11.4%。

城市建设:全市聚焦“一枢纽四中心”发展定位,全力打造具有全国重要影响力的综合交通枢纽,加快推进交通强市建设,洪州大桥、复兴大桥、昌南大桥、隆兴大桥等重点跨江桥梁与干线道路建设统筹同步推进,洪州大道、复兴大道,北二环、西二环快速路建设持续构建两岸路网新格局,贯穿城市东西的“十纵十横”骨干路网体系加速形成。全年基础设施投资比上年增长26.9%。

六、国内贸易

消费品市场:全年社会消费品零售总额3202.41亿元,比上年增长6.3%。按经营地统计,城镇零售额3062.99亿元,增长6.6%;农村零售额139.42亿元,增长0.9%。按行业统计,批发和零售业零售额2976.02亿元,增长5.5%;住宿和餐饮业零售额226.39亿元,增长18.8%。

在限额以上批发零售业商品类别零售额中,粮油、食品、饮料、烟酒类比上年增长3.6%;金银珠宝及化妆品类下降35.4%;日用品类下降2.7%;家用电器及音像器材类增长35.8%;中西药品类增长10.0%;家具类下降20.5%;建筑及装潢材料类下降0.6%;石油及制品类增长15.3%;汽车类下降1.9%。汽车类商品消费实现零售额488.34亿元,是我市规模最大的商品类别,占限额以上批零住餐零售额比重为27.0%。

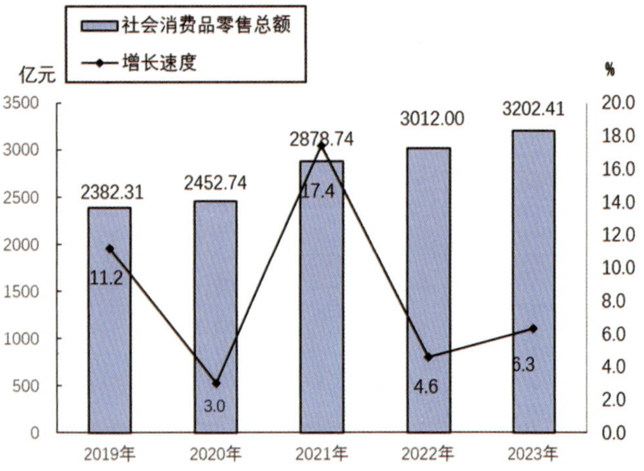

图7　2019—2023年社会消费品零售总额及其增长速度

商品交易市场:全市年成交额亿元以上的商品交易

市场有 23 个，成交总额 931.01 亿元，比上年增长 11.7%。其中，洪城大市场年交易额 388.64 亿元，南昌(深圳)农产品批发市场年交易额 220.34 亿元。

七、对外经济

对外贸易：全年进出口总值 1112.91 亿元，比上年下降 13.8%。其中，出口值 787.62 亿元，下降 13.0%；进口值 325.29 亿元，下降 15.9%。

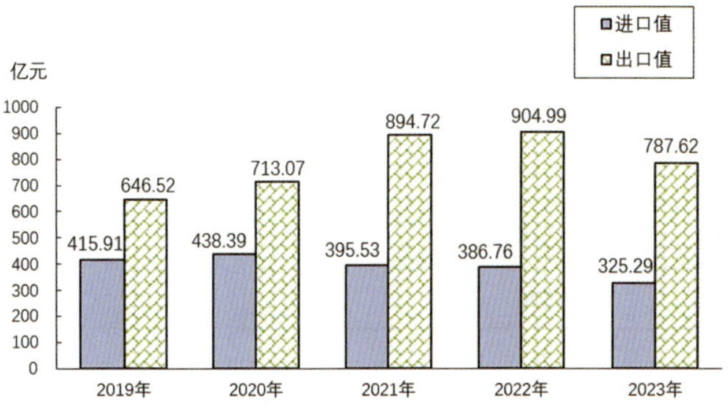

图 8　2019—2023 年进出口情况

利用内外资：全年实际利用外资 2.51 亿美元，同比下降 39.8%。全年批准外商投资企业 78 家，其中中外合资企业占 56%，外商独资企业占 44%。全年利用省外项目资金 1471.32 亿元，增长 3.6%。

八、财政金融、证券和保险业

财政：全年地方一般公共预算收入 500.18 亿元，比上年增长 9.3%。地方一般公共预算收入中，增值税 116.04 亿元，增长 83.4%；企业所得税 47.79 亿元，下降 3.6%；个人所得税 18.19 亿元，下降 8.8%。全年地方一般公共预算支出 925.61 亿元，比上年下降 1.4%。其中，城乡社区支出 156.93 亿元，下降 27.3%；社会保障和就业支出 96.87 亿元，增长 12.2%；公共安全支出 52.53 亿

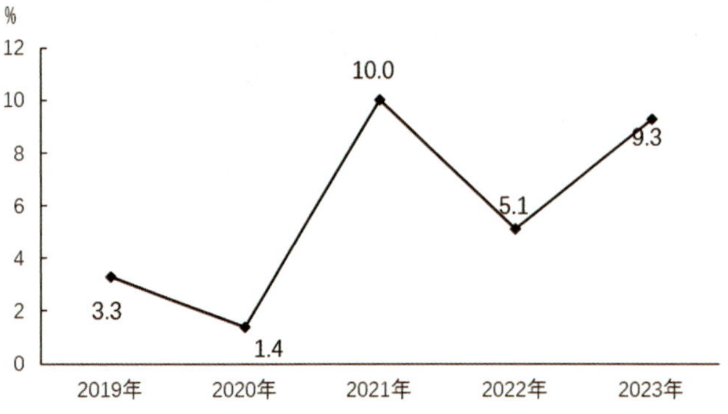

图 9　2019—2023 年地方一般公共预算收入及其增长速度

元，增长 4.1%；一般公共服务支出 81.14 亿元，增长 6.9%；卫生健康支出 89.91 亿元，与上年基本持平；教育支出 159.02 亿元，增长 9.6%；农林水事务支出 71.97 亿元，增长 11.3%。

金融业：年末全市金融机构本外币各项存款余额为 17266.14 亿元，比上年末增长 7.2%。其中，住户存款 6681.36 亿元，增长 15.4%；非金融企业存款 6421.06 亿元，增长 1.2%。金融机构本外币各项贷款余额为 19894.37 亿元，增长 5.0%。其中，短期贷款 4803.16 亿元，增长 3.8%；中长期贷款 13799.22 亿元，增长 7.1%。全市金融机构人民币各项存款余额为 17106.94 亿元，增长 7.0%；金融机构人民币各项贷款余额为 19787.50 亿元，增长 5.1%。

证券业：全市拥有证券分支机构 132 家，全年证券机构股民资金账户数 402.67 万户，比上年增长 6.8%。全年客户交易结算资金 124.66 亿元，下降 3.1%；A 股交易额 26198.15 亿元，下降 7.4%；B 股交易额 2.82 亿元，下降 41.9%。

保险业：全年保险公司原保险保费收入 292.85 亿元，比上年增长 5.6%。其中，寿险业务原保险保费收入 164.99 亿元，健康险和意外伤害险业务原保险保费收入 48.19 亿元，财产险业务原保险保费收入 79.66 亿元。支付各类赔款及给付 113.08 亿元。其中，寿险业务给付 33.22 亿元，健康险和意外伤害险业务赔款及给付 21.81 亿元，财产险业务赔款 58.05 亿元。

九、教育和科学技术

教育：全市拥有各级各类学校 1883 所(不含技工学校)，教职工 14.39 万人，其中专任教师 11.31 万人。全年招收研究生 1.93 万人，在校研究生 5.61 万人，毕业研究生 1.52 万人。全市共有普通高等学校 49 所，招生 25.12 万人，在校生 78.70 万人，毕业生 21.95 万人。普通中等学校 26 所，招生 2.14 万人，在校生 7.80 万人，毕业生 2.58 万人。职业高中 17 所，招生 0.48 万人，在校生 1.89 万人，毕业生 0.62 万人。普通高中 82 所，招生 4.01 万人，在校生 12.09 万人，毕业生 4.06 万人。普通初中 244 所，招生 7.22 万人，在校生 21.35 万人，毕业生 6.82 万人，初中阶段适龄少年入学率 100%。小学 355 所，招生 8.05 万人，在校生 45.55 万人，毕业生 7.20 万人，小学适龄儿童入学率 100%。特殊学校 8 所，特殊教育招生 262 人，在校生 1237 人，毕业生 294 人。幼儿园 1096 所，在园幼儿 18.04 万人。

2023年各类学校基本情况

表25

项目	学校数(个)	招生数(人)	在校生(人)	毕业生(人)	专职教师(人)
普通高等学校	49	251209	786995	219508	41139
普通中等学校	26	21430	77962	25789	2819
普通中学	326	112313	334392	108762	36397
职业高中	17	4753	18902	6228	923
小学	355	80534	455518	72033	16403
特教学校	8	262	1237	294	251
幼儿园	1096	51660	180378	72600	14458
成人高等学校	4	57507	228306	87065	545

科技:全年新认定高新技术企业691家,全市累计拥有高新技术企业1719家。累计拥有国家级工程技术研究中心5家、重点实验室4家;累计拥有省级工程技术研究中心119家、重点实验室180家;登记省级技术成果307项。全年专利授权量15106件,登记技术合同6219项,实现技术合同成交金额391.15亿元,增长188.3%。全市新增省级产业技术创新联盟3家,累计拥有省级产业技术创新联盟42家。

十、文化、旅游、卫生和体育

文化:全年文艺创作获省级以上奖项50个,其中国家级奖项19个。年末全市拥有各类专业艺术表演团体3个,公共图书馆10个,文化馆10个,博物馆、纪念馆28个,全国重点文物保护单位10处。年末全市有线电视用户10.39万户。

旅游:全年旅游1.9亿人次,比上年增长16.9%。旅游综合收入1977.79亿元,增长41.3%。截至2023年末,全市拥有旅游饭店69家;拥有旅行社435家,其中出境组团社47家。

卫生:全市拥有各类医疗卫生机构3611个,其中医院153个;拥有床位5.02万张,其中医院床位4.30万张。拥有各类专业卫生技术人员6.23万人,其中执业(助理)医师2.32万人。全年全市医疗卫生机构完成诊疗3411.33万人次,其中医院2065.89万人次。

体育:全年运动员参加比赛人数1万人次,共获得金牌350枚,银牌282枚,铜牌301枚。全年举办单项比赛46次,举办全民健身活动186次,其中千人以上的活动15次,参加活动的人数总计30万人。全年完成全民健身工程1个,总投资110.60万元。全年发行体育彩票26.02亿元,比上年增长46.5%。

十一、人民生活和社会保障

人民生活:全年城镇居民人均可支配收入54911元,比上年增长4.3%;农村居民人均可支配收入25803元,增长6.5%;城乡居民人均可支配收入之比为2.13,比上年缩小0.04。城镇居民人均消费性支出34580元,增长6.4%;农村居民人均生活消费支出18992元,增长7.3%。城镇居民家庭恩格尔系数为27.19%,农村居民家庭恩格尔系数为42.73%。年末城镇居民人均住房建筑面积36.14平方米,比上年末增加0.43平方米。

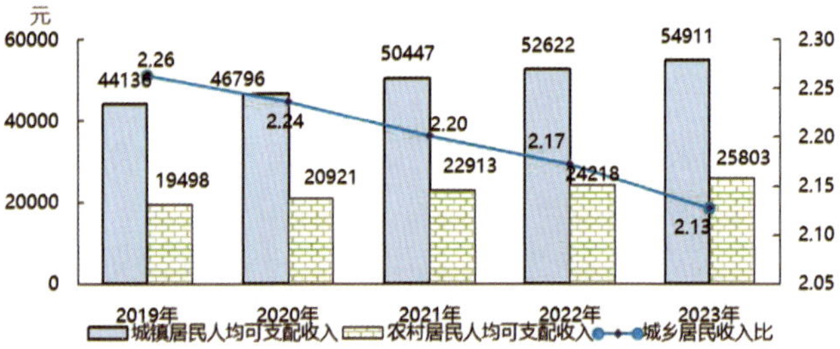

图10 2019—2023年城乡居民收入水平及城乡居民收入比

住房公积金:全年归集公积金215.51亿元(含年度结息8.64亿元),比上年增长3.3%;发放住房公积金贷款139.32亿元,增长36.5%;发放户数24199户,增长28.9%;提取住房公积金156.17亿元,增长18.9%。

社会保障:全市城镇职工参加基本医疗保险人数152.81万人,比上年减少1.02万人。参加失业保险人数113.87万人,增加7.3万人。城镇参加基本养老保险人数为288.88万人,其中参保职工218.46万人,参保离退休人员70.42万人;企业养老金社会化发放率达100%。全年发放公租房租赁补贴27364户,棚户区新改造开工19778套,基本建成19778套。

社会福利:2023年全市拥有各类社会福利单位115个,床位1.68万张;收养各类人员0.57万人。城镇社区服务站(中心)1000个;城市居民最低生活保障家庭1.71万户,保障人数2.93万人;农村居民最低生活保障家庭

4.34万户，保障人数7.57万人；城乡医疗救助人数13.15万人。

十二、资源、环境与安全生产

环境质量：全市拥有国家生态文明建设示范区2个、国家生态县（市、区）1个、国家级生态乡镇18个、省生态文明建设示范市（县）4个、省生态文明建设示范乡镇67个、省级生态村91个，江西省“绿水青山就是金山银山”实践创新基地5个，市级生态村844个。全年空气质量优良天数337天，优良率92.3%，列中部六省省会城市第1。赣江、抚河南昌段国考、省控监测断面共19个，水质优良率100%，县级及以上集中式饮用水水质达标率100%。区域环境噪声昼间等效声级55.9分贝，道路交通噪声昼间等效声级加权平均值65.1分贝。城市生活污水集中处理率达到99.4%。

城市园林绿化：初步核算，全市拥有园林绿地面积15144.95公顷，建成区绿化覆盖面积16256.33公顷，公园绿地4543.87公顷，建成区绿化覆盖率达到43.15%，人均公共绿地面积达到12.91平方米。

节能减排：初步核算，2023年全市重点减排工程二氧化硫减排量1667吨，氮氧化物减排量1721吨，化学需氧量减排量3166.46吨，氨氮减排量989.24吨。全年规模以上工业综合能源消费量635.68万吨标准煤，比上年增长2.6%；万元规模以上工业增加值能耗下降1.6%。

安全生产：全年共发生各类生产安全事故71起，死亡91人，与上年相比，事故起数减少32起，下降31.1%，死亡人数增加3人，上升3.4%。其中，生产经营性道路交通事故41起，死亡60人；火灾事故4664起，死亡12人，伤13人。

注：

1. 本公报中统计数据均为初步统计数，正式数据以《南昌统计年鉴（2024）》为准。部分数据由于四舍五入的原因，存在分项与合计不等的情况。

2. 规模以上工业统计范围为年主营业务收入2000万元及以上的工业法人单位。固定资产投资（不含农户）统计范围为计划总投资500万元及以上项目和房地产开发项目。限额以上批零住餐企业是指年主营业务收入2000万元及以上的批发业法人单位、500万元及以上的零售业法人单位、200万元及以上的住宿和餐饮业法人单位。规模以上服务业企业是指交通运输、仓储和邮政业，信息传输、软件和信息技术服务业，水利、环境和公共设施管理业三个门类和卫生行业大类中年营业收入2000万元及以上服务业法人单位；租赁和商务服务业，科学研究和技术服务业，教育三个门类，以及物业管理、房地产中介服务、房地产租赁经营和其他房地产业四个行业小类中年营业收入1000万元及以上服务业法人单位；居民服务、修理和其他服务业，文化、体育和娱乐业两个门类，以及社会工作行业大类中年营业收入500万元及以上服务业法人单位。

3. 地区生产总值和各产业增加值绝对数按现价计算，增长速度按不变价格计算。

4. 根据《国民经济行业分类》（GB/T4754—2017），第一产业指农、林、牧、渔业（不含农、林、牧、渔专业及辅助性活动），第二产业指采矿业（不含开采专业及辅助性活动），制造业（不含金属制品、机械和设备修理业），电力、热力、燃气及水生产和供应业，建筑业，第三产业即服务业，是指除第一产业、第二产业以外的其他行业。

5. 实际利用外资从2022年7月起改为商务部统计口径数据。

6. 2022地方一般公共预算收入增速为同口径增速。

7. 体育部分中全民健身活动包含县区数据。

8. 科技数据为初步数据，正式数据以市科技局最终公布数据为准。

资料来源：

本公报中就业、养老保险、失业保险数据来自市人力资源和社会保障局；渔业数据来自市农业农村局；林业数据来自市林业局；交通运输数据来自江西省机场集团有限公司、南昌铁路局和市交通运输局；汽车保有量数据来自江西省公安厅交通管理局车辆管理处；邮电通信数据来自市邮政管理局和市工业和信息化局；货物进出口、利用内外资数据来自市商务局；财政数据来自市财政局；金融业数据来自中国人民银行江西省分行；证券业数据来自中国证券监督管理江西监管局；保险业数据来自国家金融监督管理总局江西监管局；教育数据来自市教育局；科技数据来自市科学技术局；专利数据来自市市场监督管理局；文化、旅游数据来自市文化广电新闻出版旅游局；卫生数据来自市卫生健康委员会；体育数据来自市体育局；住房公积金数据来自南昌住房公积金管理中心；医保数据来自市医疗保障局；公租房、棚户区数据来自市重点工程办公室；社会福利数据来自市民政局；环境质量、重点减排数据来自市生态环境局；城市园林绿化数据来自市城市管理和综合执法局；安全生产数据来自市应急管理局和市消防救援支队；其他数据来自市统计局和国家统计局南昌调查队。

南昌市主要经济指标

行政区划(2023年末)

表26 单位:个

地区	街办	居委会	镇	乡	村委会
全市	39	1000	48	28	1153
区					
东湖区	7	91	1		21
西湖区	10	151			13
青云谱区	5	79	1		12
青山湖区	4	149	4		67
新建区	5	122	14	5	255
红谷滩区	7	124	1	1	78
县					
南昌县	1	156	11	7	304
安义县		29	7	3	104
进贤县		74	9	12	264
管理局					
湾里管理局		25			35

2020—2023年国民经济主要指标

表27

指标	单位	2020	2021	2022	2023	2023年比上年增长(%)
年末总人口(户籍)	万人	538.29	540.38	544.44	545.88	0.26
年末总人口(常住)	万人	625.58	643.75	653.81	656.82	0.46
地区生产总值	亿元	5783.32	6712.53	7002.20	7212.85	3.5
第一产业	亿元	235.45	238.30	250.22	247.40	3.4
第二产业	亿元	2693.40	3227.00	3296.58	3340.98	3.5
#工业	亿元	1903.57	2332.47	2341.24	2377.95	4.3
第三产业	亿元	2854.47	3247.23	3455.41	3624.47	3.6
地方一般公共预算收入	亿元	483.86	484.83	457.68	500.18	9.3
地方一般公共预算支出	亿元	838.17	870.01	938.84	925.61	-1.4

续表 27

指 标	单位	2020	2021	2022	2023	2023 年比上年增长(%)
农林牧渔业总产值	亿元	401.62	411.11	431.79	426.96	3.7
规模以上工业增加值	亿元	—	—	—	—	4.2
500 万元及以上固定资产投资	亿元	—	—	—	—	-7.8
#工业投资	亿元	—	—	—	—	-9.2
建筑业总产值	亿元	4495.14	5106.47	5590.06	5778.76	3.4
商品房销售面积	万平方米	—	—	730.84	728.13	-0.4
规模以上服务业营业收入	亿元	928.33	1188.02	1371.56	1544.34	10.7
社会消费品零售总额	亿元	2452.74	2878.74	3012.00	3202.41	6.3
进出口总值	亿元	1151.47	1290.25	1291.75	1112.91	-13.8
#出口值	亿元	713.07	894.72	904.99	787.62	-13.0
实际利用外资	亿美元	40.60	43.95	4.17	2.51	-39.8
实际利用省外资金	亿元	1192.87	1303.38	1419.65	1471.32	3.6
金融机构本外币存款余额	亿元	13676.82	14754.42	16110.30	17266.14	7.2
#住户存款	亿元	4319.67	4776.22	5790.39	6681.36	15.4
金融机构本外币贷款余额	亿元	16005.62	17620.96	18949.13	19894.37	5.0
货物运输量	万吨	14787	18695	18546	19808	6.8
旅客运输量	万人	5497	4889	3115	5955	91.2
全社会用电量	亿千瓦时	253.99	287.00	307.50	307.01	-0.16
#工业用电量	亿千瓦时	132.30	147.52	146.22	139.15	-4.83
旅游总人次	亿人次	1.51	1.78	1.63	1.90	16.9
旅游综合收入	亿元	1475.24	1743.95	1399.33	1977.79	41.3
万元 GDP 能耗	吨标准煤/万元	0.291	0.267	0.264	0.265	-0.20
居民消费价格指数		102.5	101.0	101.8	100.6	0.6
城镇居民人均可支配收入	元	46796	50447	52622	54911	4.3
农村居民人均可支配收入	元	20921	22913	24218	25803	6.5

说明:从 2022 年起,实际利用外资改为商务部统计口径数据

南昌在全省的位置

表 28

(2023 年)

指标	单位	总量	总量排名	占全省比重(%)	增速(%)	增速排名
人口(常住)	万人	656.82	2	14.5	0.46	
土地面积	平方千米	7195	7	4.3		

续表 28

指标	单位	总量	总量排名	占全省比重(%)	增速(%)	增速排名
地区生产总值	亿元	7212.85	1	22.4	3.5	7
规模以上工业增加值	亿元	—	—	—	4.2	8
500 万元及以上固定资产投资	亿元	—	—	—	-7.8	8
规模以上服务业营业收入	亿元	1544.34	—	35.3	10.7	—
社会消费品零售总额(法人口径)	亿元	3202.41	1	23.4	6.3	7
地方一般公共预算收入	亿元	500.18	—	16.3	9.3	—
实际利用外资	亿美元	2.51	1	19.7	-39.8	6
海关出口值	亿元	787.62	1	20.0	-13.0	4
城镇居民人均可支配收入	元	54911	1	—	4.3	4
农村居民人均可支配收入	元	25803	2	—	6.5	9

南昌各项指标人均水平

表 29

指　标	单位	2022 年	2023 年
地区生产总值	元/人	107929	110067
农林牧渔业总产值	元/人	6655	6515
住户存款余额	元/人	89250	101956
社会消费品零售总额	元/人	46426	48868
城镇居民人均可支配收入	元/人	52622	54911
农村居民人均可支配收入	元/人	24218	25803
人均公园绿地面积	平方米/人	13.18	12.91
居民生活用电量	千瓦时/人	962	893

常住人口基本情况

表 30

指　标	单　位	2022 年	2023 年
年末总人口	万人	653.81	656.82
男性人口	万人	342.02	343.64
女性人口	万人	311.79	313.18
城镇人口	万人	516.01	522.69
乡村人口	万人	137.80	134.13
城镇化率	%	78.92	79.58
年平均人口	万人	648.78	655.32

续表 30

指　标	单　位	2022 年	2023 年
出生人口	万人	4.01	3.81
出生率	‰	6.19	5.82
死亡人口	万人	3.54	3.66
死亡率	‰	5.45	5.59
自然增长人口	万人	0.48	0.15
自然增长率	‰	0.73	0.22

城市居民消费价格指数(以上年为 100)

表 31

指　标	2022 年	2023 年
居民消费价格总指数	101.8	100.6
一、食品烟酒	102.3	100.1
#粮食	100.0	102.4
鲜菜	102.8	97.6
水产品	100.0	95.7
蛋	107.8	103.3
二、衣着	101.5	102.7
三、居住	100.3	100.7
#租赁房房租	99.9	100.2
水电燃料	101.5	99.6
四、生活用品及服务	100.6	100.0
五、交通和通信	105.8	97.8
#交通	107.8	97.2
通信	98.3	100.5
六、教育文化娱乐	101.0	102.7
#教育	101.6	100.5
文化娱乐	99.8	106.6
七、医疗保健	100.3	100.7
八、其他用品和服务	103.2	105.1

固定资产投资增速

表 32

单位:%

指　标	2022 年	2023 年
全社会固定资产投资	7.6	-7.8
#500 万元及以上固定资产投资	7.6	-7.8
#基础设施投资	24.9	26.9
5000 万元及以上项目投资	19.5	1.4
按经济类型分		
国有	19.4	5.1
非国有	4.3	-11.7
按建设性质分		
#新建及扩建	11.5	-2.4
改建和技术改建	-8.7	-32.8
按产业分		
#工业投资	8.4	-9.2
房地产开发投资	-19.3	-1.9

园林绿化

表 33

指　标	2022 年	2023 年
城市绿化(城区)		
建成区园林绿地面积(公顷)	15144.95	15357.50
#公园绿地	4380.64	4543.87
人均公园绿地面积(平方米)	13.18	12.91
建城区绿化覆盖率(%)	43.15	43.05
年末公园(含动物园,个)	135	144
公园面积(公顷)	2730.6	2896.72

对外签订利用外资协议(合同)

表 34

指标	2022 年		2023 年	
	项目(个)	金额(万美元)	项目(个)	金额(万美元)
外商直接投资	**60**	**32593**	**78**	**29898**
合资企业	36	6068	44	5030
独资企业	24	26525	34	24868
外商投资股份制企业				

实际利用外资

表 35　　单位:万美元

指标	2022 年	2023 年
一、分三次产业		
第一产业		
第二产业	6495	4741
第三产业	35226	20361
二、分区域		
日韩东南亚	2790	200
美　加	800	300
欧洲大洋洲	4881	2893
投资性公司投资		

说明:本表数据为市商务局提供

财政收入和支出

表 36

指标	2022 年（亿元）	2023 年（亿元）	2023 年比上年增长(%)
地方一般公共预算收入	**457.68**	**500.18**	**9.3**
#税收收入	275.81	330.11	19.7
#增值税	63.26	116.04	83.4
地方一般公共预算支出	938.84	925.61	-1.4
#一般公共服务	75.90	81.14	6.9
教育	145.13	159.02	9.6
科学技术	39.51	37.20	-5.9
文化旅游体育与传媒	12.52	11.31	-9.7
社会保障和就业	86.33	96.87	12.2
卫生健康	89.93	89.91	0.0
城乡社区事务	215.97	156.93	-27.3
农林水事务	64.65	71.97	11.3

金融机构本外币存贷款余额

表 37 单位:亿元

指标	2022 年	2023 年
存款余额	**16110.30**	**17266.14**
#住户存款	5790.39	6681.36
非金融企业存款	6344.85	6421.06
广义政府存款	3274.75	3445.30
贷款余额	**18949.13**	**19894.37**
#住户贷款	4812.85	4840.65
短期贷款	920.81	857.94
中长期贷款	3892.04	3982.70
#企(事)业单位贷款	14053.46	14986.79
#短期贷款	3704.97	3945.22
中长期贷款	8986.85	9816.52

农林牧渔业总产值(当年价)

表 38

指标	绝对数(亿元)		构成(%)	
	2022 年	2023 年	2021 年	2022 年
农林牧渔业总产值	**431.79**	**426.96**	**100.0**	**100.0**
农业产值	176.91	181.43	41.0	42.5
林业产值	6.85	6.91	1.6	1.6
畜牧业产值	132.67	120.59	30.7	28.2
渔业产值	87.48	87.55	20.3	20.5
农林牧渔专业及辅助性活动产值	27.88	30.48	6.5	7.1

说明:表中数据因小数点进位,分项数与合计数略有差异,未做机械调整

林、牧、渔业生产情况

表 39

指标	2021 年	2022 年	2022 年比上年增长(%)
一、当年造林面积(公顷)	520	2240	330.8
二、茶园面积(亩)	21541	20675	-4.0
三、果园面积(亩)	106502	107555	1.0
#柑橘园	60020	60390	0.6
梨园	9607	9457	-1.6
桃园	8731	8521	-2.4

续表 39

指标	2021 年	2022 年	2022 年比上年增长(%)
葡萄园	4993	5876	17.7
四、畜牧业生产			
羊年末数(只)	26411	28819	9.1
家禽年末数(万羽)	3864.39	3878.05	0.4
家禽出笼数(万羽)	7245.51	7636.38	5.4
生猪年末存栏(万头)	118.39	121.09	2.3
生猪出栏数(万头)	230.60	233.05	1.1
牛年末存栏(万头)	16.33	14.67	-10.2
五、水产养殖面积(万亩)	76.30	76.30	0.0

说明:水产养殖面积来源于市农业农村局,数据为快报数

规模以上工业增加值增速和构成

表 40

指　标	2022 年	2023 年
规模以上工业增加值增速(%)	**6.0**	**4.2**
#国有	13.5	-8.6
集体	-1.0	-46.0
股份合作	1.2	7.5
股份制	6.5	4.8
外商及港澳台	2.9	-0.1
#私营企业	2.6	4.4
#轻工业	0.0	-4.9
重工业	9.7	8.9
#大中型	6.6	8.0
规模以上工业增加值构成(%)	**100.0**	**100.0**
#国有	1.24	0.72
集体	0.01	0.00
股份合作	0.25	0.26
股份制	81.02	87.82
外商及港澳台	17.37	10.99
#私营企业	27.53	22.58
#轻工业	35.51	30.88
重工业	64.49	69.12
#大中型	72.12	74.76

规模以上工业营业收入

表41

指标	2023年(亿元)	比上年增长(%)
总计	**6682.28**	**4.0**
#国有	29.45	-7.0
集体	0.28	-38.9
股份合作	23.36	3.2
股份制	5730.88	4.3
外商及港澳台	879.00	2.9
#私营企业	1833.28	4.5
#轻工业	1214.88	-8.2
重工业	5467.40	7.2
#大中型	4720.26	5.7

规模以上服务业主要指标

表42

指标	单位	2023年	比上年增长(%)
企业数	户	1413	16.3
营业收入	亿元	1544.34	10.7
营业成本	亿元	1198.16	8.6
税金及附加	亿元	9.33	17.4
营业利润	亿元	104.86	65.0
应交增值税	亿元	33.44	-1.9
期末用工人数	万人	30.18	-1.7

社会消费品零售总额

表43

指标	2022年(亿元)	2023年(亿元)	2023年比上年增长(%)
社会消费品零售总额	**3012.00**	**3202.41**	**6.3**
一、按消费地区分			
城　镇	2858.97	3062.99	6.6
#城 区	1996.43	2524.84	6.2
乡　村	153.02	139.42	0.9
二、按行业分			
批发和零售业	2835.62	2976.02	5.5
住宿和餐饮业	176.37	226.39	18.8

交通运输

表44

指 标	2022年	2023年	2023年比上年增长(%)
货物运输量(万吨)	**18546.2**	**19808.8**	**6.8**
铁 路	476.0	506.2	6.4
公 路	16538	17539	6.1
水 运	1528.2	1757.6	15.0
民 航	4.0	6.0	49.4
旅客运输量(万人)	**3115.0**	**5955.0**	**91.2**
铁 路	2087.4	4218.3	102.5
公 路	548	688	25.6
水 运	7.1	28.1	295.8
民 航	472.5	1020.6	116.0

说明:民航数据为昌北机场的货邮吞吐量和旅客吞吐量

邮电事业

表45

指 标	2022年	2023年	2023年比上年增长(%)
函件(万件)	471.3	421.2	-10.6
包裹(万件)	8.8	13.1	49.4
快递(亿件)	6.5	7.9	21.7
同城快递(万件)	6627.2	6929.1	4.6
异地快递(万件)	57266.9	70955.6	23.9
国际及港澳台快递(万件)	1369.7	1569.1	14.6
快递业务收入(亿元)	69.6	76.5	10.0
订销报纸累计数(万份)	9208.7	9136.3	-0.8
订销杂志累计数(万份)	316.1	321.7	1.8
固定电话年末用户数(万户)	82.4	80.0	-2.9
移动电话(万户)	803.2	814.9	1.5
互联网宽带接入用户(万户)	358.3	380.4	6.2

卫生机构基本情况

表46

指 标	2022年	2023年
一、卫生机构(个)	2703	3611
#医院(不含卫生院)	138	153
二、卫生床位数(万张)	4.57	5.02
#医院	3.97	4.30

续表 46

指　标	2022 年	2023 年
三、卫生机构人员(万人)	6.74	7.57
#卫生技术人员	5.52	6.23
执业医师(助理)	1.96	2.32

各级各类学校数

表 47　　单位:所

指　标	2022 年	2023 年
普通高等学校	49	49
普通中等学校	26	26
普通中学	316	326
职业高中	16	17
小　　学	380	355
特殊学校	8	8

学校教师数和在校学生数

表 48　　单位:人

指标	专任教师数		在校学生数	
	2022 年	2023 年	2022 年	2023 年
普通高等学校	38916	41139	762480	786995
普通中等学校	2985	2819	85056	77962
普通中学	33879	36397	330471	334392
职业高中	751	923	21550	18902
小　学	17549	16403	446015	455518
特教学校	252	251	1255	1237

学校招生数和毕业生数

表 49　　单位:人

指标	招生数		毕业生数	
	2022 年	2023 年	2022 年	2023 年
普通高等学校	254236	251209	196996	219508
普通中等学校	28646	21430	24700	25789
普通中学	110993	112313	108314	108762
职业高中	6061	4753	4731	6228
小 学	74880	80534	70024	72033
特教学校	278	262	336	294

广播、电视、出版基本情况

表 50

指标	单位	2022 年	2023 年
广播电台	座	3	3
广播覆盖率	%	100	100
电视台	座	6	4
电视覆盖率	%	100	100
有线电视用户	万户	36.13	10.39

体育事业基本情况

表 51

指标	单位	2022 年	2023 年
获得奖牌数	枚	1330	933
#金牌	枚	580	350
银牌	枚	360	282

社会保险、保障基本情况

表 52

指标	单　位	2023 年
失业保险参保人数	万人	113.87
领取失业保险金人数	万人	13.04
养老保险参保人数	万人	288.87
享受养老保险的离退休人数	万人	70.42
城市居民最低生活保障家庭	万户	1.71
城市居民最低生活保障人数	万人	2.93
农村居民最低生活保障家庭	万户	4.34
农村居民最低生活保障人数	万人	7.57
城乡医疗救助人数	万人	13.15
城镇社区服务站(中心)	个	1000

注:以上均为快报数,正式数据以《南昌统计年鉴 2024》为准。

索 引

说 明

一、索引采用主题分析法编制，大部分选用关键词。

二、索引按标引词汉语拼音字母顺序排列，标目后数字为页码，字母 a 为左栏，b 为中栏，c 为右栏。

三、分目标题用黑体字表明。

主题索引

A

B

C

D

F

H

J

K

L

M

P

Q

R

S

T

W

X

Y

数字索引

字母索引

表格索引